Christoph Jürgensen / Wolfgang Lukas /
Michael Scheffel (Hrsg.)

Schnitzler-Handbuch

Leben – Werk – Wirkung

Verlag J. B. Metzler Stuttgart · Weimar

Gedruckt auf chlorfrei gebleichtem, säurefreiem und alterungsbeständigem Papier

Bibliografische Information der Deutschen Nationalbibliothek
Die Deutsche Nationalbibliothek verzeichnet diese Publikation in der Deutschen Nationalbibliografie; detaillierte bibliografische Daten sind im Internet
über http://dnb.d-nb.de abrufbar.

ISBN 978-3-476-02448-0

Dieses Werk einschließlich aller seiner Teile ist urheberrechtlich geschützt. Jede Verwertung außerhalb der engen Grenzen des Urheberrechtsgesetzes ist ohne Zustimmung des Verlages unzulässig und strafbar. Das gilt insbesondere für Vervielfältigungen, Übersetzungen, Mikroverfilmungen und die Einspeicherung und Verarbeitung in elektronischen Systemen.

© 2014 J. B. Metzler'sche Verlagsbuchhandlung
und Carl Ernst Poeschel Verlag GmbH in Stuttgart
www.metzlerverlag.de
info@metzlerverlag.de

Einbandgestaltung: Willy Löffelhardt/Petra Rehr
Foto: picture-alliance/IMAGNO/Photoarchiv Setzer-Tschie
(Fotograf: Franz Xaver Setzer)
Satz: typopoint GbR, Ostfildern
Druck und Bindung: Kösel, Krugzell · www.koeselbuch.de

Printed in Germany
Dezember 2014

Verlag J. B. Metzler Stuttgart · Weimar

Inhaltsverzeichnis

I. **Kontexte: Einflüsse, Kontakte, Diskurse** 1

1. Schnitzler und der Spätrealismus 1
2. Produktive Lektüren, produktive Rezeptionen: Der Leser Schnitzler 8
3. Intendanten, Verleger, Autorenkollegen 11
4. Schnitzler und Jung Wien 18
   - 4.1 Hugo von Hofmannsthal 19
   - 4.2 Richard Beer-Hofmann 22
   - 4.3 Hermann Bahr 23
   - 4.4 Peter Altenberg 25
5. Judentum/Zionismus 27
6. Tiefenpsychologie und Psychiatrie............ 35
7. Anthropologie und Lebensideologie................. 40
8. Musik...................... 44
9. Film 47
10. Schnitzler und der Buch- und Zeitschriftenmarkt seiner Zeit .. 52

II. **Werke** 57

1. Theaterstücke 57
   - 1.1 Zu Lebzeiten veröffentlichte Werke ... 57
   - 1.1.1 Mehraktige Dramen 57
     - *Das Märchen. Schauspiel in drei Aufzügen* (1891) 57
     - *Liebelei. Schauspiel in drei Akten* (1895) 60
     - *Freiwild. Schauspiel in drei Akten* (1896) 64
     - *Das Vermächtnis. Schauspiel in drei Akten* (1898) 66
     - *Reigen. Zehn Dialoge* (1900) 69
     - *Der Schleier der Beatrice. Schauspiel in fünf Akten* (1900) 73
     - *Der einsame Weg. Schauspiel in fünf Akten* (1904)............ 75
     - *Zwischenspiel. Komödie in drei Akten* (1905) 79
     - *Der Ruf des Lebens. Schauspiel in drei Akten* (1906)............ 82
     - *Der junge Medardus. Dramatische Historie in einem Vorspiel und fünf Aufzügen* (1910).......... 85
     - *Das weite Land. Tragikomödie in fünf Akten* (1911)............ 87
     - *Professor Bernhardi. Komödie in fünf Akten* (1912)............ 92
     - *Fink und Fliederbusch. Komödie in drei Akten* (1917).............. 96
     - *Die Schwestern oder Casanova in Spa. Lustspiel in Versen* (1919) 99
     - *Komödie der Verführung* (Schauspiel, 1924)................... 101
     - *Der Gang zum Weiher* (Drama, 1926) .. 106
     - *Im Spiel der Sommerlüfte* (Drama, 1929)................... 108
   - 1.1.2 Einakterzyklen 111
     - *Anatol* (Einakterfolge, 1889–1893; inkl. *Anatols Größenwahn*, aus dem Nachlass 1955) 111
     - *Lebendige Stunden. Vier Einakter* (1902) 116
     - *Marionetten. Drei Einakter* (1906) 119
     - *Komödie der Worte. Drei Einakter* (1915) 123
   - 1.1.3 Einakter und andere kleine dramatische Gattungen 125

Alkandi's Lied. Dramatisches Gedicht in
einem Aufzuge (1890) 125
Die überspannte Person. Ein Akt (1896) . 127
Halbzwei. Ein Akt (1897) 128
Paracelsus. Versspiel in einem Akt (1898) 130
Der grüne Kakadu. Groteske in einem
Akt (1899) 131
Die Gefährtin. Schauspiel in einem Akt
(1899) 135
Sylvesternacht. Ein Dialog (1901) 136
Komtesse Mizzi oder Der Familientag.
Komödie in einem Akt (1908) 138
Die Verwandlungen des Pierrot.
Pantomime in einem Vorspiel und
sechs Bildern (1908) 141
Der Schleier der Pierrette. Pantomime
in drei Bildern (1910) 142

1.2 Aus dem Nachlass veröffentlichte
dramatische Werke 143
Das Abenteuer seines Lebens. Lustspiel
in einem Aufzuge (1964) 143
Das Wort (Fragm. 1966) 144
Zug der Schatten (Fragm. 1970) 146
Ritterlichkeit (Fragm. 1975) 148

2. Romane 150

2.1 Zu Lebzeiten veröffentliche Romane . . 150
Der Weg ins Freie (1908) 150
Therese. Chronik eines Frauenlebens
(1928) 155

2.2 Aus dem Nachlass veröffentlichte
Romane 161
Theaterroman (Fragm. 1967) 161

3. Erzählungen und Novellen 163

3.1 Zu Lebzeiten veröffentlichte
Erzählungen und Novellen 163

3.1.1 Frühe Erzählungen der 1880er
und 1890er Jahre 163
Kleinere Erzählungen I: 1880er Jahre . . 163
Kleinere Erzählungen II: 1890er Jahre . 166
Reichtum (1891) 169
Der Witwer (1894) 171
Sterben (1894) 173
Die kleine Komödie (1895) 176
Die Frau des Weisen (1897) 178
Die Toten schweigen (1897) 180

3.1.2 Erzählungen 1900–1918 182

Kleinere Erzählungen 182
Lieutenant Gustl (1900) 186
Der blinde Geronimo und sein Bruder
(1900/1901) 191
Frau Bertha Garlan (1901) 193
Das Schicksal des Freiherrn
von Leisenbohg (1904) 196
Die Weissagung (1905) 198
Das neue Lied (1905) 200
Der tote Gabriel (1907) 201
Das Tagebuch der Redegonda (1911) . . 203
Der Mörder (1911) 205
Die Hirtenflöte (1911) 207
Frau Beate und ihr Sohn (1913) 209
Doktor Gräsler, Badearzt (1917) 213
Casanovas Heimfahrt (1918) 218

3.1.3 Späte Erzählungen 1924–1931 221
Fräulein Else (1924) 221
Die Frau des Richters (1925) 226
Traumnovelle (1925/1926) 228
Spiel im Morgengrauen (1926/1927) . . . 232
Flucht in die Finsternis (1931) 236

3.2 Aus dem Nachlass veröffentlichte
Erzählungen und Novellen 239

3.2.1 Frühe Erzählungen (entst. 1880–1900) . 239
Kleinere Erzählungen 233
Die Nächste (1932) 243
Später Ruhm (2014) 245

3.2.2 Kleinere Erzählungen der mittleren
Periode (entst. 1900–1910) 247

3.2.3 Späte Erzählungen (entst. nach 1920) . . 250
Der Sekundant (1932) 250
Der letzte Brief eines Literaten (1932) . . 253
Abenteurernovelle (Fragm. 1937) 255
Boxeraufstand (Fragm. 1957) 257
Ich (1968) 258

4. Gedichte 260

5. Aphorismen 263

6. Film-Skripte 265

7. Medizinische Schriften 273

8. Autobiographische Schriften . . . 276

8.1 Jugend in Wien 276

8.2 Tagebücher 1879–1931 279

8.3 Briefe 285

III. Strukturen, Schreibweisen, Themen 291

1. Zwischen Tradition und Innovation: Schnitzler als Dramatiker 291
2. Narrative Modernität: Schnitzler als Erzähler 299
3. Intermedialität: Filmisches Schreiben 306
4. Gender-Konstellationen: Männer und das Männliche – Frauen und das Weibliche 309
5. Tabu-Brüche: Sexualität und Tod 318
6. Paradigma der Moderne I: Norm- und Subjektkrisen 327
7. Paradigma der Moderne II: Sprachkrise(n) 338

IV. Rezeption und Wirkung .. 347

1. Rezeption und Wirkung im deutschsprachigen Raum 347
   1.1 Von den Anfängen bis zum Ende des Nationalsozialismus 347
   1.2 DDR 350
   1.3 Bundesrepublik Deutschland, Österreich, Schweiz nach 1945 353
2. Internationale Wirkung und Rezeption 358
   2.1 Russland und Osteuropa 358
   2.2 Italien 364
   2.3 Frankreich 366
   2.4 England 369
   2.5 Skandinavien 372
   2.6 USA 375
   2.7 China 377
3. Weitere Rezeption und Wirkung 380
   3.1 Inszenierungen 380
   3.2 Hörspiele 387
   3.3 Verfilmungen 390
   3.4 Vertonungen 395
   3.5 Schnitzler in der Schule 398

V. Anhang 401

1. Biographische Chronik 401
2. Editionsgeschichte 408
3. Schnitzlers Nachlass 413
4. Auswahlbibliographie 415
5. Siglenverzeichnis 427
6. Archive, Nachlässe, Institutionen 428
7. Autorinnen und Autoren 429
8. Personenregister 432
9. Werkregister 437

Vorwort

Arthur Schnitzler, geboren 1862, betritt Ende der 1880er Jahre die literarische Bühne seiner Heimatstadt Wien, rückt mit der Zeit auf zu einem Autor von weltliterarischem Rang und bleibt literarisch produktiv bis zu seinem Tod im Jahr 1931. Damit umfasst sein Schaffen ziemlich genau diejenige Epoche, die wir als ›Klassische Moderne‹ (ca. 1890–1930) bezeichnen. Entgegen hartnäckigen Klischeevorstellungen von der ewigen Wiederkehr derselben Motive (›Liebe, Traum, Spiel und Tod‹ etc.) begleitet er diese Zeit des Umbruchs nicht nur ästhetisch produktiv und innovativ, sondern zugleich mit einer hochgradigen Sensibilität für ihre Probleme und Widersprüche: Wie in einem Brennspiegel reflektieren seine Werke einen tiefgreifenden Wandel auf nahezu allen Gebieten der bürgerlichen Kultur, in dessen Folge die ›alte Welt‹ des 19. Jahrhunderts abgelöst wird von einer ›neuen Welt‹ mit anderem, offenerem Horizont. Schnitzlers Texte verhandeln die Subjekt-, Sprach- und Erkenntniskrise der Zeit ebenso wie die Fragen der Geschlechterrollen und -konstruktionen; sie enthüllen, welche Tabus sich u. a. mit einer überkommenen Sexualmoral verbinden, erkunden die Keime des sich bald dramatisch verschärfenden Antisemitismus und erörtern (vor allem in Briefen und Tagebüchern) die Voraussetzungen und Konsequenzen des Ersten Weltkriegs, den Schnitzler als einer der wenigen Autoren seiner Generation von Beginn an als Katastrophe begriff. Mögen seine Texte auch mehrheitlich im Wien der Jahrhundertwende angesiedelt sein, so beziehen sie sich doch auf die allgemeinen Fragen einer sich mit großer Geschwindigkeit wandelnden modernen Welt. Tatsächlich weist Schnitzlers Werk eine enorme thematisch-motivische Bandbreite auf und verknüpft eine solche Vielzahl diskursiver Stränge aus der Sozial-, Anthropologie-, Gender-, Denk- und Wissensgeschichte der Epoche, dass es sich nicht zuletzt wie eine Kulturgeschichte seiner Zeit lesen lässt.

Trotz seiner augenscheinlich eminenten literatur- wie kulturgeschichtlichen Bedeutung fehlt bislang, von knappen Einführungen abgesehen, eine wirklich umfassende Darstellung von Schnitzlers Werk und seiner Wirkung. Insofern unternimmt das vorliegende Handbuch erstmals den Versuch, das ebenso umfangreiche wie vielseitige Gesamtwerk Schnitzlers in seinem Kontext zu erschließen, d. h. die vorliegenden wissenschaftlichen Erkenntnisse im Zusammenhang zu resümieren, darüber hinaus neue Einsichten in viel interpretierte, aber auch in kaum beachtete sowie in die bedeutendsten der aus dem Nachlass publizierten Texte zu bieten und schließlich Anregungen zur weiteren – literaturwissenschaftlichen wie auch kultur- und medienwissenschaftlichen – Beschäftigung mit Leben und Werk Schnitzlers zu geben.

Kapitel I illustriert zunächst diejenigen Aspekte von Schnitzlers Zeitgenossenschaft, die den kunst- und ideengeschichtlichen Horizont seiner Werke bilden, d. h. zentrale Einflüsse, Kontakte und Diskurse. Kapitel II, ›naturgemäß‹ der umfangreichste Teil des Handbuchs, widmet sich Schnitzlers Werk: Geordnet nach Werkgruppen werden sämtliche szenischen, narrativen und autobiographischen Texte behandelt, mehrheitlich in Einzelartikeln, gelegentlich in Sammelartikeln, aber immer in Form von unabhängig lesbaren Einzelinterpretationen; zudem wird in Überblicksartikeln das lyrische, aphoristische und medizinische Korpus des Werks vorgestellt. Kapitel III behandelt werkübergreifende Zusammenhänge, indem es Strukturen, Schreibweisen und Themen rekonstruiert, die für Schnitzlers Gesamtwerk grundlegend sind, und Kapitel IV zeichnet die breite internationale Wirkung Schnitzlers einerseits sowie die produktive Rezeption in verschiedenen Kunstformen und Institutionen andererseits nach. Der Band rundet sich mit einem Anhang (Kapitel V), der eine biographische Chronik, eine Skizze der verzweigten Editionsgeschichte und einen Überblick über Schnitzlers Nachlass bietet und der außerdem eine Auswahlbibliographie sowie das Personen- und Werkregister enthält.

Im Zusammenhang mit dem Langzeitprojekt »Arthur Schnitzler: Digitale historisch-kritische Edition (Werke 1905 bis 1931)« (www.arthur-schnitzler.de) hat die Bergische Universität seit 2012 eine Forschungsstelle eingerichtet, der auch die Arbeit an diesem Handbuch etliche Erleichterungen verdankt. Ausdrücklich gedankt sei aber vor allem den zahlreichen Personen aus vielen Ländern, die an der Planung und Durchführung des vorliegenden Bandes unmittelbar beteiligt waren. Zuallererst genannt seien hier die Beiträgerinnen und Beiträger, die sich bereitwillig auf die im Sinne einer ›Einheit des Werks‹ erbetenen Vorgaben der Herausgeber eingelassen und immer wieder hilfreiche Anregungen eingebracht haben. Großer Dank gebührt außerdem Bente Lang, Viola Walther und Alexander Wagner für die akribische Bewältigung vieler mühevoller redaktioneller Arbeiten – und vor allem Christian Belz für seinen buchstäblich unermüdlichen Einsatz bei der Durchsicht, Einrichtung und Redaktion des Manuskripts. Oliver Schütze vom Metzler-Verlag schließlich ist für die äußerst angenehme Betreuung zu danken wie dafür, dass er als Lektor im Wortsinn ein aufmerksamer und kritischer erster Leser des Buches war, der viele wichtige Hinweise beigesteuert hat.

Wuppertal, im Oktober 2014 Christoph Jürgensen
Wolfgang Lukas
Michael Scheffel

Hinweise zur Benutzung

Im Sinne besserer Lesbarkeit arbeitet dieser Band nicht mit Fußnoten, sondern mit Kurznachweisen in Klammern im Text (Name Jahr, ggf. Seite), die im Literaturverzeichnis am Ende des jeweiligen Beitrags aufgelöst sind. Zudem wurden Siglen sowohl für die besonders häufig zitierten Werke bzw. Ausgaben Schnitzlers als auch für häufiger vorkommende Periodika vergeben (s. Kap. V.5 »Siglenverzeichnis«). Hinter den Werktiteln genannte Jahreszahlen beziehen sich im Fall von allen nichtdramatischen Werken grundsätzlich auf den Erstdruck (Journal- bzw. Bucherstdruck), im Fall von dramatischen Werken auf das erste Erscheinen in der Öffentlichkeit; hier ist im Einzelfall also nicht der Erstdruck, sondern das Jahr der Uraufführung gemeint.

Angesichts einer komplizierten Editionslage (s. Kap. V.2 »Editionsgeschichte«) sowie der Tatsache, dass es keine einheitliche Studienausgabe von Schnitzlers Werken gibt, werden diese nach folgenden Prinzipien nachgewiesen: Im Sinne eines Kompromisses aus philologischer Zuverlässigkeit und leichter Zugänglichkeit der entsprechenden Ausgaben werden die Reclam-Ausgaben unter der Bedingung zitiert, dass es sich hier um durchgesehene Texte nach den Erstausgaben (oder auch den Ausgaben letzter Hand) handelt. Liegen solche Ausgaben nicht vor, wird nach der seit 2011 begonnenen Wiener Historisch-Kritischen-Edition zitiert. Ist auch das nicht möglich, dienen die zwischen 1961 und 1977 im S. Fischer Verlag erschienene sechsbändige Ausgabe *Gesammelte Werke* (*Die Erzählenden Schriften*, 2 Bde., 1961; *Die Dramatischen Werke*, 2 Bde., 1962; *Aphorismen und Betrachtungen*, 1967; *Entworfenes und Verworfenes. Aus dem Nachlaß*, 1977) bzw. die nach Schnitzlers Tod erschienenen Erstausgaben als Referenz.

I. Kontexte: Einflüsse, Kontakte, Diskurse

1. Schnitzler und der Spätrealismus

Beziehungen

»Zu C. F. Meyer, den Sie jetzt übersetzen, bin ich persönlich immer nur mit kühler Bewunderung gestanden und habe mich immer gewundert, daß man Meyer und Keller in deutschen Literaturgeschichten so oft im gleichen Atem nennt. Kennt man übrigens Fontane in Amerika? Oder Ferdinand v. Saar?, den österreichischen Novellisten, der auch hier allzu rasch vergessen wird und stets sehr zu Unrecht im Schatten der keineswegs größeren Ebner-Eschenbach stand« (Br II, 635). In dieser Passage eines späten Briefs an Otto P. Schinnerer vom 25. November 1929 umreißt Schnitzler sein Verhältnis zu den ›Klassikern‹ des deutschsprachigen Realismus bzw. Spätrealismus und bestätigt dabei die sich im Laufe der Jahre verfestigende Skala seiner persönlichen Vorlieben. So dokumentieren die zahlreichen einschlägigen Stellen in seinen Tagebüchern und Briefen eine ebenso ausgedehnte wie beharrlich-konstant betriebene Lektüre der betreffenden Autoren, auch wenn Schnitzler dabei im Einzelnen oft nicht mehr als die Titel ihrer Werke vermerkt.

Die letzte Schaffensphase des Realismus und des Spätrealismus der 1880er und 1890er Jahre verläuft parallel zu Schnitzlers literarischen Anfängen: Während dieser 1885 mit *Welch eine Melodie* sein erstes, 1932 postum publiziertes Prosastück ausarbeitete, erschienen Storms *John Riew'* und *Ein Fest auf Hadersleyhuus*, Fontanes *Unterm Birnbaum*, Meyers *Die Richterin*, Spielhagens *An der Heilquelle*, Heyses *Himmlische und irdische Liebe*, *F.U.R.I.A.* und *Auf Tod und Leben*, sowie Kellers *Martin Salander*; als zwischen 1888 und 1891 die ersten Einakter des *Anatol*-Zyklus (*Episode*, *Anatols Hochzeitsmorgen*, *Die Frage an das Schicksal*) und die Novellen *Reichtum* und *Der Sohn* entstanden, wurden Storms *Schimmelreiter*, Fontanes *Irrungen, Wirrungen*, Heyses Novellen-Zyklus *Villa Falconieri*, Raabes *Stopfkuchen* sowie die zehnbändige Ausgabe von Kellers Werken gedruckt. Die Bedeutung dieser Koinzidenz relativiert sich allerdings, wenn man berücksichtigt, dass Schnitzler diese Werke vermutlich in den meisten Fällen erst etliche Jahre nach ihrem Erscheinen las. Für Schnitzler repräsentieren die ›Klassiker‹ des Realismus wie Fontane, der den größten Teil seiner Romane bekanntlich zwischen 1885 und 1898 publizierte, und Heyse, der zwischen 1885 und 1914 immerhin 42 seiner 117 Novellen in Druck gab, sowie in gewissem Maße sogar noch Saar, den er 1893 persönlich kennenlernte und mit dem er in Briefkontakt stand, alles in allem eine literarische Vergangenheit, mit der er sich zwar auseinandersetzte, der er aber doch häufig mit Vorbehalt begegnete. Vereinzelt benutzte er diese Literatur auch als dokumentarische Quelle, wie z. B. im Fall von Freytags *Bildern aus der deutschen Vergangenheit* (1859–67), die er wiederholt für die Realisierung seines eigenen, fragmentarisch überlieferten historischen Dramas *Landsknecht* konsultierte (EV, 449–468).

Im Zusammenhang mit einer Anmerkung vom 9. Februar 1920 zu Storms Novelle *Der Herr Etatsrat* (1881), die Schnitzler seinen eigenen Worten zufolge »ohne rechtes Vergnügen« gelesen hatte, stellt er Keller Meyer und Storm gegenüber, um die Überlegenheit des Ersteren zu bekräftigen. Was Meyer betrifft, so zollt Schnitzler zwar dessen Kreativität und Phantasie eine gewisse Anerkennung, begegnet aber Meyers Erzählkunst mit deutlicher Abneigung. Diese strebt für Schnitzler zu sehr nach reiner Stilisierung, ist oft gewollt manieriert, jedenfalls aber »mühselig, edel, gebildet« (Tb, 9.2.1920), von einer gewissen inneren Kälte, weshalb er dieser Erzählkunst schon in seiner Jugend keine »eigentliche Liebe« entgegenbrachte, wie er rückblickend in einem Brief an Erich Everth von 1919 anmerkt (27.1. 1919; Br II, 174). Von Storm, dessen Name in seinem Tagebuch nur insgesamt vier Mal – und sicher nicht im Zusammenhang mit seinen berühmtesten Novellen – auftaucht, scheint Schnitzler gemäß einem Vermerk vom Januar 1918 nur die Novelle *Auf der Universität* (1863) als »sehr reizvoll« zu würdigen (Tb, 24.1.1918). Im Übrigen bemerkt er das Fehlen einer vollendeten »Gestaltung« gegenüber der dominanten Präsenz von »Natur- und primitive[n] Seelenstimmungen« (ebd., 14.12.1917) und brandmarkt damit ein stilistisches Kriterium, das in geradezu spiegelbildlicher Opposition zu demjenigen steht, das er an Meyers Erzählkunst kritisiert hatte. Zwischen Meyers Renaissancismus und Storms Mangel an formaler Substanz fühlte sich Schnitzler einem Autor wie Keller am engsten verbunden. In einem Brief vom 22. Juli 1928 an Olga Schnitzler attestiert er ihm im Rahmen eines negativen Urteils über den Tendenzroman auch, auf eine ganz ähnliche Weise wie er selbst die Probleme und Situationen der Gegenwart »mit den ewigen seelischen Conflicten« zu verbinden: »Über der Zeit stehen –; nicht ›mit ihr gehen‹ […] ist meine Sache. Nicht die Gutzkows und Alfred Meißners bleiben übrig, – sondern die Gottfried Kellers« (Br II, 561). So nimmt es nicht wunder, dass eine ganze Reihe von Tagebuch-Vermerken mit geradezu dokumentarischer Akribie über die Lektüre von Kellers Werken Auskunft geben: *Romeo und Julia auf dem Dorfe* (Tb, 29.12.1879) *Martin Salander* (ebd., 4.12.1904), *Das Sinngedicht* (ebd., 21.7., 24.7., 28.7.1913), *Die Leute von Seldwyla* (ebd., 30.9.1916), *Sieben Legenden* (ebd., 9.11.1917), *Züricher Novellen* (ebd., 4.8.1922); vor allem aber *Der grüne Heinrich*, den Schnitzler im Frühling 1916 erneut liest (ebd., 18.5., 27.5., 11.6., 24.6.1916) und den er in einer viel zitierten früheren Eintragung »der großen Linie der deutschen Romane« zurechnet, die außerdem Goethes *Meister*, Th. Manns *Buddenbrooks* sowie (mit einem Fragezeichen versehen) Heinrich Manns *Assy*-Trilogie umfasst und in die er auch seinen eigenen Roman *Der Weg ins Freie* gestellt sehen möchte (ebd., 6.1.1906).

Die gleiche dokumentarische Akribie bringt Schnitzler den Romanen Fontanes entgegen, deren Lektüre er sich zwischen 1906 und 1920 immer wieder widmete. Entsprechend häufig sind diese Romane in seinem Tagebuch vermerkt, auch wenn die einzelnen Auskünfte nur für die Romane *Stine* (1890) und *Stechlin* (1897/98) über eine bloße Mitteilung hinausgehen: Im ersten Fall handelt es sich um ein negatives Urteil (ebd., 20.5.1892), das bei einer erneuten Lektüre weder bestätigt noch revidiert wird (ebd., 21.2.1920); im zweiten Fall dagegen fällt Schnitzlers Urteil überaus positiv aus und fokussiert dabei ganz auf die Figur des Protagonisten: »Welche innre Vornehmheit, welche – Geduld! Um die verehr – und beneid ich ihn« (ebd., 8.1.1916). Darüber hinaus scheint auch der Titel der Tragikomödie *Das weite Land* von 1911 Fontanes Roman *Effi Briest* entlehnt zu sein (Farese 1999, 153). Besondere Aufmerksamkeit verdient schließlich noch Schnitzlers ausgeprägtes Interesse am biographischen und autobiographischen Material des preußischen Autors: In der zweiten Maihälfte des Jahres 1917 widmete er sich der Lektüre von *Meine Kinderjahre* (1893) sowie im März 1918 der 1905 von K. E. O. Fritsch herausgegebenen *Briefe an seine Familie*. Allerdings handelte es sich nicht um einen Einzelfall, wie der Hinweis auf Grillparzer zeigt, dessen *Briefe und Tagebücher* Schnitzler im April 1904 und im August 1906 ebenso las wie im Juni 1905 die *Gespräche* (Tb, 28.4.1904, 3. u. 4.6.1905, 11.8.1906). Schließlich sei in diesem Zusammenhang noch Spielhagens Autobiographie *Finder und Erfinder. Erinnerungen aus meinem Leben* (1889/90) erwähnt, die Schnitzler im April 1917 las (also nur wenige Tage bevor er mit der Lektüre von Fontanes *Kinderjahre* begann), von der er sich jedoch im Wesentlichen enttäuscht zeigte: »Kein sehr erfreuliches Buch; umständlich, von einer altjüngferlichen Discretion, gerührt von sich selbst; kurz sentimental, was in Autobiographien ganz unleidlich« (ebd., 20.4.1917). Dies Urteil erscheint implizit auch als Reflexion über das eigene, 1968 postum als Fragment publizierte autobiographische Projekt *Jugend in Wien*, das Schnitzler in den Jahren 1915 bis 1920 beschäftigte. Ein autobiographischer Bezug lässt sich zu Heyses Novelle *Gute Kameraden* herstellen, die 1884 in Verbindung mit *Siechentrost* und *Die schwarze Jakobe* in dessen 17. Novellensammlung mit dem Titel *Buch der Freundschaft. Neue Folge* erschien. Dank eines Wortspiels, das sich an die ersten beiden Verse eines berühmten Gedichts *Der gute Kamerad* von Uhland anlehnt – »Ich hatt einen Kameraden / einen bessern findst du nicht« –, erhält dieser Titel nämlich eine emblematische Bedeutung für die Beziehung des jungen Schnitzler mit der gleichaltrigen Olga Waissnix, der jungen Frau des Besitzers des Hotels Thalhof in Reichenau, die bereits Mutter dreier Kinder war, als er im Juli 1885, nach dem Abschluss seines Medizinstudiums, während eines zweiwöchigen Aufenthalts auf dem Thalhof ihre Bekanntschaft machte. Im Jahr darauf traf er Olga in Meran wieder, wo er wegen des Verdachts auf eine Tuberkulose-Erkrankung verweilte, und verbrachte mit ihr den gesamten Südtiroler Urlaub. Mit leicht pathetischem Ton, der vor guten Gefühlen trieft, wie sie in der epigonalen Erzählkunst der zweiten Hälfte des 19. Jahrhunderts so häufig anzutreffen sind, erzählt die Novelle die Geschichte einer unmöglichen Liebe zweier deutscher Touristen in Rom, die, wie Olga und Arthur, zufällig in demselben Hotel logieren. Am Beginn ihrer Freundschaft

1. Schnitzler und der Spätrealismus

erhielt Schnitzler dieses Buch von Olga geschenkt, die dort einige besonders ergreifende Stellen unterstrichen hatte, und beide bemerkten die »außerordentliche Aehnlichkeit« zwischen der Geschichte der Protagonisten der Novelle und ihrer eigenen (ebd., 12.8.1886). Die Wendung »Gute Kameraden« sollte im ersten Akt des Dramas *Das Märchen* (1891) und im vierten Dialog des *Reigen* zwischen dem jungen Herrn und der jungen Frau erneut wiederkehren (DW I, 138 u. 345), auch wenn offen bleibt, ob Schnitzler einen solchen autobiographischen Bezug beabsichtigte. Vor allem erhalten die Worte »Wenn ich könnte, wie ich woll(t)e«, welche Gabriele von Berg, die Protagonistin in Heyses Novelle, in einem Brief an ihre Schwester benutzt, einen symbolischen Wert innerhalb des Briefwechsels zwischen Schnitzler und Olga Waissnix (Waissnix-Bw, 48 u. 272; JiW, 234 u. 252). Diese Worte werden nämlich von beiden Partnern quasi leitmotivisch immer wieder aufgenommen, bisweilen mit Bezug auf die gesellschaftlichen Zwänge und moralischen Regeln, von denen sich zu befreien den radikalen Bruch mit der Gesellschaft bedeuten würde, bisweilen einfach mit Bezug auf die Verpflichtungen des täglichen Lebens. Heyses Worte liefern somit eine eindrucksvolle Synthese der Geschichte dieser Freundschaft, die sich mit der Zeit immer stärker auf den brieflichen Austausch reduzierte, bevor sie 1897 mit Olgas frühem Tod endete. Etliche Jahre später, im Juli 1918, nahm Schnitzler das ihm einst von der Freundin geschenkte Buch erneut in die Hand und notierte dazu im Tagebuch: »Viel Cultur und Erzählungskunst; und wo seine Reinheit nicht Geleckheit, seine Vornehmheit nicht Verlogenheit wird, ist er gewiß ein Dichter von recht hohem Rang« (Tb, 20.7.1918). Der charakteristische »Mangel an Wahrheit«, den er Heyses narrativen Werken vorwirft, liefert ein Prärogativ, auf das er in zwei späteren Vermerken wieder zurückkommt, zum einen mit spezifischem Bezug auf die italienischen Novellen (ebd., 11.9.1914) und zum anderen bei der Kommentierung der Lektüre des 8. Bands von Heyses Novellen, die ihn »völlig unberührt« ließ: »[…] bei aller Schätzung der ungewöhnlichen Erzählungskunst, oft geärgert von dem Mangel an Wahrheit – nein, hier wirkt etwas activer: von der Unwahrheit der seelischen Vorgänge. (Im ›Geschehn‹ gibts gar keine Unwahrheit – nur Unwahrscheinlichkeit, was oft einen Vorzug bedeutet. –)« (ebd., 8.7.1915).

Dieses Argument kehrt in einer aufschlussreichen Gegenüberstellung von Heyses mit Saars Erzählkunst wieder. In einer Tagebuchnotiz, die ein Treffen mit dem Literaturhistoriker Bettelheim vermerkt, dem Verfasser der umfangreichen historisch-biographischen Einleitung zur 1908 erschienenen Ausgabe von Saars *Sämtlichen Werken*, wird dem österreichischen Autor die Qualität der »Echtheit gegenüber dem unwahren Heyse« zugesprochen (ebd., 24.4.1917). Der Vergleich zwischen den beiden von ihren thematischen und stilistischen Präferenzen her höchst unterschiedlichen Vertretern zum einen des deutschen und zum anderen des österreichischen Spätrealismus ist zweifellos auch biographisch begründet, gehörten doch beide Autoren derselben Generation an. Tatsächlich hatte bereits Bahr in seinen komplementär konzipierten Aufsätzen *Das jüngste Deutschland* und *Das junge Österreich*, die zwischen Ende August und Oktober 1893 in der *Deutschen Zeitung* publiziert wurden, die Analogien und Gegensätze zwischen Berlin und Wien eben in dem Verhältnis der neuen deutschen und österreichischen Generation zur unmittelbaren Vergangenheit verankert. Es ging ihm dabei um die Konstruktion einer Identität der modernen österreichischen Literatur, die im Zeichen der ›Nervenkunst‹ den Naturalismus Berliner Prägung überwinden sollte. Die feindliche Haltung der »jüngsten« deutschen Autoren gegenüber dem Realismus des 19. Jahrhunderts, den sie allerdings nicht in erster Linie mit der kanonisierten älteren deutschen Schriftstellergeneration identifizierten, sondern mit Autoren wie Heyse und Spielhagen, kontrastiert die »herzlichste Verehrung«, die »innigste Liebe« und »zärtlichste Treue« der »jungen« Österreicher gegenüber ihren direkten Vorgängern, deren Galionsfiguren die mährische Autorin Ebner-Eschenbach und Saar bilden (Bahr 1968, 143). Eine solche Literatur, die sich bereits in den Tonlagen einer dekadenten Weichheit, in enger Nähe zur zeitgenössischen Feinfühligkeit bewegte, konnte als Modell zurückgewonnen werden, um den Ausgangspunkt für die Formulierung der Moderne zu fixieren. Wenn für Bahr (ebenso wie für Hofmannsthal) Saars Name eine glückliche Kontinuität zwischen Altem und Neuem demonstrierte, so bekundete Saar selbst bei mehr als einer Gelegenheit sein grundsätzliches Misstrauen gegenüber den jüngsten literarischen Bewegungen, die sich in seiner Heimat und in Europa durchzusetzen begannen. Aus dieser Haltung lässt sich leicht die typische Angst herauslesen, nicht mehr auf der Höhe der Zeit zu sein und diese neue Literatur nicht mehr zu verstehen, die den Mut aufgebracht hatte, das Problem einer formalen Erneuerung anzugehen, um zu jenen Tiefen der modernen ›Nervenkunst‹ vorzustoßen, die seine eigene Erzählkunst noch auf konventionelleren Wegen zu erfassen suchte. Die direkten schriftlichen Zeugnisse für den Kontakt zwischen Saar und Schnitzler sind spärlich, aber durchaus bemerkenswert. Es handelt sich um 13 Tagebuch-Notizen von Schnitzler (sechs davon fallen in das Jahrzehnt zwischen 1893 und 1904, sieben in die Zeit nach 1906, Saars Todesjahr), sowie vier Briefe und zwei Karten von Saar, die heute in Cambridge aufbewahrt werden (CUL, B88); hinzu kommt ein längerer Brief Saars vom 5. Februar 1894, der sich hingegen im Literaturarchiv in Marbach befindet (DLA, Schnitzler-Nachlass, Mappe 1829).

Die wenigen Tagebuch-Vermerke ermöglichen keinen vollständigen Aufschluss über Schnitzlers Urteil zu Saar. Der einzige überlieferte Brief vom 6. Oktober 1893, den er seiner Zusendung des *Anatol* beifügte (Wagner 2005, 55), zeigt nur die dem Anlass geschuldete ehrerbietige Distanz des jungen aufstrebenden Schriftstellers gegenüber dem berühmten älteren Kollegen. Fest steht, dass Schnitzler der gesamten österreichischen Literatur der jüngsten Vergangenheit, die für Saar einen festen Bezugspunkt der eigenen kulturellen Identität bildete, eine gewisse Gleichgültigkeit entgegenbrachte. Bei mindestens zwei Gelegenheiten, nämlich in zwei Briefen an den Germanisten Necker von 1893 (Necker 1908, 203f.) sowie an die Freundin Ebner-Eschenbach vom 20. Januar 1905 (Kindermann 1957, 140), unterstreicht Saar seine eigene Zugehörigkeit zur gleichaltrigen Schriftstellergeneration, die in der Nachfolge Grillparzers stand und sich Hamerling, Anzengruber, Rosegger und Ebner-Eschenbach selbst nahe fühlte. In Schnitzlers Tagebuch erscheinen die Namen dieser Generation hingegen nur ganz sporadisch – so z.B. Hamerling nur ein einziges Mal, Rosegger acht Mal und Ebner-Eschenbach fünf Mal; eine gewisse Ausnahme bildeten lediglich die häufiger genannten Anzengruber und Grillparzer, aus dem einfachen Grund, dass ihre dramatischen Werke auf den Spielplänen der Wiener Theater weiterhin präsent waren. Sogar Stifters Name findet sich nur ganze vier Mal, davon je zweimal 1918 und 1926. In einer Notiz von 1918 heißt es sogar: »Seit ein paar Tagen Rosegger (von dem ich so gut wie nichts kannte) ›Allerhand Leute‹« (Tb, 12.7.1918).

Am 2. Oktober 1893 begegnen sich die beiden Schriftsteller beim Bankett, das die *Deutsche Zeitung* anlässlich von Saars siebzigstem Geburtstag organisiert hatte. »S. kennt ›Sohn‹ und ›Reichtum‹. Daraus entwickelt sich ein theoretisches Kunstgespräch über abgethane Dinge, bei dem sich S. als naiv und verständig [...] erwies« (ebd., 2.10.1893). In den wenigen knappen Worten zeichnet sich eine Haltung ab, die alles andere als Enthusiasmus verrät. Dessen ungeachtet schickte Schnitzler Saar immer wieder seine eigenen Werke zu: zuerst *Alkandi's Lied*, *Anatol* und *Das Märchen*, später *Sterben*, und schließlich *Lieutenant Gustl* und *Frau Bertha Garlan*. Saars Antworten ließen nicht auf sich warten und zeigen Offenheit, ja sogar Zustimmung. Wie aus dem schon zitierten Brief vom 19. Juni 1901 hervorgeht, weckte insbesondere *Frau Bertha Garlan* sein Interesse, vermutlich weil er dort einige thematische Berührungspunkte mit seiner eigenen Novelle *Requiem der Liebe* erkannte. Allerdings bleibt ungewiss, ob Schnitzler selbst die betreffende Novelle schon vor der Niederschrift seiner eigenen Geschichte kannte; im Tagebuch findet sich nur eine spätere Bezugnahme (ebd., 27.5.1913). 1903 steuerte er zudem den Abdruck des ersten Bilds der ersten Fassung von *Liebelei* zu dem von Specht herausgegebenen Band zu Saars siebzigstem Geburtstag bei (Specht 1903, 175f.). Von den unterschiedlichen Notizen aus den Jahren nach dessen Tod hingegen verdient die Äußerung zur Lektüre der ersten drei Bände von Saars Novellen (mit Sicherheit in der von Minor besorgten Ausgabe) von 1918 besondere Beachtung, nicht nur deshalb, weil sich hier erstmalig ein Urteil über Saar findet, sondern vor allem wegen der ambivalenten Züge, die diesem anhaften: So fällt dieses Urteil im Kern negativ aus, enthält aber dennoch eine, wenn auch nur im leisen Ton, Spur der Anerkennung: »Ein wirklicher Erzähler; der Stil öfters ungepflegt oder platt; – Atmosphäre, nicht viel Kraft; keine große Persönlichkeit. Allzuoft weiß man am Schluß nicht, warum er eigentlich angefangen seine Geschichte vorzutragen. – Einige, insbesondere Frauen, wahrhaft gestaltet« (Tb, 28.11.1918). Dennoch las Schnitzler auch weiterhin Saars Werke (ebd., 14.9.1922), und 1929 vertraute er Schinnerer schließlich das eingangs zitierte Zeugnis seiner Saar sonst verweigerten Wertschätzung an.

Wege der Forschung

Die Forschung hat die Beziehung Schnitzlers zu Saar häufig nicht so sehr mit Blick auf den Spätrealismus, als vielmehr umgekehrt auf die Vorläuferfunktion Saars für die jüngere, aber noch zeitgenössische Literatur der 1890er Jahre beleuchtet und sich dabei vorwiegend literarischer Textanalysen bedient, während die oben zusammengestellten autobiographischen Zeugnisse nur am Rande berücksichtigt wurden. Das gilt z. B. für Hodge (1961), der ausdrücklich von »Anticipations of Twentieth Century Literary Themes and Techniques« spricht, oder für Nardroff (1971), welcher der Frage nachgeht, inwieweit *Schloß Kostenitz* als »Prelude to Schnitzler« betrachtet werden kann. Nardroff deckt in dieser Novelle eine Reihe von Elementen auf, die sich auch bei Schnitzler wiederfinden, wobei er sowohl thematische Übereinstimmungen als auch das gemeinsame psychologische Interesse herausarbeitet. Das narrative Porträt Klothildes, der jungen verstörten Protagonistin, die an Schuldgefühlen und einer tiefen Unsicherheit leidet, stellt für Nardroff die Fallstudie einer Hypersensibilität an der Grenze zur Neurose dar, die auf das Schicksal von *Fräulein Else* vorausdeutet. Die deterministische Geschlechterkonzeption (vor allem der Frau), die *Schloß Kostenitz* bestimmt, meint Nardroff in den Novellen *Frau Bertha Garlan* und *Frau Beate und ihr Sohn* wiederzufinden. Auch die männliche Hauptfigur in Saars Novelle scheint dem ›narrativen Universum‹ Schnitzlers anzugehören. Die besondere Gabe des Verstehens, die Günthersheim kennzeichnet, deutet nämlich im Kern auf die einseitig rational gesteuerte, totalisierende Objektivität voraus, die Schnitzler später in den zutiefst problematischen Figuren von Professor Bernhardi und dem Kapellmeister von *Zwischenspiel* darstellte. Das Schloss, das im Zentrum von Saars Erzählung steht und als Relikt der Vergangenheit inmitten des modernen Industriezeitalter figuriert, deutet Nardroff als Hinweis auf eine relativistische Konzeption der kollektiven und individuellen Geschichte, die Schnitzler mit seinem Interesse für die Gegenwart, für den authentischen, aber nicht unbedingt repräsentativen Fall, fremd ist. Nehring verankert in zwei Aufsätzen (1982–84 u. 1985) den wesentlichen Unterschied zwischen beiden Autoren in ihrem jeweiligen Bezug zu den historischen Ereignissen. Hier wird gezeigt, wie sehr Schnitzler den Jahren der bloßen Scheinstabilität verhaftet war, die dem Ersten Weltkrieg vorausgingen, mit ihrer Orientierungslosigkeit und ihren neurotischen Wesenszügen. Saar hingegen hatte noch an den großen politischen und militärischen Ereignissen des 19. Jahrhunderts teil, die in Österreich den Übergang vom Konservatismus zu den neuen bürgerlich-revolutionären Tendenzen kennzeichnen. Diese werden in seiner Erzählkunst wahrgenommen, die von einem besonders ausgeprägten Sinn der Vergänglichkeit durchdrungen ist. Die Position des Individuums im unaufhaltsamen Fortschreiten der Geschichte, das Faszinosum des bereits dem Untergang Geweihten, einschließlich der durch Alter oder Krankheit verzerrten weiblichen Schönheit, sind Elemente in Saars Poetik, in denen sich für Nehring die Auflösung einer stabilen Identität und des Prinzips der objektiven Realität ankündigt, die dann bei Schnitzler ihren vollendeten Ausdruck finden sollte. Saars Gestaltung historischer Vergänglichkeit, die noch an die großen zyklischen Prozesse der Geschichte und der menschlichen Existenz gebunden ist, stellt Nehring zugleich Schnitzlers Entwurf einer ›impressionistischen Vergänglichkeit‹ gegenüber (Nehring 1985, 110). Für Schnitzlers Figuren besteht das Leben nämlich in einer ›pointillistischen‹ Aneinanderreihung von Augenblicken, die sich jedweder teleologischen Deutung entziehen. Sie begegnen deshalb der Unausweichlichkeit des Alters mit Schrecken, geben sich jeder Stimmung und jedem Reiz hin, und stellen so eine Leichtigkeit zur Schau, hinter der sich eine bedrohliche Leere öffnet. Der Hauch von Pessimismus und Skeptizismus verleiht Saars Erzählkunst einen modernen Charakter; entscheidend ist für Nehring darüber hinaus jedoch die Tiefgründigkeit, mit der dieser die habsburgische Realität in der zweiten Hälfte des 19. Jahrhunderts zeichnet; diese scheint in dem getreuen Bild, das Schnitzler von der Gesellschaft der Jahrhundertwende erstellt, ideal fortgeführt. Einen weiteren Vergleichspunkt bildet die zentrale Bedeutung, die beide Autoren der Liebe zumessen, die stets Verführung und mitreißender Instinkt ist, sowie Ausdruck eines weiblichen Lustempfindens, das aus den vorbestimmten Rollenbildern ausbricht. Auch Nehring konstatiert das gemeinsame Interesse für die Psychologie und weist darauf hin, dass Saar die Türen zum Unbewussten, dem permanenten Studienobjekt des jüngeren Schnitzler, aufstößt, ohne zugleich jedoch das rationale Bewusstsein und die traditionellen Darstellungsmethoden in Frage zu stellen. Das vorrangige Bemühen um die ›ganzheitliche‹ biographische Rekonstruktion seiner Figuren kennzeichnet einen Erzähler, der Sinn vermittelt und die erzählte Geschichte kontrolliert, die ihrerseits noch von den herrschenden Werten bestimmt und deshalb weit von der strukturellen Ambivalenz von Schnitzlers Erzählkunst entfernt ist, die sich noch dazu ganz auf vereinzelte Seelenzustände richtet.

Andere Studien führen vergleichende Analysen einzelner Erzählwerke Saars und Schnitzlers durch. Dazu zählt der Aufsatz von Miller (1985), welcher der narrativen Darstellung der jüdischen Assimilation in der Novelle *Seligmann Hirsch* und dem Roman *Der Weg ins Freie* nachgeht. Dabei werden detailliert die historischen Etappen wie die ideologischen und kulturellen Implikationen nachgezeichnet, die in Österreich den Übergang vom Liberalismus zur antisemitischen Ideologie von Schönerers Nationalismus und der christlich-sozialen Partei Luegers auf der einen sowie zu Herzls Zionismus auf der anderen Seite bestimmen. Der emblematische Fall von Hirsch, der als in Wien aufgewachsener Ostjude zäh um seinen Status als erfolgreicher Kaufmann gekämpft und sich dabei von seiner Familie entfernt hat, weil diese mit ihrem Verhalten, das Andersartigkeit verrät, seiner eigenen sozialen Anerkennung im Weg steht, wird als Modell für Schnitzlers *Weg ins Freie* vorgeschlagen. Auch wenn sich ein direkter Einfluss nicht nachweisen lässt, konstruiert Miller doch eine auffällige Übereinstimmung von Szenen und Figuren, zwischenmenschlichen Beziehungsmustern und Generationenkonflikten. Als Saar seine Novelle verfasste, war der Ostjude zum Sinnbild der Vorurteile geworden, von denen es für das Gelingen einer Assimilation auf Abstand zu gehen galt. Schnitzlers zwanzig Jahre später publizierter Roman hingegen dokumentiert eine zwischenzeitlich erfolgte politische Wandlung, indem er den Antisemitismus als eines von vielen Phänomenen beschreibt, das den Alltag seines Protagonisten Georg in einer komplexen Wirklichkeit bestimmt. Im Zentrum der Untersuchung von Alter (1990) stehen demgegenüber die Novellen *Leutnant Burda* und *Lieutenant Gustl*, welche auf die Darstellung der müden, morbiden Dekadenz der höheren Gesellschaft des Donaureichs in den Werken Saars und Schnitzlers hin untersucht werden. Die Figuren der beiden jungen Offiziere ähneln einander darin, dass sie beide denselben Egozentrismus und dieselbe Eitelkeit zur Schau stellen, dieselbe Isolation und innere Leere. Beide Erzählungen haben ähnliche Schauplätze (Theater, Konzert, Garderobe), zu denen die Protagonisten in keinem inneren Bezug stehen, sondern die ausschließlich Orte der standesgemäßen Zerstreuung liefern; in beiden Fällen spielt der Mantel, als äußere Hülle, eine entscheidende Funktion für das Unglück des Protagonisten.

Schnitzlers Identität als Realist innerhalb der Moderne hat Swales (1982) herausgearbeitet. Swales vertritt die Ansicht, dass Schnitzler die Fähigkeit unter Beweis stellt, »die geistige Thematik der Jahrhundertwende [...] in einem präzis vermittelten gesellschaftlichen-historischen Kontext« zu verankern und seinem Modell über eine »zeitlose Aussage über den seelischen Haushalt im Menschen« hinaus mit literarischen Mitteln historische Konkretheit zu verleihen (ebd., 56). Eine solche Zuschreibung verdichtet sich im kritischen Diskurs von Ohl (1991), der Schnitzler Fontane gegenüberstellt und das gewollt provokante Konzept der ›Zeitgenossenschaft‹ einführt. Dieses zielt auf eine gemeinsame historische Sensibilität der beiden Autoren, d. h. ihre ähnliche Wahrnehmung der typischen Ereignisse einer Übergangsepoche zwischen Tradition und Moderne. Bei allen unbestreitbaren Differenzen teilen beide nicht nur die Erfahrung des radikalen gesellschaftlichen und politischen Wandels, der sowohl die alte Habsburger-Monarchie als auch das Deutsche Kaiserreich der Bismarck-Ära an der Wende vom 19. zum 20. Jahrhundert erfasst, sondern verarbeiten diese auch mit ähnlichen ästhetischen Mitteln. Ohl geht es vor allem darum, Fontanes Beitrag zur Vorbereitung der Moderne neu zu bewerten und Schnitzlers künstlerische Optionen im Licht seiner Bindung an die deutsche literarische Tradition zu analysieren. Anhand des in *Cécile* und *Effi Briest* behandelten Themas des Duells weist er eine inhaltliche Übereinstimmung mit den Werken des jungen Schnitzler nach, deren Fundament eine Reflexion beider Autoren über das destruktive Potential der sozialen Zwänge bildet. Indem Ohl die Chronologie von Schnitzlers Fontane-Lektüren rekonstruiert, weist er nicht nur dessen Autonomie gegenüber dem Urteil der zeitgenössischen Kritik nach, sondern legt vor allem auch Schnitzlers besondere Vorliebe für solche Romane offen, »in denen das Zuständliche gegenüber dem Geschehen (oder der ›Entwicklung‹) Vorrang hat« (ebd., 279). Entsprechend dominieren im Erzählwerk beider Autoren zum einen die Retrospektive bzw. die Reaktionen auf Zurückliegendes und zum anderen die Figurenrede über die epischen Beschreibungsformen.

Die »Parallelität« bzw. »Gleichzeitigkeit traditioneller und modernerer Momente« in den Dichtungen Fontanes und Schnitzlers (ebd., 306) bildet den Ausgangspunkt von spezifischen Studien, in erster Linie zu den Figuren- und Handlungsentwürfen (Scheffel 2000), zum Todesmotiv (Janson 2002) und zum Konzept der Mesalliance beider Autoren im Vergleich. Letzteres stellt Wu (2005) ins Zentrum einer komparatistischen Analyse von Fontanes Romanen *Irrungen, Wirrungen* und *Stine* auf der einen und Schnitzlers Drama *Liebelei* sowie dessen Roman *Der Weg ins Freie* auf der anderen Seite. Dabei geht es nicht darum, den Einfluss des Realisten Fontanes auf den jüngeren Schnitzler zu zeigen, sondern vielmehr darum, dass und wie für beide das Thema der Mesalliance eine paradigmatische Bedeutung für den unaufhaltsamen dialektischen Prozess von sozialen Grenzsetzungen und deren Überwindung erhält, und wie sich folglich in der literarischen Gestaltung dieses Themas ein gemeinsames Merkmal der Modernität manifestiert. Die symbolische Präsenz solcher Grenzen lässt sich in der Topologie und Topographie von Fontanes und Schnitzlers Werken nachweisen – beispielsweise die Spree und der Landwehrkanal in Berlin bei Fontane und die Ringstraße in Wien bei Schnitzler – und bestimmt letztlich die gesamte Textkomposition. Mit Hilfe einer Rekonstruktion der subtilen Metaphorik aus dem Bereich der Tierwelt und des Militärs, die Fontane bei der Darstellung von Verbindungen zwischen einem Adligen und einer Frau niederen Standes verwendet, deckt Wu dessen gezielte Kritik an der preußischen Klassengesellschaft auf. Während der Handlungsraum von Fontanes Figuren jedoch durch die unüberwindbaren sozialen Barrieren eingegrenzt ist, weisen sich Schnitzlers Helden hingegen dadurch aus, dass sie solche Grenzen durch ihr Handeln unweigerlich überschreiten. Gleichwohl erweisen sich auch ihre Versuche der Transgression als zum Scheitern verurteilt. Wus These zufolge dekliniert *Der Weg ins Freie* das Paradigma der Mesalliance auf einer doppelten Ebene: Neben die Mesalliance im engeren Sinne tritt nämlich die missglückte Verbindung zwischen den Juden und ihrer österreichischen Heimat. Während der Realist Fontane auch die äußere rechtsgeschichtliche Verankerung mit im Auge behält, vertieft Schnitzler das Konzept der Mesalliance in seiner sozialen wie psychologischen Valenz (Wu 2005, 201); beide Autoren verbindet überdies ihre Sensibilität gegenüber jungen Frauenfiguren niederer Herkunft. Diese Figuren, die immer wieder Opfer gewaltsamer Diskriminierungen sind, stellen sich in den Werken von Fontane und Schnitzler ihre Fähigkeit unter Beweis, sich von allen Vorurteilen zu befreien und sich so über die männlichen Protagonisten zu erheben, die einer sozialen Schicht verhaftet bleiben, welche die zwischenmenschlichen Abstände markiert, konstruiert oder bestätigt.

Literatur

Alter, Maria P.: Ferdinand von Saars »Leutnant Burda« und A. S.s »Leutnant Gustl«. Entwurzelung und Desintegration der Persönlichkeit. In: Eijiro Iwasaki (Hg.): *Akten des VIII. Internationalen Germanisten-Kongresses, Tokyo 1990*. Bd. 10: *Begegnung mit dem »Fremden«. Grenzen – Traditionen – Vergleiche. Identitäts- und Differenzerfahrung im Verhältnis von Weltliteratur und Nationalliteratur*. München 1991, 133–139.

Bahr, Hermann: *Zur Überwindung des Naturalismus*. Hg. v. Gotthart Wunberg. Stuttgart u. a. 1968.

Hodge, James L.: *The Novellen of Ferdinand von Saar. Anticipations of Twentieth Century Literary Themes and Techniques*. Pennsylvania 1961.

Janson, Stefan: »Einsame Wege« und »weites Feld«. Zum Todesmotiv bei A. S. und Theodor Fontane. In: Gabriele Radecke (Hg.): *»Die Decadence ist da«. Theodor Fontane und die Literatur der Jahrhundertwende*. Würzburg 2002, 95–108.

Kindermann, Heinz (Hg.): *Briefwechsel zwischen Ferdinand von Saar und Marie von Ebner-Eschenbach*. Wien 1957.

Miller, Norbert: Das Bild des Juden in der österreichischen Erzählliteratur des Fin de siècle. Zu einer Motivparallele in Ferdinand von Saars Novelle ›Seligmann Hirsch‹ und A. S.s Roman ›Der Weg ins Freie‹. In: Herbert A. Strauss/Christhard Hoffmann (Hg.): *Juden und Judentum in der Literatur*. München 1985, 172–210.

Nardroff, Ernest H. von: Ferdinand von Saar's »Schloß Kostenitz«: A Prelude to S.? In: MAL 4 (1971), H. 4, 21–36.

Necker, Moritz: Briefe von Ferdinand von Saar. In: *Österreichische Rundschau* 16 (1908), 194–207.

Nehring, Wolfgang: Vergänglichkeit und Psychologie. Der Erzähler Ferdinand von Saar als Vorläufer S.s. In: Karl K. Polheim (Hg.): *Ferdinand von Saar. Ein Wegbereiter der literarischen Moderne. Festschrift zum 150. Geburtstag*. Bonn 1985, 100–116.

Nehring, Wolfgang: Von Saar zu S. Die Ankündigung der Moderne im 19. Jahrhundert. In: *Jahrbuch des Wiener Goethe-Vereins* 86–88 (1982–84), 351–359.

Ohl, Hubert: Zeitgenossenschaft. A. S. und Theodor Fontane. In: *Jahrbuch des Freien Deutschen Hochstifts* (1991), 262–307.

Scheffel, Michael: ›Der Weg ins Freie‹ – Figuren der Moderne bei Theodor Fontane und A. S. In: Hanna Delf von Wolzogen/Helmuth Nürnberger (Hg.): *Theodor Fontane. Am Ende des Jahrhunderts. Internationales Symposium des Theodor-Fontane-Archivs zum 100. Todestag Theodor Fontanes 13.–17. September 1998 in Potsdam*. Bd. 3. Würzburg 2000, 253–265.

Specht, Richard (Hg.): *Widmungen zur Feier des siebzigsten Geburtstages Ferdinand von Saars*. Wien 1903.

Swales, Martin: S. als Realist. In: LuK (1982), H. 161/162, 52–61.

Wagner, Giselheid: *Harmoniezwang und Verstörung. Voyeurismus, Weiblichkeit und Stadt bei Ferdinand von Saar*. Tübingen 2005.

Wu, Xiaoqiao: *Mesalliancen bei Theodor Fontane und A. S. Eine Untersuchung zu Fontanes »Irrungen, Wirrungen« und »Stine« sowie S.s »Liebelei« und »Der Weg ins Freie«*. Trier 2005.

Giovanni Tateo

2. Produktive Lektüren, produktive Rezeptionen: Der Leser Schnitzler

Bücher und Lektüren spielten in Schnitzlers Leben und Werk eine weit bedeutendere Rolle als bisher bekannt. In seinem Tagebuch hielt Schnitzler seine Lektüren fest, berichtete darüber in Briefen und in seiner Autobiographie *Jugend in Wien*, protokollierte manche Lesefrüchte und führte eine Leseliste. Seine Lektüren nutzte Schnitzler auch produktiv: Intertextuelle Bezüge in seinem Werk und die systematische Erforschung der Dialogizität seines Œuvres erhellen das Verständnis der Texte.

Forschung

Auch wenn Schnitzler bereits zu Lebzeiten mit internationalen Schriftstellern der Moderne wie Maupassant oder Čechov verglichen wurde und sich selbst zu seiner Bibliothek als eigentlichem Inspirationsraum bekannte (Viereck 1981, 23), wurden die enorme Breite und die Funktion seiner Lektüren bislang nur ansatzweise gewürdigt. So hat Schnitzler manche Texte ganz nach literarischen Vorlagen modelliert, wie etwa *Die Toten schweigen* nach Gustave Flauberts *Madame Bovary* (Surowska 1985, Aurnhammer 2013a) oder *Die kleine Komödie* nach Theodor Körners *Reise nach Schandau* (Beßlich 2003). Auch strukturelle, formale oder inhaltliche Anlehnungen an Prätexte wurden in mehreren Texten registriert. Im *Lieutenant Gustl* orientiert sich Schnitzler etwa an Édouard Dujardins *Les lauriers sont coupés* (Aurnhammer 2013a), in *Fräulein Else* vor allem an Guy de Maupassants *Yvette* (Alexander 1971 u. 1986) und in *Frau Beate und ihr Sohn* an Karin Michaelis' *Gefährlichem Alter* [*Den farlige alder*] (Fitzon 2012). Onomastische Markierungen von Prätexten beschränken sich nicht auf legendäre historische Gestalten wie Casanova oder Paracelsus (Sautermeister 2006, Scheible 2009). So verweist Schnitzlers *Anatol* auf Victorien Sardou (Urbach 2008) und Albertine in der *Traumnovelle* auf Christian Krohgs *Albertine*, Prousts *Recherche* (Scheffel, 2014), aber vor allem auf Goethes Novelle *Nicht zu weit* (Aurnhammer 2013a, 260–265).

Leseliste

Schnitzlers Leseliste, die kürzlich ediert wurde (Aurnhammer 2013b), erhellt neben seinem enormen Lesepensum im Allgemeinen seine Lektürevorlieben im Besonderen. Ohne Anspruch »auf Vollständigkeit [...] nur zum Gedächtnisbehelf aufnotiert« (Notiz vom 25.12.1911), erfasst das 1905 angelegte Typoskript retrospektiv die vorgängigen Lektüren und reicht in handschriftlichen Ergänzungen bis zum Jahre 1928. Die Leseliste ist grob nach Ländern, teilweise auch nach literarischen Großregionen gegliedert, die intern jeweils nach Autoren alphabetisch geordnet sind. *Deutschland*, unter dem mit Einschluss Österreichs 494 Autoren genannt sind, folgen die romanischen Literaturen mit 208 Namenseinträgen, die sich wie folgt verteilen: *Frankreich* (182), *Italien* (16) und *Spanien* (10). Unter *England* sind 51 Schriftsteller aufgeführt. Nicht so sehr ins Gewicht fallen die Literaturen der Länder, die bis zum Ersten Weltkrieg mehr oder weniger zur Donaumonarchie gehörten: *Ungarn* (10) sowie *Polen und Czechen* (9). Die unter der Rubrik *Norden* verzeichneten 57 Schriftstellernamen repräsentieren die Literaturen Dänemarks, Norwegens und Schwedens. *Russland* stellt mit 34 Namen eine beachtliche Autorengruppe. Ihr folgt die antike Literatur, die fast gleichgewichtig *Griechenland* (18) und *Rom* (19) umfasst.

Bei Autoren, deren Gesamt- oder Hauptwerk er kannte, hat Schnitzler keine Einzeltitel genannt, sondern *alles* oder *vieles* vermerkt. Solche Pauschalnennungen betreffen sehr viele der bedeutenden deutschsprachigen Dichter des 19. Jahrhunderts: u. a. Joseph von Eichendorff, Christian Dietrich Grabbe, Franz Grillparzer, Gerhart Hauptmann, Friedrich Hebbel, Heinrich Heine, Gottfried Keller, Johann Nestroy, August von Platen, Ferdinand Raimund, Friedrich Rückert, Theodor Storm und Heinrich Daniel Zschokke. Undifferenziert bleiben auch die Angaben zu Lieblingsautoren Schnitzlers wie Schiller, Goethe, Shaw oder Bahr. Rechnet man die Pauschalnennungen hoch, ergibt sich somit eine deutlich höhere Zahl von Einzelwerken, als in der Leseliste angeführt sind. Zudem fehlen prominente Autoren der Klassischen Moderne, die Schnitzler nachweislich bestens kannte. Während er Peter Altenberg, Hermann Bahr, Richard Beer-Hofmann und Felix Dörmann nennt, kommen Leopold von Andrian-Werburg, Karl Kraus, Felix Salten und – die prominenteste Fehlanzeige – Hugo von Hofmannsthal überhaupt nicht vor. Auch ist die Lyrik in der Liste deutlich unterrepräsentiert.

Insgesamt dominieren Autoren und Titel des 19. und frühen 20. Jahrhunderts: Mehr als 75 % aller Autoren, die Schnitzler auf der Liste nennt, sind zu seinen Lebzeiten oder später gestorben. Doch sind erwartungsgemäß alle namhaften Klassiker verzeichnet: Neben antiken Vorbildern wie Homer, Sophokles und Ovid sind die deutschen Nationaldichter Lessing, Goethe, Schiller und Kleist ebenso vertreten wie die bedeutendsten Repräsentanten der Weltliteratur, etwa Dante, Cervantes, Shakespeare und Voltaire. Sie hatte Schnitzler wohl schon als »neunjährige[r] Bub« gelesen, da er um 1870 »den größten Teil [s]eines Taschengeldes für die kleinen gelbroten Büchelchen der eben erst neugegründeten Reclam'schen Universalbibliothek« verwandte (JiW, 28).

Bedenkt man die häufigen Theater-, Oper- und Kinobesuche, die Schnitzler in seinem Tagebuch verzeichnet, und ordnet man diese Form akustisch-visueller Rezeption dem individuellen stummen Lesen oder den kollektiven Rezitationen im Freundeskreis der Jung Wiener gleich, wird klar, wie selektiv die Liste schon in ihrer Anlage ist. Um solche Lücken zu kompensieren, ließ Schnitzler im Jahre 1927 die Lektürenotate in seinen Tagebüchern exzerpieren. Diese von 1879 bis 1927 chronologisch geordnete, maschinenschriftliche Aufzeichnung *Lektüre und Bemerkungen dazu* ergänzt die Lektüreliste (Urbach 1973), auch wenn sie durch die vollständige Edition der Tagebücher und deren Register mittlerweile überholt ist. Zugleich erhellt sie kontrastiv den Nutzen der Leseliste für die weitere Forschung: Mehr als ein Fünftel der dort aufgeführten Namen und Titel sind im Tagebuch oder in der Autobiographie oder der Auswahlausgabe der Briefe nicht erwähnt.

Schnitzlers reale und rekonstruierte Bibliothek

Arthur Schnitzlers Bibliothek ging nach seinem Tod im Jahre 1931 in den Besitz seines Sohnes Heinrich über, dessen Bibliothek im Jahre 1939 – nach dem sogenannten ›Anschluss‹ Österreichs an das Deutsche Reich – durch die Österreichische Nationalbibliothek (ÖNB) ohne Inventarisierung konfisziert wurde. Auch wenn die Umstände der ›Arisierung‹ von Heinrich (und Arthur) Schnitzlers Bibliothek gut erforscht sind (Adunka 2002, 106–111; Werner 2006 u. 2008), ist der Umfang des Buchbesitzes unklar: Schätzungen reichen von 6000 bis 12000 Bänden. Die 1947 rückerstatteten Bücher gingen aufgrund einer testamentarischen Verfügung Heinrich Schnitzlers bereits 1983 zum großen Teil wieder an die Nationalbibliothek zurück (6000 Bände), die nach dem Tod von Arthur Schnitzlers Schwiegertochter Lily im Jahre 2009 auch die restlichen Bücher erhielt (8000 Exemplare); Widmungsexemplare – Texte, die Arthur Schnitzler von befreundeten Autoren dediziert werden – gelangten an das Deutsche Literaturarchiv Marbach.

Während sich die reale Bibliothek Arthur Schnitzlers kaum noch rekonstruieren lässt, dokumentiert die Leseliste im Verein mit dem Tagebuch sowie den Nachweisen in der Korrespondenz und der Autobiographie die tatsächlichen Lektüren Schnitzlers. Somit ist es möglich, Schnitzlers Bibliothek zumindest virtuell wiedererstehen zu lassen und seine ›Leseleistung‹ – erfasst sind allerdings fast ausschließlich belletristische und philosophische Texte – umfassend zu dokumentieren. Eine auf dieser Quellenbasis erfolgte Rekonstruktion von Schnitzlers Bibliothek findet sich in Form eines Gesamtregisters im Anhang an die Edition der Leseliste (Aurnhammer 2013b).

Schnitzlers Lesepräferenzen

Schnitzlers Lektürevorlieben decken sich durchaus mit dem Zeitgeschmack, wie er sich in den Ausleihfavoriten Wiener Leihbibliotheken spiegelt (Martino 1982). Die übermäßig starke Repräsentanz der modernen französischen Literatur entspricht den Lektürepräferenzen der Wiener Moderne (Ritter/Bukauskaité/Heumann 2012). Die Leseliste lässt Schnitzlers großen literarischen Horizont erahnen: Er reicht von den Klassikern und großen Dichtern der Vergangenheit bis zu den Trivial- und Erfolgsschriftstellern der Gegenwart.

Schnitzlers Lieblingsautoren lassen sich, sieht man von unspezifischen Einträgen wie *vieles* bei George Bernard Shaw ab, von dem das Tagebuch 25 Titel anführt, aufgrund der Leseliste quantitativ feststellen: Die meisten Titeleinträge (24) finden sich bei Balzac. Weitere Favoriten sind Ivan Turgenev (22), Fedor Dostojevskij (19), Émile Zola (19), Guy de Maupassant (18), der im Tagebuch nur mit fünf Titeln vorkommt, und Knut Hamsun (15). Die Auswahl der deutschen Autoren ist breiter gestreut und weniger klar konturiert. Unter den Schriftstellern, die mit Einzeltiteln genannt sind, ragen Berthold Auerbach (16) und Theodor Fontane (14) heraus. An zweiter Stelle rangiert Aloisia Kirschner (11), die unter dem Pseudonym »Ossip Schubin« zahlreiche Erzählungen und Romane verfasste und um die Jahrhundertwende zu den beliebtesten Autoren zählte. Quantitativ zu Schnitzlers Lieblingsautoren (jeweils zehn Titelnennungen) gehören neben Max Burckhard, Ende der 1890er Jahre Direktor des

Burgtheaters, der Dramaturg Herbert Eulenberg und der westfälische Schriftsteller Levin Schücking. Mit Heinrich Mann scheint zahlenmäßig Hans von Hopfen zu konkurrieren, doch die neun Titel, die bei beiden zu Buche stehen, werden insofern relativiert, als das Tagebuch 26 Titel Heinrich Manns aufführt. Erstaunlicherweise finden sich Anton Čechov, den Schnitzler außerordentlich schätzte, mit lediglich elf Titelnennungen sowie Catulle Mendès nicht in der absoluten Spitzengruppe.

Die geschmacksgeschichtliche Aussagekraft der Leseliste ist gerade hinsichtlich der zeitgenössischen Literatur eingeschränkt, da Schnitzler in der Liste einige prominente zeitgenössische Texte ausspare, obwohl er sie nachweislich kannte. Solche Fehlanzeigen häufen sich besonders in der Spätzeit, als Schnitzler seine Lektüren zunehmend weniger regelmäßig notierte. Auf der Leseliste taucht etwa James Joyce' *Ulysses* nicht auf, während Schnitzler im Tagebuch 1927/28 seine Lektüre protokollierte und als das »ungeheure Missverständnis eines bewunderungswürdigen Talents« abwertet (Tb, 19.1.1928). Ähnliches gilt für Marcel Proust, der mit dem zweiten Band seiner *Recherche du temps perdu*, *À l'ombre de jeunes filles en fleurs*, im Jahre 1919 den Prix Goncourt gewonnen hatte und den Schnitzler wohl durch die Vermittlung des mit ihm befreundeten Übersetzers Hans Jacob 1924 las (ebd., 24.4.1924, 1.6.1924, 14.6.1924 und 27.6.1924).

Schnitzlers Lesegewohnheiten und Inszenierungen als Leser

Über Arthur Schnitzlers Lesegewohnheiten und Lektüretechniken sind wir durch das Tagebuch, die Autobiographie, die Briefe und einige Interviews recht gut informiert. Sie dokumentieren eindrücklich, welch leidenschaftlicher Leser Schnitzler war (Kucher 2012).

Typisch für Schnitzler ist die Parallellektüre, bezeugt etwa durch retrospektive Tagebucheinträge, die mehrere gleichzeitige Lektüren resümieren. Auch die iterative Lektüre ist für den Leser Schnitzler charakteristisch. Einige Titel wie Flauberts *Madame Bovary* (Tb, 14.5.1880; an G. Schwarzkopf, 29.9.1899; Br I, 299–302) las Schnitzler mehrfach. Wiederholt rezipierte Schnitzler auch Texte Goethes, sowohl lesend wie durch Theaterbesuche. So las Schnitzler 1896 *Dichtung und Wahrheit* und fragt sich bei der Relektüre 1908 selbst im Tagebuch, ob »zum 3. oder 4.? Mal« (Tb, 30.6.1908); als er 1914 sowie 1919 *Dichtung und Wahrheit* erneut liest, mutmaßt er allerdings wieder jeweils »zum 3. Mal« (ebd., 18.7.1914 und 31.10.1919), bevor er Goethes Autobiographie 1920 ein letztes Mal »zu Ende« liest (ebd., 1.7.1920).

Auch wenn Schnitzler gerne im Garten oder im Zug während seiner zahlreichen Bahnreisen las, bevorzugte er die Bibliothek und sein Arbeitszimmer für seine Lektüren. Als Leser in seiner Bibliothek inszenieren ihn mehrere Aufnahmen der Berliner Photographin Aura Hertwig (Tb, 9.3.1903, 16.2.1904, 25.11.1905, 19.3.1906; vgl. Aurnhammer 2013b). Ihr Foto aus dem Jahr 1906 (Tb, 19.3.1906) präsentiert den Dichter in einem Ledersessel sitzend, mit einem offenen Buch oder gebundenen Manuskript im Schoß und einem Papiermesser in der geschlossenen rechten Hand; eine Bücherwand im Hintergrund zeigt, dass der Dichter auch Leser ist. Von dieser Aufnahme, die Schreiben und Lesen augenfällig kombiniert, ließ Schnitzler Ansichtskarten drucken (ÖNB, Lichtbildarchiv Austria, Pf 4719:C [1]).

Literatur

Adunka, Evelyn: *Der Raub der Bücher. Plünderung in der NS-Zeit und Restitution nach 1945*. Wien 2002.

Alexander, Theodor W./Alexander, Beatrice W.: Maupassant's *Yvette* and S.'s *Fräulein Else*. In: MAL 4 (1971), H. 3, 44–55.

Alexander, Theodor W.: A Possible Model for S.'s *Fräulein Else*. In: MAL 19 (1986), H. 3/4, 49–61.

Aurnhammer, Achim: *A. S.s intertextuelles Erzählen*. Berlin/Boston 2013a.

Aurnhammer, Achim: *A. S.s Lektüren. Leseliste und virtuelle Bibliothek*. Würzburg 2013b.

Beßlich, Barbara: Intertextueller Mummenschanz. A. S.s Brieferzählung *Die kleine Komödie* (1895). In: *Wirkendes Wort* 53 (2003), 223–240.

Fitzon, Thorsten: Schwellenjahre – Zeitreflexion im Alternsnarrativ. A. S.s Erzählung *Frau Beate und ihr Sohn*. In: Thorsten Fitzon u. a. (Hg.): *Alterszäsuren. Zeit und Lebensalter in Literatur, Theologie und Geschichte*. Berlin/New York 2012, 405–432.

Kucher, Primus-Heinz: Der Autor als Leser, der Autor im Literatursystem seiner Zeit. A. S.s Tagebuchkommentare zu Lektüren und zum literarischen Leben der 1920er Jahre. In: *Jahrbuch der Grillparzer-Gesellschaft* 24 (2012), 67–95.

Martino, Alberto: Lektüre in Wien um die Jahrhundertwende (1889–1914). In: Reinhard Wittmann/Bertold Hack (Hg.): *Buchhandel und Literatur*. Wiesbaden 1982, 314–394.

Ritter, Ellen/Bukauskaité, Dalia/Heumann, Konrad (Hg.): *Hugo von Hofmannsthal. Bibliothek*. Frankfurt a. M. 2012.

Sautermeister, Gert: Glanz und Elend eines Mythos. Zur Ästhetik und Intertextualität von A. S.s *Casanovas Heim-*

fahrt. In: *Cahiers d'Études Germaniques* 50 (2006), 145–174.

Scheffel, Michael: Auf der Suche nach dem verlorenen Halt – A. S.s *Traumnovelle* als Parallelaktion zu Marcel Prousts *À la recherche du temps perdu*? In: Matei Chihaia/Ursula Hennigfeld (Hg.): *Marcel Proust – Gattungsgrenzen und Epochenschwelle*. München 2014, 141–158.

Scheible, Hartmut: »Sublata lucerna nullum discrimen inter feminas?« Individualität und Identität in A. S.s Komödie *Die Schwestern oder Casanova in Spa*. In: Hartmut Scheible: *Giacomo Casanova. Ein Venezianer in Europa*. Würzburg 2009, 173–192.

Surowska, Barbara: Flaubertsche Motive in S.s Novelle »Die Toten schweigen«. In: *Orbis Litterarum* 40 (1985), 373–379.

Surowska, Barbara: *Die Bewußtseinsstromtechnik im Erzählwerk A. S.'s*. Warschau 1990.

Urbach, Reinhard: A. S. Notizen zu Lektüre und Theaterbesuchen (1879–1927). In: MAL 6 (1973), H. 3/4, 7–39.

Viereck, George S.: Die Welt A. S.s (Interview). In: Peter M. Braunwarth u. a. (Hg.): *A. S. (1862–1931). Materialien zur Ausstellung der Wiener Festwochen 1981*. Wien 1981, 19–23.

Werner, Margot: Die Enteignung der Bibliothek A. S.s. In: Verena Pawlowsky/Harald Wendelin (Hg.): *Raub und Rückgabe. Österreich von 1938 bis heute*. Bd. 3: *Enteignete Kunst*. Wien 2006, 158–176.

Werner, Margot: Die Bibliothek A. S. Eine Enteignung. In: Inka Bertz/Michael Dorrmann (Hg.): *Raub und Restitution. Kulturgut aus jüdischem Besitz von 1933 bis heute*. Göttingen 2008, 202–208.

Achim Aurnhammer

3. Intendanten, Verleger, Autorenkollegen

Zumindest ebenso maßgeblich wie Wiener Freunde und Kollegen waren für Schnitzler Personen des literarischen und kulturellen Lebens in Berlin. Es wurde immer wieder argumentiert, dass Schnitzlers literarische Position, die dem Naturalismus, zumindest bis zur Jahrhundertwende, weit näher war, als jene des sogenannten Jung Wien, mit dieser Berliner Achse zusammenhing (vgl. Sprengel 1993); der übergreifende Kontext, die Unterschiede zwischen Berliner und Wiener Moderne, erscheinen dann als Ausdifferenzierung verschiedener Positionen im deutschsprachigen literarischen Feld, zwischen denen sich Schnitzler bewegt (vgl. dazu Sprengel/Streim 1998). In der Folge werden die wichtigsten der zahlreichen Kontakte behandelt, die Schnitzler zur deutschen Hauptstadt unterhielt, die ihn prägten und denen er einen großen Teil seiner Wirkung verdankte. Darüber hinaus werden auch einige an anderen Orten angesiedelte, für Schnitzler wichtige Persönlichkeiten berücksichtigt.

Otto Brahm, der deutsche ›Ibsen-Apostel‹

Otto Brahm, der Geburtshelfer des Naturalismus auf den Berliner Bühnen, trug zunächst mit zahlreichen Kritiken insbesondere in der *Vossischen Zeitung* und der *Nation* und dann mit Inszenierungen im Deutschen Theater (ab 1894) und Lessing-Theater (ab 1905) zur Durchsetzung Ibsens, Gerhart Hauptmanns und Schnitzlers bei. Diese drei Namen stehen für eine realistisch-naturalistische, sozialkritische und mitunter auch tendenziöse Dramatik. Schnitzler wurde durch die intensive Zusammenarbeit mit Brahm zweifellos in diese Richtung geführt. Angesichts des berühmten, aus dreizehn Stücken bestehenden Brahmschen Ibsen-Zyklus, der 1909 in Wien gastierte, schwang sich Schnitzler zu geradezu hymnischem Lob auf, das wohl in erster Linie dem Regisseur, aber auch den Stücken selbst und ihrem Stil galt. In einem Brief an Brahm schrieb er am 16. Juni 1909: »Wir sind Ihnen einige schöne und hohe Stunden schuldig geworden (wie kann man sie bezahlen?), und es läßt sich wohl sagen, Ihr Theater ist das einzige heute, von dem Fäden sich zum Herzen der Welt spinnen. Es muß kein übles Gefühl sein, so einen Ibsen-Zyklus gemacht zu haben (sowohl für Ibsen als für Brahm. Freuen Sie sich des vollendeten Werkes länger als der andere!)« (Brahm-Bw, 274).

Nicht nur die Stückauswahl, auch der an Brahms Theatern gepflegte naturalistische Inszenierungsstil übte einen starken Einfluss auf Schnitzler aus. Beispiele dafür, wie seine Texte im Verlauf der Produktion in den Stil naturalistischer Wirklichkeitsillusion à la Sudermann transformiert wurden, sind *Freiwild* und der Einakterzyklus *Lebendige Stunden*, wobei besonders bei dem Einakter *Die Frau mit dem Dolche* erhebliche Diskrepanzen zwischen Text bzw. Idee des Stücks und Aufführung auftraten (vgl. Sprengel 1993).

Brahm machte Schnitzler berühmt, führte er doch in den 17 Jahren der Zusammenarbeit fast alle neuen Stücke (zehn abendfüllende Dramen und zwölf Einakter) auf oder vermittelte sie an seine Nachfolger als Theaterleiter; auch beriet er Schnitzler stets kompetent und geduldig bezüglich allfälliger Verbesserung der Bühnentauglichkeit seiner Stücke. Dass es bei den Diskussionen über Änderungen auch Unmut auf beiden Seiten gab, war unvermeidlich. Wagner bringt die Intensität der Beziehung auf den Punkt: »Für die Jahre von 1896 bis 1912, von der Berliner Erstaufführung der *Liebelei* im Deutschen Theater bis zu Brahms Tod, kann der Einfluß dieses Mannes auf Schnitzler und sein Werk gar nicht überschätzt werden« (Reinhardt-Bw, 14). Wie sehr Schnitzler mit Brahm verbunden war, den er zum ersten Mal im Januar 1896 und danach regelmäßig bei den Proben und Aufführungen seiner Stücke in Berlin und andererseits bei Brahms Wien-Besuchen oder am Semmering traf, zeigt sich daran, dass er in den 19 Jahren nach Brahms Tod nur noch fünf Stücke und drei Einakter produzierte.

Max Reinhardt:
Eine nicht realisierte Regie-Alternative

Arbeitete Schnitzler also fast ausschließlich mit Brahm zusammen, so stellte Max Reinhardt, der zunächst in Brahms Ensemble im Deutschen Theater spielte, ehe er sich selbständig machte und sich auf das Inszenieren verlegte, eine ständig lockende Alternative dar. Reinhardt pflegte einen gänzlich anderen Stil, der Regieeinfälle – oft auf Kosten des Autors und seines Stücks – in den Mittelpunkt rückte. Nicht zuletzt beeindruckten Schnitzler auch immer wieder die für Reinhardt arbeitenden brillanten Schauspieler (u. a. Tilla Durieux, Agnes Sorma, Albert Bassermann, Alexander Moissi), denen er im Geiste so manche seiner Rollen zuordnete. Aber fast sämtliche Anläufe zur Zusammenarbeit verliefen im Sand. Reinhardt versuchte zwar wiederholt Stücke von Schnitzler zu bekommen, die Aufführungspläne scheiterten aber an dem organisatorischen Chaos, das an Reinhardts Theater herrschte, an der »unter uns, geradezu märchenhafte[n] Nachlässigkeit der Leute im Beantworten von Fragen u. a.«, wie Schnitzler Brahm berichtete (14.9.1905; Brahm-Bw, 198). Umgekehrt benützte Schnitzler Reinhardts Angebote, um auf Brahm Druck bezüglich Tantiemen und Aufführungsterminen auszuüben. So schlug er Brahm, als 1905 die Inszenierungen von *Zwischenspiel* und *Ruf des Lebens* anstanden, eine Aufteilung der Komödien an Brahm und der ernsten Dramen an Reinhardt vor. Brahm reagierte prompt (1.9.1905; ebd., 191 f.) und sehr gereizt, wobei die Eifersucht auf Reinhardt sogar den Stil beeinträchtigte: »Mir kommt es darauf an, beide Stücke zu haben und Sie, der unser Hausfreund seit so vielen Jahren gewesen ist – wie er überhaupt hausfreundlich-theatralisch tätig war (schönes Deutsch!) – Sie nicht mit einem neuen Hauptwerk woanders gastieren zu sehen« (ebd., 191).

Um Schnitzler nicht zu verlieren, erhöhte Brahm zweimal sein Tantiemenangebot, was den Autor nicht überzeugte; einmal mehr kam Brahm aber der nonchalante, für Schnitzler beleidigende Stil Reinhardts und seines Dramaturgenteams zu Hilfe, sodass letztlich auch der *Ruf des Lebens* in Brahms Theater landete. Nach weiteren vergeblichen Anläufen schrieb Schnitzler am 24. Dezember 1909 einen überaus ausführlichen ›Abrechnungs‹-Brief, in dem er alle über die Jahre vorgekommenen Fehler und Versäumnisse auf Reinhardts Seite aufzählte, zugleich aber auch sein Bedauern über das Scheitern der Zusammenarbeit zweier Personen ausdrückte, die einander im Grunde doch künstlerisch schätzten.

Die Burgtheater-Direktoren

In Wien hatte Schnitzler zunächst Glück mit Max Burckhard, der von 1890 bis 1898 als Direktor des Burgtheaters fungierte, das Haus für die Moderne öffnete und vor Skandalen nicht zurückschreckte; insbesondere nahm er Hauptmann, Ibsen, Sudermann, Hofmannsthal, Bahr und nicht zuletzt Schnitzler in den Spielplan auf. Burckhard wohnte im selben Haus wie Schnitzler, was der Rolle, die der junge Autor am Burgtheater spielen konnte, sicher nicht abträglich war. Unter seiner Direktion hielt Schnitzler 1895 mit *Liebelei* Einzug im Burgtheater.

Im Gegensatz zu Burckhard agierte sein Nachfolger Paul Schlenther, der dem Burgtheater von 1898 bis 1910 vorstand, allzu kompromissbereit gegenüber den Geldgebern bei Hof und dem konservativen Publikum. Obwohl eng befreundet mit Brahm und mit ihm zusammen Wegbereiter für Ibsen in Berlin, verließ ihn in Wien der Mut zum Risiko. Daher konnte Schnitzler von Schlenthers früher Sympathie für den Naturalismus nicht profitieren; unter seinem Direktorium ist mit Ausnahme von *Vermächtnis* und *Zwischenspiel* kein neues Stück Schnitzlers aufgeführt worden. Zum offenen Bruch zwischen Autor und Direktor kam es, als Schlenther sich trotz früherer Zusagen im letzten Moment weigerte, den *Schleier der Beatrice* aufzuführen. Schnitzler und einige Unterstützer gingen daraufhin an die Öffentlichkeit, prangerten dieses Vorgehen an und klagten das Recht des Autors auf klare Zu- oder Absagen ein. Damit war Schnitzlers Burgtheaterkarriere unter Schlenther klarerweise beendet. Zugunsten des Direktors ist allerdings daran zu erinnern, dass das Burgtheater als Hoftheater unter stärkerem Zensurdruck stand als andere Wiener Theater und sich immer wieder Angehörige des Hofes in die Spielplangestaltung einschalteten. So wurde Schnitzlers Revolutionsdrama *Der grüne Kakadu* dem Vernehmen nach auf Betreiben einer Erzherzogin vom Spielplan abgesetzt (Brahm-Bw, 40, Anm. 64).

Alfred Freiherr von Berger, Burgtheaterdirektor von 1910 bis 1912, war Schnitzler im Gegensatz zu Schlenther wiederum äußerst wohlgesonnen. Er nahm sofort nach seinem Amtsantritt *Liebelei* wieder auf und bald darauf *Das weite Land* und den ausstattungsmäßig aufwendigen *Jungen Medardus* ohne Zögern an.

Samuel Fischer und die Etablierung im literarischen Feld

Wenn man sich Schnitzlers Prosaproduktion zuwendet, so ist zunächst festzuhalten, dass er wie alle jungen Autoren anfänglich Schwierigkeiten hatte, seine Texte bei Verlagen und Zeitschriften unterzubringen. Ab den späten 1880er Jahren brachte er kleinere Beiträge (Gedichte, Novellen, Rezensionen) in Zeitschriften wie *Deutsche Wochenschrift*, *An der Schönen Blauen Donau*, *Moderne Rundschau* und *Frankfurter Zeitung* unter. Mit Verlagen (u. a. Reclam, Pierson und Fischer) ins Geschäft zu kommen, gelang ihm vorerst nicht. Aus dieser prekären Situation erlöste ihn Samuel Fischer, als er 1892 die Novelle *Der Sohn. Aus den Papieren eines Arztes* in seiner Hauszeitschrift, der *Neuen Deutschen Rundschau*, veröffentlichte, zwei Jahre später die Novelle *Sterben* als Buch herausbrachte und 1895 einen Generalvertrag mit Schnitzler abschloss, der vorsah, in Zukunft seine sämtlichen Werke zu verlegen (die Bühnenwerke übernahm er erst später und mit einigen Ausnahmen wie dem *Reigen*). Hier ist weniger die Beziehung Autor – Verleger von Interesse, die unter anderem Diskussionen über formale und inhaltliche Fragen der Werke einschloss (vgl. dazu Mendelssohn 1985), sondern vor allem die Aufnahme in den illustren Kreis der Autoren der Moderne, die Fischer in seinem Haus versammelte. Sie verschaffte Schnitzler, neben ausgezeichneten Honoraren, früh Beachtung »in jenen Kreisen, die den Ton angeben« (an Arthur Schnitzler, 15.6.1895; Fischer-Bw, 55), und damit einen Platz innerhalb der etablierten Moderne im literarischen Feld. Im Unterschied zum Inselverlag, den etwa Hofmannsthal vorzog, stand Fischer für die naturalistisch ausgerichtete Moderne und damit für deren Berliner Variante, an die Schnitzler durch Brahm und Fischer zu einem gewissen Grad angeschlossen wurde.

Schnitzlers Verhältnis zu Ibsen und Hauptmann

Von den Autoren, die Schnitzler besonders beschäftigten, ist zunächst Ibsen zu nennen. In Wien war Ibsen umstritten; wann immer sein Name auftauchte, ertönte auch der Ruf nach Zensur. Dennoch oder gerade deshalb gab er auch der Wiener Moderne wichtige Impulse. Schnitzler hat ab 1890 mindestens 51 Aufführungen von Ibsens Stücken besucht und, wie die Tagebücher belegen, sich lebenslang mit ihnen beschäftigt. Schnitzler besuchte den berühmt-berüchtigten Autor 1896 in Christiania, nicht zuletzt weil er angeboten hatte, *Liebelei* in seiner Heimatstadt auf die Bühne bringen zu helfen.

Über die Wertschätzung Schnitzlers für Ibsen gibt es keinen Zweifel, die häufigen Vergleiche und Hinweise auf Einflüsse versuchte er aber stets zu relativieren. So wies er z. B. darauf hin, dass er bereits im Winter 1885/86, als in Wien noch kaum jemand Ibsen kannte, in seiner Novelle *Die Belastung* mit Fragen der Vererbung ein typisch »Ibsensches« Motiv verwendet habe (JiW, 213 f.). Ein andermal betonte Schnitzler, dass Ibsen seine Figuren als Sprachrohr für persönliche Meinungen einsetze, er selbst seinen Charakteren dagegen freien Lauf für individuelle Entwicklungen lasse. Tatsächlich sind Ibsens Figuren leichter berechenbar, folgen ihren Maximen und dem ihnen vorgezeichneten Weg; auch verwendet Ibsen stärkere Antagonismen, viele seiner Protagonisten befinden sich zu einem höheren Grad im Besitz von Wahrheit und Moral als Schnitzlers ambivalente Figuren (vgl. Berlin 1982, 390–393). Es ist offensichtlich, dass Schnitzler für seine naturalistische Phase, also bis ca. 1900, viel bei Ibsen gelernt hat und z. B. gelegentlich die Form des analytischen Dramas übernimmt. Wie so oft lässt sich manches anführen, um Einflüsse plausibel zu machen, ›beweisen‹ lassen sie sich nicht. Man kann wohl mit Jeffrey B. Berlin resümieren, dass die beiden Autoren zwar zahlreiche verwandte Themen und Ideen behandeln, diese aber nicht immer direkt übernommen wurden, sondern gewissermaßen in der Luft lagen.

Mit Gerhart Hauptmann, der Leitfigur des deutschen Naturalismus, kam Schnitzler über Brahm und Fischer in Berührung, persönliche Treffen blieben aber selten. Bei aller Bewunderung empfand Schnitzler hier offenbar auch Neid, weil Hauptmann aus seiner Sicht mit schwächeren Werken ein Ausmaß an Anerkennung erfuhr, das ihm selbst versagt blieb.

Wertschätzung hielt sich die Waage mit Distanz, wie die ohne Begeisterung erledigte, sich wie eine Pflichtübung lesende Würdigung zu Hauptmanns 60. Geburtstag belegt (17.3.1922; Br II, 271–273).

Die Brüder Mann

Ähnliches trifft für Thomas Mann zu. Die beiden Autoren trafen einander relativ häufig, als Mann nach dem Ersten Weltkrieg zu Vorträgen nach Wien reiste. Thomas Mann lobte Schnitzler wiederholt, hob einmal den »erotischen Ernst« bei Schnitzler hervor, den Friedrich Hofreiter in *Das weite Land* repräsentiere, und adelte damit gewissermaßen die häufig als Frivolität getadelte allgegenwärtige Erotik als ernstzunehmende, den Menschen bestimmende Energie. 1911, als er diese Formulierung gebrauchte, beschäftigte sich Mann im *Tod in Venedig* mit ähnlichen Themen (vgl. Krotkoff 1974, 8–10 u. 16). In den Briefen der beiden tauchen auch immer wieder politische Fragen auf. Den *Betrachtungen eines Unpolitischen* stimmte Schnitzler höflich zu, erlaubte sich jedoch die Frage, ob man die Demokratie als ideale Staatsform absolut setzen könne. Schnitzler war Patriotismus zwar nicht fremd, gerade zur Zeit des Ersten Weltkriegs aber suspekt. Deshalb hüllte er sich über die patriotischen Herzensergießungen in den *Betrachtungen* in vornehmes Schweigen.

Kompliziert wurde die Beziehung zu Thomas Mann dadurch, dass Schnitzler sich in herzlicher Freundschaft dessen Bruder Heinrich verbunden fühlte, den er z. B. 1912, während eines Besuchs in München, fast täglich traf. Dass mit dem Zivilisationsliteraten, den Thomas Mann in seinen *Betrachtungen* heftig angriff, Heinrich gemeint war, der sich dadurch schwer getroffen fühlen würde, durchschaute Schnitzler sofort (vgl. Tb, 6.9.1918). Da er aber auch Heinrichs These vom »Engpaß«, aus dem nur radikale Lösungen führten, nicht zustimmen konnte, fungierte er in dem Bruderzwist »als ein platonischer, zum Schweigen verurteilter Mittelsmann«, wie er am 28. Dezember 1922 an Heinrich Mann schrieb (Br II, 297).

Was Heinrich Manns Werke betrifft, war Schnitzler skeptisch gegenüber der politischen Stoßrichtung und Einseitigkeit der Satire im *Untertan*, der seinem Empfinden nach geradezu Hass verströmte. Gegenüber dem Verfasser vertrat er in diesem Fall paradoxerweise, aber in Einklang mit der Position des Mittelsmannes, die ideologischen Positionen Thomas Manns in den *Betrachtungen*. In einem Brief an Heinrich Mann verkleidete Schnitzler seine Kritik an der Tendenz des *Untertan* in einen Scherz: »Wenn der liebe Gott nur halb so gerecht ist als der Präsident Wilson zu sein es sich einbildet, so muß er dafür sorgen, daß auch in den übrigen Ländern, vor allem in Frankreich, Dichter von Ihrem Genie auferstehen, die allein fähig wären die große Angelegenheit der Menschheit künstlerisch wieder ins Gleichgewicht zu bringen« (3.1.1919; Br II, 169). Auch an den *Armen* störte Schnitzler die Tendenz und die Verzerrung von Tatsachen ins Karikaturistische (vgl. 3.10.1917; ebd., 147–149). Nichtsdestotrotz setzte er sich immer wieder für Stücke des Freundes am Burgtheater ein, wenn auch mit wenig Erfolg. Umgekehrt kritisierte Mann postum Schnitzlers Desinteresse an Politik und seinen bedingungslosen Glauben an die Monarchie (vgl. Mann 1976, 222–230).

Als Erzähler konnten Schnitzler nach seiner (Selbst-)Einschätzung neben Jakob Wassermann nur die Brüder Mann das Wasser reichen, insbesondere hebt er die *Buddenbrooks* und die *Göttinnen* hervor (Tb, 6.1.1906 u. 12.1.1907). *Königliche Hoheit* repräsentiert für ihn die »real-humoristische« Weltbetrachtung, *Professor Unrat* die »grotesk-humoristische« (ebd., 22.10.1909). Auch vom *Zauberberg* ist er begeistert und schätzt Thomas Mann als den einzigen lebenden Humoristen ein, die anderen seien nur »Witzbolde, Groteskisten, Ironiker« (ebd., 4.12.1924, u. an Heinrich Schnitzler, 4.12.1924; Br II, 374).

Jakob Wassermann, Franz Kafka

Jakob Wassermann war 1898 nach Wien übersiedelt und von Schnitzler unter seine Fittiche genommen worden, woraus sich eine lebenslange Freundschaft entwickelte. Schnitzler verteidigte Wassermann gegen Angriffe, z.B. jene von Richard von Schaukal. Dieser hatte Wassermanns Roman *Die Geschichte der jungen Renate Fuchs* (1900) – und das »Judenthum in der Literatur« insgesamt – wegen unnatürlicher und gekünstelter Ausdrucksweise und Mangel an Gehalt attackiert (Schaukal-Bw, 22 f.). Schnitzler dagegen befand, dass Wassermann »die Vorstufe zu dem großen Roman, zu dem ganz großen, der für unsere Zeit in Deutschland noch nicht geschrieben ist«, gelungen sei (zit. in ebd., 16). Auch Georg Brandes gegenüber versuchte Schnitzler Wassermann als »Mensch, der den deutschen Roman vom Anfang des nächsten Jahrhunderts schreiben wird«, einzuführen (12.1.1899; Brandes-Bw, 72). Diese Bemühungen blieben allerdings ohne Erfolg, Brandes äußerte sich sehr kühl über *Renate Fuchs* und fand vor allem die Grundidee, das Nachtwandeln der Hauptfigur, zu sehr an den Haaren herbeigezogen.

Aus Schnitzlers Verhältnis zu anderen Autoren geht hervor, dass er sich mit Repräsentanten des literarischen Mainstream, den Arrivierten und Anerkannten identifizierte. Wenig Verständnis brachte er für Avantgardisten und am Rand des literarischen Feldes positionierte Außenseiter auf. Am 21. August 1928 vermerkt er in einem Brief an Clara Katharina Pollaczek die Lektüre von Kafkas *Schloss*, sie ist ihm aber keine Silbe des Kommentars wert (21.8.1928; Br II, 566). Umgekehrt wurde er auch von den Außenseitern kritisiert. So äußert sich Franz Kafka in einem Brief an Felice Bauer vom 15. Februar 1913 sehr negativ über Schnitzler, der für ihn einfach »schlechte Literatur« schreibt. Die frühen Werke (*Anatol, Reigen, Lieutenant Gustl*) seien noch akzeptabel gewesen, aber dann hätten sich eine »falsche Verträumtheit« und eine störende »Weichmütigkeit« breit gemacht (Kafka 1967, 299). Wie Eduard Goldstücker betont, ist Kafka hier nicht beim Wort zu nehmen, sondern er möchte seine Geliebte mit seinen literarischen Wertmaßstäben vertraut machen. Auch scheint er seine eigene Problematik auf Schnitzler zu projizieren, der seines Erachtens nach Kritik an der traditionellen »Vater-Welt« zu dieser zurückgekehrt sei (Goldstücker 1985, 124). Hinzuzufügen wäre, dass Kafka hier auf bereits zu Stereotypen erstarrte Formulierungen der Schnitzler-Kritik zurückgreift.

Kritikerfreunde und -feinde: Georg Brandes, Karl Kraus, Paul Goldmann

Was nun die literarische Kritik betrifft, so verband Schnitzler eine über dreißig Jahre anhaltende Freundschaft mit Georg Brandes. Nachdem er ihm zuvor den *Anatol* und *Das Märchen* geschickt hatte, traf Schnitzler Brandes 1896 zum ersten Mal persönlich. Dieser favorisierte historisch ›wahre‹ und politisch für Fortschritt und Liberalismus engagierte Literatur im Sinne des Naturalismus. Diese Einstellung hinderte ihn z. B., Verständnis für *Der grüne Kakadu* aufzubringen. Die Idee, dass sich Aristokraten in eine Spelunke begeben, um sich von Schauspielern revolutionäre Szenen vorspielen zu lassen, erschien ihm allzu sonderbar: »Es ist so verdammt künstlich, so ›ausklamüstirt‹ wie die Norddeutschen sagen« (an Arthur Schnitzler, 10.3.1899; Brandes-Bw, 74). Ähnlich verglich er den *Weg ins Freie* mit der Lebenswirklichkeit in Österreich bzw. Wien zu dieser Zeit und meldete Zweifel am Realitätsgehalt des Romans an; noch mehr störte ihn aber der Umstand, dass der Roman aus zwei nicht notwendigerweise zusammenhängenden Teilen bzw. Themen zusammengesetzt sei, nämlich der Lage der jüdischen Bevölkerung in antisemitischer Umgebung und dem Verhältnis Wergenthins zu seiner Geliebten (Ende Juni 1908; ebd., 95). In *Professor Bernhardi* wiederum störte ihn die These, dass jemand, der sich nicht zum Märtyrer berufen fühlte, davon befreit sein sollte, für seine Überzeugung einzutreten: »Wir lassen ja alle ohne Protest das meiste hingehen, weil das Protestieren doch nichts nützt; aber Sie sollten nicht unsere Handlungskraft durch Entmuthigung lähmen« (4.12.1915; ebd., 115). Mit Ausnahme solcher gelegentlicher Unzufriedenheit verfolgte Brandes Schnitzlers Werk aber mit gleichbleibender Sympathie.

Gewissermaßen am anderen Ende der Sympathie-Skala ist Karl Kraus anzusiedeln. Die bekannteste seiner Attacken auf Schnitzler enthält wohl der Aufsatz *Die demolirte Litteratur*. Schnitzler wird dort unter anderem Seichtigkeit, Leere und »ruhige Bescheidenheit des Grössenwahns« bescheinigt (Kraus 1896/97, 70). Permanent enthielt auch die *Fackel* Seitenhiebe auf Schnitzler. Der Angegriffene erscheint dort als Repräsentant des satten literarischen Establishments, der sich zu sehr im Einverständnis mit den Zeitumständen und dem durchschnittlichen Publikum weiß. Kraus ordnete Schnitzler den »kunstgewerblichen Talenten« zu (Kraus 1958, 353) und nannte ihn einen »Zeitdichter«, der längst davon abgegangen sei, als »Dichter gegen die Zeit« aufzutreten (ebd., 161). Wie das zu verstehen ist, lässt sich am Beispiel von Kraus' Position in den Auseinandersetzungen um den *Reigen* illustrieren. Kraus kritisiert sowohl die sittlich erregten Moralisten, die den *Reigen* wegen seiner Immoralität verurteilten, wie auch die Befürworter à la Hermann Bahr, die ihn einem breiten Publikum aufdrängen wollten. Schnitzler hätte seines Erachtens die Konfrontation des großen Publikums mit seinem Stück auf dem Weg der Publikation verhindern müssen. Was die späteren Aufführungen des Stücks betrifft, wiederholt Kraus seine Kritik, dass sie nämlich Zensoren auf den Plan riefen und gleichzeitig der »Befriedigung einer [...] Schweineherde« dienten, der Unterhaltung von Voyeuren, die nicht das Theater, sondern besser ein Nachtlokal besuchen sollten (Kraus 1921, 72). Dem Verfasser wirft er vor, dass er die »beiderseitige Erhitzung einander würdiger Parteien nicht nur ermöglicht und toleriert hat, sondern von der höhern Warte eines Logenplatzes« überblickt (Kraus 1922, 91 f.). Insofern gibt Kraus, wenn er auch ihre Motive nicht teilt, den Zensoren in der Sache recht: Der Dichter sollte die Publikumsreaktionen vorhersehen und sein Verhalten daran bemessen (vgl. dazu Wagenknecht 1985).

In einem Akt der psychischen Hygiene notiert Schnitzler am 25. Juni 1912 alles, was ihm zu Kraus einfällt. Im Kern findet er an Motiven für seine Angriffe nur Eitelkeit, Rachsucht und Niedrigkeit (vgl. AB, 476). Auch wenn er selten öffentlich replizierte, trafen ihn solche Angriffe sehr: »Im ganzen freun mich 100 lobende Artikel nicht so als es mich ärgert, wenn ich z. B. höre, dass mich der kleine Kraus talentlos nennt« (Tb, 20.12.1896).

Dass Freunde nicht immer freundliche Kritiker sein müssen, beweist das Beispiel Paul Goldmanns. Auch widerlegt er das Kraussche Standardargument, Schnitzler verdanke seinen Ruhm nur degoutanter Netzwerkerei. Der Journalist und Redakteur der Zeitschrift *An der Schönen Blauen Donau*, der später Berliner Korrespondent der *Frankfurter Zeitung* und der *Neuen Freien Presse* wurde, erwarb Verdienste durch frühe Abdrucke von Werken der Autoren von Jung Wien, als diese mangels Bekanntheit noch kaum Chancen hatten, in andere Publikationsorgane aufgenommen zu werden. Er kann auch als Schnitzlers Entdecker gelten, verfolgte den bald eng befreundeten Autor allerdings später mit ungewöhnlich beißender und zum Teil auch unverständiger Kritik. Goldmann bekämpfte den Naturalismus auf allen Linien, von Schnitzler erhoffte er sich »das große dramatische Werk [...], das Du allein leisten kannst von allen deutschen Schriftstellern Deiner Generation«, wozu das Schwelgen in immer neuen »Spezialfällen der Liebe« aber nicht so recht passen wollte (Goldmann an Schnitzler, 25.1.1902; zit. n. Brandes-Bw, 49 f.). Als Beispiel soll der 1904 von Brahm im Berliner Lessingtheater aufgeführte *Ruf des Lebens* dienen. Goldmann berichtet von einem Misserfolg, der zum größeren Teil zu Lasten des Autors gehe, weil er die Grundidee des Stückes nicht adäquat umgesetzt habe. Anstatt den Gedanken des unwiderstehlichen Rufs der Liebe auszugestalten, zeige Schnitzler ein Mädchen, das über die Leiche des Vaters hinweg für eine Nacht zu einem Liebhaber flüchtet. Mit »Liebe« habe all das nichts zu tun, bestenfalls mit Sinnlichkeit. Der Dichter erkläre damit, »daß ein abnormer Sexualtrieb das Leben ist, daß das Mädchen dem Rufe des Lebens folgt, wenn sie einer erotischen Laune nachgibt. [...] Und dieses Mädchen, das ihren Vater tötet, um eine erotische Laune zu befriedigen, wirkt nicht tragisch, sondern nur peinlich und abstoßend« (Goldmann 1908, 168 f.). Überhaupt habe es sich der Dichter seit längerer Zeit in den Kopf gesetzt, auf der Basis solcher Anatol-Launen und -Stimmungen Trauerspiele zu schreiben. Auch der Oberst, der ein Regiment unschuldiger Soldaten in den sicheren Tod schicke, weil seine Frau Ehebruch begangen habe, sei nicht aus dem Leben gegriffen, sondern an den Haaren herbeigezogen und eine moralische Monstrosität.

Schnitzler hielt, mit Bezug auf Goldmann, die Manier vieler Kritiker, etwas anderes zu verlangen als ein Autor tatsächlich geschrieben hatte, fest: »Ich denke, der Kritiker hat den Künstler diese zwei Dinge zu fragen: ›Kannst Du das, was Du willst?‹ und ›Willst Du auch alles, was Du kannst?‹ Aber er hat keineswegs das Recht, von jemandem, dem es beliebt, ein Schauspiel zu schreiben, ein Lustspiel zu fordern, und von einem, dem es gefällt, einen Einakter zu schreiben, ein ›abendfüllendes Stück‹ zu verlangen« (an Otto Brahm, 16.2.1902; Brahm-Bw, 115). In einem Brief an Goldmann von 1925 bestätigt Schnitzler, dass sie trotz großer Meinungsverschiedenheiten nach wie vor eine intensive Beziehung verbinde, die der Zerrüttung der äußeren Verhältnisse standhalte – eine Äußerung, die wohl unter die Kategorien »Höflichkeit« und/oder »sentimentale Anwandlung« fällt (9.3.1925; Br II, 395–397).

Engagement für das Urheberrecht

Nicht unerwähnt soll schließlich bleiben, dass Schnitzler sich sehr früh für die Wahrung des Urheberrechts der Autoren in jeder Hinsicht einsetzte, nämlich bei Theateraufführungen, Übersetzungen, Rundfunkausstrahlungen und Verfilmungen. Insbesondere versuchte er Abgeltungen für die Übersetzungen seiner Werke in den USA zu erhalten und von den sehr zahlreichen Aufführungen und von den Übersetzungen seiner Werke in Russland, von denen er zum Teil nur zufällig erfuhr, finanziell zu profitieren. Solange diese Länder aber nicht der Berner Konvention beigetreten waren, blieben solche Versuche zum Scheitern verurteilt. 1919 wurde Schnitzler vom österreichischen Unterrichtsminister eingeladen, sich an Initiativen zur Verbesserung der Autorenrechte zu beteiligen. 1927 klagte er erfolgreich gegen die Österreichische Rundfunkgesellschaft RAVAG, weil sie unberechtigt drei Novellen von ihm ausgestrahlt hatte (vgl. Sheirich 2008). Weniger Glück hatte er in den Auseinandersetzungen mit dem – meist amerikanischen – »Raubgesindel« in den Auseinandersetzungen um die Abgeltung von Filmrechten (vgl. Hall 2006).

Literatur

Berlin, Jeffrey B.: Die Beziehungen zwischen Ibsen und S. In: TuK 10 (1982), H. 2, 383–398.
Farese, Giuseppe: *A. S. Ein Leben in Wien 1862–1931*. München 1999.
Fliedl, Konstanze: *A. S.* Stuttgart 2005.
Goldmann, Paul: *Vom Rückgang der deutschen Bühne. Polemische Aufsätze über Berliner Theater-Aufführungen*. Frankfurt a. M. 1908.
Goldstücker, Eduard: Kafkas Kritik an S. In: Giuseppe Farese (Hg.): *Akten des Internationalen Symposiums »A. S. und seine Zeit«*. Bern/Frankfurt a. M./New York 1985, 118–126.
Hall, Murray G.: »daß ich gegen das Raubgesindel nichts ausrichten werde«. A. S. und die Filmproduktion. In: Thomas Ballhausen u. a. (Hg.): *Die Tatsachen der Seele. A. S. und der Film*. Wien 2006, 29–42.
Kafka, Franz: *Briefe an Felice*. Frankfurt a. M. 1967.
Kraus, Karl: Die demolirte Literatur. In: *Wiener Rundschau* 1 (1896/97), 19–27, 68–72, 113–118, 153–157.
Kraus, Karl: Um den Reigen. In: *Die Fackel* 22 (1921), H. 561, 72 f.
Kraus, Karl: Der Reigen. In: *Die Fackel* 23 (1922), H. 595, 89–92.
Kraus, Karl: S.-Feier. In: Karl Kraus: *Werke*. Bd. 6: *Literatur und Lüge*. Hg. v. Heinrich Fischer. München 1958, 161–172.
Krotkoff, Hertha: A. S. – Thomas Mann. Briefe. In: MAL 7 (1974), H. 1/2, 1–33.
Mann, Heinrich: *Ein Zeitalter wird besichtigt*. Düsseldorf 1976.
Mendelssohn, Peter de: A. S. und sein Verleger. In: Giuseppe Farese (Hg.): *Akten des Internationalen Symposiums »A. S. und seine Zeit«*. Bern/Frankfurt a. M./New York 1985, 14–21.
Scheible, Hartmut: *A. S. in Selbstzeugnissen und Bilddokumenten*. Reinbek bei Hamburg 1976.
Sheirich, Richard M.: A. S.'s Challenge to the Government Radio Monopoly, September 1927–February 1928. In: IASL 33 (2008), H. 1, 199–226.
Sprengel, Peter: S. in Berlin – S. und Berlin. In: *Cahiers d'études germaniques* (1993), Nr. 24, 163–179.
Sprengel, Peter/Streim, Gregor: *Berliner und Wiener Moderne. Vermittlungen und Abgrenzungen in Literatur, Theater, Publizistik*. Wien/Köln/Weimar 1998.
Wagenknecht, Christian: »Um den Reigen«: Karl Kraus und A. S. In: Giuseppe Farese (Hg.): *Akten des Internationalen Symposiums »A. S. und seine Zeit«*. Bern/Frankfurt a. M./New York 1985, 153–163.
Wagner, Renate: *A. S. Eine Biographie*. Wien u. a. 1981.

Norbert Bachleitner

4. Schnitzler und Jung Wien

Im Februar 1891 notiert Schnitzler in seinem Tagebuch: »Das junge Oesterreich. Im Griensteidl« (Tb, 26.2.1891). Das Café Griensteidl galt in der Wiener Moderne neben dem Café Central als einer der wichtigsten Treffpunkte für Künstlerinnen und Künstler. Seit dem Jahr 1890 kam Schnitzler in diesen Kaffeehäusern regelmäßig mit anderen Autoren zusammen; schon bald wurden sie im Österreich des ausgehenden 19. Jahrhunderts als Gemeinschaft wahrgenommen und sollten schließlich als Gruppe Jung Wien in die Literaturgeschichte eingehen. Mit diesem Namen werden heute neben Schnitzler insbesondere Hugo von Hofmannsthal, Richard Beer-Hofmann, Hermann Bahr und Peter Altenberg assoziiert, auch wenn zahlreiche weitere, aber weniger einflussreiche Schriftsteller und Persönlichkeiten zu diesem losen Zusammenschluss zählten. Zu ihnen gehören beispielsweise auch Leopold von Andrian, Felix Salten oder Gustav Schwarzkopf.

Die Bezeichnung ›Jung Wien‹ suggeriert spezifische Organisationsformen und eine explizite Programmatik. Beides ist für diese Gruppierung nicht zutreffend, handelte es sich doch vielmehr um eine Form von Zusammengehörigkeit, die insbesondere darauf basierte, dass ein bestimmter Teil der literarischen Prominenz Österreichs dieser Zeit im regelmäßigen Austausch über das Leben und die Kunst im Allgemeinen sowie über die eigenen literarischen Werke im Besonderen stand. Dazu traf man sich nicht nur im Kaffeehaus, sondern auch in den Wohnungen der Literaten zu gemeinsamen Gesprächen, man ging gemeinsam spazieren und unternahm Ausflüge. Als literarische ›Gruppe‹ lässt sich Jung Wien daher nur in einem speziellen Sinne verstehen: »Insofar as a group feeling existed at all, it was primarily as a circle of friends who shared a similar background and mutual literary interests, and who enjoyed each other's company« (Daviau 1978, 2). Richard Beer-Hofmann erinnert sich rückblickend: »Ich weiß nichts von einer Wiener Schule, ich weiß nur von einigen Menschen, die ich gern hatte, die mich interessiert haben, und so hat mich auch das interessiert, was sie produziert haben. Von einer ›Schule‹ war nicht die Rede« (zit. n. Schnitzler 1962, 131 f.). Allerdings waren die Zusammenkünfte nicht frei von Spannungen, schließlich konkurrierten die Autoren auf dem Feld der Literatur: »Die rein menschlichen Beziehungen zwischen den Angehörigen des Kreises wurden zuweilen durch persönliche Eifersucht, durch Mißverständnisse und durch Empfindlichkeiten getrübt, die auf eine extrem gesteigerte Sensibilität zurückzuführen sind« (Rieckmann 1985, 91). Dennoch sind die gemeinsamen Gespräche über allgemeine ästhetische Fragen und konkrete Werke ein zentraler Aspekt des Kreises, die schließlich auch Einfluss auf die Texte selbst nahmen: »Es scheint, daß kein Werk der Öffentlichkeit übergeben wurde, bevor es nicht im Freundeskreis vorgelesen, diskutiert und kritisiert war« (ebd., 95).

Eine entscheidende Gemeinsamkeit bestand in dem Bestreben, ›moderne‹ Literatur zu verfassen. So schreibt Bahr in seinem mit *Das junge Oesterreich* (1893) betitelten Text: »Was will es? Die Jünglinge wissen es nicht zu sagen. Sie haben keine Formel. Sie haben kein Programm. Sie haben keine Aesthetik. Sie wiederholen nur immer, dass sie modern sein wollen« (Bahr 2005, 73). Trotz dieser vorgeblichen Offenheit und vermeintlichen Programmlosigkeit weisen die ›modernen‹ Schreibkonzepte jedoch durchaus einen gemeinsamen Nenner auf, der darin bestand, dass die literarischen Texte der Gruppe, im Rahmen einer *Überwindung des Naturalismus* – so der einschlägige Titel eines weiteren Aufsatzes von Bahr aus dem Jahr 1891 –, das Subjektive betonten: »Wir haben kein anderes Gesetz als die Wahrheit, wie jeder sie empfindet« heißt es in Bahrs Manifest *Die Moderne* von 1890 (Bahr 2004, 14).

Tatsächlich ist die Abgrenzung vom Naturalismus entscheidend in der Frühphase von Jung Wien um 1890. Der Naturalismus Berliner Prägung hatte auch in Wien zahlreiche Anhänger, was insbesondere in dem Zeitschriftenprojekt der von Eduard Michael Kafka herausgegebenen *Modernen Dichtung* zum Ausdruck kommt. Verstand sich die Publikation in erster Linie als Forum für naturalistisch ausgerichtete Texte, gelang es den Jung Wienern dennoch – neben Publikationen in der Zeitschrift *An der Schönen Blauen Donau*, in der Schnitzler erste Arbeiten veröffentlichte –, ihre Werke dort zu publizieren und somit eine literarische Öffentlichkeit zu erreichen. Die Literaturszene Österreichs separierte sich zunehmend in zwei Lager: die Naturalisten mit der Konzentration auf die äußere Wirklichkeit auf der einen Seite, die Jung Wiener mit ihrem Blick auf innere Wahrheiten auf der anderen Seite. Die gegensätzliche Konzeption des Verhältnisses zwischen Kunst und Wirklichkeit brachte Hugo von Hofmannsthal auf den Punkt: Er war der Meinung, dieses Verhältnis könne, im Selbstverständnis der Jung Wiener, »nie, wie die Naturalisten meinten, ein spiegelbildliches, sondern immer nur ein gleichnishaftes sein« (Rieckmann 1985, 99).

4. Schnitzler und Jung Wien

Den literarischen Blick nach innen, den Schnitzler und die anderen Vertreter Jung Wiens in ihren Werken pflegten, sollte sich schließlich hinsichtlich der Prägung der österreichischen Literatur um 1900 – auch literaturgeschichtlich – durchsetzen. Eine entscheidende Rolle nahmen dabei die öffentlichkeitswirksamen Bestrebungen Hermann Bahrs ein, der immer mehr »zum Organisator und Propagandisten des Jungen Wien« (Sprengel/Streim 1998, 45) wurde und somit eine entscheidende Rolle für die Gruppe ausfüllte. Er verstand die Wiener Moderne, mit Jung Wien im Zentrum, als ›sein‹ Projekt, das »gleichsam auch eine Parallelaktion war, ein eifrig beworbenes Konkurrenzunternehmen zum Literaturbetrieb in Berlin, wo Bahr selbst nicht hatte Fuß fassen können« (Fliedl 2005, 24). Bahr war 1890 in Berlin als Redakteur der *Freien Bühne* tätig, dem zentralen Organ der literarischen Bewegung des deutschen Naturalismus. Doch aufgrund von Querelen mit dem Herausgeber Otto Brahm, die insbesondere auf dem spezifischen Moderne-Verständnis Bahrs beruhten, das sich von der Konzeption des Naturalismus zu differenzieren begann, trat Bahr schon 1891 den Rückzug nach Wien an. Seine dortige Begegnung mit der bereits konstituierten Gruppe der Jung Wiener bestärkte seinen »ästhetische[n] Paradigmenwechsel« (Sprengel/Streim 1998, 46) und führte zu jener von ihm postulierten *Überwindung des Naturalismus*, von der die Literatur Jung Wiens schließlich geprägt war. In dieser Hinsicht bedeutsam war zuvor insbesondere seine Zeit in Paris gewesen, wo er zwischen 1888 und 1890 mehrere Monate verbracht hatte und vom dekadenten Ästhetizismus französischer Prägung beeinflusst wurde (vgl. Daviau 1984, 22 f., 70–86 sowie die Zeitleiste auf den Seiten des Online-Editions-Projekts zu Bahr unter http://www.univie.ac.at/bahr).

Bahrs Rolle für Jung Wien hat oftmals das Missverständnis hervorgerufen, ihn als Gründer dieser Gruppe zu identifizieren, was von der Forschung mittlerweile jedoch überzeugend als »Mythos vom Gründer des Jungen Wien« (Sprengel/Streim 1998, 81) entlarvt wurde. In seinem Selbstverständnis begriff sich Bahr freilich durchaus als Gründungsfigur, wie ein Eintrag in seinem Tagebuch aus dem Jahr 1921 zeigt: E. M. Kafka habe ihn damals »dringend eingeladen, das ›junge Wien‹ zu ›gründen‹, das Material sei schon vorhanden: ein junger Arzt, Dr. Artur [sic!] Schnitzler, der durch die Pracht seiner Krawatten schon stadtberühmte Dr. Richard Beer-Hofmann und ein Gymnasiast, der unter dem Namen Loris schrieb: Hugo v. Hofmannsthal. Ich sah sie mir an, wagte die ›Gründung‹« (Bahr 1925, 15). Bahrs Funktion ist jedoch nicht zu unterschätzen: Seine spezifische und selbst gestellte Aufgabe bestand in der des – äußerst erfolgreichen – Vermittlers der Literatur der Jung Wiener.

Die ersten Schriften Schnitzlers stehen in unmittelbarem Kontext von Jung Wien; seine literarische Sozialisierung im Bund dieser österreichischen Autoren war entscheidend für seine frühen Werke. Die Rolle Schnitzlers im Kontext dieses Literatenkreises lässt sich insbesondere in seinem Verhältnis zu weiteren Protagonisten der Wiener Moderne nachzeichnen. In seinen Tagebüchern und in den Briefwechseln mit Hugo von Hofmannsthal, Richard Beer-Hofmann, Hermann Bahr und Peter Altenberg wird sein Verhältnis zu diesen Schriftstellern deutlich, die nicht nur sein Leben, sondern auch sein Werk beeinflussten.

4.1 Hugo von Hofmannsthal

Nachdem sich Schnitzler und Hugo von Hofmannsthal (1874–1929) bereits 1890 im Umfeld der Konstituierung von Jung Wien im Café Griensteidl kennengelernt hatten, entwickelte sich eine lebenslange Freundschaft bis zum Tode Hofmannsthals im Jahr 1929, die gleichermaßen von Nähe und Distanz geprägt war. Einen Eindruck von dem nicht immer spannungsfreien Verhältnis vermittelt neben Schnitzlers Tagebüchern insbesondere der rege Briefwechsel, auch wenn dieser wohl nicht vollständig erhalten geblieben ist: »Schnitzler bewahrte Briefe offenbar mit größerer Sorgfalt auf als Hofmannsthal: während sich 419 Briefe Hofmannsthals erhalten haben, fanden sich nur 76 von Schnitzlers Hand« (Hofmannsthal-Bw, 317).

Den Beginn ihres Briefwechsels markiert bereits Ende 1890 eine kurze Notiz Hofmannsthals auf einer Visitenkarte, in der er sich »beschämt und warm« (ebd., 7) für die Zusendung von *Alkandi's Lied* nebst Widmung bedankt. Sowohl Schnitzler als auch Hofmannsthal waren Autoren für die Zeitschrift *An der Schönen Blauen Donau*, in der Schnitzlers frühes Drama zuerst erschienen war. Wie eindrucksvoll Hofmannsthal auf Schnitzler bei ihren ersten Begegnungen gewirkt haben muss, zeigen die ersten Tagebucheinträge Anfang 1891, in denen sich der zwölf Jahre ältere Schnitzler voller Bewunderung über Hofmannsthal äußert, der sich zu dieser Zeit noch ›Loris‹ nennt: »Bedeutendes Talent, ein 17j. Junge, Loris (v. Hofmannsthal). Wissen, Klarheit und, wie es scheint, auch echte Künstlerschaft, es ist unerhört in dem Alter« (Tb, 29.3.1891).

Seit Juli 1891 entfaltet sich ein reger Briefverkehr und schon bald herrscht ein vertrauter Tonfall, sie schreiben sich mit ›Verehrter‹ oder ›Lieber‹ Freund an, seit 1892 auch zunehmend mit den jeweiligen Vornamen, allerdings stets beim ›Sie‹ verbleibend, was Zeit ihres Lebens so bleiben sollte. Bereits in einem frühen Tagebucheintrag charakterisiert Schnitzler die spezifische Beziehung zu seinem Dichterkollegen, die das Distanzierende zu erklären vermag: »Gespräch über uns. Charakteristik unsres Verkehrs: das rein intellectuelle, nie über persönliches« (ebd., 23.10.1892).

Dennoch ist das Verhältnis von gegenseitiger Zuneigung geprägt. So nimmt Hofmannsthal Anteil an der schwierigen Situation Schnitzlers, als dieser noch zwischen dem Pflichtgefühl, als Arzt zu arbeiten, und seiner eigentlichen Leidenschaft, als Schriftsteller wirken zu wollen, schwankt. Als Schnitzler gegenüber Hofmannsthal erwähnt, dass er die Praxis seines Vaters übernimmt, antwortet dieser mit Lob und Anerkennung für seine dichterische Arbeit in einem Brief vom 19. Juli 1892: »[A]n ihrem guten und lieben Brief stört mich nur die Nachricht, wie viel Arbeit Sie sich jetzt zumuten wollen. Deshalb wünsche ich für Sie sosehr den äußeren Erfolg, den Sie als Künstler vor sich selbst und vor uns gewiß nicht notwendig haben, damit sich die Perspectiven, in denen Sie selbst und Ihr Vater Ihr äußeres Leben, Ziele Pflichten und Stil der Lebensführung, anschauen, endlich ändern« (Hofmannsthal-Bw, 23). Der gegenseitige Respekt in der Frühphase der Freundschaft wird auch durch das einführende Gedicht Hofmannsthals deutlich, das Schnitzler als Einleitung zum *Anatol*-Zyklus in sein Werk aufnimmt (DW I, 28 f.).

Aus Olga Schnitzlers Erinnerungen geht hervor, dass Schnitzler in der Frühphase der Freundschaft »eine tiefere Bindung, die sich fast in kleinen Anfällen von Eifersucht bemerkbar macht« (Schnitzler 1962, 51), empfindet. Im Tagebuch sind tatsächlich entsprechende Passagen zu finden, in denen Schnitzler ein seiner Meinung nach zu enges Verhältnis zwischen Hofmannsthal und Richard Beer-Hofmann sowie Hermann Bahr beklagt, durch das er seine Beziehung zu Hofmannsthal beeinträchtigt sieht. So notiert er im August 1894: »Kann mich der Empfindung nicht verschließen, dass etwas zwischen uns getreten ist, und es ist mir, als wäre seine Hochschätzung, gewiss aber seine Sympathie für mich gesunken.– Ich empfinde es unangenehm, daß er mit Richard intimer ist als mit mir« (Tb, 28.8.1894). Und im Dezember 1895: »Hugo ist dem Bahr zu nah; das läßt ihn offenbar mir gegenüber nicht wirklich und stetig warm werden; und trotz beiderseitigem gutem und bestem Willen, ist kein tieferes Verhältnis zwischen uns, wie es sein könnte und vielleicht müßte« (ebd., 21.12.1895). Schnitzler äußert sogar den Wunsch, Hofmannsthal gefallen zu wollen, er sei ihm »ohne Unbefangenheit gegenüber«, er sei sich aber dessen »Auffassung nicht sicher« (ebd., 23.3.1896).

Bringen diese Eifersüchteleien zumindest implizit die Wertschätzung des Älteren gegenüber dem Jüngeren zum Ausdruck, so scheut Hofmannsthal sich nicht, Schnitzler seine Anerkennung explizit brieflich mitzuteilen, auch wenn selbst darin die offensichtlich stets präsente Distanz deutlich wird, wie etwa im Brief vom 17. Mai 1896: »Die ganze Zeit, seit wir uns kennen, ist mir als ein ganzes eingefallen, wie eine Landschaft, aber viel merkwürdiger; als wenn man in einem Tal stünde und durch die Wände der Berge hindurch die anderen Täler gleichzeitig sehen würde. [...] Wir haben doch in diesen Jahren sehr viele schöne Stunden gehabt. [...] Auch daß wir voneinander nicht gar zu viel wissen und immer ein jeder wie ein Neuer aus seinem Leben hervortritt und wieder hineingeht, ist sehr schön« (Hofmannsthal-Bw, 65 f.). Über ein Jahrzehnt später, in einem Brief vom 19. September 1909, schreibt Hofmannsthal: »Ich hab Sie sehr lieb, mein lieber Arthur, und auch Ihre Arbeiten habe ich sehr lieb, das gehört ja dazu« (ebd., 246). Trotz der Nähe zwischen den Schriftsteller-Kollegen bleiben häufige persönliche Treffen offensichtlich aus. Zu unterschiedlichen Zeiten finden sich immer wieder Äußerungen, in denen beide bedauern, sich nicht häufiger zu sehen. Bereits am 24. November 1892 beispielsweise schreibt Schnitzler: »Ich wiederhole übrigens, was ich Ihnen schon neulich geschrieben, daß ich nämlich sehr unangenehm enttäuscht bin, auch heuer so wenig mit Ihnen zusammen zu kommen« (ebd., 31). Fast zwei Jahrzehnte später ist es dann Hofmannsthal, der seiner Enttäuschung über die Unregelmäßigkeit der Treffen Ausdruck verleiht; am 13. Juli 1910 teilt er mit: »Man ist seit 20 Jahren gut miteinander, man ist sich weder fremder, noch uninteressanter, noch weniger lieb geworden, sondern im Gegenteil vielleicht, man gehört demselben Berufe an, man wohnt in *einer* Stadt – und man verbringt keine 20 Stunden im Jahr miteinander!« (ebd., 250).

Die Beziehung zwischen Schnitzler und Hofmannsthal ist trotz dieser immer wieder betonten

4. Schnitzler und Jung Wien

Freundschaftlichkeit seit Beginn ihrer Beziehung von einer gleichermaßen sich häufig äußernden Distanz geprägt: Bereits Neujahr 1893 bringt dies ein Tagebucheintrag Schnitzlers zum Ausdruck: »Es gibt Gespräche, in denen wir uns nähern, und andre, in denen wir uns voneinander entfernen« (Tb, 1.1.1893). Ob daher aber von einer »Hassliebe« (Farese 2003, 295) die Rede sein kann, bleibt fraglich, liegen die hin und wieder auftretenden Differenzen doch vielmehr an der Konkurrenzsituation, den »Charakterverschiedenheiten« (ebd., 292) sowie am »Mangel an Intimität« (Rieckmann 1985, 91). Unter dem Stichwort »Freunde« notiert Schnitzler Anfang 1909: »zu Hugo kühl-humoristisch-bewunderungsvoll; [...] es gibt eine Art Gipfelgrüßen zwischen uns und ein gemeinsames lustiges Spazieren in Thälern – unsre Wege gehen getrennt« (Tb, 1.1.1909).

Häufiges Thema zwischen den Autoren sind die eigenen Werke und die des anderen; der Austausch der beiden über die jeweiligen Schriften ist beispielhaft für die Gruppe der Jung Wiener. Schnitzler erweist sich dabei in der Regel als kritischer Leser, mitunter äußert er dennoch auch lobende Worte, so etwa über Hofmannsthals *Das gerettete Venedig*. In einem Brief vom 7. Januar 1903 findet er »insbesondere, daß Sie diesmal Ihrem Vers, ohne daß er an Schönheit das geringste verloren, das dramatisch hinstürmende verliehen haben wie noch nie zuvor. Ich glaube an die Zukunft dieses Stücks auf dem Theater. Leben Sie wohl und freuen Sie sich nur, daß Sie sowas geschrieben haben« (Hofmannsthal-Bw, 166). Anderen Werken gegenüber äußert er sich weniger wohlwollend. Über *Cristinas Heimreise* etwa heißt es: »Hugos ›Cristina‹ zu Ende gelesen. Schwach. Ohne innre Notwendigkeit geschrieben« (Tb, 16.2.1910).

In der gegenseitigen Diskussion ihrer Werke treten neben ästhetischen Differenzen auch unterschiedliche Produktionsformen zutage. So bewundert Schnitzler in einem Brief vom 29. Juli 1892 die Tatsache, dass Hofmannsthal offensichtlich bereits zu Beginn seines Schreibens um das Ende weiß: »Ich wundre mich, daß Sie zugleich zweiten und fünften Akt schreiben können. So sicher bin ich meiner Gestalten nie! [...] Ich darf manches voraussahen, aber wissen darf ichs nicht« (Hofmannsthal-Bw, 25). Olga Schnitzler bringt die divergierenden Arbeitsweisen auf den Punkt: »Die Einfälle des jungen Loris stehen sofort mit allen Nuancen bildhaft vor seinem inneren Auge da, während Schnitzler sich dem Spiel seiner Einbildungskraft hingibt wie einem Abenteuer, das ins Ungewisse führt« (Schnitzler 1962, 50).

Im Gegensatz zur häufigen Kritik Schnitzlers erweist sich Hofmannsthal als begeisterter Anhänger der Werke seines Kollegen. Über *Der einsame Weg* schwärmt er in einem Brief vom 13. November 1903: »Ich bin sehr glücklich, lieber Arthur, daß Sie etwas so Schönes, Tiefes, mit nichts Vergleichbares machen konnten« (Hofmannsthal-Bw, 177). Noch in seinem letzten erhaltenen Brief an Schnitzler vom 3. Juni 1929 zeigt er sich beeindruckt von dessen Monolognovellen und weiß sogar die literaturhistorische Bedeutung einzuschätzen: »Ja, so gut Leutnant Gustl erzählt ist, ›Fräulein Else‹ schlägt ihn freilich noch; das ist innerhalb der deutschen Literatur wirklich ein genre für sich, das Sie geschaffen haben« (ebd., 312).

Hofmannsthals geringe Meinung über den Roman *Der Weg ins Freie* jedoch gerät zum Zankapfel zwischen den beiden Jung Wienern und markiert einen Einschnitt in ihrem Verhältnis. Nachdem Hofmannsthal sich »sehr verstört« zeigt, da er »zwischen Ihnen und Ihren Arbeiten natürlich keine Grenze ziehen kann« (24.7.1908; ebd., 238), fühlt sich Schnitzler, dem dieses Werk viel bedeutet, tief verletzt. Der Disput findet zwei Jahre später seine Fortsetzung, als Hofmannsthal Schnitzler um ein weiteres Exemplar bittet, da er »den Roman damals halb zufällig halb absichtlich in der Eisenbahn« (29.10.1910; ebd., 256) liegen gelassen hatte. Schnitzler reagiert pikiert, er empfindet das Verhalten des Freundes – sowohl den laxen Umgang mit dem Buch als auch die späte Beichte – als »völlig unvereinbar mit unseren künstlerischen und menschlichen Beziehungen« (2.11.1910; ebd., 256). Zwar stabilisiert sich das Verhältnis wieder, dennoch scheint sich der Vorfall nachhaltig negativ auf die Freundschaft ausgewirkt zu haben. Hofmannsthal konnte seine Vorbehalte gegenüber dem Roman bis zu seinem Tod nicht überwinden, noch im letzten Brief vom 3. Juni 1929 verdeutlicht er, dass »er diese Arbeit nun einmal weniger gern« (ebd., 312) habe.

Stets zwischen Nähe und Distanz changierend, bleibt das Verhältnis über Jahrzehnte hinweg ambivalent. Dennoch hat Schnitzler gegenüber Hofmannsthal, laut Forschung »dem einzigen ernstzunehmenden literarischen Konkurrenten« (Perlmann 1987, 23) aus dem Jung Wiener Kreis, stets eine Verbundenheit gefühlt; selbst nach der tiefgreifenden Krise um seinen Roman: »Mit wie wenigen Menschen ist man doch in den Wurzeln verbunden. Trotz allen Auseinanderlaufens in den Aesten – mit ihm bin ich es doch.–« (Tb, 17.6.1914).

4.2 Richard Beer-Hofmann

Das Verhältnis Schnitzlers zu Richard Beer-Hofmann (1866–1945) war von ungleich persönlicherer Natur als seine Beziehung zu Hugo von Hofmannsthal. Zwar ist auch ihr Briefwechsel stets von der höflichen Anredeform geprägt, dennoch stehen sich die beiden Autoren – wahrscheinlich unter anderem aufgrund ihres geringeren Altersunterschieds und des jeweiligen Bekenntnisses zur jüdischen Herkunft (vgl. Scherer 1993, 452) – sehr viel näher. Schnitzler traf auf den vier Jahre jüngeren Beer-Hofmann wohl ebenfalls Ende 1890. Seit Mai 1891 entwickelte sich ein reger Briefwechsel, der zwar bis zu Schnitzlers Tod im Jahr 1931 anhielt, aber in den letzten zwanzig Jahren seines Lebens deutlich reduziert wurde, nicht nur weil das Telefon zunehmend den Briefverkehr unnötig machte – ihre Korrespondenz stand laut Fliedl »am Ende der so genannten Briefepoche« (2001, 148) –, sondern insbesondere auch, weil die beiden Jung Wiener ab 1910 sehr nah beieinander wohnten. Die erhaltenen Briefe zeugen sowohl von stetigem gegenseitigem Respekt als auch von einer tiefen Verbundenheit: »Schnitzler had no closer friend than Beer-Hofmann, and Beer-Hofmann, in turn, had no more intimate friend than Schnitzler« (Weber 1974, 40). Dies zeigt sich nicht zuletzt darin, dass Schnitzler 1898 Trauzeuge von Beer-Hofmann bei seiner Hochzeit mit Paula Lissy war und dieser wiederum fünf Jahre später Schnitzler bei dessen Vermählung mit Olga Gussmann in gleicher Rolle zur Seite stand.

Die Hochschätzung Schnitzlers durch Beer-Hofmann verdeutlicht der Blick auf einen Brief aus dem Jahr 1895: »Heute macht die Tatsache, daß wir einander haben, nur unser Leben schöner und wärmer, aber ich glaube, wenn wir einmal alt sein werden und sehr Vieles, an das wir jetzt glauben, weit weg von uns sein wird, werden wir einander noch viel mehr bedeuten« (27.9.1895; Beer-Hofmann-Bw, 87). Schnitzler wiederum vertraut seinem Tagebuch mehrfach an, welch hohe Meinung er von Beer-Hofmann hat, beispielsweise im Januar 1905.: »Dabei ist Richard vielleicht unter allen Menschen (von Olga, Julius, Gisa, Mama abgesehn) der mir am theuersten« (Tb, 28.1.1905). Etwa vier Jahre später, in einem berühmten Eintrag vom Neujahrstag 1909, in dem Schnitzler auch sein Verhältnis zu zahlreichen weiteren Weggefährten resümiert, wird Beer-Hofmann unter dem Stichwort »Freunde« zuerst genannt: »dauernd gut in gegenseitigem herzlichen Respekt – zu Richard« (ebd., 1.1.1909) notiert er.

Jahre später findet sich ein weiterer Eintrag, in dem die Wertschätzung Schnitzlers insbesondere von Beer-Hofmanns Charakter zum Ausdruck kommt: »Ein wahrhaft adliger Mensch. Wie viele gibts noch neben ihm? Dichter manche größere – ja vielleicht ist er im Grunde nicht das, was man einen ›Dichter‹ nennt? Was sind Kategorien? Was sind Ansichten? – Was ist ›Talent –‹? Nur jenes geheimnisvolle ist zu verehren, was wir Persönlichkeit nennen« (ebd., 11.4.1917). Im Vergleich mit sich selbst sieht er bei Beer-Hofmann gar »den Vorzug [...] der innern Reinheit (›Charakter‹s)« (ebd., 12.1.1905).

Schnitzler zeigt sich jedoch nicht nur von der Persönlichkeit seines Freundes, sondern immer auch von seinem – schmalen – Werk beeindruckt. Bereits kurz nach ihrem Kennenlernen versucht Schnitzler, Beer-Hofmann in einem Brief für ein Schreibprojekt zu gewinnen, in dem auch die Sehnsucht der Jung Wiener nach literarischen Zeugnissen des stets gut gekleideten, dandyhaften Kollegen zum Ausdruck kommt, der in ihren Augen zu selten produktiv ist: »Nächstens werden sie etwas schreiben müssen; das steht fest. Ich habe die Idee angeregt, zusammen ein Buch zu edieren [...]. Titel: Aus der Kaffeehausecke. Sammlung von Skizzen, Novelletten, Impressionen, Aphorismen – jeder hat möglichst individuell zu sein – außerdem würde ich einen erhöhten Wiener Ton (jenen Ton, der nicht im Dialekt besteht) bevorzugen. Ich spreche noch näher mit Ihnen drüber; Sie haben meiner Idee nach sehr viel damit zu schaffen. Interessant ist, wie einige, als Ihr Name genannt wurde, mit einer gewissen Wehmut sagten: ›Ja, wenn man von dem was kriegen könnte‹« (6.6.1891; Beer-Hofmann-Bw, 30). Schnitzler galt als besonders strenger Kritiker der Werke seiner Dichterfreunde, und dementsprechend bedeutsam ist sein häufiges Lob der wenigen Werke Beer-Hofmanns. Grundsätzlich erscheint Schnitzler Beer-Hofmann »als der bedeutendste von uns allen« (Tb, 4.1.1905), doch auch zu konkreten Werken äußert er sich. In einem Tagebucheintrag in Bezug auf *Jaákobs Traum* etwa verknüpft Schnitzler seine Wertschätzung des Werks mit der Hochachtung vor seinem Freund, indem er die Bedeutung des Textes aus der Persönlichkeit des Autors erklärt: »Ein edles hohes reines Werk – wie es nur ein Mensch höchsten Ranges schreiben konnte, der nebstbei – wieder ein Beweis seiner Außerordentlichkeit, – ohne im ›wesentlichen‹ ein ›Dichter‹ zu sein – ein großer Dichter ist! –« (ebd., 31.5.1918). Häufig vermischt Schnitzler lobende und kritische Worte, wodurch die Ernsthaftigkeit seiner Werklektüren deutlich wird. So schreibt er an den Autor der

Novelle *Camelias* am 3. August 1893: »Lieber Richard, eben habe ich die Camelia's wiedergelesen und kann sie versichern, dass sie die gefährliche Probe des Wiederlesens aufs glücklichste bestanden haben. [...] Dagegen muss ich aber bemerken, dass mir die Miederstelle noch unangenehmer auffiel, als das erste Mal; sie ist absolut überflüssig und ausschliesslich widerlich« (Beer-Hofmann-Bw, 49). Hinsichtlich der Lektüre von Beer-Hofmanns Roman *Der Tod Georgs* heißt es am 2. März 1900: »Also glauben Sie mir: es ist ein wundervolles Buch. Man hat allerdings das Gefühl, als wenn die aneinandergereihten Edelsteine nicht auf einer Schnur, sondern auf einem Zwirnsfaden – oder gar nur in der Luft aneinandergereiht wären [...]. [D]ass man das Bedürfnis hat, das Buch wieder zu lesen ist ja sehr schön, aber dass man es entschieden 2–3 Mal lesen *muss*, ist vielleicht ein Fehler« (ebd., 144). Auch aufmunternde Worte findet der Freund angesichts eines von der Kritik »sowohl in der Handlungsführung als auch in der Psychologie des Stücks« (ebd., 305) konstatierten Bruchs in dessen Drama *Der Graf von Charolais*. So verleiht Schnitzler in einem Telegramm vom 23. Dezember 1904 seinen guten Wünschen in der für ihn unüblichen Form eines Gedichts Ausdruck: »dieser wunsch sei meinem freund geweiht dass in seinem sehr geliebten werke jeder alle weichheit alle staerke einer ungebrochenen menschlichkeit keiner den beruehmten bruch bemerke = arthur« (ebd., 171).

Die gegenseitige Wertschätzung und Bedeutung der Freundschaft wird auch in den zwar seltenen, aber umso interessanteren gegenseitigen Werkbeeinflussungen deutlich. So sind zwei kurze Texte Beer-Hofmanns erhalten, die sich explizit auf Werke Schnitzlers beziehen: Das Gedicht *Der einsame Weg* (1905) ist als »Rollengedicht einer Figur« (Scherer 1993, 470) des gleichnamigen Stückes von Schnitzler gedeutet worden; das Gedicht scheint »vor allem die Situation Julian Fichtners wiederzugeben« (ebd.) – eine Interpretation, die neben den thematischen Bezügen und der Titelübereinstimmung noch durch die Widmung »An Arthur Schnitzler« (Beer-Hofmann 1998, 16) unterstützt wird. Auf parodistische Art und Weise bezieht sich durch seine metaleptische Struktur der Text *Das Echo des Lebens* (1909) auf *Der Ruf des Lebens*. Dieser »Epilog zur Generalprobe des Stückes ›Der Ruf des Lebens‹« imaginiert einen Dialog verschiedener Figuren aus eben jenem Drama Schnitzlers, die sich über ihren Status als fiktive Figuren Gedanken machen. Schnitzler zeigt sich amüsiert, er empfindet den metafiktionalen Text als »sehr lustig« (Tb, 13.12.1909), selbst Jahre später noch: »Richard las uns wieder seine Rufparodie vor die noch viel besser wirkte als vor 4, 5 Jahren« (ebd., 11.10.1914). Mit diesem Epilog reagiert Beer-Hofmann gewissermaßen auf das Auftauchen einer seiner Figuren in einem Werk Schnitzlers wenige Jahre zuvor. Dieser hatte Beer-Hofmanns ›Grafen von Charolais‹ in seinem burlesken Einakter *Zum großen Wurstel* (1904) einen kurzen Auftritt beschert.

Diese Respekt bezeugenden gegenseitigen Werkverweise verdeutlichen das beständige freundschaftliche Verhältnis zwischen diesen beiden Protagonisten von Jung Wien. Die über Jahrzehnte hin ungetrübte besondere Beziehung kommt schließlich auch im letzten erhaltenen Schriftstück Beer-Hofmanns an Schnitzler vom 14. September 1931 zum Ausdruck. Wieder einmal in Bad Ischl verweilend, wo beide häufig ihre Sommerfrische verbrachten, schreibt er an seinen Wiener Freund: »Auf allen Wegen sind hier Erinnerungen, wehmütige, aber auch schöne! Herzlichst Ihr Richard« (Beer-Hofmann-Bw, 232).

4.3 Hermann Bahr

Im April 1891 notiert Schnitzler: »Hermann Bahr im Kfh. kennen gelernt. Liebenswürdig freier Mensch; im Gesicht Roheit, Geist, Güte, Schwindelhaftigkeit« (Tb, 27.4.1891). Nach diesem ersten Treffen im Griensteidl entfaltet sich eine ambivalente und in späteren Jahren zunehmend schwierige Beziehung zwischen den nahezu Gleichaltrigen, die durch viele Briefe und Postkarten bis zu Schnitzlers Tod 1931 belegt ist. Aufgrund zahlreicher Querelen im Laufe der Jahre erscheint es als erstaunlich, dass ausgerechnet zwischen Schnitzler und Bahr (1863–1934) ein vertrautes ›Du‹ die Korrespondenz beherrscht; eine Folge der Bruderschaft, die sie Silvester 1893 miteinander beschließen. In ihrem Schriftverkehr geht es hingegen insbesondere um das Schreiben und um ihre jeweiligen Werke, persönliche Dinge werden nur selten thematisiert.

Dies charakterisiert insofern die Beziehung auf passende Art und Weise, als Bahr für Schnitzler – zumindest in der frühen Phase ihrer Bekanntschaft in den 1890er Jahren – eine wichtige Funktion erfüllt: Er macht das schriftstellerische Werk des ausgebildeten Mediziners bekannt. Außerdem steht Bahr Schnitzler mehrfach zur Seite, als sich dieser durch seine Werke in einen Skandal verstrickt: In den Affären rund um die Texte *Reigen, Lieutenant Gustl, Der grüne Kakadu* oder *Der Schleier der Bea-*

trice setzt er sich für ihn ein. Bahr verfasst beispielsweise einen Text zur Verteidigung des *Reigen*, der aber von keiner Zeitung akzeptiert wird. Zwar stehen diese Fürsprachen auch im Kontext von Bahrs grundsätzlicher Förderung der österreichischen zeitgenössischen Literatur, dennoch weiß Schnitzler das persönliche Engagement zu schätzen. »These sincere efforts on his behalf far exceeded Schnitzler's expectations and caused him to change his attitude about Bahr, not so much as a critic, but as a man and reliable friend in case of need« (Daviau 1978, 24). Im Zuge von Bahrs Beistand im Kontext der Affäre um *Lieutenant Gustl* bestimmt Schnitzler dementsprechend in einem Brief vom 26. Juni 1901 ihr Verhältnis neu: »Laß mich bei dieser Gelegenheit auch einmal sagen, wie sehr es mich freut, daß wir beide über die zeitweiligen Entfremdungen hinaus sind [...]. Nun ist das Alter der Mißverständnisse wohl endgültig für uns vorbei und wir sind so weit, daß wir einander – vielleicht auch ein bißchen um unserer Fehler willen – Freunde sein und bleiben dürfen« (Br I, 438).

In den ersten zehn Jahren ihrer Bekanntschaft sind in Schnitzlers privaten Aufzeichnungen Passagen der Wertschätzung ebenso zu finden wie negative Aussagen über die schillernde Propaganda-Figur von Jung Wien. Im Oktober 1894 beispielsweise hält Schnitzler nach einem Besuch des Kollegen schriftlich fest, was ihn an ihm stört: »Er blieb 2 Std. und ich sagt ihm so ziemlich alles was ich gegen ihn auf dem Herzen hatte. Ungerechtigkeit; seine Manier, die Wahrheit der Stimmung, der Laune, Antipathie, Sympathie, Rhythmus eines Satzes aufzuopfern. Er gesteht zu, sei von einer ewigen Angst gequält, langweilig zu werden« (Tb, 28.10.1894). Bereits einige Tage zuvor notiert er: »Bahr ist ein unehrlicher Kritiker« (ebd., 17.10.1894). Doch Bahrs Haltung in grundsätzlichen Fragen nötigt ihm Respekt ab. Als Bahr sich sogar in körperliche Streitigkeiten begibt, um die Juden zu verteidigen, die auch im Wien des ausgehenden 19. Jahrhunderts immer wieder antisemitischen Kampagnen ausgesetzt sind, schreibt er: »Er war mir direct sympathisch« (ebd., 30.3.1896). Eine grundsätzliche Sympathie wird auch dadurch deutlich, dass Schnitzler Eifersucht empfindet hinsichtlich der unterschiedlichen Nähe zwischen Bahr und den anderen Jung Wienern. Im November 1895 reflektiert er über einen »Tag kleiner Empfindlichkeiten; ärgerte mich über den freundschaftlichen Verkehr Hugos und auch Richards mit Bahr« (ebd., 6.11.1895). Dies hält ihn allerdings nicht davon ab, gegenüber anderen regelrecht ausfallend zu werden, wenn es um Bahr geht. In einem Brief vom 8. Oktober 1899 schreibt er an Hugo von Hofmannsthal: »Er ist gewiß nicht nur ein Aff, sondern auch ein boshafter Aff« (Hofmannsthal-Bw, 133).

Doch infolge des Beistands in dem Skandal um *Lieutenant Gustl* scheint sich das Verhältnis nach der Jahrhundertwende tatsächlich zu bessern. Im November 1901 empfindet er »[w]arme Sympathie« (Tb, 4.11.1901) für Bahr, in einem Beileidsschreiben vom 16.5.1902 zum Tode von Bahrs Mutter betont er die Entwicklung in ihrer Beziehung, wenn er ihn bittet, »an die innigste Teilnahme eines Menschen zu glauben, der Dein Freund *geworden* ist. Und was man allmählich wurde, bleibt man« (Daviau 1978, 75). Als Bahr 1903 schwer erkrankt, ist es Schnitzlers Bruder, der den selbsternannten Gründer Jung Wiens operiert. Schnitzler selbst kümmert sich in dieser Zeit sorgsam um den Patienten, der sich dadurch bedankt, dass er ihm seine Sammlung *Rezensionen. Wiener Theater 1901–1903* widmet. Schnitzler revanchiert sich mit der dem Drama *Der Ruf des Lebens* vorangestellten Widmung »Meinem Freunde Hermann Bahr«, was insofern als »spezial gesture of friendship« (ebd., 30) gelten kann, als Schnitzler seine Werke nur selten Weggefährten widmet. Allerdings wird immer wieder deutlich, dass Schnitzler den Freund Bahr vom Autor Bahr zu trennen weiß; über dessen Schriften zeigt er sich nach wie vor ungehalten. Über Bemerkungen Bahrs zu *Der Weg ins Freie* schreibt er: »Ich las sie; sie sind fabelhaft dumm. Im übrigen ist er in all seiner Unfähigkeit jemals irgend eine Sache klar, frei, rein anzusehen, ein wundervolles Exemplar Mensch« (Tb, 13.11.1908). Und obwohl er eine »[i]nnerlich klare aufrichtig freundschaftliche Beziehung mit Bahr« (ebd., 1.1.1909) konstatiert, lässt er sich immer wieder negativ über dessen Arbeit aus: »Las Nm. Bahrs Tagebuch mit Vergnügen und Interesse; obzwar beinah jeder Satz ein Unsinn ist. Österreich, Menschen, Gestalten, Werke, – fast alles sieht er falsch; dieser wahrhaft freie Mensch ist der Knecht seiner vorgefaßten Meinungen, und jede seiner Meinungen ist ›vor‹ gefaßt, da sie Zufälligkeiten ihre Entstehung verdankt und sich niemals logisch entwickelt« (ebd., 24.6.1909).

Nachdem Bahr Ende 1912 Wien gen Salzburg verlassen hat, kühlt das Verhältnis merklich ab. Für Schnitzlers Wahrnehmung des ›gewordenen Freundes‹ kommt erschwerend hinzu, dass dieser sich zunehmend dem Katholizismus zuwendet. Die Krise gipfelt darin, dass Bahr, der 1918 Mit-Leiter des

Wiener Burgtheaters wird, aus Rücksicht auf katholische Interessen die Aufführung von Schnitzlers *Die Schwestern oder Casanova in Spa* ablehnt. Zu Schnitzlers 60. Geburtstag im Jahr 1922 jedoch lobt er sein Werk überschwänglich und in aus heutiger Sicht nahezu prophetischer Art und Weise, wenn er über die Wirkung der österreichischen Literatur des frühen 20. Jahrhunderts in 100 Jahren spekuliert: »Und wenn man dann die Sitten, Denkweisen, Lebensarten des sanften Abendrots, in dem das Österreich der Vorwelt verglomm, durchforscht haben wird, wird man sich an den Künstler halten, der jenes Abendrot von 1890 bis 1920 am reinsten zu spiegeln scheint. Und der, lieber Arthur, bist Du!« (Bahr 1922, 500). 1930 bringt Bahr Schnitzler sogar für den Literatur-Nobelpreis ins Spiel.

Trotz aller zwischenmenschlichen Komplikationen bleibt Schnitzler kurz vor seinem Tod rückblickend das Positive im Gedächtnis; die jahrzehntelangen Weggefährten scheinen sich am Ende ausgesöhnt zu haben. In einem seiner letzten Briefe vom 17.3.1930 schreibt Schnitzler: »Beziehungen, auch unterbrochene, auch gestörte, sind das einzig Reale in der seelischen Oekonomie. Wenn mir meine Vergangenheit erscheint, bist Du mir immer einer der nächsten, und so kann es auch in der Gegenwart nicht anders sein« (Daviau 1978, 117).

4.4 Peter Altenberg

Der einzige der bedeutenden Jung Wiener, den Schnitzler bereits vor der losen Konstituierung der Gruppe 1890/1891 kannte, war Richard Engländer (1859–1919), der unter dem Pseudonym Peter Altenberg als Inbegriff des Kaffeehausliteraten in die Literaturgeschichte einging. Das Verhältnis der beiden ist zu einem nicht unerheblichen Anteil von Konkurrenz geprägt – sowohl in privater als auch in beruflicher Hinsicht. Bereits Mitte der 1880er Jahre haben beide die Gunst einer jungen Frau erworben, angeblich aufgrund charakterlicher Ähnlichkeiten, wie Schnitzler sich in *Jugend in Wien* erinnert: »Eine hübsche Brünette [...], Anni Holitscher, war in Peter Altenberg verliebt, der damals noch Richard Engländer hieß; und da sie eine seltsame innere Ähnlichkeit zwischen mir und ihm zu entdecken behauptete, fiel ein Strahl ihrer Sympathie für ihn auch auf mich« (JiW, 210). Schnitzler selbst scheint zu diesem Zeitpunkt keine sehr gute Meinung über seinen ›Konkurrenten‹ zu haben: »P. A. besonders galt nur als geistreicher Sonderling und gebärdete sich in einer mir nicht ganz echt erscheinenden Weise als berufsmäßiger Neurastheniker, was ich ihm auch gelegentlich ins Gesicht sagte, ohne daß er es mir übelgenommen hätte« (ebd.). Auch zu einer weiteren Frau, Olga Waissnix, stehen beide – allerdings um einige Jahre zeitversetzt – in Verbindung. Aufgrund ihres äußerst eifersüchtigen Ehemannes geht sie jedoch weder zu Altenberg noch zu Schnitzler eine tiefere Beziehung ein. In beruflicher Hinsicht konkurrieren sie schließlich um den Literatur-Nobelpreis, der 1914 gar an beide zugleich vergeben werden soll, denn es sei im Gespräch, die Auszeichnung »zwischen mir und Peter Altenberg zu theilen, was Olga [Schnitzler, geb. Gussmann] noch viel aergerlicher empfindet als ich – (nicht aus finanz. Ursachen – sondern weil der lit. Nobelpreis noch *nie* getheilt worden)« (Tb, 1.8.1914). Durch Ausbruch des Krieges wird der Preis in diesem Jahr allerdings nicht vergeben.

Als Altenberg Mitte der 1890er Jahre zum Kreis der Jung Wiener hinzustößt, kann er noch keine Veröffentlichungen vorweisen. Allerdings kursieren unter den Autoren Texte von Altenberg, die bei den üblichen Werkbesprechungen durchaus auf Anerkennung stoßen. Schnitzler erwähnt Altenberg in seiner Funktion als Autor erstmals in einem Tagebucheintrag vom 25. Februar 1894, als Beer-Hofmann Texte von ihm im kleinen Kreis vorliest. Altenberg ist bei dieser Lesung zwar nicht anwesend, erhält aber positive Rückmeldung, wie er am 1. März 1894 in einem Brief an Anni Holitscher zu berichten weiß: »Man war ganz begeistert, besonders von ›Don Juan‹. [...] Besonders wurde mein Stil bewundert. [...] So bin ich aus der bescheidensten Stellung bei den Dichtern vorgerückt und freue mich riesig darüber« (zit. n. Lunzer/Lunzer-Talos 2003, 72). Wenige Monate später erreicht dieselbe Adressatin ein weiterer Hinweis, dass Schnitzler von Altenbergs Werken angetan zu sein scheint: »Denken Sie, Schnitzler lobt mich« (ebd.) schreibt Altenberg am 6. Juli 1894. Dass Schnitzler eine nicht unerhebliche Rolle bei der Etablierung Altenbergs gespielt hat, wird auch in dessen kurzem Text *So wurde ich* (1913) deutlich, in dem er auf scherzhafte Art und Weise seinen Zusammenhang zum Jung Wiener Kreis skizziert. Er berichtet davon, wie er im Kaffeehaus seine Prosaskizze *Lokale Chronik* verfasst, als auf einmal mehrere Herren hinzustoßen: »Da traten Arthur Schnitzler, Hugo von Hofmannsthal, Felix Salten, Richard Beer-Hofmann, Hermann Bahr ein. Arthur Schnitzler sagte zu mir: ›Ich habe gar nicht gewußt, daß Sie dichten!? Sie schreiben da auf Quartpapier, vor sich ein Porträt, das ist verdächtig!‹« (Altenberg

1913, 35). Aufgrund seiner Freundschaft mit Karl Kraus, der sich schon bald als satirischer Kritiker abwertend mit Jung Wien auseinandersetzte, wird das Verhältnis getrübt, worüber Schnitzler sich in seinem Tagebuch auslässt, nicht ohne Altenberg implizit Illoyalität vorzuwerfen. »Peter Altenberg vorbei, gibt nachlässig-feindlich die Hand«, schreibt er, und weiter: »Es ist seltsam wie heftig die Antipathie dieses Menschen gegen mich ist, seit ich einen Erfolg habe und seit er ein Buch geschrieben (dabei war ich der erste, der seine Sachen gelobt und empfohlen hat, und er hat sich bis vor kurzem sehr achtungsvoll gegen mich benommen)« (Tb, 9.10.1896). Wenige Tage später heißt es: »Im Kfh. Altenberg und seine Gemeinde von der wir, besonders ich [...] unsäglich gehasst werden« (ebd., 18.10.1896).

1903 gerät Altenberg in einen Skandal. Heinz Lang, ein verzweifelter Liebhaber der verheirateten Schauspielerin Lina Loos, wendet sich um Hilfe bittend an Altenberg, der ihm wohl eher scherzhaft rät, er solle sich doch umbringen. Als Lang diesen Rat in die Tat umsetzt, wird der Fall öffentlich, mit Folgen auch für Altenberg: »Bei manchen Zeitgenossen allerdings schadete die Affäre Altenberg sehr – Schnitzler und Hofmannsthal etwa sahen sich in ihrem Urteil, er sei menschlich eher ein Leichtgewicht, bestätigt« (Lunzer/Lunzer-Talos 2003, 101).

Entgegen dieser Vorbehalte steht Schnitzler seinem Wiener Weggefährten in dessen letzten Lebensjahren zur Seite. Er unterstützt ihn sogar, ebenso wie Hugo von Hofmannsthal, finanziell (vgl. Brief von Schnitzler an Bahr vom 16.11.1912; Daviau 1978, 109–110). Altenberg, der mit psychischen sowie Alkoholproblemen zu kämpfen hat und in Behandlung ist, wird des Öfteren von ihm besucht, Schnitzler setzt sich überdies für seine Entlassung ein. Trotz seines »akuten alkoholischen Irreseins« (Brief von Schnitzler an Bahr, 22.4.1913; Br II, 20) ist Schnitzler überzeugt, dass Altenberg nicht unzurechnungsfähig ist: »Wie ich richtig vermuthet, ist er heute so wenig oder sosehr wahnsinnig als je. Man kann ihn für immer interniren oder gleich herauslassen« (Tb, 20.4.1913). Allerdings glaubt Schnitzler, dass Altenberg früher oder später seiner Trunksucht erneut verfallen wird (vgl. Brief von Schnitzler an Altenberg, 22.4.1913; Br II, 19).

Sein erneut ambivalentes Verhältnis zu einem Schriftstellerkollegen regt Schnitzler im Fall Altenberg sogar zu einem Werk an, das aber Fragment bleibt: Unter dem Titel »Das Wort« arbeitet Schnitzler jahrzehntelang an einer »Tragikomödie in fünf Akten« (W, 3) über Altenberg und Jung Wien. Zahlreiche Figuren verweisen auf reale Vorbilder; neben Altenberg, der sich in Anastasius Treuenhof widerspiegelt, wird auch auf seine »widerlichen Jünger[ ]« (Tb, 2.6.1898) Alfred Polgar (Gleissner) und Stefan Grossmann (Rapp) angespielt. Auch Protagonistinnen der Loos-Affäre wie Lina Loos (Lisa van Zack) oder Heinz Langs Mutter Marie Lang (Frau Langer) sind als Figuren integriert. Das Stück beginnt zudem an einem Handlungsort, der charakteristisch für Jung Wien ist und dadurch bereits am Anfang darauf hindeutet, dass hier Leben zu Literatur verdichtet wurde: »Ein kleines Kaffeehaus« (W, 31). Ausgangspunkt des Textes ist der zu unbedachte Umgang mit Worten, wie ihn Altenberg unter anderem in der Affäre Loos an den Tag gelegt hatte. Olga Schnitzler berichtet in einer Anekdote darüber, wie Schnitzler sich über diese Charaktereigenschaft echauffieren konnte: »Schnitzler, jedem Inflationswert des Wortes im tiefsten abhold, erzählte, wie er einmal im Gespräch mit P. A. ihm sagen mußte: ›Sie haben vor fünf Minuten genau das Gegenteil vertreten!‹ – Altenberg fuhr auf: ›Ich bin ein kranker nervöser Mensch – mich darf man nicht so festnageln!‹, worauf Schnitzler erwiderte: ›Dann könnten wir aber ebenso gut bellen!‹« (Schnitzler 1962, 37). Schnitzler vermag das Werk nicht zu vollenden. Bereits 1907 reflektiert er die Ursache, die einmal mehr, trotz zahlreicher Querelen, die Verbundenheit mit all seinen Jung Wiener Weggefährten aufzuzeigen vermag: »Ahne, warum mir das P. A. Stück so mißglückt ist: aus Sympathie für P. A. – –.« (Tb, 20.11.1907).

Das Wort zeigt somit, in ähnlicher Weise wie die ebenfalls als eine Form von Schlüsselliteratur fungierende Novelle *Später Ruhm*, den Einfluss des Umfeldes auf Schnitzlers Werk. Seine Texte sind nicht nur von Wien in der Zeit um und nach 1900 geprägt, sondern insbesondere auch von den Erlebnissen und Erfahrungen mit seinen Weggefährten.

Literatur

Altenberg, Peter: *Semmering 1912*. Berlin 1913.
Bahr, Hermann: A. S. zu seinem sechzigsten Geburtstag. In: *Die neue Rundschau* 33 (1922), 499–501.
Bahr, Hermann: *Liebe der Lebenden. Tagebücher 1921/1923*. Bd. 1. Hildesheim 1925.
Bahr, Hermann: *Die Überwindung des Naturalismus. Kritische Schriften in Einzelausgaben*. Bd. II. Hg. v. Claus Pias. Weimar 2004.
Bahr, Hermann: *Studien zur Kritik der Moderne. Kritische Schriften in Einzelausgaben*. Bd. IV. Hg. v. Claus Pias. Weimar 2005.
Beer-Hofmann, Richard: *Schlaflied für Mirjam. Lyrik, Prosa, Pantomime und andere verstreute Texte*. Oldenburg 1998.

Bergel, Kurt: Einleitung. In: W, 5–27.
Daviau, Donald G.: Introduction. In: Donald G. Daviau (Hg.): *The Letters of A. S. to Hermann Bahr*. Chapel Hill 1978, 1–53.
Daviau, Donald G.: *Der Mann von Übermorgen. Hermann Bahr 1863–1934*. Wien 1984.
Doppler, Alfred: A. S. und Hermann Bahr. In: Johann Lachinger (Hg.): *Hermann Bahr – Mittler der europäischen Moderne*. Linz 2001, 101–108.
Farese, Guiseppe: »… in den Wurzeln verbunden«. A. S. und Hugo von Hofmannsthal. Eine wunderbare, einzigartige Freundschaft. In: Konstanze Fliedl (Hg.): *A. S. im zwanzigsten Jahrhundert*. Wien 2003, 290–304.
Fliedl, Konstanze: Vorwort. In: Konstanze Fliedl (Hg.): *A. S./Richard Beer-Hofmann. Briefwechsel 1891–1931*. Wien/Zürich 1992, 5–25.
Fliedl, Konstanze: Ausbleibende Nachrichten. Ein Problem der Briefedition am Beispiel der S.-Beer-Hofmann-Korrespondenz. In: Werner M. Bauer/Johannes John/Wolfgang Wiesmüller (Hg.): *»Ich an Dich«. Edition, Rezeption und Kommentierung von Briefen*. Innsbruck 2001, 147–161.
Fliedl, Konstanze: *A. S*. Stuttgart 2005.
Lorenz, Dagmar: *Wiener Moderne*. Stuttgart/Weimar ²2007.
Lunzer, Heinz/Lunzer-Talos, Victoria: *Peter Altenberg. Extracte des Lebens. Einem Schriftsteller auf der Spur*. Salzburg u. a. 2003.
Mayer, Anton: *Theater in Wien um 1900. Der Dichterkreis Jung Wien*. Wien u. a. 1997.
Perlmann, Michaela L.: *A. S*. Stuttgart 1987.
Rieckmann, Jens: *Aufbruch in die Moderne. Die Anfänge des Jungen Wien. Österreichische Literatur und Kritik im Fin de Siècle*. Königstein i. Ts. 1985.
Scherer, Stefan: *Richard Beer Hofmann und die Wiener Moderne*. Tübingen 1993.
Schnitzler, Olga: *Spiegelbild der Freundschaft*. Salzburg 1962.
Sprengel, Peter/Streim, Gregor: *Berliner und Wiener Moderne. Vermittlungen und Abgrenzungen in Literatur, Theater, Publizistik*. Wien u. a. 1998.
Urban, Bernd: *A. S. Hugo von Hofmannsthal. ›Charakteristik aus den Tagebüchern‹*. Freiburg i. Br. 1975.
Wagner, Renate: Eine Dichterfreundschaft. A. S. und Richard Beer-Hofmann. In: *Neue Zürcher Zeitung*, 30.1.1987 [wiederabgedr. in: Sören Eberhardt/Charis Goer (Hg.): *Über Richard Beer-Hofmann. Rezeptionsdokumente aus 100 Jahren*. Hamburg 2012, 283–287].
Weber, Eugene: The correspondence of A. S. and Richard Beer-Hofmann. In: MAL 6 (1973), H. 3/4, 40–51.
Wintermeyer, Rolf/Zieger, Karl (Hg.): *Les »Jeunes Viennois« ont pris de l'âge. Les œuvres tardives des auteurs du groupe »Jung Wien« et de ses contemporains autrichiens*. Valenciennes 2004.

Dominik Orth

5. Judentum/Zionismus

Die Judenfrage als psychologisches Problem

Schnitzler hat sein Judentum nie verleugnet. Er ließ sich aber auch nicht einengen, blieb für vieles offen. Während er den jüdischen Religionslehrer als Siebzehnjähriger noch mit seiner »rationalistisch-atheistischen Weltanschauung« gegen sich aufbrachte (JiW, 81), beschäftigte er sich kurz danach, zwischen dem 18. und 20. Lebensjahr, intensiv mit Fragen des Glaubens. Er las Ernest Renans ›Jesusbuch‹ *Das Leben Jesu* (1863) sowie die Evangelien, die er Jahrzehnte später erneut studieren sollte, ergänzt jetzt durch eine Lektüre der Samuelbücher. Anders als die Quellen selbst mochte er religiöse Schriften Zeit seines Lebens nicht, was ihn aber keineswegs davon abhielt, 1923 Ernst Müllers *Der Sohar und seine Lehre* zu exzerpieren und mit dem Rabbiner David Feuchtwang sowie dem Wiener Oberrabbiner Hirsch Perez Chajes über die Kabbala zu sprechen (Tb, 20.2.1927; Disput zwischen Casanova und Marcolina über die Kabbala in *Casanovas Heimfahrt*; zum Sefirothbaum als Vorbild für die Diagramme in *Der Geist im Wort* und *Der Geist in der Tat* vgl. Fliedl 1997, 323–330). Die Synagoge betrat er selten, er kämpfte sogar für die Befreiung seines Sohnes von den Tempelstunden, ließ ihn aber Hebräisch lernen. Zugleich beschenkte er seine Kinder ganz selbstverständlich zu Weihnachten. Doch wie über seinen Feind Karl Kraus brach er den Stab über all jene Juden, die sich seiner Meinung nach bis zur Selbstaufgabe an die christliche Mehrheit angepasst hatten. Er nannte sie Renegaten, Kriecher und Snobs (Schwarz 1986, 75; Riedmann 2002, 360). Mit 43 Jahren schließlich, mitten im Ersten Weltkrieg und unter dem wachsenden Druck des Antisemitismus, schrieb er, es sei eine »Dummheit«, kein bewusster Jude zu sein, denn das hieße: die eigene Herkunft zu verleugnen, die Abstammung von einem jüdischen Vater und einer jüdischen Mutter (UA, 60). Schnitzler bekannte sich damit zu einer konkret verstandenen jüdischen Identität, zu seiner Herkunft, seiner Familie, seinen Ahnen, nicht zu einer Religion (Zohn 1986, 30). Dadurch erst bekam der Begriff ›Jude‹ für ihn Gewicht. Bedeutungsleer nämlich schien Schnitzler ein Judentum, das entweder zu allgemein gefasst, zu wenig an das eigene (Er-)Leben gebunden oder dogmatisch verengt wäre. Nicht die Glaubenserfahrungen der schemenhaften Patriarchen und Propheten der Vorzeit oder das Schicksal namenloser Vorfahren in dunklen Zeiten und an fernen Orten waren für Schnitzler das Entscheidende; dem »sogenannten Glauben meiner Väter« (JiW, 96) setzte er ein persönlich erfahrenes und erfahrbares Judentum entgegen, zu dem er eine innere Beziehung spürte.

Mit diesem bewusst säkularen Judentum nicht zu vereinbaren war die Orientierung an Formalia, an rituellen Pflichten. Schon die Eltern hatten bloß noch den Versöhnungstag gefeiert, und auch das nur auf Betreiben der frommen Großmutter. Das Laubhüttenfest und andere Feiertage spielten keine Rolle, ganz zu schweigen von der Heiligung des Sabbats. Nicht von ungefähr hat Schnitzler später erwogen (wie schon der liberale Rabbiner Salomon Holdheim), ob es nicht sinnvoll wäre, den Sabbat auf den Sonntag zu verlegen; und nicht von ungefähr hat er sich gegen die jüdischen Speisegesetze gewandt; schließlich seien das alles nur »Aeusserlichkeiten« (zit. n. Beier 2008, 258). Dem Historiker Richard Charmatz schrieb Schnitzler dazu, kaum weniger als die Antisemiten ärgerten ihn Juden, die »ihren religiös-nationalen Standpunkt durch das Festhalten an sinnlos gewordenen Gebräuchen zu wahren suchen« (an Richard Charmatz, 4.1.1913; Br II, 4). Einem bewussten Juden, so wie Schnitzler ihn sich vorstellte, konnten Sinnlosigkeiten dieser Art nichts bedeuten. Nicht auf die Macht der Tradition kam es an, sondern auf den persönlichen Bezug; das Gefühl, befreit von Zwang, wurde zur Basis der Sinnerzeugung. So verlor der Begriff ›Jude‹ den semantischen Ballast der Jahrhunderte, bekam Dynamik und auch Weite. Er ließ sich dogmatisch schwerer vereinnahmen, bedurfte einer ständigen kritischen Überprüfung. Notwendig waren dazu Selbsterforschung und nach außen hin Beobachtung. Das Tagebuch gab beidem Raum, auch hier galt allerdings die antidogmatische Prämisse: »Sicherheit ist nirgends« (DW I, 498; Tb, 29.11.1907). Schnitzler blieb ein Suchender – sein Leben lang.

Zu den Äußerlichkeiten, die Schnitzler gleichwohl sehr beschäftigten, zählten die politische und die soziale Seite der Judenfrage. Was ihn indessen am meisten interessierte, war die psychologische Dimension (JiW, 96). Bemerkenswert fand er etwa den Fall seines Freundes Louis Friedmann, eines jüdischen Antisemiten. Anders als Schnitzler stand dieser nicht zu seiner jüdischen Abstammung, er nahm sich vielmehr vor, auf Kinder zu verzichten, um das »verhaßte jüdische Blut nicht fortzupflanzen, das vom Vater her durch seine Adern floß« (ebd., 208). Kaum weniger interessierte Schnitzler die eigene seelische Befindlichkeit: An sich selbst glaubte er typisch jüdische Eigenschaften bemerkt zu haben, die er allerdings nicht genau benannte. Am ehesten dachte er wohl an den »Fehler meines Lebens, in nichts totale Sicherheit zu haben« (Tb, 26.8.1902). Gerade den Juden sei es unmöglich, so Schnitzlers ins Allgemeine übertriebener Selbstzweifel, vollkommene Dramen und Romane zu schreiben (ebd., 7.4.1906; 29.3.1917; 22.6.1919).

Dass seine Identität aber noch einen zweiten, gar einen dritten Pol neben seinem Judentum besaß, war Schnitzler stets bewusst, und er hat es mit verschiedenen, immer komplexeren Formeln zum Ausdruck gebracht (Fliedl 2005, 8 f.). Er sprach von der »Complicirtheit der Sache bei mir« und meinte damit: »Oesterreicher. Jude« zu sein (Tb, 1.5.1913); er bezeichnete sich als »Jude, Oesterreicher, Deutscher« (an Elisabeth Steinrück, 26.12.1914; Br II, 69) und schließlich als »oesterr. Staatsbürger jüdischer Race zur deutschen Kultur mich bekennend« (Tb, 1.11.1918). Die Abschwächung und zuletzt die Eliminierung der Satzzeichen in einer Wendung, die den gängigen Ausdruck »österreichischer Staatsbürger jüdischen Bekenntnisses« zu einem Kultur-Credo abwandelte (Le Rider 2007, 187), macht deutlich: Schnitzler verstand sich zunehmend als jemanden, der alles zugleich war. Die Überzeugung, dass die »Complicirtheit« zum Kern seines Wesens gehöre und die »Zusammengehörigkeit von deutsch, jüdisch und österreichisch« (Abels 1982, 72) nicht zur Diskussion gestellt werden dürfe, bestimmte seine Haltung sowohl gegenüber den Antisemiten als auch den Zionisten. Gegen beide Parteien hielt er daran fest, dass das innere Gefühl imstande sei, den (vermeintlichen und tatsächlichen) »Abgrund« (DW II, 436) zwischen Juden, Deutschen und Österreichern zu überwinden.

Antisemitismus

Bereits auf dem Akademischen Gymnasium bekam es Schnitzler mit Antisemiten oder »Judenfressern« zu tun, wie er sie gerne nannte (JiW, 78). Wenige waren so radikal wie der hochnäsige Mitschüler Deperis. Der Deutsch- und Geschichtslehrer Ludwig Blume, ein Deutschnationaler, mochte Juden zwar nicht und machte sich einen Spaß daraus, ihre Namen falsch auszusprechen; seine Noten vergab er allerdings nach Verdienst und Leistung, auch an die jüdischen Schüler; sein Gefühl war noch nicht restlos unterdrückt von seiner Gesinnung (ebd., 77 f.). Die Wiener Universität dagegen war ein Hort des radikalen Antisemitismus, hier unterschied man penibel zwischen Christen und Juden. Die deutschnatio-

5. Judentum/Zionismus

nalen Verbindungen hatten damit begonnen, Juden auszuschließen, ein Vorgang, dessen fatale Bedeutung Schnitzler erst in der Rückschau erkannte. Unter seinen damaligen Tagebucheintragungen finden sich nämlich keine Anmerkungen zur Judenfeindschaft an der Universität (Riedmann 2002, 31), erst der Autobiograph kommt auf das Problem zu sprechen und zitiert dabei den Waidhofener Beschluss von 1896, den Kulminationspunkt dieser Entwicklung. Den Juden wurde darin nicht nur die Satisfaktionsfähigkeit abgesprochen, alle christlichen Studenten sahen sich zudem aufgefordert, »jede Gemeinschaft mit Juden« zu meiden (JiW, 156). Die Konsequenzen der rigorosen Trennung lernte Schnitzler aber schon zu Studienzeiten kennen; sie bestanden in der Aufkündigung der Solidarität: Der Wohlfahrtsverein, dessen Ausschuss Schnitzler angehörte, entschied auf Betreiben eines getauften Juden, die finanzielle Unterstützung der mittellosen, zumeist ungarischen und slawischen jüdischen Studenten einzustellen (ebd., 157). Während seiner Zeit als Einjährig-Freiwilliger machte Schnitzler ähnliche Erfahrungen; die »reinliche Scheidung« zwischen Christen und Juden wurde nun aber immer häufiger national begründet (ebd., 158). Auch später hielt Schnitzler im Tagebuch beständig antisemitische Diskriminierungen unter Ärzten fest (Riedmann 2002, 59). Ein Fall von öffentlichem Antisemitismus erregte ihn gegen Ende des Ersten Weltkrieges mehr als alles andere bisher. Der Jesuitenpater Heinrich Abel, eine frühe Galionsfigur der Christlichsozialen, hatte behauptet, die Juden hätten im Krieg ihre Pflicht als Einzige nicht erfüllt und trügen auch sonst an allem Schuld. Seine Schlussfolgerung: Man müsse sie ausrotten (Tb, 16.7.1918). Schnitzler erregte sich über diese Äußerungen in solchem Maße, dass er erwog, eine Klage der jüdisch-österreichischen Offiziere gegen Abel anzustrengen und sogar den Kaiser und den Kriegsminister vor Gericht zu laden. Diese Pläne blieben unausgeführt. Schnitzlers Bemerkungen zum öffentlichen Antisemitismus, zu dem er sich ohnehin nie so oft geäußert hatte wie zu den alltäglichen Ressentiments, wurden nun seltener und bezogen sich vornehmlich auf Deutschland. Die Ermordung Hugo Bettauers 1925 durch den ehemaligen Nationalsozialisten Otto Rothstock erwähnte Schnitzler nicht einmal, ebenso wenig die wüsten Proteste anlässlich des 14. Zionistischen Weltkongresses in Wien im August desselben Jahres (Riedmann 2002, 77).

Zu diesem Schweigen mag das Übergewicht der psychologisch orientierten Neugier beigetragen haben. An der wachsenden sozialen Trennung interessierte Schnitzler vor allem das seelische Fundament der Antisemiten. Auf die instrumentelle Funktion der Judenfeindschaft legte er dabei ein spezielles Augenmerk: Es seien die guten Eigenschaften, derentwegen man die Juden hasse, der Antisemitismus sei eine »Spottgeburt aus Neid und Gemeinheit« (Tb, 15.9.1883). Neben Neid rechnete Schnitzler auch »Geschäftsrücksichten« und allgemein »Politik« zu den Antrieben der Antisemiten. Seine Diagnose beruhte auf eigenen Beobachtungen: Bei seiner Geliebten Mizzi Glümer, später bei Marie Reinhard und Clara Pollaczek, bemerkte er einen »kindischen Vorstadtantisemitismus« (ebd., 7.5.1891). Mit diesem Neologismus erfasste Schnitzler präzise die sozialen und zugleich psychischen Veränderungen der Gesellschaft seiner Zeit: Gerade die Kleinbürger, die um ihr finanzielles Auskommen fürchteten, reagierten mit Ressentiments auf die Konkurrenz jüdischer Unternehmer. Größte Verachtung hegte Schnitzler für den politisch motivierten Antisemitismus. Der Wiener Bürgermeister Karl Lueger galt ihm als moralisch äußerst fragwürdig, und zwar, weil er, der für manche Juden eine Vorliebe besaß, sich seiner Karriere wegen dennoch der antisemitischen Vorurteile ohne Scheu bediente (JiW, 146f.).

Mindestens ebenso sehr fragte Schnitzler nach den psychischen Folgen des Antisemitismus für die Juden und für ihn selbst. 99% Christen in Wien dächten heute, so Schnitzler, er könne als Jude nicht wissen, was sich in der Seele einer Wienerin abspiele (Tb, 3.2.1898). Schnitzler sah das als Angriff auf die »Complicirtheit« seiner Identität, für viele Österreicher war er jetzt nur noch Jude. Das war eine derart tiefgreifende Erfahrung, dass er 1915 ernüchtert und zugleich doch nicht ohne Zuversicht konstatierte: »Aber zu der Zeit, in der man diese Blätter möglicherweise lesen wird, wird man sich, so hoffe ich wenigstens, kaum mehr einen rechten Begriff zu bilden vermögen, was für eine Bedeutung, seelisch fast noch mehr als politisch und sozial, zur Zeit, da ich diese Zeilen schreibe, der sogenannten Judenfrage zukam. Es war nicht möglich, insbesondere für einen Juden, der in der Öffentlichkeit stand, davon abzusehen, daß er Jude war, da die andern es nicht taten, die Christen nicht und die Juden noch weniger. Man hatte die Wahl, für unempfindlich, zudringlich, frech oder für empfindlich, schüchtern, verfolgungswahnsinnig zu gelten. Und auch wenn man seine innere und äußere Haltung so weit bewahrte, daß man weder das eine noch das andere zeigte, ganz unberührt zu bleiben war so unmöglich, als etwa ein

Mensch gleichgültig bleiben könnte, der sich zwar die Haut anaesthesieren ließ, aber mit wachen und offenen Augen zusehen muß, wie unreine Messer sie ritzen, ja schneiden, bis das Blut kommt« (JiW, Notizen, 328 f.). Im letzten Satz, einer Kontrafaktur zu Shakespeares *Merchant of Venice*, formuliert Schnitzler eine im Vergleich zu seiner späteren (unveröffentlichten) Aufzeichnung noch radikalere Auffassung: Allein aufgrund äußerer Angriffe sei es unmöglich, ein nicht-bewusster Jude zu sein. Dass diese Situation nicht ohne Folgen bleiben würde, ahnte Schnitzler bereits 1897: »Es wird bald wieder Zeit, die Tragödie der Juden zu schreiben« (an Olga Waissnix, 29.3.1897; Br I, 316). Diese Tragödie musste er allerdings nicht mehr miterleben; sie lag auch jenseits seiner Vorstellungskraft.

Zionismus

In einem nicht abgesandten Brief an den jüdischen Nationalfonds würdigte Schnitzler die Vorteile des Zionismus: »Als seelisches Element, zur Hebung des Selbstbewusstseins, als eine Möglichkeit, allerlei dunkle Hassgefühle abzureagieren; insbesondere aber als Wohlfahrtsaktion von höchstem Range wird der Zionismus immer noch seine Bedeutung bewahren, selbst wenn er einmal historisch geworden sein sollte« (Lindken 1984, 84). Generell jedoch stand Schnitzler dem Zionismus von Beginn an sehr reserviert gegenüber: Nach der Jahrhundertwende lernte er zwar immer mehr Zionisten kennen, von ihren Ideen überzeugen ließ er sich aber nicht. Sein Verhalten änderte sich geringfügig seit 1908/09, Schnitzler zeigte in der Folge mehr Interesse an den Plänen seiner zionistischen Gesprächspartner und nicht zuletzt an der Lage in Palästina (Riedmann 2002, 108). Doch auch jetzt war er weit davon entfernt, sich den Zionisten anzuschließen oder sich gar für ihre Sache öffentlich stark zu machen. Was ihn formal abschreckte, zeigt die Entwicklung seiner Beziehung zu Theodor Herzl. Bereits 1885 hatten sich Schnitzler und Herzl einige Male geschrieben, zu einem engeren Kontakt kam es allerdings erst zehn Jahre später. Herzl schickte Schnitzler den Entwurf seines Dramas *Das neue Ghetto* und bat ihn um eine kritische Einschätzung, ja für den Fall seines Todes verriet er ihm schließlich sogar, wo er das Manuskript des *Judenstaats* deponiert hatte. Das Verhältnis kühlte allerdings bald merklich ab, denn Schnitzler ging offensichtlich umso mehr auf Abstand, je entschlossener sich Herzl für den Zionismus engagierte (ebd., 127). Herzls Verhalten gegenüber den Menschen, notierte er, richte sich nun beinahe ausschließlich nach ihrer Stellung zum Zionismus (Lindken 1984, 81). So wurde Herzl für Schnitzler zu einer paradigmatischen Figur, seine geistige Fixierung zu einer Warnung: Der Zionismus steht in der Gefahr, eine Weltanschauung zu werden, deren dogmatische Enge mit dem Gefühl der eigenen Freiheit nicht zu vereinbaren ist.

Mit diesem Gefühl hing auch ein inhaltlicher Vorbehalt gegen die Zionisten zusammen. Die Idee einer kollektiven Auswanderung nach Palästina stieß bei Schnitzler auf Gegenwehr, er wollte sich nicht vorschreiben lassen, wo er zu leben, was er als Heimat zu empfinden hätte. Und er sah sich abermals auf einen einzigen Pol seiner Identität reduziert, sein Judentum. Wie er dem Nationalfond mitzuteilen beabsichtigte, erschien es ihm als eine »Verfälschung völker- und individualpsychologischer Tatsachen, wenn gewisse Zionisten heute behaupten, dass für jeden bewussten Juden Palästina die eigentliche Heimat zu bedeuten hätte« (ebd., 86). Mit Schnitzlers Begriff des ›bewussten Judentums‹ war eine Emigration in das Land der ihm allzu fremden Vorfahren nicht vereinbar. Er sei in Wien verwurzelt, betonte Schnitzler im Interview mit dem jüdischen Journalisten J. L. Benvenisti, und werde sich von einigen Antisemiten nicht vertreiben lassen (vgl. Riedmann 2002, 398). Auch im Tagebuch beschwor er seine Freiheit: »Zionistische Intransigenz. Judenlos. *Wer* hat zu entscheiden, wohin ich gehöre? Ich allein« (Tb, 27.11.1918). Schnitzler hütete sich freilich davor, seine Antwort nun seinerseits für allgemein verbindlich zu erklären. Er war davon überzeugt, nicht nur er, jeder Jude müsse eine eigene Lösung der Judenfrage finden. Mit seinen Werken, sofern sie sich dieser Frage stellten, schuf Schnitzler einen Diskursraum, in dem die verschiedenen, teils unvereinbaren Ansichten aufeinander treffen konnten. So hielt er sich frei von jeder ideologischen Verengung.

Jüdische Stoffe, Motive, Themen

Schnitzlers erzählerisches und dramatisches Werk enthält nicht wenige eher beiläufige oder versteckte Hinweise auf die Problematik jüdischer Existenz in der Moderne. So wird z. B. die geistige Physiognomie des aus kleinen Verhältnissen stammenden Leutnant Gustl bestimmt durch die automatische Übernahme von Ansichten und Stereotypen einer vorurteilsbestimmten Gesellschaft. Ehre spielt dabei die zentrale Rolle, aber auch der typisch männliche

5. Judentum/Zionismus

Blick auf Frauen. Juden sind in Gustls stereotypisierender Phantasie reich, in einer Bank beschäftigt, haben schwarze Haare – Ausnahmen bei getauften Juden bestätigen die Regel, zumindest was ihre körperlichen Merkmale angeht. Gerade in dieser Erzählung Schnitzlers prägt sich das »männlich-weiblich-jüdische Dreieck der Epoche« besonders deutlich aus: Gustl hat die Vision eines sadistischen Siegs über eine weinende Frau, er erinnert sich an eine glückliche homoerotische Männerfreundschaft in der Kaserne, und er fühlt sich durch Juden in seiner männlichen Identität beeinträchtigt (Le Rider 1990, 252 f.). Während in *Lieutenant Gustl* (1900) stereotype Bilder des Jüdischen eine nicht unbeträchtliche Rolle spielen, vermeidet es Schnitzler in seiner späten Komödie *Fink und Fliederbusch* (1916) ausdrücklich, die Figuren der von Juden geführten liberalen Zeitung »Die Gegenwart« als Juden zu typisieren, im Gegensatz zu Gustav Freytag, in dessen Komödie *Die Journalisten* (1854) der jüdisch typisierten Figur des Journalisten Schmock eine wenig schmeichelhafte Rolle zugewiesen wird. Vor allem aber zielt Schnitzler auf die von Karl Kraus betriebene generelle Kritik an der ›jüdischen Journaille‹ ab, für die er, bei aller Anerkennung von einzelnen zutreffenden Analysen, nur Verachtung aufbrachte (vgl. Scheichl 1996).

In zwei Werken Schnitzlers steht die ›Judenfrage‹ im Mittelpunkt: *Der Weg ins Freie* (1908) und *Professor Bernhardi* (1912). Für »de[n] erste[n] zeitgeschichtliche[n] Roman des heutigen Wien« *Der Weg ins Freie* (1908) wirbt der Verlag wie folgt: »Allerlei Probleme der Zeit werden berührt, insbesondere den Schicksalen der modernen Juden, innerhalb der eigentümlichen Gruppierung der Wiener Gesellschaft, wird mehr noch nach der seelischen als der rein sozialen Seite nachgegangen« (an Samuel Fischer, 16.11.1907; Br I, 568). Damit wird einerseits ein Schwerpunkt gesetzt, der die Forschung vor allem seit den 1970er Jahren bestimmt hat: Der Roman wird nicht selten von Historikern (vgl. z. B. Pape 2001) als sozialgeschichtliche Quelle vor dem Hintergrund Wiens um 1900 angesehen, der zum einen durch den Antisemitismus breiter Kreise bestimmt ist, zum andern und daraus resultierend durch die unterschiedlichen Definitionen jüdischer Identität zwischen Radikalassimilation und jüdischem Selbsthass, liberaler Deutung des Judentums als religiöse und/oder ethnische Selbstverständlichkeit, sozialistischer Überwindung der ›Judenfrage‹ und zionistischer Wendung zur nationalen jüdischen Heimstätte Herzlscher Provenienz. Schon der von Schnitzler initiierte Werbetext hebt vor allem die »seelische Seite« hervor, die die eigentliche Tiefendimension des Romans darstellt. In Anlehnung an Hannah Arendts Totalitarismus-Studie und mit Blick auf die Literaturkritik werden die assimilierten Juden formal und inhaltlich als ›Symbol der Gesellschaft‹ interpretiert: »Die Juden, die von der Gesellschaft nur als Ausnahmejuden akzeptiert werden, müssen die Gesellschaft in Reichtum und Bildung übertrumpfen. Sie müssen sich einerseits in Relation zu der Gesellschaft benehmen, sich aber auch in Funktion von ihr setzen und wollen und sollen trotzdem ihre Identität nicht verlieren« (Willi 1989, 107). In der (nichtjüdischen) Mittelpunktsfigur Georg von Wergenthin und dem (jüdischen) Exponenten des bürgerlich-liberalen Mainstreams Heinrich Bermann zeigen sich »polare Möglichkeiten einer Person, die sich in dem Autor treffen« (Nehring 1986, 165): »In dem Perspektivenreichtum, besonders aber in der Gegenüberstellung von Innen- und Außenperspektive liegt die Polyvalenz der dargestellten Welt begründet. Lösungen für die zahlreichen Probleme und Konflikte verweigert der Autor« (ebd., 170). Arthur Schnitzler hält letztlich alle jüdischen ›Wege ins Freie‹, wie sie von einzelnen Figuren vertreten werden, für legitim, sofern sie individuell ehrlich begründet sind; so akzeptiert er sogar den von ihm selbst abgelehnten Zionismus, wie er (mit Blick auf Herzls Emphase) von Leo Golowski vertreten wird. Die einzigen Juden, die er verabscheut, sind die von ihm so genannten »Esoi-Juden« (Willi 1989, 146–152), die Nichtjuden gegenüber ihr Judentum krampfhaft verbergen, sich aber Juden gegenüber ein Verhalten erlauben, das denkbar unzivilisiert ist und zeigt, welche Verachtung diese Juden ihrer Abstammung entgegenbringen. Freud hatte die Anekdote im Rahmen seiner Witz-Theorie als Beleg jüdischer Selbstkritik interpretiert, Theodor Lessing wird sie 1930, darin Schnitzler nicht unähnlich, als Beleg jüdischen Selbsthasses verurteilen. Generell lehnte Schnitzler die »eingebildete Verpflichtung zu Solidaritäten« mit anderen Juden dezidiert ab (vgl. AB, 56), hatte aber für Renegatentum und Kriecherei nur Verachtung übrig. Was Georg und Heinrich diametral unterscheidet, ist ihre Erinnerungsfähigkeit: »In die Konstruktion des Romans ging der Antagonismus von Opfergedächtnis und gesellschaftlicher Amnesie unmittelbar ein« (Fliedl 1997, 219). Nicht nur Heinrich Bermann, sondern auch Doktor Stauber und der alte Eißler haben »ein Monopol aufs gute Gedächtnis« (ebd., 220), das konstitutiv ist für das jüdische Volk, das sich Vergessen nie leisten konnte. Schnitzler bemüht sich um äußerste Diskretion, was die Verfolgungsgeschichte der Juden anbelangt; so strich er entsprechende Passagen in der Endfassung seines Romans (vgl. ebd., 222–225). Dessen Vielsträngigkeit und mühsam bewahrte Objektivität wurde allerdings von der Kritik nicht als besondere Leistung anerkannt, sondern eher als Schwäche. So wurde je nach Ausrichtung des Presseorgans ein bestimmter Weg entweder besonders hervorgehoben oder vehement abgelehnt. Schnitzler wurde sogar zum Kronzeugen für Antisemiten, die (mit Leo Golowski) die Abwehr des Fremden als »Ausdruck ihres gesunden Instinkts für eine anthropologisch und geschichtlich feststehende Tatsache« interpretierten – ein Instinkt, hinter dem sich (einer getilgten Stelle zufolge) »Abneigung, Verachtung und Hass« verbergen, der sich »in allerlei Schurkerei, in Ungerechtigkeit, Verläumdung und Mord« der jüdischen Minderheit gegenüber äußert (ebd., 223, 228).

Gegenstand der Komödie *Professor Bernhardi* ist die Genese und Funktionalität des Antisemitismus in der Wiener Gesellschaft der Jahrhundertwende. In einer undatierten Skizze aus dem Nachlass zu seinem Drama verweist Schnitzler auf dessen zeitgeschichtlichen Hintergrund: »Eine besondere Färbung erhält der Verlauf der ganzen Angelegenheit durch den Umstand, dass Bernhardi Jude ist, was um das Jahr 1900, zu welcher Zeit die Handlung sich abspielt, in Oesterreich nicht ohne Bedeutung sein konnte« (Beier 2008, 215). Zur Entstehung haben einige Affären beigetragen, die jeweils den Sieg der katholisch-reaktionären Kräfte gegen (jüdisch-)liberale Positionen zur Folge hatten. Dass Schnitzler selbst nach eigenem Bekunden vergessen haben sollte, wie sehr sein Vater kurz vor seinem Tod unter der Illoyalität der christlichen Kollegen in der Poliklinik gelitten hatte, macht sein Drama »zu einem kuriosen Fall unbewußter Bewältigung« (Fliedl 1997, 233). Wie im Roman *Der Weg ins Freie* bestimmt die Opposition von »Gedächtnis und Vergeßlichkeit« das Handeln der Figuren (ebd.). Als Exponent eines »gedächtnislosen Opportunismus« tritt Flint auf, während Bernhardi sich an alle Details seiner keineswegs bruchlosen Karriere und entsprechender Erfahrungen mit Kollegen wie Flint leidvoll genau erinnert (ebd., 234). Die Figuren des personenreichen Dramas werden ähnlich wie im Roman *Der Weg ins Freie* differenziert gezeichnet, wobei Juden und Nichtjuden nicht *per se* kategorial unterschieden werden. Zwar erscheinen die Antisemiten (vor allem Ebenwald und Filitz, aber auch der als Karikatur eines Kleinbürgers vorgeführte Hochroitzpointner) von vornherein in einem moralischen Zwielicht, aber auch die Juden zeigen sich zum Teil als höchst ambivalente Charaktere: so der getaufte Opportunist mit dem bezeichnenden Namen Schreimann, der getaufte Dr. Adler, der sich dem Pfarrer andient, dann allerdings für Bernhardi aussagt, aber auch der von Bernhardi geförderte Wenger, der seinen Förderer ebenfalls im Stich lässt und sich als weltfremder Wissenschaftler aus der Affäre heraushalten will. Dagegen ruft Löwenstein militant zum Widerstand auf. Unter den Nichtjuden finden sich gleichermaßen anständige Charaktere, etwa Pflugfelder, Cyprian und der Hofrat Winkler – entscheidend ist ihre Bereitschaft, keine Apriori-Festlegungen zu treffen: »Es würde für Schnitzlers Spott über die zeugen, die sich allzu rasch auf ›rassische‹ Zuordnung festlegen, wenn sich die betreffende Figur nicht selbst deklariert hat« (Urbach 2005, 217).

Bernhardi selbst steht ganz in der Tradition der Aufklärung, deren Grundlage freilich, die aufgeklärte Subjektivität und das autonome Ich, angesichts einer fatalen gesellschaftlichen Entwicklung zum Scheitern verurteilt ist (vgl. Kaulen 1981, Abels 1982). Hatte Lessing mit *Nathan der Weise* noch eine Utopie menschheitlicher Verständigung jenseits religiöser Differenz zum Thema gemacht (wobei sich im Schlusstableau durch die Isolierung Nathans bereits ein mögliches Scheitern andeutet), so wird in Schnitzlers ernster Komödie die Dialektik der Aufklärung zum eigentlichen Thema. Bernhardi kann angesichts eines gesellschaftlich akzeptierten Antisemitismus nur mühsam seine aufgeklärte Integrität bewähren – in einem Einzelfall, eben gerade nicht im Rahmen einer selbstverständlichen allgemeinen Maxime humaner Gesinnung.

Forschung

Obwohl Schnitzlers Verhältnis zum Judentum und dessen Resonanz in seinem Werk schon früh, allerdings nur sporadische, Aufmerksamkeit auf sich gezogen hatte (Liptzin 1995, Eckert 1973), setzte die eigentliche Forschung zu diesem Thema erst in den 1980er Jahren ein. Wegweisend war die Dissertation von Abels: Sie berücksichtigt als erste, wenn auch keineswegs systematisch, die Typoskripte der Tagebücher und macht die aus dieser Lektüre gewonnenen Erkenntnisse in Ansätzen bereits fruchtbar für die Interpretation. Von gelegentlichen Seitenblicken auf das übrige Werk abgesehen, steht *Der Weg ins Freie* im Zentrum. Abels Ziel ist dennoch umfassend, da er beschreiben will, wie Schnitzlers jüdische Identität »in der Auffassung von Skepsis, Entsagung, Sprache, Verantwortung, Heimat, Assimilation, Gesellschaft und Individuum erscheint« (Abels 1982, 7). Die Leitformel der Untersuchung liefert ihm ein Zitat aus Schnitzlers Versspiel *Paracelsus* (1898), zugleich ist es der Titel seiner Arbeit: »Sicherheit ist nirgends«. Von hier aus und unter Anlehnung an die Frankfurter Schule zeichnet Abels Schnitzler als einen Juden, der dem Kollektiv und seinen zum Teil totalitären Ansprüchen gegenüber auf das Recht des Einzelnen poche, der die Assimilation an das Falsche verweigere und an aufklärerischen Impulsen festhalte (ebd., 89).

So wie Abels brachten auch Schwarz (1985) und Zohn (1986) Leben und Werk eng zusammen, wobei gerade der Erstere sehr differenziert herausarbeitet, wie sich Schnitzlers jüdische Identität im Spannungsfeld von Antisemitismus und Zionismus konstituierte. Ebenso geht er auf Schnitzlers Haltung gegenüber jüdischen »Renegaten«, »Kriechern« und »Snobs« ein; und nicht zuletzt skizziert er Schnitzlers Ringen um ein tragfähiges Verständnis seiner Grenzen und Möglichkeiten als jüdischer Dichter. So legte sein Aufsatz das Fundament für die folgende, große Studie von Riedmann, die sich im Unterschied zu den bisherigen Arbeiten in weiten Teilen auf rein biographische Quellen stützt – ein Fundament, das sie im Zuge ihrer Recherchen sogar erweitern konnte. Um den »komplexe[n] Prozeß der Konstituierung einer sehr instabilen, sich wandelnden jüdischen Identität« (Riedmann 2002, 1) zu schildern, wertete Riedmann vor allem die Tagebücher aus, nunmehr systematisch, sie zog allerdings auch Briefe heran, ebenso Aphorismen und Notizen aus dem Nachlass sowie Schnitzlers Autobiographie und einige weitgehend unbekannte Interviews. Ihr Fazit: Zwar sei Schnitzler kein systematischer Chronist des jüdischen Lebens und Leidens, er habe aber mannigfaltige Aspekte der jüdischen Existenz behandelt, was seine Tagebücher zu einer »einzigartigen Quelle für das Leben und die Identität eines jüdischen Intellektuellen um die Jahrhundertwende« mache (ebd., 13).

Trotz der vielen wichtigen Befunde bewegten sich die meisten der Arbeiten über Schnitzlers Judentum methodisch in einer Grauzone. Bei Pontzen (2002) geriet vor allem die selbstverständliche Vermischung von Biographie und Werk in die Kritik: Man solle weniger das Zusammenspiel zwischen Biographisch-Faktischem und Literarisch-Fiktionalem in den Blick nehmen als das Verhältnis zwischen den Bedingungen des Redens über Juden und der literarischen Gestalt, die dieses Reden angenommen habe (ebd., 207). Ähnliche Einwände finden sich bei Beier (2008): Die bisherigen Arbeiten differenzierten nicht genügend zwischen den Äußerungen der fiktiven Figuren und Schnitzlers realen Auffassungen. Überdies seien sie entweder bloße Materialsammlungen oder aber aufgrund ihrer Auswahl unvollständig und unsystematisch (ebd., 11). Eben hier setzt seine Arbeit an, die ihren Gegenstand, Leben und Werk, »synkritisch« und in einer umfassenden, interdisziplinären Weise zu erforschen sucht. Mit Hilfe auch unveröffentlichter Quellen möchte Beier die »Bedeutung von Judentum, Akkulturation und Antisemitismus für Schnitzlers Biographie und literarisches Œuvre« erforschen (ebd., 9). Im Einzelnen weiß Beiers umfangreiche Abhandlung zu überzeugen; im Ganzen allerdings bleibt sie zu deskriptiv und stellt gegenüber Riedmanns Dissertation, der sie in den biographischen Teilen stark verhaftet bleibt, keinen Erkenntnisfortschritt dar.

Literatur

Abels, Norbert: *Sicherheit ist nirgends. Judentum und Aufklärung bei A. S.* Königstein i. Ts. 1982.

Arens, Detlev: *Untersuchungen zu A. S.s Roman »Der Weg ins Freie«.* Frankfurt a. M. 1981.

Aspetsberger, Friedbert: A. S.s »Der Weg ins Freie«. In: *Sprachkunst* 4 (1973), 65–80.

Azuelos, Daniel: S. et la question juive. In: *Austriaca* 31 (1990), 37–48.

Bayerdörfer, Hans-Peter: ›Österreichische Verhältnisse‹? A. S.s *Professor Bernhardi* auf Berliner Bühnen 1912–1931. In: Mark H. Gelber/Hans O. Horch/Sigurd P. Scheichl (Hg.): *Von Franzos zu Canetti. Jüdische Autoren aus Österreich. Neue Studien.* Tübingen 1996, 211–224.

Bayerdörfer, Hans-Peter: A. S. In: Andreas B. Kilcher (Hg.): *Metzler Lexikon der deutsch-jüdischen Literatur.* Stuttgart ²2012, 453–456.

Beier, Nikolaj: *»Vor allem bin ich ich …«. Judentum, Akkulturation und Antisemitismus in A. S.s Leben und Werk.* Göttingen 2008.

Eckert, Willehad P.: A. S. und das Wiener Judentum. In: *Emuna* 8 (1973), 118–130.

Fliedl, Konstanze: *A. S. Poetik der Erinnerung.* Wien u. a. 1997.

Fliedl, Konstanze: Professor Bernhardi. Integrität und Intrige. In: Hee-Ju Kim/Günter Saße (Hg.): *Interpretationen. A. S. Dramen und Erzählungen.* Stuttgart 2007, 148–158.

Henning, Bettina: Verdrängt, vergessen, tabu? Erinnerung an A. S.s Judentum. In: Erich Geldbach (Hg.): *Vom Vorurteil zur Vernichtung? ›Erinnern‹ für morgen.* Münster 1995, 340–351.

Janz, Rolf-Peter: Professor Bernhardi – ›eine Art medizinischer Dreyfus‹? Die Darstellung des Antisemitismus bei A. S. In: Giuseppe Farese (Hg.): *Akten des Internatio-*

len Symposiums »*A.S. und seine Zeit*«. Bern u.a. 1985, 108–117.

Kaulen, Heinrich: Antisemitismus und Aufklärung. Zum Verständnis von A.S.s »Professor Bernhardi«. In: ZfdPh 100 (1981), 177–198.

Klieneberger, Hans R.: A.S. and the Jewish Question. In: *Forum for Modern Language Studies* 19 (1983), 261–273.

Le Rider, Jacques: *Das Ende der Illusion. Zur Kritik der Moderne. Die Wiener Moderne und die Krisen der Identität.* Wien 1990.

Le Rider, Jacques: *A.S. oder Die Wiener Belle Époque.* Wien 2007.

Liptzin, Sol: *A.S.: Studies in Austrian Literature, Culture and Thought* [1932]. Riverside 1995.

Mann, W.: A.S. In: Gustav Krojanker (Hg.): *Juden in der deutschen Literatur.* Berlin 1922, 207–218.

Melchinger, Siegfried: Das Jüdische in »Professor Bernhardi«. In: *Theater heute* 5 (1964), H. 5, 32–35.

Miller, Norbert: Das Bild des Juden in der österreichischen Erzählliteratur des Fin de siècle. Zu einer Motivparallele in Ferdinand von Saars Novelle ›Seligmann Hirsch‹ und A.S.s Roman ›Der Weg ins Freie‹. In: Herbert A. Strauss u.a. (Hg.): *Juden und Judentum in der Literatur.* München 1985, 172–210.

Müller, Ernst: *Der Sohar und seine Lehre. Einleitung in die Gedankenwelt der Kabbalah.* Wien 1920.

Nehring, Wolfgang: Zwischen Identifikation und Distanz. Zur Darstellung der jüdischen Charaktere in A.S.s »Der Weg ins Freie«. In: Walter Röll/Hans-Peter Bayerdörfer/Albrecht Schöne (Hg.): *Kontroversen, alte und neue.* Bd. 5. Tübingen 1986, 162–170.

Pape, Matthias: »Ich möcht' Jerusalem gesehen haben, eh' ich sterbe«. Antisemitismus und Zionismus im Spiegel von A.S.s Roman »Der Weg ins Freie« (1908). In: *Jahrbuch des Freien Deutschen Hochstifts* (2001), 198–236.

Pontzen, Alexandra: »… mehr als manchem geschmackvoll, notwendig und gerecht erscheinen dürfte«. Zur Darstellung des Judentums im Werk A.S.s. In: *Convivium* (2002), 203–229.

Rey, William: *A.S. »Professor Bernhardi«.* München 1971.

Riedmann, Bettina: »*Ich bin Jude, Österreicher, Deutscher«. Judentum in A.S.s Tagebüchern und Briefen.* Tübingen 2002.

Robertson, Ritchie: ›Jewish self-hatred‹? The cases of S. and Canetti. In: Robert S. Wistrich (Hg.): *Austrians and Jews in the Twentieth Century from Franz Joseph to Waldheim.* New York 1992, 82–96.

Scheichl, Sigurd P.: Juden, die keine Juden sind. Die Figuren in S.s *Fink und Fliederbusch.* In: Mark H. Gelber/Hans O. Horch/Sigurd P. Scheichl (Hg.): *Von Franzos zu Canetti. Jüdische Autoren aus Österreich. Neue Studien.* Tübingen 1996, 225–238.

Schwarz, Egon: A.S. und das Judentum. In: Gunter E. Grimm/Hans-Peter Bayerdörfer (Hg.): *Im Zeichen Hiobs.* Königstein i. Ts 1985, 67–83.

Simon, Ernst: A.S.s Shylock. In: Ernst Simon: *Entscheidung zum Judentum.* Frankfurt a.M. 1980, 276–282.

Urbach, Reinhard: Nachwort. In: *A.S. Professor Bernhardi.* Hg. v. Reinhard Urbach. Stuttgart 2005, 185–233.

Willi, Andrea: *A.S.s Roman »Der Weg ins Freie«. Eine Untersuchung zur Tageskritik und ihren zeitgenössischen Bezügen.* Heidelberg 1989.

Yates, William E.: The tendentious reception of »Professor Bernhardi«. In: Edward Timms/Ritchie Robertson (Hg.): *Vienna 1900. From Altenberg to Wittgenstein.* Edinburgh 1990, 108–125.

Zohn, Harry: A.S. und das Judentum. In: Harry Zohn: »*… ich bin ein Sohn der deutschen Sprache nur …«. Jüdisches Erbe in der österreichischen Literatur.* Wien 1986, 25–34.

Hans Otto Horch/Alexander Schüller

6. Tiefenpsychologie und Psychiatrie

Erste Begegnungen

Im Brief vom 14. Mai 1922 gratuliert Sigmund Freud Arthur Schnitzler zum sechzigsten Geburtstag und fragt sich, warum er bisher nie den Versuch gemacht habe, ihn persönlich kennenzulernen. »Ich meine, ich habe Sie gemieden aus einer Art von Doppelgängerscheu. [...] Ich habe mich immer wieder, wenn ich mich in Ihre schönen Schöpfungen vertiefe, hinter deren poetischem Schein die nämlichen Voraussetzungen, Interessen und Ergebnisse zu finden geglaubt, die mir als die eigenen bekannt waren. Ihr Determinismus wie Ihre Skepsis – was die Leute Pessimismus heißen – Ihr Ergriffensein von den Wahrheiten des Unbewussten, von der Triebnatur des Menschen, Ihre Zersetzung der kulturell-konventionellen Sicherheiten, das Haften Ihrer Gedanken an der Polarität von Lieben und Sterben, das alles berührte mich mit einer unheimlichen Vertrautheit. [...] So habe ich den Eindruck gewonnen, daß Sie durch Intuition – eigentlich aber infolge feiner Selbstwahrnehmung – alles das wissen, was ich in mühseliger Arbeit an anderen Menschen aufgedeckt habe. Ja ich glaube, im Grunde Ihres Wesens sind Sie ein psychologischer Tiefenforscher, so ehrlich unparteiisch und unerschrocken, wie nur je einer war« (Freud 1980, 357).

Erst nach diesem Brief kam es zu einem Treffen im Hause Freud am 16. Juni 1922, das in Schnitzlers Tagebuch folgende Spur hinterlassen hat: »Z[ur] N[achtzeit] bei Prof. Freud. (Seine Gratul. zu meinem Geburtstag, meine Antwort, seine Einladung.) Frau und Tochter Anna (die Lili im vorigen Jahr ein paar Monate unterrichtet hat). – Hatte ihn bisher nur ein paar Mal flüchtig gesprochen. – Er war sehr herzlich. Unterhaltung über Spitals- und Militärzeit, gemeinsame Chefs, etc. – Lieutnt. Gustl etc. – Dann zeigt er mir seine Bibliothek – eignes, Übersetzungen, Schriften seiner Schüler; – allerlei kleine antike Bronzen etc.; – er ordinirt nicht mehr, sondern bildet nur Schüler aus, die sich – zu diesem Zweck von ihm analysiren lassen. Schenkt mir eine schöne neue Ausgabe seiner Vorlesungen. – Begleitet mich in später Stunde von der Berggasse bis zu meiner Wohnung. – Das Gespräch wird wärmer und persönlicher; – über Altern und Sterben; – er gesteht mir Solneßgefühle ein (die mir völlig fremd sind). –« (Tb, 16.6.1922).

Freuds Formel im Brief vom 14. Mai 1922 muss Schnitzler besonders gefallen haben. Im Gespräch mit George Sylvester Viereck, erstmals 1930 veröffentlicht, sagt Schnitzler aus: »Ich bin gewissermaßen der Doppelgänger von Professor Freud, der mich eines Tages seinen psychischen Zwilling genannt hat (In some respects I am the double of Professor Freud. Freud once called me his psychic twin)« (Viereck 1972, 10 f.). Schnell verbreitet sich die stereotype Auffassung, Freuds Psychoanalyse und Schnitzlers literarische Anthropologie seien verwandte Produkte des Wienerischen *genius loci*. Schon 1929 schreibt der französische Germanist Félix Bertaux im Vorwort zu Schnitzlers Erzählungsband *La Pénombre des âmes* (*Dämmerseelen*): »Die Analyse wird zur Psychoanalyse. Der Doktor Freud ist à la mode, und Schnitzlers Gestalten haben eine freudianische Farbe« (Zieger 2012, 204).

Anziehung und Abstoßung

Von wechselseitiger Beeinflussung zu reden, wäre allerdings falsch. Freud schuldet Schnitzler eigentlich nichts, und dieser hat zwar mit Aufmerksamkeit einige Bücher von Freud gelesen (vgl. hierzu Pfohlmann 2006, 130–133), doch immer auch kritisch begutachtet, viele grundlegende Punkte der psychoanalytischen Theorie und Behandlungsmethode abgelehnt und es vorgezogen, seine eigene Theorie des Psychischen zu entwerfen. Selbst wenn er die persönliche Geistesgröße Freuds stets anerkannte, blieb er gegenüber der Psychoanalyse als System und manchem zeitgenössischen Psychoanalytiker, dem er begegnete, reserviert.

Die gemeinsame Ausgangsposition Freuds und Schnitzlers ist die kritische Erfahrung der in Wien von Theodor Meynert beherrschten Psychiatrie. Freud war 1883–1886, Schnitzler 1886 Sekundarzt bei Meynert. Schnitzlers »knappe und eher kühle Anzeigen der Schriften Theodor Meynerts«, z. B. die Rezension zu dessen *Klinischen Vorlesungen über Psychiatrie* von 1890 in der *Internationalen Klinischen Rundschau* (Jg. 5, 1991; MS, Nr. 36, 241 f.), »lassen die kommentarlose Distanzierung vermuten« (MS, 32). Die Erzählung *Flucht in die Finsternis* wird Schnitzlers skeptische Einstellung zur Psychiatrie thematisieren. Gerade weil Otto, die Arztfigur, seinen an *paranoia persecutoria* (Richard von Krafft-Ebing definiert diese Krankheit in seinem *Lehrbuch der Psychiatrie*) erkrankten Bruder Robert als »Fall« behandelt und durch seine herablassende Überlegenheit »entwürdigt« (Thomé 1993, 713), zieht er den Hass Roberts auf sich. Somit macht er all seine Bemühungen zunichte, als »besserer Arzt« (ebd., 712) seinem Bruder die Verbringung in die Anstalt, die medikamentöse Ruhigstellung und einen unabsehbaren Spitalaufenthalt zu ersparen. Ottos Diagnose, Robert leide an Verfolgungswahn, ist richtig. Doch geht es hier nicht um ärztliche Kompetenz, sondern um die Art, »wie die Psychiater mit ihren [Diagnosen] umgehen und diese auf den kranken Menschen wirken, dem sie gelten. [...] Robert fasst sie als Urteil auf« (Müller-Seidel 1997, 75). Zum Schluss begeht Otto einen gravierenden medizinischen Fehler, wenn er Robert zu einem Zeitpunkt aufsucht, wo der Kranke gefährlich geworden ist. Das in der Tat ›finstere‹ Ende der Erzählung ist ein Zeugnis von Schnitzlers ›therapeutischem Nihilismus‹: Die Psychiatrie kann die Kranken durch Einsperrung in die Klinik ›neutralisieren‹ – heilen kann sie aber nicht. Nebenbei bemerkt, bedeutet diese Abrechnung mit der Psychiatrie in Schnitzlers Erzählung keine Parteinahme für die Psychoanalyse. Eine tiefenpsychologische Therapie wäre im Fall Roberts ohnmächtig gewesen, und nach Freuds Auffassung beschränkten sich die Möglichkeiten der psychoanalytischen Behandlung auf die Neurosen, während er an der Heilbarkeit der meisten Psychosen zweifelte.

Nicht nur die gemeinsame Erfahrung des Studiums der Medizin in Wien, die geteilte Unzufriedenheit mit der zeitgenössischen Psychiatrie, Neurologie und Psychologie und die Suche nach einem neuen Modell der verstehenden bzw. dynamischen Psychiatrie mit tiefenpsychologischen und psychotherapeutischen Perspektiven erklärt die Geistesverwandtschaft Schnitzlers und Freuds. Für beide waren außerdem die Selbstbeobachtung bzw. Selbstanalyse und die Traumdeutung der Ausgangspunkt und blieben für den Ausbau der psychoanalytischen Theorie und für Schnitzlers literarische Anthropologie des *homo psychologicus* von zentraler Bedeutung. Der anthropologische Paradigmenwechsel entspricht der von Carl E. Schorske auf die Formel gebrachten Diagnose einer ganz besonders von der Wiener Moderne thematisierten Kulturkrise: »Das überlieferte liberale Weltbild kreiste um den rationalen Menschen, von dessen wissenschaftlicher Beherrschung der Natur und sittlicher Selbstbeherrschung man die Schöpfung der glücklichen Gesellschaft erwartete. [Im 20. Jahrhundert] hatte der Mensch der Ratio seinen Platz jenem reicheren, aber auch gefährlicheren und schwankenden Geschöpf, dem *homo psychologicus*, zu räumen« (Schorske 1982, 4).

Freuds *Traumdeutung* war das Ergebnis eines in Notizheften schriftlich geführten, selbstanalytischen Prozesses, von dem eine Fußnote im Abschnitt über den Hollthurn-Traum einen Eindruck vermittelt: »Diese Beschreibung ist für mich selbst nicht verständlich, aber ich folge dem Grundsatze, den Traum in jenen Worten wiederzugeben, die mir beim Niederschreiben einfallen. Die Wortfassung ist selbst ein Stück der Traumdarstellung« (Freud 1900/1942, 458). In vergleichbarer Weise kann man Schnitzlers Tagebuch als einen Prozess der Selbstinterpretation und -kritik, der Selbstermächtigung und -schöpfung auffassen, in dem ausgerechnet der Darstellung der eigenen Träume ein besonderer Stellenwert zukommt (vgl. Le Rider 2002). Die Zusammenstellung dieser Traumbeschreibungen ergeben ein stattliches »Traumtagebuch« (vgl. Schnitzler 2012): Diese täglichen Übungen in der »Schreibkunst der Seele« (Alt 2002, 202) bleiben bei Schnitzler meistens ohne Interpretation, als Erzählfragmente, in denen die Struktur der Traumarbeit möglichst unverändert und unter Verzicht auf Erklärungen wiedergegeben wird, mit allen dazugehörigen Verschiebungen und Sprüngen, die die bewusste Rationalität sprengen.

Gerade diese im Tagebuch erworbene Virtuosität ermöglicht Schnitzler, in der *Traumnovelle* die Oszillation zwischen Traumwelt und Wirklichkeit so konsequent durchzuhalten: Für Fridolin und Albertine werden Träumen und Wachen so ununterscheidbar, dass ihre gewohnte Lebenswelt vollständig destabilisiert wird und am nächsten Morgen einer völlig neuen Ordnung zu gehorchen scheint, und für den Leser werden die Grenzen zwischen märchenhafter Traumwelt und Realität ebenfalls verwischt. So gehen in der *Traumnovelle* der psychologische Realismus und die psychologische Phantastik ineinander über.

Zweifellos hat sich Schnitzler gleich nach Erscheinen von Freuds Werk mit der *Traumdeutung* auseinandergesetzt: Wie mächtig das Buch auf ihn wirkte, zeigt ein Notat vom 26. März 1900: »Traum, dass ich in Uniform mit Civilhosen (wie im Traumdeutungs Buch von Freud gelesen) aber doch unentdeckt von Kaiser Wilhelm II. (dem ich begegne) von einem Thor (unter den Linden) ins andre gehe. –« (Tb, 26.3.1900). Hier spielt Schnitzler auf Freuds Schilderung einiger typischer Traumszenen im Kapitel über den »Verlegenheitstraum der Nacktheit« an: »Ich bin ohne Säbel auf der Straße und sehe Offiziere näherkommen, oder ohne Halsbinde, oder trage eine karierte Civilhose u. dgl« (Freud 1900/1942, 248). Wiederum las Freud Schnitzlers *Traumnovelle* und

6. Tiefenpsychologie und Psychiatrie

schrieb ihm am 24. Mai 1926, dass er sich über diese »einige Gedanken« (Freud 1955, 195 f.) gemacht habe. Doch trennen sich Schnitzlers und Freuds Wege der Arbeit am Traum ganz deutlich: *Die Traumdeutung* ist ein Fundament der psychoanalytischen Theorie und Interpretationsmethode, während Schnitzlers Traumprotokolle ›theoriefrei‹ und meistens sogar kommentarlos bleiben und sich begnügen, den Traum noch vor jeglicher Deutung in Erzählung zu übersetzen. Für Schnitzler ergibt sich die beste Traumdeutung aus der Traumerzählung selbst. Auch Freud scheint in seiner *Traumdeutung* immer wieder die Träume so zu erzählen, dass die nachgelieferte Deutung einleuchtend wirkt.

Schnitzlers Kritik an der Psychoanalyse

Es wäre jedoch falsch, Schnitzlers Einstellung zur Psychoanalyse auf seine freundschaftlichen Beziehungen zu Freud und auf seine schöpferische Auseinandersetzung mit dessen Schriften zu reduzieren. In anderen Kontexten war Schnitzler gegenüber der psychoanalytischen Theorie und Behandlungsmethode äußerst kritisch. Seine Reaktionen auf Theodor Reiks Versuche, die psychoanalytische Interpretationsmethode auf seine Texte anzuwenden, können zum Teil als Widerstand verstanden werden, den Freud als die zu erwartende Reaktion des Patienten auf die in der Kur auftauchenden Interpretationsangebote definiert, eine der Hauptschwierigkeiten für den Analytiker. Schnitzlers kritische Reaktion auf Reiks psychoanalytische Interpretation seiner Texte (vgl. Urban 1993) ergibt sich aber auch aus grundsätzlichen Einwänden: Erforscht die psychoanalytische Literaturinterpretation den Text als Produkt des Unbewussten des Autors, so handelt es sich um eine Variante des biographischen Reduktionismus. Unternimmt sie es, »das Unbewusste des Textes« zu entziffern, so verletzt sie die Vorstellung des Autors, der Text entspreche der Absicht des Dichters, wobei sie Schlegels Diktum »Jedes vortreffliche Werk, von welcher Art es auch sei, weiß mehr als es sagt, und will mehr als es weiß« (Schlegel 1798/1988, 166) auf das psychoanalytische Erkenntnisinteresse einschränkt. Schnitzlers Vorbehalte gegenüber Reiks psychoanalytischer Interpretation sind denjenigen Robert Musils sehr ähnlich, der in seinen Entwürfen zu einer Rezension von Reiks Buch über Schnitzler notierte: »Gestalten eines Dichters haben keine Seele. [...] Das ganze Unterfangen geht von einer falschen Voraussetzung aus. Personen eines Dichtwerks wie lebende Menschen behandeln ist die Naivität des Affen, der in den Spiegel greift« (zit. n. Urban 1993, 22).

Schnitzlers kritisches Verhältnis zur Freudschen Psychoanalyse ist als Beispiel einer produktiven Rezeption und zugleich als Modell einer scharfsichtig argumentierten Ablehnung bedeutend. Aufschlussreich sind die Notate im Tagebuch: »Dr. Reik; recht anregend. Schade, daß er psychoanalytisch doch ziemlich verbohrt« (Tb, 7.12.1914). Schon 1912 hatte Schnitzler, nachdem er den in der Zeitschrift *Pan* veröffentlichten Artikel Reiks *Arthur Schnitzler vor dem ›Anatol‹* erhalten hatte, in seinem Tagebuch notiert: »Eine nicht uninteressante Studie ... – nur gegen Ende in die fixen psychoanalytischen Ideen auslaufend« (Tb, 27.6.1912). Über die psychoanalytische Behandlungsmethode zeigt sich Schnitzler gegenüber Reik ebenfalls kritisch: »Ich versuche wieder ihm die Einseitigkeit der Methode klar zu machen; insbesondere die Fehlerquellen bei der therapeut. Anwendung« (ebd., 11.1.1915).

In seinen Aufzeichnungen *Über Psychoanalyse* führt Schnitzler seine Argumente in aller Strenge weiter aus. »Die psychoanalytische Methode biegt ins Unbewußte oft ohne Nötigung, lange ehe sie es dürfte, ein. Manchmal aus Bequemlichkeit, manchmal aus Borniertheit, manchmal aus Monomanie« (Psy, 282). Schnitzler ärgert sich darüber, dass die Psychoanalyse in seinen Augen »die Deutungsgrenzen so sehr gegen das Willkürliche zu [weitet], daß jede Kontrolle unmöglich und jede Erklärung genau so gestattet sein kann wie ihr Gegenteil« (ebd., 277 f.). Für Schnitzler war die Psychoanalyse im Grunde nichts anderes als eine pseudowissenschaftliche Disziplin, die seiner Meinung nach bei Freuds Schülern zum rigiden Dogmatismus oder gar zur Scharlatanerie auszuarten drohte.

Über diese wissenschaftlichen Argumente hinaus nahm Schnitzler an der Unredlichkeit Anstoß, die er bei den Patienten und sonstigen Befürwortern der Psychoanalyse vermutete. »Das völlig Bewußte ist selten, aber auch das gänzlich Unbewußte – in dem Sinn nämlich, daß es wirklich des psychoanalytischen Zaubers bedürfe, um es bewußt zu machen, ist viel seltener, als man jetzt glaubt. Der Kranke schmückt es mit der Gloriole des Unbewußtgewesenseins. Eine ganz schäbige bewußte Erinnerung macht sich interessant, verklärt sich gewissermaßen, indem sie sich als gestern noch unbewußt ausgibt. Sie ist gewissermaßen eine vornehme Fremde, die aus der Ferne kommt. Der Kranke ist stolz, vergessen zu haben, und dann ist er wieder stolz darauf, sich zu erinnern« (ebd., 282). Vom Standpunkt des »moralinfreien« (Nietzsche 1980, 170) Ethikers Schnitzler aus betrachtet ist es schwierig, ja sogar unmöglich, »die Grenzen zu ziehen zwischen bewußt und unbewußt, verantwortlich und unverantwortlich« (Psy, 280). Der Wortschatz einer Trivialpsychoanalyse verleiht bei manchem Zeitgenossen der eigenen Feigheit und Verlogenheit eine bedeutungsschwangere Aura, meint Schnitzler. So kann man die grotesk-pompöse Tirade des Hoteldirektors im dritten Akt von *Das weite Land* interpretieren: »Warum ich sie betrogen habe – ? ... Sie fragen mich? Sollt es Ihnen noch nicht aufgefallen sein, was für komplizierte Subjekte wir Menschen im Grunde sind? [...] Das Natürliche ... ist das Chaos. Ja – mein guter Hofreiter, die Seele ... ist ein weites Land« (DWL, 88).

Literatur und Psychologie

Dass man es selten unternommen hat, aus den Bemerkungen und Aufzeichnungen Schnitzlers außerhalb seiner fiktionalen Texte und dramatischen Werke die »psychologische Konzeption« (Thomé 1984, 62) des Autors zu rekonstruieren, ist z. T. so zu erklären, »daß der fest etablierte einseitige Vergleich Schnitzlers mit Freud die Perspektive auf die Spezifika« (Thomé 1993, 608) des psychodynamischen Konzepts Schnitzlers verengt hat. Grundsätzlicher kann man mit den Worten Musils in den schon zitierten Entwürfen zu einer Rezension von Reiks Buch über Schnitzler feststellen, dass »[w]as man im Dichtwerk Psychologie nennt[,] [...] sich [...] von der wissenschaftlichen [scheidet]. Andere Interessenzusammenhänge schieben sich in den psychologischen. Insgesamt: Ästhetische« (zit. n. Urban 1993, 22). Und ethische, sollte man im Falle Schnitzlers hinzufügen. Gerade weil er ganz genau weiß, was eine theoretisch fundierte Tiefenpsychologie sein sollte, geht Schnitzler von einer strikten Unterscheidung zwischen dem ›ärztlichen Blick‹, der für seine literarischen Produktionen charakteristisch ist, und einem wörtlich genommenen Doppelgängertum mit einem Theoretiker und Psychotherapeuten wie Freud aus. Für Schnitzler wie für Freud bedeutet die legendär gewordene Rede vom ›Doppelgängertum‹ eigentlich das Gegenteil ihrer expliziten Aussage; sie heißt in Wirklichkeit: Wir gelten als intellektuelle ›Zwillinge‹, uns sind aber unsere Unterschiede klar. Schnitzler verwechselt ebenso wenig wie Freud »das Wissen der Literatur« (vgl. Alt/Anz 2008) und die psychoanalytische Theoriebildung.

In Schnitzlers Aufzeichnungen zur Psychologie geht es um eine vom Erzähler und Dramatiker anwendbare Phänomenologie und ethische Evaluierung der menschlichen Empfindungen und Verhaltensweisen in ihren Auswirkungen auf die intersubjektiven Relationen. Man kann (wie schon Thomé 1984, 63) folgende Stelle als die zusammenfassende Formel von Schnitzlers Dichterpsychologie anführen: »Die Seele mancher Menschen scheint aus einzelnen gewissermaßen flottierenden Elementen zu bestehen, die sich niemals um ein Zentrum zu gruppieren, also keine Einheit zu bilden imstande sind. So lebt der kernlose Mensch in einer ungeheuren und ihm doch niemals völlig zu Bewusstsein kommenden Einsamkeit dahin. Die große Mehrzahl der Menschen ist in diesem Sinne kernlos, doch erst an merkwürdigen und bedeutenden Menschen fällt uns eine solche Kernlosigkeit auf, die übrigens vorzugsweise bei reproduzierenden Talenten, vor allem bei genialen Schauspielern, insbesondere Schauspielerinnen, zu beobachten ist« (AB, 53 f.). Schnitzlers aus den *Aphorismen und Betrachtungen* zu rekonstruierende Psychologie kann man auch Moralistik nennen. Als Folge von Skizzen und Maximen zeichnet sie das Psychogramm des kernlosen, in »flottierende Elemente« zerfallenden, histrionischen Charakters, den Schnitzler vom *Anatol*-Zyklus bis zu *Fräulein Else* in Szene setzt.

Man kann die ›Kernlosigkeit‹ als eine Variante der Identitätskrise verstehen, die ein gemeinsames Thema vieler Autoren und Theoretiker der Wiener Moderne bildet (Le Rider 1990). Dies gilt auch für die europäische Psychologie und Psychiatrie um 1900. Einem Brief an Wilhelm Fließ aus dem Jahr 1897 fügt Freud eine klinische Beobachtung bei, in der »die Tatsache der Identifizierung« auf die »Mehrheit der psychischen Personen« (Freud 1986, 256) zurückgeführt wird (›Mehrheit‹ im Sinne von Pluralität). Paul Bourget, einer der im deutschen Sprachraum meistgelesenen französischen modernen Romanciers, dessen Analyse der *décadence* Nietzsche seiner Nachwelt empfohlen hatte und dessen *Physiologie de l'amour moderne* (1891) Schnitzler mit Interesse wahrnahm, schildert im Roman *Le Disciple* (1889) einen jungen Intellektuellen, dessen Erstlingswerk *Contribution à l'étude de la multiplicité du moi* heißt. Théodule Ribot analysiert in *Les Maladies de la volonté* (1883) die ›multiplen Persönlichkeiten‹.

Wenn Hugo von Hofmannsthal ab 1907 sein unvollendet gebliebenes Romanprojekt *Andreas oder Die Vereinigten* konzipiert, greift er auf Morton Princes *The Dissociation of a Personality* (1906) zurück.

Im ersten Kapitel von Machs *Analyse der Empfindungen* (1886), das den Titel »Antimetaphysische Vorbemerkungen« trägt, kann man die Sätze lesen, die so verschiedene Geister wie Otto Weininger, Hermann Bahr oder Musil tief beeindruckten: »Nicht das Ich ist das Primäre, sondern die Elemente (Empfindungen). [...] Die Elemente *bilden* das Ich. [...] Das Ich ist keine unveränderliche, bestimmte, scharf begrenzte Einheit. [...] Das Ich ist unrettbar« (Mach 1911, 20). Nach Horst Thomé verdankt Schnitzlers Psychologie außerdem Pierre Janets *Der Geisteszustand der Hysterischen (Die psychischen Stigmata)* (1894) wesentliche Impulse zu seinen eigenen psychologischen Ansätzen (Thomé 1993, 620–626). Allerdings findet man in Schnitzlers Schriften keinen Beleg einer Rezeption von Janet. Hätte er Janet lesen müssen, um seine Psychologie des kernlosen Charakters zu entwerfen? Aus den zahlreichen Abhandlungen zur Hysterie, die er in der *Internationalen Klinischen Rundschau* 1887–1894 rezensiert hatte, z. B. aus den Werken von Jean Martin Charcot, dem Verfasser der Einleitung zu Janets *Der Geisteszustand der Hysterischen*, hatte er alle Stichwörter zur ›schauspielerischen‹ Persönlichkeit schon entnehmen können.

Schnitzler war selbst Psychiater und Tiefenpsychologe genug, um eigene Wege zu gehen, sodass die Suche nach Einflüssen sich oft als Holzweg erweist.

Schnitzlers Psychologie und Moralistik teilt mit Freud und mit vielen anderen zeitgenössischen Theoretikern und Wissenschaftlern ein unverwechselbares *air de famille*, weil sie einen der konsequentesten und stichhaltigsten Ansätze zur Analyse und Darstellung der modernen Identitätskrise bildet. Im Sinne von Nietzsches entlarvender Psychologie geht Schnitzler von eigenen tiefenpsychologischen Ansätzen aus, um die (Un-)Sittlichkeit der Sitte der Modernen zur dramatischen und erzählenden Darstellung zu bringen.

Literatur

Alt, Peter-André: *Der Schlaf der Vernunft. Literatur und Traum in der Kulturgeschichte der Neuzeit*. München 2002.
Alt, Peter-André/Anz, Thomas (Hg.): *Sigmund Freud und das Wissen der Literatur*. Berlin/New York 2008.
Beharriell, Frederick J.: S. Freuds Doppelgänger. In: LuK 2 (1967), 546–555.
Freud, Sigmund: *Briefe an A. S.* Hg. v. Henry Schnitzler. In: *Die Neue Rundschau* 66 (1955), H. 1, 195–106.
Freud, Sigmund: *Gesammelte Werke. Chronologisch geordnet*. 18 Bde. (mit einem Nachtragsband). Unter Mitw. v. Marie Bonaparte, hg. v. Anna Freud u. a. Bd. 2/3: *Die Traumdeutung/Über den Traum*. London 1942.
Freud, Sigmund: *Briefe 1873–1939*. Ausgew. u. hg. v. Ernst u. Lucie Freud. Frankfurt a. M. 1980.
Freud, Sigmund: *Briefe an Wilhelm Fließ 1887–1904*. Hg. v. Jeffrey M. Masson, bearb. v. Michael Schröter u. Gerhard Fichtner. Frankfurt a. M. 1986.
Le Rider, Jacques: *Das Ende der Illusion. Zur Kritik der Moderne. Die Wiener Moderne und die Krisen der Identität*. Wien 1990.
Le Rider, Jacques: *Kein Tag ohne Schreiben. Tagebuchliteratur der Wiener Moderne*. Wien 2002.
Le Rider, Jacques: *A. S. oder Die Wiener Belle Époque*. Wien 2007.
Mach, Ernst: *Die Analyse der Empfindungen und das Verhältnis des Physischen zum Psychischen*. Jena [6]1911.
Müller-Seidel, Walter: *Arztbilder im Wandel. Zum literarischen Werk A. S.s.* München 1997.
Nietzsche, Friedrich: Der Antichrist. In: Friedrich Nietzsche: *Sämtliche Werke. Kritische Studienausgabe*. Hg. v. Giorgio Colli u. Mazzimo Montinari. Bd. 6. Berlin/New York 1980, 167–254.
Pfohlmann, Oliver: A. S. In: *Psychoanalyse in der literarischen Moderne. Eine Dokumentation*. Bd. 1: *Einleitung und Wiener Moderne. Hermann Bahr, Hugo von Hofmannsthal, A. S., Karl Kraus*. Hg. v. Thomas Anz u. Oliver Pfohlmann. Marburg 2006, 129–205.
Reik, Theodor: A. S. vor dem »Anatol«. In: *Pan 2* (1912), H. 32, 899–905 [Nachdr. in Bernd Urban (Hg.): *Psychoanalyse und Literaturwissenschaft. Texte zur Geschichte ihrer Beziehungen*. Tübingen 1973, 11–18].
Reik, Theodor: *A. S. als Psycholog* [1913]. Hg. v. Bernd Urban. Frankfurt a. M. 1993.
Schlegel, Friedrich: Über Goethes Meister (1798). In: Friedrich Schlegel: *Kritische Schriften und Fragmente*. Bd. 2. Hg. v. Ernst Behler u. Hans Eichner. Paderborn 1988, 157–169.
Schnitzler, Arthur: *Träume. Das Traumtagebuch 1875–1931*. Hg. v. Peter M. Braunwarth u. Leo A. Lensing. Göttingen 2012.
Schorske, Carl E.: *Wien. Geist und Gesellschaft im Fin de siècle*. Frankfurt a. M. 1982.
Thomé, Horst: Kernlosigkeit und Pose. Zur Rekonstruktion von S.s Psychologie. In: Klaus Bohene/Uffe Hansen/Friedrich Schmöe (Hg.): *Fin de siècle. Zu Naturwissenschaft und Literatur der Jahrhundertwende im deutsch-skandinavischen Kontext. Vorträge des Kolloquiums am 3. und 4. Mai 1984*. Kopenhagen 1984, 62–87.
Thomé, Horst: Vorwort. In: MS, 31–59.
Thomé, Horst: *Autonomes Ich und ›Inneres Ausland‹. Studien über Realismus, Tiefenpsychologie und Psychiatrie in deutschen Erzähltexten 1848–1914*. Tübingen 1993.
Urban, Bernd: A. S. und Sigmund Freud. Aus den Anfängen des ›Doppelgängers‹. In: *Germanisch-Romanische Monatsschrift*. Neue Folge 24 (1974), 193–223.
Urban, Bernd: Einleitung. In: Theodor Reik: *A. S. als Psycholog* [1913]. Hg. v. Bernd Urban. Frankfurt a. M. 1993, 7–25.
Viereck, George S.: The World of A. S. In: MAL 5 (1972), H. 3/4, 7–17.
Weinzierl, Ulrich: *A. S. Lieben, Träumen, Sterben*. Frankfurt a. M. 1994.
Zieger, Karl: *Enquête sur une réception. A. S. et la France 1894–1938*. Villeneuve d'Ascq 2012.

Jacques Le Rider

7. Anthropologie und Lebensideologie

Schnitzlers zwischen ca. 1890 bis ca. 1930 veröffentlichtes Werk umspannt ziemlich genau jene Epoche, die wir als ›Frühe‹ bzw. ›Klassische Moderne‹ bezeichnen, und die, als eine Epoche des Übergangs, einen radikalen Wandel auf praktisch sämtlichen Gebieten der damaligen bürgerlichen Kultur herbeigeführt hat. In diesem Zeitraum wird die ›alte Welt‹ des 19. Jahrhunderts sukzessive abgelöst von einer ›neuen Welt‹, die sich, wie etwa der Zeitgenosse Stefan Zweig hellsichtig erkennt und in seinem 1942 postum veröffentlichten Werk *Die Welt von Gestern* anschaulich schildert, bereits in der letzten Dekade des 19. Jahrhunderts zu formieren beginnt: »In dem einen kleinen Intervall, seit mir der Bart zu sprossen begann und seit er zu ergrauen beginnt, in diesem einen halben Jahrhundert hat sich mehr ereignet an radikalen Verwandlungen und Veränderungen als sonst in zehn Menschengeschlechtern [...]« (Zweig 1988, 8). Damit meint Zweig keineswegs nur die politischen Ereignisse und die beiden Kriege, sondern auch die umfassenden Revolutionen auf kulturellem, wissenschaftlichem und technischem Gebiet, in deren Folge Lebenswirklichkeit und Alltag sich für die Zeitgenossen rapide wandelten. Der um 1890 einsetzende Paradigmenwechsel in den Wissenschaften und theoretischen Diskursen – in der Mathematik, Physik, Biologie und Chemie ebenso wie in der Philosophie, Soziologie, Ethnologie und Psychologie – sowie die bahnbrechenden technischen Innovationen, die zumal die neue Großstadtkultur prägen, gehen mit einem Wandel der Mentalitäten und des kollektiven Bewusstseins einher, der sich als Serie von Krisen – Krise des Subjekts, Sprach- und Erkenntniskrise und Krise des tradierten Wert- und Normensystems – manifestiert, die die gesamte bürgerliche Kultur erschüttern (vgl. Titzmann 1997).

Die Literatur ist, vor den theoretischen Diskursen, der genuine und privilegierte Ort, wo diese Krisen abgebildet und diskutiert und wo tentativ Bewältigungs- und Lösungsversuche entworfen werden. Gilt dies im Prinzip mehr oder weniger für alle Autoren der Klassischen Moderne, so doch in besonderem Maße für Arthur Schnitzler, der die epochalen Wandelprozesse seiner Zeit mit hochgradiger Sensibilität beobachtet und literarisch verarbeitet hat. Hierin, in Entwürfen sowohl einer *neuen Anthropologie* als auch, damit verbunden, einer *neuen Moral*, liegt die spezifische Modernität eines Autors wie Schnitzler begründet – weniger in ›oberflächlichen‹ Merkmalen wie dem Auftauchen bestimmter Requisiten des modernen Alltags. Die alte ›viktorianische‹ Welt der zweiten Hälfte des 19. Jahrhunderts, von Peter Gay etwas unglücklich, weil missverständlich, als »Die Welt des Doktors Schnitzler« (Gay 2012) benannt, ist keineswegs das Zentrum von Schnitzlers Dramen und Erzählungen; sie ist allerdings, zumal in seinem Frühwerk, als Negativfolie präsent und in dieser Funktion konstitutiv für seine literarischen Neuentwürfe. Deren denk- und anthropologiegeschichtliche Voraussetzungen seien im Folgenden knapp skizziert.

Eine neue Anthropologie

Um die Jahrhundertwende wird in Literatur, Philosophie und Wissenschaft eine neue Anthropologie manifest, die sich im Laufe des 19. Jahrhunderts latent herausgebildet hatte und die Natur des Menschen im Zeichen einer Biologisierung und Sexualisierung radikal neu konzipiert (Riedel 1996). Bereits mit der postromantischen Aufwertung der menschlichen Triebnatur als einer potentiell unvernünftigen und ästhetisch hässlichen (Marquard 1987), sowie insbesondere mit Schopenhauers Konzept des »Willens zum Leben« als »Inbegriff der affektiv-triebhaften Naturseite des Menschen« (Riedel 1996, 41) erreicht die ursprünglich von der Aufklärung eingeleitete Rehabilitation der sog. ›niederen‹ sinnlichen Vermögen einen Höhepunkt, mit dem sich die optimistische spätaufklärerisch-goethezeitliche Anthropologie allerdings in eine pessimistische verkehrt. Das vorbiologische Paradigma, das die Möglichkeit einer harmonischen Synthese der ›tierischen‹ und ›geistigen Natur‹ des Menschen postulierte, zerbricht. Der menschliche Körper und der Sexualtrieb, gemäß Schopenhauer »die vollkommenste Äußerung des Willens zum Leben« (zit. ebd., 172; vgl. auch Kondylis 2010, 78–84), erhalten demgegenüber nun einen neuen zentralen Stellenwert. Neben theoretischen Diskursen wie der Philosophie, Biologie, Psychoanalyse und schließlich der nach der Jahrhundertwende neu entstehenden Disziplin der Sexualwissenschaft partizipiert insbesondere die Literatur der Klassischen Moderne, und zumal die Schnitzlers, ganz wesentlich an der Entdeckung und Versprachlichung der menschlichen Sexualität und unterliegt diesbezüglich einem »kategorischen Schreibbefehl« (Riedel 1996, 151–153) im Sinne des von Foucault rekonstruierten Diskursivierungsgebots (Foucault 1983, Eder 2002, Cagneau 2014).

7. Anthropologie und Lebensideologie

Die moderne Biologisierung der Menschennatur hat nun einige, auch für die Literatur höchst relevante, Implikationen. Sie führt zum einen, wie insbesondere im zeitgenössischen Empirismus, in dem auch Schnitzler wurzelt, bereits zu einer Subjektkrise und zur tendenziellen »Auflösung der bürgerlichen Person« (Kondylis 2010, 79). Indem die Einheit der ›Person‹ und die Substanz des ›Ichs‹ als metaphysische Größen denunziert und in eine Vielzahl von Funktionen und Relationen überführt werden (so prominent bei Ernst Mach: *Die Analyse der Empfindungen und das Verhältnis des Physischen zum Psychischen*, 1885), erscheint das bürgerliche Konzept der »Person als Persönlichkeit und entfaltete[r] Individualität« grundsätzlich bedroht (Kondylis 2010, 140, 84). Die Biologisierung führt zum anderen zu einer entscheidenden Transformation des Altersklassensystems, das ein zentrales Merkmal der jeweiligen historischen Anthropologie einer Kultur darstellt. Das um 1800 vorherrschende viergliedrige Altersklassensystem wird um 1900 durch ein tendenziell dreigliedriges abgelöst, welches nur mehr Kindheit, Jugend und Alter als relevante biographische Lebensphasen kennt. Der Übergang vom ›Jüngling‹ zum erwachsenen ›Mann‹, der dem über Jahrzehnte lang dominierenden narrativen Modell der goethezeitlichen ›Initiationsgeschichte‹ zugrunde liegt (Titzmann 2012), konstituiert um 1900 jedenfalls kein zu bewältigendes (und somit erzählenswertes) biographisches Problem mehr; die moderne ›Jugend‹ inkludiert zugleich das traditionelle ›Mannesalter‹ und wird doppelt, biologisch und soziokulturell, definiert: sowohl über die (potentielle) sexuelle Aktivität, was die physiologische Geschlechtsreife voraussetzt, als auch über bestimmte normative Annahmen, denen zufolge Sexualität in Funktion von Lebensalter und Geschlecht als sozial (in)akzeptabel gilt. Die Lebensphase der ›Jugend‹ besitzt somit eine geschlechtsspezifische Extension und umfasst im Schnitzlerschen Œuvre etwa bei weiblichen Figuren die Spanne von ca. 15 bis max. 40 Jahren, bei männlichen Figuren hingegen die Spanne von ca. 17 bis ca. 50 Jahren (Lukas 1996, 83–95). Die beiden Schwellenphasen am Eingang und Ausgang der Jugend gelten nun als besonders krisenanfällig und konstituieren somit beliebte Themen der Literatur. Das gilt insbesondere für die Krise des (herannahenden) Alters, die zeitgenössisch auch als ›zweite Pubertät‹ konzipiert wird (Lindner 1991, 122; vgl. *Frau Bertha Garlan*).

Die Aufwertung der menschlichen Triebnatur impliziert des Weiteren einen anthropologischen Dualismus, der sich in der epochalen, bei zahlreichen Theoretikern wie u. a. Simmel, Nietzsche, Durkheim formulierten Annahme eines radikal antagonistischen Verhältnisses zwischen den ›egoistischen‹ Strebungen – verstanden im weiten Sinne von egobezogenen Wünschen – und altruistischen Strebungen – ebenfalls im weiten Sinne zu verstehen als jede »Form des Interesses für das Allgemeine« (Simmel 1989, 153) – niederschlägt. In dem Maße, wie somit »[d]er Altruismus […] mit der sittlichen Verpflichtung schlechthin identifizirt werden [kann]« (Simmel 1989, 128), gelten die ›egoistischen‹ Strebungen als »Interesse für das Abweichende« (ebd., 86), somit *per se* als potentiell unmoralisch und außerhalb der Normkonformität stehend. Mit anderen Worten, das (bürgerliche) Subjekt, dem ein systemhafter Triebdualismus bzw. -konflikt zwischen egoistischen und altruistischen Strebungen eingeschrieben ist, lebt somit notwendig im Zustand einer permanenten latenten Krise, die, mit der faktischen Realisierung der ›egoistischen‹ Strebungen, als manifeste Krise ausbricht (vgl. Le Rider 2000, 43–46, 52–54).

Dieser anthropologische Dualismus korreliert mit dem epochenspezifischen Konzept vom Subjekt als Menge von tendenziell unendlich vielen möglichen alternativen Subjektentwürfen: »in jedem Menschen schlummern unzählige Möglichkeiten, ein anderer zu werden als er tatsächlich geworden ist« (Simmel 1922, 116). Dieses postulierte Potential steht in einem konstitutiven Zusammenhang mit der normverletzenden Triebnatur. Dem Triebdualismus korrespondiert somit homolog die Spaltung des Subjekts in eine realisierte, d. h. offizielle und in der sozialen Interaktion sich manifestierende Person einerseits und eine inoffizielle, ›potentielle Person‹ andererseits. Erstere verhält sich im Einklang mit den altruistischen Interessen, die das Subjekt im Raum der Kultur halten, letztere wird von ›egoistischen‹ Strebungen beherrscht und konstituiert ein abweichendes latentes Potential, das ein – ideologisch wie psychisch – ›Fremdes‹ repräsentiert. In dem Maße, wie dem Subjekt sein Potential selbst in aller Regel zunächst noch nicht bewusst ist, tendiert dieses dazu, innerhalb der Psyche einen eigenen Teilraum des Nicht-Bewussten auszubilden. Hier setzen die zeitgenössischen Theorien vom »Doppel-Ich« bzw. von der »Doppelexistenz« des Subjekts ebenso an wie die psychoanalytische Konzeption eines »Unbewussten« in der spezifischen Bedeutung eines regelrecht »Verdrängten« (im Rahmen von Freuds erster topischer Theorie des psychischen Apparates). Schnitzlers literarische Personkonzeption ist nicht deckungsgleich mit diesen Theorien, teilt mit ihnen jedoch die genannten grundlegenden Prämissen (Titzmann 1989; Thomé 1993, 598–645; Lukas 1996, 45–52; s. auch Kap. I.6). Die Bewusstwerdung und/oder Realisierung dieses abweichenden Potentials erfolgt in jedem Fall nur im Modus einer existentiellen Krise (s. Kap. III.6).

Die ›Lebensideologie‹

Die Krise des bürgerlichen Subjekts und der bürgerlichen Kultur um und nach 1900 ist engstens auch mit dem epochalen Diskurs über das ›Leben‹ korreliert. Bei Schopenhauer im Rahmen von dessen Willensphilosophie in dieser spezifischen Bedeutung erstmalig explizit formuliert und in dieser Funktion an die Stelle der ›Natur‹ tretend, wird das ›Leben‹ in der zweiten Hälfte des Jahrhunderts insbesondere bei Nietzsche zum zentralen, ideologisch besetzten Leitbegriff, um nach 1900 dann, in den Worten Simmels, zum »heimlichen König der Geistesepoche« aufzusteigen (Simmel 1918, 11). Neben der Philosophie, die mit der sog. ›Lebensphilosophie‹ gewissermaßen die reinste Ausprägung und Theoretisierung geliefert hat, partizipieren an diesem Diskurs insbesondere auch sämtliche Geistes- und Kulturwissenschaften sowie die Literatur, die seit 1890 zunehmend im Banne des ›Lebens‹ steht (Rasch 1967; Lindner 1994; Riedel 1996, 21–35; Schaede et al. 2012). In der epochalen Lebensreformbewegung hat sich das »Aufbegehren gegen die ›erstarrte Bürgerlichkeit‹« schließlich als (bürgerliche) Alternativbewegung mit alltagspraktischer Relevanz artikuliert (Wehler 2006, 1101; Buchholz et al. 2001).

Den vielfältigen Manifestationen des lebensideologischen Diskurses liegt ein gemeinsames Denkmodell zugrunde, das von einer »Grund-›Polarität‹ von je individueller ›starrer‹ Oberflächen-›Form‹ und der dahinter/darunter befindlichen nichtindividuellen und dynamischen ›Ganzheit‹ des ›Lebens‹« ausgeht (Lindner 1994, 32). Dieses abstrakte Strukturmodell kann je nach Kontext ganz unterschiedlich inhaltlich gefüllt werden. Als »Oberflächen-Form« gelten letztlich sämtliche vom Menschen hervorgebrachten kulturell-geistigen Objektivationen und ›Produkte‹, eine individuelle in vorgegebenen bürgerlichen Bahnen verlaufende und somit ›geformte‹ Existenz ebenso wie »die sozialen Verfassungen und die Kunstwerke, die Religionen und die wissenschaftlichen Erkenntnisse, die Techniken und die bürgerlichen Gesetze und unzähliges andere« (Simmel 1918, 5) – die Sprache wäre hier als prominente ›Form‹ noch hinzuzufügen –, kurzum: »sobald das Leben über das bloß Animalische hinaus zur Stufe des Geistes vorgeschritten ist« (ebd.). Erfahren wird diese Polarität grundsätzlich im Modus der Krise, und die Lebensideologie konstituiert sich somit als Metadiskurs, über den sämtliche Krisenerscheinungen der zeitgenössischen bürgerlichen Kultur – Sprach- und Erkenntniskrise, Subjektkrise, Wert- und Normenkrise – miteinander systematisch verknüpft sind (Lindner 1994). ›Starr‹, und somit metaphorisch ›tot‹ sind diese ›Formen‹ insofern, als sie vom postulierten eigentlichen ›Leben‹ getrennt erscheinen, ja ihm letztlich feindlich gegenüberstehen. In dem Maße, wie diese ›Formen‹ vom ›Leben‹ aber selbst hervorgebracht werden, gründet hierin eine, von der Epoche vielfach als ›Tragödie‹ oder ›Konflikt der modernen Kultur‹ (so z. B. Simmel 1918) beschworene, unaufhebbare Antinomie: »Das Leben ist unlöslich damit behaftet, nur in der Form seines Widerspiels, das heißt in einer *Form* in die Wirklichkeit zu treten« (ebd., 45). Als Problemlösung folgt hieraus die Forderung, die erstarrten ›Formen‹ immer wieder neu aufzubrechen, um wenigstens punktuell und kurzfristig des ersehnten ›Lebens‹ teilhaftig zu werden. Daraus resultiert eine Dynamik und Prozessualität, die nicht zuletzt eine spezifische narrative Dimension in den literarischen Texten stiftet. Auch wenn Schnitzler weder ausführlichere theoretische Äußerungen beigesteuert hat, anders etwa als Musil oder Döblin, noch auf Lexemebene jener typischen Rhetorik und Emphase des ›Lebens‹ verdächtig ist, wie sie u. a. Hofmannsthal pflegt, nimmt er gleichwohl in der ihm eigenen diskreten Weise teil an diesem Diskurs – u. a. über das epochentypische Erzählmodell des ›Lebenswechsels‹ (Wünsch 1983).

Die individuelle Existenz steht in lebensideologischer Perspektive in einer polaren Spannung zwischen der wörtlichen – biologischen – Bedeutung von Leben zum einen und der metaphorischen – psychischen wie auch ideologischen – Bedeutung zum anderen. Innerhalb des biologischen Lebens kann es somit Zustände bzw. Phasen von metaphorischem ›Nicht-Leben‹ geben. Ein solches ist in der Epoche typischerweise unter drei Bedingungen gegeben: biologisch durch Krankheit, Alter und Tod; sozial durch eine betont bürgerliche, durch Heteronomie und Statik, Habitualisierung und Monotonie gekennzeichnete Alltagsexistenz; psychisch durch die Absenz einer intensiven, erfüllenden und sinnstiftenden Liebesbeziehung. Einem dergestalt defizitären und abgewerteten Leben wird ein ersehntes alternatives und gesteigertes ›Leben‹ gegenübergestellt, das mit emphatischer ›Jugend‹ gleichgesetzt wird und dessen Mehrwert sich durch eine besondere Intensität des Erlebens bemisst, die eine neue Glücks- und Sinnerfahrung ermöglicht – bei Schnitzler privilegiert im Rahmen einer leidenschaftlichen und erfüllenden Liebesbeziehung. Die Differenz zwischen der bestehenden Existenz und einer bislang ungelebten bzw. unlebbaren, jedoch potentiellen Alternativexistenz wird jedenfalls im Zeichen einer Krise erfahren und artikuliert: »Es bleibt in uns ein großer Rest ungestillten Lebensdurstes. Wer hat sich satt gelebt? […] In uns liegen gleichsam die Keime vieler Schicksale und Persönlichkeiten, die alle zum Leben drängen, und in dem uns beschiedenen Schicksal verkümmern müssen« (Keyserling 1907, 131). Die Realisierung eines bislang ungelebten Potentials erfordert jedoch notwendig den zumindest temporären Ausbruch aus dem bürgerlichen Raum – sei es nun real oder nur gedacht bzw. im (bewusst erinnerten und verbalisierten) Traum (vgl. *Paracelsus, Zwischenspiel, Traumnovelle*).

Schnitzlers Werke verfolgen in dieser Hinsicht ein doppeltes Anliegen: Sie erzählen in zahlreichen Varianten zum einen vom je individuellen Versuch der Lösung der Krise durch den notwendigen Ausbruch aus ›erstarrter Bürgerlichkeit‹; sie handeln zum anderen aber immer auch vom Problem der nicht minder notwendigen Rückkehr in eine soziale Ordnung. Denn auch ein ›neues Leben‹ ist seinerseits von ›Erstarrung‹ wie u. a. Habitualisierung bedroht und kann aufgrund der genannten lebensideologischen Prämissen immer nur ein temporäres sein. Daraus resultieren schließlich Versuche, sowohl die Forderungen der menschlichen Triebnatur und des ›Lebens‹ als auch die der (bürgerlichen) Kultur in irgendeiner Weise wieder zu versöhnen (s. Kap. III.6).

Literatur

Buchholz, Kai/Latocha, Rita/Peckmann, Hilke/Wolbert, Klaus (Hg.): *Die Lebensreform. Entwürfe zur Neugestaltung von Leben und Kunst um 1900*. 2 Bde. Darmstadt 2001.
Cagneau, Irène: *Sexualité et société à Vienne et à Berlin 1900–1914. Discours institutionnels et controverses intellectuelles dans »Die Fackel«, »Die Aktion«, »Der Sturm«, »Pan«, »Die Zukunft«*. Villeneuve d'Ascq 2014.
Eder, Franz X.: *Kultur der Begierde. Eine Geschichte der Sexualität*. München 2002.
Foucault, Michel: *Sexualität und Wahrheit. Der Wille zum Wissen*. Frankfurt a. M. 1983.
Gay, Peter: *Das Zeitalter des Doktor A. S. Innenansichten des 19. Jahrhunderts*. Frankfurt a. M. 2012.
Keyserling, Eduard von: Über die Liebe. In: *Die neue Rundschau* 18 (1907), H. 2, 129–140.
Kondylis, Panajotis: *Der Niedergang der bürgerlichen Denk- und Lebensform. Die liberale Moderne und die massendemokratische Postmoderne*. Berlin 2010.
Le Rider, Jacques: *Modernité viennoise et crises de l'identité*. Paris ²2000.
Lindner, Martin: *Leben in der Krise. Zeitromane der neuen Sachlichkeit und die intellektuelle Mentalität der klassischen Moderne*. Stuttgart 1994.
Lukas, Wolfgang: *Das Selbst und Das Fremde. Epochale Lebenskrisen und ihre Lösung im Werk A. S.s*. München 1996.
Marquard, Odo: *Transzendentaler Idealismus – Romantische Naturphilosophie – Psychoanalyse*. Köln 1987.
Rasch, Wolfdietrich: Aspekte der deutschen Literatur um 1900. In: Wolfdietrich Rasch: *Zur deutschen Literatur um die Jahrhundertwende. Gesammelte Aufsätze*. Stuttgart 1967, 1–48.
Riedel, Wolfgang: *»Homo natura«. Literarische Anthropologie um 1900*. Würzburg ²2011.
Schaede, Stephan/Hartung, Gerald/Kleffmann, Tom (Hg.): *Das Leben. Historisch-systematische Studien zur Geschichte eines Begriffs*. Bd. 2. Tübingen 2012.
Simmel, Georg: *Lebensanschauung. Vier metaphysische Kapitel*. München u. a. ²1922.
Simmel, Georg: *Einleitung in die Moralwissenschaft. Eine Kritik der ethischen Grundbegriffe*. Bd. 1. Hg. v. Klaus Christian Köhnke. Frankfurt a. M. 1989.
Thomé, Horst: *Autonomes Ich und ›Inneres Ausland‹. Studien über Realismus, Tiefenpsychologie und Psychiatrie in deutschen Erzähltexten 1848–1914*. Tübingen 1993.
Titzmann, Michael: Das Konzept der ›Person‹ und ihrer ›Identität‹ in der deutschen Literatur des frühen 20. Jahrhunderts. In: Manfred Pfister (Hg.): *Die Modernisierung des Ich. Studien zur Subjektkonstitution in der Vor- und Frühmoderne*. Passau 1989, 36–52.
Titzmann, Michael: 1890–1930. Revolutionärer Wandel in Literatur und Wissenschaften. In: Michael Titzmann: *Realismus und Frühe Moderne. Interpretationen und Systematisierungsversuche*. Hg. v. Lutz Hagestedt. München 2009, 472–495.
Titzmann, Michael: Die ›Bildungs-/Initiationsgeschichte der Goethezeit und das System der Altersklassen im anthropologischen Diskurs der Epoche. In: Michael Titzmann: *Anthropologie der Goethezeit. Studien zur Literatur- und Wissensgeschichte*. Hg. v. Wolfgang Lukas u. Claus-Michael Ort. Berlin 2012, 223–287.
Wünsch, Marianne: Das Modell der »Wiedergeburt« zu ›neuem Leben‹ in erzählender Literatur 1890–1930. In: Karl Richter/Jörg Schönert (Hg.): *Klassik und Moderne. Die Weimarer Klassik als historisches Ereignis und Herausforderung im kulturgeschichtlichen Prozeß*. Stuttgart 1983, 379–407.
Zweig, Stefan: *Die Welt von Gestern. Erinnerungen eines Europäers* [1942]. Frankfurt a. M. 1988.

Wolfgang Lukas

8. Musik

Die Musik spielte nicht nur im Leben Schnitzlers eine wesentliche Rolle – eine starke Affinität zur Musik prägt ebenso sein ästhetisches Urteil wie sein literarisches Werk. Obwohl diese Schwesterkunst von großer Bedeutung für das Verständnis seines Œuvres ist, sind Schnitzlers vielfältige Beziehungen zur Musik noch keineswegs erschöpfend analysiert.

Forschung

Schnitzlers Verhältnis zur Musik wurde vor allem in kleineren Überblicksarbeiten behandelt, die den musikalischen Einflüssen in Einzelwerken nachgehen. Einen Schwerpunkt bilden Analysen der in Notenform erscheinenden Musikzitate aus Robert Schumanns *Carnaval* in *Fräulein Else* (Schneider 1969, Huber 1992, Raymond 1993, Stegbauer 2006). Untersucht wurden neben den musikalischen Aspekten weiterer Erzähltexte wie *Bertha Garlan* (Leventhal 1995) die intermedialen Bezüge zu Mozarts *Zauberflöte* in der *Traumnovelle* (Weiner 1989, Whitinger 2003), zu Mendelssohns *Paulus*-Oratorium in *Lieutenant Gustl* (Aurnhammer 2013) oder zu Wagners *Tristan* im Musikerroman *Der Weg ins Freie* (Riedl 2014). Schließlich wurden Schnitzlers Beziehungen zu einzelnen Komponisten erkundet. So bewunderte Schnitzler zeitlebens Richard Wagner, dessen Liebestodmotiv er mehrfach variierte (Török 1971), während er Alban Berg kritisch gegenüberstand (Falck 1998, Gier 2007). Neuerdings wurden die vielfältigen Anregungen untersucht, die Schnitzler Gustav Mahler verdankt (Aurnhammer 2014), auch die harmonische Zusammenarbeit mit Oscar Straus kam zur Sprache, der den *Tapferen Cassian* vertonte (Panagl 2014).

Ein umfassender Überblick über die musikalischen Bezüge in Schnitzlers Gesamtwerk fehlt noch, sieht man von der kontextualisierenden Studie Weiners und dem knappen Überblick von Quirino ab (Weiner 1986a, Quirino 2000). Neben den musikalischen Themen und Strukturen in verschiedenen Werken Schnitzlers (Green 1972 und neuerdings Görner 2015) wurde die Bedeutung des nonverbalen Ausdrucks in der dramatischen Dichtung Schnitzlers herausgearbeitet (Ravy 1994).

Der Sammelband *Arthur Schnitzler und die Musik* (Aurnhammer/Martin/Schnitzler 2014) untersucht neben den musikalischen Bezügen in Schnitzlers Werk dessen Musikgeschmack, seine Beziehungen zu Komponisten und vor allem Vertonungen seiner Werke. Auch wenn den Beiträgen des Bandes wichtige neue Erkenntnisse zu verdanken sind, bleibt die vielfältige Rolle der Musik bei Arthur Schnitzler weiterhin ein lohnendes Forschungsfeld.

Schnitzler als Komponist und Musiksammler

Schnitzlers Vorliebe für die Musik wurde durch seine Eltern gefördert. Sein Vater Dr. Johann Schnitzler unterrichtete am Konservatorium der Gesellschaft der Musikfreunde von 1874 bis 1878 Physiologie der Stimme, während seine Mutter eine begeisterte Klavierspielerin war und bis zu ihrem Tode regelmäßig mit ihrem Sohn vierhändig spielte. Über Anfänge und Fortschritte seines Klavierspiels, zu dem er »schon in frühen Jahren angehalten worden war« (JiW, 43), berichtet Schnitzler in seiner Autobiographie *Jugend in Wien*. Zu seinen Klavierlehrern zählten der Korrepetitor der Wiener Hofoper, Hermann Riedel, den Schnitzler als »Episodenfigur« in seinem Roman *Der Weg ins Freie* verarbeitet hat, und Anton Rückauf (JiW, 43 f.). Trotz seiner pianistischen Begabung blieb sich Schnitzler immer seiner musikalischen Grenzen bewusst: »Das vierhändige Klavierspiel mit Rückauf oder meiner Mutter wurde weiter geübt, auch improvisierte ich gern auf dem Flügel, wobei mir manchmal das Zufallsglück eines melodischen Einfalls oder einer hübschen Harmonisation zuteilwurde […]. Vor der Gefahr, mir eine schöpferische musikalische Begabung einzubilden, blieb ich damals wie später, auch in den inspiriertesten Momenten, dauernd bewahrt, da ich mir des tiefen Wesensunterschiedes zwischen Künstlertum und Dilettantismus schon dadurch im Innersten stets bewußt blieb« (JiW, 72).

Ungeachtet seiner Selbstkritik brachte es Schnitzler zu einer hervorragenden Technik des Improvisierens. Bis ins Alter spielte er für sich selbst und gab auch private Konzerte, obschon sein Klavierspiel seit 1909 zunehmend unter seiner Schwerhörigkeit litt: »Meine Freude an der Musik schwächt sich ab, da die Fülle des Klangs sich mir zusehends oder zuhörends vermindert« (Tb, 12.2.1909). Seine zahlreichen vierhändigen Interpretationen hat Schnitzler in seinen Tagebüchern festgehalten. Partner waren seine Mutter, später sein Sohn Heinrich sowie Viktor Zuckerkandl. Das Repertoire der Hausmusik reicht von Beethoven-Streichtrios über Haydn- und Schubert-Quartette bis zu den großen Mahler-Sinfonien. Viele Werke wurden immer wieder, bis zu zwanzig Mal im Laufe der Jahre, gespielt (Kröpfl 2014). Während er unter den klassischen Komponisten vor allem Robert Schumann favorisierte (noch vor Wagner und Brahms), war unter den ›Modernen‹ Gustav Mahler sein Lieblingskomponist. Schnitzler hörte nicht nur sämtliche zehn Sinfonien Mahlers in Konzert-Aufführungen, er spielte selbst – mit Ausnahme der zehnten – alle Sinfonien mehrfach am Klavier.

Als passionierter Konzertbesucher war Schnitzler ein Anhänger jener ›neuen Musik‹ (Gustav Mahler, Arnold Schönberg), die um die Jahrhundertwende das Wiener Publikum polarisierte. In seinem autobiographischen Rückblick nennt Schnitzler »Konzertaufführungen« als wichtige Inspirationsquelle seines Schaffens, denen er »die stärksten Anregungen […] verdankte«, und bezeichnet »die sieben zyklischen Klavierabende [Anton] Rubinsteins« im Jahre 1885/86 als »unvergesslich« (JiW, 213). Richard Strauss, der mit ihm ein gemeinsames Projekt avisierte, stand er reserviert gegenüber, während seine Haltung zu Hans Pfitzner ambivalent war.

Schnitzler übte sich auch selbst im Komponieren – überliefert sind aus seiner Feder ein *Liebelei-Walzer* und eine *Polka Mazur* –, und er konzipierte Dichtungen, die ganz auf eine Musikalisierung hin angelegt waren, wie das ›Singspiel‹ *Der tapfere Kassian* von 1909, das Oscar Straus vertonte (Panagl 2014, 73–76), und den *Schleier der Pierrette*, eine ›Pantomime‹ aus dem Jahr 1910, die Ernst von Dohnányi komponierte (Schmierer 2014). Aus beiden Stücken erhellt Schnitzlers Nähe zur musikalischen Populärkultur Wiens, speziell zur Operette, die in ihrem Rekurs auf das ›Alte Wien‹ den retrospektiven Tendenzen in Schnitzlers Ästhetik entgegenkam (Linhardt 2014). Im Tagebuch nennt Schnitzler zudem weitere, bislang nicht im Notentext nachgewiesene Kompositionen: »Walzer«, »Mazur«, »R.-Walzer« (Tb, 10.3.1887), »Walzer, die ich jetzt zu Vierteldutzenden componire« (ebd., 19.10.1887; vgl. Tb-Gesamtregister s. v. »Walzer«, meist wohl auf den *Liebelei-Walzer* bezogen).

Am Musikleben war Schnitzler nicht nur als Zuhörer und ausübender Pianist, Textdichter und Komponist beteiligt, sondern auch als Sammler von Musik. Er besaß eine große Sammlung klassischer und zeitgenössischer Musikalien, die nach seinem Tod im Zuge der sogenannten ›Arisierung‹ von den Nationalsozialisten beschlagnahmt und nach dem Zweiten Weltkrieg restituiert wurde (heute im Besitz seines Enkels Michael). Diese Notensammlung mit handschriftlichen Einträgen und Datierungen Schnitzlers, vor allem die vierhändigen Klavierpartituren, die seine Interpretationen festhalten, ist erst ansatzweise in ihrem Bestand und musikästhetisch gewürdigt worden (Kröpfl 2014).

Musik im Werk Schnitzlers

In einigen Werken Schnitzlers spielt die Musik eine zentrale Rolle oder fungiert gar als strukturbildendes Moment. Dies gilt vor allem für den Roman *Der Weg ins Freie* (1908), dessen Protagonist Georg von Wergenthin ein Musiker und Komponist ist. Das neunte Kapitel des Romans enthält die ausführliche Beschreibung einer »Neuinszenierung« von Wagners *Tristan* in der Hofoper, die möglicherweise zwei Aufführungen zusammenzieht: »die neuinstrumentierte, erstmals strichlose Aufführung, die Mahler im Oktober 1898 herausbrachte […] und die berühmtere Neuinszenierung vom Februar 1903« (ebenfalls von Mahler) mit den Dekorationen von Alfred Roller (Urbach 1974, 123). Die *Tristan*-Beschreibung ist aufschlussreich für das Wiener Musikleben um 1900, aber ebenso für den Protagonisten Georg von Wergenthin, der als ›Anti-Tristan‹ gezeichnet ist. Bedeutsam ist auch seine einzige Komposition *Auf dem Wasser zu singen* oder *Lied ohne Worte* im siebten Kapitel. Über seinen intertextuell-intermedialen Bezug – einerseits auf das Gedicht des Grafen Friedrich Leopold zu Stolberg-Stolberg, andererseits auf Franz Schuberts Vertonung und deren Weiterbearbeitung in Franz Liszts Klavierphantasie *Lied auf dem Wasser zu singen, für meine Agnes* – deutet das Lied auf Georgs Abschied von seiner Geliebten Anna voraus (Riedl 2014). Besser erforscht sind die drei Notenzitate aus Robert Schumanns *Carnaval* in *Fräulein Else*, die – wie auch die nicht zitierten Noten – als intermediale Entsprechungen zu Elses Enthüllungsszene fungieren, insbesondere das Stück mit dem sprechenden Titel *Reconnaissance*. Außerdem entspricht die zentrale musikalische Tonfolge ›as-c-h‹, mit der Schumann seiner damaligen Geliebten Ernestine aus dem böhmischen Asch huldigte, dem Monogramm Arthur Schnitzlers und lässt sich als ironische Verrätselung seiner Autorschaft deuten (Huber 1992; Raymond 1993). Das *Paulus*-Oratorium, in dem Leutnant Gustl zu Beginn der Monolognovelle sitzt, präsentiert einen Kommentar zur Handlung, dessen Ironie sich nur dem kundigen Leser, nicht aber dem Protagonisten erschließt. Felix Mendelssohn Bartholdys Oratorium, das die Wandlung des biblischen Saulus durch sein Damaskus-Erlebnis zum Paulus nachvollzieht und den Hörer bekehren will, stößt bei

Leutnant Gustl auf taube Ohren: Er bleibt unverändert derselbe, nachdem er erfährt, dass der Bäckermeister, der ihn beleidigt hat, in der Nacht gestorben ist (Aurnhammer 2013, 98–101).

Neben diesen intensiv musikalisch fundierten Erzählwerken sind verstreute Musikzitate oder musiktheoretische Reflexionen in einzelnen Texten zu erwähnen, deren Aussagegehalt jeweils interpretatorisch erst noch zu bestimmen ist. Zu denken ist hier etwa an das Chopin-Zitat in der ersten Szene von *Das weite Land* oder an die Musik-Anspielungen in den Erzählungen *Das neue Lied* und *Das Schicksal des Freiherrn von Leisenbohg*. Für die Entschlüsselung und Deutung der musikalischen Anspielungen im Werk sind Schnitzlers Tagebücher und Briefe wegen der zahlreichen Konzertrezensionen, Kommentierungen einzelner Komponisten und Werkbesprechungen eine wertvolle und bislang kaum genutzte Quelle.

Auch der Nachlass birgt bislang ungehobene Materialien, die Schnitzlers enges Verhältnis zur Musik bezeugen. So findet sich unter seinen kritischen Äußerungen zu Mahler ein dreiseitiger Text, der Mahlers rein instrumentale *Fünfte Sinfonie* in eine Erzählung übersetzt (Aurnhammer 2014; Krones 2014). In der intermedialen Transposition gibt Schnitzler die Trennung von Erzähler und Figur auf: Sein erzählendes Ich geht mit Mahlers sinfonischem Ich eine kongeniale Personalunion ein. In der ›erzählten Musik‹ reagiert Schnitzler auf die antisemitischen Vorbehalte in der zeitgenössischen Mahler-Rezeption und widerlegt die optimistische Schluss-Apotheose von Mahlers Sinfonie.

Literatur

Aurnhammer, Achim: *A. S.s intertextuelles Erzählen*. Berlin/Boston 2013.
Aurnhammer, Achim: A. S. und Gustav Mahler. In: Achim Aurnhammer/Dieter Martin/Günter Schnitzler (Hg.): *A. S. und die Musik*. Würzburg 2014, 79–97.
Aurnhammer, Achim/Martin, Dieter/Schnitzler, Günter (Hg.): *A. S. und die Musik*. Würzburg 2014.
Barzantny, Tamara: S., A. In: Ludwig Finscher (Hg.): *Die Musik in Geschichte und Gegenwart. Personenteil*. Bd. 14: *Ric-Schön*. Kassel u. a. ²2005, 1543f.
Braunwarth, Peter M. u. a.: Vertonungen/Schallplattenaufnahmen von Werken A. S.s. In: Peter M. Braunwarth u. a. (Hg.): *A. S. Materialien zur Ausstellung der Wiener Festwochen 1981*. Wien 1981, 129.
Falck, Robert: Two »Reigen«. Berg, S., and Cyclic Form. In: Siglind Bruhn (Hg.): *Encrypted Messages in Alban Berg's Music*. New York u. a. 1998, 91–105.
Franklin, Peter R./Weiner, Marc A.: A. S. and the crisis of musical culture. In: *Music and Letters* 69 (1988), 97–99.
Gier, Christina: Truth, gender, and sex. Berg's S. and motivic Processes in »Reigen«, op.6. In: *The Journal of musicological research* 26 (2007), 353–375.
Görner, Rüdiger: Reigen der Stimmen. Zu A. S.s musikalischem Erzählen. In: Wolfgang Lukas/Michael Scheffel (Hg.): *Textschicksale. Das Werk A. S.s im Kontext der Moderne*. Berlin 2015 (i.Dr.).
Green, Jon D.: *The Impact of Musical Theme and Structure of the Meaning and Dramatic Unity of Selected Works by A. S.* Syracuse 1972.
Huber, Martin: Optische Musikzitate als Psychogramm in A. S.s *Fräulein Else*. In: Martin Huber: *Text und Musik. Musikalische Zeichen im narrativen und ideologischen Funktionszusammenhang ausgewählter Erzähltexte des 20. Jahrhunderts*. Frankfurt a. M. 1992, 78–91.
Kröpfl, Monika: Hausmusik in der Sternwartestraße. Der Pianist und Musikkenner A. S. In: Achim Aurnhammer/Dieter Martin/Günter Schnitzler (Hg.): *A. S. und die Musik*. Würzburg 2014, 15–28.
Krones, Hartmut: Gustav Mahler und seine »Fünfte« aus der Sicht S.s. In: Christian Berger/Günter Schnitzler (Hg.): *Gustav Mahler und die Literatur*. 2014 (i. Dr.).
Leventhal, Jean H.: Private Soirées and Public Performances: A. S.'s *Frau Berta Garlan* and *Fräulein Else*. In: Jean H. Leventhal: *Echoes in the Text. Musical Citation in German Narratives from Theodor Fontane to Martin Walker*. New York u. a. 1995, 61–107.
Linhardt, Marion: Taxierungen. A. S. und die Wiener musikalische Populärkultur. In: Achim Aurnhammer/Dieter Martin/Günter Schnitzler (Hg.): *A. S. und die Musik*. Würzburg 2014, 45–67.
Panagl, Oswald: A. S. und Oscar Straus. In: Achim Aurnhammer/Dieter Martin/Günter Schnitzler (Hg.): *A. S. und die Musik*. Würzburg 2014, 69–78.
Principe, Quirino: La musica di A. S. In: *Civiltà musicale* 39 (2000), H. 2, 69–79.
Ravy, Gilbert: Pantomime, mimique et expression non verbale dans l'œuvre dramatique d'A. S. In: *Austriaca* 39 (1994), 69–87.
Raymond, Cathy: Masked in Music. Hidden Meaning in S.'s *Fräulein Else*. In: *Monatshefte* 85 (1993), 170–188.
Riedl, Peter P.: Lied ohne Worte. Musikalische Phantasien und Stimmungen in A. S.s Roman *Der Weg ins Freie*. In: Achim Aurnhammer/Dieter Martin/Günter Schnitzler (Hg.): *A. S. und die Musik*. Würzburg 2014, 111–129.
Schmierer, Elisabeth: Literarische Pantomime und Ballettpantomime. *Der Schleier der Pierrette* von A. S. und Ernst von Dohnányi. In: Achim Aurnhammer/Dieter Martin/Günter Schnitzler (Hg.): *A. S. und die Musik*. Würzburg 2014, 157–176.
Schneider, Gerd K.: Ton- und Schriftsprache in S.s *Fräulein Else* und Schumanns »Carnaval«. In: MAL 2 (1969), H. 3, 17–20.
Schneider, Gerd K.: »Ich will jeden Tag einen Haufen Sternschnuppen auf mich niederregnen sehen«. Zur künstlerischen Rezeption von A. S.s »Reigen« in Österreich, Deutschland und den USA. Wien 2008.
Schnitzler, Arthur: *Liebelei. Walzer. Klaviersatz nach dem Original*. Leopold Kubanek. Wien 1968.
Stegbauer, Hanna: »Wer spielt da so schön?« Erzähltechnische Funktionen der Musik in A. S.s *Fräulein Else*. In: Joachim Grage (Hg.): *Literatur und Musik in der klassi-*

schen Moderne. Mediale Konzeptionen und intermediale Poetologien. Würzburg 2006, 227–243.

Török, Andreas: Der Liebestod bei A. S.: Eine Entlehnung von Richard Wagner. In: MAL 4 (1971), H. 1, 57–59.

Tweraser, Felix W.: Leo Golowski as Minor Key in S.'s *Der Weg ins Freie*. Musical Theory, Political Behaviour and Ethical Action. In: *Journal of Austrian Studies* 17 (2009), 98–112, 225.

Urbach, Reinhard: »Sonderbare Abenteuer«. A. S. und die Oper. In: Achim Aurnhammer/Dieter Martin/Günter Schnitzler (Hg.): *A. S. und die Musik*. Würzburg 2014, 29–43.

Weiner, Marc A.: *A. S. and the Crisis of Musical Culture*. Heidelberg 1986 a.

Weiner, Marc A.: Parody and Repression: S.'s Response to Wagnerism. In: MAL 19 (1986b), H. 1, 129–148.

Weiner, Marc A.: Die »Zauberflöte« and the rejection of historicism in S.'s »Traumnovelle«. In: MAL 22 (1989), H. 3/4, 33–49.

Achim Aurnhammer

9. Film

Schnitzler hatte eine enge Beziehung zum Film. Der Autor wollte mit seinen Drehbüchern und Sujets den Film seiner Zeit beeinflussen und dessen spezifische Eigenheiten stärken – Vorhaben, mit denen er sich gegenüber den ›Filmleuten‹ nicht immer durchsetzen konnte. Neben ästhetischen spielten auch finanzielle Fragen eine Rolle für Schnitzlers Interesse an der Filmbranche, da große Summen für Filmrechte und Drehbücher gezahlt wurden. Reibungslos ließen sich die entsprechenden Honorare allerdings nicht eintreiben, wie die notorischen Klagen über Urheberrechtsstreitigkeiten mit Filmgesellschaften und ausstehende Tantiemen belegen. Der Film hat Schnitzlers schriftstellerische Arbeit und seine ästhetische Wahrnehmung beeinflusst, er setzt sich mit den Filmparadigmen seiner Zeit auseinander, auch als Leser filmtheoretischer Schriften. Im Übrigen war Schnitzler bis zu seinem Tod ein passionierter Kinogänger, was seine Tagebucheintragungen belegen (eine detaillierte Auswertung bietet Braunwarth 2006).

Schnitzler geht ins Kino

Im Jahr 1895 wird die Kinematographie in Berlin und Paris das erste Mal einem breiten Publikum vorgestellt, ein Jahr später durch die Brüder Lumière auch in Wien. Die ersten Filme waren meist nur einige Sekunden lang und zeigten Szenen aus dem alltäglichen Leben oder Stadtansichten. Ab 1906 entstehen in Österreich immer mehr Kinos, und eine veritable Filmindustrie beginnt sich zu entwickeln. Beispielsweise wird 1910 die ›Erste Österreichisch-ungarische Kinoindustrie Ges.m.b.H.‹ von Jakob und Luise Fleck gegründet, aus der 1911 die ›Wiener Kunstfilm‹ wird. Die ›Sascha-Film‹ unter Alexander ›Sascha‹ Joseph Graf Kolowrat konstituiert sich im selben Jahr. Mit beiden Firmen wird auch Schnitzler später noch zusammenarbeiten.

1903 geht Schnitzler »allwöchentlich seit 7 Wochen [in das] Kaiserpanorama (›Gibraltar‹)« (Tb, 12.12.1903). Das Kaiserpanorama war ein Guckkasten, eine Art Vorstufe des Kinos, in dem der Zuschauer stereoskopische Bilderserien oder Einzelbilder betrachten konnte, die meist Panoramen aus fernen Ländern darstellten. Der Zuschauer sollte sich durch die Betrachtung in dieses exotische Umfeld versetzt fühlen, was auch Schnitzler faszinierte und seine »Reisesehnsucht« beflügelte (ebd., 26.1.1904).

Zur selben Zeit existieren in Wien bereits drei ständige Kinos. Schnitzler sieht bald die ersten kurzen Filme (ebd., 30.7.1904) und geht ab 1908 regelmäßig ins Kino, bleibt aber bis 1920 auch dem Panorama treu. Sein Filmkonsum steigert sich über die Jahre: 1921 geht er 28-mal ins Kino, 1924 sind es bereits 80 Besuche, wie seine Tagebucheinträge dokumentieren (Rohrwasser 2012, 49). Dabei protokolliert Schnitzler jeweils stichwortartig, mit wem er das Kino besucht hat, den Titel des Films, teilweise das Kino und auch, wo danach ›genachtmahlt‹ wurde. Neben Familienmitgliedern wird Schnitzler besonders häufig von Clara Katharina Pollaczek begleitet: ›Mit C. P. Kino‹ ist ab 1923 die immer wiederkehrende Notiz in seinem Tagebuch. Manchmal werden in diesen knappen Aufzeichnungen auch Regisseure oder Schauspieler erwähnt, bei denen es sich zumeist um berühmte Theaterschauspieler handelt, die nun auch in Kinofilmen agieren: So etwa Albert Bassermann, Conrad Veidt, Paul Wegener, Emil Jannings, Werner Krauss und Albert Steinrück (Ilgner 2010a, 40f.). Auch sah Schnitzler fast alle Filme von Greta Garbo und Elisabeth Bergner (Braunwarth 2006, 17, 20), mit der ihn eine Freundschaft verband und die er für die Rolle des Fräulein Else in der Verfilmung seiner gleichnamigen Novelle vorschlug.

Insgesamt verzeichnet Schnitzler über 800 Kinobesuche im Tagebuch (Plener 2006, 81), und sah nachweislich die großen Stummfilme seiner Zeit wie Paul Wegeners *Der Golem* (D 1914; vgl. Tb, 8.3.1915), Robert Wienes *Das Cabinet des Dr. Caligari* (D 1920; vgl. ebd., 5.10.1920) oder Friedrich Wilhelm Murnaus *Der letzte Mann* (D 1924; vgl. ebd., 4.3.1925). Die knappe, in erster Linie chronikalische Form seines Tagebuchs erklärt zwar, dass Erläuterungen, Kommentare und Bewertungen zu diesen und anderen Filmen weitgehend fehlen. Trotzdem ist es erstaunlich, dass Schnitzler ausgerechnet zu einschlägigen Filmen kaum ästhetische Urteile fällt oder sich in Aufsätzen nicht grundsätzlich mit dem neuen Medium auseinandersetzt, wie es seine Kollegen, beispielsweise Hugo von Hofmannsthal, Alfred Döblin oder Thomas Mann taten (vgl. Zeller 1976, 190, 213 u. 222). Dabei waren diese Autoren bei weitem nicht so eifrige Kinogänger wie Schnitzler. Allein zu den Verfilmungen seiner eignen Werke, seinen Entwürfen fürs Kino und zu seiner Auseinandersetzung mit der Filmindustrie äußert sich Schnitzler in einigen Briefen und auch im Tagebuch detaillierter.

Ab 1927 dann werden seine Notizen zu den Kinobesuchen etwas ausführlicher – und bleiben es bis zum Ende seiner Aufzeichnungen. So schreibt Schnitzler zu Fritz Langs *Metropolis* (D 1927), es sei ein Film, »an dem die Ufa zugrunde gehen soll, und mit Recht. Manches technische ausgezeichnet;– inhaltlich praetentiös, albern und verlogen« (Tb, 23.2.1927). Josef von Sternbergs *Der blaue Engel* (D 1930) findet Schnitzler »im ganzen unleidlich« (ebd., 25.4.1930). Dieses negative Urteil erklärt sich wohl wesentlich dadurch, dass er die Art Literaturverfilmung ablehnte, die lediglich Motive oder Figuren der Textvorlage herausgriff, sie für den Film adaptierte und dem eigentlichen Stoff damit nicht gerecht wurde. Sicherlich liegen hier auch Schnitzlers eigene schlechte Erfahrungen als Autor für den Film zugrunde. Denn oft wurden seine Ideen für eine filmische Umsetzung übergangen oder Änderungen an seinem Stoff vorgenommen, die ihm unsinnig vorkamen. Beispielsweise stellt er zu seiner *Fräulein Else*-Verfilmung (D 1929, R.: Paul Czinner) fest: »Der Anfang nicht übel; das letzte Viertel dumm und schlecht. [...] [N]ur ist es (durch den Filmtext) – eine ganz andere Else als ich gedichtet hatte« (an Clara Katharina Pollaczek, 15.3.1929; Br II, 597). Auch die Figur des Anatol aus Schnitzlers gleichnamiger Einakterfolge wurde für die Verfilmung durch Cecil B. DeMille in den USA 1920 völlig verändert. Schnitzler schildert in einem Interview, er habe den Film gesehen, »allerdings ohne ihn gleich zu erkennen«. »Ich fand ihn [Anatol] nämlich als verheirateten Mann wieder, der es sich zur Lebensaufgabe gemacht hat, gestrauchelte Mädchen auf den seiner Ansicht nach rechten [...] Weg zu bringen [...]« (*Neue Freie Presse*, 5.10.1923, 15). In einem späteren Brief stellt er fest, die Filmleute seien »sogar zu faul meine Sachen zu lesen« (an Karen Stampe-Bendix, 27.5.1931; Br II, 790f.).

Neben diesen schlechten Erfahrungen und Eindrücken, die Schnitzler äußert, macht er in seinem Tagebuch aber auch positive Vermerke zu einigen Filmen. *Panzerkreuzer Potemkin* (UdSSR 1925) von Sergej M. Eisenstein wird als »außerordentlich« bewertet (Tb, 14.5.1926). *Berlin. Die Sinfonie einer Großstadt* (1927, R.: Walther Ruttmann) ist für Schnitzler immerhin ein »interessanter Versuch« (ebd., 2.6.1928).

Ins Kino geht Schnitzler regelmäßig sowohl auf seinen vielen Reisen als auch in Wien, wo er vor allem die kleineren Kinos in seiner Wohnortnähe und der Inneren Stadt besucht und noch zwei Tage vor seinem Tod einen Film ansieht (ebd., 19.10.1931). Dabei schaut er sich offenbar wahllos fast alles an, was dort gezeigt wurde (Braunwarth 2006, 14). Das

Spektrum der von ihm rezipierten Filme ist dementsprechend breit gefächert und spart kein Genre aus: Es reicht von Historienfilmen über Detektivfilme bis hin zu Berg- und Heimatfilmen sowie Literaturverfilmungen (vgl. Ilgner 2010a, 22f.). Auch die ersten Farbfilmversuche kommentiert er: »Eoskino, erste Vorführung eines Films in natürlichen Farben. Das ganze litt unter dem jämmerlichen Stück, das man gab« (Tb, 27.9.1923). Die Einführung des Tonfilms verfolgt er mit einer gewissen Skepsis, wobei zu dieser Zurückhaltung möglicherweise seine zunehmende Otosklerose beiträgt, die ihm auch die Freude am Besuch von Konzerten und Theateraufführungen nahm. Ende 1929 notiert er beispielsweise: »Mit O. und Arnoldo Kino Capitol Tonfilm ›Die Nacht gehört uns‹. Fand die menschlichen Stimmen beinahe durchaus abscheulich, die Geräusche (Maschinen u. dgl.) kindisch; der Mangel der Musik (Begleitung) peinlich« (ebd., 31.12.1929).

Schnitzler als Filmtheoretiker

Dass Schnitzler sich auch mit den Paradigmen des Films auseinandersetzt, belegen einige Notizen und Briefe. Als eifriger Kinogänger erlebt er von Anfang an die Entwicklung der Filmtechnik, die Kinobesuche schulen außerdem seine Wahrnehmung von Räumlichkeit und Visualität des neuen Mediums. Seine Beobachtungen lassen ihn bald erkennen, dass der Film über eigene spezifische Ausdrucksmittel verfügt, die berücksichtigt werden müssen. Dabei waren ihm zwei Punkte besonders wichtig:

Zum einen hatte Schnitzler einen eigenen Standpunkt zur Musikbegleitung im Stummfilm, wie aus einem Brief an Karl-Ludwig Schröder deutlich wird: »Wahrhaft gräulich finde ich ja auch die Musikbegleitung, die das Orchester entweder in unsinniger oder lächerlicher Weise zu den einzelnen Szenen verabreicht. Aber dagegen scheint man ja vorläufig noch absolut wehrlos zu sein. Meiner Ansicht nach wäre es eigentlich notwendig, die Musikbegleitung für jede Kinosache, wenn schon nicht direkt zu komponieren, so doch in einer die einzelnen Kinotheater bindenden Weise festzustellen. Erst wenn auch diese Forderung erfüllt ist werden die Kinostücke möglicherweise in die Nähe von Kunstangelegenheiten zu rücken imstande sein« (an Karl-Ludwig Schröder, 20.3.1913; Br II, 14).

Zum anderen lehnte er erläuternde Zwischentitel ab, die oft über die Hälfte eines Stummfilms ausmachten. Dementsprechend versuchte er, bei seinen Filmprojekten die Regisseure von einem weitgehenden Verzicht auf Zwischentitel zu überzeugen, da für ihn die geschriebene Sprache in Form von Zwischentiteln und das Film-Bild sich gegenseitig negativ beeinflussen. In diesem Sinne schreibt er etwa an die Nordisk-Film, die seine *Liebelei* verfilmt (DK 1914, R.: August Blom, Holger Madsen): »[...] [V]erbindender Text, Briefe oder Titel einzelner Bilder dürfen unter keinen Umständen auf dem Film erscheinen. Meine Bearbeitung ist so wie sie ist absolut verständlich durch das Bild allein. [...] Der eigentliche Inhalt des Films wird naturgemäß immer Kolportage sein, nur die Strenge der Form, die von jetzt an gewahrt werden soll, wird den künstlerischen Film von den andern unterscheiden. Nur der Film wird meiner Ansicht künstlerisch bestehen können, der nur aus folgerichtigen und sich selbst verständlichen Bildern besteht« (an Karl-Ludwig Schröder, 5.2.1913; Br II, 10). Für Schnitzler ist es wichtig, den Stummfilm als eigenständiges Medium zu begreifen, der das schriftliche Wort mittels Kameraeinstellung und Schauspielkunst visuell umsetzt. Diese Ansicht vertrat er von seinem ersten Filmprojekt an, konnte sich aber zeitlebens nicht gegenüber den Filmproduzenten mit dieser Forderung durchsetzen. So notiert er beispielsweise zur Verfilmung seines Schauspiels *Der junge Medardus* (A 1923, R.: Mihály Kertész) durch die ›Sascha-Film‹: »Die ›Titel‹ zum großen Theil furchtbar [...]« (Tb, 14.7.1923).

Neben seiner Tätigkeit als Autor für den Film und seinen privaten Kinobesuchen beschäftigt sich Schnitzler 1920 nachweislich auch mit einer filmtheoretischen Schrift. Er liest das Buch des dänischen Regisseurs und Filmtheoretikers Urban Gad *Der Film. Seine Mittel, seine Ziele* (ebd., 8.3.1920) und setzt sich mit damaligen Filmparadigmen, den »Eigenschaften und Inhalt des Films«, auseinander, um die »Haupteigentümlichkeiten des Films [zu] erkennen« (Gad 1920, 8f.). Gemeint sind unter anderem Stummheit, Farblosigkeit, Zeit und Raum, Spannung, Steigerung und Tempo sowie das Interieur, aber auch die Form eines Filmmanuskripts, die Gad in seinem Buch beschreibt. So wird Schnitzlers durch zahlreiche Kinobesuche erworbenes Wissen mittels Fachlektüre ergänzt. Vereinzelt kann man anhand der Tagebuchnotizen feststellen, dass er Filme nun auch filmtechnisch einschätzt. Beispielsweise schreibt er zu Mihály Kertész' *Sodom und Gomorrha* (A 1922): »Filmtechnisch gewiß außerordentlich. Im übrigen von einer Verkitschtheit und Oedigkeit [...]« (Tb, 5.10.1922). Auch kommt es vor, dass er sich Filme ein zweites Mal anschaut, wie 1930 den Tonfilm *Die Nacht gehört uns* (F/D 1929, R.:

Carl Froelich, Henry Roussel) und dann auch anders, positiver, bewertet: »Mit C. P. Kino ›Nacht gehört uns‹ (hatte es schon in Berlin gesehn; – interessierte mich diesmal mehr)« (ebd., 30.4.1930). Und auch Schnitzlers eigene Filmskripte zeugen von einem großen filmischen Verständnis.

Schnitzlers Kontakte zur Filmindustrie

Schnitzler hatte ein großes Interesse am Film und arbeitete viele Jahre mit der Filmindustrie zusammen. Erste Kontakte gibt es 1911 mit der ›Wiener Kunstfilm‹, die Schnitzlers *Liebelei* verfilmen möchte (Tb, 23.11.1911). Dieses Projekt kommt nicht zustande, da er seine Forderung nach einer Besetzung mit Wiener Burgschauspielern nicht durchsetzen konnte (Fritz 1997, 52 f.). Ab 1914, d. h. ab Kriegsausbruch, hat der bis dahin sehr gut als freier Autor verdienende Schnitzler finanzielle Einbußen zu erleiden: Die Gründe dafür sind vielfältig und haben sowohl mit der allgemein erschwerten wirtschaftlichen Lage in der Kriegszeit als auch mit einer gewissen Außenseiterposition des dem Krieg von Anfang skeptisch gegenüberstehenden und auch deshalb zunehmend als ›jüdisch‹ gebrandmarkten Autors zu tun. Die Kinoindustrie weckt insofern auch Schnitzlers finanzielles Interesse. Denn die Einnahmen aus dem Schreiben von Filmdrehbüchern und der Übertragung von Filmrechten sind bei weitem höher als die aus dem Verkauf seiner Bücher oder die Tantiemen aus Aufführungen seiner Stücke (zumal auch die Theater unter den Bedingungen des Krieges deutliche Abstriche machen müssen). In Bezug auf seine finanziellen Einkünfte aus dem Film *The Affairs of Anatol* stellt Schnitzler dementsprechend fest: »Ich bekomme mehr dafür als ich je mit einem Stück verdient habe, als es noch vernünftig mit lebendigen Menschen auf anständigen Bühnen gespielt wurde« (an Dora Michaelis, 11.11.1920; Br II, 217).

Im Detail waren die Kontakte zur Filmbranche allerdings so problematisch, dass Schnitzler geradezu als ein »Prototyp des geprellten Autors« (Hall 2006, 29) gelten kann. Ein Grund dafür war, dass er sich nicht von einem Agenten oder einem Verlag bei den Filmfirmen vertreten ließ und anfangs auch ohne jeglichen juristischen Beistand selbst verhandelte. Als besonders schwierig erwies es sich dabei, die Urheberrechte an seinen Werken gegenüber dem Film zu wahren. Die Übertragung der Rechte für einen Stummfilm wurde von den Firmen beispielsweise derart ausgelegt, dass diese später auch für einen Tonfilm bzw. alle weiteren Verfilmungen galten. Diese Problematik beschäftigte Schnitzler bis zu seinem Tod. Noch im Januar 1931 schreibt er an einen Juristen: »Wir erleben es jetzt eben auch beim Film, wie man es vor vielen Jahrzehnten beim Problem der Theatertantièmen erlebt hat, daß die – verzeihen Sie das harte Wort – geistigen Arbeiter sich das Recht auf materielle Ansprüche nur Schritt für Schritt erobern können [...] und so wird es auch weiterhin bleiben, solange nicht auf internationalem Wege die selbstverständliche Forderung erfüllt sein wird, daß das geistige Eigentum dem materiellen vollkommen gleichgestellt und Veruntreuungen, Diebstähle, Raubanfälle, Gewaltanwendung u. Erpressung auf dem Gebiet des Urheberrechts mit der gleichen Strenge verfolgt und geahndet werden, wie der Diebstahl einer gefüllten oder auch leeren Brieftasche« (an Karl Michaelis, 7.1.1931; Br II, 738). Beispielhaft ist der lange Streit mit der dänischen Nordisk-Film über die Filmrechte am *Liebelei*-Stoff: Schnitzler wurde seit der Verfilmung durch die Nordisk von 1914 untersagt, für eine Neuverfilmung des Stoffs die Rechte an andere Filmfirmen zu verkaufen, sodass die nächste *Liebelei*-Verfilmung erst 1927 entstand, als der Rechtsstreit beigelegt war. Allerdings Schnitzler musste die Filmrechte an seinem eigenen Stoff von der Nordisk zurückkaufen (vgl. Wolf 2006, 70 f.). Trotz oft jahrelangen Streits, zahlreicher zermürbender Briefwechsel und der Unzuverlässigkeit der Filmfirmen, war Schnitzler auf diese Branche angewiesen, bot sie ihm doch eine sehr lukrative Einnahmequelle. Er notiert dazu in seinem Tagebuch: »Nachricht der amerik. Bank über die von der Firma eingezahlten 4000 D. [...] – nach dem jetzigen Kurs über 1 1/2, fast 2 Mill.;– also ungefähr was ich in 25 Jahren mit allen meinen Sachen zusammen in der Welt verdient! Die ganze Blödsinnigkeit unsrer künstlerischen – und finanziellen Zustände drückt sich darin aus!– [...]« (Tb, 9.11.1920).

Durch seine mittlerweile zahlreichen Kontakte zur Filmbranche wurde er zudem für andere Schriftsteller ein Ansprechpartner in Filmangelegenheiten. Im Februar 1924 wurde Schnitzler gemeinsam mit Felix Salten literarischer Beirat der ›Vita-Filmindustrie-Aktiengesellschaft‹ in Wien, eine Firma, die aus der ›Wiener Kunstfilm‹ entstanden war (*Neue Freie Presse*, 15.2.1924, 17). Seine Aufgabe bestand darin, Filmdrehbücher zu beurteilen. Die ›Vita-Film‹ konnte jedoch bereits im Frühjahr desselben Jahres wegen des Wiener Börsenkrachs aus finanziellen Gründen nicht weitergeführt werden, und Schnitzlers Beiratfunktion erlosch.

Der Einfluss des Films auf seine Arbeit als Schriftsteller

Trotz seiner schlechten Erfahrungen mit der Filmbranche und seinen oft abwertenden Bemerkungen in Briefen und Tagebüchern über das Medium selbst, hat der Film einen großen Einfluss auf Schnitzlers schriftstellerisches und künstlerisches Schaffen. Gleichwohl bildet der Film oder das Kino kein Thema seiner literarischen Werke: Keine seiner Figuren ist eifriger Kinogänger, Filmschauspieler, Regisseur oder Drehbuchautor. Wichtiger scheint, wie sich die Ästhetik des neuen Mediums und dessen spezifische Erzählstrategie auf Schnitzlers schriftstellerische Arbeit auswirken.

Eine interessante Selbstinterpretation hat Schnitzler anlässlich der Premiere der Verfilmung des *Jungen Medardus* in einem Interview geliefert: »Will man das sogenannte Filmstück mit irgend einer schon bestehenden Kunstform vergleichen, so ist die Verwandtschaft mit Roman und Novelle viel augenfälliger als die mit dem Drama. In gewissem Sinn und einigermaßen oberflächlich ausgedrückt, ist das Filmstück eigentlich nichts anderes als ein illustrierter Roman. In je höherem Maße das illustrative Element die textliche Begleitung überwiegt, um so eher glaube ich, wird es irgendein dem Film immanentes Kunstgesetz zu erfüllen in der Lage sein, das zu formulieren ich mich allerdings nicht getrauen würde« (*Neue Freie Presse*, 5.10.1923, 15). Der Film steht für Schnitzler also in enger Verwandtschaft mit dem verbalsprachlichen Erzählen in narrativen Texten. Diese Sichtweise legt es nahe, dass es umgekehrt auch möglich ist, filmische Erzähltechniken in einem literarischen Text anzuwenden. Über den konkreten Einfluß des Films auf sein eigenes Erzählen hat sich Schnitzler selbst jedoch nicht dezidiert geäußert. Bei näherer Betrachtung, vor allem seines Spätwerks, sind aber einige Punkte auffällig. Beispielsweise sind Passagen aus der *Traumnovelle* offenbar filmisch angelegt: Die Doppelstruktur des Textes könnte als Parallelmontage realisiert werden. Der Traum eignet sich perfekt für eine Inszenierung im Film. Das stumme Spiel, Gesichter und Augen, Gestik und Bewegung geraten in eine Art verbalisiertes *Close Up* (vgl. auch Ilgner 2010b, 149). Schnitzler beschreibt in der *Traumnovelle* zahlreiche Hell-Dunkel-Kontraste, die gleichsam als Lichtregie im literarischen Text und im Film eingesetzt werden. Vor allem Kubrick (*Eyes Wide Shut*, GB/USA 1999) inszeniert diese Aspekte detailliert (vgl. Hahn 2014, 255f.).

In diesem Zusammenhang ist auch Schnitzlers weiter oben bereits beschriebener Standpunkt zur Musikbegleitung im Stummfilm interessant. In die Monolognovelle *Fräulein Else* arbeitet Schnitzler ein Notenzitat von Robert Schumann ein. Dadurch, dass die Klaviernoten direkt in den Fließtext eingebettet sind, muten sie wie eine Regieanweisung für die Musik in einer Verfilmung an (ebd., 134f.). Schnitzler äußerte sich nicht zu diesen Phänomenen, aber er schreibt selbst einige Drehbücher für den Film, unter anderem für *Elskovsleg/Liebelei* und *Der junge Medardus*. Außerdem entstehen Drehbuchentwürfe wie 1926 der amerikanische Auftrag für *Die große Szene* oder 1930 für die *Traumnovelle*, in denen er den Text in durchnummerierte Szenen einteilt, mögliche Schnitte und Kameraeinstellungen mit einbezieht und sogar Beleuchtung oder Kameraführung bedenkt. Auch ein unvollendeter Entwurf zu einem Kriminalfilm von 1931 ist bemerkenswert filmisch ausgearbeitet (vgl. EV, 483–493). Schnitzler ersinnt darin Kamerafahrten und Montagen. Mit ihrer Sensibilität für die spezifischen Bedingungen des visuellen Erzählens stehen Schnitzlers Drehbücher und Filmskizzen in einem starken Kontrast zu denen seiner Schriftstellerkollegen, die zu dieser Zeit eher Prosa-Texte für den Film schrieben. Gleichwohl ist es Schnitzler nicht wirklich gelungen, sich als Drehbuchautor erfolgreich zu etablieren. Lediglich die Rechte an seinen Stoffen verkaufte er wiederholt an die Filmindustrie.

Literatur

Aurnhammer, Achim u. a. (Hg.): *A. S.s Filmarbeiten, Drehbücher, Entwürfe, Skizzen*. Würzburg (i. Dr.).

Braunwarth, Peter M.: Dr. S. geht ins Kino. Eine Skizze seines Rezeptionsverhaltens auf Basis der Tagebuch-Notate. In: Thomas Ballhausen u. a. (Hg.): *Die Tatsachen der Seele. A. S. und der Film*. Wien 2006, 9–28.

Fritz, Walter: *Im Kino erlebe ich die Welt. 100 Jahre Kino und Film in Österreich*. Wien 1997.

Gad, Urban: *Der Film. Seine Mittel – seine Ziele*. Berlin 1920.

Hahn, Henrike: *Verfilmte Gefühle. Von »Fräulein Else« bis »Eyes Wide Shut«. A. S.s Texte auf der Leinwand*. Bielefeld 2014.

Hall, Murray G.: »… daß ich gegen das Raubgesindel nichts ausrichten werde«. A. S. und die Filmproduktion. In: Thomas Ballhausen u. a. (Hg.): *Die Tatsachen der Seele. A. S. und der Film*. Wien 2006, 29–42.

Ilgner, Julia: Ein Wiener »Kinoniter«! A. S.s Filmgeschmack. In: Achim Aurnhammer/Barbara Beßlich/Rudolf Denk (Hg.): *A. S. und der Film*. Würzburg 2010a, 15–44.

Ilgner, Julia: S. intermedial? Zu einigen Aspekten »filmischen Erzählens« in den späten Novellen (*Traumnovelle*,

Spiel im Morgengrauen, Flucht in die Finsternis). In: Achim Aurnhammer/Barbara Beßlich/Rudolf Denk (Hg.): *A. S. und der Film*. Würzburg 2010b, 135–154.

Kurz, Stephan/Rohrwasser, Michael (Hg.): »*A. ist manchmal wie ein kleines Kind*«. *Clara Katharina Pollaczek und A. S. gehen ins Kino*. Wien 2012.

Plener, Peter: Aus dem Theater ins Freud-Kino. A. S.s T-Räume. In: Thomas Ballhausen/Barbara Eichinger u. a. (Hg.): *Die Tatsachen der Seele. A. S. und der Film*. Wien 2006, 81–95.

Rohrwasser, Michael: Warum geht A. S. ins Kino? In: Stephan Kurz/Michael Rohrwasser (Hg.): *A. ist manchmal wie ein kleines Kind. Clara Katharina Pollaczek und A. S. gehen ins Kino*. Wien 2012, 48–63.

Wolf, Claudia: *A. S. und der Film. Bedeutung, Wahrnehmung, Beziehung, Umsetzung, Erfahrung*. Karlsruhe 2006.

Zeller, Bernhard (Hg.): *Hätte ich das Kino! Die Schriftsteller und der Stummfilm. Eine Ausstellung des deutschen Literaturarchivs im Schiller-Nationalmuseum*. Marbach a. N. 1976.

Henrike Hahn

10. Schnitzler und der Buch- und Zeitschriftenmarkt seiner Zeit

Der Buch- und Zeitschriftenmarkt in Kaiserreich und Weimarer Republik

Als Schnitzler Ende der 1880er Jahre zu publizieren beginnt, betritt er einen bereits hoch ausdifferenzierten und professionalisierten Printmedienmarkt, der vor allem geprägt ist von Produktionssteigerungen, von der Vervielfältigung und Verbilligung der Produkte (vgl. dazu im Überblick Faulstich 2004 und Wittmann 1999) und von der Erschließung neuer Vertriebswege. Zudem kommt es in Produktion und Vertrieb zu einer starken Ausdifferenzierung der Betriebsformen mit Medienkonzernen wie Mosse, Ullstein und Scherl auf der einen und mit kleinteilig spezialisierten, von der Persönlichkeit des Verlegers geprägten Verlagen wie S. Fischer, Eugen Diederichs oder Kurt Wolff auf der anderen Seite.

Im Rahmen der allgemeinen Ausbreitung von Freizeit- und Populärkulturen nimmt die Bedeutung von ›Unterhaltung‹ auch im Printsektor deutlich zu, wobei Bildmaterial und (Erzähl-)Literatur eine besondere Rolle spielen. Dabei verselbständigt sich ›Unterhaltung‹ zunehmend und löst sich von der traditionsmächtigen Verkoppelung mit ›Bildung‹, zugleich werden Bildungsansprüche nicht aufgegeben, sondern zu modernisieren versucht. So kann sich ein sehr breites, fein differenziertes Spektrum an populären Formen und an Orten ihres Vorkommens herausbilden: Der Tagespresse etwa sind zunehmend sonn- oder feiertägliche, oft illustrierte Unterhaltungs- oder Literaturbeilagen angefügt, der Fortsetzungsroman wird zum festen Bestandteil von Publikumszeitschriften und Tageszeitungen und in manchen Pressegenres zur unverzichtbaren Hauptattraktion. Zugleich erlebt das serialisierte billige Buch einen Aufschwung. Auch das Feld der Publikumszeitschriften differenziert sich noch einmal aus: Neben die bis in die späten 1870er Jahre dominanten Familienzeitschriften treten zum einen Illustrierte, Modezeitschriften und Männermagazine, aber auch neue Witz- und »Criminal«-Blätter (Gebhardt 2001). Zum anderen entsteht der neue Typus der Rundschau- oder Kulturzeitschrift, der sich an die kulturellen Eliten richtet, denen damit nunmehr auch auf dem Zeitschriftenmarkt ein eigener abgegrenzter, textfixierter und nahezu bilderloser Kommunikationsraum zur Verfügung steht.

Dieser Printmedienmarkt ist zu Schnitzlers Lebzeiten weiteren Modifikationen und Umstrukturierungen ausgesetzt: In der Weimarer Republik setzen sich moderne, industrialisierte Konsum- und Freizeitkulturen endgültig und flächendeckend durch, und mit einer exponentiellen Steigerung der Zeitungs- und Zeitschriftentitel, mit Radio (1923) und Kino (Tonfilm Ende der 1920er Jahre) kommt es zu einer weiteren Vervielfältigung des Medienangebots (vgl. dazu im Überblick Segeberg 2003, 15–112). Das Buch als ›Kulturgut‹ verliert in diesem Rahmen sowohl ideell als auch quantitativ-relational entschieden an Bedeutung – eine Entwicklung, die vor allem von den bürgerlichen Bildungseliten immer wieder als ›Bücherkrise‹ (Füssel 1996) beklagt wird. Als Freizeitobjekt aber ist das Buch nun zum festen Bestandteil einer beschleunigten, von gegenwartsbezogenen Modethemen geprägten und auf Bestseller ausgerichteten modernen Konsumkultur geworden. Dabei ergeben sich auch neue Optionen für die Mehrfachverwertung literarischer Texte: Neben den bereits im Kaiserreich üblichen Abdruck in Zeitungen und Zeitschriften treten nun noch Rundfunk und Film – sowohl als Präsentations- als auch als Werbe- und Vertriebsinstitutionen. Aufs Ganze gesehen kann Literatur unter solchen Bedingungen in einem sehr breiten Formen- und Medienspektrum auf dem Markt erscheinen: in unterschiedlichsten Zeitungs- und Zeitschriftentypen serialisiert und mit textfremdem Material zusammengebracht, als Serienheftchen, im Buch als Solitär in einer Einzel- oder als Teil einer Werkausgabe, in einer Buchreihe zusammengestellt mit Werken anderer Autoren, all das eventuell illustriert, billig, gediegen oder bibliophil ausgestattet und in unterschiedlich hohen Auflagen, zudem im Rundfunk als vorgelesener Text oder als eigens für das Radio produziertes Hörspiel, als Dreh- bzw. Dialogbuch oder als Verfilmung. Hier lagern sich zudem gleichermaßen vielfältige Kommunikationsformen über Literatur an (Literaturkritik unterschiedlichster Arten und Formen, Werbung), die wiederum – wie die Literatur selbst – an unterschiedlichen Orten zu kaufen oder zu leihen sind: im Abonnement, im Sortiments-, Kolportage-, Reise- oder Bahnhofsbuchhandel, im Warenhaus, im Straßenverkauf, am Kiosk, am Buchautomaten, in der Leihbücherei oder in der Buchgemeinschaft. Und schließlich verändern und vervielfältigen sich in diesem Umfeld auch die Konzepte von Autorschaft: Neben den deutlich marginalisierten ›autonomen Dichter‹ und den ›Berufs-Schriftsteller‹ tritt nunmehr der hoch professionelle, verschiedene Genres beherrschende Medienarbeiter (vgl. Füssel 1996; Segeberg 2003).

Schnitzlers Marktsegmente

Schnitzlers Texte erscheinen in Deutschland und Österreich im Buchdruck in gut zehn verschiedenen Verlagen und in über 30 verschiedenen Zeitungen und Zeitschriften (Erstdrucke). In der Buchform sind sie – durch die enge Bindung an den S. Fischer Verlag (genauer dazu unten) – sehr prägnant im Segment des moderat modernen belletristischen Kulturbuchs mit geringen bis höchstens mittleren (Erst-)Auflagenhöhen von ca. 1000 bis 10.000 Exemplaren platziert. Diese Position wird auch durch Einzelpublikationen außerhalb des S. Fischer Verlags gestützt, so etwa besonders deutlich mit einigen Erstdrucken auf dem österreichischen Buchmarkt. Der bietet aus mehreren Gründen (v. a. Verzögerung einer Modernisierung des Urheberrechts, konservative Zensurbestimmungen und traditionelle Ausrichtung am deutschen Markt) kaum Publikationsmöglichkeiten für die Literatur der internationalen Moderne (vgl. dazu Hall 1985; Bachleitner/Eybl/Fischer 2000). Schnitzler wird hier fast ausschließlich von den wenigen Verlagen gedruckt, die sich dieses Bereichs trotz aller Schwierigkeiten erstmals annehmen: z. B. dem Wiener Verlag (hier u. a. *Reigen. Zehn Dialoge*, 1903; *Die griechische Tänzerin. Novellen*, 1905), dem Deutsch-österreichischen Verlag (*Die Hirtenflöte*, als bibliophil ausgestatteter Pressendruck, 1912) oder von Zsolnay (*Fräulein Else*, 1924). Eine ähnlich prägnante Positionierung erfährt auch der Erstdruck von *Die Frau des Richters* (1925), der zwar im Massenmedienkonzern Ullstein erscheint, dort aber in die Reihe *Das kleine Propyläen-Buch* aufgenommen und damit deutlich dem gehobenen Segment der Buchproduktion des Verlags zugeteilt ist. Als Nachdrucke können die Texte diesen Bereich aber in einigen Fällen durchaus verlassen und in das Feld der Mischverlage und des billigen Massenbuches vordringen, wie etwa mit der Novellensammlung *Die dreifache Warnung*, die 1924 als Nr. 6458 in Reclams Universalbibliothek gedruckt wird.

Beim Abdruck in periodischen Printmedien werden Schnitzlers Texte deutlich breiter gestreut, ihre Bindung an das Literatursegment der kulturellen Elite ist hier schwächer ausgeprägt: In den textlastigen Rundschau- und Kulturzeitschriften erscheinen die Erstdrucke nur zu ca. einem Drittel, vor allem in der Hauszeitschrift des S. Fischer Verlags, in der *Neuen Rundschau*, in Einzelfällen aber auch noch darüber hinaus etwa in den konservativeren *Süddeutschen Monatsheften* (*Das Tagebuch der Redegonda*, 1911), in der für das Junge Österreich wichtigen Literaturzeitschrift *Moderne Dichtung/Moderne Rundschau* (Auszüge aus dem *Anatol*-Zyklus, 1890/91) oder in der mehrsprachigen, auf die internationale Moderne ausgerichteten Revue *Cosmopolis* (*Die Toten schweigen*, 1897; *Paracelsus. Versspiel in einem Akt*, 1898). Klein- und Kleinstformen finden daneben ihren Platz in den neuen bilderreichen Zeitschriften der bildkünstlerischen und literarischen Avantgarde wie dem *Simplicissimus* (*Die überspannte Person. Ein Akt*, 1896) oder der *Jugend* (*Sylvesternacht. Ein Dialog*, 1901; *Excentric*, 1902). Zugleich sind Schnitzlers Texte hier aber immer auch Bestandteil eines Segments, das explizit auf ›Unterhaltung‹ ausgerichtet ist. Das gilt zum einen für ihren Abdruck in der Tagespresse, wo sie deutlich in extra dafür vorgesehene und separiert gehaltene Bereiche eingebaut werden: partiell ins Feuilleton, sehr viel häufiger aber noch in sonn- oder feiertägliche Literatur- bzw. Unterhaltungsbeilagen (z. B. *Lieutenant Gustl* in der *Weihnachts-Beilage der »Neuen Freien Presse«*, 1900; *Flucht in die Finsternis* im *Unterhaltungsblatt der Vossischen Zeitung*, 1931). Das gilt zum anderen für ihren Abdruck in der modernen Freizeitpresse, wo sie – jenseits der zeitgenössisch inkriminierten Segmente von ›Schmutz und Schund‹ – ins moderate, zum Teil massenhaft verkäufliche Mittelfeld passen: so z. B. die kleine Reihe kürzerer Texte, die um 1890 in der familienblattaffinen Wiener Illustrierten *An der Schönen Blauen Donau* erscheint, weiterhin *Der Ehrentag*, der 1897 von der Stuttgarter *Romanwelt* im traditionsreich populären Format der Romanzeitschrift herausgebracht wird, oder die *Traumnovelle*, die sich 1925/26 ins mondäne Lifestylemagazin *Die Dame* eingliedern lässt, und *Spiel im Morgengrauen*, das 1926/27 mit dem Abdruck in der *Berliner Illustrirten Zeitung* sogar für eine Aufnahme in den Bereich der auflagenstarken illustrierten Massenpresse taugt.

Darüber hinaus werden Schnitzlers Texte durchweg, ganz in Übereinstimmung mit mittlerweile fest etablierten Praktiken im Umgang mit Literatur, mehrfach verwertet; sie erscheinen deshalb in unterschiedlichen Formen und in zum Teil sehr deutlich voneinander abweichenden Medienumfeldern. Das gilt zuallererst für ihren Druck als Buch und in Zeitungen und Zeitschriften: Die Veröffentlichung in den periodischen Printmedien erfolgt wie gemeinhin üblich vor dem Buchdruck, erkennbar ist darüber hinaus noch die Berücksichtigung einer Gattungsregel. Denn werden die Erzähltexte – bis auf ganz wenige Ausnahmen (z. B. *Therese. Chronik eines Frauenlebens*, Erstdruck 1928 im Rahmen der *Gesammelten Werke*) – durchweg in Zeitungen oder Zeitschriften vorabgedruckt, so geschieht das bei den Dramen nur zu etwa einem Drittel. Diese Verteilung entspricht ganz der engen Verbindung zwischen Buch und periodischer Presse, die sich bevorzugt im Zeichen der Erzählliteratur schon im ersten Drittel des 19. Jahrhunderts herausgebildet hat, spätestens seit den 1870er Jahren zur Norm geworden ist und die sich inzwischen auf eine hoch professionalisierte Infrastruktur stützen kann. Über diese Verdoppelung hinaus sind Schnitzlers Texte aber außerdem auch noch – entweder nacheinander oder zugleich – in verschiedenen Buchformen, seltener in mehreren Zeitungen und Zeitschriften auf dem Markt präsent. Diese Flexibilisierung kann sich auch aus Verlagswechseln ergeben (zur Formenflexibilisierung innerhalb des S. Fischer Verlags s. u.), wie die Publikationsgeschichte von *Reigen* zeigt, der bei fünf verschiedenen deutschen und österreichischen Verlagen in sehr unterschiedlichen Ausgabentypen erscheint: billig, seriös und/oder mit unterschiedlichem Bild- und Schmuckmaterial versehen. Noch mobiler ist etwa *Der blinde Geronimo und sein Bruder*, der ein ganzes Spektrum an Publikationsformen und -orten abdeckt: vom Zeitschriftendruck in Fortsetzungen (*Die Zeit* 1900/01) bzw. am Stück (*Die Weltliteratur. Berichte, Leseproben und Wertung*, 1917) über den Einzelsonderdruck mit Illustration für Kriegsblinde (1915), die Einfügung in verschieden zusammengesetzte, zum Teil illustrierte und mit Nachworten versehene Novellensammlungen mehrerer Verlage (1905, 1906, 1914, 1925, 1924, 1931), die wiederum Teil sehr verschieden gearteter Reihenkonzepte sein können (z. B. *Fischers Bibliothek zeitgenössischer Romane, Österreichische Erzähler, Die Welt in Novellen. Eine Auswahl für die Jugend, Wiesbadener Volksbücher*), bis hin zur Eingliederung in den ersten Band der *Erzählenden Schriften* der bei S. Fischer veranstalteten Gesamtausgabe. Hier wird deutlich, dass Schnitzlers Texte optional an der entschiedenen Vervielfältigung der Erscheinungs- und Gebrauchsformen von Literatur teilhaben können, wie sie für einen modernen Printmedienmarkt charakteristisch geworden ist. Dass dies nur in Einzelfällen geschieht, verweist darauf, dass auch Schnitzlers Werk den Profilierungsprozessen unterworfen ist, die allererst die Voraussetzung für eine solche Pluralisierung bilden: Es ist – aufs Ganze gesehen und unabhängig von Themen und Formen – bevorzugt kompatibel mit einem bestimmten Marktsegment, in dem sich seine Position gewissermaßen verdichtet. Das schließt aber – und das ist ebenso zeitgenössisch typisch – nicht aus, dass die Texte darüber hinaus auch in anderen Bereichen zirkulieren. Im Feld vermehrter Publikationsoptionen für Literatur zeigt Schnitzlers Werk mithin eine charakteristische, auf spezifische Weise eingeschränkte Mobilität.

Schnitzler und der S. Fischer Verlag

Nachdem Fischer 1888 zunächst den Druck des *Anatol*-Zyklus abgelehnt hatte, erscheint 1892 – wahrscheinlich durch die Vermittlung Hermann Bahrs, Fischers wichtigster Verbindung zum Jungen Wien – mit *Der Sohn. Aus den Papieren eines Arztes* der erste Text Schnitzlers im S. Fischer Verlag, und zwar in dessen Hauszeitschrift, der *Freien Bühne für den Entwickelungskampf der Zeit*. 1895 folgt mit *Sterben* die erste Buchausgabe, im selben Jahr schließt Fischer mit Schnitzler einen dann immer wieder erneuerten Generalvertrag für das Publikationsrecht auf alle seine Werke für die nächsten drei Jahre ab (vgl. Mendelssohn 1985, 17). Nach 1903 beginnt Fischer, für Schnitzlers Dramen auch den Bühnenvertrieb zu übernehmen, ab 1909 untersteht dann das gesamte dramatische Werk nunmehr auch seinem Theaterverlag (vgl. Mendelssohn 1970, 426). So wird Schnitzler zu einem der wichtigen Hausautoren des Verlags: Die überwiegende Mehrheit seiner Texte und vor allem die drei Werkausgaben (1912, 1922, 1928) erscheinen hier. Damit ist sein Werk sehr deutlich gebunden an den Typus des Kultur- und Individualverlags, der zum Ende des 19. Jahrhunderts aufkommt (neben S. Fischer 1886 z. B. Eugen Diederichs 1896, Insel-Verlag 1899). Charakteristisch für ihn ist die Orientierung an einem (noch) bürgerlichen Konzept von ›Kultur‹ und der Versuch, anonyme Marktmechanismen mit personengebundenen Formen der Interaktion zu verknüpfen, vor allem in der aktiven, persönlich motivierten Gestaltung des Verlagsprogramms, in einer Art postmäzenatischer Förderung literarischer Bewegungen und in der möglichst freundschaftlichen Zusammenarbeit mit den Autoren. Der S. Fischer Verlag ist in diesem Segment schnell und auf längere Zeit erfolgreich und avanciert hier zu einer beispielhaften und anerkannten Institution, die sich mit dem Verlagssignet ab 1895 auch nach außen hin deutlich sichtbar als eine Marke behauptet. Das Verlagsprogramm ist auf Gegenwartsliteratur ausgerichtet, dabei aber nicht auf eine bestimmte Strömung fixiert: Nach Anfängen mit dem skandinavischen (v. a. Ibsen) und dem deutschen (Hauptmann) Naturalismus werden bald auch Autoren des Jungen Wien aufgenommen (neben Schnitzler z. B. Beer-Hofmann, Hofmannsthal, Salten, Bahr); allmählich erweitert sich das Spektrum hin zu einer moderaten, später als klassisch bezeichneten Moderne (u. a. Thomas Mann, Hermann Hesse, Alfred Döblin), was aber die Aufnahme sogenannter Modethemen und -autoren wie etwa der Amerika-Bücher Arthur Holitschers oder der Reise- und Technikromane Bernhard Kellermanns nicht ausschließt. Mit der verlagseigenen Zeitschrift, 1890 gegründet und ab 1904 unter dem Titel *Neue Rundschau* herausgegeben, kann Fischer die bewährten Synergieeffekte zwischen Zeitschrift und Buch auch für seinen Betrieb fruchtbar machen. Dabei geht es aber nicht nur um Vorabdrucke, Rezensionen, Verlagswerbung und Autorenbindung, über den Rundschaucharakter der Zeitschrift wird Literatur hier immer auch in das Umfeld ausgreifender kultureller Debatten eingestellt.

Eine moderate Flexibilität zeigt der Verlag zudem bei den vertriebenen Buchformen. So wird schon früh das Konzept des preiswerten serialisierten Buches in mehreren Reihenbildungen aufgegriffen (z. B. *Fischers Bibliothek zeitgenössischer Romane*, 1908–1921), u. a. auch als eine weitere Option für die Mehrfachverwertung verlagseigener Texte. Mit niedrigerem Preis und deutlich höheren Erstauflagen greift Fischer damit auf den Bereich des ›billigen Buches‹ aus, versucht aber mit Textauswahl und Ausstattung den Charakter des Buches als Bildungsgut zu wahren – es also zwar nicht dem Massenmarkt, aber doch zumindest dessen Lese- und Konsumgewohnheiten zu entziehen. Darüber hinaus spielen auch populäre Formen der Textbebilderung eine gewisse Rolle: Immer wieder erscheinen illustrierte Sonderausgaben, 1913 wird die Reihe *Fischers illustrierte Bücher* begonnen, zudem ist mit der häufigen Illustration der Bucheinbände ein wichtiges Gestaltungsmerkmal der Kolportage- und Reihenheftchen übernommen (vgl. Pfäfflin 1986). Der Verlegerintention nach steht die Integration solcher Formen von ›Unterhaltung‹ aber immer im Zeichen traditioneller, paternalistisch grundierter (Volks-)Bildungsvorstellungen. Eine am bloßen Massenabsatz ausgerichtete Verbilligung und Bestsellerauflagenhöhen bleiben so ein seltenes und misstrauisch beobachtetes Grenzphänomen: Die Neuauflage einer Warenhausausgabe der *Buddenbrooks*

(1929; 900.000 verkaufte Exemplare) etwa kann Gottfried Bermann Fischer nur nach einem Generationenwechsel in der Verlagsleitung und gegen den erbitterten Widerstand des Verlagsgründers durchsetzen.

Diesem Publikationsspektrum sind auch die Schnitzlerschen Texte eingepasst: Sie erscheinen (zu einem guten Viertel) im Vorabdruck in der *Neuen Rundschau*, in der Buchform als hochpreisigere, zurückhaltend ausgestattete Ausgabe im Einzeldruck oder im Rahmen der Werkausgaben, immer wieder in Sammlungen (z. B. *Die Frau des Weisen. Novelletten*, 1898; *Dämmerseelen. Novellen*, 1907), als billiges Reihenbuch (z. B. *Frau Bertha Garlan* in *Fischers Bibliothek zeitgenössischer Romane*, 1912), als billige Kaufhausausgabe in relativ hoher Erstauflage (*Traum und Schicksal. Sieben Novellen*, 1931), dabei gar nicht oder reichlich illustriert (z. B. *Lieutenant Gustl*, 1901 bzw. in der Reihe *Fischers illustrierte Bücher*, 1926) oder nur – aber häufig – mit illustriertem Schutzumschlag. Verlagsintern besprochen und beworben wird Schnitzlers Werk – oft in Absprache mit dem Autor (Rodewald/Fiedler 1989) – auf ebenso vielfältige Weise: in Form professioneller Literaturkritik in der *Neuen Rundschau* (z. B. in größerem Umfang zuerst 1896 durch Alfred Kerr, 1922 mit einer ganzen Geburtstagsnummer), als knappe Notiz, im Bild-Text-Mix oder in Teilabdrucken in den zum Teil aufwendig ausgestatteten Verlagskatalogen und Fischer-Almanachen und schließlich in Anzeigen und/oder knappen Besprechungstexten in den Buchausgaben selbst. So erfährt Schnitzlers Werk auch schon im Hauptsegment seines Vorkommens, im spezialisierten und dabei moderat modernen Kulturverlag, eine deutliche Mobilisierung und Pluralisierung.

Literatur

Bachleitner, Norbert/Eybl, Franz M./Fischer, Ernst: *Geschichte des Buchhandels in Österreich*. Wiesbaden 2000.

Faulstich, Werner: *Medienwandel im Industrie- und Massenzeitalter (1830–1900)*. Göttingen 2004.

Füssel, Stephan: Das Buch in der Medienkonkurrenz der zwanziger Jahre. In: *Gutenberg-Jahrbuch* 71 (1996), 322–340.

Gebhardt, Hartwig: »Halb kriminalistisch, halb erotisch«. Presse für die »niederen Instinkte«. Annäherungen an ein unbekanntes Kapitel deutscher Mediengeschichte. In: Kaspar Maase/Wolfgang Kaschuba (Hg.): *Schund und Schönheit. Populäre Kultur um 1900*. Köln 2001, 184–217.

Hall, Murray G.: *Österreichische Verlagsgeschichte 1918–1938*. Bd. I: *Geschichte des österreichischen Verlagswesens*; Bd. II: *Belletristische Verlage der Ersten Republik*. Wien/Köln/Graz 1985.

Jäger, Georg: Das Zeitschriftenwesen. In: Georg Jäger (Hg.): *Geschichte des deutschen Buchhandels im 19. und 20. Jahrhundert. Das Kaiserreich 1871–1918. Teil 2*. Frankfurt a. M. 2003, 368–389.

Mendelssohn, Peter de: *S. Fischer und sein Verlag*. Frankfurt a. M. 1970.

Mendelssohn, Peter de: A. S. und sein Verleger S. Fischer. In: Guiseppe Farese (Hg.): *Akten des Internationalen Symposiums »A. S. und seine Zeit«*. Bern u. a. 1985, 14–21.

Pfäfflin, Friedrich: *100 Jahre S. Fischer Verlag 1886–1986. Buchumschläge. Über Bücher und ihre äußere Gestalt*. Frankfurt a. M. 1986.

Rodewald, Dierk/Fiedler, Corinna (Hg.): *Samuel Fischer, Hedwig Fischer. Briefwechsel mit Autoren*. Frankfurt a. M. 1989, 51–164.

Segeberg, Harro: *Literatur im Medienzeitalter. Literatur, Technik und Medien seit 1914*. Darmstadt 2003.

Stöber, Rudolf: *Deutsche Pressegeschichte*. Konstanz 2005.

Urbach, Reinhard: *S.-Kommentar zu den erzählenden Schriften und dramatischen Werken*. München 1974.

Wittmann, Reinhard: *Geschichte des deutschen Buchhandels*. München 1999.

Madleen Podewski

II. Werke

1. Theaterstücke

1.1 Zu Lebzeiten veröffentlichte Werke

1.1.1 Mehraktige Dramen

Das Märchen.
Schauspiel in drei Aufzügen **(1891)**

Entstehung

Ende November des Jahres 1890 vermerkt Arthur Schnitzler in seinem Tagebuch: »Begann das ›Mährchen‹ zu schreiben. ›Das Mährchen von der Gefallenen.‹ Befreie mich.– Psychologisches aus meinem Verhältnis mit Mz. […]« (Tb, 30.11.1890). Keine vier Monate später, am 19. März 1891, beendet Schnitzler die Arbeit an seinem ersten Mehrakter, nicht ohne sie zuvor im Rahmen von Tagebucheinträgen oder in Briefen an Freunde wiederholt als einen therapeutischen Akt herauszustellen, mit dem er sein schwieriges Verhältnis zu der jungen Schauspielerin Marie »Mizi« Glümer zu verarbeiten sucht. Entsprechend hadert Schnitzler zunächst mit der Veröffentlichung, um Glümer, das ›Urbild‹ seiner Protagonistin Fanny Theren, nicht zu kompromittieren (ebd., 13.5.1891 u. 14.7.1891). Nachdem diese selbst das Stück zur Veröffentlichung freigibt (ebd., 3.9.1891) und erste Lesungen im Kreis der Jung Wiener die Hoffnung auf einen Theatererfolg wecken (ebd., 25.6.1891), reicht Schnitzler das Manuskript an verschiedenen Bühnen ein.

Uraufführung

Oscar Blumenthal, Direktor des Berliner Lessingtheaters, nimmt *Das Märchen* bereits im Dezember 1891 zur Aufführung an (Tb, 16.12.1891), hält Schnitzler jedoch hin und will, so moniert Schnitzler Monate später gegenüber Marie Glümer, »sich aber nicht durch einen Contract binden« (9.10.1892; Br I, 132). Versuche des Schauspielers und Regisseurs Adolf von Sonnenthal, das Stück an Max Burckhard und das Burgtheater zu vermitteln, scheitern hingegen ganz – Burckhard lehnt *Das Märchen* ab, das ihm »zu viel Rede, zu wenig Handlung« enthalte (Tb, 28.10.1891). Auch aus Prag folgt eine Absage: Heinrich Teweles, Leiter des dortigen Königlichen Deutschen Landestheaters, verweigert die Aufführung des Dramas ungeachtet eines früheren positiven Bescheids durch die Theaterdirektion und konstatiert, das Stück habe ihn »sittlich entrüstet« (ebd., 12.1.1893; an Heinrich Teweles, [Mitte Januar 1893]; Br I, 164 f. u. an Olga Waissnix, 7.4.1893; ebd., 183). Schnitzler zeigt sich frustriert angesichts dieser Schwierigkeiten, sein Drama auf die Bühne zu bringen, und klagt gegenüber Theodor Herzl, »wie weit der Weg vom Angenommenwerden zum Aufgeführtwerden ist« (13.6.1893; ebd., 207).

Tatsächlich bleibt die Uraufführung des Stückes dem Volkstheater Wien (Direktion: Emmerich von Bukovics) vorbehalten – ein Umstand, der nicht erstaunt, hatte sich dieses junge, erst 1889 eröffnete Theater doch ausdrücklich der Förderung junger Talente und moderner Schauspiele verschrieben. Im September 1893, ganze zweieinhalb Jahre nach Fertigstellung des Dramas, nimmt Bukovics *Das Märchen* zur Aufführung an und besetzt die weibliche Hauptrolle mit dem unangefochtenen Star seines Ensembles – der Schauspielerin Adele Sandrock. Die Besetzung Sandrocks erfolgt auf deren ausdrücklichen Wunsch, da die Rolle der Fanny Theren gerade in der darin angelegten Provokation nicht nur eine Herausforderung, sondern auch garantierte Aufmerksamkeit verspricht. »Genau 3 Jahre nach der 1. Zeile des Märchen – erste Probe« (Tb, 24.11.1893), notiert Schnitzler im November 1893 im Tagebuch und vermerkt in den folgenden Tagen nicht nur den Verlauf der Proben, sondern auch die wachsende Annäherung an Sandrock, die schließlich in ein leidenschaftliches Verhältnis mündet, das über ein Jahr andauern wird. Am 1. Dezember 1893 findet die Premiere des *Märchens* am Volkstheater statt – und gerät zu einem kleinen Theaterskandal. Während der erste und der zweite Akt, vorrangig aufgrund der vom Publikum enthusiastisch gefeierten Hauptdarstellerin, noch recht erfolgreich verlaufen, geht der dritte Akt im ablehnenden Zischen der Zuschauer vollends unter. Bereits am Tag nach der Uraufführung wird die Absetzung des Stückes beschlossen, eine zweite, vorerst letzte Aufführung vor fast leerem Haus, die aufgrund des von Schnitzler eilig gekürzten dritten Aktes etwas günstiger verläuft, vermag daran nichts mehr zu ändern (zur Uraufführung des Stückes vgl. Wagner/Vacha 1971, 91–93).

Schnitzlers eigene Wahrnehmung der Kritiken (»Kritiken nicht gar so übel; außer den antisemit. Blättern.«; Tb, 2.12.1893) verstellt den Blick auf die tatsächliche moralische Entrüstung. So feiert *Die Presse* am Tag nach der Premiere zwar »das genialische Spiel von Adele Sandrock«, konstatiert jedoch auch, dass dieses »ganz neue und moderne Schauspiel« spätestens mit seinem dritten Akt das Publikum gänzlich überfordere. Nur einen Tag später wird die Publikumsreaktion noch pointierter erfasst: »Um Reinlichkeit wird gebeten« (*Die Presse*, 2./3.12.1893, zit. n. Wagner/Vacha 1971, 92). Schnitzler selbst trifft dieser deutliche Misserfolg empfindlich, sodass er noch Monate nach der gescheiterten Premiere negative Kritiken zitiert, etwa aus der *Leipziger Zeitung*, die *Das Märchen* als »Natur. Stück schlimmster Sorte« abkanzelt (Tb, 15.2.1894 u. 16.2.1894).

Nur wenige setzen sich sachlich mit Schnitzlers Drama auseinander, darunter Alfred Kerr, der *Das Märchen* im *Magazin* als »ein schmerzliches poesievolles Stück« (ebd., 4.12.1894) bespricht, vor allem aber Hermann Bahr. Während dieser die schauspielerische Leistung Sandrocks bejubelt, wertet er das Schnitzlersche Stück als »Experiment«, das zwar ein »literarisch unanfechtbare[s] Werk« darstelle, seine »theatralische[n] Kräfte« jedoch in einer »fremden, ungewohnten neuen Art« ausübe, welche »die lieben alten Sitten stört und eine andere Bildung der Hörer verlangt« (Bahr 1899, 242–252). Insgesamt erweisen sich der umständliche Weg des Stückes zu seiner Uraufführung sowie die frühen Absagen seitens des Burgtheaters und der renommierten Bühnen in Berlin und Prag als richtungsweisend: Dem *Märchen* wird keine große Bühnenkarriere zuteil – selbst in Wien kommt es lediglich zu einer weiteren Aufführung im Bürgertheater im Jahr 1907 (Wagner/Vacha 1971, 93).

Inhalt

Worum geht es in diesem vermeintlich skandalösen und Moralvorstellungen auf die Probe stellenden Stück? Sein Zentrum bildet die Liebesgeschichte zwischen Fanny Theren, einer Schauspielerin aus einfachen, kleinbürgerlichen Verhältnissen, und Fedor Denner, einem jungen Wiener Schriftsteller aus gutem Haus. Nach zwei gescheiterten Liebesbeziehungen (einer kurzen Sommerliebe und der aussichtslosen Affäre mit dem Mediziner Friedrich Witte) hat Fanny sich leidenschaftlich in Fedor verliebt. Trotz aller Warnungen, insbesondere seitens ihrer Schwester Klara, sieht Fanny die Hoffnung auf eine ernsthafte Verbindung dieses Mal gerade dadurch bestätigt, dass Fedor die allgemeine »Verachtung für das Mädchen mit zweifelhaftem Ruf« (DW I, 147) bei verschiedenen Gelegenheiten mit Nachdruck kritisiert und dafür eintritt, »daß wir es aus der Welt schaffen, dieses Märchen von der Gefallenen« (ebd., 151). Fedors Eintreten für die Gleichberechtigung der Frau auch im Hinblick auf sexuelle Erfahrungen bildet den Mittelpunkt des ersten Aufzugs, der das Paar im Rahmen einer informellen Abendgesellschaft im Hause Theren zeigt. Hier hält Fedor, zu Fannys Begeisterung, ein leidenschaftliches Plädoyer für die Loslösung von überkommenen Konventionen, hinter denen sich doch nichts anderes verberge als die »unbändige […] Eitelkeit« der Männer, stets »die einzigen und ersten« sein zu wollen (ebd.).

Wie weit Fedor in seiner Beziehung zu Fanny hinter die theoretisch postulierten Forderungen zurückfällt, vergegenwärtigt der zweite Aufzug. Immer stärker wird der Schriftsteller von Eifersuchtsanfällen geplagt, die sich auf das vergangene Liebesleben Fannys sowie ihre gesellschaftliche Wahrnehmung als »Gefallene« beziehen. Rasend vor Eifersucht und gekränktem Stolz verlangt Fedor schließlich Rechenschaft von der Geliebten und drängt sie unter dem Vorwand, dem Paar einen von der Last der Vergangenheit befreiten Neuanfang zu ermöglichen, sämtliche Details über die ehemaligen Liebhaber offenzulegen. Der Aufzug endet mit der rührenden Beichte einer in Tränen aufgelösten Fanny und ihrem hingebungsvollen Liebesgeständnis, das vorerst zu einer Versöhnung des Paares führt.

Diese Versöhnung jedoch, so lässt der dritte Aufzug rasch erkennen, ist nicht von Dauer – die emotionale Instabilität Fedors hat sich vielmehr zugespitzt. Erneut findet man sich in geselliger Runde im Haus Theren ein, um die anstehende Verlobung der älteren Tochter Klara mit dem Beamten Wandel sowie den Theatererfolg Fannys in der Rolle der frivolen Albine zu feiern. Als Fedor mitansehen muss, wie Fanny von männlichen Verehrern umschwärmt und mit Blumen überhäuft wird und zudem ein russischer Theateragent auftaucht, der Fanny mit einem großzügigen Vertrag ans Petersburger Schauspielhaus zu locken sucht, kommt es zum endgültigen Eklat: Fedor wirft Fanny nicht nur die vergangenen Affären vor, sondern auch ihre Theaterrolle, die »das Weib – Sinne, ganz, nur Sinne« (Urbach 1974, 144) in ihr zum Vorschein bringe. In einem Anfall von »Ekel« angesichts der Vergangenheit, die ihn »[a]us allen Ecken« (ebd.) angrinse, verlässt der Schriftsteller die junge Frau schließlich. Fanny, durch Fedors Vorwürfe und die öffentlich vollzogene Trennung endgültig zur ›Dirne‹ degradiert und »auf immer« verloren, bricht auf der Bühne zusammen (ebd., 147).

Tatsächlich sind es dieser Zusammenbruch Fannys und der herzlose Abgang Fedors, die für den Misserfolg des Dramas beim Publikum sorgen, nicht etwa die bürgerliche Konventionen in Frage stellende Entscheidung der Protagonistin gegen eine Beziehung, in der sie immer wieder »wie eine Sünderin« (DW I, 200) um Gnade flehen muss (Scheible 1976, 48; Möhrmann 1982, 512). Denn erst in der dritten, finalen Überarbeitung des Dramenschlusses, die Schnitzler 1902 vornimmt und die Eingang in die Werkausgabe gefunden hat, bleibt es Fanny selbst vorbehalten Fedor, »der um nichts besser ist als ich« (DW I, 200), zu verlassen – und sich damit von männlichen wie von gesellschaftlichen Rollenzuweisungen gleichermaßen zu emanzipieren. Stattdessen nimmt die Schauspielerin hier das Angebot aus Petersburg an und entscheidet sich zu einem selbstbestimmten Zukunftsentwurf: »Jetzt ist alles in Ordnung – ich kenne meinen Weg« (ebd.).

Deutung

Erst diese letzte Überarbeitung radikalisiert vollends die im Drama angelegten sozialkritischen Tendenzen, die wohl auch seine Kennzeichnung als frühes, noch ›naturalistisch‹ geprägtes Drama bewirkt haben (Fliedl 2005, 78). Einmal mehr erweist sich Schnitzler hier als genauer Beobachter einer gesellschaftlichen Realität, deren Doppelmoral und restriktive bürgerlichen Normen durch die stereotypisierte Figurenkonstellation sichtbar gemacht werden. Die differenzierte, konsequent ambivalente Darstellung kontrastierender Positionen kommt eindimensionalen Wertungen dabei zuvor: Während einerseits das Bekenntnis zur neuen Kunst in der entsprechenden Grußformel (»[E]s lebe die neue Kunst!«; DW I, 141) des Malers Robert Well zur bloßen Attitude eines Décadents verkommt, fungiert der jeglichen modernen Anliegen misstrauende Beamte Adalbert Wandel andererseits als Vertreter überholter (spieß-)bürgerlicher Konventionen. Deren restriktives Korsett wird gerade dann entlarvt, wenn Wandel seiner Verlobten Klara deutlich zu verstehen gibt, dass sein »Ideal einer echten deutschen bürgerlichen Ehe« unweigerlich »eine gewisse Art von Trennung« von der Familie, allen voran der in Verruf geratenen Schwester Fanny voraussetze (ebd., 184 f.).

Klaras Beziehung zu Wandel repräsentiert den bürgerlichen Gegenentwurf zum illegitimen Verhältnis ihrer Schwester mit Fedor Denner – Raum für die Entfaltung weiblicher Identität jenseits fremdbestimmter Zuschreibungen bietet keines dieser Beziehungsmodelle, ebenso wenig wie die weiteren im Stück verhandelten: etwa die Affäre Robert Wells mit dem »blitzdumm[en]« ›süßen Mädel‹ Ninette (ebd., 168) oder die im Drama geschlossene Ehe Friedrich Wittes, die er als seinen endgültigen Abschied von all den »Vorstadtmädeln« begreift, welche, so der Mediziner, letzten Endes doch »alle ein bißchen schamlos, ein bißchen verlogen und ein bißchen dumm« seien (ebd., 166). Die in diesen stereotyp gezeichneten Beziehungsmustern zutage tretende Kritik legt nicht nur das herrschende soziale Ungleichgewicht offen, sondern verweist auf eine explizit psychologische Konfliktdimension, wie sie sich in den Eifersuchtsattacken Fedors exemplarisch zeigt. Die dabei von Schnitzler selbst immer wieder evozierten Analogien zwischen der fiktiven Figur Fanny und seiner eigenen Geliebten Marie Glümer verführen vorschnell zu einer rein biographischen Deutung des Dramas – auch, weil die Tagebücher Schnitzlers dokumentieren, wie maßlos Schnitzlers eigene Eifersucht auf die Vergangenheit Glümers aussieht, über die er sich ein »Sündenregister« anlegt, wohl wissend, dass es sich dabei um eine »dumme, selbstquälerische Spielerei« handelt (Tb, 27.3.1891). Mit den Leitsujets männlicher Eifersucht und gekränkten Stolzes aber verhandelt das Stück jenseits von Prozessen schlichter Selbstbeobachtung und -kritik ein dominierendes Thema der Zeit, wie es exemplarisch in Paul Bourgets Essay *Physiologie de l'amour moderne* (1891) verhandelt wird (Fliedl 2005, 78). Fedor Denner erweist sich im Drama keineswegs als jener fortschrittliche Verfechter einer neuen Moral, als der er sich zunächst ausgibt – vielmehr wird er, konfrontiert mit den Gerüchten um Fannys verlorene Jungfräulichkeit, als einer jener »Übergänglinge« im Aufbruchsprozess der Moderne kenntlich gemacht: Männer, »die schon das Wahre ahnen, aber selbst eigentlich den Mut ihrer Überzeugung nicht haben – Männer, die sich in ihren tiefen Anschauungen schon als neue Menschen fühlen, die aber mit ihrem äußeren Wesen noch unter den alten stehen [...]« (DW I, 141). Die Figur des ›Übergänglings‹ ist es, die das Zentrum des Schnitzlerschen Mehrakters und dessen Konfliktkonstellation bestimmt. Mit ihm wird nicht allein das emotionale Unvermögen bezeichnet, moralische wie gesellschaftliche Konventionen in zwischenmenschlichen, besser: zwischengeschlechtlichen Beziehungen zu überwinden, sondern zugleich ein Künstlerbild problematisiert, das an der Schwelle zur Moderne zwar um die Aufgabe der Kunst, »das Wahre« (ebd.) zu schildern, weiß, die finale Emanzipation von tradierten Prinzipien – im Leben wie in der Kunst (dazu Schiffer 1994, sowie Lukas 1996, 53–59, 67–73, 135–154) – jedoch noch nicht möglich macht.

Literatur

Bahr, Hermann: *Wiener Theater (1892–98)*. Berlin 1899.
Eicher, Thomas: »In Spiralen hinaufgeringelt [...], hinabzustürzen ins Leere«. Märchenbegriff und Märchenstruktur bei A. S. In: Thomas Eicher (Hg.): *Märchen und Moderne. Fallbeispiele einer intertextuellen Relation*. Münster 1996, 49–68.
Fliedl, Konstanze: *A. S.* Stuttgart 2005.
Lukas, Wolfgang: *Das Selbst und das Fremde. Epochale Lebenskrisen und ihre Lösung im Werk A. S.s*. München 1996.
Möhrmann, Renate: S.s Frauen und Mädchen. Zwischen Sachlichkeit und Sentiment. In: *Diskussion Deutsch* 68 (1982), 507–517.
Scheible, Hartmut: *A. S. in Selbstzeugnissen und Bilddokumenten*. Reinbek bei Hamburg 1976.
Schiffer, Helga: *Die frühen Dramen A. S.s. Dramatisches Bild und dramatische Struktur*. Amsterdam/Atlanta 1994.
Urbach, Reinhard: *S.-Kommentar zu den erzählenden und dramatischen Werken*. München 1974.
Wagner, Renate/Vacha, Brigitte: *Wiener S.-Aufführungen 1891–1970*. München 1971.

Stephanie Catani

Liebelei. Schauspiel in drei Akten (1895)

Entstehung

Vermutlich im November 1881 schrieb Schnitzler einen nur wenige Worte umfassenden Plan mit dem Titel »Das Fräul'n am Brunnen« nieder, der seinen eigenen Angaben zufolge als Urform von *Liebelei* gelten darf (vgl. JiW 1994, 113): Inspiriert durch eine Zufallsbekanntschaft mit dem Vorstadtmädel Gusti fasste Schnitzler den Vorsatz zu einem Volksstück, das im Wiener Vorstadtmilieu angesiedelt sein sollte (vgl. Tb, 27.11.1881), vorerst jedoch zu keiner Ausführung kam. Es folgten in einem Zeitraum von etwa zwölf Jahren einige weitere, voneinander weitgehend unabhängige Pläne und Notizen. Dazu zählt die Skizze »Die zwei Frauen«, in deren Mittelpunkt noch Schnitzlers Hauptfigur des gleichnamigen Einakterzyklus *Anatol* steht und in der thematisch eine Eifersuchtskonstellation entworfen wird, die an *Das Märchen* erinnert; außerdem der gemeinhin als vermeintlich erster Einfall zu *Liebelei* bekannte Plan »Das arme Mädel« (vgl. Schnitzler 2014, 28), in dem die Grundzüge des späteren Schauspiels erstmals deutlich erkennbar angelegt sind. Im September 1893 begann Schnitzler dann »mit Laune« (Tb, 3.9.1893) die Ausarbeitung eines Volksstücks unter dem Titel »Das arme Mädel« in acht Bildern, dessen erstes Bild er im Oktober 1893 fertigstellte (vgl. Schnitzler 1903), bevor er das Stück im Dezember 1893 neu entwarf, auf einen Umfang von sechs Akten reduzierte, das Volksstückartige weitgehend zurücknahm und dem Stoff stattdessen stärkere naturalistische Züge verlieh. Nach der Ausführung der ersten beiden Akte verwarf Schnitzler jedoch auch diesen Ansatz und begann das Stück im September 1894 ein weiteres Mal, diesmal und endgültig als Schauspiel in drei Akten mit dem Titel *Liebelei*. Zweifel, die er nach der Fertigstellung an der Qualität des Stückes hegte, konnten nach einer sehr erfolgreichen Lesung vor Hugo von Hofmannsthal und Felix Salten vollständig ausgeräumt werden (Tb, 14.10.1894), die noch knapp ein Jahr zuvor gemeinsam mit Gustav Schwarzkopf und Richard Beer-Hofmann »Das arme Mädel« »als Dramenstoff verurteilt« hatten (ebd., 10.12.1893). Bewirkt haben mag diese Meinungsänderung u. a. Schnitzlers konsequente Bereitschaft zur Reduktion des Stoffes, eine damit einhergehende Zuspitzung des Konflikts sowie entscheidende Modifikationen der weiblichen Hauptfigur, deren ursprüngliche Disposition stark an die teilweise parallel entstandene Fanny Theren aus *Das Märchen* erinnert. Das Bühnenmanuskript erschien 1895 im Verlag A. Entsch, die Druckausgabe nach erfolgreicher Uraufführung im Februar 1896 im S. Fischer Verlag.

Uraufführung

Schnitzler übergab die Abschrift des Stückes am 29. Oktober 1894 persönlich an den amtierenden Burgtheaterdirektor Max Burckhard, der zu dieser

1.1.1 Mehraktige Dramen

Zeit im selben Haus wie Schnitzler lebte. Burckhard, der zwischenzeitlich von Hermann Bahr auf das Stück vorbereitet und günstig gestimmt worden war, nahm es zwei Tage später offiziell per Telegramm an – Schnitzlers bislang glücklichster Moment in seiner kurzen Schriftsteller-Laufbahn (vgl. Tb, 31.10.1894). Allerdings sollte sich die Realisierung der Uraufführung noch um ein knappes Jahr verzögern. Grund dafür war zunächst das hohe Skandalpotential, das dem Stück nachgesagt wurde (vgl. ebd., 5.11.1894) und das dazu führte, dass Stella von Hohenfels, die einzige als Christine Weiring geeignete Schauspielerin des Burgtheater-Ensembles, diese Rolle nicht übernehmen wollte. In Ermangelung eines adäquaten Ersatzes aus den eigenen Reihen, bemühte sich Max Burckhard in der Folge darum, die populäre Volkstheater-Schauspielerin Adele Sandrock an die Burg zu engagieren, was schließlich zum 1. Februar 1895 gelang. Mit ihr in der Hauptrolle sowie mit den Burgtheatergrößen Adolf von Sonnenthal als Hans Weiring und Friedrich Mitterwurzer als Herr wurde das Stück schließlich am 9. Oktober 1895 uraufgeführt und ein großer Erfolg – und alle Befürchtungen Burckhards, der im Vorfeld damit rechnen musste, dass ihm dieses Stück als Direktor des renommierten Hauses »das Genack brechen« (ebd., 16.6.1895) könnte, wurden auf einen Schlag zerstreut. Zwar fielen die Kritiken erwartungsgemäß gemischt aus, doch waren es offenbar vor allem einige der beifälligen Feuilletons, die in der öffentlichen Wahrnehmung ins Gewicht fielen, wie etwa das des einflussreichen Kritikers Ludwig Speidel, der in der bedeutendsten deutschsprachigen Zeitung der Habsburgermonarchie, der *Neuen Freien Presse*, verlauten ließ: »Solche herrliche Accente der Leidenschaft hat man auf der deutschen Bühne lange nicht vernommen« (Speidel 1895, 2). Derartige Einschätzungen mögen dazu beigetragen haben, *Liebelei* zu einem großen Publikumserfolg zu verhelfen: In der Spielzeit 1895/96 war es mit sechzehn Aufführungen das meistgespielte Stück (vgl. Tb, 6.11.1895). Für Schnitzler, der es damit als erster Vertreter von Jung Wien geschafft hatte, am Burgtheater aufgeführt zu werden, markierte dieser Erfolg den ersehnten Durchbruch als Bühnendichter – was er selbst wie folgt kommentierte resp. einordnete: »Wenn man bedenkt, daß sich eben einer der schönsten Träume erfüllt hat! Am Burgtheater aufgeführt! Und ein Erfolg! – Aber man empfindet nie etwas als einen erfüllten Traum, sondern stets nur als ein Nothwendiges, das sich allmälig vorbereitet hat« (Schnitzler 1970, 301 f.).

Liebelei blieb zeitlebens ein Erfolg und gilt bis heute als eines seiner bedeutendsten und populärsten Stücke. Schnitzler stand seinem Werk allerdings nicht unkritisch gegenüber. Zwar zählte er den 3. Akt ein Jahrzehnt nach dessen Entstehung zu dem Besten, das er bis dahin geschrieben hatte (vgl. Tb, 13.12.1904), doch hielt er das Stück insgesamt für überschätzt (vgl. an Richard Specht, 4.3.1896; Br I, 284). Das Etikett des ›Süße-Mädel-Typus‹-Dichters, als deren Schöpfer er fälschlicherweise fortan vielen galt (vgl. Janz/Laermann 1977, 41–54), hing ihm danach über Jahrzehnte an und wurde zu seinem Ärger von Kritikern selbst da bemüht, wo Stoff und Ausführung eines neuen Werkes einen Vergleich mit *Liebelei* eigentlich nicht provozierten (vgl. hierzu Schnitzlers heftige Reaktion auf eine Kritik Felix Saltens über *Reigen*, 7.11.1903; Br I, 468–471). Bemerkungen wie die von Max Burckhard, der Schnitzler bald nach dem *Liebelei*-Erfolg dazu riet, »einmal was ganz anständiges« zu schreiben, »damit die Leut nicht sagen, Sie können nichts andres« (Tb, 19.5.1896) trugen zu Schnitzlers Verstimmung und Verunsicherung bei und wirkten sich zuweilen restriktiv auf seine Arbeit aus: »Im Produciren gehindert durch Erwägungen minderer Art (z.B. im Vermächtnis, den Akt in der Wohnung Tonis nicht geschrieben, aus Angst vor: »Wieder die Liebelei.«)« (ebd., 5.3.1902).

Inhalt

Liebelei ist ein Schauspiel in drei Akten, mit acht Personen, Wien als Ort sowie der ›Gegenwart‹, sprich den 1890er Jahren, als Zeit der Handlung. Der 1. Akt spielt in der Junggesellenwohnung des großbürgerlichen Studenten Fritz Lobheimer. Dem expositorischen Dialog zwischen ihm und seinem Freund Theodor Kaiser ist zu entnehmen, dass Fritz eine Affäre mit einer verheirateten Frau hat, die in letzter Zeit in wachsender Unruhe die Entdeckung durch den Ehemann befürchtet. Theodor warnt den Freund vor derart gefährlichen Verhältnissen und empfiehlt ihm stattdessen seine eigene Auffassung der Dinge, derzufolge »die Weiber« »nicht interessant zu sein [haben], sondern angenehm« (LBL, 12). Entsprechend sucht Theodor sich seine Partnerinnen in der Vorstadt, »wo es keine großen Szenen, keine Gefahren, keine tragischen Verwicklungen gibt« (ebd., 12 f.). Seine jüngste Liebelei mit dem »süßen Mäderl« (ebd., 13) Mizi Schlager hat er dazu benutzt, Fritz mit deren Freundin Christine Weiring zu verkuppeln und somit auch ihm zu einem Verhältnis nach dem Rezept »Zärtlichkeit ohne Pathos« (ebd., 12) verholfen. Gleichwohl hat dieser »jenes Weib« (ebd., 9) darüber nicht vergessen. Kurz darauf finden sich nacheinander die kokett-abgeklärte Mizi und die zurückhaltend-treuherzige Christine in Fritz' Wohnung zu einem zwanglosen Souper ein. Das vergnügte Beisammensein der zwei Paare wird abrupt durch das Erscheinen eines Herren gestört, des Ehemanns jener »Dame im schwarzen Samtkleid« (ebd., 22), auf deren Erscheinung Christine den ausweichenden Fritz zuvor noch eifersüchtig angesprochen hatte. Der Ehemann befindet sich im Besitz ausreichender Beweise und fordert Fritz in einem Gespräch unter vier Augen zum Duell. Dieser versucht zunächst zu leugnen, stellt sich dann jedoch zur Verfügung. In den Vorgang heimlich eingeweiht, drängt Theodor auf eine rasche Beendigung des Soupers und verspricht, noch am selben Abend alle weiteren Vorkehrungen zu treffen.

Im 2. Akt, der am darauffolgenden Tag in der Weiringschen Wohnung spielt, will Christine gerade zu einem Rendezvous mit Fritz aufbrechen, als die Nachbarin Katharina Binder kommt und kritische Andeutungen über Christines Unvorsichtigkeit in Liebesdingen macht, die sie im Gespräch mit Christines Vater weiter ausführt. Der liberale Weiring, der es bereut, seiner kürzlich verstorbenen Schwester jede Art von Glück durch allzu starke Fürsorge versagt zu haben, wünscht sich für seine Tochter hingegen keine Versorgungsehe, sondern einige schöne Erlebnisse voll Glück und Liebe zum späteren Erinnern. Als die von Fritz scheinbar versetzte Christine enttäuscht zurückkommt, trifft sie zu Hause auf Mizi, die sie als naiv kritisiert. Zuletzt erscheint Fritz zur großen Erleichterung Christinens doch noch, die sich ahnungslos über sein plötzliches Interesse an ihrem Leben und seine Zugewandtheit freut, während es ihm am Vorabend seines Duells und unter dem Eindruck eines nicht unwahrscheinlichen nahen Todes plötzlich scheint, »daß hier mein Glück wäre, daß dieses süße Mädel – *er unterbricht sich* aber diese Stunde ist eine große Lügnerin ...« (ebd., 74).

Im 3. Akt, der drei Tage später am selben Ort spielt, wartet Christine beunruhigt auf Nachricht von Fritz, den sie verreist wähnt. Der alte Weiring, dem Christine zwischenzeitlich ihre Liebe zu Fritz gestanden hat, holt heimlich Erkundigungen ein und erfährt, dass Fritz im Duell um die andere Frau gefallen ist. Zu Hause versucht er aus Besorgnis um die Tochter, ihr die Nachricht zu verschweigen und ihr stattdessen einzureden, dass es ohnehin kein rechtes Glück gewesen sei und ihre Zukunft noch viel Besseres für sie bereithalte (vgl. ebd., 82 f.). Derart durch das sonderbare Verhalten des Vaters alarmiert, will Christine sofort zu Fritz' Haus, als Mizi mit Theodor erscheint, der ihr zögernd von Fritz' Tod und dessen Hintergründen berichtet. Ist die Nachricht vom Tod des Geliebten für Christine schon schwer zu ertragen, verstärkt sich ihr Schmerz durch die Erkenntnis, Fritz nicht dasselbe gewesen zu sein wie er ihr (»Auch von mir hat er gesprochen! Auch von mir! Und von was denn noch? Von wie viel andern Leuten, von wie viel anderen Sachen, die ihm grad so viel gewesen sind wie ich?«; ebd., 87). Angesichts der Tatsache, dass die Beerdigung bereits im allerengsten Kreis stattgefunden hat (»Nur die nächsten –! Und ich –? Was bin denn ich?...«; ebd., 89) sowie der Aussicht auf eine Zukunft, in der sie den Schmerz verwunden haben würde (»Und in einem Monat ganz getröstet, wie? – Und in einem halben Jahr kann ich wieder lachen, was –? *Auflachend* Und wann kommt denn der nächste Liebhaber?...«; ebd., 89 f.), stürzt sie mit starrem Blick aus der Wohnung und lässt ihren weinenden Vater allein zurück. Nach dessen den Selbstmord der Tochter andeutenden Worten »Sie kommt nicht wieder – sie kommt nicht wieder!« (ebd., 90) fällt der Vorhang.

Deutung

Das aus damaliger Sicht offensichtliche Skandalpotential des Stückes, das etwa gleich zu Beginn des 1. Aktes im Zusammentreffen der beiden Paare in Fritz' Wohnung steckt und durchaus zum Abbruch der Uraufführung hätte führen können, ist aus heutiger Perspektive schwer nachvollziehbar. Was das Stück damals auf Anhieb ›modern‹ erscheinen ließ, veranschaulicht etwa folgende Erinnerung Olga Schnitzlers, die *Liebelei* als junges Mädchen auf der vierten Galerie des Burgtheaters gesehen hatte: »Da standen sie nicht wie sonst auf der Bühne in einer heroischen Dekoration, in farbigem Kostüm, große Verse rollend, nein, ein junges Mädchen aus dem Volk klagte im wienerischen Dialekt ihre Liebe und ihre Verzweiflung, einfache Menschen, nah und vertraut, waren in die Sphäre der Dichtung gehoben worden« (Schnitzler 1962, 17).

Die gattungsgeschichtliche Einordnung des von Schnitzler als »Schauspiel« klassifizierten Stücks sieht die Forschung im Spannungsfeld zwischen einem »Sittenstück der Jahrhundertwende« (Scheffel in LBL, 101) und einem »Volksstück, gesättigt mit Lokalkolorit« (Alewyn 1960, 164), in dem »Einflüsse

1.1.1 Mehraktige Dramen

des naturalistischen Dramas« in »Dialogführung und Milieuzeichnung« spürbar würden (Fritz 1982, 304). Vor allem die Vater-Tochter-Beziehung zwischen dem Violinspieler Weiring und Christine motivieren darüber hinaus immer wieder Vergleiche mit Bürgerlichen Trauerspielen wie Schillers *Kabale und Liebe*, Hebbels *Maria Magdalena* oder Lessings *Emilia Galotti* (Scheffel in LBL, 105). Jedoch zeigt sich gerade in der ungewöhnlich liberalen Geisteshaltung Weirings das Moderne des Stückes, indem er sich nicht als Bewahrer der bürgerlichen Familienehre versteht, sondern der Tochter die Beziehung zu Fritz gönnt, »weil Glück und Lebensfreude in der Erinnerung die einzige Substanz in der tristen Alltäglichkeit des bürgerlichen Lebens ist« (Geissler 1982, 91).

Christine dagegen wird von der Forschung übereinstimmend als junge Frau charakterisiert, die sich im Gegensatz zu ihrer Antagonistin Mizi mit ihrer »gefühlsresistenten Gratwanderung zwischen Prostitution und erotischer Selbstbestimmung« (Martin 2007, 54) »konsequent der ihr zugedachten Rolle als ›süßes Mädel‹ verweigert« (Scheffel in LBL, 103–104) und sich vielmehr durch ihren absoluten »Gefühlsanspruch und ihre Kompromißlosigkeit auszeichnet« (Fritz 1982, 314), aus denen heraus sie sich den »Spielregeln der erotischen Ökonomie« (Fliedl 2005, 84) widersetzt und auf ihrem »Recht der tieferen Zuneigung« (ebd.) beharrt.

Dem gegenüber steht Fritz Lobheimers »dekadente Haltung […], welche die innere Leere durch pathetische Momente auszufüllen sucht« (Martin 2007, 53). Mit seiner impressionistischen Inkonsistenz und der für die Jahrhundertwende charakteristischen »Skepsis gegenüber aller Kontinuität und Dauer« (Scheffel in LBL, 108) verkörpert Fritz inmitten von epochetypischen und zugleich überholt wirkenden Gesellschaftskonventionen wie Ständeklauseln, Ehre und Duell einen modernen Gegenentwurf zu Christines beinahe schon anachronistisch anmutendem absoluten Ich. Hierin liegt nach allgemeiner Einschätzung der innere Grund für das Scheitern ihrer Liebe. Denn während Mizi und Theodor in ihrer vergnügungssüchtig-oberflächlichen Haltung einander durchaus ebenbürtige Partner sind, die dieselben Erwartungen an die von vornherein zum Enden bestimmte Beziehung richten, stehen Christine und Fritz sowohl der Standesunterschied als auch das gefährliche Verhältnis, das schließlich zu Fritz' Tod führen wird, nur vordergründig im Wege – es sind vielmehr charakterliche Eigenschaften, die sie unüberwindbar trennen.

Während Christine ihre Gefühle aufrichtig bekennt und ihr bescheidenes Leben bereitwillig für Fritz öffnet, verbirgt Fritz das seine hinter unverbindlichen Plattitüden und entzieht sich jeder eindeutigen Gefühlspositionierung. Dass Christine, die sich mit klarem Verstand weder Hoffnung auf Fritz' ewige Liebe zu ihr geschweige denn auf eine Ehe macht, dennoch den Grad dieser Diskrepanz nicht früher erkennt, wird ihr am Ende des Stückes zum Verhängnis. Der Auslöser für ihren voraussichtlichen Selbstmord ist nicht etwa der Verlust des Geliebten, sondern vielmehr die schmerzhafte Erkenntnis, ihm noch weniger gewesen zu sein, als sie ohnehin schon befürchtet hatte (»Was bin denn ich?«; LBL 89) sowie »die Ahnung der Wiederholbarkeit des Unwiederholbaren« (Alewyn 1960, 165), d.h. die Aussicht auf eine Zukunft, in der sich voraussichtlich erweisen wird, dass ihre vermeintlich absolute Liebe zu Fritz der Zeit und neuen Begegnungen nicht wird standhalten können (»Und wann kommt der nächste Liebhaber?«; LBL 90). Indem sich Christine dieser vorhersehbaren Entwicklung durch Selbstmord entzieht, bleibt sie sich selbst treu und kommt damit dem Problem einer drohenden Identitätskrise zuvor – ein Thema, das die Autoren der Wiener Moderne, allen voran Schnitzler, ihrerseits in den Blickpunkt ihres literarischen Schaffens rückten.

Literatur

Alewyn, Richard: Nachwort. In: A. S.: *Reigen. Zehn Dialoge – Liebelei. Schauspiel in drei Akten*. Frankfurt a. M. 1960, 163–168.

Fliedl, Konstanze: *A. S.* Stuttgart 2005.

Fritz, Axel: Vor den Vätern sterben die Töchter. S.s *Liebelei* und die Tradition des bürgerlichen Trauerspiels. In: TuK 10 (1982), 303–318.

Geissler, Rolf: *Arbeit am literarischen Kanon. Perspektiven der Bürgerlichkeit*. Paderborn 1982.

Janz, Rolf-Peter/Laermann, Klaus: *A. S. Zur Diagnose des Wiener Bürgertums im Fin de siècle*. Stuttgart 1977.

Jung, Werner: »Das süße Mädel«. Frauendarstellungen bei A. S. In: *Orbis Linguarum* 11 (1999), 33–40.

Kotani, Kazuo: Liebelei in der Wiener Jahrhundertwende: über ›das süße Mädel‹ von A. S. In: *Forschungsberichte zur Germanistik* 41 (1999), 123–144.

Martin, Dieter: Liebelei. Das Scheitern des arrangierten Lebens. In: Hee-Ju Kim/Günter Saße (Hg.): *Interpretationen A. S. Dramen und Erzählungen*. Stuttgart 2007, 46–55.

Scheffel, Michael: Nachwort. In: LBL, 100–111.

Scheible, Hartmut: *A. S. mit Selbstzeugnissen und Bilddokumenten*. Reinbek bei Hamburg ⁹1994.

Schnitzler, Arthur: Liebelei. Erstes Bild. In: Richard Specht (Hg.): *Widmungen zur Feier des siebzigsten Geburtstages Ferdinand von Saars*. Wien 1903, 175–196.

Schnitzler, Arthur: *Liebelei. Historisch-kritisches Ausgabe.* Hg. v. Peter M. Braunwarth/Gerhard Hubmann/Isabella Schwentner. Berlin/Boston 2014.

Schnitzler, Arthur/Waissnix, Olga: *Liebe, die starb vor der Zeit. Ein Briefwechsel.* Mit einem Vorwort v. Hans Weigel. Wien u. a. 1970.

Schnitzler, Olga: *Spiegelbild der Freundschaft.* Salzburg 1962.

Speidel, Ludwig: Feuilleton. Burgtheater. »Liebelei«, Schauspiel in drei Aufzügen von A. S. In: *Neue Freie Presse*, 13.10.1895.

Swales, Martin W.: *A. S. A critical study.* Oxford 1971.

Urbach, Reinhard: *A. S.* Hannover 1968.

Urbach, Reinhard: *S.-Kommentar zu den erzählenden Schriften und dramatischen Werken.* München 1974.

Wagner, Renate/Vacha, Brigitte: *Wiener S.-Aufführungen 1891–1970.* München 1971.

Vivien Friedrich

Freiwild. Schauspiel in drei Akten (1896)

Entstehung

Im November 1894 beginnt Schnitzler mit der Arbeit am dreiaktigen Schauspiel *Freiwild*. Zunächst denkt er dabei nicht an eine Aufführung und äußert in seinem Tagebuch ein tendenzielles Desinteresse am Inhalt des Dramas (vgl. Tb, 9.4.1896). Mit einer frühen Fassung, beendet am 5. Juni 1896, ist er sehr unzufrieden und arbeitet daher in den folgenden Wochen immer wieder sporadisch an dem Stück. Erst als er Anfang August 1896 von Otto Brahm eine baldige Aufführung in Aussicht gestellt bekommt, überarbeitet er mit Hochdruck den Text. In zahlreichen Briefen an Marie Reinhard (im Nachlass, vgl. Lindgren 2002, 147–149) reflektiert er die verschiedenen Veränderungen in dieser hektischen Arbeitsphase und äußert dabei mehrfach Selbstkritik. Trotzdem schließt er den Text noch im August 1896 ab. Auf einige von Brahm formulierte Einwände reagiert er im September 1896 in ausführlichen Briefen, verweigert aber grundlegende Änderungswünsche mit Argumenten, die seine »künstlerische Überzeugung« (Brahm-Bw, 24) hinsichtlich der zentralen Aussagen des Stückes aufzeigen, die er nicht aufzugeben bereit ist. Brahm hatte einen völlig anderen Schluss angeregt, aus dem der Protagonist als »Sieger« und nicht als »Gefallener« (ebd., 20) hervorgehen sollte, um das Publikum nicht zu enttäuschen.

Uraufführung

Am 3. November 1896 erfolgt die Uraufführung von *Freiwild* am Deutschen Theater in Berlin. Zunächst tendenziell wohlwollend aufgenommen, wird das Stück dennoch schon bald wieder abgesetzt. Nach Aufführungen in Breslau, Gmünden und Prag folgt die Wiener Erstaufführung am 4. Februar 1898 am Carltheater und ruft u. a. antisemitische Hetzreaktionen hervor. Von einem »Machwerk« ist die Rede, die Hauptfigur Paul Rönning sei die »Ausgeburt einer total verkrüppelten Phantasie und Moral«, durch das Drama wehe »ein Geist läppischer Unmännlichkeit, ein Parfum von Niedrigkeit, ein Gestank von Erbärmlichkeit und Feigheit« (Victor Silberer in der *Allgemeinen Sport-Zeitung* vom 13.2.1898, zit. n. Urbach 1974, 157 f.; vgl. ausführlicher zur Kritik Butzko 1991, 41–49). Nach sieben Vorstellungen wird »auf einen Wink von oben« (an Georg Brandes, 27.3.1898; Br I, 348) das Stück vom Spielplan gestri-

1.1.1 Mehraktige Dramen

chen. Einige Jahre später, ab dem 28. Januar 1905, nimmt das Deutsche Volkstheater in Wien das Drama wieder auf und führt es zu einem Erfolg (vgl. ausführlicher Wagner/Vacha 1971, 97 f.). Gedruckt erscheint der Text bei S. Fischer 1898, eine zweite Fassung publiziert Schnitzler 1902 mit einem leicht veränderten zweiten Akt (vgl. zu den Änderungen Urbach 1974, 155–157).

Inhalt

Die Handlung des Schauspiels ist im Monat Juli an einem Badeort in der Nähe von Wien situiert, gegen Ende des 19. Jahrhunderts. Der erste Akt spielt in unmittelbarer Nähe eines kleinen Sommertheaters. Militärangehörige sowie Theaterangestellte und andere Zivilisten flanieren und parlieren. In den Gesprächen wird deutlich, dass die Schauspielerin Anna Riedel sehr begehrt ist und sowohl vom verschuldeten Oberleutnant Karinski als auch vom wohlhabenden, erst kürzlich von einer Krankheit genesenen Millionär Paul Rönning, der keinem Beruf nachgeht, umgarnt wird. Doch während Karinski lediglich auf ein sexuelles Abenteuer aus ist, möchte Paul die Schauspielerin aus ihrer unterbezahlten Anstellung und der vom Theaterdirektor verlangten Notwendigkeit der Anbiederung an das männliche Publikum befreien. Zwischen Karinski und Paul kommt es schließlich zum offenen Streit, bei dem der Zivilist den Oberleutnant in aller Öffentlichkeit ohrfeigt. Im zweiten Akt, der sich in Pauls Wohnung zuträgt, berichtet er seinem Arzt Wellner und seinem angeblichen Freund Poldi, dass er Karinskis unvermeidliche Aufforderung zum Duell abgelehnt habe. Er will sich dem militärischen Ehrenkodex nicht unterwerfen. Poldi bricht daraufhin die Beziehung zu Paul ab. Um Karinski zumindest vermeintlich die Ehre zu retten, schlägt Oberleutnant Rohnstedt ein Scheinduell vor, was Paul jedoch entrüstet ablehnt. Obwohl sich für Paul aus dieser vertrackten Lage eine gefährliche Situation ergibt, da er nach einer entsprechenden Drohung von Rohnstedt damit rechnen muss, dass Karinski ihn auch ohne Duell zur Verantwortung ziehen wird, entscheidet er, nicht abzureisen. Im dritten Akt, der wieder im Umfeld des Theaters situiert ist, beschließt Karinski die Angelegenheit zu einem Ende zu bringen, um seine Ehre wiederherzustellen. Anna möchte gemeinsam mit Paul fliehen, doch der Millionär ist nicht gewillt, der Bedrohung durch den Oberleutnant zu entkommen. Die beiden Kontrahenten begegnen sich erneut, und es kommt zum tragischen Ende, als Karinski Paul auf offener Straße erschießt.

Deutung

Das Stück verhandelt zwei unterschiedliche Themenkomplexe, die durch die Figur der Anna miteinander verknüpft werden (vgl. Korte 2001, 517): ›Freiwild‹ sind zum einen Schauspielerinnen, die sich aufgrund ihrer niedrigen Gagen zur »Theaterprostitution« (Fliedl 2005, 80) genötigt sehen. ›Freiwild‹ sind zum anderen Zivilisten, die sich aus gesellschaftlichen Zwängen heraus einem militärischen Ehrenkodex zu unterwerfen haben, bzw. mit (tödlichen) Konsequenzen rechnen müssen, wenn sie sich diesem verweigern. Der letztere Themenkomplex ist deutlich dominanter – sowohl im Werk selbst als auch in der zeitgenössischen und wissenschaftlichen Rezeption des Dramas. Die Forschung versteht das Schauspiel in diesem Zusammenhang daher überwiegend als Thesenstück (vgl. Laermann 1976, 139; Perlmann 1987, 65; Scheible 1976, 51).

Schnitzler selbst hat sich in Briefen an Otto Brahm und in seiner Antwort auf eine *Rundfrage über das Duell* ausführlich zu der zugrunde liegenden ›These‹ geäußert. Hinsichtlich seiner Ablehnung, den Schluss dahingehend zu ändern, dass Paul überleben soll, äußert er in einer Antwort an Brahm vom 30. September 1896: »Daß der Vertreter rein menschlicher Anschauungen gegenüber dem Vertreter beschränkter oder herrschender Anschauungen unterliegt, ist ein notwendiger und darum tragischer Abschluß« (Brahm-Bw, 23). Paul Rönning ist für den Autor ein »Märtyrer« (ebd., 22), die Zuschauer des Schauspiels sollen mit der Empfindung »so stehen die Dinge heute« (ebd., 23) das Theater verlassen. Dabei geht es Schnitzler »nicht um das Duell, sondern um den Duellzwang« (AB, 322). Er kritisiert den gesellschaftlichen Vorwurf der Feigheit gegenüber Zivilisten, die sich einem Duell nicht stellen möchten (vgl. ebd.). Im Stück verkörpert die Figur Poldi diese Haltung. In seinem Beharren auf dem Ehrenkodex verhält er sich militärischer als Angehörige des Militärs (vgl. Scheible 1976, 51). Inwiefern Schnitzler die in dem Drama zur Schau gestellte Kritik als Überzeugung verinnerlicht hatte, wird wenige Jahre nach Abschluss von *Freiwild* deutlich, als er selbst im Rahmen der Kontroverse um *Lieutenant Gustl* dem Duellzwang nicht nachgibt (vgl. Laermann 1977, 138 f.).

Der Aspekt der Ehre ist zentral für das Drama. Die verletzte Ehre von Anna ist der Ursprung des

Streits zwischen dem Zivilisten und dem Oberleutnant. Die Diskrepanz zwischen dem, was der Begriff Ehre eigentlich zum Ausdruck bringt und dem Charakter sowie dem Verhalten Karinskis ist eklatant. Paul echauffiert sich über dieses seiner Meinung nach falsche Verständnis von Ehre, die Menschen nicht aufgrund ihres Verhaltens, sondern nur aufgrund ihres Status in der Gesellschaft zugesprochen wird: »[S]o hättet ihr alle gestern diesen Menschen von unserem Tische wegjagen müssen und ihn für ehrlos erklären – nicht mich, weil ich mich nicht mit ihm schlage« (DW I, 302). Paul verweigert der Gesellschaft das Recht, ihm Ehre abzusprechen, nur weil er sich dem Duell verweigert: »Ist denn meine Ehre in jedermanns Hand, dem es gerade Spaß macht, sie anzugreifen?« (ebd., 300).

In der Forschung umstritten ist die Frage, wie Pauls Verhalten einzuordnen ist, Karinski nicht aus dem Weg zu gehen, sondern eine Konfrontation geradezu heraufzubeschwören. So argumentiert Perlmann (1987, 66), Paul würde sich nur vor der Verfolgung durch Karinski schützen wollen. Laermann (1976, 142) und Scheible (1976, 53) jedoch sehen in der Fluchtverweigerung des Millionärs dessen Glaubwürdigkeit unterlaufen, da er sich genau derjenigen Haltung unterwerfe, gegen die er ursprünglich angetreten sei. Der Text scheint letztere Position zu bestätigen: Äußert Paul zunächst, dass er sich im Falle eines Duells diesem nur stellen würde, um bei seinen Freunden »nicht als feig zu gelten« (DW I, 303), entschließt er sich nach Rohnstedts Drohung letztlich zu bleiben, weil nunmehr er selbst seine Ehre verletzt sieht: »Man hat es gewagt, mir zu drohen, Anna! – Siehst du ein, daß ich bleiben muß?« (ebd., 323; vgl. auch Lukas 1996, 135–139). Anna versteht den Sinneswandel nicht, und obwohl sie im Disput mit Paul seine frühere Argumentation übernimmt, scheitert sie daran, seinen unnötigen Tod abzuwenden.

Literatur

Butzko, Ellen: *A. S. und die zeitgenössische Theaterkritik.* Frankfurt a. M. u. a. 1991.
Fliedl, Konstanze: *A. S.* Stuttgart 2005.
Korte, Hermann: Nachwort. In: A. S.: *Der einsame Weg. Zeitstücke 1891–1908.* Frankfurt a. M. 2001, 513–522.
Laermann, Klaus: Zur Sozialgeschichte des Duells. In: Rolf-Peter Janz/Klaus Laermann: *A. S. Zur Diagnose des Wiener Bürgertums im Fin de siècle.* Stuttgart 1977, 131–154.
Lindgren, Irène: *»Seh'n Sie, das Berühmtwerden ist doch nicht so leicht!« A. S. über sein literarisches Schaffen.* Frankfurt a. M. u. a. 2002.
Lukas, Wolfgang: *Das Selbst und das Fremde. Epochale Lebenskrisen und ihre Lösung im Werk A. S.s.* München 1996.
Perlmann, Michaela L.: *A. S.* Stuttgart 1987.
Scheible, Hartmut: *A. S. mit Selbstzeugnissen und Bilddokumenten.* Reinbek bei Hamburg 1976.
Wagner, Renate/Vacha, Brigitte: *Wiener Schnitzler-Aufführungen 1891–1970.* München 1971.
Urbach, Reinhard: *S.-Kommentar zu den erzählenden Schriften und dramatischen Werken.* München 1974.

Dominik Orth

Das Vermächtnis. Schauspiel in drei Akten (1898)

Entstehung

Ende Juni 1897 reist Arthur Schnitzler zur Erholung nach Ischl – und entflieht damit vorübergehend dem gesellschaftlichen wie familiären Erwartungsdruck, der seit der Schwangerschaft seiner Geliebten Marie ›Mizi‹ Reinhard verstärkt auf ihm lastet. Kaum in Ischl angekommen, vermerkt Schnitzler in seinem Tagebuch bereits die Entstehung eines neuen Stückes: »[...] ›Kind‹, ein 3 a. Schauspiel skizzirt« (Tb, 26.6.1897). In den folgenden Wochen schreitet die Arbeit am neuen Projekt zügig voran, auch der zweite Akt wird in Ischl begonnen, wo Schnitzler sich fast einen Monat lang aufhält. Seinen finalen Namen, *Das Vermächtnis*, wird das vorerst mit »Kind« betitelte Stück allerdings erst Monate später erhalten. Schnitzlers anfänglicher Optimismus beim Schreiben weicht bald, wie etwa ein Brief an Hofmannsthal verrät (8.7.1897; Br I, 334f.), ersten Selbstzweifeln, die das Drama bis über seine Veröffentlichung und Uraufführung hinaus konstant begleiten werden. Auch nach der vorläufigen Fertigstellung (Tb, 15.8.1897) bleiben Schnitzlers Zweifel an der dramatischen Qualität seines jüngsten Werkes bestehen: Als »verschlamptes Stück mit schönen Einzelheiten« liest er es wenige Wochen später wieder (ebd., 2.10.1897). Zeitgleich zur Entstehung des Stückes sucht Schnitzler einen persönlichen Schicksalsschlag zu verarbeiten: Marie Reinhard bringt das gemeinsame Kind im September 1897 tot zur Welt.

Das frühe Interesse, welches sowohl Otto Brahm, Leiter des Deutschen Theaters in Berlin, und Max Burckhard vom Wiener Burgtheater am neuen Stück signalisieren, ändert nichts an Schnitzlers Unzufriedenheit mit der eigenen Leistung, insbesondere mit dem zweiten Akt, den er in den folgenden Wochen erneut zu überarbeiten sucht. Der Tagebucheintrag

1.1.1 Mehraktige Dramen

vom 25. Dezember 1897 – »Ziemlich endgiltig ›Vermächtnis‹ abgeschlossen« – täuscht, tatsächlich kommt es in den folgenden Tagen und Wochen zu weiteren Korrekturversuchen, auch weil Lesungen im Kreis der Jung Wiener zeigen, dass allein der erste Akt des Stückes zu überzeugen vermag. Im Januar 1898 schließlich sendet Schnitzler *Das Vermächtnis* zunächst an Burckhard, dann an Brahm. Während Ersterer, so wird Schnitzler zugetragen, sich »sehr günstig« über das Stück äußert (ebd., 6.1.1898), erreicht ihn Ende Januar aus Berlin »ein kühler Annahmebrief« (ebd., 30.1.1898).

Zu einer Aufführung unter Burckhard kommt es jedoch nicht, da im Februar 1898 ein aufsehenerregender Wechsel der Intendanz am Burgtheater erfolgt: Burckhard wird, zum Missfallen zahlreicher Autoren und Zuschauer, durch Paul Schlenther ersetzt, einem der Gründungmitglieder der Berliner Freien Bühne. Obgleich Schlenther, auf die Publikumswirksamkeit der Dramen Schnitzlers setzend, zunächst den Wunsch äußert, seine Intendanz mit einer Schnitzler-Premiere zu beginnen, verschiebt er die Aufführung des *Vermächtnis* auf die kommende Saison. Er wolle, so teilt er dem Autor selbst mit, seine Intendanz »nicht mit einem Stück anfangen, wo sozusagen die freie Liebe verherrlicht wird« (Tb, 13.2.1898). Damit beginnt eine durchweg problematische Beziehung zwischen Schnitzler und Schlenther, die auch in den folgenden Jahren von »unerfüllten Versprechen, unmotivierten Absagen und lautstarken Affären« geprägt ist (vgl. Wagner/Vacha 1971, 28). Schnitzler fühlt sich von Schlenther hingehalten und interpretiert dessen Zögern als opportune Verbeugung vor einem konservativen Publikumsgeschmack und überholten Theaterkonventionen. Das Recht der Uraufführung zumindest tritt Schlenther an Otto Brahm und das Deutsche Theater in Berlin ab, wo am 3. Oktober 1898 die Proben beginnen.

Uraufführung

Die Berliner Proben, denen Schnitzler beiwohnt, konfrontieren ihn erneut mit den Unzulänglichkeiten des Stückes, insbesondere im Hinblick auf die dramatische Qualität seiner weiblichen Hauptfigur Toni. »Edles, aber langweiliges Stück«, lautet Schnitzlers strenges Urteil in einem Brief an Marie Reinhard, »der Eindruck bleibt, daß Toni eine nichtssagende Figur ist und das Stück nicht gesund wird, bevor sie abfährt« (3.10.1898; Br I, 354). Noch immer arbeitet er Änderungen in den zweiten Akt ein und gesteht gar vier Tage vor der Uraufführung, dass ihm *Das Vermächtnis* eigentlich als ganz neues Stück, als Fünfakter nämlich vorschwebe (an Marie Reinhard, 4.10.1898; ebd., 356). Die Selbstkritik verdichtet sich endgültig, als Schnitzler am 7.10.1898 der Generalprobe beiwohnt: »So betrügerisch kommt man sich vor, wenn man selbst so genau weiß, wo's fehlt und im Stillen darauf hofft, daß man die andern doch anschwindeln könnte« (an Marie Reinhard, 7.10.1898; ebd., 358).

Wider Erwarten verläuft die Uraufführung am 8. Oktober 1898 erfolgreich, der Autor wird vom Publikum gefeiert, die Kritiken am Tag darauf fallen, so zumindest will Schnitzler glauben, »recht günstig« (Tb, 9.10.1898) aus. Freilich klagt der Autor schon einen Tag später über den deutlichen Zuschauerverlust im Rahmen der zweiten Aufführung und die »geringe Nachhaltigkeit des gestrigen Erfolges« (an Marie Reinhard, 10.10.1898; Br I, 360). Tatsächlich hält *Das Vermächtnis* in Berlin nicht, was der Erfolg der Uraufführung verspricht: Nach nur sechs Wiederholungen wird das Stück abgesetzt. Stellvertretend für die Kritik bemängeln Maximilian Harden und Rudolf Steiner in ihren Rezensionen die konstruierte Handlung, die zahlreichen Zufälle und Schicksalsschläge, die, so urteilt etwa Harden, im Ganzen »ein romantisches Trauerspiel mit der Technik des Realismus« ausstatten und daraus ein »Melodram« entstehen lassen würden – »eine unlogische Tragödie« (Harden 1898, 136). Während Steiner zudem die fehlende psychologische Tiefe sämtlicher Figuren beklagt (Steiner 1898, 290 f.), zielt die Kritik Erich Schlaikjers im *Kunstwart* auf die von Schnitzler selbst mehrfach in Frage gestellte Figur der Toni, die, so Schlaikjer, über »nichts persönliches« verfüge, »das sie in unserer Erinnerung halten lässt« (Schlaikjer 1898, 103).

Auch die Wiener Aufführung des Stückes, das am 30. November 1898 am Burgtheater Premiere feiert, sorgt für keinen nachhaltigen Bühnenerfolg – hier wird *Das Vermächtnis* nach zehn Vorstellungen abgesetzt und von den Kritikern im Ganzen ambivalent bewertet: Während man die Glaubwürdigkeit der Figuren durchaus lobt, wird die »Konstruktion« des Stückes erneut bemängelt (Wagner/Vacha 1971, 30). Bemerkenswert ist die Wiener Premiere lediglich insofern, als sie mit dem skandalträchtigen Abschied Adele Sandrocks aus dem Burgtheater-Ensemble verknüpft ist: Mit ihrer Weigerung, die Mutterrolle der Emmy Winter in Schnitzlers Stück zu übernehmen, liefert sie Paul Schlenther endgültig einen Grund, den ehemaligen Star des Hauses nach diversen Auseinandersetzungen fristlos zu entlassen.

Inhalt

Der Blick auf den Inhalt der Bühnenhandlung illustriert den Vorwurf, diese sei zu ›konstruiert‹ – so wird jeder Akt von einem Todesfall beschlossen, der nicht immer aus der Logik der Handlung zu erklären ist. Zu Beginn des ersten Aktes führt das Stück zunächst in die Familienverhältnisse der Professorenfamilie Losatti ein: Der liberale Abgeordnete und Professor der Volkswirtschaftslehre Adolf Losatti lebt gemeinsam mit seiner Frau Betty und den Kindern Hugo (26), Franziska (20) und Lulu (13) in wohlhabenden Verhältnissen. Regelmäßige Gäste der Familie sind Emma, die verwitwete Schwägerin Bettys, sowie deren siebzehnjährige Tochter Agnes, die leidenschaftlich in ihren Vetter Hugo, den allseits »Beliebten« (DW I, 398) verliebt ist. Gern gesehener Freund des Hauses ist außerdem Dr. Ferdinand Schmidt, ein ehrgeiziger, dabei äußerst konservativer junger Arzt aus ursprünglich bescheidenen Verhältnissen, der sich nun, als sozialer Aufsteiger, Hoffnungen auf eine Verbindung mit der ältesten Tochter des Hauses macht. Der insgesamt harmonische Familienalltag wird zutiefst erschüttert, als sich Hugo bei einem Reitunfall schwer verletzt und die Eltern auf dem Sterbebett mit seinem letzten Willen konfrontiert: seine heimliche Geliebte Toni und ihr gemeinsames Kind, den vierjährigen Franz, nach seinem Tod im Elternhaus und damit in den Kreis der Familie aufzunehmen. Trotz großer Sorgen um die Reputation des Hauses willigen die Eltern aus Liebe zu ihrem Sohn schließlich ein und führen Toni und Franz noch ans Sterbebett, unmittelbar bevor Hugo am Ende des ersten Aktes verstirbt.

Der zweite Akt zeigt, wie sich die Familie mit der neuen Situation zu arrangieren versucht: Konsequent ablehnend verhält sich allein Ferdinand, der Toni als Repräsentantin einer anderen Welt, »wo die Gesetze nicht gelten, auf denen die Ordnung unseres bürgerlichen Lebens beruht« (ebd., 437), nicht an der Seite seiner Beinahe-Verlobten Franziska wissen will. Auf Drängen der weiblichen Familienmitglieder und dem neuen Enkelsohn zuliebe gibt Adolf Losatti hingegen seine anfängliche Zurückhaltung Toni gegenüber auf und heißt sie am Ende des zweiten Aktes gar als »Vater« (ebd., 444) willkommen. Dann jedoch, im Übergang vom zweiten zum dritten Akt, passiert das Unerwartete – das Kind, der kleine Franz, stirbt und sorgt damit für eine vollkommen veränderte Ausgangssituation. Mit dem Tod des Enkelkinds scheint für Adolf Losatti kein Grund mehr gegeben, weiterhin für Toni zu sorgen – zum Missfallen seiner Tochter Franziska und der Schwägerin Emma, die beide in ihrem Mitleid jedoch passiv bleiben und den kaltherzigen Verstoß Tonis aus der familiären Gemeinschaft nicht verhindern. Ausgerechnet Ferdinand bleibt es überlassen, Toni den Entschluss der Familie mitzuteilen sowie ihr gleichzeitig eine materielle Versorgung in Aussicht zu stellen – und sie damit endgültig zur Dirne, eben einem hübschen »Ding, dem alles gleichgültig ist, was anständige Menschen Pflicht und Sitte nennen« (ebd., 458), zu degradieren. Als kurz darauf ein Abschiedsbrief Tonis gefunden wird, der ihren Selbstmord nahelegt, kommt jede Hilfe zu spät. »Wir sind feig gewesen, [...] Und hätten einfach gut sein müssen, Mama!« (ebd., 464) lautet der letzte, von Franziska vorgetragene Satz des Stückes, der nicht nur das eigene menschliche Versagen anklagt, sondern darüber hinaus ein zwischenmenschliches Handeln problematisiert, das sich nicht vom Prinzip der Nächstenliebe leiten lässt, sondern an fragwürdige gesellschaftliche Moralvorstellungen gebunden bleibt.

Deutung

Die im Stück angelegte Kritik an restriktiven bürgerlichen Konventionen, welche Frauen im Unterschied zu Männern jenseits der Institution Ehe kein legitimes Existenzmodell einräumen, eint *Das Vermächtnis* zunächst mit anderen sozialkritischen Dramen Schnitzlers der 1890er Jahre. Während über die Figur des jungen Arztes Ferdinand Schmidt die Doppelmoral eines in konventionellen Wertmaßstäben gefangenen ›Aufsteigers‹ aus ärmlichen Verhältnissen kritisch eingefangen wird, macht Adolf Losatti als Mitglied der Freisinnigen Partei und nach eigener Auffassung »liberaler Vater« (DW I, 431) die begrenzte Fortschrittlichkeit eines eben nur an der Oberfläche liberalen Bürgertums sichtbar. Schnitzler selbst hat das Stück früh als lineare Fortführung seiner dramatischen Tätigkeit gewertet und das darin verhandelte Liebeskonzept in das Zentrum der Selbstauslegung gerückt: »Märchen – Liebelei – Kind gerade Linie (Liebe in Hinsicht auf vergangenes, Liebe als absolutes und gegenwärtiges, Liebe in Hinsicht auf zukünftiges) [...]« (Tb, 29.6.1897; vgl. auch Brief an Marie Reinhard, 18.7.1897; Br I, 336).

Dennoch bleibt *Das Vermächtnis* innerhalb der Schnitzler-Forschung vergleichsweise wenig berücksichtigt bzw. stößt dort, wo eine Auseinandersetzung mit ihm stattfindet, auf eher kritische Bewertungen. Die frühen Urteile zeitgenössischer Rezensenten bewahrheiten sich auch mit Blick auf spätere literaturwissenschaftliche Positionen, die den Dreiakter als plakativ ausgestaltetes Thesenstück wahrnehmen. So wird etwa, in Anlehnung an die Kritik Maximilian Hardens, das »melodramatische Mittelmaß« des Stückes bemängelt, das sich zu sehr auf »Effekte aus vorgefertigten Situationen« verlasse (Scheible 1976, 55). Tatsächlich ist die »angestrengte[] Konstellation« des Stückes nicht zu übersehen, da sich seine katastrophale Wendung gerade nicht, im Unterschied etwa zu dem Erfolgsdrama *Liebelei*, als natürliche Konsequenz gegebener gesellschaftlicher Zustände darstellt, sondern aus einer gesellschaftlichen Ausnahmesituation und konstruierten Zufällen heraus begründet wird (Fliedl 2005, 82). Biographisch deuten lässt sich *Das Vermächtnis* womöglich dort, wo der darin thematisierte Normenverstoß, das illegitime Kind als Resultat einer nicht gesellschaftsfähigen Verbindung, mit der Schwangerschaft Marie Reinhards und Schnitzlers Abneigung gegen die Legitimierung ihres Verhältnisses durch eine Ehe gleichgesetzt wird (Perlmann 1987, 66). Überanstrengen lässt sich diese biographische Deutung jedoch keinesfalls: Weniger das Versäumnis Hugos, sein Verhältnis zu Toni und die daraus entstandene Kleinfamilie zu legitimieren, ist durch *Das Vermächtnis* der Kritik ausgesetzt, als vielmehr ein bürgerliches Zwangskorsett, das ein moralisch verantwortungsvolles Handeln nur innerhalb der Grenzen solcher durch die Ehe legitimierten Beziehungen vorsieht. Eine eingehende Analyse des Dramas unternimmt Lukas (1996), der als zentrales Moment eine Substitution von Moral durch Psychologie herausarbeitet: Wird Toni am Anfang aus moralischen Gründen die Integration verweigert, so am Ende aus ganz persönlichen, psychischen, aufgrund der erotischen Rivalität zwichen Agnes und Toni. Das bürgerliche System, so die These, werde im paradoxen Modus seiner impliziten Aufhebung affirmiert (ebd., 53–63, 67–73, 137–139).

Insgesamt bleibt dem Stück ein weitreichender Bühnenerfolg versagt – wie sämtliche der sogenannten »naturalistischen« sozialkritischen Dramen der 1890er Jahre (Fliedl 2005, 78) bleibt es im Schatten von Schnitzlers *Liebelei*. Allein unter Josef Jarno (Direktor des Theaters in der Josefstadt, 1899–1923) kommt es in den ersten beiden Jahrzehnten des 20. Jahrhunderts zu mehrfachen Aufführungen mit Johanna ›Hansi‹ Niese in ihrer Paraderolle der Toni Weber (Wagner/Vacha 1971, 139).

Literatur

Fliedl, Konstanze: *A. S.* Stuttgart 2005.
Harden, Maximilian: Das Vermächtnis. In: *Die Zukunft* 7. Bd. 25. Berlin 1898, 133–136.
Lukas, Wolfgang: *Das Selbst und das Fremde. Epochale Lebenskrisen und ihre Lösung im Werk A. S.s.* München 1996.
Perlmann, Michaela L.: *A. S.* Stuttgart 1987.
Scheible, Hartmut: *A. S. mit Selbstzeugnissen und Bilddokumenten.* Reinbek bei Hamburg [12]2000.
Schlaikjer, Erich: Besprechung von »Das Vermächtnis«. In: *Der Kunstwart* 12 (1898), H. 1, 103 f.
Steiner, Rudolf: »Das Vermächtnis«. Schauspiel in drei Akten von A. S. In: *Magazin für Literatur* 67 (1898), H. 41, 289–291.
Wagner, Renate/Vacha, Brigitte: *Wiener S.-Aufführungen 1891–1970.* München 1971.

Stephanie Catani

Reigen. Zehn Dialoge (1900)

Entstehung und Uraufführung

Den Text des *Reigen* hat Schnitzler nach einem vorher gefassten Plan im Wesentlichen in einem Zeitraum von nur drei Monaten im Winter 1896/97 in einem Zug niedergeschrieben (vgl. Schnitzler 2004, *Ein Liebesreigen. Die Urfassung des Reigen*). Am 23. November 1896 beginnt Schnitzler seinem Tagebuch zufolge mit der Konzeption eines Zyklus, der aus zehn Szenen besteht und später den Titel *Reigen* erhält. Wenige Monate später schon schließt er die Arbeit ab: »›Liebesreigen‹ beendet« (Tb, 24.2.1897). In der folgenden Zeit las er einzelne Szenen verschiedenen Freunden vor (vgl. Tb, 17.3.1897), glaubte aber von Anfang an, dass man das Stück zu dieser Zeit nicht auf einer Bühne aufführen könne. Am 7. Januar 1897 schreibt er in einem Brief an Otto Brahm, er wolle »eine gesunde und freche Komödie schreiben«: »Ich arbeite jetzt übrigens auch zu Zeiten – zehn Dialoge, eine bunte Reihe; aber etwas Unaufführbareres hat es noch nie gegeben« (Brahm-Bw, 30).

Dies betont er auch in einem Brief vom 26. Februar 1897 gegenüber Olga Waissnix: »Geschrieben hab ich den ganzen Winter über nichts als eine Scenenreihe, die vollkommen undruckbar ist, literarisch auch nicht viel heißt, aber, nach ein paar hundert Jahren ausgegraben, einen Theil unsrer Cultur eigentümlich beleuchten würde« (Waissnix-Bw, 317).

Das Manuskript überreichte Schnitzler neben Samuel Fischer auch dem Theaterkritiker Alfred Kerr, der eine große Sympathie für Schnitzler hegte; Kerr schlug eine Änderung des Titels von »Liebesreigen« in *Reigen* vor.

Das Drama erschien 1900 im Privatdruck mit nur 200 Exemplaren, d.h. Schnitzler ließ den *Reigen* – angesichts von Bedenken seines Verlegers S. Fischer – auf eigene Kosten als »unverkäufliches Manuscript« drucken, sodass das Buch öffentlich kaum zugänglich war. Im Vorwort des Druckes bemerkte er dazu: »Ein Erscheinen der nachfolgenden Scenen ist vorläufig ausgeschlossen. Ich habe sie nun als Manuscript in Druck gegeben; denn ich glaube, ihr Wert liegt anderswo als darin, daß ihr Inhalt den geltenden Begriffen nach die Veröffentlichung zu verbieten scheint. Da jedoch Dummheit und böser Wille immer in der Nähe sind, füge ich den ausdrücklichen Wunsch bei, daß meine Freunde, denen ich dieses Manuscript gelegentlich übergeben werde, es durchaus in diesem Sinne behandeln und als ein bescheidenes, ihnen persönlich zugedachtes Geschenk des Verfassers aufnehmen mögen« (zit. n. Schnitzler u. a. 1981, 74). Ab 1903 war das Drama einer breiteren Öffentlichkeit zugänglich. Mit seinem Erscheinen im Wiener Verlag erregte der *Reigen* schon in diesem Jahr großes Aufsehen (Absatz von 14.000 Exemplaren), wie Felix Salten am 7. November 1903 in der *Zeit* (Wien) bestätigt: »Von den Büchern, die Arthur Schnitzler geschrieben hat, ist dem ›Reigen‹ der größte äußere Erfolg zuteil geworden. [...] In acht Monaten hat diese Dialogreihe zehn Auflagen erlebt. Man streitet über dieses Werk, was zur Folge hat, daß immer mehr und mehr Leute danach greifen. [...] Vielleicht ist es sogar eines der frechsten Bücher überhaupt, die in deutscher Sprache geschrieben wurden.«

Im gleichen Jahr wurde das Stück von dem akademisch-dramatischen Verein in München partiell aufgeführt (Szenen IV–VI). Diese Aufführung wurde allerdings zum Schutz vor Zensur und Polizei nur vor geschlossener Gesellschaft präsentiert (und fand hier großen Anklang). Eine erste vollständige und öffentliche Aufführung erlebte das Drama 1920 am Kleinen Schauspielhaus in Berlin. Regie führte Hubert Reusch, den der Direktor Felix Holländer dem Autor vorschlug, nachdem der von Schnitzler ursprünglich für die Regie vorgesehene Max Reinhardt aus nicht mit dem Stück zusammenhängenden Gründen wieder abgesagt hatte. Die Erstaufführung in Berlin löste einen Skandal aus und beschäftigte über eine längere Zeit die Justiz (vgl. Heine 1922, Leise 1971, Marcuse 1962). Schnitzler selber verteidigte sein Werk und wandte sich sich gegen die Vorwürfe, es handle sich um ein »unsittliches Werk« (an Tilla Durieux, 21.2.1921; Br II, 236). Schon vor der Aufführung wurde eine einstweilige Verfügung überbracht, nach der die Aufführung des *Reigen* unter Androhung von sechs Wochen Haft für alle Beteiligten verboten war. Am 3. Januar 1921 wurde diese einstweilige Verfügung wieder aufgehoben, was die Gegner des *Reigen* verstärkt auf den Plan rief. Allen voran agitierte Professor Dr. Emil Brunner vom Wohlfahrts-Ministerium in der Zentralstelle des Berliner Polizeipräsidiums, für das er zu begutachten hatte, »welche Produkte auf allen Gebieten der Kunst und Literatur dem Volke zuträglich und also erlaubt und welche, weil nach seiner Meinung Schmutz und Schund, ihm vorenthalten, verboten oder unter Strafe gestellt werden sollten« (Arnold 1998, 118). Brunner reichte eine Strafanzeige bei der Staatsanwaltschaft ein, weil er schweres Ärgernis an der Aufführung genommen habe und mobilisierte etwa fünfzig Vereine, deren Mitglieder an der Aufführung Anstoß nehmen sollten. Diese Vereine, ein Konglomerat völkisch-antisemitischer, frömmelnd-chauvinistischer und moral-terroristischer Verbände, empörten sich über das »unzüchtige Machwerk des Juden aus Wien« und sprachen, ebenso wie rechtsradikale Zeitschriften, von einer »ungeheuerlichen Schweinerei«, die man dem deutschen Menschen zumute (zit. n. Koebner 1997, 27). Am 5. November 1921 kam es zum Prozess gegen den *Reigen* bzw. die Aufführung des *Reigen*, der man eine nicht-vaterländische Sexualität, eine Zersetzung durch jüdische Sexualität, vorwarf. Was damit gemeint war, wurde nie aufgeklärt. Da aber in Schnitzlers Drama *auf der Bühne* überhaupt nichts Sexuelles dargestellt wurde, mussten alle Angeklagten freigesprochen werden (vgl. Arnold 1998). Auch die erste Wiener Aufführung 1921 in den Kammerspielen verlief tumultartig. Die Reaktionen auf diese Inszenierung des *Reigens* waren unter den Intellektuellen – Alfred Kerr, Karl Kraus oder Joseph Roth – durchaus differenziert, aber die ›Stimme des Volkes‹ erhob sich auch hier in einer eindeutig ›braun gefärbten‹ Tonlage, genauso wie in Berlin. Ein halbes Jahr nach dem Reigen-Prozess erlaubte Schnitzler, der seit je an der Bühnentauglichkeit seines Dramas gezweifelt hatte, keine weiteren Aufführungen seines Stücks, um den Text und die jeweiligen Theaterleute vor den entwürdigenden Anwürfen des antisemitischen Mobs zu schützen. Erst am 1. Januar 1982 hob der Sohn Schnitzlers, Heinrich Schnitzler, dieses Inszenierungsverbot auf. In der Silvesternacht vom 31. Dezember 1981 zum 1. Januar 1982 wurde der

Reigen schließlich an verschiedenen Orten wieder aufgeführt, wie beispielsweise am Baseler Theater.

1998 inszenierte der Dramatiker David Hare den *Reigen* in einer Version für zwei Personen, an der Nicole Kidman und Ian Glare mitwirkten. Uraufgeführt wurde sie im Donmar Warehouse in London. Zwei Jahre später erfolgt eine Inszenierung dieses Stücks in Deutschland, unter Peter Löscher an den Hamburger Kammerspielen. In einer erstmals am 7. März 2009 am Hamburger Thalia Theater aufgeführten Inszenierung des *Reigen* hält sich der Regisseur Michael Thalheimer zwar an Schnitzlers Textvorlage, wandelt die Praxis der Aufführung jedoch radikal ab. Die im Text gestrichelten Linien werden in die Darstellung einbezogen, indem sich die Sprechgeschwindigkeit der umschließenden Dialoge erhöht und die Paare in eine »sexuelle Verklammerung der Körper« (Gutjahr 2009, 42) getrieben werden, aus der sie sich rasch wieder lösen – anders als in vorherigen Aufführungen, in denen der Vorhang in der Mitte der Szene fällt oder sich die Bühne verdunkelt. Zentral für die Wirkungsgeschichte ist überdies, dass der *Reigen* verschiedentlich verfilmt wurde. Aus diesen Verfilmungen ragt Max Ophüls Version heraus, die 1950 unter dem Titel *La Ronde* in die Kinos kam. Ophüls fügt die Figur eines Spielleiters hinzu, die in Schnitzlers Vorlage fehlt, um die Geschehnisse zu koordinieren, und er verleiht dem Stück in seiner Adaption seinen eigenen Stil, der »ganz in dem Wechselspiel von Frivolität und Ernst, Unschuld und Arglist liegt« (Vito Attolini über Ophüls' *La Ronde*, zit. n. Koebner 1997, 86).

Inhalt und Deutung

Tatsächlich handelt es sich bei Schnitzlers *Reigen* um ein ideologisch provokantes Stück – allerdings in einem völlig anderen Sinne, als es die Krawallmacher von Berlin und Wien der Öffentlichkeit seinerzeit hatten weismachen wollen.

Das Drama gliedert sich in zehn Szenen; in jeder von ihnen treten genau ein Mann und eine Frau auf, zwischen denen sich eine erotische Situation anbahnt. Der erste Teil der Szene besteht im *verbalen Vorspiel*, in dem die Partner die Voraussetzungen schaffen, unter denen für sie Sexualität mit dem anderen akzeptabel wird; der *Vollzug des Sexualakts* bleibt im Text eine durch Gedankenstriche signalisierte Leerstelle; ihm folgt ein *verbales Nachspiel*, in dem die Figuren sich über den Status ihrer derzeitigen Beziehung verständigen und erklären, ob sie die Beziehung fortsetzen wollen; nur Szene X weicht von diesem Schema leicht ab. Um einen »Reigen« handelt es sich insofern, als die in der Überschrift der Szene jeweils zweitgenannte Figur in der folgenden Szene die erstgenannte sein wird; jede Figur tritt also in zwei Szenen, aber mit unterschiedlichem Partner, auf:

I. Die Dirne und der Soldat
II. Der Soldat und das Stubenmädchen
III. Das Stubenmädchen und der junge Herr
IV. Der junge Herr und die junge Frau
V. Die junge Frau und der Ehemann
VI. Der Gatte und das süße Mädel
VII. Das süße Mädel und der Dichter
VIII. Der Dichter und die Schauspielerin
IX. Die Schauspielerin und der Graf
X. Der Graf und die Dirne

Vertreten sind Figuren unterschiedlicher sozialer Schichten: bei den Frauen von der Dirne bis zur bürgerlichen Ehefrau, bei den Männern vom Soldaten bis zum Grafen; hinzu kommen noch der Dichter und die Schauspielerin als Vertreter des künstlerischen Milieus. Die Künstler sind – wie auch sonst im Werk Schnitzlers – nicht einer gegebenen sozialen Schicht zuzuordnen; mit welchen Schichten sie über das eigene Milieu hinaus Umgang haben, hängt vom Grad des Erfolges ihrer Tätigkeit ab. In sexuellen Kontakt können dabei Mitglieder ansonsten sozial streng getrennter Schichten treten (besonders deutlich etwa in Szene III, VI, VII, X): Sexualität durchbricht folglich soziale Grenzen. Wie schon die Namenlosigkeit zeigt, sind die Figuren als typische Repräsentanten sozialer Gruppen gemeint, die von den Unterschichten über bürgerliche und künstlerische Milieus bis zum Adel reichen. Das Figurenensemble fungiert damit gewissermaßen als repräsentative Stichprobe aus der Gesamtgesellschaft. Jede Figur hat Beziehungen zu Mitgliedern zweier verschiedener sozialer Gruppen, wobei für die Männer gilt, dass sich mit Anstieg des sozialen Rangs auch das Spektrum möglicher Schichten der Partner ausweitet, während für die Frauen gilt, dass zunehmend höherer Rang das Spektrum möglicher Partner einengt. Die kulturelle Ordnung sozialer Schichten und ihre Grenzen wird also mit der natürlichen Ordnung der grenzüberwindenden Sexualität konfrontiert. In der Kultur um 1900 gilt nun fraglos ein als *theoretisch* verbindlich gesetztes Normensystem, das Sexualität nur in der Ehe, und nicht vor oder außer ihr, zulässt; dieses *theoretisch* verbindliche Normensystem vertritt explizit und eindeutig nur der Ehemann, der gleichsam als dessen Ideologe fungiert, diese Normen aber selbst in der *Praxis* sehr wohl verletzt. Der einzige normkonforme Sexualakt ist der zwischen Ehemann und Ehefrau (V). Das System der Sexualnormen wird also im Text primär vom Bürgertum repräsentiert, während die Vertreter unter- bzw. überbürgerlicher Gruppen – und je weiter sie vom Bürgertum nach ›oben‹ oder ›unten‹ entfernt sind desto deutlicher – sich in ihren erotischen Annäherungen leichter über die Normen hinwegsetzen. Der Text illustriert diese Unterschiede anhand der sprachlichen Gestaltung des verbalen Vor- bzw. Nachspiels. Alle Figuren besitzen das Wissen um die theoretisch verbindlichen Normen und betreiben vor bzw. nach dem Sexualakt jeweils den Versuch, die theoretische Norm mit der praktischen Normverletzung in jeweils schichtspezifischer Weise zu verschleiern. Der sprachlich-ideologische Aufwand, der dabei betrieben werden muss, ist innerhalb von Beziehungen in der Unterschicht am geringsten; er steigt, wenn eine der Figuren dem Bürgertum angehört (vgl. III oder VI); er ist am höchsten bei Beziehungen innerhalb des Bürgertums (vgl. IV und V) oder wenn eine der Figuren dem künstlerischen Milieu entstammt (vgl. VIII und IX). Allemal geht es darum, das dominant sexuelle Interesse zu tarnen und folglich im Vor- bzw. Nachspiel wenigstens ein Minimum emotionaler Zuneigung oder gar ›Liebe‹ zu simulieren, Letzteres am meisten, wenn es sich um innerbürgerliche Beziehungen handelt. Während also bei den Beziehungen zwischen unterbürgerlichen Figuren bzw. mit Beteiligung einer unterbürgerlichen Figur und denen zwischen künstlerischen Figuren oder mit Beteiligung einer künstlerischen Figur die Differenz zwischen normativer Theorie und gelebter Praxis eher minimalisiert wird, ist sie maximal zwischen den bürgerlichen Figuren. Nicht zufällig stehen im Zentrum des Zyklus die Szenen V und VI, an denen jeweils der bürgerliche Ehemann beteiligt ist. Als ›Chefideologe‹ bürgerlicher Sexualmoral postuliert er eine maximale Differenz und Grenze zwischen ›anständigen‹ (Ehe-)Frauen und den ›nicht-anständigen‹ Frauen, die vor- oder außerehelichen Beischlaf betreiben. Er postuliert darüber hinaus eine maximale Differenz zwischen der Geschlechterrolle des Mannes, der ganz selbstverständlich und unvermeidlich voreheliche Sexualität hätte und sich, entgegen der von ihm selbst verkündeten Norm, auch außereheliche Sexualität herausnimmt, und der Rolle der Frau, die nur die Alternative zulässt, entweder heiratbar zu sein, wofür auf vor- wie außereheliche Sexualität zu verzichten ist, oder aber die eine oder andere Form von Sexualität zu haben und damit zwar ein begehrenswertes, aber zu verachtendes temporäres Sexualobjekt zu sein. Der Ehemann hält der Ehefrau einen diesbezüglichen Vortrag: »Der Gatte (*küßt sie auf die Stirn*). Sei froh, mein Kind, daß du nie einen Einblick in diese Verhältnisse erhalten hast. Es sind übrigens meist recht bedauernswerte Wesen – werfen wir keinen Stein auf sie. / Die junge Frau. Bitt dich – dieses Mitleid – Das kommt mir da gar nicht recht angebracht vor. / Der Gatte (*mit schöner Milde*). Sie verdienen es. Ihr, die ihr junge Mädchen aus guter Familie wart, die ruhig unter Obhut euerer Eltern auf den Ehrenmann warten konntet, der euch zur Ehe begehrt; – ihr kennt ja das Elend nicht, das die meisten von diesen armen Geschöpfen der Sünde in die Arme treibt« (REI, 46).

Die bürgerlich akzeptable Frau hat grundsätzlich keinen erotischen Antrieb zu haben, sondern sich, wenn der Gatte einen diesbezüglichen Wunsch hat, ihm hinzugeben und umgekehrt die Phasen seines erotischen Desinteresses klaglos zu ertragen. Folglich gilt im Text auch, dass allein extrem unbürgerliche Frauen, namentlich die Dirne und die Schauspielerin, von sich aus erotisch aktiv werden; alle anderen Frauen haben sich zu zieren und zu simulieren, dass sie möglichst wider Willen männlicher Verführung erliegen. Der erforderliche Grad solcher Simulation ist wiederum schichtspezifisch: Das Stubenmädchen und das süße Mädel müssen hierbei einen wesentlich geringeren Aufwand betreiben als die junge Frau. Gemäß sozialer Rollenverpflichtung fordern die weiblichen Partner teils vor, auf alle Fälle aber nach dem Sexualakt ›Zuneigung‹, ja sogar ›Liebe‹ ein, was ihnen wiederum je nach Schichtzugehörigkeit des Partners in minimalistischer Form (II) oder mit einigem verbalen Aufwand aus dem Inventar der kulturellen Topoi (z. B. IV) zugestanden wird.

Die Gruppe der Künstler beherrscht dieses Inventar natürlich auch, aber sie geht damit deutlich spielerisch und selbstironisch um. Im Übrigen stellen einerseits Figuren selbst intertextuelle Relationen her, beispielsweise wenn sich der junge Herr angesichts seiner anfänglichen Impotenz explizit auf Stendhals *De l'Amour* beruft oder wenn der Ehemann implizit Schillers *Lied von der Glocke* (Vers 106–108) zitiert; andererseits nimmt der Text über das Figurenbewusstsein hinaus Bezug auf Flauberts *Madame Bovary*, wenn er die junge Frau Emma nennt. Die intertextuell abgerufenen Texte sind zweifellos repräsentativ für wichtige Positionen, die im kulturellen Diskurs um 1900 noch relevant sind.

Vorgeführt werden im *Reigen* eigentlich nur unterschiedliche Grade an Unredlichkeit zwischen minimaler Verschleierung sexuellen Begehrens und dem Maximum an Verlogenheit, das der bürgerliche Ehemann verkörpert. Auch formal ist der Text zweifellos ein innovatives Experiment, das massiv von der üblichen Dramenproduktion abweicht, die bis dato eine um eine Hauptfigur gruppierte Serie von Geschehnissen mehr oder minder mimetisch ›abbildete‹, während im *Reigen* zwar jede einzelne Szene mimetisch akzeptabel ist, nicht aber die Szenenfolge insgesamt, die eher etwas wie ein abstraktes Resümee aus einer Menge möglicher Geschichten darstellt. Provokant war aber zweifellos vor allem, dass der Text Verhaltensweisen, die nach den theoretischen Moralnormen eindeutig zu verurteilen wären, unkommentiert und unbewertet lässt: ein Text, der eine Ideologie entlarvt, indem er drastisch die Opposition von Theorie und Praxis vorführt.

Literatur

Arnold, Heinz L.: Der falsch gewonnene Prozeß. Das Verfahren gegen A. S.s Reigen. In: *Text + Kritik* (1998), H. 138/139 (A. S.), 114–122.

Gutjahr, Ortrud (Hg.): »Reigen« von A. S. Sexuelle Szene und Verfehlung in Michael Thalheimers Inszenierung am Thalia-Theater Hamburg. Würzburg 2009.

Heine, Wolfgang (Hg.): *Der Kampf um den »Reigen«. Vollständiger Bericht über die sechstägige Verhandlung gegen Direktion und Darsteller des Kleinen Schauspielhauses Berlin*. Berlin 1922.

Koebner, Thomas (Hg.): A. S. »Reigen«. Erläuterungen und Dokumente. Stuttgart 1997.

Leise, Ludwig: *Kunst im Konflikt*. Berlin 1971.

Marcuse, Ludwig: *Obszön. Geschichte einer Entrüstung*. Zürich 1962.

Pfoser, Alfred/Pfoser-Schewig, Kristina/Renner, Gerhard: *S.s »Reigen«. Zehn Dialoge und ihre Skandalgeschichte. Analysen und Dokumente*. Frankfurt a. M. 1993.

Polt-Heinzl, Evelyne: S.s Reigen. Sozialpsychologische Momentaufnahmen. In: Evelyne Polt-Heinzl/Gisela Steinlechner (Hg.): *A. S. Affairen und Affekte*. Wien 2006, 49–59.

Prutti, Brigitte: Inszenierungen der Sprache und des Körpers in S.s Reigen. In: *Orbis litterarum* 52 (1997), 1–34.

Salten, Felix: Feuilleton. A. S. und sein ›Reigen‹. In: *Die Zeit*, 7.11.1903.

Scheffel, Michael: Nachwort. In: REI, 135–147.

Schneider, Gerd K.: »Ich will jeden Tag einen Haufen Sternschnuppen auf Dich niederregnen sehen«. Zur künstlerischen Rezeption von A. S. »Reigen« in Österreich, Deutschland und den USA. Wien 2008.

Schnitzler, Arthur: *Ein Liebesreigen. Die Urfassung des »Reigens«*. Hg. v. Gabriella Rovagnati. Frankfurt a. M. 2004.

Schnitzler, Heinrich u. a. (Hg.): *A. S. Sein Leben, sein Werk, seine Zeit*. Stuttgart 1981.

Sprengel, Peter: *Reigen. Zehn Dialoge. Die ungeschriebenen Regeln der Liebe*. In: Hee-Ju Kim/Günter Sasse: *A. S. Dramen und Erzählungen*. Stuttgart 2007, 101–116.

Thomé, Horst: A.S.s Reigen und die Sexualanthropologie der Jahrhundertwende. In: *Text + Kritik* (1998), H. 138/139 (A. S.), 102–113.

Wünsch, Marianne: A.S.s Reigen und die Verfilmung von Max Ophüls. In: Helmut G. Asper (Hg.): *Max Ophüls. Theater, Hörspiele, Filme*. St. Ingbert 1993, 34–49.

Marianne Wünsch

Der Schleier der Beatrice. Schauspiel in fünf Akten (1900)

Entstehung und Uraufführung

Das Theaterstück geht – wie Schnitzler im Tagebuch vom 7. Januar 1898 andeutet – zurück auf Schnitzlers Ballett-Pantomime *Der Schleier der Pierrette*, trug zunächst den Titel *Shawl* und spielte im Wien um 1800. Angeregt durch die Lektüre von Ludwig Geigers *Renaissance und Humanismus in Italien und Deutschland* (1882) sowie Jacob Burckhardts *Die Kultur der Renaissance in Italien* (1860), verlagerte Schnitzler die Handlung im Mai 1898 in das Italien des beginnenden 16. Jahrhunderts: »Der Shawl gestaltet sich zu einem Stück aus der Renaissance in fünf Akten« (Tb, 5.7.1898). Das Stück wurde zunächst vom Wiener Burgtheater angenommen, sieben Monate später lehnte der Theaterdirektor Paul Schlenther das Stück jedoch überraschend ab. Die unbegründete Ablehnung der Aufführung verursachte einen Skandal: Mehrere Kritiker nahmen sie zum Anlass, um öffentlich »gegen die Willkür des Theaters gegenüber Autoren« zu protestieren (Butzko 1991, 82). Uraufgeführt wurde das Drama am 1. Dezember 1900 in Breslau.

Inhalt

Das Drama spielt im von Cesare Borgia belagerten Bologna. Weil die Figuren wissen, dass die Stadt am nächsten Tag eingenommen werden wird und damit verloren ist, herrscht zwar Untergangsstimmung, die aber zu einem gesteigerten Verlangen nach Leben führt. Dieses Verlangen zeigt sich besonders deutlich an der 16-jährigen Beatrice, die im Laufe des Stücks drei Männer ›liebt‹: Zunächst zeigt das Stück sie als Geliebte des Dichters Filippo Loschi, für den die Liebe zu Beatrice einen so hohen Stellenwert einnimmt, dass er seinen besten Freund, Graf Andrea, im Stich lässt. Als Beatrice Filippo allerdings von einem Traum erzählt, in dem sie mit dem Herzog geschlafen hat, trennt sich Loschi von ihr: »Träume sind Begierden ohne Mut, / Sind freche Wünsche, die das Licht des Tags / Zurückjagt in den Winkel unsrer Seele« (DW I, 576). Während sich der Dichter daraufhin mit zwei Kurtisanen tröstet, will sich Beatrice kurzfristig von ihrem Bruder Francesco mit Vittorino Monaldi verheiraten lassen – eine Ehe, die im Unterschied zur rauschhaften Liebe zu Filippo »Zuflucht«, »Sicherheit und Ruh'« verspricht (ebd., 633). Auf dem Weg zur Kirche trifft sie den Herzog, der sich eine Liebesnacht mit Beatrice erkaufen möchte. Beatrice deutet die Begegnung als schicksalhaftes Zeichen und willigt unter einer Bedingung ein: Sie will den Herzog zuvor heiraten. Obgleich die Beziehung nicht standesgemäß ist, akzeptiert der Herzog zur Überraschung seiner Begleiter ihre Forderung – »Für heut ist Schönheit Adel, nicht Geburt!« (ebd., 615) –, woraufhin sich Vittorino Monaldi ersticht. Noch am Hochzeitsabend ändert sich die Gemütslage von Beatrice erneut, sie verlässt das Fest und besucht den Geliebten Filippo, mit dem sie nun sterben will. Nachdem Filippo sie auf die Probe stellt und zum Schluss kommt »Du willst das Leben« (ebd., 639), vergiftet er sich in ihrer Gegenwart. Beatrice kehrt zum Schloss des Herzogs zurück, der sie unter Androhung ihrer Bestrafung zur Rede stellt. Aus Todesangst führt sie den Herzog zu Loschis Haus, woraufhin die dreifache Liebe von Beatrice ans Tageslicht kommt: »Warst du nicht, Beatrice, nur ein Kind, / Das mit der Krone spielte, weil sie glänzte, – / Mit eines Dichters Seel', weil sie voll Rätsel, – / Mit eines Jünglings Herzen, weil's dir just / Geschenkt war?« (ebd., 674). Weil ihr Bruder Francesco die Schande, die Beatrice der Familie bereitet hat, nicht ertragen kann, erdolcht er sie schließlich. Unterdessen ist der nächste Tag angebrochen und der Herzog empfängt die Nachricht, dass sich das feindliche Heer vor den Toren der Stadt befindet: »Und vor den Mauern endet unsre Fahrt« (ebd., 678).

Deutung

Das Stück wurde aufgrund seiner klassizistischen Form vielfach als Versuch Schnitzlers bewertet, sich um die Jahrhundertwende als »echter Dichter« zu profilieren (Perlmann 1987, 78). Das Schauspiel zeigt den Stellenwert des Lebens in einer von Todesbedrohung geprägten Extremsituation. ›Leben‹ bedeutet am Vorabend der Katastrophe nicht, um jeden Preis am Leben zu bleiben, sondern vielmehr, die ganze Intensität des Lebens auszukosten, was den gemeinsamen Tod als Zeichen der Liebesekstase miteinschließt. »Das Leben«, so bringt der Herzog die Semantik des Begriffes auf den Punkt, »ist die Fülle, nicht die Zeit, / Und noch der nächste Augenblick ist weit« (DW I, 679). Angesichts dieses Verständnisses von einem emphatischen Leben erscheinen traditionelle Werte und Normen der Gesellschaft, wie Freundschaft, Treue oder Heimat, nur als Hindernisse der individuellen Entfaltung – als Minderung von Lebensqualität und -intensität. »Wahn ist nur eins:«, formuliert Filippo Loschi diesen Zusammenhang aus, »das nicht verlassen können, / Was uns nichts ist, ob Freund, ob Frau, ob Heimat, – Und eins ist Wahrheit: Glück […]!« (ebd., 567). Die Diskrepanz zwischen der angestrebten Lebensintensität einerseits und den gesellschaftlichen Werten andererseits wird im Text durch entsprechende polare Konstellationen ausgedrückt: Die erotische Liebe wird zur Gegenspielerin der traditionellen Freundschaft, die Lust des Augenblicks steht der auf Besitzdenken basierenden Ehe gegenüber; das Abenteuer wird der häuslichen Sicherheit vorgezogen. Der Drang nach einem Ausagieren der Leidenschaften wird vom Text psychologisch begründet, was besonders an der titelgebenden Beatrice dargestellt wird. Ihr Traum vom Herzog repräsentiert ihre »Begierden« (ebd., 576), die sie im späteren Verlauf der Handlung ohne Rücksicht auf gesellschaftliche Konventionen auslebt. Die Missachtung gesellschaftlicher Regeln aufgrund psychischer Impulse zeigt auf der einen Seite, wie sich das Individuum frei entfalten kann; auf der anderen Seite führt das freie Leben zu instabilen, unverlässlichen Beziehungen, zu Verletzungen und Selbsttötungen. Um die Möglichkeiten aufzuzeigen, wie mit dem von Beatrice verkörperten Lebens- und Liebeskonzept umzugehen wäre, damit es in der Gesellschaft gelebt werden könnte, kontrastiert das Stück die Reaktion des Herzogs mit derjenigen von Francesco: Der Herzog ist bereit, Beatrice zu verzeihen – »Aber wir sind allzu streng / Und leiden's nicht, und jeder von uns wollte / Nicht nur das einz'ge Spielzeug sein – nein, mehr! / Die ganze Welt. So nannten wir dein Tun / Betrug und Frevel – und du warst ein Kind!« (ebd., 674 f.). Das Ausleben der Leidenschaften wird als kindlich und damit als natürliches Verhalten akzeptiert; Francesco hingegen, Vertreter der gesellschaftlichen Tugend, erdolcht seine Schwester: »Ich mußt' es tun! […] noch jetzt, da sie im Tod hier liegt, / Füllt mich mit Grimm und Ekel, sie zu denken / Ohn' alle Weihe heil'gen Sakraments, / Schamlos zu flücht'ger Lust geworben / In eines Mannes Bett. – O Schmach und Elend!« (ebd., 676). Der Herzog reagiert also nicht in den Bahnen gesellschaftlicher Kon-

1.1.1 Mehraktige Dramen

ventionen und akzeptiert den Lebensentwurf Beatrices, und mehr noch: Am Ende stürzt er sich im Wissen in den Kampf, dass er sterben wird. Dieser Tod steht ganz im Zeichen des emphatischen Lebensbegriffs. Er ist etwas ›Verheißungsvolles‹, das Neugier auslöst: »Von allen Abenteuern, die im Dunkel warten, / Dem neusten und gewaltigsten entgegen!« (ebd., 678). Das Drama zeigt insgesamt, dass die Verwirklichung eines emphatischen Lebens grundsätzlich mit gesellschaftlichen Normen in Konflikt gerät. Vor diesem Hintergrund ist die Verlagerung der Handlung in die Renaissance zu verstehen – eine Epoche, die literaturgeschichtlich in besonderer Weise mit Werten wie Freiheit und Freizügigkeit belegt ist. In der bürgerlichen Gesellschaft um 1900 ist das von Beatrice praktizierte Lebensmodell nicht umsetzbar, insofern kennzeichnet die historische Konstellation den utopischen Charakter dieses Modells.

Literatur

Butzko, Ellen: *A. S. und die zeitgenössische Theaterkritik*. Frankfurt a. M. 1991.
Fliedl, Konstanze: Moment und Gedächtnis. Dramatische Geschichte in S.s *Der grüne Kakadu* und *Der Schleier der Beatrice*. In: *Austriaca* 39 (1994), 21–31.
Fliedl, Konstanze: *A. S.* Stuttgart 2005.
Perlmann, Michaela L.: *A. S.* Stuttgart 1987.
Sabler, Wolfgang. *Der Schleier der Beatrice* und das historische Drama. In: Germanica 52 (2013), 53–65.
Uekermann, Gerd: *Renaissancismus und Fin de Siécle. Die italienische Renaissance in der deutschen Dramatik der letzten Jahrhundertwende*. Berlin 1985.

Ingo Irsigler

Der einsame Weg.
Schauspiel in fünf Akten (1904)

Entstehung

Erste Entwürfe zu einem ›Junggesellen-Stück‹ datieren auf den August 1900. Schnitzler arbeitet zunächst »ohne viel Glück« (Tb, 1.–7.7.1901) an dem Text. Am 9. August 1902, dem Geburtstag seines Sohnes Heinrich, beginnt er schließlich mit der Niederschrift des inzwischen »Egoistenstück« genannten Werks. Nach einer Phase gequälten Arbeitens (am 28.1.1903 heißt es im Tagebuch: »Früh im Bett, am Stück vergeblich, Thränen der Verzweiflung.«) und an einem vorläufigen Abschluss des Textes erkennt Schnitzler im Februar 1903 »2 Stücke; in jetziger Fassung unmöglich [...]« (ebd., 19.2.1903), teilt daraufhin die Handlung des »Ärzte-Stücks«, des späteren *Professor Bernhardi*, vom Junggesellen-Stück ab und entwirft beide Dramen mit den vorläufigen Titeln »Egoisten« sowie »Verurteilte« (Liptzin 1931, 399). Lesungen des Stückes, auch vor den befreundeten Schriftstellern Beer-Hofmann, Hofmannsthal, Salten, Wassermann und Leo Van-Jung, haben eine »bedeutende[...] Wirkung« (Tb, 12.11.1903). Jahre später, 1909, ordnet Schnitzler den *Einsamen Weg*, zusammen mit *Lebendige Stunden*, als die Stücke »meiner Vierzig« (ebd., 8.8.1909) in eine Reihe von für sein bisheriges Leben besonders repräsentativer Texte ein, um es 1914 wiederum als sein »überschätztestes Stück« (ebd., 11.2.1914) zu bezeichnen.

Inhalt und Deutung

Die Forschung zu *Der einsame Weg* hat sich bislang vorrangig mit den gestörten kommunikativen Beziehungen zwischen den einzelnen Figuren des Stücks beschäftigt; vielfach werden in diesem Zusammenhang zugleich die problematischen Familienverhältnisse behandelt (vgl. Lorenz 2003, 191). Das im Stück entworfene Konzept der ›Einsamkeit‹ unterscheidet sich zudem vom Geniekult des Sturm und Drang, seinem Autonomie beanspruchenden Schöpfertum und jener, »aus der Sonderwelt einer absolut gesetzten Imagination« abgeleiteten (Schmidt 2007, 117) Einsamkeit der Romantiker. Einsamkeit wird als ein aus der »Unfähigkeit aller Personen zur zwischenmenschlichen Beziehung« (ebd.) resultierendes Phänomen vorgeführt und damit als Spezifikum der Epoche neu, mithin negativ interpretiert. Wie der ursprüngliche Titel (»Die Egoisten«) bereits nahelegt, lässt das Stück ebenfalls Lesarten zu, welche die Kritik an einer zu Empathie und Bindung unfähig gewordenen Kultur stärker in den Blick nehmen und das Drama sozialgeschichtlich als »Diagnose einer Epochenkrankheit« (Doppler 1979, 16) interpretieren.

Das Figurenensemble gliedert sich zunächst in zwei sich durch ihre Wertsysteme, d. h. durch ihre Einstellung zu den um die Jahrhundertwende geltenden ›bürgerlichen‹ Normen unterscheidende Klassen, die im Verlauf des Dramas erkennbar werden (vgl. hierzu und zum Folgenden: Lukas 1996). Aber indem der Text allmählich eine solche scheinbar klare Ordnung aufbaut, demontiert er sie auch schon. Die Mitglieder der ersten Klasse, repräsentiert durch die Familie Wegrath und den Hausfreund Reumann, sind ortsgebunden und sesshaft. Die

Männer üben einen ›bürgerlichen‹ Beruf aus: Wegrath ist Professor und Direktor der Kunstakademie, sein Sohn Felix Offizier, Reumann Arzt, und man hat Familie (Wegrath) oder erstrebt eine solche (Reumann). Die Frauen sind Ehefrau und Mutter (Gabriele Wegrath) oder im elterlichen Haushalt lebende Tochter (Johanna Wegrath). Zumindest im Prinzip akzeptiert man das tradierte Normensystem, inklusive der Sexualnormen, und man gibt sich mit einem ›normalen‹ Leben zufrieden. Die Mitglieder der zweiten Klasse sind im Prinzip nicht ortsgebunden und nicht sesshaft. Sie üben keinen oder einen ›unbürgerlichen‹, künstlerischen Beruf aus: der Maler Julian Fichtner, die Schauspielerin Irene Herms, der Literat Stephan von Sala; alle drei haben aber in der Gegenwart diese Tätigkeiten eingestellt. Sie haben keine eigene Familie: Julian lebt allein, seit Jahren auf Reisen, und will seinen letzten Wohnsitz aufgeben; Irene lebt, nachdem sie ihre Bühnenengagements in unterschiedlichen Städten aufgegeben hat, inzwischen bei der Familie ihrer Schwester; Sala, zeitweilig verheiratet, hat seine Familie vor sieben Jahren durch den Tod von Frau und Tochter verloren und plant, sich einer mehrjährigen Expedition zwecks archäologischer Ausgrabungen der alten persischen Stadt Ekbatana anzuschließen. In dieser Gruppe hat man gegen tradierte Normen, insbesondere solche der Sexualität, verstoßen (Julian, Irene) oder tut dies noch (Sala). Diese Figuren strebten – unzufrieden mit dem als ›normal‹ geltenden Leben – nach einem ›emphatischen‹ Leben, also nach einem der zentralen Werte in der Literatur der Frühen Moderne, der in diesem Literatursystem nur durch Ausbruch aus dem Raum der ›Bürgerlichkeit‹ erreicht werden kann. Die Probleme dieses abweichenden Wertsystems werden vor allem in den Dialogen zwischen Julian und Sala thematisiert, wobei Letzterer gegenüber den reuigen Figuren Julian und Irene die Rolle des eher souveränen, illusionslosen Chefideologen erhält. Die Figuren beider Klassen haben sozialen Umgang miteinander und sind mehr oder weniger miteinander befreundet. Ausgenommen die Kindergeneration, Felix (23 Jahre) und seine jüngere Schwester, Johanna, und vielleicht Reumann, gehören alle Figuren einer Generation mittleren Alters, jenseits der 40er, an und erfahren sich selbst als alternd; dem entspricht zeichenhaft die Jahreszeit der Handlung, der beginnende Herbst. Die älteren Figuren haben in variablem Umfang gemeinsame Vergangenheiten, die in der Gegenwart noch Auswirkungen haben und allmählich im Verlauf des Dramas aufgedeckt werden.

Die Handlungsorte der Gegenwart sind im ersten und vierten Akt der Garten am Hause der Wegraths, im dritten deren Wohnung, im zweiten die Wohnung Julians, im vierten der Park, der zu Salas Villa gehört. Im ersten Akt werden zunächst die Familie Wegrath und deren Besucher Sala und Reumann durch ihre Gespräche in wechselnden Figurenkonstellationen charakterisiert; der noch auf Reisen befindliche Julian ist schon, ebenso wie Irene, als Redegegenstand präsent. Im Unterschied zum »Kunstbeamten« Wegrath, der »seine Grenzen kennt« (I/5; DW I, 772), erscheint Julian als jemand, der einst als »vielversprechend[er]« Künstler (ebd., 771) gegolten hat, aber seit Jahren diesem Ruf nicht gerecht geworden ist. Früher besuchte er die Wegraths einige Jahre lang regelmäßig. Johanna charakterisiert ihn: »Auch wenn er täglich kam, mir war immer, als käm' er von sehr weit« (ebd.). Johanna selbst wird schon im ersten Akt als eher ungewöhnliche junge Frau, mit Tendenz zur Abweichung von der ›bürgerlichen‹ Ordnung, charakterisiert und hat zudem eine zunächst noch unspezifizierte, aber besondere Relation zu Sala (I/2 und I/7). Eine spezielle Relation unterhalten auch die kränkelnde Gabriele und ihr Arzt Reumann: Die Szene I/6 setzt voraus, dass zwischen beiden eine der im Literatursystem der Frühen Moderne so zahlreichen und typischen ›Beichtszenen‹ stattgefunden hat, bei der Gabriele Reumann eine in der Vergangenheit liegende Normverletzung anvertraut hätte, über die der Leser/Zuschauer Näheres erst in II/2 (Dialog Julian – Sala) erfährt; sie versichert, dass sie nichts bereue, aber empfände, »dass irgend etwas nicht in Ordnung ist« (I/6; ebd., 774). Sie ist somit – typisch für Schnitzlersche Figuren – gespalten zwischen einer ›Ordnung‹ mit normativem Anspruch und ihrem eigenen, in der Vergangenheit abweichenden Verhalten. Reumann seinerseits behauptet, er wäre gern, wenn es sein Charakter ihm erlauben würde, jemand, der sich (ebenfalls) über tradierte Normen hinwegsetzt, und erteilt quasi Gabriele Absolution: »Glücklich zu machen ist besser als schuldlos zu sein« (ebd., 773); auch vertritt er die Position, eine »Lüge«, die die Familienordnung aufrecht erhalte, sei besser als eine »Wahrheit«, die sie zerstöre (ebd., 775). Wie in allen Dramen und Erzähltexten Schnitzlers gibt es auch im *Einsamen Weg* das Unausgesprochen-Implizierte in den Konversationen; hier wird umspielt, dass Reumann offenbar vergeblich Johanna als Ehefrau begehrt. Reumann ist somit der Typ des alles verstehenden und verzeihenden und selbst auf eigenes Glück verzichtenden Arztes, wie er auch in *Der Ruf des Lebens* (1906) auftritt. Gabriele, die, ohne es auszusprechen, mit ihrem Tod rechnet, thematisiert noch die Gebrechlichkeit der scheinbar selbstverständlichen familiären Ordnung, bei der »alle von einander nichts wissen« und »bestimmt scheinen, aus einander zu flattern« (ebd., 774).

Zwischen dem ersten und dem zweiten Akt liegt eine Zeitlücke; in II/1 wird gesetzt, Gabriele sei vor acht Tagen gestorben. Mit Ausnahme von Felix in II/5 treten in diesem Akt nur die Figuren der zweiten Klasse (Julian, Irene, Sala) auf; Thema sind die Vergangenheiten von Gabriele, Julian, Irene. Irene und Julian hatten eine Beziehung, die dieser wegen einer punktuellen »Untreue« Irenes abgebrochen hat; laut Irene hätte er ihr verzeihen können: »Es ist wahrhaftig nicht so viel dran, wie ihr Männer immer draus macht – nämlich wenn's uns passiert« (II/3; ebd., 788), was Julian einräumt; spätere Abenteuer haben ihr nichts bedeutet. Wie es scheint, war sie von Julian schwanger und hat abgetrieben; ihrer Meinung nach wäre man zusammen mit dem Kind, das jetzt 23 Jahre alt wäre, ein Paar geblieben. Sie vertritt dabei eine traditionelle weibliche Rolle: »Eine Frau, die kein Kind hat, ist gar nie eine Frau gewesen« (ebd., 790); sie hat sich schließlich in der Rolle der Tante in die Familie ihrer verheirateten Schwester geflüchtet. Julian seinerseits hat zwei ›Beichtszenen‹: in II/1 gegenüber Sala, in III/8 gegenüber Felix, bei denen es um seine frühere Beziehung zu Gabriele geht. Diesen zufolge war er damals mit Wegrath in einer ländlichen Gegend unterwegs, wo sie Gabriele kennenlernten und sich in sie verliebten. Zwischen Gabriele und Julian kam es, während sie schon mit Wegrath verlobt war, zu einer sexuellen Begegnung, in deren Folge sie beide am nächsten Morgen zusammen ausreißen und ein gemeinsames Leben führen wollten. Aber in der Nacht nimmt Julian im Geiste das kommende Ende dieser »Leidenschaft« (III/8; ebd., 811) als unvermeidlich vorweg. Wer das Ende einer Liebesbeziehung denken kann, konzipiert sie demnach von vornherein als bloß befristete, die infolgedessen auch tatsächlich enden wird. In Julians Wahrnehmung ging es um die Entscheidung zwischen einem ›normalen Leben‹ der ›Bürgerlichkeit‹ (Ehe und Familie), also dem Verzicht auf alternative Möglichkeiten der Existenz, und einem ›emphatischen Leben‹, bei dem alle zukünftigen alternativen Möglichkeiten gelebt werden können (»die Fülle meines Daseins«; III/8; ebd., 811): »Das Leben gehörte mir – aber nur dieses eine« (ebd.). Ohne jede Nachricht an Gabriele verlässt er diese heimlich. Sie hat dann Wegrath geheiratet und ihn glauben lassen, Felix, das Produkt des Liebesaktes mit Julian, sei Wegraths Sohn: und Wegrath wird bis zum Textende von keinem der Mitwisser (Gabriele, Reumann, Julian, Sala, dann auch Irene und Felix) aufgeklärt. Julian und Irene, jener freiwillig, diese unfreiwillig, haben also ein ›unbürgerliches Leben‹ geführt, was beide jetzt bereuen. Julian, der erst spät, als Felix zehn oder elf Jahre war, bei einer Wiederbegegnung mit Wegrath und Gabriele von dieser erfahren hat, Felix sei sein Sohn, möchte sich diesen jetzt aneignen (wozu die ›Beichtszene‹ in III/8 dienen soll). Irene und Julian bedauern also, keine Familie zu haben, was Julian quasi durch einen Einbruch in die Familie Wegrath nachholen will; er will, dass Felix, sein Sohn, ihn als Vater anerkennt: Sowohl für Julian wie für Irene garantiert also eigene Nachkommenschaft so etwas wie eine existentielle Sinngebung. Sala (der seine Familie vor Jahren verloren hat) kommentiert gegenüber Julian: »Ich finde ja auch, daß das Familienleben etwas sehr hübsches ist. Aber es sollte sich doch wenigstens in der eigenen abspielen« (II/1; ebd., 779), wobei schon das Lexem »abspielen« darauf verweist, dass es um die Besetzung sozialer Rollen geht, mit denen die ›Person‹ sich zwar identifizieren mag, mit denen sie, ob sie es weiß und zugibt oder nicht, aber nicht identisch ist; Wegrath wird sich bis zum Ende für Julians Vater halten, ohne es biologisch zu sein, aber sozial erfüllt er die Vaterrolle, und Felix wird ihn am Textende in V/8 als »Vater« anerkennen und Julian, den tatsächlichen Vater, implizit verwerfen.

Worum es also im zweiten Akt geht, ist ein Problem des Alterns, das nicht hat, wer sich für das ›normale Leben‹ (Wegrath) entschieden hat, wohl aber, wer gewollt oder ungewollt das ›emphatische Leben‹ gewählt hat (vgl. auch im späteren Werk *Casanovas Heimfahrt*, 1918, und *Der Gang zum Weiher*, 1926). Denn dieses ist bei Schnitzler – und auch sonst in der Frühen Moderne – an die Altersgruppe gebunden, die kulturell noch als ›jugendlich‹ gilt. Sowohl anhand Irenes als auch – und deutlicher – anhand Julians wird thematisiert, dass die Möglichkeiten befriedigender, ›emphatisches Leben‹ garantierender Liebe als Folge des Alterns geschwunden sind, wie sie auch die Möglichkeit künstlerisch-kreativer Selbstverwirklichung verloren haben. Die Alternative, die der Text aufbaut, ist also ernüchternd: entweder ein ›reduziertes Leben‹ in ›Bürgerlichkeit‹, das um den Preis des Betrugs (Gabriele) oder des Selbstbetrugs (Wegrath) auf Dauer möglich ist, oder ein ›emphatisches Leben‹, das nur befristet möglich ist und für das man den Preis eines frustrierten Alterns zu zahlen hat; der Alternative entziehen sich nur Johanna und Sala um einen hohen Preis.

Ab III/1 duzen sich Johanna und Sala, wenn sie miteinander allein sind: Es wird also präsupponiert, dass es nach dem ersten Akt zwischen ihnen zu einer – generationsübergreifenden – erotischen Beziehung gekommen ist; Felix errät zumindest, dass Johanna eine Neigung zu Sala hat (III/5). Dass diese Beziehung wegen Salas geplanter Reise eine von vornherein nur befristete sein wird, akzeptiert nicht nur Sala, sondern auch Johanna, die damit ihren Status als ungewöhnliche junge Frau bestätigt. Im Gespräch Reumann – Felix (III/4) räumt der Arzt – der auch der Salas ist – ein, dass dieser, dessen Herzbeschwerden schon in II/1 angedeutet wurden, in naher Zukunft sterben werde; in III/5 errät Johanna, die schon den Tod der Mutter vorhergesehen hat, diese Diagnose, die Sala aber von keinem der drei Mitwisser mitgeteilt wird. Sala selbst hat aber den von Reumann als ungewöhnlich klassifizierten Wunsch geäußert, ggf. rechtzeitig informiert zu werden: »Ich wünsche nicht um das Bewußtsein meiner letzten Tage betrogen zu werden« (III/3; ebd., 801). In dem letzten Gespräch Sala – Johanna (IV/1) geht es zunächst um Johannas Zukunft nach der bevorstehenden Trennung. Sie will ihrerseits aus dem Raum ›bürgerlichen Lebens‹ ausbrechen, durchaus im Bewusstsein, dass sie dann »auch Häßliches, auch Gemeines« (IV/1; ebd., 816) erleben werde; auch Reumann (I/6) und Sala (III/3) thematisieren, dass das Konzept des ›emphatischen Lebens‹ Normverletzungen impliziert. Sala liefert die Formel: »Ich finde, man hat das Recht, sein Dasein vollkommen auszuleben, mit allen Wonnen und mit allen Schaudern, die darin verborgen liegen. So wie wir wahrscheinlich die Pflicht haben, jede gute Tat und jede Schurkerei zu begehen, die innerhalb unserer Fähigkeiten liegt...« (III/3; ebd., 801). Das in dieser Epoche neue Lexem (sich bzw. etwas) »auszuleben« bedeutet genau eine solche Ausschöpfung eigener Möglichkeiten. Im Bewusstsein der bevorstehenden Trennung und des nahen Todes von Sala macht Johanna ihm in IV/1 eine leidenschaftliche Liebeserklärung, auf die Sala mit dem Angebot reagiert, Johanna möge ihn auf die Expedition begleiten, selbstverständlich als seine Frau, ohne dass sie damit zu dauernder Bindung verpflichtet sei: »Denn alle deine Träume kann ich dir nicht erfüllen – das weiß ich ganz gut...« (IV/1; ebd., 819). Johanna verspricht ihm Antwort am nächsten Tag: Im Wissen der Unrealisierbarkeit seines Antrags wird sie sich aber noch in dieser Nacht im Teich von Salas Park ertränken (IV/9). In einem Gespräch Julian – Sala (IV/8) erhofft sich Julian nochmals eine Anerkennung seiner Vaterschaft durch Felix; wiederum erweist sich Sala als der illusionslose, nichts bereuende Intellektuelle: »den Weg hinab gehen wir alle allein... wir, die selbst niemandem gehört haben. Das Altern ist nun einmal eine einsame Beschäftigung für unsereinen« (IV/8; ebd., 826).

Im fünften Akt wird Johanna vermisst, und niemand weiß, was aus ihr geworden ist. Felix kommentiert: »Wer hat sie denn gekannt von uns allen? Wer kümmert sich denn überhaupt um die andern?« (V/3; ebd., 830). Sala, von Felix befragt, teilt diesem mit, dass er eine Beziehung mit Johanna habe und sie als seine Frau mitnehmen wolle; Felix klärt ihn auf, dass er die Reise nicht mehr erleben werde. Sala beschließt gelassen seinen Suizid und deutet an, Johanna könne sich in seinem Teich befinden. Felix verweigert Julian die Anerkennung als Vater (IV/5), die er Wegrath zuteil werden lässt (V/8).

Wer sich einmal gegen das ›bürgerlich-normale‹ und für ›emphatisches Leben‹ entschieden hat, hat in der Logik des Textes eine nicht umkehrbare Grenzüberschreitung begangen: Die Möglichkeit ›emphatischen Lebens‹ reduziert sich aber zunehmend im Prozess des Alterns; die Grenzüberschreitung kann dann bereut werden (Julian, Irene), ist aber nicht rückgängig zu machen, oder sie kann akzeptiert werden, indem man ggf. auch den biologischen Tod in Kauf nimmt (Sala, Johanna). In der Logik des Textes zahlt man sowohl bei der Entscheidung für ›bürgerliches‹ wie für ›emphatisches Leben‹ jeweils einen Preis: Bei der ersten Alternative verzichtet man darauf, Möglichkeiten der eigenen Person auszuleben, bei der zweiten riskiert man den als irgendwann – früher (Johanna) oder später (Julian, Irene, Sala) – unvermeidlich gesetzten und nicht durch Rückkehr kompensierbaren Verlust von als lebenswert erscheinender Zukunft. Typisch für Schnitzler und seine Position im Literatursystem der Frühen Moderne ist nun aber, dass zwar die alternativen Lebensmöglichkeiten strikt qualitativ geschieden sind, aber die Figuren auf einer quantitativen Skala angeordnet werden, auf der sich ihr Platz nach dem Mehr oder Weniger an Neigung zur einen oder anderen Lebensform bestimmt. Wo Wegrath in seiner ›Bürgerlichkeit‹ aufgeht, die dauernde Bindung an andere impliziert, und den Preis des totalen Nicht-Wissens dessen, was sich in seiner Welt abgespielt hat bzw. abspielt, zahlt, träumen Reumann und Johanna vom alternativen Leben, das Reumann gar nicht, Johanna zumindest temporär realisieren kann. Umgekehrt empfinden die Aussteiger in unterschiedlichem Ausmaß – Irene mehr, Julian weniger – Reue bezüglich verpasster Bindungsmöglichkeiten. Sala schließlich hat sukzessiv sowohl die ›bürgerliche‹ Lebensvariante (Ehe und Familie) als auch die ›außerbürgerliche‹ Existenz erlebt und bereut nichts. Eine offene Zukunft hat nur Felix, der sich bezüglich der Lebensalternativen noch nicht festgelegt hat.

Rezeption

Der einsame Weg erlebte seine Uraufführung am 13. Februar 1904 am Deutschen Theater in Berlin. Im selben Jahr erscheint bereits eine englische Übersetzung mit dem Titel *The Lonely Way*. Die zeitgenössischen Kritiken äußern sich eher verhalten. Beinahe Einklang herrscht hierbei in der Feststellung, dass das Stück »[f]ür die Bühne [...] nicht dankbar« (Roppenberg 1904, 74) sei. Die Rezensenten, dieser Trend lässt sich konstatieren, erkennen in ihren Reaktionen auf den *Einsamen Weg* eine Tendenz vom Theater zum Erzähltext als Verhandlungsort für Innenweltdarstellungen und psychologisierende Erzählverfahren. Karl Frenzel etwa kritisiert einerseits, dass die Hauptfiguren auf der Bühne »wie Schemen und Schatten« dahinschleichen, erkennt aber zugleich an, dass »verzwickte und in sich peinliche Verhältnisse wie die hier geschilderten, Figuren von so verschlungenem und undurchsichtigem Wesen wie Sala und Johanna in einer Novelle lebendig und glaubhaft zu entwickeln« wären (Frenzel 1904, 294). Alfred Kerr, der in Schnitzler, wie andere Kritiker auch, »die Snob-Ausgabe vom späten Ibsen« erkennen will, bemerkt zugleich, dass »Besseres dieser Art in deutscher Sprache« (Kerr 1904, 507) nicht zu finden sei und macht den Dichter des *Einsamen Wegs* in seiner Kritik zum Apologeten einer neuen Großstadtliteratur. In der Zeit der Weimarer Republik stößt Schnitzlers Stück wiederum auf geteilte Meinungen. Während es 1928 erfolgreich in Paris aufgeführt wird (Tb, 30.6.1928), hält sich der Zuspruch bei einer Aufführung in Baltimore 1931 in Grenzen (an Philip Moeller, 7.3.1931; Br II, 773). Im September 1924 stören Bertolt Brecht und Arnolt Bronnen eine Aufführung des *Einsamen Wegs* in Berlin massiv mit ihren Zwischenrufen. Dass die Psychologisierungskunst Schnitzlers bei der neusachlichen Generation auf großen Widerspruch zu stoßen scheint, zeigt auch ein Kommentar des Kritikers Herbert Ihering, der ebenfalls im September 1924 in einer Rezension meint, dass man Schnitzler gar nicht mehr spielen könne (Tb, 24.9.1924). Schnitzler selbst nimmt den spöttischen Zorn der Jüngeren gelassen hin und vermerkt in seinem Tagebuch zu dieser Sache lediglich »das lausbübische Benehmen der deutschen Dichter Brecht und Bronnen während der Vorstellung« (ebd.) und verwahrt sich wenige Tage darauf gegen das Gerücht, ›Schritte‹ gegen die Ruhestörer eingeleitet zu haben (ebd., 29.9.1924).

Zusammen mit *Liebelei*, *Das weite Land* und *Professor Bernhardi* gehört *Der einsame Weg* zu den meistgespielten mehraktigen Dramen Schnitzlers und hat sich einen festen Platz im Theaterrepertoire erobert. Bemerkenswerte Inszenierungen stammen u. a. von Heinrich Schnitzler 1962 zum 100. Geburtstag des Vaters (Wien, Theater in der Josefstadt), von Thomas Langhoff 1987 (Salzburger Festspiele), Luc Bondy 1989 (Paris, Théâtre Renaud-Barrault) oder Alexander Nerlich 2011 (Wiener Volkstheater).

Literatur

Doppler, Alfred: »Der Ästhet als Bösewicht –?« (S.s. Schauspiel *Der einsame Weg*). In: MAL 12 (1979), H. 1, 1–18.
Fliedl, Konstanze: A. S. Stuttgart 2005.
Frenzel, Karl: Rez.: *Der einsame Weg*. In: *Deutsche Rundschau* 30 (Mai 1904), 293–294.
Kerr, Alfred: Rez.: *Der einsame Weg*. In: *Neue Rundschau* 15 (April 1904), 504–508.
Lorenz, Dagmar C. G.: *A Companion to the Works of A. S.* Rochester 2003.
Lukas, Wolfgang: *Das Selbst und das Fremde. Epochale Lebenskrisen und ihre Lösung im Werk A. S.s.* München 1996.
Roppenberg, Felix: Hinter dem Schleier. Rezension zu »Der einsame Weg«. In: *Der Türmer*, 6.4.1904.
Schmidt, Jochen: *Der einsame Weg*. Vereinsamung und Entgrenzung als Symptome der Décadence. In: Hee-Ju Kim/Günter Saße (Hg.): *A. S. Dramen und Erzählungen*. Stuttgart 2007, 117–133.
Urbach, Reinhard: A. S. Velber bei Hannover ²1972.

Michael Titzmann

Zwischenspiel. Komödie in drei Akten (1905)

Entstehung

Zunächst noch unter dem Arbeitstitel »Neue Ehe« (Tb, 1.8.1904) beginnt Schnitzler am 1. August 1904 mit der Arbeit an einer dreiaktigen Komödie, die er bereits Mitte August in einem ersten Entwurf abschließt. Im Oktober und Dezember desselben Jahres folgen Überarbeitungen zu einer zweiten und dritten Fassung, wobei auch »Das leichte Leben« als potentieller Titel in Frage kommt (ebd., 6.11.1904).

Von März bis Mai 1905 arbeitet er an einer vierten Version, die er am 31. Mai 1905 beendet. Nach weiteren Korrekturen beendet Schnitzler das Drama am 5. August 1905 und betitelt es schließlich am 20. August 1905 mit *Zwischenspiel*. Bereits während der Entstehung äußert Schnitzler Zweifel hinsichtlich der Gattungszuschreibung. So schreibt er am 8. August 1904 an Otto Brahm: »[S]oll ich wirklich wagen, es ›Lustspiel‹ zu nennen?« (Brahm-Bw, 165). In einem weiteren Brief vom 13. August 1904 reflektiert er ebenfalls die tendenziell eher nicht-komödiantische Ausrichtung des Stückes: »[E]s gibt so viele derbe Lustspiele, warum soll es nicht auch ein herbes geben« (ebd., 169). 1906 erscheint die Buchausgabe bei Fischer, die bis 1922 insgesamt sechs Auflagen erlebt. Nach der Wiener Premiere äußert sich Schnitzler wenig wohlwollend gegenüber seinem eigenen Werk und bezeichnet es als »ein schwaches Theaterstück« (Tb, 12.10.1905). In Bezug auf eine Münchner Aufführung stellt er sogar fest: »Das Stück mißfiel mir bis zur innern Beschämung« (ebd., 10.9.1908). Er scheint es als gewissermaßen seelenlos zu empfinden: »man hört das Knarren der Maschine beinah immer« (ebd., 12.10.1905), oder »immer schnarrt das Uhrwerk neu ein« (ebd., 10.9.1908), notiert Schnitzler in seinem Tagebuch. Dem 1908 für *Zwischenspiel* erhaltenen Grillparzer-Preis steht der Autor dementsprechend selbstkritisch gegenüber: Er ist der Meinung, dieses Drama habe die Auszeichnung »wahrhaftig nicht verdient« (ebd., 15.1.1908). Noch kurz vor seinem Tod lehnt er eine mögliche Neuaufführung »entschieden« ab (ebd., 6.7.1931, zit. n. Lindgren 2002, 309).

Uraufführung

Die Uraufführung des Stückes am Wiener Burgtheater am 12. Oktober 1905 war die erste Zusammenarbeit Schnitzlers mit Direktor Paul Schlenther nach einer sechsjährigen Pause infolge der Affäre um die nicht erfolgte Darbietung von *Der Schleier der Beatrice* im Zuge der sogenannten ›Beatrice-Affäre‹. Bei der Premiere wurde das Stück vom Publikum verhalten bis wohlwollend aufgenommen. In den Kritiken stand weniger das für nur bedingt gelungen gehaltene Drama als vielmehr die positiv bewertete Darstellung im Vordergrund; insbesondere Josef Kainz wurde für seine Rolle als Amadeus gefeiert und für seine Kunst, »platte Alltäglichkeit« in »erlesenste Schauspielkunst« zu verwandeln (zit. n. Wagner/Vacha 1971, 39). Die Berliner Erstaufführung fand im Lessingtheater unter der Leitung von Otto Brahm am 25. November 1905 statt. Schnitzler hatte das Drama zunächst Max Reinhardt für eine Aufführung am Deutschen Theater in Berlin zur Verfügung stellen wollen, da er die dort wirkende Schauspielerin Agnes Sorma für die Rolle der Cäcilie favorisierte. Reinhardt lehnte eine Aufführung jedoch ab. In Wien geriet die Komödie in der Saison 1905/1906 zum Erfolg und wurde vierzehnmal wiederholt. Bis 1910 gab es jedoch nur noch sieben weitere Aufführungen am Burgtheater, wo, zwölf Jahre nach der Premiere, unter der Direktion von Hugo Thimig eine Neuinszenierung erfolgte, die am 29. März 1917 aufgeführt wurde und bis 1919 weitere zehnmal im Spielplan zu finden war. Das Stück wurde zwar als nicht mehr ganz zeitgemäß rezipiert, dennoch entschloss sich das Burgtheater 1917 während eines Gastspiels in der Schweiz, Schnitzler mit diesem Stück als einen der Repräsentanten des österreichischen Theaters zu würdigen. Kurz nach dem Zweiten Weltkrieg, am 10. Oktober 1946, wurde *Zwischenspiel* noch einmal vom Volkstheater in Wien unter der Regie von Hans Thimig gegeben.

Inhalt

Das Anfang des 20. Jahrhunderts in Wien gemeinsam mit ihrem fünfjährigen Sohn Peterl lebende Künstlerehepaar Amadeus Adams und Cäcilie Adams-Ortenburg offenbart sich gegenseitig außereheliche erotische Neigungen: Während sich der Kapellmeister und Komponist Amadeus zur Opernsängerin Gräfin Friederike Moosheim hingezogen fühlt, zeigt die ebenfalls als Opernsängerin agierende Cäcilie Interesse an Amadeus' ehemaligem Schüler, dem Pianisten Fürst Sigismund von und zu Maradas-Lohsenstein. Als Konsequenz dieses gegenseitigen Geständnisses trennen sie sich, bleiben aber sowohl verheiratet als auch befreundet und versprechen sich dauerhafte gegenseitige Aufrichtigkeit. Im zweiten Akt, der einige Monate später spielt, wird deutlich, dass Amadeus mit der Gräfin eine Affäre hatte, diese aber inzwischen beendet ist. Gerüchteweise planen Cäcilie und Sigismund eine Hochzeit, was die Sängerin jedoch abstreitet. Cäcilie hat sich während eines mehrmonatigen auswärtigen Engagements verändert und an Selbstbewusstsein gewonnen. Als ihr Mann dies erkennt, fühlt er sich erneut zu ihr hingezogen und drängt sie zu einer Liebesnacht. Der dritte Akt setzt am darauffolgenden Morgen ein. Amadeus wird von Eifersucht geplagt, da er nach der wiedererwachten Liebe zu seiner Frau das von ihm vermutete Verhältnis zwi-

1.1.1 Mehraktige Dramen

schen Cäcilie und Sigismund nicht zu ertragen bereit ist. Er bittet seinen Dichterfreund Albertus Rhon, den Fürsten in seinem Namen zum Duell zu fordern, da ihm nur dadurch eine Zukunft für seine Ehe möglich erscheint. Albertus trifft Sigismund jedoch nicht an, da dieser in der Zwischenzeit Amadeus aufsucht, um ihn zu bitten, sich von Cäcilie scheiden zu lassen. Als Amadeus während des Gesprächs erfährt, dass der Fürst nicht mit Cäcilie liiert war, sieht er von dem Duell ab. Sigismund glaubt schließlich, dass Cäcilie ihn nur benutzt hat, um ihren Mann zurückzugewinnen und kündigt an, die Stadt zu verlassen. Amadeus geht daraufhin davon aus, dass er und seine Frau fortan wieder als Paar leben werden. Cäcilie lehnt dies jedoch ab, da sie erkennt, dass die Beziehung nie auf gegenseitiger Aufrichtigkeit basierte.

Deutung

Das Scheitern des Experiments der ›neuen Ehe‹ liegt in der offensichtlichen Diskrepanz zwischen postulierter Wahrhaftigkeit und tatsächlicher Unaufrichtigkeit in der Kommunikation zwischen Amadeus und Cäcilie. In der Forschung ist dementsprechend von einer »Komödie der Unaufrichtigkeit« (Kilian 1969, 75) die Rede, wobei insbesondere ein Verständigungsproblem zwischen den Ehepartnern konstatiert wird (vgl. ebd., 78–80; Swales 1971, 203), das eine Sprachskepsis zum Ausdruck bringe (vgl. Doppler 1971; Scheible 1976, 89). Die Unehrlichkeit zwischen dem Künstlerpaar basiert jedoch eher auf einer Form des Selbstbetrugs, wie Cäcilie am Ende des Dramas erkennt: »Wenn alles andere wahr gewesen ist, – daß wir beide uns so schnell darein gefunden in jener Stunde, da du mir deine Leidenschaft für die Gräfin und ich dir meine Neigung für Sigismund gestand – das ist nicht Wahrheit gewesen. Hätten wir einander damals unsern Zorn, unsere Erbitterung, unsere Verzweiflung ins Gesicht geschrien, statt die Gefaßten und Überlegenen zu spielen, dann wären wir wahr gewesen, Amadeus, – und wir waren es nicht« (DW I, 960). Die tatsächlichen Gefühle werden oftmals über Regieanweisungen angedeutet (vgl. Scheible 1976, 90), so etwa in Cäciliens Reaktion nach der Vereinbarung der Trennung im ersten Akt, als Amadeus sie plötzlich an sich zieht: »*Was tust du? Neue Hoffnung im Blick.*« Dieser kann und will sich von der getroffenen Vereinbarung trotz der offensichtlichen Anziehungskraft seiner Frau nicht gleich wieder entbinden: »Ich habe meiner Geliebten Lebewohl gesagt. […] Und nun begrüße ich die Freundin« (DW I, 915).

Der Grund seiner Selbstverleugnung liegt in dem anscheinend stärker ausgeprägten egoistischen Wunsch nach außerehelichen sexuellen Vergnügungen (vgl. Doppler 1971, 295; Scheible 1976, 89). Unter dem Deckmantel angeblicher gegenseitiger Aufrichtigkeit stellt er die »Wahrhaftigkeit als bloßes Mittel unter einen momentanen Zweck« (Offermanns 1973, 27). Als Amadeus vermutet, dass Cäcilie für sich das gleiche Recht auf ein außereheliches Verhältnis wahrgenommen hat wie er selbst, kündigt er die Vereinbarung auf. Was er für sich in Anspruch nimmt, gesteht er ihr nicht zu, wodurch die »asymmetrischen Geschlechterverhältnisse[]« (Fliedl 2005, 139) zutage treten, die das Ehe-Experiment letztlich zum Scheitern bringen. Aufgrund der »Verhaltensweisen der patriarchalischen Gesellschaft« (Scheible 1976, 90), die Amadeus an den Tag legt, gelingt es Cäcilie nicht, sich ihm gegenüber zu behaupten. Immer wieder unterliegt sie ihrem Mann, der ihr seinen Willen regelrecht aufzwingt (vgl. Offermanns 1973, 27). Selbst als sie selbstbewusst und verändert nach mehrmonatiger räumlicher Trennung wieder auf Amadeus trifft – »Ich bin schon heute nicht mehr, die ich war« (DW I, 936); »Gehören werde ich niemandem … ich bin frei …« (ebd., 937) – gelingt es ihr nicht, sich der darauf folgenden Liebesnacht zu entziehen, obwohl sie ihn abzuwehren versucht: »Das darf nicht! … Das soll nicht … nein … […] Laß mich, Amadeus!« (ebd., 938). Dem von ihr vertretenen Wunsch nach Eigenständigkeit, der bereits in ihrem Doppelnamen zum Ausdruck kommt, kann sie nicht entsprechen. Sogar am Ende ist es Amadeus, der die Fakten schafft. Zwar verweigert sie auf sprachlicher Ebene eine gemeinsame Zukunft, doch schließlich ist es ihr Mann, der das Haus und damit auch sie als seine Frau verlässt. Mit einer hoffnungslosen Geste von ihr endet das Stück: »CÄCILIE *weint leise und läßt den Kopf aufs Klavier sinken*« (ebd., 961). Die Darstellung eines Auswegs aus dem thematisierten Dilemma des Dramas, dem »Gegensatz einer auf Kontinuität und Dauer gegründeten Institution und der Inkonstanz erotischer Empfindungen« (Offermanns 1973, 25) erkennt die Forschung im Rahmen von Schnitzlers Werken in der *Traumnovelle* (vgl. Urbach 1968, 84; Green 1973, 18; Scheible 1976, 91).

Die Gattungszuschreibung der Komödie muss aufgrund des durchaus als tragisch zu bezeichnenden Endes geradezu provozierend wirken. Dementsprechend kreist die Sekundärliteratur insbesondere um die Frage, inwiefern *Zwischenspiel* überhaupt als Komödie gelten kann, womit Schnitzlers eigene Unsicherheit in dieser Hinsicht aufgegriffen wird. Perlmann (1987, 89 f.) und Scheible (1976, 88) weisen zwar darauf hin, dass das Tragische und das Komische in Schnitzlers Komödien oftmals einhergehen, dennoch kann aufgrund der Schlussgebung des Stückes die Berechtigung der Zuschreibung als Komödie angezweifelt werden. Während die meisten Deutungsansätze eine Hoffnung für das Paar konstatieren (vgl. Kilian 1969, 78; Doppler 1971, 297; Swales 1971, 213; Offermanns 1973, 37; Scheible 1976, 91; Perlmann 1987, 92), verweist Fliedl auf den »kaum mehr tragikomisch zu nennenden Pessimismus« (Fliedl 2005, 40) des Stücks und das definitive Ende der Beziehung: »Am Ende dieser ›Komödie‹ steht kein vereintes, sondern ein endgültig getrenntes Paar« (ebd., 140). Der Text bestätigt eher letztere Lesart: Amadeus ist im dreizehnten und letzten Auftritt nicht mehr anwesend, nachdem er in den für die ersten beiden Akte jeweils zentralen letzten Szenen immer im Zwiegespräch mit seiner Frau stand. In Cäciliens finaler Geste drückt sich zudem ihre Trauer und Hoffnungslosigkeit aus. Die in der Forschung oftmals postulierte Zuschreibung eines angeblich hoffnungsvollen Schlusses orientiert sich daher eher an der Gattungsbezeichnung als am konkreten Text.

Zentrales Merkmal des Dramas sind zahlreiche selbstreflexive Elemente, die auf die Konstruiertheit des Dramas verweisen. Neben vielen intermedialen Bezügen auf die Musik, die sich als Kommentare zur Handlung des Stückes deuten lassen (vgl. Green 1973), fungiert dabei insbesondere die Figur des Dichters Albertus Rhon als ironischer Kommentator des dramatischen Geschehens, wodurch *Zwischenspiel* zumindest partiell komödiantische Elemente aufweist (vgl. Sprengel 2004, 503).

Literatur

Doppler, Alfred: Die Problematik der Sprache und des Sprechens in den Bühnenstücken A. S.s. In: Alois Eder/Hellmuth Himmel/Alfred Kracher (Hg.): *Marginalien zur poetischen Welt*. Berlin 1971, 283–297.
Green, Jon D.: Musical Structure and Meaning in A. S.'s *Zwischenspiel*. In: MAL 6 (1973), H. 1/2, 7–25.
Fliedl, Konstanze: *A. S.* Stuttgart 2005.
Kilian, Klaus: *Die Komödien A. S.s. Sozialer Rollenzwang und kritische Ethik*. Bochum 1969.
Lindgren, Irène: »*Seh'n Sie, das Berühmtwerden ist doch nicht so leicht!« A. S. über sein literarisches Schaffen*. Frankfurt a. M. u. a. 2002.
Offermanns, Ernst L.: *A. S. Das Komödienwerk als Kritik des Impressionismus*. München 1973.
Perlmann, Michaela L.: *A. S.* Stuttgart 1987.
Scheible, Hartmut: *A. S. in Selbstzeugnissen und Bilddokumenten*. Reinbek bei Hamburg 1976.
Sprengel, Peter: *Geschichte der deutschsprachigen Literatur 1900–1918*. München 2004.
Swales, Martin: *A. S. A Critical Study*. Oxford 1971.
Wagner, Renate/Vacha, Brigitte: *Wiener Schnitzler-Aufführungen 1891–1970*. München 1971.
Urbach, Reinhard: *A. S.* Velber bei Hannover 1968.
Urbach, Reinhard: *S.-Kommentar zu den erzählenden Schriften und dramatischen Werken*. München 1974.

Dominik Orth

Der Ruf des Lebens.
Schauspiel in drei Akten (1906)

Entstehung

Über 25 Jahre, von 1905 bis kurz vor seinem Tod 1931, hat Schnitzler dieses Drama beschäftigt; es ist das einzige seiner Stücke, das nach Uraufführung und Publikation Gegenstand wiederholter Umarbeitungsversuche gewesen ist. Ende März 1905 entsteht der Plan zum dreiaktigen Drama »Die Vatermörderin«, basierend auf dem Stoff zu einer gleichnamigen Novellette, die ihrerseits »der Erinnerung an eine Patientin die Anregung verdankt« (Tb, 29.3.1905; ebd., 15.3. u. 21.11.1898). Die Arbeit an den ersten beiden Akten schreitet relativ zügig voran, doch bereits früh klagt Schnitzler über »Schwierigkeiten des 3. Aktes« (ebd., 25.4.1905). Am 10. November 1905 werden die Arbeiten zu dem nun *Der Ruf des Lebens* benannten Drama (zwischenzeitlich: »Widerhall« und »Stimmen des Lebens«) vorläufig abgeschlossen, doch auch danach arbeitet Schnitzler noch am dritten Akt weiter.

Die Uraufführung findet in russischer Übersetzung am 6. Februar 1906 in St. Petersburg mit außerordentlich großem Erfolg statt (Heresch 1982, 74; 21.2. u. 6.4.1906), am 24. Februar wird das Stück am Lessingtheater in Berlin unter der Regie von Otto Brahm gegeben; die ursprüngliche Idee einer Inszenierung durch Max Reinhardt hatte sich zerschlagen (ebd., 13.8.1905; an Beer-Hofmann, 14.9.1905; Beer-Hofmann-Bw, 175 u. 308 f.). Die Berliner Premiere wird gemischt aufgenommen und hinterlässt bei Schnitzler insgesamt den »Eindruck eines Mißerfolgs« (Tb, 24.2.1906); Brahm setzt das Stück nach sieben Vorstellungen zur Verärgerung des Autors ab (ebd., 6.4.1906 u. 7.2.1907). Noch im gleichen Jahr erscheint das Drama im Druck bei S. Fischer mit einer Widmung an Hermann Bahr. Anfang 1908 arbeitet Schnitzler das Stück zu einer zweiten Fassung um, die 1910 als dritte Aufl. bei Fischer erscheint.

1.1.1 Mehraktige Dramen

Die Wiener Premiere am Volkstheater Dezember 1909 gerät zur »Sensationspremiere« (ebd., 11.–13.12.1909) mit positivem Echo in der Kritik (u. a. Alfred Polgar) und bei Freunden (u. a. Stefan Zweig, Felix Salten); Beer-Hofmann verfasst eine humoristische Parodie (*Das Echo des Lebens*: Beer-Hofmann-Bw, 198–206). Gleichwohl unternimmt Schnitzler wiederholt – u. a. 1914, erneut 1920 anlässlich der geplanten Einrichtung für einen (nicht realisierten) Film und schließlich 1931 auf Wunsch des Sohnes Heinrich, der 1932 eine Neuinszenierung im Volkstheater plant (Tb, 4.7.1931) – Anläufe zur Umarbeitung insbesondere des dritten Akts, für den auch Hofmannsthal und Gustav Schwarzkopf (Bellettini 2010) Alternativvorschläge beisteuern; noch der letzte werkbezogene Tagebucheintrag zehn Tage vor seinem Tod gilt diesem Stück (ebd., 2.10.1931; zum ganzen Textentwicklungsprozess s. Connor 1973, 19–31 u. 43–50; Kalcher 1980, 226–291). Eine 1923 von Korngold geplante Oper kommt nicht zustande. Von der in den 1960er Jahren einsetzenden ›Schnitzler-Renaissance‹ hat dieses Stück nicht profitiert; es gehört zu den selten aufgeführten großen Dramen Schnitzlers.

Inhalt

Das Drama spielt um die Mitte des 19. Jahrhunderts in Wien (1. und 2. Akt) und in einem niederösterreichischen Dorf (3. Akt) zur Zeit eines nicht näher konkretisierten Krieges. Die 26-jährige Halbwaise Marie Moser lebt mit ihrem 79-jährigen Vater zusammen und verzehrt sich in Pflege für den Todkranken, der sie eigensüchtig davon abhält, ihre Jugend zu leben, ja überhaupt die Wohnung zu verlassen. Zwei potentielle erotische Partner bieten sich an: der angehende Förster Eduard, der sie zur Frau begehrt, von ihr jedoch nicht geliebt wird, und der junge Offizier Max, in den Marie sich in einer Ballnacht leidenschaftlich verliebt hat. Im ersten. Akt ermutigt sie der Arzt Dr. Schindler, gegen den Willen des Vaters ihr eigenes Leben zu leben, und lässt ihr ein Schlafmittel in Überdosis da. Marie vergiftet den Vater und eilt in die Kaserne zu Max. Die Eliteeinheit der Blauen Kürassiere, zu der Max und sein Kamerad Albrecht gehören, muss am nächsten Tag in den Krieg ziehen. Der Marschbefehl gilt als Todeskommando, mit dem eine vergangene Schuld gesühnt werden soll, nämlich die als schmachvoll geltende Flucht ihrer Einheit vor 30 Jahren – eine Flucht, die, wie Maries Vater noch im ersten Akt bekennt, kein anderer als er selbst, seinerzeit Befehlshaber der Kürassiere, verantwortet. Zu Beginn des zweiten Akts fordert der Oberst Max auf, den von ihm geahnten Ehebruch mit seiner Frau Irene zu gestehen und garantiert ihm sein »Verstehen« (DW I, 1000); Irene beschwört Max ihrerseits, sich dem unsinnigen Todesbefehl zu entziehen und phantasiert ein Leben an seiner Seite. Max jedoch will den »Stimmen des Lebens« (ebd., 1006) kein Gehör geben und dem Oberst standhaft in den Tod folgen. Dieser stört die Zusammenkunft des ehebrecherischen Paars, erschießt seine Frau und zwingt Max, den Mord auf sich zu nehmen. Marie, die ihrerseits, hinter einem Vorhang versteckt, die letzten Vorgänge mitbekommen hat, ist bereit, mit dem Geliebten die letzte Nacht vor seinem Selbstmord zu verbringen.

Der dritte Akt spielt drei Wochen später im Landhaus der Tante und vereint noch einmal alle Figuren aus dem ersten Akt mit Ausnahme des Vaters. Zwischen Marie und dem Forstadjunkt erfolgt ein versöhnlicher Abschied. Der Arzt, der den Vatermord durch ein falsches Attest gedeckt hat, um Marie vor Strafverfolgung zu bewahren, weist ihr, die an ihrer Lebensberechtigung zweifelt, einen neuen Weg in Gestalt des Dienstes als Krankenschwester an der Front. Marie nimmt ihr Leben an, während gleichzeitig die todkranke Cousine Katharina, die vom Wahnsinn gezeichnet aus erotischen Abenteuern zurückkehrt, stirbt.

Deutung

Das Stück steht unverkennbar im lebensideologischen Kontext der Epoche und somit im Spannungsfeld zwischen der wörtlichen, biologischen und der metaphorisch-emphatischen, psychologischen Dimension des ›Lebens‹ (s. Kap. I.7). Die Ausgangssituation der jungen Protagonistin mit dem Merkmal eines freudlosen Lebens in kleinbürgerlicher familiärer »Dumpfheit und Enge« (DW I, 979) weist noch rudimentär naturalistische Züge auf und inszeniert eine in der Literatur der 1890er Jahre typische Konstellation: Normkonformität definiert sich als altruistische Kindespflicht gegenüber dem Vater und repräsentiert zugleich ein reduziertes, mit metaphorischem ›Tod‹ korreliertes Leben (»verpfuschtes Leben«; ebd., 967); im antagonistischen Gegensatz hierzu steht als ›Leben‹ im eigentlichen, emphatischen Sinn eine selbstbestimmte Existenz, die die Erfüllung jugendlicher, i. e. insbesondere erotischer Wünsche ermöglicht. Letztere gelten damit als exemplarisch ›egoistische‹ und werden wesenhaft mit sozialer Normverletzung gekoppelt (Lukas 1996, 36–39 u. 74–78). Anfang der 1890er Jahre entwirft Schnitzler in seiner ersten großen Novelle *Sterben* eine analoge Situation, wo die Situation der pflichterfüllenden Krankenpflege gegenüber einem Nahestehenden, hier dem todkranken Geliebten, zunehmend einem ›Nicht-Leben‹ äquivalent wird, aus dem die Protagonistin sich befreien will; zeitgleich thematisieren Josef Breuer und Sigmund Freud in den *Studien über Hysterie* (1895) am Beispiel der Fallgeschichte der Anna O. (Bertha Pappenheim) die Neurosen provozierende Wirkung eines solchen altruistischen Daseins (Perlmann 1987, 74).

Gemäß einem in der Literatur der Frühen Moderne weitverbreiteten Modell lebt Marie zu Beginn im Zustand einer latenten Krise. Erst die eindringlichen Worte des Arztes, der sie an ihre »andere[n] Wünsche« (DW I, 979) erinnert und damit die typische Rolle eines Katalysators einnimmt, lösen die Bewusstwerdung ihrer aktuellen defizitären Existenz und damit den Ausbruch der Krise als manifester aus (Wünsch 1983; Lindner 1994, 31–39; Lukas 1996, 74–103). Diese artikuliert sich im Dialog mit dem Adjunkten als Prozess einer rasanten psychischen Entfernung nicht nur aus dem familiären, sondern aus dem vertrauten bürgerlichen Raum als solchem – »Ich gehöre zu niemandem mehr und zu Ihnen so wenig als zu einem andern. [...] Sie sind mir nichts mehr – nichts mehr!« (DW I, 985 f.) – und mündet schließlich in einen Anfall der Verzweiflung darüber, dass sie dem ›Ruf des Lebens‹ in Gestalt eines potentiellen Liebesglücks mit Max nicht gefolgt ist. Voraussetzung für die Realisierung des angestrebten Lebenswechsels ist die radikale Negation des tradierten Wertsystems und eines ihm konformen bürgerlichen Lebens; wie andere Figuren Schnitzlers vor ihr oder nach ihr muss die Protagonistin also bereit sein, »Ehre, Leben und Seligkeit hinzuwerfen« (ebd., 986).

Ist es bei den jungen weiblichen Figuren das familiale Wert- und Normensystem, das ein ›Leben‹ blockiert, so bei den jungen männlichen Figuren das militärische. Beide tradierten Systeme werden jeweils von einer Vaterfigur repräsentiert, ersteres von Maries Vater, letzteres vom Oberst, der gegenüber Max eine väterliche Position einnimmt und zudem mit 49 Jahren exakt so alt ist wie Maries Vater, als dieser vor 30 Jahren als Kommandant die nämliche Position innehatte. Wie das weibliche Selbstopfer für den biologischen Vater, so wird das männliche Selbstopfer für den symbolischen ›Vater‹ und damit das Vaterland überhaupt im Text massiv in Frage gestellt. Die sowohl von Irene als auch vom Kameraden Albrecht behauptete Sinnlosigkeit (»der Teufel soll mich holen, wenn ich weiß, wofür ich mich niederschlagen lasse! [...] warum? ... warum?«; ebd., 1002 f.) erscheint potenziert dadurch, dass just derjenige, »der sie alle in den Tod schickt«, nämlich Maries Vater, sich in der Vergangenheit selbst für das Leben und gegen ideologische Werte entschieden hatte, indem er erkannte, »daß sie uns all das, was uns auf den Fleck gebannt hielt hundert Ewigkeiten lang, nur vorlügen – Ehre und Vaterland nur vorlügen, um uns sicher zu haben!... Wer lohnt mir's? Wer dankt mir's? [...] Leben wollt' ich, leben, wie andre dürfen...« (ebd., 992 f.). Max und der Oberst, die beide den Wert der heroischen Ehre vertreten, werden ihrerseits in ihrer Opfermotivation entlarvt. Ersterer sucht nach einer Sühne für den von ihm verübten Ehebruch, Letzterer ist begierig, endlich eine echte Schlacht mitmachen zu dürfen, gleichgültig, welchem Wert – »Kaiser«, »Vaterland« oder »Wahn« – das Leben geopfert wird (ebd., 998 f.). Hinter dem offiziell vorgegebenen altruistischen Motiv einer kollektiven Schuldsühnung verbergen sich also jeweils ›egoistische‹ individuelle Motive. Im Selbstmord von Max *vor* der Schlacht wird die Substitution der kollektiven politischen durch die individuelle erotische Geschichte sinnfällig vollzogen und erstere aus letzterer damit in ähnlicher Weise ›abgeleitet‹ wie schon in *Der grüne Kakadu* (Lukas 1996, 247–254, 264–267 u. 274–276).

Indem Marie mit dem Geliebten die Nacht vor seinem Tod verbringt, hat sie die letzte Möglichkeit zu einem intensiven Leben, die sich ihr bietet, ergriffen. Sie hat damit »in dieser einen Nacht erfahren, was andre Frauen nicht in tausend Tagen und Nächten« erfahren, wobei die Intensität sich nicht nur in positiver, sondern auch in negativer Abweichung vom bürgerlichen Normalleben bemisst: »eigne Seligkeit, wie ich sie nie erträumt, eigne Verzweiflung wie kein Mensch sie fassen kann« (DW I, 1017). Die Legitimation des Vatermords, den Marie explizit weder bereut noch im Rahmen gesetzlicher Sanktionen büßen muss, ist spektakulär und beruht ganz auf der neuen, vom Arzt im ersten Akt dekretierten Moral, derzufolge das Individuum »höhere [Pflichten] gegen sich selbst« hat (ebd., 979). Diese gründen weder in menschlicher Satzung noch in Gott, sondern im ›Leben‹ selbst, dessen implizite metaphysische Dimension in der Formulierung des Arztes nur allzu deutlich wird: »der Gott, zu dem wir nicht beten, aber an den wir alle glauben müssen, straft es bitter, wenn sie [diese höheren Pflichten] verletzt werden«

(ebd.). Indem sie den Vater tötet, erfüllt Marie gleichsam die ihr vom ›Leben‹ auferlegte Pflicht.

Wenngleich also die alte, altruistische Moral durch eine neue, ›egoistische Lebensmoral‹ ersetzt werden muss, so ist dies doch nur der erste notwendige Schritt, dem in dem Maße ein zweiter folgen muss, als das gelebte intensive ›Leben‹ immer nur von begrenzter Dauer ist, hier gar nur eine Nacht währt. Gemäß dem lebensideologischen narrativen Modell, dem auch dieses Drama folgt (s. Kap. I.7), muss auf einer höheren Ebene eine neue Sinnstiftung gesucht werden. Der ganze, vielgeschmähte, aber auch gerühmte (vgl. Kerr 1906) dritte Akt dient genau dieser Aufgabe (Kalcher 1980, 269–291; Lukas 1996, 127–130, 155–160 u. 178–182). Nicht mehr um des »ersehnte[n]«, »herrliche[n]« (DW I, 1017) individuellen Lebens willen, in dem die ›egoistische‹ Triebnatur zu ihrem Recht kommt, sondern im Namen einer alles determinierenden überindividuellen Lebensgesetzlichkeit erfolgt die entscheidende Relativierung von Mord und Sünde. Anstelle einer moralischen erscheint nun die biologische Grenze zwischen Tod und Leben in den Schlussworten des Arztes als die einzige Gewissheit, durch die dem Leben als solchem – nicht dem absterbenden des Vaters, sondern dem jugendlichen Maries, das auch jenseits ekstatischer erotischer Erfahrungen noch potentielle Glücks- und Sinnerfahrungen bereithält – ein neuer Selbstwert zugesprochen wird: »Ich weiß nichts andres auf Erden, das gewiß wäre« (ebd., 1027).

Der kontrastive Parallelfall der Cousine Katharina, die eine radikalisierte Version der Ego-Moral vertritt (»Wen die andern kümmern, der darf nicht glücklich sein«; ebd., 990) und, aus exzessiven Liebesabenteuern heimkehrend, noch vor ihrem biologischen Tod als psychisch gestört gezeichnet wird, belegt die textinterne Notwendigkeit, neue Grenzen zu finden. Wenn Schnitzler in der zweiten Fassung Marie auf Vorschlag des Arztes den Dienst als Krankenschwester an der Front antreten lässt, dann findet er damit auch die Lösung, altruistische Sozialität mit dem ›Leben‹ neu zu versöhnen. Denn es handelt sich nicht mehr um den vorgegebenen Zwang einer lebensfeindlichen Moral, der das Subjekt in eine existentielle Krise stürzt, sondern um eine freiwillig übernommene soziale Verantwortung unter potentiellem Einsatz des eigenen Lebens, womit Marie ihrem ganz persönlichen »Verlangen nach Sühne« Rechnung trägt und sich das »Recht, frei unter Lebendigen weiterzuwandeln«, das der Arzt ihr formal verschafft hat, gleichsam neu erwirbt (ebd., 1017 f.). Mag das Stück mit seinem Bruch zwischen den handlungsüberfüllten ersten beiden Akten und dem handlungsarmen dritten Akt in dramaturgischer Hinsicht auch nicht ganz geglückt erscheinen, so zählt es gleichwohl zu den großen seiner Dramen, in dem Schnitzler »unvergeßliche Gestalten« geschaffen und »unvergeßliche Worte« gefunden hat (Specht 1922, 263).

Literatur

Bellettini, Lorenzo: Proximity and Distance. S., Schwarzkopf and *Der Ruf des Lebens*. In: Lorenzo Bellettini/Peter Hutchinson (Hg.): *A. S.'s Hidden Manuscripts*. Bern 2010, 119–152.

Conner, Maurice: *An Investigation of Three Themes Pertaining to Life and Death in the Works of A. S. With Particular Emphasis on the Drama »Der Ruf des Lebens«*. Ann Arbor 1973.

Heresch, Elisabeth: *S. in Russland. Aufnahme – Wirkung – Kritik*. Wien 1982.

Kalcher, Joachim: *Perspektiven des Lebens in der Dramatik um 1900*. Köln/Wien 1980.

Kerr, Alfred: Oedipus und der Ruf des Lebens. In: *Neue Rundschau* 17 (1906), 492–498.

Lindner, Martin: *Leben in der Krise. Zeitromane der neuen Sachlichkeit und die intellektuelle Mentalität der klassischen Moderne*. Stuttgart 1994.

Lukas, Wolfgang: *Das Selbst und das Fremde. Epochale Lebenskrisen und ihre Lösung im Werk A. S.s*. München 1996.

Perlmann, Michaela L.: *A. S.* Stuttgart 1987.

Specht, Richard: *Der Dichter und sein Werk. Eine Studie*. Berlin 1922.

Titzmann, Michael: Das Konzept der ›Person‹ und ihrer ›Identität‹ in der deutschen Literatur des frühen 20. Jhs. In: Manfred Pfister (Hg.): *Die Modernisierung des Ich. Studien zur Subjektkonstitution in der Vor- und Frühmoderne*. Passau 1989, 36–52.

Wünsch, Marianne: Das Modell der »Wiedergeburt« zu ›neuem Leben‹ in erzählender Literatur 1890–1930. In: Karl Richter/Jörg Schönert (Hg.): *Klassik und Moderne*. Stuttgart 1983, 379–407.

Wolfgang Lukas

Der junge Medardus. Dramatische Historie in einem Vorspiel und fünf Aufzügen (1910)

Entstehung

Die Idee des »Doppelselbstmords« (Tb, 22.12.1901) bildete für Schnitzler zunächst den dramatischen Nukleus seines im Tagebuch oftmals als »Alt Wiener Stück« titulierten Werks, das er wohl im Jahr 1901 begann. Dieses konnte er sich, wie Entwürfe im Nachlass zeigen, zunächst »[a]uch satirisch« (SAF, A.XXIV.2, Folio 6) oder »[a]ls burleskes Stück« (ebd.,

Folio 7) vorstellen, sodass diese Ideenskizzen in der Tradition von Kellers ländlicher Adaption des Romeo-und-Julia-Stoffes und Ludwig Anzengrubers Volksstück *Doppelselbstmord* (1876) zu stehen scheinen. An der historischen Situierung während der Zeit der Napoleonischen Kriege zweifelte Schnitzler indes noch 1908. Im Fahrwasser des Centenariums der militär- und polithistorischen Ereignisse begann er gleichwohl im Herbst desselben Jahres von Neuem mit der Ausarbeitung der »dramatischen Historie« (so der Untertitel des Stücks), wofür er zahlreiche historische Quellen studierte und exzerpierte. So wurde etwa die Figur des Titelhelden von Friedrich Staps inspiriert, der am 12. Oktober 1809 in Schönbrunn während einer Parade einen Attentatsversuch auf Napoleon unternahm. Nachdem Schnitzler das Drama in einem Vorspiel und fünf Akten erneut umgearbeitet hatte, war es im Juni 1909 das erste Stück, welches er am Wiener Burgtheater einreichte, »ohne daß es ein andrer kennt« (Tb, 28.6.1909).

Uraufführung

Nicht zuletzt aufgrund eines Intendantenwechsels fand die erfolgreiche Uraufführung unter der Regie von Hugo Thimig erst am 24. November 1910 statt, die dem Theater einen »Einnahme-Record« (Tb, 10.2.1911) und der Buchausgabe, für die Karl Walser den Umschlag zeichnete, allein bis 1911 sieben Auflagen bescherte. Gastspielen in Prag und Hermannstadt/Sibiu folgte 1914 die Berliner Premiere im Lessingtheater, die jedoch in frühen Weltkriegswirren unterging; »die Zeit für diese schwankenden Helden« (ebd., 5.11.1914) schien vorüber zu sein. Nach Kriegsende konkretisierte sich einerseits das Projekt einer Verfilmung, für welches Schnitzler 1920 ein Filmskript verfasste, das 1923 unter der Regie von Mihály Kertész/Michael Curtiz (1888–1962) realisiert wurde. Andererseits erwies sich auch das Bühnendrama, das anlässlich Schnitzlers 60. Geburtstag an der ›Burg‹ wieder aufgenommen wurde und dort zu Lebzeiten des Autors insgesamt 88-mal zu sehen war, erneut als erfolgreich.

Inhalt

1809 belagern die napoleonischen Truppen Wien, und Medardus Klähr, Sohn einer Buchhändlerswitwe, meldet sich zur Verteidigung der Stadt. Zugleich scheint François, ein französischer Adeliger, dessen Familie vor Napoleon ins Exil flüchtete, um die Hand von Medardus' Schwester Agathe anzuhalten. Da aber François' Vater in die Ehe nicht einwilligen würde, wählt das junge Paar den Freitod in der Donau. Medardus vernachlässigt daraufhin seine militärischen Pflichten und sucht Agathe zu rächen, indem er seinerseits François' Schwester Helene zu seiner Geliebten macht und dadurch erniedrigt. Neben einer temporären Liaison verbindet Helene und Medardus das Ziel, Napoleon zu töten, allerdings aus unterschiedlichen Motiven: Helene, weil ihre Familie einen Anspruch auf den französischen Thron zu haben glaubt, und Medardus, weil er Vater und Onkel rächen will, die im Krieg gegen den französischen Kaiser getötet wurden. Aufgrund eines Missverständnisses scheitern jedoch beide, denn als Helene sich zum Schein mit Napoleon einlässt, wird sie von Medardus erstochen, der sie für die Geliebte des Kaisers hält. Medardus wiederum wird verhaftet und – nachdem Helenes Intention bekannt geworden ist – als (unfreiwilliger) Retter des Korsen begnadigt, verweigert aber die ihm zugedachte Gnade und wird füsiliert.

Deutung

Trotz der historischen Situierung liefert Schnitzler kein Napoleon-Drama, doch wird die (überlebensgroße) Gestalt des französischen Kaisers auf der Bühne zu einer omnipräsenten Leerstelle und zum zentralen Bezugspunkt der Figuren. Anders als Shakespeare in seinen ›histories‹, Goethe im *Götz* oder Schiller im *Wallenstein* macht Schnitzler somit den ständisch durchschnittlichen Medardus zum Helden seines Dramas, der zugleich einen Typus repräsentiert. In ihm karikiert Schnitzler das vermeintlich Heroische, da »der Lauf der Dinge […] einen Narren aus ihm [machte]« (DW II, 215) und Medardus in seinem schwankenden Opportunismus wie ungefestigten Idealismus letztlich in einen selbst erzwungenen Tod geht und als »dieses Krieges letzter und seltsamster Held« (ebd.) stirbt. Eignet bereits der Hauptfigur wenig identifikatorisches Potential, so auch der umfangreichen Liste der *dramatis personae*, welche insgesamt 79 Personen und Personengruppen aufführt und die von dem episch-chronikalischen Versuch des Autors zeugt, das zeitliche Kolorit der Epochenschwelle des frühen 19. Jahrhunderts ebenso zu erfassen wie das Wiener Milieu. So sucht Schnitzler in seinem panoramatischen Blick auf die österreichische Gesellschaft Schnittpunkte zwischen persönlichem Schicksal und der Weltgeschichte zu konstruieren, was gleichwohl fragwürdig bleibt; eventuell ist gar »die Fragwürdigkeit dieses Zusammenhangs [...] letztlich wohl das eigentliche Thema des Stücks« (Sprengel 2004, 477).

Zugleich variiert Schnitzler im *Medardus* die in seinem Œuvre wiederholt erprobte Konstellation von Liebe und Tod, deren Protagonisten hier zwei Geschwisterpaare sind: Dem auftaktigen Motiv eines Doppelselbstmords aus Liebe in der Romeo- und-Julia-Tradition folgt eine Annäherung der hinterbliebenen Geschwisterteile, die zunächst von Antipathie getragen wird, sodann in Hassliebe mündet und schließlich in zwei weiteren sinnlosen Toden endet. So lässt sich das Stück auch als Teil der »genuin Schnitzlersche[n] Identitäts- und Rollenspiel-Thematik« (ebd.) lesen.

Filmskript und Verfilmung

Die psychologische Ebene des Stücks, auf der Schnitzler das Wiener Bürgertum ebenso seziert wie den ›schwankenden Helden‹, wird in dem 152 Seiten umfassenden maschinenschriftlichen Filmskript, das sich im Nachlass Schnitzlers erhalten hat, weitgehend reduziert. Gleichzeitig wird in ihm *Der junge Medardus* im Blick auf Schauplätze und Personal erweitert: So treten etwa zusätzliche Figuren wie Napoleon oder Maria Walewska auf, während die dreizehn Schauplätze des Dramas durch siebzig *locations* ersetzt werden (vgl. Bachmann 2003). So kann das zuvor nur teichoskopisch Berichtete im Medium des Films nunmehr dargestellt werden, wodurch sich zugleich der Blickwinkel auf das Geschehen verändert: Die satirische Persiflage weicht einer Glorifizierung, und was im Drama lediglich atmosphärischer Grundierung diente, wird im Filmskript inhaltsragend akzentuiert. Gleichwohl zeugt der Drehbuchentwurf von Schnitzlers cineastischem Verständnis, da sich etwa aufgrund der Anweisungen für einzelne Settings auch Rückschlüsse auf Einstellungsgrößen, Kameraperspektiven oder Schnittfolgen ziehen lassen.

Weniger geschichtliche Akkuratesse denn populär wirksame Inszenierung vor historischer Kulisse kennzeichnet auch die 1923 abgeschlossene Verfilmung. Nur wenige Jahre nach dem Ende des Ersten Weltkriegs konnten der Krieg als ästhetisiertes Schauspiel und Medardus als patriotischer Held auf der Leinwand gezeigt werden. Kertész erwies sich bei der Inszenierung von Massenszenen, der Beherrschung filmtechnischer Möglichkeiten, Schnittfolgen oder der Lichtregie hierbei bereits durchaus versiert.

Insbesondere bietet das seinerzeit außerordentlich erfolgreiche Werk jedoch Gelegenheit, eine plurimediale ›Mehrfachverwertung‹ par excellence beobachten zu können, da sich neben Lesedrama, Filmskript und Verfilmung auch die Strichfassung der Uraufführung erhalten hat. Überdies ermöglichen das Tagebuch Schnitzlers sowie das bislang nur ansatzweise bekannte nachgelassene Material (ungefähr 1700 Blatt) eine lückenlose Rekonstruktion der Entstehungsgeschichte, und lediglich eine 1931 – indes ohne Wissen des Schriftstellers erstellte – Rundfunkbearbeitung muss als verloren gelten.

Literatur

Aurnhammer, Achim u. a. (Hg.): *A. S.s Filmarbeiten, Drehbücher, Entwürfe, Skizzen*. Würzburg (i. Dr.).

Bachmann, Holger: *A. S. und Michael Curtiz. »Der junge Medardus« auf der Bühne und im Kino*. Essen 2003.

Buohler, Hans Peter: A.S.s »Medardus Affairen«. Teil 1: Korrespondenzen. In: *Hofmannsthal-Jahrbuch* 19 (2011), 79–215. Teil 2: Materialien. In: *Hofmannsthal-Jahrbuch* 21 (2013), 175–241.

Buohler, Hans Peter: A.S.s »anmutiges Monstrum«. *Der junge Medardus als Historiendrama und Filmprojekt*. In: Wolfgang Lukas/Michael Scheffel (Hg.): *Textschicksale. Die Welt A.S.s im Kontext der Moderne*. Berlin 2015 (i. Dr.).

Concetti, Riccardo: »Ungeheures, sonderbar zugerichtetes geistiges Erbe«. Modernità e storicismo nel film sull'esempio di *Der junge Medardus*. In: *Annali Online di Lettere – Ferrara* 1 (2010), 72–89.

Derré, Françoise: *Der junge Medardus* ou l'ambiguité du patriotisme. In: Christiane Ravy/Gilbert Ravy (Hg.): *A. S. Actes du Colloque du 19–21 Octobre 1981*. Paris 1983, 61–77.

Iehl, Yves: Vision de l'histoire et sentiment de l'absurde dans le drame »Le Jeune Médard« d'A. S. In: *Austriaca* 39 (1994), 115–124.

Sprengel, Peter: *Geschichte der deutschsprachigen Literatur 1900–1918. Von der Jahrhundertwende bis zum Ende des Ersten Weltkriegs*. München 2004.

Vana, Gerhard: Burghof und Hofburg. Wien als Bricolage in *Der junge Medardus*. In: Christian Dewald/Michael Loebenstein/Werner M. Schwarz (Hg.): *Wien im Film – Stadtbilder aus 100 Jahren*. Wien 2010, 44–53.

Hans Peter Buohler

Das weite Land.
Tragikomödie in fünf Akten (1911)

Entstehung

Die Entstehungsgeschichte des Stückes reicht bis ins Jahr 1901 zurück. Die Begegnungen des Autors mit Persönlichkeiten seiner Umgebung, ergänzt durch Eindrücke von berühmten Wiener Schauspielern, werden zu Vorbildern für die Figurenkonzeption des

Textes. Im Sommer 1908 finden sich – nach Ausflügen zum Völser Weiher von Seis in Südtirol aus (Tb, 28.6.1908) – die ersten Hinweise auf die Entstehung des Stückes als »Frieberg-Novelle«, dann als »Frieberg-Stück« (zur Entstehungsgeschichte vgl. Liptzin 1995, 154–174). Der Jugendfreund und spätere Industrielle Louis Friedmann diente als Vorbild für den Fabrikanten Hofreiter. Der erste Hinweis auf den endgültigen Titel lautet: »Das Frieberg-Stück geht mir auf. – Es wird wahrscheinlich heißen ›Das Weite Land‹. Die immanente Idee des Stückes erklärte sich mir heute« (Tb, 28.7.1908). Am 24. Mai 1909 war der Arbeitsprozess abgeschlossen. Am 31. Mai 1909 erfolgte die erste Lesung vor Otto Brahm, erste Besetzungsgedanken kreisten um den Hofschauspieler Josef Kainz, der den Hofreiter spielen müsse: »[...] mir läge viel dran, daß D. W. L. mit Kainz die Uraufpremière erlebe« (ebd., 3.5.1910). Am 15. September 1911 begannen die Proben am Burgtheater, nachdem der umworbene Starschauspieler im Juli 1910 schwer erkrankt und am 20. September gestorben war. Am 10. Oktober 1911 starb der Darsteller des Dr. Aigner, Ernst Hartmann.

Uraufführung

Schnitzler hat sich an den Proben der Uraufführung intensiv beteiligt. Einerseits schien die Mitarbeit des Autors dem Produktionsteam und dem Bühnenbildner Remigius Gayling durchaus nützlich; andererseits erzeugte Schnitzlers »vieles Dreinreden« (Tb, 30.9.1911) eine merkliche Missstimmung und das Unbeteiligtsein des Regisseurs. Der Dekorationsplan und das Probenexemplar der Wiener Uraufführung im Literaturarchiv Marbach (Denk 2010, 276) lassen den Stil der Inszenierung erkennen: Die nachhaltige Wirkung auf das Publikum resultierte aus der Gleichzeitigkeit eines vordergründig ausgestellten sichtbaren naturalistischen Bühnenraums und eines nur hörbaren Spielraums im imaginierten Hintergrund (Tennisplatz). Otto Brahm, der erfahrene Naturalist und Theaterkritiker, bezeichnete diesen neuen Stil als »pointillistisch« (an Otto Brahm, 26.6.1919; Brahm-Bw, 310).

Inhalt

Der Glühbirnenfabrikant Friedrich Hofreiter hält an der Ehe mit seiner jüngeren Frau Genia aus Gründen der Konvention und Etikette fest. Gerade hat er eine Affäre mit der Frau seines Bankiers, Adele Natter, beendet. Am Vortag hat sich »sein Klavierspieler« und Freund Korsakow (DWL, 12) erschossen; die Repräsentanten der ihn umgebenden und hofierenden Gesellschaft kommen gerade von dem verregneten Begräbnis zurück; man beschäftigt sich mit Tennisspiel und weiteren gesellschaftlichen sportiven Ablenkungen. Der Ehemann macht seinem »Kind« (ebd., 60), wie er Genia wiederholt anspricht, Vorwürfe: Hat sich Korsakow Genias wegen erschossen, weil sie ihn abwies? Genia versucht anhand eines Abschiedsbriefs des Pianisten diese Anschuldigung zu entkräften. Sie fasst den Sachverhalt so zusammen: »Er war leider nicht mein Geliebter« (ebd., 32 u. 35). Unvermittelt und für Genia unfassbar schließt sich ihr Gatte dem Vorhaben seines Freundes und Arztes Dr. Mauer und seiner Tennispartnerin, der jungen Erna, an: Er flieht in das für die Vorkriegs-Erlebnisgesellschaft typische Abenteuer, einen risikoreichen Alpinismus. Beim lebensgefährlichen ›Kraxeln‹ (vgl. ebd., 16) am nach dem Erstbezwinger benannten Gipfel, dem sogenannten Aignerturm, kommt es zur Liebesbegegnung zwischen Friedrich und Erna – »Höhenrausch« (ebd., 114) nennt das Friedrich gegenüber Dr. Mauer. Der Arzt, der Erna liebt, reist ab, nachdem er die Beziehung zwischen Erna und Friedrich entdeckt hat. Friedrich flüchtet ebenfalls vor Erna, die ihn zu klaren Entscheidungen zwingen will. In der Halle des Hotels »Völser Weiher«, in der sich skurrile Vertreter der Freizeit-Gesellschaft tummeln, trifft Friedrich auf Doktor von Aigner, den geschiedenen Gatten von Anna Meinhold-Aigner, ein Verwandter Friedrichs in Geist und Verhalten. Anna Meinhold-Aigner, eine selbstbewusste Schauspielerin, hält – als Gegenentwurf des Autors zu Genia – an der Unbedingtheit ihrer Liebe fest und trennt Leben und Kunst: Sie hat Aigner, nach dessen Affäre mit einer anderen Frau, konsequent und »unversöhnlich« (ebd., 87) verlassen. Aigner kennt den gemeinsamen Sohn, den Marine-Fähnrich Otto, nicht. Aigner will dem gemeinsamen Kind in Friedrichs Villa, so dessen Vorschlag, nicht beggnen, um der »verflossenen Gemahlin« (ebd.) aus dem Wege zu gehen. Inzwischen ist die im Haus zurückgebliebene Genia die Geliebte des nämlichen Otto geworden. Friedrich entdeckt auf der Flucht zurück in seine Villa Otto, der nachts aus Genias Fenster steigt. Eine vom Bankier Natter eingefädelte Intrige zwingt Friedrich zum Handeln: Einem Zeitungsgerücht zufolge soll dem Selbstmord des russischen Pianisten eine Affäre mit Genia und ein verdecktes »amerikanisches Duell« (ebd., 112 u. 119) der Kontrahenten vorausgegangen sein. Friedrich habe diesen Zweikampf unehrenhaft beendet. »Das Verhältnis muss endgültig klargestellt werden« (ebd., 96): In diesem Sinne provoziert Friedrich nunmehr bewusst den ›echten‹ Liebhaber seiner Frau, d. h. er beleidigt den jungen Offizier mit dem Vorwurf der Feigheit und zwingt ihn damit, ihn zum Duell zu fordern. Erna und Genia warten am nächsten Morgen gemeinsam auf den Ausgang des Zweikampfs. Friedrich kommt und plaudert mit der ahnungslosen Mutter, Anna Meinhold. Als die Schauspielerin gegangen ist, erklärt Friedrich Genia abrupt und brutal, dass er Otto erschossen habe: »Es war auf Leben und Tod […] Er … oder ich …« (ebd., 136). »Aus« (ebd.) ist das letzte Wort Genias an Friedrich Hofreiter, der sich von Erna (»Aus Erna, auch zwischen uns«; ebd., 137) mit demselben Wort endgültig trennt und den heimgekehrten Sohn Percy empfängt.

Deutung

Die Figurenkonstellation als diagnostische Versuchsanordnung: Schon die Rekonstruktion der Handlung deutet an: Der Dramatiker Schnitzler verbirgt hinter den sprachlich notierten Handlungselementen und Gesprächsabläufen ein Beziehungsgeflecht, das einen vielschichtigen Deutungsprozess sowohl für die Forschung als auch für eine Bühnenaufführung in Gang setzt. Scheinbare Sachverhalte und Fakten auf der äußeren Handlungsebene verlieren in der Tiefenstruktur ihre Eindeutigkeit und ihren Realitätsbezug. Die Handlungsorte »Baden bei Wien« sowie im dritten Akt »Das Hotel am Völser Weiher« enthalten zwar konkrete Angaben mit der Festlegung einer bestimmten Zahl von Stufen, mit konkret benannten Möbeln, Tischen und einer elektrischen Lampe. Hinter diesem vordergründig konzipierten Raum eines großbürgerlichen Villenvorplatzes erscheint jedoch ein nur akustisch angedeuteter imaginierter Spielraum (Denk 2010, 278) mit dem Tennisplatz: »*Lange Schatten*« (DWL, 9, Regieanweisung) fallen von hinten durch die Gitterstäbe; die elektrische Lampe verweist auf die fortschrittsorientierten Erfolge des neureichen, erfolgsverwöhnten und machtbewussten Fabrikanten Friedrich Hofreiter. Das Atmosphärische der Szenerie bestimmt das Verhalten aller Figuren. Hofreiter versucht als in die Jahre gekommener Abenteurer des Erotischen den anderen Figuren der im Stück vereinigten Gesellschaft seine Spielregeln aufzuzwingen. Die für die klassische Moderne nach 1900 im Stück repräsentativ ausgestellte Wiener Gesellschaft ist durch das Aufkommen neuer Formen von Wettbewerb und Konkurrenz sowie das Hohlwerden überlieferter Konventionen gekennzeichnet. Man kokettiert spielerisch mit dem von Aigner im bildhaft vagen Kontext vom »weiten Land« beschworenen »Chaos« (ebd., 88), das das eigentlich Natürliche sei und damit jede künstlich hergestellte Ordnung zerstöre. Immer wieder treten die Figuren des Stückes in den Wettkämpfen auf dem (szenisch skizzierten und symbolisch gemeinten) Tennisplatz, in angedeuteten rasanten Autofahrten, in gefährlichen halsbrecherischen Kletterpartien und im Kampf auf Leben oder Tod hinter der Bühne gegeneinander an. Sie wollen »das Verhältnis« der Mitspieler »endgültig« (ebd., 101) feststellen. Schnitzler entwirft für diese tragikomische Versuchsanordnung aus diagnostischem Blickwinkel symptomatische Paarkonstellationen, die es zu entdecken gilt: Friedrich fordert seine Frau auf, das zu tun, was er locker – »Spielerei und Spiel« (ebd., 121), Spiel um Spiel, und Flucht um Flucht – selbst praktiziert: den Wechsel von einer zur nächsten, ebenso wie Aigner, bei dem die Frauen immer jünger werden. Als Genia Friedrichs Aufforderung gefolgt ist und den Jüngeren zum Geliebten macht, bringt die genannte Intrige Friedrich in eine ausweglose Situation. Hofreiter wird zwar zum überlebenden Sieger, kann jedoch den Blick des Jungen »in einem frechen, kalten Aug« (ebd., 137) nicht ertragen und glaubt Otto töten zu müssen. Die zentrale Paarkonstellation Friedrich – Genia bricht am Ende des Stücks auseinander. Daneben stehen weitere Paarkonstellationen mit Varianten. Einmal das »Natternpaar« (ebd., 24): Ein zynischer Ehemann (Bankier Natter), der seine Frau, mit der er zusammenbleibt (vgl. ebd., 119), mit satanischer Lust nach dem Abbruch der Affäre mit Hofreiter dem künftigen Strizzi und Nachfolger Friedrichs, dem Oberleutnant Stanzides, in die Arme treibt. Natter »[findet] das Leben fabelhaft amüsant« (ebd., 120). Als weitere Variante einer früheren Paarkonstellation umreißt Schnitzler die Beziehung zwischen Aigner und Anna Meinhold: der verlassene Ehemann, der seine Affäre mit einer Anderen seiner Frau, die er liebt, mitteilt. Sie verlässt ihn sofort und kann nicht verzeihen, sondern baut sich ein eigenes unabhängiges Leben auf, an dem sie festhält. Ob die beiden sich nach dem Tod ihres Sohnes je wiedersehen, lässt der Autor offen. Neben diesen herausgehobenen Paarbeziehungen finden wir Einzelgänger, die wie Monaden in Isolation verharren. Die Arztfigur Dr. Mauer fungiert als integre, aber schwache Kontrast- und Komplementärfigur (Fliedl 1997, 149) zu Friedrich. Hofreiter missbraucht den hilflosen Freund, beutet ihn bis zum Duell brutal aus; er verletzt Mauers Gefühle für Erna und macht den Arzt, der »Herzensschlampereien« (DWL, 52) hasst, zum Verlierer. Erna selbst, neben Otto die Vertreterin der Jugend, zeigt eine neue Haltung. Sie vertritt innerhalb des Stückes eine autonom-eindeutige Position. Erna wahrt ihre Unabhängigkeit, indem sie weder Mauer noch Hofreiter Hoffnungen macht. Obwohl sie Friedrich schon als Mädchen geliebt haben will und sich mit ihm während der Gipfeltour einlässt, lehnt sie seine Werbung und seine nur gespielte Zuneigung ab. Am Ende des Stückes will sie Friedrich folgen, was er ablehnt. Die drei älteren Männer, Hofreiter, Aigner und Mauer stehen mit ihren gegensätzlichen Beziehungsmustern einander gegenüber. Die Frauenfiguren reichen von »Mama Wahl« (ebd., 41), die als einzige keinen Vornamen besitzt und als sexuelles Spielobjekt für Friedrich nicht mehr in Frage kommt, bis zur Schauspielerin Anna Meinhold-Aigner, die durch ihren Beruf ihre Unabhängigkeit wahrt und selbst dem Sohn Otto Autonomie in Liebesdingen zugestehen kann (vgl. ebd., 57). Bei beiden funktionieren die besitzergreifenden Aktionen Friedrichs nicht. Adele Natter, ebenfalls Mutter, gehört schon zu den bereits wie alte Kleider abgelegten Affären Friedrichs, die allenfalls durch das scharlachrote Auto ihres Mannes auffällt. Der Dramatiker Schnitzler zeigt in seiner »eminent undramatische[n]« (Tb, 4.7.1910) Weltanschauung ein differenziertes Figurenpanorama, das Lesern und Zuschauern in einer Art *parlando*-Konversation präsentiert wird.

Konversationsform und Sprechweisen: Die sprachlichen Mittel bilden sozusagen ein »Paravant« (Doppler 1996, 83), hinter dem die eigentlichen Bewusstseinsprozesse, Aggressionen, Wünsche und Begierden verborgen sind. Dieses subtile Verfahren bestimmt die gesamte Dramaturgie des Stücks: Andeutungen und Anspielungen überwiegen. Das Entscheidende passiert vor Beginn des Stückes oder zwischen den Akten. Die Exposition ist vom Selbstmord des Pianisten als romantischem Liebestod durchzogen. Reaktionen, Vermutungen und Korsakows Abschiedsbrief bilden die Bezugspunkte der Konversation. Die Todesnachrichten im ersten Akt und die Mitteilung von Ottos tödlicher Niederlage im fünften Akt im Duell verknüpfen Anfang und Ende der ersten beiden und der beiden letzten Akte. Gleichzeitig zeigen sie auf einer dramaturgischen Kurve den letzten Aufstieg der Hauptfigur Friedrich im dritten Akt und den absoluten Sturz in die Katastrophe des letzten Aktes trotz des gewonnenen Zweikampfs. Das Alter hat zwar in einer letzten Kraftanstrengung in der direkten Auseinandersetzung noch einmal die Jugend besiegt; Friedrich hat jedoch in jeder Hinsicht – auch in der angedeuteten geschäftlichen Expansion nach Amerika – abgewirtschaftet. Der dritte Akt – von Schnitzler selbst als »etwas wohlfeil« (Tb, 29.6.1910) und episodisch bezeichnet – dient nicht nur als komisches Intermezzo vor der Katastrophe. Hinter der Bühne findet in dramaturgisch überzeugender Symmetrie sowohl der »Höhenrausch« nach der Erstürmung des Gipfels in der Liebesbegegnung von Erna und Friedrich als auch die nächtliche Liebesszene zwischen Genia und Otto statt. Diese offene Dramaturgie beweist, dass der Autor mit diesem Stück des Übergangs Neuland für die Entwicklung des Dramas erschließt. Schnitzler verwischt nicht nur die Grenzen zwischen Tragödie und Komödie, zwischen Haupthandlung und Episode. Er löst auch die überkommene Form des fünfaktigen Zieldramas zugunsten einer durch Symmetrien, Parallelstrukturen und filmische Sequenzen (= lebende Bilder) bestimmten »neue[n] Form« (Tb, 4.7.1910) auf. Diese Verfahren finden auf der sprachlichen Ebene durch die häufigen Satzabbrüche und die dafür verwendeten Satzzeichen wie gehäufte Punkte, Fragezeichen, Ausrufezeichen und Hervorhebungen ihren Ausdruck. Die verwandten Sprechweisen lassen nichts Umgangssprachliches zu, auch wenn Anredeformen und Gesprächsformeln (»Servus«, »Küss' die Hand«) den Wiener Konventionen der Zeit entsprechen. Der Autor formuliert, eine Figur spreche »ein nicht ganz echtes aristokratisch-wienerisch« (DWL, 10). Vor allem Genia und Friedrich verstecken ihre wahren Gefühle hinter den Maskierungen einer aristokratisch anmutenden Konversation. Eingehendere Dialoganalysen zeigen deutlich, wie die Theaterfiguren ein raffiniertes Wechselspiel zwischen versteckten Fragen und Ausweichmanövern in ihren Antworten organisieren (Söhnlein 1986, 71–84).

Die Forschung hat sich allerdings nicht auf Sprachanalysen, sondern vielmehr auf psychoanalytische Verfahren konzentriert, was im direkten Rückgriff auf Freuds Geburtstagsbrief an Schnitzler vom 14. Mai 1922 nur allzu verständlich zu sein schien (Pankau 2007, 136). Freuds Schlagwort vom »Doppelgänger« und Psychologen Schnitzler machte auch *Das weite Land* zum Experimentierfeld entsprechender Interpretationen, die die Figuren als Opfer oder Täter interpretieren (u.a. noch Oosterhoff 2000, 151). Erst mit der Analyse der sprachlichen Mittel im verkannten, scheinbar »altmodisch[en]« (Tb, 31.5.1909) Konversationsstück beginnt eine wissenschaftliche Auseinandersetzung mit *Das weite Land*, die den theatralischen Neuheiten des Stücks gerecht wird.

Dramaturgie, Rezeptions- und Aufführungsgeschichte: Die Tragikomödie *Das weite Land* zeigt in besonderer Weise den Weltrang Schnitzlers als Dramatiker und Bühnenautor. Nach der an neun verschiedenen deutschsprachigen Theatern am 14. Oktober 1911 erfolgten Uraufführung erfährt diese Tragödie der Konversation bis heute in ganz Europa vielbeachtete Aufführungen mit typischen Transformationen in Film und Fernsehen. Schnitzler selbst stellt fest: »Das Stück eins der sehr wenigen zu dem ich mich bedingungslos bekenne« (Tb, 14.6.1915). Damit hat Schnitzler dramaturgische und theaterbezogene Fragestellungen angestoßen, die nicht vom Inhalt, sondern von der Wirkung des Stückes ausgingen. Das Stück sei eben »keine psychologische Studie«, sondern eine »Tragikomödie« (ebd., 21.6.1910).

Die Nähe von Schnitzlers Dramaturgie zu Tschechows Mischungen zwischen Tragik und Komik müsste neu untersucht, die von Urbach (2002) begonnene Umwertung der Figureninterpretationen im Sinne einer spekulativen Dramaturgie weiter fortgeführt werden. Genia, die von allen großen Bühnendarstellerinnen jeweils anders und neu interpretiert wurde, erscheint in ihren unerhörten Facetten in Urbachs Sicht als die freieste Figur, »die ihr Leben lebt«, das sich nicht nur in ihrer Rolle als Mutter erschöpft (Urbach 2002, 136). Evelyne Polt-Heinzl hat diesen »Genia-Effekt« (2008, 101–112) weitergeführt und so auch den Dramaturgen in den Theatern neue Möglichkeiten für die seit 2010/11 zunehmenden Neuinszenierungen des Stücks geboten.

Die Rezeptions- und Aufführungsgeschichte des Stücks beginnt mit den genannten neun Uraufführungen und ist für die Burgtheateraufführung durch ein mit handschriftlichen Notizen des Autors und des Regisseurs versehenes Probenexemplar dokumentiert (Denk 2010, 271). Am Burgtheater war Schnitzler bis in die 1920er Jahre der meistgespielte Autor (Wagner/Vacha 1970, 45–50). In den 1950er Jahren beginnt von den Wiener Bühnen aus eine Renaissance der Bühnenwerke Schnitzlers, die vom Sohn und Regisseur Heinrich Schnitzler wesentlich bestimmt ist. Zur Tragikomödie *Das weite Land* sind Inszenierungen seit 1959 durch Fernsehaufzeichnungen (Nuy 2000) dokumentiert und analysiert (Ernst Lothar als Regisseur mit Paula Wessely als edler Genia und Attila Hörbiger als polterndem Friedrich). Nach Inszenierungen in Hamburg und Hannover bezeichnet der Fernsehfilm von Peter Beauvais von 1969 eine Wende vom »Seelenvollen« (Tb, 6.11.1911) des Autors zum Sentimentalen in der publikumswirksamen Darstellung von Ruth Leuwerik und Otto W. Fischer, den Kinogrößen der Zeit. Eher konservative Inszenierungen in Wien, München, Basel (mit Karlheinz Böhm unter der überzeugenden Regie von Horst Zankl) und Düsseldorf führen zu einer bemerkenswert neuen Figurenauffassung in der Londoner Inszenierung von Peter Wood. Salzburger Festspielaufführungen führen diese Impulse fort – z. B. Striche und Figurenweglassungen im dritten Akt; die Versuche finden ihren Höhepunkt in der gelungenen Umsetzung des Stückes am Théâtre des Amandiers, Nanterre, durch Luc Bondy 1984. Die Aufführung wird 1987 mit Michel Piccoli und Bulle Ogier als Friedrich und Genia unter Einbeziehung von Vorstellungen Schnitzlers verfilmt; österreichische und französische Akteure arbeiten zusammen; Bondy lässt Korsakow noch in den ersten Szenen auftreten, was spätere Regisseure übernehmen (zu den Verfilmungen Denk 2010, 282–295). Bondys Film war zwar kein Publikumserfolg, was den Regisseur verbitterte, zeigt jedoch einen innovativen Umgang mit dem Medium Theater unter Einbeziehung genuin filmischer Mittel, wie sie in aktuellen Theaterinszenierungen häufig verwendet werden. Damit behält die filmische Umsetzung der ursprünglichen Theaterinszenierung ihren besonderen Stellenwert.

Unter den neueren Aufführungen sind Inszenierungen an den Originalschauplätzen des dritten Aktes im Südbahnhotel am Semmering 1992 und 2004 hervorzuheben (Schnitzler verbrachte mehrere Sommeraufenthalte im Südbahnhotel und schrieb am Text; der Regisseur der Uraufführung im Burgtheater und zugleich Darsteller des Portiers Rosenstock, Hugo Thimig, besuchte vor der Uraufführung den Portier Karl Rostler, um das Original zu besichtigen). Jürgen Flimms Inszenierung von 1995 am Thalia-Theater in Hamburg präsentierte zum ersten Mal alle Entwürfe und Kommentare im Programmheft und brachte als Zwischenaktmusiken Kompositionen der Zweiten Wiener Schule. In Meiningen (1998) und in Potsdam (2010/11) wurden die Inszenierungen von Werner Schneyder und Tobias Wellemeyer zu großen Publikumserfolgen. Martin Kušej begann seine Intendanz am Münchner Residenztheater programmatisch mit dem »Zukunftsweisenden, Pionierhaften der Tragikomödie« (Programmheft des Residenztheaters 2011/12). In seiner Inszenierung des Stückes 2010 am Wiener Burgtheater folgte der lettische Regisseur Alvis Hermanis intuitiv den Anregungen Schnitzlers nach einem Erfolg des Stückes in New York zu filmischen Verfahren (Tb, 18.5.1913), indem er seine Inszenierung nach den Mustern des Film noir mit harten Schnitten und Schattenrissen konzipierte.

Literatur

Denk, Rudolf: A. S.s *Das weite Land*. Theater und Film im Medienvergleich. In: Achim Aurnhammer/Barbara Beßlich/Rudolf Denk (Hg.): *A. S. und der Film*. Würzburg 2010, 271–295.
Doppler, Alfred: A. S.: *Das weite Land*. In: *Interpretationen. Dramen des 20. Jahrhunderts*. Bd. 1. Stuttgart 1996, 69–92.
Fliedl, Konstanze: *A. S. Poetik der Erinnerung*. Wien/Köln/Weimar 1997.
Liptzin, Sol: *A. S. Studies in Austrian Literature, Culture and Thought* [1932]. Riverside 1995.
Nuy, Sandra: *A. S. ferngesehen. Ein Beitrag zur Geschichte des Theaters im Fernsehen der Bundesrepublik Deutschland (1953–1989)*. Münster u. a. 2000.
Oosterhoff, Jenneke A.: *Die Männer sind infam, solang sie Männer sind. Konstruktionen der Männlichkeit in den Werken A. S.s*. Tübingen 2000.
Pankau, Johannes G.: *Das weite Land*. Das Natürliche als Chaos. In: Hee-Ju Kim/Günter Saße (Hg.): *Interpretationen. A. S. Dramen und Erzählungen*. Stuttgart 2007, 134–147.
Polt-Heinzl, Evelyne: Der Genia-Effekt oder S.s Umgang mit den strukturellen Lücken im Verhältnis der Geschlechter. In: IASL 33 (2008), 101–112.
Söhnlein, Heike: *Gesellschaftliche und private Interaktionen. Dialoganalysen zu Hofmannsthal »Der Schwierige« und S.s »Das weite Land«*. Tübingen 1996.
Wagner, Renate/Vacha, Brigitte: *Wiener S.-Aufführungen 1891–1970*. Reutlingen 1970.
Urbach, Reinhard: *S.-Kommentar zu den erzählenden Schriften und dramatischen Werken*. München 1974.
Urbach, Reinhard: A. S.: *Das weite Land*. Genia – Lesarten und Sichtweisen. Anmerkungen zu einer spekulativen Dramaturgie. In: Jörg Sader/Anette Wörner (Hg.): *Überschreitungen. Dialoge zwischen Literatur- und Theaterwissenschaft, Architektur und Bildender Kunst. Festschrift für Leonhard M. Fiedler zum 60. Geburtstag*. Würzburg 2002, 127–137.

Rudolf Denk

Professor Bernhardi.
Komödie in fünf Akten (1912)

Entstehung

Bei der Relektüre von *Professor Bernhardi* im Frühjahr 1918 notiert Schnitzler in seinem Tagebuch: »Es gibt Sachen von mir die ich lieber habe, – aber mich hab ich nirgends lieber als im Bernhardi« (Tb, 27.3.1918). Als sein einziges im Wiener Ärztemilieu spielendes Stück schöpft die fünfaktige Komödie aus eigenen Berufserfahrungen als ehemaliger Student der Medizin, Sekundärarzt und Assistent, zuletzt in der im Jahr 1872 vom Vater Johann Schnitzler mitgegründeten Allgemeinen Poliklinik, die das Vorbild für das von der Titelfigur geleitete ›Elisabethinum‹ liefert. Die Handlung spielt zwar ›um 1900‹, aber das Bild der Institutionspolitik reflektiert Spannungen, mit denen Johann Schnitzler als Direktor der Poliklinik 1884–1893 konfrontiert wurde (vgl. Speck 1981/82). Als figurenreiches Männerstück ohne erotische Motivik bedeutete *Professor Bernhardi* für Schnitzler eine Erweiterung seines schöpferischen Horizonts und erlaubte ihm Aspekte der politisch-konfessionellen Problematik aus *Der Weg ins Freie* (1908) satirisch aufzugreifen.

Berichte über die Entstehungsgeschichte von *Professor Bernhardi* orientieren sich traditionell an einem Artikel von Sol Liptzin (Liptzin 1931), nicht zuletzt, weil Schnitzler dem amerikanischen Dozenten Einblick in Skizzen und Entwürfe erlaubte und sich brieflich mit dessen Ausführungen zufrieden zeigte (13.5.1931; Br II, 789 f.). Den Kern der Krankenhaus-Handlung führt Liptzin auf folgende Notiz zurück: »Ein Arzt wirft den Priester zur Türe hinaus, der einen Sterbenden versehen will. Denn dieser Sterbende hält sich für gesund, ahnt nicht, dass er dem Tode nahe ist« (zit. n. Liptzin 1931, 349). Liptzins Datierung dieses ersten Einfalls auf 1899 ist nicht mehr nachvollziehbar: Der handschriftliche Textträger scheint inzwischen verschollen zu sein; das Typoskript, auf dem dieser Gedanke tastend weitergeführt wird, ist nicht verlässlich zu datieren (CUL, A117,1); und das präzise Motiv der Konfrontation zwischen Arzt und Priester wird erst in einem mit 23.10.1904 datierten Entwurf des sogenannten ›Ärztestücks‹ zum Ausgangspunkt für eine dramatische Handlung (CUL, A117,6).

Die Vorarbeiten für das Ärztestück sind mit der Entstehungsgeschichte von *Der einsame Weg* eng verbunden. Im August 1900 notiert Schnitzler im Tagebuch den Arbeitsbeginn an einem dramatischen Projekt, das er »Die Junggesellen« bzw. »Die Egoisten« betitelt (Tb, 25.8.1900). Im Mittelpunkt stehen Vater-Sohn-Beziehungen: Ein junger Mann muss zwischen dem plötzlich aufgetauchten biologischen Vater und dem Pflegevater wählen. Sohn und Pflegevater üben beide den Arztberuf aus, und die Entwürfe setzen sich sowohl mit dem Egoismus des alternden Junggesellen als auch mit ärztlich-medizinischen Themen auseinander – insbesondere mit der schon damals aktuellen Frage der Sterbehilfe (vgl. Welsh 2011). Bis Februar 1903 liefert dieser Materialkomplex eine Frühfassung von *Der einsame Weg* (CUL, A77,8), welche auch Arztfiguren und medizinische Motive enthält, die in *Der Ruf des Lebens*, *Der Weg ins Freie* und *Professor Bernhardi* übergehen – z. B. heißt die Arztfamilie Pflugfelder und ein Professor Bernhardi taucht als Nebenfigur auf. Hugo von Hofmannsthal gegenüber beschreibt Schnitzler diesen Text als »Mißgeburt«, die »siamesisch gezwillingt« zur Welt kam und daher chirurgisch getrennt werden musste (26.6.1903; Br I, 463). Während *Der einsame Weg* gleichsam als stärkeres Kind innerhalb von wenigen Monaten fertiggeschrieben wurde, musste das Ärztestück lange aufgepäppelt werden. Eine ausführliche Szenierung lag schon 1905 vor (CUL, A117,10), aber die Hauptarbeit fand in den Jahren 1908–1911 statt, wobei Schnitzler erst im März 1911 den Entschluss fasste, der Komödie einen fünften Akt hinzuzufügen, um im Juni des folgenden Jahres die endgültige Fassung an den S. Fischer Verlag abzuschicken. Zur Zeit einer Radikalisierung der Alltagspolitik im Wien Karl Luegers bettete Schnitzler den medizinischen Stoff in eine realistische Darstellung des öffentlichen Lebens ein, die ihn dem seines Erachtens unberechtigten Vorwurf aussetzte, er hätte mit *Professor Bernhardi* ein Tendenzstück oder gar ein Schlüsselstück geschrieben.

Uraufführung/Rezeption

Bekannte, denen Schnitzler *Professor Bernhardi* im Mai 1912 vorlas, hatten ihn gewarnt, dass das Stück mit der Zensur Schwierigkeiten haben könnte. Am 25. Oktober 1912 wurde tatsächlich die geplante Uraufführung im Deutschen Volkstheater von der Wiener Statthalterei verboten, angeblich weil man öffentliche Unruhen befürchtete. Trotz sozialdemokratischer Interpellation und beim Innenministerium eingelegter Revision galt das Verbot bis zum Ende der Monarchie für alle Theater Cisleithaniens. Erst 1929 kam heraus, dass vor allem gegen die »tendenziöse und entstellende Schilderung hierländischer öffentlicher Verhältnisse« Einwände erhoben worden waren (zit. n. Schnabel 1984, 362). Die Uraufführung fand am 28. November 1912 unter der Regie von Victor Barnowsky im Berliner Kleinen Theater statt. Dank intensiver Debatten, sowohl in der Wiener als auch in der Berliner Presse (vgl. Yates 1990), erreichte die Buchausgabe in den darauffolgenden Jahren für ein Theaterstück ungewöhnlich hohe Verkaufszahlen. Zur sehr gelungenen Wiener Erstaufführung, die am 21. Dezember 1918 im Deutschen Volkstheater zustande kam, notiert Schnitzler: »Erfreulich – aber etwas kostspielig: Weltkrieg und Revolution, – damit – diese Aufführung in Wien möglich wird!« (Tb, 31.10.1918). Wegen der jüdischen Thematik gewann *Professor Bernhardi* auch im Berlin der 1930er Jahre und im Nachkriegsösterreich eine besondere Aktualität. Im Jahr 1947 mit Unterstützung der Wiener Sozialdemokraten inszeniert, wurde das Stück neben Lessings *Nathan der Weise* als kulturelle Wiedergutmachung für die Shoah produziert, wobei der aus dem amerikanischen Exil zurückgekehrte Schauspieler Ernst Deutsch zwanzig Jahre lang beide Titelhelden verkörperte und alles Jüdische in deren Charakterisierung konsequent heruntersielte (Weissberg 2006, 128–130). Seitdem sind weitere Gewichtsverschiebungen unternommen worden: In der neuesten von bis dato vier Fernsehfassungen (1987) wird weitgehend vom wienerischen Hintergrund abstrahiert (ebd., 133), und bei einer Neuinszenierung im Wiener Burgtheater (2011) wurde die Rolle des pragmatischen Nervenarztes Professor Cyprian von einem weiblichen Ensemblemitglied gespielt.

Inhalt

Aus dem männlichen Sterbenden der ersten Notiz wird in der Endfassung ein Mädchen namens Philomena Beier, das nach einer verpfuschten Abtreibung einer Sepsis erliegt. Als Abteilungsleiter verbietet der jüdische Arzt Professor Bernhardi dem katholischen Pfarrer Franz Reder, der der Patientin die Sterbesakramente spenden will, den Eintritt ins Krankenzimmer. Er hält es für seine ärztliche Pflicht, dem ahnungslosen, nach einer Campher-Injektion euphorischen Mädchen »ein glückliches Sterben« (DW II, 357) nach seinen Begriffen zu ermöglichen. Obwohl Bernhardi durchwegs von humanitären Beweggründen und nicht von politisch-konfessionellen Feindseligkeiten motiviert ist, wird der Vorfall schnell publik und ein Gegenstand politisch-journalistischer Hetze. Das Kuratorium des durch Spenden finanzierten Elisabethinums tritt zurück, was die Zukunft der Klinik gefährdet. Für den ›arischen‹ Vizedirektor, Professor Ebenwald, wird der Skandal zur willkommenen Gelegenheit gegen Bernhardi zu intrigieren, besonders nachdem Letzterer sich geweigert hat, als Ausgleich eine freigewordene Stelle mit einem schwächeren, nichtjüdischen Kandidaten zu besetzen. Im dritten Akt, der eine konfliktgeladene Sitzung des Ärztekollegiums darstellt, legt Bernhardi sein Amt vorübergehend nieder, nachdem er die Unterstützung des neuen Unterrichtsministers, seines ehemaligen Studienfreunds Dr. Flint, verloren hat und eine klerikale Interpellation im Parlament dazu führt, dass er der Religionsstörung bezichtigt wird und vor Gericht kommt. Zwischen dem dritten und vierten Akt wird Bernhardi für schuldig befunden. Zwei Augenzeugen – die hysterisch veranlagte Krankenschwester Ludmilla und der katholisch-antisemitisch gesinnte, von der Kritik oft als präfaschistische Figur betrachtete Kandidat der Medizin Hochroitzpointner – behaupten auch unter Eid wahrheitswidrig, der Professor hätte dem Pfarrer gewaltsam den Weg ins Krankenzimmer versperrt. Zwischen dem vierten und fünften Akt sitzt Bernhardi dann zwei Monate im Gefängnis, wobei er sich weigert, entweder beim Kaiser ein Gnadengesuch zu stellen oder gegen das Urteil Revision einzulegen, sogar nachdem Schwester Ludmilla ihre falsche Aussage widerrufen hat. Bis zuletzt flüchtet Bernhardi vor der Öffentlichkeit und sträubt sich dagegen, »als eine Art medizinische[r] Dreyfus« (ebd., 448) stilisiert zu werden. Noch am Ende des Stückes beharrt er darauf, bloß in einem Einzelfall das getan zu haben, was er für das Richtige hielt, und will nun zur ärztlichen Praxis und zu seinen wissenschaftlichen Forschungen zurückkehren.

Deutung

Die geschickt geführte Exposition des Stückes bietet Einsicht in den Klinik-Alltag und in die »Strömungen und Unterströmungen und Gegenströmungen« (DW II, 362) innerhalb des neun medizinische Fachbereiche vertretenden Ärztekollegiums – nicht nur politisch-konfessioneller, sondern auch therapeutisch-philosophischer Art (vgl. Urbach 2005, 185–193). Gemäß der Tradition der Zweiten Wiener Medizinischen Schule wird die Medizin nicht vorwiegend als am Krankenbett ausgeübte Heilkunst, sondern als wissenschaftliche Tätigkeit aufgefasst, wobei die pathologische Anatomie eine zentrale Bedeutung erlangt. Thema des Eingangsdialogs ist der umstrittene Befund einer eben ausgeführten Leichensektion, zudem wird das hinter den Kulissen sterbende Mädchen als morgige Sektion vorgemerkt und erst im dritten Akt mit Namen benannt. Während der Internist Bernhardi und seine beiden Assistenten – darunter die autobiographisch gefärbte Figur seines musikalisch begabten Sohns Oskar – der Patientin Empathie entgegenbringen und auch sonst für ihre therapeutischen Bemühungen bekannt sind, weist der pathologische Anatom Dr. Adler einen an Nihilismus grenzenden therapeutischen Skeptizismus auf. Bei Schnitzler erweist sich der Anatom trotzdem nicht als unheimliche, sondern dank seines rationalen Urteilsvermögens als besonders anständige Figur.

Die fachliche Lagerbildung überschneidet sich mit der politischen, denn das Elisabethinum ist kein Elfenbeinturm, an dem der »Geist der Unduldsamkeit« (JiW, 197), wie Johann Schnitzler den grassierenden Antisemitismus nannte, spurlos vorbeigegangen ist, sondern ein Spiegelbild seiner gesellschaftspolitischen Umgebung (Beier 2008, 314–445). Daher liegt der Gedanke nahe, den Krankenfall und seinen niemanden zufriedenstellenden Ausgang als Metapher für das Faule im Staate Österreich zu deuten. Die drei Gründer des Elisabethinums – Bernhardi, Cyprian und Tugendvetter – berufen sich, genauso wie der alte Achtundvierziger Pflugfelder, auf einen vorwiegend säkularen und humanen Liberalismus. Bernhardis assimiliertes Judentum insbesondere scheint wenig konkreten Inhalt zu haben, und die Endfassung des Stücks enthält nur spärliche Hinweise auf den konfessionellen Hintergrund dieser Figuren. Nun leben sie aber »in einer so konfusen Zeit – und in einem so konfusen Land« (DW II, 395), wie der Chirurg Ebenwald formuliert. Ihre Identitätskonstruktion ist längst überholt, denn die jüngeren Kollegen definieren sich und andere mit nachdrücklichem Bezug auf die konfessionelle bzw. nationale Zugehörigkeit. Wie Nikolaj Beier in einer ausführlichen Untersuchung der Charakterkonfigurationen in *Professor Bernhardi* dargelegt hat, zeigt sich unter den Figuren jüdischer Herkunft ein uneinheitliches Selbstverständnis, wobei sie Bernhardis Gebaren dem Pfarrer gegenüber unterschiedlich beurteilen. Obwohl der Zionismus (wie der Sozialismus) nicht vertreten ist, reicht das Spektrum vom selbstbewussten Juden und Bernhardi-Anhänger Löwenstein über Adler, der seine jüdische Abstammung väterlicherseits we-

1.1.1 Mehraktige Dramen

der verhehlt noch fetischisiert, zum Renegaten Dr. Schreimann, der sich emphatisch »als Deutscher und Christ bekennt« (ebd.). Im Elisabethinum wie in der breiteren politischen Arena sind Deutsch-Nationale und Klerikale durch einen mehr oder minder unterschwelligen Antisemitismus zusammengebunden. Als Katholik aus wohlhabender Familie stellt sich der Frauenarzt Professor Filitz so selbstverständlich wie Schreimann auf die Seite des deutsch-nationalen Ebenwald, obwohl die beiden Professoren ihre Voreingenommenheit mit philosemitischen Gesten tarnen. Als Auswirkung dieser Lagerbildung herrscht in *Professor Bernhardi* ein fast allseitiges Misstrauen, das die Vorstellung von der Medizin als Grundlage einer gemeinsamen Weltanschauung konterkariert.

Trotz der Tendenzhaftigkeit der frühen Rezeption, die allzu oft eine politische Botschaft im Stück festzustellen suchte, um sie für gut oder schlecht zu befinden, kreisen die meisten Interpretationen von *Professor Bernhardi* um die moralisch komplexe Charakterisierung der Titelfigur. Eine ausgesprochen positive Bewertung bietet William H. Rey, der Bernhardi als mutigen Menschen und Feind der Lüge, der Intrige und des Opportunismus idealisiert. In dieser Figur verrate Schnitzler seine Verankerung in der Tradition der liberalen Aufklärung (Rey 1971, 54–60); auch für Konstanze Fliedl ist Bernhardis Haupttugend tatsächlich seine Integrität (Fliedl 2007). Im Vergleich zu denjenigen, die sich politisch einmischen, weist sein öffentliches und privates Benehmen keine Widersprüchlichkeiten auf. Er macht es sich zur Regel, »den Leuten ins Gesicht zu sagen, was ich denke« (DW II, 378) und vertraut einem instinktiven Rechtsbewusstsein, das kein politisches Zweckdenken zulässt. In seiner Weigerung, »den Helden um jeden Preis zu spielen« (ebd., 375), erscheint Bernhardi fast als Vorfahre des Brechtschen Antihelden. Im Anschluss an Martin Swales beurteilt Beier seine Verhaltensweise als »zwar persönlich integer, aber sozial fragwürdig« (Beier 2008, 336; Swales 1971, 58–68). Freund und Feind gegenüber benehme er sich darüber hinaus »zunehmend eitel, eigensinnig und trotzig sowie sensationsheischend und unklug« (ebd.). Anders als Ebenwald, der seine Intrigen durch geschickten Umgang mit haltlosen Individuen wie Hochroitzpointner und Schreimann fördert, lässt es Bernhardi wiederholt an Taktgefühl fehlen. Durch sarkastische und herabwürdigende Bemerkungen facht er das Ressentiment Hochroitzpointners im ersten Akt an, und vor Gericht verweigert er jede Aussage, da er Flint und Ebenwald nicht vorladen lassen darf und den Prozess als lächerliche »Farce« (DW II, 425) abtut.

Für eine Beurteilung der Titelfigur sind die Gespräche mit dem Unterrichtsminister im zweiten und fünften Akt und mit dem Pfarrer im ersten und vierten Akt äußerst wichtig. Der Zuschauer mag Flint recht geben, wenn er die Bernhardi-Affäre als »eine Tragikomödie des Eigensinns« (ebd., 456) verspottet, aber es entschärft seine Kritik, dass er selbst sich als ehrgeiziger, opportunistischer Augenblicksmensch enthüllt und unzuverlässig ist, weil er im Gegensatz zu Bernhardi kein ethisches Gedächtnis besitzt und als schauspielerische Persönlichkeit kernlos ist (Fliedl 1997, 230–242). Der Pfarrer Franz Reder, der die falschen Zeugenaussagen vor Gericht nicht bestätigt, wirkt dagegen viel sympathischer. In einer Szene, die Schnitzler viel Mühe machte und mehrerer Fassungen bedurfte, deckt das Zugeständnis des Pfarrers, dass die beiden »innerhalb [i]hres Pflichtenkreises« (DW II, 430) korrekt gehandelt hätten, die Anfechtbarkeit von Bernhardis Verabsolutierung seiner Position auf. Aber dadurch, dass er dies nur unter vier Augen und im Nachhinein zugibt, stellt sich eine unerwartete Gemeinsamkeit heraus: Genauso wie Flint meint der Pfarrer, es sei unter Umständen erlaubt, das Individuum zu opfern, um einen übergeordneten Zweck zu erreichen. Als Assistent ließ Flint einen Patienten sterben, weil es seine Karriere gefährdet hätte, die Fehldiagnose des Professors zu bestreiten; er lässt Bernhardi im Parlament fallen, um seine hochtrabenden amtlichen Reformpläne noch realisieren zu dürfen. Nach eigenem Bekunden war der Pfarrer vor Gericht verschlossener als bei dieser privaten Unterredung und ließ Bernhardi vielleicht deshalb im Gefängnis sitzen, weil er als klerikaler Würdenträger die institutionelle Kirche nicht schädigen wollte. Bernhardi beklatscht Flints Selbstrechtfertigungsnummer ironisch, schüttelt dem Gewissensbisse verspürenden Pfarrer jedoch zum Abschied die Hand.

In einem vielzitierten Brief bezeichnet Schnitzler *Professor Bernhardi* als eine »Charakterkomödie« (an Richard Charmatz, 4.1.1913; Br II, 1). Aus den Bühnenanweisungen wird unmissverständlich deutlich, dass manche Figuren als Karikaturen zu spielen sind – etwa der ehemalige Militärarzt und konvertierte Jude Schreimann oder der eitle Salonarzt Tugendvetter, der seine mit Zitaten bespickten Reden mit ›wie?‹ beendet und den Hofratstitel angeblich als Geburtstagsgeschenk für seine Frau begehrt. Das Komödienhafte an dem Stück entwickelt sich aber auch aus seiner Form. Laut Egon Schwarz benutzt

Schnitzler eine doppelte »Scherenschritt-Technik« (Schwarz 1983, 72), wobei auf- und absteigende Handlungssequenzen sich wiederholt überlagern und ironisieren: Z. B. zieht sich Bernhardi vom dritten Akt an immer mehr aus der Öffentlichkeit zurück, während sein öffentliches Ansehen ständig wächst. Des Weiteren spiegelt die für eine Komödie nicht übliche fünfaktige Struktur das herkömmliche Tragödienmuster »auf eine raffinierte, leise parodistische Weise« wider (Fliedl 2007, 150). Eine besondere Herausforderung ist der als Coda gedachte fünfte Akt, der im Unterrichtsministerium nach Bernhardis Haftentlassung spielt. Dass diese Szenenreihe komödienhaft wirkt, erklärt sich primär aus dem fast ständigen Beisein des Bernhardi wohlgesinnten Räsoneurs Hofrat Winkler, der mit seinem Geständnis, er wäre »grad so ein Viech gewesen« (DW II, 463) wie Bernhardi, das letzte Wort hat.

Literatur

Beier, Nikolaj: »*Vor allem bin ich ich …*«. *Judentum, Akkulturation und Antisemitismus in A. S.s Leben und Werk.* Göttingen 2008.
Fliedl, Konstanze: *A. S. Poetik der Erinnerung.* Wien/Köln/Weimar 1997.
Fliedl, Konstanze: *Professor Bernhardi. Integrität und Intrige.* In: Hee-Ju Kim/Günter Saße (Hg.): *Interpretationen. A. S. Dramen und Erzählungen.* Stuttgart 2007, 148–158.
Liptzin, Sol: The Genesis of S.'s *Professor Bernhardi.* In: *Philological Quarterly* 10 (1931), 348–355.
Rey, William H.: *A. S. Professor Bernhardi.* München 1971.
Schnabel, Werner W.: *Professor Bernhardi* und die Wiener Zensur. Zur Rezeptionsgeschichte der S.schen Komödie. In: JDSG 28 (1984), 349–383.
Schwarz, Egon: Die gebrechliche Beschaffenheit individualistischer Ethik oder Der doppelte *Scherenschritt* in A. S.s *Professor Bernhardi.* In: Hans D. Irmscher/Werner Keller (Hg.): *Drama und Theater im 20. Jahrhundert. Festschrift für Walter Hinck.* Göttingen 1983, 71–77.
Speck, Reiner: Die Allgemeine Wiener Poliklinik und »Professor Bernhardi«. Zum hospitalhistorischen und biographischen Hintergrund in A. S.s gleichnamiger Komödie. In: *Historia Hospitalium* 14 (1981/82), 301–320.
Swales, Martin: *A. S. A Critical Study.* Oxford 1971.
Urbach, Reinhard: Nachwort. In: A. S.: *Professor Bernhardi.* Hg. v. Reinhard Urbach. Stuttgart 2005, 185–233.
Weissberg, Liliane: Eine Komödie von gewisser Präponderanz. *Professor Bernhardi* von der Bühne zum Bildschirm. In: Thomas Ballhausen u. a. (Hg.): *Die Tatsachen der Seele. A. S. und der Film.* Wien 2006, 115–135.
Welsh, Caroline: Euthanasie, Lebenswille, Patiententäuschung. A. S.s literarische Reflexionen im Kontext zeitgenössischer Medizin und Literatur. In: JDSG 55 (2011), 275–306.
Yates, W. E.: The Tendentious Reception of *Professor Bernhardi.* Documentation in S.'s Collection of Press-Cuttings. In: Edward Timms/Ritchie Robertson (Hg.): *Vienna 1900. From Altenberg to Wittgenstein.* Edinburgh 1990, 108–125.

Judith Beniston

Fink und Fliederbusch. Komödie in drei Akten (1917)

Entstehung

Das außergewöhnlich reichhaltig überlieferte Nachlassmaterial zu Schnitzlers einziger großer, mehraktiger Komödie dokumentiert einen Textentwicklungsprozess, der, mit der Fusion zweier verschiedener Stoffe inklusive einem Gattungswechsel, in entstehungsgeschichtlicher, textgenetischer sowie gattungstheoretischer Hinsicht zu den spannendsten im Schnitzlerschen Œuvre zählt (Vortisch i. Dr.). Erste Einfälle zu einem »Journalistenstück«, in dessen Zentrum ein tragischer Vater-Sohn-Konflikt steht, gehen auf die 1890er Jahre zurück. 1913 lässt Schnitzler diesen, z. T. bereits in *Professor Bernhardi* verarbeiteten, Konflikt fallen und verschmilzt Teile des Stoffes mit dem neuen »Fink contra Fink«-Stoff zu einer fünfaktigen Komödie (Tb, 18.9.1913. Arbeitstitel: »Journalisten«; »Der Unsichtbare und die zwei Schatten«). Ende desselben Jahres erfährt er von der neuen, am 3. Dezember in Paris uraufgeführten Boulevardkomödie *Les deux canards* des populären französischen Bühnenautors Tristan Bernard, die mit seinem eigenen Stück verblüffende Gemeinsamkeiten in der Handlungskonstellation aufweist (ebd., 12.12.1913; vgl. Derré 1995 u. Lukas 2013). Schnitzler reagiert mit einer förmlichen Erklärung, in der er die Alleinurheberschaft seines Stoffes und die Absenz jeglicher Beeinflussung versichert: »Mit diesen Zeilen (die ich eventuell der Buchausgabe meiner Komödie vorausschicke) will ich nicht so sehr eine Priorität oder Gleichzeitigkeit feststellen, an der auch auf mein Wort hin niemanden [!] zu zweifeln einfallen dürfte, sondern vor allem ein ziemlich merkwürdiges Beispiel für die Tatsache aufbewahren, dass in zwei Schriftstellern, die einander nie gesehen, nie gesprochen haben und jeder in einem anderen Lande leben, ein im Grunde ziemlich neuer Bühneneinfall fast zur selben Zeit reif wird und nach Gestaltung drängt« (CUL, A114, Seite 1).

Freunde und Familie bestärken ihn in der Fortsetzung seiner Arbeit, die im Oktober 1917 in Gestalt einer nunmehr dreiaktigen Komödie abgeschlossen wird. Schnitzler äußert sich insgesamt »zufrieden – es ist im übrigen mein erstes ›abendfüllendes‹ ›lustiges‹ Stück – und wird es wohl bleiben. –« (Tb, 20.8.1917). Die Uraufführung erfolgt am 14. November 1917 im Deutschen Volkstheater in Wien; noch im selben Jahr erscheint das Stück in einer Einzelausgabe bei S. Fischer in Berlin (ohne die o. zit. Erklärung). Die Theaterkritik äußert sich überwiegend negativ und vermag nur eine Neuauflage von Freytags Journalistensatire (s. u.) zu erblicken. Schnitzler stuft das Stück daher schließlich als »eines meiner der Öffentlichkeit noch nicht zugänglichen Werke« ein (an Rudolph Lothar, 24.12.1917; Br II, 156). Es hat bis auf den heutigen Tag keinen Eingang in das Theaterrepertoire deutschsprachiger Bühnen gefunden.

Inhalt

Die Handlung ist im Wien des beginnenden 20. Jahrhunderts situiert und nimmt satirisch Bezug auf die zunehmende politische Ideologisierung in der Öffentlichkeit. Zwei Zeitungen stehen einander gegenüber, die bürgerliche jüdisch-liberale Tageszeitung »Die Gegenwart« und das in Kreisen des Adels, Klerus und der Hochfinanz gelesene Wochenblatt »Die elegante Welt«. Letzteres, bislang ein unpolitisches »Klatschblatt« (DW II, 571), soll im Zuge einer finanziellen Übernahme durch konservative Kreise, als deren Protagonist Graf Niederhof, Mitglied des Herrenhauses, auftritt, zu einem kämpferischen christlich-reaktionären Organ umorientiert werden. Der junge Titelheld, angehender Journalist noch ohne eigenes Profil, arbeitet unter dem Namen Fliederbusch als Parlamentsberichterstatter in der »Gegenwart« und unter dem Namen Fink in der »Eleganten Welt«, wobei ihm das Bewusstsein seiner Doppelexistenz zeitweise zu schwinden scheint. Zum Auslöser für den Ausbruch des Komödienkonflikts wird eine Parlamentsrede des Grafen Niederhof, in der dieser anlässlich einer Interpellation der Sozialdemokraten die brutale Niederwerfung eines Bergarbeiterstreiks durch die Regierung verteidigt. Diese Rede wird von Fink in der »Eleganten Welt« zum Fanal der neuen ideologischen Ausrichtung des Blatts ausgearbeitet. Fliederbusch wiederum, zu Beginn des ersten Aktes noch von den Redaktionskollegen ob seiner allzu neutralen Parlamentsberichte, die jegliche politische »Stellungnahme« und »persönliche Note« vermissen lassen (ebd., 565), getadelt, steigert sich emotional in höchste Entrüstung hinein und schreibt eine fulminante Entgegnung gegen sich selbst. Der Pressekrieg kulminiert in einer Forderung zum Duell (2. Akt) Fink kontra Fliederbusch und führt zur Aufdeckung seiner Doppelrolle. Der Konflikt löst sich in einer finalen Versöhnung der beiden Redaktionskollegien und in der symbolischen Überwindung der ideologischen Gegensätze (3. Akt).

Deutung

Unzweifelhaft ist die satirische Stoßrichtung dieses Stücks, mit dem Schnitzler Journalismus und Presse seiner Zeit aufs Korn nimmt (Le Rider/Wentzig 1995). So hat der *Gegenwart* die *Neue Freie Presse* als Vorbild gedient, und beide im Stück verwendeten Titel verweisen selbst wiederum auf real existierende Blätter (Perlmann 1974, 102; Scheichl 1996). Beide Presseorgane und ihr jeweiliges sozio-ideologisches, z. T. auch jüdisches Milieu (Scheichl 1996 u. Weinberger 1997) werden gleichermaßen Objekt satirischen Spotts, das konservative Klatschblatt mit seinen »Geschichten aus der Kulissenwelt« ebenso wie das liberal-demokratische »Judenblatt«, »wo man mit allen Leuten gut ist, die Karriere gemacht haben«, und wo die Wahrheit gemäß der von Chefredakteur Leuchter vorgegebenen Devise als »etwas sehr Relatives« gehandhabt wird (DW II, 606, 602, 578 u. 575). Die Figurenzeichnung nähert sich z. T. der Karikatur (so u. a. beim Feuilletonisten Kajetan). Neben den fraglosen, von den Zeitgenossen als Schlüsselliteratur rezipierten Realreferenzen (vgl. Jacobsohn 1917) wies die Literaturkritik allerdings bereits sehr früh auch auf die unübersehbar topischen Elemente in diesem Stück hin und machte mit Freytags Komödie *Die Journalisten* (1852), der gleichnamigen Komödie von J. S. Schütze (1806), in der bereits eine Figur namens Fliederbusch auftritt, sowie mit der französischen Boulevardkomödie von Emile Augier *Le Fils de Giboyer* (1862) mutmaßliche Referenztexte aus der Tradition der Journalistensatire namhaft (Auernheimer 1917; Heynen 1918; v. Weilen 1918; Ludwig 1920; Teßmer 1920; vgl. Le Rider 1995; Weinberger 1997; Scheichl 2005). Auch eine realhistorische Vorlage aus der napoleonischen Zeit wurde als Inspirationsquelle plausibel gemacht (Urbach 2006).

Gleichwohl geht die Komödie nicht in Pressekritik und Journalistensatire auf. Schnitzler selbst hat sich in dieser Hinsicht im privaten Kontext unmissverständlich geäußert, indem er nicht nur jegliche Referenzen auf reale Personen zurückgewiesen (vgl. an Rudolph Lothar, 24.12.1917; Br II, 155–158), sondern auch die gängige Genrezuordnung bestritten hat: »Ein Stück unter Journalisten, aber keine Journalistenkomödie« (an Richard Charmatz, 12.12.1917; Br II, 151). Die scheinbar so dominante Opportunismusproblematik wird von ihm hingegen als künstlerisch unerheblich qualifiziert: »Die Gesinnungslumperei als solche wäre eigentlich kein Problem; daß irgend ein Mensch seine Überzeugung aus materiellen oder sonstigen Carrièregründen verkauft, ist eine Angelegenheit, die mich persönlich psychologisch oder dramatisch nicht weiter zu interessieren vermöchte« (ebd., 152; vgl. Offermanns 1995). Anders auch als Bernard, der die analoge politische Satire mit einer erotischen Intrigue kombiniert, verknüpft Schnitzler sie mit grundlegenden Fragen nach der Identität der ›Person‹ und der ›Persönlichkeit‹ und berührt damit in der zeitgenössischen Philosophie intensiv diskutierte Probleme (u. a. Scheler u. Hartmann; vgl. Römer 2012). Das zeitgenössisch beliebte Thema der Ich-Spaltung wird von Schnitzler weder als psychopathologische Fallstudie (vgl. etwa P. Lindaus *Der Andere*, 1893) noch als okkultistisch-phantastisches Phänomen (vgl. etwa H. H. Ewers' *Der Student von Prag*, 1913), sondern als Groteske gestaltet, in der eine gleichwohl ernsthafte Problematik ihre ironische und paradoxe Zuspitzung erfährt (Lukas 2013). Denn indem der junge, zunächst so positionslose Held sich zum politisch profilierten Journalisten wandelt, löst er sein Ausgangsproblem nur scheinbar und gerät stattdessen in eine gesteigerte Krise: In dem Maße, wie er – als Fliederbusch – in einer dezidierten politischen Position zu sich findet, entfernt er sich zugleich von sich selbst – als Fink – und *vice versa*, bis zu dem Grad, dass er seine eigenen Produkte nicht mehr kennt. Der Held repräsentiert mit dieser persönlichen Krise weniger den Gipfel einer allgemein herrschenden Überzeugungslosigkeit als Ausdruck einer epochalen Werte- und Subjektkrise, wie vielfach behauptet (u. a. Offermanns 1973; Perlmann 1974, 103 f.; Weinberger 1997), vielmehr entsteht sein Problem im Gegenteil durch ein ›Zuviel‹ an Überzeugung. Entfaltet wird diese Problematik in der Auseinandersetzung mit dem Grafen Niederhof, der dabei die Rolle des Hauptgegenspielers und väterlichen Mentors zugleich übernimmt, in jener zentralen Dialogszene im dritten Akt vor dem anberaumten Duell, die Schnitzler selbst »zu den echtesten und stärksten Lustspielszenen, die mir oder überhaupt einem deutschen Autor je gelungen sind«, rechnet (an Alexander Weil Ritter von Weilen, 19.11.1917; Br II, 150). Die Kontroverse über Sinn und Notwendigkeit dieses Duells mündet schnell in die prinzipielle Frage, wie sich sozial wahrnehmbare (Sprach-)Handlungen einerseits und das unsichtbare Innere der Person, ihre Gefühle, Einstellungen, Überzeugungen andererseits, kurzum, wie sich *Worte* und *Wesen* eines Individuums zueinander verhalten. Im Gegensatz zu seinen Redaktionskollegen in beiden Zeitungen, die letztlich alle durch ein Mehr oder Weniger an Heuchelei, Verlogenheit und Opportunismus gekennzeichnet sind, glaubt der Protagonist als Einziger an das, was er vertritt – so sehr, dass er die Rolle, die eine Person in der Öffentlichkeit spielt, ihre Worte und »symbolische Bedeutung«, »restlos« mit ihrem innersten »Wesen« identifiziert (DW II, 628 u. 630). Aus dieser Ontologisierung folgt logisch konsequent der Zwang, für seine ideologische Überzeugung mit dem eigenen Leben einzustehen und »Blutzeugenschaft« abzulegen (ebd., 628). Demgegenüber besteht der Graf auf einer grundsätzlichen Unterscheidung und Dissoziation beider Ebenen. Er formuliert eine skeptische Position der Selbstdistanz, die nicht nur zu relativieren vermag, sondern so weit geht, die Existenz von »Überzeugungen« (ebd., 629 f.) überhaupt, als kontingente Produkte und als potentielle Selbsttäuschung, in Frage zu stellen. Man muss hierin nicht notwendig eine kulturpessimistische und somit in letzter Instanz ›antimoderne‹ Stoßrichtung des Textes erblicken (so Le Rider 1999). Es ist vielmehr just diese Haltung des »Sportsman« (DW II, 632 f.), die, auf der Basis eines völlig desillusionierten skeptischen Humanismus, die weltanschaulichen Gegensätze wahrhaft überwindet und genau dadurch eine Art ›höherer Moral‹ gewinnt. So sehr der Graf sonst selbst Objekt der satirischen Verspottung in diesem Stück ist – diesbezüglich formuliert er zweifellos ranghöchste autorkonsensuelle und durchaus ›moderne‹ Positionen (Zieger 1999, 304). Schnitzler jedenfalls hat mit diesem Text ein ernstes »Lehrstück« (Offermanns 1973, 79) geschaffen, das gleichwohl zu seinen besten komischen Stücken zählt.

Literatur

Auernheimer, Raoul: Feuilleton. A.S.s neue Komödie. In: *Neue Freie Presse*, 15.11.1917.

Derré, Françoise: Une curieuse interférence. *Les Journalistes* et *Les Deux Canards*. In: Jacques Le Rider/Renée Wentzig (Hg.): *»Les Journalistes« de A. S. Satire de la presse et des journalistes dans le théâtre allemand et autrichien contemporain*. Tusson 1995, 250–262.

Heynen, Walter: Journalistenkomödien. In: *Deutsche Rundschau* 45 (1918), Bd. 177, 160–163.

Jacobsohn, Siegfried: *Fink und Fliederbusch*. In: *Die Schaubühne* 13 (1917), Bd. 2, Nr. 50, 569–571.

Le Rider, Jacques: *Les Journalistes* de Gustav Freytag, prototype de la satire de la presse et des journalistes dans le théâtre de langue allemande. In: Jacques Le Rider/Renée Wentzig (Hg.): »Les Journalistes« de A. S. Satire de la presse et des journalistes dans le théâtre allemand et autrichien contemporain. Tusson 1995, 263–273.

Le Rider, Jacques/Wentzig, Renée (Hg.): »Les Journalistes« de A. S. Satire de la presse et des journalistes dans le théâtre allemand et autrichien contemporain. Tusson 1995.

Ludwig, Albert: Literargeschichtliche Anmerkungen XXVI. Fliederbusch der Unsterbliche. In: *Das Literarische Echo* 22, xxii (15.8.1920).

Lukas, Wolfgang: A. S. und Tristan Bernard. Anmerkungen zu einem singulären Fall von ›Doppelgängerschaft‹. In: *Germanica* 52 (2013), 85–99.

Offermanns, Ernst: *A. S. Das Komödienwerk als Kritik des Impressionismus*. München 1973.

Offermanns, Ernst: »Héros du jour – et déchu«. Quelques aspects du personnage de Mimosas dans la comédie *Les Journalistes* d'A. S. In: Jacques Le Rider/Renée Wentzig (Hg.): »Les Journalistes« de A. S. Satire de la presse et des journalistes dans le théâtre allemand et autrichien contemporain. Tusson 1995, 72–84.

Perlmann, Michaela L.: *A. S.* Stuttgart 1987.

Römer, Inga: Person und Persönlichkeit bei Max Scheler und Nicolai Hartmann. In: Gerald Hartung u. a. (Hg.): *Von der Systemphilosophie zur systematischen Philosophie – Nicolai Hartmann*. Berlin u. a. 2012, 259–276.

Scheichl, Sigurd P.: Juden, die keine Juden sind. Die Figuren in S.'s *Fink und Fliederbusch*. In: Mark H. Gelber/Hans O. Horch/Sigurd P. Scheichl (Hg.): *Von Franzos zu Canetti. Jüdische Autoren aus Österreich. Neue Studien*. Tübingen 1996, 225–238.

Scheichl, Sigurd P.: Echoes of Emile Augier in A. S.'s *Fink und Fliederbusch*. In: *Austria and France* (2005), 77–91.

Teßmer, Hans: Gestalten XIX. Der Redakteur in der modernen Literatur. In: *Das Literarische Echo* 23, ii (15.10.1920).

Urbach, Reinhard: Romantische Theorie und politische Praxis in Österreich zwischen Restauration und Ständestaat. In: Alexander von Bormann (Hg.): *Ungleichzeitigkeiten der europäischen Romantik*. Würzburg 2006, 365–394.

Vortisch, Verena: *An der Grenze des Poesielands. A. S.s Komödie »Fink und Fliederbusch«*. Würzburg 2014 (i. Dr.).

Weilen, Alexander von: »Fink & Fliederbusch«. Komödie in drei Akten. Von A. S. In: *Das Literarische Echo* 20, vii (1.1.1918).

Weinberger, G. J.: *Fink und Fliederbusch*: The Identity of Opposites. In: G. J. Weinberger: *A.S.'s Late Plays. A Critical Study*. New York 1997, 49–84.

Zieger, Karl: La satire sociale et politique d'A. S. et sa réception (tardive) en France. Le cas de *Fink und Fliederbusch* (*Les Journalistes*) et de *Professor Bernhardi*. In: Jeanne Benay/Gilbert Favy (Hg.): *Écritures et langages satiriques en Autriche 1914–1938*. Bern u. a. 1999, 295–315.

Wolfgang Lukas

Die Schwestern oder Casanova in Spa. Lustspiel in Versen (1919)

Entstehung und Uraufführung

Angeregt durch die Lektüre von Giacomo Casanovas Memoiren in der Neuübersetzung von Heinrich Conrad (*Erinnerungen*, München 1907–1915) im Winter 1914/15, arbeitete Schnitzler in den Kriegsjahren teils parallel, teils abwechselnd an zwei komplementär-gegenläufigen Auseinandersetzungen mit der Figur des erotischen Abenteurers, die seit Hugo von Hofmannsthals Versdrama *Der Abenteurer und die Sängerin* (1899) eine zentrale literarische Reflexionsfigur der Moderne geworden war: an der Novelle *Casanovas Heimfahrt* um den alternden Casanova (entstanden zwischen Juni 1915 und Oktober 1917, Erstdruck 1918) und an dem »Lustspiel« *Die Schwestern oder Casanova in Spa* um einen 32-jährigen Casanova auf der Höhe seines Ruhms (entstanden zwischen Februar 1915 und Oktober 1917, Erstdruck in *Deutsche Rundschau*, Oktober 1919). Entstanden aus der Idee, »den alten Eifersucht (Einakter) Stoff in Casanova[s] Zeit und Stimmung zu übertragen« (Tb, 12.2.1915), entsteht ein Versdrama, dessen Entwurfstitel *Die Wiederkehr* bereits das Thema des Verhältnisses von Freiheit und Treue andeutet und das am 26. März 1920 am Wiener Burgtheater zur Erstaufführung gelangt.

Inhalt und Deutung

Die Rückkehr zur Versform, deren stilisierter Sprachstil, die konzentriert-paradoxe Form »Drei Akte in einem« (in der sich das zum Einakter tendierende Episodische der Abenteurerexistenz mit der Dramatik moralischer Konflikte überkreuzt), die ausgeprägte Rokoko-Motivik der dargestellten Welt, die lustspielhafte Typisierung und Pointierung der Figuren sowie der analytische Aufbau der Handlung machen *Die Schwestern* zu einem »Experiment« (Scheible 2002, 132). Das Drama fungiert als spielerisches, poetisches Reflexionsmodell der Herausforderung bürgerlicher Moral, personaler Identität und des herrschenden Geschlechterverhältnisses durch Sexualität und Abenteuer, als deren Verkörperung Casanova fungiert.

Die Modellhaftigkeit der Komödie zeigt sich bereits in ihrer Konfiguration: Dem 32-jährigen Casanova werden in Gudar ein über 60-jähriger, in Weisheit gealterter Abenteurer und in dem 15-jährigen Diener Tito ein angehender Casanova zur Seite gestellt, während der betrügerisch-egoistische Baron Santis *ex negativo* den Mythos des Lebenskünstlers Casanova profiliert. In scharfem Gegensatz steht Casanova zu dem 23-jährigen Bürger Andrea Bassi, der nach kurzem Gastaufenthalt in der Welt der erotischen Abenteuer, Glücksspiele, Gelage und gewaltsamen Konflikte seine Nichtzugehörigkeit zur Abenteuersphäre feststellen muss. Der kulturkritisch pointierte Konflikt von Abenteurertum und Bürgertum wird anhand der komplementären Frauenfiguren überkreuzt mit der moralischen Frage nach Freiheit und Treue in der Partnerschaft, mithin nach den Grundlagen menschlicher Sozialität. Hier steht die 17-jährige Anina im Mittelpunkt, die mit ihrem geliebten Andrea aus dem heimatlichen Ferrara entflohen ist und im Laufe des Dramas durch ihr ›Abenteuer‹ mit Casanova zu ihrer Identität als selbständige Frau findet. Zusammen mit Santis' Partnerin Flaminia und der Schauspielerin und weiblichen Abenteurerin Teresa, die am Schluss zu ihrem »ungetreuen« Casanova zurückkehrt (vgl. DW II, 726), bildet sie jene Gruppe der »Schwestern«, in der das Stück utopisierend Geschlechterdifferenzen reflektiert, indem es männlich-donjuanesker Gewalt weibliche Solidarität entgegenhält.

Als analytisches Drama arbeitet sich die Komödie in den wenigen Stunden ihrer Handlung an dem Skandalon ab, dass Anina in der Nacht zuvor überraschend mit Casanova geschlafen hat, als dieser (in Verwechslung der offenen Fenster beider Frauen) der Einladung Flaminias zu folgen glaubte, die so schon zum dritten Mal vergeblich um Casanova geworben hat. Vor der Folie der Casanova-Mythisierungen der Jahrhundertwende (vgl. Lehnen 1995) und ihrer von Nietzsche geprägten Lebensmetaphysik hat Georg Simmel 1911 das (erotische) Abenteuer metonymisch mit der ekstatischen Zeitlichkeit des Augenblicks assoziiert und als ein gesteigertes Erlebnis verstanden, das, indem »es aus dem Zusammenhange des Lebens herausfällt, […] gleichsam mit eben dieser Bewegung wieder in ihn hinein[fällt]« und das »Zentrum« »unserer Existenz« affiziert (Simmel 1986, 25). Eben diese epistemologische Problemstellung spielt Schnitzlers Komödie psychologisch und moralisch durch, wenn sie durch die mehrmalige Erzählung des nächtlichen Skandalons und seine Diskussion in immer weiter ausgreifenden Figurenkonstellationen Aninas erotisches Abenteuer, für das Casanova nur als Katalysator dient, zum Ausgangspunkt einer grundlegenden

und abgründigen Infragestellung der Grundlagen menschlichen Selbstverständnisses und Zusammenlebens macht. Zugleich ironisiert das Motiv des auf Verwechslung beruhenden, offensichtlich stummen und kaum einstündigen »Abenteuers« den Mythos von Casanova als dem kultivierten Verführer zu einer auf Gegenseitigkeit beruhenden Erotik und Liebe. Noch bevor Casanova im zweiten Teilakt selbst auftritt, ist er im ersten Gegenstand gegensätzlicher Charakterisierung durch andere Figuren, sodass die Komödie die Mythisierung des Abenteurers zugleich vorführt und spielerisch reflektiert. Anders als Hofmannsthal arbeitet Schnitzler dabei mit der freien Variation vielfältiger Motive aus Casanovas Memoiren, statt einzelne Episoden als Quellen zu adaptieren.

Wie oft bei Schnitzler ist es nicht das erotische Abenteuer selbst, sondern seine Diskursivierung – Anina gesteht Andrea ihre »Stunde« (DW II, 673) mit Casanova –, die den dramatischen Konflikt auslöst: Während Andreas Eifersucht die Dekonstruktion eines bürgerlichen, auf Besitzansprüchen beruhenden Geschlechterverhältnisses in Gang setzt, leitet Aninas Gefühl, »unverwandelt« (ebd., 674) zu sein, (ähnlich wie in den starken Frauenfiguren von Hofmannsthals Casanova-Dramen) den Verwandlungsprozess einer weiblichen Selbstfindung ein, die über die Trennung vom Partner am Ende, auf veränderter Grundlage, wieder zu ihm zurückführt. Aninas Geständnis ist zugleich Ausgangspunkt einer sechsfachen, fiktionalisierenden und abstrahierenden Erzählung des nächtlichen Skandalons, das Andrea im dritten Teilakt schließlich Casanova als »mathematisches Problem« (ebd., 718) zur Entscheidung vorlegt: ob nämlich Anina oder Flaminia »die zumeist Betrog'ne sei« (ebd., 719). Casanova, der die Verwechslung erst jetzt durchschaut, erklärt sich selbst zum Betrogenen und »das ganze Abenteuer« für »ungültig« (ebd., 722). Ein blutiger Ausgang wird gleichwohl erst verhindert, als Teresas überraschender Auftritt als Casanovas ungetreue, aber zu ihm zurückkehrende Geliebte den Konflikt auf eine höhere, lebensphilosophische Ebene hebt. Gegen den bürgerlichen Anspruch auf »Ordnung« und »Heimkehr« setzt Casanova die »Wiederkehr« als Zeichen wahrer »Treue« in einer Welt, in der »Wand'rung […] der Seele ew'ger Ruf« ist, und Mann und Frau »aufgetanen Sinns und freier Seele […] aus dem Stegreif leb[en]« (ebd., 733 f.). Hatte sich Casanova bei seinem Auftritt im zweiten Teilakt noch als schauspielender Bittsteller und dilettantischer Scharlatan präsentiert, der bei Bedarf auch in die Maske des Don Juan schlüpfen kann, so verkörpern die Abenteurer Casanova und Teresa am Ende Epistemologie und Geschlechterdiskurs der Moderne im Sinne von Schnitzlers späterer *Komödie der Verführung*: »Lieben ist: in jeder Stunde neu sich erringen müssen, was man liebt; bereit sein, zu verzichten, wenn es das Schicksal will – und Heimat bedeuten, immer wieder Heimat, aus welcher Fremde auch die Geliebte wiederkehre – und in welche Ferne sie sich sehne« (ebd., 964 f.). Ebenso wie die Asymmetrie zwischen den im Finale schwesterlich versöhnten Frauengestalten und den rivalisierenden Männern bezeichnet die Zuordnung dieser Utopie eines anderen Geschlechterverhältnisses und einer konstruktivistischen Anthropologie zur Welt der Abenteurer, der sich der Bürger entzieht, allerdings auch die Modellhaftigkeit dieser Konfliktlösung.

Rezeptionsgeschichtlich stehen *Die Schwestern* im Schatten der Casanova-Novelle und sind oft als dramatisch misslungen bewertet worden (z. B. Stock 1978, 65). Die problematische Kategorie des ›impressionistischen Menschen‹, als dessen Verkörperung der Verführer Casanova gesehen wurde, hat die Funktion des Lustspiels als ästhetisches Reflexionsmodell spezifisch moderner Problemstellungen lange verstellt. Als intertextueller Anspielungshorizont sind u. a. Casanovas Memoiren, Boccaccio (als mögliche Quelle des Verwechslungsmotivs; Lehnen 1995, 217), Grabbes *Don Juan und Faust* (Göttsche 1999, 238) und Hofmannsthals lyrisches Drama *Gestern* diskutiert worden (im letzteren Fall indizieren die namensidentischen Figuren Schnitzlers Kontrafaktur von Hofmannsthals frühem Drama; vgl. Lehnen 1995, 220).

Literatur

Gleisenstein, Angelika: Die Casanova-Werke A. S.s. In: Hartmut Scheible (Hg.): *A. S. in neuer Sicht*. München 1981, 117–141.
Göttsche, Dirk: Der Abenteurer als Reflexionsfigur einer anderen Sozialität. A.S.s Lustspiel *Die Schwestern oder Casanova in Spa* im Kontext der Casanova-Figurationen der frühen Moderne. In: *Sprachkunst* 30 (1999), 227–245.
Lehnen, Carina: *Das Lob des Verführers. Über die Mythisierung der Casanova-Figur in der deutschsprachigen Literatur zwischen 1899 und 1933*. Paderborn 1995.
Scheible, Hartmut: Sublata lucerna nullum discrimen inter mulieres? Individualität und Identität in S.s Komödie *Die Schwestern oder Casanova in Spa*. In: Ian Foster/Florian Krobb (Hg.): *A. S. Zeitgenossenschaften/Contemporaneities*. Bern/New York 2002, 113–139.
Simmel, Georg: *Philosophische Kultur. Über das Abenteuer, die Geschlechter und die Krise der Moderne. Gesammelte Essays*. Berlin 1986.
Stock, Frithjof: Casanova als Don Juan. Bemerkungen über A.S.s Novelle »Casanovas Heimfahrt« und sein Lustspiel »Die Schwestern oder Casanova in Spa«. In: *Arcadia* 13 (1978), Sonderheft, 56–65.

Dirk Göttsche

Komödie der Verführung (Schauspiel, 1924)

Entstehung und Rezeption

Um keines seiner Werke hat Schnitzler so lange – über 35 Jahre – und so sehr gerungen, wie um dieses, wie bereits die schiere Menge der diesbezüglichen Tagebucheinträge belegt. Erste Prosaskizzen, die am Meer in Ostende eine angehende »Cocotte« (CUL, A108,1) und einen Verführer zu einer Liebesnacht zusammenführen, datieren vom Ende der 1880er Jahre und sind möglicherweise inspiriert von der Begegnung in Ischl im Sommer 1887 mit Nelly G., einem »grundverdorbene[n]«, obgleich noch mutmaßlich jungfräulichen »Mädel aus anständiger Familie«, dem Schnitzler »eine ruhmvolle Cocottenlaufbahn in Aussicht [stellt]« (Tb, 21.8.1887). Den thematischen Nucleus, der um eine männliche Verführerfigur und das Phänomen der exzessiven Wandlung einer jungen gutbürgerlichen Frau von der Jungfrau zur Dirne kreist, baut Schnitzler bis 1906 zu einer (nicht vollendeten) Rahmennovelle unter dem Titel »Der Verführer« aus (ebd., 18.6.1906). Ab 1908 ist der Plan der Umarbeitung zu einem Drama belegt (ebd., 3.3.1908). Nach dem Entwurf zu einem 1. Akt noch im selben Jahr gerät die Arbeit ins Stocken, wird im Herbst 1914 wieder aufgenommen (ebd., 14.10.1914) und ein Jahr später mit einer ersten Manuskriptfassung der drei Akte, die Anfang 1916 diktiert werden, vorläufig abgeschlossen. Mit dieser Fassung sind die Figurennamen definitiv festgelegt, wobei der Journalist und entfernte Verwandte Schnitzlers Max von Rosenberg (1867–1923) das Vorbild für den ›Verführer‹ Max von Reisenberg abgab und Gustav Klimt möglicherweise für einige Züge des Malers Gysar Pate stand (Partsch 2012, vgl. auch Tb, 27.1.1916). Nach einer kurzfristigen Beschäftigung speziell mit dem 3. Akt Anfang 1918, wobei vorübergehend auch die Ausarbeitung als Versdrama erwogen wird (ebd., 31.1.1918), arbeitet Schnitzler von Juli 1921 bis Oktober 1922 eine neue Fassung aller drei Akte aus, um schließlich in einer letzten Arbeitsphase von Mai 1923 bis August 1924 das Stück zu vollenden (ebd.,

19.8.1924). Damit endet die ungewöhnlich intensive und, wie zahlreiche Tagebucheinträge belegen, oft als äußerst qualvoll erlebte Arbeit an einem Werk, das Schnitzler indes für eines seiner wichtigsten Projekte überhaupt hielt. Schwierigkeiten bereiten insbesondere die große Dialogszene Aurelie – Falkenir im 1. Akt (vgl. ebd., 14.1. u. 5.2.1922 sowie 30.7.1923), deren »Unfertigkeit« ihn noch Anfang 1924 »bis zur Verzweiflung« verstimmt (ebd., 31.1.1924), aber auch der 3. Akt (vgl. ebd., 30.10.1915, 14.8.1922, 3.5. u. 21.5.1923 und Brief an Werner Hegemann, 18.10.1924; Br II, 367 f.). Während er in einem frühen Stadium seine Arbeitshemmung noch mit der hochgradigen emotionalen Besetzung dieses »fascinirende[n] Stoff[s]« (Tb, 20.7.1911) begründet – »weil mir ist, als müßte das das schönste werden, und ich könnte mich auf nichts mehr so freuen« (ebd., 29.3.1912) –, führt er sie Anfang der 20er Jahre auf die unheilbare Zerrüttung seiner Ehe zurück, deren Spuren sich im Stück manifestierten: »fühlte den Bruch, der durch das Stück – aber irgendwie durch mein ganzes Wesen geht –« (ebd., 3.5.1923; vgl. auch die Einträge vom 27.6.1922, 16.2. u. 2.7.1924).

Im März 1924 liest er vor Hofmannsthal, Beer-Hofmann und Schwarzkopf sowie vor Alma Mahler-Werfel und Richard Specht »mit sehr großer Wirkung« (ebd., 12.3. u. 28.3.1924). Ein Vorabdruck des 1. Aktes erscheint in der Ostersonntagsausgabe der *Neuen Freien Presse* (20.4.1924) unter dem nun endgültigen Titel *Komödie der Verführung*, die Buchausgabe kommt bei Fischer noch im gleichen Jahr heraus. Die Uraufführung am 11.10.1924 am Burgtheater unter der Regie von Hans Brahm wird vom Publikum besser aufgenommen als von der Presse. Robert Musil etwa kritisiert in seiner Rezension die völlige Verlagerung der eigentlichen Handlung in die Zwischenakte: »Es ist ein sehr langes Stück, aber das Merkwürdige ist, daß trotzdem das meiste in den Zwischenakten geschieht. [...] Nie wird das Aktuelle erlitten, immer das Zwischenaktuelle« (zit. n. Perlmann 1987, 106). Schnitzler selbst ärgert sich insbesondere über das »Geschwätz von der versunkenen Welt« (Tb, 6.11.1924; vgl. auch an Jakob Wassermann, 3.11.1924; Br II, 370–372). Eine positive Würdigung erfährt das Stück indes u. a. durch Thomas Mann (vgl. an Thomas Mann, 6.11.1924; Br II, 372) und Georg Brandes (vgl. an Arthur Schnitzler, 10.12.1924; Brandes-Bw, 140 f.). Eine 1925 in Berlin unter der Regie von Victor Barnowsky geplante Inszenierung kommt nicht zustande (vgl. an Olga Schnitzler, 6.1.1927; Br II, 468 f.); außerhalb Wiens, wo das

Drama am Burgtheater im März 1927 eine Neuinszenierung erlebt, wird es zu Lebzeiten Schnitzlers nur noch in Wiesbaden, dort »mit starkem Erfolg«, gegeben (an Suzanne Clauzer, 18.08.1929; Br II, 618). Es gehört insgesamt zu den zwar selten gespielten, wenngleich nicht völlig vom Spielplan verschwundenen Stücken Schnitzlers, wie Aufführungen in der jüngeren Zeit (2007: Schauspielhaus Hamburg, Regie Karin Henkel; 2014: Hans-Otto-Theater Potsdam, Regie Tobias Wellemeyer) bezeugen.

Inhalt und Deutung

Das Drama ist in drei Akte gegliedert; aber nur Akt II ist in (drei) Szenen untergliedert, die durch Raumwechsel definiert sind. In I – situiert in Wien am 1. Mai 1914 im Schlosspark des Prinzen Arduin von Perosa, der ein nächtliches Fest gibt – werden, neben anderen, auch alle Hauptfiguren des Dramas eingeführt. Dies sind vor allem drei attraktive junge Frauen, alle Anfang 20, die auch das Personenregister anführen: die Gräfin Aurelie von Merkenstein, die großbürgerliche, angehende Sängerin Judith, die kleinbürgerliche Geigerin Seraphine; die drei Bewerber um Aurelie: Prinz Arduin und der erfolgreiche bürgerliche Dichter Ambros Doehl, beide ebenfalls in den 20ern, zudem der als Archäologe in Rom arbeitende, durch Suizid seiner Frau verwitwete Baron von Falkenir, dieser in den 40ern – wie auch der Maler Gysar, der Gemälde von Damen der gehobenen Gesellschaft anfertigt und dieses offizielle Bild, nach ›Verführung‹ der Damen, gern um ein inoffizielles Nacktgemälde verdoppelt (so im Falle der Fürstin von Degenbach), und der Bankier Westerhaus, verheiratet mit Judiths ihm – u. a. mit Arduin, sogar während des Fests – ›untreuen‹ Schwester Julia, aber, wenn auch von ihm nicht bemerkt, heimlich von Judith geliebt; zudem Max von Reisenberg, der schon in I von seinem Bekannten Ambros als charmanter Taugenichts und ›Verführer‹ eingeführt wird, auch er in den 20ern.

Gegeben ist also eine soziale Gruppe aus Adel und reichem Bürgertum, in der Mitglieder anderer Schichten zugelassen werden, wenn diese erfolgreiche Künstler(innen) sind: so Gysar, Ambros, Seraphine oder deren Vater, der pensionierte Kammersänger Fenz; von solcher Lizenz profitieren dann am Rande auch deren Verwandte, wie Seraphines Schwester Elisabeth und deren Verlobter, ein Leutnant. Innerhalb des Figurenensembles sind die Altersklassen von zentraler Relevanz (vgl. hier und im Folgenden Lukas 1996): Die Frauen und Männer in

1.1.1 Mehraktige Dramen

den 20ern gehören der ›Jugend‹ an und besitzen damit die Möglichkeit ›emphatischen Lebens‹, also auch zu geglückter ›Liebe‹; die in den 40ern gelten in der ›Frühen Moderne‹ und bei Schnitzler als ›noch jung‹, an der Grenze zum ›Alter‹, in dem man die Möglichkeit zu ›emphatischen Leben‹ und zu ›Liebe‹ verliert. Fenz, unbestimmten, aber fortgeschrittenen Alters, scheint einen Grenzfall darzustellen; er strebt noch zumindest Affairen an, so schon in I, wie er auch noch am Ende von III mit der fünfzehnjährigen Hoteliersterochter Gilda, diese an der Schwelle zur ›Jugend‹ wie er an der Schwelle zum ›Alter‹, flirtet. Eine Figur seiner Altersgruppe bringt das in Schnitzlers *Der Gang zum Weiher* (1921) auf die Formel, man sei zwar noch selbst die Jüngste zu erobern, aber nicht mehr sie zu halten imstande. Fenz selbst wehrt sich gegen »die Legende vom Altwerden« und behauptet: »Mit sechzig fängt das Leben in gewissem Sinne erst an« (DW II, 875). In II/3 treten am Rande die ehemaligen und zeitweilig mit einander liierten Ex-Opernsänger Meyerhofer und Devona auf, die als Über-80-Jährige die trostlose menschliche Zukunft illustrieren.

Arduin, Ambros und Falkenir sind in I versammelt, weil Aurelie sie während eines Fests am Faschingsdienstag bei ihrer Tante, der Fürstin, für dieses Datum einbestellt hat, um ihnen um Mitternacht zu verkünden, welchen der drei Bewerber sie gewählt habe. Von den drei zentralen Frauen, also Aurelie, Judith, Seraphine, ist sie die höchstbewertete; Arduin erfuhr sie »wie eine Erscheinung aus einer anderen Welt« (ebd., 854), und Ambros stimmt zu: »Aurelie war es, wie sollt' es kein Märchen sein?« (ebd., 855). Falkenir kommt als Dritter hinzu, und Aurelie tritt pünktlich um Mitternacht auf: Sie hat Falkenir gewählt, weil nur er sie als die Person, die sie sei, lieben werde. Falkenir aber befallen Zweifel: »was kann ich dir sein? Ich, ein Mann ohne Zukunft und Überschwang, dem die Schläfen zu ergrauen beginnen« (ebd., 871). Nicht nur die Altersdifferenz hemmt ihn, sondern auch ein von ihm postuliertes überlegenes Wissen: »mir ist es gegeben, die ewigen Ströme rauschen zu hören – die dunklen ewigen Ströme, die unaufhörlich fließen von Mann zu Weib und von Weib zu Mann (ebd., 872). Gemeint ist damit eine latente, aber permanente sexuelle Attraktion zwischen den Geschlechtern, die unpersönlich wäre und bei der die Partner nicht als unaustauschbare individualisiert würden; diese Attraktion würde für jede Beziehung die Gefahr der Verletzung der traditionellen Norm der ›Treue‹ implizieren. Durch Falkenir veranlasst, tanzt Aurelie in der Folge zu-

nächst mit Max, dann mit Gysar; wie auch in anderen Texten der ›Frühen Moderne‹ wird die Art des ›Tanzes‹ hier als non-verbaler Ausdruck der ›Person‹ behandelt. Falkenir als Zuschauer schließt aus Aureliens Tanz: »Unter den hüllenden Vorurteilen deiner Geburt, deiner Erziehung verbarg sich dein wahres Wesen – auch vor dir.« (ebd., 887). Er gibt sie – mit der Formulierung des goethezeitlichen Konzepts der ›Bildung‹ – frei: »zu werden, was du bist« (ebd., 888). Es sei dies seine »Huldigung« »[v]or der Vielfältigen, Unerschöpflichen, Herrlichen, die geschaffen ist, sich zu verschwenden und in aller Verschwendung sich stets im Innersten zu bewahren« (ebd.). Er erhebt also den vermessenen Anspruch, sie besser zu kennen als sie sich selbst, und ihr durch seinen Verzicht den in der ›Frühen Moderne‹ so relevanten Wert der ›Selbstfindung‹/›Selbstverwirklichung‹ zu ermöglichen – einen Anspruch, an dem schon in *Die Hirtenflöte* (1911) Dionysias Ehemann gescheitert war. Wie auch in anderen Texten Schnitzlers und der ›Frühen Moderne‹ wird die ›Person‹ hier als ein Potential an Möglichkeiten gedacht, die es zu realisieren gilt. Die ›Selbstfindung‹ der geliebten Frau ist für Falkenir der höhere Wert als die Verwirklichung seiner Liebe zu ihr, sein Verzicht aus seiner Sicht quasi ›Liebesbeweis‹.

Während Aurelie die Abweisung ihrer Liebe erfährt und Judith hoffnungslos den Schwager Westerhaus liebt, hat Seraphine noch keine Liebeserfahrung. Ihr Vater Fenz behauptet, zur »großen Künstlerin« fehle ihr nur noch »das große Erlebnis – ein großes Glück, ein großes Leid«. Und Ambros sekundiert: »Man muß der Kunst allerlei Opfer bringen ... Tugend ist noch das geringste« (ebd., 857). Die Verletzung der traditionellen Sexualnormen wird also als selbstverständliche Voraussetzung einer ›Selbstverwirklichung‹ gesetzt. Max hat in I sowohl Seraphine als auch Judith als auch Aurelie angeflirtet; diese nimmt ihn am Ende von I mit.

II/1 spielt im Palais Aureliens, II/2 bei Westerhaus, II/3 in der Wohnung von Fenz; alle drei Szenen finden am selben Tag, Mitte Juni 1914, statt und werden durch Teile des Figureninventars verknüpft: Max tritt in II/1, 2, 3 auf, Ambros und die Fürstin in II/2 und II/3. In II/1 malt Gysar Aurelie, verwirft sein Produkt und wirbt um sie, indem er sie, um sie dort zu malen, in seinen Garten einlädt, der vom hinzukommenden, erneut um Aurelie werbenden Arduin nach dem Abgang Gysars als Ort von Orgien mit nackten Frauen charakterisiert wird. Aurelie stellt Arduin Max bei dessen Auftritt als ihren »Geliebten« (ebd., 896) vor – eine verbale Normverletzung, die Arduin mit seinem Abgang quittiert. Max, dem Aurelie eine Nacht geschenkt hat, erkennt, dass er nicht wirklich geliebt wurde: »Aurelie: Gab ich dir nicht alles, was ich geben konnte? /Max: Unendlich viel; – nur nicht dich selbst« (ebd., 897). Beide trennen sich am Ende von II/1.

In II/2 ist ein Großteil der Figuren der gehobenen Gesellschaft aus I versammelt. Vor dem Hintergrund dieses Empfangs finden einige entscheidende Aktivitäten statt. Westerhaus hat risikoreiche, moralisch problematische Finanzspekulationen unternommen und auf einen unmittelbar bevorstehenden Ausbruch des (Ersten Welt-) Kriegs gesetzt, bei dessen Nicht-Eintritt er ruiniert wäre. Julia, die ihren Mann, der sie als erkaufte Ware behandelt, hasst, hat mit dem sie schon in I umwerbenden Staatsanwalt Braunigl ein Komplott geschmiedet, demzufolge ihr Mann unrechtmäßig verhaftet werden soll, wofür Braunigl ihre Hingabe erwartet. Wenngleich gerade eben von Aurelie verabschiedet, wirbt Max um Judith, die mit ihm auf »eine herrliche und verworfene Weise« (ebd., 909) zusammen gehöre. Judith lehnt ab; denn sie – erfahren in unerwiderter Liebe – »fürchte wie den Tod« »die große Leidenschaft« (ebd., 909), und ist sich bewusst, dass Max ein ausnehmend unzuverlässiger Partner wäre. Aber sie stellt ihm in Aussicht, ihn irgendwann zu sich zu rufen: »für einen Tag und eine Nacht« (ebd., 910). Sie empfängt am Telefon die Nachricht, Westerhaus habe sich bei seiner Festnahme erschossen, erkennt Julias Komplott und beschließt, die Nacht bei Westerhaus' Leiche zu verbringen.

In II/3 findet die Verabschiedung der eben mit ihrem Leutnant verheirateten Elisabeth statt, an der auch Ambros und Max partizipieren. Die Gäste verabschieden sich, und es bleiben, da auch Fenz noch eine Verabredung hat, nur Max und Seraphine zurück. Wie sich schon in II/2 zeigt, weiß alle Welt von der Affäre zwischen Aurelie und Max, welcher Ambros auffordert, sich als deren Freund um Aurelie zu kümmern, um die Max sich Sorgen macht. Laut Ambros aber ist es zu früh: »Sie muß ihren Weg gehen« (ebd., 922). Ambros ist aus der Rolle des Liebhabers zum ›Aurelie-Versteher‹ geworden, der in der Folge, wie III zeigt, als eine Art Regisseur ihr weiteres Schicksal zu inszenieren versucht und dabei im Übrigen auch scheitert. Nachdem Aurelie Max verabschiedet und Judith ihn vertagt hat, macht er Seraphine Avancen; diese kommentiert, er sei heute »schon zweimal verlassen worden« (ebd., 926). Am Ende der Szene ist sie es, die die erotische Begegnung initiiert, allerdings gleich mit der Vorgabe, es sei dies ein »Abend, der niemals wiederkehrt« (ebd., 928). Die drei zentralen jungen Frauen des Dramas sind erstaunlich emanzipiert und illusionslos: Max bietet sich zwar allen dreien als ›Lustobjekt‹ an, aber sie entscheiden, ob und wann sie eine Beziehung mit ihm aufnehmen, und sie entscheiden über deren Ende; die Rolle als ›Verführer‹ kann Max nicht erfüllen, und die vom Dramentitel angekündigte »Verführung« findet nicht statt.

Akt III ist im dänischen Gilleleije, einem subtropischen »Märchenstrand« (z. B. ebd., 947), am 1. August 1914, dem Tag der deutschen Kriegserklärung und damit des Ausbruchs des ersten Weltkriegs, situiert; die Frage, ob der Krieg ausbricht, ist in den Gesprächen der Figuren massiv präsent. Ausgeschieden sind alle Nebenfiguren der Akte I und II; sukzessiv treten die drei jungen Hauptfrauen, Max und die drei Bewerber um Aurelie auf, zudem Fenz, ein Hoteldirektor und dessen fünfzehnjährige Tochter Gilda. Judith hat, wie in II/2 angekündigt, Max zu einem Treffen für eine Nacht einbestellt und sich für die Folge anonym mit Arduin verabredet, dessen auf den Namen »Aurelie« getaufte »Zauberyacht« an der Küste vor Anker geht. Judith, die erklärt, sie sei »an der Bahre eines geliebten Mannes, der von meiner Liebe nichts geahnt hat oder nichts ahnen wollte«, »eine Wissende« geworden (ebd., 930), weist den Wunsch von Max, die Affäre fortzusetzen, ab: »Nie, nie wieder mir dir, Max. Denn dich, Max, hab' ich beinah' geliebt.« (ebd., 931). Aus dem Gespräch zwischen Max und dem hinzukommenden Ambros geht hervor, dass Julia Braunigl tatsächlich mit einer kurzen Affäre für dessen illegale Verhaftung von Westerhaus belohnt hat; Braunigl ist infolgedessen suspendiert. Arduins Yacht wird gesichtet; zum Erstaunen von Max (»Nach allem, was geschehen ist?«) mutmaßt Ambros, Arduin wolle noch einmal um Aurelie werben (»Warum sollte er nicht?«; ebd., 937), womit Ambros zugleich klarstellt, in welchem Umfang ihm die Verletzungen der tradierten Sexualnormen durch Aurelie (nicht- bzw. vorehelicher Sexualität, Orgie bei Gysar) irrelevant scheinen. Arduin trifft ein und erklärt, dass er – verwandt mit den meisten europäischen Fürstenhäusern – im Falle eines Krieges, obwohl Offizier, nicht Partei ergreifen, sondern mit seiner Yacht, begleitet von Judith, verreisen werde: dieser Krieg breche »gegen alle menschliche Vernunft aus« (ebd., 954). Konfrontiert wird hier eine Vorkriegswelt, in der es für die gehobenen Schichten keine wirklichen Grenzen gab, und die nationalistische Verengung der Welt mit unüberschreitbaren Grenzen durch den bevorstehenden Krieg (vgl. zur Erfahrung der Differenz von Vorkriegs - und Nachkriegswelt z. B. auch Stefan Zweigs *Die Welt von Gestern*, 1942). Von Ambros erfährt Arduin, dass Aurelie, die sich in einer psychischen »Verstörung« (DW II, 946) befinde, in Gilleleije sei; Ambros hat geplant, dass Falkenir sie aus diesem Zustand zu erlösen habe. Der auftretenden Aurelie macht Arduin aber das Angebot mit ihm auf eine Reise mit offenem Ziel zu gehen; Judith würde er zu einem »artigen Kammerfräulein« (ebd., 949) für Aurelie degradieren. Auf Aureliens Ablehnung seines Beziehungsangebots lädt Arduin sie auf die Yacht zur Besichtigung jenes inoffiziellen Nacktgemäldes von ihr ein, das er Gysar abgekauft hat. Aurelie identifiziert sich mit diesem Bild: »Dies aber sag' ich euch, in meiner Nacktheit und in meinen Sünden gehör' ich mir allein. Keiner nahm mir was und keiner kann mir was geben. Was soll mir Scham, da mich keiner doch kennt« (ebd., 950). Falkenir tritt auf und bedauert im Gespräch mit Aurelie, auf »ein Glück« verzichtet zu haben, nur weil nicht zugleich »seine Dauer verbrieft war« (ebd., 952), und wirbt erneut um Aurelie. Sie wendet ein, ihn habe es schon vor »zukünftigen Möglichkeiten« gegraust, wie könne er dann mit »vergangenen Wirklichkeiten« umgehen (ebd., 953). Als eine solche kommt Max hinzu; dabei habe sich laut Aurelie Falkenir »vortrefflich gehalten« (ebd., 960). Sie hat einen weiteren Test vorgesehen; sie will ihn auf Arduins Yacht mit Gysars Gemälde konfrontieren, was Ambros verhindert, indem er dafür sorgt, dass Judith Arduin zum vorzeitigen Absegeln verführt. Das aber erweist sich als Fehlentscheidung; denn nun, so Aurelie, werde Falkenir sie nie kennen lernen: »Dort auf dem Schiff fahre ich davon« (ebd., 962). In einem psychotischen Akt hat sie ihr früheres Selbstbild durch das Fremdbild, das Gysar gemalt und mit dem sie sich bei einer Gruppenorgie bei ihm identifiziert hat, ersetzt: »Ich war mit einem mal nicht mehr ich. Ich war das Bild, das Gysar gemalt« (ebd., 962). »Dieses Bild ist Aurelie – ich selbst aber, wie du mich hier siehst, bin nur ein Bild« (ebd., 962). Man verständigt sich zwar, dass Falkenir Aurelie liebe und sie immer nur ihn geliebt habe; aber sie hält seinen Wünschen entgegen, dass sie gelernt habe, aufgrund der »ewigen Ströme« könne sie jederzeit wieder einem anderen erliegen: »Wenn wir zu gleiten beginnen, wissen wir denn – wohin?« (ebd., 962). Falkenir kontert mit einer neuen – radikalen! – Liebeskonzeption, in der auf die Norm der ›Treue‹ verzichtet wird: »Lieben ist: in jeder Stunde neu sich erringen müssen, was man liebt; bereit sein, zu verzichten [...] – und Heimat bedeuten, immer wieder Heimat; aus welcher Fremde auch die Geliebte wiederkehre« (ebd., 964 f.). (In *Die Schwestern oder Casanova in Spa*, 1919, argumentiert Schnitzlers Casanova, es gäbe nur eine Form von ›Treue‹: nämlich, dass die Geliebte nach einer ›Untreue‹ zurückkehre, was z. B. schon im Einakter *Das Bacchusfest*, 1915, praktiziert wird.) Falkenir und Aurelie einigen sich darauf, dass sie beide Suizid begehen, falls die »Gespenster« eines Tages in ihre Beziehung einbrächen; und Aurelie erklärt sie beide für verlobt. Doch dann rudert Aurelie in einem Boot auf das Meer hinaus, Falkenir und Ambros folgen ihr, sie lässt sich ins Wasser fallen, Falkenir springt ihr nach, und beide lassen sich im Doppelsuizid versinken. Indessen erfährt Max von Seraphine, um die er erneut wirbt, dass sie von ihm schwanger ist; sie lehnt sein Heiratsangebot ab: »Aber Max! Zum Heiraten bist du ja noch lange nicht erwachsen genug« (ebd., 971). Sie wird in Gilleleije bleiben, er mit Ambros in den Heimatraum fahren und am Krieg teilnehmen.

Der Ausbruch des Weltkriegs führt zu Grenzziehungen, die die Figuren zu Entscheidungen zwingen: Einige entziehen sich diesem Zwang durch einen definitiven Austritt in einen Außenraum (Arduin, Judith), andere verbleiben temporär im Außen (Seraphine, Fenz), andere kehren in den Innenraum zurück (Ambros, Max) – unterschiedliche Reaktionen auf die normative Anforderung, Partei zu ergreifen. Zwei aber verlassen gar durch Tod die dargestellte Welt (Aurelie, Falkenir). Auch hier geht es um Grenzziehungen bzw. Grenztilgungen. Implizit grenzt der Text zwei Klassen von Figuren aus, die nach Akt II ausscheiden: so die, die die traditionellen Sexualnormen einhalten (Seraphines Schwester Elisabeth und ihr Leutnant); so die, die ihre sexuellen Interessen durch nicht-sexuelle Normverletzungen durchsetzen (Judiths Schwester Julia und Braunigl). Interessiert ist der Text nur an Figuren, die Verletzungen ausschließlich der tradierten Sexualnormen begehen, wie dies für Aurelie, Judith, Seraphine gilt (vgl. hier und im Folgenden Titzmann 1989). Dabei wird eine tradierte Grenze aufgehoben und zugleich eine neue Grenzziehung eingeführt. Denn bei Seraphine, die nur einen einzigen Sexualakt vollzieht, führt die Normverletzung zu Selbstverwirklichung (und akzeptierter Schwangerschaft); Judith, die auf mehr Sexualakte kommt (entgegen ihrer Planung: zwei Nächte mit Max, zudem kommende mit Arduin), verzichtet in einem Akt bewusster Selbstbegrenzung aus Angst vor emotionalem Engagement auf Selbstverwirklichung; Aurelie, die

die meisten Sexualakte vollzieht, endet in psychotischem Selbstverlust und Tod. Nicht-eheliche Sexualität gilt hier also als zulässig und Selbstfindung als möglich, sofern erstens alle Beziehungen sukzessiv und monogam sind und zweitens die Partner emotional besetzt werden und zumindest temporär als nicht-austauschbar erscheinen. Über das unverwirklichte Potential einer anderen Person zu entscheiden, wie dies Falkenir in I tut, erweist sich als Fehler; eine solche Entscheidung kann nur die Person selbst treffen: die ›Person‹ erweist sich als fragiles Konstrukt ihrer selbst. Falkenirs neue innovative Liebeskonzeption in III erscheint als zwar denkbar, aber (noch nicht) lebbar. Eine »Komödie« ist der Text nur insofern, als die meisten Figuren sich und/oder anderen etwas ›vorspielen‹, von dessen Wahrheit sie vielleicht im Sprechakt überzeugt sind.

Literatur

Kluge, Gerhard: Zum Thema Verführung in A. S.s *Komödie der Verführung*. In: ZfdPh 103 (1984), H. 4, 551–563.
Le Rider, Jacques: *A. S. oder Die Wiener Belle Epoque*. Wien 2007.
Lukas, Wolfgang: *Das Selbst und das Fremde. Epochale Lebenskrisen und ihre Lösung im Werk A. S.s.* München 1996.
Partsch, Susanna: Frauendarstellungen. In: Tobias G. Natter (Hg.): *Gustav Klimt. Sämtliche Gemälde*. Köln 2012, 188–267.
Perlmann, Michaela L.: *A. S.* Stuttgart 1987.
Sabler, Wolfgang: *A. S. Écriture dramatique et conventions théâtrales*. Bern u. a. 2002.
Titzmann, Michael: Das Konzept der ›Person‹ und ihrer ›Identität‹ in der deutschen Literatur um 1900 [1989]. In: Michael Titzmann: *Realismus und Frühe Moderne. Interpretationen und Systematisierungsversuche*. Hg. v. Lutz Hagestedt. München 2009, 308–329.

Michael Titzmann

Der Gang zum Weiher (Drama, 1926)

Entstehung

Das Blankversdrama *Der Gang zum Weiher* begleitete Schnitzler über eine weite Strecke seines Lebens. Am Neujahrstag 1907 überlegte Schnitzler einen »Novellenstoff (›Der weise Vater‹)« (Tb, 1.1.1907). Im Juli des Jahres war die Idee dramatisch transformiert und als »3aktige Komoedie (Weiher) skizzirt« (ebd., 10.7.1907). Gute zwei Jahre später erhoffte Schnitzler, dass das Stück eine besondere Stellung in seinem dramatischen Werk einnehmen werde (ebd., 8.8.1909). Eine ausführliche Skizze der Akte entstand von Juni bis September 1910. Am 7. April 1911 erwähnt das Tagebuch die Notwendigkeit der Versform. Vier Jahre später löste ein Zusammenklang von Naturerfahrung, politischer Situation und Autobiographischem einen Kreativitätsschub aus: »eine Wiese […] voll gelber Blumen, mit holdem Blick; – plötzlich Einfälle zum Weiher, – mit Beziehung auf den Krieg – Gefühl meiner selbst, meiner Beziehung zu Wien – bis zur Ergriffenheit« (ebd., 24.5.1915). Vom 18. Juni bis 22. Juli 1915 verfasste Schnitzler eine neue Szenenskizze und diktierte sie vom 13. Oktober bis 25. November 1915 (ebd.), begann mit der Ausformulierung jedoch erst am 9. Februar 1918, zunächst in Prosa und ab dem 28. Februar desselben Jahres neu in Versen (ebd.). Drei Jahre lang arbeitete er vor allem wegen der Versform in äußerster Langsamkeit an dem Stück (s. etwa ebd., 15.5., 8.6., 31.12.1918). Vom 14. August 1918 bis 13. Juni 1921 wurde parallel zur Versniederschrift das Typoskript diktiert (ebd.). Erst am 28. Februar 1925 begann eine erneute intensive Arbeitsphase, die bis Mitte Oktober reichte (ebd.). Anfang Dezember hatte Schnitzler die Druckfahnen in den Händen, war jedoch mit dem Schluss unzufrieden (ebd., 5./6.12.1925). Auf Anregung des Freundeskreises teilte er das bis dahin dreiaktige Stück in fünf Akte, »wie ich schon selbst dachte« (ebd., 16.12.1925). Mindestens bis zum 10. Februar 1926 (ebd.) arbeitete Schnitzler in den Druckfahnen des kurz darauf in Berlin bei Fischer mit dem Gattungszusatz »Dramatische Dichtung in fünf Aufzügen« erscheinenden Buches.

Uraufführung

Erst fünf Jahre nach Erscheinen des Dramentextes wurde unter der Regie von Albert Heine die Uraufführung am Burgtheater realisiert. Vom 2. bis 5. Dezember 1930 kürzte Schnitzler den Text (Tb) und nahm regelmäßig an den Proben teil (ebd., 19.1.–13.2.1931). Die letzten Probentermine führten zu einer skeptischen Perspektive auf das Stück: »Mit dem 5. Akt des Stückes stimmt etwas nicht« (an Suzanne Clauser, 4.2.1931; Br II, 762) – »Innerlich abwenden von dem Stück und Depression« (Tb, 10.2.1931, s. auch ebd., 9.2.1931). Schnitzler wohnte der Premiere am 14. Februar 1931 bei (ausführlich dazu Tb). Nach 14 Vorstellungen in zwei Monaten wurde das Drama vom Spielplan genommen (s. auch Wagner/Vacha 1971, 66–68).

1.1.1 Mehraktige Dramen

Inhalt

Der Gang zum Weiher spielt innerhalb von knapp zwei Tagen auf dem Schloss des Freiherrn Albrecht von Mayenau (Aufzug 1, 2, 4 und 5 im großen Saal, Aufzug 3 im Park) in einem nicht näher benannten deutschsprachigen Kaiserreich »[u]m die Mitte des 18. Jahrhunderts« (DW II, 739). Drei thematische Komplexe bilden die Ausgangslage: Der seine Memoiren schreibende Freiherr erwartet zusammen mit seiner 19-jährigen Tochter Leonilda und seiner unverheirateten Schwester Anselma den Besuch des befreundeten Dichters Sylvester Thorn, der nach zehn Jahren im Exil seine im Schloss verwahrten Tagebücher lesen und vernichten will. Leonilda badet nachts in dem im Wald gelegenen Weiher und vollzieht dort nackt rituelle Handlungen. Konrad von Ursenbeck, der Sohn des nachbarlichen Marschalls, will im Auftrag des Vaters den Freiherrn dazu gewinnen, seine frühere Position als Kanzler wiedereinzunehmen und den Kaiser zum Krieg zu drängen. Diese drei Komplexe schüren in ihrer folgenden Vermengung den dramatischen Konflikt. Der mit seiner Geliebten ein Kind erwartende Sylvester verliebt sich in Leonilda und bittet den Freiherrn um deren Hand. Der Freiherr schickt Sylvester jedoch erst zur Geburt seines Kindes, das wie die Mutter dabei stirbt. In der Zwischenzeit haben Leonilda und Konrad Geschlechtsverkehr am Weiher. Leonilda lehnt die Werbung des zurückgekehrten Sylvester ab, der sich daraufhin im Weiher erträgnkt, wie der Sekretär Andreas Ungnad berichtet. Indes scheitert der wieder zum Kanzler ernannte Freiherr in seinen Friedensbemühungen. Auch gehen der in den Krieg ziehende Konrad und die ihre Unabhängigkeit bewahrende Leonilda die von ihm gewünschte Verbindung nicht ein. Um sein Kanzleramt zurückzugeben und selbst am Krieg teilzunehmen, bricht der Freiherr mit Leonilda zum kaiserlichen Hof auf. Anselma verbleibt im Schloss.

Deutung

Das Stück, zwischenzeitlich als Teil einer Folge historischer Dramen geplant (Br II, 421, 435 u. 765), steht in einer ganzen Reihe Schnitzlerscher Schauspiele, deren Handlung in der Vergangenheit situiert ist (etwa *Paracelsus* 1898/99, *Der grüne Kakadu* 1899, *Der Schleier der Beatrice* 1900/01, *Der Ruf des Lebens* 1906, *Der junge Medardus* 1910, *Die Schwestern oder Casanova in Spa* 1919/20). Auch die Versform hatte Schnitzler schon mehrfach angewandt, so in drei der vorgenannten Dramen. Die Gliederung in fünf Akte, die Versform, die Anlage als historisch-fiktives Drama, das knappe Personal der – zunächst – fünf tragenden Figuren (einer weiblichen Zentralfigur und je zwei am Ort befindlichen bzw. herbeikommenden Figuren) und die annähernd eingehaltenen Einheiten von Ort, Zeit und Handlung lassen als Folie das Musterdrama der Weimarer Klassik, Goethes *Iphigenie auf Tauris* (1787), durchscheinen. Drei Hauptprobleme werden verhandelt: die Gestaltbarkeit des Politischen, die Optionen des Geschlechterverhältnisses und die Relevanz des Dichterischen. Politik erweist sich dabei als ungenügendes Mittel zur Steuerung von Konflikten. Selbst die pragmatisch auf bloße »Verträglichkeit« (DW II, 813) ausgerichteten Friedensbemühungen des Freiherrn scheitern zum einen an eigendynamischen, nicht konkretisierbaren Kräften (»Wer auch begann«; ebd., 835), zum anderen an intriganten Bestrebungen (Marschall) sowie abenteuerhaftem Selbsterfahrungsinteresse (Konrad). Wie die politische Sphäre des Dramas überdeutlich auf den Ersten Weltkrieg verweist (s. die zeitgleich ausgearbeitete *Komödie der Verführung*, 1924), ist auch die dramatische (Re-)Organisation des Geschlechterverhältnisses keine der Zeit um 1750, sondern eine der zeitgenössischen Gegenwart. In der Ablehnung Sylvesters als Ehemann weist Leonilda nicht nur ein altersinadäquates Paarmuster zurück, sondern stellt auch ein neues weibliches Selbstbewusstsein aus, das eine ganz eigenständige Partnerwahl reklamiert, die zudem auch nicht durch den ersten – allemal nicht als Individuum begehrten (»Den, der kam«; ebd., 808) – Sexualpartner präfiguriert ist. Poetisches wird nun auf einer handlungsinternen und auf einer Metaebene bedeutsam. Auf der Ersteren fungiert Sylvester als Dichterfigur, die neben ihrer seit der Antike (Ovid) topischen Exilantengestaltung die ab Goethes klassischem Drama *Torquato Tasso* (1790) virulente Dissoziation von Kunst und Leben aufruft. Die Metaebene wird durch die scheiternden Schreibprojekte von Freiherr (Memoiren) und Sylvester (Tagebuch) annonciert sowie durch die – das strengklassische Fünf-Personen-Drama übersteigende – sechste Figur, die des Sekretärs, integriert. Ungnad tritt nämlich – im Sinne des genieästhetischen Sivedeus-Topos – in die (fiktionale) Welt erst schaffenden »Einheit« von Sekretär (Schreiber), Sylvester (Dichter) und Gott auf (ebd., 787). Daher geht mit dem Tod des Dichters Sylvester in dem – schon einmal als »Fiktion« vermuteten (Kucher 1991, 84) – Weiher die textinterne Vorstellung von der Relevanz des Dichterischen unter, während die textinterne dramatische Welt als virulente Faktualität sichtbar wird (»Nun aber stürzt ihm [Sylvester] alles [in den Weiher] nach« vs. »es l e b t ringsum«; DW II, 841). Schnitzler selbst hat zwar – wie die Forschung – durchaus Schwächen im Versbau bemerkt, zugleich aber von einem »in sich vollendete[n], wohlgebaute[n] Drama« gesprochen: »Ich habe technisch nichts besseres gemacht« (an Josef Körner, 20.3.1926; Br II, 435). Seine ambivalente Haltung zu dem Stück zeigt sich am deutlichsten in dessen Klassifikation als »das jugendlichste Alterswerk, das es gibt, epigonal und vorgängerisch zugleich« (an Suzanne Clauser, 9.2.1931; ebd., 766). Die Forschung hat Mängel der Komposition notiert, insbesondere hinsichtlich des titelgebenden Weiher-Motivs (z. B. Glogauer 1984, 276 f.). Doch erweist sich dieses auf der poetologischen Ebene durchaus als funktional. Die sechste, »colorful« (Daviau 1994, 185) Figur des Sekretärs wurde zumeist als wahnhaft-solipsistisch (etwa Fliedl 1997, 297–301) verstanden. Indem diese Figur den *Gang zum Weiher* jedoch zugleich als Selbstreflexion des Dichterischen ausweist, falsifiziert das das klassische Drama als Negativfolie aufrufende Stück die Möglichkeiten einer Weltgestaltung durch das Ästhetische. Wo sich das Politische nicht nur dem Ästhetischen, sondern auch jedem vernunftgesteuerten Handeln – im Sinne eines dauernden »Zu spät« (Fliedl 2005, 193) – zu entziehen scheint, bereitet die Kunst jedoch der Reorganisation der Geschlechterbeziehungen einen Boden. Der »Zauberweiher« (DW II, 838), der auch als »both a place and a state of mind« bezeichnet wurde (Dickerson 1971, 25), erweist sich somit als durchaus sinnreiches Zentralmotiv: Aus dem »Orte außerhalb der Geschichte« (Offermanns 1991, 281), nun aber nicht im Sinne von ahistorisch, sondern von metafiktional, in dem mit dem Dichter – auch in diesem Sinne eine »Katalysatorfigur« (Lukas 1996, 97) – die Poesie als Möglichkeitswelt untergeht, entsteigt mit Leonilda die Vorbotin realisierter selbstbestimmter Weiblichkeit (zur feministischen Deutung s. auch Weinberger 1997, 130, mit weiterer Literatur).

Literatur

Daviau, Donald G.: A. S.'s *The Way to the Pond*. The Dramatic Summing Up. In: Anna K. Kuhn/Barbara D. Wright (Hg.): *Playing for Stakes. German-Language Drama in Social Context*. Oxford/Providence 1994, 173–193.
Dickerson, Harold D.: Water and Vision as Mystical Elements in S.'s *Der Gang zum Weiher*. In: MAL 4 (1971), H. 3, 24–36.
Fliedl, Konstanze: *A. S. Poetik der Erinnerung*. Wien/Köln/Weimar 1997.
Fliedl, Konstanze: *A. S.* Stuttgart 2005.
Glogauer, Walter: Die Signifikanz von A. S.s Vers- und Prosasprache. Eine vergleichende Untersuchung. In: LuK 19 (1984), 270–287.
Kucher, Primus-Heinz: Ein dramatischer Abgesang auf eine abgelebte Welt. Zu A. S.s *Gang zum Weiher*. In: Fausto Cercignani (Hg.): *Studia Schnitzleriana*. Alessandria 1991, 71–95.
Lukas, Wolfgang: *Das Selbst und das Fremde. Epochale Lebenskrisen und ihre Lösung im Werk A. S.s*. München 1996.
Offermanns, Ernst: A. S.s Schauspiel »Der Gang zum Weiher«. In: Eckehard Czucza/Thomas Althaus/Burkhard Spinnen (Hg.): *»Die in dem alten Haus der Sprache wohnen«. Beiträge zum Sprachdenken in der Literaturgeschichte. Helmut Arntzen zum 60. Geburtstag.* Münster 1991, 277–286.
Wagner, Renate/Vacha, Brigitte: *Wiener S.-Aufführungen 1891–1970*. München 1971.
Weinberger, G. J.: *A. S.'s Late Plays. A Critical Study*. New York u. a. 1997.

Rüdiger Nutt-Kofoth

Im Spiel der Sommerlüfte (Drama, 1929)

Entstehung

Im Februar 1898 notiert Schnitzler in seinem Tagebuch: »Ein Stück ›»Sommernacht (?)‹ wird lebendig« (Tb, 22.2.1898). 31 Jahre später, im Oktober 1929, hält er fest: »Nm. letzte Correctur am Buch Spiel Sommerluft« (ebd., 12.10.1929). 209-mal erwähnt er in dieser langen Zeitspanne Arbeiten am Stück. Zwei große Arbeitsphasen (1911–1913 u. 1928–1929) widmet er dem bis 1926 in seinem Tagebuch als »Sommerstück« bezeichneten Drama. Bis zu seinem Tod findet man noch zahlreiche Bemerkungen zu Proben, Aufführungen und Rezeption. Die Beschäftigung mit dem *Spiel der Sommerlüfte* begleitet dementsprechend fast sein gesamtes Schaffen.

Uraufführung

Zwar ist die Uraufführung im Wiener Deutschen Volkstheater am 21. Dezember 1929 ein Erfolg, das Stück wird immerhin 18-mal gegeben, doch erweckt das Drama darüber hinaus nur geringes Interesse bei Theaterschaffenden und Publikum. Schnitzler stellt 1930 daher ironisch-bitter fest, es stünden Aufführungen »außer [in] Graz auch in Pilsen bevor, womit der Weltruhm beginnt« (an Suzanne Clauser, 22.1.

1930; Br II, 653). Die Kritiken sind durchaus zwiespältig. Es ist die Rede von der lieben, feinen, alten Schnitzler-Melodie, von einem zart getönten Aquarell, von bezaubernd viel Nachsicht. Solches Lob ist mehr als zwiespältig; denn es ist verbunden mit der allgemeinen Feststellung, die Fragestellungen des Stücks seien überholt. Es sei »ergreifend«, wie er »festgewurzelt bleibt in seiner Zeit und kaum einen Schritt über die mit Blutströmen eingezeichnete Demarkationslinie hinwegtut, die seine Epoche von der unsern trennt« (Helene Tuschak, *Neues Wiener Tagblatt*, 22.12.1929; vgl. auch Hermann Menkes, *Neues Wiener Journal* und Ernst Lothar, *Neue Freie Presse*, beide 22.12.1929). Zur deutschen Uraufführung in Frankfurt und ihrer Rezeption in der Presse schreibt Schnitzler: »Die Kritik entdeckt wieder einmal, dass es längst keine Schauspielerinnen, Bildhauer, Liebesverhältnisse und Sommerlüfte auf der Welt gibt, dass das Stück also keinen Menschen interessire. Nur mehr Strikes und Abtreibungen sind würdige Probleme« (an Heinrich Schnitzler, 16.4.1931; Br II, 788 f.).

Inhalt und Deutung

Die grundlegende Idee zu dem Stück – im Sinne der ersten Titelwahl eine Art moderner »Sommernachtstraum« – findet sich schon in den ersten Notizen im Jahre 1898. Sie erfordert die nötige »Leichtigkeit« und den richtigen »Stil« (Tb, 23.9.1913 u. 24.1.1918), d. h. die entsprechende Form zu »finden«, denn Schnitzlers Dramenwerk kann durchaus unter dem Gesichtspunkt der Variation einander oft ähnelnder Inhalte in verschiedenen dramaturgischen Formen verstanden werden – ein Zusammenhang, den er selbst betont: »Die Skizze des Sommerstücks. Der erste Akt hübsch; [....] einerseits Verwandtschaft mit der des Verführers; – dann wieder in längst vergangenes – (Liebelei, Freiwild) zurückweisend« (ebd., 24.1.1918).

Im *Spiel der Sommerlüfte* bewegen wir uns durchaus auf bekanntem Gebiet. Die meisten Personen gehören zu einer Art großer ›Schnitzlerfamilie‹. Schon ein exemplarischer Vergleich mit *Das weite Land* zeigt diese Verwandtschaft: Im Kaplan und seinem Bruder, dem Leutnant Robert Holl, finden sich gemeinsame Züge zum Fähnrich Otto, Josefa, die Gattin des Bildhauers, ist gleichsam eine nahe Verwandte von Genia Hofreiter wie Dr. Faber, der junge Arzt aus bescheidenen Verhältnissen, von Dr. Mauer (vgl. Vidal-Oberlé 2004).

Gusti Pflegner, eine junge Schauspielerin, ist die Verlobte eines Arztes mit ernsthaften Absichten, verliebt sich in einen ›feschen‹ Offizier und verbringt eine Liebesnacht mit dem jungen Eduard: Noch einmal variiert hier Schnitzler die u. a. aus *Der Schleier der Beatrice* und *Komödie der Verführung* bekannte Konfiguration einer Frau, die zwischen drei Männern (nicht) wählt. Doch im Gegensatz zu diesen Stücken ist hier alle Tragik und Schwere verschwunden, kein »Weibgenie« scheitert an der Möglichkeit, sich zur »Treue aufzuschwingen« (AB, 383), keine »dunklen, ewigen Ströme« (DW II, 872) überschatten die selbstbestimmte, in positivem Licht dargestellte freie Sexualität Gustis. Die zeitliche Nähe der 1928 fertiggestellten *Sommerlüfte* zur 1923 vollendeten *Komödie der Verführung*, aus der letzteres Zitat stammt, zeigt aber, dass gegensätzliche Interpretationen einer ähnlichen Konstellation nicht Ausfluss einer neuen Sichtweise Schnitzlers sind, sondern Konsequenz der jeweils gewählten Form.

Im Vergleich zu anderen Dramen hat sich im *Spiel* der Lebenshorizont der Personen verengt: Weder fasziniert ein fernes Baktrien (*Der einsame Weg*), noch lockt gefährliche Gipfelstürmerei (*Das weite Land*). Die rasante Mobilität des *Weiten Landes* hat sich verlangsamt, man rollt in einem »Rumpelkasten« (ebd., 977). Der Horizont ist ›österreich-eng‹ geworden, die Weltöffnung reduziert sich auf ein ironisches Zitat: »Liegen keine neuen Engagementsanträge vor? Deutschland, Amerika, Australien?« (ebd., 987). Dieser begrenzte Lebenshorizont könnte durchaus als repräsentativ für die Verhältnisse der Ersten Republik angesehen werden. Dem entspräche auch die tolerantere Sexualmoral (in Hinblick auf Gusti, verglichen etwa mit dem Schicksal von Schauspielerinnen in *Märchen* und *Freiwild*) und die eminente Rolle des Kaplans als durchaus positiv dargestellter Erzieher und allgemeiner Bezugspunkt der Dramengesellschaft in Kirchau. Allerdings wird der die politische Entwicklung der Ersten Republik prägende Gegensatz von Stadt und Land, Klerikalismus und Antiklerikalismus nicht als solcher ausgeführt. Schnitzler versetzt aber den Zeitpunkt des Stücks an das Ende des 19. Jahrhunderts. Dem entsprechen einige zeitcharakteristische Aspekte, etwa die beruflichen Karrieren. Durch diese widersprüchliche Zeiteinbettung nähert sich Schnitzler in gewisser Weise der Zeitlosigkeit des *Sommernachttraums* (vgl. Tb, 12.4.1898), doch im Vergleich dazu sind die in der Gesellschaftskomödie üblichen Hinweise auf konkrete Aspekte der Realität, etwa die soziale und berufliche Definition der Dramenpersonen, allzu präzise.

In gewisser Weise stellt das Stück eine Quintessenz seiner Dramaturgie dar: illusionistische Konzeption der Bühne und des Geschehens, realistische Darstellung der Personen und Konflikte in einer psychologischen Perspektive, Konzentration auf Fragen, die die Beziehung zwischen Mann und Frau betreffen, eher gehobene soziale Zusammensetzung der ›Dramengesellschaft‹ mit gleichzeitiger Gegenwart einer jungen Frau bescheidenerer Herkunft und freierer Sexualität, Auflösung der Handlung in kunstvollen Dialog, zurückhaltende körperliche Präsenz der Schauspieler, wenn auch psychologisch schlüssig für den jungen Eduard gelockert. Dessen theatralische Körperlichkeit und Haltung steht in der Tat in direkter Verbindung mit der Perspektive des Stücks: Eduard hilft Gusti beim Rollenlernen für *Romeo und Julia*, Shakespeares Gegenstück zum *Sommernachtstraum*, ähnlich wie das *Spiel der Sommerlüfte* als lustspielhafte Version des *Weiten Landes* betrachtet werden kann, berücksichtigt man die zum Teil vergleichbaren Konflikte, etwa um das Faible der oft betrogenen Ehefrauen Josefa und Genia für einen Jüngeren und das Streben nach Unabhängigkeit und freier Partnerwahl von Erna und Gusti.

Das grundlegende Thema der Schnitzlerschen Dramaturgie, der Antagonismus zwischen Natur (den oft unterdrückten Wünschen der Dramenpersonen) und Kultur (den sozialen Verhaltensregeln) erfährt hier eine Neuperspektivierung im Sinne des Titels. Die Natur mit idyllischen Elementen wie Bergen, Wald, Bach, frischer Milch und Sommergewitter ist hier ständiger Horizont der Handlung. Das Bühnenbild öffnet sich weit auf die landschaftliche Umgebung, »Felder, Wiesen, allmählich ansteigend bis zu bewaldeten Hügeln« (DW II, 976). Die Natur ist der symbolische Ort der Erziehung Eduards (vgl. z. B. seine Suche nach Orchideen), ein Ort voller Geheimnisse, die der Kaplan zu verstehen hilft, etwa mit Hilfe eines – wenn auch nichtkolorierten – botanischen Atlanten, während sein Vater zögert, einen farbigen mitzubringen.

Dem Widerpart repressiver Regeln scheint der Zugang zu dieser inselhaften Idylle verwehrt. Doch solche Inklammersetzung ist nicht allgemein: Ihre Position in der ›Dramengesellschaft‹ untersagt Josefa daran teilzunehmen, die Natur scheint für sie unerreichbar; sie verlässt auch kaum das Haus. Ein – ursprünglich vorgesehenes – Abenteuer Josefas mit dem Kaplan hätte im Gegensatz zu anderen Verbindungen die Verschmelzung der für Schnitzler charakteristischen psychologischen Tiefenschärfe mit dem Lustspielton erschwert, und hätte auch den ungeschriebenen Regeln der dialogbasierten Gesellschaftskomödie widersprochen.

Die von Schnitzler immer wieder neu in Angriff genommene »vertrackte Szene« (Tb, 3.2.1929) am Schluss des zweiten Aktes enthält ein vertrauliches Gespräch über Glück, Schuld, Reue, Zweifel und Gott zwischen dem Kaplan und Josefa, eine vom Leben enttäuschte Ehefrau. Im Laufe des Arbeitsprozesses erfährt diese Szene bedeutende Änderungen. Josefas Repliken wirken lange Zeit nahezu aphoristisch (»Jung sterben ist nicht schlimm«; »Lohn ist die Stunde selbst« usw.). Der Kaplan erscheint anfangs noch ohne seine spätere religiöse Rhetorik und begnügt sich mit allgemeinen Floskeln wie »Es wird vorübergehen« oder »Wo die Reue nachkommt, da war kein Glück« (CUL, A126, Seite 77 f.). Im Laufe des Arbeitsprozesses wird der Dialog sukzessive angereichert, wobei der Kaplan an religiöser Dimension gewinnt. Die Endfassung behält alle wesentlichen Aspekte des Beginns bei, erweitert sie durch neue Elemente und vertieft sie grundlegend durch komplexe, psychologisch glaubhafte Gedankengänge und entpathetisierte Formulierungen. Statt wie in den ersten Fassungen: »Ohne Schuld, kein Glück« (CUL, A126, Seite 75) meint Josefa etwa »Und ob die Sünde nicht wieder manchmal dem Glück ähnlich sieht, verzweifelt ähnlich?« (DW II, 1012). Auch werden die Argumente zum Teil anders verteilt. Nun spricht der Kaplan vom Gebet und nicht Josefa, Letztere erwähnt die Gefahr, durch erhörtes Gebet Unglück auf andere herabzubeschwören (ebd., 1014), und nicht der Kaplan usw.

Bis Oktober 1928 mündet die Szene in eine kurze ›sommerlüftige‹ Liebesaffäre. Doch mit den Worten »Es ist vorbei« (CUL, A127, Seite 132) beendet Josefa schon am nächsten Morgen diese flüchtige Beziehung. Auch in der Endfassung gebraucht Josefa diese Worte, in der kurzen Szene des dritten Aktes, in der die ersehnt-verweigerte Annäherung nur mehr zu einem kurzen, schnell abgebrochenen diskreten Körperspiel Anlass gibt (DW II, 1021).

Das Gerüst der religiösen Selbstversicherungen hat die mögliche Öffnung zum anderen zunichte gemacht. Der »Religiös-Wahnsinnige« flüchtet aus seinen Zweifeln in neu affirmierten Glauben, in »Dogmatismus« (an Heinrich Schnitzler, 13.6.1929; Br II, 605). Doch ähnelt er wohl weniger einem puren Dogmatiker als einem Porträt, das Schnitzler in einer der ersten im Cambridge-Archiv enthaltenen Notizen skizziert hat: »Er sucht in allem, was ihm entgegenkommt ein gottgesandtes Zeichen. […] Aber da Gott alles geschaffen hat, hat er nicht das Recht, irgend etwas zu verachten oder geringzuschätzen. Es muss seinen Sinn haben« (CUL, A126, Seite 3 f.).

Schließlich lässt sich noch eine biographische Komponente in der Geschichte des Stücks erkennen. Die durchaus kritische Aufarbeitung katholischer Fragestellungen an Hand der Figur des Kaplans ist aus dieser Perspektive mit Schnitzlers Tochter Lili eng verbunden, ihrer Heirat mit einem katholischen italienischen Offizier, mit dem Schnitzler auch nach dem Selbstmord Lilis, der Schnitzlers letzte Lebensjahre überschattete, in freundschaftlichem Kontakt bleibt und der das Stück, offensichtlich bewegt von der Verwandtschaft mit der ursprünglich Lilly getauften Gusti, ins Italienische übersetzen wollte. In seinem Tagebuch kommentiert Schnitzler diesen bitteren Zusammenhang: »Das Vollkommene an Tragik wirkt seltsamerweise wieder wie absolute Notwendigkeit. Ob man mit Ergebung oder mit Auflehnung antwortet – ob man stark ist oder fromm – Gott kommt immer auf seine Rechnung (und wir müssen bezahlen)« (an Suzanne Clauser, 3.1.1930; Br II, 643; vgl. Beier 2008).

Literatur

Beier, Nikolaj: »*Vor allem bin ich ich ...*«. *Judentum, Akkulturation und Antisemitismus in A. S.s Leben und Werk*. Göttingen 2008.
Sabler, Wolfgang: *A. S. Écriture dramatique et conventions théâtrales*. Bern u. a. 2002.
Vidal-Oberlé, Cécile: A. S., *Im Spiel der Sommerlüfte*, entre fin et renouveau. In: Rolf Wintermeyer/Karl Zieger (Hg.): *Les »Jeunes Viennois« ont pris de l'âge. Les œuvres tardives des auteurs du groupe »Jung Wien« et de leurs contemporains autrichiens*. Valenciennes 2004, 127–138.

Wolfgang Sabler

1.1.2 Einakterzyklen

Anatol (Einakterfolge, 1889–1893; inkl. *Anatols Größenwahn*, aus dem Nachlass 1955)

Entstehung

Der 1893 erstmals in Buchform erschienene *Anatol*-Zyklus bildet einen Meilenstein im dramatischen Schaffen des jungen Schnitzler und zählt zusammen mit *Der grüne Kakadu* und *Reigen* zu den meistinterpretierten Dramen des Autors (Fliedl 1997, 128). Der Zyklus hat eine langwierige und »ungewöhnliche Entstehungsgeschichte« (Valk 2007, 20), die sich über den Zeitraum von 1883 bis 1893 erstreckt (vgl. A/HKA I, 1–3). Ursprünglich nicht als Gesamtentwurf konzipiert, umfasst er eine von Schnitzler »nach dramatischen Gesichtspunkten« (Urbach 2008, 136) zusammengestellte Folge von sieben Einaktern, deren Entstehungszeit zwischen 1888 und 1891 liegt. Vor der Veröffentlichung des Gesamtzyklus kommen bereits fünf Einakter in verschiedenen Revuen und Zeitungen heraus: 1889 erscheint *Episode* in der literarischen Zeitschrift *An der Schönen Blauen Donau*, in der Schnitzler zuvor schon einige Erzählungen und Gedichte (unter dem Pseudonym ›Anatol‹) publiziert hatte. Ein Jahr später druckt die Wiener Monatsschrift *Moderne Dichtung* die Einakter *Die Frage an das Schicksal* und *Anatols Hochzeitsmorgen*. Darauf folgt 1891 die Publikation von zwei weiteren einzelnen Szenen: *Denksteine* in *Moderne Rundschau* und *Weihnachtseinkäufe* in der *Frankfurter Zeitung* (Offermanns 1964, 147; Urbach 1974, 139 f.). Die unveröffentlichten Einakter *Abschiedssouper* und *Agonie* erscheinen erstmals 1893 bei der Herausgabe des gesamten Zyklus. Den ersten Hinweis auf die eventuelle Publikation einer Einaktersammlung gibt Schnitzler im Mai 1891 im Tagebuch: »Man räth mir, die Anatolsachen gesammelt herauszugeben« (Tb, 5.5.1891). Einen Monat später sendet er den »Anatol Cyclus« (ebd., 9.6.1891) an den deutschen Verleger Pierson, der aber im Januar 1892 aus »Angst vor Confiscation« (ebd., 4.1.1892) das Manuskript zurückschickt. In den folgenden Monaten bemüht sich Schnitzler vergeblich um die Herausgabe der Sammlung, wie er im Tagebuch lakonisch berichtet: »Heute schickte mir Weiss den A. Cyclus zurück, nachdem er in mündl. Verkehr schon angenommen. Bisher von Pierson, Fischer, Fontane, Minden und Weiss refusirt« (ebd., 18.6.1892). Schließlich übernimmt das Berliner Bibliographische Bureau die Herausgabe des Zyklus auf Schnitzlers eigene Kosten. Im Oktober 1892 wird das Buch unter dem Erscheinungsjahr 1893 ausgeliefert, versehen mit der berühmten »Einleitung« des achtzehnjährigen Loris (Hugo von Hofmannsthal), dessen vielzitierte Verse den Inhalt des Zyklus poetisch beleuchten und sich zugleich programmatisch als »präzise Selbstanzeige jenes literarischen Wien vor der Jahrhundertwende« (Politzer 1968, 136) lesen lassen. Zu den ausgeschiedenen Einaktern des »*Anatol*-Fundus« (Urbach 2008, 141) zählen u. a. das Lustspiel *Das Abenteuer seines Lebens* (1888), *Anatols Größenwahn* (entst. 1891), der ursprünglich als Alternative zu *Anatols Hochzeitsmorgen* gedacht war, und das Dialog-Fragment *Süßes Mädel* (entst. 1892).

Uraufführung

Einzelne Einakter werden in den 1890er Jahren auf deutschen und ausländischen Bühnen uraufgeführt, wobei *Abschiedssouper* rasch zum Favoriten des Publikums wird (Offermanns 1964, 185 f.; Sabler 2002, 117), doch bahnt sich der Gesamtzyklus nur mühsam den Weg auf die Bühne. Nach einer ersten wenig kommentierten Uraufführung in tschechischer Sprache, die im Jahre 1893 in Prag-Smichow erfolgt (Offermanns 1964, 186), wird *Anatol* (außer *Denksteine* und *Agonie*) am 3. Dezember 1910, d. h. erst 18 Jahre nach der Veröffentlichung des Zyklus, gleichzeitig am Berliner Lessingtheater und am Wiener Deutschen Volkstheater in deutscher Sprache uraufgeführt (ebd., 187). Diese doppelte Uraufführung ist ein großer Erfolg bei Publikum und Presse, sowohl in Wien als auch in Berlin. In der Reichshauptstadt ist jedoch die Kritik nicht einhellig positiv. Alfred Kerr, der schon 1896 die »flüchtig [...] entgleitende Episodenpoesie« (1954, 100) des Zyklus gewürdigt hat, schreibt zwar eine begeisterte Kritik über den Abend im Lessingtheater (*Der Tag*, 6.12.1910), Siegfried Jacobsohn aber urteilt sehr bissig und moniert besonders die »Einförmigkeit [des] Inhalts« (Jacobsohn 1910, 1261): »Nach einer halben Stunde kennt man [Anatol] auswendig; dann wird er immer unerträglicher. Es ist nicht verwunderlich, daß die deutschen Theaterdirektoren sich seit achtzehn Jahren darüber klar sind« (ebd., 1262).

Inhalt und Deutung

Mag *Anatol* auf den ersten Blick als loses Gefüge von ›einförmigen‹ bzw. redundanten Szenen erscheinen, die offenbar einzig durch die Anatol-Figur zusammengehalten werden und die manche Beobachter sogar als beliebig »austauschbar« bewertet haben (Offermanns 1964, 160; Baumann 1970, 158; Kilian 1972, 53), so ist gerade in der Diskontinuität der Handlungsführung und der scheinbaren »Wiederkehr des Gleichen« (Bayerdörfer 1972, 527) eine innere Zusammengehörigkeit zu erkennen (Kenney 1994, 24). Im Spiegel der »Ästhetik des Einzel-Falls« (Keller 1984, 102) wird »das scheinbar zufällige Kontinuum des Gesprächs [...] zum Schauplatz eines kunstvoll verschlungenen Gegeneinander, Zueinander, Nebeneinander und Untereinander der verschiedensten Bewußtseinszustände [...]. Zwischen dem zunächst nur Partikularen, Punktuellen lassen sich langsam Linien erkennen – die Trampelpfade [von Anatols] Bewußtsein« (ebd., 103 f.). Aus dieser Perspektive liefert Schnitzlers Dramendebüt, das sich zugleich als »Komödie der Stimmungen« (Scheible 1976, 43) und »Experimentenfolge« (Neumann 1994, 59) lesen lässt, einen vielfältigen Überblick über die seelischen Zustände des Titelhelden, deren präzise Darstellungsweise mit Max' folgender Sentenz zusammengefasst werden könnte: »Und wir brauchen nicht einmal Philosophie dazu! – Wir brauchen gar nicht in's große Allgemeine zu gehen; – es genügt schon, das Besondere sehr tief bis in seine verborgensten Keime zu begreifen« (A/HKA II, 971). Zugleich bietet der Zyklus eine gründliche und unterhaltsame Reflexion über den Typus des »kernlosen Mensch[en]«, dessen Seele »aus einzelnen gewissermaßen flottierenden Elementen zu bestehen [scheint], die sich niemals um ein Zentrum zu gruppieren, also auch keine Einheit zu bilden imstande sind« (AB, 53). Die für Anatols Wesensart charakteristischen »flottierenden Elemente« wurden schon im Jahre 1892 von Hofmannsthal anschaulich hervorgehoben: »Am Licht der Liebe freuen ihn minder die geraden hellen Strahlen, als was sich am Rande buntfarbig bricht; nicht die großen Erlebnisse, Lieben, Müdwerden, Vergessen, sondern was duftig um diese dämmert und webt; was schattenhaft und unheimlich hinter ihnen steht, wie der Sinn hinter dem Symbol, wie der Alpdruck hinter dem Traumbild: Leben, Sterben, Totsein« (Hofmannsthal 1979, 161). In dieser Deutung zeichnen sich bereits die Konturen des ›impressionistischen Menschen‹ des Fin de Siècle ab, der von Schnitzler im Verlauf der einzelnen Szenen mit großer Kunstfertigkeit und ironischem Feingefühl inszeniert wird.

Die Frage an das Schicksal (1890)

In der Eröffnungsszene des Zyklus zweifelt der von Eifersucht geplagte Anatol an der Treue seiner Geliebten Cora. Auf die Ermutigungen seines Freundes Max hin versetzt er sie in Hypnose, um ihr, einem »Zauberer« (A/HKA II, 875) ähnlich, die Wahrheit zu entlocken. Am Schluss der Szene wagt er es aber nicht, die verhängnisvolle Frage nach Coras Treue zu stellen. Auf dieser eben nicht gestellten Frage beruht die dramatische Spannung des Einakters, in dem Max nicht nur als »Ermöglicher, Störer und Inszenator« des »Wahrheitsspiel[s] zwischen Anatol und Cora« (Neumann 1994, 55) auftritt, sondern auch als feiner Analytiker, der Anatols unbewusste seelische Vorgänge treffend zu entlarven weiß: »Du hast eine Frage frei an das Schicksal! Du stellst sie nicht!

[…] Und warum? […] weil Dir Deine Illusion doch tausendmal lieber ist als die Wahrheit« (A/HKA II, 884 f.). Die Theatralisierung der Hypnose, die an Charcots öffentliche Experimente in der Pariser Salpêtrière erinnert (vgl. Neumann 1994, 56 f.) und zugleich einen »Reflex von Schnitzlers hypnotischen Versuchen an der Poliklinik« (Fliedl 2005, 74) bildet, erhellt schon wichtige Themen des Gesamtzyklus: das Machtverhältnis zwischen den Geschlechtern, das »flüchtige, süße Glück« (A/HKA II, 881) des Augenblicks, die Macht des Unbewussten und die subtile »Dialektik von Illusion, Desillusionierung und erneuter Illusion« (Bayerdörfer 1972, 528).

Weihnachtseinkäufe (1891)

Am Weihnachtsabend begegnet Anatol in den Straßen Wiens zufällig der eleganten Gabriele, einer verheirateten Frau aus der »großen Welt« (A/HKA II, 895). Der Dialog, zu Beginn der Szene eine leichte, doppeldeutige Konversation, wird allmählich zu einem tieferen Gespräch, in dem zwei Welten, aber auch zwei typisierte Arten zu lieben entgegengestellt werden: Als »böse Mondaine« (ebd., 900) und scheinbar unerreichbare Frau unterscheidet sich Gabriele von dem von Anatol idealisierten »süßen Mädl« (ebd., 901), das in der »kleinen Welt« (ebd., 895) der Vorstadt in schlichten Verhältnissen lebt und »zu lieben weiß« (ebd., 901). Die ausführliche und zugleich stereotype Schilderung jener »kleinen Welt«, die einer stilisierten »Puppenstube« (Selling 1975, 209) ähnelt, rührt die mondäne Gabriele so sehr, dass sie sich am Ende der Szene sehnsüchtig mit dem süßen Mädel identifiziert: »Diese Blumen, mein… süßes Mädl, schickt Dir eine Frau, die vielleicht ebenso lieben kann wie Du und die den Muth dazu nicht hatte…« (ebd., 905).

Episode (1889)

Nach Schnitzler ist *Episode* der erste Einakter, »in dem die Figur des Anatol, wie hoch oder niedrig man sie menschlich-künstlerisch bewerten mag, und die eigentümliche Atmosphäre der ›Anatol‹-Szenen, ob man sich in ihr behage oder nicht, mit Deutlichkeit zu spüren ist« (JiW, 304). Der dritte Einakter der Sammlung, der wohl Victorien Sardous Komödie *Les vieux garçons* (*Die alten Junggesellen*, 1863) nachempfunden ist (Urbach 2008, 127 f.), bietet tatsächlich einen vertieften Einblick in den facettenreichen Charakter der Anatol-Figur. Im Zwielicht von Max' »Bewußtseinszimmer« (Scheible 1982, 220) nimmt Anatol die Pose eines modernen Werther ein, der die Stadt verlassen und »ein neues Leben auf unbestimmte Zeit« (A/HKA II, 911) beginnen will. In dieser Hinsicht sucht er »ein Asyl für [seine] Vergangenheit« (ebd., 910) und deponiert feierlich bei seinem Freund ein »großes Paket« (ebd.), dessen Inhalt (Briefe, Blumen, Haarlocken usw.) seine vergangenen Liebesabenteuer symbolisch materialisiert. Die sorgfältige Archivierung und Aufbewahrung der Vergangenheit wird im Verlauf der Szene zu einer Sakralisierung des Episodenhaften. Als »Hypochonder der Vergangenheit« (Fliedl 1997, 23), der »an Amnesie *und* an Hypermnesie« (ebd., 24) leidet, macht Anatol aus einem offenbar unbedeutenden Liebesabenteuer mit der Zirkusreiterin Bianca ein ekstatisch gesteigertes Ausnahmeerlebnis, bei dem er sich wie eine mächtige »Gottheit« (Jackman 2001, 157) vorkommt: »Für Diese, die da zu meinen Füßen lag, bedeutete ich eine Welt; ich fühlte es, mit welch' einer heiligen, unvergänglichen Liebe sie mich in diesem Momente umgab« (A/HKA II, 919). Auf diese »Grandiositätserfahrung« (Neumann 1994, 58) folgt aber eine brutale Desillusionierung: Die elegante Bianca, die unvermutet bei Max erscheint, erkennt Anatol nicht. Während der junge Mann schwer gekränkt ist, bewahrt Bianca »ihren Hausverstand« (Fliedl 1997, 140) und konstatiert nüchtern: »man kann sich doch nicht an Alles erinnern« (A/HKA II, 927).

Denksteine (1891)

Der kürzeste Einakter des Zyklus bildet einen Kontrapunkt zu *Episode*: Es geht nicht mehr darum, das Vergangene aufzubewahren, sondern es endgültig zu »tilgen« (A/HKA II, 935). Von einem unbändigen ›Willen zum Wissen‹ getrieben, durchwühlt Anatol den Schreibtisch seiner Geliebten Emilie und findet zwei Edelsteine, einen Rubin und einen schwarzen Diamanten, die jeweils eine bedeutende Liebeserinnerung symbolisieren. Für Anatol sind jene »Denksteine« ein sicheres Zeichen dafür, dass Emilie unfähig ist, sich von der Vergangenheit zu lösen. Die aufrichtigen Antworten der jungen Frau auf seine drängenden Fragen verstimmen ihn so sehr, dass er sie nur noch verachtungsvoll als eine »Gefallene« (ebd., 938) und abschließend eine »Dirne« (ebd., 941) ansieht. In dieser Szene, die sich als eine Art Parabel der »reuigen Sünderin« (Jackman 2001, 156) deuten lässt, setzt sich Emilie als »wichtige Kontrastfigur« (Selling 1975, 212) durch: Im Gegensatz zu

Anatol versteht sie »die Vergangenheit als bedingendes Element der Gegenwart« und ist daher »befähigt, dem Zufall nicht so sehr ausgeliefert zu sein, sondern die Gegenwart beherrschen zu können« (ebd.).

Abschiedssouper (1893)

Das Lieblingsstück des Publikums, das Karl Kraus am 15. Juli 1893 als »überaus lebendige[n], geistreiche[n] Einakter« (Urbach 1970, 519) begrüßte, steht in scharfem Kontrast zu der vorigen Szene. In dieser leichten, an schlagfertigen Stichworten und unerwarteten Schlusspointen reichen Komödie will Anatol, der sich in ein ›süßes Mädel‹ verliebt hat, bei einem »Abschiedssouper« im Hotel Sacher das Ende seiner Liebesbeziehung mit der Balletttänzerin Annie »feiern« (A/HKA II, 947). Ähnlich wie in *Episode* lässt er im einleitenden Gespräch mit Max seinem illusionären Größenwahn freien Lauf: Als »enorm ehrliche Natur« (ebd., 950) muss er Annie die Wahrheit sagen, obwohl es »ihr ja doch weh tun [wird]« (ebd., 951). Umso größer ist seine Desillusionierung, als er allmählich versteht, dass Annie ihn wegen eines anderen Mannes ebenfalls verlassen will. Im Wahrheitsspiel zwischen den beiden Figuren, bei dem Max wieder »die Stelle des parasitären Dritten« (Neumann 1994, 60) einnimmt, erscheint Anatol als bitterer bzw. schlechter Verlierer: »Die Lizenzen, die er sich selbst einräumt, bleiben seiner Geliebten verwehrt« (Valk 2007, 26). Hier tritt er nicht mehr als Hypnotiseur auf, der über das Ende des »Schicksals-Spiel[s]« (Neumann 1994, 65) selbst zu entscheiden vermag, sondern als ›betrogener Betrüger‹, dem abschließend die »Degradierung« (ebd., 60) des weiblichen Alter Ego als einzige Rache bleibt.

Agonie (1893)

Auf *Abschiedssouper* folgt eine der dunkelsten und zugleich aufschlussreichsten Szenen des Zyklus, die jedoch selten aufgeführt wurde (Offermanns 1964, 187). Anatol, der des »langsame[n], unsagbar traurige[n] Verglimmen[s]« (A/HKA II, 972) seiner Liebesbeziehung zu der verheirateten Frau Else überdrüssig ist, schwankt zwischen dem Wunsch, der »Oedigkeit der Agonie« (ebd.) ein Ende zu setzen und der Hoffnung, »die Süßigkeit« (ebd., 973) des Augenblicks noch einmal auszukosten. Als er Max gesteht, dass er »stets ein Hypochonder der Liebe gewesen« (ebd.) sei, deutet sein Freund dieses Bekenntnis auf treffende Weise aus: »Deine Gegenwart schleppt immer eine ganz schwere Last von unverarbeiteter Vergangenheit mit sich ... [...] Und darum ist ja ewig dieser Wirrwarr von Einst und Jetzt und Später in Dir; es sind stete, unklare Uebergänge!« (ebd., 974). Max' Diagnose, bei der sich »die Schwierigkeit, das ›Ich‹ noch als Kontinuität zu denken« (Fliedl 1997, 22) herausstellt, lässt sich auf Ernst Machs These vom »unrettbaren Ich« zurückführen: Das Ich »hat nur noch für den einzelnen Augenblick Dauer, es ist nichts als die Summe der Wahrnehmungen, die sich in einem Menschen zufällig kreuzen und im nächsten Moment schon eine völlig andere Konstellation geben« (Scheible 1976, 43). Anatol selbst ist sich dieser ›Krankheit‹ bitter bewusst: »Und aus diesem Dunstkreis kommen die schmerzlichen Düfte, die so oft über meine besten Augenblicke ziehen – Vor denen möchte ich mich retten« (A/HKA II, 975). Nach Elses Auftritt ändert sich aber der Ton: Auf die »Phantastereien« (ebd., 983) Anatols, der mit der jungen Frau fliehen will, um den »Reiz« jeder Minute wieder zu »schlürfen« (ebd., 978), reagiert sie kalt. Sie ist nicht bereit, die Sicherheit ihres bürgerlichen Lebens hinter sich zu lassen. Mit der »Eigenmächtigkeit« (Urbach 2008, 146) der Frauen hat Anatol nicht gerechnet: »Sie lassen sich von ihm verführen, aber sie lassen sich von ihm nicht manipulieren: weder zum Beharren auf der von ihm simulierten Schicksalsträchtigkeit der Beziehung, noch zu der Behauptung ewiger Dauer im Augenblick« (ebd., 146 f.).

Anatols Hochzeitsmorgen (1890)

Der letzte Einakter des Zyklus gehört wie *Abschiedssouper* zum »Repertoire der Komödie und des Schwankes« (Bayerdörfer 1972, 527). In der Nacht vor seiner Hochzeit betrügt Anatol seine Braut mit der Schauspielerin Ilona, die aber nicht weiß, dass er heiraten wird. Als sie am »Hochzeitsmorgen« die Wahrheit erfährt, reagiert sie heftig und droht Anatol, einen großen Skandal zu machen. In diesem »Finale der Junggesellenkarriere« (Fliedl 2005, 74), dessen »etwas mühsame Komik« (ebd.) besonders auf der Gestik der Figuren und den Requisiten (Brautbouquet, Teegeschirr, Taschentuch) beruht, erscheint Anatol als »widerstandsloses Teilchen in einem leerlaufenden Mechanismus« (Selling 1975, 223). Sein letztes Wort beim Abschied (»Ach ...«; A/HKA II, 1009), das seine Ohnmacht und Ratlosigkeit zugleich ausdrückt, deutet auf das Scheitern der zukünftigen Ehe hin.

Anatols Größenwahn (aus dem Nachlass, 1955)

Der kurzzeitig als Schlussszene geplante Einakter *Anatols Größenwahn*, den Schnitzler aber im August 1891 als »mißlungen« (Tb, 18.8.1891) beurteilte, kann als eine Art rückblickende ›Exegese‹ des Zyklus betrachtet werden. Während Max gesteht, dass er »immer nur für die Stichwörter dagewesen« (A/HKA II, 1068) sei, tritt Anatol als alternde und distanzierte Figur auf, die nun imstande ist, sich »für die Meinungen anderer« (ebd.) zu interessieren. Als ehemaliger »Virtuose der Eifersucht« (ebd., 1069) lässt er dann seine vergangenen Liebesabenteuer Revue passieren, wobei er das zugrunde liegende Prinzip jeder Liebesbeziehung sentenzhaft zusammenfasst: »Wir wollen immer ihre erste Liebe bedeuten, sie immer unsere letzte!« (ebd.). Während des Gesprächs mit seiner ehemaligen Geliebten Berta wird sich Anatol aber allmählich des trügerischen Charakters dieser Einsicht bewusst. Die alte Freundin erweist sich retrospektiv als »kokett[e] [...] Komödiantin« (ebd., 1079), die Anatol damals »angelogen« (ebd., 1078) hat. Dieses »Rollen- und Maskenspiel« (Neumann 1994, 52), das auch von der jungen, verführerischen Annette gespielt wird (»Man wird doch ein bischen Komödie spielen dürfen!«; A/HKA II, 1076), agiert gleichsam Loris' einleitende Verse aus: »Also spielen wir Theater, / Spielen uns're eig'nen Stücke, / Frühgereift und zart und traurig, / Die Komödie uns'rer Seele« (ebd., 864).

Obwohl der *Anatol*-Zyklus den literarischen Weltruhm Schnitzlers begründete, stand der Autor dem beachtlichen Erfolg seines Dramendebüts (sowohl auf österreichischen als auch auf ausländischen Bühnen) »mit sehr gemischten Gefühlen« (Offermanns 1964, 194) gegenüber. Er musste sich immer wieder gegen die in den Theaterkritiken wiederkehrende Identifikation mit der Anatol-Figur wehren und bedauerte insbesondere die häufige »Reduktion seines Werkes auf *Anatol* (und *Reigen*)« (A/HKA I, 7). Die im *Anatol*-Zyklus auffallende Atomisierung der dramatischen Form, das ausgeprägte Doppelspiel zwischen »Punktualisierung der Szenenfolge und Suspendierung der Handlungschronologie« (Valk 2007, 29), die permanente Dialektik zwischen Konstanz und Inkonstanz, Illusion und Desillusion führten nämlich zu voreiligen Interpretationen, die Schnitzler als ›Impressionisten‹, ›Dekadenten‹ oder noch als »Spezialisten der kleinen Form« (A/HKA I, 7) abstempelten. Gegen eine solche Verengung verwahrte sich Schnitzler zeitlebens, besonders in seiner privaten Korrespondenz.

Literatur

Baumann, Gerhard: Nachwort. In: A.S.: *Anatol. Anatols Größenwahn. Der grüne Kakadu*. Stuttgart 1970, 157–173.
Bayerdörfer, Hans-Peter: Vom Konversationsstück zur Wurstelkomödie. Zu A.S.s Einaktern. In: JDSG 16 (1972), 516–575.
Fliedl, Konstanze: *A. S. Poetik der Erinnerung*. Wien u. a. 1997.
Fliedl, Konstanze: *A. S.* Stuttgart 2005.
Hofmannsthal, Hugo von: Von einem kleinen Wiener Buch. In: Hugo von Hofmannsthal: *Reden und Aufsätze I. 1891–1913*. Hg. v. Bernd Schoeller in Beratung m. Rudolf Hirsch. Frankfurt a. M. 1979, 160–162.
Jackman, Graham: ›Religiöse Nachwehen‹ in S.s *Anatol*. In: *German Life and Letters* 54 (2001), 155–163.
Jacobsohn, Siegfried: Von S. *Anatol*. In: *Die Schaubühne* 6 (1910), 1261–1263.
Keller, Ursula: *Böser Dinge hübsche Formel. Das Wien A. S.s.* Berlin 1984.
Kenney, Joseph M.: The Playboy's Progress. S.'s Ordering of Scenes in *Anatol*. In: MAL 27 (1994), H. 1, 23–50.
Kerr, Alfred: A. S. Bis zur »Liebelei«. In: Alfred Kerr: *Die Welt im Drama* [1917]. Hg. v. Gerhard F. Hering. Berlin 1954, 98–104.
Kilian, Klaus: *Die Komödien A. S.s. Sozialer Rollenzwang und kritische Ethik*. Düsseldorf 1964.
Neumann, Gerhard: Die Frage an das Schicksal. Das Spiel von Wahrheit und Lüge in A.s Einakter-Zyklus »Anatol«. In: *Austriaca* 39 (1994), 51–67.
Neun, Oliver: *Unser postmodernes Fin de Siècle. Untersuchungen zu A. S.s ›Anatol‹-Zyklus*. Würzburg 2004.
Offermanns, Ernst L. (Hg.): *A. S.: »Anatol«. Texte und Materialien zur Interpretation*. Berlin 1964.
Politzer, Heinz: Diagnose und Dichtung. Zum Werk A. S.s. In: Heinz Politzer: *Das Schweigen der Sirenen. Studien zur deutschen und österreichischen Literatur*. Stuttgart 1968, 110–141.
Sabler, Wolfgang: *A. S. Écriture dramatique et conventions théâtrales*. Bern 2002.
Scheible, Hartmut: *A. S. in Selbstzeugnissen und Bilddokumenten*. Reinbek bei Hamburg 1976.
Scheible, Hartmut: Im Bewußtseinszimmer. A. S.s Einakter. In: TuK 10 (1982), 220–288.
Selling, Gunter: *Die Einakter und Einakterzyklen A. S.s*. Amsterdam 1975.
Urbach, Reinhard: Karl Kraus und A. S. Eine Dokumentation. In: LuK 46 (1970), 513–531.
Urbach, Reinhard: *S.-Kommentar zu den erzählenden Schriften und dramatischen Werken*. München 1974.
Urbach, Reinhard: S.s Anfänge. Was Anatol wollen soll. In: IASL 33 (2008), 113–154.
Valk, Thorsten: *Anatol*. Impressionistisches Lebensgefühl und existenzieller Orientierungsverlust. In: Hee-Ju Kim/Günter Saße (Hg.): *Interpretationen. A. S. Dramen und Erzählungen*. Stuttgart 2007, 19–30.

Irène Cagneau

Lebendige Stunden. Vier Einakter (1902)

Entstehung/Uraufführung

Anders als in Schnitzlers erstem Einakterzyklus *Anatol*, der durch Titelfigur und Handlung eine Einheit bildet, sind die Dramen in dem Einakterzyklus *Lebendige Stunden* nur thematisch über das Verhältnis von Kunst und Leben sowie über die Grenzsituationen des Todes miteinander verbunden. In diesem Sinne stellt Schnitzler Hofmannsthal gegenüber fest, dass die Stücke »nur durch einen Grundgedanken« zusammenhängen und dass eines »immer das andre beleuchten« mag (10.8.1901; Hofmannsthal-Bw, 150). Zunächst umfasst der Zyklus nur *Lebendige Stunden*, *Die Frau mit dem Dolche* und *Literatur*, später kommen *Die letzten Masken* und *Der Puppenspieler* hinzu. Da Brahm die »große Zahl« für »sehr bedenklich« hält (vgl. an Arthur Schnitzler, 11.10.1901; Brahm-Bw, 99), finden schließlich nur vier Stücke Eingang in den Zyklus, während *Der Puppenspieler* in den Zyklus *Marionetten* aufgenommen wird. Neben der thematischen Verbindung werden die Stücke auch deshalb als Zyklus zusammengefasst, damit sich ein abendfüllendes Stück ergibt. Sie durften nach Schnitzlers Vorgabe auch wegen der Tantiemen, die an den abendfüllenden Charakter der Aufführung gebunden sind, nur als Ganzes gespielt werden (an Otto Brahm, 5.10.1901; ebd., 97).

Der Einakterzyklus *Lebendige Stunden*, den Schnitzler im Oktober 1901 fertigstellt, wird am 4.1.1902 am Deutschen Theater Berlin uraufgeführt und am 6.5.1902 als Gastspiel am Carltheater in Wien gezeigt. Am 17.3.1903 wird Schnitzler für die Bühnenstücke des Zyklus mit dem Bauernfeld-Preis ausgezeichnet.

Während der titelgebende Einakter des Zyklus, der vom 12. Juni bis 28. Juli 1901 entsteht, in der *Neuen Deutschen Rundschau* vom Dezember 1901 (H. 12, 1297–1306) erstveröffentlicht wird, erscheinen die anderen Einakter erstmals 1902 gemeinsam mit den *Lebendigen Stunden* als Zyklus in Buchform beim S. Fischer Verlag.

Den *Lebendigen Stunden* kommt in der Forschung keine Schlüsselstellung zu. Nach einem gewissen Interesse an der Struktur der Einakter auch im Zusammenhang mit anderen Einaktern und Dramen Schnitzlers in den 1970er Jahren finden sich bis heute kaum Einzelanalysen dieses wenig bekannten und selten inszenierten Dramenzyklus. Neben werkimmanenten Interpretationen (Derré 1966) stehen gattungsgeschichtliche und -typologische Arbeiten im Vordergrund, die sich mit dramentechnischen Besonderheiten der Stücke und der Form des Einakters beschäftigen (Bayerdörfer 1972, Kluge 1974, Scheible 1981, Selling 1975), während historische und epochengeschichtliche Kontextualisierungen mit Blick auf Wiener Moderne und Fin de Siècle die Ausnahme bilden (Janz/Laermann 1977).

Lebendige Stunden

Während Schnitzler den Einakter *Lebendige Stunden*, in dem zwei verschiedene Auffassungen des Lebens miteinander kontrastieren, zunächst an die dritte Stelle des Zyklus setzt, folgt er schließlich dem Vorschlag von Brahm, für den es »das richtige, ruhigere Eröffnungsstück« darstellt (an Arthur Schnitzler, 13.9.1901; Brahm-Bw, 92). Der pensionierte Beamte Hausdorfer trauert um seine langjährige Freundin, die an einer tödlichen Krankheit litt und ihrem Leiden ein vorzeitiges Ende setzte. Heinrich, dem Sohn der Toten und angehenden Dichter, enthüllt Hausdorfer schließlich das Geheimnis ihres Selbstmords: Sie brachte sich aus Rücksicht auf ihren Sohn um, den sie durch ihre Krankheit in seinem künstlerischen Schaffen behindert sah. Obwohl die Mutter den Freund in ihrem Abschiedsbrief darum gebeten hatte, den Sohn nicht darüber in Kenntnis zu setzen, gibt Hausdorfer die wahren Motive ihres Opfertodes preis und nimmt ihm damit fast seinen Sinn. Dem Sohn gelingt es jedoch, trotz dieser desillusionierenden Nachricht die künstlerische Produktion gegenüber den »lebendigen Stunden« (DW I, 702), die nach Hausdorfer den Sinn des Daseins ausmachen, höher zu bewerten, da sie es sind, die dem Leben erst Dauer verleihen.

In der Forschung ist bis heute umstritten, ob Heinrichs oder Hausdorfers Position im Sinnzusammenhang des Dramas privilegiert ist und sich am Schluss als die tragfähigere erweist. Während schon Rilke die Partei des jungen Schriftstellers ergreift (Schnitzler 1958, 288) und spätere Stimmen diese Meinung teilen (Perlmann 1987, 48), erscheint anderen diese Einschätzung fragwürdig: Ein Blick auf die weiteren Stücke des Zyklus zeige, dass gerade das Gegenteil der Fall sei (Doppler 1975, 14). Eine dritte Position hält es für nicht entscheidbar, welche Haltung mehr Recht beanspruchen kann (Scheible 1981, 240).

Ausführlicher hat sich als Erster Bayerdörfer mit Schnitzlers Einakterzyklus beschäftigt. Er betont generell die Thematik des Todes und in *Lebendige Stunden* speziell die Aufklärung über das Motiv des Selbstmords (Bayerdörfer 1972, 544). Dem setzt

1.1.2 Einakterzyklen

Kluge zu Recht entgegen, dass nicht nur der epische Vorgang der analytischen Situationserhellung Thema sei (Kluge 1974, 500), sondern vor allem in der Schlusspassage die Frage nach dem Recht der Kunst vor dem Leben im Zentrum stehe. Wie oft bei Schnitzler wird auch hier ein dialektisches Modell von einander entgegengesetzten Positionen entworfen, die beide in ihrer Einseitigkeit als kritikwürdig entlarvt werden. Während den Älteren Aggression und Mangel an Diskretion disqualifizieren, sind bei dem Jüngeren Unreife und Lebensflucht zu kritisieren. Weder Hausdorfers Schlusswort mit der Glorifizierung der letzten gelebten Stunden noch Heinrichs Verteidigung des Künstlers, der solchen Stunden Dauer verleiht, sollten deshalb absolut gesetzt und als Botschaft des Autors missverstanden werden (ebd., 499–501). Dem Hochmut des Künstlers gegenüber dem Leben steht die Schwäche desjenigen entgegen, der sich zwar an die gelebte lebendige Stunde erinnert, dessen Erinnerung aber mit dem Tod enden wird. Der Gegensatz zwischen Kunst und Leben wird insofern nicht ausgeglichen, und es eröffnet sich keine Möglichkeit der Vermittlung des Gegensatzes.

Die Frau mit dem Dolche

Der Grundgedanke des Zyklus, das Verhältnis von Kunst und Leben, wird hier aus der Perspektive einer Figur beleuchtet, die sich schließlich selbst zum Kunstwerk stilisiert. Der Einakter entwirft ein Psychogramm von Pauline, die mit dem erfolgreichen Dramatiker Remigio verheiratet ist und zunächst nicht weiß, ob sie sich auf ein Abenteuer mit ihrem Verehrer Leonhard einlassen soll. Remigio seinerseits hat seine Ehe und einen seiner Seitensprünge schon unter großem Erfolg auf die Bühne des Burgtheaters gebracht. Ein Renaissancegemälde, das Pauline beim Treffen mit ihrem Verehrer in der Gemäldegalerie betrachtet und das eine Frau mit einem Dolch zeigt, die ihr täuschend ähnlich sieht, bildet den Ausgangspunkt für ihren Entschluss. Das Mittelstück des Einakters besteht aus einem versifizierten Tagtraum der Protagonistin, in dem die Figuren denen des Rahmens entsprechen: Paola, im Traum die Ehefrau eines Malers, hat sich dem Malerlehrling Lionardo hingegeben. Später ersticht sie ihn, da er das Leben ihres Mannes bedroht. Erst die Pose mit dem Dolch gibt ihrem Ehemann endlich die ersehnte Inspiration für die Vollendung seines begonnenen Bildes. Nach dieser Traumhandlung versteht die erwachende Pauline ihre Vision als Bestätigung ihrer Lebensbestimmung, bei ihrem Ehemann zu bleiben und Stoff für seine Werke zu sein. Sie wird sich mit ihrem Geliebten treffen (und vermutlich auch nicht davor zurückschrecken, ihn umzubringen), da sie so dem künstlerischen Schaffen ihres Ehemannes als Inspiration dienen kann. Jetzt ist sie bedingungslos dazu bereit, ihre Existenz in der Produktion des Literaten aufgehen zu lassen.

Von Beginn an stößt das Stück auf Ablehnung. Brahm bittet Schnitzler um Überarbeitungen, da es »im Theater zu scheitern droht« (vgl. an Arthur Schnitzler, 13.9.1901 u. 17.12.1901; Brahm-Bw, 93 u. 104), und auch die Forschung diskutiert es überwiegend kritisch. Hauptkritikpunkt ist das Fehlen dramatischer Elemente und das Übergewicht an epischen Darstellungsweisen. So werde der entscheidende Vorgang, der das Handeln der Figur bestimmt, ganz nach innen verlegt und der Dialog bringe die sich in Pauline vollziehenden psychischen Prozesse nicht zum Vorschein (Scheible 1981, 250–253).

Mit Blick auf die formalen und typologischen Aspekte wird die Stellung des Stücks zwischen analytischem und lyrischem Drama negativ bewertet (Bayerdörfer 1972, 553), da durch Verssprache und Traum die lyrischen Züge überwögen und analytische Momente zu stark mit Episierungstendenzen einhergingen. Dass die dramatische Zeit für die Dauer des Traums stillstehe – kenntlich gemacht durch das zweimalige Läuten der Mittagsglocken –, wird als Unwahrscheinlichkeit kritisiert, da so eine Grundregel dramatischer Zeitgestaltung aufgehoben werde (ebd., 555). Farese hingegen hebt die originelle Darstellung des Innenlebens der Protagonistin positiv hervor und stellt Bezüge zum ›Mittelbewusstsein‹ her, das Schnitzler dem in der Psychoanalyse im Vordergrund stehenden Unbewussten 1926 an die Seite stellen wird. Es stehe ununterbrochen zur Verfügung und sei hier im Renaissance-Traum für die läuternde Selbstanalyse verantwortlich (Farese 1999, 102). Die Forschung betont außerdem, dass der Schluss des Stückes nicht gattungskonform sei, da die abschließende Regieanweisung als episierender Nachtrag alles »in die Mimik des Darstellers abschiebt«, was der Dramatiker »zu gestalten versäumt« habe (Scheible 1981, 249). Bisher ist es der Forschung nicht gelungen, den normativen Gattungsvorstellungen entgegenzutreten und den Besonderheiten der Schnitzlerschen Dramenform und seiner Verwendung der Regiebemerkungen wertfrei auf die Spur zu kommen.

Andere Aspekte betonen Janz/Laermann, die Ähnlichkeiten mit Hofmannsthals *Der Tod des Tizian* (s. u.) und Wildes Roman *Das Bildnis des Do-*

rian Gray herausarbeiten, in dem der Hauptfigur ebenfalls die Identität durch die Kunst genommen werde. Außerdem führen sie die typologisch-strukturelle Analyse Bayerdörfers weiter und untersuchen das Verhältnis von Rahmen und Traum genauer (Janz/Laermann 1977, 93). Indem die Heldin sich mit der Gestalt eines Renaissancegemäldes identifiziert, versucht sie sich ihrer selbst zu vergewissern. Gleichzeitig zitiert Schnitzler hiermit Hofmannsthals *Der Tod des Tizian*, wo ein Page der Figur eines Gemäldes ähnlich sein möchte (ebd., 88f.). Drei Momente dieses Prologs kehren bei Schnitzler wieder: die Wahl eines Bildes als Mittel der Identitätsfindung, der Dolch in der Hand und die Anverwandlung durch den Traum. Gegenüber Hofmannsthal kommt das Problem der Identitätsfindung durch die Kunst hinzu. Pauline stellt im Traum und in der Gleichsetzung mit dem Renaissancebild das her, was allein dem instabilen Ich Dauer verleiht. Der Versuch ihrer Verewigung als ›lebendiges Kunstwerk‹ endet allerdings in ihrer Erstarrung als Objekt für Remigios Kunst. Die Identitätsfindung vermittels des Kunstwerks führt zur Bannung des Ich in den Raum eines Bilderrahmens, und Schnitzler nimmt die Parole des Ästhetizismus, das Leben der Kunst zu opfern, kritisch beim Wort.

Die letzten Masken

Der lungenkranke Rademacher hat im Angesicht des nahen Todes nur noch das Ziel, mit dem Jugendfreund Weihgast abzurechnen. Während Weihgast als erfolgreicher Schriftsteller Karriere gemacht hat, muss Rademacher sich als Journalist und Rezensent durchschlagen. Der im selben Krankenhaus liegende Schauspieler Jackwerth veranlasst ihn dazu, seine geplante ultimative Abrechnung mit Weihgast vor dessen Eintreffen zu proben. Diese ›Generalprobe‹ gelingt so gut, dass beim Zusammentreffen mit dem Konkurrenten der ganze Hass bereits verflogen ist. Zur Aussprache kommt es somit auch angesichts der existentiellen Grenzsituation nicht, vielmehr findet nur ein belangloses Gespräch statt, das von Weihgasts Wortbeiträgen dominiert wird.

Für Schnitzler ist *Die letzten Masken* das »wertvollste Stück« des Zyklus (an Otto Brahm, 5.10.1901; Brahm-Bw, 97), während Brahm sich an dem »Anti-Dramatischen« dessen stört, was in dem Todkranken vorgeht (an Arthur Schnitzler, 11.10.1901; ebd., 99). Die Rezeption des Stückes erscheint wie bei der *Frau mit dem Dolche* dadurch erschwert, dass der entscheidende Vorgang, der das Handeln bzw. Nichthandeln der Figuren bestimmt, nach innen verlegt ist. Nach Derré verzichtet Rademacher auf seine Rache, weil er durch die Klagen Weihgasts die negativen Seiten des Ruhms kennengelernt habe, wobei ihr allerdings die posierende Selbstinszenierung Weihgasts völlig entgeht (Derré 1966, 369). Sie stellt außerdem nicht in Rechnung, dass Rademachers Verhalten gegenüber Weihgast durch die Probe entscheidend geprägt ist. Die Probe wiederum findet verschiedene Deutungen: Während Bayerdörfer meint, dass Rademacher sich dort vor allem mit den Problemen seines eigenen misslungenen Lebens konfrontiert sehe und deshalb keinen Hass mehr gegen Weihgast verspüre (Bayerdörfer 1972, 548), bewertet Perlmann sie als Katharsis, die so gut gelinge, dass beim Eintreffen des verhassten Konkurrenten alle angestauten Ressentiments bereinigt seien (Perlmann 1987, 48). Negativ ausgedrückt, kann Rademacher nicht zwischen Rolle und Realität unterscheiden und verbraucht durch die voreilige Identifikation mit seiner Rolle – er ist kein Schauspieler – die psychischen Energien, die er für die Konfrontation mit seinem Gegner benötigen würde. Die plötzlich veränderte Einstellung Rademachers erscheint schwer nachvollziehbar, da von dem »*dankerfüllten Blick*« (DW I, 730), mit dem er auf die Nachricht von Weihgasts Kommen reagiert, weder ein gesprochenes Wort noch eine Regieanweisung zu der Haltung überleitet, die seiner ursprünglich geäußerten Absicht entgegengesetzt ist (vgl. Scheible, 252). Hier geht die allmählich sich entwickelnde Passivität Rademachers mit seinem Verstummen einher, das für die Zeit um 1900 paradigmatisch ist und dem Dramentext eine besondere Qualität gibt.

In einigen Interpretationen zeigt sich eine Aufwertung des Todes zu einer sinnstiftenden Instanz, so wenn von der »Würde der Todesverfallenheit« die Rede ist (Offermanns 1980, 333; Lukas 1996, 98, 178). Dabei gibt es weder in diesem noch in den anderen Stücken Gründe dafür, den Tod metaphysisch zu überhöhen. Wenn überhaupt, dann kann man ihn zu Jackwerth in Beziehung setzen, sodass die Figur ähnlich wie in *Zum großen Wurstel* als eine Art Schmierenkomödiant erscheint, der sich noch im letzten Moment an den Vorhang klammert, der zum einen für das Theater, zum anderen für das Leben steht.

Literatur

In *Literatur* erscheint erstmals in diesem Zyklus eine Frau als Kunstausübende. Die überspannte Romanautorin Margarete will in zweiter Ehe den konservativen Aristokraten Klemens heiraten, der ihrer Vergangenheit in der Münchener Bohème und ihrem künstlerischen Schaffen kritisch gegenübersteht. Während Margarete ihr Schreiben gegenüber Klemens zunächst verteidigt, ändert sich die Situation, als sie feststellen muss, dass ihr ehemaliger Geliebter Gilbert ihren gemeinsamen Briefwechsel aus vergangenen Zeiten ebenso literarisch verwertet hat wie sie selbst. Beide bringen sich gegenseitig dadurch in Verlegenheit, dass sie ihre intimsten und angeblich spontan niedergeschriebenen Gedanken und Gefühle ohne Wissen des anderen in ihre Romane übernommen haben. Das Verfahren droht peinliche Konsequenzen zu haben – Margarete muss um ihre Ehe mit Klemens fürchten und Gilbert sieht sich der Gefahr eines Duells ausgesetzt. Deshalb wirft sie auch das letzte Exemplar ihres Romans, den ihr Ehemann noch vor der Veröffentlichung einstampfen lässt, ins Feuer.

Während in *Lebendige Stunden* offenbleibt, welche Haltung mehr Recht für sich beanspruchen kann – der Vorrang des Lebens gegenüber der Kunst (Hausdorfer) oder der eigenständige Wert der Kunst (Heinrich) –, überwiegt in *Literatur* deutlich die Kritik an der ästhetizistischen Haltung. In der Satire stehen zwei Figuren im Zentrum, denen es allein um die Verwertbarkeit ihres Lebens und ihrer Emotionen für ihre literarischen Produktionen geht. Das wird von einigen Arbeiten kritisiert, so wenn das Stück als »auf der Stelle tretende, statische Possenbewegung« beschrieben wird (Selling 1975, 146). Andere Arbeiten schreiben dem »Erlebnis«, das der künstlerischen Produktion vorausgehen müsse, einen hohen Stellenwert zu (Derré 1966, 146), obwohl gerade das in dem Stück als fragwürdig erscheint. Diese Ansätze übersehen außerdem den durchweg satirischen Ton des Stücks, der an einem Literatentum Kritik übt, dem es nur um die literarische Verwertbarkeit geht. Dabei ist allerdings nicht zu vergessen, dass die Gegenseite ebenso der Kritik unterzogen wird: Der adlige Klemens denkt nur an Pferdewetten und den Gewinn, der sich daraus erzielen lässt. Dieser ebenfalls karikiert gezeichneten Figur ist »Lord Byron« allein als Pferdename ein Begriff, und Literatur ist nur als Indiskretion gegenüber dem realen Leben denkbar.

Die typologische Gegenüberstellung von Dichter und Literat, von dichterischer Gestaltung und literaturhafter Verwertung der Welt, wird zwar in der Forschung angeführt (Doppler 1975, 15; Scheible 1981, 261; Perlmann 1987, 51), die vier Stücke des Zyklus aber stellen eindeutig die Verwertbarkeit und den Literaten (bzw. die Literatin) ins Zentrum. Der positive Gegenpol des Dichters kommt zumindest innerhalb der Einakter kaum vor, allenfalls in Heinrich aus den *Lebendigen Stunden* manifestiert sich ein gewisses Potential.

Literatur

Bayerdörfer, Hans-Peter: Vom Konversationsstück zur Wurstelkomödie. Zu A. S.s Einaktern. In: JDSG 16 (1972), 516–575.
Derré, Françoise: *L'œuvre d'A. S. Imagerie viennoise et problèmes humains*. Paris 1966.
Doppler, Alfred: Die Form des Einakters und die Spielmetapher bei A. S. In: Alfred Doppler: *Wirklichkeit im Spiegel der Sprache. Aufsätze zur Literatur des 20. Jahrhunderts in Österreich*. Wien 1975, 7–30.
Farese, Giuseppe: *A. S. Ein Leben in Wien 1862–1931*. München 1999.
Janz, Rolf-Peter/Laermann, Klaus: *A. S. Zur Diagnose des Wiener Bürgertums im Fin de siècle*. Stuttgart 1977.
Kluge, Gerhard: Die Dialektik von Illusion und Erkenntnis als Strukturprinzip des Einakters bei A. S. In: JDSG 18 (1974), 482–504.
Lukas, Wolfgang: *Das Selbst und das Fremde. Epochale Lebenskrisen und ihre Lösung im Werk A. S.s*. München 1996.
Offermanns, Ernst L.: A. S.s Dramatik. In: Walter Hinck (Hg.): *Handbuch des deutschen Dramas*. Düsseldorf 1980, 327–342.
Perlmann, Michaela L.: *A. S.* Stuttgart 1987.
Sabler, Wolfgang: *A. S. Écriture dramatique et conventions théâtrales*. Bern u. a. 2002.
Scheible, Hartmut: Im Bewußtseinszimmer. A. S.s Einakter. In: TuK 10 (1982), H. 2, 220–288.
Schnitzler, Heinrich: Rainer Maria Rilke und A. S. Ihr Briefwechsel. In: *Wort und Wahrheit* 13 (1958), H. 4, 283–298.
Selling, Gunter: *Die Einakter und Einakterzyklen A. S.s*. Amsterdam 1975.
Urbach, Reinhard: *S.-Kommentar zu den erzählenden Schriften und dramatischen Werken*. München 1974.

Anke Detken

Marionetten. Drei Einakter (1906)

Entstehung

Die Entstehungsgeschichte wie die anfängliche Aufführungsfolge der unter *Marionetten* zusammengefassten Stücke erstreckt sich über ein knappes Jahrzehnt, bis die stabile Gesamtform feststeht. Zunächst kann Schnitzler am 23.9.1901 an Brahm vermelden: »*Der Puppenspieler* wartet noch auf ein oder zwei gute Stunden zur Vollendung. Dieses Stück wäre ›Charakterstudie‹ zu benennen« (Brahm-Bw, 95);

der Erstdruck erfolgt in der Pfingstbeilage der *Neuen Freien Presse* (31.5.1903). Das zuvor unter dem Arbeitstitel »Generalprobe« firmierende Puppenspiel *Der tapfere Cassian* wird dann einer Notiz zufolge am 22. April 1902 beendet (vgl. Urbach 1974, 178) und 1904 in der *Neuen Rundschau* veröffentlicht. Die Burleske *Zum großen Wurstel* schließlich, die im Wesentlichen zunächst unter dem Titel »Marionetten« verfasst wurde, erlebt 1901 eine erste Aufführung in Berlin, wird danach noch weiter überarbeitet, am 29. September 1904 endgültig fertiggestellt und am 23. April 1905 in der Osterausgabe der *Zeit* publiziert. Der Bucherstdruck aller drei Einakter erfolgt 1906 bei S. Fischer unter dem Titel *Marionetten. Drei Einakter.*

Uraufführung

Unter dem Titel »Marionetten« fand die Uraufführung einer Vorfassung des späteren *Wurstel*-Spiels am 8. März 1901 in Wolzogens literarischem Kabarett Überbrettl in Berlin statt. Es folgte die Uraufführung von *Der Puppenspieler* (Berlin, Deutsches Theater, 1903). Während im Laufe des Jahres 1904 die Endfassung von *Zum großen Wurstel* erstellt wird, bringt Max Reinhardts Kleines Theater (Berlin) *Der tapfere Cassian* heraus. 1906 folgt die Uraufführung des *Wurstel* in Wien im Theater in der Josefstadt (Lustspieltheater). Offensichtlich ist danach eine dreiteilig-zyklische Version zu Schnitzlers Zufriedenheit schon in Prag aufgeführt worden, wie er am 23. Dezember 1910 an Otto Brahm berichtet (vgl. Brahm-Bw, 318), ehe die ›offizielle‹ Uraufführung des Einakterzyklus *Marionetten* dann in Wien am Deutschen Volkstheater 1912 stattfindet.

Der Puppenspieler. Studie in einem Aufzug

Die Anlage von Schnitzlers *Marionetten*-Zyklus lässt eine genau kalkulierte Folge erkennen. Sie führt von der menschlichen Neigung, auf Mitmenschen Einfluss zu nehmen und sie dirigistisch als Spielfiguren zu behandeln, zur dramatischen Nutzung der Kunstfiguren im Genre der Puppen- und Marionettenspiele, schließlich zum Verhältnis von Bühnenspiel und Zuschauer bei der Präsentation im Figurentheater selbst. Das Eröffnungsstück bedient sich des metaphorischen Titels *Der Puppenspieler* zur Bezeichnung eines hybriden Anspruchs, dass man – analog zum Manipulator der Puppen – das Leben der Mitmenschen nicht nur verstehen, sondern in dieses eingreifen, damit ›spielen‹ könne.

Der seiner Anlage nach psychologisch-analytische Einakter gilt der »Studie« eines heruntergekommenen Künstlers, Georg Merklin, der seiner ehemaligen Geliebten Anna und ihrem Mann Eduard auseinandersetzt, wie er vor zehn Jahren ihre Verbindung ›spielerisch‹ arrangiert habe. Eduard zu Anna: »Du mußt nämlich wissen, daß wir seine Puppen waren. An seinen Drähten haben wir getanzt« (DW I, 846). In der rückblickenden Erinnerung beider Männer wird dies weiter reflektiert, in uneingestandener Rivalität, die ohne Rücksicht auf die Gefühle der anwesenden Frau ausgetragen wird. Die Vorstellung der Männer, sozusagen selbstherrlich deren Leben bestimmt zu haben, wird in die Metapher von »Puppenspielern«, die auf unbelebte Wesen einwirken, gefasst. Der gescheiterte Künstler Merklin formuliert seine Lebenslüge mit dem Anspruch eines ›Lebensspielers‹, wobei eine menschenverachtende Komponente nicht zu übersehen ist. Mit der Eröffnung des Marionettenzyklus steht damit eine der fragwürdigsten Versionen von Künstlertum, die in Schnitzlers Œuvre der analytischen Bloßstellung unterzogen werden, zur Debatte.

Der tapfere Cassian. Puppenspiel in einem Akt

Die Vertiefung des Themas führt im zweiten Stück zur Form des ›Puppenspiels‹ selbst, wie der Untertitel besagt. *Der tapfere Cassian* ist zwar noch für Schauspieler vorgesehen, die Bühnenanweisung verlangt ein realistisches »Dachzimmer« (DW I, 856). Jedoch dringt in die Abschiedssituation, in der sich ein Liebespaar befindet, mit der Titelrolle eine andere theatrale Figur ein: Mit Cassian, »in phantastischer Uniform« (ebd., 860), ist der *miles gloriosus* des Puppentheaters benannt. Das Geschehen folgt parodistisch den trivialen Klischeehandlungen mit Glücksspiel, Liebe auf den ersten Blick, Eifersucht, Duell. Der finale Selbstmord vollzieht sich als hektischer Sturz aus dem Fenster, findet aber als ›puppenhaftes‹ Geschehen ein ironisches Happy End: »Höchst Wundersames hat sich ereignet. Der springende Herr [Cassian, Anm. d. Verf.] hat das springende Fräulein in der Luft aufgefangen und beide sind wohlbehalten unten angelangt ...« (ebd., 870). Das »Puppenspiel« parodiert die schematischen Schlüsse der illusionistischen Handlungsdramatik.

Zum großen Wurstel. Burleske in einem Akt

Dieser Duktus erfasst die illusionsbereite Rezeptionshaltung des zeitgenössischen Publikums in der

1.1.2 Einakterzyklen

abschließenden »Burleske«, welche das Theater selbst auf das Theater bringt. Das Spielpublikum erscheint als Zuschauer des Marionettentheaters »Zum großen Wurstel« auf dem Wiener Prater, auf dem sich das vormoderne Unterhaltungsniveau, das Hanswurstspiel von Leben und Tod, erhalten hat. Alle Prämissen dieses Spiels werden nun sichtbar. Ein doppelter Spielraum zeigt auf der einen Seite die Sitzreihen des Publikums, auf denen sich verschiedene Typen des Zuschauers einschlägig, heiter bis missmutig und bis zu Zwischenrufen gerieren; auf der anderen Seite ist »ein schmales, hohes Wursteltheater alter Konstruktion« sichtbar, »in dem eben eine Vorstellung stattfindet« (DW I, 873). Die hier Agierenden hängen wirklich an Drähten, der Dichter, der sie entworfen hat, und der Theaterdirektor, der sie zappeln lässt, werden ebenfalls in das Spiel einbezogen, nicht zuletzt auch die Reaktionen der fiktiven Zuschauer auf ihre Lieblingssujets des unsteten Liebhabers, des ›süßen Mädels‹, der dämonischen Konkurrentin und der Spannung von Duell und Todesdrohung. Als sich jedoch eine tragödienhafte Zuspitzung abzuzeichnen scheint, besteht das Publikum auf seinem Anspruch auf ein Happy End und mischt sich in das Spielgeschehen ein, es protestiert gegen die Veranstalter. Schnitzlers Dramaturgie sieht für diesen Punkt dann den Effekt der Effekte vor: Unversehens lässt der Puppenspieler aus der Todesfigurine durch Verwandlung den Hanswurst hervortreten, ohne freilich damit die Turbulenz im Bühnenpublikum aufhalten zu können. Weitere Verwirrspiele folgen, Rollen aus ganz anderen Stücken – von den zeitgenössischen Wiener Autoren Hermann Bahr und Richard Beer-Hofmann – mischen sich ein, vom realen Zuschauerraum her tritt ein Störenfried auf, der die Veranstaltung insgesamt, dazu Autor, Theaterdirektor und Spielrollen als ›Schwindel‹ deklariert. Das Geschehen läuft aus dem Ruder.

Dem begegnet das Spiel dann mit seiner eigenen Liquidierung: Eine Rätselfigur – »in einen blauen Mantel gehüllt, langes blasses Antlitz, schwarze Lockenhaare« nähert sich dem Spielbezirk der Marionetten und durchtrennt mit einem »langen bloßen Schwert in der Hand« (ebd., 894) alle Drähte, sodass diese in sich zusammenfallen. Als Erbe des ehemaligen Welttheaters hat der Unbekannte den Auftrag, sichtbar zu machen, »wer eine Puppe, wer ein Mensch nur war« (ebd.). Folgerichtig sinken, nachdem er schließlich »mit dem Schwert über die ganze Bühne« (ebd.) fuhr, alle Bühnenspieler zusammen, ehe er sich mit einer Drohung an das Realpublikum im Parkett wendet: »Weiß ich, wie's manchen [...], Wie's zum Exempel euch da unten ginge?« (ebd.). Aber das Theater stellt sich – samt seinem heftig reagierenden Bühnenpublikum – wieder her, lediglich das Realpublikum wird durch das Fallen des Vorhangs in seiner selbständigen Existenz bestätigt. Doch die metaphysische Frage nach Puppe und Mensch, Schein und Sein jedenfalls, welche die Rätselgestalt aufwirft, betrifft die Besucher des Parketts auf analoge Weise.

Deutung

Es kennzeichnet Schnitzler, dass er lebenslang sowohl mit der geläufigen Dramaturgie der Zeit, dem Regelwerk der *pièce bien faite*, ebenso seine Probleme hat, wie mit der menschlich-personalen Glaubwürdigkeit von deren Helden. Indiz für diese Zweifel sind Schnitzlers Gegenentwürfe in Gestalt der unterschiedlichsten Einakterformen, die seit Beginn der Moderne als Alternative zum vielteiligen Handlungsdrama genutzt werden; indessen begibt er sich damit auf ein Gebiet, das seinerseits einen breiten und sich ständig erweiternden Sektor auf verschiedenen Theaterebenen darstellt. Hinzu kommt jedoch, dass Schnitzler damit auch speziell auf die Möglichkeiten des Figurentheaters, das mit seinen Marionetten und Puppen eine Provokation des realistisch-psychologischen Schauspiels seiner Zeit verkörpert, zurückgreift. Ihre konsequente Zusammenführung finden beide ästhetischen Impulse in dem *Marionetten*-Zyklus. Mit diesen Anleihen – bei der Einakterdramaturgie wie bei den Unterhaltungsbetrieb des Praters – bezieht der Autor Stellung gegen das Bildungstheater der Jahrhundertwende.

Einakter gehören seit Mitte des 19. Jahrhunderts zur Konfektionsware, zum einen für die klein- und vorstädtischen Unterhaltungsbühnen, zum andern für den breiten Sektor des dilettantischen Theaterspiels in vielerlei Organisationen, der kommerziellen und privaten Theatervereine sowie der Schulbühnen. Kurzdramatische Spiele aller Art – zwischen Schauspiel-, Musik-, aber auch Sketch- und Vortragsbühnen – bilden einen verfügbaren und ständig wachsenden Bestand des Angebots. Vielfache Überschneidungen sind zu konstatieren zu den Formen und Spielarten des Figurentheaters, die in den Varianten zwischen Handpuppen, Stab- oder Fadenmarionetten sich nicht nur auf Jahrmärkten und Volksfesten, sondern auch in städtischen Unterhaltungszonen, und schließlich im familiären Rahmen von Feiern großer Beliebtheit erfreuen.

Nicht zuletzt bilden die Ästhetik der kleinen Formen sowie die Spielarten des Figurentheaters damit auch eine Herausforderung für die professionellen Bühnen, welche sich die Innovation der Spiel- und Bühnenkunst zur Aufgabe machen, so für die ›freien Bühnen‹, oder die Kammertheater und Werkstattbühnen, die den großen Häusern angegliedert werden. Hier führt die Zusammenstellung mehrerer, u. U. ästhetisch diverser Kurzformen zu einem ästhetisch herausfordernden Programm des ›Einakter-Zyklus‹, nach formalen Reihungsmustern der Gleichartigkeit oder Gegensätzlichkeit, des Gefälles oder der Steigerung.

Schon die Schrittmacherbühne der Moderne, das Pariser Théâtre libre, hat mit mehrteiligen Abendprogrammen von Kurzformen unterschiedlichen theatralen Zuschnitts innovative Anregungen vermittelt. Wenig später, 1889, proklamiert August Strindberg in seinem *Einakter*-Essay das »quart d'heure« zum Prototyp experimenteller Innovation, welches den Interessen des Theaterbesuchers für präzise psychologische und soziale Studien besonders entspricht. Mit seinen *Elf Einaktern* veröffentlicht er eine Art Kompendium von Formen, das vom scharf umrissenen psychischen Porträt und der Milieuskizze bis zur naturalistisch inspirierten Tragödie reicht. Nahezu gleichzeitig ergibt sich auch von anderer Seite, der postnaturalistischen Ästhetik des Symbolismus, eine programmatische Aufwertung der Kurzformen. Maurice Maeterlinck verbindet seine *Petits Drames pour Marionnettes* (1894) mit dem ästhetischen Innovationsprogramm des *drame statique*. Kann man das Strindbergsche Kurzdrama im Sinne einer psychologisch-sozialen Determination verstehen, so das Maeterlincksche Figurentheater, wie es aus der flämisch-wallonischen Tradition hervorgeht, als Paradigma einer neuen, von einem metaphysischen Determinismus getragenen Bühnenästhetik.

In die genannten Zusammenhänge gehören sowohl Schnitzlers vielseitige Entwürfe von Dramen in einaktiger Form im Allgemeinen als auch der Einakterzyklus mit dem Thema und dem Modell des erneuerten Figurentheaters von *Marionetten* im Besonderen. Nicht zuletzt wird darin ein Nachhall von Maeterlincks deterministischem Konzept des Einakters, der Darstellung des unfreien Menschen, kreativ aufgegriffen und eine theaterästhetisch moderne Alternative des Einakterzyklus entworfen.

Schnitzler stellt sich diesem Problem auf beiden relevanten Ebenen: Er greift das anthropologische Problem zwischen Freiheit und psychosozialem Determinismus auf, und er entwirft eine Szenen- oder Einakterfolge, in welcher sich das darstellerische Problem zwischen der vollen, psychisch ausgefeilten menschlichen Körpergestalt und dem abstrahierenden Bild der Marionette bewegt.

Mit *Marionetten* hat Schnitzler den Höhepunkt seiner Experimente mit Formen einer anti-illusionistischen Dramaturgie erreicht. Der Titel negiert die subjektive Freiheit menschlichen Handelns und Verhaltens, und in der Folge der Stücke wird die vermeintliche Selbständigkeit, die sich das Individuum im Verhältnis zu seinen Mitmenschen zuschreibt, als Anmaßung bloßgestellt. Danach folgt die explizite Parodie solcher Vorstellungen, welche zugleich entsprechende Themen von Drama und Bühnenspiel einschließt, ehe im abschließenden Stück mittels der Hanswurstiade auch das Illusionsbedürfnis des Theaterpublikums der Lächerlichkeit preisgegeben wird. Der Zuschauer, welcher sich in der Lage wähnt, das abgebildete Leben hinsichtlich seiner Echtheit und Wahrheit einschätzen und beurteilen zu können, sieht sich selbst als Gegenstand der Parodie.

Keineswegs hat Schnitzler mit seiner *Marionetten*-Trilogie dem Theater der Schauspieler den Abschied gegeben. Die Uraufführung des ›Wurstel-Spiels‹ im Lustspieltheater (1906) und die von *Zwischenspiel* am Burgtheater (1905) werden nahezu gleichzeitig vorbereitet. Insofern bleibt es im dramatischen Schaffen bei einem Nebeneinander von psychologisch ausgearbeiteter Konversationsdramatik und burleskem Figurentheater, das sich – im europäischen Kontext betrachtet – als Vorgriff auf weitere antirealistische Spielkonzepte der Folgezeit bis hin zum absurden Theater verstehen lässt. Im zeitgenössischen Rahmen der innovativen Bühnenexperimente betrachtet, steht das Marionettenexperiment neben Edward Gordon Craigs epochaler Forderung der *Über-Marionette*, Alexander Bloks Bühnenkonzept der *Schaubude* und Vsevolod Meyerholds Programm einer Erneuerung des Theaters aus dem Geist der Commedia dell'arte. Insofern bildet der *Große Wurstel* eine Nachlassfigur des volkstümlichen Unterhaltungstheaters des 19. Jahrhunderts, die jedoch als zukunftsweisende Allegorie für die Gewinnung eines kritisch und ironisch pointierten, verfremdenden Bühnenspiels der kommenden Jahrzehnte verstanden werden kann.

Literatur

Bayerdörfer, Hans-Peter: Vom Konversationsstück zur Wurstelkomödie. In: JDSG 16 (1972), 516–575.
Sprengel, Peter/Streim, Gregor: *Berliner und Wiener Moderne. Vermittlungen und Abgrenzungen in Literatur, Theater, Publizistik*. Wien/Köln/Weimar 1998.

Wagner, Renate/Vacha, Brigitte: *Wiener S.-Aufführungen 1891–1970*. München 1971.

Hans-Peter Bayerdörfer

Komödie der Worte. Drei Einakter (1915)

Entstehung

Komödie der Worte besteht aus den Einaktern *Stunde des Erkennens*, *Große Szene* und *Das Bacchusfest*, die Schnitzler unter Rückgriff auf frühere Skizzen zwischen Herbst 1913 und Frühjahr 1914 verfasst hat. Thematisch und sprachlich stehen die Akte in der Tradition der Salonkomödie und des Konversationsstücks. Seine Vorliebe für die Kombination von Einaktern hat Arthur Schnitzler in einem Brief an den Kritiker und Theaterregisseur Otto Brahm aus dem Jahr 1905 bekannt, in dem er zudem das formale, weniger zyklisch als vielmehr linear geprägte, Konzept dieser Gattungsform erläutert: »Der Einakterzyklus sitzt tief in meinem Wesen [...]. Statt festaneinandergefügte Ringe einer Kette stellen meine einzelnen Akte mehr oder minder echte, an einer Schnur aufgereihte Steine vor – nicht durch verhakende Notwendigkeit aneinandergeschlossen, sondern am gleichen Bande nachbarlich aneinandergereiht« (1.10.1905; Br I, 520). In *Komödie der Worte* bildet die Thematisierung von Geschlechterverhältnissen das gemeinsame ›Band‹, die Schnitzler im Tagebuch als Resultat autobiographischer Erinnerung ausweist. Bezogen auf *Stunde des Erkennens* schreibt er: »Durch Ormin veranlasst Blick in die ›Erinnerungen‹ 1888, – die den Keim des Orminstücks ja die Hauptscenen burgtheatralisch [...] und recht kindlich enthalten. Meine damalige Stellung zu Mann und Frau« (Tb, 24.4.1915). Die erste Buchfassung kam 1915 im S. Fischer Verlag heraus.

Uraufführung

Uraufgeführt wurde der Zyklus gleichzeitig am 12. Oktober 1915 in Wien, Darmstadt und Frankfurt am Main. Über die Reaktionen bei der Premiere in Wien notiert Schnitzler: »›Stunde des Erkennens‹ wirkte spannend [...]. ›Große Scene‹ schlug sehr ein [...]. ›Bachusfest‹ interessirte, amüsirte, Beifall nicht übermäßig [...]« (Tb, 12.10.1915). Zwar fielen die Kritiken zu den Aufführungen insgesamt »durchaus günstig« aus (ebd., 13.10.1915), allerdings sieht sich Schnitzler auch mit »Beschimpfungen von klerikalen Zeitungen und Verleumdungen von der antisemitischen Presse« konfrontiert (Beier 2008, 528). »Ich lese [...], dass ich ein Typus [eines] vergifteten Geistes bin ...›wer die K.d.W. sieht«, so zitiert Schnitzler im Tagebuch aus der *Deutschen Tageszeitung*, »erlebt die Leugnung der germanischen Auffassung von der Heiligkeit des Lebens‹« (ebd., 25.1.1916).

Inhalt

Die drei Szenen thematisieren prekäre Beziehungssituationen, in denen die Sprache als Mittel der Verständigung und Wahrheitsfindung versagt. *Stunde des Erkennens* erzählt die Trennung des Ehepaares Dr. Karl Eckold und Klara, die nach der Hochzeit ihrer Tochter Bettine keinen Anlass mehr sehen, ihre jeweilige ›Wahrheit‹ für sich zu behalten. Klara verständigt sich im Gespräch mit Professor Dr. Ormin, dem Hausfreund der Familie, zum ersten Mal über die Tatsache, dass sie sich vor zehn Jahren einmal geliebt haben. Betrogen hat Klara ihren Ehemann damals, so wird im Gespräch deutlich, allerdings nicht mit Ormin, sondern mit einem anderen Mann; ihre Affäre versteht Klara als Resultat der damaligen ehelichen »Entfremdung« (DW II, 484). Eckold hingegen glaubt, dass seine Frau ihn vor zehn Jahren mit Ormin betrogen hat. Die vermeintliche Affäre ist für ihn vor allem deshalb schwer zu ertragen, weil er sich dem beruflich erfolgreichen Freund unterlegen fühlt. Nachdem die Tochter aus dem Haus ist, konfrontiert er Klara mit seinem vermeintlichen Wissen über ihren Fehltritt und zieht Konsequenzen: Er will, dass seine Frau das Haus verlässt; Klara wiederum ist schockiert, dass der Ehemann all die Jahre »Komödie gespielt« (ebd., 487) hat. Am Ende räumt sie mit der Erkenntnis »Worte lügen« (ebd., 491) resigniert das Feld, ohne dass das ›Missverständnis‹ aufgeklärt worden wäre.

In *Große Szene* ist der Titel Programm: Konrad Herbot, Schauspieler am Berliner Theater und notorischer Fremdgänger, hat wiederholt seine Frau Sophie betrogen, diesmal mit dem jungen Mädchen Daisy. Nachdem sich die Eheleute gerade ausgesöhnt haben, erscheint Daisys Verlobter Edgar und bittet den Schauspieler eindringlich, ihm die Wahrheit über seine Beziehung zu Daisy zu sagen. Obgleich Edgar ihn auffordert, »keine Szene mit großen Worten« (ebd., 515) zu spielen, führt Herbot eine ›Komödie‹ auf, zieht also alle Register der Schauspielkunst und überzeugt den Verlobten von seiner Unschuld und der Treue von Daisy. Sophie, die alles im Nebenzimmer mit angehört hat, empfindet angesichts der Szene »Ekel« und ein »ungeheueres Grauen« (ebd., 525). Sie erkennt, dass ihr Mann auch im Leben nur Rollen spielt: »Liebe, Betrug, Mord, alles das wiegt in der Wirklichkeit nicht schwerer für ihn, als wenn es in einer seiner Rollen stünde« (ebd.). Trotz dieser Erkenntnis gelingt es ihr jedoch nicht, ihn zu verlassen: Als sich Herbot am Ende weigert, in ihrer Abwesenheit auf die Bühne zu gehen, bleibt sie bei ihm.

In *Das Bacchusfest* nutzt der Schriftsteller Felix seine schauspielerischen Qualitäten, um seinen Gegenspieler, den Chemiker Guido Wernig, aus dem Feld zu schlagen. Dieser hat sich, während der Schriftsteller auf dem Land sein neues Werk fertiggestellte, in Agnes, die Frau des Schriftstellers, verliebt. Auf dem Bahnhof wollen Guido und Agnes dem ahnungslosen Felix nun erläutern, was während seiner Abwesenheit passiert ist. Dieser erkennt seine Lage instinktiv, »in seinen Zügen drückt sich das völlige Verstehen der Situation aus« (ebd., 542). Der Schriftsteller reagiert prompt, indem er dem Kontrahenten wortgewaltig sein neues Stück »Das Bacchusfest« und den darin enthaltenen Brauch der freien Liebe für nur eine Nacht erklärt, an deren Ende die Liebenden zu ihren Partnern zurückkehren oder sich aber nach einer zweiten Nacht an den neuen Partner binden müssen. Beeindruckt von diesen Ausführungen räumt Guido am Ende als Unterlegener das Feld, während sich die Eheleute zärtlich ihres gegenseitigen Hasses versichern: »FELIX: *mit einem plötzlichen dumpfen Ausbruch* Ich hasse dich. / AGNES: Und ich dich noch tausendmal mehr – – *mit einem neuen Ausdruck der Zärtlichkeit* mein Geliebter!« (ebd., 554).

Deutung

Im Blickpunkt der drei Stücke stehen jeweils die soziale Bedeutung der Sprache sowie die Einsicht, dass Sprache und Wahrheit grundsätzlich in einem prekären Verhältnis zueinander stehen. Dies zeigt sich besonders an der (manipulativen) Sprachmacht, die die Männer strategisch einsetzen, um ›ihre Komödien der Worte zu spielen‹. Die Kunst des Sich-Verstellens beherrscht Karl Eckold in *Stunde des Erkennens* auf besonders perfide Weise. Er behält sein Wissen über den Ehebruch zehn Jahre lang für sich, um seine Frau schließlich triumphal demütigen zu können. Die Aufführung der Ehetragödie ist psychologisch motiviert: Die vermeintliche Affäre seiner Frau mit dem beruflich potenten Ormin stellt seine männliche Rollenidentität in Frage. »Wär's nicht er gewesen, ich glaube fast, daß ich dann hätte vergessen, verzeihen können« (DW II, 488). Das unnachgiebige Auftreten gegenüber Klara lässt sich vor diesem Hintergrund als verbaler Akt verstehen, das berufliche und erotische Minderwertigkeitsgefühl in ein Gefühl der Dominanz umzuwandeln. Entfaltet allein schon diese späte Konfrontation der Ehefrau mit einer nur subjektiv geglaubten Wahrheit eine zerstörerische Kraft, so eskaliert die Situation durch die Reaktion Klaras. Anstatt den Ehemann über seine Fehlschlüsse aufzuklären und die Wahrheit zu sagen, bestätigt sie aus Trotz seine Version: »Es war nun einmal er und kein anderer. […] [Ich war] Ormins Geliebte« (ebd., 490). Am Ende des Gesprächs, als Eckold in Aussicht stellt, später noch einmal »in Ruhe« (ebd., 491) sprechen zu können, reagiert sie mit Schweigen, wiederholt also jenes Verhaltensmuster des Mannes von vor zehn Jahren, weshalb eine Klärung der Situation schließlich gänzlich unmöglich wird.

Ein demütigendes Schauspiel erlebt auch Sophie in *Große Szene*, wo der Mann schon von Berufs wegen die Kunst der Komödie perfektioniert hat. Im Gegensatz zu Karl Eckold, der gegenüber seiner Frau als »›brave[r] Bürger[]« (ebd., 517) argumentiert und die Legitimität seiner Lebenslüge mit Begriffen von Moral und Tugend begründet, fühlt sich Konrad Herbot als Künstler nicht an die gesellschaftlichen Regeln gebunden. Er beansprucht für sich ein freies Leben, was er besonders im Bereich der Erotik und Sexualität auslebt. Diese Künstlernatur und mit ihr die Verletzung bürgerlicher Werte wird von seinem Umfeld als »elementare […] gesunde Natur« akzeptiert (ebd., 503). Tatsächlich erweist sich diese vermeintliche Naturbegabung angesichts der Komödie, die er gegenüber Edgar aufführt, als Kunstgriff, der nicht die Wahrheit ans Licht bringt, sondern im Gegenteil dem strategischen Kalkül der Wahrheitsverschleierung folgt. Mehrfach betont Herbot die Genialität seines ›Spiels‹, dessen eigene Wahrheit sogar ihn selbst beinahe überzeugt: »Mir war gegen Schluß der Szene, als hätte ich mit dem Mädel – als wär wirklich gar nichts passiert. – Die Macht des Genies könnte man sagen« (ebd., 523). In der Kunstwelt Herbots ist die Grenze zwischen Rollen-Ich und authentischem Ich aufgelöst. Dass der Schauspieler sein wahres Ich verbirgt, also permanent falsch spielt, erniedrigt und kränkt seine Ehefrau Sophie zwar einerseits, andererseits geht vom Lebensstil Herbots aber auch eine große Faszination aus. Er verspricht »Rausch«, »Wahnsinn« und »Traum« (ebd., 502) – Dimensionen eines emphatischen Lebens, die dem »braven« (ebd., 517) bürgerlichen Leben entgegenstehen, was erklärt, weshalb sich Sophie schließlich nicht von ihm trennen kann. In Kauf nehmen muss sie dafür, dass die Differenz zwischen Wahrheit und Lüge für Herbot nicht existiert. Beides, »das Wahre und das Falsche« (ebd., 522), vermengt sich ihm stattdessen zur künstlerischen Kategorie des Wahrscheinlichen. Wahrheit stellt für ihn also keine Werte-Kategorie dar, vielmehr gehört die Täuschung mittels Sprache zu seiner Lebenskunst. Jenseits der Aussage, dass die Fiktion Teil von Herbots Leben ist, lässt sich diese Passage auch selbstreflexiv deuten. Sprachliche Kunstwerke – so formuliert der Text sein Literaturverständnis – sind keine Wahrheitsmedien, sondern haben einen illusionären Grundcharakter, dem die Rezipienten erliegen können: »Es gibt überhaupt keine Lüge auf der Welt« – so erklärt bezeichnenderweise der Theaterdirektor genauso das Verhalten Herbots wie die illusionäre Wirkung von Kunst – »Es gibt nur Leute, die sich anschmieren lassen« (ebd., 498).

(Männliche) Sprachdominanz und verbale Manipulation werden auch im *Bacchusfest* zur Kunst in Beziehung gesetzt. Der Umgang mit Sprache ist im Schlussstück von *Komödie der Worte* von grundsätzlicher Ambivalenz geprägt. Zum einen spielt der Künstler (in diesem Fall ein Schriftsteller) auch hier seine sprachliche Überlegenheit aus: Während seine Frau und ihr neuer Geliebter ohne große Worte Tatsachen schaffen wollen, lässt Felix die beiden buchstäblich nicht zu Wort kommen – und hat mit dieser Strategie Erfolg. Was Felix den beiden erläutert, hat allerdings weniger mit Sprechen als mit Schweigen zu tun. Denn die Erzählung vom »Bacchusfest« entwirft die Fiktion der »vorsprachlichen Lust« (Perlmann 1987, 52); sie spielt in einer Zeit, in der die Liebe nicht von Sprache überformt war, das »Natürliche natürlich […] erleb[t]« und im Gegensatz zur Gegenwart nicht durch »Psychologie« kulturell deformiert war (DW II, 552). »Heute gibt es keine Bacchusfeste mehr, denn unser Liebesleben ist getrübt, ja vergiftet von Lüge und Selbstbetrug, von Eifersucht und Angst, von Frechheit und Reue« (ebd.). Die Sprache der Gegenwart wird demnach als unnatürlich bezeichnet, weil durch sie keine ›wahrhaftige‹ Verständigung erzielt werden kann.

Ambivalent ist die Sprache, so ließe sich als Quintessenz des im letzten Akt von *Komödie der Worte* angedeuteten Kunstkonzepts resümieren, somit auch hinsichtlich ihrer Funktion: Erreicht Felix zum einen durch eine kalkulierte, auf psychologische Effekte setzende und damit manipulative Sprachverwendung sein Ziel – er überzeugt die Ehefrau, bei ihm zu bleiben –, so vermag er mittels Sprache zum anderen eine ideale, mythologische, vorsprachliche und präpsychologische Kunstwelt zu entwerfen, die von Lust und religiös legitimierter Freiheit geprägt ist.

Literatur

Beier, Nikolaj: »*Vor allem bin ich ich…*«. *Judentum, Akkulturation und Antisemitismus in A. S.s Leben und Werk*. Göttingen 2008.
Brecht, Christoph: »Jedes Wort hat sozusagen fließende Grenzen«. A. S. und die sprachskeptische Moderne. In: *Text + Kritik* (1998), H. 138/139 (A. S.), 36–44.
Perlmann, Michaela L.: *A. S.* Stuttgart 1987.
Sabler, Wolfgang: *A. S. Écriture dramatique et conventions théâtrales*. Bern u. a. 2002.

Ingo Irsigler

1.1.3 Einakter und andere kleine dramatische Gattungen

Alkandi's Lied. Dramatisches Gedicht in einem Aufzuge (1890)

Entstehung

Nach einer Reihe nicht veröffentlichter Stücke setzt Schnitzlers Dramenpublikation mit einem Einakter ein, der die Kunstansprüche des lyrischen Dramas markiert. Schnitzler arbeitet an diesem »Lustspiel in Versen« (Tb, 8.9.1889) im Herbst 1889 (ebd., 15.11.1889). Publiziert wird es im belletristisch-musikalisch orientierten ›Unterhaltungsblatt für die Familie‹ *An der Schönen Blauen Donau* (Jg. 5, 1890, H. 17, 398–400; H. 18, 424–426), befördert durch Schnitzlers Bekanntschaft mit Paul Goldmann seit Frühjahr 1889, der als Redakteur die Zeitschrift für »elegische, erotische Strophen und Skizzen wie Schnitzlers *Lieder eines Nervösen,* die Erzählungen *Amerika, Der Andere* und *Mein Freund Ypsilon*« öffnet (Fliedl 2005, 73; vgl. auch an Arthur Schnitzler, 30.5.1891; Beer-Hofmann-Bw, 30). Das Versdramolett wurde nie aufgeführt, obwohl Schnitzler damit auf die Bühne wollte (Tb, 6.7.1890; 26.4.1891). 1891 reichte er es erfolglos bei Reclam ein (ebd., 5.5.1891; 15.5.1891); ebenso wenig erfolgreich blieb er damit bei Max Burckhard, Direktor des Wiener Burgtheaters (ebd., 20.5.1891), der »mit einigen schmeichelhaften Worten« absagte (an Hugo von Hofmannsthal, 27.7.1891; Hofmannsthal-Bw, 9). Schnitzlers

Brief an Otto Brahm vom 25. Februar 1896 unterstreicht, dass es zweimal ›beinahe‹ zu Aufführungen gelangt sei, verbunden mit dem Hinweis, man könnte es ja jetzt zusammen mit *Liebelei* geben (Brahm-Bw, 7 f.). Aber auch der Leiter des Deutschen Theaters und Förderer Gerhart Hauptmanns, der die meisten Aufführungen der Dramen Schnitzlers durchsetzte, lehnt aus künstlerischen Gründen ab: »[I]ch glaube nicht, daß Sie gut tun würden, dieses Anfängerstück trotz seiner hübschen Verse jetzt noch herauszubringen, nachdem Ihre Kunst so sicher erstarkt ist« (an Arthur Schnitzler, 9.3.1896; ebd., 9).

Inhalt und Deutung

Das kleine Drama ist durchaus »atypisch für Schnitzlers dramatisches Œuvre« (Rieckmann 1985, 145), auch weil die Handlung nicht in der eigenen Gegenwart spielt. Das märchenhafte Ambiente – angesiedelt im zeitlosen »Stilgemisch eines griechisch-persisch-indischen« Anspielungshorizonts (Fliedl 2005, 91) – kommt bei Schnitzler später so nicht mehr vor: Königin Majas Verehrung für den verstorbenen Musiker Alkandi, dessen letztes Lied soeben aufgefunden wurde, bewirkt eine wahnhafte Eifersucht bei ihrem Mann, König Assad. Die ersten 180 Verse thematisieren zunächst das Verhältnis zwischen dem Künstler und der Öffentlichkeit: Solange er lebt, wird er missachtet; ist er tot, wird er als Marmorbüste verehrt. Seit dem Auftritt des Königs spielt dieses Motiv jedoch keine Rolle mehr. Als Maja, ihre Zofe Zoë und der junge Musiker Irsil sich zurückziehen, um Alkandis letztes Lied zu spielen, schläft der König ein: Während die Musik hinter der Szene erklingt, wird sein Traum als Spiel im Spiel vorgestellt (DW I, 14–22). Er zeigt Assads Eifersucht auf den Künstler, aber auch sein Schuldbewusstsein, die Königin vernachlässigt zu haben. Die Gewalt der Musik ist für ihn so unbezwingbar, dass er in seinem Traum die Marmorbüste zu Boden schlägt (ebd., 16), die Notenblätter verbrennt (ebd., 17) und den vermeintlichen Geliebten Irsil aus dem Fenster stürzt (ebd., 22). Nach dem Erwachen sieht Assad sich aber getäuscht: Maja hatte ihre Liebe zu Alkandi nur in seinem Traum gestanden (ebd., 14). Der König versöhnt sich mit seiner Frau im Komödienschluss, verbannt aber den Künstler aus Vorsicht vom Hof.

Einakter, so Schnitzlers Überzeugung, erfüllen am besten die drei Kriterien, die das wahre Kunstwerk auszeichnen: »Einheitlichkeit, Intensität, Kontinuität« (AB, 96). Dies gilt jedoch weniger für *Alkandi's Lied*, weil das Stück unverbunden in Teile zerfällt. Nicht nur der paargereimte fünfhebige Jambus unterscheidet das kleine ›Traumspiel‹ (Bayerdörfer 1972, 553) mit Musik von den späteren Konversationseinaktern in alltagsnaher Prosa. Es entspricht auch in keiner Weise dem in dieser Zeit sich durchsetzenden Naturalismus, wenn es die »Kunst- und Künstlerproblematik« und die »Beziehungen zwischen Traum und Wirklichkeit« gestaltet und damit bereits zentrale Motive Schnitzlers bespielt: Eifersucht, Selbstbetrug, das Problem der Treue und die Rolle des Unbewussten (Rieckmann 1985, 146).

Das lyrische Drama des Fin de Siècle geht auf das von der Oper herkommende Mono- bzw. Melodrama seit Rousseaus *Pygmalion* (1770) zurück (Szondi 1975, 20–22). Auch Schnitzler spielt in der dominant monologischen Artikulation von Empfindungen und Reflexionen auf den Pygmalion-Stoff an, wenn die von Königin Maja verehrte Marmorbüste des Musikers Alkandi durch sein letztes Lied gleichsam lebendig wird: hier aber nur in der Imagination des Königs. Umspielt wird damit ein Motiv, das Schnitzlers Prosa der 1880er Jahre seit *Frühlingsnacht im Seziersaal* (1880) und insbesondere *Welch eine Melodie* (1885) umtreibt: In der musikalischen Stimmung zerfließen die Grenzen zwischen Wachbewusstsein und Träumen, sodass unbewusste Wünsche und Ängste hervortreten können (vgl. Scherer 2015).

»Trotz der durchaus brisanten Aspekte des Märchenspiels, was das Verhältnis von Macht und Kunst im Zeichen der (Traum-)Zensur betrifft, bleibt es ein gefällig reimendes Anfängerstück« (Fliedl 2005, 91). Die Forschung hat darin aber bereits typische Aspekte in Schnitzlers Werk erkannt: »[D]em Traum wird nicht nur der gleiche Realitätsgehalt zugeschrieben wie der ›wirklichen‹ Wirklichkeit«, er ist darüber hinaus »geeignet, verborgene Seelenregungen, unbewußte erotische Neigungen und vorher nicht wahrgenommene Eifersucht, ins Bewußtsein zu heben« (Scheible 1976, 37). Seit Schinnerer (1929) werden die exotischen Märchenmotive auf Grillparzers *Der Traum ein Leben. Dramatisches Märchen in vier Aufzügen* (1840) zurückgeführt – nun als »Eifersucht *im* Traum«, sodass »ein nur gewünschter, nicht ausgeführter Treuebruch verheerende Folgen [hat]. Eingeblendet als Spiel im Spiel übernimmt der Traum eine analytische Funktion« (Perlmann 1987, 76). Bemerkenswert scheint die Diskrepanz zwischen konventioneller Märchendramaturgie und Schnitzlers durchaus avancierter Prosa der 1880er Jahre (Scherer 2015), selbst wenn bereits *Alkandi's Lied* die Unkontrollierbarkeit dessen aufführt, was sich im Inneren des Menschen abspielt.

Literatur

Bayerdörfer, Hans-Peter: Vom Konversationsstück zur Wurstelkomödie. Zu A. S.s Einaktern. In: JDSG 16 (1972), 516–575.
Fliedl, Konstanze: *A. S.* Stuttgart 2005.
Perlmann, Michaela L.: *A. S.* Stuttgart 1987.
Rieckmann, Jens: *Aufbruch in die Moderne. Die Anfänge des Jungen Wien. Österreichische Literatur und Kritik im Fin de Siècle*. Königstein i. Ts. 1985.
Scheible, Hartmut: *A. S. in Selbstzeugnissen und Bilddokumenten*. Reinbek bei Hamburg 1976.
Scherer, Stefan: Übergänge der Wiener Moderne. S.s frühe Prosa vor und nach 1890. In: Wolfgang Lukas/Michael Scheffel (Hg.): *Textschicksale. Das Werk A. S.s im Kontext der Moderne*. Berlin 2015 (i. Dr.).
Schinnerer, Otto P.: The Early Works of A. S. In: GR 4 (April 1929), H. 2, 153–197.
Szondi, Peter: *Das lyrische Drama des Fin de siècle*. Hg. v. Henriette Beese. Frankfurt a. M. 1975.

Stefan Scherer

Die überspannte Person. Ein Akt (1896)

Entstehung

Neben einer Reihe von Einakter-Zyklen seit *Anatol* hat Schnitzler einige Szenen, die er selbst gern ›Dialoge‹ nennt, isoliert publiziert. Begonnen hat er die Arbeit an diesem »Dialog« (Tb, 6.2.1894) unter dem Titel »die ›verrückte Dame‹« (ebd., 30.1.1984); sie wird nur wenig später abgeschlossen (ebd., 9.2.1894). Die Szene erscheint zuerst in der satirischen Münchner ›Illustrierten Wochenschrift‹ *Simplicissimus* (Jg. 1, Nr. 3, 18.4.1896, 3 u. 6) und sorgt wegen der für die Zeitgenossen unsittlichen »Wahrheit der Darstellung« (Urbach 1974, 30) sogleich für Aufregung: »Simplicissimus 3. Nummer confiscirt, wegen der ›Ueberspannten Person‹ von mir –« (Tb, 21.4.1896). Später schreibt Schnitzler im Tagebuch: »Burckhard sagte mir sehr liebenswürdiges über die ›Uebersp. Pers.‹ setzte aber hinzu. ›Schreiben S doch einmal was ganz anständiges, damit die Leut nicht sagen, Sie können nichts andres. – […]‹« (ebd., 19.5.1896; dazu auch Urbach 1974, 30). Nachdrucke erfolgten als Bühnenmanuskript (Berlin 1932) und in der Sammlung *Kaffeehaus. Literarische Spezialitäten und amouröse Gusto-Stückln aus Wien* (hg. v. Ludwig Plakolb, München 1959, 12–19). Später distanziert sich Schnitzler von den kurzen Stücken dieser Zeit: »Nm. (trödelhafter Weise) drei nichtige Einakter aus 94 von mir (Süßes Geheimnis, Platon. Liebe, Portrait) gelesen. –« (Tb, 14.6.1915).

Inhalt und Deutung

Die kleine Szene zeigt die Bewusstseinslage einer verheirateten Frau, die von ihrem Geliebten ein Kind erwartet. Sie beichtet ihm diese Neuigkeit, während der Liebhaber sich darüber verwundert, dass sie nicht ihren Ehemann darüber informiert habe (DW I, 202). Er entzieht sich der Verantwortung aus Feigheit und Bequemlichkeit, indem er seine noch ungesicherte soziale Lage bemerkt, zumal er »im Bureau von Papa […] eigentlich nur ein Taschengeld« beziehe (ebd., 204). Die von ihm ausgemalte gemeinsame Flucht nach Amerika erweist sich insofern als Schutzlüge. Zuerst legt er seiner Geliebten deshalb die Abtreibung nahe: »Vielleicht ließe sich jetzt … wo's doch erst ein paar Wochen dauert –« (ebd.). Er verwirft diesen Gedanken aber sogleich, weil das nicht gehe, »wenn man einen Mann hat«; »bei einem jungen Mädel aus anständiger Familie« wäre wiederum »begreiflich« (ebd., 205), dass es sich der »Gefahr« eines Abbruchs aussetzt (ebd., 204). Als Lösung schlägt er deshalb vor, die Geliebte solle doch einfach mit dem Ehemann schlafen, um das Kind in der Ehe zu rechtfertigen. Empört weist die Frau das von sich: »Sie schlägt ihm ins Gesicht« (ebd., 205). Das wiederum ermöglicht dem Liebhaber, die eigene Feigheit zu rationalisieren: »Er *bleibt wie gelähmt stehen* Du! … will ihr nach. Ah nein – *mißlaunig* Überspannte Person! … *wütend* Überspannte Person … Da gibt man einer einen … guten Rat, und sie wird noch grob« (ebd.). Überspannt ist aus seiner Sicht also eine Frau, die das Kind, das sie von ihm erwartet, aus Rücksicht auf gesellschaftliche Konventionen nicht einfach ihrem Ehemann unterschieben will.

Der »*schwarze Schleier*« im ersten Nebentext (ebd., 201) deutet indes einen anderen Umstand an. Der weiblichen Beschwörung »Ich hab keinen, ich hab' nur dich!« (ebd., 205) korrespondierte dann eine bei der Erstlektüre zunächst ganz anders verstehbare Äußerung: »Wie kann ich's ihm [dem Ehemann] denn sagen?« (ebd., 202) Es bleibt unklar, was es mit dieser Unmöglichkeit wirklich auf sich hat. Falls die Geliebte Witwe ist, bedeutete es, dass auch sie eine »Notlüge« (ebd., 203) durch Verschleierung ihrer sozialen Lage nutzt, um den Liebhaber zu halten. Der »Wahnsinn«, der darin besteht, dass »die Geliebte dem Liebhaber treu bleiben und also nicht mit dem Ehemann schlafen will, um ihn als Vater ihres Kindes zu fingieren« (Urbach 1974, 40), wäre demnach anders begründet – aus der Enttäuschung heraus, nicht wirklich geliebt zu werden: »Sie Du hast gemeint, ich belüge dich! –. Er Nein, – ich hab' nur nicht, ja wie soll ich das sagen, – ich hab' nur kaum zu träumen gewagt, dass du mir – die Wahrheit sagst –« (DW I, 203). Wer hier wen mit welchen Hintergedanken belügt, ist also mitnichten klar. Wenn der Liebhaber zum Schluss, nachdem er seine Selbstgerechtigkeit wieder gefunden hat, befindet: »Und folgen wird sie mir ja doch! ...« (ebd., 205) – dann täuscht er sich womöglich über diese Souveränität hinweg, indem ihm unbewusst schwant, wie es um den sozialen Status der Frau und damit um das gemeinsame Kind wirklich bestellt ist.

Die genaue Fixierung sozialer Details im langen Nebentext eingangs der Szene – sie spielt in einem angemieteten Zimmer (»*nicht recht heimlich*«) in einer Gasse, die als »Rendezvousplatz der Liebespaare« dient (ebd., 201) – signalisiert eine bestimmte Nähe zum Naturalismus. Bayerdörfer (1972, 523–527) hat drei Einakter Schnitzlers – *Die überspannte Person*, *Halbzwei*, *Sylvesternacht* – als Einheit erfasst: »Die Kurzform ergibt sich bei diesen Skizzen nicht daraus, daß sich die Intrige verdichtet oder vereinfacht, sondern daß sie wegfällt« (ebd., 524). Als »reine Duoszenen« erscheinen sie »so unbestimmt«, dass sie »mühelos als Teile ganz verschiedener dramatischer Zusammenhänge« zu denken sind (ebd.); als »Momentaufnahme aus einem größeren Zeitraum, der sich als Lebensschicksal hinter diesem Augenblick auftut« (ebd.). Der »Unterhaltungston und seine gängigen Themen« verweisen auf die »Abkunft der Szene vom Konversationsstück« (ebd.); dieser Bezug geht hier aber über die »Abgangspointe einer Einzelszene nicht hinaus« (ebd.).

Von 44 Dramen in den *Dramatischen Werken* sind 29 Einakter oder Einakterzyklen (Doppler 1975, 11). Strindbergs Essay *Vom modernen Drama und modernen Theater* (1889) resp. *Der Einakter* (seit 1890) gilt als maßgebende Absage an das abendfüllende Stück (Scheible 1996, 129 f.). Schnitzlers Vorliebe für diese szenische Form in den 1890er Jahren begründet sich daraus, dass eine kurze *Episode* (1889) zur Darstellung eines krisenhaften Augenblicks seiner Intention entspricht, psychologische Implikationen in einer bestimmten sozialen Lage zu sezieren und an einer alltäglichen Situation Gesetzmäßigkeiten von Lebensverläufen aufzuzeigen (vgl. Doppler 1975, 18): auch in *Die überspannte Person* als Momentaufnahme, in der sich Hintergründe einer Liebschaft zwischen Mann und Frau,

die auf die Typik der Geschlechtsrollen ›Er‹ und ›Sie‹ reduziert sind, in »fast sketchartiger Zuspitzung« offenbaren (Sprengel 1998, 471). Der Einakter entspricht damit Schnitzlers »vorurteilsfreier Offenheit des Beobachtens und Denkens«, die vorschnellen Abstraktionen misstraut (Offermanns 1980, 327).

Literatur

Bayerdörfer, Hans-Peter: Vom Konversationsstück zur Wurstelkomödie. Zur A. S.s Einaktern. In: JDSG 16 (1972), 516–575.

Doppler, Alfred: Die Form des Einakters und die Spielmetapher bei A. S. In: Alfred Doppler: *Wirklichkeit im Spiegel der Sprache. Aufsätze zur Literatur des 20. Jahrhunderts in Österreich*. Wien 1975, 7–30.

Offermanns, Ernst L.: A.S.s Dramatik. In: Walter Hinck (Hg.): *Handbuch des deutschen Dramas*. Düsseldorf 1980, 327–342.

Sabler, Wolfgang: *A. S. Écriture dramatique et conventions théâtrales*. Bern u. a. 2002.

Scheible, Hartmut: Im Bewußtseinszimmer. Die Einakter. In: Hartmut Scheible: *Liebe und Liberalismus. Über A. S.* Bielefeld 1996, 127–171.

Sprengel, Peter: *Geschichte der deutschsprachigen Literatur 1870–1900. Von der Reichsgründung bis zur Jahrhundertwende*. München 1998.

Urbach, Reinhard: *S.-Kommentar zu den erzählenden Schriften und dramatischen Werken*. München 1974.

Stefan Scherer

Halbzwei. Ein Akt (1897)

Entstehung

Geschrieben hat Schnitzler den kurzen Dialog im Januar 1894 (Tb, 2.1. u. 17.1.1894). Er ist nie aufgeführt, aber mit Erfolg den Freunden und Kollegen Salten, Hofmannsthal und Beer-Hofmann vorgelesen worden (ebd., 28.1.1894). Das kleine Stück erscheint zuerst in der vom ›Münchner Naturalismus‹ geprägten Rundschau-Zeitschrift *Die Gesellschaft* (Jg. 13, Bd. 2, H. 4, April 1897, 42–49), später dann nur noch einmal als Bühnenmanuskript (Berlin 1932; vgl. Urbach 1974, 148).

Inhalt und Deutung

Halbzwei gehört zu den auf Einfälle zurückgehenden Dramen Schnitzlers, die ohne »handlungsbestimmende Entscheidungssituationen« (Kluge 1974, 485) eine Momentaufnahme festhalten: »Gleichsam als Farce« zur »Kurztragödie« *Die überspannte Person* (Fliedl 2005, 77) geschrieben, zeigt die Szene den komischen Aufschub beim Aufbruch eines

Liebhabers vom Bett seiner Geliebten nach Mitternacht um »*halb zwei Uhr*« (DW I, 207) – wie dort reduziert auf die Typik der Geschlechterrollen eines namenlosen Mannes (›Er‹) und einer ebenso namenlosen Frau (›Sie‹) ohne nähere soziale Markierungen. Fast schon litaneiartig bespricht der Mann hier sein Bedürfnis nach Schlaf, weil die Pflicht zur Arbeit am Morgen um acht Uhr rufe. Dadurch verzögert er den Weggang, mit dem er die Geliebte eigentlich fliehen will, derart, dass er regelmäßig erst zwischen drei und fünf Uhr nach Hause kommt – und dabei umständlich auch noch den »*Portier*« vor sechs Uhr aus seinem Schlaf holen muss (ebd., 213). Die Geliebte will ihn indes gar nicht behindern: »Ja – ich weiß nicht, du tust, als wenn ich dich davon abhielte? – Hab ich dich gebeten zu bleiben?« (ebd., 208). Sie betont: »Es verletzt mich durchaus nicht. Ich sage dir ja bereits seit zwei Stunden, daß du weggehen sollst« (ebd., 209). Das ständige Beteuern, wie nötig der Aufbruch sei, der genau deshalb nicht erfolgt, reizt die Geliebte zu spöttischen Schlussfolgerungen: »Du schläfst bei mir, du schläfst bei dir, du schläfst auf dem Weg –« (ebd.); »Du bist ja ein förmlicher Kunstschläfer. – […] Schlafen … essen … Du wärst eigentlich der richtige Ehemann!« (ebd., 211). Die launigen Bemerkungen haben zur Folge, dass sich die Situation fast ins »Roheste« (ebd., 212) zuspitzt. Abgefangen wird der drohende Konflikt durch die Versöhnung am frühen Morgen, die einmal mehr mit dem wechselseitigen Liebesschwur erfolgt.

In den komischen Umständen, die aus dem ständigen Besprechen einer angeblich notwendigen und doch nicht umgesetzten Tat resultieren, zeigt der kleine Dialog den Wiederholungszwang im Verhalten eines Liebespaars, das sich offenbar nur auf diese umwegige Weise seiner Liebe zwischen Freiheit (Bindungsvermeidung) und Angst (vor Bindungszwängen) versichern kann. Auf jeden Fall aber organisiert es sich so die je unterschiedlich gelagerten Interessen (und geheimen Wunscherfüllungen) in dieser Liebesepisode. Das komische Abwiegeln, ausgelöst durch die Berufung auf soziale Zwänge (Arbeit am Morgen), sanktioniert letztlich, dass man von deren Befolgung abweichen kann. Andererseits bringt die Frau mit dem Argument, ihrem Geliebten völlige Freiheit zum Aufbruch zu lassen, den Mann trotz seiner tatsächlichen Fluchtwünsche nach dem Liebesvollzug regelmäßig dazu, doch noch bei ihr zu verweilen.

Bemerkenswert ist ein langer Nebentext, der das Stück beschließt, weil er den mühsamen Nachhauseweg des Liebhabers durch den Schnee erzählt: »*Er hat seine Überschuhe oben vergessen, weil er das immer tut, und hat sehr dünne Lackschuhe an, weil sie ihn sonst nicht lieben würde*« (ebd., 213). Unterbrochen wird diese kommentierende Erzählung durch eine Figurenrede, die fast schon als Innerer Monolog funktioniert: »Der Teufel soll mich holen, wenn ich morgen um eine Minute später als Mitternacht weggehe. *Er erinnert sich eben, daß er das die letzten vier Wochen allnächtlich auf derselben Stelle zwischen drei und sechs Uhr morgens gesagt hat und spaziert lächelnd weiter*« (ebd.) – um einmal mehr gut gelaunt erst kurz vor Arbeitsbeginn nach Hause zu kommen. So demonstriert die kleine Szene, wie ein Junggeselle »die Unannehmlichkeiten seiner Amouren immer wieder auf sich nimmt, nur um nicht das Bewußtsein der Gebundenheit haben zu müssen« (Bayerdörfer 1972, 525). Die epische Erweiterung ist zugleich »Indiz dafür, daß die verselbständigte Konversationsszene, mag sie noch so leicht als Schlüsselszene einer weitgespannten Verwicklung denkbar sein, einen Grenzfall des Dramatischen darstellt« (ebd.).

Diese Grenzverwischung zwischen Epik und Dramatik (hier auch im Zeichen der ›Verinnerung‹ des Erzählens) »teilen Schnitzlers dramatische Skizzen mit ihrem unmittelbaren Vorbild, der aus Frankreich stammenden dialogischen Causerie, die selbst im Grenzbereich zwischen Szene und Dialognovelle angesiedelt ist« (ebd.). Der epische Schluss wirkt jedoch wie ein »Notbehelf«, denn er deutet darauf hin, »daß die Szene keine dramatische Selbständigkeit erreichen kann« (ebd., 526). Daran zeigt sich »die Krise des Konversationsstücks« (ebd.), insofern das Epische die szenische Gegenwärtigkeit des Dramas zerstört. Der kurze Dialog steht daher in einer Reihe von Einaktern, die Bayerdörfer (ebd., 523–527) zusammen mit *Die überspannte Person* und *Sylvesternacht* unter dem Titel »Reduktionsformen des Konversationsdramas. Causerie oder Die verselbständigte Dialogszene« zusammenfasst.

Literatur

Bayerdörfer, Hans-Peter: Vom Konversationsstück zur Wurstelkomödie. Zur A. S.s Einaktern. In: JDSG 16 (1972), 516–575.

Fliedl, Konstanze: A. S. Stuttgart 2005.

Kluge, Gerhard: Die Dialektik von Illusion und Erkenntnis als Strukturprinzip des Einakters bei A. S. In: JDSG 18 (1974), 482–505.

Sabler, Wolfgang: *A. S. Écriture dramatique et conventions théâtrales*. Bern u. a. 2002.

Urbach, Reinhard: *S.-Kommentar zu den erzählenden Schriften und dramatischen Werken*. München 1974.

Stefan Scherer

Paracelsus. Versspiel in einem Akt (1898)

Entstehung und Uraufführung

Im September 1894 skizziert Schnitzler einen ersten Entwurf des Szenariums, den er im Oktober desselben Jahres ausführt. Nach einer längeren Pause nimmt er die Arbeit an dem Stück erst im März 1898 wieder auf, notiert im Juni, dass er am *Paracelsus* arbeite (Tb, 17.6.1898), und am 28. Juni schließlich liest er das »Versspiel« Hofmannsthal vor. Der Erstdruck in *Cosmopolis* (Jg. 12) erfolgt im November 1898, die erste Buchausgabe erscheint bei S. Fischer 1899, zusammen mit *Die Gefährtin* und *Der grüne Kakadu*. Im selben Jahr entsteht auch das Bühnenmanuskript zum Stück, das hier als *Schauspiel in einem Akt* bezeichnet ist. Uraufgeführt wird *Paracelsus* gemeinsam mit *Die Gefährtin* und *Der grüne Kakadu* am Burgtheater in Wien am 1. März 1899.

Inhalt

Der Einakter besteht aus elf Szenen, bedient sich des fünfhebigen Jambus und behält die klassischen ›drei Einheiten‹ bei. Die Handlung ist situiert im Hause des Waffenschmieds Cyprian und seiner Frau Justina in Basel im 16. Jahrhundert. Cyprian hat den sich auf der Durchreise in Basel befindlichen, mit ›Wunderkuren‹ Furore machenden Arzt Paracelsus in sein Haus geladen, um dem nicht-sesshaften, abweichenden Mediziner – aus Cyprians Sicht ein Scharlatan – sein eigenes, des sesshaften und konservativen Bürgers Glück, nicht zuletzt mit Justina, vorzuführen. Zwischen Justina und Paracelsus gab es vor Jahren eine potentiell erotische Situation und folglich eine Rivalität zwischen Cyprian und Paracelsus. Im Hause halten sich gegenwärtig auch Anselm, ein junger Adeliger, der Justina begehrt, und Cäcilia, Cyprians Schwester, die uneingestanden Anselm liebt, auf. Herausgefordert durch die Demütigungsversuche Cyprians stellt Paracelsus die von ihm beanspruchte Macht unter Beweis, indem er Justina hypnotisiert und ihr ein sexuelles Abenteuer mit Anselm suggeriert, woran diese nach ihrem Erwachen auch glaubt und sich schuldig fühlt. Ihre Geständnisse gehen nun sogar über das hinaus, was Paracelsus ihr eingeredet hatte, sodass, zum Erschrecken Cyprians und zum Erstaunen Paracelsus, unklar ist, ob sich das scheinbar nur Suggerierte nicht tatsächlich ereignet hat. In einer erneuten Hypnose befiehlt Paracelsus Justina, »wahrer« (DW I, 493) zu sein, als sie es sich selbst gegenüber sei, das aber ist einem quasi psychoanalytischen Akt äquivalent, in dem bislang Unbewusstes enthüllt wird. Nach dem erneuten Erwachen offenbart Justina, dass sie nicht nur versucht war, sich demnächst Anselm hinzugeben, sondern dass sie auch schon vor Jahren bereit war, sich auf Paracelsus aus emphatischer Liebe und ohne Rücksicht auf die sozialen Folgen, die der Akt für sie und ihre Ehe gehabt hätte, einzulassen. In der Folge habe sie resignativ auf die Möglichkeiten eines emphatischen Lebens verzichtet und sich mit dem bescheidenen Glück mit Cyprian zufriedengegeben, wobei sie bei ihm zu bleiben gedenke, zumal sie die Versuchung durch Paracelsus mittlerweile überwunden habe: »Ein friedlich Glück / Ist's auch nicht allzu glühend, bleibt das beste« (Szene IX; ebd., 494). Cyprian, erheblich desillusioniert, ist von seinem anfänglichen Hochmut auf sein wahres Maß zurechtgestutzt und Paracelsus beendet seine Episode in Basel.

Deutung

Kultureller Kontext der dargestellten Handlung ist um 1900 natürlich die Aktualität der Hypnose-Theorien (z. B. Moll 1890; Bernheim 1911), also die Diskussion über Möglichkeiten und Grenzen der Manipulation des Menschen und die Chancen ihres psychotherapeutischen Einsatzes. Aber das Thema der Hypnose dient hier anderen Zwecken: der Konfrontation der Anthropologien, Epistemologien, Realitätskonzeptionen des vorangegangenen Literatursystems ›Realismus‹ und des neuen der Frühen Moderne, Ersteres durch Cyprian, Letzteres durch Paracelsus vertreten. Cyprian konfrontiert ›Tag‹ (korreliert mit wachem Bewusstsein und faktischer Realität) auf der einen Seite mit ›Nacht‹ (korreliert mit Traum und unwirklichem Wahn) auf der anderen Seite und besteht auf deren eindeutiger Abgrenzung. Sowohl in seinen theoretischen Äußerungen wie in seiner vorgeführten Hypnose-Praxis stellt Paracelsus diese Grenzziehung in Frage und vollzieht damit eine für die Frühe Moderne typische Grenztilgung zwischen semantischen Oppositionen (vgl. Titzmann 2002). Die Sesshaftigkeit Cyprians, sein Besitzanspruch gegenüber Justina und seine Ausgrenzung des Paracelsus illustrieren die tradierte ideologische Praxis eindeutiger Grenzziehung, in deren Rahmen nur ein bescheidenes Glück möglich ist; Justinas damalige Bereitschaft zum sozial ruinösen Sexualakt mit Paracelsus demonstriert ihre – wenn auch temporäre – Bereitschaft zur Grenzüberschreitung, mit der die Möglichkeit eines – wenn auch befristeten – ›emphatischen Lebens‹ verbunden wäre. Zur Anthropologie des ›Realismus‹, die Cyprian vertritt, gehören nun die Annahmen, dass die ›Person‹ sich im Wesentlichen über ihr Bewusstsein definiere, dass sie in der Zeit invariant bleibe, dass eine eingegangene Verpflichtung, hier eine Ehe, für immer eingehalten werde und somit Ehepartner(innen) ein definitiv gesicherter ›Besitz‹ seien. Zur Anthropologie der Frühen Moderne hingegen gehört zum einen die von Paracelsus vertretene und von der Dramenhandlung bestätigte Infragestellung all dieser Prämissen, zum anderen die Inklusion des Unbewussten in das Konzept der ›Person‹, die Möglichkeit des Wandels der ›Person‹ und die Ungewissheit der Dauer von Beziehungen, auch ehelichen. »Zu Gast ist sie bei Euch – so gut wie ich« (Szene VIII; DW I, 487), bemerkt Paracelsus über Justina zu Cyprian, und er resümiert die neue Konzeption der ›Person‹ gegenüber sich selbst und gegenüber anderen: »Sicherheit ist nirgends« (Szene XI; ebd., 498). Wie der Text vorführt, dass Cyprians Gefühl der ›Sicherheit‹ sich als trügerisch erweist, so führt er auch umgekehrt die Grenzen der Macht möglicher Manipulation durch Paracelsus vor; dieser hatte sich zunächst selbst als jemand definiert, der ein »Schicksal« (ebd., 480) für andere sein könne, wenn er wolle, und muss erfahren, dass seine Manipulationen auch unvorhergesehene Ergebnisse hervorbringen können.

Cyprians Realitätskonzept schloss den Bereich der ›Nacht‹, also in seiner Sicht den Bereich des Traumes, des Wahns, der Unwirklichkeit, aus; Paracelsus führt Cyprian vor, dass, was dieser ausschließen zu können glaubte, ebenso ›Wirklichkeit‹ sein kann, wenn es jemand für wahr hält, und es also ›wirkt‹. Wenn Justina das ihr Suggerierte für wahr hält, dann verändert sich ihre Beziehung zu Cyprian: Der »Wahn« hat also soziale Folgen in der Realität. Dazu gehört dann, dass sich Justina und Cyprian plötzlich nicht mehr einig sind, was denn ›Wirklichkeit‹ – in diesem Fall die ihrer Ehe – sei. ›Wirklichkeit‹ und ›Wahrheit‹ sind hier somit, wie auch sonst bei Schnitzler, nicht ›objektiv‹ erkennbare Gewissheiten, sondern das Produkt eines Prozesses, in dem sie sozial ausgehandelt werden, also in sprachlichen Auseinandersetzungen zu einem – wenn auch wiederum befristeten – Konsens führen. Der Text führt zugleich vor, dass unbedingtes Streben nach »Wahrhaftigkeit« (ebd., 493), hier erzwungen durch Paracelsus und von Justina vollzogen, für eine Beziehung durchaus problematisch sein kann, was Schnitzler in nicht wenigen anderen Texten, so etwa der *Traum-*

novelle (1926), illustriert hat. Cyprian hat im Text das letzte Wort und glaubt die – für die Frühe Moderne so typische – ›Krise‹ definitiv überwunden; dem aber widerspricht der letzte Redebeitrag des Paracelsus: »Sicherheit ist nirgends« (Szene XI; ebd., 498).

Literatur

Bernheim, Hippolyte: *De la suggestion*. Paris 1911.
Blaser, Robert-Henri: Theophrastus Paracelsus (1493–1541). Seine Bedeutung für die Germanistik. In: *Jahrbuch für Internationale Germanistik* 4 (1980), 237–246.
Lukas, Wolfgang: *Das Selbst und das Fremde. Epochale Lebenskrisen und ihre Lösung im Werk A. S.s.* München 1996.
Moll, Albert: *Der Hypnotismus*. Berlin 1890.
Schiffer, Helga: Experiment und Ethik in A. S.s *Paracelsus*. In: *Amsterdamer Beiträge zur neueren Germanistik* 18 (1984), 329–357.
Titzmann, Michael: ›Grenzziehung‹ vs. ›Grenztilgung‹. Zu einer fundamentalen Differenz der Literatursysteme ›Realismus‹ und ›Frühe Moderne‹. In: Hans Krah/Claus-Michael Ort (Hg.): *Weltentwürfe in Literatur und Medien*. Kiel 2002, 181–210.
Urner, Hans: S.s ›Paracelsus‹. In: Sepp Domandl (Hg.): *Paracelsus. Werk und Wirkung. Festgabe für Kurt Goldammer zum 60. Geburtstag*. Wien 1975, 345–352.
Weinberger, G. J.: »Sicherheit ist nirgends«. A. S.s *Paracelsus* revisited. In: *Neophilologus* 77 (1993), 249–259.
Wünsch, Marianne: S.s *Paracelsus* im Kontext zeitgenössischer Hypnose-Theorien. In: Wolfgang Lukas/Michael Scheffel (Hg.): *Textschicksale. Das Werk A. S.s im Kontext der Moderne*. Berlin 2015 (i. Dr.).

Marianne Wünsch

Der grüne Kakadu.
Groteske in einem Akt (1899)

Entstehung

Schnitzlers »Groteske in einem Akt« (DW I, 514) *Der grüne Kakadu* entstand im Jahr 1898: Am 23. Februar notiert Schnitzler in sein Tagebuch, er habe den »phantast[ischen] Einakter« (Tb, 23.2.1898) begonnen; am 6. März heißt es, er habe ihn »vorläufig geendet« (ebd., 6.3.1898). Im April nahm Schnitzler die Arbeit an *Der grüne Kakadu* wieder auf (vgl. ebd., 11.4.1898) und schloss das Stück dann zusammen mit den beiden anderen Einaktern (*Paracelsus* und *Die Gefährtin*) »endgiltig« im Juni ab (ebd., 29.6.1898). Erstmals veröffentlicht wurde *Der grüne Kakadu* im März 1899 in der *Neuen Deutschen Rundschau*. Die Handlung entwickelt sich aus einem »Einfall« heraus, wie Schnitzler in seinen *Aphoris-*

men und Betrachtungen illustriert: »In einer Schenke spielen Komödianten die Verbrecher. Wie, wenn nun einer dieser Komödianten ein wirklicher Verbrecher wäre?« (AB, 381). In einem Brief an Stephan Epstein vom 1. Oktober 1902 führt Schnitzler diesen Einfall außerdem zurück auf einen Zeitungsbericht über eine Kneipe, »ich weiß nicht mehr, ob in London oder Paris – [...] wo zur Belustigung der Gäste harmlose Leute, arme Teufel, sich als Schurken und Verbrecher gerieren« (Br I, 451). Darüber hinaus weisen einige frühe Skizzen im Nachlass Schnitzlers darauf hin, dass der ursprüngliche Handlungsort in England und nicht in Frankreich angelegt war (vgl. Nehring 1992, 84). Der historische Hintergrund der Französischen Revolution wurde demnach erst nachträglich der Grundidee, der Verwischung von Schein und Sein, hinzugefügt. Im bereits erwähnten Brief an Epstein gibt Schnitzler auch an, in die Dialoge verarbeitete Details über die Revolutionszeit Hippolyte Taines *Les Origines de la France contemporaine* (1875–1893) entnommen zu haben. Später schreibt Schnitzler in seinem Tagebuch, das Stück verdiene »den Ruf eines Meisterwerks« (Tb, 26.6.1912).

Uraufführung

Bereits 1898 hatte Otto Brahm vom Deutschen Theater den *Grünen Kakadu* als Zyklus (gemeinsam mit den Stücken *Paracelsus* und *Die Gefährtin*) angenommen; die Aufführung wurde jedoch am 26. August 1898 durch die Berliner Zensur verboten. In Wien stellte sich der Fall geradezu umgekehrt dar: Paul Schlenther, Intendant des Wiener Burgtheaters, hatte sich zunächst in einer Art vorauseilendem Gehorsam geweigert, das Stück dem offiziellen Zensor Hofrat von Jettel überhaupt erst vorzulegen. Als er sich dann im November 1898 von dem Erfolg der Premiere von Schnitzlers *Das Vermächtnis* umstimmen ließ, hatte von Jettel nur kleine Einwendungen vorzubringen, mit denen Schnitzler sich einverstanden zeigte: Aus dem Herzog von Chartre wurde der Herzog von Cadignan, und der Text wurde um einige Freiheitsrufe reduziert. Gegen die Forderung, den Kommissär aus dem Stück zu streichen, konnte sich Schnitzler erfolgreich wehren. So wurde der Zyklus am 1. März 1899 am Wiener Burgtheater uraufgeführt. Trotz positiver Kritiken verschwand *Der grüne Kakadu* jedoch bereits zu Beginn der neuen Saison, u. a. auf Druck der Erzherzogin Valerie, wieder aus dem Programm. Schnitzler versuchte, sich gegen diese Diskriminierung zu wehren: Er bat Schlenther, sich den *Kakadu* entweder gesetzlich von der Behörde verbieten zu lassen, oder aber ihn wieder wie geplant ins Programm aufzunehmen, da es ein »durchaus unwürdiges Ansinnen« sei, durch diese inoffizielle Unterdrückung, »die Interessen des Autors sozusagen aus dem Hinterhalt zu schädigen« (zit. n. Wagner/Vacher 1971, 32). Doch erst nachdem Schnitzler wiederholt auf einer gesetzlichen Erledigung des Falles und der Rückgabe der Verfügungsrechte bestand, sah sich Schlenther schließlich am 9. November 1899 zu einer direktorialen Stellungnahme gezwungen, in der er dem Druck der Theaterbehörden nachgab und das Stück offiziell aus dem Programm entfernte. Danach vergingen noch zwei weitere Wochen, bis Schnitzler das Verfügungsrecht über den *Kakadu* zurückerhielt, nämlich am 24. November 1899 (vgl. ebd., 33; ausführliche Dokumentation der Unterdrückung des Stücks bei Schinnerer 1931). Dennoch zählte *Der grüne Kakadu* im Jahr seiner Uraufführung 1899 zu den meist gespielten zeitgenössischen deutschsprachigen Theaterstücken mit Aufführungen u. a. in Berlin, Stuttgart und Dresden (vgl. Jägersküpper 1996, 248). Während dem Stück in Frankreich nach seiner Uraufführung in Paris im Jahr 1903 kein besonderer Erfolg zuteil wurde, erfreute es sich in Russland in der ersten Dekade des 20. Jahrhunderts außerordentlicher Beliebtheit (vgl. ebd., 252–253). 1957 wurde *Der grüne Kakadu* von Richard Mohaupt als Oper vertont und 1963 von Michael Kehlmann verfilmt. Davor hatte bereits 1955 der Bayerische Rundfunk unter Regie von Alois Johannes Lippl den *Kakadu* als Fernsehproduktion adaptiert.

Inhalt

Der Einakter spielt in Paris am Abend des 14. Juli 1789, vor dem Sturm auf die Bastille. In der Spelunke »Der grüne Kakadu« lässt der Wirt und ehemalige Theaterdirektor Prospère allabendlich seine Schauspieltruppe als Verbrecher, Prostituierte und Aufrührer in improvisierten Szenen auftreten. Die zumeist adeligen Gäste berauschen sich am Kitzel der hier inszenierten revolutionären Bedrohung. Dabei fällt es den Zuschauern auf der Bühne und sogar den Schauspielern selber zunehmend schwer, zwischen Realität und Spiel zu unterscheiden, wodurch auch für das reale Publikum eine verwirrende Vermischung der Ebenen erzeugt wird. Diese Vermischung der Grenze zwischen Fakt und Fiktion nimmt ihren Höhepunkt in der Darbietung des am meisten geachteten Schauspielers aus Prospères Ensemble, Henri. Zunächst kündigt er an, an diesem

Abend seine letzte Vorstellung zu geben, um dann mit seiner am selben Tag angetrauten Frau Léocadie aufs Land zu ziehen. Das Sakrament der Ehe, so hofft er, hat alle ihre anderen erotischen Erlebnisse, für die sie allseits bekannt ist, ausgelöscht und wird sie in eine treue Ehefrau und Mutter verwandeln. In seiner gespielten Rolle jedoch mimt er den eifersüchtigen Ehemann, der seine Frau mit dem Herzog von Cadignan erwischt und diesen darauf getötet habe. Da Prospère zufällig erfahren hat, dass Léocadie tatsächlich eine Affäre mit dem Herzog unterhält, versteht er Henris Darbietung als reales Geständnis. Auch den anderen Anwesenden ist der Herzog durch seinen Auftritt in einer früheren Szene als charismatischer Lebemann bekannt, dem man ein solches Liebesabenteuer zumindest zutrauen würde. Durch Prospères Reaktion wird Henri schließlich unabsichtlich über die wirkliche Untreue seiner Frau aufgeklärt. Als der Herzog kurz darauf wieder in der Kneipe erscheint, stürzt sich Henri auf ihn und bringt ihn tatsächlich um. Dieser Mord, der aus privaten und gänzlich unpolitischen Motiven geschieht, wird dann von dem revolutionären Redeführer und Philosophen Grasset, der im selben Moment mit einigen Anhängern vom Sturm auf die Bastille zurückkehrt, als revolutionäre Tat umgedeutet: »Wer einen Herzog umbringt, ist ein Freund des Volkes. Es lebe die Freiheit!« (DW I, 551). Der Kommissar, der im Auftrag der Behörde der Aufführung in Zivil beigewohnt hatte, um über die von ihr ausgehende demagogische Gefahr Bericht zu erstatten, versucht vergeblich, »im Namen des Gesetzes« (ebd.) die Ordnung wiederherzustellen. Den adeligen Besuchern bleibt nichts anderes übrig als fluchtartig die Kneipe zu verlassen. Dennoch scheinen sie nicht in der Lage zu sein, die Realität der Bedrohung völlig zu erfassen: Zumindest Séverine Marquise von Lansac behauptet, sich durch die Ereignisse »angenehm erregt« (ebd.) zu fühlen, bestellt sich ihren Geliebten, den Dichter Rollin, für ein späteres erotisches Zusammenkommen ein und lässt sich sogar dazu hinreißen, in die Freiheitsrufe der Revolutionäre einzustimmen.

Deutung

Schein und Sein: Die Forschung hat sich ausgiebig mit der Verwischung der Grenze zwischen Schein und Sein, die in Schnitzlers Einakter durch das Motiv des Spiels im Spiel erzeugt wird, beschäftigt. Friedrichsmeyer betont, dass kein vollständiger Verlust an Wirklichkeitsorientierung hervorgerufen werde und die Vermischung der Pole Schein und Sein vor allem im »Lichte ethischer Mangelhaftigkeit« zu betrachten sei (1969, 214). Damit ist die illusionistische Haltung der Charaktere gemeint, die sich der Täuschung widerstandslos hingeben. In diesem Eskapismus treffen sich die adeligen Zuschauer mit den bürgerlichen Schauspielern, wodurch auch die Klassengrenzen aufgeweicht und so gewissermaßen in den Bereich der Fiktion gerückt werden (vgl. auch Jägersküpper 1996, 197). Sowohl Henris Glaube an die ›heilsame‹ Wirkung der Ehe als auch die Überzeugung der adeligen Kneipengäste, dass »alles Spaß ist« (DW I, 530) und die revolutionären Tendenzen im Land generell nicht ernst zu nehmen seien, erweisen sich als Selbsttäuschungen, die schließlich in die Katastrophe führen. *Der grüne Kakadu* kann dementsprechend verstanden werden als Kritik an und Warnung vor einer eskapistischen Grundhaltung, insbesondere einer »Flucht ins Unpolitische« (Hinderer 1987, 19), in der soziale Krisen nur als ästhetisches Spektakel wahrgenommen werden und an die »folgenlose Kunst« geglaubt wird (Mennemeier 1993, 264; vgl. auch Saße 2007, 62). Konsens besteht in der Forschung allerdings weitgehend darin, dass das Stück die Möglichkeit, klar zwischen Realität und Fiktion zu unterscheiden, generell in Frage stellt (vgl. z. B. Hinderer 1987, 18; Nehring 1992, 89; Mennemeier 1993, 266; Jägersküpper 1996, 213; Landfester 2002, 403). Dabei geht es vor allem um die Theatralität »jede[r] Form gesellschaftlicher Kommunikation« (Landfester 2002, 397), die es schwierig macht, »[t]heatrales und soziales Rollenhandeln« (Saße 2007, 59; vgl. auch Nehring 1992, 90) zu unterscheiden. *Der grüne Kakadu* steht so in der Tradition des *theatrum mundi* und markiert nach Landfester sogar eine »Epochenschwelle in der Geschichte des Metatheaters« (2002, 397).

Dieses Spiel mit verschiedenen Ebenen von Theatralität und Fiktion, das die Vermischung von Schein und Sein auf die Spitze treibt, macht auch den grotesken Charakter des Stückes aus: In Abgrenzung zu Kayser, der das Stück trotz des Untertitels von seiner Definition des Grotesken ausnahm (1957, 144), sind die grotesken Elemente in Schnitzlers Einakter, ob im Sinne einer Verfremdung und Unterminierung der Verlässlichkeit von Wirklichkeitswahrnehmung (vgl. Hinderer 1987, 22) und eines Orientierungsverlusts (vgl. Jägersküpper 1992, 206) oder eines Spektakels, das zum Lächeln, aber auch zum Nachdenken anrege (vgl. Le Rider 1994, 45), immer wieder hervorgehoben worden.

Historismus- und Revolutionskritik: Bereits der Titel *Der grüne Kakadu,* der nicht nur eine zoologische Unmöglichkeit darstellt, sondern auch auf lautmalerische Weise als Vorläufer von Musils Kakanien (vgl. Landfester 2002, 402) gelesen werden kann, scheint die im Großen und Ganzen allgemein akzeptierte Deutung zu bestätigen, dass der historische Hintergrund der Französischen Revolution, insbesondere im Hinblick auf das dekadente und eskapistische Krisenbewusstsein des französischen Adels, auch auf die Krise der Eliten in der Wiener Moderne verweist (vgl. z. B. Hinderer 1987, 19; Nehring 1992, 86; Jägersküpper 1996, 221; Saße 2007, 66).

Dennoch ist der historische Hintergrund auf seine Funktion hin zu untersuchen. Dadurch, dass die Revolutionäre und Schauspieler sich ebenso wie der Adel dem Spiel mit Illusion und Wirklichkeit hingeben und dass Henris eifersüchtige Mordtat schließlich als revolutionärer Akt gefeiert wird, scheint das geschichtliche Ereignis auf ein theatralisches Spektakel reduziert. Revolution als Möglichkeit zur Weltverbesserung wird hier nicht propagiert, sondern eher sogar zurückgewiesen (vgl. z. B. Mennemeier 1993, 264). Ob damit tatsächlich die Französische Revolution im Speziellen als historisches Ereignis abgewertet wird (vgl. Swales 1971, 277), ist jedoch fraglich. Vielmehr scheint es um die Problematisierung einer mystifizierenden Umdeutung kontingenter Ereignisse in eine linear verlaufende und kohärente Darstellung von Geschichte zu gehen. In diesem Sinne hat Le Rider das Drama als »posthistoire« bezeichnet (1994, 43) und ihm so ein postmodernes Geschichtsverständnis *avant la lettre* attestiert, das Historie nicht mehr als sinnstiftende Größe begreifen kann. Auf diese Weise kann *Der grüne Kakadu* als »geradezu eine Parodie des Geschichtsdramas« (Fliedl 1994, 28) gelesen werden, die die Auffassung von Geschichte als Fortschritt unterminiert. Damit wird natürlich auch das menschliche Subjekt als aktive und handlungsvorantreibende Größe in Frage gestellt, wodurch die in Schnitzlers Werk allgemein zentralen Themen von Autonomie und individueller Verantwortung angesprochen sind: Sowohl Hinderer als auch Jägersküpper vergleichen die Figuren mit »Marionetten« (Hinderer 1987, 22; vgl. Jägersküpper 1996, 200), die der Kontingenz der Ereignisse hilflos ausgesetzt zu sein scheinen. Dennoch ist diese Passivität wohl eher der eskapistischen und illusionistischen Grundhaltung der Figuren geschuldet, durch die sie (sowohl die Adeligen angesichts der Revolution als auch etwa Henri angesichts seiner Frau, die seinen eigenen monogamen Wünschen nicht entsprechen will oder kann) ihre eigenen tatsächlichen Handlungsmöglichkeiten ignorieren und sich so unbewusst in ihr ›Schicksal‹ fügen (vgl. Jägersküpper 1996, 199). Durch die Problematisierung solch überzeitlich gültiger Themen, so lässt sich sagen, gewinnt Schnitzlers Einakter eine »parabolische Bedeutung«, die nicht nur den historischen Hintergrund, sondern auch »die Epoche seiner Entstehung« überdauert (Mennemeier 1993, 267).

Trotz allem wird in *Der grüne Kakadu* nicht die Notwendigkeit eines bewussten Umgangs mit der Vergangenheit zurückgewiesen. Die Auslöschung der Erinnerung, wie sie Henri im Privaten betreibt, erweist sich als Sackgasse. Die Beschwörungen der Exklusivität seiner Beziehung zu Léocadie können als Negativbeispiel für die Verdrängung von Vergangenheit betrachtet werden (vgl. Fliedl 1994, 24): Die Negierung von Léocadies früheren Erfahrungen dient Henri als Individualisierungsstrategie, die die Erinnerung an den seriellen und typologischen Charakter der Liebe im Besonderen und der menschlichen Existenz im Allgemeinen auslöschen soll. Doch da dieses Vorgehen schließlich in der Katastrophe endet, scheint ein bewusster Umgang mit dem bereits Dagewesenen angezeigt. Es ist die Obsession von der Originalität der eigenen Erfahrung, die Henri zum Mörder werden lässt. Dies könnte auch auf eine weitere Funktion des historischen Hintergrundes des Stückes verweisen: Indem der hier dargestellte eskapistische Umgang des französischen Adels mit der Krise in Beziehung gesetzt wird zu der Krise der österreichischen Eliten um 1900, wird auch die gegenwärtige Situation historisiert. Dies kann als Mahnung verstanden werden, sich nicht im Augenblick zu verlieren, sondern Geschichte als Erklärung der eigenen Gegenwart zu begreifen (vgl. Fliedl 1997, 94 f.).

Generell ließen sich die Opposition und Verflechtung von Individualgeschichte und Historie im Drama noch ausführlicher untersuchen als es bisher geschehen ist (vgl. hierzu bereits Lukas 1996, 247–254). Auch die von Saße aufgezeigten »Identitätskonfusionen angesichts einer gesellschaftlichen Umbruchssituation« (Saße 2007, 67) könnten noch näher betrachtet werden. In diesem Zusammenhang wäre etwa die Kodierung von Geschlecht im Drama zu analysieren: Bisher wurde in der Forschung die Perspektive der männlichen Figuren, die Frauen lediglich in Bezug auf den Grad ihrer ›Dirnenhaftigkeit‹ wahrzunehmen scheinen, recht unkritisch übernommen, beispielsweise wenn die Schauspielerin

Léocadie wegen ihres ausschweifenden Liebeslebens gleich als »Dirne« (Friedrichsmeyer 1969, 212) bezeichnet wird, »die alle haben können« (Mennemeier 1993, 264), was der Einschätzung des Herzogs entspricht, sie sei dazu »geschaffen, die größte, die herrlichste Dirne der Welt zu sein« (DW I, 536). Auf ähnliche Weise wird auch Séverines aktive Erotik mit Prostitution gleichgesetzt, wenn es heißt, »her true personality is that of a prostitute« (Nehring 1992, 89).

Literatur

Fliedl, Konstanze: Moment und Gedächtnis. Dramatische Geschichte in S.s *Der grüne Kakadu* und *Der Schleier der Beatrice*. In: *Austriaca* 39 (1994), 21–31.

Fliedl, Konstanze: *A. S. Poetik der Erinnerung*. Wien/Köln/Weimar 1997.

Friedrichsmeyer, Erhard: S.s »Der grüne Kakadu«. In: ZfdPh 88 (1969), H. 2, 209–228.

Hinderer, Walter: Der Aufstand der Marionetten. Zu A.S.s Groteske *Der grüne Kakadu*. In: Paul M. Lützeler (Hg.): *Zeitgenossenschaft. Zur deutschsprachigen Literatur im 20. Jahrhundert. Festschrift für Egon Schwarz zum 65. Geburtstag*. Frankfurt a. M. 1987, 12–32.

Jägersküpper, Klaus H.: *Zwischen Illusion, Theaterspiel und Wirklichkeit. Impressionistische Dramatik A. S.s am Beispiel des grotesken Einakters »Der grüne Kakadu«*. Berlin 1996.

Kayser, Wolfgang: *Das Groteske. Seine Gestaltung in Malerei und Dichtung*. Oldenburg/Hamburg 1957.

Landfester, Ulrike: »Als wenn es zum Spaß wäre«. Sprachkritik und Zeitdiagnose in A.S.s »Der grüne Kakadu«. In: Peter Wiesinger (Hg.): *Akten des X. Internationalen Germanistenkongresses*. Bd. 6: *Epochenbegriffe. Grenzen und Möglichkeiten. Aufklärung - Klassik - Romantik - Die Wiener Moderne*. Bern u. a. 2002, 397–403.

Le Rider, Jacques: La subversion de l'historisme dans *Le Peroquet Vert*. In: *Austriaca* 39 (1994), 33–49.

Lukas, Wolfgang: *Das Selbst und das Fremde. Epochale Lebenskrisen und ihre Lösung im Werk A. S.s*. München 1996.

Melchinger, Christa: *Illusion und Wirklichkeit im dramatischen Werk A. S.s*. Heidelberg 1968.

Mennemeier, Franz N.: Kritik der Revolution im Medium der neueren deutschen Komödie. In: Paul G. Klussmann/Willy R. Berger/Burkhard Dohm (Hg.): *Das Wagnis der Moderne. Festschrift für Marianne Kesting*. Frankfurt a. M. 1993, 261–278.

Nehring, Wolfgang: A. S. and the French Revolution. In: MAL 25 (1992), H. 3/4, 75–94.

Saße, Günter: Der grüne Kakadu. Fröhliche Apokalypse. In: Hee-Ju Kim/Günter Saße (Hg.): *Interpretationen. A. S. Dramen und Erzählungen*. Stuttgart 2007, 56–68.

Schinnerer, Otto P.: The Suppression of S.s »Der grüne Kakadu« by the Burgtheater. Unpublished Correspondence. In: GR 6 (1931), 183–192.

Swales, Martin: *A. S. A Critical Study*. Oxford 1971.

Wagner, Renate/Vacha, Brigitte: *Wiener S.-Aufführungen 1891–1970*. München 1971.

Marie Kolkenbrock

Die Gefährtin.
Schauspiel in einem Akt (1899)

Entstehung

Der Einakter basiert auf Schnitzlers Novelle *Der Witwer* aus dem Jahr 1894, an der er – wie er gegenüber Marie Reinhard in einem Brief vom 23. August 1896 erwähnt (vgl. Br I, 301) – nie Gefallen fand. Die Dramatisierung des Stoffes durchläuft drei Phasen: Im September 1896 schließt er in nur wenigen Tagen einen ersten Entwurf des zunächst ebenfalls mit »Der Witwer« betitelten Dramas ab, lässt das Projekt anschließend jedoch ruhen. Ein Jahr später beginnt er mit einer Überarbeitung und vermerkt die vorläufige Finalisierung im März 1898 in seinem Tagebuch (vgl. Tb, 28.3.1898). Während Juni und Oktober 1898 arbeitet er erneut an dem Einakter, zu dieser Zeit erfolgt auch die Umbenennung in *Die Gefährtin*. Im November 1898 schließlich sendet Schnitzler den fertigen Text an Otto Brahm, behält sich jedoch noch kleinere Änderungen vor (vgl. Brahm-Bw, 66 f.).

Uraufführung

Die Gefährtin wird als Teil eines Zyklus »Der grüne Kakadu« gemeinsam mit dem Drama gleichen Titels und dem weiteren Einakter *Paracelsus* am 1. März 1899 am Wiener Burgtheater uraufgeführt, am 29. April 1899 folgt Brahms Aufführung am Deutschen Theater in Berlin. Im Zuge der Absetzung von *Der grüne Kakadu* am Burgtheater wird *Die Gefährtin* im weiteren Verlauf seiner Aufführungsgeschichte auch zusammen mit anderen Dramen aufgeführt (vgl. Wagner/Vacha 1971, insb. 31–33).

Inhalt

Das Geschehen spielt sich ausschließlich im Zimmer von Eveline, der verstorbenen Frau des Professors Robert Pilgram, an einem Herbstabend gegen Ende des 19. Jahrhunderts in der Nähe von Wien ab. Robert verabschiedet am Tag der Beerdigung seine Kollegen. Währenddessen überbringt ein Diener einen Kranz von Roberts Assistenten Doktor Alfred Hausmann, dessen Rückkehr aus dem Urlaub in Kürze erwartet wird. Als Robert alleine ist, erhält er Besuch von Evelines Freundin Olga Merholm, die ihn bittet, ihre vertraulichen Briefe an seine Frau wieder an sich nehmen zu können. Der Witwer ahnt jedoch schon bald, dass es sich nicht um Olgas, sondern vielmehr um Alfreds Briefe handelt, der mit Eveline in eine Liebesaffäre verwickelt war. Offensichtlich wusste Robert von dieser Liebschaft, duldete sie aber stillschweigend in dem Glauben, dass seine Frau und sein Assistent füreinander bestimmt seien. Als Robert von dem unterdessen zurückgekehrten Alfred erfährt, dass dieser sich soeben verlobt habe, wirft er ihm vor, seine Frau entehrt zu haben und verweist ihn kurzerhand aus seinem Haus. Olga teilt ihm schließlich mit, dass die Affäre zwischen Eveline und Alfred von beiden Seiten aus nicht sonderlich ernst genommen wurde.

Deutung

Das kurze analytische Drama deckt in unterschiedlichen Gesprächsphasen auf, wie es um die Ehe von Robert und Eveline bestellt war. Dabei zeigt sich nicht nur, dass Pilgram seine Frau zu einer bloßen »Geliebten« (DW I, 506) degradierte, anstatt sie als »Gefährtin« (ebd.) anzuerkennen, sondern dass er sich außerdem stets ein falsches Bild von ihr gemacht hatte. Robert, der vom Leben nur Klarheit verlangt, muss schrittweise erkennen, dass er in Bezug auf seine verstorbene Frau selbstverschuldeten Illusionen unterlag. Die Diskrepanz zwischen unausgesprochenen Vermutungen und sich enthüllender Wirklichkeit steht im Zentrum des Stückes. Dieses grundlegende Prinzip der Gegensätzlichkeit spiegelt sich auch in vielen kontrastierten Details: Handlungsort ist eine »Sommerfrische«, jedoch an einem »Herbstabend« (ebd., 499), ein »in hellen […] Farben« gehaltenes Zimmer liegt dennoch »im Dunkel« (ebd., 500), sogenannte »Freunde« sind eigentlich »weinerliche Schwätzer« (ebd., 502), und schließlich entpuppt sich die von Robert angenommene große Liebe zwischen Eveline und Alfred als »dieses erbärmliche nichtige Abenteuer« (ebd., 513). Inwiefern der Ehemann durch seine falschen Mutmaßungen über den Charakter seiner Frau und sein daraus resultierendes Verhalten ihr gegenüber eine Mitschuld an dem durch einen »Herzschlag« (ebd., 509) verursachten Tod von Eveline trägt, bleibt offen. Seine 20 Jahre jüngere Frau stand bei ihm laut eigener Aussage nie an erster Stelle, im Gegensatz zu seinem Beruf. In diesem Sinne bleibt sich Robert nach der Auflösung seiner »Selbsttäuschung« (Stroka 1969, 64; Bayerdörfer 1972, 542) durch die »Enthüllungstechnik« (Selling 1975, 66) des Dramas treu: Am Ende des Textes, als er endlich wirklich Klarheit in Bezug auf Eveline erlangt hat, lächelt er »wie befreit« (DW I, 514).

Literatur

Bayerdörfer, Hans-Peter: Vom Konversationsstück zur Wurstelkomödie. Zu A. S.s Einaktern. In: JDSG 16 (1972), 516–575.
Scheible, Hartmut: Im Bewußtseinszimmer. A. S.s Einakter. In: TuK 10 (1982), H. 2, 220–288.
Selling, Gunter: *Die Einakter und Einakterzyklen A. S.s*. Amsterdam 1975.
Stroka, Anna: A. S.s Einakter »Paracelsus«, »Die Gefährtin« und »Der grüne Kakadu«. In: *Germanica Wratislaviensia* 13 (1969), 57–66.
Wagner, Renate/Vacha, Brigitte: *Wiener Schnitzler-Aufführungen 1891–1970*. München 1971.

Dominik Orth

Sylvesternacht. Ein Dialog (1901)

Entstehung und Uraufführung

Entstanden vermutlich um 1900 (es gibt keine entsprechende Tagebuch-Notiz), wird der Dialog zuerst 1901 in der Zeitschrift *Jugend* (Jg. 1, H. 8, 118 f. u. 121 f.) publiziert. Nachdrucke erfolgen in *Zwanglose Hefte für die Besucher des Schiller-Theaters* (Neue Reihe 27, 1910) und in *Der bunte Almanach auf das Jahr 1914* (Wien/Leipzig 1914, 75–88). Bekannt ist eine einmalige Aufführung durch die Schauspieler des Theaters in der Josefstadt am 31. Dezember 1926 in Wien (Urbach 1974, 75; vgl. auch Schnitzlers Brief an Georgette Boner, 29.1.1929; Br II, 583).

Inhalt und Deutung

In *Sylvesternacht* geht es um das Nähe- und Getrenntheitsgefühl von Paaren im »bedeutenden Augenblick« des Jahreswechsels (DW I, 681). Die »gehoben[e]« »Stimmung« (ebd.) in dieser Nacht löst Rückblicke in die Vergangenheit und (trügerische) Hoffnungen auf die Zukunft aus. Schnitzler hat diesen Zustand in seinen frühen *Sylvesterbetrachtungen* (1889) für die *Internationale Klinische Rundschau* (Jg. 3, 1889) ausgeführt: Am Ende des Jahres neige man zu resümierenden Betrachtungen wie zukunftsfreudigen Gefühlen, »als *müßten* wir hoffen, als *müßte* es nun besser werden. Wie oft schon wurden wir getäuscht! Wie oft schon belehrt, daß die Menschen immer dieselben bleiben« (MS, 173). Wird diese Einsicht hier noch auf den Fortschrittsoptimismus in der psychiatrischen Medizin hin perspektiviert, geht es im Silvester-Dialog an der Jahrhundertwende um Augenblicke intimer Nähe, zumal »an solchen Abenden nur die Menschen zusammenkommen, die auch zusammengehören, die durch die Bande der Verwandtschaft miteinander verknüpft sind« (DW I, 682).

Die unverhoffte Nähe unbekannter Menschen ereignet sich hier im Salon zwischen der »gnädige[n]« Ehefrau Agathe (ebd., 688) – sie steht »*ganz allein*« (ebd., 681) am offenen Fenster, blickt auf den Schnee in den Straßen und will nach sechzehnjähriger Ehe nun nicht mehr tanzen (ebd., 682) – und dem jungen Mann Emil, Sohn des Hauses. Agathe ist Gast, ihr Ehemann spielt Karten, und Emil gibt vor, kurz von der Gesellschaft abstehen zu wollen, um sich beim Blick in den Sternenhimmel das Zusammensein mit seiner abwesenden Geliebten auszumalen: das »Rendezvous mit einer Unsichtbaren« (ebd.). Die ersehnte Frau ist vermutlich verheiratet wie Agathe, denn sie sei »in diesem Augenblick auch irgendwo, wo sie nicht hingehört oder wo sie nicht sein will« (ebd., 683). Das Gespräch bringt beide dazu, über die Risiken der Liebe zu räsonieren und mündet in einen »*wie zufällig*« (ebd., 688) sich ereignenden Kuss. Verlegen ›beschwört‹ Agathe, dass dies »rein gar nichts zu bedeuten hatte« (ebd.): »Oder bilden Sie sich am Ende ein, daß *Sie* es waren, den ich geküßt habe?« (ebd.). Der Kuss verbindet zwei fremde Menschen im Augenblick, obwohl er eigentlich Abwesende meint. Agathe behauptet, dies sei ihr Mann. Tatsächlich erzählte sie vorher die Geschichte von einer vermeintlichen Freundin, die als Ehefrau einst in der Silvesternacht zu ihrem Geliebten in den Prater im Schnee aufgebrochen sei, um nach einer Stunde unbemerkt wieder bei ihrer Silvesterfeier (»unter ihren Gästen«; ebd., 685) zurück zu sein. Es bleibt offen, ob Agathe es selbst gewesen ist, die das einst ›riskierte‹. Im imaginierten Rendezvous des jungen Mannes an diesem Abend erkennt sie dagegen nur Feigheit: »[S]ie lieben die Unsichtbare nicht, sonst wäre es nicht unmöglich« (ebd., 684). Wer liebt, der würde nämlich »alles – riskieren« (ebd.), so »wie man alles kann –: indem man es tut« (ebd., 685).

Die Pointe der Szene besteht darin, »dass jemand geküßt wird, der Kuß aber einem anderen gilt; er ist ebenso irreal wie ein erträumtes Rendezvous ›bei den Sternen‹« (Bayerdörfer 1972, 524). Im Kern zeigt sie aber mehr an: nämlich wie aus einer beiläufigen Konversation heraus ein intensiver Augenblick hervorgeht, wenn sich Liebende getrennt fühlen – gespiegelt in Anspielungen auf Wagners *Tristan und Isolde* (1859) und *Die Fledermaus* (1874) von Johann Strauß (DW I, 682 f.; Urbach 1974, 169). Zwar zeigt der Dialog über »das Risiko und das Versäumnis von Glücksgelegenheiten« aus »verschiedenen Perspektiven […] den Preis, der für bürgerliche Konventionen zu zahlen ist« (Fliedl 2005, 78). Noch deutlicher aber wird, wie Leidenschaft im Imaginären entsteht, wenn man sich einer Erzählung wie der von einer ›gewagten‹ Liebesaktion (DW I, 684) hingibt: »Und während Sie die Geschichte erzählt haben, glühten Ihre Augen in der Erinnerung jener Nacht« (ebd., 687) – meint Emil, der sich auf einmal selbst gemeint fühlt. Die performative Kraft des Erzählens ist offenkundig so stark, dass unbekannte Menschen in solchen Augenblicken plötzlich voneinander berührt sind. In dieser »Causerie-Szene« (Bayerdörfer 1972, 527) ist die Liebe so flüchtig wie der Augenblick ihrer sinnlich-imaginären Präsenz, die aus Gründen gesellschaftlicher Konventionen sogleich abgewehrt werden muss. Die jederzeit entflammbare Leidenschaft schlummert aber als Glutkern noch in der älteren Ehefrau.

Im Vergleich mit den Einaktern der 1890er Jahre wird daran spürbar, wie Schnitzler seine Dialogkunst im Zeichen von Lebenserfahrung vertieft hat (vgl. Swales 1971, 164–166); genauer, »wie subtil« er mittlerweile »die Oberfläche des Konversationstones für gesellschaftliche und psychische Hintergründe durchsichtig« machen kann (Bayerdörfer 1972, 524 f.). Nach der Jahrhundertwende werfen die Einakter Schnitzlers demnach grundsätzlichere Fragen im Leben an Figuren auf, die jetzt auch erkennbar stärker individualisiert sind. Zugleich steht der kurze Dialog noch in einer Reihe von Einaktern, die Bayerdörfer (1972, 523–527) zusammen mit *Die überspannte Person* und *Halbzwei* unter dem Titel »Reduktionsformen des Konversationsdramas. Causerie oder Die verselbständigte Dialogszene« zusammenfasst.

Literatur

Bayerdörfer, Hans-Peter: Vom Konversationsstück zur Wurstelkomödie. Zur A.S.s Einaktern. In: JDSG 16 (1972), 516–575.
Fliedl, Konstanze: *A. S.* Stuttgart 2005.
Swales, Martin: *A. S. A Critical Study*. Oxford 1971.
Urbach, Reinhard: *S.-Kommentar zu den erzählenden Schriften und dramatischen Werken*. München 1974.

Stefan Scherer

Komtesse Mizzi oder Der Familientag. Komödie in einem Akt (1908)

Entstehung

Aus Schnitzlers Tagebucheinträgen lässt sich rekonstruieren, dass *Komtesse Mizzi oder Der Familientag* in drei Arbeitsphasen zwischen Juni 1906 und Oktober 1907 entstanden ist (vgl. Lindgren 2002, 336–340), auch wenn Schnitzler erste »Notizen zu dem aristokrat. Einakter« (Tb, 29.1.1906) schon ein halbes Jahr früher festhält. Zwischen dem 18. Juni (»Nm. plötzlich ein einaktiges Lustspiel (›*Familientag*‹ eine der Familienscenen – die aristokr.) zu schreiben begonnen.«; ebd., 18.6.1906) und dem 4. Juli 1906 arbeitet Schnitzler eine vorläufige Fassung des ungewöhnlich langen Einakters aus, der ursprünglich Teil eines Zyklus werden sollte (vgl. an Otto Brahm, 12.7.1906; Brahm-Bw, 233 f.). Diese »ein bissel schlampig« (ebd., 234) zu Ende geschriebene erste Fassung bleibt den Sommer über liegen, Schnitzler diktiert sie erst am 1. September 1906; offenbar unzufrieden mit dem Ergebnis hält er im Tagebuch fest: »Vm. und Nm. dictirt ›Familientag‹. Noch nichts« (Tb, 1.9.1906). Erst ein Vierteljahr später nimmt Schnitzler sich das Theaterstück erneut vor und notiert nun wieder etwas hoffnungsfroher: »Sah den ›Familientag‹ (Comtesse Mizi) durch; es ist vielleicht was draus zu machen« (ebd., 21.1.1907). Spätestens am 4. März macht sich Schnitzler an die Überarbeitung. Während dieser bis zum 27. März dauernden zweiten Arbeitsphase findet er nun auch einen Schluss, welcher der ersten Fassung offenbar fehlte. Eine dritte, kürzere Arbeitsphase widmet Schnitzler dem Stück schließlich zwischen dem 28. und 30. Oktober 1907.

Für die Veröffentlichung der Komödie wendet sich Schnitzler, der wenige Wochen zuvor den renommierten Grillparzer-Preis für *Zwischenspiel* erhalten hatte, an Moriz Benedikt, den Herausgeber der *Neuen Freien Presse*. Dieser zeigt sich, so Schnitzler Anfang März 1908, »entzückt von C. Mizi«; Schnitzler hatte ihm den Einakter »für die Osternummer gesandt« (ebd., 5.3.1908), in der das Stück am 19. April 1908 erscheint. Die Tagebucheintragungen in den Tagen danach bezeugen den großen Erfolg des gedruckten Stücks wie auch Schnitzlers ambivalentes Verhältnis dazu: »Vm. Besorgungen Stadt. Überall Elogen über die Comt. Mizzi […] Ja – das! … Es ist eigentlich beschämend« (ebd., 21.4.1908). Wenige Jahre zuvor hatte die Veröffentlichung von *Lieutenant Gustl* in einer Weihnachtsbeilage derselben Zeitung für einen Skandal gesorgt und zur Aberkennung von Schnitzlers Offiziersrang geführt; die nun ganz andersartigen Reaktionen auf die vermeintlich harmlosere Komödie verbittern Schnitzler offenbar: »Der Erfolg der Comt. Mizzi, der mir zuwider ist. Das fressen sie« (ebd., 24.4.1908). Erst Jahre später scheint Schnitzler mit dem Stück versöhnt zu sein: »Vm. ›Comtesse Mizi‹ durchgelesen. Wirklich gut« (ebd., 16.7.1912).

Uraufführung

Schon wenige Tage nach der Veröffentlichung hat Schnitzler Angebote verschiedener Theater, die das Stück uraufführen wollen (vgl. Lindgren 2002, 337 f.). Schnitzler entscheidet sich schließlich für das Deutsche Volkstheater in Wien, wo in Anwesenheit des Autors *Komtesse Mizzi* gemeinsam mit *Liebelei* am 5. Januar 1909 Premiere hat. Schnitzler hatte die Proben seit Oktober 1908 begleitet, die Erstaufführung ist offenbar ein Erfolg, Schnitzler notiert noch am selben Abend in seinem Tagebuch: »Comtesse Mizzi, die Leute lachten viel, anfangs sah's nach enorm großem Erfolg aus, der durch Längen am Schluß und den schlecht spielenden Klitsch (Windhofer) ein wenig herabgesetzt wurde. Immerhin wurde ich oft, ohne Widerspruch gerufen« (Tb, 5.1.1909). Die Kritiken am folgenden Tag scheinen Schnitzlers Eindruck zu bestätigen, im Tagebuch hält er fest: »Kritiken beinah durchwegs gut, auch glänzend« (ebd., 6.1.1909).

Inhalt

Dass *Komtesse Mizzi* bei den Zeitgenossen auf erheblich größere Akzeptanz stieß als *Lieutenant Gustl*, obwohl die Komödie die Scheinheiligkeit und Doppelmoral der Wiener Fin de Siècle-Gesellschaft ähnlich unerbittlich entlarvt, lässt sich nicht zuletzt auf ihre am Boulevardtheater orientierte Form zurückführen (vgl. Sabler 1998). Im Mittelpunkt des pointenreichen, von Ironie getränkten Konversationsstücks steht die Enthüllung von Heimlichkeiten, die das Leben von Komtesse Mizzi und ihren Angehörigen seit bald zwanzig Jahren prägen und die nun, an einem schönen Sommertag um die Jahrhundertwende, bei einem ungeplanten Zusammentreffen im Park des gräflichen Anwesens ans Licht kommen. Zahlreiche Auf- und Abtritte ermöglichen dabei unterschiedliche Gespräche unter vier Augen, in denen immer nur Teilaspekte der Wahrheit enthüllt werden. Dank der analytischen Struktur des Stücks setzt sich so nach und nach mosaikhaft ein Gesamtbild der wahren Verhältnisse innerhalb der Wiener Oberschicht hinter der Fassade ihrer Wohlanständigkeit zusammen.

In einem ehemaligen Jagdschloss der Kaiserin Maria Theresia lebt Graf Arpad Pazmandy allein mit seiner unverheirateten 37-jährigen Tochter, Komtesse Mizzi. Nacheinander treffen an diesem arkadischen Ort vor den Toren Wiens weitere Personen ein, die, wie sich im Laufe des Stücks zeigt, eine ›Patchworkfamilie‹ bilden: Zunächst ein alter Freund des Grafen, der verwitwete Fürst Ravenstein, den, wie nun herauskommt, vor langer Zeit und noch zu Lebzeiten seiner Frau eine heimliche Liebschaft mit Mizzi verband; später dann Philipp, sein fast erwachsener unehelicher Sohn, zu dem sich der Fürst erst jetzt bekennt und den er durch Adoption zu legitimieren beabsichtigt – wie sich herausstellt, ist Philipp auch Mizzis Sohn, den diese heimlich zur Welt gebracht und seither nicht mehr gesehen hat; und schließlich die langjährige Geliebte des Grafen, die Ballettänzerin Lolo Langhuber, die im Begriff ist, sich ins Privatleben zurückzuziehen und den Fuhrunternehmer Wasner zu heiraten, weshalb sie das bislang uneingelöste Versprechen des Grafen, einmal auch sein Anwesen sehen zu dürfen, am heutigen Tag einlösen will. Bisher hatte der Graf ihre Beziehung aus Rücksichtnahme auf seine Tochter verheimlicht, die jedoch, wie sich nun zeigt, schon lange von der Geliebten ihres Vaters wusste. Da Philipp von Wasner zum Anwesen gefahren wird, ist schließlich die ganze Patchworkfamilie an diesem Ort vereint, ohne dass jede der Figuren darüber Bescheid wüsste. Die Komik des Stücks speist sich in erheblichem Maße aus diesen Wissensunterschieden; jahrelang hat die kleine aristokratische Familie aus Rücksicht auf Konventionen einander eine ›Komödie‹ vorgespielt und tut dies bis zum Schluss. Zu guter Letzt taucht noch Mizzis Mallehrer Professor Windhofer auf, mit dem sie eine heimliche Affäre hat, welche sie nun beendet. Auch wenn das Ende des Stücks offen bleibt, deutet sich mit einer gemeinsamen Reise des Fürsten, seines Sohns, des Grafen und Mizzis nach Ostende sowie der in Aussicht gestellten späten Heirat zwischen dem Fürsten und Mizzi ein versöhnliches Happy End an, dem Mizzi allerdings mit zwiespältigen Gefühlen entgegensieht.

Deutung

Beleuchtet Schnitzler in früheren Theaterstücken wie *Anatol* und *Liebelei* das Thema der außerehelichen Liaison primär aus männlicher Perspektive, rückt er nun mit Komtesse Mizzi eine weibliche Figur in den Mittelpunkt des Geschehens und zeigt die Auswirkungen sozialer Zwänge aus Sicht einer Frau, deren Liebes- und Familienglück gesellschaftlichen Konventionen zum Opfer gefallen ist, die sich aber auch in mancher Hinsicht emanzipiert und Freiräume geschaffen hat. Dazu zählt, dass sie sich die Freiheit nimmt, außereheliche Affären zu haben und sich der Ehe zu verweigern. Speziell als junge Frau von Stand hätte Mizzi niemals eine vorehelige Beziehung mit dem Fürsten eingehen dürfen. Zwar sieht die Doppelmoral der damaligen Zeit für junge Männer aus gehobenen Schichten durchaus solche Beziehungen vor (vgl. die verständnisvollen Reaktionen des Grafen auf den ›Fehltritt‹ des Fürsten; DW I, 1037 u. 1058), nicht aber innerhalb ihres Standes (vgl. etwa die Szene »Die junge Frau und der Ehemann« aus *Reigen*); dafür war ein bestimmter Typus des Vorstadtmädchens vorgesehen, den Schnitzler als ›süßes Mädel‹ bezeichnet und der in seinen Werken, z. B. in *Liebelei*, nicht selten den Namen ›Mizzi‹ trägt (vgl. Janz 1977; Thomé 1998). Es ist daher kein Zufall, dass Schnitzler sich für eine Uraufführung entschied, bei der *Komtesse Mizzi* an einem Abend mit *Liebelei* gezeigt wurde. Aufschlussreich ist hier eine Aufzeichnung aus Schnitzlers Tagebuch: Als der Intendant des Burgtheaters, Max Burckhard, 1895 plant, *Liebelei* herauszubringen, äußert er gegenüber Schnitzler: »Gefährlich ist es schon! Wenn die Comtessen drin sitzen, und es sehen, wie so ein Mädel, das einen Liebhaber hat, so sympathisch geschildert wird, so denken sie sich: Ja, warum lassen wir uns denn eigentlich nicht v…? Oder warum tun wir so, als wenn wir uns nicht … ließen?« (Tb, 16.6.1895). Schnitzler scheint diesen Gedanken aufgenommen zu haben, als er *Komtesse Mizzi oder Der Familientag* konzipierte; wenn Schnitzler die Komtesse ironischerweise ›Mizzi‹ tauft, so spielt er mit der Unvereinbarkeit der Rollenerwartungen an eine Komtesse und der Vorstellung, die der Name ›Mizzi‹ hervorruft. Die in der Forschung diskutierten Fragen, ob die in Aussicht gestellte Ehe tatsächlich als ein Happy End zu werten ist (vgl. Grimstad 1992; Kilian 1972; Raihala 1994; Magris 1981; Offermanns 1973), Schnitzler die Ehe also positiv darstellt (Grimstad 1992; Raihala 1994), oder das Stück vielmehr gesellschaftskritisch verstanden werden muss (Kilian 1972; Offermanns 1973), und ob die Figur Mizzi emanzipiert agiert oder sich doch eher den Konventionen fügt (vgl. Grimstad 1992; Moser 2006; Schwarz 1983 vs. Magris 1981), treffen vielleicht nicht den resignativen Kern des Stücks: Schnitzler zeigt, dass ein Familienleben und Liebesglück außerhalb der Institution Ehe unter den gegebenen gesellschaftlichen Bedingungen für Komtesse Mizzi nicht zu haben ist. Ob eine solche Ehe einzugehen dann allerdings als Glück erlebt werden und die Tragik eines verpassten Lebens aufwiegen kann, erscheint vermutlich nicht nur Mizzi fraglich.

Rezeption

Angesichts des offenbar regen Interesses verschiedener Theater an *Komtesse Mizzi* mahnt Schnitzler seinen Verleger Samuel Fischer, das »kleine Stück«, das »die normalen Dimensionen eines kleinen Einakters immerhin beträchtlich überschreitet«, »nur gegen Garantie« und nicht »unter drei Perzent« zu vergeben (14.5.1908; Br I, 576). Tatsächlich scheint die Aufführung der Komödie nicht nur in Wien ein großer Erfolg gewesen zu sein (zu Aufführungen weiterer Theater vgl. Lindgren 2002, 337–340 u. Wagner/Vacha 1971, 164–167); in München etwa sieht Schnitzler selbst die immerhin sechzehnte Aufführung bei »total ausverkaufte[m] Haus« (an Otto Brahm, 23.12.1910; Brahm-Bw, 318). Der Briefwechsel mit Otto Brahm zeigt, dass Schnitzler sehr beschäftigte, mit welchen anderen Stücken *Komtesse Mizzi* an einem Theaterabend kombiniert werden könnte (vgl. Lindgren 2002, 338 f.). Brahms Vorschlag etwa, »die *Komtesse Mizzi* mit *Anatol*-Stückerln zusammen zu geben«, hält Schnitzler »für keine sehr glückliche Idee« und bedauert, »daß […] die in Wien so bewährte Zusammenstellung« mit *Liebelei* nicht möglich sei (an Otto Brahm, 16.6.1909; Brahm-Bw, 273). Offenbar angeregt durch Schnitzlers Stück entstand 1909 Alfred Döblins Einakter *Comteß Mizzi* (vgl. Sander 2001, 236–238). Für das Fernsehen wurde die Komödie 1966 unter der Regie von Wolfgang Glück und 1975 unter der Regie von Otto Schenk verfilmt (vgl. *Mitteilungen des Filmarchivs Austria*, Jg. 39, 2006/07).

Literatur

Bayerdörfer, Hans-Peter: Vom Konversationsstück zur Wurstelkomödie. Zu A. S.s Einaktern. In: JDSG 16 (1972), 516–575.
Fliedl, Konstanze: *A. S.* Stuttgart 2005.
Grimstad, Kari: The Institution of Marriage in S.'s *Komtesse Mizzi oder der Familientag* and *Das weite Land*. In: MAL 25 (1992), H. 3/4, 141–156.
Janz, Rolf-Peter: Zum Sozialcharakter des »süßen Mädels«. In: Rolf-Peter Janz/Klaus Laermann: *A. S. Zur Diagnose des Wiener Bürgertums im Fin de siècle*. Stuttgart 1977, 41–54.
Kilian, Klaus: *Die Komödien A. S.s. Sozialer Rollenzwang und kritische Ethik*. Düsseldorf 1972.
Lindgren, Irène: »*Seh'n Sie, das Berühmtwerden ist doch nicht so leicht!« A. S. über sein literarisches Schaffen*. Frankfurt a. M. u. a. 2002.
Lorenzo, Giuseppe: *La contessina Mitzi. Eros e disfacimento*. In: Teresa Paladin (Hg.): *Interpretando S.* Florenz 2004, 93–101.
Magris, Claudio: »Der grüne Kakadu« und »Komtesse Mizzi«. In: Hartmut Scheible (Hg.): *A. S. in neuer Sicht*. München 1981, 76–80.
Moser, Karin: Kein Weg führt zurück. Drei Frauen am Scheideweg: Berta, Emma und Mizzi. In: Thomas Ballhausen u. a. (Hg.): *Die Tatsachen der Seele. A. S. und der Film*. Wien 2006, 269–293.
Offermanns, Ernst L.: *A. S. Das Komödienwerk als Kritik des Impressionismus*. München 1973.
Raihala, Lorelle: Choosing Convention: S.'s »Komtesse Mizzi« and Hofmannsthal's »Der Schwierige«. In: *German Quarterly* 67 (1994), H. 1, 3–15.
Sabler, Wolfgang: Moderne und Boulevardtheater. Bemerkungen zur Wirkung und zum dramatischen Werk A. S.s. In: *Text + Kritik* (1998), H. 138/139 (A. S.), 89–101.
Sander, Gabriele: *Alfred Döblin*. Stuttgart 2001.
Schwarz, Egon: S.s vielschichtige Wahrheit. Eine Interpretation von *Komtesse Mizzi oder Der Familientag*. In: Egon Schwarz: *Dichtung, Kritik, Geschichte. Essays zur Literatur 1900–1930*. Göttingen 1983, 113–124.
Terwort, Nicole: Ich-Entwertung und Identitätsverlust in A. S.s Dramen: ›Reigen‹, ›Anatol‹ und ›Komtesse Mizzi‹. In: Hans-Ulrich Lindken (Hg.): *Das Magische Dreieck. Polnisch-deutsche Aspekte zur österreichischen und deutschen Literatur des 19. und 20. Jahrhunderts*. Frankfurt a. M. u. a. 1992, 10–28.
Thomé, Horst: A. S.s »Reigen« und die Sexualanthropologie der Jahrhundertwende. In: *Text + Kritik* (1998), H. 138/139 (A. S.), 102–113.
Wagner, Renate/Vacha, Brigitte: *Wiener S.-Aufführungen 1891–1970*. München 1971.

Julia Abel

1.1.3 Einakter und andere kleine dramatische Gattungen

Die Verwandlungen des Pierrot. Pantomime in einem Vorspiel und sechs Bildern (1908)

Entstehung

Während Schnitzler in Kooperation mit dem Komponisten Ernst von Dohnányi seine Pantomime *Der Schleier der Pierrette* ausarbeitete, beschäftigte er sich zugleich mit einem weiteren pantomimischen Projekt, das zunächst als »Wiener Einakter« im Jahre 1904 wiederholt Erwähnung in seinem Tagebuch fand. Konkretere Hinweise auf diese Arbeit finden sich aber erst drei Jahre später in einem Tagebucheintrag Ende März 1907. Im Oktober 1907 las er Hugo von Hofmannsthal »die kleine Pantomime« vor, »mit Erfolg« (Tb, 12.10.1907). Das »Vorspiel« zur Pantomime diktierte er am 14. März 1908; von »Aenderungen an der Pantomime ›Die Verwandlungen des Pierrot‹ (Wiener Einakter)« berichtete er wenige Wochen später, am 6. April 1908, im Tagebuch. Weitere Tagebucheinträge vom April geben Zeugnis für die intensive Ausarbeitung des Stücks, das dann im selben Monat in der Oster-Beilage der Wiener *Zeit* (19.4.1908) erschien. Schnitzlers spätere Idee, Oscar Straus für eine Vertonung der Pantomime zu gewinnen, realisierte sich allerdings ebenso wenig wie eine Aufführung des Stücks.

Inhalt

In den *Verwandlungen des Pierrot* gelingt es im Gegensatz zum *Schleier der Pierrette*, eine junge Frau vor dem tödlichen Wahnsinn zu retten. Die spielerischen Elemente von verschiedenen kunstvoll entwickelten Schau-Bildern treten in diesem – gegenwartsbezogenen – ›Wiener Stück‹ stärker hervor. In einem ›Vorspiel und sechs Bildern‹ lässt Schnitzler einen modernen, zeitgenössischen Pierrot auftreten, der »in elegantem Sommeranzug« (DW I, 1063) erscheint und als verführerischer Verwandlungskünstler die Tochter einer gutbürgerlichen Familie, Katharina, in tiefste Verwirrung stürzt. Als forscher Freier begegnet diese Figur, die eigentlich Mitglied einer kleinen Schauspieltruppe ist und in der Rolle des (traditionellen) Pierrot pantomimische Stücke aufführt, einer jungen Frau, die sich in ihrem wohlgeordneten Leben und nicht zuletzt auch mit ihrem Bräutigam Eduard überaus langweilt. – Nach seiner erfolgreichen Verführung im ›Vorspiel‹ der Pantomime präsentiert Pierrot sich in verschiedenen Verwandlungsrollen im Milieu des Wiener Praters, wo Katharina in Begleitung ihrer Eltern und ihres Bräutigams Unterhaltung sucht. Als Hutschenschleuderer (Betreiber einer Schaukel), Fotograf, Wahrsager und Trommler in einer Schießbude tritt er Katharina wie eine unfassbare Geistererscheinung entgegen und irritiert sie derart, dass sie immer tiefer in Zustände geistiger Verwirrung gerät. Bevor sie ins Wasser geht, um ihrem ›ver-rückten‹ Leben ein Ende zu setzen, tritt Pierrot jedoch als ihr Retter auf. Am Schluss wird Pierrot von seiner Schauspieltruppe in die Welt der Unterhaltungskünste zurückgeholt, Katharina findet nun ihren bürgerlichen Halt an der Seite ihres Bräutigams Eduard.

Deutung

Im Wiener Wurstelprater fand Schnitzler für die auf Wander-, Kabarett- und Varietébühnen beliebte Gattung der Pantomime zweifellos einen sehr geeigneten Handlungsschauplatz. Das Verwandlungsspiel Pierrots, das der Schriftsteller in verschiedenen szenischen ›Bildern‹ wie in einem Guckkasten darbietet, setzt auf die optischen Wahrnehmungen sowohl der Figuren im Stück (Katharina, ihre Eltern und ihr Bräutigam) als auch des Publikums bei einer Aufführung der Pantomime. Schnitzlers Protagonist betreibt eine Verwirrung der optischen Sinne, die ohne Worte auskommt und gerade dadurch das visuelle Spiel des täuschenden Scheins mit überraschender Wirkung initiiert. Das Stück erzählt eine Geschichte extremer Emotionen, die zwischen der Leidenschaft und dem Wahn der Liebe changieren. Die handlungstragenden Affekte gelangen in körperlichen Aktionen, in den pantomimischen Bewegungen und Gebärden der auftretenden Figuren zum unmittelbaren, sinnfälligen Ausdruck.

Die Differenz der beiden in Szene gesetzten (künstlerischen und bürgerlichen) Gesellschaftskreise zeigt sich bemerkenswerterweise auch in der ästhetischen Form der Pantomime. Bezüglich des Personals, des Konflikts und des Schauplatzes der Handlung greift Schnitzler zwar die Tradition des Volkstheaters auf, gestaltet diese Rekurse aber zu einem ›modernen‹, psychologisch orientierten artifiziellen Spiel, das den vorgetragenen Konflikt nur scheinbar auflöst.

Schnitzlers Pantomimen sind in der Forschung zum Autor im Besonderen und der Jahrhundertwende im Allgemeinen trotz ihrer modernen Textur bislang nur wenig beachtet worden. Dies scheint das Resultat der Auffassung zu sein, dass es sich bei diesen Werken lediglich um Gelegenheitsarbeiten von geringer ästhetischer Bedeutung handelt. Im Rahmen der inzwischen grundlegend erforschten spezifischen literarischen Gattung der Pantomime hingegen haben auch die beiden pantomimischen Stücke Schnitzlers eine gebührende Aufmerksamkeit gefunden (Vollmer 2011, 77–110).

Literatur

Scheible, Hartmut: »Die Verwandlungen des Pierrot«. A. S. und das Nachleben der Commedia dell'arte im Wien der Jahrhundertwende. In: Susanne Winter (Hg.): *Inszenierte Wirklichkeit und Bühnenillusion. Zur europäischen Rezeption von Goldonis und Gozzis Theater/Il mondo e le sue favole. Sviluppi europei del teatro di Goldoni e Gozzi*. Rom 2006, 139–177.

Vollmer, Hartmut: *Die literarische Pantomime. Studien zu einer Literaturgattung der Moderne*. Bielefeld 2011.

Hartmut Vollmer

Der Schleier der Pierrette.
Pantomime in drei Bildern (1910)

Entstehung und Uraufführung

Beeindruckt und angeregt von Richard Beer-Hofmanns Pantomime *Pierrot Hypnotiseur* (1892) begann Schnitzler im Oktober 1892 die Arbeit an einem eigenen pantomimischen Stück, das eine Vorstudie darstellte für sein 1898/99 entstandenes Renaissance-Drama *Der Schleier der Beatrice*. Der »Urpantomime, aus der die Beatrice entstand« (Tb, 25.1.1910), wandte Schnitzler sich erst nach der ihn nicht überzeugenden Aufführung des *Beatrice*-Dramas 1903 am Deutschen Theater in Berlin wieder zu. Konkreter Anlass für die erneute Bearbeitung des pantomimischen Stücks war die Idee des Komponisten Ernst von Dohnányi, den ›Schleier‹-Stoff zu vertonen, wozu sich die Form der Pantomime besonders anbot. Fertiggestellt war Dohnányis Komposition zur Pantomime *Der Schleier der Pierrette* op. 18 aber erst im September 1908. Die Uraufführung des Stücks fand am 22. Januar 1910 am Königlichen Opernhaus in Dresden statt und war ein »stürmischer Erfolg« (ebd., 22.1.1910); im selben Jahr erschien auch das Textbuch der Pantomime im Verlag von Ludwig Doblinger und Bernhard Herzmansky (Leipzig, Wien).

Inhalt

Der Schleier der Pierrette konzentriert sich auf drei szenisch arrangierte ›Bilder‹ und führt in »das Wien vom Beginn des vorigen Jahrhunderts« (DW II, 321). Die erste Szene des ersten Bildes zeigt Pierrot verzweifelt über den Verlust seiner Geliebten Pierrette, die einen anderen Mann, Arlecchino, heiratet. Nachdem seine Freunde Fred, Florestan, Annette und Alumette vergeblich versucht haben, ihn aus seiner sinistren Stimmung zu befreien, sucht Pierrette ihn unerwartet in seinem Zimmer auf; sie hat die Feier ihrer Hochzeit mit Arlecchino heimlich verlassen, um mit ihrem Geliebten Pierrot zu sterben. Der beabsichtigte gemeinsame Gifttod scheitert jedoch am Zögern Pierrettes – nur Pierrot stirbt. Das zweite Bild führt in den Festsaal der Hochzeitsgesellschaft, wo die zurückgekehrte Pierrette mit den Erklärungen für ihre Abwesenheit das Misstrauen des jähzornigen Arlecchino erregt. Pierrette erblickt während der weiteren Hochzeitsfeier plötzlich als »Traumbild« (ebd., 333) den toten Pierrot, der sie mit ihrem bei ihm verlorenen Schleier zurück in seine Wohnung lockt. Arlecchino begleitet sie – im dritten Bild – dorthin, wo er den Liebesbetrug seiner Braut entdeckt und sie mit einem »teuflischen Lächeln« (ebd., 335) im Zimmer des toten Pierrot einsperrt. Allein mit dem geliebten Toten, dem gegenüber sie sich tief schuldig fühlt und dem sie nun nicht mehr entfliehen kann, verfällt Pierrette tanzend dem tödlichen Wahnsinn.

Deutung

Mit Pierrot, Pierrette und Arlecchino greift Schnitzler auf Typenfiguren der Commedia dell'arte bzw. der Comédie italienne zurück (vgl. Wolgast 1993, 119–126), um den bekannten Dreieckskonflikt in einer psychologisch motivierten und kunstvollen pantomimischen Gestaltung zu inszenieren. Die Motive des Liebestodes, der halluzinatorischen Traumerscheinung des toten Pierrots, des wahnvollen Totentanzes Pierrettes und – über allem – des titelgebenden Schleiers weisen hierbei zentrale dramatisierende Bedeutung auf. Der (Braut-)Schleier Pierrettes ist Zeichen ihrer unglücklichen Heirat, aber ebenso Symbol ihres Verrats an Pierrot, wie auch – gegenüber Arlecchino – des verbotenen, zu verbergenden Geheimnisses ihrer Liebe zu Pierrot und initiiert das tödliche Unglück der Protagonistin.

Schnitzler, der ›Schriftsteller-Arzt‹, der sich in seinen literarischen Werken früh mit tiefenpsychologischen Phänomenen wie der Hypnose beschäftigte und der 1889 eine medizinische Abhandlung über die Aphonie veröffentlichte, sah ganz offensichtlich in der Pantomime – wie andere Dichter des ›Jungen Wien‹ (Bahr, Beer-Hofmann, Hofmannsthal, Salten) – ein adäquates ästhetisches Genre, um psychische Grenzerlebnisse, die sich der Sprache entzogen, durch affektive Körperbilder, durch ausdrucksstarke Gestik, Mimik und Gebärden zu visualisieren. Für ihn dürfte die Hinwendung zur Gattung der Pantomime ähnlich wie für seinen Freund Richard Beer-Hofmann »ein verlockender Versuch« gewesen sein, auch und besonders im Kontext der Sprachkrise, »einmal auf das Wort zu verzichten« (Beer-Hofmann 1998, 116) und so das Bewusstsein und die Erfahrung einer täuschenden und betrügerischen verbalen Kommunikation, die in Schnitzlers Werk immer wieder reflektiert und exemplifiziert wird, ebenso konsequent wie anschaulich darzustellen.

Literatur

Beer-Hofmann, Richard: *Das goldene Pferd. Pantomime in sechs Bildern.* In: Richard Beer-Hofmann: *Schlaflied für Mirjam. Lyrik, Prosa, Pantomime und andere verstreute Texte.* Hg. v. Michael M. Schardt. Oldenburg 1998, 116–179.

Vollmer, Hartmut: *Die literarische Pantomime. Studien zu einer Literaturgattung der Moderne.* Bielefeld 2011.

Wolgast, Karin: *Die Commedia dell'arte im Wiener Drama um 1900.* Frankfurt a. M. u. a. 1993.

Hartmut Vollmer

1.2 Aus dem Nachlass veröffentlichte dramatische Werke

Das Abenteuer seines Lebens. Lustspiel in einem Aufzuge (1964)

Entstehung

Als »erste eigentliche *Anatol*-Szene« (Offermanns 1964, 155), in der die Figuren Anatol und Max erstmals auftreten, verdient der 1886 verfasste Einakter *Das Abenteuer seines Lebens* besondere Aufmerksamkeit, obwohl er wie die späteren Einakter *Anatols Größenwahn* (1891) und *Süßes Mädel* (1892) nicht in den *Anatol*-Zyklus aufgenommen wurde (vgl. ebd.; vgl. A/HKA II, 1039 f.). Anfang 1888 lässt Schnitzler sein »Lustspiel in einem Aufzuge« auf Betreiben seines Freundes Rudolf Lothar drucken. Dieser, der »sich in den Kopf gesetzt« hat, den jungen Autor »literarisch zu managen« (JiW, 278), übergibt das Stück dem Theateragenten Eirich, der es gegen Bezahlung der Druckkosten in Vertrieb nimmt und als unverkäufliches Bühnenmanuskript druckt (ebd., 286). Nach einigen vergeblichen Bemühungen um die Aufführung des Einakters trifft sich Schnitzler im April 1888 mit dem Direktor des Berliner Residenztheaters Sigmund Lautenburg, der das Stück aber als misslungen beurteilt, wie es der Autor mit feiner Selbstironie in seiner Autobiographie erzählt (ebd., 290). Nach diesen erfolglosen Versuchen plant Schnitzler im Herbst 1888, die Einakter *Das Abenteuer seines Lebens, Anatols Hochzeitsmorgen, Episode* und *Erinnerungen* unter dem Gesamttitel »Treue« bei S. Fischer in Berlin zu veröffentlichen, was jedoch auch mit einem Misserfolg endet, da sich der Verlag von »dramatischen Plaudereien« (ebd., 304) keinen Erfolg verspricht.

Uraufführung

Drei Jahre später, am 11.4.1891, wird das Lustspiel im Rudolfsheimer Stadttheater uraufgeführt. Es handelt sich nicht nur um die erste Aufführung eines *Anatol*-Einakters, sondern auch um die erste öffentliche Inszenierung eines Werks von Schnitzler überhaupt (Offermanns 1964, 183). Am 13. Mai 1891 wird das Stück am Theater in der Josefstadt wieder aufgeführt. Die Premiere erhält überwiegend lobende Rezensionen, die Schnitzler aber im Tagebuch selbstkritisch kommentiert: »Mir ist das große Lob unbehaglich, weil es unverdient ist. Das Stück hat geistreiche Wendungen, ist aber unbedeutend und eigentlich schlecht ›gemacht‹« (Tb, 14.5.1891).

Inhalt und Deutung

Das Abenteuer seines Lebens deutet wichtige Themen und Motive des *Anatol*-Zyklus an. In der leichten, dem französischen *Vaudeville* nachempfundenen Konversationskomödie, die an Victorien Sardous Lustspiel *Les vieux garçons* (*Die alten Junggesellen*, 1863) erinnert (Urbach 2008, 130), hat Anatol zwei Geliebte, Cora und Gabriele. Während des einleitenden Gesprächs mit Max werden sie deutlich einander entgegengesetzt: Die junge Näherin Cora ist Anatols »Liebchen«, ein »liebenswürdige[s] Geschöpf« (A/HKA II, 1041) voll »Leichtsinn und Süßigkeit« (ebd.), während die verheiratete Gabriele, um die Anatol vergeblich wirbt, als »grande passion« (ebd.) und »unnahbare königliche Frau« (ebd., 1042) bezeichnet wird. Zwischen diesen »zwei Arten von Liebe« (ebd., 1041), die an die mittelalterliche ›niedere‹ und ›hohe Minne‹ erinnern, ist Anatol unfähig, sich zu entscheiden. Auf das Gespräch mit Max folgt ein »Verlegenheitssouper zu viert, an dessen Ende der Liebesdilettant [...] von beiden Frauen verlassen und vom Freunde milde verspottet [wird]« (JiW, 278). Trotz dieses Misserfolgs erweist sich Anatol als feiner Rhetoriker, dessen Versuch, die elegante Gabriele mit einer hyperbolischen Rede am Schluss des Einakters wieder für sich zu gewinnen, einer gewissen Komik nicht entbehrt: »Es gibt hundert Cora's, aber nur eine Gabriele – es gibt hundert Liebeleien, aber nur eine Leidenschaft – das Leben hat tausend Erlebnisse, aber nur ein Abenteuer – und das Abenteuer meines Lebens – Gabriele, bist Du!« (A/HKA II, 1053).

In seiner Autobiographie gibt Schnitzler ein hartes Urteil über sein Lustspiel ab, das er rückblickend als »eine leere, ungeschickte, ziemlich witzlose Posse« bezeichnet, »deren Dialog öfters klingt wie eine steife Übersetzung aus dem Französischen« (JiW, 278). Aber mag das Stück tatsächlich an manchen Stellen wie eine schwerfällige Nachahmung der »vertrauten französischen Boulevardkomödien« (Urbach 2008, 131) klingen, so bildet es doch einen bedeutenden »Abschnitt [im] Literatenleben« (JiW, 279) des jungen Schnitzler und bietet zugleich einen unterhaltenden Einblick in Anatols Charakter und Lebensart.

Literatur

Offermanns, Ernst L. (Hg.): *A. S.: »Anatol«. Texte und Materialien zur Interpretation*. Berlin 1964.
Urbach, Reinhard: S.s Anfänge. Was Anatol wollen soll. In: IASL 33 (2008), 113–154.

Irène Cagneau

Das Wort (Fragm. 1966)

Entstehung

Das Wort, eine Tragikomödie in fünf Akten, ist nicht eigentlich Fragment geblieben. Nur hat der Autor sich nie entschließen können, ein im Wesentlichen abgeschlossenes Drama als aufführungsreif zu betrachten. Erste Notizen reichen zurück bis ins Jahr 1901 (zur Entstehungsgeschichte vgl. Bergel in W). 1906 war die Arbeit dann so weit fortgeschritten, dass für Schnitzler »über den Sinn der Gestalten, über den Geist ihrer gegenseitigen Beziehungen [...] kein Zweifel mehr« bestand (an Otto Brahm, 28.7. 1906; Brahm-Bw, 236), und im folgenden Jahr war der Text so weit ausgearbeitet, dass Schnitzler wegen einer Aufführung am Deutschen Theater (Berlin) bei Otto Brahm anfragen und eine private Lesung für ihn veranstalten konnte, nach der er jedoch notierte: »Vorläufig weg damit« (Bergel in W, 14). In den folgenden zwei Jahrzehnten kam Schnitzler immer wieder auf das Stück zurück; 1927 erstellte er schließlich jene Fassung, die Kurt Bergel 1966 aus dem Nachlass herausgegeben hat, nahm aber bis ins Jahr 1931 noch kleine Änderungen vor.

Inhalt

»*Ein kleines Kaffeehaus, eigentlich besseres Tschecherl*« (W, 31, Regieanweisung): In höchst gemischter Gesellschaft residiert hier allnächtlich der Papst der Literaten, Anastasius Treuenhof, mit seinem Anhang, in dem die Schriftsteller Gleissner und Rapp als Wortführer agieren. Eines Abends (1. Akt) finden diese z. B. mit der Prostituierten Albine, der nach binnenexotischen Impressionen suchenden Berliner Dichterin Flatterer (»Keusche Räusche«) und dem kulturbeflissenen Kostümschneider van Zack zusammen. Treuenhof kommt spät und bedrängt den widerstrebenden van Zack, seine allseits bewunderte junge Ehefrau Lisa ins Lokal zu bringen. So trifft Lisa auf den 22-jährigen Maler Willi Lange, der eben von einer Bildungsreise aus Italien zurückgekehrt ist. Sofort liegt eine Amour fou in der Luft; Willi wird beauftragt, Lisa van Zacks Porträt zu malen.

Zwei Wochen später im Hause Langer (2. Akt), vor einem Kostümball bei van Zack: Mutter und Schwester machen sich Sorgen um Willi. Auf Nachfragen gesteht der Maler, dass er sich zwar (noch) nichts vorzuwerfen habe, aber mit seinem Modell durchzubrennen gedenkt. Die Bitte, sich eine kurze Bedenkzeit zu gönnen oder wenigstens den abendlichen Ball zu meiden, weist er unwirsch zurück. Der Kostümball (3. Akt) ist kaleidoskopisch als rascher Wechsel verschiedener Figurenkonstellationen gestaltet; Schnitzler sah 1907 in ihm »Theatralisch nahezu das Stärkste, was ich gemacht« (Bergel in W, 14). Lisa hat sich, anders als versprochen, ihrem Gatten nicht offenbart. Willi ist enttäuscht. Gleissner, der inzwischen mit Albine zusammen lebt, schickt sich an, Lisas unerfahrene Schwester Mimi zu verführen. Van Zack sieht genau, was sich in Willis Atelier anbahnt; Treuenhof rät, den Liebenden Freiheit zu gewähren und sie ihr Schicksal erleben zu lassen. Der Schneider stellt seiner Frau daraufhin ein Ultimatum: 14 Tage lang ist Lisa frei, mit Willi zu gehen – oder ihn zu meiden und bei van Zack zu bleiben.

Zwei Wochen später erneut in Langers Atelier (4. Akt): Lisa hat Willi täglich gesehen, ihm das Ultimatum ihres Mannes jedoch verschwiegen. Nun soll der Maler wieder nach Italien gehen, wohin ihm Lisa alsbald folgen will. Als freilich van Zack selbst Willi aufsucht, wird offenkundig, dass Lisa nie vorhatte, ihre Wiener Bequemlichkeit für eine Affäre aufzugeben. Treuenhof findet Willi in desolater Verfassung, nutzt die Gelegenheit, ihn mit unangenehmen Wahrheiten über das Leben im Allgemeinen, die Frauen im Besonderen, sich selbst im Speziellen zu konfrontieren und rät, »die richtige Konsequenz« (W, 114) zu ziehen. Die von Frau Flatterer initiierte Gründungsversammlung (5. Akt) eines Vereins zur Unterstützung Treuenhofs gerät zur Farce. Zwar hat sich ein Sektionsrat des Unterrichtsministeriums eingefunden, doch er hat dem Dichter im Namen des Vaterlandes lediglich zu bieten, was dieser stets erfolgreich vermieden hat: Arbeit. Lisa dagegen nimmt den Literaten beim Wort und ruft ihn auf, seine sinnlos gewordene Existenz im Kreise der Anhänger mit Würde zu beenden. Treuenhof jedoch will »leben, aber ich will gut leben« (ebd., 121). Auch dafür, dass Willi sich unterdessen erschossen hat, will er nicht verantwortlich sein. »Der hat sterben müssen, damit er mich nicht enttäuscht« (ebd., 126). Der Dichter eilt, Willis Mutter zu trösten.

Deutung

Das Wort hätte auch ›Geschichten aus dem Café Central‹ heißen können: Treuenhof stellt – für Zeitgenossen mühelos erkennbar – ein Alias Peter Altenbergs dar, während sich Schnitzler für die polemisch überzeichneten Figuren Gleissner und Rapp durch Alfred Polgar und Stefan Grossmann inspirieren ließ. Lisa van Zack ist nach dem Vorbild der Schauspielerin Lina Loos, geb. Obertimpler gestaltet, die nicht nur Anlass für den Selbstmord des Sohnes der Frauenrechtlerin Marie Lang gegeben, sondern auch tatsächlich 1904 in Anwesenheit des erbosten Dichters dafür plädiert hatte, Altenberg solle in Schönheit sterben (Bergel in W, 12–14). Man darf vermuten, dass der Text des *Worts* bis in einzelne Aperçus und Pointen zahlreiche weitere Zitate und Fundstücke aus dem zeitgenössischen Literatenmilieu enthält. Dennoch handelt es sich keineswegs um ein Stück Klatsch und Tratsch: Unter dem biblischen Motto »Tod und Leben steht in der Zunge Gewalt« (Sprüche 18,21; vgl. ebd., 5) bündelt das Drama vielmehr für Schnitzlers gesamtes Œuvre zentrale Themen in anderswo kaum erreichter Konzentration. Mit programmatischer Direktheit wird die Frage nach Funktion und Verantwortung der Literatur gestellt, wobei die literarische Rede als Sonderfall des Sprechens überhaupt begriffen wird: »Worte sind nichts«, insistiert Treuenhof; »Worte sind alles. Wir haben ja nichts anderes« (W, 125), widerspricht Winkler.

Hier wie auch sonst wendet Schnitzler die sprachkritische Einstellung, die er mit seinen Zeitgenossen teilt, nicht ins Epistemologische oder gar Ontologische, sondern blickt auf die Pragmatik konkreten Sprach-Handelns. Reflektiert in literarischer Darstellung steht solches Sprechen aber gleichwohl unter den Prämissen der Moderne und damit unter dem Primat der Ambivalenz. Gleissners Bemerkung, »Ja, Frau Lisa, die Grenzen schweben« (ebd., 51), weist auf eine Drift, welche die Rigidität des Alles oder Nichts unterläuft, sodass sich aus der Forderung nach verantwortlichem Gebrauch der Worte keine ethische Norm restituieren lässt. Schnitzler verwendet viel Mühe darauf, sämtlichen Figuren ein differenziertes moralisches Profil zu verleihen. Nur zu Beginn erscheint Willi als »zum Licht empor« (ebd., 54) steigender reiner Tor, Lisa als das »reinste, edelste Wesen […] in der ganzen Welt« (ebd., 44). Erst recht ist an Treuendorf das enervierende Posieren des von der Welt Erschöpften von der realistischen Einsicht in das Elend seiner parasitären Existenz nicht zu trennen. Das Problem der Ununterscheidbarkeit von Schuld und Unschuld kann so als diskursives Zentrum des Stückes gelten – stellt es doch nach Art einer Homonymie die Übergänglichkeit zwischen den Sphären des Sexuellen, des Moralischen und des Literarischen sicher. Aus diesem Einerlei bezieht der erste Akt seine bösen Spitzen und Pointen; doch die scheinbare Eindeutigkeit der literatursatirischen Tendenz mit allzu sprechenden Figurennamen wird im Weiteren nicht konkretisiert, sondern generalisiert. Jenseits der drückenden ›Atmosphäre‹ Wiens existiert keine Gegenwelt. So wie Lisas Hedonismus sich, einmal erweckt, rücksichtslos über die Differenz zwischen Lüge und Wahrheit hinwegsetzt, scheint es sinnlos, sie als ethisches Subjekt in Anspruch zu nehmen; überhaupt scheint die beidseitig gegen verstehendes Sprechen verbarrikadierte Gendergrenze absolut. Die Literatur schließlich macht es sich mit Schuld und Unschuld leicht, indem sie ›Schicksale‹ produziert – auch im ›wirklichen‹ Leben, wie etwa Gleissner, der mit Seelen spielen möchte und doch selbst von Treuendorf gespielt wird.

Schnitzlers Unfähigkeit, sein »P. A.-Stück« (Tb, 21.11.1907) herauszugeben, rührt demnach aus einem Widerspruch, der sich durch noch so subtile Verschiebungen der Gewichte und Sympathien nicht auflösen ließ. Die Qualität des Textes besteht just in seiner dramaturgischen Unzulänglichkeit: *Das Wort* schafft nicht Klarheit, sondern Verwirrung und Frustration. Über Schuld und Unschuld ist kein Urteil möglich. Das genaue Bewusstsein für die Ambivalenz jeden Wortes und eines jeden Sprechakts zwingt zur prinzipiellen Relativierung des vermeintlich Eindeutigen und tatsächlich Empörenden. Eine Auflösung dieser Aporie in Moral hätte für Schnitzler die Aufgabe seines literarischen Ethos bedeutet.

Literatur

Bergel, Kurt: Einleitung. In: W, 5–25.

Christoph Brecht

Zug der Schatten (Fragm. 1970)

Entstehung

Der erste Einfall zu *Zug der Schatten* stammt aus der Zeit um 1890 und sah ursprünglich als Hauptfigur Anatol vor – den Protagonisten des gleichnamigen Einakterzyklus sowie einer Reihe unausgeführter Pläne und Entwürfe, die um dieselbe Zeit herum entstanden. Mit zahlreichen Unterbrechungen arbeitete Schnitzler bis 1931 an dem Stück und produzierte (größtenteils in der konzentriertesten Arbeitsphase von 1927 bis 1930) über 2000 Seiten Material – damit umfasst *Zug der Schatten* neben *Der junge Medardus* die umfangreichste überlieferte Textgenese in Schnitzlers Nachlass und verfügt mit 40 Jahren über eine der längsten Entstehungsgeschichten. Ursprünglich als Einakter mit Arbeitstitel »Der Vorige« geplant, wurde der Stoff von Schnitzler mit der Zeit zu einem Stück in neun Bildern entwickelt, dessen Titel er 1927, nach Erwägung der Titel »Heimkehr«, »Die ewigen Ströme« und »Der Nachfolger«, auf *Zug der Schatten* festlegte. Insbesondere das letzte Bild, das Schnitzler trotz intensiver Bemühungen bis zuletzt als »unfertig« (Schnitzler 1970, 16) einstufte, verhinderte den Abschluss der Arbeit, wofür Schnitzler nicht zuletzt seine mit dem Alter zunehmende »Scheu, vor definitivem« (Tb, 18.1.1928) verantwortlich machte.

Uraufführung

Zug der Schatten wurde 1970 von Françoise Derré aus dem Nachlass veröffentlicht. Die Uraufführung erfolgte nur ein Jahr später unter großer medialer Aufmerksamkeit am 19. Dezember 1971 am Wiener Volkstheater in einer werkgetreuen Inszenierung von Gustav Manker und war bei Publikum und Kritik gleichermaßen ein beachtlicher Erfolg. Mehrheitlich wurde das Stück mit seiner Variation des »ewigen Schnitzler-Themas« »Liebe, Spiel und Tod« (Wagner 1972) von den Feuilletons in die Tradition von *Liebelei*, *Anatol* und *Reigen* eingereiht und als ›typisches‹ Schnitzler-Drama charakterisiert. In ihrem Urteil über das ›unfertige‹ neunte Bild folgten die Kritiker übereinstimmend Schnitzlers Einschätzung und hätten einen stärkeren Eingriff in die Textvorlage für wünschenswert erachtet.

Inhalt

Neun verschiedene Schauplätze, 27 Figuren und zahlreiche Komparsen bilden das komplexe Gerüst dieses umfangreichen Stücks, das Schnitzler im Spannungsfeld zwischen Großbürgertum und Vorstadt, zwischen Theatermilieu und Kaffeehauskultur im Wien der Nachkriegsjahre ansiedelt. Die Handlung umspannt einen Zeitraum von vier Tagen, in deren Verlauf das tragische Ende der Liebesgeschichte zwischen der unbedeutenden Schauspielerin Franzi Friesel und dem Arzt Richard Fricke herbeigeführt wird. Schnitzlers frühes Schauspiel *Das Märchen* aus dem Jahr 1891 dient dabei gleich in zweierlei Weise als Folie: Zum einen hat Schnitzler implizit in der Konfliktkonstellation von Franzi und Richard die ihrer Prototypen Fanny und Fedor nachgebildet; zum anderen wird als explizite intertextuelle Referenz *Das Märchen* als Stück im Stück auszugsweise unmittelbar auf die Bühne gebracht – wodurch der besondere Reiz entsteht, die althergebrachte Thematik vom ›gefallenen Mädchen‹ im Kontext einer völlig neuen Weltordnung noch einmal zu betrachten und der Frage nachzugehen, ob das Problem mit der Zeit tatsächlich gelöst wurde, wie es im Rahmenstück von einer Figur behauptet wird (Schnitzler 1970, 48), und nach vierzig Jahren endlich als ›Märchen‹ abgetan werden kann.

Franzi ist die frühere Geliebte von Richards Freund und Kollegen Ludwig Gerold, dessen Hochzeitsfeier den Auftakt des Stückes bildet. Ludwig, der nichts von Richards heimlicher Beziehung zu Franzi weiß, äußert ihm gegenüber die Befürchtung, dass sie sich aus Gram über seine Hochzeit das Leben nehmen könnte, wie sie es in früheren Zeiten angekündigt hatte. Geplagt von heftiger Eifersucht auf ihre Vergangenheit, konfrontiert Richard Franzi bei einem heimlichen Rendezvous mit ihrem alten Liebesschwur, woraufhin sie alle Gefühle für den verflossenen Geliebten für erloschen erklärt und ihre aufrichtige Liebe zu Richard beteuert – dem sie nun ihrerseits schwört, sich niemals umzubringen, sollte er sie jemals verlassen (2. Bild). Zunächst versöhnt, beendet Richard am späteren Abend dennoch brieflich die Beziehung (3. Bild). Den letzten Ausschlag hierzu gibt die gezielte Einflussnahme des Schriftstellers Karl Bern, der im Auftrag seiner Geliebten, Richards Schwester Helene, handelt, die ihrerseits Richard gerne mit der alten Jugendfreundin Mathilde verheiratet sehen möchte. Im Kaffeehaus überzeugt Bern Richard scheinbar beiläufig von der Aussichtslosigkeit der ohnedies zum Scheitern verurteilten Beziehung und erkennt dabei mehr zufällig den Vorteil, den diese Wendung für seine persönlichen Interessen hat: Die Premiere seines Stückes, die in vier Tagen am Residenztheater stattfinden soll, ist durch die Allüren des weiblichen Stars Roveda gefährdet. Franzi spielt in diesem Stück, das sich durch Figurennamen und Dialoge zweifelsfrei als *Das Märchen* zu erkennen gibt, die kleine Rolle der Emmi. Bern wittert nun die Chance, den Erfolg des Stücks doch noch zu erzwingen, indem er die Hauptrolle der Fanny der prätentiösen Diva Roveda entzieht und sie stattdessen von der jungen und unerfahrenen Franzi spielen lässt, die dabei ihren frischen Schmerz über Richards Abkehr künstlerisch verwerten könnte – widerfährt doch Fanny Theren im Stück ganz das gleiche Schicksal. Bei der nächsten Probe am darauffolgenden Tag avanciert die bis dahin noch immer ahnungslose Franzi wie geplant zur Hauptdarstellerin (4. Bild), die Richards Brief erst am späten Nachmittag erhält, als sie in ihrer Vorstadtwohnung mit dem Schauspieler Gregor die Szene zwischen Fanny und Fedor aus dem zweiten Akt einstudiert (5. Bild). Ihre Verstörung vor Gregor leidlich verbergend, äußert sich ihre Kränkung vor allem in dem Zynismus, mit dem sie die von ihr rezitierte unterwürfige Liebeserklärung Fannys kommentiert, die sie als »dumme Gans« (ebd., 78) verlacht. Das 6. Bild, das sich den Paarkonstellationen Richard und Mathilde sowie Helene und Karl Bern widmet, zeigt indessen einen verstimmten Richard, der am Abend der Premiere (7. Bild), gleichwohl inzwischen mit Mathilde verlobt, seine Entscheidung gegen Franzi endgültig bereut und in der Pause mittels eines Briefs zu revidieren versucht. Als überraschend Ludwig auftaucht, der alte Rechte an Franzi geltend zu machen gedenkt, überwindet Richard seine obsessive Eifersucht und seine Furcht vor dem Spott der Leute und bekennt sich zu Franzi, was von Ludwig als »lächerlicher Ernst« (ebd., 98) abgetan wird. Derweil das Stück ein Erfolg zu werden scheint und Franzis Leistung allgemeine Anerkennung findet, erreicht sie hinter der Bühne ein Blumenbouquet samt Brief von Ludwig, den sie daraufhin ärgerlich als noch »größeren Schuften« (ebd., 102) als Richard bezeichnet (8. Bild). Als sie jedoch diesen mit seiner Verlobten Mathilde in einer Loge entdeckt, gibt sie ihre bittere Trotzhaltung auf, vergiftet sich aus verzweifelter Liebe vor ihrem letzten Auftritt und stirbt auf offener Szene – Richards Brief hatte sie nicht mehr rechtzeitig erreicht. Im 9. und letzten Bild vor dem Theater gibt Richard Mathilde frei und sinnt über eine Form des Weiterlebens nach, ohne zu einer rechten Entscheidung zu gelangen.

Deutung

Zug der Schatten fand bislang in der Forschung nur sehr wenig Beachtung. Das Stück mit seinen »unverwechselbaren Schnitzlerschen Figuren« (Schnitzler 1970, 7), die am »alte[n] Schauplatz […] mit ihren Problemen und Konflikten […] in diesem gespenstisch bewegten Zug« (ebd., 6) wiederkehren, wird von der Herausgeberin Françoise Derré weitgehend als ein Abziehbild früherer Werke eingeführt (vgl. Schnitzler 1970, 5-16) – ein Umstand, der sicherlich durch die späte erstmalige Rezeption des Stückes in postumer Retrospektive von Schnitzlers Gesamtwerk sowie durch eine entsprechende Fehlinterpretation des Titels begünstigt wurde, nämlich der Annahme, »that Schnitzler is using it to characterize the play as a resurrection of the characters of his earlier works, which it clearly does, but to no greater extent than in any of his other works« (Daviau 1997, 63). Vielmehr passe dieses unvollständige Stück perfekt in den Kontext von Schnitzlers Arbeit, »presenting new variations on his standard themes, [...] for it is not merely a repetition of earlier themes but offers new facets of his creativity and thinking« (ebd., 60). Konsens besteht darüber, dass das Stück, trotz seiner langen Entstehungszeit, nicht ausgereift ist. Insbesondere das abschweifende 6. und das, nach dem dramatischen Schluss des 8. Bildes matt abfallende 9. und letzte Bild werden als Schwachstellen erkannt (Weinberger 1997, 210), wenngleich das Stück »in der Gestaltung der Figuren, dem Aufriß der vielfach verschlungenen Beziehungen« als »meisterhaft angelegt« gelten darf (Spiel 1972, 20). Neben der Frage nach der Verantwortung des Schriftstellers in der Gestalt der Figur Karl Bern (»There is a good deal of autobiographical in this aspect of the character«; Weinberger 1997, 214), die Schnitzler in dem parallel entstandenen, (wenngleich) ebenfalls erst postum veröffentlichten Stück *Das Wort* vermutlich konsequenter und gelungener behandelt hat, wird das Problem der Doppelmoral als zweites zentrales Thema des Stückes erkannt (Daviau 1997, 77). Weinberger stellt in diesem Zusammenhang heraus, dass mit der Einbindung von *Das Märchen* »Schnitzler bridges the period from the 1890s to the 1920s in order to demonstrate that neither people nor their social and psychological problems have undergone any essential alteration as a result of the war« (Weinberger 1997, 208 f.). Dies ist im Wesentlichen richtig beobachtet, auch wenn sich die neue Ordnung der Nachkriegszeit durchaus in einem neuen Selbstverständnis der Frau auszudrücken scheint, zu dem neuerdings u. a. die Berufstätigkeit aus Neigung gehört (vgl. Helene im 6. Bild) – doch am Ende des Stücks steht wider Erwarten ein Selbstmord aus Verzweiflung über Zustände, an denen schon Fanny Therens Glück gescheitert war, nicht jedoch ihr Leben. Dass Richard kurz zuvor seine Fedorschen Skrupel offenbar überwindet, lässt Franzis ohnehin unzureichend motivierten Tod, der überdies auch auf das Theater keine Auswirkung hat, da Intendant und Regisseur unmittelbar nach der Todesnachricht erneut mit Frau Roveda planen, doppelt sinnlos wirken. Ob sich darin Ironie oder Tragik ausdrücken soll, oder ob vielleicht doch nur die künstlerische Unvollkommenheit des Stückes für diesen Widerspruch verantwortlich ist, lässt sich bei einem unautorisierten Fragment aus dem Nachlass nur schwer entscheiden. Schnitzlers zutreffender Hinweis, das Stück könne »ebensogut 1927 wie 1890 spielen; denn die Figuren sind heute so lebendig wie damals [...]« (an Olga Schnitzler, 22.7.1928; Br II, 561) legt jedoch mit Recht nahe, die Figuren, allen voran Franzi Friesel, trotz der unbestreitbaren Versuchsanordnung des Stücks nicht nur als Reinkarnation verblichener Schatten in modernisierter Umgebung aufzufassen, sondern vor allem als von Schnitzler glaubhaft gezeichnete Charaktere, die ihrer Disposition entsprechend empfinden und agieren. Fanny Theren wählte am Ende der k. u. k. Ära verbittert die Karriere, Franzi Friesel inmitten der frischgeborenen Ersten Republik Österreich den Selbstmord; beide Entscheidungen sind so zeitlos und individuell wie ihre Trägerinnen.

Literatur

Daviau, Donald G.: A. S.'s Posthumous Drama *Zug der Schatten*. In: Joseph P. Strelka (Hg.): *Die Seele ... ist ein weites Land. Kritische Beiträge zum Werk A. S.s*. Bern u. a. 1997, 57–79.
Schnitzler, Arthur: *Zug der Schatten. Drama in neun Bildern (unvollendet)*. Aus dem Nachlaß hg. u. eingel. v. Françoise Derré. Frankfurt a. M. 1970.
Spiel, Hilde: Fragmente. S.s »Zug der Schatten« im Wiener Volkstheater. In: *Theater Heute*, 13.2.1972.
Urbach, Reinhard: *A. S.* Hannover ²1972.
Wagner, Renate: *Zug der Schatten*. Eine S.-Uraufführung am Volkstheater. In: *Vorarlberger Volksblatt*, 8.1.1972.
Weinberger, G. J.: *A. S.'s Late Plays. A critical Study*. New York 1997.

Vivien Friedrich

Ritterlichkeit (Fragm. 1975)

Entstehung

Der erste Einfall zu *Ritterlichkeit* ist auf das Jahr 1891 datiert und blieb zunächst ohne Folgen. Erst 1894 griff Schnitzler den Stoff unter dem Arbeitstitel »Verführer« wieder auf und schloss, später auch unter dem Titel »Duell«, verschiedene Entwürfe daran an, deren Tendenz sich im Laufe des folgenden Jahrzehnts zu einem Lustspiel in fünf Akten verdichtete. Das Jahr 1904 brachte die intensivste Beschäftigung mit dem Stoff, in deren Folge drei der fünf Akte ausgearbeitet (Schnitzler selbst spricht von »hingefetzt«; Tb, 11.6.1904) und wahlweise mit dem Titel »Ritterlich« oder »Ritterlichkeit« überschrieben wurden. 1906 nahm Schnitzler sich das Material wieder vor und konstatierte »gute Lustspielelemente – aber die Sache als ganzes mir nicht interessant genug, es ernsthaft vorzunehmen« (ebd., 7.4.1906). 1908 erwog Schnitzler die Umarbeitung in ein Marionettenspiel (ebd., 23.2.1908), die ebenso wenig ausgeführt wurde wie der Plan, den Stoff auf einen Einakter zu konzentrieren (ebd., 20.11.1913). Schnitzlers letzte Beschäftigung mit dem Stück datiert auf das Jahr 1927: »Nm. – warum? – sah ich die alte Skizze ›Ritterlich‹ durch, in der Elemente zu mehr als zu einem guten Theaterstück vorhanden wären, die aber so wie sie ist unbrauchbar« (ebd., 19.2.1927). Das Fragment des Stückes wurde 1975 von Rena R. Schlein aus dem Nachlass herausgegeben, 1977 folgte die Veröffentlichung der Entwürfe durch Reinhard Urbach (EV, 307–316). Eine Aufführung des Stücks lässt sich nicht nachweisen.

Inhalt

Der junge Leutnant Alfred wird wegen seiner Affäre mit Antonia von Steinhof von deren Mann zum Duell gefordert. Während Alfred an die Tugend Antonias glaubt, erfährt sein Bruder Karl von seinem Freund Max, selbst ein früherer Geliebter Antonias, die Wahrheit über deren käufliche Kokottennatur, für deren Beweis Max vor Zeiten den anonymen Brief eines Nebenbuhlers in seinen Besitz gebracht hat, in dem der Austausch von käuflichen Gütern gegen Liebesdienste verhandelt wird. Karl will im 2. Akt verhindern, dass sein Bruder sinnlos im Duell um eine unwürdige Frau fällt und ersucht Antonia, ihrem Mann (der die Duellforderung allein aus Gründen der Konvention und nicht aus verletzter Ehre gestellt hat) zu gestehen, dass Alfred nicht ihr Verführer sei, sondern sie ihn bereits zuvor mit zahllosen Männern betrogen habe – Karl nimmt an, dass der Ehemann in diesem Fall von einem Duell Abstand nehmen würde. Als Antonia dies ablehnt, droht Karl ihr mit dem Brief. Max weigert sich jedoch im 3. Akt, Karl den Brief auszuhändigen, weil dies »unritterlich« (Schnitzler 1975, 62) sei und vernichtet ihn scheinbar vor Karls Augen. Als kurz darauf Antonia hinzukommt, stellt sich nach Karls Abgang jedoch heraus, dass Max den Brief noch hat und offenbar auch bereit wäre, ihn wider alle Ritterlichkeitsbezeugungen gegen Antonia zu verwenden, womit der 3. Akt und damit das Fragment endet.

Deutung

Ritterlichkeit fand bislang nur sehr beiläufige Beachtung in Studien über das Duellmotiv in Schnitzlers Werk. In diesem Kontext wird dem Stück »some of Schnitzler's most compelling language on questions of honor« (Wisely 1997, 154) bescheinigt und sein Einfluss auf einzelne Motive in *Das weite Land* und *Das Wort* herausgearbeitet (vgl. Schlein 1975, 89–96). Seine Kritik am Ehrenkodex zeige sich in *Ritterlichkeit* daran, dass unehrenhafte und heuchlerische Menschen ihr Verhalten mit »words and actions conceptually associated with honorable conduct« maskierten (Keiser 1989, 100). Janz/Laermann attestieren dem Fragment dagegen eine »geringe künstlerische Qualität« (1977, 150) und bemängeln die Kasuistik, in der die »Überlegungen, die allesamt lediglich nach der Legitimation eines bevorstehenden Zweikampfes fragen« (ebd.), steckenblieben. Diese Einschätzungen sind sicher zutreffend, wenngleich sie den Text zu stark auf das ›Duell‹-Motiv reduzieren. Eine nähere Betrachtung verdiente dagegen auch das ›Verführer‹-Motiv, das die Kernidee des ›Ersten Einfalls‹ bildet und auch in den anschließenden Entwürfen dominiert. Dabei dürfte ein intertextueller Vergleich mit Schnitzlers anderem ›Verführer‹-Stoff, *Komödie der Verführung*, ebenso spannend und ergiebig sein wie eine genauere Analyse der Figur Antonia, die mit ihrer Verortung zwischen repräsentativer Ehefrau und selbstbestimmter Edelkokotte bei vollständiger Ausarbeitung des Stückes sicherlich das Potential zu einem besonders reizvollen Schnitzler-Frauentypus besessen hätte.

Literatur

Janz, Rolf-Peter/Laermann, Klaus: *A. S. Zur Diagnose des Wiener Bürgertums im Fin de siècle*. Stuttgart 1977.
Keiser, Brenda: *Deadly dishonor. The duel and the honor code in the works of A. S.* New York u. a. 1989.
Schlein, Rena R.: Das Duellmotiv in ›Ritterlichkeit‹, ›Das weite Land‹ und ›Das Wort‹. In: A. S.: *Ritterlichkeit. Fragment aus dem Nachlaß herausgegeben von Rena R. Schlein*. Bonn 1975, 89–96.
Schnitzler, Arthur: *Ritterlichkeit. Fragment aus dem Nachlaß herausgegeben von Rena R. Schlein*. Bonn 1975.
Wisely, Andrew C.: *A. S. and the discourse of honor and dueling*. New York u. a. 1997.

Vivien Friedrich

2. Romane

2.1 Zu Lebzeiten veröffentliche Romane

Der Weg ins Freie (1908)

Entstehung

Der Weg ins Freie erscheint zwischen Januar und Juni 1908 in der *Neuen Rundschau* als Vorabdruck in Fortsetzungen und noch im gleichen Jahr als Buchausgabe bei S. Fischer. Wie so viele seiner Werke wirkt auch Schnitzlers erster Roman mit leichter Hand verfasst, ist in Wirklichkeit jedoch in qualvoller und von Selbstzweifeln überschatteter Arbeit entstanden. »Wie schön war dieser Roman, – eh ich ihn geschrieben habe!« Das niederschmetternde Gefühl, ein Bild vor Augen zu haben und seinem »innern Reichtum« nicht angemessen Ausdruck verleihen zu können, so schreibt Schnitzler im Sommer 1908 an Georg Brandes, habe ihn wiederholt verzweifeln lassen. »Jetzt aber«, da der Roman fertig sei, schätze er »ihn höher als alles was ich bisher gemacht« (4.7.1908; Brandes-Bw, 97).

Erste Ideen zum Sujet reichen bis in das Frühjahr 1895 zurück. Laut Tagebuch befasst der Autor sich zu dieser Zeit u. a. mit folgender Frage: Wie verhalten sich die bürgerlichen Eltern eines kränkelnden, noch jungfräulichen Mädchens, dem die Ärzte seit Jahren zu »heiraten« raten und das sich nun nicht von einem Ehemann, sondern von einem Geliebten befriedigen lässt? Marie Reinhard, eine seit Monaten umworbene Gesangslehrerin aus gutbürgerlichem Hause, die Schnitzler soeben zu den »Märzgefallenen« (Schnitzler 1989, 129) zählt, antwortet sinngemäß: »Wenn meine Eltern es erführen, wären sie nicht nur wütend, das würde mich nicht genieren, sondern unglücklich.« Der junge Dichter notiert diese Antwort Ende März 1895 und kommentiert: »Darin liegt ein Stück« (Tb, 24.3.1895). Schnitzlers Arbeitstitel lautete: »Die Entrüsteten« (vgl. Urbach 1974, 118; vgl. an Georg Brandes, 4.7.1908; Brandes-Bw, 96). Wie in vielen anderen Fällen skizziert Schnitzler seine Idee, führt sie aber zunächst nicht aus. Das ändert sich, als Marie Reinhard schwanger wird. Das unverheiratete Paar flüchtet vor den Blicken der Wiener Gesellschaft, und Schnitzler entwirft 1897 in Paris erstmals Szenarium und Figuren seines Stücks. Nach der Totgeburt des verheimlichten Kindes und der Trennung von Marie Reinhard (die 1899 an den Folgen eines Blinddarmdurchbruchs stirbt) nimmt Schnitzler sich den Stoff im Sommer 1900 noch einmal vor. Es folgen ausführlichere Skizzen zu einer Komödie, die offenbar neben der Geschichte eines unverheirateten Liebespaars bereits die meisten Figuren des Romans in Umrissen enthält (vgl. an Georg Brandes, 4.7.1908, Brandes-Bw, 96 f.). Der Plan der Verwandlung des Stoffes in einen Roman fällt dann mit einem anderen Ereignis in Schnitzlers Leben zusammen. Um 1900 beginnt er ein Verhältnis mit der Schauspielschülerin Olga Gussmann und wird im August 1902 Vater eines gesunden Sohnes. Noch am selben Tag notiert er in sein Tagebuch: »Um vier kommt der Bub auf die Welt. – Beginn um 5 den Roman [...] zu schreiben« (Tb, 9.8.1902). Schnitzler vollendet seinen Roman im Wesentlichen zwischen 1904 und 1907, d. h., nachdem er Olga nach einigem Zögern geheiratet und eine Familie im bürgerlichen Sinn gegründet hatte. Letzte Arbeiten am Manuskript unternimmt er noch im Januar 1908, nachdem der Anfang schon in der *Neuen Rundschau* erschienen war.

Biographische Bezüge

In der Kerngeschichte von *Der Weg ins Freie* hat Schnitzler offensichtlich seine gescheiterte Beziehung zu der maßlos geliebten und dennoch oft betrogenen Marie Reinhard zu verarbeiten versucht. Die Figur der Anna Rosner ist denn auch bis in Details hinein nach dem Vorbild der im Nachhinein als »Geliebte, Freundin und Braut« (an Georg Brandes, 8.5.1899; Brandes-Bw, 75) titulierten Verstorbenen modelliert. Zugleich hat die Arbeit an dem Roman Schnitzlers komplizierten Weg in die Annahme der Rollen eines Ehemanns und Familienvaters begleitet – ja offenbar konnte die Geschichte einer an der Bindungsangst des Mannes scheiternden Beziehung erst vollendet werden, als der Autor diese Angst seinerseits überwunden hatte.

Zur Entwicklung des Sujets gehört, dass Schnitzler die Geschichte eines unverheirateten Liebespaares mit einem möglichst repräsentativen Bild der Wiener Gesellschaft seiner Zeit verknüpfen wollte. Tagebucheintragungen belegen, dass er viele Figuren seines Romans nach lebendigen Vorbildern schuf. Mit einem gewissen Stolz bemerkte er sogar, dass sich das Verhältnis von Realität und Fiktion im Verlauf des Schreibprozesses in manchen Fällen gleichsam umkehrte und die historischen Modelle den nach ihnen entworfenen literarischen Figuren nachzusprechen oder nachzuhandeln schienen. Als der, wie es in der Verlagsanzeige für die Erstausgabe heißt, »erste zeitgeschichtliche Roman des heutigen Wien« (an Samuel Fischer, 16.11.1907; Br I, 568) ist *Der Weg ins Freie* – ähnlich wie Thomas Manns *Buddenbrooks* – von vielen Zeitgenossen als eine Art Enthüllungs- und Skandalgeschichte verstanden worden, ja manche Leser glaubten, sich selbst in der fiktiven Welt des Romans wie in einem Spiegel wiederzuerkennen (so z. B. Jakob Wassermann, der sich in der Figur des Dichters Heinrich Bermann wiederentdeckte). Gleichwohl hat Schnitzler sein Werk nicht einmal ansatzweise als Schlüsselroman verstanden. »Ohne Tendenz«, so schreibt er an Georg Brandes, habe er »Menschen und Beziehungen darstellen« wollen, »die ich gesehn habe« – und er ergänzt: »ob in der Welt draußen oder in der Phantasie bliebe sich gleich« (4.7.1908; Brandes-Bw, 97).

Inhalt und Deutung

Nach Schnitzlers eigenen Worten schildert sein Werk »ein Lebensjahr des Freiherrn von Wergenthin […], in dem er über allerlei Menschen und Probleme und über sich selbst ins Klare kommt« (an Georg Brandes, 4.7.1908; Brandes-Bw, 97). So gesehen scheint der Roman der Tradition eines Entwicklungsromans zu entsprechen und – zumindest *in nuce* – die »[e]rzählerische Darstellung des Wegs einer zentralen Figur durch Irrtümer und Krisen zur Selbstfindung und tätigen Integration in die Gesellschaft« (Jacobs 1997, 230) zu bieten. In diesem Sinne ließe sich die erzählte Geschichte wie folgt zusammenfassen: Der Freiherr Georg von Wergenthin-Recco, ein 27 Jahre alter, als Komponist künstlerisch tätiger Aristokrat, hat nach dem frühen Tod der Mutter soeben seinen Vater verloren und muss sich jetzt in der vielgestaltigen Gesellschaft einer Zeit des allgemeinen Umbruchs ohne väterliche Unterstützung neu orientieren. Nach zweimonatiger, in sozialer Abgeschiedenheit verbrachter Trauerzeit kehrt er in das Wiener gesellschaftliche Leben zurück. Er verliebt sich in eine aus kleinbürgerlichen Verhältnissen stammende junge Frau und beginnt ein Verhältnis mit ihr, ein Sohn wird gezeugt und geboren, und am Ende verlässt Georg in freudiger Erwartung seine Heimatstadt, um nunmehr in Detmold erstmals einen bürgerlichen Beruf in Gestalt einer Stelle als Hofkapellmeister anzutreten.

Bei näherem Hinsehen wird das skizzierte Handlungsmodell eines Entwicklungs- oder auch Bildungsromans *en miniature* allerdings konsequent unterlaufen (vgl. Janz 1977, 167–170). Georg geht allein und von allen Bindungen befreit nach Detmold, d. h., er heiratet nicht nur nicht, sondern er trennt sich vor seinem Weggang von Wien auch von Anna Rosner; der gemeinsame Sohn stirbt in vollkommener Schönheit unmittelbar nach seiner Geburt, und im Unterschied zu seinem prinzipienfesten Bruder Felician, der zielstrebig eine Karriere als Diplomat verfolgt, erweist sich Georg im Verlauf der erzählten Geschichte nicht nur als »ziemlich leichtfertig und ein bißchen gewissenlos« (ES I, 957), sondern auch als ein »Künstler ohne rechte Zucht« (ebd., 789), ein in der Tradition von Frédéric Moreau aus Gustave Flauberts *L'éducation sentimentale* gestalteter Vertreter einer »reine[n] Liebe zur Kunst« (Janz 1977, 165), der seine Kompositionsprojekte in aller Regel nicht zu vollenden vermag (zur Bedeutung seines mit Heinrich Bermann geplanten Opernprojekts vgl. Eicher/Hartmann 1992).

»Wohin, wohin?« (ebd., 636) – Diese entscheidende Frage, die der Vater dem Sohn kurz vor seinem Tode stellte und die der Roman am Anfang wie ein Motto zitiert, findet keine überzeugende Antwort. Georg jedenfalls bleibt der im Innersten gefühllose Ästhet, dem nicht »schöpferische Arbeit«, sondern die »Atmosphäre seiner Kunst allein […] zum Dasein nötig ist« (ebd., 921), d. h., *Der Weg ins Freie* bietet in seiner Hinsicht nicht viel mehr als den als Episode konfigurierten Ausschnitt aus einem Leben, dessen Fortgang letztlich offen bleibt.

In toto erzählt der Roman jedoch nicht allein die Geschichte eines Protagonisten, der – anders als sein Autor postulierte – durchaus nicht über sich selbst »ins Klare kommt« und der irgendeine Form von Ordnung bestenfalls in dem äußerlichen Sinne findet, dass er sich erstmals für einen bürgerlichen Beruf entscheidet. Entfaltet wird zugleich ein breit gefächertes Panorama der Wiener Gesellschaft der Jahrhundertwende (wobei der Text im Einzelnen unterschiedliche Datierungsmöglichkeiten zulässt; manche Details deuten auf das Jahr 1898/99 hin, eine Anspielung auf den sechsten Basler Zionistenkongress dagegen legt es nahe, die fiktive Handlung auf die Zeit zwischen Herbst 1904 und Herbst 1905 zu datieren; vgl. ES I, 720, u. Fliedl 2005, 182). Die von Schnitzler redigierte Verlagsanzeige zur Erstausgabe warb dementsprechend: »Reich bewegte Bilder aus den verschiedensten Gesellschaftskreisen werden vor uns entrollt. Eine Fülle von Gestalten lernen wir kennen, die in der besonderen Atmosphäre ihrer Stadt, unter den komplizierten Verhältnissen ihres Landes, zu den mannigfachsten Beziehungen miteinander verknüpft sind. Allerlei Probleme der Zeit werden berührt, insbesondere den Schicksalen der modernen Juden, innerhalb der eigentümlichen Gruppierung der Wiener Gesellschaft, wird mehr noch nach der seelischen als der rein sozialen Seite nachgegangen« (an Samuel Fischer, 16.11.1907; Br I, 568 f.).

Ein Roman aus »zwei Bücher[n]«?

Die Mischung aus scheinbarer Entwicklungsgeschichte und einem vor allem der sogenannten ›Judenfrage‹ gewidmeten sozialen Tableau hat man dem Roman wiederholt zum Vorwurf gemacht. »Aber haben Sie nicht zwei Bücher geschrieben?« So fragte seinerzeit schon Schnitzlers langjähriger Briefpartner Georg Brandes und erläuterte: »Das Verhältnis des jungen Barons zu seiner Geliebten ist Eine Sache, und die neue Lage der jüdischen Bevölkerung in Wien durch den Antisemitismus eine andere, die mit der ersteren, scheint mir, in nicht notwendiger Verbindung steht. Die Geliebte ist nicht Jüdin« (an Arthur Schnitzler, Ende Juni 1908; Brandes-Bw, 95).

Gibt es wirklich keine Brücke, die von der Geschichte Georgs zum sogenannten »zweiten Buch« nach Brandes, d. h. zur breit angelegten Schilderung der Wiener Jahrhundertwendegesellschaft und insbesondere der Frage des Judentums führt?

Im Blick auf die Figur des Protagonisten scheint es zunächst merkwürdig, dass Schnitzler keinen Juden, sondern einen christlichen jungen Mann von altem Adel ins Zentrum des erzählten Geschehens rückt. Eben hier, in der Gestaltung von Herkunft, Charakter und Lebensumständen des Protagonisten, liegt ein wichtiger Schlüssel für das Verständnis des Romans und seiner Komposition. Als einen »Dilettant[en] der Kunst und der Liebe und des Lebens«, einen »passive[n] Mann«, hat ein Kritiker Georg von Wergenthin seinerzeit bezeichnet und in diesen Eigenschaften den »Vater des entscheidenden Fehlers« gesehen: »Wäre eine stärkere Persönlichkeit die Achse des Romans«, so monierte er, »so käme das Gesetz der künstlerischen Harmonie zur Geltung; ihr Fehlen teilt die Einheit des Gedankens in wirr zerflatternde Episoden auf« (Kienzl 1908, 274; zit. n. Willi 1989, 274). Folgt man der inneren Logik des Romans, so hat der Kritiker aus einer richtigen Beobachtung jedoch die falschen Schlüsse gezogen.

Tatsächlich sind die Schwächen des Protagonisten nämlich ein Kapital, das Schnitzlers Zeitroman meisterhaft zu nutzen versteht. Veranschaulichen lässt sich das am Beispiel von Georgs erstem gesellschaftlichem Auftritt, seinem Besuch bei der Familie Rosner im ersten Kapitel, dessen prinzipielle Bedeutung für die »Architektonik des ganzen Werks« Schnitzler in einem Brief an seinen Verleger Samuel Fischer eigens betonte (15.11.1907; Br I, 566). Für die Entwicklung der Liebesgeschichte zwischen Georg und Anna ist diese Szene von Bedeutung, weil Georg hier Anna nach längerer Zeit wiedersieht, ihre Schönheit neu entdeckt, sie zu begehren beginnt und sich mit ihr zu einem ersten Rendezvous verabredet. Zugleich werden in dieser Szene jedoch weitere Figuren eingeführt. Deren Konstellation und Konfiguration wiederum ist zwar dysfunktional für die Entfaltung der Liebesgeschichte, wohl aber höchst funktional für die Reflexion der Ausgangsfrage des Romans nach dem ›Wohin‹. Denn Schnitzler nutzt die Zusammenstellung der Figuren und die Art und Weise ihrer Interaktion, um all die Merkmale einer Gesellschaft im Übergang von alten Sicherheiten zu neuen Ungewissheiten zu exponieren (vgl. Janz 1977, 155 f.). So trifft Georg in der Wohnung der kleinbürgerlichen Rosners im IV. Wiener Bezirk neben den Mitgliedern der katholischen Familie Rosner auch einen alten jüdischen Arzt und dessen Sohn, wobei schon in dieser kleinen Figurengruppe zeittypische Spannungen deutlich werden.

Für den alten Rosner, einen Büroangestellten, sind sowohl der Freiherr von Wergenthin als auch der alte Doktor Stauber gesellschaftliche Leitbilder, den sozialen Umgang mit ihnen versteht er als Ehre. Der in seinem Verhalten symbolisierte soziale Konsens, wie er der liberalen Ära *vor* 1897 entspricht (d. h. bis zu dem Jahr, da man den erklärten Antisemiten und Mitbegründer der Christlichsozialen Partei Karl Lueger zum Wiener Bürgermeister wählte), ist in der nächsten Generation offenbar aufgekündigt. Doktor Staubers Sohn Berthold hat sich aus den bürgerlichen Kreisen seines Vaters zurückgezogen, um sich als Parlamentsabgeordneter für die Sozialdemokratie einzusetzen, für die sein liberal gesinnter Vater wiederum kein Verständnis hat. Der Sohn des alten Rosner, Annas Bruder Josef, ist dagegen in das christlichsoziale Lager gegangen, das gemeinsam mit den Deutschnationalen sowohl die Sozialdemokratie als vor allem auch die Juden als Verkörperung des österreichischen Liberalismus bekämpft. Anna Rosner wiederum ist frei von der Aggressivität und dem dogmatischen Antisemitismus ihres Bruders und vertritt eine dritte, gemäßigt konservative Position.

Wo aber steht Georg in dem skizzierten Spannungsfeld? Es ist bezeichnend, dass Schnitzlers Protagonist zu keinem Zeitpunkt Stellung bezieht und

2.1 Zu Lebzeiten veröffentliche Romane

sich von allen tagespolitischen Ereignissen fernzuhalten versucht. Auf Josefs Einladung, sich zur Frage der »Israeliten« zu äußern, antwortet er ebenso ausweichend wie »verbindlich« (ES I, 650), die Parlamentsberichte verfolgte er nach eigenen Angaben »nicht so regelmäßig, als man eigentlich müßte« (ebd., 655), eine prominente Sozialdemokratin hält er »für eine angehende Schauspielerin« (ebd.), und als Berthold Stauber mit Bitterkeit davon berichtet, dass man ihm im Parlament »Jud halts Maul« zugerufen habe, beschränkt sich Georgs Antwort auf ein verlegenes »O« (ebd., 657). Eben diese Eigenschaft Georgs, passiv zu bleiben und sich in keiner Weise festzulegen, nutzt Schnitzler, um im Rahmen der ersten Gesellschaftsszene seines Romans scheinbar nebenbei ein Problem in den Blick zu rücken, das sowohl die zeitgenössische Gesellschaft als auch die Form ihrer narrativen Konfiguration durch den Autor bestimmt.

Als der alte Stauber den Hinweis seines Sohnes auf die entfernte Verwandtschaft mit einer auch Georg bekannten Familie durch die Bemerkung ergänzt, dass der »Herr Baron« wohl wisse, »daß alle Juden miteinander verwandt« seien, bleibt Georg stumm und antwortet mit einem scheinbar liebenswürdigen Lächeln. »In Wirklichkeit aber«, so heißt es, ist Georg »eher enerviert«, dass ihm nun auch der alte Doktor Stauber »offizielle Mitteilung von seiner Zugehörigkeit zum Judentum« macht, und der Autor lässt seinen Protagonisten denken: »Er wußte es ja, und er nahm es ihm nicht übel. Er nahm es überhaupt keinem übel; aber warum fingen sie denn immer selbst davon zu reden an? Wo er auch hinkam, er begegnete nur Juden, die sich schämten, daß sie Juden waren, oder solchen, die darauf stolz waren, und Angst hatten, man könnte glauben, sie schämten sich« (ebd., 661). Nicht ein Kommentar des Erzählers, sondern der Blick in das Bewusstsein des wider Willen mit der Frage des Judentums konfrontierten Protagonisten lenkt also die Aufmerksamkeit des Lesers auf die psychologische Dimension eines soziokulturellen Problems, das sich in der Jahrhundertwendezeit durch die allgemeinen Nationalisierungs- und Polarisierungstendenzen in der Gesellschaft des Vielvölkerstaats Österreich-Ungarns in ebenso spezifischer wie dramatischer Weise verschärft.

Der Blick des scheinbar unbeteiligten Georg dient Schnitzler also letztlich dazu, den schmerzhaften Prozess einer kulturellen Ausdifferenzierung im Innern einer sozialen Gemeinschaft im Umbruch zu verfolgen und vor diesem Hintergrund sowohl die Frage nach dem Selbstverständnis des einzelnen Subjekts als auch die nach einer spezifisch jüdischen Identität zu erörtern (zur Bedeutung von Wagners wie ein »Leitmotiv in Georgs Geschichte« eingeflochtener Operntragödie *Tristan und Isolde* in diesem Kontext z. B. Fliedl 2005, 181). Die besondere Haltung eines Ästheten, der ein möglichst interesseloses Wohlgefallen an Dingen und Menschen sucht, verbunden mit einer sozialen Herkunft, die ihm den Zugang zu allen Kreisen der Gesellschaft gestattet, erlauben es Schnitzler, seinen Protagonisten wie einen Spiegel einzusetzen, der die »komplizierten Verhältnisse« des zeitgenössischen Lebens gebündelt reflektiert (wobei sein Zeittableau eine große Bandbreite von sozialen Schichten umfasst und nur das Milieu von Hofadel und Arbeiterschaft ausspart; Janz 1977, 155–162). Im Blick auf seine Gesprächspartner ist dabei auch von Bedeutung, dass Georg offenbar bereits durch seine bloße Erscheinung das Bewusstwerden einer Differenz und damit die Frage nach der eigenen Identität provoziert. »Ein Herzensbezwinger ohnegleichen«, so beschreibt Berthold Stauber die Wirkung Georgs auf viele Juden, »[…] ein schöner, schlanker, blonder junger Mann; Freiherr, Germane, Christ – welcher Jude könnte diesem Zauber widerstehen…« (ES I, 409). Sieht man von Georgs eigener, jeweils stimmungsabhängiger Stellung zu den Juden ab – einmal erscheinen ihm diese »jüdisch-überklugen schonungslos-menschenkennerischen Leute« als eine »unbequeme Gesellschaft« (ebd., 844); ein andermal fühlt er sich ihnen »verwandter als vielen Menschen, die mit ihm vom gleichen Stamme waren« (ebd., 730) –, so zeigen auch die vielen jüdischen Figuren des Romans ganz unterschiedliche Formen des Umgangs mit ihrer Herkunft (Gidion 1998). Unabhängig von der sozialen Stellung des Einzelnen reicht das Spektrum hier vom überzeugten Zionisten (z. B. Leo Goslowski und mit Abstrichen der alte Salomon Ehrenberg) über zahlreiche Varianten der Assimilation (vertreten u. a. durch Therese Golowski, Berthold Stauber sowie die Künstler Heinrich Bermann und Edmund Nürnberger) bis hin zu einer aggressiven Form von Verdrängung, die letztlich in Antisemitismus und Selbstzerstörung mündet (z. B. Salomon Ehrenbergs Sohn Oskar).

»Für unsere Zeit gibt es keine Lösung, das steht einmal fest«, erkennt der jüdische Schriftsteller Heinrich Bermann, der in seiner selbstkritischen Art als Gegenfigur zu Georg angelegt ist. Und im Blick auf die Frage des Judentums ergänzt Bermann: »Keine allgemeine wenigstens. Eher gibt es hunderttausend verschiedene Lösungen. [...] Jeder muß selber dazusehen, wie er herausfindet aus seinem Ärger, oder aus seiner Verzweiflung, oder aus seinem Ekel, irgendwohin, wo er wieder frei aufatmen kann. Vielleicht gibt es wirklich Leute, die dazu bis nach Jerusalem spazieren müssen ... Ich fürchte nur, daß manche, an diesem vermeintlichen Ziel angelangt, sich erst recht verirrt vorkommen würden. Ich glaube überhaupt nicht, daß solche Wanderungen ins Freie sich gemeinsam unternehmen lassen ... die Straßen dorthin laufen ja nicht im Lande draußen, sondern in uns selbst. Es kommt nur für jeden darauf an, seinen inneren Weg zu finden« (ebd., 833). Nicht in Ansehen und sozialer Stellung, sondern in der inneren Haltung des Einzelnen sieht Bermann also den Schlüssel zur Lösung der sogenannten Judenfrage. Wie aber findet man seinen »inneren Weg« ins Freie, und verspricht dieser Weg denn wirklich eine Lösung? Auch hier gibt Schnitzlers Roman keine eindeutige Antwort. Bermann setzt offenbar auf die reinigende Kraft der Selbstanalyse und spricht davon, dass es notwendig sei, »möglichst klar in sich zu sehen, in seine verborgenen Winkel hineinzuleuchten!« (ebd.). Diese Position, die das Heil der Therapie in der Analyse sucht, entspricht in etwa dem, was auch die zeitgenössische Psychoanalyse vertritt. Im Handlungszusammenhang des Romans wird ihr aufklärerischer Optimismus allerdings schon dadurch relativiert, dass der als Sohn, Liebhaber und Künstler in zahlreiche Konflikte verstrickte Bermann selbst zu keiner Zeit als souverän Handelnder, sondern stets als Getriebener erscheint. Während dem Stimmungsmenschen Georg am Ende »gut und frei« zumute ist, bemerkt denn auch Bermann in derselben Szene wie »greulich« es in seinem Innern aussehe, und er klagt: »Was hilft's mir am Ende, daß in allen meinen Stockwerken die Lichter brennen? Was hilft mir mein Wissen von den Menschen und mein herrliches Verstehen? Nichts ... weniger als nichts« (ebd., 958).

Neben der möglichen Nutzlosigkeit von Erkenntnis nennt Schnitzlers Roman aber noch einen anderen Grund, der den inneren Weg ins Freie zu versperren droht. Als Edmund Nürnberger gegenüber dem alten Salomon Ehrenberg äußert, dass er zwar nicht getauft, aber auch nicht jüdisch, sondern ganz einfach konfessionslos sei und sich auch nicht als Jude fühle, antwortet dieser: »Wenn man Ihnen einmal den Zylinder einschlagt auf der Ringstraße, weil Sie, mit Verlaub, eine etwas jüdische Nase haben, werden Sie sich schon als Jude getroffen fühlen, verlassen Sie sich darauf« (ebd., 689). Aus historischer Sicht ist dieser sarkastische Hinweis auf die Belanglosigkeit des Selbstverständnisses von Juden nur allzu bald in einem um die Jahrhundertwende im Ansatz schon erkennbaren, in seinem Ausmaß aber noch lange nicht absehbaren Sinn bestätigt worden. Im Zusammenhang des Romans ist er außerdem eines von vielen Beispielen dafür, wie minutiös und sorgfältig Schnitzlers Zeitpanorama all die verschiedenen Facetten eines Problems auszuleuchten und sichtbar zu machen versucht.

Zeitroman und Ästhetik des Nebeneinanders

Jedes philosophische und moralische System sei nichts als »Wortspielerei« und »Flucht aus der bewegten Fülle der Erscheinungen in die Marionettenstarre der Kategorien«, sagt Bermann zu Georg (ebd., 890). Schnitzlers Porträt einer Gesellschaft auf dem Weg in das 20. Jahrhundert vermeidet eine solche »Flucht« mit faszinierender Konsequenz. Geradezu systematisch verwirklicht Schnitzler in seinem als »Formexperiment« (Willi 1989, 61) angelegten Roman eine höchst moderne Ästhetik des Nebeneinanders, die ein weites Spektrum von unterschiedlichen, aber prinzipiell gleichberechtigten Haltungen und Lebensentwürfen umfasst und die sich sowohl dem Prinzip einer zielgerichteten Entwicklung der Figuren als auch der eindeutigen Bewertung ihres Verhaltens verweigert. *Der Weg ins Freie* sollte dementsprechend nicht als das letztlich formschwache Werk eines eigentlich in den kurzen Prosaformen heimischen Autors missverstanden (z.B. Sprengel 2004, 243), sondern als ein auch ästhetisch konsequent gestalteter Roman gewürdigt werden, der in eine Reihe mit anderen großen Romanen der Klassischen Moderne wie etwa Thomas Manns *Buddenbrooks* oder Rainer Maria Rilkes *Aufzeichnungen des Malte Laurids Brigge* (1910) gehört (und der sich im Übrigen wie das Komplement zu Schnitzlers zweitem Roman *Therese* lesen lässt; s. Kap. II.2.1). Misst man Schnitzlers Werk an der überlieferten Tradition des Bildungsromans, der, wie Friedrich von Blanckenburg einst formulierte, die »innere Geschichte« eines Charakters in seiner notwendigen Entwicklung zeigen und bis zu einem »beruhigenden Punkte« (Blanckenburg 1965, 381 u. 394) führen wollte, dann hat Schnitzler auch der ästhetischen Form des Romans einen ›Weg ins Freie‹ gewiesen. Diese Freiheit hat allerdings auch ihren Preis. Rund zehn Jahre nach Erscheinen seines Meisterwerks notiert der wegen angeblicher Dekadenz zunehmend öffentlich attackierte jüdische Autor in sein Tagebuch: »Relativist mag sein, bin ich; der viele, allzu viele Werthe kennt – und sie (vielleicht allzu beflissen, allzu dialektisch) gegen einander abwägt. ›Glaube‹ steht nun hoch im Curs. [...] Ja ich bin allerdings ein Dichter für Schwindelfreie« (Tb, 23.12.1917). Und im Text seines Romans lässt er den in mancher Hinsicht als Alter Ego seines Autors angelegten Heinrich Bermann am Ende zu Georg sagen: »Glauben sie mir, [...] es gibt Momente, in denen ich die Menschen mit der sogenannten Weltanschauung beneide. Ich, wenn ich eine wohlgeordnete Welt haben will, ich muß mir immer selber erst eine schaffen. Und das ist anstrengend für jemanden, der nicht der liebe Gott ist« (ES I, 958). Alles in allem bietet *Der Weg ins Freie* nicht nur das umfassende Portrait einer Übergangsgesellschaft auf dem Weg vom 19. zum 20. Jahrhundert sowie eine differenzierte Auseinandersetzung mit der Frage des Judentums. All den Anstrengungen, aber auch den Gefährdungen, Unsicherheiten und Möglichkeiten des auf sich selbst zurückgeworfenen modernen Subjekts verleiht Schnitzlers offene Form eines ebenso vielgestaltigen wie konsequent entfabelten Zeitromans überzeugend Ausdruck.

Literatur

Arens, Detlev: *Untersuchungen zu A. S.s Roman »Der Weg ins Freie«.* Frankfurt a. M./Bern 1981.
Blanckenburg, Friedrich von: *Versuch über den Roman* [1774]. Faksimiledruck der Originalausgabe. Mit einem Nachwort v. Eberhard Lämmert. Stuttgart 1965.
Eicher, Thomas/Hartmann, Heiko: »Auf dämmernden Fluten... unbekannten Zielen entgegen«. Die Ägidius-Dichtung Heinrich Bermanns in A. S.s *Der Weg ins Freie*. In: MAL 25 (1992), H. 3/4, 113–128.
Farese, Giuseppe: *Individuo e societa nel romanzo »Der Weg ins Freie« di A. S.* Rom 1969.
Fliedl, Konstanze: *Der Weg ins Freie*. In: Konstanze Fliedl: *A. S.* Stuttgart 2005, 177–183.
Gidion, Heidi: Haupt- und Nebensache in A. S.s Roman »Der Weg ins Freie«. In: *Text + Kritik* (1998), H. 138/139 (A. S.), 47–60.
Jacobs, Jürgen: Bildungsroman. In: Klaus Weimar (Hg.): *Reallexikon der deutschen Literaturwissenschaft.* Bd. 1: A-G. Berlin/New York ³1997, 230–233.
Janz, Rolf-Peter: *Der Weg ins Freie*. In: Rolf-Peter Janz/Klaus Laermann: *A. S. Zur Diagnose des Wiener Bürgertums im Fin de siècle.* Stuttgart 1977, 155–174.
Kienzl, Hermann: »Der Weg ins Freie«. In: *Das Literarische Echo* 11, i (1.10.1908), 28–30 [wiederabgedr. in: Willi 1989, 273–275].
Kiwit, Helmut: *»Sehnsucht nach meinem Roman«. A. S. als Romancier.* Bochum 1991.
Low, David: Questions of Form in S.'s »Der Weg ins Freie«. In: MAL 19 (1986), H. 3/4, 21–32.
Miller, Norbert: Das Bild des Juden in der österreichischen Erzählliteratur des Fin de siècle. Zu einer Motivparallele in Ferdinand von Saars Novelle ›Seligmann Hirsch‹ und A. S.s Roman ›Der Weg ins Freie‹. In: Herbert A. Strauss/Christhard Hoffman (Hg.): *Juden und Judentum in der Literatur.* München 1985, 172–210.
Nehring, Wolfgang: Zwischen Identifikation und Distanz. Zur Darstellung der jüdischen Charaktere in A. S.s »Der Weg ins Freie«. In: Walter Rölle/Hans-Peter Bayerdörfer/Albrecht Schöne (Hg.): *Kontroversen, alte und neue.* Bd. 5. Tübingen 1986, 162–170.
Pape, Matthias: »Ich möcht' Jerusalem gesehen haben, eh' ich sterbe«. Antisemitismus und Zionismus im Spiegel von A. S.s Roman »Der Weg ins Freie« (1908). In: *Jahrbuch des Freien Deutschen Hochstifts* (2001), 198–236.
Sprengel, Peter: *Geschichte der deutschsprachigen Literatur 1900–1918. Von der Jahrhundertwende bis zum Ende des Ersten Weltkriegs.* München 2004.
Urbach, Reinhard: *S.-Kommentar zu den erzählenden Schriften und dramatischen Werken.* München 1974.
Willi, Andrea: *A. S.s Roman »Der Weg ins Freie«. Eine Untersuchung zur Tageskritik und ihren zeitgenössischen Bezügen.* Heidelberg 1989.

Michael Scheffel

Therese. Chronik eines Frauenlebens (1928)

Entstehung

Der Roman *Therese. Chronik eines Frauenlebens* gehört zum Spätwerk von Schnitzler und stellt, sowohl was die Form als auch den Inhalt betrifft, eine Besonderheit dar. Grundlage des Romans ist die frühe, 1889 entstandene und 1892 in der Berliner *Freien Bühne für den Entwicklungskampf der Zeit* (Jg. 3, H. 1, Januar 1892, 89–94) erschienene Erzählung *Der Sohn. Aus den Papieren eines Arztes*. Es geht darin um eine arme Näherin, die von ihrem Sohn tödlich verletzt wird und dem Arzt am Sterbebett gesteht, dass sie das uneheliche Kind gleich nach der Geburt hat umbringen wollen. Sie hofft, mit diesem Geständnis den Muttermörder zu entlasten. Der Arzt kommt ihrer Bitte, den Sohn zu verteidigen, nach weil er, im naturalistischen Sinne, einen Zusammenhang zwischen den Eindrücken des Kindes in der Geburtsnacht und dessen Fehlentwicklung nicht ausschließen will. Allerdings geht es Schnitzler dabei nicht nur um Milieu und Abstammung, sondern besonders auch um die psychische Situation der Mutter, die ihr Leben lang an Schuldgefühlen leidet und dem Kind alle erdenkliche Liebe zuteilwerden lässt.

Die Gestalt der Mutter wird Schnitzler weiterhin immer wieder beschäftigen; so schreibt er schon am

15. Juli 1898 an Hugo von Hofmannsthal: »Die alte Skizze vom ›Sohn‹ (Muttermörder) gestaltet sich in mir zu irgendwas aus, was beinah ein Roman sein könnte« (Hofmannsthal-Bw, 106), und zahlreiche Tagebucheintragungen zeigen, dass er in den Jahren 1916–1918 immer wieder über den Stoff ›nachdenkt‹ und daran gelegentlich arbeitet. Der eigentliche Wiederbeginn der Arbeit unter dem nun ganz auf die Gestalt der Mutter fixierten Titel *Therese* lässt sich auf Herbst 1924 (vgl. Tb, 10.9., 16.–19.9. u. 27.10.1924) datieren. Bis zu seiner Fertigstellung hat Schnitzler immer wieder Zweifel an diesem Werk geäußert (z. B. ebd., 12.12.1926), die sich dadurch erklären lassen, dass es sich im Hinblick auf die soziale Lage der Hauptgestalt, die Handlung und auch die Erzählform einigermaßen von seinen anderen erzählerischen Werken abhebt. Der Roman erscheint schließlich als fünfter Band der *Gesammelten Werke* 1928 bei S. Fischer in Berlin.

Inhalt

Therese. Chronik eines Frauenlebens nimmt in Schnitzlers Œuvre tatsächlich eine Sonderstellung ein. In einem scheinbar anspruchslosen, realistischen Stil erzählt er das eher triviale Schicksal der Therese Fabiani, die aus einer gutbürgerlichen Familie stammt, der sie entflieht, und dann als Gouvernante einen sozialen Absturz erleidet. Am Beginn der Handlung (der wohl Mitte der 1880er Jahre anzusiedeln ist) ist Therese gerade sechzehn und ihre Familie, die seit der frühen Pensionierung des Vaters in Salzburg lebt, mehr oder weniger in Auflösung begriffen. Der Vater, Oberstleutnant der k. u. k. Armee, verliert aus gekränktem Ehrgeiz den Verstand und landet in einer Irrenanstalt; die Mutter, aus dem Kleinadel stammend, organisiert zwielichtige Gesellschaften, versucht Therese mit einem alten Grafen zu verkuppeln, gibt sich vor allem aber dem Verfassen von Trivialromanen hin und lebt in ihrer eigenen Vorstellungswelt; der Bruder, Karl, geht nach Wien, um Medizin zu studieren, und wird dort im populistischen, antisemitischen Lager eine politische Karriere machen. Auch Therese verlässt – nach einer platonischen Beziehung zu Alfred Nüllheim, dem Freund ihres Bruders, und einer kurzen Liebesaffäre mit einem Leutnant, aber noch vor dem Abitur – Salzburg und verdingt sich in Wien als Kindermädchen. Damit beginnt ihr sozialer Abstieg, ein häufiger Wechsel an Dienstposten (weit über zwanzig in rund zwanzig Jahren), immer wiederkehrende Enttäuschungen beruflicher und persönlicher, affektiver Natur. Um der Einsamkeit ihres Daseins zu entkommen, wird sie die Geliebte von Kasimir Tobisch, der vorgibt, Maler und Musiker zu sein, und wird von ihm schwanger. Bald darauf verschwindet er aus ihrem Leben. Ein für ihr Schicksal entscheidendes Ereignis ist die Geburt des unehelichen Sohnes Franz: In der Nacht der Geburt in einem armseligen Untermietszimmer versucht sie zuerst, ihn zu ersticken; als das Kind am Morgen aber unversehrt aufwacht, entscheidet sie sich anders. Von Pflegeeltern auf dem Land erzogen, gerät Franz schließlich, einmal in Wien, auf die ›schiefe Bahn‹. Während einer Auseinandersetzung mit seiner Mutter, von der er Geld verlangt, das sie ihm nicht geben kann, fügt er ihr schwere Verletzungen zu, an denen sie wenig später stirbt – nicht ohne vorher die Schuld am Verhalten ihres Sohnes auf sich zu nehmen: Sie gesteht ihrem Jugendfreund Alfred ihre Versuchung, Franz bei der Geburt zu ermorden, und bittet ihn, ihren Sohn zu verteidigen.

Formale Aspekte

In 106 meist kurzen Kapiteln schildert Schnitzler den Niedergang Thereses, der ziemlich linear verläuft. Drei Themenbereiche sind im Roman miteinander verflochten: Thereses Berufsleben, ihr Liebesleben und die Beziehung zu ihrer Familie, vor allem zu ihrem Sohn. Die einzelnen Episoden erzählen von sich stets wiederholenden Situationen, von Stellensuche und Entlassungen, mehr oder weniger ernsten Beziehungen und Trennungen (Therese hat insgesamt zehn Liebhaber, was an den *Reigen* und seine zehn Dialoge erinnern könnte), von Besuchen des Sohnes auf dem Land, bzw. von der Suche nach einer ›Gastfamilie‹ in der Stadt. Diese Anordnung, mitunter auch mit einem »Ritornell« (Schmid-Bortenschlager 1983) verglichen, entspricht der trostlosen Eintönigkeit von Thereses Leben und verstärkt Schnitzlers sozialkritisches Anliegen. Das familiäre Umfeld von Therese, besonders aber die Vielzahl der Haushalte, in denen sie dient, bieten ein breites Panorama der gesellschaftlichen Schichten der Donaumonarchie (vor allem jener, die der Autor in seinem Gesamtwerk bevorzugt): Militär, Kleinadel, die begüterte mittlere und obere Bürgerschicht, also Beamte, Unternehmer, Bankiers etc., während der Vater ihres Kindes den ärmeren Ständen angehört und der Sohn sich schließlich in der Unterwelt verliert. Somit ergibt der Roman eine kritische und nuancierte Darstellung der Wiener Gesellschaft der Jahrhundertwende in Form einer Chronik (worauf der Untertitel hinweist). »Es ist im Grunde immer derselbe engherzige, dünkelhafte und sparsame Bourgeoistyp den Schnitzler nicht eben liebevoll abwandelt [...]«, schreibt Raoul Auernheimer dazu in seiner Besprechung in der Neuen Freien Presse (22.4.1928). Tatsächlich folgen die einzelnen Episoden »einem kunstvoll variierten Grundmuster mit immer demselben Ausgang: mit dem meist abrupten Abbruch einer menschlichen Beziehung« (Dangel-Pelloquin 2008, 364).

Mit der Wahl der Form der Chronik hat sich Schnitzler bewusst von der herkömmlichen Romanform abgesetzt, wie z. B. ein Brief an Hofmannsthal vom 16. November 1925 zeigt: »arbeite an einem Roman (der richtiger eine Chronik zu nennen sein wird)« (Hofmannsthal-Bw, 303). Dieser Form entsprechen die Zeitangaben, mit denen viele Kapitel eingeleitet werden. Das Nacheinander ist aber nicht gleichbedeutend mit einer kontinuierlichen Entwicklung der Handlung. Die einzelnen Ereignisse im Leben der Therese Fabiani sind nicht unbedingt kausal miteinander verbunden – abgesehen von der Geburt des unehelichen Sohnes und ihren Folgen, nämlich der Tatsache, dass Therese damit für eine bürgerliche Ehe definitiv nicht mehr in Frage kommt –, sondern stehen eher nebeneinander, wie das auch in alten Chroniken der Fall ist. Dies gilt vor allem für den Mittelteil, der vom Beginn des Verhältnisses mit Kasimir Tobisch (Kap. 28) bis zum plötzlichen Tod Wohlscheins reicht, Thereses ›letzter Hoffnung‹ auf ein stabilisiertes Leben (Kap. 95): Schnitzler schildert in einer Art Pendelbewegung (vgl. Koch-Didier 2000, 94) einen Kreislauf sich wiederholender Situationen und Fehlschläge, die den Eindruck der Leere im Leben dieser Gouvernante und Mutter verstärken und sie letztlich resignieren lassen. Ein Effekt dieser Wiederholungen inhaltlicher, thematischer, formeller und sprachlicher (stilistischer) Natur ist auch, dass sich die Chronologie auflöst, die oberflächliche Linearität einer Zirkularität Platz macht. Koch-Didier (2000, 96) und Dangel-Pelloquin (2008, 372) ziehen dazu einen Vergleich mit dem *nouveau roman*, seinem monotonen Rhythmus und der Feststellung von Robbe-Grillet, dass »le temps se trouve coupé de sa temporalité. Il ne coule plus. Il n'accomplit plus rien« (»Die Zeit ist von ihrem Zeitcharakter getrennt. Sie fließt nicht mehr. Sie vollendet nichts mehr«; 2012, 168).

Anfang und Schluss weisen hingegen eine logisch fortschreitende Entwicklung auf: Zu Beginn wird der Leser mit der familiären Vergangenheit von Therese und ihrer Entscheidung, sich selbständig zu machen, vertraut gemacht; in den letzten Abschnitten nehmen die Erinnerungen Thereses und ihre Nostalgie zu. Alfred Nüllheim, der Jugendfreund, der bis zum Schluss – mit Unterbrechungen – präsent ist, kann als Verbindungsglied zwischen Linearität und Zirkularität gesehen werden.

Zwei Erzählstrukturen prägen also den Roman: die der ›alten‹ Erzählung aus dem Jahr 1889, die den Bogen vom versuchten Kindesmord zum (unabsichtlichen) Muttermord spannt, und jene, die die sich wiederholenden Episoden der ›Chronik eines Frauenlebens‹ betrifft. Handlung und gesellschaftlicher Hintergrund sind darin als vollkommen vergangen dargestellt (vgl. Dangel 1985, 197) und verstärken das Bild von Schnitzler als dem Dichter einer versunkenen Welt; dennoch kann auch gefragt werden, inwieweit die soziale und gesellschaftliche Realität der 1920er Jahre in der Darstellung der wirtschaftlichen Situation von Therese durchschlägt (s. u.).

Stilistisch erscheint der Roman einfach, anspruchslos, direkt, ohne Schnörkel und Verzierungen als Ausdruck einer realistischen Erzählweise und hat damit auch etwas von der Neuen Sachlichkeit, also seiner Entstehungszeit, an sich. Der Form der Chronik entspricht die Vergangenheitsform, in der der gesamte Roman geschrieben ist. Indirekte und erlebte Rede herrschen deutlich vor, direkte Rede ist selten. Markant hebt sich davon der (ergreifende) Innere Monolog von Therese in der dramatischen Geburtsnacht ab, der Schnitzlers Einfühlungsvermögen in die psychischen Vorgänge seiner Hauptperson beweist.

Zur Hauptfigur

Therese ist eine komplexe Figur. Die aus dem (mittleren) Bürgertum stammende Frau und ihren Lebensunterhalt – in ärmlichen Verhältnissen – selbst verdienende, alleinstehende Mutter wird Gegenstand einer genauen Sozialdiagnose (vgl. Möhrmann 1985, 104). Insofern bildet sie eine Ausnahme unter Schnitzlers Frauengestalten und wäre am ehesten noch mit Bertha Garlan zu vergleichen, die aber als Witwe sozial und existentiell einen anderen Status hat. Als Gouvernante gehört Therese zum feststehenden Personal des Bürgertums und ist fest verankert im kulturellen Gedächtnis der Zeitgenossen (vgl. Dangel-Pelloquin 2008, 359); soziologisch gesehen nimmt sie eine »paradoxe Zwischenstellung von Nähe und Distanz« (ebd.) ein: Die Offizierstochter ist (und hält sich für) etwas Besseres als die übrigen Dienstboten, fragt sich aber auch, warum

»sie sich immer wieder ihren Berufs-, ihren Schicksalsgenossinnen[,] innerlich überlegen fühlte« (ES II, 771); durch ihren sozialen Abstieg und die Geburt ihres Sohnes nähert sie sich tatsächlich immer mehr den unteren Gesellschaftsschichten. So wird die Wiener Gesellschaft letztlich aus der Perspektive einer ›Ausgeschlossenen‹ gesehen.

Darüber hinaus scheint ihr der Autor eine besondere Rolle zugeschrieben, sie von seinen übrigen Frauengestalten differenziert zu haben. Sie ist weder schwach noch kindisch, weder hysterisch noch idealisiert, kein ›süßes Mädel‹ (dazu fehlt ihr, abgesehen von ihrer gutbürgerlichen Herkunft, die Unbeschwertheit) und, trotz betonter Weiblichkeit, keine Femme fatale (vgl. Klüger 1996, 52); sie gibt sich keinerlei Ausschweifungen hin, ist kein bloßes Sexualobjekt für die Männer ihrer Umgebung, wenn auch manche ihrer Dienstgeber sie gerne in dieser Rolle sähen. Sie ist ein Durchschnittsmensch und ihr Charakter so angelegt, dass, wie Ruth Klüger treffend bemerkt, »der Leser sie weder aus sicherem Abstand bemitleiden [...], noch sie als minderwertigen Menschen ablehnen kann« (ebd., 53). Sie gibt sich keinerlei Illusionen über die Mitmenschen hin, ohne allerdings die Konsequenz aus dieser Haltung zu ziehen: Einsichten und Handlungen fallen bei ihr immer wieder auseinander. Dabei ist sie aber – im Gegensatz zur Erzählung von 1889/92 – nicht als Opfer eines platten Determinismus dargestellt: Ihr Schicksal wird nicht nur von äußeren Umständen bestimmt. Trotz der schweren familiären, psychischen und soziologischen Disposition hat sie – wenn auch geringe – Freiräume, ist für manche ihrer Entscheidungen durchaus selbst verantwortlich; sie reflektiert immer wieder ihren Wunsch nach bzw. ihr Recht auf Menschen- und Frauenglück, das ihr aber verwehrt bleibt (vgl. Dangel-Pelloquin 2008, 363). So gesehen ist Schnitzlers Roman die Geschichte eines Emanzipationsversuchs, der letztlich auch deshalb scheitert, weil Thereses nicht domestizierte Wünsche ihre sachliche Lebensplanung immer wieder durcheinanderbringen. Schnitzler liefert so eine einfühlsame Darstellung der Komplexität weiblicher Wünsche und Widersprüchlichkeiten (vgl. Möhrmann 1985, 106). Das dreifache Scheitern der Therese (als Frau, als Mutter, als Gouvernante) hat sozialgeschichtliche, kulturelle und individuelle Gründe: Eine bürgerliche Ehe als Frau Nüllheim oder Frau Wohlschein ist für die Mutter eines unehelichen Kindes ebenso unmöglich wie für die Gouvernante die Befreiung von der Abhängigkeit einer kleinen Angestellten (vgl. Koch-Didier 2000, 106).

Obwohl der Roman das ganze Leben der Hauptfigur ausbreitet, bleiben die Konturen ihrer Identität fließend und unscharf. Das hängt einerseits mit der bewussten Distanz des Chronisten zusammen, durch die das Wesen Thereses etwas geheimnisvoll bleibt, hat andererseits aber auch mit der Vorstellung des »unrettbaren Ich« (Ernst Mach) zu tun (oder mit dem »dissoziierten Ich«, das Hermann Broch in den *Schlafwandlern* als Symptom des Wertverlusts ansah) und mit der impressionistischen Idee, dass nur der Augenblick Grundlage der Wahrheit sei.

Ein wichtiges Element in der Geschichte der Therese Fabiani ist auf jeden Fall die Mutter-Kind-Beziehung: Das gilt sowohl für das Verhältnis von Therese zu ihrer eigenen Mutter als auch für ihr Verhältnis zu ihrem Sohn und zu den fremden Kindern, die ihr anvertraut sind.

Thereses Beziehung zu ihrer Mutter ist schon von Beginn an gespannt: Julia Fabiani scheint sich mehr um ihre Kaffee- und Kartengesellschaften und um ihre Trivialromane gekümmert zu haben, als um ihre Kinder. Therese interessiert sie nur, insoweit sie ihr von Nutzen sein kann: als Heiratskandidatin für einen alternden Grafen oder als Quelle für ihre eigenen Romane, in die sie Lebensberichte ihrer Tochter und sogar ganze Abschnitte aus deren Liebesbriefen einbaut. Therese selbst ist ihren Arbeiten gegenüber äußerst kritisch eingestellt, womit Schnitzler wohl auch Kritik an der Indezenz von Kitschromanen und Trivialliteratur übt (vgl. Klüger 1996, 44 f.); ihre im Roman erwähnten Begegnungen mit der Mutter verlaufen durchweg enttäuschend.

Ihr Verhältnis zu Franz ist geprägt von wirren Schuldgefühlen, die auf die traumatische Nacht der Geburt zurückgehen, aber auch aus der spezifischen Situation erklärbar sind, dass Therese, um ihren Lebensunterhalt zu verdienen, ihren Sohn zu Pflegeeltern geben muss und dafür die Kinder anderer aufzieht, also durch das Gefühl, ihn gegenüber den fremden Kindern zu vernachlässigen. Tatsächlich gestalten sich ihre Beziehungen zu manchen ihrer Pflegekinder intensiver als zu ihrem eigenen Buben (z. B. die Beziehung zum kleinen Robert, Kap. 66). In dieser Hinsicht greift Schnitzler hier schon ein Thema auf, das erst ein halbes Jahrhundert später zum Gegenstand psychologischer und sozialpolitischer Überlegungen wird, nämlich die »Frage nach dem Verhältnis von biologischer und sozialer Mutterschaft und damit verbunden die Entmythologisierung der Mutter-Kind-Beziehung« (Möhrmann 1985, 105), wobei das Schicksal von Therese und Franz suggeriert, dass der biologische Faktor noch

2.1 Zu Lebzeiten veröffentliche Romane

keine Garantie für ein glückliches Verhältnis ist. Obwohl es auch im Verhältnis zu Franz, wie in ihren anderen Beziehungen, Abbruch und Wiederholungen gibt, hält Therese lebenslang an der Beziehung zum Sohn fest. Die Entwicklung von Franz erschließt eine im Schnitzlerschen Werk seltene Gesellschaftsschicht: die Wiener Halb- und Unterwelt, die Schattenseite des Wiener Fin de Siècle.

Wenn auch die Haltung Thereses, die am Schluss Franzens Aggression mit ihrer eigenen Kindsmordabsicht in der Geburtsnacht entschuldigen will (eine Erklärung, die vom Gericht letztlich nicht akzeptiert wird), an den naturalistischen Kausalzusammenhang der Erzählung von 1889/92 erinnert, ist der psychologische Ansatz im Roman weitaus komplexer. Zwar scheinen manche Verhaltensweisen von Therese durchaus von der ursprünglichen Familienkonstellation bestimmt, dennoch stellt Schnitzler keine monokausale Beziehung her, sondern zieht auch sozialgeschichtliche, kulturhistorische und mentalitätspsychologische Erklärungen in Betracht (vgl. Müller 1991, 194). Koch-Didier interpretiert die zahlreichen Liebschaften Thereses – unter Hinweis auf *Anatol* und *Reigen* – als Ausdruck der Entpersonalisierung der Sexualität und weist darauf hin, dass fast alle einem der beiden Beziehungsmuster folgen, nach denen ihre ersten Beziehungen, noch in Salzburg, verlaufen sind; mit dem unbekümmerten Leutnant Max und dem schüchternen Gymnasiasten Alfred, oder, anders gesagt: der kurzfristige Liebesrausch auf der einen, die gutbürgerlichen Moralvorstellungen auf der anderen Seite (vgl. Koch-Didier 2000, 103).

Wichtig ist im Fall von Therese auch das Auftauchen der Erinnerung an frühere Ereignisse. Fliedl hebt gerade diese Erinnerungsleistung hervor. Therese gelinge nämlich »ein Erinnern gegen alle Wahrscheinlichkeit, ein freiwilliges Aufdecken verborgener Regungen« (Fliedl 1997, 183). Somit kann der Roman auch als psychoanalytischer Prozess ohne Therapeuten gelesen werden; und als Ausdruck der Skepsis Schnitzlers gegenüber manchen Aspekten der Psychoanalyse, denn im Gegensatz zu Freud stellt er die Verantwortung für das Nicht-Bewusst-sein (oder zumindest für das »Mittelbewusstsein«; Psy, 283) dar: »Was Therese eigentlich unbedingt hätte verdrängen und vergessen müssen, wird von ihr selbst tapfer zurückgerufen. Die ›Chronik eines Frauenlebens‹ ist daher auch der Modellfall einer Schnitzlerschen Analyse, so wie er sie sich gedacht hat: in Eigenregie« (Fliedl 1997, 186). Klüger sieht ihrerseits »in der Verführungsszene mit Kasimir [...] eine Proust'sche Geruchserinnerung« (1996, 54), und zwar, wenn Kasimirs Schnurrbart nach der Resedapomade aus dem Friseurladen riecht, aus dem sie den Vater einmal abgeholt hat (Kap. 30).

Der soziologische Aspekt des Gouvernantendaseins von Therese weist über die Jahrhundertwende und die Zeit der Monarchie hinaus. Sie gehört nämlich nicht mehr zu den in der Literatur des 19. Jahrhunderts immer wieder anzutreffenden Dienerinnen, die im Hause ihrer Herrschaft alt werden. Therese bleibt in (fast) keiner Stellung länger als ein Jahr, es gibt kaum eine persönliche Bindung, ihr Status ähnelt dem einer Angestellten, einer Lohnempfängerin, und spiegelt so eine Situation, die erst nach dem Ersten Weltkrieg üblich wurde. Koch-Didier (2000, 107) sieht hier eine Vorwegnahme der Anonymität und Austauschbarkeit, die das Berufsleben im 20. Jahrhundert kennzeichnen. Klüger interpretiert das Schicksal von Therese (und den Roman Schnitzlers insgesamt) metaphorisch als Zerfallssymptom nicht nur der bürgerlichen Gesellschaft, sondern der gesamten Monarchie. Therese sieht sie als Opfer der Umstände, durch die Schnitzler »das Absinken seiner Heimat am Leben einer Österreicherin« demonstriert und so »einem durchschnittlichen Frauenleben paradigmatische Bedeutung« verleiht. Damit liefere er »einen Beitrag zur ernsten Frauenliteratur [...], von dem man wohl behaupten kann, daß er auf seine Art unübertroffen ist« (Klüger 1996, 61).

Zeitgenössische Rezeption

Schnitzlers Roman scheint – einer Tagebucheintragung vom Mai 1928 (»überraschender Erfolg, Fischer druckt schon neu«; Tb, 23.5.1928) und einem Brief an Hofmannsthal (21.7.1928; Hofmannsthal-Bw, 310) nach zu schließen – beim Publikum gut angekommen zu sein. Auch manche Schriftstellerkollegen waren von der »Chronik« angetan, z. B. Hofmannsthal, der die Struktur des Romans gegenüber der Kritik verteidigt: »Ganz besonders groß aber tritt Ihr Vorzug, einem Stoff den Rhythmus zu geben, wodurch er Dichtung wird, hier hervor. Eben was dem stumpfen Leser monoton scheinen könnte, daß sich sozusagen die Figur des Erlebnisses bis zur beabsichtigten Unzählbarkeit wiederholt, das hat Ihnen ermöglicht Ihre rhythmische Kraft bis zum Zauberhaften zu entfalten« (an Arthur Schnitzler, 10.7.1928; Hofmannsthal-Bw, 309) und Thomas Mann, der in einem Brief vom 28. Mai 1928 von einem Roman spricht, »der, wie alle guten und wichtigen heute, keiner mehr ist« (zit. n. Krotkoff 1974, 25) und damit genau den Kern der Wahl der Chronikform trifft.

Die zeitgenössische Kritik hingegen war eher gespalten und schwankte zwischen »erzählerischer Meisterleistung« (Viktor Zuckerkandl in der *Neuen Rundschau*, Jg. 39, 1928, H. 9) und Einfachheit (Banalität), bzw. Eintönigkeit, Spannungslosigkeit der Erzählung und Rückfall in den Naturalismus, wobei vor allem die Monotonie der dargestellten Situationen irritierte (vgl. Kündig 1991, 133–137). In einer sehr wohlwollenden und ausgewogenen Rezension im Feuilleton der *Neuen Freien Presse* (22.4.1928) sieht Raoul Auernheimer im Zusammenhang zwischen der Tötungsabsicht von Therese und dem an ihr von ihrem Sohn begangenen Mord eine »eigentümliche naturalistische Behandlungsweise« des Grundmotivs, die er näher bei Ibsen als bei Zola ansiedelt, weil das »wissenschaftliche Präparat mystisch umdämmert« ist. Louis Gillet hält in einer bemerkenswerten Besprechung in der *Revue des Deux-Mondes* (15.7.1929) die fatale Auseinandersetzung zwischen Therese und Franz für eine »scène d'horreur aussi tragique que les dernières pages de *L'Idiot* et des *Possédés*« (»eine Szene des Schreckens, die ebenso tragisch ist wie die letzten Seiten von Dostojevskijs *Der Idiot* und von den *Dämonen*«) und sieht in der Ausbreitung eines Lebensablaufs sogar Ähnlichkeiten mit *Gil Blas* (Alain-René Lesage, 1715/1735) und *Moll Flanders* (Daniel Defoe, 1722).

Die jüngere Kritik (vgl. Dangel 1985, 39; vgl. Koch-Didier 2000, 97) hat *Therese* in eine Reihe mit großen Frauenromanen wie Fontanes *Effi Briest* (1894) und Maupassants *Une vie* (1883) gestellt, weil Schnitzler als Ausgangssituation ebenfalls den Übergang der Protagonistin zum Erwachsenenalter wählt. Was dann aber die sich wiederholenden, enttäuschenden Beziehungen in Berufs- und Liebesleben sowie den kritischen Blick auf die Gesellschaft betrifft, wäre Therese eher mit Célestine aus Octave Mirbeaus *Tagebuch einer Kammerzofe* (1900) zu vergleichen, allerdings mit umgekehrten Vorzeichen, denn dem sozialen Aufstieg Célestines vom armen bretonischen Fischermädchen zur Kaffeehausbesitzerin steht der soziale Abstieg von Therese gegenüber.

Literatur

Angress, Rita K.: S.s »Frauenroman« *Therese*. In: MAL 10 (1977), H. 3/4, 265–282.

Dangel, Elsbeth: Vergeblichkeit und Zweideutigkeit. »Therese. Chronik eines Frauenlebens«. In: Hartmut Scheible (Hg.): *S. in neuer Sicht*. München 1981, 163–186.

Dangel, Elsbeth: *Wiederholung als Schicksal. A. S.s Roman »Therese. Chronik eines Frauenlebens«*. München 1985.

Dangel-Pelloquin, Elsbeth: Nachwort. In: A. S.: *Therese*. München 2008, 355–374.

de Bruyker, Melissa: *Das resonante Schweigen. Die Rhetorik der erzählten Welt in Kafkas »Der Verschollene«, S.s »Therese« und Walsers »Räuber«-Roman*. Würzburg 2008.

Derré, Françoise: *L'Œuvre d'A. S. Imagerie viennoise et problèmes humains*. Paris 1966.

Fliedl, Konstanze: *A. S. Poetik der Erinnerung*. Wien/Köln/Weimar 1997.

Klüger, Ruth: S.s ›Therese‹ – ein »Frauenroman«. In: Ruth Klüger: *Frauen lesen anders. Essays*. München 1996, 35–62.

Koch-Didier, Adelheid: »Gegen gewisse, sozusagen mystische Tendenzen«. L'œuvre romanesque d'A. S. In: *Austriaca* 50 (2000), 89–107.

Krotkoff, Herta: A. S. – Thomas Mann: Briefe. In: MAL 7 (1974), H. 1/2, 1–33.

Kündig, Maya: *A. S.s »Therese«. Erzähltheoretische Analyse und Interpretation*. Bern u. a. 1991.

Möhrmann, Renate: S.s Frauen und Mädchen zwischen Sachlichkeit und Sentiment. In: Giuseppe Farese (Hg.): *Akten des Internationalen Symposiums »A. S. und seine Zeit«*. Bern/Frankfurt a. M./New York 1985, 93–107.

Müller, Heidy M.: Divergenz. »Therese. Chronik eines Frauenlebens« (1928) von A. S. In: Heidy M. Müller: *Töchter und Mütter in deutschsprachiger Erzählprosa von 1885 bis 1935*. München 1991, 189–202.

Robbe-Grillet, Alain: *Pour un nouveau roman*. Paris 2012.

Schmid-Bortenschlager, Sigrid: Ritournelle et épisode dans »Thérèse« de S. In: Christiane Ravy/Gilbert Ravy (Hg.): *A. S. Actes du colloque du 19–21 octobre 1981*. Paris 1983, 47–59.

Karl Zieger

2.2 Aus dem Nachlass veröffentlichte Romane

Theaterroman (Fragm. 1967)

Entstehung

Mit dem Projekt eines Wiener Romans im Theatermilieu war Schnitzler rund vierzig Jahre lang befasst, ohne es abschließen zu können. Nach einer ersten Ideensammlung aus dem Jahre 1889 und einem Entwurf des Romans von 1896 entstanden in größeren Intervallen immer neue Planskizzen, die im Tagebuch als Vorarbeiten zum ›Wurstel‹- oder ›Wurstlroman‹ bezeichnet werden – mit Bezug auf eine später ausgeschiedene, im sog. Wurstelprater angesiedelte Erzählsequenz aus der Kindheit des Protagonisten (vgl. Kiwit 1991, 183). Anfang 1912 stellt sich Schnitzler die Frage, ob »der Wurstlroman nicht ›Liebe, Spiel u. Tod‹ heißen sollte?« (Tb, 5.1.1912). Schließlich setzt sich die Titelalternative Theaterroman durch. Für seine anhaltende Skepsis gegenüber dem Stoff findet er vier Jahre später folgende Erklärung: »An den Roman wag ich mich nicht; auch paralysirt er irgendwie die Autobiografie (wär vielleicht gut)« (ebd., 8.1.1916). Tatsächlich besteht ein entstehungsgeschichtlicher Zusammenhang zwischen dem Abbruch der Autobiographie *Leben und Nachklang – Werk und Widerhall* (postum u. d. T. *Jugend in Wien* publiziert) im Jahre 1920 und der Fortführung des Romanprojekts. Die These von »einer direkten Fortschreibung der Geschichte des Ich in der poetisch-fiktiven Form des Romans« (Kiwit 1991, 202) wird durch einen Tagebucheintrag gestützt: »Ob die Zeit von 89 an statt autobiogr. nicht lieber im Roman (Theaterroman) bearbeitet werden sollte?« (Tb, 8.2.1919).

Der 1921 vollzogene Wechsel von der faktualen zur fiktionalen Schreibweise ist jedoch mit erheblichen Problemen und Skrupeln verbunden, da Schnitzler von Anfang an eine Art »Schlüsselroman« (ebd., 14.4.1927) der Wiener Gesellschaft im Sinn hat. Als Inspirationsquelle dienen ihm neben seinen eigenen Tagebüchern des Zeitraums 1888–1893 die Korrespondenzen mit ehemaligen Geliebten, den Schauspielerinnen Adele Sandrock und Marie Glümer. Viele Notizen lassen erkennen, dass Personen seines unmittelbaren Umfelds die Figurenkonzeption maßgeblich beeinflussten, so etwa der Schul- und Studienfreund Richard Tausenau, der für Richard Hulrig Pate stand. Die Figur des literarisch ambitionierten Journalisten Claudius Dobold modellierte er nach dem Vorbild des Autors Felix Salten, über den Schnitzler notierte: »Äußerliche Bedenken, – wie z. B. dass allzuviel erlebtes, ›Freunde‹ – insbesondre F. S.'s Gestalt erheblich mitspielen müßte, dürften mich nicht abhalten« (ebd., 8.10.1916).

Konkretere Gestalt nahm der *Theaterroman* erst ab 1921 an, nachdem die Entscheidung gefallen war, an die bis 1889 reichende Autobiographie direkt anzuknüpfen und seinen Lebensstoff fiktional zu transformieren – einschließlich einer »Abrechnung mit seinen Feinden« (Beier 2008, 496). Aus der detaillierten Rekonstruktion der Textgenese von Kiwit geht hervor, dass sich relativ früh mehrere Themenschwerpunkte herausschälten: der Vater-Sohn-Konflikt, das Verhältnis des Protagonisten mit einer Schauspielerin sowie weiteren Frauen, das »Theater als Milieuhintergrund« und der damit verbundene »Problemkomplex ›Wirklichkeit und Schein‹« (Kiwit 1991, 181).

Inhalt

Den Auftakt zum *Theaterroman* in der von Urbach edierten letzten Fassung, die zwischen April 1930 und Juli 1931 entstand, bildet ein Gespräch zwischen dem Sekundararzt Rudolf Forlan und seinem Vater, der im selben Krankenhaus als Medizinalrat tätig ist. Der Dialog lässt die Entfremdung erkennen, die aufgrund charakterlicher Differenzen sowie unterschiedlicher Zielsetzungen und Werte zwischen beiden eingetreten ist – auch auf fachlicher Ebene, da sich der Sohn zum Missfallen des Vaters mit Hypnose beschäftigt. Außerdem plagen Rudolf private Probleme: Trotz des festen Vorsatzes gelingt es ihm nicht, das »erwünschte Ende« (RF, 139) seiner Beziehung zu Annette herbeizuführen.

Der expositorischen Erzählung über seine unbefriedigende Lebenssituation folgt die Schilderung einer Begegnung mit Claudius Dobold, der ihm wegen eines Artikels über einen prominenten Psychiatriepatienten, zu dem ihm Rudolf Zutritt verschafft hatte, einen Besuch abstattet. Als Entschuldigungsgeste für die Unannehmlichkeiten, die der dem Publikumsgeschmack angepasste Beitrag dem jungen Arzt in der Klinik beschert hatte, lädt der Journalist ihn zu einer Aufführung der Schauspielschule ein. Rudolf begleitet ihn nur allzu gerne ins Konservatorium, weil er nun in die ihn seit jeher faszinierende (Gegen-)Welt des Theaters eintauchen kann. Die unbeholfene Geste eines Schauspielers weckt in ihm die Erinnerung »an einen längst vergessenen Vorfall aus der Kindheit« (ebd., 143): eine Aufführung von Gounods Faust-Oper, bei der sein Vater von der Loge aus den Hauptdarstellern zuwinkte und diese den Gruß erwiderten. Das Erlebnis einer Illusionsstörung, die auch in *Jugend in Wien* geschildert wird (vgl. JiW, 27), hat auf Rudolf eine zwar irritierende, aber auch erregende Wirkung. Trotz laienhafter Darbietungen versetzt ihn »diese ganze Sphäre von Spiel, Unbekümmertheit und Fest« in einen »leichten Rausch« (RF, 147), zumal eine Schauspielschülerin namens Maria ihn zu fesseln beginnt.

Am folgenden Abend besucht Rudolf, den »brave[n] Sohn« spielend (ebd., 152), seine Familie. Seine besondere Aufmerksamkeit gilt der psychisch labilen, musikalisch begabten Schwester Friederike, deren »Verstörungen« (ebd., 153) nicht nur auf die ererbte Gemütskrankheit, sondern auch auf ihre unglückliche Liebesbeziehung zu dem Dichter Dilenz zurückzuführen sind. Tags darauf trifft Rudolf mit seinem Freund Richard Hulrig zusammen, der ihm berichtet, Annette in einer kompromittierenden Situation beobachtet zu haben. Sein Versprechen, sich umgehend von seiner Geliebten zu trennen, hält Rudolf jedoch nicht, obwohl er an Annettes verharmlosender Erklärung des Vorfalls zweifelt und sie insgeheim zur Dirne erniedrigt. Um sich endgültig von ihr zu lösen, denkt er sogar darüber nach, die Professorentochter Martha zu heiraten und damit dem Wunsch seines Vaters zu entsprechen.

Auf episodische Begegnungen mit dem Dramenautor Dilenz und der Schauspieldiva Roveda folgt eine Erzählsequenz über Rudolfs zweiten Besuch des Konservatoriums – diesmal mit dem von Dobold übernommenen Auftrag, eine Kritik über den Abend zu verfassen. Wiederum wird Rudolf »von der Unwirklichkeit, in die alles versunken war«, in den »Bann« geschlagen (ebd., 168). Nach der Vorstellung begleitet er Maria nach Hause, die sich jedoch sehr reserviert verhält. Mit der Schilderung weiterer, halb zufälliger Begegnungen bricht das erste Romankapitel ab. In der von Urbach edierten »Skizze der unmittelbaren Fortsetzung« werden stichwortartig das »platonische Verhältnis« und die »Komödiantereien« zwischen Rudolf und Maria erwähnt, ferner der »Selbstmordversuch« und »Erpressungsbrief der Annette« (ebd., 174).

Deutung

Ungeachtet aller offenkundigen biographischen Referenzen entfaltet Schnitzlers Romanfragment das Porträt eines Mannes mit instabiler Identität und ausgeprägter Entscheidungs- und Bindungsschwäche und bietet damit eine Variation einer im Werk häufig anzutreffenden Figurenkonzeption, die auf die Krise der Männlichkeit um 1900 verweist. Durch die Charakterisierung als wehleidig-hypochondrischer, wankelmütiger Typus zeigt Rudolf Forlan deutliche Affinitäten vor allem zur Anatol-Figur (*Die Frage an das Schicksal*). Er schwankt zwischen Anpassung an tradierte bürgerliche Normen und der Sehnsucht nach einer freien, unkonventionellen Existenzform, die er im Theater zu finden glaubt. Dazu heißt es in einem Entwurf: »Das Theater und das Theaterwesen in seiner Unwirklichkeit, Lebensferne, Spielhaftigkeit bedeutet eine Art Rettung für ihn. [...] Nur im Theater ist er losgelöst, frei« (RF, 177). Das Milieu hat auch insofern eine katalysatorische Funktion für seinen Gefühlshaushalt, als es erotische Wünsche freisetzt, die er auf die attraktive Kindfrau Maria projiziert. Der ohnehin zwischen Annette, dem ›Mädel‹ aus der Vorstadt, und der standesgemäßen potentiellen Ehefrau Martha hin- und hergerissene Protagonist manövriert sich damit in ein weiteres Konfliktfeld hinein, auf dem sich – Schnitzlers Plänen zufolge – weitere melodramatische Zuspitzungen ereignen sollten.

Das Fragment bettet diese Verwicklungen in eine von Entfremdung und Verfall geprägte »Familiengeschichte [...], die zugleich eine Krankheitsgeschichte ist« (Kiwit 1991, 196). Dabei wird auf eine Reihe zeitgenössischer medizinisch-psychiatrischer Diskurse Bezug genommen: Neben einer Anspielung auf Lombrosos Schrift über *Genie und Irrsinn* (1887) finden sich explizite Verweise auf Rudolfs Rezeption von Charcots Theorien zu Hypnose und Hysterie. Dem Protagonisten wird ferner ein auffälliges Interesse für psychiatrische Fallgeschichten zugeschrieben, die seine Phantasie so sehr anregen, dass er sie in einem Inneren Monolog weiterspinnt (vgl. RF, 150 f.) – eine Passage, die die Brücke von der Psychopathologie zur literarischen Kreativität schlägt und ahnen lässt, welche Entwicklung Schnitzlers Alter Ego zugedacht war.

Literatur

Beier, Nikolaj: »*Vor allem bin ich ich*«. *Judentum, Akkulturation und Antisemitismus in A. S.s Leben und Werk*. Göttingen 2008.

Kiwit, Wolfram: »*Sehnsucht nach meinem Roman*«. *A. S. als Romancier*. Bochum 1991.

Gabriele Sander

3. Erzählungen und Novellen

3.1 Zu Lebzeiten veröffentlichte Erzählungen und Novellen

3.1.1 Frühe Erzählungen der 1880er und 1890er Jahre

Kleinere Erzählungen I: 1880er Jahre

Bei den Erzählungen aus den 1880er Jahren handelt es sich um einige der frühesten literarischen Publikationen Schnitzlers. Die Forschung lässt diese relativ kurzen Texte häufig unbeachtet oder streift sie nur, obwohl sie bereits einige wichtige Themen der späteren literarischen Werke Schnitzlers in bemerkenswerter Komplexität darstellen, darunter die Probleme bei der Realisierung eigenen Künstlertums sowie der Umgang mit der Flüchtigkeit der Liebe oder dem Tod.

Er wartet auf den vazierenden Gott (1886)

In diesem Text gibt es keine Handlung im üblichen Sinne. Vielmehr porträtiert ein Ich-Erzähler einen Freund. Dieser sei ein »Poet« und warte auf den titelgebenden »vazierenden«, also ›(dienst)freien‹ Gott, wie schon in den ersten beiden Sätzen erläutert wird. Die folgende Beschreibung macht deutlich, dass dieser Freund Albin entweder ein Genie oder ein Hochstapler ist. Einerseits werde er immer wieder überwältigt von einem Strom der »Ideen«, wofür ihn der Erzähler nach eigener Auskunft »bewunder[t]«; und auch bezeichnet er Albin ausdrücklich als ein »Genie des Fragments«. Andererseits birgt dieses Genie ein gravierendes Problem, denn Albin »hat noch nie etwas bis zu Ende geschrieben« und selbst seine »Reflexionen enden gewöhnlich mit einem Gedankenstrich«, d. h. ohne Ergebnis (ES I, 11). Fragmentarisch ist folglich insbesondere die ›Produktion‹ dieses Poeten, dessen Status als Genie durch das fehlende Werk äußerst fragwürdig wird.

In der Folge zeichnet der Ich-Erzähler das Porträt eines sich selbst als Genie inszenierenden Kaffeehaus-Poeten – denn dort finden die meisten geschilderten Begegnungen der beiden Freunde statt. Und obgleich der Erzähler an der Oberfläche kritiklos scheint, äußert er doch implizit Kritik. Als etwa Albin einmal »vazierende Götter« identifiziert mit »Genies, denen die letzte Inspiration fehlt«, erwidert der Erzähler: »Der Vergleich passt im allgemeinen [...]. Aber [...] sind es doch nicht [sic!] eher diejenigen, welche eigentlich alles vollbringen könnten und denen nicht die letzte Inspiration fehlt, sondern, welche diese Inspiration vorübergehen lassen und mit allen ihren großartigen Plänen gemütlich weiterbummeln, ohne was Rechtes anzufangen [...]? Sie mischen sich unter die Sterblichen und lassen sozusagen die Unsterblichkeit verfallen, auf die sie eine Anweisung in der Tasche tragen« (ebd., 13 f.). Obgleich diese Aussagen nicht unmittelbar auf Albin bezogen formuliert sind, spielen sie doch deutlich auf dessen Künstlerexistenz an. Albin wird hiermit implizit charakterisiert als eine Person, die ihre tatsächlich vorhandenen Fähigkeiten nicht zu nutzen versteht und daher das eigene (Künstler-)Leben zu ›verbummeln‹ und zu vergeuden droht.

Schnitzler kritisiert in dieser erstmals 1886 in der *Deutschen Wochenschrift* erschienenen satirischen Erzählung – seiner ersten jemals veröffentlichten – einen Künstlertypus, den einige zeittypische Eigenschaften kennzeichnen. Das Fragmentarische und Skizzenhafte hatte zur Entstehungszeit des Textes in der Literatur tatsächlich Konjunktur – man denke etwa an die etwas später veröffentlichten Skizzen des Schnitzler gut bekannten Peter Altenberg (vgl. JiW, 213 u. ö.). Aber auch das Kaffeehaus als bevorzugter Aufenthaltsort der beiden Freunde entspricht tatsächlichen Gepflogenheiten zeitgenössischer Wiener Literaten wie den sich regelmäßig im Café Griensteidl versammelnden Autoren von Jung Wien (vgl. Kraus 1979; Lorenz 1995, 21–26). Kritik an diesem Typus äußert der Text, indem er sowohl die Strategien der Erniedrigung anderer durch bestimmte Formen der Selbstinszenierung entlarvt als auch die Lächerlichkeit eines ›vazierenden Gottes‹, oder, wie der Erzähler pointiert, eines »Jupiter[s] ohne Anstellung« (ES I, 12), d. h. eines Dichters ohne Werk.

Amerika (1889)

In dem 1889 erstmals in der Zeitschrift *An der Schönen Blauen Donau* veröffentlichten humoristischen Text setzt mit dem ersten Satz der Ich-Erzähler seinen »Fuß« auf den titelgebenden »neuen Welttheil« (ES I, 15). Doch der Status des realen Kontinents wird sogleich auf komische Weise in Frage gestellt. Denn das innerhalb der Fiktion reale Amerika sei gar nicht das wahre Amerika. Und auf dieses sei nicht etwa Columbus, sondern vor längerer Zeit der Erzähler gemeinsam mit seiner damaligen Geliebten Anna gestoßen. Die ›wahre neue Welt‹ befand sich nämlich auf Annas Körper: Es war die »süße, weiße Hautstelle« hinter ihrem Ohr, die Anna scherzhaft »Amerika« taufte (ebd.). Der Erzähler erinnert in dem Moment, als er das »falsche[] Amerika« (ebd., 16) betritt, diesen Scherz und die für das Paar in vielen Situationen daraus resultierende Komik. Damit erinnert er sich aber vor allem auch an Anna selbst und an das Zusammensein mit ihr. Zum Schluss wird die Erinnerung an die Erlebnisse mit dieser Frau, die »[v]iele, viele Jahre« her sind, sogar derart präsent, dass er glaubt, noch einmal den »Duft« wahrzunehmen, der damals von ihren Haaren über das neu entdeckte ›Amerika‹ strömte (vgl. ebd., 16 f.).

Der Text lebt einerseits von dem Einfall Annas, d. h. von der sprachspielerischen Komik, die aus der nur für das Paar und den eingeweihten Leser vorhandenen Doppeldeutigkeit des Namens Amerika resultiert. Er lebt somit auch von der Interaktion mit der Erfahrung eines Lesers, der das intime Spiel der Erfindung einer Privatsprache kennt. Andererseits geht es Schnitzler offenbar nicht allein um die Funktionalisierung dieser Doppeldeutigkeit als ein komisches Spiel mit einem ›pikanten Detail‹. In den beiden letzten Absätzen dieser kleinen Erzählung wird deutlich, dass die durch das Betreten des ›falschen Amerika‹ geweckte Erinnerung den Erzähler tatsächlich berührt (die gegenteilige Position vertreten Leroy/Pastor 1991, 350). Er thematisiert jedenfalls ausdrücklich den »Schmerz« (ES I, 16) über den Verlust der Gegenwart dieser Frau und grundlegender noch über die prinzipielle Vergänglichkeit solcher Erlebnisse. Das »süße[], duftende[] Amerika« seiner ehemaligen Geliebten ist jedenfalls »unwiederbringlich verloren« – und ihm wird im Moment eines Neuanfangs bewusst, dass »so etwas« (ebd., 16 f.) immer wieder passieren kann. Am Beginn seines neuen Lebens auf einem fremden Kontinent steht die Einsicht in die Vergänglichkeit des Vertrautseins und die Möglichkeit des Verlustes eines intim vertrauten Menschen. Selbst wenn ihm das eingangs erwähnte »Fremde« (ebd., 15) Amerikas einmal vertraut werden sollte, wird er auch dort der Vergänglichkeit des dann neu vertraut Gewordenen nicht entgehen. Darin besteht die melancholische Pointe des Textes.

Mein Freund Ypsilon (1889)

Martin Brand, so der richtige Name Ypsilons, ist tot. In der Erzählung wird rückblickend beschrieben, wie es zu seinem Tod kam. Der Schriftsteller Brand sei kein literarisches »Genie« (ES I, 28) gewesen, vielmehr habe ihn die emotionale Nähe zu den Figuren seiner fiktiven Welten ausgezeichnet, hierin habe auch dessen »Wahnsinn« (ebd., 29) seinen Ausgang genommen – so charakterisiert ihn eingangs der mit Brand ehemals befreundete Ich-Erzähler. Diesen Befund veranschaulicht er durch die Erzählung von einigen Ereignissen aus der letzten Lebenszeit des Schriftstellers. Einmal besucht ihn etwa Brands junge Geliebte, weil sie davon überzeugt ist, dass dieser eine andere liebe. Der Erzähler klärt sie darüber auf, dass es sich bei der vermeintlichen Konkurrentin nur um eine der Figuren aus der Phantasie des Schriftstellers handeln kann. Und tatsächlich stellt sich heraus, dass Brand seiner Märchenfigur Türkisa verfallen ist. Für ihn resultiert daraus folgendes Problem: Sein Gefühl für die Figur ist absolut real, doch weiß er, dass sie sterben wird; und gleichzeitig ist er der Auffassung, keinen Einfluss auf die Handlung nehmen zu können (vgl. ebd., 32). Vergeblich versucht der Erzähler, der sich Sorgen um den Geisteszustand seines Freundes macht, ihn durch einen Spaziergang und einen Ausflug abzulenken (vgl. ebd., 34 f.). Schließlich realisiert Brand, in Anwesenheit des Erzählers, schreibend den Tod Türkisas – und trauert. Durch den Tod der Figur ist der Erzähler beruhigt, doch am nächsten Morgen ist der Schriftsteller verschwunden. Als der Erzähler ihn sucht, findet er erst einen Abschiedsbrief mit den Worten »Türkisa ist tot! Alles ist vorüber!« (ebd., 38) und dann im Treppenhaus den Leichnam: Brand hat sich dort offenbar zu Tode gestürzt.

Als ›Tragikomödie‹ bezeichnet der Erzähler das »Schicksal« Brands (ebd., 28), und wirklich schafft es Schnitzler, die komischen Aspekte dieser tragischen Handlung zu betonen. Das gelingt sowohl durch den wiederholt eingesetzten Kontrast der Alltagsvernunft des Erzählers mit der dichterischen Unvernunft des Schriftstellers als auch durch die ironische Überspitzung von Schriftstellerklischees, wie des Realwerdens von Figuren für den Autor und die Nähe des künstlerischen Genies zum Wahnsinn (vgl. Schnitzler 1891). Brands Fähigkeit, zwischen Fiktion und Wirklichkeit zu unterscheiden, ist in jedem Fall völlig unzureichend. Doch noch etwas ist in diesem Text unzureichend: »Aus den Papieren eines Arztes« lautet der Untertitel der 1889 in *An der Schönen Blauen Donau* erstveröffentlichten Erzählung. In der Forschung wird aus diesem Grund allgemein angenommen, dass der Erzähler Arzt ist (Perlmann 1987, 166; Spinnen 2000, 93). Folgt man dieser Deutung, muss man jedoch berücksichtigen, dass die unwissenschaftliche Darstellungsform des Textes im Widerspruch zu diesem Beruf steht und dass die

3.1.1 Frühe Erzählungen der 1880er und 1890er Jahre

›Diagnose‹ sowie die ›Behandlung‹ der durch künstlerische »Phantasie« überreizten »Nerven« (ES I, 33) scheitern. Eine mögliche Erklärung dafür ist: Schnitzler stellt die Komik des irrationalen Schriftstellers durch Übertreibung dar und die seines rationalen und vermeintlich überlegenen Gegenparts durch sein Scheitern. Beide Figuren werden somit ironisiert.

Der Andere (1889)

Die 1889 ebenfalls in *An der Schönen Blauen Donau* veröffentlichte Erzählung trägt den Untertitel »Aus dem Tagebuch eines Hinterbliebenen«. Sie wird gebildet aus elf kurzen Abschnitten, die offenbar Tagebucheintragungen entsprechen. Darin beschreibt ein Mann seine Trauer nach dem Tod seiner Frau. Jeden Tag geht er auf den Friedhof, und nach und nach registriert er Eigenheiten der anderen regelmäßigen Besucher. Ein Mann, »schön und jung« (ES I, 42), fällt ihm besonders auf. Eines Tages beobachtet er aus dem Verborgenen, dass dieser nicht etwa auf einem benachbarten, sondern auf dem Grab seiner Ehefrau kniet. Dadurch veranlasst, fragt er sich, wer dieser Mann ist und in welcher Beziehung er zu seiner Frau stand. Er beginnt zu zweifeln, ob sie ihn tatsächlich geliebt hatte, wovon er bis dahin überzeugt war. Als der Witwer den anderen Mann zur Rede stellen will, scheint dieser zu fliehen. Jedenfalls kehrt er innerhalb der erzählten Zeit nicht mehr zurück. Um Gewissheit zu erlangen, durchsucht der Ehemann die Briefe und privaten Dinge seiner Frau, findet aber nichts Verdächtiges. So bleibt er allein mit seiner Ungewissheit zurück.

Mehrere Leerstellen und unerwartete Wendungen kennzeichnen diesen Text. Nur angedeutet wird etwa zu Textbeginn, dass die Frau erst vor kurzer Zeit gestorben ist. Gleichzeitig wird der Ich-Erzähler auf eine Art eingeführt, die ihn zunächst als typischen Vertreter eines sinnlich überfeinerten ›impressionistischen Ästheten‹ erscheinen lässt. So bezeichnet er zu Textbeginn »Lichtreflexe« an »Fensterscheiben« bei seinem Schreibtisch als »neu« und »brutal« und die »Welt vor den Fenstern als überflüssig« (ebd., 40). Der Zuordnung zu diesem Typus, wie er nur wenig später im Anatol-Zyklus gestaltet sein wird, widerspricht aber die überraschend andere Rollenzuteilung innerhalb des bei Schnitzler häufiger begegnenden ›amourösen Dreiecks‹. Hier ist der ›impressionistische Mensch‹ (vgl. Allerdissen 1985) einmal nicht der betrügende Liebhaber, sondern der – möglicherweise – betrogene Ehemann. Auffällig ist außerdem der zu Textbeginn mit der Trauer einhergehende Absolutheitsanspruch, der sich im Hass gegen andere Trauernde, »die wieder lächeln können« (ES I, 41), ebenso äußert wie in dem Gedanken des Witwers, dass er seinen »Schmerz« bereits »entheilige«, wenn er nur daran denke, dass er »wieder einmal lächeln werde« (ebd., 42). Hiermit wendet er sich gegen das »Typische« (ebd., 40) und Nicht-Individuelle derartiger Prozesse: »Dasselbe empfinden sie alle« (ebd., 41). Am Textende dagegen ist die Trauer des Witwers gebrochen durch den unauflösbaren Zweifel und die aus dem nun für möglich gehaltenen Betrug resultierende Unentschiedenheit zwischen extrem gegensätzlichen Gefühlen: »Wie gern möchte ich sie weiter lieben […] Wie gern möchte ich sie hassen können« (ebd., 46). Diese Figur bleibt also zurück ohne Möglichkeit der Aufklärung und ohne Möglichkeit der ungetrübten Trauer. Schnitzler lässt offen, was die Folgen dieses Konflikts für das weitere Leben des Hinterbliebenen sind; er zeigt allein die Entstehung des Konflikts.

Literatur

Er wartet auf den vazierenden Gott
Kraus, Karl: Die demolirte Literatur. In: Karl Kraus: *Frühe Schriften. 1892–1900. Bd. 1: 1892–1896.* Hg. v. Johannes J. Braakenburg. München 1979, 269–289.
Lorenz, Dagmar: *Wiener Moderne.* Stuttgart/Weimar 1995.
Spinnen, Burkhard: Arzt gegen Dichter. Über zwei frühe Texte A. S.s. In: Burkhard Spinnen: *Bewegliche Feiertage. Essays und Reden.* Frankfurt a. M. 2000, 83–96.

Amerika
Leroy, Robert/Pastor, Eckart: Von Storm und anderen Erinnerungen. Frühe Texte von Thomas Mann und A. S. In: Robert Leroy/Eckart Pastor (Hg.): *Deutsche Dichtung um 1890. Beiträge zu einer Literatur im Umbruch.* Bern u. a. 1991, 333–353.

Mein Freund Ypsilon
Perlmann, Michaela L.: *Der Traum in der literarischen Moderne.* München 1987.
Schnitzler, Arthur: Der geniale Mensch. Von Cesare Lombroso. Autorisierte Übersetzung v. Dr. H. O. Fraenkel. In: *Internationale klinische Rundschau* 1 (1891), 21–24.
Spinnen, Burkhard: Arzt gegen Dichter. Über zwei frühe Texte A. S.s. In: Burkhard Spinnen: *Bewegliche Feiertage. Essays und Reden.* Frankfurt a. M. 2000, 83–96.

Der Andere
Grote, Katja: *Der Tod in der Literatur der Jahrhundertwende. Der Wandel der Todesthematik in den Werken A. S.s, Thomas Manns und Rainer Maria Rilkes.* Frankfurt a. M. 2004.
Just, Gottfried: *Ironie und Sentimentalität in den erzählenden Dichtungen A. S.s.* Berlin 1968.

Filippo Smerilli

Kleinere Erzählungen II: 1890er Jahre

Die kleineren fiktionalen Prosatexte, die Schnitzler in den 1890er Jahren in diversen Publikationsorganen veröffentlichte, stehen bis heute im Schatten der Dramatik und des späteren Erzählwerks. Dabei sind diese Prosaarbeiten nicht nur literarische Zeugnisse des – spätestens seit dem Tod des Vaters 1893 – forciert eine schriftstellerische Laufbahn verfolgenden und entsprechend an seiner stilistischen Profilierung arbeitenden Autors, der sich seit Anfang der 1890er Jahre zudem im intellektuellen Milieu der Jung Wiener bewegte. Sie lassen darüber hinaus zum einen bereits zentrale thematische Charakteristika des Schnitzlerschen Schreibens erkennen – schon hier zeigt sich Schnitzler insbesondere dem »wohlvertraute[n] Lied« von »Lieb' und Spiel und Tod« (AB, 17) verpflichtet. Zum anderen erweisen sich diese kleineren Erzählungen als Experimentierfeld, auf dem Schnitzler diverse Formen, Techniken und Kompositionsweisen des Narrativen erprobt und dabei auf seine Weise und mit durchaus unterschiedlicher Vehemenz an der von Bahr proklamierten *Überwindung des Naturalismus* (1891) mitwirkte.

Spaziergang (1893)

Dass die 1890er Jahre für Schnitzler eine Zeit der poetologischen Positionssuche innerhalb des Spektrums postnaturalistischer Schreibweisen darstellen, dokumentiert eine überwiegend dialogisch angelegte, ohne tragende narrative Struktur auskommende Prosaminiatur mit dem Titel *Spaziergang* (Szendi 1999, 99). Entstanden nach dem Abschluss der Arbeiten am *Anatol*-Zyklus und – als erster Beitrag der Serie *Wiener Spiegel* – publiziert in der Morgenausgabe der *Deutschen Zeitung* (Wien) vom 6. Dezember 1893, inszeniert der Text ein Gespräch über ästhetische Positionen aus dem Kreis des Jungen Wiens. Die vier Freunde Hans, Stefan, Max und Fritz sind auf einem gemeinsamen Spaziergang an den Wiener Stadtrand gelangt. An der Frage, ob nicht gerade hier, im Grenzgebiet, »die Seele«, »das Charakteristische« (EV, 153) Wiens erfahrbar werde, entzündet sich ein ins Grundsätzliche weisender Disput darüber, was eigentlich das Charakteristische der Heimatstadt sei und wie man seiner habhaft werden könnte. Ins Zentrum der Reflexionen der vier Freunde, die deutlich Züge von Bahr, Hofmannsthal, Beer-Hofmann und Schnitzler selbst tragen, rückt dabei schnell »das Geheimnis der Stimmung« (ebd., 154), zu dem sich jeder der vier positioniert, bevor sich die Spaziergänger wieder in die Stadt hineinbewegen.

Eine poetologische Konsensfindung präsentiert der Text nicht: Zwar lässt sich für alle vier Positionen als gemeinsames Bezugsproblem der Verlust eines naiven Weltverhältnisses identifizieren (Scheible 1981, 16–24); wie diesem Verlust begegnet werden könnte, bleibt jedoch strittig. Allein der anti-impressionistischen Position von Max, der gegen die ›Stimmung‹ und für einen analytisch-klaren Blick auf die Welt plädiert und der mit Beer-Hofmann identifiziert wurde, erteilen die drei anderen eine Absage (Scherer 1993, 461–464).

Die drei Elixire (1894) und *Um eine Stunde* (1899)

Ganz entsprechend der poetologisch noch suchenden Bewegung, die *Spaziergang* vorführt, lassen sich die kleineren Erzählungen der 1890er Jahre nicht auf ein Wirklichkeitsmodell festlegen. So arbeiten etwa die beiden parabelartigen Texte *Die drei Elixire* und *Um eine Stunde* auf je eigene Weise mit übernatürlichen Elementen. Entstanden um 1890 und publiziert im *Modernen Musenalmanach auf das Jahr 1894*, erzählt *Die drei Elixire* die Geschichte eines namenlosen Protagonisten, der mit pathologischer Exzessivität die Ausschließlichkeit der Liebe seiner Geliebten für sich beansprucht. Ein erstes Elixier soll der ihn quälenden Eifersucht Gewissheit verschaffen: Den Geliebten eingeflößt, bewirkt das Elixier das Geständnis all ihrer erotischen Abenteuer. Um dieser Kränkung zu entgehen, bereitet er ein zweites Elixier zu, das alle Erinnerung der Geliebten löscht. Aber auch die herbeigezauberte Illusion, der Erste zu sein, reicht dem Protagonisten nicht aus. Ein dritter Trank soll garantieren, dass ihm nicht nur Gegenwart und Vergangenheit der Geliebten gehören, sondern auch deren Zukunft. Doch die Hoffnung auf lebenslangen Besitz wird enttäuscht: Nach Verabreichung des dritten Elixiers ist seine Geliebte tot.

Die mit ihren übernatürlichen Elementen, dem typischen Dreischritt sowie dem kaum individualisierten Charakter des Protagonisten an die Tradition des Kunstmärchens angelehnte Erzählung (Eicher 1991, 87 f.) wird gemeinhin als Parabel gedeutet, die, vor dem Hintergrund eines sozialgeschichtlichen Autoritätsverlustes des Mannes, das »Problem der männlichen Eifersucht paradigmatisch« behandelt (Allerdissen 1985, 230). Der egomane Protagonist sucht die »totale erotische Freiheit ebenso wie die totale Verfügungsgewalt« (Perlmann 1987, 112) – und kann bei-

3.1.1 Frühe Erzählungen der 1880er und 1890er Jahre

des nur verwirklichen, indem er nicht nur die Individualität des begehrten Objekts auslöscht, sondern schließlich sogar dieses Objekt selbst vernichtet.

Auch in der Erzählung *Um eine Stunde*, erschienen 1899 in der *Neuen Freien Presse*, dient ein übernatürliches Element dazu, eine episodenhaft angelegte Parabel zu entfalten. Und auch hier ist es ein namenloser, lediglich ›Jüngling‹ genannter Protagonist, der für die Erzählperspektive trägt. Am Bett der sterbenden Geliebten sitzend, fleht dieser Protagonist, noch eine Stunde zu bekommen, um der Geliebten seine Liebe gestehen zu können. Der sogleich erscheinende Engel des Todes kann allerdings nur einen Tausch anbieten: Nur wenn sich ein anderer Sterbender findet, der der Geliebten seine letzte Stunde überträgt, kann der Wunsch in Erfüllung gehen. Fünf Sterbende suchen der Engel und der Jüngling daraufhin auf: vom lebensüberdrüssigen Philosophen über einen seit Jahren dahinvegetierenden Kranken bis hin zu einem kurz vor der Hinrichtung stehenden Mörder – keiner von ihnen ist jedoch bereit, seine letzte Stunde herzugeben. So bleibt nur die letzte Möglichkeit: Der Protagonist selbst kann, im Tausch gegen sein gesamtes Leben, die eine Stunde für seine Geliebte erwirken. Doch obwohl er dem Angebot zustimmt, stirbt die Geliebte. Der nach eigenem Bekunden zum größten Opfer bereite Jüngling habe sich, so der Engel, in seiner Todesbereitschaft selbst betrogen, sei sich seiner »wahren Wünsche« (ES I, 318) nicht bewusst.

Die als Abwandlung des Totentanzes interpretierbare Geschichte (Szendi 1999, 108) konfrontiert die Liebe mit dem Lebenswillen, die altruistische Aufgabe für den anderen mit dem egoistischen Festhalten an der eigenen Existenz. Das Ergebnis zeichnet ein ernüchterndes Bild der menschlichen Moralität: So erbärmlich das eigene Leben auch ist, so groß die Gabe, die dem anderen zuteil werden kann, auch sein mag: Steht eine existentielle Entscheidung für oder wider an, dann ist sich – in Schnitzlers pessimistischer Diagnose – jeder selbst der Nächste; und jedes altruistische Versprechen erweist sich als bloße Rhetorik, mit der sich das emotional überforderte Individuum nur selbst zu betrügen versucht.

Lassen *Die drei Elixire* und *Um eine Stunde* aufgrund der ihnen zugrunde liegenden Realitätsmodelle einen antinaturalistischen, dem Phantastisch-Allegorischen verpflichteten Schreibansatz erkennen, entwerfen andere von Schnitzlers kleineren Erzählungen der 1890er Jahre erzählte Welten, die hinsichtlich ihrer Gesetzmäßigkeiten prinzipiell mit naturalistischen Ansätzen kompatibel sind.

Der Sohn (1892) und *Blumen* (1894)

Bei den beiden Tagebucherzählungen *Der Sohn* und *Blumen* ist eine forcierte Subjektivierung und Psychologisierung des Erzählens bereits durch die personale Erzähl- bzw. die intime Schreibsituation markiert: Der Erzählakt dient hier jeweils nicht nur der Geschehensdarstellung, sondern zugleich – und in *Blumen* sogar in erster Linie – der Selbsterkundung der Psyche des Schreibenden. Im Zentrum der Ende der 1880er Jahre entstandenen und 1892 in der *Freien Bühne* erstmals gedruckten Erzählung *Der Sohn* steht ein Muttermord: Ein Arzt, bereits im Untertitel (»Aus den Papieren eines Arztes«) als Erzähler angekündigt, sitzt um Mitternacht an seinem Schreibtisch und berichtet, wie er am Morgen zu einer älteren Frau gerufen wurde, die bei einem Beilangriff ihres Sohnes schwere Verletzungen davongetragen hat. Ein zweiter Erzählakt resümiert die Ereignisse der restlichen Nacht. Die Verletzte hat den Arzt bei einer weiteren Konsultation darum gebeten, sich für die Freilassung ihres mittlerweile verhafteten, von den Nachbarn als verkommen charakterisierten Sohnes einzusetzen: Dieser sei unschuldig, denn sie habe ihn einstmals als Säugling zu ersticken versucht; sein Angriff auf sie sei nur Folge dieses frühen, den Sohn bis heute prägenden Vergehens der Mutter, die kurz nach diesem Bekenntnis stirbt. Ihr letzter Wunsch, der Arzt möge sich vor Gericht für die Unschuld des Sohnes einsetzen, wird vom Arzt im letzten Schreibakt erörtert; schließlich entscheidet er sich, dem Wunsch nachzukommen.

Der pointiert präsentierte Kriminalfall, den Schnitzler später noch einmal im Roman *Therese* aufgreift, ist hier äußerer Anlass für eine Reflexion auf das naturalistisch-naturwissenschaftliche Determinismus-Theorem. Ob das Verhalten des Sohnes durch die frühkindliche Prägung determiniert ist, bleibt allerdings aufgrund des Fehlens einer auktorialen Erzählperspektive offen. So ist nicht nur die Deutung der Mutter geprägt durch das eigene Schuldbewusstsein; auch der ohnehin naturwissenschaftlich sozialisierte Arzt sieht sich am Ende, ersichtlich unter dem Eindruck der Ereignisse stehend und persönlich von der Mutter in die Pflicht genommen, zu einem Urteil nicht in der Lage. Auf diese Weise erweist sich das Theorem der Determiniertheit menschlichen Verhaltens nicht als gesetztes Prinzip der erzählten Welt, sondern lediglich als Interpretation durch emotional involvierte Figuren.

Dominiert in *Der Sohn* die Darstellung äußerer Handlung noch über die Selbstreflexion des Erzählers, so ist in der 1894 in der Wiener *Neuen Revue* erschienenen Erzählung *Blumen* die Seele des tagebuchschreibenden Ich gleichsam der Hauptschauplatz. In insgesamt 14, stockenden und zeitweise bewusstseinsstromartig mäandernden Einträgen berichtet ein biographisch nahezu konturloses, männliches Ich von einer ›unerhörten Begebenheit‹ und der daraus resultierenden Zerrüttung seines Seelenlebens. Zufällig erfährt der Erzähler vom Tod einer ehemaligen Geliebten, die er einst, nachdem sie ihn betrogen hatte, verlassen hat. Die in unerwarteter Stärke einsetzende Trauer wird noch einmal potenziert, als er – wie allmonatlich seit der Trennung – per Post einen Blumenstrauß der ehemaligen Geliebten erhält. Auch wenn sich schnell eine rationale Erklärung finden lässt (die ehemalige Geliebte hat den Auftrag noch vor ihrem Tod erteilt), versinkt der Erzähler zunehmend in Erinnerungen und Todesreflexionen, aus denen er erst herausgerissen wird, als Gretel, seine aktuelle Geliebte, den bereits verwelkten Strauß aus dem Fenster wirft.

Mit dem namenlosen Ich-Tagebuchschreiber führt Schnitzler prototypisch einen von der Sentimentalität durchwirkten Charakter vor: auf der einen Seite geprägt von einer nahezu unhintergehbaren Selbstbezüglichkeit, auf der anderen Seite unfähig, sich aktiv zu der ihn emotional überwältigenden Situation und deren Stimmung zu verhalten (Just 1968, 46–52). Im Blumenstrauß erhält die weitgehend ins Innere verlagerte Novellette dabei ihr symbolisches Zentrum, das sowohl für die Verfallenheit des Protagonisten an die Vergangenheit steht, als auch die Phasen seiner Trauerarbeit versinnbildlicht (Matthias 1999, 89–95), wobei jene Trauerarbeit als eine quasipsychoanalytische Selbsttherapie gedeutet wurde (Russel 1977). Ob ungeachtet der autodiegetischen Erzählsituation eine Distanzierung vom moralisch problematischen Protagonisten erfolgt, steht weiterhin zur Debatte (Swales 1971, 99–103).

Ein Abschied (1896)

Wie *Blumen* entwirft auch die 1896 in der *Neuen Deutschen Rundschau* erschienene Erzählung *Ein Abschied* das psychologische Porträt eines männlichen Protagonisten, der sich mit dem Tod einer Geliebten konfrontiert sieht. Und auch hier bleibt die Perspektive auf die Mitsicht des Protagonisten namens Albert beschränkt, allerdings liegt in diesem Fall eine heterodiegetisch angelegte Er-Erzählung vor. Der Erzähleinstieg zeigt den wohlhabenden Albert wartend in seiner Wohnung. Anna, eine verheiratete Frau und seit einigen Monaten seine Geliebte, ist zur gewohnten Nachmittagszeit nicht erschienen. Auch am nächsten Tag erscheint sie nicht. Da durch eine direkte Kontaktaufnahme die heimliche Affäre entdeckt werden könnte, beginnt Albert mittels eines Boten Nachforschungen anzustellen und erfährt so von der schweren Erkrankung seiner Geliebten. In den nächsten Tagen tastet er sich, weiterhin anonym bleibend, immer näher an die Wohnräume und an die Familie Annas heran bis er schließlich, Anna ist gerade verstorben, neben Annas Ehemann an deren Totenbett steht – ohne sich zu erkennen zu geben.

Ein Abschied zeigt den Protagonisten im Kampf um die Kontrolle über das eigenen Denken und Handeln; zunehmend wird die abwesende Geliebte für Albert zur alles bestimmenden Wirklichkeit, der er sich nicht zu entziehen vermag. Vom verdeckt bleibenden Erzähler wird dieser physisch-psychische Kontrollverlust nüchtern protokolliert (Perlmann 1987, 139). Erkennbar wird so ein sozial desintegrierter Charakter, der nur mit Dienern, Kutschern und Boten verkehrt, für den die Beziehung zur Geliebten zu einem Fetisch geworden ist – und den der Verlust dieser Beziehung an den Rand des Wahnsinns bringt.

Der Ehrentag (1897)

Greift Schnitzler auch in anderen, erst aus dem Nachlass publizierten Texten dieser Zeit – so etwa in *Komödiantinnen*, entstanden 1893 – die Welt der Bühnenkünste auf, um die Rollenhaftigkeit der sozialen Existenz zu analysieren, so ist die 1897 in *Die Romanwelt* publizierte Erzählung *Der Ehrentag* durchgängig im Theatermilieu angesiedelt. Der in seiner dreiteiligen Struktur der dreiaktigen Dramenform folgende Text (Szendi 1999, 105) schildert aus jeweils unterschiedlich justierten Perspektiven den Verlauf eines Abends. Im ersten, durchweg szenisch erzählten Abschnitt wird eine Gruppe von Theaterfreunden bei der Vorbereitung eines Streichs gezeigt. Opfer des Streichs soll Friedrich Roland sein, ein Chargenspieler, der – wie der Rolands Perspektive folgende zweite Abschnitt zu Beginn berichtet – einstmals hoffnungsvoll den Schauspielerberuf ergriff, mittlerweile jedoch zu einer zwar moralisch integren, von der Öffentlichkeit allerdings nur noch belächelten Randfigur des Theaterbetriebs geworden ist. Entsprechend irritiert ist Roland zunächst, als sein kurzer Auftritt als Diener in der Abendvorstellung vom Publikum, das von den Theaterfreun-

3.1.1 Frühe Erzählungen der 1880er und 1890er Jahre

den dazu angestachelt wurde, mit frenetischem Szenenapplaus bedacht wird. Bald schon bemerkt Roland allerdings die Unaufrichtigkeit der Ovationen und zieht sich vernichtet in seine Garderobe zurück. Der dritte Abschnitt bringt schließlich die Katastrophe: Seit Ende der Aufführung sucht die Primadonna Blandini nach Roland. Sie findet ihn schließlich in seiner Garderobe, wo Roland sich erhängt hat.

Der Ehrentag verschränkt psychologisches Porträt und (Theater-)Milieustudie. Mit deutlicher Sympathie für die Randexistenz Roland erzählt der Text vom Zynismus einer sozialen Welt, in der die Masse (das Publikum) eine nahezu uneingeschränkte Verfügungsgewalt über jene besitzt, die nicht in der ersten Reihe stehen. Dabei führt Schnitzler vor, dass die Trennung zwischen Leben und dem fiktiven Geschehen auf der Bühne nur vordergründig gilt (Swales 1971, 255–257): Im Theater, als soziales Phänomen betrachtet, ist diese vermeintliche Differenz immer schon aufgehoben durch die Mechanismen der Verehrung und der Verachtung, mit denen die Schauspieler zu leben haben. Was angesichts dieses potentiell vernichtenden Ausgesetztseins an die Unbarmherzigkeit des öffentlichen Urteils als Hoffnung nur bleibt, ist die unbedingte Geste der Humanität – in *Der Ehrentag* verkörpert durch die Primadonna Blandini, die sich aus reiner Mitmenschlichkeit heraus auf die Suche nach dem tragischerweise bereits toten Roland macht (Geißler 1981).

Literatur

Allerdissen, Rolf: *A. S. Impressionistisches Rollenspiel und skeptischer Moralismus in seinen Erzählungen.* Bonn 1985.
Just, Gottfried: *Ironie und Sentimentalität in den erzählenden Dichtungen A. S.s.* Tübingen 1968.
Perlmann, Michaela L.: *A. S.* Stuttgart 1987.
Schinnerer, Otto P.: The Early Works of A. S. In: GR 4 (1929), 153–197.
Spycher-Braendli, Peter: *Gestaltungsprobleme in der Novellistik A. S.s.* Zürich 1971.
Swales, Martin: *A. S. A Critical Study.* Oxford 1971.
Szendi, Zoltán: Erzählperspektiven in den frühen Novellen A. S.s. In: Károly Csúri/Géza Horváth (Hg.): *Erzählstrukturen II. Studien zur Literatur der Jahrhundertwende.* Szeged 1999, 94–109.
Urbach, Reinhard: *S.-Kommentar zu den erzählenden Schriften und dramatischen Werken.* München 1974.

Spaziergang
Scheible, Hartmut: A. S. Figur – Situation – Gestalt. In: Harmut Scheible (Hg.): *A. S. in neuer Sicht.* München 1981, 12–33.

Scherer, Stefan: *Richard Beer-Hofmann und die Wiener Moderne.* Tübingen 1993.

Die drei Elixire
Eicher, Thomas: Deformierte Märchen. Zum Märchenbegriff in den frühen Erzählungen A. S.s. In: *Sprachkunst* 22 (1991), 81–91.

Der Sohn
Colin, Amy: Mord, Totschlag und Phantome. Die Geheimnisübertragung in A. S.s »Der Sohn«. In: *Familiendynamik* 4 (1994), 342–353.

Um eine Stunde
Eicher, Thomas: Deformierte Märchen. Zum Märchenbegriff in den frühen Erzählungen A. S.s. In: *Sprachkunst* 22 (1991), 81–91.

Blumen
Matthias, Bettina: *Masken des Lebens. Gesichter des Todes. Zum Verhältnis von Tod und Darstellung im erzählerischen Werk A. S.s.* Würzburg 1999.
Russel, Peter: S.'s *Blumen*. The Treatment of a Neurosis. In: *Forum for Modern Language Studies* 13 (1977), 289–302.

Der Ehrentag
Geißler, Rolf: S.s »Ehrentag«. In: *Literatur für Leser* 3 (1981), 145–149.

Peer Trilcke

Reichtum (1891)

Entstehung

Die Erzählung wurde im Sommer 1889 verfasst und erschien 1891 in einer ersten Fassung unter dem Titel *Reichtum* in der *Modernen Rundschau* (vgl. Urbach 1974, 84). Schnitzler war mit dem Anfang der von der Zeitschrift offenbar vorschnell, d. h. ohne nochmalige Rücksprache mit ihm abgedruckten Erzählung unzufrieden und nannte ihn in einem Brief vom 11.9.1891 an Hofmannsthal »abscheulich« (Hofmannsthal-Bw, 13). Für einen noch 1891 erfolgten Separat-Abdruck des Textes hat er vor allem dessen Anfang dann noch einmal grundlegend überarbeitet (sodass aus den ersten drei Kapiteln der ersten Fassung nunmehr nur ein Kapitel wurde (vgl. Urbach 1974, 84; dort auch ein Abdruck der ersten Fassung, 84–93). Hofmannsthal wiederum hielt *Reichtum* 1922 in einem Rückblick auf Schnitzlers schriftstellerische Laufbahn für »eine kurze, in ihrer Art vollkommen reife und meisterhafte Erzählung« (Hofmannsthal 1979, 163). In Buchform erscheint die Erzählung postum in der Sammlung *Die kleine Komödie. Frühe Novellen* (1932).

Inhalt

Reichtum erzählt die Geschichte von Karl Weldein, der sich als Maler nicht durchsetzen konnte und zum Anstreicher heruntergekommen mit seiner Frau und seinem kleinen Sohn in Armut lebt. Er ist ein Trinker und dem Glücksspiel verfallen. Durch den launigen Einfall zweier Adeliger, dem Grafen Spaun und dem Freiherrn von Reutern, die ihn im Wirtshaus beim Kartenspiel beobachten, ihm mit Geld aushelfen und ihn dann in den Spielsaal des adeligen Klubs mitnehmen, wo er im Spiel immer wieder gewinnt, kommt er zu kaum fassbarem Reichtum. Betrunken nach Hause gehend versteckt er das Geld unter einer Brücke, erinnert sich indessen am nächsten Morgen nicht mehr an den Ort. Den nächtlichen Weg rekonstruierend sucht er verzweifelt, aber ohne Erfolg nach dem Versteck; dann lebt er jahrelang in ärmlichen Umständen, seine Frau stirbt, sein Sohn Franz wächst heran, zeigt Neigungen zum Spiel und zum Trinken wie sein Vater, jedoch mehr Malertalent, allerdings nur im Genrebild, das Trink- und Glücksspielszenen darstellt. Graf Spaun nimmt sich Franz an und fördert seine Malversuche. Beim erneuten Auftauchen des Grafen, der in sein Leben entscheidend eingegriffen hat, überfallen den Vater seine Erinnerungen an sein armseliges Leben, woraufhin er krank wird und stirbt. Auf dem Sterbebett fällt ihm plötzlich ein, wo er das Geld einst verborgen hat, und er verrät seinem Sohn das Geheimnis. Franz Weldein, der nun ebenfalls über Nacht reich geworden ist, will zu seinem geplanten großen Gemälde Spielerfahrungen sammeln, verspielt aber wie besessen das ganze Vermögen im Spielsaal des Klubs. Er hält sich darauf, in einem sonderbaren Anfall, für seinen eigenen Vater, und beklagt, zum Entsetzen des Grafen Spaun die Rolle des Vaters aufnehmend, das Schicksal seines »arme[n] Sohn[es]« (ES I, 78).

Deutung

Die Erzählung gehört zu den frühen Werken von Schnitzler, die bereits einige seiner zurückkehrenden Themen und Motive (so vor allem das süchtige Glücksspiel, das in späten Erzählungen wie *Casanovas Heimfahrt* und *Spiel im Morgengrauen* zu einem dominanten Element wird), sowie erzähltechnische ›Fingerübungen‹ bietet. Abgesehen von kleinen Veränderungen und dem umgeformten letzten Absatz unterscheidet sich die zweite Fassung von *Reichtum* von der ersten vor allem am Anfang. Die beiden ersten Kapitel der ersten Fassung stellen Weldeins Begegnung mit den Adeligen und die durchspielte Nacht im Spielsaal in chronologischer Ordnung dar. Sie werden ins erste Kapitel der zweiten Fassung als von den allmählich zurückkehrenden Erinnerungen Weldeins bestimmter Rückblick auf sein nächtliches Abenteuer, auf »das unerhörte, rätselhafte Glück« (ES I, 48) in Form von erlebter Rede eingebaut, die ab und zu an Inneren Monolog grenzt. So wird »der Schwerpunkt von der Beschreibung äußerer Vorgänge auf das innere Erleben der Figuren verlagert« (Drechsel 2006, 68), immerhin bleibt »noch ein Erzähler vorhanden, der die assoziativ aneinandergereihten Gedanken anführt« (Gomes 2008, 90). Den Wechsel in die Figurenperspektive demonstriert auch der veränderte letzte Absatz der zweiten Fassung: »Ihm [dem Grafen] war, als wenn sich mit einem Male die Züge des Malers seltsam veränderten, als wäre es wirklich der alte Weldein« (ES I, 78). All dies zeigt deutlich, wie Schnitzler in der zweiten Fassung narrative Verfahren erprobt, die sein Erzählen bald maßgeblich prägen sollten.

Die Erzählung ist durch eine Wiederholungsstruktur bestimmt, die sowohl in den Eigenschaften der Figuren (Vater und Sohn waren/sind/werden Maler, Trinker und Glücksspieler) als auch in der Wiederkehr von Figuren (Graf Spaun) und Ereignissen (das Spiel, die Suche nach dem versteckten Geld), sowie in ähnlichen bildhaften Projektionen (z. B. ebd., 65) erkennbar wird. Es geht hier wohl auch um eine eventuell biographisch fundierte »prekäre Vater-Sohn-Konstellation« (Fliedl 2005, 111), die durch die schicksalhafte Vererbungsthematik naturalistische Züge erkennen lässt. Sie wird jedoch weniger als Konflikt denn als eine zum Strukturprinzip gewordene spiegelbildlich verkehrte Wiederholung (ebd., 112) artikuliert: Der Vater gewinnt das Geld, der Sohn verliert es, der Vater versteckt den Reichtum, der Sohn gräbt ihn aus, der Vater ist ein gescheiterter, der Sohn ein werdender Künstler, dessen beschränktes Talent aber das väterliche Schicksal nicht nur in der erzählten fiktiven Wirklichkeit, sondern, durch das geplante, »die Leidenschaft des Spiels« (ES I, 66) darzustellende Gemälde, auch in ihrer bildhaften künstlerischen Darstellung wiederholt. So erweitert sich die schicksalhafte, »tiefenpsychologisch akzentuiert[e]« (Fliedl 1996, 450) Vererbungsgeschichte zu einer Künstlergeschichte, die jedoch eher »schaffenspsychologische Hemmnisse« (ebd.) des Sohnes als wirkliche Probleme künstlerischen Schaffens aufzeigt: »Leider – ich weiß es ja, liegt in meiner ganzen Kunst etwas Krankhaf-

3.1.1 Frühe Erzählungen der 1880er und 1890er Jahre

tes... [...] ich kann eigentlich nur gewisse Dinge malen, und dies ist doch nicht ganz in der Ordnung« (ES I, 73; vgl. Lukas 1996, 235–247). Die zwiespältige Disposition, die »nicht nur die kreative Veranlagung, sondern auch die Spielleidenschaft« (Perlmann 1987, 117) auf den Sohn überträgt, schlägt dann am Ende tatsächlich in Wahnsinn um.

Die Geschichte, die die beiden Aristokraten »wie die guten Geister im Märchen« (ES I, 48) inszenieren, gerät keineswegs zum Märchen, obwohl mit dem wie wunderbar erworbenen Reichtum ein märchenhaftes Motiv verbunden werden könnte. Trotz einer schon von Hofmannsthal erwähnten »Märchenstimmung« und einer vagen intertextuell angelegten Andeutung auf »etwas phantastisches, arnimeskes« (an Arthur Schnitzler, 9.9.91; Hofmannsthal-Bw, 13) könnte die Geschichte vielmehr als »eine hintergründig-wertende, handlungsorientierte Darstellung menschlichen Verhaltens« (Eicher 1996, 50) gedeutet werden, die »im Dienste naturalistischer Bestrebungen des Erzählers die heile Welt des Volksmärchens demontiert« (ebd., 53). Schnitzler greift hier in der Motivik und der Milieuschilderung zwar bestimmte naturalistische Techniken auf, seine Gestaltung der Geschichte, die die mechanische Chronologie der Ereignisse durch Erinnerungsbilder und subjektiv fokussierte, aus der Linearität herausgegriffene Szenen (wie den Besuch des Vaters beim Sohn mit der gemeinsamen Bildvision, die Todesszene Karl Weldeins, die beiden Spiel- und Suchszenen) durchbricht, sowie die Verlagerung des Erzähldiskurses auf die Figurenperspektive und Figurenpsychologie lassen – teilweise auch durch die Überarbeitungsschritte der beiden Varianten – eine Wendung ›weg vom Naturalismus‹ erkennen, die Schnitzler zum unverkennbar innovativen Erzähler des Fin de Siècle machen.

Literatur

Drechsel, Susanne: *A. S.s Erzählung »Reichtum«. Vergleich der Fassungen*. Freiburg i. Br. 2006.
Eicher, Thomas: »In Spiralen hinaufgeringelt [...], hinabzustürzen ins Leere«. Märchenbegriff und Märchenstruktur bei A. S. In: Thomas Eicher (Hg.): *Märchen und Moderne. Fallbeispiele einer intertextuellen Relation*. Münster 1996, 49–68.
Fliedl, Konstanze: Kunst-Licht und Licht-Kunst. Zu frühen Texten A. S.s. In: Jürgen Nautz/Richard Vahrenkamp (Hg.): *Die Wiener Jahrhundertwende. Einflüsse, Umwelt, Wirkungen*. Wien/Köln/Graz ²1996, 448–463.
Fliedl, Konstanze: *A. S.* Stuttgart 2005.
Gomes, Mario: *Gedankenlesemaschinen. Modelle für eine Poetologie des Inneren Monologs*. Freiburg i. Br./Berlin/Wien 2008.
Hofmannsthal, Hugo von: A. S. zu seinem sechzigsten Geburtstag. In: Hugo von Hofmannsthal: *Gesammelte Werke in zehn Einzelbänden. Reden und Aufsätze II. 1914–1924*. Hg. v. Bernd Schoeller. Frankfurt a. M. 1979, 163 f.
Lukas, Wolfgang: *Das Selbst und das Fremde. Epochale Lebenskrisen und ihre Lösung im Werk A. S.s*. München 1996.
Perlmann, Michaela L.: *A. S.* Stuttgart 1987.
Urbach, Reinhard: *S.-Kommentar zu den erzählenden Schriften und dramatischen Werken*. München 1974.

Magdolna Orosz

Der Witwer (1894)

Entstehung

Das Thema der Verwitwung bzw. des Partnerverlusts behandelt Schnitzler in den 1890er Jahren wiederholt und in verschiedener Variation: Nach *Der Andere*, *Sterben* und *Blumen* und vor *Ein Abschied*, *Die Nächste* und *Frau Bertha Garlan* (und noch *Frau Beate und ihr Sohn*) wird es in *Der Witwer* titelgebend. Schnitzler verfasst den Text laut Tagebuch in zehn Tagen zwischen dem 1. und 10. August 1894; am 25. Dezember desselben Jahres erscheint die Erzählung im Erstdruck in der *Wiener Allgemeinen Zeitung*. In Buchform wird sie postum erstmals in den Band *Die kleine Komödie. Frühe Novellen* (1932) aufgenommen. Aus dem Jahr 1896 stammt die Bemerkung Schnitzlers, ihm habe die Erzählung »als Novelle [...] nie gefallen« (an Marie Reinhard, 23.8.1896; Br I, 301). Auf die spätere dramatische Ausarbeitung des Themas im Einakter *Die Gefährtin* (1899) weist auch bereits die szenisch-dialogische Gestaltung voraus, auf welche die Erzählfassung in ihrem Schlussteil zuläuft. Die Namen der beiden Kontrahenten Richard und Hugo, die in der Erzählung den Freunden Beer-Hofmann und Hofmannsthal entlehnt sind, ersetzte Schnitzler dort durch Robert Pilgram und Alfred Hausmann.

Inhalt

Im Mittelpunkt der Erzählung steht die Aufdeckung eines Ehebruchs seiner verstorbenen Frau, die der Protagonist Richard zu Erzählbeginn soeben begraben hat. Allein in ihrem nunmehr leeren Zimmer, lässt der Witwer die Ereignisse des Tages rund um die Beerdigung Revue passieren. Sehnsüchtig erwartet er die Rückkehr seines besten Freundes Hugo, den die Todesnachricht verspätet in einem Badeort an der Nordsee erreichte. In dieser Situation entdeckt Richard im Schreibtisch der Verstorbenen durch Zufall ein Bündel versteckter Briefe, die ihm die bis dahin geheim gehaltene Affäre seiner (im Text namenlos bleibenden) Frau mit dem erwarteten Freund verraten. Zwischen Fund und Lektüre der Briefe und dem finalen Eintreffen Hugos reflektiert Richard nicht nur mögliche Verhaltensweisen und Konsequenzen, sondern erforscht zugleich seinen Gefühlshaushalt zwischen ersehnten »wilden und ehrlichen Gefühlen« und der faktischen Situation »unsägliche[r] Klarheit« und »stumpf[er] und schwer[er]« Gedanken, die durch Verständnis für die beiden Ehebrecher geprägt sind (ES I, 233). Angesichts ihres Todes bereit zur Versöhnung gegenüber der verstorbenen Frau und getrieben von Mitleid mit dem vermeintlich verführten und ebenfalls vom Verlust betroffenen Freund empfängt Richard den eintreffenden Hugo. Als dieser ihm schließlich aber gesteht, sich parallel zur Affäre bereits mit einer anderen Frau verlobt zu haben, die er schon länger kennt und liebt, reißt es Richard angesichts dieses ›Betrugs im Betrug‹ am Ende doch noch zu einem »heftigen« (ebd., 238) Ausbruch gegenüber dem Freund hin.

Deutung

Die kurze Erzählung gestaltet die zentrale Verlustererfahrung als umfassendes, moralisch und psychologisch vertieftes Thema, das Verlassenwerden (durch Untreue, Ehe- und Freundschaftsbruch) und existentielles Verlassensein (durch Tod) korreliert. Ganz im Indikativ Präsens verfasst, schildert *Der Witwer* in einer gleichzeitigen Narration und im besonderen Modus präsentischer erlebter Rede aus der Innenschau des Hinterbliebenen, wie der problematische Umgang mit dem Tod vom neuen Problem des entdeckten Ehebruchs und des Umgangs damit überlagert wird. Dieser doppelt empfundene äußere und innere Verlust der Frau (angesichts der von Richard eingestandenen »gedankenlose[n] Müdigkeit« in der Ehe; ES I, 234) gestaltet die in Schnitzlers Frühwerk wiederkehrende Konstellation der Verwitwung zur Extremsituation aus, die den Tod auch als physische Folge eines vorgängigen psychischen Verlustgeschehens konzipiert. Das eigentliche Thema ist somit wie so häufig in Schnitzlers frühen Erzählungen die »innere Erlebnisebene der Figuren« und deren »subjektive[] Bewältigungsstrategie«, mit der sie in einem zur »Seelenanalyse« tendierenden Erzählakt die ihnen begegnenden Ereignisse verarbeiten (Perlmann 1987, 115).

Die Forschung hat diesem frühen Text bislang vergleichsweise wenig Aufmerksamkeit gewidmet. Betrachtet wurden vor allem der literaturgeschichtliche Kontext, das Verhältnis von Psychologie und Moral sowie die Gender-Konstruktion. Fliedl weist allgemein auf die literarhistorisch neue »Versuchsanordnung« (Fliedl 2005, 115) der existentiellen Situation hin, die *Der Witwer* vornimmt, wenn er sich entgegen der literarischen Tradition des 19. Jahrhunderts nicht länger primär für die moralische (und soziale) Sanktionierung des Ehebruchs interessiert. Dieser werde bei Schnitzler vielmehr nicht »durch den Tod geahndet, sondern am Tod experimentell geprüft«, um den psychischen und gesellschaftlichen »Spielraum« des Subjekts zu vermessen (ebd.).

Im Rahmen eines Konflikts von Moralnormen und Verhaltenspraxis interpretiert Lukas die Erzählung als Modell der »indirekten psychischen Neuaneignung der Moral durch das Subjekt« (Lukas 1996, 199), bei der es zu einer Aufwertung der zunächst illegitimen Beziehung der Ehebrecher gegenüber dem am alten Normensystem ausgerichteten legitimen Eheverhältnis kommt. So gestaltet der Text in Richard und Hugo die für die Frühe Moderne zentrale Opposition von reduziertem Alltagsleben (Richards) vs. emphatisch gesteigertem Leben (Hugos), das als anzustrebender Wert auch von Richard relativierend über die Gültigkeit der alten Moralnorm ehelicher Treue gesetzt wird. Die Versöhnungsbereitschaft Richards wird jedoch dadurch enttäuscht, dass Hugos Verhalten in der Affäre nicht der neuen Norm unbedingter Liebe verpflichtet ist. Dies führt zu einer psychologischen Inversion, wenn sich die zunächst ausgebliebene Wut Richards zwar am Ende Bahn bricht, sich aber dann zur Empörung über den Liebesverrat Hugos an Richards Frau wandelt.

Zwischen der anfänglich ausbleibenden Wut und der schließlichen Empörung über den Liebesverrat gestaltet die Erzählung den zentralen psychologischen Bewusstwerdungsprozess Richards über seine Erfahrung, »in andere Seelen [zu] schauen« (ES I, 234), ein Prozess, der Versöhnungsbereitschaft und Normrelativierung an die »Hoheit des Todes« (ebd., 234) koppelt sowie an die Entindividualisierung des Ehebruchs als Sache, die »alle Tage geschieht« (ebd., 233). Dass dieser psychologische Verstehensakt einen Rest an Entfremdungserfahrung behält und es Richard so erscheint, »als wäre es gar nicht mehr sein Erlebnis« (ebd., 234), markiert jenen mit der Seelenschau um 1900 immer wieder verbundenen

Projektionsvorgang, der nach der intersubjektiven Deutung subjektiver Erfahrung fragt.

Wenn der Text hier die Normbedürftigkeit des Subjekts in Opposition zu seiner Verhaltenspraxis bringt, dann bedarf die Auflösung alter Grenzziehungen zwischen akzeptablem vs. inakzeptablem Verhalten doch einer neuen Grenzziehung und Normsetzung, bei der Moral durch Psychologie motiviert wird (Lukas 1996, 200 f.). Zugleich aber eignet sich das Subjekt diese neue Moral in seiner Verhaltenspraxis nur bedingt an, sodass die »Nicht-Lebbarkeit der neuen Normen [...] geradezu konstitutiv für die neue Moral« ist (ebd., 201).

Dass die Psychologie der Moral nicht unabhängig von Genderaspekten gedacht werden kann und die Erzählung auf einer im Frühwerk Schnitzlers wiederkehrenden Männlichkeitskonstruktion beruht, hat Oosterhoff mit Blick auf die bereits zeitgenössische Interpretation der Männerfreundschaft als latent homoerotisch ausgeführt. Im Rekurs auf Reiks frühe psychoanalytische Studie (1913) sowie auf Otto Weiningers *Geschlecht und Charakter* (1903) zeigt Oosterhoff, wie der Gegensatz von Geist (Mann) vs. Sexus (Frau) die Männerfreundschaft zwischen Richard und Hugo als emotional intensiver und hinsichtlich des Lustempfindens der ehelichen Bindung gegenüber privilegiert erscheinen lässt. Die »Dämonisierung« der Frau zur »verlogenen Verführerin« (Oosterhoff 2000, 95 f.) ermöglicht dabei, über den Verrat des Freundes hinwegzusehen und sich – ihrer *beider* Opferrolle innerhalb der Dreieckskonstellation gewiss – dem Freund nun auf einer homosozialen Beziehungsebene ganz legitim verbunden zu fühlen. Das finale Eingeständnis Hugos, bereits seit längerem eine ganz andere Frau zu lieben, impliziert dann die Ablehnung Richards durch Hugo, weist dieser doch sein ›Geschenk‹, als das Richard den Betrug seiner Frau zu einer nachträglich sanktionierten Gabe hatte umdeuten wollen, zurück. So ist Richard »in doppeltem Sinne betrogen«: durch Frau und Freund (ebd., 96). Der hier verhandelte komplexe Gefühlshaushalt spielt auf eine psychoanalytisch deutbare Eifersucht an, in der sich verdrängte homosexuelle Regungen in der Tiefe der Person offenbaren. Schon Reik sah diese »homosexuellen Wunschregungen« (Reik 1913, 128), die sich über die Frau als Objekt im Rahmen homosozialer Bindungen zwischen den männlichen Rivalen abspielen, in zahlreichen Texten Schnitzlers am Wirken: »Die Libido [...] gilt in ihrer unbewußten Intensität dem Manne, mit dem man das Sexualobjekt gemeinsam hat« (ebd., 125 f.).

Literatur

Fliedl, Konstanze: *A. S.* Stuttgart 2005.
Lukas, Wolfgang: *Das Selbst und das Fremde. Epochale Lebenskrisen und ihre Lösung im Werk A. S.s.* München 1996.
Oosterhoff, Jenneke A.: *Die Männer sind infam, solang sie Männer sind. Konstruktionen der Männlichkeit in den Werken A. S.s.* Tübingen 2000.
Perlmann, Michaela: *A. S.* Stuttgart 1987.
Reik, Theodor: *A. S. als Psycholog.* Minden 1913.

Andreas Blödorn

Sterben (1894)

Entstehung

Unter dem ursprünglichen Titel »Naher Tod« verfasste Schnitzler seinem Tagebuch zufolge zwischen dem 4. Februar und dem 27. Juli 1892 seinen ersten größeren und selbständig veröffentlichten Prosatext, dessen Schreibprozess ihm anfänglich Schwierigkeiten bereitete (dazu ausführlich: Hubmann 2012, 1). Nach einem erfolglosen Versuch, die Novelle in der *Frankfurter Zeitung* unterzubringen, erschien der Text 1894 zuerst in drei Teilen in der *Neuen Deutschen Rundschau* (Jg. 5, H. 10–12), anschließend im November auch als Buchausgabe bei S. Fischer in Berlin (datiert auf 1895), die Schnitzlers Erfolg als Prosaschriftsteller einleitete. Schnitzler selbst wollte seine Novelle zunächst als »ehrenwerte Studie« verstanden wissen (an Hugo von Hofmannsthal, 29.7.1892; Hofmannsthal-Bw, 25) und war doch von ihrer Wirkung nicht recht überzeugt. So blieb das eigene Urteil schwankend; positive Kritiken nach der Veröffentlichung, aber auch schon die Korrektur der Druckfassung im September 1894 ließen Schnitzler zwar »erfreut« sein, dass das Buch »gut ist« (Tb, 20.9.1894), doch 1912 hatte sich die Selbsteinschätzung zur Auffassung gewandelt, *Sterben* sei ein »begabtes aber peinliches Buch« (ebd., 18.3.1912), und 1931 bilanzierte Schnitzler, die Novelle sei »zu Unrecht berühmt« (an Josef Körner, 19.1.1931; Br II, 751). Neben medizinischem Wissen und dem Interesse für die mit dem Bewusstsein des nahenden eigenen Todes verbundenen psychischen Vorgänge flossen autobiographische Elemente in die Novelle ein: 1886 hielt sich Schnitzler wegen Verdachts auf Tuberkulose in Meran zur Behandlung auf, wo unter diesem Vorzeichen sein Verhältnis zu Olga Waissnix begann. In Meran hält sich schließlich auch der Held seiner Novelle auf, der hier im Herbst 1890 stirbt. Von Waissnix erhielt Schnitzler 1886 zudem Heyses

Meraner Novellen. Zur darin enthaltenen Erzählung *Unheilbar* bestehen im Sinne einer »Kontrafaktur« (Grätz 2006, 227 f.) eine Reihe intertextueller Bezüge (vgl. dazu Meyer-Sickendiek 2010).

Inhalt

Im Kontext von Schnitzlers erzählerisch experimentellen »Versuchsanordnungen zu Tod und Todesdrohung« (Fliedl 2005, 124) nimmt *Sterben* die Liebe zweier unverheirateter (und daher nicht durch eine gesellschaftliche Norm zur Treue verpflichteter) Menschen unter der Bedingung der tödlichen Diagnose einer im Text namenlos bleibenden Krankheit in den Blick: Erzählt wird vom letzten halben Lebensjahr des an Tuberkulose erkrankten Felix und der Auswirkung dieser Diagnose auf seine Liebesbeziehung zu Marie im Zeitraum zwischen dem Frühling im Mai und dem beginnenden Herbst im September 1890. Zugleich ruft die Novelle damit die Frage nach der Gültigkeit der Treue angesichts des Todes auf.

Das Erzählgeschehen, gegliedert in 23 kurze Abschnitte und fünf größere, der Form und Semantik nach symmetrische Phasen (Ohl 1989, 554), beginnt mit dem abendlichen Treffen von Felix und Marie und ihrem gemeinsamen Besuch im Wiener Prater, nachdem Felix am Nachmittag den Arzt Professor Bernard aufgesucht hat. Das Wissen um dessen schonungslose Diagnose, dass Felix nur noch ein Jahr zu leben habe, teilt dieser daraufhin mit seiner Geliebten. Marie schwört unmittelbar, ohne Felix nicht leben zu können und mit ihm sterben zu wollen, was dieser großherzig zurückweist. Die folgende Geschichte erzählt von den sich wandelnden Gefühlen beider sowie von den wechselnden, zwischen Lebensabkehr und einem starken Lebenswillen schwankenden Einstellungen zu Tod und Leben. Insbesondere der zu Beginn aufgerufene gemeinsame Liebestod fungiert dabei als wechselnd stimulierender, ebenso angstbesetzter (Marie) wie hoffnungsgebender, Felix' Selbst spiegelbildlich stabilisierender Impuls (Surmann 2002, 76). Steht dabei in Passagen erlebter Rede und des Inneren Monologs vor allem die »Psychologie der Sterbenden« (STE 65) im Vordergrund des Erzählens, so bieten die variierten Aufenthaltsorte und Schauplätze (Wien, Gebirge, Salzburg, Wien und Meran) den äußeren Anlass für das Schwanken zwischen Hoffnung und Lebensfreude, Resignation und Lebensverachtung.

Gleich zu Beginn unternehmen Felix und Marie auf Empfehlung des befreundeten Arztes Alfred eine Reise ins Gebirge, wo sie ein Häuschen an einem See beziehen. Schon an diesem zurückgezogenen Ort einer stillen Idylle aber, ausgelöst durch die beiderseitige Erkenntnis, dass mit dem Todeswissen zwischen Sterbendem und Lebender eine irreversible Grenze gezogen ist, versuchen beide Partner, den jeweils anderen in ihrem Sinn zu beeinflussen. Während Felix Marie zu isolieren und zu ›mortifizieren‹ begehrt, versucht diese Felix auf seine »dem Leben abgewandte Position« zu fixieren (Surmann 2002, 80) und entdeckt zugleich die befreiende Wirkung, die eintritt, sobald sie Felix, aus dem Fenster blickend, den Rücken zukehrt. Dieser zunehmenden Entfremdung vermögen beide Liebenden keinen Einhalt mehr zu gebieten; stattdessen revidieren sie ihre ursprünglichen Positionen umso entschiedener und gelangen zu sich »gegenläufig verkehren[den]« Haltungen (Fliedl 2005, 108). Während Marie schließlich gänzlich vom Wunsch nach Leben erfüllt ist, entwickelt Felix aus ihrem ursprünglichen Versprechen, ihn in den Tod zu begleiten, einen aggressiven Mordplan, der ihn sogar zum Versuch greifen lässt, Marie zu erwürgen. Im noch hoffnungsvoll aufgesuchten Süden Merans kommt es am Ende zum Blutsturz, und während Marie das Zimmer verlässt, um den zu Hilfe gerufenen Alfred vom Bahnhof abzuholen, stirbt Felix schließlich allein. So kommen die beiden zu spät – Felix liegt bereits tot auf dem Boden, als sie eintreffen.

Deutung

Man hat Schnitzlers Novelle immer wieder als ›Erzählexperiment‹ eines »schreibende[n] Arzt[es]« (Grätz 2006, 224) betrachtet, das »klinisch genau[e] Beobachtungen (Fliedl 2005, 108) einer ›Psychologie des Sterbens‹ und der damit verbundenen wechselnden Seelenzustände aus der Perspektive zweier Liebender und im Modus erzählerischer Introspektion zu analysieren sucht. Insofern erprobt *Sterben* mit seiner »Dynamik der Distanzierung« (Meyer-Sickendiek 2010, 242) auch jene Darstellungstechniken, die sich in der Folge zum Kern des Schnitzlerschen Erzählens psychologischer Innenschau entwickeln. Die Extremsituation zwiegespaltener Gefühlslagen und Bewusstseinszustände beider Liebender – zwischen Niedergeschlagenheit und Hoffnung, Resignation und Lebenswillen, Neid auf das Leben (Felix) und tödlicher Angst vor dem Sterbenden (Marie) – werden von Schnitzler (mittels erlebter Rede und innerem Monolog) im Modus einer multiplen internen Fokalisierung präsentiert. Diese Erzählperspektivie-

3.1.1 Frühe Erzählungen der 1880er und 1890er Jahre

rung, vom Extern-Dialogischen zum Intern-Monologischen tendierend, trägt einerseits »der zunehmenden Isolation der Figuren Rechnung« (Fliedl 2005, 109) und lässt dabei andererseits beide Partner abwechselnd »zum blickenden Subjekt und zum betrachteten Objekt« werden (Surmann 2002, 67).

Davon unabhängig ist Schnitzlers Novelle in unterschiedliche Richtungen gedeutet worden: als »Versuch einer Negation des Todes« (Allerdissen 1985, 185) ebenso wie als »Anti-Verdrängungsgeschichte« des Todes (Pfeiffer 1997, 148), als »Anti-Tristan« einer Liebe unter Todesdrohung (Rey 1968, 15), als Geschichte einer »Motivumkehrung«, die den »Umschlag von unbedingtem Lebenswillen in blinde Aggressivität« mit sich bringt (Ohl 1989, 563 u. 567), schließlich als »Allegorie des Lesens« (Gunia 2002, 433). Alle diese Lesarten aber kreuzen sich im zentralen semantischen Feld aus medizinischer Krankheitsgeschichte, der Psychologie des Sterbens (und Liebens) und dem radikalen Modus einer genau beobachtenden und perspektivierenden Erzählinstanz und ihrer Poetologie. Diese drei Aspekte – Krankheit, Psychologie und Poetologie – markieren zugleich die Leitlinien der Forschung. In ihnen erweist sich die Mehrdeutigkeit des titelgebenden ›Sterbens‹ im biologisch-wörtlichen wie im metaphorischen (auf die Liebe zu Marie und auf Maries Leben bezogenen) Sinn.

Ausgehend von Schnitzlers späterer Einsicht, ihn habe Felix weniger als Individuum, sondern seine Geschichte vielmehr als »Fall« interessiert (an Hugo von Hofmannsthal, 10.12.1903; Hofmannsthal-Bw, 179), lässt sich die zugrunde liegende Krankengeschichte rekonstruieren. Die im Erzählverlauf zu Tage tretenden physischen Symptome entwerfen die im kulturellen Wissen des Fin de Siècle bekannten Krankheitszeichen der Tuberkulose: Blässe, Mattigkeit, Atemnot, Schwindel, Fieber, Angstzustände, Blutstürze. Fungiert die Krankheit im Epochenkontext dabei zugleich als Metapher und insbesondere die Lungentuberkulose als literarisches Motiv und Symbol (Perlmann 1987, 136), so weicht Schnitzlers Darstellung doch von diesen bis in die Romantik zurückreichenden »traditionellen Darstellungen der ›poetischen‹ Schwindsucht auffallend ab« (Fliedl 2005, 108). Denn nicht als ästhetisierbaren Zustand erfährt Felix das Wissen um seinen nahen Tod, sondern als Manifestation einer unumkehrbaren Grenze, die ihn nunmehr zum ›scharfen Sehen‹ der Dinge befähige (vgl. STE 11). Dieses eigentliche Ziel der Novelle, die analytisch »schonungslose Seelenzergliederung« (Pfeiffer 1997, 148), belässt die Krankheit im weiteren Textverlauf denn auch im Zustand einer »Diagnose ohne Therapie« (Poser 1980), sodass die Novelle als eine »Literarisierung des therapeutischen Nihilismus« (Schader 1987, 106) erscheint. Zum einzig vom Text relevant gesetzten Aspekt wird dabei das Wissen um das nahe Sterbenmüssen und dessen psychische Verarbeitung. Vor diesem Hintergrund lassen sich zwei Krankheitsstadien unterscheiden: Nach einer Phase der Latenz tritt die Krankheit im Anschluss an den Salzburg-Aufenthalt, die letzte Phase der Intimität zwischen den Liebenden, in ihre manifeste Phase ein (Wünsch 2004, 135 f.). Dem entspricht im Text nicht nur eine Umbettung des zunehmend bettlägerigen Felix »in die Horizontale« (Matthias 1999, 69), sondern zugleich eine »Verdinglichung und Depersonalisierung« Felix' (Poser 1980, 251) mittels der fortschreitenden Substituierung seines Namens durch die Bezeichnung »der Kranke« (Matthias 1999, 69), als der er schließlich auch seiner Geliebten erscheint. Die »psychologische Studie« der Krankheit wird so zum »Psychogramm« einer zum Machtkampf pervertierten Liebesbeziehung (Grätz 2006, 232), von der am Ende nur mehr der Tod der Liebe in »angsterfüllter Feindseligkeit« bleibt (Meyer-Sickendiek 2010, 244).

Felix' als Trennungs- und Verlustangst manifeste »gräßliche Angst vor dem Tode« (STE 66), davor, einsam zu sterben, bleibt letztlich ohne jeden ideellen Trost; systematisch werden alle traditionellen, religiösen, humanitären, metaphysischen, mythischen und ästhetischen Wert- und Sinnhorizonte verabschiedet. In der Verabsolutierung der Ich-Perspektive des Sterbenden wird zudem die demoralisierende Wirkung eines Todes vorgeführt, in der selbst die Tötung der Geliebten denkbar und moralisches Handeln somit einzig als Kategorie der Lebenden erscheint (Wünsch 2004, 143): Für den Sterbenden gelten deren Werte und Normen nicht mehr. Schnitzlers Novelle steht damit für einen »Wendepunkt in der Tradition literarischer Krankheits- und Todesdarstellungen« (Grätz 2006, 224) und für einen neuen Blick auf den – nunmehr ›hässlichen‹ – Tod. Das Versagen kulturell vermittelter Sinnstiftungen angesichts des Todes wird auch am Beispiel der Leseerlebnisse des Helden evident, wenn Felix in Nietzsche und Schopenhauer nur mehr »niederträchtige Poseure« (STE 65) zu entdecken vermag, die – als Lebende – nicht wissen können, wovon sie im Fall des Todes reden.

Mit ihrem Interesse für die Psychologie und Sinndestruktion des Sterbens kommt Schnitzlers Novelle auch literaturgeschichtlich eine herausgehobene Position als poetologischer »Metatext über den Systemwandel« zwischen Realismus und Früher Moderne zu (Wünsch 2004, 144), führt *Sterben* doch brüchig gewordene tradierte Verhaltensmodelle des Realismus im Umgang mit Sterben und Tod vor, bei denen nunmehr »Tun durch bloßes Sagen substituiert« ist (ebd., 135) und sich das Reden über den Tod in bloßen Attitüden und Phrasen erschöpft, um schließlich die Negation dieser Sinnstiftungsmodelle in der Moderne zu erweisen. Schnitzlers implizite Poetik liegt demgemäß in einer – auch erzählperspektivisch realisierten – Lektürehaltung »kritische[r] Beobachtung« (Perlmann 1987, 109).

Literatur

Allerdissen, Rolf: *A. S. Impressionistisches Rollenspiel und skeptischer Moralismus in seinen Erzählungen*. Bonn 1985.
Fliedl, Konstanze: *A. S.* Stuttgart 2005.
Grätz, Katharina: Der hässliche Tod. A.S.s »Sterben« im diskursiven Feld von Medizin, Psychologie und Philosophie. In: *Sprachkunst* 37 (2006), 2. Halbband, 221–240.
Gunia, Jürgen: Das Fenster, der Tod und die Schrift. A.S.s Novelle »Sterben« – gelesen als Allegorie des Lesens. In: Peter Wiesinger (Hg.): *Zeitenwende – Die Germanistik auf dem Weg vom 20. ins 21. Jahrhundert*. Bern u.a. 2002, 433–438.
Hubmann, Gerhard: Vorbemerkung. In: A. S.: *Sterben. Historisch-kritische Ausgabe*. Hg. v. Gerhard Hubmann. Berlin/Boston 2012, 1–14.
Matthias, Bettina: *Masken des Lebens – Gesichter des Todes. Zum Verhältnis von Tod und Darstellung im erzählerischen Werk A. S.s.* Würzburg 1999.
Meyer-Sickendiek, Burkhard: Die Entdeckung des Grübelns als kognitiver Form: A.S.s »Sterben«. In: Burkhard Meyer-Sickendiek: *Tiefe. Über die Faszination des Grübelns*. München 2010, 240–248.
Ohl, Hubert: Décadence und Barbarei. A.S.s Erzählung *Sterben*. In: *ZfdPh* 108 (1989), 551–567.
Perlmann, Michaela L.: *A. S.* Stuttgart 1987.
Pfeiffer, Joachim: *Tod und Erzählen. Wege der literarischen Moderne um 1900*. Tübingen 1997.
Poser, Hans: S.s Erzählung *Sterben* – eine Diagnose ohne Therapie. In: *Literatur für Leser* 4 (1980), 248–253.
Rey, William H.: *A. S. Die späte Prosa als Gipfel seines Schaffens*. Berlin 1968.
Riedel, Wolfgang: *»Homo natura«. Literarische Anthropologie um 1900*. Berlin ²2011.
Schader, Brigitta: *Schwindsucht. Zur Darstellung einer tödlichen Krankheit in der deutschen Literatur vom poetischen Realismus bis zur Moderne*. Frankfurt a. M. 1987.
Surmann, Elke: *»Ein dichtes Gitter dunkler Herzen«. Tod und Liebe bei Richard Beer-Hofmann und A. S.* Oldenburg 2002.
Wünsch, Marianne: Grenzerfahrung und Epochengrenze. Sterben in C. F. Meyers »Die Versuchung des Pescara« und A. S.s »Sterben«. In: Gustav Frank/Wolfgang Lukas (Hg.): *Norm – Grenze – Abweichung. Kultursemiotische Studien zu Literatur, Medien und Wirtschaft*. Passau 2004, 127–146.

Andreas Blödorn

Die kleine Komödie (1895)

Entstehung

Schnitzler arbeitete zwischen 1891 und 1894 an dieser Erzählung (Tb, 24.6.1891). Nach ersten Entwürfen im Juni 1891 ruhten die Vorarbeiten bis zum Januar 1893 (ebd., 28.1.1893), und nach einer Arbeitsphase bis Mitte Februar 1893 legte Schnitzler die Erzählung bis zum 29. Mai 1893 wieder zur Seite. Von da an widmete sich Schnitzler intensiv der Ausgestaltung des Textes (an Richard Beer-Hofmann, 3.8.1893; Beer-Hofmann-Bw, 50), bis zum Sommer 1893 unter dem Arbeitstitel »Verwandlungen«. Im Herbst 1893 hat Schnitzler »Loris, Salten, Rich.[ard Beer-Hofmann] Die kleine Komödie vorgelesen« (Tb, 15.10.1893) und überarbeitete sie dann noch einmal bis Mitte Februar 1894, weil er befand: »Anfang gut, Ende matt« (ebd., 9.2.1894). Schnitzler sandte *Die kleine Komödie* im Herbst 1894 erfolglos an den Hugo Steinitz Verlag in Berlin (ebd., 5.9.1894) und konnte erst im Juni 1895 mit dem S. Fischer Verlag (nach einer Auseinandersetzung mit Samuel Fischer um die Vergütung) einen Vertrag schließen. *Die kleine Komödie* erschien schließlich im Augustheft der *Neuen deutschen Rundschau* (1895). Der Bucherstdruck erfolgte erst kurz nach Schnitzlers Tod in dem mit einem Nachwort von Otto P. Schinnerer versehenen und bei S. Fischer erschienenen Band *Die kleine Komödie* (1932).

Inhalt

Die kleine Komödie erzählt die laue Liebesgeschichte des reichen Wiener Müßiggängers Alfred von Wilmers mit der demimondänen Schauspielerin Josefine Weninger. Beide lernen sich unter Vorspiegelung falscher Identitäten kennen. Alfred gibt sich als armer Dichter aus, Josefine mimt das süße Mädel aus der Vorstadt, und beide verlieben sich in die Rolle, die der jeweils andere vorspielt. Alfred und Josefine inszenieren aus Langeweile literarische Typen und antizipieren in ihrem Spiel die Szene »Das süße Mädel und der Dichter« aus Schnitzlers *Reigen* (1900). Eine Zeit lang gefallen sie sich in der Verstellung, bis der wechselseitige Überdruss auch den Reiz der Täuschung und des Rollenspiels nicht mehr kompensiert. Nach einer zweiwöchigen Affäre mit einer einwöchigen Landpartie wird die Maskerade enttarnt. Am Ende der Erzählung ist auch das Ende der Beziehung absehbar.

Die kleine Komödie ist eine biperspektivische Erzählung in 13 Briefen, in der jeweils Alfred von Wilmers seinem Freund Theodor Dieling in Neapel und Josefine Weninger ihrer Freundin Helene Beier in Paris abwechselnd von ihren Erlebnissen in Wien berichten. Alfred beginnt und schließt die Reihe mit sieben Briefen, Josefine richtet sechs Schreiben an ihre Freundin. Antwortbriefe der Adressaten sind nicht präsentiert. Dieser zweifachen Perspektive wegen, die das Geschehen subjektiv von verschiedenen Standorten beleuchtet und teilweise auch doppelt erzählt, kennzeichnete Hofmannsthal *Die kleine Komödie* als »Parallel-novelle« (an Arthur Schnitzler, 19.7.1893; Hofmannsthal-Bw, 41). Der Leser hat durch diese doppelte Perspektive einen Wissensvorsprung vor den Protagonisten. Weiß der Leser von Anfang an um die zweifache Kostümierung, enthüllt sich den Figuren die wahre Identität des Anderen (in einer Anagnorisis-Szene) erst im Ausgang. Der generische Titel wird am Ende der Novelle erläutert, wenn Alfred seinem Brieffreund Theodor lakonisch mitteilt: »Die kleine Komödie ist aus, [...] aber aus dem Trauerspiel, das sich entwickeln könnte, werde ich mich rechtzeitig zu flüchten wissen« (ES I, 207).

Deutung

Prätext war für Schnitzler Theodor Körners *Die Reise nach Schandau. Eine Erzählung in Briefen* (1810). Die Lektüre von Körners Werk ist in der Leseliste Schnitzlers belegt. Körners Novelle erzählt in vier Briefen von Hermann von Lichtenfels (an seinen Freund Wilmar) und drei Briefen von Isidore Gräfin Stellnitz (an ihre Schulfreundin Josephine) die unwahrscheinliche Liebesgeschichte von Lichtenfels und Isidore: Die beiden sind als entfernte Verwandte von ihren Vätern, ohne sich je gesehen zu haben, miteinander verlobt worden. Die einander Versprochenen sollen sich erstmals in Schandau sehen, wohin Lichtenfels ein paar Tage früher als verabredet aufbricht. Lichtenfels und Isidore lernen sich kennen, ohne um die Identität des Anderen zu wissen, ergötzen sich gemeinsam an der Natur und verlieben sich ineinander. Bevor noch der Plan zu einer gemeinsamen Flucht in ihnen reifen kann, erscheint der Vater des Bräutigams, um das Geheimnis der Identität zu lüften und die füreinander Bestimmten zu den »glücklichste[n] Mensche[n] unter der Sonne« (Körner o. J., 649) zu machen. Schnitzler übernimmt zum einen die Struktur von Körners Brieferzählung. Bei ihm sind es zwar nicht sieben, sondern 13 Briefe, und Schnitzlers Erzählung ist etwa dreimal so lang. Aber auch bei Schnitzler schreiben die beiden, die die Liebesgeschichte inszenieren, abwechselnd an ihre Freunde, ohne dass der Leser deren Antwortbriefe präsentiert bekäme. In beiden Novellen lernen sich ein Mann und eine Frau unter Verrätselung der Identität kennen. Bei Körner bringt die Identitätsklärung die glückliche Wendung, bei Schnitzler bedingt hingegen die Maskerade die Beziehung, und die Demaskierung läutet das Ende der Liaison ein. Körner führt die Protagonisten linear aus großer Unsicherheit ins Glück, während Schnitzler seine Helden zyklisch in die alte Langeweile zurückfallen lässt.

Interpretationen von *Die kleine Komödie* haben auf die »eher unoriginellen klischeehaften Redewendungen« (Lebensaft 1972, 154) von Alfred und Josefine hingewiesen. Ihre konventionalisierten Floskeln lassen sich intertextuell auch als eine Anspielung auf Körners Stil beschreiben. Josefine und Alfred bemühen sich oft »wie in früheren Romanen« (ES I, 187) zu reden, um ihren Durchschnittserlebnissen einen außeralltäglichen Rahmen zu geben. Schnitzler seziert das Bemühen seiner beiden Protagonisten, sich nicht nur qua Verkleidung, sondern auch qua musealisierter Sprache eine interessantere Identität zu verleihen.

Josefine, die wohl eine Kurtisanenkarriere vor sich hat, versucht durch Lektüre ihre gesellschaftliche Stellung zu heben. Ein Roman soll ihr bestätigen, »daß eigentlich wir die anständigen Frauen sind« (ebd., 188). Sie liest identifikatorisch, und um ihre Minderwertigkeitskomplexe zu lindern, bemüht sie sich, die Literatur ins Leben zu ziehen. Alfred hingegen stilisiert sich als Dandy, Gelegenheitsmaler, Photograph und Möchtegernliterat, der seinen Schriftstellerfreund Theodor in Neapel in seinen Briefen zu beeindrucken sucht. Er schreibt für einen Dichter und bemüht sich, wie ein Dichter zu schreiben, was ihm aber gründlich misslingt. Mit snobistischer Attitüde versucht Alfred, durch die Kunst das Leben auf Abstand zu halten. Schnitzler führt mit Alfred augenzwinkernd einen Protagonisten des Wiener Ästhetizismus vor, der sich immer schon partiell selbst relativiert.

Da Schnitzler *Die kleine Komödie* nicht in seine Gesammelten Werke aufnahm und sie erst nach seinem Tod 1932 in einem Novellenband wieder als Titelerzählung nachgedruckt wurde, fand die Brieferzählung nur allmählich literaturwissenschaftliche Aufmerksamkeit. Jandl bewertete die Novelle als eines »der besten humoristischen Prosawerke Schnitzlers« (1950, 22). Grote verweist – wie schon Otto P. Schinnerer in seinem Nachwort zu dem Novellenband (1932, 328) – auf Körners Erzählung als inhaltlichen Prätext, Beßlich bemüht sich um eine Deutung der stilistischen Körner-Allusionen. Graf, Lebensaft und Fischer (1978, 137–144) akzentuieren die Typenhaftigkeit der Figuren, den zyklischen Charakter der Erzählung und die desillusionierte Demaskierung der dekorativen Fin de Siècle-Welt. Während Perlmann den sozialkritischen Aspekt betont, begreift Knorr die Novelle primär als formal innovativen, narrativen Versuch (1988, 76–83). Künzel analysiert die geschlechtsspezifischen Unterschiede in der Briefsprache von Josefine und Alfred, und Ritz vergleicht *Die kleine Komödie* mit anderen Brieferzählungen von Schnitzler.

Literatur

Beßlich, Barbara: Intertextueller Mummenschanz. A. S.s. Brieferzählung *Die kleine Komödie* (1895). In: *Wirkendes Wort* 53 (2003), H. 2, 223–240.

Fischer, Jens M.: *Fin de siècle. Kommentar zu einer Epoche*. München 1978.

Graf, Hansjörg: Nachwort. In: Hansjörg Graf: *Der kleine Salon. Szenen und Prosa des Wiener Fin de Siècle. Mit Illustrationen von Gustav Klimt*. Stuttgart 1970, 286–300.

Grote, Marie: Themes and Variations in the Early Prose Fiction of A. S. In: MAL 3 (1970), H. 4, 22–47.

Jandl, Ernst: *Die Novellen A. S.s*. Wien 1950.

Knorr, Herbert: *Experiment und Spiel. Subjektivitätsstrukturen im Erzählen A. S.s*. Frankfurt a. M. 1988.

Körner, Theodor: *Die Reise nach Schandau. Eine Erzählung in Briefen* (1810). In: *Sämtliche Werke. Ausgabe in einem Band*. Hg. v. Theodor Körner. Leipzig o. J., 639–649.

Künzel, Christine: Gendered Perspectives. Über das Zusammenspiel von »männlicher« und »weiblicher« Erzählung in S.s *Die kleine Komödie*. In: Ian Foster/Florian Krobb (Hg.): *A. S. Zeitgenossenschaften/Contemporaneities*. Bern 2002, 157–171.

Lebensaft, Elisabeth: *Anordnung und Funktion zentraler Aufbauelemente in den Erzählungen A. S.s*. Wien 1972.

Perlmann, Michaela L.: *A. S.* Stuttgart 1987.

Ritz, Silvia: Von Selbstmördern und Komödianten. Über drei fiktive Briefe von A. S. In: András F. Balogh/Helga Mitterbauer (Hg.): *Der Brief in der österreichischen und ungarischen Literatur*. Budapest 2005, 174–186.

Schinnerer, Otto P.: Nachwort. In: A. S.: *Die kleine Komödie*. Berlin 1932, 322–330.

Barbara Beßlich

Die Frau des Weisen (1897)

Entstehung

Die von Schnitzler als »Novellette« bezeichnete Erzählung (Tb, 4.5.1898) wurde 1897 zunächst in der Wiener Wochenschrift *Die Zeit* veröffentlicht, bevor sie im Jahre 1898 die Titelerzählung der ersten Novellen-Sammlung des Autors bildete. In den Jahren 1895 und 1896 hat Schnitzler den Text mehrfach neu begonnen und umgearbeitet. Die entscheidende Inspiration für die Fertigstellung lieferte wohl eine Dänemark-Reise, jedenfalls konnten in Tagebucheinträgen und Briefen an Marie Reinhard und Hugo von Hofmannsthal topographische Bezüge zwischen biographischer Wirklichkeit und Fiktion festgestellt werden (Pinkert 2004, 261–275).

Inhalt

In Form von Tagebucheinträgen protokolliert der Ich-Erzähler die Ereignisse in einem dänischen Seebad. Dort erholt er sich vom Abschluss seines Doktorats und der Trennung von seiner Freundin Jenny, die mittlerweile die »Gattin eines Uhrmachers geworden ist« (ES I, 263). Mit »der schönen Ruhe ist es aus« (ebd.), als ihm die verheiratete Friederike wiederbegegnet, die er seit dem Ende seiner Schulausbildung vor sieben Jahren nicht mehr gesehen hatte. Eingewoben in die Gegenwartshandlung, die zunächst die »Sehnsucht« nach der »unendlich Geliebten« (ebd., 268), die Erwiderung dieser Gefühle durch Friederike und schließlich den Bruch der Beziehung erzählt, sind die Erinnerungen an das letzte Gymnasialjahr: So erinnert sich der Ich-Erzähler an seinen Aufenthalt im Haus des Professors, schon damals Friederikes Ehemann, und besonders an den letzten Tag, als Friederike ihn zum Abschied in seinem Zimmer aufsuchte und »plötzlich küßte« (ebd., 269); er erinnert sich, wie in diesem Moment die Tür aufging, der Ehemann die Szene sah, sich aber sofort und unbemerkt von Friederike wieder zurückzog. Daraufhin hatte der Ich-Erzähler fluchtartig das Haus verlassen und Friederike seither nicht wiedergesehen. Als die beiden sich im Ferienort wiedertreffen, ist Friederike nicht nur noch immer mit dem Professor verheiratet, sondern außerdem Mutter geworden; »daß sie sich wieder versöhnt haben«, beurteilt der Ich-Erzähler die Situation, »dafür ist der vierjährige Junge ein lebendiges Zeugnis; – aber man kann sich versöhnen, ohne zu verzeihen und man kann verzeihen, ohne zu vergessen« (ebd., 266).

Diese Einschätzung des Erzählers erweist sich am Ende als falsch: Beim romantischen Ausflug mit Friederike auf eine Insel erfährt er, dass der Professor seine Frau in all den Jahren nie mit dem Wissen um den Kuss konfrontiert hat, »er hat ihr verziehen – und sie hat es nicht gewußt« (ebd., 275). Mit dieser Einsicht verändert sich schlagartig das Verhältnis zur Geliebten. Er fühlt – so formuliert er nebulös –, wie etwas in seinem »Innern« erstarrt (ebd.). Ihm »schauerte vor dem stummen Schicksal, das sie seit vielen Jahren erlebt, ohne es zu ahnen« (ebd., 276). Der Erzähler verlässt daraufhin den Ferienort, und zwar genauso überstürzt wie damals das Haus des Professors.

Deutung

Der Text ist eine von vielen kurzen Tagebuch- und Brieferzählungen Schnitzlers, in denen sich das grundsätzliche Interesse des Autors an der Abbildung sozialpsychologischer Persönlichkeitsprofile aus subjektiven Wahrnehmungsperspektiven zeigt (Perlmann 1987, 124). Die Erzählung behandelt das Thema einer illusionären Liebe, die eng mit dem Identitätsproblem des namenlosen Ich-Erzählers verbunden ist. Anfangs fühlt er sich nach Abschluss seiner Doktorarbeit »sicher und wohl« in der »Empfindung eines abgeschlossenen Lebensabschnitts« (ES I, 263). Dass die Jugendphase und damit die Identitätsbildung vermeintlich beendet ist, signalisiert sein geklärtes Verhältnis zur eigenen Emotionalität. Endlich vermeinte er eine Reise machen zu können, »ohne eine Geliebte zu Hause zu lassen und ohne eine Illusion mitzunehmen« (ebd.) – eine Einschätzung, die sich schon bald als Trugschluss erweist. Zwar kann der Erzähler den Ort wechseln, nicht aber sein Verhaltensmuster. Gleich dreimal schildert er eine Flucht aus Liebe: Zunächst flieht er aus dem Haus des Professors, dann vor Jenny in die dänische Stadt am Meer und, als es möglich erscheint, den erotisch-sinnlichen Moment der Vergangenheit zu verstetigen, schließlich aus dem Ferienort. Wie sich in der Gegenwart Vergangenes wiederholt, signalisiert die Erzählung über ihre Topographie. Das Ufer des dänischen Urlaubsorts ist von »Landhäuser[n] mit Gärten« geprägt, die als »mild und grün«, »still und unbewegt« beschrieben werden (ebd., 262). In der Erinnerung an die Ereignisse der Schulzeit stellt sich ein ähnliches Bild ein. Der Professor bewohnte ein freundliches Haus mit »Gärtchen«, in dem »grünlackierte[] Stühle[] und Tische[]« stehen (ebd., 265); er selbst wird als Mann mit einem »milden, etwas müden« Gesichtsausdruck beschrieben (ebd.). Beide Orte sind über diese Parallelität als Räume ›bürgerlichen Gleichmaßes‹ ausgewiesen, wobei sich die Topographien in einem entscheidenden Punkt unterscheiden. In der Gegenwart liegt der Ort am Ufer eines Meeres, das den Zugang zu der Insel ermöglicht, die in der Erzählung den Sehnsuchtsort der Liebenden repräsentiert. Der Text greift hier auf das Motiv der Insel zurück, die gemeinhin einen der Alltagsrealität enthobenen idyllischen Ort verkörpert, an dem das Ideal der ewigen Liebe realisiert werden soll. Das klischeehafte, illusionäre Moment dieser Realitätsflucht illustriert die einsame »weiße Kirche auf dem Hügel« (ebd., 272), den die »ganz weiß« gekleidete, dem Erzähler »wie ein achtzehnjähriges Mädchen« erscheinende Friederike als mögliches Ziel des Ausflugs angibt (ebd.). Tatsächlich nähert sich das Paar der Kirche, und damit zumindest zeichenhaft der Verewigung der Liebe, immer mehr an, »zehn Schritte vor uns lag sie«. Das Ziel wird schließlich durch den Erzähler aufgegeben, »hier bog ein steiler Weg ab, der [...] ins Dorf führen mußte. Ich schlug ihn ein. Sie folgte mir« (ebd., 275).

Der Grund für die Ernüchterung des Erzählers liegt paradoxerweise im Versuch, die bisher verschwiegenen Ereignisse der Vergangenheit zu klären. Die Aussprache führt deshalb zur Trennung, weil sie das Idealbild einer Frau, die einerseits »wie eine Mutter« (ebd., 268), andererseits aber auch als Geliebte gesehen worden ist, zerstört. Hierauf verweist u. a. die rhetorische, im Rahmen eines Inneren Monologs gestellte Frage »Wer bist du?« (ebd., 275). Aber auch das Bild des Ehemanns verändert sich durch das klärende Gespräch. Er wird nun als duldsamer, verzeihender »Weiser« wahrgenommen. Die Demut vor seinem besonnenen Handeln verbietet es dem Erzähler, Friederike die Wahrheit zu sagen: »[I]ch durfte es nicht« (ebd., 276; vgl. hierzu auch Lukas 1996, 199–205). Der Ehemann erscheint in seinem bedächtigen, rationalen Vorgehen als überlegen, er avanciert gleichsam zum Vertreter desjenigen Ideals der »ewigen Liebe«, das der Ich-Erzähler auf der Insel vergeblich gesucht hat. Der eingangs postulierte männliche Habitus des Protagonisten wird im Kontrast zum Ehemann schließlich als falsches Selbstverständnis entlarvt, worauf die Erzählung schon zu Beginn hindeutet. »Sie haben noch immer ihr Kindergesicht«, so bemerkt Friederike beim Wiedersehen, »Ihr Schnurrbart sieht aus, als wenn er aufgeklebt wäre« (ebd., 264). Am Ende zeigt sich, dass dieses äußere Merkmal des ›Kindseins‹ die innere Verfassung des Erzählers abbildet: Er flüchtet erneut, wiederholt also sein kindisches Verhalten der Vergangenheit, weshalb er die große Liebe wiederum verpasst. Dass auch die Ereignisse in Dänemark zu keiner Veränderung seines personalen Status führen, deutet die Schlusspassage an: Anstatt sich mit dem Geschehen auseinanderzusetzen, beginnt unmittelbar nach der Flucht die Verdrängung des Erlebten. Die noch wenige Stunden zuvor geliebte Frau wird zum »Schatten«; sie wird, wie bereits vor sieben Jahren, erneut aus dem Gedächtnis verbannt.

Literatur

Lukas, Wolfgang: *Das Selbst und das Fremde. Epochale Lebenskrisen und ihre Lösung im Werk A. S.s.* München 1996.
Perlmann, Michaela L.: *A. S.* Stuttgart 1987.
Pinkert, Ernst-Ullrich: Reflexe einer Reise nach Dänemark. A. S.s Novelle »Die Frau des Weisen«. In: Roland Berbig/ Martina Lauster/Rolf Parr (Hg.): *Zeitdiskurse. Reflexionen zum 19. und 20. Jahrhundert.* Heidelberg 2004, 261– 275.
Schneider, Katrin: Die Insel als Proberaum in A. S.s *Die Frau des Weisen*. In: Anna E. Wilkens/Patrick Ramponi/ Helge Wendt (Hg.): *Inseln und Archipele. Kulturelle Figuren des Insularen zwischen Isolation und Entgrenzung.* Bielefeld 2011, 115–134.

Ingo Irsigler

Die Toten schweigen (1897)

Entstehung

Schnitzler beginnt die Arbeit an der Erzählung im März 1897 unter dem Arbeitstitel »Der andere Abschied« (Tb, 22.3.1897); nur wenige Monate später wird sie in der international ausgerichteten Kulturzeitschrift *Cosmopolis* veröffentlicht. In einem Brief vom 8.7.1897 an Marie Reinhard zeigt sich der Autor über seinen eigenen Text »angenehm ueberrascht«, am 16.10.1897 notiert er stolz in sein Tagebuch, dass Otto Brahm *Die Toten schweigen* als Meisterstück bezeichnet habe (Lindgren 2002, 158).

Inhalt

Der kurze Text lässt sich inhaltlich in zwei Abschnitte gliedern: Zunächst wird die Begegnung eines Liebespaares, Emma und Franz, erzählt. Weil Emma verheiratet ist, muss diese Liebe geheim gehalten werden, weshalb sich die Liebenden in einer »abseits liegenden Straße« (ES I, 296) verabredet haben. Auf der anschließenden Kutschfahrt stadtauswärts kommt es zu einem Disput, der ihre unterschiedlichen Vorstellungen von der Zukunft offenlegt. Während Emma ihr Familienleben nicht aufgeben möchte, will Franz die Beziehung verstetigen und drängt deshalb auf die Trennung Emmas von ihrem Ehemann. Als die Kutsche die Donaubrücke überquert hat, kommt es zu einem Unfall, der den zweiten Handlungsabschnitt einleitet. Weil Franz dabei ums Leben kommt, sind Gegenwart und mögliche Zukunft der Liebesbeziehung ab diesem Moment Geschichte, und der Fokus der Erzählung liegt nunmehr auf dem inneren Konflikt Emmas. Die Protagonistin beherrscht einerseits die Angst, dass der Ehebruch durch den Tod des Geliebten entdeckt werden könnte, andererseits fühlt sie sich schuldig, weil sie im Begriff ist, den toten Geliebten im Stich zu lassen. Letztlich siegt ihr bürgerlicher Realitätssinn. Als der Kutscher Hilfe holt, macht sich Emma auf den Weg zurück von der Peripherie ins Zentrum der bürgerlichen Welt. Ob diese ›Heimkehr‹ zu Mann und Kind, d. h. die vollständige Reintegration ins bürgerliche Leben, gelingt, lässt der Text offen. Zwar »schweigen die Toten«, wie es Emma im Halbschlaf durch den Kopf geht, jedoch offenbart sie das Geheimnis dem Ehemann im Schlaf; »und in seinen Augen liest sie, daß sie ihm nichts mehr verbergen kann [...]« (ebd., 311). Wenngleich fraglich bleibt, ob der Ehemann ihr schließlich verzeiht, ist das Geständnis immerhin für den Moment beruhigend: Es kommt eine »große Ruhe über sie, als würde vieles wieder gut« (ebd., 312).

Deutung

Die Erzählung weist intertextuelle Bezüge zu Gustave Flauberts *Madame Bovary* (1857) auf; so teilen beide Texte das Handlungselement der Kutschfahrt und den Namen der weiblichen Hauptfigur. Parallelen zeigen sich darüber hinaus in den erzählerischen Vermittlungsformen von Bewusstseinsprozessen. Prinzipiell sieht die Forschung *Die Toten schweigen* als Wendepunkt in Schnitzlers Werk: Seien die frühen Texte von der »typologisierenden Bestandsaufnahme menschlicher Verhaltensweisen« geprägt, so trete von nun an verstärkt die »Diagnose seelischer Mechanismen« (Tebben 2003, 103) ins Zentrum des Erzählens.

Diese seelische Bestandsaufnahme erfolgt im Falle von *Die Toten schweigen* in einer »Grenzsitua-

3.1.1 Frühe Erzählungen der 1880er und 1890er Jahre

tion zwischen Leben und Tod« (Matthias 1999, 88). Der Anfang der Erzählung ist dabei überwiegend aus der Innenperspektive von Franz bzw. dialogisch vermittelt, im Augenblick des Unfalls verändert sich dann die Perspektive. Der Text entzieht dem Sterbenden buchstäblich das Wort, übernimmt fortan die Innensicht der Überlebenden, deren psychologisch-moralisches Problem nun ins diskursive Zentrum des Textes rückt. Diesen Konflikt weist die Erzählung allerdings nicht nur als Ergebnis des Unfalltodes von Franz aus, sondern er ist vielmehr als prinzipieller Gegensatz konzipiert: Dem Wunsch nach erotischem Abenteuer und Selbstverwirklichung einerseits stehen sowohl das Bewusstsein der bürgerlichen Moral als auch das Bedürfnis nach Sicherheit andererseits entgegen. Dieser Konflikt wird durch eine metaphorische Beschreibungsebene verdeutlicht, die den Text von Beginn an prägt. Zeichenhaft zu verstehen sind etwa das stürmische Herbstwetter oder das rauschende Wasser unter den Liebenden. Zum einen bildet es den Gegenpol zur »große[n] Ruhe« (ES I, 312) der bürgerlichen Ehe, zum anderen manifestiert sich in dieser Semantik aber auch die Gefahr, die diese Beziehung außerhalb der bürgerlichen Norm mit sich bringt. Das Liebespaar trifft sich an einer schwach beleuchteten Straße, die Franz, obgleich sie nur »hundert Schritte von der Praterstraße« entfernt ist, an die Versetzung in »irgend eine ungarische Kleinstadt« (ebd., 296) erinnert. Die Beziehung wird schon zu Beginn über die Topographie, die die Erzählung entwirft, deutlich als Verbindung außerhalb der Gesellschaft markiert, von den Figuren selbst schließlich als dunkler »Abgrund« (ebd., 299) empfunden, dem später die Beschreibung der bürgerlichen Sphäre mit Begriffen wie »Licht« (ebd., 305) und »Sicherheit« (ebd., 307) entgegengestellt ist. Der Text präsentiert auf diese Weise eine Psyche, in der sich internalisierte Normen und heimliche Wünsche unvereinbar gegenüber stehen.

Im Gefüge der Erzählung hat der Unfall – der sich bezeichnenderweise weit außerhalb der Stadt in völliger Dunkelheit ereignet – eine metaphorisch-psychologische Dimension: Der Moment des Unglücks wird mit Formulierungen wie »sie fühlte sich fortgeschleudert, wollte sich an etwas klammern«, »griff ins Leere [...], als drehe sie sich [...] im Kreise herum« (ebd., 301) beschrieben, die insgesamt Emmas Orientierungsverlust betonen, den die außereheliche Affäre mit sich gebracht hat. Die Figur verliert die »Bodenhaftung«, bevor im Anschluss der Versuch unternommen wird, zum (bürgerlichen) Selbst zurückzufinden, »zurück in das Licht [...] zu den Menschen« zu kommen (ebd., 305). Damit diese Rückkehr gelingen kann, muss der Geliebte konsequenterweise zum Schweigen gebracht werden.

Folgerichtig verliert Franz nach dem Unfall seinen Subjektstatus. Bis kurz vor Schluss wird er in den Reflexionen Emmas nur noch als »der Tote« bezeichnet, allerdings gelingt es ihr nicht, sich der »Macht« (ebd., 306) des Geliebten vollständig zu entziehen. Die Loslösung von ihm – räumlich durch den Rückweg vom dunklen Unfallort ins helle Zentrum der Stadt in Szene gesetzt – ist bis zum Ende von Ambivalenz geprägt: Sie wird als »Erlösung« (ebd., 307) empfunden, ist aber zugleich mit »Scham« (ebd.) besetzt. Letzteres signalisiert, dass die Rückkehr in die Bürgerlichkeit Schuldgefühle in Emma hervorruft, den Geliebten bzw. die mit dieser Verbindung realisierten Wünsche, verraten zu haben, um künftig allein »ihre Pflicht« (ebd., 308) als Ehefrau und Mutter zu erfüllen.

Der Weg Emmas zurück in die eheliche Wohnung lässt sich also insgesamt als Versuch lesen, sich der sexuellen Wünsche zu entledigen, die den bürgerlichen Frieden stören. Die Frage, ob die Protagonistin tatsächlich die ersehnte »Ruhe« (ebd., 312) findet, beantwortet der Text nicht. Dass Franz gegen Ende noch einmal beim Namen genannt wird, also seine Subjektivität wiedererlangt, deutet zumindest an, dass die Toten nicht schweigen und sich die mit dem Geliebten verknüpften Wünsche nicht einfach ausblenden lassen. Die Ruhe, die Emma vorkommt, als »würde« (ebd.) alles gut werden, ließe sich in diesem Sinne metaphorisch verstehen: Das Sterben der außerbürgerlichen Erotik könnte zum Erstarren Emmas im bürgerlichen Raum führen.

Literatur

Aurnhammer, Achim: *A. S.s intertextuelles Erzählen*. Berlin/Boston 2013.
Lindgren, Irène: *Seh'n Sie, das Berühmtwerden ist doch nicht so leicht! A. S. über sein literarisches Schaffen*. Frankfurt a. M. u. a. 2002.
Marzinek, Ralf: Das Problem der Sprache in A. S.s Novelle: ›Die Toten schweigen‹. Zur erzählerischen Vermittlung des Figurenbewußtseins. In: Hans-Ulrich Lindken (Hg.): *Das magische Dreieck. Polnisch-deutsche Aspekte zur österreichischen und deutschen Literatur des 19. und 20. Jahrhunderts*. Frankfurt a. M. 1992, 29–48.
Matthias, Bettina: *Masken des Lebens, Gesichter des Todes. Zum Verhältnis von Tod und Darstellung im erzählerischen Werk A. S.s*. Würzburg 1999.
Tebben, Karin: »Traum wird Leben, Leben Traum«. A. S.s *Die Toten schweigen* (1897). In: Matthias Luserke-Jaqui/Rosmarie Zeller (Hg.): *Musil-Forum. Studien zur Litera-*

tur der Klassischen Moderne. Bd. 27: 2001/2002. Berlin/Boston 2003, 103–118.

Ingo Irsigler

3.1.2 Erzählungen 1900–1918

Kleinere Erzählungen

In den kurzen, z. T. sehr kurzen Prosaerzählungen, die Schnitzler zwischen 1900 und 1912 in unterschiedlichen Zeitungen und Zeitschriften veröffentlicht und fast alle in diverse Erzählbände übernimmt (*Die griechische Tänzerin*, 1905; *Dämmerseelen*, 1907; *Masken und Wunder*, 1912), findet sich das formale und thematische Spektrum seines Frühwerks nahezu vollständig entfaltet: In den Novellen und Novelletten, Brieferzählungen, Parabeln und Gleichnissen dieses Zeitraums wird von Außenseitern und Künstlern, von Ehebrechern, Lebemännern und Sonderlingen erzählt. Die Handlungen sind dabei vornehmlich in bürgerlichen und künstlerischen Kreisen angesiedelt, Milieus, die – gerade in ihren Überschneidungsbereichen – »von Widersprüchen durchzogen« sind, welche »leicht zur manifesten Krise mutieren können« (Meyer 2010, 14). Schnitzler richtet den Fokus dabei insbesondere auf die psychische Konstitution seiner häufig männlichen Protagonisten; entsprechend dominieren homo- oder autodiegetische Erzählsituationen. Ohne dass diese Prosastücke zu gebrauchstextartigen ›Fallstudien‹ geraten, wird dem Leser der kritisch-distanzierte Blick eines aktiv mitdenkenden Analytikers nahegelegt (Perlmann 1987, 109).

Das Interesse der Forschung an den hier berücksichtigten Erzähltexten nimmt sich bislang eher gering aus.

Andreas Thameyers letzter Brief (1902), *Exzentrik* (1902) und *Der Tod des Junggesellen* (1908)

Die Erzählung *Andreas Thameyers letzter Brief* ist zwischen dem 7. und 9. Februar 1900 entstanden und wurde in der *Zeit* vom 26. Juli 1902 (Bd. 32, H. 408) erstmals veröffentlicht (zur genauen Textgenese s. Aurnhammer 2013, 105–112). Von Schnitzler hochgeschätzt, wurde die Erzählung später in die Prosasammlungen *Dämmerseelen* und *Die griechische Tänzerin* übernommen. Es handelt sich um den Abschiedsbrief eines Selbstmörders – eine besondere Form der Ich-Erzählung, die Schnitzler in *Der letzte Brief eines Literaten* (1932) erneut aufgreifen wird (für eine vergleichende Lektüre vgl. Reid 1972).

Mit Suizid reagiert der Wiener Sparkassen-Beamte Thameyer auf die Geburt eines dunkelhäutigen Kindes durch seine Ehefrau. Mit dem expliziten Verweis auf das in allerlei pseudowissenschaftlicher Fachliteratur verhandelte ›Versehen der Frauen‹ – gemeint ist eine Art visueller Fernzeugung – versucht der Schreiber, den Verdacht der ehelichen Untreue aus dem Weg zu räumen: Zu jenem folgenschweren ›Versehen‹ sei es eines Abends im Lager einer Gruppe von ›Negern‹ im Tiergarten gekommen; extratextuell verweist Schnitzler mit dem Lager auf das ›Neger-Dorf‹, das aus Anlass der Weltausstellung 1896 im Prater aufgestellt wurde; in ihm lebten etwa siebzig Angehörige des westafrikanischen Aschanti-Stammes (s. Aurnhammer 2013, 104). Obwohl Thameyers Erklärung zufolge also gar kein Ehebruch stattgefunden habe, sei er zum Selbstmord entschlossen, weil er sicher davon ausgehe, dass man seinen Ausführungen keinen Glauben schenken werde.

Die Erzählung hat, im Vergleich zu den anderen hier behandelten Texten, in jüngerer Zeit ein recht intensives Forschungsinteresse provoziert, das sich auf vornehmlich zwei Aspekte konzentriert: zum einen in diskurskritischer Hinsicht auf das von Schnitzler entfaltete Konzept kleinbürgerlicher Männlichkeit mit seinen misogynen und rassistischen Ressentiments (Meyer 2010, 75–102; Boehringer 2011); zum anderen auf Schnitzlers quellengestütztes Erzählverfahren, das entweder in kulturwissenschaftlicher Perspektive (Schnyder 2002) oder im Kontext von Schnitzlers intertextueller Poetik untersucht wird. Bezugspunkt ist dabei in erster Linie die denkgeschichtlich vielfach belegte Theorie vom ›Versehen der Frauen‹, für die Aurnhammer eine ganze Reihe intertextueller Quellen anführt; einige davon werden bei Schnitzler auch explizit genannt. Die Angaben Thameyers führen allerdings z. T. in die Irre, wodurch der Status des Erzählers implizit als ›unzuverlässig‹ erscheint (Aurnhammer 2013, 120–131). Angesichts seines massiven Bemühens um Beglaubigung der ›Versehenstheorie‹ wirkt dies geradezu entlarvend, weshalb sich die Erzählung als ›intertextuelle Parodie‹ bezeichnen lässt (ebd., 104).

Um männliche Ohnmacht und weibliche Untreue geht es auch in *Exzentrik*, eine Erzählung, die Schnitzler am 26. August 1898 in Luzern beginnt und vier Jahre später in der Literatur- und Kulturzeitschrift *Jugend* (Jg. 7, H. 30) veröffentlicht. Im Rahmen einer fast schon burlesk anmutenden Satire berichtet August von Witte dem Ich-Erzähler – einem Kaffeehausliteraten, wie man ihn aus der Prosaskizze *Er wartet auf den vazierenden Gott* (1886) kennt – von den wiederholten Affären seiner Geliebten Kitty de la Rosière mit jeweils durchreisenden Varietékünstlern. Die Tatsache, dass Anton seiner ›Exzentriksängerin‹ vollkommen verfallen ist, macht ihn »wehrlos« (ES I, 560), was ihn die wiederholten Demütigungen zeitweise hinnehmen lässt. Der einzige Versuch, seinen Wutgefühlen durch Gewalt Ausdruck zu verleihen, gerät aufgrund seiner vollkommenen Unbeholfenheit allerdings zu einer Posse. Der nachdrückliche Ratschlag, den Anton dem Erzähler gibt, lautet entsprechend: »Alles, mein Lieber, du verstehst mich, alles, nur keine Exzentriksängerin!« (ebd.).

Einen Deutungsansatz für die Erzählung liefert Perlmann, wenn sie im Blick auf die »minutiöse[] satirische[] Genauigkeit« des Textes feststellt, dass hier »der Akt des Erzählens zum eigentlichen Gegenstand« der Erzählung gerate (Perlmann 1987, 111 f.). Dass sich die Interpretation in dieser Selbstreferentialität allerdings nicht erschöpft, steht schon angesichts der thematischen Fülle des Erzähltextes außer Frage; zu denken ist hier etwa an die diskursbestimmte Grenzziehung zwischen ›normal‹ und ›anormal‹ in Bezug auf Kittys zwergen- bzw. riesenhafte Liebhaber.

Wiederum aus männlicher Perspektive widmet sich die am 6. März 1907 begonnene und am 1. April des darauffolgenden Jahres in der *Österreichischen Rundschau* (Bd. 15, H. 1) veröffentlichte Erzählung *Der Tod des Junggesellen* dem Thema weiblicher Untreue. Drei Männer – ein Arzt, ein Dichter, ein Kaufmann – werden ans Totenbett eines alleinstehenden und soeben verstorbenen gemeinsamen Freundes gerufen. Als letzte Nachricht des Junggesellen erhalten sie einen Brief, in dem er ihnen mitteilt, mit ihren Ehefrauen auf unterschiedliche Weise Beziehungen unterhalten zu haben, von einer kurzen Affäre bis zum eheähnlichen Zusammenleben. Die drei Männer reagieren verschieden auf diese Mitteilung, teils mit Zorn, teils mit Betroffenheit, allesamt sind sie jedoch um äußere Fassung bemüht und überdenken/rekapitulieren ihr bisheriges Eheleben. Einzig der um sein Nachleben bedachte Dichter entscheidet sich dazu, seine Gattin in Kenntnis zu setzen, dies aber nur, falls er vor ihr sterben sollte – durch eben jenen Brief des Junggesellen in seinem zukünftigen Nachlass: »[Er] hörte [...] sie schon an seinem Grabe flüstern: Du Edler ... Großer ...« (ES I, 972).

Nicht nur der Erzählstil dieser Prosaminiatur hat in der Vergangenheit das Interesse der Forschung auf sich gezogen (Klabes 1967), sondern auch die für Schnitzler symptomatische Gegenüberstellung einer Dichter- und einer Arztfigur (Lawson 1980). Perlmanns Deutung hingegen kontextualisiert die Erzählung im Hinblick auf einen anderen Grundzug der Schnitzlerschen Figurenkonzeptionen; ihr zufolge geht es dem Schreiber »im Grunde weniger um eine Bestrafung seiner unbedarften Freunde als um eine Existenzgewinnung ex negativo: [...] [Er] versichert sich der einzigen Form der Unsterblichkeit, die es für Schnitzlers Helden gibt, nämlich des Weiterlebens in der Erinnerung derer, die ihn gekannt haben« (Perlmann 1987, 133).

Die Fremde und *Die griechische Tänzerin* (beide 1902)

Das Motiv des männlichen Verfallenseins, das einer (vermeintlichen) weiblichen Souveränität im Bereich des Emotionalen und Erotischen gegenübersteht, greift Schnitzler in *Die Fremde* erneut auf. Entstanden ist die Erzählung im Frühjahr 1902; erstmals veröffentlicht wurde sie unter dem Titel *Dämmerseele* in der *Neuen Freien Presse* vom 18. Mai 1902 (Pfingst-Beilage). Erst in der Prosasammlung *Dämmerseelen* erscheint der Text, der während des Entstehungsprozesses noch den Arbeitstitel »Theoderich« trägt (Tb, 6.3.1902), unter seiner heute geläufigen Überschrift.

In Form eines Gedankenberichts wird die Geschichte Albert von Webelings erzählt, der noch auf der Hochzeitsreise von seiner Ehefrau Katharina verlassen wird und sich infolgedessen an die Vorgeschichte seiner Ehe erinnert. Besonders wird dabei die Unbedingtheit seiner Liebe zur emotional instabilen, vorwiegend melancholischen Katharina betont; schon bei der Eheschließung habe Albert den Entschluss gefasst, sich das Leben zu nehmen, sollte ihn seine Gattin jemals verlassen. Entsprechend macht er sich nun auf, um einen Ort für seinen Suizid zu wählen. Auf dem Weg beobachtet er die geistesabwesende Katharina in einer Hofkirche, wo sie den Fuß einer Theoderich-Statue küsst, woraufhin Albert unter Aufwendung seiner letzten Geldmittel veranlasst, eine Kopie dieser Statue im Garten des gemeinsamen Anwesens aufzustellen. Erst danach erschießt er sich in einem Wäldchen. In einem Nachsatz erfährt der Leser, dass Katharina ein Kind erwartet, und zwar von einem unbekannten Mann, der ihr nach dem Besuch in jener Hofkirche gefolgt war. Ein Brief, den sie am Ende »[postlagernd] nach Verona« (ES I, 559) an den Vater ihres Kindes schreibt, erreicht seinen Empfänger nicht.

In kritischer Abgrenzung von früheren Strukturanalysen der Erzählung (v. a. Just 1968, 114–119) entwirft Meyer einen bedenkenswerten Vorschlag, welche Funktion dem rätselhaften Schluss für die psychologische Figurenkonzeption zukommen könnte: Ihr zufolge seien es die »Unhaltbarkeiten traditioneller Imaginationen von Männlichkeit und Weiblichkeit«, die nicht nur zur mangelnden Einsicht des Protagonisten, sondern letztlich zu dessen »Untergang« führten (Meyer 2010, 45). Dadurch würde – ähnlich wie in bekannteren Texten wie *Fräulein Else* oder der *Traumnovelle* – »Kritik an der bürgerlichen Moral« sowie an »konventionellen Geschlechterrollen« geübt (ebd.). Ob diese recht handfeste Interpretation der strukturellen Bedeutungsoffenheit insbesondere des Erzählschlusses wirklich gerecht wird, wäre allerdings zu diskutieren.

Um eine Statue geht es auch in *Die griechische Tänzerin*. Hierbei handelt es sich um eine in einem recht komplizierten Schreibprozess (Tb, 22.4., 30.5., 7.6., 11.7., 12.9.1902) und zunächst unter dem Arbeitstitel »Duldende Frau« entstandene Erzählung, die am 28. September 1902 in der *Zeit* (Jg. 1, Nr. 2, Beilage: *Die Sonntags-Zeit*) veröffentlicht wurde. Der Erzähler wandelt an einem Herbsttag zu einer Villa, in Gedanken darüber versunken, ob seine jüngst verstorbene Freundin Mathilde Samodeski tatsächlich an einem Herzschlag ums Leben gekommen ist; im Garten der Villa, in der Mathilde wohnte, befindet sich die Statue einer griechischen Tänzerin, die er am Ende der Erzählung »zwischen den roten Zweigen« (ES I, 579) hervorschimmern sieht.

Zuvor erinnert er sich: Mathilde war verheiratet mit Gregor Samodeski, einem von den Frauen umschwärmten Bildhauer. Der Erzähler, der sich in jungen Jahren bei Mathilde selbst Chancen ausgerechnet hatte, lässt unterschiedliche Begegnungen mit dem Ehepaar Revue passieren; stets habe Mathilde ihn davon überzeugen wollen, dass sie glücklich und trotz der zahlreichen Frauenbekanntschaften ihres Gatten nie eifersüchtig gewesen sei. Ausführlich geht Mathilde dabei auf Gregors Bekanntschaft zu der Pariser Statistin Madeleine ein, die Sadomeski zu jener titelgebenden griechischen Tänzerin Modell gestanden habe.

Der Erzähler schenkt den Beteuerungen Mathildes keinen Glauben; entsprechend bewertet er ihren Tod auf eigene Weise: Sie sei mitnichten an einem Herzschlag gestorben, sondern habe ihr Leben »hin[geworfen], weil sie es nicht mehr ertragen konnte« (ebd.). Am Ende bleibt dem Erzähler nur Hass auf Gregor; die Statue der griechischen Tänzerin, das Zentralmotiv dieser Erzählung, erscheint somit als ein »Requisit, das als sichtbarer Gegenstand von Samodeskis Untreue […] Mathildes Tragik […] in sich vereinigt und über ihren Tod hinaus aufbewahrt« (Wehrli 1978, 259).

Die Forschung hat sich bislang vor allem auf die vorgeblich freundschaftliche Rolle des Erzählers konzentriert, der den Leser zum individuellen Adressaten seiner psychologisierenden Überzeugungsarbeit macht. So spricht Swales (1971; ähnlich auch Wehrli 1978, 253–256) von der ›Ambiguität‹ des Erzählverfahrens: Die kritische Distanz des Lesers zum Erzähler nimmt in dem Maße zu, wie der parteiliche Erzähler dem Leser seine Deutung aufzudrängen versucht. Auf diese erzählerisch raffinierte Weise werden die Eifersucht und das Misstrauen des unterlegenen Mannes fast unübersehbar, wodurch der Leser letztlich in einen Zustand der Ratlosigkeit gerät: Die Frage, ob er den Erklärungen des Erzählers folgen kann, bleibt bis zum Ende offen.

Die grüne Krawatte (1903), *Geschichte eines Genies* (1907) und *Die dreifache Warnung* (1911)

Einen sowohl formal als auch thematisch anderen Erzählansatz verfolgt Schnitzler in der satirischen Kurzparabel *Die grüne Krawatte*, die am 25. Oktober 1903 im *Neuen Wiener Journal* (Jg. 11) zu lesen war. In ihr steht die Beliebigkeit sozialer Fremdzuschreibungen, die sich zuweilen an bloßen Äußerlichkeiten festmachen, im Zentrum der erzählerischen Reflexion. Die allgemeine Zustimmung, die der junge Mann Cleophas (zur Namensgebung vgl. Zobel 1990, 134) für seinen kleidsamen Schlips erhält und ihn bald schon zu einem wahren ›Trendsetter‹ werden lässt, wechselt zunächst in kollektive Verwirrung, als der grüne einem blauen und dann einem violetten Binder weichen muss. Als schließlich eine Gruppe von Leuten erklärt, nicht das Tragen von Krawatten, sondern von Zwirnsfäden sei nun »das Eleganteste und Vornehmste« (ES I, 549–550), schlagen Cleophas Ablehnung und sogar handfeste Vorwürfe entgegen; er sei ein »Wüstling[]« (ebd., 550). All den wechselvollen sozialen Erregungen, die für den Einzelnen weder steuerbar noch absehbar scheinen, begegnet Cleophas einerseits mit geradezu stoischer Gelassenheit (»Herr Cleophas kümmerte sich nicht […] und ging seines

3.1.2 Erzählungen 1900–1918

Weges«; ebd.). Andererseits tritt er der Menge mit einer nur scheinbar naiven Frage entgegen – »Wen meinen Sie denn eigentlich? Am Ende mich auch?« (ebd.) –, die subversiv die sozialen Ausgrenzungsmechanismen in ihrer Beliebigkeit und Verlogenheit offenlegt. Hierdurch allerdings zieht Cleophas den kollektiven Hass erneut und in noch einmal gesteigerter Form auf sich zieht: »Seht ihr, wie er sich getroffen fühlt? Wer darf jetzt noch daran zweifeln, daß Cleophas ein Wüstling, Dieb und Meuchelmörder ist?!« (ebd.).

Die hier dargestellte Unvermeidlichkeit für den Einzelnen, der sozialen Diskriminierung zu entgehen, führt Zobel in biographischer Hinsicht auf Schnitzlers sensible Wahrnehmung des zeitgenössischen Antisemitismus zurück; mit seiner Parabel wolle er zeigen, »daß die unvoreingenommene Apperzeption durch stereotype, präjudizierende und simplifizierte Vorstellungsklischees eingeschränkt oder verzerrt wird« (Zobel 1990, 140). Darüber hinaus kontextualisiert Zobel die Erzählung im Rahmen sozialpsychologischer und -philosophischer Vorurteilstheorien (u. a. von A. Mitscherlich und M. Horkheimer).

Während in *Die grüne Krawatte* der erzählerische Schwerpunkt auf der sozialen Fremdwahrnehmung eines Individuums liegt, richtet die 1907 entstandene und noch im selben Jahr in der Zeitschrift *Arena* (Jg. 2, H. 12) publizierte Fabel *Geschichte eines Genies* den Fokus auf eine problematisch übersteigerte Selbstwahrnehmung. Ein zu früh im Jahr geschlüpfter Schmetterling nimmt sich als »Einziger [s]einer Art« wahr; die »Kälte und Entbehrungen«, die er allein zu erleiden hat, lassen ihn zu dem Schluss kommen, er müsse ein »Genie[]« sein (ES I, 959). Aus dieser egozentrischen Perspektive ordnet sich der Schmetterling die Welt: Die Bedrohungen durch den Menschen werden als »Verfolgungen« gedeutet, die bald häufiger anzutreffenden anderen Schmetterlinge werden zunächst als »Spiegelbild« (ebd., 960), dann als »Wesen, die mir [wenigstens äußerlich] ähnlich sind« (ebd., 961), erkannt. Am Ende des Tages bleibt der Schmetterling verbittert am Boden liegen. Seinen nahenden Tod deutet er als Schicksal und Erfüllung eines vorherbestimmten Plans. Schließlich wird er durch das Rad eines Bierwagens zermalmt.

Der extreme Narzissmus, wie ihn der Schmetterling versinnbildlicht, wird hier als eine wirklichkeitsverstellende Form der Selbstbeobachtung mit letalen Folgen inszeniert. Im Hinblick auf diese konsequent psychologische Charakterskizze leuchtet es ein, die

Geschichte eines Genies – ähnlich wie *Die grüne Krawatte* oder die späteren Diagramme *Der Geist im Wort und Der Geist in der Tat* (1927) – als eine »Typenlehre« zu begreifen (Perlmann 1987, 111).

Einem wiederum anderen Erzählprogramm folgt Schnitzler in seinem Gleichnis *Die dreifache Warnung*, das im Rückgriff auf eine Skizze vom 8. August 1909 im Jahre 1909 entstanden und in der *Zeit* vom 4. Juni 1911 (*Die Pfingst-Zeit*) zuerst publiziert worden ist.

Das Gleichnis handelt von einem namenlosen Jüngling, der auf seinem Weg durch die Natur eine unbekannte, nicht lokalisierbare Stimme vernimmt; die drei aufeinanderfolgenden Stationen seines Weges begleitet sie mit drastischen Warnungen: Wenn er den Wald betrete, werde er gleich mehrere Morde begehen, dazu durch das Überqueren der Wiese sein Vaterland ins Verderben stürzen und schließlich das Erklimmen einer Felswand selbst mit dem Tod bezahlen. Diese vermeintlich unglaubwürdigen Warnungen, die der selbstbewusste Jüngling allesamt in den Wind schlägt, erweisen sich im Nachhinein auf zuvor nicht absehbare Weise als triftig: Auf seinem Weg durch den Wald, so klärt ihn die Stimme auf, habe er Millionen von Tieren zertreten; und weil er auf der Wiese mit einem Handschlag einen Schmetterling aus seiner Flugbahn vertrieben habe, wird dieser nun seine Raupe in einem königlichen Park ablegen, wo sie dann eine Prinzessin so erschrecken wird, dass diese an einem Herzschlag stirbt, wodurch schließlich ein despotischer Königsbruder an die Macht gelangen wird.

Von der rätselhaften Stimme erfährt der Jüngling, sie trage viele Namen: »Bestimmung nennen mich die Abergläubischen, die Toren Zufall und die Frommen Gott. Denen aber, die sich die Weisen dünken, bin ich die Kraft, die am Anfang aller Tage war und weiter wirkt unaufhaltsam in die Ewigkeit durch alles Geschehen« (ES II, 10). Auf die Frage des Jünglings, warum die Stimme ihn überhaupt gewarnt habe, wo sein Weg doch ohnehin vorherbestimmt gewesen sei, vernimmt er nur ein »unbegreifliches Lachen« (ebd.). Daraufhin muss der Jüngling die Erfüllung der dritten Warnung am eigenen Leib erfahren – ein albtraumhaftes Szenario: »[Der Boden] wankte und glitt [...] unter seinem Fuß; und schon stürzte er hinab, tiefer als Millionen Abgründe tief – in ein Dunkel, darin alle Nächte lauerten, die gekommen sind und kommen werden vom Anbeginn bis zum Ende der Welten« (ebd.).

Im Rekurs auf das für Schnitzler zentrale Problem des Determinismus betont Just die »Undurchdringbarkeit der Welt«, die sich dem Jüngling offenbart; Schnitzler bringe »die Situation des Menschen, der fragt oder gar sich auflehnen zu können glaubt gegen den festbestimmten Ablauf der Dinge, in ein allegorisches Bild« (Just 1968, 128). Weigel veranlasst diese Zentralaussage des Textes zu einer vergleichenden Lektüre mit einer weiteren der insgesamt zahlreichen »Schicksalserzählungen« Schnitzlers: Auch in *Die Weissagung* gehe es »um orakelhaft-unheimliche Prophezeiungen, die nicht nur eintreffen, sondern sich rationalen Erklärungsversuchen der Protagonisten (und im Grunde zunächst auch des Lesers) entziehen, ja darüber hinaus deren Hilflosigkeit und Ohnmacht angesichts eines übermächtig wirksamen Schicksals zu demonstrieren scheinen« (Weigel 1996, 149).

Damit ist das komplexe Schicksalskonzept in *Die dreifache Warnung* jedoch nur z. T. verstanden. Betrachtet man exemplarisch die Schmetterling-Passage, so wird deutlich, dass Schnitzler in seiner Erzählung eine paradoxe Verschränkung von ›Zufall‹ und ›Schicksal‹ vollzieht; Lukas schreibt im Rahmen seiner textanalytisch fundierten Rekonstruktion zu dieser Facette des Schicksalsbegriffs bei Schnitzler: »›Zufall‹ bedeutet [...] zugleich ein natürliches, realitätskompatibles Erklärungsangebot und wird mit Autonomie [...] des Subjekts korreliert, ›Schicksal‹ wird umgekehrt mit einem übernatürlichen, realitätsinkompatiblen Erklärungsangebot korreliert sowie mit Heteronomie und Notwendigkeit« (Lukas 1996, 281; zum Schicksalsbegriff insgesamt 264–288, dort auch der Hinweis auf weitere in diesem Zusammenhang einschlägige Texte im Werk Schnitzlers). In dieser Logik resultiert der Kollaps des Jünglings, der am Ende zu seinem Absturz führt, aus der kognitiv nicht auflösbaren Inkompatibilität zweier konkurrierender Erklärungsmodelle von ›Welt‹ und ›Wirklichkeit‹.

Literatur

Allerdissen, Rolf: *A. S. Impressionistisches Rollenspiel und skeptischer Moralismus in seinen Erzählungen.* Bonn 1985.
Meyer, Imke: *Männlichkeit und Melodram: A. S.s erzählende Schriften.* Würzburg 2010.
Perlmann, Michaela L.: *A. S.* Stuttgart 1987.
Urbach, Reinhard: *S.-Kommentar zu den erzählenden Schriften und dramatischen Werken.* München 1974.

Andreas Thameyers letzter Brief, Exzentrik, Der Tod des Junggesellen
Aurnhammer, Achim: *A. S.s intertextuelles Erzählen.* Berlin u. a. 2013.
Boehringer, Michael: Fantasies of White Masculinity in A. S.'s »Andreas Thameyers letzter Brief« (1900). In: *German Quarterly* 84 (2011), 80–96.
Klabes, Günther: Der Tod des Junggesellen (Stilanalyse). In: *Journal of the International Arthur Schnitzler Research Association* 6 (1967), H. 3, 31–39.
Lawson, Richard H.: Poets and Physicians. In A. S.s »The Bachelor's Death« an »An Author's Last Letter«. In: Enid R. Peschel (Hg.): *Medicine and Literature.* New York 1980, 48–55.
Meyer, Imke: *Männlichkeit und Melodram: A. S.s erzählende Schriften.* Würzburg 2010.
Perlmann, Michaela L.: *A. S.* Stuttgart 1987.
Reid, Maria D. H.: *Aspects of Theme and Technique in A. S.'s Shorter Prose Fiction.* Los Angeles 1969.
Reid, Maria D. H.: »Andreas Thameyers letzter Brief« und »Der letzte Brief eines Literaten«: Two Neglected Shortstories. In: *German Quarterly* 42 (1972), 443–460.
Schnyder, Peter: Im Netz der Bedeutung: A. S.s Erzählung *Andreas Thameyers letzter Brief* in kulturwissenschaftlicher Perspektive. In: Peter Wiesinger (Hg.): *Epochenbegriffe. Grenzen und Möglichkeiten.* Bern u. a. 2002, 419–425.

Die Fremde, Die griechische Tänzerin
Just, Gottfried: *Ironie und Sentimentalität in den erzählenden Dichtungen A. S.s.* Tübingen 1968.
Meyer, Imke: *Männlichkeit und Melodram: A. S.s erzählende Schriften.* Würzburg 2010.
Swales, Martin: *A. S. A Critical Study.* Oxford 1971.
Wehrli, Beatrice: Erzählstrukturen und Leseverhalten in S.s Erzählung »Die griechische Tänzerin«. In: *German Studies Review* 1 (1978), H. 3, 245–259.

Die grüne Krawatte, Geschichte eines Genies, Die dreifache Warnung
Babelotzky, Gregor: Wie A. S. *Die grüne Cravatte* knüpft – Edition der überlieferten Materialien. In: *Text. Kritische Beiträge* 13 (2012), 133–149.
Just, Gottfried: *Ironie und Sentimentalität in den erzählenden Dichtungen A. S.s.* Tübingen 1968.
Lukas, Wolfgang: *Das Selbst und das Fremde. Epochale Lebenskrisen und ihre Lösung im Werk A. S.s.* München 1996.
Perlmann, Michaela L.: *A. S.* Stuttgart 1987.
Weigel, Robert: S.s Schicksalserzählungen *Die Weissagung* und *Die dreifache Warnung.* In: Joseph P. Strelka (Hg.): »*Die Seele ... ist ein weites Land«. Kritische Beiträge zum Werk A. S.s.* Bern u. a. 1997, 149–162.
Zobel, Klaus: A. S., »Die grüne Krawatte«. In: Klaus Zobel: *Textanalysen. Eine Einführung in die Interpretation moderner Kurzprosa.* Paderborn ²1990, 134–141.

Kai Sina

Lieutenant Gustl (1900)

Entstehung

»Einer bekommt irgendwie eine Ohrfeige; – niemand erfährts. Der sie ihm gegeben, stirbt und er ist beruhigt, kommt darauf, dass er nicht an verletzter Ehre – sondern an der Angst litt, es könnte bekannt

3.1.2 Erzählungen 1900–1918

werden. –« Schnitzlers Notiz, vermutlich aus dem Jahr 1896 (Schnitzler 2011, 2 u. 12 f.), skizziert den Nukleus der Geschichte. Es geht um eine Beleidigung ohne Zeugen. Das Schema der Geschichte: zwei Ereignisse, eine Reaktion, eine Erkenntnis (vgl. Schnitzler 2010, 70–138) im Sinne von Schnitzlers späterer eigener Klassifizierung: »Die Entstehung eines Kunstwerks kann geschehen: 1. von einem Einfall aus, / 2. von einer Situation aus, / 3. von einer Ansicht aus, / 4. von einer Gestalt aus, / 5. von einer Empfindung aus« (AB, 28 f.) steht ein »Einfall« am Anfang seines Textes. In *Lieutenant Gustl* habe sich als sekundäres Moment die (formale) Gestalt (4) vor den Einfall (1) gedrängt: »Ein Einfall war da, die Gestalt tritt hinzu, die dazu dient, den Einfall zu illustrieren, und der Einfall tritt im Laufe der Überlegung, eventuell erst im Laufe der Arbeit, hinter der Gestalt zurück (Leutnant Gustl)« (ebd., 29). Der Einfall war allerdings zugleich etwas tatsächlich Geschehenes, ein ›Kasus‹, bei dem Verhaltensweisen und gesellschaftliche Normen sichtbar wurden, hier Angst und Ehrgefühl.

Zusammenfassend kann man folgende Stadien der Textentstehung unterscheiden:
(a) ein erster Einfall und Tagebuchnotizen (1896?), (b) konkrete Ergänzungen zu einem späteren Zeitpunkt, (c) eine Skizze (Mai 1900) auf 8 Blättern, darauf (d) die Texthandschrift (Juli 1900) auf 240 Blättern, die dann (e) in die Schreibmaschine diktiert wurde.

Trotz eines Disputes über den Umfang erschien der Text ungekürzt am 25. Dezember 1900 in der Weihnachtsausgabe der *Neuen Freien Presse*. »Bald nach Erscheinen höre ich, daß die Novelle in militärischen Kreisen böses Blut mache« (Renner 2008, 41). Eine Zeitung bringt den Skandal, der darin gipfelt, daß Schnitzler den Offiziersrang verliert, auf den Punkt: »Durch diese bizarre Geschichte nun soll die Ehre der österreichischen Armee gekränkt worden sein. Der Armee? Ja, repräsentirt Lieutenant Gustl die österreichische Armee?« (*Wiener Allgemeine Zeitung*, 21.6.1901; ebd., 95). Dieser Frage stellt sich der Autor später mit einer Parodie seines eigenen Textes. Es handelt sich um ein Typoskript von fünf Seiten im Nachlass (vgl. Schnitzler 2010, 50–53; zuerst Surowska 1990, 166 f.), überschrieben mit *Leutnant Gustl. Parodie*. Hier wird Gustl als hyperkorrektes Muster eines Offiziers gleichzeitig aufgebaut und verhöhnt. Skizziert wird der Schatten jenes Musteroffiziers, der durch die kritischen Äußerungen all derer geistert, welche den Leutnant Gustl ablehnten, weil ein österreichischer Offizier ganz anders oder viel besser ist und zu sein hat.

Nachspiel 1901

Als der *Lieutenant Gustl* erschien, unterstand Schnitzler militärisch als Reserveoffizier, d. h. in seinem Fall als Angehöriger der Sanitätstruppe und »k. u. k. Oberarzt in der Evidenz«, dem Landwehrergänzungsbezirkskommando. Dieses forderte ihn kurz nach Neujahr 1901 auf, zu erklären, ob er der Verfasser des *Lieutenant Gustl* sei; was Schnitzler bestätigte, mit dem Vorbehalt, er habe über seine literarische Tätigkeit keine dienstlichen Meldungen zu erstatten (Schinnerer 1930, 239–246; Schnitzler 2010, 77–81; Renner 2008, 42). Kurz darauf, am 24. Januar 1901, informierte ihn der Ehrenrätliche Ausschuss der Landwehroffiziere und Kadetten in Wien, dass ein Ehrengerichtsverfahren gegen ihn eingeleitet würde, zu dem er sich in Uniform einzufinden habe. Schnitzler entschied sich, im ganzen Verlauf beraten durch Max Burckhard, nicht zu erscheinen, denn die Veröffentlichung der Novelle unterliege keinem Ehrengerichtsverfahren. Am 20. Juni 1901 meldet die Abendausgabe des *Prager Tagblattes*: »*Arthur Schnitzler gemaßregelt*. Der militärische Ehrenrath hat dem Schriftsteller Dr. Arthur *Schnitzler* wegen seiner Novelle ›Lieutenant Gustl‹ den *Officierscharakter abgesprochen*«. Am Tag darauf erfährt Schnitzler dies aus dem Leitartikel der *Neuen Freien Presse*. Das offizielle Schreiben erhält er erst wesentlich später. Es begründet den Schuldspruch so: »Der beschuldigte Oberarzt etc. hat die Standesehre dadurch verletzt, daß er als dem Offiziersstande angehörig eine Novelle verfaßte und in einem Weltblatte veröffentlichte, durch deren Inhalt die Ehre und das Ansehen der österr. ung. Armee geschädigt und herabgesetzt wurde, sowie daß er gegen die persönlichen Angriffe der Zeitung ›Reichswehr‹ keinerlei Schritte unternommen hat. / Wien, am 26. April 1901« (Renner 2008, 46). Kurz darauf wurde sein Offiziersdiplom eingefordert und Schnitzler wurde degradiert; er erhielt einen Militärpass als Sanitätssoldat des Landsturms.

Inhalt und Deutung

»Der Stoff ist einfach, die Erzählung konzentriert sich auf wenige Stunden. Eine Vorgeschichte ist unnötig, Erinnerungen Gustls sind aus der Situation motiviert und vervollständigen das Charakterbild.« Der österreichische Dichter Ernst Jandl, der dies in seiner kaum beachteten Dissertation über Schnitzler geschrieben hat, gibt den Inhalt so wieder: »Der k. k. Leutnant Gustl gerät nach einem Konzert in der

Garderobe mit einem ihm bekannten Bäcker in Streit. Der Bäcker fasst den Säbel des Leutnants an, droht, ihn aus der Scheide zu ziehen und zu zerbrechen, wenn der Leutnant nicht sofort still sei, und nennt ihn ausserdem einen dummen Buben. Niemand hat etwas gehört. Doch schreibt der Ehrenkodex der Armee dem Leutnant vor, die Beleidigung zu sühnen. Da er den Bäcker nicht zum Duell fordern kann [er ist als Handwerker nicht satisfaktionsfähig, Anm. d. Verf.], er auch nicht die Geistesgegenwart, den Mut oder die Kraft hatte, den Bäcker einfach niederzuschlagen [im Sinne der Ehrennotwehr, Anm. d. Verf.], muss er sich umbringen. Er beschliesst, sich am nächsten Morgen zu erschiessen. Die Nacht verbringt er im Freien und schläft ein paar Stunden auf einer Praterbank. Dann geht er nach Hause. Zuvor will er aber noch frühstücken, da er grossen Hunger spürt. Er kommt in sein Stammcafé und erfährt vom Ober, der Bäcker sei in der Nacht an einem Schlaganfall gestorben. Gustl ist ausser sich vor Freude, denn nun kann er weiterleben. Am Nachmittag hat er ein Säbelduell auszufechten. Dazu ist er jetzt in der richtigen Stimmung: ... ›na wart', mein Lieber, wart', mein Lieber! Ich bin grad' gut aufgelegt... Dich hau' ich zu Krenfleisch!‹, schliesst die Novelle« (Jandl 1950, 78).

Das Textverstehen der Monolognovelle (oder, wie Jandl metaphorisch sagt, des »Monodramas«) kann an verschiedenen Punkten ansetzen. Wenn man einfach, aber zweckmäßig in ›Textoberfläche‹ und ›Textwelt‹ unterscheidet, oder, mit Schnitzler, in Gestalt und Einfall (s. o.), dann wäre es vor allem die literarische Gestalt, die ihn zunehmend selbst begeistert. Denn der konsequent durchgeführte Innere Monolog erlaubt, »kleinste Details des Denkablaufes eines Menschen zu registrieren und mit den ständig auf ihn eindringenden Umwelteindrücken zu verweben« (ebd., 77). Die Figur des Gustl, die das Problemfeld der Ehre illustriert, ist ein durchschnittlicher Offizier. Das Besondere an der Geschichte, die Schnitzler erzählt, ist aber, dass der Erzähler sich zum Verschwinden bringt, sodass der Leser dem durchschnittlichen Bewusstsein dieses Offiziers kommentarlos überlassen bleibt. Die Reaktionen auf *Lieutenant Gustl*, und zwar sowohl der Zeitgenossen wie auch der späteren literaturwissenschaftlichen Forschung, befassen sich entsprechend mit den Problemen der Ehre, den Problemen der erzählerischen Form und der Psychologie der Figur.

Probleme der Ehre: Die Zeitgenossen waren zunächst uneins darüber, was wohl die Zielscheibe des Angriffs wäre. Die einen sagten: ein Paragraph des Militär-Strafgesetzes von 1855, die anderen: das Duellieren überhaupt, wieder andere: der österreichische Offizier. Nach der engsten Auffassung hätte Schnitzler lediglich einen Missstand innerhalb des österreichischen Militär-Strafrechts aufgreifen wollen, nämlich die sogenannte ›Ehrennotwehr‹, wonach ein Offizier berechtigt und auch verpflichtet war, einen unbewaffneten Zivilisten mit dem Säbel zu verletzen, wenn dieser die Offiziersehre beleidigte (vgl. Czeipek 1899). Deutlich weiter geht die Auffassung, wonach Schnitzler nicht nur antiquierte Militärgesetze, sondern überhaupt den veräußerlichten, unreflektierten Ehrbegriff satirisch dargestellt hätte. Der Leutnant sei ein leichtfertiger Charakter, ohne jeden Halt, sittlich verwildert. Gegenüber den Aufregungen von damals herrscht heute weitgehend Konsens, dass Schnitzlers Kritik sich gegen Ehrbegriff und Ehrgebrauch richtet, speziell im Umkreis ritualisierter männlicher Aggression. Dass am Ende der Zufallstod des Kontrahenten Gustl von dem Mitwisser befreit, sodass er alles Geschehene negieren kann – »Keiner weiß was, und nichts ist g'scheh'n!« –, übereignet die ganze skrupulöse Frage nach dem Sitz der Ehre, von innerer und äußerer Ehre, in einer ironischen Volte dem Leser. – Forschungsbeiträge, die das geschichtsphilosophische Moment favorisieren, machen Gustl zum Exponenten einer Epoche, der Jahrhundertwende, mit ihren dezentrierten Subjekten, die nur »auf die Steigerung ihrer depersonalisierten Empfindungen warteten« (Madlener 1985, 165), oder sie verstehen ihn gar als Musterbeispiel moderner Entfremdung, die durch die Ökonomisierung der Gesamtgesellschaft erzeugt wird (Knorr 1988, 96f.). Fragen im Sinne einer neuen Sozialgeschichte, etwa die nach dem österreichischen Leutnant um 1900 (vgl. Schnitzler 2010, 120–138), müssten vertieft werden.

Zur erzählerischen Form des Inneren Monologs: Der Selbstbeobachter Schnitzler präsentiert uns eine lückenlose, nur durch Schlaf unterbrochene Gedankenrede eines anderen Selbst zwischen Abend und Morgen. Er inszeniert das paradoxe Planspiel, wie es wäre, die Gedanken eines anderen unmittelbar und *in situ* vernehmen zu können. Als Vorläufer für diesen ersten konsequent durchgehaltenen Inneren Monolog in der deutschsprachigen Erzählliteratur gilt Édouard Dujardins lyrischer Roman *Les lauriers sont coupés* (1887), den Schnitzler im Herbst 1898 las und selbst als Quelle nennt (an Marie Reinhard, 3.10.1898; Br I, 354). Die Frage nach dem »rechten

Stoff« (an Georg Brandes, 11.6.1901; Brandes-Bw, 88) ist für Schnitzler ausschlaggebend, wenn der Innere Monolog funktionieren soll. Anders als Dujardin wählt er einen dramatischen Entscheidungsprozess und macht dafür einen fiktiven Zeitgenossen mitsamt seinen Bewusstseinsvorgängen durchsichtig, und zwar in einem gedruckten Text, den alle lesen können. Als Leser beobachten wir die Sprache der Gedanken, die in Worten repräsentierte Stimme im Innenraum eines anderen Leibes (Renner 2010). Schnitzler geht das »Beobachterparadoxon« – jemanden zu beobachten, wie er ›spricht‹, wenn er unbeobachtet ist – durch eine radikal neue Erzählform an. Tatsächlich gibt es kein Speichermedium, das die Worte in Echtzeit hätte speichern können, die mediale Schaltung ist fiktiv, sodass etwas simuliert wird, was nirgends ›in der Wirklichkeit‹ zu finden ist (Niehaus 1995, 153–184).

Was auf Gustls Gedankentheaterbühne zu Tage gefördert wird, ist nun aber weder besonders originell noch auch ein originär Eigenes. Denn insofern Gedanken sprachförmig sind, erscheinen sie – wie unser Sprechen überhaupt – als ein Gewirr von Stimmen anderer. Beiläufig erlaubt Schnitzlers Nicht-Erzähler uns so Einblick in ein spezifisch soziopsychologisches ›Biotop‹ der Wiener Jahrhundertwende (vgl. Schnitzler 2010, Kap. *In Gustls Welt*).

Unter linguistischen oder pragmatischen Aspekten ist Gustls Gedankenrede konstruiert wie ein lautes Sprechen mit sich selbst. Diese paradoxale Inszenierung, die Mimesis der inneren Rede, mit ihrem Doppelaspekt zwischen Realismus/Naturalismus und Konstruktivismus/Simulation, wirkt bis in die Forschungsdiskussion nach. Denn in einer Hinsicht ist Gustls Gedankenrede ein lesbarer und verständlicher Text, der den Erfordernissen der Sagbarkeit, vor allen Dingen den Bedingungen von Satzbau und Grammatik, folgt. In der Menge der vollständigen und unvollständigen Sätze kann man beispielsweise 243 Fragen und 283 Ausrufe zählen. Wie artifiziell diese ›Authentifikation‹ gleichzeitig ist, zeigen Grapheme der Gruppen zu drei bzw. vier (in der Handschrift noch weiter ausdifferenzierten) Auslassungspünktchen, insgesamt 810. Im ›Sekundenstil‹ des Naturalismus, wie bei Arno Holz, repräsentierten solche Grapheme das Metrum ablaufender Zeit. Hier dagegen bezeichnen sie das Abbrechen der Sätze und Gedanken, Ellipsen und Inkohärenzen. Insofern muss man Jandl zustimmen: »Schnitzler geht weit über blosses Registrieren hinaus, er lässt den platten Naturalismus von Holz und Schlaf hinter sich« (Jandl 1950, 77). Die Fülle der Leerstellen gestaltet die Kunstwirklichkeit des Inneren Monologs, der ja keine Paratexte nach Art der Bühnenanweisung oder Ähnliches aufnehmen kann, d. h., die Grapheme übernehmen eine theatral-performative Funktion. In anderer Hinsicht ist dieser Text eine Simulation. Wir, die Leser, »hören sozusagen zufällig mit an, wie die Figur ihre Gedanken spontan verbalisiert« (Lodge 1992, 68). Der da ›Ich‹ sagt, ist kein Erzähler, wenngleich Fetzen von *stories* auftauchen; er ist auch kein Sprecher, er macht keine Mitteilungen. Er hält keinen Monolog; er spricht nicht einmal mit sich selbst. Er ist vielmehr der Entwurf eines Ichs, in dem es sprechen würde – eben ein *Innerer Monolog*. Dadurch entsteht eine Art dramatischer Illusionismus der Welt des Denkens oder, genauer, der Sprechhandlungen im Kopf. Dass sie geradezu pointiert alltagssprachlich und dialektal gefärbt sind, verdanken sie einer Errungenschaft der Naturalisten, für die der Ausdruck »Mimik der Rede« kursierte (Servaes 1899, 84 f.).

Mit Grund hat man dem *Lieutenant Gustl* monodramatische Züge attestiert. Während Schnitzler seine Dramen komprimiert hat – über die Hälfte seiner 44 zu Lebzeiten veröffentlichten Stücke sind Einakter –, dehnt er hier den theatralen Entscheidungsmonolog zur Novelle aus und setzt im Feld der Prosa ein neuartiges ›Selbstkonversationsstück‹ in Szene. Wie bei Hamlets Meditieren über »Sein oder Nichtsein« geht es um eine Entscheidung auf Leben und Tod. Nur wird hier kein tragischer Konflikt mehr erlebt, sondern einer lässt seinen inneren Verhandlungen so lange freien Lauf, bis das Dilemma sich von selbst erledigt hat durch den wunderbaren Umstand (Peripetie), dass der Bäcker vom Schlag getroffen wird (*deus ex machina*) – der große tragische Konflikt als Burleske!

Psychologische Aspekte: Was den Inneren Monolog für den psychologischen Beobachter so aufschlussreich macht, sind Äußerungen, in denen sich der (bedrohliche?) Abgrund des Banalen öffnet, wo sich Gustls Frauenverachtung, seine Aggressionslust, seine Gewaltbereitschaft zeigen. Schnitzler hat Monolog-Diskussion und eine Entdeckung, die gleichzeitig die sich formierende Psychoanalyse macht, erzählerisch raffiniert verbunden: dass die menschliche Rede insbesondere dort aufschlussreich ist und Konflikte offenbart, wo der Sprecher sich selbst, wie in der ›freien Assoziation‹, am wenigsten beobachtet oder reflektiert. Dass Schnitzler eine »Sprache für das Unausgesprochene der Psyche« (Morris 1998,

30) gefunden habe, ist Konsens in der psychologisch orientierten Schnitzler-Forschung.

Gesichert ist, dass Schnitzler Freuds *Traumdeutung* gekannt hat. In seinem Tagebuch vermerkt er unter dem Datum des 26. März 1900 einen »Traum, dass ich in Uniform mit Civilhosen (wie im Traumdeutungsbuch von Freud gelesen) aber doch unentdeckt von Kaiser Wilhelm II. (dem ich begegne) von einem Thor (unter den Linden) ins andre gehe« (Tb, 26.3.1900). Schnitzlers Klammerbemerkung bezieht sich ganz offensichtlich auf Freuds Bemerkung über den »Verlegenheitstraum der Nacktheit«: »Ich bin ohne Säbel auf der Straße und sehe Offiziere näher kommen« (Freud 1899/1972, 248). Für diejenigen, die eine Beeinflussung Schnitzlers durch Freud annehmen wollen, ist der Tagebucheintrag von doppelter Relevanz. Erstens des Datums wegen: Der Eintrag liegt zeitlich zwischen dem ersten Einfall zur Novelle und ihrer Ausarbeitung. Und zweitens ist der Kontext des Traumes, der Soldat ohne Uniform bzw. ohne Säbel, thematisch direkt mit *Lieutenant Gustl* verwandt (vgl. Worbs 1983).

Merkmale der ›Gedankenflucht‹ und ›freien Assoziation‹, denen die sich formierende Psychoanalyse auf der Spur ist, finden sich auch bei Gustl, was Schnitzler später als »Mittelbewußtsein«, ein Scharnier zum »Unterbewußtsein«, über das sich nichts sagen lässt, konstruiert (Psy, 283), ist bereits im *Lieutenant Gustl* ausgestellt: In Gustls Gedankensprache spricht etwas – ›es‹ –, ohne etwas sagen zu wollen; es ist ein Ort, wo die Intentionen verloren gehen und die Assoziationen ihr freies Spiel treiben, wo Lust- und Unlustgefühle dominieren. »Unsere Sprache«, so der Wiener Physiologe Sigmund Exner, »würde den Thatsachen besser Rechnung tragen, wenn sie statt des Ausdruckes ›ich denke‹ den Ausdruck ›es denkt in mir‹ erlaubte« (Exner 1999, 331 f.). Dieses Denken wird im *Lieutenant Gustl* topographiert als eine Landschaft von Äußerungen: der Wahrnehmungen, Reaktionen und Wertungen, von Emotionen, Einfällen und Erinnerungen, von Phantasien, Argumenten, Erklärungen, von Selbst- und Fremdbezichtigungen, Entschuldigungen, Attacken etc. Das sprachförmige »Mittelbewußtsein« entspricht dem Konzept der inneren Rede (*parole intérieure*), wie es die Zeitgenossen entwickelt haben. So verwundert es nicht, dass sich Schnitzler und Freud, als sie sich in späteren Jahren persönlich kennenlernten, über den *Lieutenant Gustl* unterhalten haben: »Z[um] N[achtmahl] bei Prof. Freud. [...] – Er war sehr herzlich. Unterhaltung über Spitals- und Militärzeiten, gemeinsame Chefs, etc.– Lieutnt. Gustl etc« (Tb, 16.6.1922). Wie die beiden großen Autoren in ihrem Gespräch, so treffen auch im Text des *Lieutenant Gustl* Literatur und Psychologie auf eine unerhörte Weise zusammen.

Literatur

Czeipek, Filipp: *Ehren-Nothwehr und Winke für die günstige Austragung des Zweikampfes.* Wien 1899.
Exner, Sigmund: *Entwurf zu einer physiologischen Erklärung der psychischen Erscheinungen* [1894]. Thun/Frankfurt a. M. 1999.
Freud, Sigmund: *Traumdeutung* (1899/1900). Frankfurt a. M. 1972.
Jandl, Ernst: *Die Novellen A. S.s.* Wien 1950.
Knorr, Herbert: *Experiment und Spiel. Subjektivitätsstrukturen im Erzählen A. S.s.* Frankfurt a. M. u. a. 1988.
Lodge, David: *Die Kunst des Erzählens.* München/Zürich 1998.
Madlener, Elisabeth: »…Die Duellfrage ist in ihrem Kern eine Sexualfrage«. In: Wolfgang Pircher (Hg.): *Début eines Jahrhunderts. Essays zur Wiener Moderne.* Wien 1985, 163–176.
Morris, Craig: Der vollständige innere Monolog: eine erzählerlose Erzählung? Eine Untersuchung am Beispiel von *Leutnant Gustl* und *Fräulein Else.* In: MAL 31 (1998), H. 2, 30–51.
Niehaus, Michael: »*Ich, die Literatur, ich spreche…*« Der Monolog der Literatur im 20. Jahrhundert. Würzburg 1995.
Renner, Ursula: »Lieutenant Gustl zittert vor den Folgen«. Ein Nachtrag. In: *Hofmannsthal-Jahrbuch* 18 (2010), 139–142.
Renner, Ursula: Dokumentation eines Skandals. A. S.s »Lieutenant Gustl«. In: *Hofmannsthal-Jahrbuch* 15 (2008), 33–216.
Renner, Ursula: Lassen sich Gedanken sagen? Mimesis der inneren Rede in A. S.s *Lieutenant Gustl.* In: Sabine Schneider (Hg.): *Die Grenzen des Sagbaren in der Literatur des 20. Jahrhunderts.* Würzburg 2010, 31–52.
Schinnerer, Otto P.: S. and the Military Censorship. Unpublished Correspondence. In: GR 5 (1930), 238–246.
Schnitzler, Arthur: *Lieutenant Gustl. Text und Kommentar.* Hg. v. Ursula Renner unter Mitarbeit v. Heinrich Bosse. Frankfurt a. M. ²2010.
Schnitzler, Arthur: *Lieutenant Gustl. Historisch-kritische Ausgabe.* Hg. v. Konstanze Fliedl. Berlin/New York 2011.
Servaes, Franz: *Praeludien. Ein Essaybuch.* Berlin/Leipzig 1899.
Surowska, Barbara: *Die Bewußtseinsstromtechnik im Erzählwerk A. S.s.* Warschau 1990, 157–192.
Worbs, Michael: »Leutnant Gustl« (1900). Zur Entstehung des inneren Monologs. In: Michael Worbs: *Nervenkunst. Literatur und Psychoanalyse im Wien der Jahrhundertwende.* Frankfurt a. M. 1983, 237–242.

Ursula Renner

3.1.2 Erzählungen 1900–1918

Der blinde Geronimo und sein Bruder (1900/1901)

Entstehung

Schnitzler hat die Erzählung zwischen dem 19. und 27. Oktober 1900 verfasst. Der Erstdruck erfolgte zum Jahreswechsel unter dem Titel *Der blinde Hieronymo und sein Bruder* in der Wiener Wochenzeitung *Die Zeit* (Nr. 325 bis Nr. 328, erschienen zwischen dem 22.12.1900 und dem 12.1.1901). Der Autor selbst bezeichnet die Erzählung in einem Brief einmal als eines seiner gelungensten Werke (vgl. an Cyril Clemens, 19.1.1931; Br II, 749 f.). Demgegenüber äußert sich Hugo von Hofmannsthal kritisch, vor allem in Bezug auf den offen gehaltenen Schluss (vgl. Januar 1901; Hofmannsthal-Bw, 145 f.). Ergänzende Selbstaussagen zu der Erzählung finden sich nicht nur in weiteren Briefen, sondern auch in den Tagebüchern Schnitzlers (vgl. die detaillierten Quellenangaben bei Berlin 1987). Einige Jahre nach dem Erstdruck integriert Schnitzler seinen Text in den Erzählband *Die griechische Tänzerin* (1905/1914).

Inhalt

Erzählt wird die Geschichte zweier Brüder. Carlo, der fünf Jahre ältere, verursacht in seiner Jugend versehentlich die Erblindung des jüngeren Geronimo. Er stürzt daraufhin in eine tiefe Lebenskrise, die ihm ein Geistlicher zu überwinden hilft, indem er ihn dazu auffordert, »sein Leben dem Bruder zu widmen« (ES I, 361). Schmerzhaft erfüllt von einem »stete[n] nagende[n] Mitleid« (ebd., 370) entscheidet sich Carlo, seine Lehre zum Schmied aufzugeben, um in aufopferungsvoller, ja auch zärtlicher Weise den Bruder zu umsorgen. Als der Vater nach Jahren des wirtschaftlichen Niedergangs stirbt, hinterlässt er seinen Söhnen nichts als Schulden. Die zwei Brüder – Carlo ist mittlerweile zwanzig, Geronimo fünfzehn Jahre alt – beginnen infolgedessen ein »Bettel- und Wanderleben« (ebd.), das sie bis in die erzählte Gegenwart hinein führen.

Angesiedelt ist die Gegenwartshandlung hauptsächlich in einem Wirtshaus, gelegen auf dem Stilfserjoch, einem hochalpinen Pass zwischen Spölalpen und Ortlergruppe. Während Carlo und Geronimo von durchreisenden Gästen mit Straßenmusik Geld erbetteln, begegnen sie einem jungen Reisenden, der Carlo gegenüber Geronimo fälschlicherweise der Unterschlagung bezichtigt. Auf Nachfrage leugnet Carlo denn auch, die in Frage stehenden 20 Franken erhalten zu haben. Tiefer Argwohn gegen den älteren Bruder, der bald in wütende, hasserfüllte Raserei mündet, bricht in Geronimo aus. In Carlo führt dies zu einem Reflexionsprozess; er beginnt zu verstehen, dass sich ein »Mißtrauen« in seinem Bruder Bahn bricht, das »längst [...] in ihm geschlummert« haben muss, »und nur der Anlaß, vielleicht der Mut hatte ihm gefehlt, es auszusprechen« (ebd., 379). In Bezug auf sein eigenes Leben kommt Carlo hingegen zu der Einsicht, dass sein Lebensopfer, das er dem Bruder bislang gewidmet hat, seinen eigentlichen Lebenssinn ausmacht: »Er fühlte, daß er den Bruder gerade so notwendig brauchte als der Bruder ihn« (ebd., 380).

Bald danach entschließt sich Carlo zu einem Diebstahl; er will Geronimo, um den brüderlichen Frieden wiederherzustellen, das vermeintlich unterschlagene Geld aushändigen. Nach dem Diebstahl verlässt er mit seinem Bruder fluchtartig das Wirtshaus, aber bald schon werden die per Haftbefehl gesuchten Landstreicher von der Gendarmerie aufgehalten und festgenommen. Erst in dieser Situation finden die beiden Brüder wieder zueinander, symbolisch zum Ausdruck gebracht durch eine zärtliche Liebesbekundung Geronimos: »Dann näherte er seine Lippen dem Munde Carlos [...] und küßte ihn« (ebd., 389).

Deutung

Bis zu Schnitzlers Tod werden zahlreiche Nachdrucke der Erzählung angefertigt, was zeitweise zu einer kanonisierenden Verbreitung führt, so z. B. durch ihre Aufnahme in die Reihe *Die Weltliteratur. Die besten Romane und Novellen aller Zeiten und aller Völker* (1917) oder ihre Publikation in (z. T. internationalen) Schulbuchausgaben. Diesen Stellenwert der Erzählung belegt auch ihre Aufnahme in die Anthologie *Erzählungen der Bibliothek Suhrkamp* im Jahr 1965. In der chronologisch geordneten Edition des *Erzählerischen Werks* von 1989 trägt der vierte Band, der Prosa der Jahre 1900 bis 1907 vereinigt, den Titel der Erzählung als Gesamttitel, womit ihr eine repräsentative Bedeutung für diese Schaffensperiode zugewiesen wird.

Die Schnitzler-Forschung befasst sich schon vergleichsweise früh (vgl. Kaufmann 1934) und anhaltend mit der Erzählung, wobei ein besonderes Interesse in den 1970er Jahren auszumachen ist (vgl. Lindken 1970, 54–75; Cook 1972; Urbach 1974, 107–109, Kommentar; Leroy/Pastor 1976; Perlmann 1987, 122 f.; Lukas 1996, 209–216). Allerdings finden sich nur recht wenige Einzeluntersuchungen, sei dies in Form von Aufsätzen oder monographischen Kapiteln. Anders als den im selben Zeitraum entstandenen Erzähltexten wie vor allem *Lieutenant Gustl* (1900) kommt der Erzählung *Der blinde Geronimo und sein Bruder* in der Forschung keine Schlüsselstellung zu. Dennoch wird die Erzählung bisweilen zum literaturgeschichtlichen Kanon gezählt (vgl. Sprengel 2004, 172).

Im Mittelpunkt des Textes steht – entgegen der namentlichen Nennung Geronimos im Titel – die innere Entwicklung Carlos; seine Wahrnehmungen, Gedanken und Gefühlsregungen werden über längere Strecken in erlebter Rede wiedergegeben. Es lassen sich für die Erzählung – in Anlehnung an Lukas' Rekonstruktion (1996) – drei Phasen, die den Text grundlegend strukturieren, voneinander unterscheiden:

In der ersten Handlungsphase entschließt sich Carlo das – im metaphorischen Sinne zu verstehende – ›Nicht-Leben‹ des erblindeten und vereinsamten Bruders zu teilen, indem er sich auf den sozialen Status eines Bettlers hinab begibt. Gedeutet wird diese ›monastische‹ Lebensform im Text explizit als ein religiöser Auftrag: Es ist der Pfarrer, der Carlo die »Pflicht« auferlegt, »sein Leben dem Bruder zu widmen« (ES I, 369; vgl. weiterführend zum religiös konnotierten Namen ›Hieronymus‹ die Ausführungen von Lindken 1970, 55). Dementsprechend erscheint ein zugleich christlich konnotiertes wie emotional zu verstehendes »Mitleid« (ES I, 369) als seine zentrale Handlungsmotivation. Die Instabilität des auf dieser Grundlage gestifteten Brüderverhältnissen projiziert der Text in zeichenhafter Weise auf die Raumstruktur: »Der permanente Aufenthalt in der wildgearteten Natur und an der Grenze weist auf einen psychischen Grenz- oder Schwellenzustand der Figuren und der Konstellation der Figuren hin« (Lindken 1970, 57; vgl. zur Raumkonfiguration auch Lukas 1996, 211).

Infolge der als ›Krise‹ konzipierten zweiten Handlungsphase, die durch den als »poetologische Funktion« (Perlmann 1987, 122) entworfenen Fremden und – damit verbunden – durch Geronimos aus dem Unbewussten heftig aufbrechendes Misstrauen ausgelöst wird, sieht Carlo den bisherigen Sinn seines Lebens grundlegend in Frage gestellt: »[V]ergeblich die Reue, vergeblich das Opfer seines ganzen Lebens« (ES I, 379). Nach einigem Nachdenken, über das der Erzähler dem Leser nicht im Einzelnen Auskunft gibt, gelingt ihm allerdings eine Umdefinition seines bisherigen Daseins: Das ›Lebensopfer‹ interpretiert er nun als eine »gleichsam ›egoistisch‹ motivierte, freiwillige Existenz« (Lukas 1996, 209), denn »[e]r verstand, daß die Liebe zu diesem Bruder der ganze Inhalt seines Lebens war […]« (ES I, 380).

Der »Sprung ins Bewußtsein« (Leroy/Pastor 1976) und die damit verbundene Umdefinition seines Daseins bedeutet für Carlo – in der dritten Handlungsphase – ein neues ›Leben‹ im gesteigerten Sinne. Dieser Existenzwandel geht damit einher, dass sich Carlos Sicht auf seinen Bruder und dadurch auf ihre Beziehung fundamental verändert: Das vormals *asymmetrische* Verhältnis, in dem *einseitig* Geronimo von Carlo abhängig gewesen ist, wandelt sich am Ende zu einer *symmetrischem* Beziehung, die beiderseitig von dem Bewusstsein getragen ist, dass man sich *wechselseitig* zum Leben braucht. Dementsprechend findet der in der ersten Texthälfte wiederholt genannte Begriff des ›Mitleids‹ (ES I, 369, 370, 378), dessen Verwendung immer auch eine implizite Distanznahme gegenüber dem Leidenden als ›des Anderen‹ vollzieht (vgl. Hamburger 1985, 106–109), in der zweiten Hälfte keine Erwähnung mehr. Der betont versöhnliche Schluss der Erzählung mit dem Bruderkuss, dessen Bedeutung im Text nicht explizit erläutert wird (etwa durch einen Erzählerkommentar), erweist sich somit als Endpunkt einer zielgerichteten narrativen Entwicklung: Die beiden Brüder begegnen einander nun auf einer neuen Beziehungsebene, auf der das vorherige Machtungleichgewicht vom ›Leidenden‹ und ›Mitleidenden‹ in einem neuen, gleichberechtigen Miteinander zweier Individuen aufgehoben ist; realisiert wird »eine auf Gleichheit beruhende brüderliche Beziehung« (Leroy/Pastor 1976, 481).

Der blinde Geronimo und sein Bruder repräsentiert – in Abgrenzung von der Religion als Welt- und Selbstdeutungsmodell – eine Engführung von ›Psychologie‹ und ›Lebensideologie‹, die in drei kausal miteinander verbundenen Handlungsphasen (aus dem ›Nicht-Leben‹ über die ›Krise‹ zum ›Leben‹) entfaltet wird. Grundlegend für die Figurenkonstellation und den Erzählverlauf erscheint dabei die Spannung vom ›Sehen‹ und ›Nicht-Sehen‹ bzw. ›Erkennen‹ und ›Nicht-Erkennen‹: Die Gegenüberstellung des blinden Geronimo und des sehenden Carlo erweist sich im Handlungsverlauf insofern als nur oberflächlich, weil sie zunächst gleichermaßen nicht dazu in der Lage sind, ihr problematisches Verhältnis zu ›durchschauen‹. Diese Metaphorik lässt sich auf die Erzählstruktur im Ganzen übertragen: In der *Ausgangssituation* der Erzählung sind beide Figuren gleichermaßen ›blind‹ und lernen erst im Zuge ihrer

3.1.2 Erzählungen 1900–1918

Konfrontation zu ›sehen‹, wodurch sie in der Endsituation in die Lage versetzt sind, ihr vorheriges gemeinsames Leben zu ›erkennen‹ – und sodann entsprechend zu ändern.

Schnitzler aktualisiert mit seiner Erzählung eine narrative Grundkonstellation, die nicht nur für seine Schaffensperiode zwischen 1897/98 und 1930, sondern für Teile der literarischen Moderne insgesamt charakteristisch ist (zum hier relevanten werk- und epochenspezifischen Kontext vgl. Lukas 1996, 21–52). In seinem Spätwerk (*Flucht in die Finsternis*, 1931) wird er die Figurenkonstellation zweier Brüder wieder aufgreifen.

Literatur

Berlin, Jeffrey B.: A.S. An Unpublished Letter about *Der blinde Geronimo und sein Bruder*. In: *Germanisch-Romanische Monatsschrift* 37 (1987), 227–229.

Cook, William K.: A.S.'s *Der blinde Geronimo und sein Bruder*. A Critical Discussion. In: MAL 5 (1972), H. 3/4, 120–137.

Hamburger, Käte: *Das Mitleid*. Stuttgart 1985.

Kaufmann, Friedrich W.: A.S. – Der blinde Geronimo und sein Bruder. In: *Monatshefte* 26 (1934), H. 6, 190–196.

Leroy, Robert/Pastor, Eckart: Der Sprung ins Bewußtsein. Zu einigen Erzählungen A.S.s. In: ZfdPh 95 (1976), H. 4, 481–495.

Lindken, Hans U.: *A. S. Drei Erzählungen*. München 1970.

Lukas, Wolfgang: *Das Selbst und das Fremde. Epochale Lebenskrisen und ihre Lösung im Werk A. S.s*. München 1996.

Perlmann, Michaela L.: *A. S.* Stuttgart 1986.

Sprengel, Peter: *Geschichte der deutschsprachigen Literatur 1900–1918*. München 2004.

Urbach, Reinhard: *S.-Kommentar zu den erzählenden Schriften und dramatischen Werken*. München 1974.

Kai Sina

Frau Bertha Garlan (1901)

Entstehung

Angeregt durch eine Wiederbegegnung mit seiner ersten Liebe Franziska (Lawner, geborene) Reich im Sommer 1899, beginnt Schnitzler am 1. Januar 1900 mit der Arbeit an einer Erzählung, die den vorläufigen Titel »Jugendliebe« erhält. Während Schnitzler die kurze sexuelle Wiederbegegnung mit der mittlerweile verwitweten ›Fanny‹ eher kühl und knapp im Tagebuch aus seiner Warte zwischen zahlreichen anderen Affären katalogisiert hatte (Tb, 22.5. u. 27.5.1899), widmet er sich in seiner literarischen Ausgestaltung ganz der weiblichen Perspektive auf ein solches Wiedersehen. Nach knapp vier Monaten schließt er am Ostermontag (Tb, 16.4.1900) die Arbeit an der Erzählung ab. Schnitzler selbst hat den langen Prosatext, der in der Forschung verschiedentlich auch als Roman gattungsästhetisch gedeutet wurde, gegenüber Hofmannsthal als »große Novelle« bezeichnet, von der er meint: »sie ist nicht übel ausgefallen; bisher kennen sie Salten und Schwarzkopf, die beide sehr zufrieden scheinen« (17.7.1900; Hofmannsthal-Bw, 141). Korrekturen nimmt er noch im Mai 1900 an dem Text vor, der von Januar bis März 1901 in der *Neuen deutschen Rundschau* in drei Folgen (H. 1, 41–64; H. 2, 181–206; H. 3, 237–272) erscheint. Es folgt im selben Jahr die Buchausgabe bei S. Fischer, die den Text im Untertitel wiederum als »Roman« ausgibt.

Inhalt

Schnitzler erzählt in novellistischer Tektonik die enttäuschende Liebesbegegnung zwischen der ärmlichen Witwe Bertha Garlan und dem berühmten Violinvirtuosen Emil Lindbach, einem Jugendbekannten Berthas. Die 32-jährige Bertha verdient sich ihren Unterhalt in der Provinz, in einer namenlos bleibenden Kleinstadt an der Donau, mühselig mit Klavierunterricht und versucht, sich aus dem trüben Alltag in eine glücklichere und mondänere Welt zu flüchten, indem sie in Wien eine Affäre mit einem alten Freund, dem mittlerweile gefeierten Geiger, eingeht. Auslöser für diese von Bertha forcierte Wiederbegegnung ist ein Zeitungsartikel über ein Konzert von Emil Lindbach, woraufhin Bertha Emil einen Brief schreibt und sie ein Treffen in Wien vereinbaren. Bertha knüpft an diese Begegnung große Hoffnungen, die allerdings enttäuscht werden, da Emil nicht an einer dauerhaften Beziehung interessiert ist. Die erzählte Zeit umfasst zwölf Tage im Mai 1898, in denen Bertha zwei Mal nach Wien reist, beim ersten Mal in Begleitung von Anna Rupius, deren gelähmter Gatte in der Kleinstadt zurückbleibt und ahnt, dass seine Frau dort in Wien amouröse Abenteuer durchlebt. Anna Rupius wird von Schnitzler als Spiegelfigur Berthas eingeführt. Bertha bewundert zu Beginn die libertine Frauengestalt, die am Ende der Erzählung aber an den Folgen einer verpfuschten Abtreibung stirbt. Der Tod von Anna führt Bertha die Gefahren der sexuellen Freizügigkeit für Frauen unter den gesellschaftlichen Bedingungen der Jahrhundertwende vor Augen.

Die Erzählung gliedert sich in elf bzw. zwölf Kapitel: Während die Buchausgabe von 1901 den Text in elf Kapiteln präsentierte, rekonstruierte Fliedl in ihrer Ausgabe (2006) aus dem Erstdruck in der *Neuen deutschen Rundschau* zwölf Kapitel von einer durchschnittlichen Länge von ungefähr 15 Seiten. Den Höhepunkt der Handlung, das erstmalige Zusammentreffen von Bertha und Emil im Kunsthistorischen Museum in Wien, hat Schnitzler exakt in die Mitte des Textes platziert. Symmetrisch kontrastiert die Erzählung Passagen, die in der provinziellen Enge spielen, mit Abschnitten in der Metropole, die für Bertha Befreiung aus dem philiströsen Mief symbolisiert. Die Handlung setzt in der Kleinstadt ein (Kap. I und II), schwenkt nach Wien (Kap. III), wieder zurück in die Kleinstadt (Kap. IV und V), platziert die zweite Wienreise mit der Begegnung mit Emil ins Zentrum des Textes (Kap. VI bis IX) und endet wieder in der Kleinstadt (Kap. X bis XII). Die novellistische Struktur des Textes mit ›einer sich ereigneten unerhörten Begebenheit‹ (Goethe), einer einlinigen Handlung, beschränktem Personenkreis, Höhe- und Wendepunkt und einer abfallenden Handlung mit retardierendem Moment haben Fliedl und Dangel-Pelloquin genauer beschrieben (Fliedl in GAR; Dangel-Pelloquin 2007). Die Vorgeschichte Berthas wird in einer aufbauenden Rückwendung im ersten Kapitel präsentiert. Dort erfährt man, dass Bertha, Mutter eines kleinen Sohnes, seit drei Jahren Witwe ist und in ihrer Jugend vor ihrer unaufregenden Versorgungsehe, als sie das Konservatorium zum Klavierstudium besuchte, mehrere unverbindliche Bekanntschaften hatte. Emil war einer dieser Bekannten neben einem jungen Arzt und einem Kaufmann. Berthas Existenz präsentiert sich als eigentümlich passiv; immer haben andere Personen für sie die zentralen Lebensentscheidungen getroffen.

Deutung

Ästhetisch innovativ ist Schnitzlers lange Novelle durch ihre Erzählweise, denn der Leser blickt auf die erzählte Welt lediglich aus der Sicht der Protagonistin. Diese Monoperspektive leistet der Text noch nicht, wie der drei Monate später entstandene *Lieutenant Gustl*, durch den Inneren Monolog. *Frau Bertha Garlan* wird von einem heterodiegetischen Er-Erzähler in der dritten Person Singular präsentiert. Allerdings ist der gesamte Text intern fokalisiert. Der Blickwinkel ist ausschließlich der Berthas. An manchen Stellen (insgesamt 17 im Text) radikalisiert sich diese interne Fokalisierung durch Tempuswechsel ins Präsens. Erlebte Rede bestimmt quantitativ einen großen Teil des Textes (vgl. Jud 1998; Levene 1991). Nicht nur Berthas Zurückweisung durch Emil, sondern auch schon Berthas emotionale Wiederentdeckung des alten Bekannten, nach der Lektüre eines Zeitungsartikels über ihn, wird aus ihrer Perspektive geschildert. Hier beginnt der Text narrativ ambigue zu werden, denn Bertha zimmert sich wider besseres Wissen und Gefühl erinnerungsverfälschend eine Vergangenheit zurecht, in der Emil schon immer ihre einzige große Liebe gewesen war. Fliedl und Thomé haben Berthas erinnernde Umschreibungen und Korrekturen der Vergangenheit untersucht (Thomé 1993, 645–670; Fliedl 1997, 175–179, 187–190, 203 f., 207 f.). Mit intern fokalisierten Texten unvertraute Leser geraten hier leicht in Versuchung, Berthas nachträglichen Kohärenzstiftungen zu folgen und den Text als tragischen Versuch zu lesen, die große und einzige Liebe des Lebens noch einmal für sich zurückzuerobern. So kann dann Berthas subjektive Vergangenheitsumdeutung als aufrichtig objektiver Tatsachenbericht missverstanden werden. Der personal perspektivierte Text produziert den irritierenden Effekt einer erzählerischen Unzuverlässigkeit, denn nirgends korrigiert der Erzähler explizit Berthas Unaufrichtigkeiten. Der ästhetische Reiz der Erzählung liegt darin, dass es dem Leser dennoch möglich wird, Berthas sentimentale autobiographische Selbstvergewisserung mit Gegendarstellungen zu kontrastieren. Dann zeigt sich, dass Emil Lindbach nur einer von vielen Bekannten der Jugendzeit gewesen ist, der jetzt wegen seiner Berühmtheit und nicht auch zuletzt wegen seines finanziellen Erfolgs für Bertha zum Glücksversprechen wird. Bevor Bertha in dem Zeitungsartikel über Emils große Karriere informiert wird, war die Erinnerung an Emil schon ganz verblasst. Zu Beginn der Erzählung wird er lediglich als namenloser »junge[r] Violinspieler« (GAR, 8) vage präsentiert und der Text betont, dass dies »Dinge [waren], die sie selbst zu vergessen anfing« (ebd.).

Die erzählerische Monoperspektive von *Frau Bertha Garlan* hat Max Ophüls bei seiner Bearbeitung der Novelle zum Hörspiel intermedial besonders berücksichtigt. Auf virtuose Weise arrangiert sein Hörspiel das Ineinanderfließen von Figuren- und Erzählertext in Schnitzlers Novelle, indem es die erlebte Rede transformiert in eine Wechselrede von zwei Sprechinstanzen, einem männlichen Erzähler (gesprochen von Gert Westphal) und die weibliche Figur (gesprochen von Käthe Gold) (vgl. Beßlich 2010). Die Interferenz von Figuren- und Erzählertext ist auch für die Deutung des Novellenschlusses relevant. Angesichts des Todes von Anna Rupius reflektiert der Text über die sexualmoralische Ordnung der Geschlechter: »Und sie ahnte das ungeheure Unrecht in der Welt, daß die Sehnsucht nach Wonne ebenso in die Frau gelegt ward, als in den Mann; und daß es bei den Frauen Sünde wird und Sühne fordert, wenn die Sehnsucht nach Wonne nicht zugleich die Sehnsucht nach dem Kinde ist« (GAR, 168). Je nachdem, ob man diese Passage dem beschränkten Blickwinkel Berthas oder dem übergeordneten Standpunkt des Erzählers zuordnet, ergeben sich unterschiedliche Interpretationsansätze. Man kann darüber streiten: Macht sich hier der Erzähler »zum Anwalt einer konservativen Geschlechterordnung [...] oder macht er sich zum Anwalt der Frauen gegen die ungerechte Einrichtung der Natur« (Dangel-Pelloquiun 2007, 99)?

Die Forschung hat akzentuiert, dass Bertha vor allem ihre erotischen Wünsche als unvermutete Gefühle mit der Illusion der großen Liebe zu nobilitieren sucht (Perlmann 1987a, 151; Dangel-Pelloquin 2007; Krahé 2009). Bertha will aber mit Emil nicht nur eine dreijährige erotische Abstinenz beenden, sondern auch ihren gesellschaftlichen Status als arme Witwe in der Kleinstadt ändern. Emil soll zugleich pekuniäre Sicherheit und erotisches Abenteuer, Ausbruch aus der kleinbürgerlichen Enge und sozialen Aufstieg in ein Künstlerleben der Metropole gewährleisten. Mit individueller Zuneigung oder Liebe hat das wenig zu tun, mit erotischen Bedürfnissen eine Menge. Aber diese Wendung zu Emil ist darüber hinaus auch deutlich motiviert aus einem bürgerlichen Sekuritätsdenken. Während die Forschung der 1970er bis 1990er Jahre Bertha Garlan oft als verhinderte libertine Frauengestalt porträtierte (Gutt 1978; Weinzierl 1989; Rumpold 1994; Neymeyr 1997), erscheint sie in neueren Darstellungen auch als verarmte Kleinbürgerin, die sich vor allem ihre sozialen Aufstiegsabsichten mit der Konstruktion der großen Liebe idealisiert (Beßlich 2010). Auffällig oft schleicht sich ans Ende von Berthas Tagträumen die finanzielle Sicherheit bedeutende Heirat mit Emil ein. Da sich Bertha aber ihre Lebenslügen und ihre Liebesillusion nicht eingesteht, literarisiert sie die Begegnung mit Emil mal zum *amour fou* und mal zur trivialliterarischen Liebesgeschichte nach eigener Lektüre (Paetzke 1992); im Text wird auf ein solches trivialliterarisches Modell hingewiesen, wenn erwähnt wird, dass Bertha einen Roman von Gerstäcker »schon zehnmal gelesen« (GAR, 73) hat.

Während die kurze Zeit später verfasste *Lieutenant Gustl* die Träume seines Protagonisten erzählerisch ausspart, lässt Schnitzler Bertha ausgiebig träu-
men und ästhetisiert hier erstmals seine Lektüre von Freuds *Traumdeutung* (Reik 1913, 223–235). Erzählerisch kunstvoll gestaltet Schnitzler den Übergang zwischen Wachen, Tagträumen, Einschlafen und Träumen auf Berthas Bahnfahrt von Wien zurück in die Kleinstadt und lässt sie dann virtuos Tagesreste in ihrem Traum verarbeiten (Perlmann 1987b, 99–108).

Nicht nur die Musik spielt in dieser Geschichte einer Klavierlehrerin ein große Rolle (Leventhal 1995; Weiner 1986), sondern auch die Bildende Kunst wird in vielfältiger Weise funktionalisiert (Eicher 1993). Bertha wählt mit bildungsbürgerlicher Attitüde den Saal der niederländischen Schule im Kunsthistorischen Museum zum Ort des Stelldicheins und »kam sich ziemlich großartig vor« (GAR, 73), dies Emil vorzuschlagen. Herr Rupius hatte Bertha mit Gemälden des niederländischen Malers Falckenborgh vertraut gemacht. An einem Landschaftsbild Falckenborghs erklärt Herr Rupius, dass nicht der »nichtige« Vordergrund das entscheidende dieses Genres sei, sondern der Hintergrund: »Sehen Sie, da ist die ganze Welt, blaue Berge, grüne Städte, der Himmel drüber mit Wolken [...]. Hintergründe sind überall, und darum ist es sehr richtig, daß hier gleich hinter dem Bauernhaus die Welt anfängt« (GAR, 26 f.). Fliedl erläutert, dass mit diesem Kunstzitat eine poetische Selbstreflexion des Textes verbunden ist: »Der ›nichtige‹ Vordergrund mit den begrenzten Genreszenen bildet Berthas eigenen Alltag ab, hinter dem aber ›die ganze Welt‹ sichtbar wird. [...] Mit dem Bildzitat verteidigt die Erzählung also ihr Sujet, mit dem niederländischen Genre-Bild ihr Genre: hinter ihrem ›nichtigen Vordergrund‹ tut sich auch eine Fernsicht auf, Berthas beschränkte Perspektive erweitert sich durch den Hintergrund gesellschaftlicher Bedingungen« (Fliedl in GAR, 208 f.). Peter Patzak beendete seine Verfilmung von Schnitzlers Novelle mit einem solchen Gemälde Falckenborghs, das eingeschnitten wird in die filmische Präsentation von Bertha und ihrem Sohn. Am Ende des Films steht so Berthas sehnsüchtiger Blick auf »die ganze Welt« jenseits ihres provinziellen Alltags.

Literatur

Beßlich, Barbara: Lebenslügen der *Frau Berta Garlan* im Medienwechsel. A. S.s Novelle, Max Ophüls' Hörspiel und Peter Patzaks Film. In: Achim Aurnhammer/Barbara Beßlich/Rudolf Denk (Hg.): *A. S. und der Film*. Würzburg 2010, 329–339.

Dangel-Pelloquin, Elsbeth: *Frau Berta Garlan*. Unvermutete Gefühle – ratloses Staunen. In: Hee-Ju Kim/Günter

Saße (Hg.): *A. S. Dramen und Erzählungen.* Stuttgart 2007, 89–100.
Driver, Beverly R.: A.S.s *Frau Berta Garlan.* In: GR 46 (1971), 258–298.
Eicher, Thomas: »Interessieren Sie sich auch für Bilder?« Visualität und Erzählen in A. S.s *Frau Berta Garlan.* In: *Literatur für Leser* (1993), H. 1, 44–57.
Fliedl, Konstanze: *A. S. Poetik der Erinnerung.* Wien 1997.
Jud, Silvia: A.S. *Frau Berta Garlan* (1901). In: Rolf Tarot (Hg.): *Erzählkunst der Vormoderne.* Bern 1996, 417–447.
Krahé, Peter: »If only *he* would make her a world«. Geschlechterbeziehungen in A. S.s »Frau Berta Garlan« und D. H. Lawrences »Lady Chatterley's lover«. In: *Sprachkunst* 40 (2009), 1. Halbbd., 127–147.
Levene, Michael: Erlebte Rede in S.s »Frau Berta Garlan«. In: Hannah Hickman (Hg.): *Robert Musil and the Literary Landscape of his Time.* Salford 1991, 228–246.
Lukas, Wolfgang: *Das Selbst und das Fremde. Epochale Lebenskrisen und ihre Lösung im Werk A. S.s.* München 1996.
Neymeyr, Barbara: Libido und Konvention. Zur Problematik weiblicher Identität in A. S.s Erzählung *Frau Berta Garlan.* In: JDSG 41 (1997), 329–368.
Paetzke, Iris: Verbotene Wünsche. A. S.: »Frau Berta Garlan«. In: Iris Paetzke (Hg.): *Erzählen in der Wiener Moderne.* Tübingen 1992, 95–110.
Perlmann, Michaela L.: *A. S.* Stuttgart 1987a.
Perlmann, Michaela L.: *Der Traum in der literarischen Moderne. Zum Werk A. S.s.* München 1987b.
Reik, Theodor: *A. S. als Psycholog.* Minden 1913.
Rumpold, Andrea: Sexuelle Attraktion – gespielte Tugend. Die erotische Ausstrahlung von S.s Frauenfiguren in *Frau Berta Garlan* und *Der Weg ins Freie.* In: *Austriaca* 39 (1994), 89–100.
Thomé, Horst: *Autonomes Ich und ›Inneres Ausland‹. Studien über Realismus, Tiefenpsychologie und Psychiatrie in deutschen Erzähltexten 1848–1914.* Tübingen 1993.
Weinberger, G. J.: A.S.s »Frau Berta Garlan«. Genesis and Genre. In: MAL 25 (1992), H. 3/4, 53–73.

Barbara Beßlich

Das Schicksal des Freiherrn von Leisenbohg (1904)

Entstehung

Die unter dem Arbeitstitel »Fluch« im Mai 1902 erstmals im Tagebuch erwähnte »Novelle« (Tb, 11.5.1902) wurde im Jahr 1903 (vgl. u. a. ebd., 19.3.1903, 6.8.1903, 4.9.1903 u. 6.10.1903) weitgehend fertiggestellt und im Juli 1904 unter dem Titel *Das Schicksal des Freiherrn von Leisenbohg* in der *Neuen Rundschau* veröffentlicht; der Bucherstdruck erfolgte 1907 in Schnitzlers Erzählband *Dämmerseelen* im S. Fischer Verlag. Édouard Molinaros Verfilmung der Erzählung *L'Amour maudit de Leisenbohg* (u. a. mit Michel Piccoli und Anouk Aimée) wurde 1991 erstmals im französischen Fernsehen ausgestrahlt.

Inhalt

Erzählt wird von der unglücklichen Liebe des Freiherrn von Leisenbohg zu der Opernsängerin Kläre Hell. Leisenbohg muss miterleben, wie Kläre sich vor seinen Augen auf eine Reihe von Liebhabern einlässt, ohne ihn jemals zu erhören. Nach dem tödlichen Unfall ihrer ›großen Liebe‹, dem Fürsten Bedenbruck, scheint Kläre das Interesse an weiteren Affären verloren zu haben. Doch als der zeitweilig in Wien gastierende Sänger Sigurd Ölse um sie wirbt, fürchtet Leisenbohg, sie könnte diesen erhören. Umso freudiger überrascht ist er, als sich Kläre nach nunmehr zehn Jahren stattdessen mit ihm selbst einlässt. Sein Liebesglück nimmt allerdings bereits am Morgen nach der gemeinsam verbrachten Nacht ein Ende, als er erfährt, dass Kläre ohne weitere Nachricht die Stadt verlassen hat. Um seinem Verdacht nachzugehen, sie könne mit Ölse abgereist sein, sucht er dessen Hotel auf. Zu seiner Erleichterung trifft er Ölse dort an und stellt fest, dass dieser noch weniger über den Verbleib Kläres informiert ist als er selbst. Leisenbohg reist daraufhin einige Zeit ziellos umher, bis ihn ein Telegramm Ölses mit der dringenden Bitte, zu ihm zu kommen, erreicht. Vor Ort erfährt er von Ölse, dass dieser Kläre auf seiner Heimreise begegnet und ihr Liebhaber geworden sei. Deswegen aber sei Ölse nun verloren: Von Kläres Freundin Fanny habe er nämlich erfahren, dass Fürst Bedenbruck kurz vor seinem Tod einen Fluch ausgesprochen habe, der den nächsten Liebhaber Kläres auf »Wahnsinn, Elend und Tod« (ES I, 596) verdammt habe. Daraufhin stürzt Leisenbohg tot zu Boden. Ölse dagegen setzt umgehend eine Depesche an Kläre auf, in der er sie um Vergebung für sein mangelndes Vertrauen bittet und sein Kommen ankündigt.

Deutung

Zu den ersten Kommentatoren der Novellette gehört Sigmund Freud, der in ihr eine Beispielerzählung für das von ihm beschriebene »Tabu der Virginität« erkennt (Freud 1947, 178). Demnach sei die Defloration der Frau durch den Mann eine ambivalente Erfahrung. Zwar habe sie die »kulturelle Folge, das Weib dauernd an den Mann zu fesseln«, jedoch bewirke sie auch »eine archaische Reaktion von Feindseligkeit gegen den Mann« (ebd., 179). Damit sei zu

3.1.2 Erzählungen 1900–1918

erklären, dass Frauen in zweiten Ehen weniger zu Frigidität neigten. Der in *Leisenbohg* beschriebene Fall entspreche diesem Prinzip: Der sterbende Fürst verleihe Kläre durch seinen Fluch gewissermaßen eine neue Virginität. Leisenbohg käme damit die Funktion des ersten Ehemannes zu, an dem sich die Aggression der Frau anlässlich ihrer Defloration entlade. An Freuds Deutung anschließend erarbeitet der Psychoanalytiker und Mediziner Katan eine ausführliche Interpretation der Erzählung, wobei er sich vor allem auf die unbewussten Konflikte der Figuren, die ihm zufolge die einzelnen Handlungsschritte der Erzählung bestimmen, konzentriert (Katan 1969). Dabei geht es ihm wohl insbesondere darum aufzuzeigen, dass Schnitzlers Erzählung neben dem Tabu der Virginität auch noch andere psychoanalytische Konzepte enthalte, die erst später theoretisch erfasst wurden: »These concepts, at a much later date, drew the attention of Freud, Anna Freud, and Winnicott« (ebd., 925). In der literaturwissenschaftlichen Forschung ist der Erzählung bislang nur eine verschwindend geringe Aufmerksamkeit zuteil geworden. Imboden liest sie als Darstellung des Wirkens einer inkommensurablen schicksalhaften Macht, gegen die das Individuum nichts ausrichten kann (Imboden 1971, 86). Dagegen betont Perlmann, dass es gerade nicht um die »Evozierung des Unheimlichen, sondern um dessen ironische Entlarvung vermittels der Entlarvung seiner Anhänger bzw. Opfer geht« (Perlmann 1987, 119). In der Tat lässt sich der Erzählton, in dem von Leisenbohgs verhängnisvoller Liebe berichtet wird, kaum anders als ironisch bezeichnen. Dass es hier gerade auch um die Parodierung okkultistischen Aberglaubens geht, zeigt sich insbesondere an der Figur Ölses, dessen Hang zum Spiritismus keineswegs affirmativ, sondern eindeutig ironisierend dargestellt wird. So lautet auch Fliedls Urteil, dass der Text als Parodie des Genres der Schicksalsnovelle verstanden werden kann (Fliedl 2005, 169). Außerdem geht es um das Bedürfnis, eine tendenziell unbegreifliche Wirklichkeitserfahrung durch vorgeformte kulturelle Narrative zu strukturieren und ihr damit einen Sinn zu verleihen. So meint Leisenbohg, in der späten Erfüllung seines Liebesstrebens den »notwendige[n] Abschluß seiner bisherigen Beziehungen zu Kläre« zu erkennen und glaubt, »daß es nicht anders hatte kommen können« (ES I, 588). Dadurch dass der weitere Verlauf der Erzählung dann jedoch eine völlig andere Wendung nimmt, als er es sich in seinen unmittelbar nach der Liebesnacht erträumten Zukunftsplänen vorstellte, wird diese Art von Schicksalsglauben ad absurdum geführt. Gleichzeitig illustriert der Text nicht nur anhand des Fluches Bedenbrucks die »Besitzsucht des Mannes« (Oosterhoff 2000, 33), sondern auch durch Leisenbohgs Phantasien, in denen er die anderen Liebhaber Kläres zu bloßen Statthaltern seiner selbst degradiert: »Gewiß; sie hatte keinen geliebt vor ihm, und ihn vielleicht immer und in jedem!« (ES I, 588). So wird der Schicksalsglaube verbunden mit der Aufrufung des konventionellen Liebescodes der Exklusivität, wodurch erneut die Wirkmacht kultureller Narrative auf das persönliche Erleben hervorgehoben wird. Dies wird in der Schlusspassage grotesk auf die Spitze getrieben: Ölse erinnert Leisenbohg bezeichnenderweise an einen Pierrot, was den mimetischen Kunstcharakter von Ölses Bericht betont. Indem Ölse den Fluch des Fürsten in direkter Rede wiedergibt, vollzieht er gewissermaßen eine performative Aneignung von dessen Position: »Ich spreche [...] und ich lasse Fanny sprechen, und Fanny läßt Kläre sprechen, und Kläre läßt den Fürsten sprechen«, erklärt Ölse, nachdem Leisenbohg nur noch den verwirrten Ausruf »Wer spricht?« (ebd., 596) zustande gebracht hat (zum hier zu beobachtenden ›Zusammenfall‹ von »besprochene[r] Situation« und »Sprechsituation«, einer daraus resultierenden »Sprachmagie« sowie den Bezügen zu zeitgenössischen Positionen der Sprachkritik vgl. Lukas 1996, 258–263; zit. 260 u. 263). Damit ist auf die Vielfalt und Verwischung der narrativen Perspektiven verwiesen, wodurch das Erzählte insgesamt in Zweifel gezogen und zugleich selbstreferentiell der fiktionale, d.h. wirklichkeitssetzende Charakter der Erzählung in toto bekräftigt wird. In diesem Sinne erscheint es wenig produktiv, sich auf die Suche nach einer eindeutigen Todesursache Leisenbohgs – sei sie nun tatsächlich die Erfüllung des Fluches, eine *self-fulfilling prophecy* oder der Herzschlag vor Schreck – zu begeben. Der Text scheint die Wirkmacht von Rede – jenseits der Grenzen von Fiktion und Wirklichkeit – herauszustellen, denn schließlich führt erst die ›Performance‹ Ölses (und nicht der unmittelbare Liebesakt mit Kläre) zu Leisenbohgs Tod.

Literatur

Fliedl, Konstanze: *A. S.* Stuttgart 2005.
Freud, Sigmund: Das Tabu der Virginität. In: Sigmund Freud: *Gesammelte Werke*. Bd. 12. London 1947, 161–180.
Imboden, Michael: *Die surreale Komponente im erzählenden Werk A. S.s.* Bern/Frankfurt a. M. 1971.

Katan, Maurits: S.'s *Das Schicksal des Freiherrn von Leisenbohg*. In: *Journal of the American Psychoanalytic Association* 17 (1969), H. 3, 904–926.

Lukas, Wolfgang: *Das Selbst und das Fremde. Epochale Lebenskrisen und ihre Lösung im Werk A. S.s*. München 1996.

Perlmann, Michaela L.: *A. S.* Stuttgart 1987.

Oosterhoff, Jenneke A.: *Die Männer sind infam, solang sie Männer sind. Konstruktionen der Männlichkeit in den Werken A. S.s*. Tübingen 2000.

Marie Kolkenbrock

Die Weissagung (1905)

Entstehung

Die von Schnitzler am 7. Juni 1902 »neu begonnen[e]« und dort erstmals im Tagebuch erwähnte Novelle wurde zunächst unter dem Arbeitstitel »Hexerei« geführt (Tb, 7.6.1902). Knapp einen Monat und nur zwei Tagebucheinträge (ebd., 28.6.1902 u. 29.6.1902) später kann Schnitzler festhalten: »Nm. Hexerei beendet« (ebd., 6.7.1902). Am 24. Dezember 1905 wurde die Erzählung schließlich unter dem Titel *Die Weissagung* in der Weihnachtsbeilage der *Neuen Freien Presse* veröffentlicht und 1907 in Schnitzlers Erzählband *Dämmerseelen* aufgenommen.

Inhalt

Es lassen sich drei Erzählebenen in der *Weissagung* feststellen: Der Bericht des Ich-Erzählers, die Binnenerzählung durch den eigentlichen Protagonisten Franz von Umprecht und das Nachwort eines fiktiven Herausgebers. Zunächst berichtet der Ich-Erzähler, dass er auf Bitten des Kunstliebhabers Freiherr von Schottenegg ein Stück für die auf dessen Anwesen regelmäßig stattfindenden Amateurdarbietungen geschrieben habe. Am Tag der Aufführung erzählt ihm der Hauptdarsteller Franz von Umprecht folgende Geschichte: Während seines Militärdienstes in Polen sei er einem jüdischen Magier namens Marco Polo begegnet, der ihm ein Bild aus der Zukunft – und zwar auf den Tag genau zehn Jahre später – gezeigt habe. In diesem habe er sich auf einer Bahre liegend, umringt von einer trauernden Frau und Kindern, gesehen. Von da an sei sein Leben von der Angst vor der Erfüllung dieses prophetischen Bildes bestimmt gewesen, bis er das Stück des Erzählers gelesen habe. Denn die Schlussszene entspreche genau seiner Vision und das Aufführungsdatum falle mit deren zehnjährigem Jahrestag zusammen. Eine Darstellung mit ihm in der Hauptrolle würde also die Erfüllung des Zukunftsbildes bedeuten, ohne dass er tödliche Konsequenzen zu befürchten hätte. Zum Beweis liefert von Umprecht eine nach der Begegnung mit Marco Polo angefertigte Skizze seines Zukunftsbildes. Der Erzähler bewertet von Umprechts Bericht als glaubwürdig, da die Zeichnung nicht nur tatsächlich mit der Schlussszene seines Stückes vereinbar ist, sondern auch noch eine weitere Figur aufführt, die er in einer ursprünglichen Version konzipiert, aber schließlich wieder verworfen hatte. Als diese Figur trotzdem in der Person des Flötisten, der seiner vom Wind davongewehten Perücke nacheilt, im entsprechenden Moment der Aufführung auf der Bühne erscheint, wirkt dies wie die Erfüllung von Umprechts Schicksal: Er stirbt daraufhin nicht nur den Bühnentod, sondern auch tatsächlich. Dem Erzählerbericht angefügt ist schließlich das Nachwort des fiktiven Herausgebers, der die Wahrhaftigkeit des Erzählten durch den angeblichen Nachweis der realen Existenz einzelner Figuren zu bezeugen versucht.

Deutung

Das Datum der »Weissagung« und des Todestags von Umprechts, der 9. September, findet sich in prominenten Beispielen phantastischer Literatur wieder, etwa in E. T. A. Hoffmanns *Magnetiseur* und Bram Stokers *Dracula* (Brucke 2002, 109). Auch der Name des Magiers lässt sich nicht nur auf den »berühmten Weltfahrer« (Imboden 1971, 94), sondern auch auf Hoffmanns *Sandmann*-Figur Coppola beziehen (Rohrwasser 1999, 72). Sigmund Freud hat über dieses Spiel mit phantastischen Elementen in seinem Aufsatz *Das Unheimliche* sein Missfallen geäußert: Die Novelle rufe ein »Gefühl von Unbefriedigung« hervor, da sie sich zunächst einen realistischen Anschein gebe, um dann doch mit dem Übernatürlichen zu »liebäugeln[]« (Freud 1947, 266). Kaum ein Forschungsbeitrag verzichtet darauf, dieses Urteil zu zitieren. Einige scheinen sich dabei Freud anzuschließen, wenn sie Schnitzlers »Unentschiedenheit« bemängeln (Just 1968, 126) oder von der »Unklarheit« sprechen, die sich durch die »Verwendung okkulter Motive« einstelle (Imboden 1971, 96). Die meisten, insbesondere späteren, Interpretationen gehen allerdings von einer Ironisierung des Mystischen aus (Allerdissen 1985, 156; Perlmann 1987, 90; Weigel 1996, 150; Rohrwasser 1999, 63; Gerrekens 2011, 106). Die Ironie wird vor allem aus

3.1.2 Erzählungen 1900–1918

der Unzuverlässigkeit aller drei Erzählperspektiven hergeleitet. Brucke weist Ironie als Stilmittel der Erzählung allerdings mit dem Hinweis auf den »ernste[n] Kontext des Hypnotismus« und den tödlichen Ausgang der Erzählung zurück (Brucke 2002, 114).

Unabhängig davon, ob die Novelle ironisch gelesen wird oder nicht, erweist sich die Thematik von freiem Willen vs. Determinismus als zentral. Konsens besteht weitgehend darüber, dass von Umprechts eigene Interpretation des Zukunftsbildes als Todesprophezeiung als treibende Kraft der Ereignisse gesehen werden muss (vgl. hierzu Lukas 1996, 232–235, 280–282). Dabei unterscheiden sich die Positionen im Grad der Psychologisierung von Umprechts. Lawson geht von einem unbewussten Todeswunsch von Umprechts aus (Lawson 1964, 74), der sich auf latente homoerotische Neigungen zurückführen lasse. Allerdissen spricht von einer »Zwangsvorstellung«, die sich »zur Realität verdichtet« (Allerdissen 1985, 154). Weniger von einer pathologischen Grundkonstitution von Umprechts ausgehend, betont Brucke dennoch die Möglichkeit der posthypnotischen Suggestion (Brucke 2002, 118). Roussel weist darauf hin, dass sich die individuelle Geschichte von Umprechts in den sozialen Kontext der Zeit einschreiben lässt und als Realitätsflucht verstanden werden kann (Roussel 1988, 194 f.). Für den Aspekt der Realitätsflucht spricht auch, dass es in dem Bühnenstück des Erzählers um den Ausbruch eines Mannes aus bürgerlichen Familienverhältnissen geht, was – samt dem tödlichen Ende dieses Abenteuers – von Umprechts Leben zu spiegeln scheint (Rohrwasser 1999, 63).

Während einige Interpreten in dem eigenen (unbewussten) Mitwirken von Umprechts an seinem Tod einen gewissen Relativismus zwischen Determinismus und Willensfreiheit erkennen (Allerdissen 1985, 156; Weigel 1997, 162; Brucke 2002, 123), plädiert Perlmann für die Möglichkeit einer rationalen Erklärung der Ereignisse, da deren Beeinflussung durch eine höhere Macht allein durch die Interpretation des unzuverlässigen von Umprecht und durch den sich als manipulativ erweisenden Erzählerbericht nahegelegt werde. Vor diesem Hintergrund sei die Erzählung als Kritik am Okkultismus zu verstehen (Perlmann 1987, 92–94). Gerrekens erklärt die Debatte um Determiniertheit und Willensfreiheit in der Novelle deshalb für unsinnig: Es gebe in der *Weissagung* keinerlei Weissagung, da sich alle drei um Glaubwürdigkeit heischenden Erzählperspektiven durch zahlreiche Unstimmigkeiten und Ironiesignale selbst dekonstruierten (Gerrekens 2011, 104–106).

Die Selbstverständlichkeit, mit der von Umprecht seine antisemitische Haltung zum Ausdruck bringt, und die Tatsache, dass diese nicht den »günstigen Eindruck« (ES I, 615) trübt, den der Erzähler von Umprecht erhält, gelten als wichtige Ironiesignale des Textes. Rohrwasser weist auf die ambivalente Darstellung des Juden aus der Perspektive des Antisemiten hin, in der sich dessen Angst vor der Scharfsichtigkeit des sozial und physisch Unterlegenen für die Schwächen seiner Feinde widerspiegelt. Auf diese Weise wird der Antisemitismus mit Aberglaube und Irrationalität verbunden und werden dessen antimoderne Tendenzen hervorgehoben (Rohrwasser 1999, 71). Marco Polo kann dabei als Rächerfigur verstanden werden, die sich mit Hilfe von magnetischen Fähigkeiten gegen die antisemitischen Beleidigungen der Offiziere wehrt (Brucke 2002, 126). *Die Weissagung* lässt sich so als literarischer Traumtext im doppelten Sinne lesen: als Freudsche Wunscherfüllung aus der jüdischen Perspektive und als Alptraum des durch von Umprecht verkörperten Typus des bürgerlichen Antisemiten. Generell erweist sich die Thematik der Grenzverwischung in der Erzählung als zentral: Nicht nur Traum und Wirklichkeit, Bühne und Leben erscheinen nicht mehr scharf trennbar, sondern auch die Grenzen der unterschiedlichen künstlerischen Genres (Rohrwasser 1999, 64–66), wobei die Bedeutung der Musik in der Erzählung von der Forschung bisher kaum beachtet worden ist.

Literatur

Allerdissen, Rolf: *A. S. Impressionistisches Rollenspiel und skeptischer Moralismus in seinen Erzählungen*. Bonn 1985.

Brucke, Martin: *Magnetiseure. Die windige Karriere einer literarischen Figur*. Freiburg i. Br. 2002.

Freud, Sigmund: Das Unheimliche. In: Sigmund Freud: *Gesammelte Werke*. Bd.12: *Werke aus den Jahren 1917–1920*. London 1947, 229–268.

Gerrekens, Louis: A. S. *Die Weissagung* oder wie aus schlecht erzähltem Theater eine spannende Novelle wird. In: Achim Küpper (Hg.): *Theatralisches Erzählen um 1900. Narrative Inszenierungsweisen der Jahrhundertwende*. Heidelberg 2011, 89–102.

Imboden, Michael: *Die surreale Komponente im erzählenden Werk A. S.s*. Bern/Frankfurt a. M. 1971.

Just, Gottfried: *Ironie und Sentimentalität in den erzählenden Dichtungen A. S.s*. Berlin 1968.

Klotz, Alexander: Das »Gefühl der Unbefriedigung« in der phantastischen Literatur. A. S.s *Weissagung*. In: *Quarber Merkur* 102 (2005), 105–118.

Lawson, Richard H.: An Interpretation of *Die Weissagung*. In: Herbert Reichert/Herman Salinger (Hg.): *Studies in A. S.* Chapel Hill 1963, 71–78.

Lukas, Wolfgang: *Das Selbst und das Fremde. Epochale Lebenskrisen und ihre Lösung im Werk A. S.s.* München 1996.

Perlmann, Michaela L.: *Der Traum in der literarischen Moderne. Zum Werk A. S.s.* München 1987.

Rohrwasser, Michael: A.S.s Erzählung *Die Weissagung.* Ästhetizismus, Antisemitismus und Psychoanalyse. In: ZfdPh 118 (1999), Sonderheft, 60–79.

Roussel, Geneviève: Le fantastique comme symptôme et poétique dans »Die Weissagung« d'A. S. In: *Germanica* 3 (1988), 185–203.

Weigel, Robert: S.s Schicksalserzählungen *Die Weissagung* und *Die dreifache Warnung.* In: Strelka, Joseph P. (Hg.): *Die Seele ... ist ein weites Land. Kritische Beiträge zum Werk A. S.s.* Bern u. a. 1997, 149–162.

Marie Kolkenbrock

Das neue Lied (1905)

Entstehung

Schnitzlers Erzählung *Das neue Lied* wurde seinem Tagebuch zufolge im Juli 1904 nach einem Spaziergang im Pötzleinsdorfer Wald begonnen und an jenem Nachmittag auch fast vollständig niedergeschrieben (vgl. Tb, 3.7.1904, u. Urbach 1974, 118). Zunächst firmierte die Erzählung unter dem Arbeitstitel »Die Volkssängerin«. Nach kurzer Unterbrechung nahm er die Arbeit an der Erzählung im Oktober desselben Jahres wieder auf und konnte sie schließlich im Februar 1905 abschließen (vgl. Tb, 26.2.1905). Wie so häufig fiel die Einschätzung des gewohnheitsmäßig selbstkritischen Schnitzlers skeptisch aus: »Ich finde es nicht besonders« (ebd., 21.3.1905). Gleichwohl erschien sie kurz darauf am Ostersonntag, dem 23. April 1905 in der *Neuen Freien Presse* in Wien.

Inhalt

Das neue Lied setzt am Vormittag nach dem »furchtbaren Erlebnis dieser Nacht« (ES I, 620) ein und weckt die Sympathie des Lesers für den bürgerlichen Karl Breitender, »müde und zerrüttet« (ebd.) nach dem, was er gerade erlebt hat. Sein Verhältnis zu Marie Ladenbauer, einer Volkssängerin, war zu einem abrupten Ende gekommen, als diese infolge einer Gehirnentzündung schwer krank wurde und ihre Sehkraft verlor. Am vorigen Abend hat Marie in ihrem ersten Auftreten nach monatelangem Rückzug ein neues Lied vorgetragen – und in der Nacht ist sie ums Leben genommen. Karls Verhältnis zu Marie wird als Erinnerung dargestellt. Karl hatte Maries Blindheit als unheimlich erlebt und sie seit ihrer Krankheit gemieden. Zufälligerweise war er aber am Abend des Konzerts am kleinen Wirtshaus zugegen, als die Vorstellung der Gesellschaft Ladenbauer begann. Unter der Vorbedingung, dass Marie nichts von seiner Anwesenheit wissen dürfe, kaufte Karl ein Ticket und hielt sich im hinteren Teil des Gartens, der sich an den Saal anschloss, auf, um nicht aufzufallen.

In der Erzählzeit geht Karl am folgenden Morgen einen gemeinsamen Weg mit Kapellmeister Rebay und dem Clown Jedek, die zur Gesellschaft Ladenbauer gehören. Das Gespräch der beiden über die Ereignisse der vorigen Nacht unterbricht Karls Erinnerungen an Maries Leben und Tod, und Rebays und Jedeks Äußerungen über ihre eigenen Schuldgefühle verweisen auf Maries tragisches Ende, das erst am Schluss Erwähnung findet. Marie sang am Abend zuvor das neue Lied, das der Kapellmeister Rebay speziell für sie geschrieben hatte und das sie bei dieser Gelegenheit zum ersten Mal in der Öffentlichkeit vortrug. Das Lied spielte auf ihre verlorene Liebe zu Karl an und bezog sich auf ein anderes Lied, in dem Marie in glücklicheren Zeiten über ihr Liebesglück zu singen pflegte. Aber da Jedek gedankenlos Marie von der Rückkehr ihres ehemaligen Liebhabers berichtete, fühlte sich Karl nach der Vorstellung gezwungen, Maries Erfolg im Familien- und Freundeskreis mitzufeiern. Er kann sich jedoch nicht dazu überwinden, mit Marie zu reden, auch als sie selbst ihn direkt anspricht und ihm versichert, ungeachtet ihrer Blindheit »dieselbe« (ebd., 632) geblieben zu sein. Als er ihr weiterhin ausweicht, indem er seine Worte nur an andere richtet, schleicht sich Marie weg und wählt den Freitod. Am Ende der Erzählung sitzt Karl einsam und in Gedanken versunken auf einer Bank, während Jedek und Rebay, immer noch tief im Gespräch, ohne ihn zurückkehren.

Deutung

Die frühesten Skizzen der Erzählung deuten darauf hin, dass sie ursprünglich als Krankengeschichte konzipiert war, bei der sich eine Volkssängerin erfolglos darin versucht, mit den schweren psychischen Folgen ihrer plötzlichen Blindheit zurechtzukommen. Wichtig für den Arzt Schnitzler war auch die mit Schrecken verbundene Angst des ehemaligen Liebhabers vor dieser Erkrankung.

Karl, der am Anfang der Rahmenerzählung »ins Freie« (ES I, 620) hinausgeht, was vielleicht symbolisch auf seine Befreiung aus dem Verhältnis zu Marie hinweist, versucht deutlich, sich von aller Verantwortung für ihren Tod freizusprechen: »Er konnte ja nichts dafür! Es war ein schreckliches Unglück!« (ebd., 627). Angedeutet wird, dass die psychische Wirkung ihrer Krankheit auf ihn sehr stark war und dass er sich infolge eines unbewussten Grauens nicht dazu überwinden konnte, sie auch nur zu besuchen. Doch als Karl auf die sterbende Marie blickt, kräht ein Hahn und weist auf Karls Treuebruch an seiner ehemaligen Geliebten hin. Für Perlmann signalisiert seine Gleichgültigkeit gegenüber Marie die Art und Weise, wie in Schnitzlers Erzählungen, »[w]o mehr als nur das selbstsüchtige Liebesabenteuer nötig wäre, [...] sich der männliche Partner zunächst unwillkürlich, dann immer bewußter ab[wendet]« (Perlmann 1987, 120).

Die Sehnsucht nach Karl wird vom neuen Lied in Marie aufs Neue geweckt: »Wie wunderschön war es doch früher *auf der Welt*, – Wo die Sonn' mir hat g'schienen auf Wald und *auf Feld*, – Wo i Sonntag mit mein' Schatz spaziert bin aufs *Land* – Und er hat mich aus Lieb' nur geführt bei der *Hand*. – Jetzt geht mir die Sonn' nimmer auf und die *Stern*', – Und das Glück und die Liebe, die sind mir so *fern*!« (ES I, 629). Nach einem frühen Konzept der Erzählung spürt Marie »anfänglich durchaus nicht das Grauenhafte« dieses Lieds (CUL, A153,8, Seite 2). Während Karl früher nichts an Marie so gern hatte wie ihre Augen, liebt der Verfasser des Lieds, Kapellmeister Rebay, Maries Stimme: »eine Stimme hat das Mädel, schöner als je!« (ES I, 623). Rebay, im Konzept der »zudringliche Hauspoet« genannt (CUL, A153,8, Seite 3), sucht durch das Lied sowohl Maries erotische Anziehungskraft wie auch ihre Blindheit kommerziell auszunutzen und mit dem rührenden neuen Lied einen »Riesenerfolg« (ES I, 629) zu erzielen, der Kunden aus der Stadt erneut zur Gesellschaft Ladenbauer lockt. Er findet sie nach dem Unglück ihrer Krankheit »viel freundlicher« als vorher und verweist auf die Kraft ihrer Stimme, neue Liebhaber zu erobern, genau wie sie ihn eroberte (ebd., 623). Er deutet unsensibel an, dass Karl nur der letzte einer Reihe von Liebhabern ist. Dabei spricht er Marie die Einmaligkeit ihres Verhältnisses zu Karl ab, und wie auch Karl sieht er in ihr nur das Sexualobjekt. Rebay ist sehr stolz auf das traurige Lied, das ihm fünf Gulden gebracht hat, und sieht selbst nicht, dass es Maries Schicksal bedenklich als Unterhaltung für die Massen inszeniert.

Der Erzähler verweist mehrmals auf Karls Schweigen im Gegensatz zur Kraft von Maries Stimme. Früher war es Marie gewesen, die an Breitender hing, »ohne viel Worte zu machen« (ebd., 621). Nach der Vorstellung, als Karl neben Marie im Wirtshaus sitzt, versucht Marie dreimal ihn anzusprechen, indem sie auch seine Hand streichelt und versucht, ihn zu liebkosen. Aber mit ihren toten Augen erscheint sie ihm wie ein Gespenst. Karl »hätte so gern etwas zu ihr gesagt ... irgend was Liebes, Tröstendes – aber er konnte nicht« (ebd., 632). Da die Geschichte in der Form einer Rückblende erzählt wird, ist es aber unklar, ob Karl vielleicht erst am Tag nach ihrem Tod rückblickend die Hoffnung äußert, ihr etwas gesagt zu haben.

Für Sprengel erinnert »der Freitod des tiefer empfindenden Mädchens [...] an Schnitzlers Erfolgsstück *Liebelei*« (Sprengel 2004, 238). Karls Liebe zu Marie wird aber aus seinen Gesten deutlich: Als er ihr blasses Gesicht und ihre erloschenen Augen zum ersten Mal bei der Abendvorstellung wiedererkennt, springt er vom Sessel auf und schreit beinah auf »vor Mitleid und Angst« (ES I, 625). Als Marie, die vom Balkon gesprungen ist, tot ausgestreckt neben der »steinernen Umfassung des Brunnens« liegt, ist er betäubt und »wie in einem Traum« (ebd., 633). Einsam unter den Gästen, die kurz zuvor mit Marie gefeiert hatten und die jetzt versuchen, ihr zu Hilfe zu kommen, hört Karl schweigend ihre Anteilnahme für die Familie und sieht hilflos zu, bis er beim ersten Lichte wahrnimmt, dass Marie tot ist.

Literatur

Perlmann, Michaela L.: *A. S.* Stuttgart 1987.
Sprengel, Peter: *Geschichte der deutschsprachigen Literatur 1900–1918. Von der Jahrhundertwende bis zum Ende des Ersten Weltkriegs.* München 2004.

Charlotte Woodford

Der tote Gabriel (1907)

Entstehung

Im Oktober 1905 begann Schnitzler die Arbeit an der Erzählung *Der tote Gabriel*, die dann erst im August 1906 wieder im Tagebuch Erwähnung findet. Im Oktober 1906, als Schnitzler an der Novelle weiterschreibt, steht seine Arbeit im Schatten schwerer Geldsorgen: »Wie wird es werden? Materiell sieht es gräßlich aus. Die Sorgen bedrücken und beschämen mich« (Tb, 16.10.1906). Im Frühjahr 1907 erwähnt er die Erzählung wieder, »die mir ganz mißlungen scheint. Trübe Aussichten. –« (ebd., 22.2.1907).

Gleichwohl wurde sie am 19. Mai 1907 in der Pfingstnummer der *Neuen Freien Presse* veröffentlicht. Am selben Tag äußerte Schnitzler sich wieder hoffnungslos über seine finanziellen Schwierigkeiten, die ihm keinen Freiraum für seine literarischen Pläne zu bieten scheinen: »Alle Erwägungen beirrt und erniedrigt durch die Geldfrage« (ebd., 19.5.1907). 1912 wurde *Der tote Gabriel* in Schnitzlers Novellensammlung *Masken und Wunder* (S. Fischer) aufgenommen.

Im ersten Konzept steht die Übermacht der Femme fatale schon im Mittelpunkt von Schnitzlers Interesse an einer Erzählung, in der die Freunde eines Toten verstehen wollen, »wie diese Frauenzimmer aussehen, wegen deren man sich umbringt« (CUL, A155,6). Die Darstellung der Femme fatale reflektiert wohl auch Schnitzlers Verhältnis mit der Schauspielerin Adele Sandrock, das er in den Jahren 1893 bis 1895 unterhielt; Sandrock wirkte zunächst 1893 in der Uraufführung von *Märchen* im Wiener Volkstheater mit und spielte dann 1895 mit großem Erfolg die Hauptrolle in der Aufführung von *Liebelei* am Wiener Burgtheater. Wenige Tage nach Beginn ihrer Liebesaffäre verdächtigte Schnitzler sie schon eines Seitensprungs, und er vermerkte in seinem Tagebuch: »[I]n Wirklichkeit will sie ja doch nur eine neue Sensation und das ›süße Menschenfleisch‹« (Tb, 16.12.1893).

Nach einer frühen Fassung, die nur aus einigen Zeilen besteht, erwog Schnitzler flüchtig, die Erzählung als Monolog zu schreiben, genauer: als Krankenbericht. Das kurze Konzept endet mit den Worten: »Und da küsst sie mich./Was war das für ein Kuss?/Verstehen Sie das, lieber Doktor?« (CUL, A155,6, Seite 4).

Auch versuchte Schnitzler den Stoff als Einakter zu konzipieren (CUL, A155,9). In den wenigen erhaltenen Zeilen dieses Textes tragen die Figuren schon die Namen »Gabriel« und »Fräulein Bischof«, während sie in den frühen Prosakonzepten als »Stephan« (durchgestrichen »Felix«, dies mag auf Felix Salten anspielen, Schnitzlers Nachfolger bei der Sandrock) und als »die Person« bezeichnet sind (CUL, A155,6, Seite 2).

Inhalt

Das erzählte Geschehen wird aus der Perspektive des Protagonisten Ferdinand Neumann dargestellt und umfasst eine zufällige Begegnung auf einem Ball zwischen Neumann und Irene, die in den Dramatiker Gabriel verliebt war. Gabriel hat sich kurz zuvor das Leben genommen, weil seine Geliebte, die Schauspielerin Wilhelmine Bischof, ihm untreu gewesen ist. Sie unterhält mit Ferdinand eine geheime Liebesbeziehung, und Ferdinand wird wegen Gabriels Freitod von Schuldgefühlen gedrückt. Im Gespräch mit Ferdinand äußert Irene den Wunsch, Fräulein Bischof zu sehen, ohne zu wissen, dass Ferdinand ihr Geliebter ist. Sie betrachtet Bischof als eine gefährliche Diva und kommentiert herabsetzend, dass diese auch unmittelbar nach Gabriels Tod offenbar ungerührt auf die Bühne treten konnte. In Ferdinands Begleitung verlässt Irene den Ball, um die Schauspielerin zu besuchen. Während des Abends verliebt sich Ferdinand allmählich in sie und findet es unbegreiflich, dass Gabriel Fräulein Bischof den Vorrang vor Irene hat geben können. Irene beginnt ihn aber zu verdächtigen, Fräulein Bischofs Geliebter zu sein, und statt den geplanten Racheakt an Fräulein Bischof auszuüben, küsst sie ihn auf dem Heimweg – nur um ihm daraufhin zu verbieten, sie jemals wiederzusehen. Auf diese Weise erfährt Ferdinand, wie sich ein Mann aus unglücklicher Liebe erschießen kann, und er beschließt eine lange Reise zu unternehmen, um wenigstens für eine Weile der Gesellschaft zu entfliehen.

Deutung

Im Blick auf Gabriels Tod versucht sich Ferdinand mit den Worten seines Freundes Anastasius Treuenhof zu trösten, denen zufolge ihm »in dieser ganzen Angelegenheit nicht die Rolle eines Individuums, sondern die eines Prinzips zugefallen, daß daher wohl zu gelinder Wehmut, keineswegs aber zu ernsthafter Reue ein Anlaß vorhanden sei!« (ES I, 973). Die Figur Anastasius Treuenhof geht dabei auf Schnitzlers unveröffentlichtes Schlüsseldrama *Das Wort* zurück. Treuenhof, eine literarische Version des Kaffeehausliteraten Peter Altenberg, spricht achtlos die Worte aus, die den Protagonisten von *Das Wort*, Willi Langer, in den Tod treiben; wie Willi Langer erschießt sich auch Gabriel wegen einer unglücklichen Liebe. Im *Toten Gabriel* gibt Ferdinand die »edle Melancholie seines Daseins« (ebd., 973) ungern auf, da sie ihm als eine angemessene moralische Reaktion auf Umstände vorkommt, die er nicht zu beherrschen vermag. Für Sprengel hat eine gewisse Sentimentalität bei Schnitzler »mit der resignativen Annahme schicksalhafter Zwänge zu tun, die unser Handeln – nicht nur auf dem Gebiet der Erotik – determinieren« (Sprengel 2004, 238). Ferdinands Vertrauen in Anastasius Treuenhofs Phrasen stellt aber eine Feigheit bzw. Unfähigkeit bloß, sich seine eigene Untreue gegenüber Gabriel bewusst zu machen. Gegenüber Irene ist er ebenfalls unaufrichtig, indem er versucht, sein Verhältnis zu Wilhelmine Bischof zu verheimlichen.

Die Diva Wilhelmine ist eine gefährliche Frau, die auch außerhalb der Bühne nie aufhört zu spielen; sie ist gleichsam mit der Schauspielerin im *Reigen* verschwistert. So vergießt sie am Rande von Gabriels Grab keine Tränen und wirft ihrem neuen Liebhaber Ferdinand mit falscher Sentimentalität vor, er sei ein »Schuft« (ES I, 973). Ferdinand gibt sich keinen Illusionen darüber hin, dass sie wohl auch auf seinem eigenen Begräbnis mit falscher Traurigkeit und einem neuen Liebhaber erscheinen würde. Mit Klüger lässt sich dies als typisch für Schnitzlers Gender-Modell verstehen, denn »Frauen sind machtlos bei Schnitzler, wenn sie nicht durch die Hintertüre ihrer erotischen Attraktivität Einfluss auf die eigentlichen Machthaber ausüben« (Klüger 2001, 33). Im Kontrast zu Wilhelmine ist Irene für Ferdinand auf den ersten Blick nur »das liebe, einfache Geschöpf« (ES I, 973). Sie gewinnt jedoch an Attraktivität für ihn, je mehr sie ihm ihre Selbständigkeit und ihr Temperament enthüllt. In einem frühen Konzept schreibt Schnitzler über ihren Vorschlag, sofort die Bischof zu besuchen: »Der Freund geht darauf ein; es kommt ihm gewissermaßen pikant vor« (CUL, A155,6). Irenes Eifersucht auf Wilhelmine und die imaginierte Feindschaft zwischen zwei starken Frauen erwecken Ferdinands Sexualinteresse. Während Irenes Trauer um Gabriel nur sein Mitleid erweckte, versetzen ihn ihre Wut und ihre Entschlossenheit in Erregung. Er genießt anscheinend auch den Spaß, Wilhelmine in Begleitung einer anderen Frau zu besuchen und dabei ihre Neugier auf sein Verhältnis zu Irene zu erwecken. Als die drei bei Wilhelmine am Tisch plaudern, sieht er Irene durch eine Tür zum Boudoir blicken und stellt sich vor, dass Irene »eine frevelhafte Lust [empfindet], in das bläuliche Zimmer einzudringen und ihr Gesicht in die Polster zu graben, auf dem Gabriels Haupt einmal geruht hatte« (ES I, 983). Er überträgt sein eigenes Verlangen nach Irene auf diese und empfindet eine doppelte Lust, indem er im Geiste seine Geliebte in deren eigener Wohnung mit Irene betrügt. Damit stellt Schnitzler nicht nur die Macht der Femme fatale über den Protagonisten dar, sondern auch die Art und Weise, wie der junge Mann teilweise unbewusst für seine eigene Hörigkeit verantwortlich ist.

Literatur

Klüger, Ruth: *S.s Damen, Weiber, Mädeln, Frauen*. Wien 2001.
Perlmann, Michaela L.: *A. S.* Stuttgart 1987.
Rothe, Friedrich: *A. S. und Adele Sandrock. Theater über Theater*. Berlin 1997.
Sprengel, Peter: *Geschichte der deutschsprachigen Literatur 1900–1918. Von der Jahrhundertwende bis zum Ende des Ersten Weltkriegs*. München 2004.

Charlotte Woodford

Das Tagebuch der Redegonda (1911)

Entstehung

Die auf einen ersten Entwurf von 1905 zurückgehende und im Oktober 1909 unter dem »vorläufigen« Titel »Tagebuch« begonnene Ausarbeitung der »Novellette« (Tb, 28.10.1909) schloss Schnitzler bereits wenige Wochen später »ganz skizzenhaft« ab (ebd., 15.11.1909). Nach mehreren Durchsichten und kleineren Umarbeitungen des Texts (z. B. ebd., 8.2.1910, 21.11.1910 u. 23.4.1911) wurde dieser im Oktober 1911 erstmalig in den *Süddeutschen Monatsheften* veröffentlicht und 1912 in Schnitzlers Novellenband *Masken und Wunder* aufgenommen. In früheren Textstufen ist von einem Ehemann die Rede, der im Tagebuch seiner Frau über deren Liebesverhältnis mit einem anderen Mann liest. Es stellt sich jedoch heraus, dass die Affäre von der Frau imaginiert wurde und dass diese möglicherweise psychisch erkrankt ist (CUL, A155, Seite 10 u. 11). In der veröffentlichten Fassung kommt der Aspekt der Geisteskrankheit nicht vor.

Inhalt

Die Novelle setzt sich aus einer Rahmen- und einer Binnenerzählung zusammen. Eines Nachts hat der Erzähler, ein Wiener Schriftsteller, eine seltsame Begegnung mit seinem Bekannten, Dr. Wehwald. Dieser erzählt ihm folgende Geschichte: Er habe sich in die Frau eines Rittmeisters verliebt. Da ihm die Hoffnung auf Erfüllung verwehrt blieb, sei er nur in seiner Phantasie eine stürmische Affäre mit ihr eingegangen, die schließlich die Ausmaße eines »beglückenden Wahn[s]« (ES I, 987) angenommen hätte. Als die Versetzung des Rittmeisters bekannt wurde, habe er deshalb die gemeinsame Flucht mit der Geliebten geplant. Doch anstelle ihrer sei ihr Gatte erschienen, um Wehwald zum Duell zu fordern: Er habe Redegonda beim Schreiben ihres Tagebuchs überrascht, woraufhin diese vor Schreck gestorben sei. Im Tagebuch sei nun die Liebesaffäre zwischen Redegonda und Wehwald aufgezeichnet gewesen, ganz so wie es sich dieser in seiner Phantasie ausgemalt hatte. Wehwald habe sich daraufhin dem Duell gestellt und sei vom Rittmeister erschossen worden.

Nach dieser überraschenden Offenbarung ist Wehwald im nächsten Moment verschwunden. Der Erzähler erinnert sich daraufhin, dass er zuvor im Caféhaus von dem Duell gehört hatte. Zudem sei Redegonda keineswegs tot, sondern mit einem jungen Offizier noch am selben Tag geflohen. Der Erzähler entlässt den Leser mit einer kurzen metanarrativen Reflexion, in der er gesteht, beinahe der Versuchung erlegen zu sein, seine nächtliche Begegnung mit Wehwald chronologisch vor dessen wirklichen Tod zu setzen, um die Erzählung eindrucksvoller zu gestalten. Jedoch habe er davon abgesehen, um dem Vorwurf, ein Okkultist oder Schwindler zu sein, zu entgehen.

Deutung

Das Spiel mit verschiedenen Erzählebenen, phantastischen Elementen und der Verwischung von Phantasie und Wirklichkeit hat in der Forschung zunächst zu einem Bemühen um die Erklärung der unglaubwürdigen Ereignisse geführt. Dabei wurden das Übernatürliche auf der einen und die Psychopathologisierung der Figuren auf der anderen Seite in Erwägung gezogen. Am konsequentesten verfolgt wird die letztere Interpretationslinie von Lawson, der die Erscheinung Wehwalds als Traum des Erzählers liest, wobei Wehwald als dessen Alter Ego verstanden wird (Lawson 1960). Auf diese Weise werden die übernatürlichen Elemente durch die Psychologisierung des Erzählers auf natürliche Ursachen zurückgeführt. McWilliams dagegen möchte die Figur Wehwalds eindeutig als Geistererscheinung verstanden wissen, um dann jedoch den Inhalt von dessen Bericht restlos rationalistisch aufzuklären (McWilliams 1981/82). Mit Ausnahme der Geistererscheinung, die er als legitime literarische Konvention versteht, weist er damit die Präsenz übernatürlicher Phänomene im Text – wie etwa eine telepathische Verbindung zwischen Wehwald und Redegonda oder die Allmacht der Phantasie (Imboden 1971, 70) – zurück. Die Geistererscheinung ist jedoch nicht die einzige literarische Konvention, die in der Erzählung wie ein Zitat anmutet. So fällt die Klischeehaftigkeit des Erzählerberichts (Grätz 2002, 395) ebenso auf wie die Verwendung von »Universalien« Schnitzlerschen Erzählens auf der Handlungsebene, wie etwa das »Verhältnis einer verheirateten Frau, das vom Ehemann entdeckt und mit einem Duell auf Leben und Tod geahndet wird« (Matthias 1999, 62). Darüber hinaus wird durch wiederholte Variationen der Floskel »wie man zu sagen pflegt« sowie durch das Geständnis des Erzählers, erwogen zu haben, die Chronologie der Handlung zu verändern, explizit die fiktionale Konstruiertheit des Erzählten hervorgehoben. In diesem Sinne verweist der Text selbstreferentiell auf seine eigene Literarizität und kann als metanarrative Reflexion gelesen werden. So erscheint die eindeutige Einordnung des Textes in das phantastische Genre oder die absolute ›logische‹ Auflösung der Ereignisse als wenig produktiv.

Die Funktion der metanarrativen Verweise im Text ist unterschiedlich ausgelegt worden. Urbach erkennt eine Distanzierung des Autors von seinem Erzähler, der sich durch die Verwendung gängiger Motive und das effekthascherische Aufrufen literarischer Genres des Jonglierens »mit den Mitteln der Trickkiste« schuldig mache (Urbach 1999, 198). Für Grätz deutet das Spiel mit literarischen Klischees einerseits auf eine selbstironisierende Offenlegung literarischer Verfahrensweisen hin, andererseits werde dadurch auch deren »Mehrdimensionalität und Wandlungsfähigkeit« hervorgehoben und die »Macht der Fiktion und die Kunst des Fingierens« in den Mittelpunkt gestellt (Grätz 2002, 397). Auch Matthias erkennt »eine deutliche Aussage zur Eigengesetzlichkeit des sprachlichen Kunstwerks« (Matthias 1999, 60f.), die durch die Hervorhebung des Kunstcharakters der Erzählung erzielt werde. Der »›Ausflug‹ ins Absurd-Phantastische« wird von ihr dabei als erzähltechnisches Experiment verstanden, um sich dem Darstellungsproblem des Todes anzunähern (ebd., 63). Aspetsberger untersucht die Darstellungsstrategien in der Erzählung und kommt zu dem Schluss, dass Schnitzler den Spiritismus »weltanschaulich-ironisch und schreibpraktisch inquisitorisch« verwendet, um eine nicht fassbare Wirklichkeit literarisch einzufangen (Aspetsberger 2003, 34). Öhlschläger hingegen konzentriert sich auf die Zitate konventioneller Liebescodes in der Erzählung und arbeitet intertextuelle Allusionen zur Minnelyrik, der Wagneroper *Tristan und Isolde* und Liebeskonzepten in der Tradition von Goethes *Werther* heraus. In diesem Sinne versteht sie Schnitzlers Erzählung als »historischen Abriss abendländischer Liebesmodelle«, der die Sprachgebundenheit des Liebesbegehrens herausstellt (Öhlschläger 2001, 353).

3.1.2 Erzählungen 1900–1918

Die Vielfalt intertextueller Verweise legt nahe, *Das Tagebuch der Redegonda* als »quasi-fantastischen« Text (Lukas 1996, 259) zu lesen, der ähnlich wie andere Erzählungen Schnitzlers (*Die Weissagung, Das Schicksal des Freiherrn von Leisenbohg*) das komplexe Spiel mit übernatürlichen Elementen, Ironiesignalen und verschiedenen unzuverlässigen Erzählebenen dazu nutzt, um auf die eigene Fiktionalität zu verweisen und so den literarischen Produktionsprozess zu reflektieren. Dafür spricht auch die Interpretierbarkeit der Namen in der Erzählung: Inwieweit ›Redegonda‹ auf die gleichnamige Sängerin in Hofmannsthals dramatischem Gedicht *Der Abenteurer und die Sängerin* verweist, ließe sich untersuchen. Bisher ist ihr Name als »Redigenda«, die Herbeizuzwingende, aufgelöst worden (Imboden 1971, 120). Der Name ›Wehwald‹ wurde einerseits im Hinblick auf die fatale erste Begegnung mit Redegonda in einem waldähnlichen Park (Lawson 1960, 206) interpretiert und andererseits als intertextueller Verweis auf Wagners *Ring des Nibelungen* verstanden (Urbach 1999, 199).

Literatur

Aspetsberger, Friedberg: *S. – Bernhard – Menasse. Der Umstandsmeier – Der Angeber – Der Entgeisterer. Dreimal gute Literatur!* Wien 2003.

Grätz, Katharina: Die Macht der Fiktion und die Kunst des Fingierens. Eine Analyse von A. S.s Erzählung *Das Tagebuch der Redegonda* auf der Grundlage erzähltheoretischer Überlegungen. In: *Wirkendes Wort* 52 (2002), 385–397.

Imboden, Michael: *Die surreale Komponente im erzählenden Werk A. S.s.* Bern/Frankfurt a. M. 1971.

Lawson, Richard H.: S.'s »Das Tagebuch der Redegonda«. In: *GR* 35 (1960), 202–213.

Lukas, Wolfgang: *Das Selbst und das Fremde. Epochale Lebenskrisen und ihre Lösung im Werk A. S.s.* München 1996.

Matthias, Bettina: *Masken des Lebens – Gesichter des Todes. Zum Verhältnis von Tod und Darstellung im erzählerischen Werk A. S.s.* Würzburg 1999.

McWilliams, James R.: Illusion and Reality. S.'s »Tagebuch der Redegonda«. In: *German Life and Letters* 35 (1981/82), 28–36.

Öhlschläger, Claudia: »Verbale Halluzinationen«. Narrative Spiegelgefechte in A. S.s *Das Tagebuch der Redegonda*. In: Annegret Heimann u. a. (Hg.): *Bi-Textualität. Inszenierungen des Paares*. Berlin 2001, 346–356.

Urbach, Reinhard: *Das Tagebuch der Redegonda. A. S.s Psychophantastik*. In: Winfried Freund/Johann Lachinger/Clemens Ruthner (Hg.): *Der Demiurg ist ein Zwitter. Alfred Kubin und die deutschsprachige Phantastik*. München 1999.

Marie Kolkenbrock

Der Mörder (1911)

Entstehung

Im August 1910 begann Schnitzler mit der Arbeit an der Erzählung, die im ersten Konzept noch mit »Auf dem Schiff« (CUL, A155,4) betitelt war und im Tagebuch als »Doppelspiel« (z. B. Tb, 1.9.1910) bezeichnet wird. Nach einer weiteren Arbeitsphase, die Ende Januar 1911 begann und am 21. Februar 1911 zum Abschluss kam, wurde sie unter dem endgültigen Titel *Der Mörder* am 4. Juni 1911 in der Pfingstsonntagsausgabe der *Neuen Freien Presse* veröffentlicht; am selben Tag erschien die Parabel *Die dreifache Warnung* in der Pfingstsonntagsnummer der *Zeit*. Der Schriftsteller Jakob Wassermann, der Schnitzlers Tagebuch zufolge am Pfingstsonntag bei Schnitzler zu Gast war, äußerte sich insgesamt positiv über den *Mörder*, »nur solle der Held den Mord nicht wirklich begehen, sondern wirklich nur durch seine Liebe tödten«. Schnitzler kommentierte: »Das wäre vielleicht eine schönere, gewiß aber eine ganz andre Novelle« (ebd., 4.6.1911). 1912 wurde *Der Mörder* in Schnitzlers Novellensammlung *Masken und Wunder* (S. Fischer) aufgenommen.

Inhalt

Alfred, Doktor der Rechtswissenschaft, führt mit Elise, seiner Geliebten aus dem unteren Mittelstand, eine emphatische Existenz (Lukas 1996, 37) abseits der Gesellschaft. Doch er fürchtet, das Leben mit Elise werde bald in Vaterschaft und langweilige Pflichten münden, und so trifft er die Entscheidung, sie zu verlassen und statt ihrer Adele, ein vermögendes Mädchen seines eigenen Standes, zu heiraten, um nach der Hochzeit wenigstens durch Geld etwas Freiheit zu gewinnen. Adeles Vater empfiehlt aber eine lange Verlobung und es stellt sich heraus, dass Elise an schweren Herzkrämpfen zu leiden beginnt. Also verschiebt Alfred bereitwillig seine Heirat, um mit der Geliebten eine lange Reise zu unternehmen – in der Hoffnung, dass sie vor der Rückkehr sterben möge. Die Reise nach Italien bringt jedoch für Alfred erneutes Glück mit sich, denn sowohl Elises Todesnähe als auch die Gefahr, dass Adele von seiner Untreue erfährt, bewirken eine Steigerung seines Lebensgenusses. Lukas kommentiert: »Nur noch [...] da, wo der potentielle Tod lauert, kann es auch ein gesteigertes ›Leben‹ geben« (1996, 38). Auf der Heimreise via Schiff beschließt Alfred, Elise mit Hilfe von Morphium zu ermorden.

Aus Schnitzlers Nachlass-Notizen geht hervor, dass der Autor dem Protagonisten kein Schuldbewusstsein zuschrieb: Nach der Mordtat hat Alfred »gar nicht die Empfindung, ein Verbrechen begangen zu haben« (CUL, A155,4). Als der Mörder jedoch nach Wien zu Adele zurückkehrt, findet er sie mit einem seiner Freunde verlobt; er hat Elise also umsonst ermordet. Nach dieser Zurückweisung durch Adele sieht Alfred keinen anderen Ausweg, als sein Leben zu beenden. Ein an einem »langwierigen Lungenleiden[]« (ES I, 998) erkrankter Baron, der sich auf dem Schiff in Elise verliebt hatte, ist Alfred nach Wien gefolgt und fordert ihn zum Duell. Tödlich verwundet, denkt Alfred nicht an Adele, sondern an die ermordete Elise, die »unsäglich Geliebte[]« (ebd., 1010), und begrüßt sein Ende als Sühne für ihre Ermordung. Die sentimentale Stimmung, in der er sein Verhältnis zu Elise rückblickend betrachtet, erscheint letztlich als eine Verdrängung seiner Verantwortung.

Deutung

Alfred führt ein Leben, in dem er ständig die herkömmlichen moralischen Werte prüft; das bürgerliche Leben erscheint ihm als »Nicht-Leben« (Lukas 1996, 36). Die Ermordung Elises ist in dieser Erzählung als Extremsituation zu sehen, an der Schnitzler vor allem die psychologischen Folgen für den Protagonisten interessierten. Ein Mord aus Selbstsucht, um sich von einer nicht standesgemäßen Geliebten zu befreien, mag als Inbegriff der Amoralität gelten. Tatsächlich repräsentiert der Mord eine gravierende Normverletzung, für die sich auch Alfred am Ende nicht rechtfertigen kann. Schnitzler stellt die Frage, welche Grenzen der Moralität überschritten werden dürfen, und wie viel Normverletzung möglich ist, um das Maximum an Glück zu erfahren.

Für Perlmann ist die Krankheit das zentrale Thema, »dem sich Schnitzlers psychologisches Interesse zuwandte«, und zugleich ein »Symbol der fäulnisträchtigen Fin-de-siècle Stimmung« (1987, 136f.). Nach Matthias wird der Tod für Schnitzler »zum bevorzugten Ort fast beliebig vieler literarischer Experimente« (1999, 171). Konzeptionell weist die Erzählung *Der Mörder* in Schnitzlers Werk gewissermaßen ebenso zurück wie voraus: So versuchte schon der todkranke Liebhaber Felix in der Novelle *Sterben* (1894) seine Freundin Marie mit sich in den Tod zu nehmen. Sie entkommt schließlich seinem Mordversuch. Und in *Der letzte Brief eines Literaten* (1917) wird das Thema wieder aufgegriffen: Wie Alfred in *Der Mörder* unternimmt auch hier der Protagonist eine Reise nach Italien mit einer herzkranken Frau und hofft, seine Trauer nach ihrem Tode produktiv nutzen und ein Meisterwerk schreiben zu können. Statt dieses Werk zu verfassen, wählt er allerdings den Freitod.

Wie Felix in *Sterben* leidet Alfred in *Der Mörder* an Eifersucht, und zwar derart, dass er es seiner Geliebten nicht erlauben kann, sich auch nach dem Ende seines Verhältnisses zu ihr in den Armen eines Anderen zu trösten. Auch am Anfang seiner Beziehung zu Elise muss sie eine Anstellung in einem Warenhaus aufgeben, um sich vor möglichen Konkurrenten zu schützen. Die Ironie der Erzählung liegt darin, dass sich die bedingungslose Liebe Elises zu ihm als wesentlicher Bestandteil seines Selbstgefühls herausstellt. Die vermutliche Verlobte Adele begegnet Alfred nach seiner langen Abwesenheit mit Gleichgültigkeit und Langeweile, mithin denselben Gefühlen, die er gegenüber Elise empfand. Auch als Alfred ihr berichtet, wie er Elise ihretwegen »aus der Welt geschafft« (ES I, 1008) habe, hört sie ihm ohne Anteilnahme zu.

In *Der Mörder* wird nur die männliche Erzählperspektive eingenommen und Elises Innenleben bleibt dem Leser daher fremd. Auch der Arzt auf dem Schiff kommuniziert während Elises schwerer Krankheit nur mit Alfred, ihrem mutmaßlichen Ehemann. Wie viel Elise von ihrem bevorstehenden Tod weiß, bleibt unklar. Sie gehört zu »eine[r] Reihe von ›behandelten‹ Frauen« in Schnitzlers Werken, die nach Klüger machtlos sind und keine Tätigkeit ausüben dürfen (Klüger 2004, 35). Auch am Ende der Erzählung findet sich ein merkwürdiges Beispiel der Freundschaft unter Männern. Von den beiden Freunden, die Alfred als Sekundanten für das Duell auswählt, ist einer der neue Verlobte von Adele, den er sofort und ohne Bitternis um Hilfe bittet. Zur Männerfreundschaft gehören offenbar Treue und Beständigkeit, Eigenschaften, die sich hier zwischen den Geschlechtern als unmöglich erweisen.

Literatur

Klüger, Ruth: *S.s Damen, Weiber, Mädeln, Frauen.* Wien 2001.
Lukas, Wolfgang: *Das Selbst und das Fremde. Epochale Lebenskrisen und ihre Lösung im Werk A. S.s.* München 1996.
Matthias, Bettina: *Masken des Lebens, Gesichter des Todes. Zum Verhältnis von Tod und Darstellung im erzählerischen Werk A. S.s.* Würzburg 1999.
Perlmann, Michaela L.: *A. S.* Stuttgart 1987.

Sprengel, Peter: *Geschichte der deutschsprachigen Literatur 1900–1918. Von der Jahrhundertwende bis zum Ende des Ersten Weltkriegs*. München 2004.

Charlotte Woodford

Die Hirtenflöte (1911)

Entstehung

Die Genese der *Hirtenflöte* folgt einem für Schnitzler typischen mehrphasigen Muster: 1902 schreibt Schnitzler einen Plan zu der mit dem Arbeitstitel »Verlockung« versehenen Erzählung nieder (Tb, 14.11. u. 26.11.1902), den er knapp vier Jahre liegen lässt und erst 1906 im Rahmen einer Art allgemeiner Bestandsaufnahme seiner angefangenen Arbeiten erneut im Tagebuch erwähnt (u. a. liegt auch die für die *Hirtenflöte* wichtige *Komödie der Verführung* »[b]egonnen [...] vor«; ebd., 18.6.1906). Zwei weitere Jahre später erfolgt der »[n]otdürftig[e]« Abschluss des Entwurfs während einer Sommerreise durch Südtirol (ebd., 16.7.1908). Nach anfänglichen Zweifeln über die Qualität des abgeschlossenen Textes trägt Schnitzler Ende Januar 1909 in sein Tagebuch ein: »›Hirtenflöte‹ durchgesehn, die auch nicht so schlimm ist als ich gedacht« (ebd., 29.1.1909). Gegen Ende des Jahres ›feilt‹ er intensiv an der Novelle (vgl. ebd., 6.10.–16.10.1909), worauf ein Jahr später eine weitere »kritische[] Wiederbegegnung[] mit dem Entworfenen« (Neumann/Müller 1969, 13) und das Urteil »Im Anfang allerlei zu ändern; im ganzen nicht übel, und wahr« (Tb, 10.11.1910) erfolgt. Ein erneutes, nun jedoch sporadisches ›Feilen‹ am Text mündet in eine letzte, knapp eine Woche dauernde und Anfang Mai 1911 abgeschlossene Arbeitsphase (ebd., 4.5.1911). Im September 1911 schließlich erscheint die gemäß der Einschätzung seiner Ehefrau Olga bis dahin »beste Novelle« (ebd., 4.8.1911) Schnitzlers im neunten Heft der *Neuen Rundschau* (Jg. 22); in Buchform wird sie erstmals im Mai 1912 in der Sammlung *Masken und Wunder* und nur wenig später in einem »Luxusband« (ebd., 11.10.1911) mit »technisch« erstrangigen, aber »in der Phantasie nicht ganz ausreichend[en]« (ebd., 29.5.1912) Radierungen von Ferdinand Schmutzer veröffentlicht. Das von Schnitzler im Mai 1913 entworfene Filmskript (SAF, C.XXXVI.3, Folio 9–21) bleibt unrealisiert.

Inhalt

Erzählt wird die Geschichte von Erasmus und Dionysia, eines »seit drei Jahren in ruhig unbekümmerter Ehe verbunden[en]« (ES II, 11) Paares. Erasmus verbrachte sein voreheliches Leben als Liebhaber »allerlei Wissenschaften und Künste« und als Reisender in »ferne Lande« (ebd.). Mit fortschreitendem Alter des Reisens überdrüssig, baut er ein ruhig gelegenes Haus, nimmt die junge, verwaiste Dionysia zur Frau und geht fortan seiner wissenschaftlichen Leidenschaft, der Astronomie, nach. Die vermeintliche Unbekümmertheit der Ehe wird jedoch empfindlich gestört, als Erasmus eines Nachts statt der Sterne seine schlafende Frau beobachtet und Dionysia am Morgen eröffnet, sich ihrer durch keinerlei Versuchung geprüften Treue nicht mehr sicher zu sein. Er befiehlt ihr, von nun an allen Lockungen zu folgen, wobei er zugleich verspricht, sie jederzeit ohne Vorwürfe oder Fragen wieder bei sich aufzunehmen. Die zutiefst Enttäuschte möchte sich aus dem Fenster stürzen, was durch Erasmus vereitelt wird, und folgt anschließend tatsächlich der ersten Lockung in Gestalt einer aus dem Wald ertönenden Hirtenflöte.

Nachdem sie zu Beginn ihrer episodenhaften Reise »hundert Sonnentage[] und hundert Sonnennächte[]« (ebd., 17) als Gespielin mit dem durch Dionysias Zerbrechen seiner Flöte schließlich mittellos gewordenen Hirten in freier Landschaft umhergezogen ist, verlässt sie ihn und wird die Geliebte eines reichen Gutsherrn. Ein Spaziergang durch die Dörfer seiner industriegeprägten Ländereien offenbart ihr die Armut der Arbeiter und wird zum Grund für ihr wohltätiges Engagement. Schnell muss sie jedoch einsehen, »daß sie die Ordnung des Staates, ja die Gesetze der Welt hätte ändern müssen, um vollkommen nur für die Dauer zu helfen« (ebd., 22). In den von ihr so verschuldeten und sich zu einer Revolution auswachsenden Proletarieraufstand gerät sie durch ihren Entschluss, den zwar siegreichen, aber auf der falschen Seite kämpfenden Gutsherrn zu verlassen und heimzukehren. Sie schließt sich Bergleuten an und durchstreift mit ihnen das von den Auseinandersetzungen »verwüstete[]« und jedwede Form gesellschaftlicher Ordnung entbehrende Land, um schließlich an eine »Stadt mit verschlossenen Toren« (ebd., 24) zu gelangen. Mit der Gewissheit, »daß morgen alles zu Ende war« (ebd., 25), beginnt eine Orgie unter den Aufständischen. Nach der Niederschlagung des Aufstandes durch die Truppen der Stadt findet sich die »viele Tage ohne Bewusstsein« gelegene Dionysia in einem Krankenzimmer wieder (ebd.). Sie wird die Geliebte des für ihre Pflege verantwortlichen Grafen und zieht im folgenden Herbst an seiner Seite kämpfend in einen

Krieg, in dessen »blutig-wechselvolle[m] Gang« der Graf nach einer letzten gemeinsamen Liebesnacht schließlich fällt (ebd., 30). Mit dem in dieser Liebesnacht gezeugten Sohn bezieht Dionysia als allgemein verehrte »Heldenwitwe« (ebd., 32) das gräfliche Schloss. Auch der verheiratete Fürst des Landes kann sich ihrer Wirkung nicht entziehen und bietet ihr »das glühende Geschenk seiner Liebe« (ebd.) an; sie wird seine auch in Staatsangelegenheiten beratende Mätresse. Angesichts des öffentlichen Betrugs gegenüber der Fürstin gilt Dionysia vielen bald »für nichts besseres als eine Abenteurerin und Dirne« (ebd.). Als der Fürst ihren nun fünfjährigen Sohn zum Prinzen erhebt, eskaliert die Situation: Wegen Gerüchten über einen Anschlag auf Dionysia werden die Fürstin und andere Verdächtige inhaftiert oder des Landes verwiesen. Die wiederhergestellte, scheinbare Ruhe währt jedoch nicht lange, denn Dionysia beginnt den Fürsten zu verachten, »weil er ihr in allem zu Willen gewesen war« (ebd., 35), und gibt sich verschiedenen Jünglingen hin. Der betrogene Fürst tut es ihr gleich und das Schloss verkommt – dem Volk nicht verborgen – zu einem Ort rauschhafter sexueller Ausschweifungen. Nur eine an die Ernennung ihres Sohnes zum Thronfolger geknüpfte Hoffnung auf einen Neubeginn, der »die Schmach der vergangenen Jahre durch den Ruhm der kommenden auszulöschen« vermag (ebd., 36), hält Dionysia vom Selbstmord ab. Doch während der offiziellen Bekanntgabe der Erbschaftserklärung vor dem Volk findet sie ihren Sohn ermordet auf. Am nächsten Morgen trifft sie den ihr Todesurteil in der Hand haltenden Fürsten an, der ihr aber die Flucht vor seiner herannahenden Ehefrau gewährt. Dionysia tritt unmittelbar, an Fürst, Wachen und Volk »in blutigem Kleid« (ebd., 39) vorbeischreitend, ihre Heimreise an.

Mit »keinerlei Erstaunen« (ebd.) im Blick begrüßt Erasmus die Wiedergekehrte und ist überzeugt, dass sie nun »[r]einer als all jene andern, die im trüben Dunst ihrer Wünsche atmen« (ebd.), vor ihm steht. Er möchte sie wieder bei sich aufnehmen, doch Dionysia – von seiner Gefühlskälte angesichts ihrer durchlebten Abenteuer konsterniert – verlässt ihn und Erasmus bleibt nur noch, einem »rätselhaft glitzernden Stern« (ebd., 41) den Namen seiner Frau zu geben.

Deutung

Die Thematik der von Schnitzler in bewusster Abgrenzung zur Textgattung Märchen als »Stilnovelle« (an Samuel Fischer, 24.6.1911; Br I, 667) bezeichneten *Hirtenflöte* weist Berührungspunkte zu vornehmlich zwei anderen Texten seines Œuvres auf. Sie kann einerseits als das »frühe Seitenstück« (Scheffel 1991, 482) zur *Traumnovelle* (1925/1926) gelesen werden. Im Fokus steht dann die darin behandelte, aus der Perspektive beider Ehepartner beleuchtete Problematik, die sich aus der Spannung zwischen erotischen Wünschen und ehelichen Verpflichtungen ergibt (hierzu und für eine von der Freudschen Psychoanalyse geprägten Deutung vgl. Reid 1971). Andererseits bestehen deutliche Parallelen zu den Figuren Falkenir und Aurelie aus der 1924 veröffentlichten *Komödie der Verführung*, in deren Entwürfen und Skizzen Schnitzler »die Novelle von jener Sternguckersgattin« (CUL, A108,9, Seite 75) als Binnenerzählung bedachte (vgl. die Seiten 27–29 der auf den 22.3.1908 datierten Dialogfassung des 1. Akts; CUL, A108,10): So behauptet »die [jeweils] männliche Figur [...], daß die weibliche Figur [...] nach Sexualität mit anderen Partnern strebe« (Lukas 1996, 233), und schickt sie zum Zweck der »erotischen Selbstfindung« (ebd., 234) »in die Welt hinaus [...]« (Tb, 16.11.1929). In einer durch die sprechenden Namen ›Erasmus‹ und ›Dionysia‹ stilistisch hervorgehobenen Gegenüberstellung von »männlich, humanistischer Vernunft« und »weiblicher Triebhaftigkeit« (Fliedl 2005, 164) wird dieses Motiv in der *Hirtenflöte* als Experiment ausgestaltet, wie die gut zu überblickende Forschungsliteratur weitgehend ungeteilt festhält. Erasmus würdigt seine Frau zum Versuchsobjekt herab und sucht die Hypothese zu bestätigen, dass das zeitweilige, grenzenlose Ausleben von erotischen Wünschen schließlich zu einem dauerhaften Leben in ehelicher Gemeinschaft führt, das sich auf die durch das Experiment gewonnene Selbsterkenntnis der Frau stützen kann und somit nicht mehr von Zweifeln an der Aufrichtigkeit ihrer Liebe beeinträchtigt ist. Diese Hypothese des »quasi emanzipatorische[n] Experiment[s]« (Geißler 1986, 59) wird jedoch durch die verschiedenen sexuellen, sich bis zum Exzess steigernden Erlebnisse während der Reise des »entfesselten Weibtyp[s]« (Gutt 1978, 90–92) falsifiziert, wie der Schlussdialog zwischen den Protagonisten der in ihrer Komposition zirkulär angelegten Erzählung zeigt: »Ich weiß, wer ich bin? [...] In der Beschränkung, die du mir zuerst bereitet und wo alles Pflicht wurde, war mir versagt, mich zu finden. Im Grenzenlosen, wohin du mich sandtest, und wo alles Lockung war, mußte ich mich verlieren. Ich weiß nicht, wer ich bin« (ES II, 40). Von der nicht gelungenen Selbsterkenntnis Dionysias in der Grenzenlosigkeit zeugen die »verschiedene[n] gesellschaftlich und moralisch gestaffelte[n] Frauenrollen« und die jeder Stabilität eines Selbstbilds entbehrenden »Weiblichkeitstypen« (Fliedl 2005, 163), denen sie im Verlauf ihrer Reise entspricht (für eine politisch-ökonomische Lesart der Abenteuer Dionysias vgl. Roberts 1989, 64–69). Dass diese Reise von einer »seltsamen Raum- und Zeitlosigkeit« geprägt ist, aber durch ihre Anachronismen ein »Panorama von historischen und sozialen Schauplätzen« (Fliedl 2005, 163) eröffnet, kann als Indiz für die Allgemeingültigkeit der Selbstfindungsproblematik gedeutet werden. Doch auch die von Dionysia vor der Reise nicht wahrgenommene oder zumindest nicht formulierte Beschränkung ihrer Ehe, in der »alles Pflicht wurde« (ES II, 40), wird als einer gelungenen Selbstfindung unzuträglich entlarvt. Beide Extrempositionen sind also im Sinnzusammenhang des Textes nicht zielführend, oder wie Schnitzler Dionysia in seiner Skizze zum abschließenden Dialog sagen lässt: »Jede Pflicht erfüllen, [ist] so töricht wie jeder Lockung folgen« (SAF, C.XXXVI.2, Folio 8). Allein auf einem dazwischenliegenden, »schmale[n] Strich«, so Dionysia dann in der endgültigen Fassung, ist es dem Menschen »gegönt [...], sein Wesen zu verstehen und zu erfüllen« (ES II, 40) und dieses Verstehen der eigenen Person steht in engem Zusammenhang mit »dem Wissen um die ständige Gefährdung des Menschen und in der bewußten Akzeptierung dieser seiner Position« (Allerdissen 1985, 112), bei der es darauf ankommt, Lockungen zu durchschauen und beurteilen zu können (vgl. SAF, C.XXXVI.2, Folio 7).

Erasmus, der in seinem vorehelichen Leben durch die Welt gereist ist, sie nun aber nur noch in der Abgeschlossenheit seines Turmzimmers aus sicherer Distanz beobachtet, bleibt die Erkenntnis seiner Frau verborgen. Mit der unbeirrbaren Überzeugung davon, dass seine Hypothese bestätigt und die »asoziale Triebhaftigkeit« Dionysias »durch Bewußtmachung und Verwandlung in aktives Durchleben unschädlich gemacht [wurde]« (Perlmann 1987, 114), bietet er der Wiedergekehrten die vor Beginn ihrer Reise versprochenen, unveränderten Verhältnisse an und sieht sich selbst – durch einen Chiasmus stilistisch hervorgehoben – als »Weiser unter den Liebenden« und als »Liebender unter den Weisen« (ES II, 40). Tatsächlich versagt er sowohl in rationaler wie auch in emotionaler Hinsicht: In rationaler, weil er, trotz eigener reicher Lebenserfahrung, naiv einem auf objektive Erkenntnisse über das menschliche (Seelen-)Leben abzielenden und bloß »theoretisch erklügelten Wissensideal« (Geißler 1986, 60) folgt; in emotionaler, da er im Zuge dessen seine Ehefrau gefühllos allen Lockungen und Gefahren der Welt aussetzt, statt mit ihr gegen diese und um ihre gemeinsame Ehe zu kämpfen. Am Ende steht Erasmus, anders als Fridolin in der Traumnovelle, einsam vor einer zerstörten Ehe, und der den Namen ›Dionysia‹ tragende, »nach neuen, noch nicht erkundeten Gesetzen im weiten Raum umherirr[ende]« (ES II, 41) Stern wird zum Symbol für das von ihm nicht verstandene, »rätselhafte [...] Lebensschicksal[]« (Allerdissen 1985, 112) seiner Frau.

Literatur

Allerdissen, Rolf: *A. S. Impressionistisches Rollenspiel und skeptischer Moralismus in seinen Erzählungen*. Bonn 1985.
Fliedl, Konstanze: *A. S.* Stuttgart 2005.
Geißler, Rolf: Experiment und Erkenntnis. Überlegungen zum geistesgeschichtlichen Ort des S.schen Erzählens. In: MAL 19 (1986), H. 1, 49–62.
Gutt, Barbara: *Emanzipation bei A. S.* Berlin 1978.
Lukas, Wolfgang: *Das Selbst und das Fremde. Epochale Lebenskrisen und ihre Lösung im Werk A. S.s* München 1996.
Meyer, Imke: Drama, Liebe, Wahnsinn: Geschlecht und Genre in »Die Hirtenflöte«. In: Imke Meyer: *Männlichkeit und Melodram. A. S.s erzählende Schriften*. Würzburg 2010, 103–141.
Neumann, Gerhard/Müller, Jutta: *Der Nachlaß A. S.s*. München 1969.
Perlmann, Michaela L.: *A. S.* Stuttgart 1987.
Reid, Maja D.: »Die Hirtenflöte«. In: MAL 4 (1971), H. 2, 18–27.
Roberts, Adrian C.: *A. S. and Politics*. Riverside 1989.
Scheffel, Michael: Nachwort. In: *A. S.: Casanovas Heimfahrt. Erzählungen 1909–1917*. Hg. v. Heinz L. Arnold. Frankfurt a. M. 1991, 479–488.

Christian Belz

Frau Beate und ihr Sohn (1913)

Entstehung

Nach dem Diktat eines ersten Plans zur Novelle im März 1903 beginnt Schnitzler am 16. Dezember 1912 mit der Arbeit am zunächst »Mutter und Sohn« genannten Text, den er im April des darauffolgenden Jahres »vorläufig beendet« (Tb, 15.4.1910). Im Tagebuch äußert er sich eher unzufrieden mit der ersten Fassung: »Sah [nochmals] die Novelle ›Mutter und Sohn‹ bis zu Ende durch: Führung correct, ein paar hübsche Stellen, im Stil vorläufig großentheils unmöglich – jedenfalls ganz neu zu schreiben« (ebd., 3.4.1911). Im Februar 1912 macht die Novelle auf

Schnitzlers Frau Olga in einer privaten Lesung »einen für mich [A. S.] überraschend starken Eindruck« (ebd., 25.2.1912), im folgenden März diskutieren sie den Text noch einmal im Blick auf seine konzeptuellen Schwächen: »Beate Abschrift geseilt; mit O[lga] durchgesprochen; der schwache Punkt war ihr sofort klar (daß Beate an einigen Stellen ihr Schicksal zu äußerlich (Klatsch etc.) nimmt). Leicht abzuhelfen« (ebd., 4.3.1912). Anfang 1913 schließt Schnitzler den Text ab, ist aber nach wie vor selbstkritisch: »Der Anfang stilistisch steif. Manches schöne; aber im ganzen nicht recht zufrieden« (ebd., 14.1.1913). In einer weiteren Lesung, zu deren Zuhörern auch Beer-Hofmann, Hofmannsthal, Salten und Wassermann zählen, stößt der Text zwar grundsätzlich auf Interesse, erntet aber auch einigen Widerspruch: »besonders über den Schluss lebhafte und anregende Discussionen; nicht nur künstlerischer, auch, ja mehr ethischer und philos. Natur« (ebd., 24.2.1913). *Frau Beate und ihr Sohn* erscheint 1913 zunächst von Februar bis April in Fortsetzungen in der *Neuen Rundschau* und im selben Jahr im S. Fischer Verlag in Buchform.

Inhalt und Deutung

Zu den Topoi der Forschung gehört der Hinweis auf die strukturelle Verwandtschaft der Figur der Beate Heinold mit Schnitzlers früherer Protagonistin Bertha Garlan. Bei beiden handelt es sich um »junge Witwe[n], deren erotisches Wiedererwachen im Zentrum des Textes steht« (Saxer 2010, 185), und bei beiden ist dieser Umschwung von einer »Plötzlichkeit [geprägt] [...], die eine versöhnliche Lösung [...] von vornherein unmöglich macht« (ebd.); dies war schon ein Kritikpunkt der Zeitgenossen in Sicht auf die Glaubwürdigkeit der Novellenhandlung. Neben dem inzestuösen Begehren ihrem Sohn Hugo gegenüber, das Beate Heinold unter anderem zum Selbstmord führt, weist die neuere Forschung darauf hin, dass mehr noch das rigide System bürgerlicher Doppelmoral den Suizid der Hauptfigur motiviert. Im Rahmen einer sozialpolitischen Lektüre wird der Text damit als Dokument der zeitgenössischen Emanzipationsdebatte lesbar. Wie andere Werke Schnitzlers auch, bezieht dieses »die ›Frauenfrage‹ immer deutlicher auf die gesellschaftlichen Interessen [...], die verdeckt hinter den individuellen Tragödien stehen« (vgl. Fliedl 2005, 167 f.). Im Anschluss an Reiks Rezension des Texts (1914) wird zudem kontinuierlich auf Schnitzlers Perpetuierung des Inzestthemas durch »Motivdoublierung« hingewiesen (Fliedl 2005, 166; Lorenz 2003, 250). Reiks psychoanalytische Analyse konzentriert sich dabei, wenngleich mit entsprechend anderem methodischem Zugriff, auf die familiären Bindungen und macht auf die Vervielfältigung des Inzestmotivs über die Konstellation zwischen der Hauptfigur und ihrem Sohn hinaus, etwa über die Affäre Ferdinand Heinolds mit einer alternden Witwe oder die vorgängige Verschiebung des Mutter-Sohn-Inzests auf die Figuren Fritz (für Beate) und Fortunata (für Hugo) aufmerksam (vgl. Reik 1914, 537 f.).

Der Fokus der Erzählung liegt auf der Protagonistin Beate, Witwe des vor 5 Jahren verstorbenen Schauspielers Ferdinand Heinold, mit dem sie den jetzt 17-jährigen Sohn Hugo hat; sie selbst ist etwa Ende 30 und darf sich damit in der Schnitzlerschen Anthropologie als »noch jung« empfinden (vgl. dazu und zum Folgenden v. a. Lukas 1996; auch Titzmann 1998). Ihrer Perspektive folgt der Text, der nur ihre Realitätswahrnehmung, ihre Bewusstseinsinhalte referiert. Der Text geht folglich gleich zu Beginn *medias in res*: »Es war ihr, als hätte sie ein Geräusch aus dem Nebenzimmer gehört« (ES II, 42). Formal gliedert sich der Text in drei Segmente, deren jedes einen Zeitausschnitt vom Nachmittag bis in die Nacht umfasst; zwischen I und II liegen 14 Tage, zwischen II und III mehr als eine Woche. Beate und Hugo befinden sich im Sommerurlaub an einem oberösterreichischen See, wo sie eine Villa besitzen und mit ebenfalls aus Wien stammenden Bekannten soziale Kontakte unterhalten; die Villen dieses wohlhabenden Bürgertums liegen – mit Ausnahme der der Ex-Schauspielerin Fortunata, einer früheren Kollegin Ferdinands, annähernd gleichaltrig mit Beate, jetzt mit einem Baron verheiratet, kinderlos – nicht am See (Raum R_1), sondern auf mittlerer Höhe (R_2) an einem Hang; oberhalb seiner gelangt man in das Gebirge (R_3). In der Wahrnehmung Beates sind diese Räume zunächst eindeutig semantisiert: R_3 erscheint ihr als Raum, in dem Erotik keine Rolle spielt, R_2 als Raum, in dem sie allenfalls in bürgerlich-normierter, also ehelicher Form vorkommt, R_1 (Seeufer und See) als Raum, der durch faktische oder potentielle Verletzung der bürgerlichen Sexualnormen charakterisiert ist. Schon in Segment I einsetzend, was R_2 betrifft, sich in II auch auf R_3 ausweitend, erlebt sie, auch an sich selbst, den Zusammenbruch dieser von ihr angenommenen Ordnung: die latente oder manifeste Sexualisierung der Räume R_2 und R_3 und ihrer eigenen Person. Wo sie seit dem Tod des Mannes in einer asexuellen Mutterrolle aufging, sieht sie sich in I, ausgelöst durch die Pubertät des Sohnes, die als

3.1.2 Erzählungen 1900–1918

Katalysator fungiert, erstmals wieder zu einer Auseinandersetzung mit Sexualität – unmittelbar der des Sohnes, mittelbar der eigenen – gezwungen. Befürchtend, Hugo könne einer Verführung durch Fortunata und deren »schillernde Dirnenhaftigkeit« erliegen, »einer Verworfenen«, die ihn »verderben« und mit »Ekel« erfüllen werde (ebd., 45), sucht sie Fortunata in deren Villa am Ufer auf, um sie zum Verzicht auf Hugo zu bewegen: wie sie einst vor ihrer Ehe jene ältere Frau aufsuchte, mit der damals Ferdinand liiert war, um sie zum Verzicht auf diesen zu bringen. Damit wird schon eingangs eine Korrelation zwischen Beates Beziehungen zum toten Ehemann und zum lebenden Sohn hergestellt. Fortunata wird mit Attributen ausgestattet, die sie mit den semantischen Merkmalen, die Beate dem Raum R_1 zuschreibt, verbinden: Sie ist geschminkt, nackt unter ihrem Kleid, erliegt täglich »der Versuchung [!], [...] zu baden«, und es geht »ein feuchter Duft« von ihr aus (ebd., 54f.).

Schon in I entwirft Beate zwei Modelle des Umgangs mit Sexualität: auf der einen Seite die Welt der ›bürgerlichen Normalität‹, in der zumindest theoretisch ein bestimmtes System von Sexualnormen – auch wenn sie verletzt werden – als verbindlich anerkannt wird, auf der anderen die ›Welt der »Gesetzlosen«‹, die, wie Fortunata, die tradierten Sexualnormen nicht nur verletzen, sondern nicht einmal anerkennen. Normanerkennung impliziert dabei die Individualisierung der Sexualpartner durch affektive Besetzung (›Liebe‹) und folglich deren Nicht-Austauschbarkeit und das Streben nach Dauer der Beziehung, deren Ausschließlichkeit (›Treue‹), möglichst deren soziale Legitimierung (›Ehe‹), Normnegation hingegen die Austauschbarkeit der Sexualpartner, das Fehlen affektiver Bindung, weder Dauer der – noch Treue in der – Beziehung, potentiell bis zu Promiskuität. Diese auch in anderen Texten Schnitzlers (z. B. *Die Hirtenflöte*, 1909; *Traumnovelle*, 1926; *Komödie der Verführung*, 1924) zentrale Opposition wird in vielen Texten der Frühen Moderne umspielt und hat ihre primitivste Form in Weiningers Frauentypologie (asexuelle ›Mutter‹ vs. kinderlose ›Hure‹ in *Geschlecht und Charakter*, 1903) gefunden. Aber in *Frau Beate* wird sie schon eingangs destruiert. Denn die beginnende Sexualität Hugos lässt Beate über ihre eigene, frühere, eheliche Sexualität reflektieren, wobei sie erkennt, nicht nur Ferdinand früher und Hugo jetzt seien durch »das dunkle Blut« »einer anderen, gleichsam gesetzlosen Welt« (ES II, 46) charakterisiert, sondern auch sie selbst sei es, die in Gestalt Ferdinands zugleich – wenn auch nur symbolisch – mit den von ihm gespielten Theaterrollen, mit Helden und Schurken, Sexualität gehabt habe: für sie »die einzige Möglichkeit«, ihrer »bürgerlichen Erziehung« zu genügen und zugleich »ein abenteuerlich-wildes Dasein zu führen« (ebd., 46). Im hier einsetzenden Prozess einer Bewusstwerdung durch Reflexion und Reinterpretation der eigenen Vergangenheit erkennt sie folglich, dass ihre manifeste Normeinhaltung ein latentes Potential der Normverletzung verdeckt hat, wenngleich sie einstweilen noch die scharfe Abgrenzung zu Fortunata aufrecht zu erhalten versucht; freilich werden beide Frauen schon durch die Namensgebung einander angenähert (»beata« = glücklich, »fortunata« = beglückt; beide Namen erweisen sich allerdings als trügerische Versprechen). Nach ihrem scheinbar erfolgreichen Besuch bei Fortunata kehrt Beate in den Raum R_2 zurück, aber ihre Wahrnehmung hat sich verändert; sie vermeint, Begehren eines jüngeren (Dr. Bertram) wie eines älteren Mannes (Direktor Welponer) ihr gegenüber zu spüren; eine Resexualisierung ihrer Welt und ihrer selbst hat eingesetzt. Bei der Heimkehr in ihre Villa findet sie Fritz, einen Schulfreund Hugos, vor, der zum Verbleib eingeladen wird, und Beate glaubt, aus R_1 in ihre geordnete bürgerliche Welt R_2 zurückgekehrt zu sein.

In II hat Beate mit einer Gruppe ihrer bürgerlichen Bekannten und mit Hugo und Fritz eine Bergtour in den – in Beates Wahrnehmung zunächst scheinbar sexualitätsfreien Raum – R_3 unternommen, in dem sie nun aber nicht nur das manifeste Begehren Bertrams, nicht nur das latente von Fritz ihr gegenüber, sondern auch ihre eigene potentielle Sexualität wahrnehmen muss: »Denn plötzlich merkte sie, daß sie die Linien ihres Körpers wie lockend spielen ließ« (ebd., 71). In diesem bürgerlichen Sozialsystem gibt es offenbar eine strikte Kodierung des mimischen, gestischen, proxemischen Verhaltens, in dem schon minimale Unterschiede als zeichenhaft und bedeutungstragend wahrgenommen werden. Noch aber wehrt Beate das Thema potentieller Erotik durch die idealisierende Stilisierung des toten Gatten, ihrer selbst, ihrer Ehe – »in unbeirrter Treue jenes Einzigen denkend« (ebd., 72) – ab und kann sich, trotz »unbestimmter Regungen der Sehnsucht« in manchen Nächten, neue Erotik »nicht ohne Grauen denken« (ebd., 74). Ihre Abwehr ist im Sinne der Psychoanalyse Freuds weniger eine (unbewusste) ›Verdrängung‹, eher eine (quasi bewusste) ›Verleugnung‹. Auf dem Rückweg in den R_2 trifft man Welponer, der im Gespräch mit Beate ein die offizielle Altersklassifikation der Epoche unterlaufendes System entwirft: Ihm zufolge gäbe es »Jugendmenschen« wie Ferdinand, die auch im biologischen Alterungsprozess »immer jung, ja Kinder« blieben, und »Altgeborene« wie ihn selbst (ebd., 73). Wo Erstere kein ›Alter‹ akzeptieren, haben Letztere keine ›Jugend‹ gehabt; Erstere würden demnach im Alterungsprozess ihrer selbst entfremdet, Letztere hingegen kämen quasi zu sich. Da nun die Frühe Moderne ebenso wie Beate ›Jugend‹ mit potentieller Erotik und damit der Möglichkeit ›emphatischen Lebens‹ korreliert, ›Alter‹ aber mit der Ausschließung beider, impliziert Welponers Ausführung eine subversive Auflösung scheinbar fester Grenzen, wie sie auch Beates anfänglicher Grenzziehung zwischen ›bürgerlich-normal‹ und ›gesetzlos‹ droht. Die Gruppe um Beate landet schließlich im Seehotel, also in dem von Beate als sexuell semantisierten Raum R₁, wo Beate das Verschwinden von Hugo konstatieren muss, woraus sie schließt (und sich vorwirft), dass er nun wohl trotz ihrer Bemühung bei Fortunata sei; sie beklagt die Beendung seines Kindstatus und der offenen Kommunikation mit ihr. Des Nachts allein in ihrer Villa trägt sie in sich die Ambivalenz aus zwischen der angenommenen Zukunftslosigkeit ihrer selbst, an der Grenze zwischen ›Jugend‹ und ›Alter‹ (»Wo gab es noch eine Hoffnung für sie?«; ebd., 81), und der für sie wiederum ebenfalls in sich ambivalenten Feststellung, sie werde, obwohl Mutter eines selbst schon Sexualität praktizierenden Sohnes, »noch begehrt« (ebd., 80), wobei sie sich mit Fortunata (»so jung, jünger vielleicht, als jene«; ebd.) vergleicht, sich also in ein und demselben Paradigma wie diese und in Konkurrenz zu dieser situiert. Während Hugo immer noch abwesend ist, tritt nun Fritz auf und artikuliert, dass er Beate begehrt: »Sie fühlte Fritzens warme Lippen an den ihren, und eine Sehnsucht stieg in ihr auf [...]. Wer kann es mir übelnehmen? dachte sie? Wem bin ich Rechenschaft schuldig? Und mit verlangenden Armen zog sie den glühenden Buben an sich« (ebd., 82). Mit dieser Entscheidung vollzieht sie eine zweifache Verletzung der bürgerlichen Sexualnormen: die in diesem System prinzipiell tolerierbare nichteheliche Sexualität und die in diesem System gravierende der Sexualität mit einem jungen Mann, der ihr Sohn sein könnte; sie vollzieht, was sie Fortunata vorgeworfen hat.

Wie schon im andersartigen Fall des *Lieutenant Gustl* (1900) sind hier scheinbar selbstverständliche Normen nicht mehr internalisiert, sondern zur bloß sozialen Konvention abgewertet: Nicht die Verletzung der Norm wird gescheut, sofern diese verborgen bleibt, sondern die soziale Reaktion, falls die Verletzung der Norm bekannt wird.

Im Gefolge von Beates Resexualisierung setzt, gegen ihre eigenen inneren Widerstände, in III ein desillusionierender Prozess nüchterner Reinterpretation ihrer bisherigen Idealisierung ihrer Ehe und ihres Gatten ein. Zugleich führt die Anerkennung ihrer Sexualität zu Phantasien über mögliche weitere erotische Abenteuer (»wer wird der nächste sein?«; ebd., 90), womit ihr bisheriges Selbstverständnis in Frage gestellt ist: Sie befürchtet, »tief [...] zu sinken«, »immer tiefer zu gleiten« (ebd., 94 f.). Die Metaphern, die sie wählt, sind signifikant: Ihre frühere Klassifikation in ›Welt der Normeinhaltung‹ und ›Welt der Gesetzlosen‹ setzte eine klare Grenze zwischen zwei Zuständen – ›Gleiten‹ hingegen (ein auch sonst in der Epoche in vergleichbaren Kontexten auftretendes Lexem – vgl. etwa Hermann Brochs *Pasenow oder die Romantik*, 1931, oder Wassermanns *Etzel Andergast*, 1931) ersetzt eine Kategorisierung in disjunkte Klassen durch das Kontinuum einer Skala ohne klare Grenzen, womit auch die konservative Frauentypologie, die der Text eingangs zitiert hat, zusammenbricht; es gibt folglich keinen kategorialen Unterschied zwischen Beate und Fortunata.

Gegen den Zusammenbruch ihrer bisherigen ideologischen Ordnung der Welt wehrt sich Beate, indem sie sich an ihrer Mutterrolle festklammert: »Hugo verlieren?! Alles, – nur das nicht. Lieber sterben, als keinen Sohn mehr haben« (ebd., 95). An einem Nachmittag wird sie ungewollt und ungesehen Zeugin eines Gesprächs zwischen Fritz und einem weiteren Mitschüler; beide tauschen sich über ihre erotischen Ferienabenteuer aus, wobei Fritz, wenn auch ohne Namensnennung, über seine Affäre mit Beate redet. Diese Verbalisierung ist für Beate an sich schon ein Problem: »Es wurde ja auch nur abscheulich, wenn man davon sprach« (ebd., 98). Aber mehr noch schockiert sie Fritzens Wortwahl, der sich als ordinär geltender Lexeme zu bedienen scheint: »Worte[n], die auf sie niedersausen wie Peitschenhiebe« (ebd., 99). Beate erfährt seine Rede als »nichts anderes [...] als die Wahrheit, und fühlt zugleich, daß diese Wahrheit schon wieder aufhört es zu sein« (ebd.). Durch die bloße Versprachlichung wird aus dem privat-verborgenen Akt ein quasi öffentlich-soziales Faktum, und durch die Art dieser Versprachlichung kann eine ›Realität‹ in eine andere transformiert werden: Was als ›real‹ gilt, ist eine Funktion seiner sprachlichen Repräsentation. Ob man und wie man über etwas spricht, entscheidet also darüber, ob ein Sachverhalt als sozial akzeptable oder als sozial inakzeptable ›Realität‹ wahrgenommen wird. Beate empfindet sich als »Geschändete« (ebd., 101), für die in der sozialen Welt, der sie sich zugehörig fühlte, kein Platz mehr ist; eine andere soziale Welt ist für sie zwar denkbar, aber nicht lebbar. Sie hat ein System der Klassifikation und Normierung der ›Realität‹ verlassen, verweigert aber den Übergang in ein anderes: Sie ist nicht mehr die ursprüngliche ›Beate‹, will aber nicht ›Fortunata‹ sein.

Was an Beate vom Text exemplifiziert wird, ist ein Zwischenzustand zwischen einem alten System, aus dem sie herausgefallen ist, ohne eine denkbare Alternative akzeptieren zu können: Der Text stellt eine individuelle Krise dar, die zugleich eine allgemeine Krise der Epoche selbst abbildet – eines Systems im Wandel zwischen dem, was nicht mehr geht, und dem, was noch nicht geht; insofern ist der Text zugleich ein Metatext über Strukturen der eigenen Epoche. Am Abend des Tages, an dem Beate das belauschte Gespräch erlebt hat, kehrt Hugo verstört von Fortunata zurück und verweigert zunächst jede Kommunikation; Beate wirbt um ihn und ertappt sich selbst dabei, wie sie Hugo implizit mit Ferdinand identifiziert; der Sohn tritt in ihrer Psyche als verbesserte Variante des Vaters an dessen Stelle. Sie, die sich zum Suizid bestimmt sieht, bewegt ihn zum nächtlichen Spaziergang an den See, wo man einen Kahn besteigt und hinausrudert und sich also in den sexualisierten Raum R$_1$ begibt. Erst hier gelingt es Beate, Hugo zum Reden über seine Erlebnisse bei Fortunata zu bewegen. Auch aus seiner Sicht ist etwas geschehen, was »nicht wieder gut werden« kann (ebd., 108). Was eigentlich geschehen ist, bleibt Leerstelle; deutlich wird nur, dass Hugo offenbar mit Beates Relation zu Fritz konfrontiert wurde, aber auch das wird nicht explizit ausgesprochen. Gemäß dem sozialen Kode, der Beates Umgang mit sprachlicher Verbalisierung regelt, findet die Verständigung der beiden darüber nur indirekt – nur in unausgesprochenen Voraussetzungen von Redeakten – statt. Ungesteuert treibt der Kahn auf dem See: »Wohin trieb er sie? […]. Nach welcher Welt ohne Gebot? Mußte er jemals wieder ans Land? Durfte er je?« (ebd., 111). Der Text lässt offen, ob es sich um Fragen der Erzählinstanz oder um die psychischen Inhalte der Figuren handelt. Beide hätten jedenfalls den Übertritt in die »Welt der Gesetzlosen« vollzogen, den sie nicht akzeptieren können. Ausgehend von Beate kommt es zur inzestuösen Situation: Sie »gaben […] die vergehenden Lippen einander hin« (ebd.). Die ursprüngliche Altersmesalliance Fortunata – Hugo ist also zuerst um die von Beate – Fritz verdoppelt, dann durch die von Beate – Hugo ersetzt worden; die Relation Beate – Fritz wäre somit ein nicht-bewusster »Umweg« zu einem nicht-bewussten Ziel, der Relation Beate – Hugo, gewesen, das freilich seinerseits noch einmal durch die Relation Beate – Ferdinand ersetzt wird, wenn es Beate scheint, »als küßte sie in dieser Stunde einen, den sie nie gekannt hatte und der ihr Gatte gewesen war« (ebd.). Solche Strukturen, bei denen auf einem nicht bewussten »Weg« zu einem unbekannten »Ziel« zwischenzeitlich »Umwege«, die schließlich getilgt werden, eingeschlagen werden, gehören zu den für die Frühe Moderne typischen Strukturen (vgl. Wünsch 1991, v. a. 237). Vor der Wiederkehr der Bewusstheit lässt Beate sich, den implizit zustimmenden Sohn mitziehend, zum gemeinsamen Suizid in den See gleiten: Wie in der *Komödie der Verführung* ist der Doppelsuizid die Problemlösung angesichts der Unvereinbarkeit eines älteren Wert- und Normensystems, das man verlassen hat, und einem denkbaren neueren, das man nicht zu leben vermag.

Literatur

Fliedl, Konstanze: *A. S.* Stuttgart 2005.
Lorenz, Dagmar C. G.: *A Companion to the Works of A. S.* Rochester 2003.
Lukas, Wolfgang: *Das Selbst und das Fremde. Epochale Lebenskrisen und ihre Lösung im Werk A. S.s* München 1996.
Reik, Theodor: *Frau Beate und ihr Sohn*. In: *Imago* 3 (Dezember 1914), 537–539.
Reik, Theodor: *A. S. als Psycholog*. Minden 1913.
Saxer, Sibylle: *Die Sprache der Blicke verstehen. A. S.s Poetik des Augen-Blicks als Poetik der Scham*. Freiburg i. Br./Berlin/Wien 2010.
Titzmann, Michael: Normenkrise und Psychologie in der Frühen Moderne. Zur Interpretation von A. S.s *Frau Beate und ihr Sohn* [1998]. In: Michael Titzmann: *Realismus und Frühe Moderne. Interpretationen und Systematisierungsversuche*. Hg. v. Lutz Hagestedt. München 2009, 377–397.
Wünsch, Marianne: *Die Fantastische Literatur der Frühen Moderne. Definition – Denkgeschichtlicher Kontext – Strukturen*. München 1991.

Michael Titzmann

Doktor Gräsler, Badearzt (1917)

Entstehung

Inspiriert und stofflich angeregt durch den Bericht eines befreundeten Arztes, arbeitete Schnitzler zwischen 1911 und 1914 an *Dr. Gräsler, Badearzt*. Zwar wird die Idee zu dieser »Novelle« bereits in einem Tagebucheintrag von 1. Januar 1909 erstmals erwähnt (»allein spazieren, bei schönem kalten Wetter [...]; später ging mir eine Novelle durch den Kopf (Doctor Tennhardt)«; Tb, 1.1.1909); doch erst zwei Jahre danach wird der »›Doctor Tennhardt-Assuan Stoff‹ [...] lebendig« (ebd., 1.1.1911). Die Thematik geht auf den Mediziner Richard Tennhardt zurück, dessen Bekanntschaft Schnitzler in den frühen 1890er Jahren in Halle machte (vgl. ebd., 22.11.1908). Eine erste Fassung der Erzählung entstand seit Januar 1911, im Juni desselben Jahres berichtet Schnitzler: »Dictirt – ›Graesler‹, sozusagen aus dem Kopf ›zu Ende‹. Unmöglicher Strudelteig. [...] Vielleicht läßt sich übers Jahr eine leidliche Novellette draus machen. Von den 300 Seiten auf 120 etwa« (ebd., 21.6.1911). Der Text blieb indes unabgeschlossen, Schnitzler war offensichtlich nicht überzeugt, tat sich schwer mit dem Stoff bzw. der konkreten Ausgestaltung: »[...] unsicher; scheine in eine falsche Gasse geraten. Wär ich nur ›dabei‹« (ebd., 18.3.1911). Wiederholte er einige Tage später diese Bedenken (»N[ochmals] am ›Dr. Graesler‹ weiter. Es ist bisher ein ziemlich hoffnungsloses Geschwätz«, ebd., 24.3.1911), so ist er nach der Fertigstellung einer ersten Fassung zuversichtlicher; Anfang März 1912 jedenfalls bilanziert er: »Las ›Graesler‹; fand sie nicht so schlecht, als ich vermutet; immerhin muß sie neu gemacht werden. [...] Immer und immer der Grundfehler: nie ganz dabei sein!« (ebd., 10.3.1912). Aber erst Ende Januar 1914 nahm er sich den Text erneut vor, erarbeitete bis Anfang Juli eine zweite gekürzte Fassung, die er im Oktober desselben Jahres abschloss. Anfang November 1914 bilanziert er: »N[och]m[als] las ich den Graesler in der neuen wohl endgiltigen Abschrift. Eine hübsche, im Anfang etwas mühselige, späterhin sehr anmutige Novelle.–« (ebd., 8.11.1914; vgl. auch ebd., 9.1.1917: »Die Correctur vom Dr. Graesler (Berl. Tgbl.) kam; las das ganze in einem Zug und hatte ein rechtes Vergnügen davon«. Zwar notiert Schnitzler am 12. Dezember 1914 in seinem Tagebuch: »N[och]m[als] Nov. zu Ende gefeilt – zum letzten Mal«; doch bis zur Publikation des Werks vergingen dann wiederum fast drei Jahre, im Mai 1917 sitzt er wiederholt über Korrekturen (»Corrigirte Graesler weiter«; ebd., 20.5.1917; ebenso am 22.6.1917: »Im Coupé Graesler Buchcorrectur. –.«): Die »Novelle« erschien als Fortsetzungsabdruck vom 10. Februar bis zum 18. März 1917 im *Berliner Tageblatt*; im gleichen Jahr folgte im Juli im S. Fischer Verlag die Buchausgabe. Bereits wenig Monate nach Erscheinen der »Novelle« erwähnt Schnitzler den »Erfolg des Graesler, im Juli erschienen – 26 Auflagen« (ebd., 25.12.1917).

Inhalt

Im Mittelpunkt der von Schnitzler zunächst als Novelle, später als »Zwischenform Novelle – Roman« (Tb, 28.6.1922) bezeichneten Erzählung steht der 48-jährige Mediziner Dr. Emil Gräsler; in früheren Jahren arbeitete er als Schiffsarzt bei »Lloyd« (ES II, 116) auf See, um sich danach in der gesellschaftlich wenig renommierten und medizinisch kaum anerkannten Position eines Badearztes niederzulassen – bekannt scheint er immerhin wegen seiner »berühmten Hungerkuren« (ebd., 132). Über die Wintermonate praktiziert er im Süden Europas, seit einigen Jahren auf Lanzarote, wo er vom Hoteldirektor zwar mit »dem ihm eigenen Tone von Herablassung« (ebd., 113) und einem »etwas schnarrenden Leutnantston« (ebd., 114) behandelt, aber gleichwohl aufgefordert wird, im nächsten Jahr wiederzukommen. Mit Gräslers Verabschiedung und Abreise aus Lanzarote setzt die Erzählung ein, nach der Inselsaison und dem für ihn unerwarteten Suizid seiner wenige Jahre älteren, ledigen Schwester Friederike, die ihn über 15 Jahre als Haushälterin an seine wechselnden Aufenthaltsorte und Arbeitsplätze begleitet hatte. Über die Sommermonate übt der zuallererst am Profit orientierte Badearzt Gräsler seine ärztliche Praxis in verschiedenen Sanatorien und Badeorten aus, er kuriert dort auf Honorarbasis Sommergäste, weniger »ortsansässige Kranke« (ebd., 117), da deren Behandlung ihm weder Ruhm noch Gewinn einbringt. Arbeitete er in früherer Zeit u. a. in St. Blasien, wo er mit einer Advokatentochter aus Nancy verlobt war (vgl. ebd., 122), so praktiziert er seit sechs Jahren in einem kleinen Kurort mit »Heilquelle« (ebd., 120). Seinen Versuch, als »Geheimer Sanitätsrat« (ebd., 138) etwa in den Kurstädten Wiesbaden oder Ems unterzukommen, konnte er nicht realisieren, in größeren Badeorten habe er, so gesteht er sich selbst, »niemals Glück« (ebd., 127), auch deshalb nicht, wie ihm selbst bewusst ist, weil er sich in seinem Beruf »nicht stets auf gleiche Weise innerlich wert erwiesen hatte« (ebd., 130).

In dem – so Gräslers Einschätzung – »lächerlichen kleinen Kurstädtchen« (ebd., 138) macht er die Bekanntschaft der 27-jährigen Sabine Schleheim, einer modern gekleideten jungen Frau, was gleich zu Beginn ihrer Bekanntschaft sein Misstrauen erregt: »Was dem Doktor am meisten auffiel, ja irgendwie verdächtig schien, waren die höchst eleganten hellbraunen Halbschuhe aus Wildleder« (ebd., 119). Die Tochter eines gescheiterten, aber wohlhabenden Opernsängers verbrachte aufgrund der zahlreichen Engagements ihres Vaters in verschiedenen Metropolen eine unkonventionelle Jugend (vgl. ebd., 130, 135); auch lebte und arbeitete sie für einige Jahre als Krankenpflegerin in Berlin, wo sie mit einem jungen Arzt verlobt war, der aber im Alter von 28 Jahren nur wenige Monate nach ihrer Bekanntschaft verstarb. In Sabine glaubt Gräsler eine passende Frau für sein weiteres Leben gefunden zu haben, zumindest ist er zunächst überzeugt, dass mit ihr »sein einsames, sinn- und hoffnungsloses Wanderleben« (ebd., 139) ein Ende finden könnte und in Sabines Liebe »ihm der wahre Sinn seines Daseins beschlossen war« (ebd., 178). Doch meint der wenig entscheidungsschwache Mann nach einigen Wochen zu wissen, dass sie nicht recht zusammen passten, er fühlt sich im »Rätsel seines Daseins« (ebd., 150) von dieser selbstbewussten, engagierten Frau unverstanden. So zögert er, um Sabines Hand anzuhalten, was letztlich sie übernimmt: Brieflich legt sie Gräsler die Heirat nahe, »warf sich ihm sogar«, so seine Auffassung, »an den Hals« (ebd., 147); doch er flüchtet vor ihrem Antrag in seine »Vaterstadt« (ebd., 151). Nachdem er dort mit einem alten Freund, dem Rechtsanwalt Böhlinger, den von Sabine angeregten Kauf eines heruntergekommenen Sanatoriums besprochen hat, distanziert er sich von ihrem Vorschlag, dieses zu sanieren und gemeinsam zu verwalten – nicht zuletzt auch deshalb, weil das Erbe seiner verstorbenen Schwester ausreicht, ihm ein bescheidenes, sorgenfreies Leben ohne berufliche Anspannung zu ermöglichen. Auch ahnt der »vereinsamte[] Junggeselle« (ebd., 204), dass er in der Beziehung zu ihr wird »Komödie spielen« und »sich tüchtig zusammennehmen« müssen (ebd., 147). Auf dem Weg in ein »vorstädtische[s] Viertel« (ebd., 157) lernt er in der Trambahn die junge Verkäuferin Katharina Rebner kennen. Sie ist die Tochter eines Postbeamten – der Vater sei, so heißt es ohne weitere Präzisierung, »bei der königlichen Post« (ebd., 159) – ob als Postrat oder als Postbote bleibt offen; aufgrund der bescheidenen Wohnverhältnisse ist allerdings von Letzterem auszugehen. Entsprechend hofft sie durch die Beziehung zu dem älteren Herrn mit dem »etwas angegraute[n] Haar« (ebd., 113) auf einen sozialen Aufstieg vom Ladenmädchen zur Ärztegattin, doch dessen ungeachtet macht sie sich keinerlei Illusionen über die mögliche zeitliche Begrenztheit des Arrangements mit Gräsler. Als sie nach kaum zwei Wochen dessen Desinteresse an ihr bemerkt, verschwindet sie ohne ein Zeichen des Aufbegehrens aus Gräslers Wohnung und Leben: Für ihn ist die Affäre ein »hübsches Abenteuer [...], dem keinerlei Folge verstattet war« (ebd., 177), für Katharina hingegen endet es tödlich, sie stirbt – von Gräsler offenbar angesteckt – kurze Zeit später an Scharlach.

Nach kurzer Trauer um das »anhängliche Geschöpf« (ebd., 179), die schnell in »Langeweile« umschlägt (ebd., 203), geht Dr. Gräsler ein wohl auf Dauer angelegtes Verhältnis mit Frau Sommer ein, mit eben jener Nachbarin im Mietshaus seiner Heimatstadt, die ihn um die Behandlung ihrer an Scharlach erkrankten Tochter gebeten hatte. In ihr findet er die Eigenschaften einer ›reinen Seele‹, eines »reine[n] Geschöpf[s]« (ebd., 156) mit den Vorteilen des ›süßen Mädels‹ vereint, denn sie hat zwar einen zweifelhaften Ruf – nach der Untersuchung ihrer kranken Tochter verabschiedet sie Gräsler mit »heißen Blicken« (ebd., 172) –, als Witwe eines »Geschäftsreisende[n]« (ebd., 176) nimmt er sie gleichwohl als »umgängliche, heitere, ja plauderhafte Dame« (ebd.) wahr. Nur wenige Wochen nach Katharinas Tod brechen Gräsler, Frau Sommer, die, so teilt der Erzähler lapidar mit, »übrigens seit dem Tag ihrer Abreise Frau Gräsler hieß« (ebd., 204), und ihre Tochter Fanny nach Lanzarote auf; sie beziehen im renovierten Haus Quartier, in dem sich im Vorjahr Gräslers Schwester erhängt hatte. Gräsler findet sein »seelische[s] Gleichmaß[]« (ebd., 124), zumal Frau Sommer ihn als Mutter einer Tochter von der Pflicht enthebt, eine Familie gründen zu müssen, nach der es ihm aus seiner Junggeselleneinsamkeit heraus durchaus verlangt. Das Schlussbild der Erzählung jedenfalls zeigt ihn in einer zufriedenen Stimmung: Gräsler hat mit Frau Sommer jenes »Traumbild« bzw. »Traumwesen« gefunden, zu dem er sich aber »nicht aus der Wirklichkeit, sondern [...] aus einem Bilderbuch oder einem illustrierten Familienblatt« (ebd., 114 u. vgl. 190) hat anregen lassen. Damit kehrt die Handlung letztlich zu ihrem Anfang zurück, hatte der Direktor des Hotels auf Lanzarote doch Gräsler bei dessen Abreise mit ironischem Unterton aufgefordert, mit einer »nette[n], kleine[n], blonde[n] Frau«, die »auch brünett sein« (ebd., 114) könne, zurückzukehren (zur leitmotivischen Funktion des Direktors für Gräsler bzw. die gesamte Erzählung vgl. Just 1968, Brinson 1983).

Deutung

Die Erzählung lässt sich zum einen als eine »Charakterstudie eines philiströsen Spießers« (Fliedl 2005,

227) lesen, zumal ihr auf den Auszug aus einem Branchen- oder Adressenregister verweisender Titel *Dr. Gräsler, Badearzt* nahelegt, dass in ihr nicht nur Gräslers individuelles Schicksal, sondern auch sein Status als Badearzt, d. h. seine Position außerhalb der wissenschaftlichen Medizin interessiert, mithin ein gesellschaftlicher Typus beschrieben wird. Zum anderen aber setzt sich Schnitzler mit den Geschlechterverhältnissen der Jahrhundertwende auseinander; die Erzählung reflektiert die um 1900 virulenten Weiblichkeitsbilder und Frauentypen, aber auch gesellschaftlich dominante Männerfiguren. Denn sie bleibt auf die Vorstellungen und Wünsche des Protagonisten konzentriert: Gräsler, die »wohl verächtlichste Figur [...], die Schnitzler je hervorgebracht hat« (Scheible 2002, 909), wird als ein »Pedant«, »Sonderling, Egoist und Philister« (ES II, 149) vorgestellt, dessen Wünsche zwischen der Sehnsucht nach der Frau als der »reinen Seele« (ebd., 136, 167, 177) oder ›Heiligen‹ und dem aus mehreren Werken Schnitzlers, etwa dem *Reigen*-Drama, bekannten Typus des ›süßen Mädels‹ (»Nicht so keusch, aber süß!«, lautet Gräslers Urteil über Katharina; ebd., 192) changieren. In Sabine glaubt er Erstere zu finden – nachdem sie ihm in ihrem Brief von ihrer früheren Verlobung und auch ihrer ›ersten Liebe‹, ihrer »Leidenschaft« (vgl. ebd., 144) für einen Sänger berichtet, redet Gräsler allerdings von einer Frau mit einem »wirklichen Fehltritt« (ebd., 150). Über seine Bekanntschaft mit Katharina hingegen lernt er ein ihm sozial und intellektuell untergeordnetes »wundersame[s] Wesen« (ebd., 176) kennen, das bereit ist, eine folgenlose Gelegenheitsbeziehung zu Gräsler einzugehen. Mit dieser »hübschen, kleinen Ladenmamsell« (ebd.) sucht er sich ein »unbedeutende[s] Geschöpf« (ebd.) in der Vorstadt, die als Halbprostituierte bzw. kostengünstige und attraktive Alternative zu Mätressen und Prostituierten die Gesellschaft und als Femme fatale oder Vamp die Kultur und Literatur der Jahrhundertwende bestimmte.

Das Denken des nicht mehr allzu jungen Gräsler, das beständig um seine Jugend kreist (vgl. ebd., 122, 191, 200), bewegt sich zwischen Extremen: Frauen sollen »häuslich« und »nett«, aber zugleich, so wird es in Zusammenhang mit einer früheren Geliebten, der in Hamburg lebenden Henriette, präzisiert, »harmlos« und »bereit« (ebd., 122) sein. Dieses Frauenbild geht mit dem Wunsch des Protagonisten nach Eindeutigkeit und einer traditionellen, naturbedingten, doch auch gottgewollten Ordnung sowohl der Gesellschaft insgesamt als auch der der Geschlechter im Speziellen einher; von Frauen redet er als von einem »erbärmlichen Geschlecht« (ebd., 194). Mit Sabine trifft er auf eine Frau, die sich in diese ersehnte patriarchalisch geordnete Welt nicht gänzlich einfügen will – vorausschauend merkt sie in ihrem Brief an Gräsler an, dass man ihre Haltung wohl als »unweiblich« (ebd., 143) kritisieren wird; damit ist sie als eine Gegenfigur zu Gräsler, vor allem als ein Kontrast zu den von ihm imaginierten Weiblichkeitsbildern, aber auch zu Henriette, Katharina und Frau Sommer angelegt. Sie besitzt jene charakterliche Stärke, Offenheit und aktive Entschlossenheit – Gräsler spricht von »strenger Sachlichkeit« (ebd., 118) –, die ihm fehlen und die er vor allem nicht bereit ist, als Eigenschaft von Frauen zu akzeptieren: Sabine sucht den (brieflichen) Dialog, Gräsler indes regelt das Entscheidende im Selbstgespräch; in diesem Zusammenhang ist auf die hohen Anteile der erlebten Rede hinzuweisen. Zudem handelt mit Sabine eine weibliche Figur, die ohne die vermittelnde Perspektive Gräslers (und des Erzählers) sagen oder zumindest schreiben darf, was sie denkt – ihre eigenen Vorstellungen und Pläne wie auch ein mögliches Zusammenleben mit Gräsler betreffend.

Damit erweitert Schnitzler sein Themen- und Figurentableau der früheren Werke; in *Dr. Gäsler, Badearzt* geht es ihm nicht nur um die Diagnose der sozialen und psychischen Unterordnung von Frauen in einer von Männern organisierten Gesellschaft und den daraus resultierenden Formen weiblichen Leids und Leidens. Die Skala der Inhalte und Dimensionen dessen, was Weiblichkeit bedeuten kann, wird ergänzt. Denn hier spricht eine Frau jenseits des »Schleier[s]« (ebd., 154) männlichen Begehrens ihre Sehnsüchte aus, wenn auch nur in der privaten Form des Briefes, dessen Wirkungsbereich dem öffentlichen, männlich diktierten gesellschaftlichen Diskurs (über Weiblichkeit) entgegensteht. Sabines Vorstellungen kollidieren jedoch mit dem Frauenbild des Protagonisten, mit dessen »bittere[r] Anschauung vom weiblichen Geschlecht« (ebd., 156), eine Ehe zwischen Gräsler und Sabine scheint entsprechend ausgeschlossen. Mit Letzterer entwirft Schnitzler mithin das Porträt einer Frau, die genau weiß, was sie will, was sie kann und auch, wie sie leben möchte, sie ist »eine der eindrucksvollen Frauengestalten, die in Schnitzlers Spätwerk eine neue Perspektive eröffnen« (Scheible, 2002, 909). Gräslers Wünsche hingegen sind analog zu seiner ambivalenten Haltung und Persönlichkeitsstruktur diffus, er finde sich, so Stefan Zweig im Brief an Schnitzler vom 15. August 1917, »gleichsam aus sich selbst erwachend [...] immer an anderer Stelle, als er wollte«

(Zweig 1987, 403 f.). Verlangt ihn erst »mit sehnsüchtiger Macht« nach Sabine (ES II, 161), so glaubt er kurze Zeit später zu wissen, »daß Katharina die Rechte für ihn war und keine andere« (ebd., 192). Einerseits sehnt er sich nach emotionaler Geborgenheit, nach Ruhe, Sesshaftigkeit und Zweisamkeit an der Seite einer »reinen Seele«, auch ist er auf der Suche nach »wahre[r]« (ebd., 178) Liebe; andererseits jedoch zeigt er wenig Bereitschaft, sein Junggesellendasein, sein »bewegtes Leben« (ebd., 134) und insbesondere seine männliche Autorität für eine Frau wie Sabine aufzugeben, denn das hieße zugleich auf seine Ungebundenheit und »Abenteuer« (ebd., 166) zu verzichten. Daher ist er an ihrer Vorstellung einer Ehe als Lebensgemeinschaft zweier ebenbürtiger Partner nicht interessiert, ja ihre brieflichen Visionen hätten ihn, so gesteht er, »in die Flucht getrieben« (ebd., 153).

Der Protagonist Gräsler bestimmt die Erzählung, das Geschehen wird aus seiner Perspektive wiedergegeben und kommentiert, die erlebte Rede ist die vorherrschende Erzählhaltung. Lediglich Sabines Brief, in dem wie erwähnt ein alternatives Lebensmodell und Geschlechterverhältnis, mithin auch andere Geschlechterrollen perspektiviert sind, unterbricht diese Dominanz der erlebten Rede des Protagonisten. Damit wird die narrative Grundlage für das Charakterbild des Helden gelegt, der Leser erhält Einblick in dessen Psyche und Vorstellungen, auch spiegelt sich in der Erzählform die dargestellte Geschlechter- und Gesellschaftsordnung, in der Männer viel, Frauen hingegen nur wenig zu sagen haben. Diese werden nahezu ausschließlich im Spiegel eines ›schwachen Helden‹ gezeigt. Um diese untergeordnete und ›stimmlose‹ Position des weiblichen Geschlechts, zumindest in der Gräslerschen Welt, zu verdeutlichen, verzichtet Schnitzler weitgehend auf direkte Rede, Dialog oder auktoriales Erzählen. Zwar ahnt Gräsler die Einseitigkeit seines Geschlechterbilds, doch er glaubt auch zu wissen, dass »keiner aus seiner Haut [kann], kein Mann und kein Weib« (ebd., 193). So bleibt die Erzählung zwar inhaltlich und erzähltechnisch auf die männliche Titelfigur konzentriert; auch geht es vornehmlich um eine von Männern imaginierte Weiblichkeit. Doch zugleich rückt die Befindlichkeit von Frauen in den Fokus, denn neben der Protagonistin Sabine wird weiterhin in der Figur der Friederike Gräsler, der unverheiratet gebliebenen, freiwillig aus dem Leben geschiedenen Schwester jenes Schicksal von Frauen reflektiert, die ihr Dasein außerhalb der ihnen in einer patriarchalischen Gesellschaft zugestandenen Grenzen leben wollen, zumal ihr Schicksal weder von Gräsler noch durch den Erzähler aufgeklärt wird (vgl. Brinson 1983). Dass Gräsler von den zahlreichen Freundes- und Liebesaffären seiner von ihm als asexuelles Wesen gedachten Schwester, etwa mit von ihm in den Kurstädten betreuten Patienten, im Nachhinein über Briefe erfährt und darüber peinlichst berührt ist, ruft die isolierte Situation und Position des weiblichen Geschlechts in Erinnerung – die Parallele zu dem mutigen brieflichen Angebot Sabines, Gräslers Frau zu werden, dürfte kein Zufall sein. Die Kommunikationslosigkeit zwischen Bruder und Schwester ebenso wie das Doppelleben von Letzterer sind nicht zuletzt Hinweise auf die Ausgrenzung von Frauen aus dem von Männern geführten Diskurs über Weiblichkeit und Männlichkeit, womit Schnitzler partiell andere Akzente setzt als im Frühwerk (vgl. dazu Tb, 12.6.1912: »›Süßes Mädl‹, verschwindet allmälig, ›weit darüber hinausgewachsen ...‹ [...]«). Indem er in *Dr. Gräsler, Badearzt* zumindest ansatzweise die Dominanz der männlichen Sicht und Perspektive durch die einer weiblichen Figur aufbricht, kann er die herrschende gesellschaftliche Moral als eine von Männern initiierte Doppelmoral beschreiben.

In der Schnitzler-Forschung fand das Werk in Gesamtdarstellungen und Monographien zwar nur vereinzelt Erwähnung (Fliedl 2005); ausführlichere Einzelinterpretationen hingegen legten den Schwerpunkt auf die Ärztethematik und fokussierten Schnitzlers kritischen Blick auf das berufliche und soziale Engagement dieses Berufstands (Perlmann 1987; Bignami 2004) wie auch auf den Charakter und die Psyche des Protagonisten (Just 1968; Nardroff 1968; Haselberg 1981; Brinson 1983). 1973 wurde die Erzählung von Herbert Wise in Großbritannien (BBC) unter dem Titel *A Confirmed Bachelor* verfilmt; 1991 folgte eine italienische Produktion von Roberto Faenza unter dem Titel *Mio caro dottor Gräsler*.

Literatur

Allerdissen, Rolf: *A. S. Impressionistisches Rollenspiel und skeptischer Moralismus in seinen Erzählungen.* Bonn 1985.
Bignami, Francesca: Il dottor Gräsler medico termale. A prescindere... In: Teresa Paladin (Hg.): *Interpretando Schnitzler.* Florenz 2004, 111–115.
Brinson, Charmian E. J.: Searching for Happiness: Towards an Interpretation of A. S.s *Doktor Gräsler, Badearzt.* In: MAL 16 (1983), H. 2, 47–63.
Scheible, Hartmut: Nachwort. In: *Gesammelte Werke in drei Bänden.* Bd. 1: *Erzählungen.* Hg. v. Hartmut Scheible. Düsseldorf/Zürich 2002, 885–914.

Fliedl, Konstanze: *A. S.* Stuttgart 2005.
Haselberg, Peter von: Psychologie oder Konstellationen? Am Beispiel von »Doktor Gräsler«. In: Hartmut Scheible (Hg.): *A. S. in neuer Sicht.* München 1981, 188–199.
Just, Gottfried: *Ironie und Sentimentalität in den erzählenden Dichtungen A. S.s* Berlin 1968, 76–84.
Klüger, Ruth: *A. S.s Damen, Weiber, Mädel, Frauen.* Wien 2001.
Möhrmann, Renate: A. S.s Frauen und Mädchen. Zwischen Sachlichkeit und Sentiment. In: Giuseppe Farese (Hg.): *Akten des Internationalen Symposiums »A. S. und seine Zeit«.* Bern/Frankfurt a. M./New York 1985, 93–107.
Perlmann, Michaela S.: *A. S.* Stuttgart 1987.
Nardroff, Ernest H. von: *Doktor Gräsler, Badearzt*: Weather as an Aspect of Schnitzler's Symbolism. In: GR 43 (1968), H. 2, 109–120.
Schmidt, Elizabeth: *The Changing Role of Women in the Works of A. S.* Ann Arbor 1974.
Weinhold, Ulrike: A. S. und der weibliche Diskurs. Zur Problematik des Frauenbildes der Jahrhundertwende. In: *Jahrbuch für Internationale Germanistik* 19 (1987), H. 1, 110–147.
Zweig, Stefan: *Briefwechsel mit Hermann Bahr, Sigmund Freud, Rainer Maria Rilke und A. S.* Hg. v. Jeffrey B. Berlin, Hans-Ulrich Lindken u. Donald A. Prater. Frankfurt a. M. 1987.

Sabina Becker

Casanovas Heimfahrt (1918)

Entstehung

In den Monaten November 1914 bis Februar 1915 las Schnitzler die Memoiren Giacomo Casanovas in der Neuübersetzung von Heinrich Conrad (München 1907–1915) und ließ sich dadurch zu zwei komplementär-gegenläufigen Auseinandersetzungen mit der Figur des erotischen Abenteurers inspirieren, die seit Hugo von Hofmannsthals Versdrama *Der Abenteurer und die Sängerin oder Die Geschenke des Lebens* (1899) eine zentrale literarische Reflexionsfigur der Moderne und ihres Geschlechterdiskurses geworden war: zu dem »Lustspiel« *Die Schwestern oder Casanova in Spa* um einen 32-jährigen Casanova auf der Höhe seines Ruhms (entstanden zwischen Februar 1915 und Oktober 1917, Erstdruck Oktober 1919) und zu der Novelle *Casanovas Heimfahrt* um den alternden Casanova (entstanden zwischen Juni 1915 und Oktober 1917, Erstdruck in *Die Neue Rundschau*, Juli–September 1918). Schnitzler schrieb die Novelle mithin vor dem Hintergrund des Ersten Weltkriegs und der gleichzeitigen Arbeit an seiner Autobiographie (seit Mai 1915).

Inhalt und Deutung

Das autobiographische Element der Altersreflexion zeigt sich bereits an der Manipulation der historischen Chronologie, mit der Schnitzler die Novelle an jenen Punkt in Casanovas Leben platziert, an dem dessen Memoiren abbrechen: Während der historische Casanova im September 1774, im Alter von 49 Jahren, vorübergehend nach Venedig zurückkehrte, ist Schnitzlers Casanova bei seiner »Heimfahrt« 53 Jahre alt, ebenso alt wie sein Autor, als er mit der Arbeit an der Erzählung begann. Eine abschließende, mit »A. S.« gezeichnete »Anmerkung« des Autors erklärt »die ganze Erzählung« für »frei erfunden« (CAS, 109) und markiert dadurch den Abstand zu biographischer Casanova-Literatur.

Mit Kleistscher Konzentration exponiert der Eröffnungssatz der Novelle ihr Thema: »[L]ängst nicht mehr von der Abenteuerlust der Jugend, sondern von der Ruhelosigkeit nahenden Alters durch die Welt gejagt« und von »Heimweh« geplagt, umkreist der nahezu mittellose, 53-jährige Casanova »gleich einem Vogel, der aus luftigen Höhen zum Sterben allmählich nach abwärts steigt«, in »immer enger werdenden Kreisen« seine »Vaterstadt Venedig« (ebd., 5). Die auf zwei Tage und Nächte und die anschließende Reise nach Venedig konzentrierte Handlung, die die Dekonstruktion des Mythos von Casanova als »Genie des Lebens« (Hofmannsthal 1965, 65) und feinfühligem »Erotiker par excellence« (Schmitz 1906, 18) entfaltet, führt, anders als das Casanova-Lustspiel, nicht den Bürger in die Welt der Abenteurer, sondern den Abenteurer in eine bürgerliche Welt; sie reflektiert die Schnittstelle zwischen beiden Welten in Reminiszenzen adeliger Kultur, im Glücksspiel, in erotischen Motiven und in den Topoi der von Casanova vermittelten Heirat, der dankbaren Frau und des wiederkehrenden Abenteurers – Aspekte der Mythisierung Casanovas in der Jahrhundertwende, die auch die Komödie *Die Schwestern* in Umkehrung zitiert. In der Novelle adaptiert Schnitzler die von Franz Blei 1906 separat publizierte Memoirenepisode um Casanovas Wiederbegegnung mit seiner römischen Geliebten Mariuccia und die Affäre mit einer 13-jährigen Freundin seiner eigenen Tochter (vgl. Lehnen 1995, 186): In Mantua erwartet der »an innerm wie an äußerm Glanz langsam verlöschend[e] Abenteurer« die beantragte Aufhebung seiner »Verbannung« (CAS, 5) aus Venedig, als er von seinem einstigen Protégé Olivo, dem er durch Finanzierung der Mitgift 16 Jahre zuvor die Heirat Amalias ermöglicht hatte, auf dessen nahe ge-

3.1.2 Erzählungen 1900–1918

legenes Weingut eingeladen wird. Nicht die Erinnerung an sein Abenteuer mit Amalia, sondern die Aussicht auf Olivos Nichte, die »trotz ihrer Jugend schon höchst gelehrt[e]« 17-jährige Marcolina (ebd., 11), motiviert Casanova zur spontanen Annahme der Einladung.

Als Reise in die Vergangenheit konfrontiert der Besuch ihn zum einen mit seinem eigenen Mythos: Amalia sieht in Casanova immer noch den überlegenen Liebhaber, der sie zur Frau gemacht hat; beim Besuch eines nahegelegenen Klosters ruft eine der Nonnen Casanovas Namen mit solchem »Ausdruck«, dass er »zum erstenmal mit dem vollen Klang der Liebe an sein Herz« dringt (ebd., 68); und in den Tischgesprächen evoziert Casanovas Erzählkunst im Rückblick auf sein Leben den »wieder neu gefühlten Zauber seiner eigenen Vergangenheit« (ebd., 94). Vor dem Hintergrund der schmerzlichen Diskrepanz zwischen Vergangenheit und Gegenwart, Mythos und subjektiver Wirklichkeit revoltiert Casanova zum anderen jedoch in solcher Weise gegen sein Altern, dass aus dem sensiblen Verführer und gebildeten Freigeist ein rücksichtsloser, machtbesessener Don Juan wird (vgl. Stock 1978). Die Novelle nimmt also die von Oskar Schmitz 1906 paradigmatisch formulierte Kontrastierung zwischen Don Juan als dem dämonischen, zynischen und gewaltsamen Verführer und Casanova als dem modernen, verständnisvollen Erotiker, dem Männlichkeitsideal einer auf Gegenseitigkeit beruhenden, emanzipierten Geschlechterpartnerschaft, wieder zurück. Casanova versucht zunächst, Amalia zu erpressen, um Marcolina zu besitzen. Dann aber bildet ein Brief aus Venedig, mit dem sein alter Mentor Bragadino Casanova einlädt, als politischer Spitzel der reaktionären Regierung in seine Heimatstadt zurückzukehren, am zweiten Besuchstag den novellistischen Wendepunkt. Casanovas »Zorn« und »Ekel« (CAS, 74 f.) ob dieser Zumutung, welche seine Heimkehr in moralische Selbstaufgabe verkehrt, entladen sich in der angedeuteten zynischen Vergewaltigung der 13-jährigen Teresina, der ältesten Tochter seines Gastgebers.

Tatsächliches Objekt von Casanovas Begierde ist jedoch die junge Mathematikerin und Intellektuelle Marcolina, die nicht nur seiner Verführungskunst widersteht, sondern ihm durch ihre Jugend und ihre ungewöhnliche »Freiheit des Denkens« (ebd., 32) zugleich einen Spiegel der eigenen glänzenden Vergangenheit vorhält; Casanovas unzeitgemäße und halbherzige Verteidigung der Kabbala sowie seine Arbeit an einer Streitschrift gegen den Aufklärer Voltaire aus dem reaktionären Geiste Venedigs ergänzen sein Scheitern als Verführer durch seinen intellektuellen Niedergang. Marcolina zur Seite tritt – als ihr heimlicher Liebhaber und Casanovas jugendliches Alter Ego – der junge Offizier Lorenzi, dessen Spielschulden Casanova schließlich die Handhabe zur Erpressung einer betrügerischen Liebesnacht mit Marcolina geben. Im Tausch gegen seinen Spielgewinn schlüpft Casanova des Nachts an Lorenzis Stelle durch Marcolinas Fenster und glaubt mit ihr »sein Glück« und »Erfüllung« zu erleben (ebd., 99), bevor ihr Blick, als sie den Betrug am Morgen entdeckt, »sein endgültiges Urteil sprach: Alter Mann« (ebd., 103). In der Tragödie dieser Nacht – in der sich »List gegen Vertrauen, Lust gegen Liebe, Alter gegen Jugend [...] namenlos und unsühnbar vergangen« haben (ebd., 104) – fügt sich zur Vergewaltigung noch ein Totschlag hinzu: Auf dem Rückweg nach Mantua von Lorenzi zu einem nackt ausgetragenen Duell herausgefordert, tötet Casanova ihn – und damit symbolisch seine eigene Jugend. Der Epilog berichtet von der fluchtigen Reise nach Venedig, der Stadt der Greise, des Verfalls und des Todes, in der Casanova nun die »Freidenker und Umstürzler« (ebd., 117) ausspionieren soll und doch schon fast vollständig vergessen ist. Casanovas »Heimfahrt« ist weder Heimkehr noch Rettung, sondern, wie im Eingangssatz angekündigt, sein symbolischer Tod.

Stilistisch changiert die Novelle zwischen knappen Akzentsetzungen in extradiegetischer Erzählerrede (wie im Einleitungssatz), Dialogpartien und extensiver Bewusstseinsdarstellung, die zumeist mit kunstvoll gestalteter erlebter Rede arbeitet, passagenweise auch mit innerem Monolog als dem Medium theatralischer Selbstinszenierung: »Wir wollen die Klingen kreuzen, Herr Voltaire, sterben Sie mir nur gefälligst nicht zu früh« (ebd., 77). Das Geschehen ist konsequent durch Casanova fokalisiert; das Erzählen rückt so die inneren Widersprüche des Protagonisten, seine Wahrnehmungen, Erinnerungen und Hoffnungen, Sehnsüchte und Ängste sowie das krisenhafte Missverhältnis zwischen der internalisierten Abenteurer-Legende und der Realität des Alterns als tragischen Konflikt in den Mittelpunkt.

Georg Simmels Essay *Das Abenteuer* (1911) zeigt paradigmatisch, dass die frühe Moderne das Abenteuer als »die dem Alter schlechthin nicht gemäße Lebensform« und »den alten Abenteurer« als »widrig[e] und stillos[e] Erscheinung« betrachtet (Simmel 1986, 36). Während andere zeitgenössische Bearbeitungen des gerade in seiner Widersprüchlichkeit beliebten Motivs des alternden Casanova dessen ›letzte Abenteuer‹ in die moralische Verurteilung unbürgerlichen Lebens verkürzen (vgl. Lehnen 1995, 295–300), verbindet Schnitzler die Demontage des Mythos vom sensiblen Lebenskünstler mit der psychologischen Würdigung seiner Figur. Eine wichtige Rolle spielen hier das dichte Netz wiederkehrender Motive und Bilder, die Symbolsprache des Begehrens – vor allem das erotische Leitmotiv von Marcolinas ›nacktem Leib‹ und seinem ›matten Schimmern‹ im Dunkel (z. B. CAS, 21, 99 u.ö) – und zwei Traumsequenzen, die den Konflikt von Jugend und Alter psychologisch und sexualsymbolisch überhöhen: Nach der ersten Nacht erzählt Amalia ihren Traum, in dem Casanova auf der Höhe seines Glanzes in Verkehrung der Rollen von einem alten, bettelhaften Lorenzi verfolgt wird; in der zweiten Nacht träumt Casanova in Marcolinas Bett eine zunächst triumphale Rückkehr nach Venedig, bei der er dann jedoch Marcolina verliert, um sie in einer Gondel, als deren Ruderer sich Lorenzi entpuppt, an allen Orten seines Lebens vergeblich zu suchen und in »Todesangst« aufzuwachen (ebd., 103). Der Traum zeigt Casanova also die Wahrheit, der er sich verzweifelt zu entziehen trachtet. Dass er seinen Duellgegner Lorenzi in genau dem Moment tötet, als er seinen Realitätssinn erneut verliert – »Eine Fabel ist Jugend und Alter […] Bin ich nicht ein Gott! […] Er ist nur jung, ich aber bin Casanova!« (ebd., 107) –, unterstreicht noch einmal das in den Traumsequenzen gespiegelte psychologische und anthropologische Interesse der Novelle an dem Verhältnis von Vorstellung und Realität. In diesem Spiel mit Traum und Wirklichkeit hat auch die ins Groteske gewendete Jugendstilbildlichkeit des nackten Duells und des schimmernden Frauenkörpers ihren Platz.

Im Mittelpunkt der Konfiguration stehen Casanova, Marcolina und Lorenzi als sowohl fiktiv-reale wie symbolische Dreieckskonstellation. In Lorenzi sieht der alternde Casanova weniger seinen Rivalen als seinen jugendlichen Doppelgänger, zugleich aber auch seinen symbolischen Sohn und die Verkörperung von Jugend und männlicher Schönheit schlechthin; wenn Casanova nach dem Duell »in traumhafter Benommenheit« »dem Ermordeten auf die Stirn« küsst (ebd., 108), hat dies auch eine homoerotische Komponente (vgl. auch Lukas 1996, 223–226). Umgekehrt ist Marcolina nicht ein beliebiges weiteres Objekt von Casanovas Begehren, sondern die ins Weibliche transponierte Verkörperung seiner eigenen jugendlichen Intellektualität und geistigen Freiheit. Von Casanova als »die Jüngste, die Schönste, die Klügste« (ebd., 100) wahrgenommen, wird sie zugleich zu einem weiblichen Idealbild entrückt, während sie in ihrer Rationalität und Natürlichkeit den Gegenpol zu Casanovas Impulsivität und Theatralik darstellt. Im Kontext der dargestellten Epoche repräsentiert sie die praktische Aufklärung einer neuen Zeit, der gegenüber Casanova als Repräsentant des Ancien Régime erscheint; im Kontext der Jahrhundertwende 1900 entwirft Schnitzler in ihr ein neues, emanzipiertes Frauenbild, an dem die Verführungskunst Casanovas scheitert. Zwar zitiert die Novelle in der Darstellung des Geschlechtsaktes noch einmal den (in Casanovas Memoiren vorbereiteten) Mythos des Abenteurers als den Vermittler eines ekstatischen, jedes Mal wieder einzigartigen Glücks, das auf Gegenseitigkeit beruht: Schnitzlers Casanova glaubt, einen solchen »Augenblick« wie mit Marcolina »noch niemals wirklich erlebt« zu haben; er »erkannte […], daß sie seine Entzückungen teilte« und hat das »untrügliche Gefühl, ebenso der Beglückende zu sein, als er der Beglückte war« (ebd., 99 f.). Doch ist all dies Casanovas Wahrnehmung und wird (wie in der Casanova-Komödie) durch die völlige Stummheit und Dunkelheit der Szene dementiert. Der Beischlaf erscheint gerade nicht als freies »Geschenk des Lebens« (so der Untertitel zu Hofmannsthals *Abenteurer*), sondern als ein anonymer Akt, der das Resultat eines Verbrechens ist und in Casanovas ›endgültige Verurteilung‹ durch Marcolina mündet. Darüber hinaus besitzen die Verwandlung Casanovas in einen gewalttätigen Don Juan und die Alters-, Todes- und Décadence-Bilder in der Venedig-Darstellung sowie in dem zwielichtigen Figurenkreis der vermeintlichen Weingut-Idylle eine kultur- und zeitkritische Dimension. Angesichts der zentralen Funktion des Abenteurers Casanova für die Selbstreflexion der (Wiener) Jahrhundertwende kann die Novelle auch als ein skeptischer Kommentar auf den Untergang des alten Österreich und Europa im Ersten Weltkrieg gelesen werden.

Mehr noch als das Casanova-Lustspiel ist die Novelle durch eine komplexe Form der Intertextualität gekennzeichnet. Eine zentrale Rolle spielen dabei die leitmotivischen Bezugnahmen auf Casanovas Memoiren, so beispielsweise auf sein »lächerliches Abenteuer […] mit der häßlichen Alten in Solothurn« (ebd., 98), das in der betrügerischen Liebesnacht mit Marcolina in Umkehrung zitiert wird. Die Anspielungen reichen jedoch weit über die erotischen Abenteuer hinaus und erfassen tendenziell das ganze Wissen der Zeit über Casanovas Leben und insbesondere auch sein schriftstellerisches Werk. Sie gewinnen eine poetologische Dimension als Begründung selbstreflexiven Erzählens, wenn Schnitzlers Casanova im Tischgespräch beispielsweise »kunstvoll und kühn« die bunte »Geschichte seines Lebens« erzählt (ebd., 93), um dann von Marcolina aufgefordert zu werden: »All das [...] – und noch viel mehr – sollten Sie niederschreiben, Herr Chevalier, so wie sie es mit Ihrer Flucht aus den Bleikammern gemacht haben« (ebd., 95). Als Literatur aus und über Literatur ist *Casanovas Heimfahrt* in einem spezifischen Sinne metafiktional, insbesondere auch als Antwort auf die vorgängigen Casanova-Figurationen Hofmannsthals, Hesses, Sternheims u. a. Zeitgenossen. In dem Motiv, dass Casanova nur in der »Maske« Lorenzis Marcolina zu besitzen vermag, dann aber als er selbst »*wissend*« (ebd., 97) von ihr gewürdigt werden will, sich gar als »Gott« über das ›Gesetz‹ der Natur stellt (ebd., 99 f.), zitiert die Novelle zudem den Amphitryon-Alkmene-Mythos und Heinrich von Kleists Drama *Amphitryon*: Wie der Gott Jupiter Alkmene in der Gestalt ihres Gatten Amphitryon beglückt, so Casanova zufolge er selbst Marcolina in der Maske Lorenzis, und wie Alkmene reagiert Marcolina mit »Scham und Entsetzen« (ebd., 103; vgl. Sautermeister 2009, 294 f.). Sautermeister hat darüber hinaus gezeigt, dass Schnitzlers alternder Casanova in seinem ›ewigen Suchen‹ nach unerreichbarer Erfüllung als tragischer Nachfahre von E. T. A. Hoffmanns Don Juan (*Phantasiestücke*) gelesen werden kann und dass die Novelle zugleich eine »Kontrafaktur« von Thomas Manns Erzählung *Tod in Venedig* (1913) darstellt, die Schnitzler 1912 beeindruckt hatte (vgl. Sautermeister 2009, 297 u. 299). Casanovas und Gustav Aschenbachs »Verjüngungsmanöver«, die »würdelose« Weise, in der sie dem Objekt ihrer Begierde (Marcolina bzw. Tadzio) nachstellen, und die Überblendung des Begehrens mit Venedigbildern (ebd., 299 f.) sind die wichtigsten Indizien dieser Intertextualität.

Die Forschung würdigt die Novelle »als eines der vorzüglichsten Werke Schnitzlers« (Oellers 1996, 241, Anm. 6). Neben mythen- und gendergeschichtlichen Analysen stehen Untersuchungen ihrer literarischen Form, ihrer Kritik einer ›impressionistischen‹ Lebensform, ihrer Darstellung einer »Alterskrise als Identitätsverlust« (Mönig 2007) sowie menschlicher Gewalt- und Verlusterfahrungen und historischer Spätzeit. In die Wirkungsgeschichte gehören Edouard Niemanns Verfilmung *Le retour de Casanova* (1992), Federico Fellinis Film *Casanova* (1976) und Gert Hofmanns Novelle *Casanova und die Figurantin* (1981), die sich gleichermaßen mit Fellini wie Schnitzler auseinandersetzt (vgl. Göttsche 1993).

Literatur

Dane, Gesa: »Im Spiegel der Luft«. Trugbilder und Verjüngungsstrategien in A. S. Erzählung »Casanovas Heimfahrt«. In: *Text + Kritik* (1998), H. 138/139 (A. S.), 61–75.

Göttsche, Dirk: Casanova als ›Kunstwerk‹. Die Tradition der Abenteurergestalt in Gert Hofmanns Novelle »Casanova und die Figurantin«. In: *Sprachkunst* 24 (1993), 289–305.

Hofmannsthal, Hugo von/Nostitz, Helene von: *Briefwechsel*. Hg. v. Oswalt von Nostitz. Frankfurt a. M. 1965.

Lehnen, Carina: *Das Lob des Verführers. Über die Mythisierung der Casanova-Figur in der deutschsprachigen Literatur zwischen 1899 und 1933*. Paderborn 1995.

Lukas, Wolfgang: *Das Selbst und das Fremde. Epochale Lebenskrisen und ihre Lösung im Werk A. S.s.* München 1996.

Oellers, Norbert: A. S.s Novelle *Casanovas Heimfahrt*. In: Mark H. Gelber/Hans O. Horch/Sigurd P. Scheichl (Hg.): *Von Franzos zu Canetti. Jüdische Autoren aus Österreich. Neue Studien*. Tübingen 1996, 239–252.

Mönig, Klaus: *Casanovas Heimfahrt*. Alterskrise als Identitätsverlust. In: Hee-Ju Kim/Günter Sasse (Hg.): *A. S. Dramen und Erzählungen*. Stuttgart 2007, 172–189.

Rey, William H.: *A. S. Die späte Prosa als Gipfel seines Schaffens*. Berlin 1968.

Sautermeister, Gert: Glanz und Elend eines Mythos. Zur Ästhetik und Intertextualität von A. S.s *Casanovas Heimfahrt*. In: Karl H. Götze u. a. (Hg.): *Zur Literaturgeschichte der Liebe*. Würzburg 2009, 273–302.

Schmitz, Oskar: *Don Juan, Casanova und andere erotische Charaktere. Ein Versuch*. Stuttgart 1906.

Simmel, Georg: *Philosophische Kultur. Über das Abenteuer, die Geschlechter und die Krise der Moderne. Gesammelte Essays*. Berlin 1986.

Stock, Frithjof: Casanova als Don Juan. Bemerkungen über A. S.s Novelle »Casanovas Heimfahrt« und sein Lustspiel »Die Schwestern oder Casanova in Spa«. In: *Arcadia* 13 (1978), Sonderheft, 56–65.

Dirk Göttsche

3.1.3 Späte Erzählungen 1924–1931

Fräulein Else (1924)

Entstehung

Schnitzlers zweite große Erzählung in der »Gustl Technik« (Tb, 14.12.1922), *Fräulein Else* (1924), ist in der vergleichsweise kurzen Zeit von drei Jahren entstanden, nämlich zwischen 1921 und 1924. Im ersten überlieferten Textzeugen, einem schreibmaschinengeschriebenen undatierten Entwurf, »der wohl vor 1921 entstand« (Aurnhammer 2013, 172), skizzierte Schnitzler die Handlung wie folgt: »Ein junges Mädchen tritt nackt in den Speisesaal des Berghotels. Sie erzählt, dass sie beraubt wurde. Motiv: Sie tut es, um die Männer zu prüfen, die sich um sie bewerben« (CUL, A141,2). Das Skandalon, dass ein junges Mädchen sich nackt in der Gesellschaft zeigt, stellte also gleichsam die Kernidee dar, die gesellschaftliche Normen, Codes und die Geschlechterverhältnisse aufzeigt und hinterfragt, insbesondere die Ehre der unverheirateten bürgerlich-behüteten Tochter und die gesellschaftliche Forderung nach Diskretion. Allerdings verschob sich im Verlauf der weiteren Ausarbeitung der Fokus, rückte doch der Aspekt der Erpressung, der bereits im ersten Entwurf in einem handschriftlichen Zusatz angedeutet ist, in den Vordergrund.

Obwohl die beiden ersten Entwürfe – es gibt insgesamt deren vier – noch in der dritten Person gehalten sind (Aurnhammer 2013, 171–180), hat Schnitzler sich offenbar schon früh mit dem Gedanken getragen, den Text im Inneren Monolog zu halten. Bereits im August 1921, anlässlich der ersten Erwähnung von *Fräulein Else* im Tagebuch, heißt es: »eine Novelle ›Else‹ wird mir am deutlichsten (vielleicht in Gustl Technik)« (Tb, 8.8.1921). Mit der eigentlichen Schreibarbeit begonnen hat Schnitzler im Dezember 1922, »mit einigem Elan« (ebd., 14.12.1922). Während des ersten Quartals des Jahres 1923 arbeitete Schnitzler regelmäßig, auch »in leidlicher Stimmung« (ebd., 1.1.1923) an der Novelle; am 13. April war die Arbeit daran »vorläufig zu Ende« (ebd., 13.4.1923). Das Resultat stufte Schnitzler wiederholt als »recht gelungen« ein, etwa bei der Durchsicht im September des gleichen Jahres (ebd., 25.9.1923). Kurz vor der Drucklegung erschien ihm allerdings der »Schluss [...] problematisch« (ebd., 22.6.1924), und wenig später bezeichnete er den Text als »merkwürdiges Product« (ebd., 9.7.1924).

Fräulein Else erschien im Oktober 1924 als Vorabdruck in der *Neuen Rundschau*, als Buch im November des gleichen Jahres im noch jungen Verlag von Paul Zsolnay; *Fräulein Else* ist damit einer der wenigen edierten Texte Schnitzlers, der nicht beim S. Fischer Verlag publiziert wurde. Grund dafür war ein Zwist mit Samuel Fischer, der Schnitzler den »Verlagserlös« »herab[ge]drückt« hatte (an Samuel Fischer, 28.8.1923; Br II, 323), während Paul Zsolnay ihm dagegen gute Bedingungen bot (Polt-Heinzl 2002, 39–40).

Inhalt

Die Novelle stellt dar, wie die 19-jährige Else T. einen Ausweg aus einem akuten Dilemma sucht: Soll sie ihre körperliche Schönheit und damit ihr gesamtes gesellschaftliches Kapital in die Waagschale werfen, um ihren Vater, mit dem sie ein ambivalentes, aber zweifellos inniges Verhältnis verbindet, vor dem Gefängnis zu retten? Dieser, ein angesehener Rechtsanwalt, hat Mündelgelder veruntreut und durch riskante Börsengeschäfte verloren. Zwei Tage hat er Zeit, die 30.000 respektive 50.000 Gulden zurückzuzahlen. Zahlt er nicht, droht ihm Haft.

Else weilt währenddessen auf Einladung ihrer wohlhabenden Tante im Berghotel Fratazza im italienischen San Martino di Castrozza, einem kleinen Kurort in den Dolomiten. In einem ihrer Briefe, den sie an die Eltern in Wien schreibt, erwähnt sie, dass der reiche und mit ihnen bekannte Kunsthändler Dorsday seine Ferien im selben Hotel verbringt. In einem Expressbrief – die Peripetie der Erzählung – ersucht die Mutter darauf Else mit Nachdruck, Dorsday im Namen ihres Vaters darum zu bitten, ihm die Summe vorzuschießen. Denn in Wien ist niemand mehr bereit, dem notorischen Spekulanten Geld zu borgen. Die Mutter scheut nicht davor zurück, in ihrem Schreiben moralischen Druck aufzubauen, indem sie Else darauf hinweist, dass ihr Vater im Fall einer Verhaftung suizidgefährdet wäre.

Widerwillig entspricht Else dem Ansinnen der Mutter und unterbreitet dem ihr wenig sympathischen Kunsthändler das Anliegen. Und Dorsday willigt ein – unter einer Bedingung: Er will Else nackt sehen, bevor er zahlt. Nach innerem Ringen beschließt Else, sich nicht vor Dorsday allein, sondern vor »alle[n]« (ELS, 58 f.) zu entblößen. Nackt, nur in einen Mantel gehüllt irrt Else nach dem Abendessen durch das Hotel. Im Musiksalon findet sie schließlich Dorsday. Zu Schumann-Klängen lässt sie ihren Mantel fallen, worauf sie lachend zusammenbricht.

Auf ihr Zimmer gebracht, schluckt Else eine erhebliche Dosis des Schlafmittels Veronal, eine Modedroge der 1920er Jahre. Es kann zwar bezweifelt werden, dass die Menge für einen Suizid reicht (Scheible 1994, 28 f.), es deutet jedoch nichts im Text darauf hin, dass der Suizidversuch nicht tödlich endet (Aurnhammer 2013, 167 u. 209).

Wirkung

Die Aufnahme von *Fräulein Else* durch die Kritiker und Schriftstellerkollegen fiel positiv bis enthusias-

3.1.3 Späte Erzählungen 1924–1931

tisch aus. Felix Salten schrieb etwa in seiner Besprechung vom 23. November 1924 in der *Neuen Freien Presse*: »Selten ist eine Frauenseele in ihren geheimsten Regungen so durchleuchtet worden [...]. Dieses Buch [...] wird binnen kurzem von vielen Tausenden, Frauen wie Männern, gelesen und geliebt sein« (Salten 1923). Schnitzler freute sich über die »große Fanfare für Frl. Else« (Tb, 24.11.1924). Er vertraute seinem Tagebuch jedoch auch an, die »Else« werde »überschätzt« (ebd., 26. u. 31.10.1924) und gab sich geradezu peinlich berührt von all den »Elogen« »von allen Seiten« (ebd., 6.12.1924). Gegen die negative Anmerkung, er lasse in *Fräulein Else* – wie in seinem Spätwerk generell – eine versunkene Welt aufleben, wehrte sich Schnitzler aber trotzdem vehement. So schrieb er etwa am 3. November 1924 an Jakob Wassermann: »Ganz und gar nicht [...] bin ich Ihrer Ansicht über die ›abgeschlossene, abgetane, zum Tod verurteilte Welt‹, als welche Ihnen offenbar [...] die rings um Fräulein Else erscheint. Was ist abgetan, abgeschlossen, zum Tod verurteilt? [...] [D]ie angeblich versunkene und abgetane Welt ist genau so lebendig und vorhanden als sie es jemals war. In den einzelnen Menschen hat sich nicht die geringste Veränderung vollzogen [...]« (an Jakob Wassermann, 3.11.1924; Br II, 370).

Die Novelle gefiel nicht nur den Kritikern, sondern auch der breiten Leserschaft. Seit dem Erscheinen im November 1924 bis zum Ende des gleichen Jahres erreichte *Fräulein Else* eine Auflage von 25.000 Exemplaren, bis 1929 stieg diese auf 70.000 Exemplare (Aurnhammer 2013, 166).

Deutung

Ist *Fräulein Else* wie *Lieutenant Gustl* (1900) durchgängig im Inneren Monolog gehalten, so ist die spätere Erzählung dennoch mehr als das weibliche Pendant zur früheren: Während Schnitzler mit *Lieutenant Gustl*, inspiriert von Édouard Dujardins lyrischem Roman *Les lauriers sont coupés* (1887), den ersten konsequent durchgehaltenen Inneren Monolog in der deutschsprachigen Literatur geschrieben hat, so entwickelte er mit *Fräulein Else* diese spezifische Erzähltechnik erheblich weiter. Insbesondere haben in der späteren Monolognovelle soziale Interaktionen – verbale und nonverbale – einen höheren Stellenwert, was in den zahlreichen Dialogpassagen zum Ausdruck kommt. Durch die Außensichten von Elses Interaktionspartnern erhöht sich, auch wenn diese durch Elses Sicht gefiltert wiedergegeben werden, die Trennschärfe zwischen äußerer Handlung und Elses innerer Realität. Dennoch erscheinen die Übergänge von »heard, spoken, and silent discourse« (Cohn 1983, 238) in *Fräulein Else* fließender als in *Lieutenant Gustl*, der Text gestaltet sich lesbarer. Das hängt unter anderem mit dem Schriftbild zusammen: Einerseits ist die gesprochene Rede anderer Figuren kursiv gesetzt; andererseits fallen in *Fräulein Else* jene »clumsy pseudo-narrative inquit phrases« (ebd.) weg, wie sie sich in *Lieutenant Gustl* finden: Sprecher- und Adressatenwechsel werden nur mehr durch Gedankenstriche markiert.

Die spätere Monolognovelle erscheint schließlich auch darum radikaler als die frühere, weil sie in der Darstellung der Instabilität von Elses bewusstem Selbst, das sich schließlich ganz auflöst, radikal viel weiter geht als im Falle Gustls; dies obwohl *Fräulein Else* beispielsweise durch das Einfügen von Auszügen aus einer Klavierpartitur, also das Durchbrechen der Linearität des Textes, unmissverständlich aufzeigt, dass sich psychische Prozesse einer diskursiv geordneten Sprache weitgehend entziehen.

Zwischen zwei Welten: Schnitzlers zweite Monolognovelle erscheint hybrid, was die zeitliche Situierung betrifft. Das Geschehen ist – jedenfalls vordergründig betrachtet – im Vorkriegsösterreich angesiedelt. Die Handlungszeit ist dabei exakt festgelegt: Das Geschehen spielt sich an einem 3. September ab, ungefähr zwischen 19 Uhr und Mitternacht. Erzählte Zeit und Erzählzeit stimmen also weitgehend überein. Die Jahreszahl erschließt sich dagegen nur ungefähr, rekonstruierbar sind die Jahre 1896/97 (Aurnhammer 1983, 502). Viele Realien der erzählten Welt verweisen jedoch auf die Zeit nach der Jahrhundertwende oder sogar die 1920er Jahre, also die Entstehungszeit von *Fräulein Else* (Schmidt-Dengler 2002, 53). Ein solcher Anachronismus ist das Schlafmittel Veronal, welchem Else zu einem guten Teil ihre Sicherheit im Auftreten zu verdanken scheint: Das Schlafmittel gab es zur Zeit des Geschehens noch gar nicht, kam es doch erst 1903 auf den Markt (Steinlechner 2006, 140 u. Anm. 21). Aber auch die kühl-distanzierte und darum umso eindringlichere Weise, in welcher der Text die Allmacht des Geldes schildert, gemahnt an die Neue Sachlichkeit und nicht zuletzt an die Finanzkrise der Nachkriegsjahre, von der Schnitzler auch persönlich betroffen war. Ebenso spiegeln auch die Anleihen an die Psychoanalyse und die Titelfigur, welche frappant an jene Nackttänzerinnen erinnert, die in den 1920er Jahren Furore machten, die Entstehungszeit wider (ebd., 135–137).

Else erscheint, ganz ähnlich wie Marcolina in *Casanovas Heimfahrt* (1918) oder Leopoldine in *Spiel im Morgengrauen* (1926), in ihrem Bestreben nach Emanzipation und ihrem Wunsch, ihre Sexualität auszuleben, als »charakteristische Gestalt der Nachkriegszeit« (Scheible 1994, 26). Als solche ist sie fehl am Platz in der Welt vor 1914. Psychopathologische Deutungen, die in Else primär eine Hysterikerin sehen, greifen daher zu kurz (Perlmann 1987, 114f. u. 118), auch wenn der Titel der Novelle an die psychologischen Fallstudien Sigmund Freuds erinnert, die ebenfalls Frauennamen – der bekannteste ist Dora – im Titel tragen (Aurnhammer 2013, 181–183).

Jungfräulichkeit als gesellschaftliches Kapital: Dass über die individualpsychologische Dimension hinaus die soziale Problematik im Fokus steht, darauf verweist ebenfalls bereits der Titel: »Fräulein« verdeutlicht, dass Else eine höhere Tochter ist. Das Milieu und die herrschenden Konventionen sind damit genau wie in *Lieutenant Gustl* klar definiert. Waren es in der früheren Novelle jene des Offiziersstands und insbesondere das Problemfeld der Ehre, so steht in *Fräulein Else* die Unberührtheit der mannbaren, aber noch unverheirateten Tochter zur Disposition; diese darf und soll sogar den Männern gefallen, sie aber nicht an sich heranlassen, wenn sie ihre Chancen auf dem Heiratsmarkt wahren will. Zwar ist es die Mutter, die den Handel mit Dorsday anregt, aber auch Else ist der Gedanke nicht fremd, ihre (jungfräuliche) Schönheit zur Schau zu stellen und daraus Kapital zu schlagen. Das Aushandeln der »Transaktion« mit Dorsday trägt dabei eindeutig Züge des »inflationierenden Börsengeschäfts«, wie es die 1920er Jahre kennzeichnete (Schößler 2006, 122), schraubt doch Else ihren Wert von 30.000 Gulden auf 1 Million hoch (ELS, 17f. u. 29–35). Else wiederholt damit das Muster ihres Vaters, obwohl sie sich seines Spekulantentums schämt. Dieses wird übrigens in einen unmissverständlichen Zusammenhang mit der jüdischen Herkunft gerückt: Ganz im Sinn des »herrschenden Diskurs[es], der ehrliche Arbeit von (jüdischer) Spekulation [...] trennt« (Schößler 2006, 127), erscheinen sowohl Dorsday als auch Elses Vater als mehr oder weniger eindeutig jüdisch markierte Kriminelle.

Regie der Blicke: Rein ökonomisch-rational vermag sich Else jedoch nicht an den Mann zu bringen – weder nach dem Erhalt des mütterlichen Schreibens, noch vorher. Um gleichzeitig den gesellschaftlichen Forderungen und ihren eigenen Neigungen gerecht zu werden, betreibt Else das Spiel des Gefallen-Wollens, schon bevor sie sämtliche Hüllen fallen lässt, geradezu exzessiv. Das äußert sich namentlich in ihrer Neigung, ständig ihre Wirkung zu hinterfragen. Sie, die aufgrund ihrer Schönheit die Blicke aller auf sich zieht, reflektiert ständig, wie ihr Auftreten wirkt: Laufend kommentiert sie ihre eigene Inszenierung, ist damit »Schauspielerin« und ihre eigene »Kommentatorin«, »Medium« und »Autorin« zugleich (Bronfen 1996, 468).

Geradezu exemplarisch verkörpert Else damit jene gespaltene Weiblichkeit, die John Berger beschrieben hat: Während Männer als Subjekte des Blicks Frauen anschauen, sehen Frauen als Objekte des Blicks, wie die Männer sie anschauen. Das beeinflusst nicht nur das Verhältnis zwischen Männern und Frauen, sondern auch die Beziehung der Frauen zu sich selbst, hat die Frau doch den männlichen Blick dermaßen internalisiert, dass sie zum Objekt des männlichen Beobachters in sich selbst wird: »The surveyor of women in herself is male [...]. Thus she turns herself into an object« (Berger 1972, 47). Dieser Grundgedanke findet sich bereits im ersten Textzeugen, auf dem Schnitzler handschriftlich hinzufügte: »Sie will die Blicke sehen...«, nämlich die Blicke jener »Männer, [...] die sich um sie bewerben« (CUL, A141,2). Indem Else ständig von ihrem eigenen Selbstbild begleitet wird, sie sich also »in den betrachteten Körper und den Betrachter« spaltet, inszeniert sie nicht nur »dieses Szenario[] der geschlechtlichen Dissimulation«, sondern entlarvt es auch (Bronfen 1996, 468).

Elses Lust, sich vor anderen und auch vor sich selbst zur Schau zu stellen, bei gleichzeitiger (visueller) Kontrolle, erinnert an ein Phänomen, das sich ebenfalls durch eine Doppelung von Perspektiven auszeichnet: Scham. Dieses Gefühl, für das der Blick des Anderen – im Sinne weniger des konkreten Blicks als der sozialen Wahrnehmung – ebenfalls konstitutiv ist, wird von Else, aber auch von vielen anderen Schnitzlerschen Figuren, teilweise intensiv empfunden (Saxer 2010, 109–121), sind sie doch »mit ihrem engen Gesellschaftskorsett, ihren Ausbruchversuchen und ihren unablässigen Selbstbeobachtungen besonders [dafür] disponiert« (Dangel-Pelloquin 2003, 123).

Schnitzlers Texte führen aber nicht nur schamgeplagte Figuren vor, sondern konkretisieren in ihrer »gespaltene[n], unheimliche[n] Erzählerhaltung« (Bronfen 1996, 468) Scham in einem performativen Akt. *Fräulein Else* ist ein Paradebeispiel hierfür, denn es findet sich in der Doppelung von Elses Innenperspektive durch (punktuelle) Außensichten – und ohne dass dafür Kommentare einer Erzählinstanz nötig wären – auch auf der Ebene des *discours* jene Blickspaltung, die für Scham konstitutiv ist.

Intermedialität: Mit dem Akt der Enthüllung im Musiksalon – der auch für die Gesellschaft entblößend ist – versucht Else mit einem verzweifelten Befreiungsschlag, sich nicht erpressen zu lassen und sich nicht (nur) an einen Ungeliebten, der ihr Vater sein könnte, verkaufen zu müssen. Dieser Höhepunkt auf der *histoire*-Ebene ist auch auf der Ebene des *discours* als solcher markiert. Denn es wird nicht Elses nackter Körper in einer neuerlichen Spiegelszene oder ihre Wahrnehmung der Reaktion der Hotelgäste beschrieben, sondern es werden stattdessen Auszüge aus der Partitur von Robert Schumanns Klavierzyklus *Carnaval* (1834/35) eingeblendet (Schneider 1969, 17–20). Diese Vorgehensweise des Ausblendens des Unsagbaren – welches dadurch umso mehr betont wird – deutet auf die Nähe der Novelle zu Schnitzlers Skandaldrama *Reigen* hin, das dieser im Winter 1896/97 in einem Zug schrieb, also der Zeit, in der *Fräulein Else* spielt: Wie im *Reigen* keiner der Akte gezeigt, sondern lediglich durch Gedankenstrich markiert wird, bleibt auch Elses Enthüllung vor Publikum eine Leerstelle; markiert wird diese mit Musiknoten, und zwar mit einigen Takten aus dem Stück *Reconnaissance* (Aurnhammer 1983, 508 u. Anm. 21). Was Else »innerlich bewegt« und schwer sagbar ist, könnte man mit Rüdiger Görner und in Analogie zu Gustl sagen, »verleiht sich auf diese Weise Stimme« (Görner 2015).

Intermedial ist *Fräulein Else* nicht nur in dem Sinn, als der Text zwischen Sprache und Musik changiert, sondern auch insofern, als Schnitzler sich schon früh Gedanken zu möglichen Adaptionen gemacht hat. Bereits im Juli 1924, als er seiner damaligen Partnerin Clara Pollaczek *Fräulein Else* zum ersten Mal vorlas, hielt er in seinem Tagebuch die Idee zu einer »Darstellung […] als Monodram« fest (Tb, 9.7.1924). Kurz nach Erscheinen der Buchausgabe sprach Schnitzler mit Franz Horch, Dramaturg unter anderem an Max Reinhardts Deutschem Theater, »über Frl. Else als Regieaufgabe« (ebd., 4.12.1924). Schon bald stand für Schnitzler mit der Schauspielerin Elisabeth Bergner die ideale Besetzung für Else fest (ebd., 23.3.1925). Rund ein Jahr nach Erscheinen der Buchausgabe begann Schnitzler, die Novelle »für die Vorlesung Bergner« zu »kürzen« (ebd., 29.11.1925). Anfang Februar 1926 las die Schauspielerin »Else (unendlich gekürzt)« im Berliner Reichstag und »hat[te] colossalen Erfolg« (ebd., 7.2.1926).

Eine eigentliche Bühnenversion kam nie zustande, doch erlebte Schnitzler immerhin noch die erste Verfilmung seiner späteren Monolognovelle; mitgearbeitet hat er an dieser Verfilmung allerdings schließlich nicht (Polt-Heinzl 2002, 59 u. 61), obwohl er bereits im Juni 1925 erste Gespräche »wegen Else-Film« in seinem Tagebuch vermerkte (Tb, 8.6.1925). Der Film (mit Elisabeth Bergner in der Hauptrolle), dessen Drehbuch aus der Feder des Regisseurs Paul Czinner stammt, wurde Anfang März 1929 zum ersten Mal gezeigt, und zwar im Kino Kapitol in Berlin. *Fräulein Else* wurde seither mehrfach für Film und Hörfunk adaptiert, Czinners Version blieb jedoch die berühmteste.

Literatur

Aurnhammer, Achim: *A. S.s intertextuelles Erzählen.* Berlin/Boston 2013.

Aurnhammer, Achim: »Selig, wer in Träumen stirbt«. Das literarische Leben und Sterben von *Fräulein Else.* In: *Euphorion* 77 (1983), 500–510.

Berger, John: *Ways of Seeing.* Harmondsworth 1972.

Bronfen, Elisabeth: Weibliches Sterben und der Kultur. A. S.s *Fräulein Else.* In: Jürgen Nautz u. a. (Hg.): *Die Wiener Jahrhundertwende. Einflüsse, Umwelt, Wirkungen.* Wien ²1996, 464–480.

Cohn, Dorrit: *Transparent Minds. Narrative Modes for Presenting Consciousness in Fiction.* Princeton 1978.

Dangel-Pelloquin, Elsbeth: Peinliche Gefühle. Figuren der Scham bei A. S. In: Konstanze Fliedl (Hg.): *A. S. im zwanzigsten Jahrhundert.* Wien 2003, 120–138.

Görner, Rüdiger: Reigen der Stimmen. Zu A. S.s musikalischem Erzählen. In: Wolfgang Lukas/Michael Scheffel (Hg.): *Textschicksale. Das Werk A. S.s im Kontext der Moderne.* Berlin 2015 (i. Dr.).

Perlmann, Michaela L.: *Der Traum in der literarischen Moderne. Untersuchungen zum Werk A. S.s.* München 1987.

Polt-Heinzl, Evelyne: *Erläuterungen und Dokumente. A. S. Fräulein Else.* Stuttgart 2002.

Salten, Felix: Rez.: Fräulein Else. In: *Neue Freie Presse*, 23.11.1924 (Morgenblatt).

Saxer, Sibylle: *Die Sprache der Blicke verstehen. A. S.s Poetik des Augen-Blicks als Poetik der Scham.* Freiburg i. Br. 2010.

Scheible, Hartmut: A. S. In: Hartmut Steinecke (Hg.): *Deutsche Dichter des 20. Jahrhunderts.* Berlin 1994, 11–30.

Schmidt-Dengler, Wendelin: Inflation der Werte und Gefühle. Zu A. S.s *Fräulein Else.* In: Wendelin Schmidt-Dengler: *Ohne Nostalgie. Zur österreichischen Literatur der Zwischenkriegszeit.* Hg. v. Klaus Amann u. a. Wien/Köln/Weimar 2002, 53–64.

Schneider, Gerd K.: Ton und Schriftsprache in S.s *Fräulein Else* und Schumanns *Carnaval.* In: MAL 2 (1969), H. 3, 17–20.

Schößler, Franziska: Börse und Begehren. S.s Monolog *Fräulein Else* und seine Kontexte. In: Evelyne Polt-Heinzl u. a. (Hg.): *A. S. Affairen und Affekte.* Wien 2006, 119–129.

Steinlechner, Gisela: *Fräulein Else*. Eine Zeitreise zwischen Fin de Siècle und Roaring Twenties. In: Evelyne Polt-Heinzl u. a. (Hg.): *A. S. Affairen und Affekte*. Wien 2006, 131–141.

Sibylle Saxer

Die Frau des Richters (1925)

Entstehung

Eine erste Idee Schnitzlers, der »Ureinfall« (an Werner Hegemann, 28.12.1925; Br II, 423) der späteren Erzählung geht bis 1908 zurück. Ihr folgt eine erweiterte Skizze, ein »kurzes Scen. einer Komödie« (Tb, 5.2.1916); darauf beginnt Schnitzler am 19. Januar 1917 einen Einakter, dessen Plan er allerdings am 9. März 1917 aufgibt. An der ersten Fassung des nun als Erzählung konzipierten Textes arbeitet er vom Februar bis Dezember 1917, eine neue Variante wird vom 11. Februar bis zum 5. März 1918, eine weitere vom 1. September 1922 bis zum 29. März 1923 – zeitweise »mit Arbeitsunlust und wachsender Angst vor etwas ›Definitivem‹« (Tb, 15.11.1922) begleitet – in Arbeit genommen. Nach wiederholter Beschäftigung mit dem Text wird er am 21. Juni 1924 abgeschlossen. Die Erzählung erscheint zuerst am 7. August 1925 in der *Vossischen Zeitung*, als Buchausgabe 1925 in der Reihe »Das kleine Propyläenbuch« im Berliner Propyläenverlag und wird dann in den 6. Band der *Gesammelten Werke* 1928 aufgenommen (zu den Angaben vgl. Urbach 1974, 132).

Inhalt

Die erzählte Geschichte ist in der zweiten Hälfte des 18. Jahrhunderts und im fiktiven Herzogtum Sigmaringen situiert, wo es sich »behaglicher und ungefährdeter leben ließ als in manchem anderen deutschen Fürstentum« (ES II, 383), weil sich der Herzog Karl Eberhard XVI. mehr um seine Mätressen, die »Gartenmägdlein« (ebd., 382), als um Staatsangelegenheiten kümmerte. Nach dem plötzlichen Ableben des Herzogs soll sein Sohn, der »Art und Wandel seines Vaters stets mißbilligt« (ebd.) hatte, aus Paris, wo er sich die aufklärerischen Ideen zu eigen gemacht haben soll, zurückkehren und das Land reformieren. Gleichzeitig kehrt ins »Landstädtchen Karolsmarkt« (ebd.) Tobias Klenk zurück, »ein bedenklicher Geselle« (ebd., 383), um dort gegen Herrschaft und Unterdrückung das Wort zu führen. So kann er vor allem seinen Altersgenossen und ehemaligen Schulkameraden, den von ihm einst terrorisierten und ihm hörig gewordenen Adalbert Wogelein, den Richter in Karolsmarkt, beeinflussen. Adalbert, der sonst mit seiner jungen Frau Agnes, der Tochter des Stadtapothekers und Bürgermeisters ein unauffälliges bürgerlich-konventionelles Leben führt, äußert sich, vor allem nach Alkoholkonsum, aufrührerisch gegenüber der herzoglichen Macht und damit entgegen den Erfordernissen seines Amtes. Der Konflikt zwischen seiner Freundschaft zu bzw. Anhänglichkeit an Klenk sowie seinem richterlichen Amt und seiner Machtabhängigkeit spitzt sich zu, als Klenk wegen Wilddieberei vor Gericht gestellt wird und von ihm gerichtet werden soll; Adalbert verurteilt ihn, in Anwesenheit des der Gerichtsverhandlung unerwartet beiwohnenden jungen Herzogs, zu Gefängnis und »nachheriger Landesverweisung« (ebd., 404). Nach dem Urteil versucht er sich gegenüber seiner Frau als mutigen Retter von Klenk vor der (eigentlich nicht existierenden) Rache des Herzogs, gegenüber Klenk als seinen treuen Freund und Komplizen, gegenüber dem Herzog als ihm ergebenen Aufklärer eines gegen ihn gerichteten Komplotts aufzuspielen. Wogelein, dessen Feigheit vor den anderen Personen sich selbst enthüllt, wird von seiner Frau, die angesichts der Lügen ihres Mannes zum Gartenmägdlein des jungen Herrschers werden will, verlassen. Der Herzog verbannt Klenk, statt ihn, wie beabsichtigt, in die Gesellschaft seines Landes zu integrieren, verspricht Wogelein eine Stelle beim Reichsgericht in Wetzlar, nimmt gleichzeitig Agnes zur Mätresse und gibt damit seine reformatorischen Pläne auf, deren er »an diesem einen Tag müd genug geworden« (ebd., 429) ist. Letztlich kehrt eine der alten ähnliche Ordnung zurück: Der junge Herzog setzt das Leben seines Vaters fort, Agnes ist die Mätresse des Herzogs, aber – tagsüber – auch die Frau des Richters, dessen Ansehen in der Stadt nicht gemindert wird, und der aufrührerische Klenk endet sein Leben am »Galgen, [der] in einem andern Land [stand]« (ebd., 433).

Deutung

Die Erzählung wurde bislang eher spärlich rezipiert. In der Forschung gibt es unterschiedliche Meinungen über den Text: Während Derré den Text schon früh zu den sonderbarsten von Schnitzler als eine neue Variante der Betrachtung des Selbst und der Anderen zählt (vgl. Derré 1966, 433 f.), attestiert ihm Perlmann »weniger Anspruch auf Originalität« und

3.1.3 Späte Erzählungen 1924–1931

stempelt ihn als »bloße [...] Unterhaltungsliteratur« (Perlmann 1987, 160) ab. Tatsächlich kann die Erzählung auf mehreren Ebenen interpretiert werden (vgl. Lawson 1987, 146), deren Zusammenspiel eine verwirrende Sinnkomplexität erkennen lässt. Die erzählte Geschichte gestaltet Schnitzlersche Themen und Motive psychologischer Persönlichkeitsentfaltung in einer »historischen Einkleidung« und liefert »auch ein[en] Kommentar zur Zeitgeschichte« (Fliedl 2005, 213), d. h., sie erzeugt »eine Polyphonie von Zeiten« (Udd 2005 b, 261) in Form einer fiktiven »historischen Chronik« (Tweraser 1998, 54).

Die fünf Teile entfalten sich in einer klassischen Dramenstruktur, in der der ursprüngliche Plan eines dramatischen Werkes spürbar bleibt. Das einleitende und das abschließende Kapitel fungieren als Exposition und Epilog eines auktorialen Erzählers, der die Perspektive immer wieder einer Figur, vorwiegend dem Richter (v. a. in Kap. 4) übergibt, wodurch die Wandlungen in den Einstellungen der anderen Figuren aus dieser subjektiven Sicht vermittelt werden: So »[vermag] dieser Erzähler kaum eine eigene Sicht, und also Deutung zu entwickeln« (Gerrekens 1997, 31), und lässt, trotz seiner erklärenden und kommentierenden Eingriffe, die tieferen Motivationen und damit die Frage seiner Zuverlässigkeit offen. Die weiteren Kapitel fokussieren auf die Figuren, deren sich verändernde Haltungen ihre Rolle bestimmen: So könnte einerseits Tobias Klenk in den Mittelpunkt gerückt werden, dessen Geschichte das Leben von Agnes, Adalbert und des Herzogs gleichermaßen beeinflusst (Blackall 1975, 278). Ebenso ließe sich aber auch Agnes als Hauptperson betrachten (Dickerson 1970, 224), die »wie tausend andere Bürgerstöchter, die in engem Kreise ohne Ahnung einer weiteren und größeren Welt und ohne Sehnsucht nach ihr aufgewachsen sind« (ES II, 387); sie könnte aber mit der »Absage an die Ehe und die Dominanz des Mannes« (Heimerl 2012, 45) als »Urbild der neuen Frau« (ebd., 44) fungieren. Diesem Rollenverständnis widerspricht jedoch ihre stillschweigende Rückkehr zu Adalbert und damit zum konventionellen bürgerlichen Leben, sowie ihr Gartenmägdleindasein, wodurch sie »der alten Weltordnung [...] verhaftet bleibt« (Gerrekens 1997, 52). Statt der Konzentration auf einzelne Figuren ergibt sich eine differenziertere Sicht aus der Betrachtung der sich wandelnden Konstellationen der vom Erzähler anfangs eingeführten vier Figuren, die als Zweier- bzw. als Dreierbeziehungen der vier Charaktere mehrere Modifikationen erfahren, und damit das Trügerische aller Charakterentwicklung entlarven. Aus der Viererkonstellation, die sich durch die einzelnen Konflikte der jeweiligen Zweier- und Dreierbezüge immer wieder als labil erweist, muss das Aufrührerische – sowohl auf privater, als auch auf staatlicher Ebene – eliminiert werden, um im Dreieck Adalbert-Agnes-Herzog die Rückkehr zur früheren Ordnung, das »mühsame happy end« (Fliedl 2005, 213) gewährleisten zu können: Der alte »Lauf der Dinge« (ES II, 432) stellt sich, als wäre nichts geschehen, ohne die Schwierigkeiten wieder ein.

Die Figuren demaskieren sich durch ihre gegenseitigen, sich verschiebenden Perspektiven aufeinander: Adalbert Wogelein erweist sich in seiner Feigheit und Kleinkariertheit als »treuer Diener seines Herrn«; Tobias Klenk steht, trotz seines aufrührerischen Geschwätzes von einem größeren Komplott, als sich selbst ruinierender Einzelgänger da; Agnes, eine problematische und durchaus konventionelle Figur (Weinberger 1989, 259), erreicht durch ihren Ausbruch aus der herkömmlichen Lebensform eigentlich die Wiederherstellung der alten Ordnung, zu der der von den Lügen und der Kleinlichkeit seiner Untertanen enttäuschte Herzog, ohne die neue je eingeführt zu haben, zurückkehrt. Diese indirekte Charakterisierung der Figuren wird zugleich vor der Folie vielfältiger intertextueller Bezüge entfaltet, die bestimmte Verhaltensweisen bestätigen bzw. kontrastieren: Die zentrale Szene von Adalberts Richterspruch stellt Parallelen zu Kleists *Zerbrochenem Krug* her und lässt den Richter schon vor seiner Selbstdemaskierung als mit der Kleistschen Figur des Richters Adam vergleichbaren Charakter erkennen (Gerrekens 1997, 42–46; Perlmann 1987, 160; Udd 2005 a, 77–81); außerdem könnten einzelne Verweise auf Goethes Werther-Figur (Gerrekens 1997, 40; Udd 2005 a, 87–89) bzw. Schillers Karl Moor (Perlmann 1987, 160) oder *Kabale und Liebe* (Dickerson 1970, 226 f.; Udd 2005 a, 85) bei Tobias Klenk postuliert werden; manche Bezugnahmen auf Kleists *Käthchen von Heilbronn* (Gerrekens 1997, 50), Schillers *Die Verschwörung des Fiesco zu Genua* (Udd 2005 a, 81), *Don Carlos* (ebd., 82–84) oder auf die Bibel (Gerrekens 1997, 47–51) verdichten ein heterogenes Bezugsnetz und konterkarieren zugleich eine auf einen kohärenten Sinn fokussierende Deutung.

Die intertextuell-historische Einrichtung der sich zur Komödie entwickelnden Geschichte lässt auch politische Beschäftigungen und Bedenken des Autors Schnitzler erkennen: Die ironische Zeichnung der Charaktere akzentuiert »Schnitzlers Absage an die Revolutionsrhetorik« (Fliedl 2005, 214) und seine Skepsis gegenüber möglichen Wandlungen in Österreich nach dem Ersten Weltkrieg. So wie der enttäuschte Casanova in der einige Jahre zuvor publizierten gleichnamigen Novelle sich in den Dienst konservativer Kräfte stellt, wird in *Die Frau des Richters* ebenfalls jede systematische politische Veränderung oder Reform vereitelt: Die Erzählung »becomes, among other things, a clinical examination of the way in which established social institutions facilitate the abandonment of individual idealism« (Tweraser 1998, 53). Schnitzlers zeitgenössische Erfahrung der Nachkriegszeit und der Rückblick auf eine ebenfalls im Aufbruch befindliche historische Epoche des 18. Jahrhunderts verstärkt den Eindruck der Unmöglichkeit tatsächlicher tiefgreifender Veränderungen: Das unverhüllt bitter-ironische letzte Kapitel als Epilog des fiktiven Erzählers akzentuiert nur zu stark die Rückkehr der gewohnten Ordnung in Bezug nicht nur auf alle Figuren, sondern auch die ganze Bevölkerung und den Staatsmechanismus: So wird die Kontinuität zwischen Karl Eberhard XVI. und Karl Eberhart XVII. symbolisch auch durch die Aufeinanderfolge der sie voneinander letztlich ausschließlich unterscheidenden Zahlen und Endbuchstaben verdeutlicht. So wird jede politische Veränderung durch die Unveränderlichkeit menschlicher Natur ebenso vereitelt wie durch die Unbeweglichkeit sozialer und politischer Institutionen. Schnitzler entwirft mit dieser vordergründig historischen Erzählung ein desillusioniertes Bild seiner Zeit, in der »die österreichische Staatsphilosophie des Fortwurstelns« (Musil 1970, 216) den in der Erzählung angesprochenen »Lauf der Dinge« nach dem Ableben der k. u. k. Monarchie fortwährend bestimmt.

Literatur

Blackall, Eric A.: Tobias Klenk. In: Richard Brinkmann/ Winfried Kudszus/Hinrich C. Seeba (Hg.): *Austriaca. Beiträge zur österreichischen Literatur.* Tübingen 1975, 267–284.

Derré, Françoise: *Imagerie viennoise et problèmes humains.* Paris 1966.

Dickerson, Harold J. Jr.: A. S.s *Die Frau des Richters.* A Statement of Futility. In: *German Quarterly* 43 (1970), H. 2, 223–236.

Fliedl, Konstanze: *A. S.* Stuttgart 2005.

Gerrekens, Louis: Demontage verlorener Hoffnungen. A. S.s »Die Frau des Richters« oder die literarische Verdrängung eines Scheiterns. In: *Monatshefte* 89 (1997), H. 1, 31–58.

Heimerl, Joachim: *A. S. Zeitgenossschaft der Zwischenwelt.* Frankfurt a. M. 2012.

Lawson, Richard H.: Adalbert Wogelein's Justice, Allegorical Justice, and Justice in S.'s *Die Frau des Richters.* In: Mark H. Gelber (Hg.): *Identity and Ethos.* Bern 1986, 145–154.

Musil, Robert: *Der Mann ohne Eigenschaften.* Hg. v. Adolf Frisé. Hamburg 1970.

Perlmann, Michaela L.: *A. S.* Stuttgart 1987.

Tweraser, Felix W.: *Political Dimensions of A. S.'s Late Fiction.* Columbia (SC) 1998.

Udd, Ursula: *Brüche in der Zeit. Analyseversuche zu A. S.s Erzählung »Die Frau des Richters« unter Berücksichtigung von archäologischen Ebenen und Diskursen.* Vaasa 2005 a.

Udd, Ursula: Diskurse in der fiktionalen historischen Erzählung am Beispiel von A. S. ›Die Frau des Richters‹. In: Dagmar Neuendorff u. a. (Hg.): *Alles wird gut. Beiträge des Finnischen Germanistentreffens 2001 in Turku/ Abo, Finnland.* Frankfurt a. M. 2005 b, 255–265.

Urbach, Reinhard: *S.-Kommentar zu den erzählenden Schriften und dramatischen Werken.* München 1974.

Weinberger, G. J.: Political interaction in A. S.'s »Die Frau des Richters«. In: *Neophilologus* 73 (1989), 254–262.

Magdolna Orosz

Traumnovelle (1925/1926)

Entstehung

Die *Traumnovelle* zählt zu den Meisterwerken, die Schnitzler nach dem Ende des Ersten Weltkriegs und dem Untergang der Donaumonarchie vollendet. Sie erscheint zwischen Dezember 1925 und März 1926 zunächst als Vorabdruck in der prominenten und als »Illustrierte Mode-Zeitschrift« aufwendig bebilderten Berliner Zeitschrift *Die Dame* (Ullstein-Verlag) und 1926 dann im S. Fischer Verlag als Einzelausgabe in Buchform (mit einem Titelbild von Hans Meid). Die fortlaufende Arbeit am Text der Novelle beginnt Schnitzler im Oktober 1921, d. h. genau in dem Augenblick, da er die Beziehung zu seiner geschiedenen Frau Olga für endgültig gescheitert ansieht (Tb, 12.10.1921; Scheffel 2006, 107 f.). Bei der Ausarbeitung seiner zunächst »Doppelgeschichte«, dann »Doppelnovelle« und erst 1924 »Traumnovelle« genannten Erzählung greift Schnitzler auf ein Sujet zurück, das er wohl erstmals am 20. Juni 1907 ausführlicher skizzierte (Scheffel 1997, bes. 175). Eine wenige Tage davor gemachte Notiz im Tagebuch verdeutlicht, welche Entwicklung zwischen der Ausgangsidee und der Endfassung des Stoffes liegt: »Nm. zu O[lga] über mein Sujet: Der junge Mensch, der von seiner schlafenden Geliebten fort in die Nacht hinaus zufällig in die tollsten Abenteuer verwickelt wird – sie schlafend daheim findet wie er zurückkehrt; sie wacht auf – erzählt einen ungeheuern Traum, wodurch der junge Mensch sich wieder schuldlos fühlt. ›Gutes Geschäft‹

sagte Olga; die den Stoff sehr charakteristisch für mich fand« (Tb, 15.6.1907).

Inhalt und Deutung

Nicht mehr ein Liebes-, sondern ein Ehepaar steht im Mittelpunkt der 1925 fertiggestellten Novelle, und die Möglichkeit einer ausgeglichenen, durch wechselseitige Offenheit gefestigten Gemeinschaft von Mann und Frau wird offenbar bejaht: Auf den Abend und das Dunkel in der Eingangsszene folgen am Schluss ein »sieghafte[r] Lichtstrahl« (TRA, 97), ein morgendliches Kinderlachen und die Rückkehr in den bürgerlichen Familienalltag, mit dessen Schilderung die nach dem Muster einer deutlichen Kreisbewegung komponierte Erzählung begann.

Mit ihrem – zumindest vordergründig – optimistischen Schluss bildet die *Traumnovelle* eine Ausnahme in Schnitzlers Œuvre, zählt sie hier doch zu den wenigen Werken, die »nicht mit der persönlichen Katastrophe einer Gestalt, dem Ende einer menschlichen Beziehung oder zumindest mit Resignation« (Scheible 1977, 70) enden. Dass der Autor sich nach den zermürbenden Auseinandersetzungen mit seiner Frau in einer Art kompensatorischer Bewegung persönlich entlasten wollte, ist eine mögliche biographische Erklärung für den ungewohnt hoffnungsvollen Ausgang seiner Geschichte. Von Interesse für ihr Verständnis aber ist vor allem die Motivation dieses Ausgangs im Rahmen der narrativen Fiktion.

Im Ansatz hat Schnitzler seine Geschichte wie ein psychologisches Experiment angelegt. Zu Beginn führt er vor, wie zwei Eheleute sich selbst und ihrem Partner bis dahin verschwiegene Sehnsüchte offenbaren und wie sie auf diese Weise aus der Illusion konventionell begründeter Rollenbilder erwachen. Nicht der Besuch einer Redoute, der die Eheleute noch in der Nacht zuvor »zu einem schon lange Zeit nicht mehr so heiß erlebten Liebesglück« (TRA, 6) zusammenführte, sondern ein Gespräch über ihre »verborgenen, kaum geahnten Wünsche« (ebd., 7) leitet die den Fortbestand von Ehe und Kleinfamilie gefährdende Krise ein. Im Folgenden betreten sie, was ihr Autor als »eine Art fluktuierendes Zwischenland zwischen Bewusstem und Unbewusstem« (AB, 455) bezeichnet (Schnitzler versteht darunter einen Bereich des ›Halbbewussten‹, in dem sich sowohl Elemente von Freuds Über-Ich wie auch des sogenannten Es versammeln. Freuds schematische Trennung in Ich, Über-Ich und Es hält er dagegen für »geistreich, aber künstlich«; ebd, 283; vgl. Rohrwasser 2003). Für den Aufenthalt in diesem »Zwischenland« sind die beiden Figuren allerdings ungleich gerüstet. Aus historischer Sicht gestaltet Schnitzler hier zugleich die gendertypischen Vertreter unterschiedlicher Zeiten: Albertine entspricht in mancher Hinsicht dem Konzept der modernen ›neuen Frau‹ der Nachkriegs- und Nachkaiserzeit, während Fridolin den Denkmustern der männlich dominierten Gesellschaft der Vorkriegszeit und Donaumonarchie verhaftet ist.

Albertine, die »zuerst den Mut zu einer offenen Mitteilung« (TRA, 8) findet, dokumentiert mit ihrem Verhalten und ihrer Erzählweise, dass sie den Willen und die Fähigkeit zur genauen Selbstbeobachtung besitzt und dass sie in der Lage ist, auch Vorgänge am Rande ihres Bewusstseins wahrzunehmen und mit allen Widersprüchen sprachlich genau zu erfassen. Diese besondere Befähigung zur kritischen Selbstreflexion wird im Verlauf der erzählten Geschichte durch Albertines ungewöhnlich differenzierte Erzählung eines Traums bestätigt, in dem sie hemmungslos eine animalische Form von Sexualität jenseits aller Konvention auslebt und ihrer Aggression gegen einen Partner Ausdruck verleiht, der sich nicht als der erhoffte Märchenprinz, sondern als ein im Innersten schwacher Mann erwiesen hat (Scheffel 1997, 187–189).

Der widerstrebend und nur auf Albertines Aufforderung hin erzählende Fridolin vermag dagegen offenbar weder zum Innern seiner Frau noch zu seinem eigenen wirklich Zugang zu finden. Albertines Eingeständnis sexueller Wünsche, die nicht an die Institution der Ehe gebunden sind, überfordert den in seinem Fühlen und Handeln offensichtlich von den Konventionen einer bürgerlichen, den weiblichen Sexus tabuisierenden Gesellschaft geprägten Mann. Seine Reaktion auf Albertines Erinnerung an den Abend vor ihrer Verlobung etwa zeigt, dass er den mit ihrem Geständnis verbundenen Vorwurf mangelnden Mutes nicht versteht bzw. nicht verstehen will. Statt zu erläutern, warum er Albertine nicht als Geliebte, sondern nur als Ehefrau umwerben wollte, unterstellt er seiner Frau den Wunsch nach reiner Triebbefriedigung und eine allein dem Zufall unterworfene Wahl des Partners.

Den unterschiedlichen Voraussetzungen der beiden Protagonisten entspricht, dass Fridolin im weiteren Verlauf der Geschichte zunächst nicht als Erzähler, sondern nur als Handelnder in Erscheinung tritt. Im Rahmen einer internen Fokalisierung, die zwischen dem zweiten und dem Anfang des siebten Kapitels dominiert, wird der Leser zum Zeugen von

Empfindungen und Vorgängen im Innern der Figur, die sich der durch Wien irrende Fridolin selbst nicht bewusst machen will oder kann. Mit Hilfe von erzähltechnischen Mitteln wie der erlebten Rede und Ansätzen des Inneren Monologs lässt sich *in actu* verfolgen, wie der seiner selbst einst so sichere Arzt in der besonderen Atmosphäre einer lauen Vorfrühlingsnacht »immer weiter fort aus dem gewohnten Bezirk seines Daseins in irgendeine andere, ferne, fremde Welt« (TRA, 28) entrückt wird, und wie der Aufenthalt in dieser Welt Fridolins starre Denk- und Verhaltensmuster so offensichtlich überfordert, dass er schließlich einsehen muss, was Albertine mit der Platzierung der Maske auf seinem Kopfkissen sinnfällig zum Ausdruck bringt: Nicht nur zu Albertines, sondern auch zu Fridolins alltäglichem Leben gehören »Schein und Lüge« (ebd., 77), d. h. stereotype Bilder von sich und dem Anderen und zugleich ein Inneres, das bei näherem Hinsehen voller Widersprüche und Rätsel, voller geheimer Ängste und Sehnsüchte ist.

Infolge seiner Erfahrungen gewinnt auch Fridolin an Offenheit und einer gewissen Distanz gegenüber sich selbst. Zu seiner Entwicklung gehört, dass er die Rolle eines Erzählers übernimmt, der seine Erlebnisse in einer ihm bis dahin »fremde[n] Welt« mitteilen und damit sprachlich vergegenwärtigen möchte: »Ich will dir alles erzählen« (ebd., 96), erklärt der »am Ende seiner Kräfte« (ebd.) angelangte Fridolin der soeben erwachten Albertine in der zweiten Nacht der erzählten Zeit. Dass auch der Ehemann Zugang zu seinem Innern findet und sich überdies dem »Gerechtigkeitsgedanken in der Erotik« (Blum 1931/2001, 447) öffnet, ist die psychologisch realistische Bedingung dafür, dass beide Ehepartner sich am Ende als »erwacht« (TRA, 97) betrachten können – mit dem Ergebnis, dass nicht etwa eine »Desillusionierung im negativen Sinn« (Kim 2007, 228), sondern eine »Neulegitimation« ihrer bürgerlichen Existenz erfolgt und die Ehe der Figuren eine »neue Qualität der Bewusstheit« gewinnt (Lukas 1996, 211). Die Fortsetzung der ehelichen Gemeinschaft in der dynamischen und prinzipiell offenen Gestalt einer nunmehr beiderseitig erklärten »Kombination von ›Ehe + Liebesbeziehung‹« (ebd., 212) ermöglicht jedoch nicht allein dieser Bewusstwerdungsprozess. Entscheidend dafür ist vor allem die Erfahrung beider Protagonisten, dass die Bindung an den Partner zwar nicht der Natur all ihrer sexuellen Begierden, wohl aber ihren individuellen seelischen Bedürfnissen entspricht. Die von Schnitzler inszenierte vollkommene Parallelität dieser Erfahrung ist allerdings ebenso wenig ›realistisch‹ wie etwa die Tatsache, dass Albertines Traum zahlreiche Analogien zu den nächtlichen Erlebnissen Fridolins enthält (einschließlich der ›Zufälle‹, die den Abbruch von Fridolins Abenteuern bewirken).

Sowohl das Kompositum des Titels »Traum*novelle*« als auch der Anfang der Erzählung weisen schließlich deutlich darauf hin, dass die Anlage von Schnitzlers Geschichte nicht allein den Gesetzen eines psychologischen Realismus folgt. Schon der unmittelbare Beginn der Erzählung mit dem Zitat einer orientalischen Märchenszene lässt sich als Hinweis darauf verstehen, dass auch die folgende Rahmengeschichte im Zeichen der Formel ›Es war einmal' beginnt und wie ein Märchen zu lesen ist, das seine Helden eine Folge von Abenteuern bestehen lässt und letztlich einem guten Ende entgegenführt. Der typisierenden Erzählweise im Märchen entspricht, dass die »unter dem rötlichen Schein der Hängelampe« (TRA, 5) versammelte Familie aus Vater und Mutter besteht, die durchweg nur beim Vornamen genannt werden, und einer »Kleine[n]« (ebd.), die bis zum Ende der Erzählung namenlos bleibt. Auch den durch die Nennung realer Orts- und Straßennamen (Josefstadt, Schreyvogelgasse etc.) erweckten Anschein eines unmittelbaren Wirklichkeitsbezugs unterläuft die Erzählung, da das erzählte Geschehen, genau betrachtet, nur räumlich, aber nicht historisch lokalisierbar ist, d. h. in einer »Niemalszeit« spielt, die »zugleich vor und nach dem Ende der Doppelmonarchie liegt« (Spiel 1981, 130). Neben einer seltsamen Häufung von z. T. nur lückenhaft motivierten Ereignissen gibt es außerdem im engeren Sinn Handlungselemente, die einem Märchen zu entstammen scheinen (Scheffel 1997, 182 f.).

Der – schon in der ersten Skizze des Sujets von 1907 ausdrücklich vorgesehene (ebd., 180) – Beginn mit einer Geschichte in der Geschichte eröffnet nicht nur eine ganze Reihe von intratextuellen Bezügen (hier wie dort finden sich u. a. die Motive der Nacht, der Reise, der Einsamkeit sowie der Spannung von Körper und Kleidung im Sinne einer in mehrfacher Hinsicht schützenden Hülle). Berücksichtigt man, welches Werk die ersten Sätze der *Traumnovelle* zitieren, so ergibt sich überdies ein ganzes Netz von intertextuellen Anspielungen (dazu und zu weiteren Bezügen u. a. zu Goethes Novelle *Nicht zu weit* und Homers *Odyssee* zuletzt auch Aurnhammer 2013, 215–69). Denn offensichtlich verweist der Name »Amgiad« (i. e. eine der möglichen französischen Umschriften des arabischen Na-

3.1.3 Späte Erzählungen 1924–1931

mens Amğad) des eingangs genannten Prinzen auf die *Erzählungen aus den Tausendundeinen Nächten* und damit auf ein Buch, das ebenso berühmt für seine Geschichten wie für die in zahlreichen Variationen praktizierte Erzählkunst seiner Figuren ist. Auch das Problem der Treue zwischen Mann und Frau sowie das für die erzählte Ehegeschichte so wichtige Motiv der lebenserhaltenden Kraft des Erzählens, des »Erzählens als Enttöten« (Klotz 1982, 334), findet sich hier an zentraler Stelle. Die Geschichte der Prinzen Amgiad und Assad, die Schehrezâd im Rahmen der *Geschichte von Kamar ez-Zamân* (Anonym 1976, 357–569) erzählt, war Schnitzler wenn nicht durch eigene Lektüre, dann zumindest dank der Vermittlung von Hugo von Hofmannsthal nachweislich vertraut. In der Version Hofmannsthals, der aus dem »Amgiad Assad Motiv« (Tb, 15.11.1894) ein Theaterstück hatte machen wollen, handelt es sich hier um die Geschichte von Zwillingsbrüdern, die sich »unter dem Zwang ihrer Entwicklung entgegenstreben« (Hofmannsthal 1978, 37; vgl. Kim 2009). Über das allgemein Märchenhafte hinaus verweist das zu Beginn zitierte Märchen also auch auf ein spezifisches Strukturelement der *Traumnovelle*, nämlich die oft bemerkte »strenge Symmetrie« (Scheible 1977, 124) in der Komposition der als »Doppelgeschichte« angelegten Erzählung.

Tatsächlich lässt sich die *Traumnovelle* auch als eine kritische Antwort auf Hofmannsthals *Das Märchen der 672. Nacht* (1895) und den Ästhetizismus der Autoren des ›Jungen Wien‹ lesen (vgl. Scheffel 1997, 195f.). Auch Schnitzler sieht die »Märchenhaftigkeit des Alltäglichen« (Hofmannsthal 1975, 208), doch versteht er sie in einem anderen Sinn als Leopold von Andrian, Hugo von Hofmannsthal oder Richard Beer-Hofmann, die in Werken wie *Der Garten der Erkenntnis* (1895) dem *Märchen* oder *Der Tod Georgs* (1900) die freischwebend-ästhetische Existenz eines in narzisshafte Ich-Befangenheit verstrickten Protagonisten gestalten. Angesichts prinzipiell offener, nicht mehr selbstverständlich von überlieferten Vorstellungen gestützten Bildern des Selbst und einer um die Welt der Träume und verdrängten Wünsche erweiterten psychischen Wirklichkeit des Menschen stellt Schnitzler in seiner *Traumnovelle* die Frage nach der Bedeutung des menschlichen Bewusstseins. Zugleich reflektiert er die Möglichkeit einer Überwindung der im Blickpunkt so vieler Werke der Moderne stehenden Vereinzelung des Subjekts. Grundlegend für seine Geschichte von den Voraussetzungen einer über den Augenblick hinausreichenden Gemeinschaft von Mann und Frau sind dabei zwei unterschiedliche Prinzipien des Erzählens. Im Rahmen der erzählten Geschichte zeigt er psychologisch realistisch, wie seine Figuren aus der Illusion eines scheinbar selbstverständlichen, tatsächlich aber märchenhaften Miteinanders erwachen, indem sie ihre unausgesprochenen Wünsche artikulieren und dank einer besonders reflektierten Form von Erzählen Abstand zu bislang gültigen Konzepten von sich selbst und Zugang zu ihrem Innern gewinnen. Zu diesem Prozess gehört ein bemerkenswertes Bild vom Verhältnis der Geschlechter: Es ist der Mann, der mit seiner konventionellen Form des Denkens hinter der als vergleichsweise modern konzipierten Frau zurücksteht und der sich erst im Verlauf der erzählten Geschichte zu ihrer Bewusstseinsstufe und ihrem komplexeren Bild von der Wirklichkeit eines prinzipiell dynamischen Lebens entwickelt. Dass dies so problemlos geschieht und dass beide Figuren dem bislang Verdrängten mit Hilfe des Erzählens so selbstverständlich den Stachel der Bedrohung nehmen und das »Kernlose des Lebens« (Hofmannsthal 1978, 42) unbeschadet erkennen und gemeinsam überwinden, übersteigt jedoch die Grenzen des Erzählens nach dem Prinzip eines psychologischen Realismus. Es ist nur deshalb möglich, weil Schnitzler seine Erzählung vom Erzählen und Erwachen der Figuren und damit auch die Abfolge des Geschehens in der *Traumnovelle* bewusst märchenhaft komponiert.

Die Begriffs- und Systembildungen der Freudschen Psychoanalyse, aber auch von Religion und Wissenschaft im Allgemeinen, hat Schnitzler als eine »Flucht aus der chaotischen Wahrheit [...] in den trügerischen Trost einer willkürlich geordneten Welt« (AB, 26) verstanden. In seiner *Traumnovelle* versucht er solchen Trug zu vermeiden. In diesem Sinne bindet er die vorgeführte Entdeckung des alle soziale Bindungen gefährdenden »Abgrund[s] der Triebwelt« (Spiel 1981) durch Mann und Frau in die Form einer Gegenwelt ein, deren Sinnbildungsmuster und tröstende Ordnung er seinerseits *erkennbar* nach den poetologischen Regeln eines Märchens aus einer fernen Welt gestaltet. Nicht zuletzt dank Stanley Kubricks nicht in allen Details, aber doch bis in viele Dialoge bemerkenswert texttreuer Verfilmung unter dem Titel *Eyes Wide Shut* (1999) (s. Kap. IV.3.3) zählt die *Traumnovelle* heute zu den wohl populärsten und meist rezipierten Werken Schnitzlers.

Literatur

Anonym: *Die Erzählungen aus den Tausendundeinen Nächten. Vollständige deutsche Ausgabe in zwölf Teilbänden.* Übertr. v. Enno Littmann. Bd. II,2. Frankfurt a. M. 1976.

Aurnhammer, Achim: *A. S. Intertextuelles Erzählen.* Berlin u. a. 2013.

Blum, Klara: A. S., ein Pionier des Frauenrechts. In: *Arbeiter-Zeitung*, 2.11.1931 (nachgedr. in: Klara Blum: *Kommentierte Auswahledition*. Hg. v. Zhidong Yang. Wien u. a. 2001, 446 f.).

Hofmannsthal, Hugo von: *Sämtliche Werke. Kritische Ausgabe.* Hg. v. Heinz O. Burger u. a. Bd. 28: *Erzählungen 1.* Hg. v. Ellen Ritter. Frankfurt a. M. 1975.

Hofmannsthal, Hugo von: Amgiad und Assad. In: Hugo von Hofmannsthal: *Sämtliche Werke. Kritische Ausgabe.* Hg. v. Heinz O. Burger u. a. Bd. 29: *Erzählungen 2. Aus dem Nachlass.* Hg. v. Ellen Ritter. Frankfurt a. M. 1978, 37–43.

Kim, Hee-Ju: *Traumnovelle.* Maskeraden der Lust. In: Hee-Ju Kim/Günter Sasse: *A. S. Dramen und Erzählungen.* Stuttgart 2007, 209–229.

Kim, Hee-Ju: ›Ehe zwischen Brüdern‹. A. S.s »Traumnovelle« im Licht ihrer intertextuellen Bezüge zur »Geschichte der Prinzen Amgiad und Assad« aus »Tausendundeine Nacht«. In: *Hofmannsthal-Jahrbuch* 17 (2009), 253–288.

Klotz, Volker: Erzählen als Enttöten – Vorläufige Notizen zu zyklischem, instrumentalem und praktischem Erzählen. In: Eberhard Lämmert (Hg.): *Erzählforschung.* Stuttgart 1982, 319–334.

Krotkoff, Hertha: Themen, Motive und Symbole in A. S.s *Traumnovelle.* In: *MAL* 5 (1972), H. 1/2, 70–95.

Lukas, Wolfgang: *Das Selbst und das Fremde. Epochale Lebenskrisen und ihre Lösung im Werk A. S.s.* München 1996.

Nunhofer, Ulrike: *Zur Literarisierung des Arztbildes. Die Arztfiguren in Theodor Fontanes Roman »Effi Briest« und A. S.s »Traumnovelle«.* Erlangen-Nürnberg 1995.

Rohrwasser, Michael: Einmal noch. Psychoanalyse. In: Konstanze Fliedl (Hg.): *A. S. im zwanzigsten Jahrhundert.* Wien 2003, 67–91.

Scheffel, Michael: Narrative Fiktion und die »Märchenhaftigkeit des Alltäglichen« – A. S.: *Traumnovelle* (1925/26). In: Michael Scheffel: *Formen selbstreflexiven Erzählens.* Tübingen 1997, 175–196.

Scheffel, Michael: Nachwort. In: TRA, 107–123.

Scheible, Hartmut: *A. S. und die Aufklärung.* München 1977.

Schrimpf, Hans J.: A. S.s *Traumnovelle.* In: *ZfdPh* 82 (1963), 172–192.

Spiel, Hilde: Im Abgrund der Triebwelt oder Kein Zugang zum Fest. In: Hilde Spiel: *In meinem Garten schlendernd. Essays.* München 1981, 128–135.

Thomé, Horst: *Autonomes Ich und ›Inneres Ausland‹. Studien über Realismus, Tiefenpsychologie und Psychiatrie in deutschen Erzähltexten 1848–1914.* Tübingen 1993.

Weiner, Marc A.: *Die Zauberflöte* and the Rejection of Historicism in S.'s *Traumnovelle.* In: *MAL* 22 (1989), H. 3/4, 33–49.

Michael Scheffel

Spiel im Morgengrauen (1926/1927)

Entstehung

27 Jahre nach der Publikation von *Lieutenant Gustl* (1900) erscheint Schnitzlers zweite »Leutn[ants]novelle« (Tb, 5.3.1924), *Spiel im Morgengrauen*, bei S. Fischer in Berlin. Der Entstehungsprozess der Novelle, die sich zugleich als Abwandlung und Aktualisierung früher Figuren und Grundmotive lesen lässt (vgl. Rey 1968, 126), erstreckt sich über einen Zeitraum von zehn Jahren, wobei die Periode 1923/26 als eigentliche Schaffens- und Bearbeitungsphase zu betrachten ist. Nach den ersten Entwürfen im Mai 1916 (vgl. Kiermeier-Debre 2011, 137) nimmt Schnitzler die Novelle im September 1923 unter dem Arbeitstitel »Bezahlt« wieder auf (Tb, 29.9.1923), was im Juni 1924 zu einer ersten Niederschrift führt: »Dict. Bezahlt vorläufig zu Ende« (ebd., 16.6.1924). Die langwierige Ausarbeitung des Schlusses verzögert aber die Fertigstellung des Manuskripts. Zwischen Ende 1925 und Anfang 1926 erarbeitet Schnitzler eine Neufassung seiner »Badner Novelle« (ebd., 27.10.1925), deren Schlussszene jedoch immer noch ungewiss bleibt: »Las in den letzten Tagen die Badner Novelle, die bis zum Schluss hin (der neu zu machen) nicht übel ist« (ebd., 3.5.1926). Erst Ende November 1926, als der Vorabdruck der Novelle beim Berliner Ullstein Verlag unmittelbar bevorsteht, ist die endgültige Fassung fertig: »Bdn. Nov. (Spiel im Morgengrauen) Gesamtcorr. an Ullstein« (ebd., 22.11.1926). Unter dem neuen Titel *Spiel im Morgengrauen* wird die Novelle vom 5. Dezember 1926 bis zum 9. Januar 1927 als Fortsetzungsgeschichte in der *Berliner Illustrirten Zeitung* veröffentlicht (vgl. Kiermeier-Debre 2011, 139). 1927 folgt die erste Buchausgabe bei S. Fischer, die noch im selben Jahr die fünfundzwanzigste Auflage erreicht (vgl. ebd.).

Inhalt

In der in 15 Kapitel gegliederten Novelle inszeniert Schnitzler 48 Stunden aus dem Leben des jungen k. u. k. Infanterieleutnants Wilhelm Kasda. Während das erste und das letzte Kapitel jeweils als ›Vor- und Nachspiel‹ fungieren, konzentrieren sich die beiden mittleren Teile (Kap. II–VII und Kap. VIII–XIV) auf die »vielfältigen Variationen des Spiels« (Iehl 2013, 221), mit denen der Leutnant im Lauf der Erzählung konfrontiert wird. Die beiden Erzählkomplexe sind zeitlich und räumlich klar abgegrenzt (der erste Teil

3.1.3 Späte Erzählungen 1924–1931

spielt von Sonntagmittag bis Montagmorgen in Baden, der zweite von Montagmorgen bis Dienstagmorgen in Wien) und bestehen jeweils aus Spannungs- und Entspannungsmomenten, die den unaufhaltsamen Abstieg des Leutnants bis zu seinem Selbstmord veranschaulichen.

Der erste Teil widmet sich insbesondere der unkontrollierbaren Spielleidenschaft des Leutnants. Kasdas Vorhaben, tausend Gulden beim Kartenspiel im Café Schopf zu gewinnen, um dem ehemaligen »entgleisten« (SPI, 19) Regimentskameraden Otto von Bogner zu helfen, erweist sich im Laufe der Erzählung als »Vorwand, sich an den Spieltisch zu setzen« (Laermann 1985, 184). Die »hohe Selbsteinschätzung« (Kecht 1992, 191) und trügerische Selbstsicherheit des Leutnants (»Er hatte überhaupt immer gewußt, Versuchungen widerzustehen«; SPI, 15) kontrastieren scharf mit seinem pathologischen, beinahe selbstzerstörerischen Verhalten während des Glücksspiels (vgl. Laermann 1985, 190), das im Morgengrauen seinen Höhepunkt erreicht. Nachdem Kasda »viertausendzweihundert Gulden« (SPI, 34) gewonnen hat, spürt er »eine unbändige, eine wahrhaft höllische Lust, weiterzuspielen« (ebd., 34f.). 25 Minuten später hat er nicht nur die bereits gewonnene Summe verloren, sondern auch weitere 11.000 Gulden, die der Konsul Schnabel ihm geliehen hat. Bei der Schilderung des Spiels trägt Schnitzlers Erzähldichte deutlich zur Spannungssteigerung bei: Die mehrfache Retardierung des Geschehens (z. B. der Besuch bei der Familie Keßner, der abendliche Spaziergang im Park oder das Verpassen des letzten Zuges nach Wien), die rhythmische, manchmal fast unmerkliche Verschränkung von Erzählbericht und erlebter Rede, der atemlose Rhythmus der kurzen Sätze und zahlreichen Wiederholungen (»Er gewann, verlor, trank ein Glas Kognak, gewann, verlor, zündete sich eine neue Zigarette an, gewann und verlor«; ebd., 34) akzentuieren Kasdas neurotisches Spielen (vgl. Anderson 1984, 92f.) und lassen ihn als passive, wirklichkeitsfremde Marionette (vgl. Kecht 1992, 187) erscheinen, die sich »[w]ie in einem Traum« (SPI, 39) vom Schicksal treiben lässt. In der kleinen Spielergesellschaft aus Zivilisten und Offizieren steht die Figur des Konsuls Schnabel deutlich im Vordergrund. Als proteische Gestalt (vgl. Lindken 1970, 30) tritt er abwechselnd als würdevoller Patriarch, zynischer Versucher und zwielichtiger Aufsteiger auf, der im »Einzelkampf« (SPI, 33) mit Kasda kalt und berechnend über Anfang und Ende des Spiels entscheidet.

Das achte Kapitel, eines der längsten der Novelle, kann als ›Zwischenspiel‹ betrachtet werden und bildet ein langes retardierendes Moment in der Handlungsführung. Auf der Rückfahrt von Baden nach Wien, während des Gesprächs zwischen Kasda und dem Konsul, scheinen Zeit und Raum aufgehoben zu sein. Umso drohender klingt die Ermahnung des Konsuls bei der Ankunft in Wien, als er Kasda an die strengen Regeln des militärischen Ehrenkodex erinnert: »›Ich rate Ihnen, Herr Leutnant, […] nehmen Sie die Angelegenheit nicht leicht, wenn Sie Wert darauf legen ... Offizier zu bleiben. Morgen, Dienstag, Zwölf Uhr‹« (ebd., 55). Von diesem Zeitpunkt an beginnt Kasdas Suche nach der rettenden Summe, wobei er ironischerweise, wie Bogner am Anfang der Novelle, die Rolle des »Bittstellers« (Rey 1968, 138) einnimmt, zuerst bei seinem Onkel Robert Wilram, dann bei dessen Ehefrau Leopoldine. Zentral in diesem zweiten Teil ist das »erotische Spiel« (Kecht 1993, 184; Neymeyr in SPI, 113) zwischen Kasda und der jungen Frau. Dabei lässt Schnitzlers analytische Erzähltechnik Leopoldine in dreifacher Perspektive auftreten: In Kasdas »punktuell auftauchenden Erinnerungsfragmenten« (ebd., 123) ist sie der schnell vergessene »Wuschelkopf von einst« (SPI, 86), mit dem er einige Jahre zuvor eine Liebesnacht verbrachte. In der Erzählgegenwart hingegen tritt sie als kühle emanzipierte »Geschäftsdame« (ebd., 85) auf und zugleich als »[e]ntzückend[e]« (ebd.) Frau, die durch ihre ambivalente Hinhaltetaktik mit Kasdas ›Irrungen und Wirrungen‹ geschickt zu spielen weiß. Im Morgengrauen wird das von Leopoldine dominierte Liebesspiel zur Rache: Als Lohn für die gemeinsame Liebesnacht erhält Kasda von der jungen Frau einen Tausendguldenschein zur Erinnerung an die zehn Gulden, die er ihr damals als Liebes- bzw. »Schandlohn« (ebd., 97) hinterließ. Dabei spielt die Macht der »subliminale[n] Erinnerung« (Thomé 1993, 682) eine beträchtliche Rolle: Erst in diesem Augenblick erinnert sich Kasda an »jene längst verflossene Nacht« (SPI, 95) und an die innige Hingabe Leopoldines. Im Prozess einer »verspäteten Anagnorisis« (Lorenz 2009, 249) besinnt er sich dann seines eigenen Verhaltens während des Liebesspiels: »Denn plötzlich wußte er, – und hatte er es nicht früher schon geahnt? – daß er auch bereit gewesen war, sich zu v e r k a u f e n« (SPI, 96). Am Ende erscheint dem tief erniedrigten Leutnant der Selbstmord als einzige Möglichkeit, dem gesellschaftlichen und moralischen Ruin zu entgehen und seine Offiziers- und Mannesehre zu retten.

Deutung

In Schnitzlers »Offiziersnovelle« (Tb, 3.3.1924) wird Kasdas zentrale Position durch das »Erzählverfahren der ›Mitsicht‹« (Scheffel 2007, 232) deutlich hervorgehoben: Der Wechsel von auktorialer Erzählhaltung, erlebter Rede und (hin und wieder auch) innerem Monolog gewinnt im Lauf des Geschehens eine immer größere Bedeutung (vgl. Rey 1968, 153; vgl. Neymeyr in SPI, 120) und gewährt dem Leser einen unmittelbaren Blick in Kasdas »Fühlen und Denken« (Scheffel 2007, 232). Dass der Leutnant als »privilegierte Gestalt« (Vanhelleputte 1985, 232) auftritt, unterstreichen weitere formale Aspekte. Zum einen findet sich eine »kreisförmige Komposition« (Kecht 1992, 185) – die Geschichte beginnt und endet in den Morgenstunden in Kasdas kleinem Offizierszimmer in Wien –, die symbolisch den beschränkten Lebenskreis und »kurzsichtigen Horizont« (Lorenz 2009, 242) des jungen Leutnants widerspiegelt: »Willi Kasda irrt in einem ebenso einfach strukturierten wie auswegslosen Labyrinth im Kreis umher« (ebd., 251). Zum anderen wird Kasdas Orientierungs- und Haltlosigkeit durch die zugleich rhythmische und wellenförmige Erzählstruktur reflektiert. Im chronologisch linearen Handlungsablauf zeichnet sich nämlich eine »Wellenlinie« (Rey 1968, 149) bzw. »Schicksalskurve« (ebd., 137) ab, »bei der dramatische Höhepunkte und Tiefpunkte miteinander abwechseln« (ebd., 149). Besonders anschaulich wird dieser Wechsel im zentralen »doppelten Kursus« (Thomé 1993, 673; Lukas 2004) der Novelle: »Kasda verliert zweimal bei dem Versuch, es mit dem ›Schicksal‹ aufzunehmen, und empfängt nach jeder Niederlage im ›Morgengrauen‹ eine Belehrung« (ebd.).

Liest sich die Erzählung zunächst als psychologisch exemplarische Schilderung des unausweichlichen Niedergangs eines Individuums, wobei Kasdas Selbstmord als »nachgeholter Suizid des Leutnant Gustl« (Lorenz 2009, 242) gedeutet werden kann, so liefert sie doch zugleich in mehrfacher Hinsicht eine distanziert-kritische Diagnose der Gesellschaft der Vorkriegszeit. Besonders aufschlussreich ist hierbei, dass Schnitzler diese Diagnose rückblickend am Ende der 1920er Jahre erstellt (vgl. Neymeyr in SPI, 115; vgl. Scheffel 2007, 237 f.; vgl. Lorenz 2009, 241), sodass die Erzählperspektive »eine besondere analytische Schärfe der Distanz« (ebd.) erhält, die der Novelle eine eigentümliche Färbung verleiht: »[Schnitzler] entlarvt die auf fragwürdigen Konventionen und Standesvorurteilen aufgebaute Scheinwelt der Vorkriegszeit, indem er sie zugleich als depraviert darstellt. Auch die Décadence-Diagnose, die schon die Konzeption seiner früheren Erzählungen und Dramen bestimmt, radikalisiert er in *Spiel im Morgengrauen*« (Neymeyr in SPI, 115). Im Lauf der Erzählung spiegelt sich der Depravations- und Zersetzungsprozess der Gesellschaft in den vielfältigen, überwiegend durch Geld- und Machtstrategien dominierten Spielvarianten, die somit die »materialistische Deformation aller Lebensverhältnisse« (ebd., 114) deutlich hervorheben. Exemplarisch dafür steht in erster Linie das Glücks- und Geldspiel im Café Schopf: Dass die »alea« (Caillois 1967, 56), d. h. das Hasardspiel, kein besonderes Können voraussetzt und die individuellen und sozialen Unterschiede zwischen den Spielern aufhebt (vgl. ebd.), betont umso mehr die Geldfixierung bei Offizieren und Zivilisten. Darüber hinaus schafft das ritualisierte Gesellschaftsspiel eine fiktive, trügerische Dimension, bei der »das Geld außerhalb aller realen Lebenskontexte [steht], in denen es sonst erworben oder getauscht wird« (Thomé 1993, 675). Wer jedoch die »genaue[n] Regeln und Ordnungen« (Kecht 1992, 185) des Spiels nicht einhält, wird automatisch aus der Spielergemeinschaft ausgeschlossen. Davon zeugt z. B. die kühle Reaktion der Teilnehmer gegenüber Kasdas unkontrolliertem Verhalten am Ende des Spiels: »Es schien Willi, als vermieden sie alle, sich um ihn zu kümmern, ja ihn nur anzusehen« (SPI, 42). Indem sich der Leutnant der »unumschränkten Herrschaft der Triebe« (Thomé 1993, 675) unterwirft, büßt er sein soziales Ansehen ein, sowohl bei den Offizieren als auch bei den Zivilisten.

Das allgemeine Verderben der menschlichen Verhältnisse spiegelt sich auch in Schnitzlers kritischer Darstellung der Geschlechterbeziehungen. Sie wird sowohl in Kasdas Verhältnis zu der jungen Emilie Keßner verdeutlicht, die dem Leutnant als potentielle (doch unerreichbare) »Heiratskandidatin« (Fliedl 2005, 232) erscheint, als auch in der Schilderung der Choristin Mizi Rihoschek, einer stummen bzw. »träller[nden]« (SPI, 33) Frau, die zwischen zwei Männern (Schnabel und Elrief) wie eine Puppe hin und her gereicht wird. Im widersprüchlichen Verhältnis von Eros und Ökonomie (vgl. Thomé 1993, 684 f.; vgl. Lorenz 2009, 245) hebt sich Leopoldine Lebus-Wilram von den anderen weiblichen Figuren deutlich ab. Das damals von Kasda »zur Ware tief erniedrigte ›süße Mädel‹« (Scheffel 2007, 236) hat, ähnlich dem Konsul Schnabel, »die Allmacht des Geldes« (Thomé 1993, 688) erkannt. Sie hat die »gesellschaftlichen Spielregeln« (ebd.) meisterhaft ausgenutzt und sich somit von jeder psychologischen und materiellen Bevormundung zu befreien gewusst: »›Vor allem bin ich ein freier Mensch, das hab ich mir immer am meisten gewünscht, bin von niemandem abhängig, wie – ein Mann‹« (SPI, 90). In diesem Sinne beruht ihre Ehe mit Robert Wilram auf einem finanziellen, streng geregelten »Kontrakt« (ebd., 71), bei welchem die »Abhängigkeitsverhältnisse« (Laermann 1985, 195) eindeutig umgekehrt werden: Als unerbittliche Vermögensverwalterin übernimmt Leopoldine die Vormundschaft über ihren Ehemann, sodass das Verhältnis zwischen den beiden nur noch als »bürgerliche Ehe-Fassade« (Neymeyr in SPI, 126) bzw. ›pervertierte‹ Ehe (vgl. Rey 1968, 134) aufzufassen ist. In der Beziehung zwischen Kasda und der jungen Frau ist die Umkehrung der Geschlechterrollen noch ausgeprägter. Die Szene, in der Kasda von Leopoldine die tausend Gulden als »Sündengeld« (SPI, 87f.) bekommt, wird von Schnitzler »in spiegelbildlicher Entsprechung zur frühen erotischen Begegnung« (Neymeyr in SPI, 130) gestaltet und variiert: So erscheint der Leutnant nur noch als männlicher Prostituierter, der im Morgengrauen unter Leopoldines »eisige[m] Blick« (SPI, 94) seine eigene Käuflichkeit erkennen muss. Die Umkehrung der Geschlechterrollen führt hier weder zur Gleichheit noch zur Ausgewogenheit, sondern zu asymmetrischen (vgl. Neymeyr in SPI, 126), auf Geld und Macht beruhenden Beziehungen zwischen Mann und Frau, die in der »Umbruchszeit« (Scheffel 2007, 238) der 1920er Jahre eine neue, beachtliche Aktualität erhalten.

Rezeption

Der Inhalt der Novelle beschreibt so eindringlich menschliche Psyche und gesellschaftliche Ordnung, dass die mehrfachen Verfilmungen des Stoffes nicht verwundern. Schon im Jahre 1931 erscheint die MGM-Produktion *Daybreak* (vgl. Moritz 2006, 157 ff.; vgl. Keitz/Lukas 2010, 209–241), eine Inszenierung von Jacques Feyder, die allerdings, als »romantische Komödie« (ebd., 229) mit Happy End konzipiert, von der literarischen Vorlage stark abweicht. Später, in den 1970er Jahren, weckt die Novelle das Interesse des französischen Regisseurs Marcel Cravenne, der sie 1974 in einer deutsch-französisch-österreichischen Fernsehproduktion mit dem Titel *La dernière carte* verfilmt. Da jedoch Cravenne seinen Film mit der entscheidenden Analepse des vierzehnten Kapitels (Kasdas Erinnerung an die Liebesnacht mit Leopoldine) eröffnet, was Schnitzlers ›Poetik der Erinnerung‹ geradezu zunichte macht, wirkt das Ganze spannungslos (vgl. Cagneau 2013, 130 f.). Im Gegensatz dazu bietet die jüngste Verfilmung des Stoffes (Götz Spielmann, 2001) eine werkgetreue, »bedeutend professioneller[e]« (Moritz 2006, 160) Adaption, die nicht nur die Willensschwäche und Orientierungslosigkeit des Leutnants Kasda, sondern auch den Zerfall der Gesellschaft in der Vorkriegszeit überzeugend beleuchtet.

Literatur

Anderson, Susan: Profile of a gambler. Willi Kasda in *Spiel im Morgengrauen*. In: Petrus W. Tax u. a. (Hg.): *A. S. and His Age. Intellectual and Artistic Currents*. Bonn 1984, 90–102.

Cagneau, Irène: Les adaptations de S. à la télévision française (1956–1979). In: *Germanica* 52 (2013), 113–131.

Caillois, Roger: *Les jeux et les hommes. Le masque et le vertige*. Édition revue et augmentée. Paris 1967.

Doppler, Alfred: Leutnant Gustl und Leutnant Willi Kasda. Die Leutnantsgeschichten A. S.s. In: Joseph P. Strelka (Hg.): *Im Takte des Radetzky-Marschs. Der Beamte und der Offizier in der österreichischen Literatur*. Bd. 1. Bern 1994, 241–254.

Eichinger, Barbara: Komm, spiel zum Tod im Morgengrauen! »Lieb' und Spiel und Tod« im Werk A. S.s und in ausgewählten Visualisierungen. In: Thomas Ballhausen u. a. (Hg.): *Die Tatsachen der Seele. A. S. und der Film*. Wien 2006, 247–267.

Ekfelt, Nils: A. S.s *Spiel im Morgengrauen*. Free Will, Fate, and Chaos. In: *German Quarterly* 51 (1978), 170–181.

Fliedl, Konstanze: *A. S.* Stuttgart 2005.

Geißler, Rolf: Die Welt als Spiel. A. S.s Erzählung »Spiel im Morgengrauen«. In: *Literatur für Leser* (1986), H. 4, 204–211.

Iehl, Yves: Glücks-, Geld- und Liebesspiele unter Ehrenmännern im Wien der Vorkriegszeit. Die vielfältigen Variationen des Spiels in A. S.s Erzählung *Spiel im Morgengrauen*. In: Philippe Wellnitz (Hg.): *Das Spiel in der Literatur*. Berlin 2013, 221–236.

Kecht, Maria-Regina: Analyse der sozialen Realität in S.s ›Spiel im Morgengrauen‹. In: MAL 25 (1992), H. 3/4, 181–197.

Keitz, Ursula von/Lukas, Wolfgang: Plurimediale Autorschaft und Adaptionsproblematik. *Spiel im Morgengrauen* und *Daybreak*. In: Achim Aurnhammer/Barbara Beßlich/Rudolf Denk (Hg.): *A. S. und der Film*. Würzburg 2010, 209–241.

Kiermeier-Debre, Joseph: Anhang. In: Joseph Kiermeier-Debre (Hg.): *A. S. Spiel im Morgengrauen. Novelle. Berlin 1927*. München 2011, 135–175.

Laermann, Klaus: »Spiel im Morgengrauen«. In: Giuseppe Farese (Hg.): *Akten des Internationalen Symposiums »A. S. und seine Zeit«*. Bern u. a. 1985, 182–200.

Lindken, Hans U.: *Interpretationen zu A. S. Drei Erzählungen*. München 1970.

Lorenz, Markus: Die Welt als Hasard und Vorstellung. S.s Novelle *Spiel im Morgengrauen*. In: ZfdPh 128 (2009), H. 2, 241–260.

Lukas, Wolfgang: ›Sens‹ et ›justice‹. Eléments d'une ›métaphysique de la vie‹ dans la prose tardive d'A. S. In: Rolf Wintermeyer/Karl Zieger (Hg.): *Les »Jeunes Viennois« ont pris de l'âge. Les œuvres tardives des auteurs du groupe »Jung Wien« et de ses contemporains autrichiens*. Valenciennes 2004, 101–113.

Moritz, Verena: »Entweder ein ungeheuerlicher Blödsinn oder eine unerbittliche Notwendigkeit«. Überlegungen zum Ehrbegriff im Werk von A. S. zwischen historischem Kontext und filmischer Adaption. In: Thomas Ballhausen u. a. (Hg.): *Die Tatsachen der Seele. A. S. und der Film*. Wien 2006, 137–169.

Neymeyr, Barbara: Nachwort. In: SPI, 113–134.

Rey, William H.: *A. S. Die späte Prosa als Gipfel seines Schaffens*. Berlin 1968.

Scheffel, Michael: *Spiel im Morgengrauen*. Das Ende des Leutnants. In: Hee-Ju Kim/Günter Saße (Hg.): *Interpretationen. A. S. Dramen und Erzählungen*. Stuttgart 2007, 230–239.

Thomé, Horst: *Autonomes Ich und ›Inneres Ausland‹. Studien über Realismus, Tiefenpsychologie und Psychiatrie in deutschen Erzähltexten 1848–1914*. Tübingen 1993.

Tweraser, Felix W.: *Political Dimensions of A. S.s Late Fiction*. Columbia 1998.

Vanhelleputte, Michel: Der Leutnant und der Tod. Betrachtungen zu einem S.schen Thema. In: Roger Goffin u. a. (Hg.): *Littérature et culture allemandes. Hommages à Henri Plard*. Bruxelles 1985, 217–236.

Irène Cagneau

Flucht in die Finsternis (1931)

Entstehung

Schnitzler beginnt 1912 mit der Arbeit an der Erzählung, die durch ein bereits im März 1905 mit dem Bruder geführtes Gespräch angeregt sein mag: »Erzähle Julius von meinen Angstgefühlen. Er riet zur Selbsterziehung. –« (Tb, 1.3.1905); detailliert zur Entstehungsgeschichte vgl. Tarnowski-Seidel (1983), die auf der Basis einer Auswertung der Tagebuchaufzeichnungen Schnitzlers die Beziehung Schnitzlers zu seinem Bruder Julius zu rekonstruieren sucht und diese in der vorliegenden Erzählung verarbeitet sieht, um damit auch grundsätzlich das Verhältnis von ›Leben‹ und ›Schreiben‹ bei Schnitzler zu klären. Der unter dem Arbeitstitel »Der Verfolgte« in Angriff genommene Text trägt in der Fassung von 1917 den Titel »Wahn«. Schnitzler entscheidet jedoch zunächst, den Text nicht zu veröffentlichen (Tb, 1.12.1917). Der Erstdruck erfolgte dann erst 14 Jahre nach der Ausarbeitung dieser noch nicht endgültigen, laut Tagebuch Ende 1930 nochmals überarbeiteten Fassung (vgl. z. B. ebd., 3.11. u. 6.11. 1930) in der *Vossischen Zeitung* in Berlin vom 13. bis 30. Mai 1931. Wenig später erschien die Erzählung im *Neuen Wiener Tagblatt* vom 19.7. bis 19.8.1931. Die erste Buchausgabe wurde anschließend bei S. Fischer in Berlin, noch vor Schnitzlers Tod, 1931 herausgebracht, ein weiterer Abdruck folgte 1939 in der Exilsammlung *Flucht in die Finsternis und andere Erzählungen*.

Inhalt

Die Erzählung gliedert sich in 17 Kapitel, in denen, ihrer chronologischen Reihenfolge nach, die Wahrnehmungen, Gedankengänge, Assoziationen und Gefühle des Protagonisten Robert – Sektionsrat im Wiener Kultusministerium, 43 Jahre alt, vor zehn Jahren nach dreijähriger Ehe mit Brigitte verwitwet, kinderlos – dargestellt werden. Der Zeitraum erstreckt sich vom Spätherbst, in dem Robert von einem im Frühling angetretenen Kururlaub wegen einer »Nervenerkrankung« (FLU, 76) zurückkehrt, bis zu einem Dezemberabend, an dem er seinen älteren Bruder Otto – Arzt, a. o. Professor, verheiratet, zwei Söhne – erschießt und selbst in der winterlichen Natur ums Leben kommt. In den geschilderten psychischen Prozessen greift Robert auch auf Geschehnisse vor diesem primär erzählten Zeitraum zurück bzw. auf mögliche kommende Ereignisse voraus; zu jedem Zeitpunkt dieser Prozesse können ihm unterschiedlichste Zeiträume präsent sein. Vor der Rückreise nach Wien hat er die Trennung von einer Geliebten, Alberta, hingenommen, während des erzählten Zeitraums gibt es eine erotische Episode mit einer armen Klavierlehrerin; später kommt es zur Annäherung an und Verlobung mit Paula, ca. 30 Jahre, aus bürgerlichem Hause. Der Text stellt den fortschreitenden Prozess einer psychischen Erkrankung Roberts, die sich als paranoide Schizophrenie identifizieren lässt, dar; sie führt zu dem tödlichen Ende.

Deutung

In den Text geht einiges von dem psychiatrischen und psychoanalytischen Wissen ein, über das Schnitzler als Arzt verfügte (vgl. Thomé 1993). Man hat den Text denn auch als Erzählung einer medizinischen Fallgeschichte interpretiert (vgl. Lönker 2007). Auffällig ist freilich, dass der Text überhaupt nichts über die Ätiologie der Krankheit – ihre Entstehungsgeschichte, ihre Gründe – mitteilt. Es geht eher darum, wie Robert mit den von ihm selbst so benannten »Zwangsvorstellungen« (FLU, 91) um-

3.1.3 Späte Erzählungen 1924–1931

geht und welche psychischen und sozialen Folgen dieser Umgang hat.

Robert interpretiert sein Verhältnis zu Otto, dem Arzt, als das zu einer autoritativen und normativen Instanz, die verantwortungsvoll den »Ernst des Lebens« (ebd., 60) sowie die bürgerliche Normalität repräsentiert und ihm, Robert, den Unernst seiner Lebensführung und seine Nicht-Identifikation mit seiner Rolle als Ministerialbeamter vorhält. Für Robert ist Otto die wichtigste Bezugsperson, relevanter als die Eltern beider und als eine Frau in seinem Leben. In seiner Sorge, vielleicht wahnsinnig zu werden, hat Robert Otto vor Jahren schriftlich die Erlaubnis anvertraut, ihn in diesem Falle zu töten. In dem kurzen Zeitraum zwischen Rückkehr und Tod beherrscht Robert die Wahnidee, er könne Alberta ermordet haben, da er sich an eine Verabschiedung nicht mehr erinnern kann. Diese Gedächtnislücke interpretiert er selbst als einen Akt der ›Verdrängung‹ im Freudianischen Sinne: als Tilgung des Uneingestehbaren aus dem Gedächtnis. In Kenntnis der zeitgenössischen psychologischen Theorien interpretiert Robert unentwegt sich und seine Umwelt. So führt er seinen vermuteten Mord auf seine ihm bewusste Tendenz zurück, binnen kurzem gegenüber Erotikpartnerinnen Aversionen zu entwickeln: »›Und wo ist am Ende der Unterschied‹, fragte er sich, ›zwischen einem Todeswunsch und einem Mord?‹« (ebd., 58). Auch in der Folge wird er das Problem haben, häufig nicht zwischen innerpsychischen Abläufen und realen außerpsychischen Geschehnissen unterscheiden zu können. Nur scheinbar vertraut er sich der medizinischen Autorität seines Bruders an, von dem er, obwohl er ihm seine wahren Symptome verschweigt, wissen will, ob er »wahnsinnig« sei und ob Otto zwischen vergleichsweise harmlosen psychopathischen Symptomen und solchen psychotischen Typs unterscheiden könne: »Und bist du auch sicher, die Grenze immer bestimmen zu können?« (ebd., 60). Wie oft in Schnitzlers Werk geht es auch hier um die offene Frage, wo die Grenze zwischen dem noch und dem nicht mehr kulturell Akzeptablen verläuft. Da Robert aber Otto nicht ausreichend informiert, kann dieser einerseits den wahren Geisteszustand Roberts nicht erkennen, und es bleibt andererseits unentscheidbar, ob er diese Grenze tatsächlich genau ziehen könnte.

Zunehmend fühlt sich Robert verfolgt und vermutet in fremden Personen Überwachungsinstanzen; zunehmend verdächtigt er den Bruder, von jener Tötungsermächtigung Gebrauch machen zu wollen. Er phantasiert denn auch von einem kommenden Prozess gegen ihn wegen Albertas angeblicher Ermordung, bei dem man ihm seine Unschuld nicht glauben werde. Der Text ruft hier das in der Frühen Moderne ungemein beliebte juristische Modell als Metaphorik für existentielle Situationen ab; so interpretiert er denn auch die dem Bruder erteilte Tötungserlaubnis als »Schuldschein« (ebd., 16). Nur scheinbar ist er von seinen Wahnideen erlöst, als ein Brief Albertas – »unschätzbar als Beweismittel gegen Anschuldigungen und Verdächtigungen aller Art« (ebd., 70) – von ihrer Verheiratung in den USA berichtet. Doch er verschiebt seine Wahnideen nur und projiziert sie auf seinen Bruder, indem er nun diesem unterstellt, sich im fortschreitenden Wahnsinn zu befinden und sich mit anderen, so z. B. einem Psychiater, gegen ihn verschworen zu haben. Er befürchtet, Otto werde von der Tötungserlaubnis Gebrauch machen und fordert daher von diesem den Schuldschein zurück; daraus, dass Otto angibt, nicht zu wissen, ob er noch in dessen Besitze sei und wo er sich gegebenenfalls befinde, folgert Robert messerscharf, Otto wolle ihn umbringen. Aus Angst vor dem Bruder ergreift er die Flucht aufs Land und versucht die Verlobte Paula zu bewegen, dass sie ihm dorthin folge. Wegen Roberts Seltsamkeit verstört, informiert Paula Otto, der dem Bruder nachreist und nachts in sein Hotelzimmer tritt. Hier nun koppelt sich die Erzählinstanz eindeutig von Roberts Perspektive ab: Wo Ottos Augen »Angst, Mitleid und Liebe ohne Maß« (ebd., 113) ausdrücken, nimmt Robert im »feuchten Glanz dieses Blickes Tücke, Drohung und Tod« (ebd.) wahr und erschießt ihn. Um nicht zum Bewusstsein seiner Tat zu gelangen, flieht Robert in die Winternacht, wo er schließlich selbst umkommt.

Wenn hier nun der Verlauf, nicht aber die Entstehung eines Verfolgungswahns dargestellt wird: Warum wird dann überhaupt diese ›Fallgeschichte‹ erzählt? Da nach den zeitgenössischen Theorien Psychotiker, hier also ein Paranoiker, an Verlust einer adäquaten Realitätserkenntnis leiden, geht es in *Flucht in die Finsternis* implizit um genau diese: um die Bedingungen, die erfüllt sein müssen, damit das Subjekt sich und die Welt in einer – kulturell als adäquat geltenden – Form wahrnimmt, die sich aus jenen Fehlern, an denen Robert zugrunde geht, erschließen lassen (vgl. Wünsch 2004). Erstens zieht Robert Folgerungen aus einer unzureichenden Datenbasis, indem er seine Erinnerungslücken an die Verabschiedung von Alberta völlig willkürlich auffüllt. Zweitens schließt er von der Möglichkeit, die er gehabt hätte, Alberta zu ermorden, auf die Wirklichkeit, dass er es getan habe – der schon der klassischen Logik bekannte Fehlschluss *ab posse ad esse*. Drittens bezieht er alle scheinbar wahrnehmbaren Umweltdaten auf sich; demnach geschieht alles, was andere tun, sagen, zu denken oder zu fühlen scheinen, mit Absichten auf ihn. Viertens leugnet er die Möglichkeit des Zufalls, also eines Zusammentreffens von Ereignissträngen an einem Raum-Zeit-Punkt, die voneinander unabhängig sind und daher in keiner kausalen Beziehung zueinander stehen. Fünftens nimmt er gleichsam eine ›Übersemiotisierung‹ der Welt vor; er interpretiert Daten als bedeutungstragende Zeichen, die keine sind. Sechstens folgert er wiederholt nicht aus wahrnehmbaren Daten, sondern aus seinen affektiven Besetzungen von Personen; so schließt er aus seiner latenten Aversion gegen Erotikpartnerinnen, er könne diese ermordet haben; oder er schließt aus seiner uneingestandenen Ambivalenz gegenüber dem Bruder, dieser wolle ihn töten. Siebtens nimmt er Akte der ›Projektion‹ im psychoanalytischen Sinne vor, indem er anderen die eigenen psychischen Strukturen und Einstellungen unterstellt, so etwa, wenn er seinen eigenen Wahnsinn bei Otto vermutet. Achtens konstruiert er Verschwörungshypothesen, indem er ein quasi generalisiertes Misstrauen gegen andere entwickelt. Und schließlich immunisiert er sein Wahnsystem gegen jede denkbare Falsifikation, indem er einerseits die Beweislast einer Behauptung nicht dem zuschiebt, der sie aufstellt, sondern dem, der an ihr zweifelt, und indem er andererseits mit niemanden über seine Hypothesen kommuniziert und sie so potentiell kritischen Diskussionen entzieht.

Der Text entwirft also implizit eine Erkenntnistheorie, deren Elemente sich einzeln auch in vielen anderen Texten Schnitzlers finden (vgl. Lukas 1996, 232–247). Eine sozial akzeptable Erkenntnis der Realität kann sich demzufolge nur in sozialer Interaktion vollziehen; eine intersubjektive Realitätskonstruktion entsteht hier nur in kommunikativen Akten. Für eine solche Realitätskonstruktion gibt es bei Schnitzler keine Wahrheitsgarantie, keine mögliche Verifikation – wohl aber kann sie in sozialer Kommunikation falsifiziert werden.

Literatur

Allerdissen, Rolf: *A. S. Impressionistisches Rollenspiel und skeptischer Moralismus in seinen Erzählungen.* Bonn 1985.

Gölter, Waltraud: Weg ins Freie oder Flucht in die Finsternis. Ambivalenz bei A. S. Überlegungen zum Zusammenhang von psychischer Struktur und soziokulturellem Wandel. In: Hartmut Scheible (Hg.): *A. S. in neuer Sicht.* München 1981, 241–291.

Lindken, Hans U.: Zur Ätiologie und Semiotik des ›Wahns‹ in S.s Flucht in die Finsternis. In: TuK 10 (1982), H. 2, 344–354.

Lönker, Fred: *Flucht in die Finsternis.* Wahnsinn – psychopathologisches Fatum oder metaphysische Logik? In: Hee-Ju Kim/Günter Saße (Hg.): *Interpretationen. A. S. Dramen und Erzählungen.* Stuttgart 2007, 240–251.

Lukas, Wolfgang: *Das Selbst und das Fremde. Epochale Lebenskrisen und ihre Lösung im Werk A. S.s.* München 1996.

Rey, William H.: *A. S. Die späte Prosa als Gipfel seines Schaffens.* Berlin 1968.

Tarnowski-Seidel, Heide: *A. S. Flucht in die Finsternis. Eine produktionsästhetische Untersuchung.* München 1991.

Thomé, Horst: *Autonomes Ich und ›Inneres Ausland‹. Studien über Realismus, Tiefenpsychologie und Psychiatrie in deutschen Erzähltexten 1841–1914.* Tübingen 1993.

Weiss, Robert O.: A Study of Psychiatric Elements in S.'s *Flucht in die Finsternis.* In: GR 33 (1958), 251–275.

Wünsch, Marianne: Logische Argumentation und erkenntnistheoretische Probleme am Beispiel von A. S.s *Flucht in die Finsternis* (1931). In: Christine Maillard (Hg.): *Littérature et théorie de la connaissance 1890–1935. Literatur und Erkenntnistheorie 1890–1935.* Strasbourg 2004, 303–317.

Marianne Wünsch

3.2 Aus dem Nachlass veröffentlichte Erzählungen und Novellen

3.2.1 Frühe Erzählungen (entst. 1880–1900)

Kleinere Erzählungen

Die zwischen 1880 und 1895 entstandenen Texte sind postum erschienen. Wie andere frühe Erzählungen Schnitzlers haben auch sie bisher keine große Resonanz in der Forschung gefunden, obwohl sich bereits hier einige von Schnitzlers späteren Hauptthemen finden, darunter Künstlertum, Erotik, Sexualität, Liebe, Individualität und Tod. Auffällig ist, dass in ihnen häufig mehrere dieser Themen gleichzeitig vorkommen.

Frühlingsnacht im Seziersaal (1932/1933)

Der Ich-Erzähler, ein Student, verlässt nachts alleine eine Tanzveranstaltung. Offenbar ungeplant geht er von dort in den titelgebenden Seziersaal. Hier will er »den Rest der Nacht im Dienste der Wissenschaft« verbringen und sich »in die Erkenntnis des Todes« versenken (EV, 7). Doch unvermittelt steht Christine, die Tochter des Anatomiedieners, gemeinsam mit einem Freund des Erzählers, Stephan Kalman, vor ihm. Überrascht registriert der Student, dass die beiden ein Paar sind. Wiederum unerwartet kommt noch ein Fremder hinzu, der Geige spielt, einen »tollen Gesang« (ebd., 10) anstimmt und Christine und Stephan zu einem wilden Tanz verleitet. Als dieser einen ekstatischen Höhepunkt erreicht, unterbricht der Fremde unvermittelt sein Spiel und verlässt den Saal. Der Erzähler jedoch fühlt, wie ihn jemand am »Kragen« (ebd.) rüttelt, und es stellt sich heraus, dass er vor der Tür des Seziersaals geschlafen und geträumt hat und nun von Christines Vater geweckt wird.

In dieser 1880 entstandenen Jugenderzählung, erschienen im *Jahrbuch Deutscher Bibliophilen und Literaturfreunde* (Jg. 18/19, 1932/33), gestaltet Schnitzler das Ineinanderfließen von Tod und Leben sowie von Realität und Traum, dieser findet sogar eine Fortsetzung in jener: Nicht zuletzt durch die heftige Reaktion des Ich-Erzählers beim Erwachen – »›eine Tochter, Mensch‹, schrie ich […].« – bildet sich später die »Sage«, der Erzähler »sei in das Mädchen verliebt« (ebd., 11). Da zugleich weite Teile der Erzählung stark geprägt sind von erotischen Konnotationen, liegt die Annahme nahe, Schnitzler gestalte hier den unwillkürlichen Verarbeitungsprozess von Lust, Verlangen und Liebe (vgl. Beharriell 1953, 84–89). Wenn Schnitzler tatsächlich ein solches psychologisch deutbares Moment des Traums darstellen wollte, dann wird der diesem zugrunde liegende psychische Prozess komplexer dadurch, dass der Student nicht davon träumt, dass er selbst, sondern sein »Freund und Kollege« (ebd., 8) der Liebhaber Christines sei. Zudem lässt der Text offen, ob die »Sage« gerechtfertigt ist oder nicht. Entscheidet man sich für die erste Möglichkeit, beschreibt der Text das Funktionieren eines psychischen Mechanismus, im zweiten Fall die Voraussetzung dieses Mechanismus in der alltäglichen Kommunikation, wodurch sich implizit die Frage stellt, ob jene legitim ist.

Welch eine Melodie (1932)

In der 1885 entstandenen Erzählung (vgl. JiW, 23) findet ein junger angehender Komponist zufällig ein Notenblatt, auf dem unmittelbar zuvor ein Knabe spielerisch, nebenher und gänzlich »planlos« »musikalische Zeichen« (ES I, 7) notiert hat. Dem Finder ist sofort die besondere Qualität dieser Kompositionsskizze bewusst. Als er aus der im Text leitmotivisch immer wieder erwähnten Melodie ein Klavierstück komponiert, wird er damit berühmt. Doch anschließend scheitert er daran, ein weiteres Werk zu komponieren, und ein Jahr nach seinem großen Erfolg mit der zufällig gefundenen Melodie erschießt er sich.

Dargestellt wird in dieser Erzählung, die im Mai 1932 in der *Neuen Rundschau* erstveröffentlicht wurde, der Kontrast zwischen zwei Künstlertypen. Der Komponist entspricht einem nur »talentvoll[en]« Künstler, der zwar zu einer kunstfertigen »Ausführung« einer genialen Idee fähig ist, der aber nicht die Gabe besitzt, selbst eine solche Idee zu entwickeln (ebd., 9). Dem Knaben hingegen, der völlig beiläufig die »Idee« eines »Genies« (ebd.) produziert und dann buchstäblich aus dem Fenster fliegen lässt, fehlt völlig die Kunstfertigkeit der Ausführung. Als er versucht, das inzwischen berühmte und nach seinem eigenen Entwurf komponierte Klavierstück selbst zu spielen, versagt er kläglich und muss es sich von seinem Lehrer vorspielen lassen. Beide Künstlertypen scheitern also: dem einen fehlt das Genie, dem anderen die Technik.

Vor diesem Hintergrund legt die sich wiederholt in Kommentaren und Sentenzen äußernde Erzählinstanz nahe, dass das Motiv für den Freitod des Komponisten in einem Moment der Bewusstheit des eigenen künstlerischen Unvermögens zu suchen sei. Der technisch versierte Komponist, ein – für Schnitzler typischer – Künstler ohne Werk scheint demnach zu erkennen, dass er niemals »aus seiner eigenen Kraft« (ebd., 10) ein vergleichbares Werk wie diese eine Melodie würde schaffen können. Ein weiteres Thema dieser Erzählung ist die (erotische) Wirkung der Kunst, in diesem Fall der Melodie auf Frauen sowie der (klischeehafte) Umgang des Künstlers mit diesen (ebd., 8 f.).

Erbschaft (1932)

Emil denkt vor einem Café sitzend an seine Geliebte Annette und ist glücklich. Dieser Moment endet abrupt, als ihr Ehemann dort erscheint und ihm eröffnet, dass er Emils Briefe an seine Frau gelesen habe. Annette sei am Vortag an einem »Herzschlag« gestorben, und ihr Mann habe die Briefe »geerbt« (ES I, 19). Die beiden vereinbaren den Termin für ein Duell. Emil bleibt allein zurück und ihm wird bewusst, dass es »vielleicht kein Morgen« (ebd., 21) mehr für ihn gibt. Tatsächlich stirbt er bei dem Duell, dessen Beschreibung im Text ausgespart ist. Nach einer Ellipse wird lediglich mitgeteilt, dass beim Begräbnis nur »einer von Annettens Männern an ihrem Grabe« stand: »Der rechtmäßige!« (ebd.).

In der etwa 1887 entstandenen (vgl. Tb, 19.10.1887) und erstmals in der von Schinnerer besorgten Sammlung *Die kleine Komödie* (1932) erschienenen Erzählung wird relativ eindeutig Position zugunsten des Ehemanns bezogen, und zwar sowohl durch diesen Hinweis auf die Rechtmäßigkeit als auch durch die Charakterisierung Emils: Er wird eingangs dargestellt als jemand, der sich vor allem über äußere Reize definiert, den Genuss einer Havanna im Sonnenschein und die Vorstellung von »tausend Küssen« Annettes (ebd., 18). Als er vom Tod Annettes erfährt, denkt er bezeichnenderweise erst einmal gar nicht an sie, sondern nur an das Duell, dessen Organisation, seine Angst und seine Scham (ebd., 21). Die Geliebte hingegen taucht in seinem Bewusstsein erst veranlasst durch wiederum einen äußeren Reiz auf: das »Gesicht« einer vorbeifahrenden Schauspielerin, eines »hübschen Weibe[s]« (ebd.). Im Gegensatz dazu prägt der Ehemann das Gespräch mit Emil durch Ernsthaftigkeit und Gefasstheit.

Der Schluss der Erzählung macht zudem deutlich, wie wenig Spuren der Tod eines Menschen hinterlassen kann. Ein Sekundant erzählt, wie er die Rückfahrt mit dem Toten erlebte, doch von Trauer, Schmerz, Verlust ist nicht die Rede. Die Erzählinstanz schildert einzig, wie im geselligen Kreis etwas Schauerliches erzählt wird und welchen sinnlichen Eindruck das auf die Anwesenden unmittelbar macht (ebd., 22).

Der Fürst ist im Hause (1932)

Seit 17 Jahren ist Florian Wendelmayer Flötist in einem Theaterorchester. Alles ist ihm vertraut: die Kompositionen, die er spielt; die Theaterstücke, die er begleitet; die Gewohnheiten der Kollegen, denen er sich entzieht; selbst das titelgebende und für die Zuschauer bemerkenswerte Auftauchen des Fürsten in seiner Loge. Doch etwas Wesentliches hat er verloren: seine »Liebe für die Musik« (ES I, 24). Dabei war er vor einigen Jahren ein seine Kunst liebender Komponist mit ersten Erfolgen (ebd.). Doch das ewig Gleiche des routinierten Ablaufs eines Theaterabends gerät unvermittelt aus dem Gleis. Zunächst verändern sich die Wahrnehmungen Wendelmayers, bis er glaubt, das ganze Haus stürze ein. Tatsächlich bricht er selbst zusammen und man bringt ihn hinaus. Sowohl der Kapellmeister wie auch die Direktorin sind anschließend allein darauf bedacht, dass das Theaterspiel trotz des Zwischenfalls weitergehen kann. Als schließlich ein Arzt kommt, stellt sich heraus, dass der hinter der Bühne einfach auf dem Boden abgelegte Wendelmayer unbemerkt von allen Anwesenden bereits gestorben ist. Die Vorstellung aber geht weiter.

Diese 1888 entstandene Erzählung, aus Anlass von Schnitzlers 70. Geburtstag am 15. Mai 1932 in der Wiener *Arbeiter-Zeitung* veröffentlicht, behandelt zwei Themen: das offenbar gescheiterte Leben der Hauptfigur als Künstler und den rücksichtslosen Umgang mit dem Tod eines Menschen im Theater. Wendelmayer ist anscheinend etwas grundlegend missglückt, wenn er statt erfolgreicher Komponist nur Musiker im Theaterorchester einer »nicht groß[en]« (ebd., 23) Stadt geworden ist und alle Musik trotz seiner ursprünglichen »Liebe« zu ihr noch als »Geräusch und Lärm« (ebd., 24) erlebt. Den Grund dafür erfährt der Leser nicht. Stattdessen wird er mit der Frage konfrontiert, was das Leben eines solchen kleinen gescheiterten Flötisten wert ist. Die Handlungen des Kapellmeisters, der Direktorin und des Publikums geben eine eindeutige Antwort. Nur folgerichtig interpretiert die Erzählinstanz eine Reaktion des Arztes mit dem Satz, dieser hätte wohl sagen wollen, »die Wendelmeyers mögen nur ruhig sterben, das tut nichts« (ebd., 27).

3.2.1 Frühe Erzählungen (entst. 1880–1900)

Die Braut (1932)

Im Zentrum dieser Ende 1891/Anfang 1892 entstandenen (vgl. Tb, 22.1.1892), in der *Kleinen Komödie* erstveröffentlichten »Studie«, so der Untertitel, steht eine Prostituierte. Der Ich-Erzähler lernt sie auf einem Maskenball kennen, wo ihm die Intelligenz und Aufrichtigkeit dieser Frau auffallen. Ihre Lebensgeschichte, die er mit eigenen Worten wiedergibt, bildet den Hauptteil des Textes. Sie stammt aus gutem Hause; »ihre Sinne« erwachen schon früh und in quälender Intensität, sodass sie den Vorsatz fasst, sich zwar zunächst einen Gatten zu suchen, dann aber »freimütig den ursprünglichen und wilden Trieben ihrer Natur« und damit »jedem [...], der ihr gefiel« (ES I, 85), hinzugeben. Als sie sich mit 17 Jahren verlobt, scheint ihr Plan nicht aufzugehen, denn sie entwickelt Liebe für ihren Bräutigam. Doch hält dieses Gefühl nur kurz an. Als sie ihm ihr triebhaftes Verlangen nach allen Männern gesteht, erliegt er nach dem ersten Erschrecken der Versuchung, sein rohes Begehren an ihr stillen zu wollen (ebd., 86–88). Diesem Verlangen verweigert sie sich jedoch und gibt sich stattdessen auf der Straße dem Nächstbesten hin. So beginnt sie ihr Leben als Prostituierte.

Eine wichtige Ebene des Textes wird aus den Bewertungen der Prostituierten, ihres Lebens und vor allem ihres Trieblebens gebildet. Schnitzlers Darstellung bezieht sich auf zeitgenössische Topoi wie die beschränkte Rollenauswahl der Frauen zwischen den Polen von Jungfrau und Dirne (vgl. Lorenz 1995, 145–150). Dabei impliziert sie eine positive Parteinahme für die tabuisierte Rolle und eine kritische Distanz zu konventionellen Normen der damaligen Zeit. Auch der Schluss der Erzählung knüpft an zeittypische Denkschemata an: Die weibliche Sexualität wird dort assoziiert mit dem »ewigen Prinzip« der »Natur« und dann als allgemeiner Befund ergänzt, jene bringe es stets mit sich, dass auf dem Höhepunkt der Lust die »Individualität« des männlichen Gegenübers ausgelöscht und er selbst austauschbar werde (ebd., 88f.). Indem Schnitzler eine Frauenfigur gestaltet, die sich dieser entindividualisierenden Macht ihrer Sexualität bewusst ist, dieses »wütende[n], durstige[n] Trieb[s], der den Mann wollte, einfach den Mann, nicht ihn, den einen!« (ebd., 86), positioniert er sich auf bemerkenswerte Weise im Feld eines zeitgenössischen Diskurses, innerhalb dessen man der Liebe einerseits die Kraft zur Individualisierung zuschreibt und andererseits ihre gegenteilige Macht reflektiert, wobei der Frau entweder ein nur geringes oder ein übermächtiges Begehren zugeschrieben wird (vgl. Knorr 1988, 57–67; insbes. Lukas 1996, 161–177).

Der Empfindsame (1932)

Drei junge Männer sitzen traurig zusammen. Sie denken an ihren Freund Fritz Platen, der sich vor acht Tagen mit einem Kopfschuss umgebracht hat, ohne dass sie den Grund dafür kennen. Einer von ihnen hat den Brief einer Frau mitgebracht, der beweisen soll, dass ihr Freund an seiner »Empfindsamkeit« (ES I, 255) gestorben ist. Aus diesem Abschiedsbrief geht hervor, dass die Verfasserin und Geliebte von Fritz seit ihrer Mädchenzeit davon träumte, eine Karriere als Sängerin zu machen. Doch als junge Frau bekommt sie Probleme mit ihrer Stimme. Alle Ärzte sagen ihr, dass sie eigentlich gesund sei, behandeln sie aber doch, allerdings stets erfolglos. Nur beim letzten Arzt ist es anders. Er habe einmal deutlich formuliert, was alle anderen nur anzudeuten gewagt hätten, indem er ihr als ›Arznei‹ schlichtweg einen »Liebhaber« (ebd., 259) empfohlen habe. Direkt von diesem Arzt sei sie gekommen, als sie Fritz das erste Mal begegnete und »eine Stunde« (ebd., 257) später in seinen Armen lag. Anlass für den Brief ist ihre durch die Beziehung mit Fritz erfolgte Heilung, sodass sie endlich ein »Engagement« habe bekommen können (ebd., 256).

Diese 1895 entstandene Erzählung, im Mai 1932 in der *Neuen Rundschau* publiziert, greift auf eine damals »populäre, vorwissenschaftliche Erklärung der Hysterie« zurück, derzufolge »[w]eibliche ›Störungen‹ [...] auf ein sexuelles Defizit« zurückführbar sind (Fliedl 2005, 106). Das Humoristische des im Untertitel »Burleske« genannten Textes besteht in der komischen Wirkung der naiven und schonungslosen Direktheit der Frau. Wenn Fritz zu empfindsam war, dann also in dem Sinne, dass er nicht zum bloßen »Mittel« der »Heilung« (ES I, 258) einer verhinderten Sängerin erniedrigt werden wollte. Mit dieser Erniedrigung geht zudem noch eine weitere einher, die gleich zu Briefbeginn offen formuliert wird: Die rasche Eroberung »hätte vielleicht auch einem anderen an diesem Abend glücken können« (ebd., 257), d. h., die unterdessen erfolgreiche Sängerin konfrontiert ihn mit seiner radikalen Austauschbarkeit als männliches ›Medikament‹. Eine solche »*Funktionalisierung für den Selbstfindungsprozeß der Partnerin*«, »eine der desillusionierendsten Erfahrungen, die Schnitzler für seine männlichen Figuren immer wieder bereithält« (Lukas 1996, 168), stellt erneut, wie schon der Text *Die Braut*, die Frage nach dem Verhältnis von Liebe,

Sexualität und Individualität. Zwar versucht die Sängerin, Fritz zu versichern, er sei am Tag ihres Kennenlernens der »erste« von »viele[n]« ihr begegnenden »junge[n] und hübsche[n] Männern« gewesen, »dessen Lächeln« sie »erwiderte«, und es habe später »Momente« gegeben, in denen sie »fast vergaß«, was er ihr »ursprünglich bedeuten sollte[]«, doch konstatiert sie mit dieser Aussage zugleich, dass sie es nicht ganz vergessen konnte (ES I, 260). Letzteres macht sie schließlich auch explizit: »Und wer weiß, wie gern ich Dich gehabt hätte, wenn ich nicht immer daran hätte denken müssen, daß Du mir eigentlich verschrieben worden bist!« (ebd.). Jeder Mann hätte ihr als Medikament dienen können, auf das Individuum bezogene Liebe wird dadurch unmöglich. Selbst noch die »Musikgeschichte« wird seinen »Namen«, und damit seine individuelle Existenz unerwähnt lassen (ebd., 261).

Komödiantinnen (1932) [Verf. Peer Trilcke]

Im Zentrum der beiden 1893 entstandenen Prosaskizzen *Helene* und *Fritzi*, die von Schnitzler unter dem Titel *Komödiantinnen* zusammengefasst wurden (Erstdruck in der *Kleinen Komödie*), stehen weibliche Figuren. Erzählt werden beide Geschichten gleichwohl aus der Perspektive einer männlichen Figur: *Helene* als Er-Erzählung, *Fritzi* als Ich-Erzählung. Die Handlung von *Helene* umfasst kaum mehr als eine Stunde. Richard wartet in seinem Zimmer sehnsüchtig auf die angehende Schauspielerin Helene, die er seit kurzer Zeit trifft und die ihn am vorigen Abend mit einem vielversprechenden Kuss verabschiedet hatte. Als Helene kommt, gesteht sie jedoch, ihm nur etwas vorgespielt zu haben: Weder ihn noch irgendeinen anderen haben sie jemals geliebt. Richard sei nur ihr Opfer gewesen, an dem sie erproben wollte, ob sie in der Lage sei, überzeugend die Rolle der Verliebten zu spielen. Der letzte, neutral perspektivierte Absatz zeigt die emotional bewegte Helene nach Verlassen der Wohnung allein in einer Seitengasse.

In *Fritzi* steht der namenlose Ich-Erzähler vor einem Wiedersehen mit der erfolgreichen Sängerin Fritzi, mit der er sich vor acht Jahren ein paarmal getroffen hatte. Ihr letztes Treffen endete abrupt: Als sie, am Ende des Abends, bemerken, dass das Ringtheater in Flammen steht, verlässt Fritzi den Ich-Erzähler fluchtartig. Eben dieses Ereignis kommt nun beim Wiedersehen in großer Runde und an festlicher Tafel erneut zur Sprache. Fritzi berichtet den Anwesenden, wie sie einst nur knapp dem großen Brand im Theater entkommen konnte – zur großen Erleichterung ihrer Mutter, der sie für den Abend den Besuch einer Aufführung angekündigt hatte. Im flüchtigen Vier-Augen-Gespräch mit dem Ich-Erzähler gesteht Fritzi schließlich, an ihre Variante der Geschichte im Grunde bereits geglaubt zu haben.

Die beiden Erzählungen sind durch das Motiv des Rollenspiels aufeinander bezogen. In beiden Fällen erweisen sich die Frauenfiguren als geschickte Spielerinnen, die sich die Rollen, die sie öffentlich einnehmen, bereits nahezu vollständig angeeignet haben (Szendi 1999, 100 f.). Lassen sich die Texte damit zum einen als Reflexionen auf die prinzipielle Rollenhaftigkeit der sozialen Existenz verstehen, so können sie zum anderen, insofern es sich bei beiden Frauen um Bühnenkünstlerinnen handelt, auch als Studien über die Affizierung des privaten Selbstentwurfs durch das stete professionelle Rollenspiel interpretiert werden. Eine dritte Deutung könnte schließlich bei der auffälligen Verteilung der Geschlechtsidentitäten ansetzen und eine misogyne Grundhaltung aufdecken: Denn in beiden Erzählungen sind es Frauen (eben ›Komödiantinnen‹), deren Rollenspiel entlarvt wird; die Entlarvung hingegen erfolgt jeweils aus einer dominant männlichen Perspektive.

Literatur

Frühlingsnacht im Seziersaal
Beharriell, Frederick J.: S.'s Anticipation of Freud's Dream Theory. In: *Monatshefte* 45 (1953), 81–89.
Perlmann, Michaela L.: *Der Traum in der literarischen Moderne*. München 1987.

Welch eine Melodie
Eicher, Thomas: Deformierte Märchen. Zum Märchenbegriff in den frühen Erzählungen A. S.s. In: *Sprachkunst* 1 (1991), 81–91.

Die Braut
Allerdissen, Rolf: *A. S. Impressionistisches Rollenspiel und skeptischer Moralismus in seinen Erzählungen*. Bonn 1985.
Birk, Matjaž: Stefan Zweig und die Novelle der Wiener Moderne am Beispiel A. S.s. In: Mark H. Gelber (Hg.): *Stefan Zweig reconsidered. New Perspectives on his Literary and Biographical Writings*. Tübingen 2007, 119–137.
Knorr, Herbert: *Experiment und Spiel. Subjektivitätsstrukturen im Erzählen A. S.* Frankfurt a. M. u. a. 1988.
Lorenz, Dagmar: *Wiener Moderne*. Stuttgart/Weimar 1995.
Lukas, Wolfgang: *Das Selbst und das Fremde. Epochale Lebenskrisen und ihre Lösung im Werk A. S.* München 1996.

Der Empfindsame
Fliedl, Konstanze: *A. S.* Stuttgart 2005.
Kaiser, Erich: *A. S. Leutnant Gustl und andere Erzählungen. Interpretation*. München 1997.

Lukas, Wolfgang: *Das Selbst und das Fremde. Epochale Lebenskrisen und ihre Lösung im Werk A. S. s.* München 1996.

Komödiantinnen
Swales, Martin: *A. S. A Critical Study.* Oxford 1971.
Szendi, Zoltán: Erzählperspektiven in den frühen Novellen A. S. s. In: Károly Csúri/Géza Horváth (Hg.): *Erzählstrukturen II. Studien zur Literatur der Jahrhundertwende.* Szeged 1999, 94–109.

Filippo Smerilli

Die Nächste (1932)

Entstehung

Im März 1899 beginnt Schnitzler mit der Arbeit an der Erzählung (»Schreibe an Novelle«; Tb, 12.3.1899), die nach wenigen Tagen durch den Tod Marie Reinhards unterbrochen wird. »Seither schrieb ich nichts, versuchte wohl, aber es ist, wie wenn ich hier weiter müsste, wo ich aufgehört« (CUL, A169,2), notiert er, als der Schaffensprozess am 12. Juni 1899 wieder aufgenommen und bis zum vorläufigen Abschluss im Juli fortgesetzt wird: »Nach[mittag] die Novelle ›Die Nächste‹ beendet« (Tb, 6.7.1899; zur Textgenese Schumacher 2007, 301–308; Aurnhammer 2013, 55–64). Im November 1904 wird der Text aus zeitlicher und ästhetischer Distanz noch einmal kritisch gemustert und es scheint Schnitzler, die »Sache wäre zu retten« (CUL, A165,6). Zu dieser ›Rettung‹ kommt es zu Lebzeiten Schnitzlers allerdings nicht mehr. Der Erstdruck erfolgte postum nach der von Heinrich Schnitzler bereitgestellten Druckvorlage am 27. März 1932 in der Osterbeilage der *Neuen Freien Presse*; die erste Buchfassung kam kurz darauf in der von Schinnerer herausgegebenen Sammlung *Die kleine Komödie. Frühe Novellen* (1932) heraus.

Inhalt

Im Zentrum der Erzählung steht Gustav, ein pflichtbewusster Wiener Büroangestellter Mitte Dreißig, dessen Frau nach sieben glücklichen Ehejahren plötzlich verstorben ist. Der Text setzt ein halbes Jahr nach diesem Tod ein, nachdem der Protagonist einen »fürchterliche[n] Winter« (ES I, 319) durchlitten hat und mit dem einsetzenden Frühling nun spürt, »daß das Leben für ihn noch nicht zu Ende war« (ebd.). So nimmt er »den Verkehr mit seinen alten Bekannten wieder auf« (ebd., 322), vor allem aber regt sich die Sehnsucht danach, wieder in Kontakt mit Frauen zu treten. Diese Sehnsucht wird allerdings immer wieder sofort durch die Erinnerung an die Verstorbene durchkreuzt, da deren Antlitz ihm erscheint, sobald »er« »an die Küsse dachte, die ihm noch bestimmt waren« (ebd., 323) – ein ständiger Wechsel von Begehren und Scham, der jede nähere Begegnung verhindert. Dann aber erblickt Gustav auf einem seiner einsamen Spaziergänge eine Frau, die seiner verstorbenen Gattin in Gang, Gestik und Haartracht so ähnlich sieht, dass er sich fast »hätte […] einbilden können, daß es die Gestorbene war« (ebd., 327). Am ersten Tag folgt er der Doppelgängerin noch unbemerkt bis zu ihrer Wohnung, am nächsten Tag aber spricht er sie an und erfährt, dass sie wie seine Frau Therese heißt, und wiederum nur einen Tag später kommt es in ihrer Wohnung zur Liebesbegegnung. Kurz nach dem Akt, dessen Vollzug eine durch drei Punkte signalisierte Leerstelle bleibt, erwacht Gustav voller Scham gegenüber der betrogenen sowie mit Ekel vor der lebenden Therese, ›befreit‹ sich von beiden Gefühlen, indem er die ›zweite‹ Therese mit einer Hutnadel ersticht und ruft nach der Tat mittels Passanten die Polizei herbei. Während er auf deren Eintreffen wartet, sieht er erneut das Gesicht seiner Frau vor sich, und »zum ersten Mal seit ihrem Tod fühlte er irgend etwas [sic!] wie Frieden in seiner Seele« (ebd., 336).

Deutung

Als Prätext für Schnitzlers Erzählung lässt sich Georges Rodenbachs symbolistischer Roman *Bruges-la-Morte* (1892) identifizieren (Aurnhammer 1994). Rodenbach erzählt die Geschichte des verwitweten, wohlhabenden Rentiers Hugues Viane, der nach zehn glücklichen Ehejahren seine Frau verloren hat, seither zurückgezogen im zeichenhaft als ›tot‹ entworfenen Brügge lebt und in Form eines geradezu religiösen Kults ihr Andenken pflegt – in einem Reliquien-Raum verwahrt er etwa die Haare der Verstorbenen. Nach fünf Jahren melancholischer Erinnerungsarbeit lernt Hugues die Schauspielerin Jane Scott kennen, die als Ebenbild seiner Frau erscheint, und beginnt eine Liebesbeziehung mit der Doppelgängerin, in der er seine Gattin gleichsam noch einmal liebt. Immer deutlicher wird ihm bald allerdings die Vulgarität des vorgeblichen Ebenbilds, und Verehrung schlägt in Scham und Ekel um. Im dramatischen Schlussbild entdeckt Jane den geheimen Raum, verspottet den Kult und wird vom rasenden Witwer mit den Haaren der Toten erdrosselt.

Offenkundig ist Schnitzlers Übernahme von Figurenkonstellation und Handlungsmuster. Doch erschöpft sich *Die Nächste* keineswegs in einer Wiederholung des Rodenbachschen Plots, sondern nimmt vielmehr einige bedeutsame inhaltliche wie formale Änderungen gegenüber dem ›Vorbild‹ vor. Zentrale Abweichungen auf der *histoire*-Ebene sind die soziale Absenkung des Personals, eine Verdichtung des Handlungszeitraums sowie eine Reduzierung der Darstellung von Außenwelt (bei Rodenbach fungiert die Stadt noch als ›Hauptperson‹) zugunsten der inneren Welt des Protagonisten. Mit diesen Änderungen einher geht eine Sexualisierung der Handlung, die sich nun weitgehend auf das ständig schwankende Triebleben Gustavs konzentriert. Im Anschluss an Aurnhammer (1994) lässt sich diese Umschreibung des symbolistischen Settings »zu einer psychologischen Experimentalsituation« (Aurnhammer 2013, 71) als Umsetzung und Überbietung von Hermann Bahrs Forderung nach einer ›neuen Psychologie‹ verstehen, die »deterministisch, dialectisch und decompositiv« zu sein habe (Bahr 1968). Vor allem aber bietet Schnitzlers Text eine voreheliche Liebesgeschichte des Witwers, die ohne Vorbild bei Rodenbach ist, und er geht darüber hinaus in der Biographie seines ›Helden‹ sogar noch weiter zurück und deutet den frühkindlichen Verlust der geliebten Mutter als Ausgangspunkt aller folgenden Beziehungen an. So sieht sich Gustav beispielsweise in der Erinnerung an die erste Begegnung mit der zweiten Therese als »um viele Jahre jünger, bartlos, fast wie ein Kind« (ES I, 330). Mit Blick auf diese Vorgeschichten bezeichnet der Titel der Erzählung nicht nur das singuläre Verhältnis von Gattin und Doppelgängerin, sondern eine Wiederholungsfigur von Liebesverhältnissen (mit Freud als ›pseudo-ödipale‹ Dreiecks-Verhältnisse gedeutet bei Lange-Kirchheim 2004; zur Wiederholungsstruktur der Erzählung insgesamt vgl. Schumacher 2007).

Dieser Psychologisierung des adaptierten Stoffes entspricht auf der *discours*-Ebene eine im Vergleich zu Rodenbachs Konzeption markante Zurücknahme des Erzählers. Erzählt wird zwar in der Er-Perspektive, aber aus Sicht der Figur, die nicht durch auktoriale Kommentare berichtet wird. Anfangs macht sich der Erzähler immerhin noch durch die Wiedergabe der Vorgeschichten und zeitliche Raffungen sichtbar und gibt Innensichten Gustavs in indirekter Rede wieder. Das Erzähltempo verlangsamt sich im Verlauf der Handlung aber zusehends, und zugleich verstärkt sich die Subjektivierung des Erzählten, namentlich ab der ersten Begegnung mit der Doppelgängerin, die genau in der Mitte des Textes platziert ist. Erst nach diesem »Höhe-und Wendepunkt[]« (Aurnhammer 2013, 74) präsentiert *Die Nächste* nämlich Dialog-Sequenzen und lässt eine Form von erlebter Rede dominieren, die von »Ellipsen, Aposiopesen […] und Redeansätzen« (ebd., 75) durchzogen ist und in dieser Diskontinuität dem Inneren Monolog ähnelt. Wovon dieser ›Monolog‹ eigentlich handelt, erreicht das Figurenbewusstsein aber nicht, so wenig wie der Erzähler die literarische Ätiologie explizit deuten würde, die Schnitzler in *Die Nächste* bietet. Die Deutungsarbeit ist vielmehr an den Leser delegiert, der die Textinformationen zu einer schlüssigen Diagnose zusammenfügen muss. Diagnostizieren lässt sich, dass die Erzählung einen für Schnitzlers männliche Figuren typischen Konflikt zwischen Psychologie und Moral austrägt: Der Wunsch nach einem neuen, ›emphatischen‹ Leben wird ambivalent wahrgenommen, »mit Schrecken und Freude zugleich« (ES I, 323), da er als Unrecht an der toten Partnerin erscheint. Nur vordergründig erklärt sich das ›Nicht-Leben‹ zu Beginn der Erzählung also mit der Absenz der Partnerin, tatsächlich verhindert ihre zu starke psychische Präsenz ein neues Leben (Lukas 1996, 230). In diesem Sinne lässt sich der Schluss der Erzählung als doppelter Mord interpretieren: Während die zweite Therese buchstäblich ermordet wird, tötet Gustav in ihr zeichenhaft zugleich die erste Therese, »denn deren psychische Präsenz ist es ja, die die Erotik mit Therese verunmöglicht« (ebd., 231). Damit setzt *Die Nächste* in besonders radikaler Weise ein Modell der »heimlichen Aggression« gegen das »Leben« um, das sich ähnlich in weiteren Texten Schnitzlers (*Doktor Gräsler, Flucht in die Finsternis, Traumnovelle*; vgl. ebd., 223–226) findet. Das Subjekt gewinnt dabei jeweils insofern eine Form der negativen Autonomie, »als es für das Scheitern der hochbewerteten Erotik in letzter Instanz selbst verantwortlich ist« (ebd., 226).

Literatur

Aurnhammer, Achim: S.s »Die Nächste [1899]«. Intertextualität und Psychologisierung des Erzählens im Jungen Wien. In: *Germanisch-Romanische Monatsschrift. Neue Folge* 44 (1994), 37–51.

Aurnhammer, Achim: *A. S.s intertextuelles Erzählen*. Berlin 2013.

Bahr, Hermann: Die neue Psycholgie. In: Hermann Bahr: *Zur Überwindung des Naturalismus*. Hg. v. Gotthard Wunberg. Stuttgart u. a. 1968, 53–64.

Lange-Kirchheim, Astrid: Erinnerte Liebe? Zu A. S.s *Die Nächste* und Hitchcocks *Vertigo*. In: Wolfram Mauser/Joachim Pfeifer (Hg.): *Erinnern*. Würzburg 2004, 93–110.

Lukas, Wolfgang: *Das Selbst und das Fremde. Epochale Lebenskrisen und ihre Lösung im Werk A. S. s.* München 1996.
Schumacher, Katrin: *Femme fantomé. Poetologien und Szenen der Wiedergängerin um 1800/1900.* Tübingen 2007.

Christoph Jürgensen

Später Ruhm (2014)

Entstehung

Laut Tagebuch hat Schnitzler Ende März 1894 eine Novelle mit dem Arbeitstitel »Später Ruhm« begonnen und in den folgenden Monaten ausgearbeitet (Tb, 30.3. u. 19.4.1894). Im September 1894 scheint eine erste Fassung fertig zu sein, denn Schnitzler vermerkt »Las den ›Späten Ruhm‹ durch; scheint nicht übel gelungen« (ebd., 7.9.1894); nach erneuter Lektüre notiert er allerdings schon eine gewisse Skepsis gegenüber dem nun mit neuem Titel versehenen Werk: »Las Nachmittag für mich meine Novelle Geschichte von einem alten Dichter: Eindruck: Hübsch, einige sehr gute Stellen; im ganzen etwas langweilig« (ebd., 8.12.1894). Unmittelbar darauf folgte eine für die Entstehung von Schnitzlers Texten typische Probelesung vor Freunden (in diesem Fall vor den Wiener Kollegen Hugo von Hofmannsthal, Gustav Schwarzkopf, Richard Beer-Hofmann und Felix Salten): »Nm. Loris, Schwarzkopf, Rich., Salten bei mir. Las ›Geschichte von einem alten Dichter‹ vor. Ueber 3 Stunden.– Gefiel sehr gut; einige Längen, einige stilist. Schlampereien, Ende zu wenig traurig.–« (ebd., 26.12.1894). Wie üblich hat Schnitzler den Text dann wohl weiter bearbeitet; rund fünf Monate später hält er fest: »Meine Novelle ›Geschichte von einem alten Dichter‹ zu Ende corrigirt; stellenweise erschrecklich geschrieben, im ganzen ohne viel Wärme; einzelne hübsche Stellen.–« (ebd., 22.5.1895). Anfang Juli liest er den Schluss Marie Reinhard vor (ebd., 5.7.1895) und vermeldet ihr am 17. Juli 1895 (wobei er den Titel nochmals modifiziert): »Heute Vormittag, Schatz, hab ich die Geschichte von dem greisen Dichter endgiltig abgeschlossen, noch einiges gestrichen und bereits an Bahr gesandt, […]« (Br I, 267; vgl. auch Tb, 17.7.1895). Hermann Bahr, zu dieser Zeit als Redakteur für die Wiener Wochenschrift *Die Zeit* tätig, lehnt den Text aber als zu lang ab und schlägt eine erhebliche Kürzung vor. »Nachträglich: Bahr hat mir den greisen Dichter unter tadelnder Kritik zurückgeschickt«, verzeichnet Schnitzler (Tb, 8.9.1895) im Tagebuch und wenig später hält der gegenüber seinen eigenen Werken grundsätzlich selbstkritische Autor fest: »Verstimmt über ›den greisen Dichter‹, den ich durchlas und der mir höchlichst missfiel.–« (ebd., 25.11.1895).

Schnitzler, der mit der viel beachteten Publikation von *Sterben* (1894) sowie der erfolgreichen Aufführung von *Liebelei* am Burgtheater (1895; Bucherstdruck 1896) unterdessen seinen langersehnten Durchbruch feiern konnte, hat den Text dann offenbar nicht weiter bearbeitet, sondern ad acta gelegt und nicht mehr zur Veröffentlichung vorgesehen (jedenfalls wird die – wie der Titel zuletzt offenbar heißen sollte – »Geschichte vom greisen Dichter« im Tagebuch und auch in den bislang edierten Briefen nicht mehr erwähnt).

Zur Textgeschichte gehört, dass Schnitzler in den 1890er Jahren auch eine Dramenskizze des Stoffes entwarf und dass heute insgesamt nur drei Textzeugen erhalten sind: 1.) »Zum greisen Dichter als Drama«, Skizze, dat.: 90er Jahre, pag.: 1–5, Maschinenschrift mit handschriftlichen Korrekturen Schnitzlers, Mappe 212, Blatt 6 ff.; 2.) »Später Ruhm«, dat.: 31.3. bis 31.5.1894, pag.: 1–4, Maschinenschrift und Handschrift Schnitzler, Mappe 164, Blatt 1 ff.; 3.) »Geschichte vom greisen Dichter«, pag.: 1–208, Maschinenschrift, Mappe 164, Blatt 7 ff. (vgl. Neumann/Müller 1969, 67 u. 105). Im Rahmen der von Reinhard Urbach besorgten Auswahl *Entworfenes und Verworfenes. Aus dem Nachlaß* wurde die vier Typoskriptseiten umfassende, den wesentlichen Handlungskern umreißende Skizze des Stoffes erstmals 1977 publiziert (vgl. ebd., 173 f.); bei dieser Gelegenheit wurde auch die Existenz einer »größeren Erzählung […] ›Geschichte von einem greisen Dichter‹« mit dem Hinweis vermerkt, dass »auf deren Veröffentlichung bisher verzichtet wurde« (EV, 513).

2014 haben Wilhelm Hemecker und David Österle den längeren, als Typoskript überlieferten Text unter dem ersten Arbeitstitel des Sujets »Später Ruhm« in einer Leseausgabe publiziert (d. h. mit modernisierter Rechtschreibung und unter erklärter, aber im Einzelnen nicht ausgewiesener Übernahme handschriftlicher Korrekturen). Anders als im Nachwort behauptet, sind die genaue Herkunft und das Entstehungsdatum des Textzeugen allerdings ungesichert (vgl. Breidecker 2014) und es kann im vorliegenden Fall auch nicht ernsthaft von einem »abgeschlossenen Werk[]« (Hemecker/Österle 2014, 142) die Rede sein; jedenfalls nicht, wenn man berücksichtigt, dass Schnitzler selbst mit dem Text nachweislich unzufrieden war und er ihn nach Bahrs Ablehnung offensichtlich nicht mehr veröffentlichen wollte – abgesehen davon, dass der grundsätzlich überaus sorgfältig arbeitende Autor seine Texte vor der tatsächlichen Publikation nochmals zu überarbeiten pflegte. Bedenkt man weiterhin, dass das Typoskript in den entsprechenden Nachlasslisten immer verzeichnet war und dass sowohl von Urbach als auch in der von Therese Nickl und Heinrich Schnitzler besorgten Briefausgabe (vgl. Br I, 811 f.) explizit auf seine Existenz verwiesen wurde, so verdankt sich seine Publikation aus philologischer Sicht – anders als in der Verlagswerbung verkündet und von etlichen Nachrichtenorganen kolportiert – auch keiner »sensationelle[n] Entdeckung« (vgl. z. B. die Umschlagsbanderole des Bandes).

Inhalt

Der »bald 35 Jahre« (Schnitzler 2014, 14) als Beamter tätige Eduard Saxberger erhält eines Tages unerwarteten Besuch von einem ihm unbekannten jungen Mann. Dieser stellt sich ihm als »Wolfgang Meier, Schriftsteller« und Vertreter eines Kreises von jungen Autoren vor, die allesamt seinen vor vielen Jahren (d. h. »1853«; ebd., 10) veröffentlichten, seinerzeit wenig beachteten Gedichtband »Wanderungen« verehren. Kurz darauf erhält Saxberger per Post ein ihm gewidmetes Bändchen mit Gedichten Meiers. Der »alte Herr« (ebd., 7), der seine dichterischen Arbeiten längst vergessen hatte, ist geschmeichelt und beginnt, sich der eigenen Jugend zu erinnern. Mit Meiers Gedichten kann er dagegen wenig anfangen. Wenige Tage später trifft er den jungen Dichter zufällig auf der Straße wieder und begleitet ihn auf seine inständigen Bitten hin in ein altes Wiener Kaffeehaus. Hier trifft der als »verehrter Meister« (ebd., 26) eingeführte »Dichter der ›Wanderungen‹« eine Gruppe von Künstlern, die den »literarische[n] Verein ›Begeisterung‹« (ebd., 69) bilden und die sich ihm als der »Stolz und die Hoffnung des jungen Wien« (ebd., 26) präsentieren. In ihrer »Atmosphäre von Hoffnung, Jugend, Selbstbewusstsein« atmet er »tief auf« und erklärt sich bereit, eigene Texte zu einem großen »Vortragsabend« (ebd., 32) beizutragen; er vernachlässigt sein »Stammwirtshaus« (ebd., 134), wird zum »fleißige[n] Besucher des Kaffeehauses« (ebd., 41) und fühlt sich statt mit seinen alten Bekannten nun »unter den jungen Leuten [...] zu Hause«, mit denen er sich über das allgemeine Banausentum und den »Undank der Menge« (ebd., 42) zu empören beginnt. Im Folgenden bringt der von seinen jungen Freunden als »›der greise Dichter Saxberger‹« (ebd., 69) Gefeierte trotz verschiedener Bemühungen allerdings kein einziges neues Gedicht mehr zustande. Als der lang geplante Vortragsabend endlich in einem Wirtshaussaal zustande kommt, trägt die »Tragödin« (ebd., 44) Ludwiga Gasteiner deshalb nur einige alte Gedichte aus den »Wanderungen« vor, die – wie alle anderen Darbietungen auch – durchaus Beifall ernten; gleichwohl vernimmt der auf die Bühne gebetene Saxberger, wie jemand die Worte »Armer Teufel!« (ebd., 113) spricht. Gemessen an den hohen Erwartungen der ›Begeisterten‹ findet der Abend insgesamt zu wenig öffentliche Resonanz und bestätigt einmal mehr die Ignoranz der Zeit. Als der Kreis daraufhin im Streit zerfällt und sich überdies erweist, dass – wenn überhaupt – nur Meier selbst je ein Gedicht von Saxberger gelesen hat, ist dieser geradezu erleichtert und kehrt in seine Stammkneipe zurück – »und es war ihm, als käme er von einer kurzen, beschwerlichen Reise nach Hause, in ein Heim, das er nie geliebt, in dem er aber die dumpfe und weiche Behaglichkeit von früher wiederfand. [...] Er wusste: ›armer Teufel‹ wird ihm hier keiner sagen« (ebd., 134).

Deutung

Bald nach seinem Erscheinen, d. h. im Juni 2014, ist Schnitzlers *Später Ruhm* auf Platz eins der bedeutenden, weil nicht durch Verkaufszahlen, sondern von einer Jury ermittelten SWR-Bestenliste gekommen und prominente Kritiker haben die »Novelle« als »große Entdeckung« gefeiert (vgl. z. B. Spiegel 2014; einen aktuellen Überblick bietet http://de.wikipedia.org/wiki/Später_Ruhm). Vergleicht man den Text mit anderen, schon früher entstandenen Erzählungen Schnitzlers, so werden gleichwohl Schwächen deutlich: Insgesamt wirkt der Text zu lang, die Dialoge sind stellenweise hölzern und das Prinzip einer von Schnitzler z. B. schon in *Reichtum* (1891), *Sterben* (1894) oder auch *Die kleine Komödie* (1895) ästhetisch konsequent genutzten »Figuralisierung« (Schmid 2008, 193) des Erzählens ist im Fall der im Wesentlichen den Ausschnitt und die Wahrnehmung des Erzählten bestimmenden Figur Saxberger angedeutet, aber nicht überzeugend umgesetzt. Trotzdem hat der – im Sinne von Jurij M. Lotmans raumsemantischem Modell einer ›klassifikatorischen‹ Grenze – das Scheitern einer Grenzüberschreitung darstellende, »restitutive« Text (vgl. Martínez/Scheffel 2012, 157 f.) auch in der vorliegenden Fassung interessante Aspekte. Dazu zählt, dass er sowohl als eine Satire auf den modernen Literaturbetrieb im Allgemeinen als auch als eine Art »Bestiarium des ›Jungen Wien‹, eine Typologie der Kaffeehausliteraten« (Breitenstein 2014) im Besonderen gelesen werden kann. Dabei greift Schnitzler auf seine eigenen Erfahrungen mit Jung Wien und dem bald ›Café Größenwahn‹ genannten Café Griensteidl zurück (von dem er selbst sich allerdings schon längst wieder abgewandt hatte; vgl. z. B. Tb, 20.2.1892) und modelliert etliche seiner Figuren erkennbar nach historischen Vorlagen: So lassen sich diese auch wie teils überzeichnete, teils ins Gegenteil verkehrte Porträts von Schnitzler selbst (Christian), von Hugo von Hofmannsthal (von Winder), Peter Altenberg (Linsman) oder Adele Sandrock (Ludwiga Gasteiner) lesen (vgl. Hemecker/Österle 2014, 150–153). Bemerkenswert ist aber vor allem die Identitäts- und Rollenfrage, die sich mit der Figur des Eduard Saxberger verbindet. Abgesehen davon, dass die Geschichte einer verspäteten ›Anerkennung‹ als Dichter auch die Frage nach dem Verhältnis von einem Text und seinem historischem Produktions- und Rezeptionskontext aufwirft (die ironischerweise ja nun auch im Fall von Später Ruhm von besonderer Bedeutung ist), wird an ihrem Beispiel reflektiert, wo genau die Grenze zwischen Künstler und Bürger liegt. Wann beginnt man, wann hört man auf, ein Dichter bzw. ein ›normaler‹ Bürger zu sein? In der Figur des teils in einem Kaffeehaus mit jungen Künstlern, teils in seiner Stammkneipe mit alten Bekannten verkehrenden und – je nach Wahrnehmungshorizont – als ›greiser Dichter‹ bzw. ›alter Bürger‹ angesehenen Eduard Saxberger wird genau diese Frage zum persönlichen Problem. Aus autobiographischer und produktionsästhetischer Sicht beachtenswert ist schließlich, dass der junge, seinerseits über Jahre hinweg im Spannungsfeld zwischen den Rollen von Arzt und Schriftsteller agierende Schnitzler in der gut ein Jahr nach dem Tod des eigenen Vaters geschriebenen Geschichte vom ebenso späten wie höchst vergänglichen Ruhm des Eduard Saxberger vermutlich auch eigenen Ängsten literarische Gestalt verleiht: Der ›Dichter‹, der bzw. den seine Zeit verpasst (hat), aber auch der einsam alternde Junggeselle, der alle erotischen Wünsche längst begraben hat, das dürften Schreckbilder für den noch am Anfang seiner Laufbahn stehenden Autor gewesen sein (abgesehen davon, dass in dieser Figur und ihrer Beziehung zu den ›Begeisterten‹ möglicherweise auch Aspekte der nicht einfachen Beziehung zu Prof. Dr. Johann Schnitzler, 1835–1893, verarbeitet sind, der die literarischen Ambitionen seines Sohnes höchst kritisch verfolgte, in früher Jugend aber wohl selbst einmal nicht Arzt, sondern Dichter hatte werden wollen). Sieht man von den ästhetischen Schwächen des postum, d. h. rund 120 Jahre nach seiner Entstehung publizierten Textes ab, so hat die nur allzu offensichtliche Verwurzelung des Stoffes in einer bestimmten Phase der eigenen Biographie sicher dazu beigetragen, dass dieser dem gereiften Autor, Ehemann und Familienvater Schnitzler bald einigermaßen fremd geworden ist.

Literatur

Breidecker, Volker: Zur Blauen Birne. Keine Entdeckung, keine Sensation, kein Meisterwerk – aber ein editorischer Skandal: A. S.s Novelle »Später Ruhm«. In: *Süddeutsche Zeitung*, 16.5.2014.
Breitenstein, Andreas: Literatur als Luftnummer. In: *Neue Zürcher Zeitung*, 15.5.2014.
Hemecker, Wilhelm/Österle, David: Nachwort. In: A. S.: *Später Ruhm. Novelle*. Hg. v. Wilhelm Hemecker/David Österle. Wien 2014, 139–157.
Martínez, Matías/Scheffel, Michael: *Einführung in die Erzähltheorie*. München ⁹2012.
Neumann, Gerhard/Müller, Jutta: *Der Nachlaß A. S.s*. München 1969.
Schmid, Wolf: *Elemente der Narratologie*. Berlin/New York ²2008.
Schnitzler, Arthur: *Später Ruhm. Novelle*. Hg. v. Wilhelm Hemecker/David Österle. Wien 2014.
Spiegel, Hubert: Die Große Entdeckung von S.s »Später Ruhm«. In: *Frankfurter Allgemeine Zeitung*, 6.5.2014.

Michael Scheffel

3.2.2 Kleinere Erzählungen der mittleren Periode (entst. 1900–1910)

Im ersten Jahrzehnt nach der Jahrhundertwende verfasste Schnitzler – auch im Rückgriff auf Ansätze aus dem vorherigen Jahrzehnt – zwei kurze Erzählungen und ein kleines Erzählfragment, die er sämtlich nicht zum Druck beförderte. Diese Erzähltexte thematisieren den Hiat zwischen den Bedürfnissen des Subjekts und den schichtenspezifisch, berufsständisch oder metaphysisch grundierten Normen und Strukturen der Gesellschaft.

Wohltaten, still und rein gegeben (1931)

Die Erzählung entstand im März 1902 und wurde von Schnitzler zunächst unter dem Titel »Bettler« geführt (Tb, 8., 13., 22., 23.3.1902). Im September 1904 erfolgte eine Überarbeitung (ebd., 28.9.1904).

Der Text gehört zu jenen unpublizierten »uralte[n] Novellen«, die Schnitzler im Juli 1927 wieder las (ebd., 7.7.1927). Der postume Erstdruck erfolgte in der Weihnachtsbeilage des *Neuen Wiener Tagblatts* am 25. Dezember 1931.

Erzählt werden die Erlebnisse des mittellosen Studenten Franz in einer Wiener Spätwinternacht der zeitgenössischen Gegenwart. Ein junger Herr auf dem Weg zu einer Ballveranstaltung gibt Franz ein sehr großes Almosen, worauf sich Franz mit einem Handkuss bedankt. Über vier Innenraumstationen entwickelt Franz wegen der unterwürfigen Geste zunehmend größere Scham: das Wirtshaus; das Kaffeehaus, in dem er in eine erotisch aufgeladene Erinnerung an die Kellnerin aus seinem Heimatdorf versinkt und anschließend einem Blumenmädchen für einen übergroßen Betrag Blumen abkauft; das Prostituiertenzimmer, in dem Franz nahezu sein ganzes Restgeld ausgibt; die Branntweinbudike. Schließlich kehrt Franz an die Außenstation des Anfangs zurück und versetzt seinem Almosengeber eine Ohrfeige. Ein Wachmann verhaftet den sich »erlöst« (ES I, 527) fühlenden Franz.

Die auf den Verlauf einer Nacht zusammengedrängte Erzählung führt eine Geschichte von der Depravation des Subjekts vor. Der endgültige soziale Abstieg des von der Gesellschaft durch die Verhaftung allemal exkludierten Franz wird am Ende des Textes durch die Bezeichnung als »Bettler« (ebd.) markiert. Die erzählte Welt, in der Franz als einzige Figur einen Eigennamen trägt, erweist sich als eine durchgehend auf Statusrepräsentation beruhende. Der Status der Subjekte erwächst zudem primär aus deren jeweiliger Finanzkraft. Doch ist das Maß der Geldverhältnisse aus dem Lot geraten, mehrmals werden übermäßige Summen fortgegeben. Indiziert ist damit eine grundsätzliche Verrückung, die auch durch das Motiv des ›schwankenden Bodens‹ (ebd., 525) aufgerufen wird. So ist die in Franz' Erinnerung an sein Heimatdorf noch mit einander individuell begehrenden Partnern verbundene Erotik in seiner aktuellen Gegenwart zu einer anonymen Geschäftsbeziehung geworden. Im Topos des Stadt-Land-Gegensatzes erscheint dem Protagonisten die ländliche Heimat als verlorener Glücksort, an dem er »irgendwie ehrlich sein Brot verdient« hätte (ebd., 522). Doch verrät schon das unspezifische »irgendwie« das bloß Utopische dieser Vorstellung. Die Erzählung parodiert somit nicht nur Matthias Claudius' ein gelingendes Zusammenleben von Arm und Reich behauptendes Gedicht *Die Armen in Wandsbeck an die Frau Schatzmeisterin Gräfin von Schimmelmann* (1779), dessen zehnter Vers den Titel der Erzählung bildet (vgl. Koch 1972, 435 f.), sondern verarbeitet noch den Folgevers in seiner Subbedeutung der Verrückung ontologischer Grundkategorien: »Wohltaten, still und rein gegeben, / Sind Tote, die im Grabe leben«. Mit der fixierten internen Fokalisierung und den vermehrt eingestreuten Partien in erlebter Rede gelingt die enge Bindung des Lesers an den Protagonisten. Dass die Signale für den Illusionscharakter der Protagonistenposition am Textende nicht deutlich genug sichtbar werden, sodass dem Leser die für das Verständnis der Erzählung notwendige Distanzierung von der Figurenperspektive nur mit einiger Mühe gelingen dürfte, könnte ein Grund dafür gewesen sein, dass Schnitzler die Erzählung nicht publiziert hat.

Ein Erfolg (1932)

Die Protagonistenfigur der Erzählung könnte auf ein Erlebnis Schnitzlers beim verkehrswidrigen Radfahren zurückgehen (Tb, 6.8.1897). Im Mai 1900 vermerkt das Tagebuch: »Vorläufig Abschluss des ›ehrgeiz. Sicherheitswachm.‹« (ebd., 24.5.1900). Vier Jahre später beschäftigte sich Schnitzler wieder mit dem Text: »Sicherheitswachmann (Ein Erfolg) durchgesehen« (ebd., 29.9.1904), dann auch am 22. Januar 1905. Olga Schnitzlers negatives Urteil (ebd., 10.12.1905) dürfte ein Grund dafür sein, dass Schnitzler die Erzählung nicht druckfertig gemacht hat. Über 20 Jahre später nahm er sie sich im Kontext der Lektüre »uralte[r] Novellen« noch einmal vor (ebd., 7.7.1927). Sie erschien 1932 postum in der *Neuen Rundschau* (Jg. 43, H. 5, 669–678).

Der in der zeitgenössischen Wiener Gegenwart spielende Text erzählt von der Situation des Sicherheitswachmanns Engelbert Friedmaier, der zum Spott der Kollegen keine einzige Verhaftung vorweisen kann, weil in seiner Anwesenheit keine Vergehen begangen werden. Auch seine Braut Kathi verachtet ihn dafür, denn so kann die die Hochzeit ermöglichende Beförderung nicht erfolgen. Im Mittelteil tritt die berichtende Erzählstimme in einem Distanzwechsel zugunsten einer nahezu reinen Dialogwiedergabe zurück. Kathi verhöhnt Engelbert bei einer Begegnung während seines Dienstes, indem sie vorgibt, ihn persönlich nicht zu kennen. Dabei beleidigt sie ihn, als er ihr unter der Drohung, die Beziehung zu beenden, den Besuch des Praters untersagt. Daraufhin verhaftet Engelbert sie genauso wie einen sich nach dem Grund der Verhaftung erkundigenden, von Engelbert eifersüchtig beäugten jungen Herrn. Auf

3.2.2 Kleinere Erzählungen der mittleren Periode (entst. 1900–1910)

dem Kommissariat lobt der Kommissär Engelbert für die keine private Rücksichten nehmende Dienstausübung. Im Schlussteil der Erzählung berichtet die Erzählstimme von dem einige Wochen später erfolgten Geldstrafenurteil gegen Kathi und den sich als Mediziner erweisenden jungen Herrn. Beide fahren anschließend wie schon nach der Verhaftung in den Prater. Engelbert aber nimmt als »harter, grimmiger Mann« (ES I, 537) zur Bewunderung der Kollegen in der Folgezeit täglich Verhaftungen vor.

Die Erzählung führt die Verkehrung sozialer und zwischenmenschlicher Wertmaßstäbe im Österreich der Jahrhundertwende vor. Nicht das Fehlen von Vergehen und Straftaten wird als der titelgebende »Erfolg« gewertet, für den der mit sprechendem Namen ausgestattete Protagonist als Musterfall einstehen könnte. Stattdessen wird die Menge der Verhaftungen zum Maßstab gesellschaftlicher Anerkennung, und zwar sowohl hinsichtlich der Berufs- als auch der privaten Beziehungswelt. Die Bedeutung des öffentlichen Subjektstatus verselbständigt sich gar, denn Engelbert gibt – schnitzlertypisch im Sinne der »Paradoxie« des »Umkehrmodell[s]« (Lukas 1996, 245 f.) – schließlich die private Welt für den Erfolg in der öffentlichen Rolle auf, obwohl dieser ursprünglich den Zweck haben sollte, die private Welt zu stabilisieren. Im Gegenzug tauscht Kathi den Sicherheitswachmann gegen den statushöheren Mediziner. Jenseits der Relevanz für das Subjekt bildet der gesellschaftliche Wertmaßstab des Status zugleich das Signum einer autoritären Gesellschaftsstruktur. Engelberts statusbildende öffentliche Rolle ist ja zugleich Teil des staatlichen Ordnungssystems, das durch Engelberts Handlungsweise am Ende zum Willkürsystem »der dunklen Macht seines Diensteides« entstellt ist (ES I, 537). Allerdings wirkt dieses Ende der Erzählung satirisch, was mit ihrem sonstigen Ton wenig übereinstimmt – ein Widerspruch, der Schnitzler dazu veranlasst haben könnte, die Erzählung nicht zu veröffentlichen.

Legende (1932)

Ein Tagebucheintrag vom November 1894 deutet auf eine frühe Überlegung zu der fragmentarischen Erzählung unter dem Titel »Gegen-Mariazell« (Tb, 9.11.1894). 1904 dürfte ein Entwurf schon einige Zeit vorliegen (ebd., 3.11.1904), und 1907 sah Schnitzler den Text dann noch einmal »ohne Befriedigung« durch (ebd., 2.3.1907). Er erschien zuerst postum in der Novellensammlung *Die kleine Komödie* (Schnitzler 1932, 79–88).

Das mit märchenhaften Elementen ausgestattete Fragment erzählt von einem schwer erkrankten Fürsten in einem Indien der Vorzeit. Auf zwei Wallfahrten zu einem Tempel mit silberner Kuppel, der ein Holzbild des heiligen Brahma enthält, erfährt er keine Heilung. Zur dritten Wallfahrt lässt er einen neuen schmucklosen Tempel ohne Bildnis neben den alten bauen. Mit dem in seinem Gebet geäußerten Zweifel an der Wirkungskraft Brahmas stirbt er, die Worte des Gebets aber erscheinen an der Wand des neuen Tempels. Der Hohepriester erklärt den Fürsten zum Lästerer und befiehlt, den neuen Tempel abzureißen, doch die große Menge der nicht genesenden Wallfahrer verhindert dies nicht nur, sondern kleidet den Tempel auch mit Pergamentblättern von Leid, Klage und Verzweiflung aus. In kurzer Zeit entstehen tausend neue Tempel mit solchen Blättern der Verzweiflung. Die Notizen zur Fortsetzung des Fragments skizzieren eine Revolte gegen den Hohepriester und dessen Verbrennung wie auch die des ursprünglichen Tempels; ein Jahr später gibt es ein neues Gnadenbild.

Das in Zeit und Ort von der zeitgenössischen Gegenwart weitestmöglich entrückte Erzählfragment ist laut Tagebuch (s. o.) und einer frühen Skizze (Schnitzler 1932, 329) ursprünglich als Kritik am österreichischen Wallfahrtsort Mariazell mit seinem hölzernen Marienbild angelegt. Doch werden in dem Fragment grundsätzliche Fragen diesseitiger Heilserwartungen durch den Anruf einer metaphysischen Kraft aufgeworfen. Dadurch dass der sozial höchste und moralisch integerste Mensch der erzählten Welt kein Heil erlangt und die Anzahl der Geheilten gegenüber den Heilbegehrenden allemal verschwindend gering bleibt, weist das Fragment den Glauben an die Heilsmöglichkeit durch die Verehrung von Bildwerken als Illusion aus. Religiöse Rituale werden als Mittel zur Festigung der Machtstrukturen ihrer Vertreter (Hohepriester, Scheiterhaufen für die Ungläubigen) sichtbar. Die Notizen zur Fortsetzung zeigen die dagegen erfolgende Auflehnung als Machtkampf, aus dem aber bloß neuer Glaube mit neuen Kultgegenständen als Wiederkehr des gleichen Musters entsteht. Die überstrapazierte Bildlichkeit und Schwierigkeiten in der Erzählkonstruktion (Wiederholung von Elementen des schon Dargestellten in den Fortsetzungsnotizen) könnten für den Abbruch der Arbeit an dem Text verantwortlich sein.

Literatur

Koch, Hans-Albrecht: Ein Matthias-Claudius-Zitat bei A. S. In: *Germanisch-Romanische Monatsschrift.* Neue Folge 22 (1972), 435 f.

Lukas, Wolfgang: *Das Selbst und das Fremde. Epochale Lebenskrisen und ihre Lösung im Werk A. S.s.* München 1996.

Schnitzler, Arthur: *Die kleine Komödie. Frühe Novellen.* Mit einem Nachw. v. Otto P. Schinnerer. Berlin 1932.

Rüdiger Nutt-Kofoth

3.2.3 Späte Erzählungen (entst. nach 1920)

Der Sekundant (1932)

Entstehung

Auf Skizzen aus dem Jahre 1911 zurückgreifend (vgl. Urbach 1974, 136), beginnt Schnitzler im Herbst 1927 mit der Niederschrift der »Novelle« (Tb, 21.10.1927), deren Titel bzw. Zentralfigur von Anfang an festgestanden hat. Im März 1928 – nach einer relativ kontinuierlichen Arbeitsphase – gelingt ihm ein »vorläufiger Schluss« (ebd., 7.3.1928) der Erzählung. Die kritische Durchsicht des *Sekundanten* im Herbst 1929 führt zu einem Neubeginn; diese revidierte Version beendet er rund ein Jahr später, allerdings wiederum nur »vorläufig« (ebd., 30.10.1930). In der Überzeugung, die Novelle sei »mißlungen« (ebd., 22.11.1930), nimmt Schnitzler die Arbeit nach mehrmonatiger Pause im Spätsommer 1931 wieder auf und entscheidet sich nun für die Aufgabe der Ich-Perspektive zugunsten einer Erzählung in der dritten Person (vgl. Martens 1990, 16). Diese Neufassung ist jedoch unvollendet geblieben, wie der letzte Tagebucheintrag vom September 1931 belegt: »Vergeblich ›Secundant‹ weiter zu dictiren versucht« (Tb, 30.9.1931). Der Erstdruck erfolgte postum durch den Sohn Heinrich Schnitzler, der die abgeschlossene frühere Version der *Vossischen Zeitung* übergab. Dort erschien die Novelle vom 1. bis zum 4. Januar 1932 in Fortsetzungen.

Inhalt

Der zunächst namenlose, später als »Herr von Eißler« (ES II, 889) angesprochene Ich-Erzähler präsentiert sich gleich im ersten Satz als ein routinierter Sekundant, der sich mit dieser Rolle offenbar vollständig identifiziert. Er möchte einem anonymen Adressaten sein siebentes Duell schildern, an dem er als 23-Jähriger teilgenommen hat. Dieses Gegenüber – ein stets lächelnder, aber schweigender »junger Mann« – existiert jedoch »in Wirklichkeit gar nicht« (ebd., 883), wie der Erzähler wenig später einräumt. Bevor Eißler nach mehreren Anläufen mit der Erzählung seiner »sonderbaren Geschichte« (ebd.) beginnt, beschwört er geradezu nostalgisch die damalige Zeit herauf, in der das Leben deshalb »schöner« gewesen sei, »weil man es manchmal aufs Spiel setzen mußte [...], für die Ehre zum Beispiel oder für die Tugend einer geliebten Frau oder den guten Ruf einer Schwester« (ebd., 882). Diese Motive für einen Zweikampf erscheinen ihm zwar als »Nichtigkeiten«, aber im Vergleich mit den Gründen, aus denen »im Laufe der letzten Jahrzehnte« – gemeint ist zweifellos der Erste Weltkrieg – Menschen »völlig nutzlos« ihr »Leben zu opfern genötigt« waren (ebd.), weit weniger geringfügig.

Wann genau sich die aus größerer zeitlicher Distanz erzählte Geschichte ereignet hat, bleibt unausgesprochen, doch lässt die Erwähnung des Zusammentreffens von Kaiser Franz Joseph mit Edward VII., dem »König von England«, in Bad Ischl (ebd., 886) vermuten, dass das Duell zwischen 1905 und 1908 stattfand (vgl. Urbach 1974, 136). Das Erste, was Eißler in seinem Erinnerungsprozess scheinbar spontan einfällt, ist das Versteckspiel, das er mit dem zweiten Sekundanten Doktor Mülling am Vorabend des Duells zwischen dem Rittmeister Urpadinsky und dem Fabrikanten Eduard Loiberger betrieben hat. Die Geheimhaltung geschieht zwar aus vorgeblicher Rücksichtnahme auf die von ihrem Gatten betrogene Agathe Loiberger, sie ist aber auch ein deutlicher Hinweis auf die Illegalität der Duellpraxis.

Auf dem Rückweg behandeln die beiden Sekundanten das für den Ehebrecher Loiberger tödlich endende Duell »zuerst keineswegs sentimental, sondern eher vom ästhetisch-sportlichen Standpunkt« (ebd., 886). Eißler erklärt sich bereit, Agathe Loiberger die Nachricht vom Tod ihres Mannes zu überbringen, da er sie bereits von früheren Begegnungen kennt. Im Garten der am See gelegenen Villa angelangt, empfindet er seine Mission plötzlich als »so grotesk, so unerträglich, so undurchführbar« (ebd., 889), dass er umkehren möchte. Doch daran hindert ihn das Erscheinen eines Dieners, der ihn in den Salon führt. Während er »[w]ie ein in Haft Gesetzter vor schwerer Einvernahme« auf die Hausherrin wartet, erinnert er sich an den letzten Musikabend im Hause Loiberger, bei dem ihm Agathe mit der Hand durch seine Haare gestrichen hat, und auch daran, dass sie ihn wegen seines jugendlichen Aussehens

3.2.3 Späte Erzählungen (entst. nach 1920)

»das Kind« zu nennen pflegte (ebd., 890). Als Agathe mit ihrer Freundin Aline ins Haus tritt, lädt sie beide Besucher zum Essen ein, da Eduard auf einer Bergtour sei. Dieser Erklärung ihres Alleinseins fügt sie den Ausruf »Wer's glaubt!« (ebd., 891) hinzu und gewährt damit einen Blick hinter die Fassade ihrer Ehe. Bei der Verabschiedung Alines trifft ihn aus Agathes Augen ein »lockender Blick« (ebd.), den er mit der Erinnerung an frühere, ebenfalls erotisch aufgeladene Gesten und Worte verknüpft. In dieser Gefühlsverwirrung ist er nicht in der Lage, die Todesnachricht auszusprechen. Nach einem gemeinsamen Mahl in ihrem Boudoir gibt ihm Agathe einen Kuss, den er als »geschwisterlich und doch berauschend« erlebt, und er gleitet »von ihrem Arm umschlungen […] in tausend Träume« (ebd., 893).

Damit wird die Überleitung zu einer längeren, im Präsens dargebotenen Traumsequenz geschaffen, die das Zentrum der Erzählung bildet. Psychologisch aufschlussreich sind vor allem die vertauschten Rollen: Eißler sieht sich zunächst an der Seite Agathes auf einer Zugreise und im Spielsaal von Monte Carlo, dann stürzt er einen Mann mit einem Telegramm aus dem Zugfenster und fragt sich anschließend, ob auch er nun wie der Rittmeister von ihrem Gatten erschossen werde. Nach einem kurzen Wachintermezzo erscheint der wieder auferstandene Eduard Loiberger vor seinem inneren Auge und erklärt ihn, während er mit Agathe frühstückt, zu seinem Mörder. In einer alptraumhaften Szene imaginiert er schließlich eine Kahnfahrt zu dritt, bei der die beiden um Agathe rivalisierenden Männer sich »gegenseitig unterzutauchen« (ebd., 896) versuchen.

Nach dem Erwachen »aus Flut und Tod und Traum« gelingt es Eißler zunächst nicht, in die Realität zurückzufinden, und er stellt die Erlebnisse der letzten Stunden und Tage grundsätzlich in Frage: »War dies auch noch Traum? Alles vielleicht?« (ebd.). Durch den Wechsel in die erlebte Rede versucht der Ich-Erzähler, diese ihn verstörende Auflösung der Wahrnehmungsgrenzen und seine Ich-Dissoziation nachvollziehbar zu machen. Als Agathe neben ihm aufwacht, bittet sie ihn zu gehen, obwohl sie beteuert, ihn zu lieben. Er versucht sie umzustimmen, ohne sie jedoch über den Tod ihres Gatten aufzuklären. Sie erklärt das gemeinsame Erlebnis für einen »Traum, ein Wunder, ein Glück, unvergeßlich, ja, aber vorbei« (ebd., 897). Durch diese Zurückweisung, die seine Sehnsucht nach einem gemeinsamen neuen Leben zerstört, fühlt Eißler sich als »der Gefallene, der Erschlagene« (ebd., 899). Ebenfalls wie in seinem Traum glaubt er die Schritte Loibergers zu vernehmen, als Aline die Terrasse betritt, gefolgt von Mülling, der Agathe die Todesnachricht überbringt.

Der Ich-Erzähler schließt mit einem knappen Bericht über eine zufällige Begegnung mit der inzwischen wiederverheirateten Agathe nach vielen Jahren. Den Ausklang bildet eine gleichermaßen wehmütige wie desillusionierende Betrachtung über die unüberbrückbare Differenz in der Erinnerung an »jene sommerstille, unheimliche, und doch so glückliche Stunde«: Während dieses Erlebnis sich ihm unauslöschlich ins Gedächtnis eingeprägt hat, scheint es für Agathe »erinnerungslos« geblieben zu sein (ebd., 901).

Deutung

Bereits der Titel *Der Sekundant* verweist auf eine Thematik, die zu den Konstanten in Schnitzlers Werk gehört: das Duell als ritualisierte Form männlicher Rivalität und Aggression. Perlmann zufolge ging es Schnitzler »[m]it der erneuten Bearbeitung des für die 20er Jahre eher unzeitgemäßen Duell-Themas […] um eine umfassende und zugleich distanzierte Abrechnung mit einem Wertsystem, das im Duell in nuce zusammengefaßt ist« (Perlmann 1987, 202). Der Novellentitel lässt jedoch insofern eine interessante Variation erwarten, als an Stelle der Duellanten eine am Konflikt unbeteiligte, buchstäblich sekundäre Figur ins Zentrum gerückt wird, die den Waffengang aus einer bestimmten Distanz zur eigentlichen Gefahrenzone beobachtet. Die Sekundantenrolle steht darüber hinaus »zeichenhaft für die Absenz einer eigenen – erotischen – Geschichte« (Lukas 1996, 237) sowie für die gescheiterte Verwandlung einer Außenseiter- bzw. »Episodenfigur« in eine »Hauptperson« (ES II, 883), denn die erhoffte Substitution des im Duell getöteten Ehemannes misslingt vollständig.

Zu Beginn schafft sich der Protagonist für seine Erzählung, in der die sekundären, auf das Duell folgenden Ereignisse im Mittelpunkt stehen, ein imaginäres Publikum, das er jedoch schon bald wieder aus dem Auge verliert. Seine Rekonstruktion des Geschehens gewinnt daher zunehmend den Charakter eines selbstreflexiven, auf die eigene Person fokussierten Monologs. Dieser schließt bezeichnenderweise ohne eine weitere Bezugnahme auf die Erzählergegenwart und ohne Rückwendung an den fiktiven Zuhörer. Die Funktion des Adressaten für den Einleitungsteil ist eine doppelte: Der Sprecher benötigt ihn zum einen als Echoraum für seine mit apologetischem Gestus vorgetragene Rede, in der er das »in unserer Zeit« (ebd., 882) in Misskredit geratene Duell verteidigt; zum anderen scheint ihm diese konstruierte Gesprächssituation zu helfen, erstmalig ein Erlebnis erinnernd zu vergegenwärtigen, das zu verbalisieren ihm aufgrund des negativen Ausgangs offenbar schwerfällt.

Eißlers Selbstdarstellung als traditionsbewusster, den militärischen Ehrenkodex »mit Leib und Seele« rechtfertigender Mann, der »weder Adeliger noch Berufsoffizier, ja sogar jüdischer Abstammung« ist und gerne »einmal selbst einem gefährlichen Gegner gegenübergestanden« hätte (ebd., 883), gerät zur Selbstentlarvung, denn er demaskiert sich als ein schwacher, autoritätsgläubiger Charakter, der anachronistischen Idealen »ritterlich[er]« Männlichkeit anhängt (ebd.) und sich eine Heldenrolle erträumt, die ihm auf dem ›Feld der Ehre‹ ebenso wie auf erotischem Terrain versagt bleibt.

In seiner Rückschau auf den Zweikampf versucht sich der ehemalige Sekundant von dem Geschehen zu distanzieren, indem er mehrfach die generalstabsmäßige Vorbereitung und korrekte Durchführung des Rituals betont und damit implizit alle Schuld von sich weist. Seine Wortwahl ist nicht nur hinsichtlich solcher Verdrängungsmechanismen verräterisch, sondern sie bringt auch seine insgeheimen Zweifel an der absurden Inszenierung zum Vorschein, denn diese ist ihm nur noch »wie ein Marionettenspiel im Gedächtnis geblieben« (ebd., 886) – aufgeführt an einem Ort (»Es war die übliche Waldlichtung«; ebd., 885), den er beinahe sarkastisch einen »Rendezvous-Platz« nennt (ebd., 884). Swales bemerkt zu dieser sich in der Retrospektive verändernden Sichtweise auf die Duellpraxis: »What emerges from the story the narrator tells is not so much a justification of the duel as a condemnation of it« (Swales 1971, 115).

Innerhalb der Schilderung von Eißlers Begegnung mit Agathe Loiberger ist es vor allem die Traumsequenz, die in ihrer Mischung aus Wunsch- und Angstprojektionen einen Einblick in psychische Tiefendimensionen der Hauptfigur gewährt. Zuvor geschilderte Ereignisse, Situationen und Motive wiederholen sich darin in verfremdeter Form und ohne kausallogische Verknüpfung. Die Wiederauferstehung Eduard Loibergers im Traum und die anschließende Zurückweisung durch seine Gattin zerstören endgültig die Illusion eines Rollenwechsels. So wird der Protagonist am Ende – »nun im definitiv metaphorischen Sinne« – in das »Schicksal der bloßen Sekundantenrolle« zurückgestoßen (Lukas 1996, 237).

Der Novelle kommt nicht nur entstehungschronologischer der Status eines Spätwerks zu, sondern auch insofern, als sie Schnitzlers wichtigste Themen noch einmal bündelt und über die Duell- und Ehebruchsproblematik und die zentrale Bedeutung von Traumschilderungen hinaus (vgl. vor allem die *Traumnovelle*) vielerlei Reminiszenzen an frühere Texte enthält, etwa hinsichtlich des großbürgerlichen Milieus, das hier als »Operettenbild der Jahrhundertwende-Gesellschaft« (Perlmann 1987, 203) erscheint, sowie in Bezug auf die Figurenkonzeption und -konstellation. So lässt die Namensgebung des Protagonisten an seinen ›Vorläufer‹ Willy Eißler aus dem Roman *Der Weg ins Freie* denken, der ebenfalls jüdischer Abstammung und ein Verfechter des Duells ist; ferner erinnert er an Oskar Ehrenberg aus demselben Werk, »der sich an der aristokratischen Lebensweise orientiert und die eigene Herkunft verleugnet« (ebd.). Charakterlich fügt sich die Titelfigur des Sekundanten in die Reihe der Männergestalten ein, die sich an sinnentleerte Konventionen – die vermeintlich »gute gesellschaftliche Form« (ES II, 889) – klammern und in Selbsttäuschungen bzw. Lebenslügen verstricken, aber letztlich Personen ohne Identitätskern darstellen. Sein Antagonist Eduard Loiberger repräsentiert in Habitus und Lebensstil einen ähnlichen Typus wie Friedrich Hofreiter aus der Tragikomödie *Das weite Land*.

Die »intrikate Geschichte« weist zwar eine »etwas mühsam« verkreuzte Komposition auf (Fliedl 2005, 225), zeichnet sich aber durch ein virtuoses Arrangement von motivischen und gestisch-nonverbalen Korrespondenzen aus, ferner durch effektvoll in Szene gesetzte raumsemantische Oppositionen (innen – außen, offen – geschlossen, hell – dunkel etc.) und »several cinematographic leitmotifs« wie der knirschende Kies und die flatternden Vorhänge (Martens 1990, 9). Als dominante Strukturprinzipien erkennt Martens vor allem die Wiederholung im Sinne eines »seconding«, ferner die Antithetik und Grenzüberschreitung (»antithetical and increasingly transgressive plot structure«; ebd., 5 u. 13). Wie früheren Interpreten gilt ihre besondere Aufmerksamkeit der Traumsequenz, die sie aufgrund der darin enthaltenen ›Umkehrungen‹ realer Erlebnisse und Enthüllungen unbewusster Wünsche als literarische Transformation der Traumtheorie Freuds auffasst. Sie stellt sogar zur Debatte, die vorausgehende Verführungsszene ebenfalls als Traum zu deuten, in dem sich der Sekundant in die Rolle des Siegers über den toten Rivalen hineinphantasiert (vgl. ebd., 7 f.).

3.2.3 Späte Erzählungen (entst. nach 1920)

Literatur

Fliedl, Konstanze: *A. S.* Stuttgart 2005.
Keiser, Brenda: *Deadly Dishonor. The Duel and the Honor Code in the Works of A. S.* New York u. a. 1990.
Lukas, Wolfgang: *Das Selbst und das Fremde. Epochale Lebenskrisen und ihre Lösung im Werk A. S.s.* München 1996.
Martens, Lorna: A Dream Narrative: S.'s »Der Sekundant«. In: MAL 23 (1990), H. 1, 1–17.
Perlmann, Michaela L.: *Der Traum in der literarischen Moderne. Untersuchungen zum Werk A. S.s.* München 1987.
Swales, Martin: *A. S. A Critical Study.* Oxford 1971.
Urbach, Reinhard: *S.-Kommentar zu den erzählenden Schriften und dramatischen Werken.* München 1974.

Gabriele Sander

Der letzte Brief eines Literaten (1932)

Entstehung

Während der Arbeit an seiner Erzählung *Doktor Gräsler, Badearzt* macht Schnitzler im März 1914 »[e]inige Anfänge zur Novelle ›Der Literat‹ (andrer Titel - ›Unmensch‹ -?)« (Tb, 19.3.1914), beginnt allerdings erst zwei Jahre später »ernsthaft« (ebd., 5.2.1916) mit der Arbeit daran, die zunächst »ohne jede Freude« (ebd., 2.3.1916) verläuft. Später gibt er dem Text einen neuen Anfang und befindet ihn nach einer weiteren Durchsicht im Oktober 1917 als »nicht schlecht« (ebd., 6.10.1917). Olga Schnitzler hingegen lehnt die Novelle in einer Lesung wenig später »ziemlich ab, mit klugen Gründen« (ebd., 1.12.1917). Im Anschluss daran scheint die Arbeit am Text zu ruhen. Erst 1923 taucht er wieder im Tagebuch auf (ebd., 19.2.1923); vier Jahre später notiert Schnitzler nach der Wiederlektüre: »bessre Novelle als ich gedacht« (ebd., 8.8.1927). Der Erstdruck erscheint 1932 postum im Januar-Heft der *Neuen Rundschau*. 1950 wird *Der letzte Brief eines Literaten* in die bei Fischer erschienenen *Ausgewählten Erzählungen* aufgenommen.

Inhalt und Deutung

Die Novelle ist bisher von der literaturwissenschaftlichen Forschung weitgehend vernachlässigt worden. Neben biographistischen Ausdeutungen (Reid 1972) und Hinweisen zur Einordnung des Texts ins Schnitzlersche Gesamtwerk, etwa in eine Gruppe mit der anderen Abschiedsbrief-Erzählung *Andreas Thameyers letzter Brief* (1902), sind vor allem Aurnhammers Darstellung des intertextuellen Bezugsgeflechts (direkte und indirekte Bezüge beispielsweise zu Dostojewskis *Schuld und Sühne*, Hoffmanns *Rat Krespel*, Goethes *Werther*) und seine Hervorhebung der literarischen Stilisierung und poetischen Selbstreflexivität der Novelle zu nennen (Aurnhammer 2013).

Der Text setzt ein als Ich-Erzählung eines namenlos bleibenden Wiener Literaten (hier: Ego), verfasst in der Nacht in einer Villa an einem norditalienischen See, während im Nebenzimmer seine Geliebte, Maria, im Sterben liegt, und ist dem sie behandelnden Arzt hinterlassen, mit dem Ego seit der Jugendzeit bekannt ist; der »Brief« bricht im letzten Satz ab, da Ego kurz vor Marias tatsächlichem Tod Suizid begeht. An den »Brief« schließt sich ein kurzer Kommentar des Arztes, auf 1897 datiert, an: somit zehn Jahre nach den von Ego berichteten Ereignissen verfasst, die im Zeitraum vom Vorfrühling bis zum Oktober 1887 situiert sind. Beide Teiltexte sind verbunden durch zwei Sätze einer anonymen Sprechinstanz, die quasi als Herausgeber des Gesamttextes fungiert, aber die beiden Teiltexte weder kommentiert, noch erläutert, warum sie ediert werden.

Egos Erzählung wird explizit als »Beichte« (ES II, 209) präsentiert: Sie stellt die Liebe zwischen dem erotisch erfahrenen Autor von Komödien und Maria, der jungen, unerfahrenen, bei ihrer verwitweten Mutter lebenden, bürgerlichen Frau als radikale Extremsituation dar. Diese Liebe erscheint als »schicksalhafte« »Liebe auf den ersten Blick« (ebd., 215); für Ego ist Maria, »das erste Geschöpf, das ich liebte« (ebd., 213). Ego und Maria sind sich schon bei der ersten Begegnung fast wortlos, fast nur durch Blickkontakt ihrer wechselseitigen Liebe sicher; Ego errät freilich gleich, dass Maria ein Herzleiden hat, was ihm, nachdem er – zunächst noch ganz bürgerlich-konservativ – bei ihrer Mutter um Marias Hand angehalten hat, von dem ihn aufsuchenden Hausarzt der Familie bestätigt wird, demzufolge Marias Gesundheit so fragil sei, dass sie den Erregungen einer Liebesehe erliegen werde.

Ego entschließt sich, trotz dieses Wissens die Beziehung zu realisieren: »Wir werden sehr glücklich sein ... ein paar Jahre, vielleicht nur ein Jahr lang oder gar nur ein paar Monate, und dann wird sie von mir scheiden« (ebd.). Er aber werde durch ihren Tod den »ersten wahrhaften Schmerz meines Lebens« erfahren und erst dadurch zu dem werden, »zu dem mich Gott geschaffen hat« (ebd.), und dann erst ein wahrhaft bedeutendes literarisches Werk schaffen. Die Geliebte wird also für die Selbstverwirklichung Egos instrumentalisiert und dabei ihr Tod in Kauf genommen; Liebe zu und Instrumentalisierung von einer Person schließen sich hier nicht aus. Die Radikalität der Entscheidung wird dadurch abgemildert, dass Ego sich sicher ist, »das geliebte Geschöpf reicher zu beglücken«, als dies in einer ›normalen‹, langfristigen Beziehung der Fall wäre. Konfrontiert werden also ein biologisch längerfristiges, aber nicht ›emphatisches‹ – ›normales‹ – Leben und ein biologisch kurzes, dafür aber ›emphatisches‹ Leben; Maria wird nicht nach ihrer Präferenz gefragt, sondern Ego entscheidet für sie – eine massive Normverletzung, die freilich im Verlauf der weiteren Beziehung von Maria – wiederum unausgesprochen – akzeptiert wird. Zunächst aber ist sie vollkommen einverstanden, mit Ego dem räumlichen und familiären Herkunftssystem zu entfliehen; sie legt, obwohl bis dahin ›bürgerlich-tugendhaft‹, keinerlei Wert auf »priesterlichen Segen« (ebd., 218) und nimmt ohne Bedenken die Verletzung konservativer Normen in Kauf: In ihrer Werthierarchie rangiert also die ›unbedingte Liebe‹ weit vor ›bürgerlich-normaler‹ Normerfüllung. Beide reisen in außerehelicher Beziehung durch Italien, und Ego vergisst zeitweilig die Erwartung seiner künstlerischen Vervollkommnung durch Marias Tod: Wert ist für Ego jetzt, »da zu sein, zu lieben, geliebt zu werden« (ebd., 219). Doch unterwegs häufen sich die Symptome von Marias Krankheitszustand, ein befragter Arzt vertraut Ego an, Maria sei »verloren« (ebd., 221); Ego unterstellt, Maria sei sich dessen bewusst, ohne dass man darüber kommuniziert hat. Gerade durch dieses unausgesprochene beiderseitige Wissen kommt es zu einer weiteren Intensivierung ihrer Liebe. Denn Ego skizziert eine auch sonst bei Schnitzler belegte (vgl. z. B. *Traumnovelle*, 1925; *Komödie der Verführung*, 1924) neue Psychologie, der zufolge selbst bei hochbewerteten erotischen Beziehungen unbewusst und quasi biologisch bedingt eine latente Bereitschaft zu erotischen Alternativen bestünde, die aber für Ego und Maria ausgeschlossen sei: »Wir waren etwas Unlösliches, Unteilbares, wir waren wahrhaft eins geworden« (ebd., 222) – womit jener aus Platons *Symposium* stammende und seit der Renaissance in Westeuropa immer wieder belegte Mythos der ›Verschmelzung‹ von Liebenden zu einer ›Einheit‹ aktualisiert wird; im *Letzten Brief* scheint diese Realisierung aber gebunden an das Wissen vom nahen Tode. Ego freilich, der jetzt nur noch um das Leben Marias bangt, scheint sich damit »wieder ein Mensch wie andere geworden, ein Liebender wie andere auch« (ebd., 224), womit er in seiner Sicht zugleich eine Art von ›Verrat‹ an der von ihm angenommenen ›künstlerischen Berufung‹ beginge.

Wie immer wieder in Schnitzlers Werk thematisiert, ist der Zustand ›emphatischer Liebe‹ und also ›emphatischen Lebens‹ ein temporärer, und so kommt es in der Beziehung der beiden zu einem Abfall von der Unbedingtheit der exzeptionellen Liebe: einem »geschwisterlichen Zusammenleben«, also einem asexuellen Zustand, in dem Ego sogar ein normales Fortleben nach Marias Tod zu imaginieren imstande ist und sich selbst als »leer, ausgelöscht, seelenlos« (ebd., 227) klassifiziert. Aber in der neuen Psychologie der Literatur der Frühen Moderne, zu der Schnitzler so viel beigetragen hat, gibt es, solange das Subjekt noch als ›jung‹ gilt, keinen definitiven Zustand, und so kommt es vor Marias Tod zu einem letzten emotionalen Aufschwung, den – unvorhersehbar – ein beiderseitiger Blickkontakt auslöst: »Wie zu einem ersten Kuß sanken wir einander in die Arme – und jetzt erst war das Glück. Sie wusste, dass sie verloren war« (ebd.). Das Maximum an ›emphatischem Leben‹ wird also korreliert mit dem Bewusstsein der Nähe des biologischen Todes. Und nun kehrt Egos Phantasie wieder, durch den anstehenden unersetzlichen Verlust Marias seine »Sendung zu erfüllen« und ein »Werk ohnegleichen« zu schaffen, das ihn »rechtfertigen« würde »vor Gott, vor mir selbst und vor der Welt« (ebd., 228). Die Produktion eines exzeptionellen literarischen Werks wäre ihm also metaphysisch vorbestimmt, sie wäre eine Sinngebung seiner Existenz, und sie würde die Instrumentalisierung der Liebe und damit Marias legitimieren: »Und das soll nicht sein. Das darf nicht sein. Maria ist ein Totenopfer wert, wie es noch keinem sterblichen Wesen dargebracht wurde. Ich lösche mich aus, eh' ich mich vollende« (ebd.).

Während Maria, durch eine Injektion des Arztes betäubt, bewusstlos im Sterben liegt, erschießt sich also Ego, womit die Frage unentschieden bleibt, ob Ego ein solches herausragendes Werk hätte schaffen können, das seine – im tradierten Normensystem inakzeptablen – Entscheidungen allenfalls hätte legitimieren können. Hier nun setzt auch der in der Fiktion zehn Jahre spätere, sich im Text unmittelbar anschließende Kommentar des Arztes Anton Vollbringer an – dessen Namen postuliert, ihm sei gelungen, was Ego verwehrt blieb (»mich vollende[n]«), wobei freilich ›vollbringen‹ Wirkungen außerhalb der Person, ›sich vollenden‹ solche auf die Person selbst impliziert. Vollbringer, von Ego als lange Zeit – auch erotisch – frustrierter sozialer Aufsteiger charakterisiert, der gegenüber Ego massiv mit Ressentiments beladen sei, bestätigt Egos Urteil über ihn, indem er seinen Abscheu gegen die Abweichungen Egos vom bürgerlichen Normensystem unzweideutig äußert und eine reaktionäre, in der literarischen Praxis der ›Frühen Moderne‹ überholte Kunstkonzeption vertritt; Ego hätte das von ihm »versprochene Wunderwerk« gar nicht schaffen können und sich deshalb selbst beseitigt: »Denn ohne wahre Sittlichkeit […] gibt es kein Genie« (ebd., 229). Vollbringer repräsentiert eine traditionelle, noch aus dem 19. Jahrhundert stammende konservative Position, freilich fast schon als deren Karikatur, und nimmt schon innerhalb des Textes die mögliche Rezeption des Textes durch konservative Leser vorweg. Die Zehn-Jahrespause zwischen Egos »Brief« und Vollbringers Kommentar wird insofern funktionalisiert, als sie es Vollbringer ermöglicht, anzumerken, dass Egos früheres – von diesem selbst abgewertetes – Komödienwerk nicht mehr aufgeführt werde; unmotiviert bleibt aber, warum Vollbringer seinen Kommentar zum »Brief« erst mit solcher Verzögerung verfasst.

Wo Vollbringer noch ein traditionelles Modell der ›Realität‹ vertritt, demzufolge sich die gesamte Welt inklusive der menschlichen Psyche in disjunkte, qualitativ eindeutig abgegrenzte Klassen von Sachverhalten gliedern lässt, konfrontiert dem Ego eine neuartige und komplexere Weltstrukturierung, in der es – die Opposition von Leben vs. Tod ausgenommen – nur quantitativ-graduelle Unterschiede und folglich weder in Moral noch Psychologie klare Grenzen zwischen Zuständen gibt und infolgedessen evaluative wie emotionale Ambivalenzen die Regel sind (vgl. Lukas 1996; Titzmann 2002).

Literatur

Aurnhammer, Achim: *A. S.s intertextuelles Erzählen*. Berlin 2013.
Lukas, Wolfgang: *Das Selbst und das Fremde. Epochale Lebenskrisen und ihre Lösung im Werk A. S.s*. München 1996.
Reid, Maja D.: »Andreas Thameyers letzter Brief« und »Der letzte Brief eines Literaten«. Two Neglected S. Stories. In: *German Quarterly* 45 (1972), H. 3, 443–460.
Titzmann, Michael: ›Grenzziehung‹ vs. ›Grenztilgung‹. Zu einer fundamentalen Differenz der Literatursysteme ›Realismus‹ und ›Frühe Moderne‹. In: Hans Krah/Claus-Michael Ort (Hg.): *Weltentwürfe in Literatur und Medien*. Kiel 2002, 181–209.

Michael Titzmann

Abenteurernovelle (Fragm. 1937)

Entstehung

Der Plan, einen Abenteurer ins Zentrum eines Dramas zu rücken, ist durch einen Tagebucheintrag vom Juni 1902 dokumentiert: »[…] ein Abenteurerstück in Versen begonnen« (Tb, 29.6.1902). In den folgenden Jahren gerät die Arbeit an diesem fünfaktig angelegten Drama immer wieder ins Stocken. Im November 1909 entscheidet sich Schnitzler für eine neue Form: »Den Abenteurer neu begonnen, unbedenklich, in vorläufiger Prosa, da mir die tiefe Geduld mangelt, gleich von Beginn an, die Verse zu machen« (ebd., 16.11.1909). Allerdings kommt auch die Prosafassung nur schleppend voran, sodass er einen Monat später prognostiziert, den *Abenteurer* »wohl für lange weggelegt« zu haben (ebd., 16.12.1909). Mehrfach sieht Schnitzler in den folgenden Jahren seine Skizzen durch, ohne sich zu einer Weiterführung durchringen zu können. Im Dezember 1927 notiert er: »[…] endlich eine neue Novelle ›Abenteurer‹, nach dem alten Renaissanceplan, begonnen« (ebd., 30.12.1927). Von Januar bis Juli 1928 arbeitet er intensiv an der Erzählung und diktiert sie seiner Sekretärin, kann sie jedoch nicht abschließen. Im Sommer des folgenden Jahres stellt er bei Durchsicht des Materials resignierend fest: »Wenig Hoffnung trotz guten Anfangs« (ebd., 25.8.1929). So bleibt der Text Fragment und wird erst postum von Heinrich Schnitzler veröffentlicht – auf der Basis des Typoskripts von 1928. Die *Abenteurernovelle* erscheint 1937 mit 16 Zeichnungen von W. Müller-Hofmann im Verlag Bermann-Fischer in Wien. Der Anhang des Buches enthält neben entstehungsgeschichtlichen Anmerkungen auch die Transkription einer Skizze über den Fortgang der Erzählung.

Inhalt

Im Mittelpunkt der »Renaissance-Novelle« (an Lili Cappellini, 14.1.1928; Br II, 522), die gleich zu Beginn auf die Rahmenhandlung von Boccacios *Decamerone* anspielt, steht der 18-jährige Anselmo Rigardi, dessen Eltern 1520 der in Bergamo grassierenden Pest zum Opfer fallen. Nach diesem Schockerlebnis individueller und kollektiver Todeserfahrung empfindet der Sohn aus einem alten, seit längerem im Niedergang befindlichen Geschlecht neben Einsamkeit und Schmerz auch »ein Gefühl von Freiheit« (ES II, 582). Da er nun »nichts anderes mehr zu erwarten« hat »als den Tod« (ebd., 585), fasst Anselmo den Entschluss, mit der Familientradition radikal zu brechen und das Elternhaus zu verlassen. »[I]n seiner sonderbaren Tracht [...] halb wie ein junger Ritter [...] und halb wie ein Landstreicher« aussehend, strebt er einem unbekannten Ziel entgegen, das »Fremde und Abenteuer« verheißt (ebd., 587 f.). Damit endet der expositorische Teil der als Initiationsgeschichte angelegten Novelle. In den drei folgenden Abschnitten verbinden sich »[i]n einer Art Aventiure-Struktur [...] Motive höfischer Epen mit märchenhaften Elementen« (Fliedl 2008, 144).

Am ersten Tag seiner Wanderschaft trifft Anselmo in einer verlassenen Schenke auf »zwei übel, fast wild aussehende Burschen« (ES II, 588). Zusammen mit ihren ebenso zwielichtigen Begleiterinnen, Lorenza und Anita, überreden die Männer ihn zu einem Würfelspiel, bei dem er fortwährend gewinnt. Schließlich bietet der jüngere Mann, ein »verkommene[r] Kavalier« (ebd., 590), Anita als Einsatz an. Anselmo lässt sich in dem unguten Gefühl, dass »das Ganze eine Falle sei, aus der er am Ende doch nicht entkommen könne« (ebd., 594), darauf ein und gewinnt wiederum. Zuletzt ist er froh, diesem »höllischen Bezirk der Gefahren entronnen« zu sein und wieder »in die wirkliche Welt« einzutreten, »wo auch die gewohnten Gesetze« gelten (ebd., 595 f.).

Auf der nächsten Etappe muss Anselmo erneut erfahren, dass »zu dieser Zeit der Unordnung, Seuchen und Auflösung« eine »Verwirrung aller Verhältnisse« eingetreten ist (ebd., 596), die auch ihn betrifft. Bei der Wanderung mit Anita erzählt diese ihm, erst am Morgen dem Kavalier angetraut worden zu sein. Sie begegnen einem älteren Herrn, der den beiden in seinem Landhaus Unterschlupf gewährt. Nach der Liebesnacht mit Anita spürt der »so völlig zum Mann« Gewordene jedoch trotz aller Beglückung die »Sehnsucht nach Ferne, Alleinsein, Freiheit – und anderen Frauen« (ebd., 599). Als er entschwinden will, steht plötzlich der Kavalier vor ihm und fordert Revanche. Im anschließenden Duell tötet Anselmo seinen Rivalen. Unbeirrt setzt er die Wanderung fort in dem »Glücksgefühl, [...] wundersam an einem Anfang zu stehen« (ebd., 605).

Im letzten ausgearbeiteten Kapitel gelangt der Protagonist nach sieben Tagen zu einem unzugänglich wirkenden Schloss und trifft dort auf einen Mönch, der ihn über die brisante politische Situation aufklärt. Unterdessen verlangt ein schwarzer Ritter vehement Einlass in das Schloss, um dessen Besitzer an das Krankenbett des Fürsten zu holen. Der für seinen »prophetische[n] Wunderblick« (ebd., 610) bekannte Geronte soll die Todesstunde des Landesherrn vorhersagen. Der greise Weissager lässt sich in die Pflicht nehmen, nachdem der Ritter den Schutz seiner Tochter Lucrezia versprochen hat. Beim Schließen des Tores entzünden sich die Blicke Anselmos und Lucrezias aneinander, und wenig später vereint sich das Liebespaar. Nach der Rückkehr Gerontes, der vom Tod des Fürsten berichtet, ist Anselmo über Lucrezias gleichgültiges Verhalten empört. Um »seine Männlichkeit zu behaupten«, greift er nach dem Degen und beschimpft sie als »Dirne« (ebd., 621). Ihren Vater zum Kampf herausfordernd, weissagt dieser ihm den Tod in genau einem Jahr. Daraufhin wandert Anselmo »einsam wie er es noch nie gewesen« weiter – »dem Tod« entgegen (ebd., 622).

Wie die Skizze zur weiteren Handlung zeigt, sollte die Novelle dem »Modell der sich selbst erfüllenden Prophezeiung« folgen (Lukas 1996, 232 f.). Demnach gerät Anselmo – unwissentlich begleitet von Geronte, der prüfen will, »ob er Lucrezias würdig ist« – in politische Machtkämpfe, tötet im Duell den Erbprinzen und »zieht an der Spitze des Heeres in den Krieg, kehrt als Sieger zurück« (ES II, 622 f., im Orig. kursiv). Am vorhergesagten Todestag nimmt er Gift, kann aber vor seinem Sterben noch die schwangere Lucrezia treffen und den von ihm gefangen genommenen Geronte freilassen. Dieser gesteht ihm, dass die Prophezeiung falsch gewesen sei, da er nur Unbekannten weissagen könne.

Deutung

Der Protagonist der *Abenteurernovelle* verkörpert einen Typus, der in Schnitzlers Werk in vielfachen Variationen begegnet: in Gestalt von Glücksrittern, Spielern, Hasardeuren und erotischen Freibeutern. Zumeist handelt es sich dabei um wagemutige männliche Figuren, deren Sehnsucht nach gesteigerter Lebensintensität sie dazu verlockt, sich gefahrvollen Herausforderungen zu stellen, um zu grenzüberschreitenden Erfahrungen im räumlichen und existentiellen Sinne zu gelangen. Obwohl die *Abenteurernovelle* insbesondere durch die Konzeption der Hauptfigur größere Schnittmengen mit anderen Texten Schnitzlers aufweist, hat sie in der Forschung kaum Beachtung gefunden. Ausschlaggebend für diese Vernachlässigung war neben der Unabgeschlossenheit der Erzählung vermutlich auch deren synkretistische Mischung von Elementen bzw. Versatzstücken aus der mittelalterlichen Artusepik sowie aus frühneuzeitlicher und romantischer Litera-

3.2.3 Späte Erzählungen (entst. nach 1920)

tur. Mit Blick auf die Fragmentarität und die Anachronismen des Textes vermutet Fliedl, dass die »märchenhafte Geschichte eines einzelnen Helden [...] nach der Erfahrung des anonymen und massenhaften Todes [...] nicht mehr erzählbar« gewesen sei. Sie resümiert: »Das moderne Subjekt hat die Bewährungsprobe eben *nicht* bestanden; auf seine historische Kostümierung mußte verzichtet werden« (Fliedl 2005, 216).

Demgegenüber bleibt festzuhalten, dass die in einer Umbruchszeit angesiedelte *Abenteurernovelle* durchaus zeitgemäße Themen aufgreift. Der Protagonist ist als Schwellen- und Krisenfigur konzipiert, deren Ich sowohl durch innere als auch durch äußere Vorgänge in einem zerrissenen, von Krieg und Anarchie ausgehöhlten Land zunehmend destabilisiert wird. Trotz ihrer vergleichsweise konventionellen Erzählweise gewinnt die Novelle eine spezifische Modernität u. a. dadurch, dass Anselmo immer wieder Irritationen der Wahrnehmung erlebt und die Grenzen zwischen Traum und Wirklichkeit verschwimmen; ferner wird er mit abrupten Stimmungs- und Verhaltenswechseln und undurchsichtigen Motiven konfrontiert, die seinen naiven Glauben an ein »vorbestimmtes Schicksal« (ES II, 606) und die Autonomie des Handelns in Frage stellen. Interesse verdient die Erzählung nicht zuletzt deshalb, weil sie über die Abenteurer-Figur hinaus Berührungspunkte mit früheren historischen Werken (*Der Schleier der Beatrice* u. a.) sowie mit anderen Texten Schnitzlers zeigt, die ähnlichen Handlungsmodellen folgen (*Die Weissagung, Das Schicksal des Freiherrn von Leisenbohg* u. a.).

Literatur

Fliedl, Konstanze: *A. S.* Stuttgart 2005.
Fliedl, Konstanze.: A. S. und Italien. In: Eduard Beutner/Karlheinz Rossbacher (Hg.): *Ferne Heimat, nahe Fremde. Bei Dichtern und Nachdenkern*. Würzburg 2008, 132–147.
Lukas, Wolfgang: *Das Selbst und das Fremde. Epochale Lebenskrisen und ihre Lösung im Werk A. S.s*. München 1996.

Gabriele Sander

Boxeraufstand (Fragm. 1957)

Entstehung

Das Fragment *Boxeraufstand* wurde im Jahr 1957 aus dem Nachlass mit dem Zusatz »Entwurf zu einer Novelle« im Heft 1 der *Neuen Rundschau* veröffentlicht. Die Grundlage der Erstveröffentlichung und der späteren Textausgaben bildet ein in Maschinenschrift verfasster und mit in lateinischer Schrift vorgenommenen handschriftlichen Ergänzungen versehener Entwurf (ES I, 278 u. 548). Die genauen Entstehungsumstände des Werkes sind bis heute ungeklärt. Mehrheitlich geht die Forschung davon aus, dass Schnitzler das Werk »wahrscheinlich« im Jahr 1900 (Fliedl 2005, 117) bzw. »kurz nach 1900« (ES II, 993) oder »um 1900« (Knorr 1988, 226; Roberts 1989, 129) quasi als unmittelbare Reaktion auf die Niederschlagung des Boxeraufstands in China verfasst haben muss. Diese These wird zum einen auf die Vermutung gegründet, dass der Autor die Ereignisse des Boxerkampfes mindestens am Rande mitverfolgt haben muss. Zum anderen wird sie durch inhaltlich-stilistische Argumente gestützt: Die Novelle lässt sich thematisch und erzähltechnisch in den Kreis der frühen Prosawerke Schnitzlers einordnen (Perlmann 1987, 109; Fliedl 2005, 114 u. 117).

Allerdings lassen sich einige Indizien anführen, die gegen diese Annahme sprechen. In den Tagebüchern und im Briefwechsel Schnitzlers finden sich keine Verweise, die darauf hindeuten würden, dass der Autor sich in dieser Zeit mit dem Boxerkrieg auseinandergesetzt oder an einem literarischen Werk zu diesem Thema gearbeitet hätte. Noch gewichtiger erscheint jedoch Zelinskys Hinweis darauf, dass dem *Boxeraufstand* eine wahre Geschichte zugrunde liegt, die unter der Überschrift »Juni 1911 ›Ein Chinese‹« fast wortwörtlich auch unter den Aufzeichnungen Hugo von Hofmannsthals zu finden ist (Zelinsky 1977, 561). Zelinsky mutmaßt, dass beide Autoren die Geschichte von ihrem gemeinsamen Freund, dem »Romancier, Übersetzer und Diplomat Paul Zifferer« gehört haben könnten (ebd., 537 u. 561). Auch Emil Seeliger könnte zu seinem Werk *Eine Viertelstunde vor dem Tod* (1926) – in Abweichung von Urbachs Vermutung (1974, 113) – durch Zifferers Erzählung inspiriert worden sein.

Inhalt

Die Novelle spielt in China zur Zeit des titelgebenden Boxeraufstands (1899–1901). Der Ich-Erzähler, ein junger deutscher Oberleutnant, erzählt einem anonymen Zuhörer rückblickend von der Exekution von siebzehn Kämpfern in einem Dorf in der Nähe Pekings, bei der er das Kommando innehatte. Die erzählte Zeit umfasst ungefähr drei Stunden. Die Handlung lässt sich mittels der wechselnden Schauplätze in drei Hauptsequenzen gliedern. Die erste dieser Sequenzen spielt im Dorf der Exekution und dauert ungefähr anderthalb bis zwei Stunden. Der Oberleutnant, den die Psychologie der Chinesen interessiert, bemerkt unter den Verurteilten einen, der zu seiner Überraschung ruhig einen Roman liest. Durch einige kleinere Gespräche mit ihm kommt er zu dem irrationalen Entschluss, die Freilassung des Chinesen – trotz des Kommandos, dass »kein Pardon gegeben werde« (ES I, 545) – durchzusetzen. Der Schauplatz des zweiten Handlungsabschnitts ist das Dorf des Regimentsstabs. Die erzählte Zeit beträgt hier annähernd eine Stunde und erzählt den Hin- und Rückritt des Leutnants sowie sein erfolgreiches Gespräch mit dem Obersten. Die dritte Phase spielt schließlich wieder im Dorf der Verurteilten. Sie dauert ein paar Minuten und beschreibt die Freilassung des Chinesen und den Abschluss der Exekution der anderen.

Deutung

Die Interpretation der Novelle bildet bis heute ein Desiderat in der Schnitzler-Forschung. Sie wird zumeist nur als eine zum Frühwerk gehörende Schrift erwähnt und mit wenigen Worten besprochen. Hervorgehoben wird dabei, dass der Autor hier, wie in den meisten Werken dieser Zeit, eine »Versuchsanordnung« (Fliedl 2005, 114; Perlmann 1987, 109) entwickelt und im Stil einer psychoanalytischen Fallstudie die Frage behandelt, wie man sich angesichts seines bevorstehenden Todes bzw. des Todes eines anderen Menschen verhält (Fliedl 2005, 114 u. 117). Geht man von dieser Sicht aus, bildet die Erklärung für das regelverletzende Verhalten des Oberleutnants das zentrale Problem der Novelle. Er bricht den »ausdrücklichen Befehl Seiner Majestät, daß kein Pardon gegeben werde« (ES I, 545 u. 547), und schämt sich sogar dafür (ebd., 548). Zu erkennen ist, dass das Werk dafür drei perspektivgebundene Erklärungszusammenhänge bietet. Der Oberleutnant, der die Geschichte beim Erzählen permanent auch zu deuten versucht, steht den Geschehnissen verständnislos gegenüber. Er führt sein Handeln auf dem Rationalen unzugängliche Beweggründe zurück (Knorr 1988, 226). Aus der Perspektive des Obersts wird der Leutnant manipuliert: »›Der Kerl hat dich durchschaut‹, sagte er. ›Es sind feine Leute, glaub mir. Der Dümmste ist noch immer schlauer als wir‹« (ES I, 547). Nach den Worten des Chinesen schließlich ist es »nie ganz sicher, was in der nächsten Stunde geschieht« (ebd., 546), nichts in der Welt sei vorherbestimmt. Die drei Erklärungen stehen gleichrangig nebeneinander, das Werk unterstützt durch motivische Wiederholungen – durch die Betonung der Zwanghaftigkeit des Verhaltens des Oberleutnants, die verstohlenen Blicke des Chinesen, bzw. die Parabelhaftigkeit der Geschichte selbst – raffiniert alle drei Interpretationen.

Literatur

Fliedl, Konstanze: *A. S.* Stuttgart 2005.
Hofmannsthal, Hugo von: *Gesammelte Werke in Einzelausgaben.* Bd. 15: *Aufzeichnungen, Briefe.* Hg. v. Herbert Steiner. Frankfurt a. M. 1959.
Knorr, Herbert: *Experiment und Spiel: Subjektivitätsstrukturen im Erzählen A. S.s.* Frankfurt a. M. u. a. 1988.
Perlmann, Michaela L.: *A. S.* Stuttgart 1987.
Roberts, Adrian C.: *A. S. and Politics.* Riverside 1989.
Urbach, Reinhard: *S.-Kommentar zu den erzählenden Schriften und dramatischen Werken.* München 1974.
Zelinsky, Hartmut: Hugo von Hofmannsthal und Asien. In: Roger Bauer u. a. (Hg.): *Fin de Siècle. Zu Literatur und Kunst der Jahrundertwende.* Frankfurt a. M. 1977, 508–567.

Erzsébet Szabó

Ich (1968)

Entstehung

Der Stoff zu einem »der wohl brillantesten Kurztexte Schnitzlers« (Orosz/Plener 2002, 2) hat seinen Autor über einen längeren Zeitraum hinweg beschäftigt. Einem Tagebucheintrag zufolge geht die Grundidee auf einen Spaziergang mit dem befreundeten Wiener Privat-Gelehrten Arthur Kaufmann im Jahr 1917 zurück: »Die überflüssige Tafel ›Park‹ bringt mich auf einen Menschen der nach Hause kommend, solche Aufschriften neben Tisch, Sessel, Kasten anbringt, auch auf seine Frau einen Zettel hängt ›Gattin‹ u. s. w. –« (Tb, 13.5.1917). Unter dem Arbeitstitel »Park« hat Schnitzler diesen Stoff dann 1927 zur wohl nur noch in wenigen stilistischen Details unfertigen Fassung einer Novellette ausgearbeitet (Orosz/Plener 2002, 2 f.). In ihr thematisiert er nunmehr grundlegende Verunsicherungen, die sich mit der Dynamisierung der Lebenswelt in der Moderne verbinden, und eröffnet mehr oder minder ironische Bezüge vor allem zu Positionen der Sprachkritik in der Nachfolge Fritz Mauthners (Scheffel 2013), aber auch z. B. zu Ernst Machs Empiriokritizismus und der von Hermann Bahr schlagwortartig verbreiteten Rede von der ›Unrettbarkeit

3.2.3 Späte Erzählungen (entst. nach 1920)

des Ich‹ (Wunberg 1998, bes. 12). Der Text blieb unvollendet und wurde erst postum, d. h. erstmals 1968 aus dem Nachlass unter dem Titel *Ich* veröffentlicht (EV, 442–448 u. 523).

Inhalt und Deutung

»Bis zu diesem Tage war er ein völlig normaler Mensch gewesen« (EV, 442). So beginnt die in *Ich* erzählte Geschichte vom Herrn Huber. Dieser lebt das geregelte Leben eines biederen Wiener Angestellten und Familienvaters, bis er eines Tages, genau gesagt am Pfingstsonntag, bei seinem gewohnten Sonntagsspaziergang an einem Baum des Schwarzenbergparks eine bis dahin noch nicht wahrgenommene Holztafel mit dem in großen schwarzen Buchstaben hingeschriebenen Wort ›Park‹ entdeckt. Diese Verdoppelung der Wirklichkeit durch ein Zeichen erscheint ihm zunächst »ziemlich überflüssig«, denn, so sagt er sich, »[m]an sah doch, daß es ein Park war, niemand konnte daran zweifeln«; aber, so überlegt er weiter, »[v]ielleicht gab es Leute«, die den Park »für ein Paradies gehalten hätten, wenn die Tafel dort nicht gehangen wäre. Haha, ein Paradies. Und da hätte vielleicht einer sich danach benommen – seine Kleider abgeworfen und öffentliches Ärgernis erregt. Wie sollte ich (denn) wissen, sagte er auf der Polizei, daß es nur ein Park war und nicht das Paradies. Nun konnte das nicht mehr passieren. Es war höchst vernünftig gewesen, die Tafel dorthin zu hängen« (ebd., 443 f.). Im Unterschied zu Hofmannsthals berühmter, in eine schwere Sprachkrise geratenden Schriftsteller-Figur des Lord Chandos in dem als »poetische Magna Charta der deutschen Literatur des zwanzigsten Jahrhunderts« (Riedel 1996, 1) geltenden Text *Ein Brief* (1902) zeigt sich Schnitzlers braver Herr Huber zunächst also keineswegs durch ein Auseinanderklaffen von Sprache und Welt, von Zeichen und Bezeichnetem irritiert. Im Gegenteil: »Er erweist sich als zutiefst beeindruckt von der konstitutiven Rationalität, die in einer solchen Verdoppelung der Welt liegt« (Brecht 1998, 42). Gegen jede Form von Durchlässigkeit oder Mehrdeutigkeit, die einen Übergang vom ›Park‹ ins ›Paradies‹ erlaubte, steht die Tafel als Verbot. Sie verkörpert ihm ein Bezeichnen, das mit aller Konsequenz eine elementare Grenze markiert und »das den Weg zurück zum *Baum des Lebens* wie der Cherub mit dem Flammenschwert verstellt (vgl. Gen 3, 24)« (ebd., 43). Vom Geist solcher Rationalität beseelt hat Herr Huber das Gefühl, dass er ausersehen sei, das in der Tafel entdeckte bzw. offenbarte Prinzip des, wie sich mit

Mauthner formulieren ließe, sprachlichen »Wertzeichens« (Mauthner 1923, 95 f.) missionarisch zu verbreiten, d. h. er muss nun überall Zettel hinheften, wobei er in der gefallenen Welt ein jedes Ding mit dem ihm gemäßen Namen zu bekleiden versucht. Dabei gälte es freilich, so überlegt Huber, »von allen Dingen und Menschen auch zu wissen, wie sie heißen. Welche ungeheure Verwirrung war in der Welt. Niemand kennt sich aus« (EV, 448). Wie denn auch, wenn, wie Huber leidvoll erkennen muss, die Welt voller Geheimnisse steckt und in all ihren Erscheinungen nur höchst relativ ist, weil an die Maßstäbe des erkennenden Subjekts gebunden ist – und wenn am Ende »nicht alle Zeichen Namen und auch Namen nur Zeichen, wenn schließlich Zeichen nur Zeichen für andere Zeichen sind« (Brecht 1998, 43). »Unbegreiflich«, so lässt Schnitzler seinen Herrn Huber z. B. im Blick auf die »Kaffeehauskassierin« in seinem Stammcafé räsonieren, »daß diese gleichgültige Kassierin plötzlich die wichtigste Person war. Einfach dadurch, daß er sie ansah. Von allen andern wußte er gar nichts, alle waren sie Schatten. […] Die Frage war jetzt nur, was für einen Zettel man ihr ankleben sollte. Magdalene? Fräulein Magdalene? Oder Sitzkassierin?« (EV, 447).

Schnitzler, der seine Figur ausgerechnet am Gedenktag des die babylonische Sprachverwirrung überwindenden Pfingstwunders in solche Überlegungen und Konflikte stürzt, nutzt die hergebrachten Topoi von einer ›Ursprache‹ und einer ›Sprachverwirrung‹ also offensichtlich zur Parodie. Am Ende seiner Geschichte hat Frau Huber den Arzt verständigt. »Wie der hereintritt«, so der letzte Satz des Textes, »tritt ihm der Kranke entgegen mit einem Zettel auf der Brust, auf dem mit großen Buchstaben steht: ›Ich‹. –« (ebd., 448).

Wie Brecht in einer detaillierten, gegen die Mehrheitsmeinung der Forschung gerichteten Lektüre ausgeführt hat, lässt sich die Novellette keineswegs nur im Sinne einer späten Bekräftigung der um die Jahrhundertwende verbreiteten Sprachkritik lesen. Mit »boshafter Genauigkeit« (1998, 44) nimmt Schnitzler vielmehr die sprachskeptische Moderne mit ihrer absoluten Kritik an der Sprache à la Mauthner, aber auch ihren Versuchen der Überwindung einer prinzipiell für korrupt befundenen Sprache durch Poesie und eine wie auch immer geartete Ursprünglichkeit à la Hofmannsthal aufs Korn und führt sie ironisch *ad absurdum*. Dabei reflektiert der kleine, nur scheinbar harmlose Text zugleich den skeptischen Geist und die vergleichsweise pragmatische Position seines Schöpfers. Anders als Hofmannsthals Lord Chandos erhofft sich der Autor Schnitzler keinen Weg vor oder zurück in das Paradies einer ›eigentlichen Sprache‹ und auch kein unvermitteltes Verhältnis zur Welt im Zeichen eines »Denken[s] mit dem Herzen« (Hofmannsthal 1991, 52). »Jedes Wort hat fließende Grenzen; diese Tatsache zu ästhetischer Wirkung auszunützen ist das Geheimnis des Stils« (AB, 368) – so stellt Schnitzler in einem seiner Aphorismen fest. Anders gewendet: Auch der Nietzsche-Leser Schnitzler geht selbstverständlich von dem in *Ich* facettenreich reflektierten Phänomen der Uneindeutigkeit von Worten sowie einer letztlich unüberbrückbaren Differenz zwischen Worten und Wirklichkeit aus. Was man im historischen Kontext der Moderne wortreich zum Skandalon erhob (Göttsche 1987), das ist und bleibt aus seiner Sicht jedoch zunächst nicht mehr als eine notwendige Voraussetzung für jede Form von Literatur.

Literatur

Brecht, Christoph: »Jedes Wort hat sozusagen fließende Grenzen«. A. S. und die sprachskeptische Moderne. In: *Text + Kritik* (1998), H. 138/139 (*A. S.*), 36–46.

Göttsche, Dirk: *Die Produktivität der Sprachkrise in der modernen Prosa*. Frankfurt a. M. 1987.

Hofmannsthal, Hugo von: *Sämtliche Werke. Kritische Ausgabe*. 38 Bde. Hg. v. Heinz O. Burger u. a. Bd. 31: *Erfundene Gespräche und Briefe*. Hg. v. Ellen Ritter. Frankfurt a. M. 1991.

Mauthner, Fritz: *Beiträge zu einer Kritik der Sprache*. 3 Bde. Bd. 1: *Zur Sprache und zur Psychologie*. Leipzig ³1923.

Orosz, Magdolna/Plener, Peter: Sprache, Skepsis und Ich um 1900. Formen der belletristischen Ich-Dekonstruktion in der österreichischen und ungarischen Kultur der Jahrhundertwende. In: Magdolna Orosz u. a. (Hg.): *»… und die Worte rollen von ihren Fäden fort…«. Sprache, Sprachlichkeit, Sprachproblem in der österreichischen und ungarischen Kultur und Literatur der Jahrhundertwende*. Budapest 2002, 355–368.

Riedel, Wolfgang: *»Homo Natura«. Literarische Anthropologie um 1900*. Berlin u. a. 1996.

Scheffel, Michael: Mauthners »Sprachkritik« im Spiegel der Wiener Moderne – Ein Blick auf Hugo von Hofmannsthal und A. S. In: Gerald Hartung (Hg.): *An den Grenzen der Sprachkritik. Fritz Mauthners Beiträge zu einer Sprach- und Kulturkritik*. Würzburg 2013, 231–250.

Wunberg, Gotthart: Fin de Siècle in Wien. Zum bewußtseinsgeschichtlichen Horizont von S.s Zeitgenossenschaft. In: *Text + Kritik* (1998), H. 138/139 (*A. S.*), 3–23.

Michael Scheffel

4. Gedichte

Von wenigen Ausnahmen abgesehen ist Arthur Schnitzlers lyrische Dichtung ein von der Forschung bislang weitgehend ignoriertes oder für ästhetisch vernachlässigenswert erachtetes Produkt der Jugend- und der frühen Erwachsenenjahre: entstanden überwiegend vor der entschiedenen Hinwendung zur Literatur in den 1890er Jahren, nur in geringem Umfang vom Autor selbst in den Druck gegeben und bis heute lediglich in Teilen ediert. Erste noch erhaltene Gedichte stammen aus der Feder des gerade einmal elfjährigen Gymnasiasten (1873); ein Gedicht ist es auch, mit dem Schnitzler das erste Mal an die literarische Öffentlichkeit tritt (*Liebeslied der Ballerine*, publiziert in *Der freie Landbote*, 13.11.1880). Ende der 1880er, Anfang der 1890er Jahre erscheinen Gedichte des ins literarische Feld drängenden Schnitzler in mehreren Zeitschriften. Zugleich bildet sich bei ihm – wesentlich bedingt durch den Kontakt mit den ›Jung Wienern‹, nicht zuletzt mit dem lyrischen Ausnahmetalent Hofmannsthal – ein Bewusstsein der Minderwertigkeit der eigenen Lyrik aus: »[I]ch stehe hinter den andern (Dörmann etc.) lyrisch stark zurück«, heißt es im Oktober 1891 im Tagebuch (Tb, 15.10.1891); und ein Jahr später notiert er den kleinen Dialog: »Hast Du Gedichte gern? – Ich: Nein, ich verstehe nichts davon« (ebd., 19.10.1892). Doch auch nach dieser Ernüchterung entstehen weiterhin vereinzelt lyrische Texte, von denen allerdings nur wenige veröffentlicht werden. Eine vom Autor selbst besorgte und publizierte Auswahl der Gedichte liegt nicht vor; allein das Kapitel »Sprüche in Versen« aus dem *Buch der Sprüche und Bedenken* (1927) kann – setzt man einen weiten Lyrikbegriff an, der auch versifizierte Aphorismen umfasst – als eine geschlossene, wenn auch kleine Sammlung angesehen werden.

Textkorpus, Entstehungs- und Publikationsgeschichte

Auf einem engen Lyrikbegriff und einer explizit als ›subjektiv‹ bezeichneten Auswahl basiert die von Herbert Lederer herausgegebene Sammlung *Frühe Gedichte* (1969), die bisher die einzige Buchpublikation mit Gedichten Schnitzlers darstellt. Sie umfasst 71 Texte, darunter vollständige Gedichte, mitunter aber auch nur einzelne Strophen. Der Großteil des bei Lederer Publizierten (68 Texte) entstand vor der Jahrhundertwende, mit einem Schwerpunkt in den

Jahren 1880 bis 1890 (57 Texte). Abgedruckt sind bei Lederer auch alle zuvor bereits publizierten Gedichte Schnitzlers (31 Texte, davon zwei postum).

Als Publikationsmedium seiner Lyrik dienten Schnitzler zu Lebzeiten insbesondere Zeitungen und Zeitschriften. Zwischen 1886 und 1890 veröffentlichte er insgesamt zwölf Gedichte in *An der Schönen Blauen Donau* (Wien), einem »Unterhaltungsblatt für die Familie«, an dem Schnitzlers Freund Paul Goldmann zeitweilig als Redakteur mitwirkte; drei Gedichte wurden in der Münchner Zeitschrift *Die Gesellschaft* publiziert; einzelne Gedichte erschienen u. a. in *Deutsche Dichtung* (Wien), in der *Modernen Rundschau* (Wien), in der *Wiener Allgemeinen Zeitung*, im *Illustrierten Wiener Extrablatt* oder im *Prager Tageblatt*.

Wesentlich umfangreicher als das publizierte lyrische Œuvre ist die Menge der nachgelassenen Gedichte und Gedichtfragmente (Lederer spricht, was noch der Überprüfung harrt, von »fast zweihundert noch erhalten[en]« Gedichten; 1969, 7), die – mit Ausnahme der Texte in der Ausgabe von Lederer – bisher weder ediert noch im Einzelnen erfasst wurden. So führt das von Müller und Neumann erstellte Verzeichnis des Schnitzler-Archivs in der Abteilung E »Sprüche in Versen, Gedichte« 18 Konvolute auf (Müller/Neumann 1969, 108f.), die insgesamt 590 Blatt enthalten (nach der Freiburger Foliierung); davon entfallen 479 Blatt auf die Unterabteilung »Gedichte«. Während mehrere der in »Sprüche in Versen« verzeichneten Texte auch aus der Zeit nach der Jahrhundertwende stammen, datieren die teils hand-, teils maschinenschriftlichen Texte der Unterabteilung »Gedichte«, sofern sie datiert sind, nahezu ausnahmslos auf die Zeit vor 1900. Die frühesten Texte – dreißig auf drei Kapitel verteilte Gedichte, u. a. zu antiken und mythologischen Stoffen, aber auch zu romantischen Motiven, etwa dem der Sehnsucht (vgl. SAF, E.II.1, Folio 32) oder dem der Waldeinsamkeit (vgl. ebd., Folio 53–54) – stammen aus dem Zeitraum 1873 bis 1875 und sind zusammengefasst in dem 83-seitigen handschriftlichen Konvolut »Sammlungen der Erstlinge«. Neben offenbar fertiggestellten Gedichten umfasst das Material auch zahlreiche Entwürfe, zuweilen auch nur prosaartige »Einfälle zu Gedichten« (SAF, E.II.10, Folio 435–446). Darüber hinaus wertet das Verzeichnis auch zwei dezidiert narrative, unter der Überschrift »Versuche zu poetischen Erzählungen« zusammengefasste Texte zu den Gedichten: das 19-seitige *Artifex* sowie die im Typoskript als »Novellete in Versen« (SAF, E.II.11, Folio 467) ausgewiesene Erzählung *Vereinigt sterben*.

Neben den in der Cambridge University Library aufbewahrten Nachlassmaterialien, die das Findbuch von Müller und Neumann auf Basis des Freiburger Kopierarchivs verzeichnet, existieren weitere Teilsammlungen und Einzelstücke, beispielsweise im Deutschen Literaturarchiv in Marbach oder in der Österreichischen Nationalbibliothek in Wien – hier sind weitere Gedichte zu finden. So führt etwa das von Heinrich Schnitzler erstellte Verzeichnis des damals, Ende der 1960er Jahre, in Wien vorhandenen, heute zu großen Teilen in Marbach lagernden Nachlassmaterials mehrere Gedichte und Gedichtkonvolute auf (Müller/Neumann 1969, 153 – Nr. 48–50 u. 52), darunter das bemerkenswert spät entstandene, heute in Wien aufbewahrte Gedicht *Gespensterstimmen* aus dem Jahr 1911 (zu dessen Entstehung vgl. Tb, 24.8.1911). Darüber hinaus wäre das Korpus Schnitzlerscher Lyrik um versförmige Notate und Gedichte aus den Tagebüchern zu ergänzen. Insofern eine genaue Erfassung von Umfang und Art all dieser verstreuten lyrischen Dichtungen bisher noch aussteht, kann auch eine Würdigung des lyrischen Œuvres Schnitzlers, das eben im Wesentlichen unpubliziert ist, allenfalls vorläufigen Charakter haben.

Vorliegende Forschung, allgemeine Einordnung der Gedichte

Die ohnehin kaum vorhandene Forschung zu Schnitzlers Lyrik hat sich, der Editionslage entsprechend, lediglich mit einer schmalen Auswahl an Gedichten befasst. Dabei kommt den Arbeiten von Schinnerer das Verdienst zu, die verstreut publizierten Gedichte des jungen Autors allererst erfasst und in die Genese der Schnitzlerschen Autorschaft eingeordnet zu haben (Schinnerer 1929; Schinnerer 1930, bes. 59–65). Einen ähnlichen Akzent setzt Lederer in seinem in erster Linie entstehungs- und publikationsgeschichtlich ausgerichteten Vorwort (Lederer 1969). Wie Schinnerer und Lederer konstatiert auch Fliedl (1997, 53–78) die ästhetische Nachrangigkeit der Gedichte, bei denen es sich vorwiegend um epigonale Dichtungen, um »Klitterungen romantischer und nachromantischer Versatzstücke« (ebd., 65) handle – schon Schinnerer hatte auf die formalen und thematischen Anleihen bei der Naturlyrik Lenaus hingewiesen (Schinnerer 1929, 157); die Gedichte seit den späten 1880er Jahren sind zudem deutlich durch die vom Weltschmerz durchwirkte Haltung Heines geprägt (Fliedl 1997, 67f.), die auch in der meist desillusionierten Behandlung der Liebesthematik erkennbar wird. Von vereinzelten Frivolitäten oder einer (eher beiläufig) ins ironische kippenden Sprechhaltung abgesehen, fügen sich die Gedichte des jungen Autors damit in ästhetischer und weitgehend auch in ideologischer Hinsicht nahezu widerstandslos in ihr Publikationsumfeld, war es doch insbesondere das Medium des Familienblatts, in dem Schnitzlers Lyrik erschien (ebd., 53–65).

Insgesamt gelten Schnitzlers Gedichte der Forschung als Dokumente einer noch im Werden begriffenen Autorschaft, die zudem deutlich grundiert sind von der biographischen Situation eines Dichters, der vor allem mit sich selbst beschäftigt ist (ebd., 69 f.). Stützen kann sich diese Interpretation, nach der die lyrische Produktion eine zu überwindende Phase im Schaffen eines biographisch wie literarisch noch orientierungslosen Autors darstellt, auf Schnitzlers eigenes Urteil über die frühen lyrischen Versuche, die schnell aufgegeben wurden zugunsten der dramatischen und der epischen Gattung.

Eine umfassende Würdigung dieser Lyrik, in der sie nicht primär als Übergangsphänomen begriffen wird, dessen Telos in der Erkenntnis der Unzulänglichkeit liegt, steht gleichwohl noch aus. Weiter zu ergründen wäre dabei nicht nur, im Anschluss an Fliedl, das strategische Moment in der Publikationspraxis des jungen Autors, einschließlich der Rolle, die das Medium Zeitschrift dabei spielte. Auch fehlt es bisher an einer funktionalen, nicht in erster Linie mit ästhetischer Unreife argumentierenden Erklärung für die offensichtliche Epigonalität und Zitathaftigkeit der Lyrik Schnitzlers. Zu prüfen wäre hier u. a., ob und inwieweit Welzigs Thesen zu den frühen Tagebüchern (Welzig 1987) übertragbar sind auf die Gedichte. Dies würde bedeuten, »die Stimme dieses jungen Mannes als ein Phänomen *sui generis* hinzunehmen« (ebd., 483). Auch der »Umgang mit dem im weitesten Sinne zitierend aufgenommenen Sprachmaterial« (ebd., 485) wäre dementsprechend als ein eigenwertiger Schreibansatz zu betrachten, der sich zwar psychologisch als Technik des autoritätengestützten Sprechens und der Distanzierung von Selbsterlebtem deuten ließe, dabei jedoch zugleich auf eine lyrik- und ideengeschichtliche Konstellation verweisen könnte, in der das goethezeitliche Paradigma des subjektiven Ausdrucks endgültig von der sprachkritischen Einsicht unterwandert wird, dass auch das Ich sich nur im zitierenden Sprachspiel konstituiert.

Literatur

Fliedl, Konstanze: *A. S. Poetik der Erinnerung*. Wien/Köln/Weimar 1997.
Lederer, Herbert: Vorwort. In: A. S.: *Frühe Gedichte*. Hg. u. eingel. v. Herbert Lederer. Frankfurt a. M./Berlin 1969, 7–12.
Neumann, Gerhard/Müller, Jutta: *Der Nachlaß A. S.s. Verzeichnis des im S.-Archiv der Universität Freiburg i. Br. befindlichen Materials. Mit einem Vorwort von Gerhart Baumann und einem Anhang von Heinrich Schnitzler. Verzeichnis des in Wien vorhandenen Nachlaßmaterials*. München 1969.
Schinnerer, Otto P.: The Early Works of A. S. In: GR 4 (1929), 153–197.
Schinnerer, Otto P.: The Literary Apprenticeship of A. S. In: GR 5 (1930), 58–82.
Welzig, Werner: Der junge Mann und die alten Wörter. In: A. S.: *Tagebuch 1879–1892*. Hg. v. der Kommission für literarische Gebrauchsformen der Österreichischen Akademie der Wissenschaften, Obmann: Werner Welzig. Wien 1987, 471–488.

Peer Trilcke

5. Aphorismen

Schnitzler schreibt seit 1879, seinem siebzehnten Lebensjahr, Aphorismen; seit 1886 werden sie in Zeitungen und Zeitschriften veröffentlicht. Dabei ist er wie alle Autoren seiner Generation stark von Nietzsche affiziert (Spicker 2004, 39). Um 1924/25 steht das Genre sogar im Mittelpunkt seiner schriftstellerischen Tätigkeit. Sein *Buch der Sprüche und Bedenken* (BSB) ist die »sorgfältig vorbereitete repräsentative Auswahl […] aus seinem gesamten aphoristischen Werk« (AB, 500). Neben diesem aphoristischen Hauptwerk ist für das Genre zu berücksichtigen: das dort nicht aufgenommene, in den *Gesammelten Werken* chronologisch angeordnete verstreut Erschienene sowie vieles aus dem dort als *Aphorismen und Betrachtungen aus dem Nachlass* Gedruckte (ebd., 167–469), auch einiges aus den *Figuren und Situationen* und den *Bagatellen* (EV, 19 ff., 28 ff., 192 ff., 389 ff., 422 ff.), ferner die dort vergessenen Texte *Über Psychoanalyse* (BE, 87–101); die *Unveröffentlichten Aphorismen* von 1992 (UA) sind durchaus nicht (alle) »bisher unveröffentlicht« (UA, 62).

Schon mit Titel und Untertitel ist die Grundhaltung vom *Buch der Sprüche und Bedenken*, die Spannung zwischen Geltungsanspruch und (Selbst-)Skepsis, gegeben. In dem Konflikt, der es kennzeichnet: vereinfachende Kürze einerseits, genaue Analyse und ethische Klarheit andererseits, votiert Schnitzler gegen die Knappheit, die auf Kosten der Differenzierung geht. Er führt den Aphorismus nicht nur auf den Kern der Gattung zurück, d. h. auf die künstlerische Form eines Gedanken-Erlebnisses, sondern er wendet sich auch gegen dessen künstlich-künstlerische Effekte. Der durchgängige analytische Ansatz entspricht seiner skeptisch-ambivalenten Haltung, durch die aphoristische Praxis und Gattungsreflexion von Beginn an Hand in Hand gehen; ihren Schlussstein bilden die selbstreferentiellen Aphorismen, mit denen er das *Buch der Sprüche und Bedenken* abschließt. Es ist in der dialektischen Einheit scheinbarer Gegensätze in den Kapiteln streng komponiert; das Bauprinzip Umschließung und Alternation hat Noltenius genau herausgearbeitet (Noltenius 1969, 148). Spannung als ihr Prinzip baut sich auf zwischen der »Lüge« (AB, 127) und der »uralten Wahrheit« im letzten Aphorismus (ebd., 133), zwischen dem Altbekannten und dem (als) neu Formulierten, aber auch zwischen den vorausgegangenen Kapiteln und der Wendung am Schluss, die eine Balance herstellt zwischen aphoristischem Geltungsanspruch und selbstreflexiv-skeptischen »Bedenken«. Indem er den Leser auf sein eigenes Denken verweist, bringt der Autor auf dieser Ebene den dialogischen Charakter der Gattung zum Ausdruck (Spicker 2004, 242). Hier betont der Autor noch einmal zweierlei, um das es ihm im Ganzen zu tun ist: zum einen in einem neuen Bildversuch das Verhältnis von Wahrheit und Lüge, zum anderen die Integration von Ratio und Emotion. In den Kerngebieten *Beziehungen und Einsamkeiten* und *Verantwortung und Gewissen* (dem vierten und fünften Kapitel seines Buches) ist er als Psychologe und Seelenkenner im Wortsinne Moralist, ein schwerlich zu übertreffender Analytiker der Empfindungen und Gefühle sowie der Worte, durch die beide zum Ausdruck gebracht werden. Es ist die ärztliche Diagnostik, an die sich solche aphoristische Analyse anlehnt. Sein weites Aphorismusverständnis erinnert formal darüber hinaus auch an die Anthropologie des 18. Jahrhunderts, die zwischen literarischer Moralistik und Wissenschaft angesiedelt ist und deren Träger oft Ärzte sind (vgl. ebd., 40–54). Dieser Arzt, dessen »Weltanschauung« auf der Grundlage von Empirie und Skepsis (Noltenius 1969, 188) aus seinen Aphorismen sehr genau abzulesen ist und der sich mit dem Menschen weit über das Organische hinaus und da erst recht befasst, ist unerbittlich genau in seiner Diagnose: »In einer kranken Beziehung haben wir wie in einem kranken Organismus auch das scheinbar Nichtigste als Symptom der Krankheit zu deuten« (AB, 57).

Dass Schnitzler das sorgfältig ausgewählte und komponierte *Buch der Sprüche und Bedenken* als sein aphoristisches Vermächtnis ansieht, darf nicht dazu verleiten, die aphoristischen Ansätze in seinem dramatischen und epischen Werk zu übersehen; nicht zufällig sind unter den fiktiven Aphoristikern in seinen Dramen und Erzählungen drei Ärzte (worauf schon Noltenius hinweist; vgl. 1969, 188: der Arzt im *Sohn*, Dr. Reumann in *Der einsame Weg* und Prof. Pflugfelder in *Professor Bernhardi*). Auch der aphoristische Nachlass ist nicht geringzuschätzen. Hier finden sich viele Aphorismen, die den Vergleich mit dem Selbstveröffentlichten nicht zu scheuen brauchen. Die Notizen zu *Figuren und Situationen* (EV, 17, 192, 389, 422) zeigen zuweilen den aphoristischen Kern dramatischer Pläne. Dass die Rezipienten die Sentenzen seiner dramatischen Figuren ständig mit Schnitzlers eigenen Aphorismen verwechselten, hat der Autor selbst zu einem Motiv erklärt, das *Buch der Sprüche und Bedenken* herauszugeben (vgl. Škreb 1981). In *Der Weg ins Freie* (1908) ist der Aphorismus in den Dialog überführt. Die aphoristischen Neigungen Heinrich Bermanns und Leo Golowskis klingen kurz an, um sofort selbstironisch aufgehoben zu werden. Es gibt Paralipomena, die beweisen, dass Schnitzler sie ausarbeiten wollte (AB, 171–173).

In der Indirektheit seiner »Bedenken« ist er der eigentliche aphoristische Antipode zu Karl Kraus und der Aggressivität von dessen »Widersprüchen« (Urbach 1970; Timms 2010; Spicker 2004, 179 f.). Schnitzlers Aphoristik ist nicht von der Pointe geprägt, sondern von einer ethischen Grundhaltung. Während Kraus die sprachspielerische Variante des Aphorismus in Vollendung vorführt, greift Schnitzler auf ältere Traditionen zurück. Für Marahrens ist die geistige Nähe zur französischen Moralistik und zu den Aphorismen Ebner-Eschenbachs entscheidend; auf der Grundlage seines streng empirischen Verfahrens untersucht er »Struktur, Gehalt und Bedeutung« der genau 61,2 %, die er für ›echt‹ hält (Marahrens 1997, 91; vgl. auch Škreb 1981, 83). Mit seinem skeptisch-analytischen Zugriff auf das Einzelne vertritt Schnitzler auch gegenüber Hofmannsthal (Noltenius 1969; Szczesniak 2006) und anders als Raoul Auernheimer (Auernheimer-Bw) und Richard von Schaukal (Tergast 2002) eine ganz eigene Ausprägung des Aphorismus im 20. Jahrhundert, die mit seinem ärztlichen Beruf in enger Verbindung steht und die Entwicklung von der ethischen Maxime zur Diagnostik, von der fest gefassten Lehre zur dialektisch geschulten Beobachtung zu einem Abschluss bringt.

Literatur

Kuxdorf, Manfred: Freiheit, Wille und Aufgabe in A. S.s Aphorismen und Betrachtungen. In: John Whiton/Harry Loewen (Hg.): *Crisis and commitment. Studies in German and Russian Literature*. Waterloo 1983, 140–147.

Marahrens, Gerwin: Struktur, Gehalt und Bedeutung der Aphorismen im Werk A. S.s. In: Joseph P. Strelka (Hg.): *Die Seele ... ist ein weites Land. Kritische Beiträge zum Werk A. S.s*. Bern u. a. 1997, 81–106.

Noltenius, Rainer: *Hofmannsthal, Schröder, S. Möglichkeiten und Grenzen des modernen Aphorismus*. Stuttgart 1969.

Škreb, Zdenko: A. S.s Kunst des Aphorismus. In: Johann Holzner/Michael Klein/Wolfgang Wiesmüller (Hg.): *Studien zur Literatur des 19. und 20. Jahrhunderts in Österreich. Festschrift für Alfred Doppler zum 60. Geburtstag*. Innsbruck 1981, 79–88.

Spicker, Friedemann: *Der deutsche Aphorismus im 20. Jahrhundert. Spiel, Bild, Erkenntnis*. Tübingen 2004.

Szczesniak, Dorota: *Zum Wiener Aphorismus der Moderne. A. S., Hugo von Hofmannsthal, Karl Kraus*. Stuttgart 2006.

Tergast, Carsten: »Bedenken« und »Gedanken«. Ein Vergleich der späten Aphorismen- und Spruchsammlungen A. S.s und Richard von Schaukals. In: *Eros Thanatos* 5/6 (2001/2002), 103–118.

Timms, Edward: Critique of a Journalistic Age. A. S. and Karl Kraus. In: Lorenzo Bellettini/Peter Hutchinson (Hg.): *S.'s Hidden manuscripts*. Oxford 2010, 49–66.

Urbach, Reinhard: Karl Kraus und A. S. Eine Dokumentation. In: LuK 5 (1970), 513–530.

Friedemann Spicker

6. Film-Skripte

Ab 1911, in engem Konnex zu Forderungen nach einem, auch für ein literatur- und theatersozialisiertes bürgerliches Publikum attraktiven ›Autorenfilm‹, bemühten sich zahlreiche Produktionsfirmen bei Arthur Schnitzler um die Verfilmungsrechte seiner Werke und um Mitarbeit, darunter die dänische Nordisk Films Kompagni, die 1914 *Liebelei* in der Regie von Holger Madsen unter dem Titel *Elskovsleg* (dän. für Liebesspiel) in die Kinos brachte. Obwohl Schnitzler darauf beharrte, dass die eigene Bearbeitung seines Dramas für den Film getreu seiner Konzeption zu realisieren sei (vgl. Hall 2006, 31 f.), modifizierte Madsen das Skript, u. a. indem er zahlreiche Zwischentitel einfügte. Schnitzler fand den recht erfolgreichen, mehrere Jahre lang gespielten Film mäßig. Besser gefiel ihm der opulente, von Mihály Kertész inszenierte Historienfilm *Der junge Medardus*, mit dem die Wiener Sascha Film 1923 einen internationalen Erfolg verbuchte. Das Drehbuch von Ladislaus Vajda beruht wesentlich auf dem von Schnitzler bereits 1920 verfassten Skript, das er 1922 überarbeitete und Vajda zur Verfügung stellte (vgl. Bachmann 2003 u. ders. 2010, 59). Die Sascha Film räumte Schnitzler ein Mitspracherecht bei Besetzung und Inszenierung ein. Nach der guten Zusammenarbeit mit der Firma gab Schnitzler Ende 1923 seine strikte Haltung, keine Original-Drehbücher zu verfassen, auf und bot der Sascha eine regelmäßige Zusammenarbeit an (vgl. Bachmann 2010, 67). Dessen ungeachtet führte Schnitzler zahlreiche urheberrechtliche Auseinandersetzungen mit Filmproduktionsfirmen (vgl. Hall 2006) und rang um die textgetreue Umsetzung seiner nach eigenen Vorlagen erarbeiteten Drehbuchentwürfe.

Filmskripte, Treatments und Exposés

Überliefert sind vier umfangreiche Filmskripte, die Schnitzler nach eigenen Dramen und Erzähltexten verfasste: *Liebelei* (1913), *Der junge Medardus* (1920), *Die große Szene* (1926) und *Spiel im Morgengrauen* (1928), dazu das zu gut einem Drittel ausgeschriebene Fragment *Traumnovelle* (1930, veröff. 2000 in *Circuito Cinema*). Im Hinblick auf dramaturgischen Aufbau, Szenenfolge, Montage und teils auch optische Auflösung sind diese Skripte weit entwickelt. Zwei weitere, *Die Hirtenflöte* (1913) und *Der Ruf des Lebens* (1920) verblieben im Stadium eines Exposés bzw. eines Treatments. Hinzu kommen einige kurze Originalskizzen, darunter die Zwillingsgeschichte *Egon und Eduard* (veröff. 1977 in EV, 481 f.; vgl. auch Marquart 2010, 113 f.). Ein Originalskript mit dem Titel »Kriminalfilm«, an dem Schnitzler in den letzten Wochen vor seinem Tod arbeitete (veröff. 1977 in EV, 483–493), blieb ebenfalls Fragment. Keines von Schnitzlers Filmskripten ist als drehreif akzeptiert und ohne teils gravierende Umarbeitungen verfilmt worden.

Liebelei

Das Ende März 1913 abgeschlossene Skript zum Film *Liebelei* ist als »Volksstück in fünf Abteilungen« betitelt (faktisch sechs Abteilungen; SAF, A.VI.16). Schnitzler stellt ihm eine »Vorbemerkung« voran, in der er auf einer genuin eigenständigen Ausdrucksqualität des Films insistiert: Sein Film soll »ohne jede Mithilfe des Wortes, sei es nun Erzählung, Dialog oder Brief, auch für das Fassungsvermögen des einfachsten Publikums verständlich [sein]« (S. 1; ebd., Folio 230). Ihm schwebt eine filmische Form vor, die jegliche Information ausschließlich über das Bild, die Interaktion der Figuren und deren gestisch-mimischen Ausdruck transportiert und damit – entgegen der zeitgenössischen Stummfilmpraxis – ohne Rückgriff auf Erzähler- bzw. Dialogtitel oder Schriftobjekte transportiert (vgl. Hall 2006, 31 f.). Er vertritt damit in der Debatte um das Verhältnis von Bild und Schrift, im, durch zunehmend komplexere Handlungsstrukturen geprägten, Spielfilm der 1910er Jahre (vgl. von Keitz 2013) eine radikale Position, denn nur durch die Absenz geschriebener oder gedruckter Sprache sieht Schnitzler die »Reinheit der Form« (ebd.) gewahrt. Obwohl das Filmskript *Liebelei* in einer einfachen, konsequent auf äußere Vorgänge bezogenen Prosa geschrieben ist, deren bildlich-imaginative Implikationen sich mühelos einstellen, ist nicht jegliche dialogische Referenz auf lokal oder temporal Absentes, Frageformen oder erlebte Rede getilgt (z. B. »Adele begreift: Du glaubst, dass er uns auflauert? Entsetzlich!«; (IV. Abteilung, Bild 17b, S. 18; ebd., Folio 247). Die absatzfreien, in einem ununterbrochenen Textfluss abgefassten szenischen Paraphrasen bleiben streng auf die jeweilige Gegenwart fokussiert; Schnitzler verfährt in der Beschreibung des Figurenverhaltens sehr fein beobachtend und ›schreibt‹ auch bereits eine optische Auflösung ›mit‹ (z. B. »Ihre Augen glühen ineinander«; II. 9, S. 13; ebd., Folio 242, oder die in Klammern gesetzte Angabe »Einzelbild ohne beträchtliche Vergrösserung herauszuheben«; IV. 17 f., S. 25; ebd.,

Folio 254). Der dargestellte räumliche Horizont umfasst 30 verschiedene Schauplätze, das sozio-topographische Raumsystem reicht von einer »Tanzschule in der Wiener Vorstadt« (I. 1, S. 3; ebd., Folio 232) über Fritz' Wohnung bis zum »Salon« im Hause der Schrolls (I. 4, S. 6; ebd., Folio 235), das in einer »[v]ornehme[n] Strasse« (ebd.) gelegen ist. Außenräume bilden passagere Räume oder sind, wie der Wald, in dem das Duell zwischen Fritz Lobheimer und Emil Schroll stattfindet (IV [V]. 28), entscheidende Handlungsorte. Ortswechsel erfolgen mit jedem Szenenwechsel. Die Abteilungen IV bis VI folgen wesentlich dem Ablauf im Drama: Mitten hinein in das fröhliche Beisammensein der vier jungen Leute (IV. 17 f.) platzt der betrogene Emil und überführt Fritz anhand von dessen Briefkorrespondenz mit seiner Frau Adele als Ehebrecher, worauf Fritz sich ihm zum Duell zur Verfügung stellt. Anders als mit dem Botenbericht im Drama setzt Schnitzler mit der szenischen Konkretion des Duells hier explizit auf eine Spannungsdramaturgie. Mit den Abteilungen I bis III werden Szenen hinzugefügt, die zeigen, wie die Paare Christine und Fritz, Mizzi und Theodor sich kennenlernen (I. 1–3), Fritz Zärtlichkeiten mit Adele austauscht und Emil sie beobachtet (I. 4–5), wie Christine Fritz, Adele und Emil vor dem Theater sieht (II. 11) und wie sich Fritz und Christine bei einer Ausfahrt des jungen Quartetts nach Weidling am Bach schließlich auf einer Waldlichtung im Dämmerschein intim annähern (III. 16).

Für die Darstellung der Entwicklung von Christines und Fritz' Beziehung, i. e. die Prolongierung des Dramenplots auf ein chronologisches Vorher, griff Schnitzler auf einen frühen Textentwurf des *Liebelei*-Dramas zurück, das ursprünglich als Volksstück in acht Bildern angelegt war (vgl. Friedrich 2010, 49–51) und sowohl einen – 1903 eigenständig veröffentlichten – »Tanzschulakt« (ebd., 49) enthält als auch die Soirée im Hause Schroll (I. 5), den Theaterbesuch von Emil, Adele und Fritz (II. 9), die Ausfahrt nach Weidling am Bach (III. 13–16) sowie Adeles Besuch bei Fritz (IV. 17 a–e). Der weitgehende Verzicht auf Figurenrede hat vor allem Konsequenzen für die Konzeption der Hauptfigur Fritz als exemplarischem Charakter der Moderne: »Fritz' inkonsistentes Ich ist [...] nur zu einer Liebe fähig, die flüchtig und ungreifbar wie der Augenblick ist [...]. In Schnitzlers rein deskriptivem Drehbuch kommt diese Modernität jedoch kaum zum Ausdruck« (Friedrich 2010, 53). Für den Schluss des Films hat Schnitzler drei verschiedene Varianten entwickelt: In der ersten stürzt Christine, da Fritz' Leichnam bereits weggebracht wurde, aus dem Haus, läuft durch die Straßen in die Prateraue und stürzt sich in den Fluss (V [VI]. 34), in der zweiten sinkt sie im Zimmer an Fritz' Bahre zusammen (V [VI]. 35), in der dritten Variante läuft sie durch die Straßen zum Friedhof, wo Fritz' Begräbnis bereits vorüber ist, und bricht am offenen Grab zusammen – letztere hat Schnitzler handschriftlich als »mir als die beste erscheinend« (Notiz zu V [VI]. 35, S. 46; ebd., Folio 275) bezeichnet.

Der junge Medardus

Für die Arbeit am Drehbuch *Der junge Medardus* (1920), das auf dem gleichnamigen Drama von 1910 beruht, griff Schnitzler Urban Gads Schrift *Der Film. Seine Mittel und seine Ziele* (Berlin 1920) auf. Gad vertritt die Position, dass Dramen, anders als Erzähltexte, wegen der sie tragenden Dialoge für eine (stumm-)filmische Adaption ungeeignet sind. Schnitzlers 152-seitiges, undatiertes Skript für einen historisierenden Ausstattungsfilm voller Schauwerte, mit angedeuteten Kameraperspektiven und einer teils sehr kunstvollen Führung simultaner Prozesse durch alternierende Montagen belegt die produktive Aneignung der Gad'schen Position – trotz dramatischem Prätext. Der Wechsel zwischen den Szenen im öffentlichen Raum – vergebliche Verteidigung Wiens, Folgen des Belagerungszustandes, Konspiration der Studenten, Verhaftungen und Erschießungen – und den Szenen, in denen sich die von steter Ambivalenz geprägte Liebesbeziehung zwischen dem Studenten Medardus Klähr und der Prinzessin Helene de Valois entfaltet, verleihen dem Plot eine hohe Dynamik und Spannung und nutzen elaboriert die dem Theater überlegenen Möglichkeiten des Films (vgl. Bachmann 2003). Das mit handschriftlichen Notizen versehene Skript (SAF, A.XXIV.15) liegt ohne Szenennummerierung vor; stattdessen sind die Szenen mit »*« voneinander getrennt und jede, auch minimale Handlungseinheit wird mit einer neuen Zeile angezeigt. Wiederum wechselt Schnitzlers Schreibmodus zwischen bloßem elliptischem Satzfragment, das mit raschem Strich Ort und Personal der Szene anzitiert (»Frühlingstag im Prater. Spaziergänger aller Art. [...] Wagen, Begrüssungen. Wachsende Bewegung«; S. 3; ebd., Folio 1516/1517) und minutiöser Beschreibung der Figureninteraktion. Der Stil ist stark aktions- und vor allem effektbetont, was insbesondere in der Gartenszene (S. 56; ebd., Folio 1570), die das Boulevardkomische streift, zum Ausdruck kommt. Es dominiert die Beschreibung des Gestischen, und damit bewegt sich das implizite Einstellungsspektrum zwischen Totale und Halbnah: »Der Marquis seiner Braut die Hand küssend. Ihre Kälte« (S. 54; ebd., Folio 1568). Gegenüber dem Drama erweitert Schnitzler die Handlungsorte auf 70 Schauplätze (vgl. Bachmann 2003). Was dort verbaler Botenbericht oder Teichoskopie ist, wird im Filmskript Gegenstand der Darstellung, und auch das Personal erweitert sich. Die Zwischentitel übernehmen die Dialoge des Dramas mehr oder weniger wortwörtlich (vgl. Buohler 2015). Wichtigste Modifikation ist die szenische Präsenz Napoleons, den das Skript als arbeitsamen Strategen und gnadenlosen Kriegsherrn wie als Charmeur mit zynisch-grandioser rhetorischer Finesse zeigt. Zu Maria Walewska, der die Rolle einer »eifersüchtigen, da entthronten Mätressenkönigin« (ebd.) zufällt, sagt er: »Ich kann Ihnen zum Empfang ein grandioses Schauspiel bieten: Wien brennt« (S. 79; ebd., Folio 1593).

Die große Szene

Das Prinzip der Amplifikation von Schauplätzen und szenisch präsenten Figuren, das Schnitzler bereits bei *Liebelei* und *Der junge Medardus* angewandt hat, kommt bei seinem als »Entwurf zu einem Filmbuch« betitelten Skript *Die große Szene*, das auf dem gleichnamigen Einakter von 1915 beruht, am stärksten zum Tragen. Gegenüber den vier Personen der Vorlage führt das Skript 14 Hauptfiguren und viele Statisten auf. Obgleich durch keine filmische Aktgliederung strukturiert und von Schnitzler selbst als »ganz flüchtige[r] Entwurf zu einem Filmszenarium« bezeichnet (Brief vom 16.1.1930, zit. in Aurnhammer 2010, 92), lässt dieses 90-seitige, auf Februar 1926 datierte, 201 handschriftlich durchnummerierte Szenen umfassende Skript zu einer – stark selbstreferentiellen – Ehe- und Gesellschaftskomödie das elaborierteste cinematische Denken von allen seinen Filmarbeiten erkennen. Als Darsteller des Protagonisten, des Schauspielers Konrad Herbot, der seine Frau Sophie mit dem jungen Mädchen Daisy betrogen hat und diese Affäre gegenüber deren Verlobten Edgar Gley ebenso durchtrieben wie höchst elegant zu vertuschen weiß, indem er die junge Frau ein kompromittierendes Briefdatum fälschen lässt (Sz. 182 a.), stellte sich Schnitzler Conrad Veidt vor (vgl. Aurnhammer 2010, 80). Eine Verfilmung kam jedoch nicht zustande.

Wiederum folgt Schnitzler dem Prinzip, der im kammerspielartigen Einakter zugespitzten Konfliktsituation eine lange Vorgeschichte hinzu zu schreiben. Die im Dramendialog verhandelten raum-zeitlich absenten Ereignisse werden narrativiert bzw. szenisch konkretisiert. Die Dialoge sind auf ein Minimum reduziert, und selbst diese haben »nicht immer einen sogenannten Titel zu bedeuten« (Vorrede, S. 3; SAF, A.XXIX.8, Folio 396), sondern sind als »mimische Vorschriften aufzufassen« (ebd.). Zusätzlich sind Briefe und Telegramme Träger wichtiger Informationen. In der Vorgeschichte (Sz. 1–150; SAF, A.XXIX.9) werden in zahlreichen alternierenden Sequenzen einerseits die Lebenssituation des in die Jahre gekommen Herbot, seine berufliche und private Situation, sein zweimaliger Ehebruch mit Daisy und seine Wunschträume von Erfolg in der Liebe wie auf der Bühne entfaltet, andererseits Sophies Reaktionen auf die Avancen des Barons Wickhoff und ihre – temporäre – Trennung von Herbot gezeigt. Die erzählte Zeit erstreckt sich über mehrere Monate, vom Ende der Theatersaison am Berliner Schauspielhaus (Sz. 1–26) über die mehrwöchige Sommerfrische in St. Gilgen am Wolfgangsee (Sz. 27–126), die Rückkehr nach Berlin und Auseinandersetzung des Ehepaares in Hotel und Wohnung (Sz. 127–185) bis zum Beginn der neuen Berliner Theatersaison (Sz. 186–201). Topographisch beschreibt die Szenenfolge einen kompletten Zyklus, Anfang und Ende spielen auf der Bühne des Schauspielhauses. Zu Beginn spielt Herbot vor »ziemlich leer[em]« (S. 1; ebd., Folio 401) Haus den Hofreiter in Schnitzlers Stück *Das weite Land*, »eine seiner Glanzrollen« (ebd.), und verkörpert diese Figur auch beim einmaligen Gastspiel in St. Gilgen. Am Ende steht er, nach einer mäßigen Leistung als Tasso bei Saisoneröffnung (Sz. 130), als Hamlet auf der Bühne (und agiert damit, gleichsam symbolisch verjüngt, in einer Sohnes-, nicht in einer Ehemann-Rolle), betrachtet von Sophie, die sich auf die inständige Bitte des Theaterdirektors hin entschlossen hat, bei ihm zu bleiben. »Hamlet wirft einen Blick in die Loge, in der Sophie sitzt. Sie merkt den Blick. Es ist, als wenn er jetzt erst anfangen könnte zu spielen. Sophie lächelt« (Sz. 201, S. 89; ebd., Folio 489). Das Sujet der einaktigen Vorlage, die finale Auseinandersetzung zwischen Herbot und Edgar und Sophies Entschluss, Herbot für immer zu verlassen, rückt im Skript dramaturgisch in die Position einer Klimax im letzten Akt (»Sophie. Ein Mensch er? Ein tollgewordener Hanswurst, der, wenn es sich einmal so fügt auch bereit ist einen Menschen zu spielen, aber kein Mensch«; Sz. 184, S. 85; ebd., Folio 485). Mit der Prolongierung des Plots auf ein zeitliches Vorher modifiziert Schnitzler die Konzeption der ehelichen Beziehung wie auch die stärker exponierte Identitätsproblematik Herbots. Die Montage von sog. »Zwischenbildern«, die Schnitzler terminologisch von Béla Bálasz ableitet (vgl. 1977, 124), deren Rolle er aber hier signifikant erweitert, unterbricht die lineare Handlung vielfach. Sie fungieren kontrastiv, wenn das Bild die Dialogstelle widerlegt, komparativ, wenn Herbots amouröses Abenteuer mit Daisy und Sophies harmlose Spaziergänge und Schachpartien mit ihrem Verehrer, dem jungen Baron Wickhoff gegen geschnitten werden, und simultan-komplementär, wenn es um gleichzeitige, dislozierte Handlungen geht (vgl. Aurnhammer 2010, 83–85). Ansätze einer optischen Auflösung sind aus den Nähe- und Distanzverhältnissen der Figureninteraktion ableitbar. Die Figurenwahrnehmung ist vielfach subjektiviert durch Erinnerungsbilder, Unschärfen visualisieren Bewusstseinstrübung resp. -selektivität (wie in F. W. Murnaus *Der letzte Mann*, D 1924), und »projektiv überformte Assoziationen« (Aurnhammer 2010, 86) eröffnen interiore Bewusstseinsräume. Neben dem Psychogramm eines narzisstischen Schauspielers, den künstlerische Ermüdungserscheinungen erfasst haben, der das Spiel mit Sein und Schein in die Realität überträgt und seine wahre Befriedigung nicht aus dem Sex, sondern aus der Verstellung bezieht, zeichnet das Skript, anders als der Einakter, eine (prinzipiell ad infinitum) zyklisch wiederkehrende Ehekrise, bei der die seriellen Ehebrüche Herbots mit den gleichfalls seriellen Trennungsversuchen Sophies korrespondieren. So wie er unfähig zur Selbsterkenntnis ist, so richtet sie sich im Widerspruch zwischen dem Erkennen seines Charakters und ihrer Unfähigkeit ein, sich aus der Beziehung zu lösen.

Spiel im Morgengrauen

Die »Skizze zu einem Regiebuch«, als die Schnitzler das (undatierte) Skript *Spiel im Morgengrauen* von 1928 betitelt hat, ist gleichwohl neben *Der junge Medardus* sein am weitesten entwickeltes Filmdrehbuch. Es gliedert sich in 120 nummerierte Szenen und ist in fünf Akte eingeteilt. In der Vorrede erläutert und differenziert Schnitzler den schon im Skript *Die große Szene* verwendeten Begriff des »Zwischenbildes« näher. Die ›Zwischenbilder‹, die nun typographisch hervorgehoben und teils untergliedert sind, unterbrechen die von den ›Hauptbildern‹ getragene lineare Handlung. Schnitzler weitet sie hier zu längeren, abgeschlossenen Handlungssequenzen aus und weist ihnen verschiedene Funktionen zu: »Episodische Vorgänge« (Vorbemerkungen, S. 1; SAF, C.XLIII.12, Folio 682) deuten Simultaneität an, visualisieren Figurenrede, die »in eine nähere oder fernere Vergangenheit« (S. 2; ebd., Folio 683) zurückgreift und zeigen »Erinnerungen oder Zukunftsgedanken« (ebd.) der Figuren. Charakteristisch für den Modus des Erinnerns oder des prospektiven Imaginierens sind die paradigmatischen Serien (vgl. von Keitz/Lukas 2010, 222), die Bilder in hoher Schnittfrequenz vorsehen, so etwa bei Konsul Schnabels Retrospektion seines Aufstiegs vom Sträfling zum wohlhabenden Geschäftsmann (45 a–h, S. 12 f.; ebd., Folio 700 f.), die sich bei der Vorüberfahrt an einer Strafanstalt nach dem nächtlichen Kartenspiel einstellt, oder bei Willi Kasdas immer grandioser ausfallenden Wunschprojektionen im ersten und zweiten Akt, die sich jeweils nach einem Spielgewinn einstellen (19 a–e, S. 4 f. u. 36 a–d, S. 8; ebd., Folio 692 f., 696). Dabei lässt das letzte Bild seine entgrenzte Phantasie brüchig werden und weist dergestalt auf sein eigenes Schicksal voraus: »37 e [sic!]. Willi im Park von Monte Carlo. Auf einer Bank nächtlich liegt ein Erschossener. Es ist Bogner« (ebd.). Hinzu tritt ein figurenunabhängiger, epischer Zwischenbild-Typus, der, gleichsam als raumatmosphärisches Nach-Bild am Ende des zweiten Aktes platziert, auf die kurz zuvor beendete Spielpartie reflektiert, die für Willis Schicksal entscheidend sein wird. Dieser epische Gestus artikuliert sich singulär: »42. Zwischenbild. Das Kaffeehaus. Der einsame Spieltisch. Kellner, der letzte Ordnung macht. Ausschalten des Lichts, zieht sich den Überzieher an, verlässt das Kaffeehaus, geht dann allein, eine Zigarette rauchend, über die nächtliche Strasse. 43. Die leere Terrasse vor dem Café Schopf. Ein verspätetes Liebespaar, das vorbeikommt« (S. 11; ebd., Folio 699). Bei der Wiederbegegnung Willis mit seiner früheren Geliebten Leopoldine wird im Skript die in der Novellenvorlage praktizierte »ausschließliche figurenperspektivische Vermittlung durch den männlichen Helden aufgegeben« und durch einen Perspektivenwechsel ersetzt, »der auch Leopoldine eine Innenschau zugesteht und ihre Gefühle und Gedanken zeigt« (von Keitz/Lukas 2010, 222). Dadurch wird die spiegelsymmetrische Anlage weiblicher und männlicher prostitutiver Sexualität im Filmentwurf unterstrichen. Trotz der Dynamisierung, die das Skript in seinem szenischen Aufbau erkennen lässt, bewirkt der exzessive Einsatz der Zwischenbilder in der Funktion retrospektiver oder prospektiver Episoden die konträre Tendenz einer Verlangsamung. Einer textgetreuen filmischen Realisation hätte sie eine »schleppende Dramaturgie« beschert (ebd., 224).

Traumnovelle

Das 30-seitige Fragment *Traumnovelle* von 1930 gliedert sich in 54 Szenen und präsentiert ein Plotsegment, das zeitgenössisch etwa drei kurze Filmakte ergeben würde. »Ich bin sehr für Ton, ohne Sprache, dafür wäre die Traumnovelle wie geschaffen« (20.12.1930; Br II, 733), so schreibt Schnitzler an seinen Sohn Heinrich, als Georg Wilhelm Pabst, dem der Stoff zumal nach seinem Psychoanalyse-Film *Geheimnisse einer Seele* (D 1926) sicherlich lag, eine Verfilmung plant und hierzu seinen Mitarbeiter Herbert Rappaport zu Schnitzler schickt, um mit ihm über die Rechte zu verhandeln (vgl. Braunwarth 2006, 26). Eine Realisation kam jedoch nicht zustande. Was den sprachlich-dialogischen Anteil im Skript betrifft, so schreibt Schnitzler einen Stummfilm, aber in Szene 26 gibt es den Hinweis auf ein Gleiten musikalischer Motive zwischen exterioren und interioren Klangräumen, das für eine Stummfilmkomposition unmöglich ist, erst im Tonfilm entwickelt wird und daher für das Jahr 1930 als außerordentlich innovativ betrachtet werden kann: »Endlich liegen sie Beide ohne zu schlafen in ihren Betten. Die elektrischen Lampen auf ihren Nachttischchen sind abgestellt. In ihre Träume Nachklänge der Musik auf der Redoute und verschwimmende Traumbilder« (S. 10; SAF, C.XLII.5, Folio 168). Damit übernimmt die Musik und nicht, wie dies bei den »Zwischenbildern« in den Skripten *Die große Szene* und *Spiel im Morgengrauen* der Fall ist, ausschließlich das Bild Gedächtnis- bzw. Erinnerungsfunktion – sie wird an die Tonspur delegiert. Zugleich lässt sich dieses Gedächtnis, anders als beim jeweils einer Figur zugeschriebenen, einen subjektivierten Wahrnehmungsmodus repräsentierenden ›Zwischenbild‹, nicht mehr einem Bewusstsein zuordnen, denn beide Protagonisten haben sich vorher im selben musikalischen Wahrnehmungsraum des Ballsaals befunden und teilen die Erinnerung an diese Musik. Es ist damit ein transsubjektiver Tonraum mit hybridem Charakter impliziert, der die Grenzen konkreter diegetischer Räumlichkeit verlässt.

Die Szenenfolge beginnt an dem Abend, an dem der Arzt Fridolin und seine Frau Albertine eine Redoute besuchen, nachdem sie ihre kleine Tochter zu Bett gebracht haben. Im Ballsaal trennt sich das Paar, um nach dem Tanzen mit anderen Partnern – Fridolin mit zwei Pierrots, Albertine mit einem recht zudringlichen ›Attaché‹ – in getrennten Logen amouröse Erlebnisse zu haben (Sz. 8–19). Während Fridolin mehrmals ängstlich nach Albertine Ausschau hält und die Pierrots, nachdem Fridolin kurz eingenickt ist, plötzlich verschwunden sind, erwehrt sich Albertine der Umarmungen des Attachés. Als das Paar die Heimfahrt antritt, hat die Beziehung einen Bruch erfahren (Sz. 18–22). Danach übernimmt das Skript im Wesentlichen die Plotstruktur der Novelle. Fridolins abendlichem Besuch am Totenbett von Mariannes Vater und deren erotischen Avancen (Sz. 33) schließen sich seine Wanderung durch die nächtliche Innen- und Vorstadt, das Attackiertwerden durch »Couleurstudenten« (Sz. 35, S. 16; ebd., Folio 174), seine Begegnung mit der Prostituierten Mizzi (Sz. 36–37), der Gang ins Nachtcafé und die Wiederbegegnung mit seinem Studienkollegen Nachtigall an, der als Klavierspieler dort und an einem geheimen Ort arbeitet, zu dem ihm Fridolin endlich, nach Besorgen einer Maske beim Kostümverleiher Gibiser (Sz. 50–52), folgt (danach bricht das Fragment ab). Allerdings ›montiert‹ Schnitzler alternierend mit der nächtlichen Stationenfolge kurze Szenen ein, die Albertine zuhause im Bett, zuerst wachend und sinnierend (Sz. 38, nach Fridolins Weggang von Mizzi), dann schlafend (Sz. 43, als Nachtigall auf Fridolin trifft) und schließlich träumend zeigen (Sz. 46, nachdem die Kutsche vor dem Café aufgetaucht ist, und Sz. 54, nachdem Fridolin in den Fiaker eingestiegen ist, der der Kutsche zu dem geheimen Ort folgt, an dem Nachtigall spielen wird). Neben diesen, die intime unbewusste Verbindung Albertines zu Fridolin unterstreichenden Parallelmontagen gibt es gegenüber der Novelle Modifikationen, die die psychische Innenwelt des Paares betreffen: Bei dem auf den Redoute-Abend folgenden Gespräch versucht Fridolin eifersüchtig, Näheres über Albertines Logenerlebnis herauszubekommen. Doch sie schweigt und versichert ihn ihrer Liebe (Sz. 27) – und bleibt damit ganz konsequent, denn die Offerte des Attachés, Fridolin zu verlassen und ihm zu folgen, hat sie mit dem Satz »Ich bin sehr glücklich. Und nun Adieu« (Sz. 15, S. 7; ebd., Folio 165) quittiert. Signifikant für die im Skript aufscheinende Geschlechterkonzeption sind die Träume des Paares, die Schnitzler kurz hintereinander in die nächtliche Sequenz einfügt: Fridolin ›bearbeitet‹, über der Zeitungslektüre im Café eingeschlafen, in seinem Traum (Sz. 42) das Anrempeln des Studenten ›nach‹, indem er sich mit diesem in Duellpose imaginiert, er phantasiert den Attaché »dämonisch verzerrt« (Sz. 42, S. 22; ebd., Folio 180) als erotischen Konkurrenten aus, gegenüber dem Albertine »nicht spröde« (ebd.) ist, und imaginiert Mizzi »auf seinem Schosse sitzend, aber indezenter als es in Wirklichkeit der Fall war« (ebd.). Im Modus der traumhaften Bearbeitung jüngster realer Erlebnisse gibt sich ein fragiles männliches Selbstbewusstsein zu erkennen, das, um den Verlust der Frau fürchtend, gleichsam an einer doppelten Front kämpft und sich ebenso jugendlich-viril wie sexuell unwiderstehlich setzt. Albertines zweiphasiger, ebenfalls Redoute-Erlebnisse bearbeitender Traum hingegen gilt primär der Angst um den Verlust Fridolins: Im ersten Traumteil (Sz. 46) läuft er mit den Pierrots vom Ballsaal fort und sie selbst den dreien »durch eine dunkle Strasse« (S. 25; ebd., Folio 183) hinterher, ohne sie einholen zu können. Im zweiten Teil (Sz. 54) läuft die Gruppe »im Freien. Fridolin erhebt sich mit den beiden Dominos in die Lüfte. Albertine gleichfalls, stürzt aber dann von beträchtlicher Höhe ins Nichts« (S. 30; ebd., Folio 188). Aus diesem Traum erwacht sie »um Mitternacht« (ebd.) und bemerkt, dass das Bett neben ihr leer ist. Das Absturzbild steht in enger Korrelation zur zentralen Grenzüberschreitung Fridolins, der währenddessen im Fiaker dem »Trauerwagen« (Sz. 53, S. 29; ebd., Folio 187) folgt, der Nachtigall zu einem jener »sonderbaren Bälle« (S. 24; ebd., Folio 182) bringt, die Fridolin so neugierig machen. Stärker als in der Novelle assoziiert Schnitzler das Transportfahrzeug mit Tod (Nosferatus Kutsche in Murnaus gleichnamigen Film mag hier Pate gestanden haben), der Tageswechsel markiert den Aufbruch in eine andere Sphäre. Die Todes- bzw. Jenseitswelt-Verknüpfung mag ein Hinweis darauf sein, wie Schnitzler die Vorlage umzuschreiben sich vorstellte, damit eine mögliche Filmrealisation die zeitgenössische Zensur hätte passieren können.

Kriminalfilm

Der fragmentarische Filmentwurf mit dem Genretitel *Kriminalfilm* (1931, veröff. 1977 in EV, 483–493) umfasst 45 durchnummerierte, skizzenhaft ausgeführte Szenen in einem 19-seitigen Typoskript (vgl. Marquart 2010, 115) und kann gleichsam als Schnitzlers filmschriftstellerisches Vermächtnis gelten. Dem Fragment liegt ein 3-seitiges Exposé zugrunde, das neben einer groben Plotstruktur auch kurze Dialoge enthält. Skizziert ist die Geschichte eines wechselseitigen Ehebruchs, wobei sich beide Partner, ohne es zu wissen, in einem Stundenhotel mit ihren Liebschaften treffen. Eine Frau wird tot aufgefunden. Die Ehefrau wird als Zeugin zu einer gerichtlichen Untersuchung geladen, und damit die Nacht im Hotel, in dem der Mord passiert ist, ein Geheimnis bleibt, »gibt sie sich allen hin: dem Polizisten, dem Kommissär, dem Untersuchungsrichter, dem Präsidenten. Wüster Traum« (EV, 484). Am Ende stellt sich heraus, dass ihr Ehemann selbst der Mörder ist, das Opfer seine Geliebte. Wie diese Wendung erfolgt, ist nicht ausgeführt. Zwar ist die Szenenfolge als grobes Treatment zu klassifizieren, in dem die Figuren »weitgehend vage und charakterlos« (Marquart 2010, 116) bleiben. Vor allem aber bleibt die Identität des Mörders im Hinblick auf seinen Namen widersprüchlich (was darauf hinweisen könnte, dass er ein Doppelleben führt). Schnitzler erweist sich im Fragment als durchaus sicher in der Konstruktion genretypischer Stilmerkmale wie der unheimlichen Atmosphäre des Stundenhotels (dunkle Flure, Licht-Schatten-Kontraste, Verrätselung der Ansicht auf die Leiche, Nicht-Erkennbarkeit des Mannes, der nächtens das Hotel verlässt etc.) und der Angst der Protagonistin, deren Schuldgefühle sie dazu verleiten, ihren Körper in ihrer Traumphantasie reihum dem Gerichtspersonal anzubieten. Vollends unklar bleiben das Mordmotiv und das Verhältnis von Opfer und Mörder. Erkennbar ist, dass Schnitzler zwar einen ›Whodunit‹-Plot entwirft, diesen jedoch nicht auf die Akteure der Detektion, sondern auf die Protagonistin Hilde hin perspektiviert. Die Gerichtsverhandlung führt am Ende nicht nur zur Überführung des Täters, sondern hat, was der Textentwurf insinuiert, für sie auch den kathartischen Effekt, die Unwürdigkeit ihres Mannes zu erkennen.

Die Hirtenflöte

Die 13-seitige »Skizze« *Die Hirtenflöte* von 1913 umfasst 103 Szenen und trägt den Vermerk »Nur nach der Lektüre der Novelle zu verstehen« (S. 1; SAF, C.XXXVI.3, Folio 9). In kurzen Sätzen oder auch nur einzelnen, durch Punkt getrennten Worten abgefasst, die Raum- und Zeitangaben notieren, stellt der Text wenig mehr als eine grobe Gliederung des betont antirealistischen Plots dar. Sein Aufbau bleibt ganz dem der Novelle verpflichtet. Trotz der nur groben Konturierung eines Wegs der Eskalation von Sexualität und Gewalt, den die Hauptfigur Dionysia geht und des Exzesses, der ihren ›Aufstieg‹ von der Geliebten eines Hirten, über die eines Gutsherrn und eines Grafen bis zur Mätresse eines Fürsten begleitet, lassen sich in einigen Passagen dieses deutlich expressionistisch inspirierten Textes recht konkrete visuelle Vorstellungen zur Ausdrucksqualität der Figuren bzw. zum Figur-Raum-Verhältnis erkennen, z. B.: »D. erscheint, wie aus der Wand gespieen« (Sz. 97, S. 12; ebd., Folio 20).

Der Ruf des Lebens

Bis zum Treatment ausgeschrieben ist hingegen das mit einem Anhang versehene 17-seitige, im Juni 1920 abgeschlossene, Skript zu *Der Ruf des Lebens*. Die dreiaktige Struktur des zugrunde liegenden Dramas zeichnet sich in diesem ohne szenische Gliederung im erzählenden Präsens geschriebenen Text noch deutlich ab, allerdings modifiziert Schnitzler Raumstruktur und wesentliche Handlungselemente. Das Thema von Schuld und Sühne beherrscht den melodramatisch gefärbten Filmentwurf klar: Die blauen Kürassiere, denen die jungen Offiziere Max und Albrecht angehören, haben gemäß militärischem Ehrenkodex durch den Einsatz in einem Himmelfahrtskommando die Feigheit der Vorgänger in einem vergangenen Krieg und mithin zu sühnen, wessen sie sich selbst gar nicht schuldig gemacht haben. Die Hauptfigur Marie, die ihren tyrannischen schwerkranken Vater, Rittmeister Moser, vergiftet, nachdem er ihr gestanden hat, dass er selbst für die frühere Schmach jenes blauen Kürassier-Regiments verantwortlich ist, will auf Veranlassung des Arztes ihre Tat sühnen, indem sie als Krankenschwester verwundete Soldaten pflegt. Zudem ist aus Maries Sicht »das Vergehen des Regiments […] gesühnt, dadurch, dass sie selbst es gewissermassen gerächt, dadurch dass sie ihrem Vater das Gift zu trinken gegeben« (S. 15; SAF, A.XXI.18, Folio 512). Durch die temporale Versetzung der Varianten geforderter, gewollter und interpretierter Sühne wird deren generelle Sinnhaftigkeit und moralische Bedeutung reflektiert.

Schnitzler nutzt die Montagemöglichkeiten des Films und treibt die Handlung nach einer die Familienverhältnisse der Cousinen Marie und Katharina einführenden Exposition durch stete Raumwechsel voran; ebenso erweitert er die räumliche Extension insgesamt, bis zu einem Bauerndorf »hinter der Front« (S. 10; ebd., Folio 507) im letzten Drittel des Textes. Mit dem Offiziersball (S. 2 f.; ebd., Folio 499 f.), auf dem die beiden jungen Frauen Max und Albrecht begegnen, setzt Schnitzler einen Schauwert, der in starkem Kontrast zu Maries trister häuslicher Situation steht; der Ball wird zum Schlüsselereignis für die Cousinen, denn sie sind später bereit, ihren Geliebten an die Front zu folgen. Beim Ballgeschehen zeigt sich auch die Anziehungskraft, die Max auf Irene, die Frau seines Obersts, ausübt. Wenn der Oberst seine untreue Ehefrau später in der Kaserne bei Max ›stellt‹, so schreibt Schnitzler die schon im *Liebelei*-Skript dramaturgisch wirksame Standardsituation fort. Die Folgen des Ehebruchs werden freilich vielfach gewendet und auch gegenüber der Dramenvorlage modifiziert: So etwa tötet der Oberst Irene im Filmentwurf nicht, sondern »lässt die Pistole, die er auf seine Frau schon abdrücken wollte, wieder sinken, jagt Irene davon und überlässt Max seinem Schicksal, über das ja kaum ein Zweifel bestehen kann« (S. 8; ebd., Folio 505). Durch die vermeintliche Todgeweihtheit des Regiments verschieben sich elementar Werte und Normen. Das Normgerüst des Obersts, der die Sühneaktion des Regiments rigoros in die Tat umsetzen möchte, wird durch den von der Ordonanz überbrachten Befehl, auszuharren, ex post vollständig delegitimiert. Aber er hat begonnen, »seine eigne Bösheit und Tollheit irgendwie zu spüren und zu verfluchen« (S. 15; ebd., Folio 512) und befiehlt Max, nach seinem Aufbruch in die Schlacht die Ordonanz, die er hat einsperren lassen, zu befreien und Marie ins Lazarett zu bringen – ein paradoxes Ansinnen, denn einerseits betrachtet er Max als ehrlos (»Es wird Ihnen nicht gelingen unter meiner Fahne zu sterben«; S. 14; ebd., Folio 511), andererseits rettet er ihm durch diesen Befehl wohl das Leben.

Ist das, auch einige längere Sprechszenen (vgl. S. 5 u. 14; ebd., Folio 502, 512) enthaltende, Treatment in zahlreichen Passagen noch »auf eine Bühnendramaturgie [hin] konzipiert« (Quaresima 2010, 110) und folgt es der Struktur des Dramas im ersten Drittel eng, so modifiziert Schnitzler den weiteren Verlauf entscheidend, wobei er z. T. auf Textpassagen der Dramenfassung von 1908 zurückgreift (vgl. ebd., 105 f.). Marie erfährt frühzeitig durch Katharina vom Liebesverhältnis zwischen Max und Irene. Sie gesteht Max den Giftmord an ihrem Vater. Alle Beziehungen werden familiarisiert und verdichtet: Der Oberst begegnet Max anfänglich »väterlich-freundschaftlich« (S. 6; SAF, C.XXI.18, Folio 503) und hat einst als Leutnant selbst unter Rittmeister Moser gedient, der, als sein ehemaliges Regiment an seinem Fenster vorbei zieht, in »teuflische Freude« darüber gerät, »dass er sie alle überleben wird« (S. 4; ebd., Folio 501). Irene, die den ins Gefecht ziehenden Soldaten Fetzen ihres Schleiers mitgibt, endet ebenso wie Katharina, die dem toten Albrecht am Ende ein Grab schaufelt, im Wahnsinn, während in der Schlussszene, in der Max mit Marie im Sattel davon reitet, vage ein Happy End angedeutet wird.

»Films berühmter Autoren sind die Zukunft des Kinos«, so hieß die Devise, um angesichts der Stoff- und Qualitätskrise, die das junge Medium gegen Ende der 1900er Jahre erfasst hatte, Schriftsteller für eine Kooperation mit der Filmwirtschaft zu gewinnen. Arthur Schnitzler hat dies, so zeigen seine Entwürfe und Skripte, wörtlich genommen.

Literatur

Aurnhammer, Achim: Subjektivierung der Filmsprache. *Die große Szene* als »Filmsujet«. In: Achim Aurnhammer/Barbara Beßlich/Rudolf Denk (Hg.): *A. S. und der Film*. Würzburg 2010, 79–93.
Aurnhammer, Achim u. a. (Hg.): *A. S.s Filmarbeiten, Drehbücher, Entwürfe, Skizzen*. Würzburg (i. Dr.).
Bachmann, Holger: *A. S. und Michael Curtiz. »Der junge Medardus« auf der Bühne und im Kino*. Essen 2003.
Bachmann, Holger: *Der junge Medardus* im Kontext des zeitgenössischen Historienfilms und als Teil des Werks von Michael Curtiz. In: Achim Aurnhammer/Barbara Beßlich/Rudolf Denk (Hg.): *A. S. und der Film*. Würzburg 2010, 55–78.
Bálazs, Béla: *Der sichtbare Mensch oder die Kultur des Films* [1924]. Hamburg 1977.
Braunwarth, Peter-Michael: Dr. S. geht ins Kino. Eine Skizze seines Rezeptionsverhaltens auf Basis der Tagebuch-Notate. In: Thomas Ballhausen u. a. (Hg.): *Die Tatsachen der Seele. A. S. und der Film*. Wien 2006, 9–28.
Buohler, Hans Peter: A.S.s ›anmutiges Monstrum‹. *Der junge Medardus* als Historiendrama (1910) und als Filmprojekt (1920). In: Wolfgang Lukas/Michael Scheffel (Hg.): *Textschicksale. Das Werk A. S.s im Kontext der Moderne*. Berlin 2015 (i. Dr.).
Friedrich, Vivien: S.s Filmskript zu *Elskovsleg* im Kontext der Textgeschichte von *Liebelei*. In: Achim Aurnhammer/Barbara Beßlich/Rudolf Denk (Hg.): *A. S. und der Film*. Würzburg 2010, 45–54.
Hall, Murray G.: »...dass ich gegen das Raubgesindel nichts ausrichten werde«. A. S. und die Filmproduktion. In: Thomas Ballhausen u. a. (Hg.): *Die Tatsachen der Seele. A. S. und der Film*. Wien 2006, 29–42.
Kammer, Manfred: *Das Verhältnis A. S.s zum Film*. Aachen 1983.
Keitz, Ursula von/Lukas, Wolfgang: Plurimediale Autorschaft und Adaptionsproblematik. *Spiel im Morgengrauen* und *Daybreak*. In: Achim Aurnhammer/Barbara Beßlich/Rudolf Denk (Hg.): *A. S. und der Film*. Würzburg 2010, 209–242.
Keitz, Ursula von: Schriftspur der Emotion. Zur Performativität der Zwischentitel in Hans Tintners ZYANKALI (1930). In: Hans-Edwin Friedrich/Hans J. Wulff (Hg.): *Scriptura Cinematographica. Schrift und Bild im Film*. Trier 2013, 75–96.
Marquart, Lea: S.s letzter Filmentwurf: ein Kriminalfilm. In: Achim Aurnhammer/Barbara Beßlich/Rudolf Denk (Hg.): *A. S. und der Film*. Würzburg 2010, 113–125.
Quaresima, Leonardo: Hinter dem Vorhang. S.s Drehbuchentwurf *Der Ruf des Lebens*. In: Achim Aurnhammer/Barbara Beßlich/Rudolf Denk (Hg.): *A. S. und der Film*. Würzburg 2010, 95–112.

Entwürfe, Treatments etc.

o. J.: *Egon und Eduard*. Typoskript masch. (5 S., ab S. 3). In: EV, 481 f.
29.5.1913: *Skizze eines Entwurfs zu einem Film nach der Novelle »Die Hirtenflöte«* (Zusatz: »Nur nach der Lektüre der Novelle zu verstehen«). 103 Szenen. Typoskript masch. (S. 1–13). In: SAF, C.XXXVI.3, Folio 9–21.
1920: *Der Ruf des Lebens*. Typoskript masch. (pag. 1–18). In: SAF, A.XXI.18.
19.9.1931: *Kriminalfilm*. 45 Szenen mit Prosavorspann [Fragment]. In: EV, 483–493.

Filmskripte

1913: *Liebelei. Ein Volksstück in fünf Abteilungen*. Typoskript masch. (S. 1–46). In: SAF, A.VI.16.
1920: *Der junge Medardus*. Typoskript masch. (S. 2–153). In: SAF, A.XXIV.15.
1926: *Die große Szene. Entwurf zu einem Filmbuch*. 1926. Typoskript masch. (S. 2–89). In: SAF, A.XXIX.9.
1928: *Skizze eines Regiebuchs nach der Novelle »Spiel im Morgengrauen«*. Typoskript masch. (S. 1–31). In: SAF, C.XLIII.12.
1930: *Traumnovelle*. Typoskript masch. [Fragment] (S. 2–30), mit handschriftl. Notizen. In: SAF, C.XLII.5 [auch in: *Circuito Cinema* 62 (2000), 53–61, mit Transkripten der Notizen].

Ursula von Keitz

7. Medizinische Schriften

Der Arzt Arthur Schnitzler

Bis zu den ersten literarischen Erfolgen (*Anatol*, 1893; *Sterben*, 1894; *Liebelei*, 1895) befreit sich Arthur Schnitzler nicht von nagenden Selbstzweifeln. »Und heute! – Ein Mediziner ohne Praxis! – Ein Poet mit mittelmäßigen Erfolgen! Ein junger Mann mit Liebeleien ohne Liebe! – Und alles verläuft so in den Sand!« (Tb, 2.6.1889). Das abgeschlossene Studium der Medizin, die berufliche Tätigkeit als Sekundararzt und Assistent, die Verantwortung als Redakteur der vom Vater Johann Schnitzler neu herausgegebenen *Internationalen klinischen Rundschau* von 1887 bis 1894 (vom Sommer 1880 bis 1886 ist er Korrektor der 1860 vom Großvater mütterlicherseits, Philipp Markbreiter, gegründeten *Wiener Medizinischen Presse* gewesen) ändern an dieser Selbsteinschätzung nichts. Schnitzler nimmt sich als Arzt und als Wissenschaftler nicht ernst. Trotzdem verdienen die nach der Promotion 1885 und bis zum Tod des Vaters 1893 verfassten medizinischen Schriften Aufmerksamkeit, wenn man den als Charakteristik des Schriftstellers Arthur Schnitzler oft erwähnten ›medizinischen Blick‹ näher definieren will.

In den *Silvesterbetrachtungen* (*Rundschau*, 1889; MS, Nr. 26) wird der Arzt als zeitgenössischer Typus des »in naturwissenschaftlichem Geiste denkenden Menschen« dargestellt, der durch Anschauung »in das Geheimnis des Organischen« vordringen und durch seine »anthropozentrische Naturwissenschaft« (MS, 173) zu einem aufklärerischen, gegen »die überlebten Vorurteile einer urteilslosen Menge« (ebd., 174) kämpfenden Neuhumanismus gelangen sollte. Schnitzler muss aber feststellen, dass viele Zeitgenossen, auch innerhalb der medizinischen Berufswelt, »zuerst nach der Konfession« (ebd., 175) fragen, was als vorsichtige Anspielung auf den Antisemitismus zu verstehen ist.

Wie in Gustav Klimts Fakultätsbild *Die Medizin*, das 1900 einen Skandal auslöste, weil es in seiner pessimistischen Darstellung der menschlichen Ohnmacht gegenüber Leben und Tod die Fortschrittsideologie der akademischen Auftraggeber zurücknahm, erscheint der Arzt in Schnitzlers *Silvesterbetrachtungen* als resignierter Todeszelebrant, der »mit dem Seziermesser vor dem Leichentische« steht oder »an das Bett des Kranken trostspendend, schmerzlindernd« (ebd.) eilt und ein ethisches Ideal der Humanität (vgl. ebd.) verkörpert (vgl. Müller-Seidel 1997, 21). Schnitzler betrachtet aber den Prozess der Verwissenschaftlichung der Medizin, die »neue Bazillen und neue Medikamente« entdeckt und »in den Laboratorien und auf den Kliniken rüstig« weiterarbeitet, als einseitig: »Wir werden [...] viele große Ärzte unter uns haben – aber wir fürchten, nur wenig große Menschen« (MS, 176). Mit sprachkritischer Skepsis erwähnt Schnitzler die beliebte rhetorische Phrase der Versammlung der Gesellschaft deutscher Naturforscher und Ärzte in Halle a. S. (*Rundschau*, 1891; MS, Nr. 40): »Der Wissenschaft zum Ruhm, den leidenden Menschen zum Heil«. Diese eindrucksvoll tönenden Worte sind zur leeren Phrase verkommen, meint Schnitzler (MS, 251).

Schnitzler und die zeitgenössische Medizin

Zwischen den beiden Extremen der kalten wissenschaftlichen Gleichgültigkeit gegenüber den einzelnen Patienten (z. B. Professor Bernard, der am Anfang von *Sterben* Felix schonungslos die Wahrheit mitteilt) und der die Objektivität trübenden Sympathie die richtige Einstellung zum Patienten zu finden, ist für Schnitzler die berufsethische Problematik des Arztes. Die emotionale Nähe des Autors zur Fallgeschichte eines Tuberkulosekranken im Endstadium, die in *Sterben* berichtet wird, ergibt sich aus persönlichen Erfahrungen: 1886 war Schnitzler mit Tuberkuloseverdacht zur Kur nach Meran geschickt worden. Außerdem hatte sich sein Vater Ende 1890 mit dem von Robert Koch entwickelten Gegenmittel, ›Kochin‹ genannt, beschäftigt (Fliedl 2005, 108). In dieser Novelle wird die Bedeutung des oft erwähnten ›medizinischen Blicks‹ Schnitzlers klar: Ohne an die literarische Tradition der ästhetisierenden Darstellung von Schwindsüchtigen anzuknüpfen, schildert er mit kühler Sachlichkeit den körperlichen Verfall und die quälende Todesangst der Hauptfigur.

Neben zahlreichen Rezensionen, die manchmal als bloße Inhaltsangaben ausfallen, bemerkt man in der Fülle der Schnitzlerschen Beiträge zur *Rundschau* ein besonderes Interesse für die Laryngologie, die Hysterieforschung und die Hypnose. Die einzige klinische Arbeit (*Über funktionelle Aphonie und deren Behandlung durch Hypnose und Suggestion*«, *Rundschau*, 1889; MS, Nr. 27) »arbeitet nur einen Einfall aus, den bereits der Vater hatte« (Thomé 1988, 16). »Der Nachweis Jean-Martin Charcots, dass hysterische Symptome durch die Hypnose nicht nur beseitigt, sondern bei geeigneten Personen auch künstlich erzeugt werden können« (ebd., 34), hatte die physiologisch orientierte medizinische Forschung verunsichert, sodass die Neurologie und die Psychiatrie in wachsendem Maße den neuen Schulen der Psychotherapie Theorie und Behandlung der Hysterie überlassen.

Die Modethemen Hysterie und Hypnose (vgl. die überaus kritische Rezension einer »gemeinfasslichen Darstellung des Hypnotismus« in *Rundschau*, 1892; MS, Nr. 54) verbreiten sich in den literarischen Darstellungen. Dagegen empfiehlt Schnitzler Hippolyte Bernheims *Neue Studien über Hypnotismus* in der Übersetzung Sigmund Freuds (*Rundschau*, 1892; MS, Nr. 55), die ihm als strenger wissenschaftlich und frei von jeder Tendenz zur Scharlatanerie vorkommen. In *Anatol* (*Die Frage an das Schicksal*) wird der mondäne Umgang mit der Hypnose kritisch dargestellt.

Mit Skepsis betrachtet Schnitzler alle systematischen theoretischen Konstrukte. »Auch das Lehrgebäude der entwickelten Psychoanalyse wird ihm als eine willkürlich konstruierte neue Metaphysik erscheinen, die schon bei den Schülern Freuds endgültig erstarrt« sei (Thomé 1998, 39). Schnitzler vertritt die Meinung der psychosomatischen Medizin, wenn er 1891 in der Rezension eines Werks zur Behandlung der Hysterie den Spruch des Hippokrates »Nicht der Arzt heilt die Krankheit, sondern der Körper« in Anlehnung an Gerhardt so umformuliert: »Diese Krankheit heilt nicht die Arznei, sondern der Arzt« (MS, 248).

Schwerpunkte: Aphonie, Hysterie, Hypnose

Am 30. Mai 1885 zum Dr. med. promoviert, veröffentlichte Schnitzler 1889 als Assistent an der von seinem Vater geführten allgemeinen Poliklinik in Wien seine einzige längere wissenschaftliche Studie, *Über funktionelle Aphonie und deren Behandlung durch Hypnose und Suggestion*. Eingangs erklärt er, dass er »den Ausdruck ›funktionelle Aphonie‹ statt des üblicheren ›hysterische Aphonie‹ gewählt« habe, da in vielen der studierten Fälle die Patientin »aus der reichen Symptomenzahl der Hysterie keine anderen aufweist, als eben die Aphonie, für die eine genügende anatomische Ursache nicht auffindbar ist« (MS, 176). Auf den Umstand, dass alle sechs in seiner Studie vorkommenden Krankengeschichten von *Patientinnen* berichten, geht Schnitzler nicht ein. Immerhin hatte Sigmund Freud im Oktober und November 1886 seinen zweiteiligen Vortrag *Über männliche Hysterie* vor der Gesellschaft der Ärzte in Wien gehalten. In Schnitzlers Schrift wird aber »hysterische Aphonie« stillschweigend als Frauenkrankheit hingestellt. Die Arbeit setzt sich eigentlich mit der therapeutischen Methode der Suggestion und der nach dem Vorbild der Bernheimschen Schule angewandten Hypnose auseinander, ohne über einige recht allgemeine Betrachtungen darüber hinauszugehen, was Hypnose und Suggestion *nicht* seien (Pädagogik, Religion, Einflussnahme, Autosuggestion: All dies sei die Suggestion nicht). Der Ertrag der Arbeit ist bescheiden: »Aus den in den vorstehenden Zeilen angeführten sechs Fällen Schlüsse zu folgern, fühle ich mich nicht berechtigt« (ebd., 208).

An einigen Stellen tritt der Erzähler Schnitzler hervor: »Hat bis 20. Oktober nachts sprechen können. Mit ihrer Familie und Freunden derselben in einem dumpfen Gasthauslokal beisammen, verlor sie die Stimme plötzlich, als sie gute Nacht sagen wollte. […] Hypnose. Verlust der Sensibilität. Suggestion, Stimme wieder zu bekommen. Patientin ist schwer zu erwecken. Weder Anrufen noch Schütteln wirkt. Durch einen leichten Schlag auf das Nasenbein wecke ich sie sofort auf. Sie stöhnt und hat Kopfschmerzen. Ihre Stimme war völlig wiedergekehrt« (ebd., 196). In seinen Jugenderinnerungen schildert Schnitzler, wie sich ein kleines Theater in der Poliklinik gebildet hatte, mit einem Publikum, einem Regisseur und einer an Aphonie Erkrankten auf der Bühne. »Zu meinen Experimenten fanden sich nicht nur die engeren Abteilungskollegen, sondern gelegentlich auch andere Ärzte der Poliklinik und der übrigen Krankenhäuser ein. Die am häufigsten erschienen, verbreiteten hämisch, dass ich an der Poliklinik ›Vorstellungen‹ veranstalte, was mich vorerst einmal veranlasste, meine Experimente für die größere Öffentlichkeit einzustellen« (JiW, 319).

Literarische Psychologie und psychologische Phantastik

Bei aller Unvoreingenommenheit neigt Schnitzler zur Annahme einiger prinzipieller Hypothesen. Schnitzler erweist sich z. B. als ein Anhänger der Hereditätstheorien: In der Rezension von Lombrosos Buch *Der geniale Mensch* findet er die Ausführungen zum »Einfluss von Atmosphäre und Klima, Rasse und Erblichkeit auf Genie und Wahnsinn« höchst anregend (MS, 236). In der Erzählung *Der Sohn* (1892), die den Untertitel »Aus den Papieren eines Arztes« trägt, wurde eine arme Näherin von ihrem Sohn tödlich verletzt. Dem Arzt erzählt die Sterbende, wie sie selbst ihren Sohn in der Geburtsnacht umzubringen versucht habe und deshalb einen Teil der Schuld an seiner Gewalttat trage. Dies bringt den Arzt auf den Gedanken, dass »von den ersten Stunden unseres Daseins verwischte Erinnerungen« zurückbleiben, »die wir nicht mehr deuten können« und die so weiterwirken, dass es nicht klar ist, »wie wenig wir wollen dürfen und wie viel wir müssen« (ES I, 97). Hier spielt Schnitzler mit einer Hypothese, die rein spekulativ bleibt und in einen Bereich der tiefenpsychologischen Phantastik hinführt. Die Sätze aus dem Gedankenmonolog des Arztes simulieren Wissenschaftlichkeit, seine Hypothese gehört aber eher dem Bereich des Parapsychologischen an. Schnitzlers positivistische Theoriefeindlichkeit und Systemskepsis erweisen sich als vereinbar mit dem Interesse für wissenschaftlich nicht erklärliche Hypothesen und Phänomene. Zweifellos war Schnitzlers »psychologischer Realismus der Realismus des Arztes« (Riedel 1996, 227). Nun aber erweist sich dieses Realitätsbild in Schnitzlers Erzählungen oft als vereinbar mit dem Verfahren einer psychologischen Phantastik, die schwer erklärliche, unheimlich wirkende Vorgänge und Phänomene in der nüchternen naturalistischen Sprache des Wissenschaftlers beschreibt.

Schnitzlers positivistische, theoriefeindliche Grundeinstellung hat eine auf den ersten Blick paradoxale und doch konsequente Wissenschaftsskepsis zur Folge: Der Szientismus, der Materialismus, der antimetaphysische Reduktionismus beruhen ja selbst auf metaphysischen Sätzen, deren Gegenteile im *Fin* und *Début de siècle* Mystik, Neue Religiosität, Idealismus, Irrationalismus, Neuromantik usw. heißen. Wie bei Nietzsche geht bei Schnitzler die Auffassung der Anthropologie als Physiologie mit dem Bewusstsein einher, dass die Humanwissenschaften (im Sinne von *sciences de l'homme*) sich nicht auf ein naturwissenschaftliches Paradigma reduzieren lassen. Schnitzler kann sich auf die medizinische Weltauffassung nicht beschränken. Wenn er zur Literatur übergeht, braucht er die Definition des Menschen als *homo natura* nicht aufzugeben, die er sich als Student der Medizin und als Arzt angeeignet hat. Es handelt sich um einen Übergang von einer streng wissenschaftlichen zu einer erzählenden Anthropologie (Riedel, 1996), die sich weiterhin mit den ›biologischen‹ Themen Leben, Liebe und Tod in einer anderen Form beschäftigt. »Wer je Mediziner war, kann nie aufhören, es zu sein«, äußerte Schnitzler gegenüber seiner Frau Olga. »Denn Medizin ist eine Weltanschauung« (Müller-Seidel 1997, 20).

Literatur

Fliedl, Konstanze: Frühe Prosa. 1. Medizin. In: Konstanze Fliedl: *A. S.* Stuttgart 2005, 103–109.

Müller-Seidel, Walter: *Arztbilder im Wandel. Zum literarischen Werk A. S.s.* München 1997.

Riedel, Wolfgang: Psychologischer Empirismus und geschlossene Form. Versuch über S. In: Wolfgang Riedel: *»Homo natura«. Literarische Anthropologie um 1900.* Berlin/New York 1996, 226–250.

Thomé, Horst: Vorwort. In: MS, 11–59.

Jacques Le Rider

8. Autobiographische Schriften

8.1 Jugend in Wien

Entstehung

Bereits im Jahr 1901 notiert Schnitzler erste Gedanken zu seiner Autobiographie, die sich im Nachlass in einer Mappe mit der Aufschrift »Autobiographisches Allerlei« fanden. Entschieden in Angriff genommen wird dieses Projekt allerdings erst knapp eineinhalb Jahrzehnte später, im Mai 1915: »Nm. begann ich ›systematisch‹ eine Art von Autobiographie« (Tb, 24.5.1915). Entstehungsgeschichtlich verdankt sich seine ›Selberlebensbeschreibung‹ (Jean Paul) dabei einer doppelten Krise: der weltgeschichtlichen Krise einerseits, die allgemein Rückschauen auf eine untergehende Gesellschaft bzw. Lebensart provozierte, und einer privaten, namentlich durch das fortschreitende Alter hervorgerufenen Lebenskrise andererseits. In den folgenden Jahren arbeitet Schnitzler stetig an den Lebenserinnerungen, die den Arbeitstitel »Leben und Nachklang – Werk und Widerhall« tragen; parallel entstehen poetische Werke, die ebenfalls von autobiographischer Reflexion geprägt sind, wie das Drama *Der Gang zum Weiher* (in dem der alternde Dichter Sylvester Thorn seine Jugendtagebücher liest und der abgedankte Kanzler Mayenau seine Memoiren schreiben will; vgl. Fliedl 1997, 297–301) und die Novelle *Casanovas Heimfahrt* (die die Wandlung des alternden Casanova vom Liebhaber zum Autor erzählt). Gegen den ursprünglichen Plan, demzufolge die Erinnerungen bis ins Jahr 1900 führen sollten, beschließt Schnitzler die erste Fassung des Textes mit »Mitte 89, wo ich vorläufig pausire« (Tb, 14.8.1918), an einem Punkt seiner Entwicklung also, als er sich gerade erst anschickte, zum Autor zu werden. Diese ›Pause‹ wurde nicht mehr beendet: Zwei Tage nach dem ›vorläufigen‹ Abschluss verfügt Schnitzler in den »Bestimmungen über meinen schriftlichen Nachlass«, dass die Autobiographie, »soweit sie vollendet ist«, nach seinem Tode »baldigst« abgeschrieben werde solle, ihre Veröffentlichung aber wie diejenige der Tagebücher »nicht früher als zwanzig […] Jahre nach meinem Tode erfolgen« dürfe (Neumann/Müller 1969, 35). Diese Abschrift ließ Schnitzler sogar noch selbst zu Lebzeiten vornehmen und korrigierte das Manuskript; zu einer Fortführung der Lebensgeschichte über das Jahr 1889 hinaus kam es jedoch nicht mehr. Auszüge aus dem Text erschienen am 9. Januar 1966 in der *Neuen Zürcher Zeitung* sowie im März 1967 in der Zeitschrift *Literatur und Kritik*, bevor 1968 das ›vollständige‹ Fragment veröffentlicht wurde, und zwar unter dem von den Herausgebern Therese Nickl und Heinrich Schnitzler angesichts des dargestellten Zeitraums gewählten Titel *Jugend in Wien*.

»Wie Kapitel eines Romans«: Eine Jugend in sieben ›Büchern‹

Gegliedert ist *Jugend in Wien* in sieben Abschnitte, die Schnitzler als ›Bücher‹ bezeichnet hat; herausgeberseitig ergänzt ist die Datierung der jeweiligen Abschnitte. ›Naturgemäß‹ setzt das erste Buch, das die Zeit von Mai 1862 bis Mai 1875 umfasst, mit Schnitzlers Geburt ein, schildert in der Folge die Verästelungen der Familiengeschichte und berichtet vor allem von ersten Bildungserlebnissen: Der neunjährige Knabe liest bereits Stücke wie *Die Räuber*, *Fiesko* und auch »Shakespeare'sche Dramen« (JiW, 23), und wichtiger noch, er entwickelt »durch ziemlich häufigen Theaterbesuch« eine »Neigung zur Theaterspielerei« (ebd., 27); auch in kindlichen dramatischen Versuchen »kündigte sich meine theatralische Sendung an, wobei ich […] die Frage der Begabung ganz außer acht lassen darf; […]« (ebd., 46 f.). Das Buch endet mit der Bar Mizwa, an der »Wende zwischen Unter- und Obergymnasium an der Schwelle der späteren Knabenjahre« (ebd., 60). Das zweite Buch (Mai 1875 bis Juli 1879) führt die Lektüren des Gymnasiasten an, die von einer »Liebe für die Romantik« (ebd., 69) dominiert werden, für E. T. A. Hoffmann, Tieck und Immermann, deren »Einfluß […] sich in manchen meiner Entwürfe und Versuche aus damaliger Zeit« (ebd.) spiegelt. Neben diese Liebe zur Literatur tritt die erste Jugendliebe, zu Franziska Reich (›Fännchen‹), und der Abschnitt mündet schließlich in die (im zweiten Anlauf) mit Auszeichnung bestandene Matura. Von der Einschreibung an der medizinischen Fakultät bis zum ersten Rigorosum führt dann das dritte Buch (September 1879 bis Juli 1882), das Einsichten in Schnitzlers Studentenleben bietet, vorrangig in dessen amouröse Dimensionen, und in dieser Phase entstehende Jugendwerke zwar abschätzig beurteilt, aber in den erhaltenen Bruchstücken des Stückes *Modernes Jugendleben* immerhin »gewisse Anatol'sche Züge vorgebildet« (ebd., 135) findet. Gerade im Rückblick auf diese Phase seines Lebens will es Schnitzler scheinen, als reihten sich »die einzelnen Abschnitte« aneinander, »wie Kapitel eines Romans, mit kunstgerechter Absicht voneinander geschieden« (ebd., 136). Ausgangspunkt des vierten Buches (Juli 1882 bis Mai 1885) ist der Dienstantritt als Einjährig-Freiwilliger, dem allerdings keine Schilderung militärischer Erlebnisse folgt, sondern vielmehr das Eingeständnis, dass Schnitzler nun noch bewusster als zuvor angeht, »was man mit einem allzu heroischen Wort Eroberungen zu nennen pflegt« (ebd., 139). Stärker als in den anderen Büchern von *Jugend in Wien* wird hier zudem der grassierende Antisemitismus zum Thema, sei es im Gemeinderat, an der Universität oder im militärischen Corps; das Buch schließt mit der Promotion des erinnerten Ichs. Das fünfte Buch (Mai 1885 bis April 1886) sieht Schnitzler als Assistenzarzt im Allgemeinen Krankenhaus und bei einer gelegentlichen privatärztlichen Tätigkeit, aber »genaugenommen führte ich eigentlich mein Studentenleben weiter« (ebd., 200). So ist er in dieser weiteren beruflichen wie erotischen »Latenzperiode« (Fliedl 2005, 197) »schriftstellerisch nicht ganz müßig« (JiW, 210) und macht einige Bekanntschaften, dilettiert aber gewissermaßen noch in beidem. Während die berufliche ›Latenz‹ über das Ende des Buches hinaus fortdauert, lernt er inzwischen in der ›Thalhofwirtin‹ Olga Waissnix das »Abenteuer [s]eines Lebens« (Tb, 31.5.1889) kennen. Buch sechs (April 1886 bis August 1887) schildert dann den Verlauf dieser Beziehung: Immer wieder reist Schnitzler an den Thalhof, und der Umgang mit Olga hält Schnitzler (so will er im Rückblick erkennen) dazu an, »meine eigentliche Natur in ihrer angeborenen Richtung, aber ins Edlere und Höhere zu steigern« (JiW, 258). Insgesamt scheint ihm dies »diejenige Epoche [s]eines Lebens« gewesen zu sein, aus der *Anatol*, jenes in »vieler Hinsicht charakteristische Buch hervorgegangen ist« (ebd.). Kurz bevor er sein Leben als »ein völlig verfehltes zu beweinen« (ebd., 288) beginnt, weil ihm zum Beruf des Arztes sowohl »der redliche Willen als auch das wirkliche Talent« (ebd., 287) fehlten, unternimmt Schnitzler im siebten Buch (September 1887 bis Juni 1889) mit der Veröffentlichung von *Der Wahnsinn meines Freundes Y.* den letzten »Schritt in die literarische Öffentlichkeit« (ebd., 313). An diesem Punkt, knapp vor dem »eigentlichen Beginn seiner literarischen Laufbahn« (Torberg in JiW, 329), brechen die autobiographischen Aufzeichnungen ab.

Deutung

In struktureller Hinsicht befolgt Schnitzler offenkundig die Vorgaben der Gattung ›Autobiographie‹, indem er seine Lebensgeschichte chronologisch und die traditionellen Etappen der Entwicklung vollständig abschreitend rekonstruiert, von Geburt und Kindheit über die Jugend bis zu den ersten Berufsjahren. Die zeitlich aufeinander folgenden Abschnitte werden dabei als Phasen einer zielgerichteten Entwicklung dargestellt, indem der Text Zäsuren setzt, die mit »den äußeren Daten der Bildungsgeschichte« (Fliedl 1997, 306) begründet werden. Wie im gattungsgeschichtlichen Muster *Dichtung und Wahrheit*, von dem sich andere Autoren der Zeit programmatisch distanzieren (vgl. Hoffmann 1989, 489), gilt hier folglich erstens die Identität von Autor, Erzähler und Figur, zweitens das Moment des Rückblicks und drittens das der Autobiographie inhärente Ziel der Darstellung von Identität und der gelungenen Genese des Subjekts zu einer ›Persönlichkeit‹ (vgl. Langer 2007, 180–181).

Verstärkt wird diese Finalität der einzelnen Lebensabschnitte zudem dadurch, dass Schnitzler die semi-fiktionale Dimension der Gattung bewusst ist, ihre prinzipielle Stellung im Spannungsfeld zwischen »Referenz und literarischer Performanz« (Wagner-Egelhaaf 2000, 4), zwischen »Poetisierung und Fiktionalisierung einerseits, Dokumentation und Erinnerung andererseits« (Hilmes 1999, 285), und er dementsprechend die Metapher vom Leben als Buch bzw. Roman oder Novelle immer wieder aufgreift. Zu nennen ist in diesem Zusammenhang zunächst die Betitelung der sieben Abschnitte als ›Bücher‹; überdies streift schon der »Knabenblick« über die »Anfangszeilen« eines »zarte[n] Liebesroman[s]« (JiW, 25), wenn er eine Liebschaft beobachtet; einige Jahre später pflegen Schnitzler und Olga Waissnix ihre Liebesgeschichte »novellistisch einzuteilen«, zwischenzeitlich hat sie einen »novellistischen Abschluß« (ebd., 140) und dann, nach der Wiederaufnahme der Beziehung, »neue[] Kapitel« (ebd., 229).

Diesen textuellen Merkmalen gemäß ist Schnitzlers Autobiographie zumeist als traditionell-gattungsgemäße, teleologische Erzählung ›aus meinem Leben‹ interpretiert worden. In diesem Sinne urteilte etwa Torberg im Nachwort zur Erstausgabe: »Man darf getrost behaupten, daß die Entwicklung des Dichters Arthur Schnitzler begann, als die Entwicklung des Menschen Arthur Schnitzler beendet war« (in ebd., 329). Auch Nehring, wenn auch negativer in der Bewertung, erblickt in Schnitzler Erinnerungen ein »ziemlich traditionelles Exemplar seiner Gattung« (2001, 78) – negativer deshalb, weil Schnitzler nicht streng genug ›Gerichtstag‹ über sich halte. Und Rey sieht im Schluss von *Jugend in Wien* gar ein »Glaubensbekenntnis zu einer Entelechie in wenigen auserwählten Menschen«, die »stets auf dem rechten Wege sind, auch wo sie sich anklagen, geirrt oder irgend etwas versäumt zu haben« (1977, 130; gegenläufig Scheible 1981, der den Text als ›Parodie‹ und ›Anti-Autobiographie‹ liest). Diese Einschätzung mag erklären, warum *Jugend in Wien* als eigenständiger Text bislang gegenüber den innovativen literarischen Werken vergleichsweise geringes Interesse der Forschung gefunden hat und stattdessen vorrangig »wegen der Angaben zur Biographie und der Werkstatthinweise« (Weissenberger 1997, 168) genutzt wurde.

Die vordergründig einsinnige Logik autobiographischen Erzählens wird allerdings durch einige dissonante Elemente des Selbstentwurfs gestört. So ist der Bezug auf *Dichtung und Wahrheit* keineswegs ungebrochen affirmativ, sondern weist vielmehr Anzeichen einer ironischen Kontrafaktur auf: Gleich die Eingangsszene reagiert auf Goethes astrologische Deutung der eigenen Geburtsstunde mit dem Hinweis darauf, dass Schnitzler kurz nach der Geburt für einige Zeit auf dem Schreibtisch des Vaters gelegen habe, ein Szenario, das dem Vater »immer wieder Anlaß zu einer naheliegenden scherzhaften Prophezeiung meiner schriftstellerischen Laufbahn« gegeben habe (JiW, 11; vgl. Weissenberger 1997, 176); der kosmische Bezug löst sich hier in Zufälligkeit auf. Zudem werden Schnitzlers erste »theatralische[] Erlebnisse« (JiW, 19) unter Rekurs auf Goethes Ochsenstein-Episode geschildert und dabei dessen ›Vorbedeutung‹ ebenso zurückgewiesen wie die frühkindliche Vorliebe des späteren Olympiers für das Puppentheater ironisiert: »Zwar fehlte auch das Puppentheater in unserer Kinderstube nicht, doch glaube ich nicht, trotz gelegentlicher Versuche, als Dichter, Sprecher, Figurenschieber, durch Erfindungsgabe oder andere puppenspielerische Talente mich irgendwie ausgezeichnet zu haben« (ebd., 22; vgl. Weissenberger 1997, 177). Schließlich lässt sich auch der Abschluss von *Jugend in Wien* als Distanzierung vom Muster verstehen, da er keine Goethesche Selbstgewissheit präsentiert, sondern die Beantwortung der Frage, ob Schnitzler zu den »Auserwählten« zähle, die »um sich *wissen*« (JiW, 316), an den Leser delegiert – der Text endet dementsprechend mit einem Fragezeichen.

Wichtiger noch ist, dass Schnitzler die zielgerichtete Darstellung auf die spätere Autorschaft hin immer wieder durch die Versicherung unterminiert, seine frühen schriftstellerischen Versuche hätten keine Anzeichen von Begabung gezeigt. »Zusammenfassend« stellt er etwa gegen Ende des ersten Buches fest, »daß alles, was ich innerhalb dieser frühen Epoche schrieb, kaum an irgendeiner Stelle das Vorhandensein eines wirklichen dichterischen Talents ahnen ließe« (ebd., 48 f.); im zweiten Buch bezweifelt er mit Blick auf dasjenige, was er bis zum siebzehnten Lebensjahr dichterisch produziert hat, ob an diesem »größtenteils kindischen Zeug« auch nur »eine Ahnung von Eigenart zu entdecken oder sonst irgend etwas [ist], was einen sich entwickelnden Künstler ankündigte« (ebd., 72); und als er für die Niederschrift des fünften Buches ein zum Geburtstag des Vaters verfasstes ›Festspiel‹ wieder liest, »überrascht mich nicht einmal so sehr der scheinbare Mangel aller Anzeichen [...] schriftstellerischer Begabung [...], als vielmehr die geistige Unreife, die in jenen Versuchen zutage tritt« (ebd., 213).

Vor allem aber laufen skeptische Bemerkungen zum eigenen Erinnerungsvermögen wie ein *basso continuo* durch die Aufzeichnungen. Schon die programmatische Erklärung, »meine Erinnerungen völlig wahrheitsgetreu aufzuzeichnen«, wird relativiert durch den Zusatz: »soweit die Wahrheit der Erinnerungen überhaupt in unserer Macht liegt« (ebd., 317 f.). Folglich konfligiert das »tiefe[] Bedürfnis in diesen Blättern wahr zu sein«, mit der Einsicht in die Unvermeidlichkeit von »Gedächtnisfehler[n]« und »Erinnerungstäuschungen« (ebd., 317). Von hier aus wirkt *Jugend in Wien* fast »nicht wie ein Buch der Erinnerung, sondern wie eines des Vergessens« (Fliedl 1997, 308): Der Verfasser fragt sich grundsätzlich, ob im Rückblick »Erinnerung an Erlebtes, an Mitgeteiltes, an ein irgendwo gesehenes Aquarell in ein Bild« (ebd., 21) zusammenfließt, führt eine lange Liste von Jugendwerken an, von denen er mehrheitlich nur die Titel erinnert, weil er »ein Verzeichnis aufbewahrt« hat (ebd., 47), und immer wieder ist die Rede davon, dass ihm ein Erlebnis »völlig aus der Erinnerung verschwunden« ist (ebd., 181) oder ihm eine »Erscheinung [...] nicht im Gedächtnis verblieben ist« (ebd., 149). Genannt werden können diese eigentlich vergessenen Ereignisse und Personen nur deshalb, weil Schnitzler konsequent auf seine Tagebücher (in den Jahren von 1916–1919 liest er sämtliche Jahrgänge vom Anfang bis 1910; vgl. Welzig 1995, 13) und Briefe als Erinnerungsstütze zurückgreift und diesen Rekurs immer wieder thematisiert.

Diese Einsicht in die Fragwürdigkeit jeder Erinnerung delegitimiert aber nicht das autobiographische Projekt als solches, denn am »Postulat des Sinns der erzählten Existenz« (Bourdieu 1991, 110) hält Schnitzler prinzipiell fest. Vielmehr gewinnt *Jugend in Wien* gerade durch die selbstreflexive Problematisierung des Konstrukts ›Autobiographie‹ sein spezifisches Profil als doppelter »Rechenschaftsbericht über das Leben *und* über das Erinnern« (Fliedl 2005, 199).

Literatur

Bourdieu, Pierre: Die Illusion der Biographie. Über die Herstellung von Lebensgeschichten. In: *Neue Rundschau* 102 (1991), H. 3, 109–115.
Fliedl, Konstanze: *A. S. Poetik der Erinnerung*. Wien 1997.
Fliedl, Konstanze: *A. S.* Stuttgart 2005.
Hilmes, Carola: Individuum est ineffabile. Selbstdeutungen des Ich und der Stellenwert der Autobiographie. In: Gerhart von Graevenitz (Hg.): *Konzepte der Moderne*. Stuttgart/Weimar 1999, 284–302.
Hoffmann, Volker: Tendenzen in der deutschen autobiographischen Literatur 1890–1923. In: Günter Niggl (Hg.): *Die Autobiographie. Zu Form und Geschichte einer literarischen Gattung*. Darmstadt 1989, 482–519.
Langer, Daniela: Autobiografie. In: Thomas Anz (Hg.): *Handbuch Literaturwissenschaft. Gegenstände – Konzepte – Institutionen*. Bd. 2: *Methoden und Theorien*. Stuttgart/Weimar 2007, 179–194.
Nehring, Wolfgang: »Kulturhistorisch interessant«. Zur Autobiographie A. S.s. In: Manfred Misch (Hg.): *Autobiographien als Zeitzeugen*. Tübingen 2001, 75–90.
Neumann, Gerhard/Müller, Jutta: *Der Nachlaß A. S.s. Verzeichnis des im S.-Archiv der Universität Freiburg i. Br. befindlichen Materials. Mit einem Vorwort von Gerhart Baumann und einem Anhang von Heinrich Schnitzler Verzeichnis des in Wien vorhandenen Nachlaßmaterials*. München 1969.
Rey, William H.: »Werden, was ich werden sollte«: A. S.s Jugend als Prozeß der Selbstverwirklichung. In: *MAL* 10 (1977), H. 3/4, 129–142.
Scheible, Hartmut: Diskretion und Verdrängung. Zu S.s Autobiographie. In: Hartmut Scheible (Hg.): *A. S. in neuer Sicht*. München 1981, 207–215.
Torberg, Friedrich: Nachwort. In: *JiW*, 330–338.
Wagner-Egelhaaf, Martina: *Autobiographie*. Stuttgart/Weimar 2000.
Weissenberger, Klaus: A. S.s Autobiographie *Jugend in Wien* – die Entmythisierung einer literarischen Gattung. In: Joseph P. Strelka (Hg.): *Die Seele… ist ein weites Land. Kritische Beiträge zum Werk A. S.s*. Bern u.a 1997, 163–192.
Welzig, Werner: Zur Herausgabe von S.s Tagebuch. In: A. S.: *Tagebuch 1909–1912*. Hg. v. der Kommission für literarische Gebrauchsformen der Österreichischen Akademie der Wissenschaften, Obmann: Werner Welzig. Unter Mitw. v. Peter M. Braunwarth, Susanne Pertlik u. Reinhard Urbach. Wien 1995, 7–33.

Christoph Jürgensen

8.2 Tagebücher 1879–1931

Einleitung

Die von 1879 bis 1931 lückenlos erhaltenen Tagebücher Arthur Schnitzlers setzen mit der Enthüllung bzw. Aufdeckung eines Tagebuchs ein, das (Schnitzler hat die Hefte vor 1879 großteils vernichtet) nur noch im erinnernden Notat existiert: »Ein Tagebuch wird gefunden, gerade das letzte (über Emilie). Große Scenen mit meinem Vater.–« (Tb, 19.3.1879). Damit wird eine wichtige Funktion dieser bedeutenden Werkgruppe angesprochen: Die Selektion und zugleich Bewahrung von Ereignishaftem ist im Sinne des Aneinanderknüpfens roter Fäden grundlegend, Form und Duktus des Tagebuchs werden (auch zum Zweck einer stets möglichen Relektüre) daran ausgerichtet.

Die im Manuskript fast 8.000 Seiten umfassenden »Tagebücher« (da keine feste Bindung vorgenommen wurde, ließe sich auch von ›in Mappen verwahrten *Tageblättern*‹ sprechen) nahmen für Schnitzler eine vielfach belegte Sonderstellung innerhalb des Werks ein. Die Aufbewahrung in einem Schließfach der Creditanstalt (Wien), zahlreiche Reflexionen im Tagebuch selbst, Briefzeugnisse sowie Berichte Dritter weisen auf den besonderen Status hin; so auch das Testament vom 16. August 1918 (mit Zusätzen v. a. aus dem Februar 1931): An erster Stelle steht dort die Sorge um den Umgang mit dem Tagebuch und die Frage einer Publikation (vgl. Neumann/Müller 1969, 23–38). Bereits sechs Tage danach umreißt Schnitzler seine Motivation: »Es ist mein brennender Wunsch, daß sie nicht verloren gehen. Ist das Eitelkeit?– Auch, gewiß. Aber irgendwie auch ein Gefühl der Verpflichtung. Und als könnt es mich von der quälenden innern Einsamkeit befreien, wenn ich – jenseits meines Grabs Freunde wüßte« (Tb, 22.8.1918). Schnitzler streicht die Bedeutung dieses Journals, etwa im Zuge zahlreicher Relektüren, wiederholt heraus, so am 8. Mai 1929: »Nm. weiter 22 – es gibt doch kaum, was tiefer bewegt als das eigne Leben – besonders dieses Gemenge von vergessnem und unvergessnem wie es sich in Tagebüchern findet«. Dieses ineinander verschränkte »Gemenge von vergessnem und unvergessnem« stellt sich als eine mitunter schwer zu überblickende Fülle an hochgradig heterogenen Textzusammenhängen, Einzelschriften und Notaten dar, teils an eine Öffentlichkeit adressiert, teils zum Eigengebrauch bestimmt, teils für einen allfälligen späteren Zugriff durch Dritte bewahrt.

Wir haben es bei diesen Tagebüchern Schnitzlers mit dem umfänglichsten und gleichzeitig konzentriertesten Ausweis seiner zeitlebens angelegten Schnittmengen zu tun; Parallelphänomene und wechselseitige Beleuchtungen bzw. Kommentare machen diese textuelle Hinterlassenschaft des so genauen Beobachters seiner selbst wie seiner Umwelt aus. Der letzte Eintrag vom Oktober 1931 zeigt diese Fähigkeit zur Verdichtung einer großen Bandbreite exemplarisch: »19/10 Die erste Kritik über ›Flucht‹, die eben erschienen ist, von Hofr. Jul. Weiss, sehr enthusiastisch.– [/] Dictirt Brief an S. Fischer. [/] Um 11 kam Suz.; um ½ 12 Krausz, dem ich wieder sass; Suz. war bis 1 da.– Kr. malt bis gegen 2; nimmt das Bild dann ins Atelier mit. [/] – Ein übler Nachmittag. [/] Mit C. P. (Schubert) Kino, Café Paradies. [/] Allein zu Haus genachtm.– Brief von Heini, der vor wenig Tagen in die Fredericiastraße 3 gezogen. [/] Begann Friedells Kulturgeschichte 3. Band zu lesen« (ebd., 19.10.1931).

Tagebuch, TAG und Ordnung

Wie funktioniert ein derartiges ›Schreibsystem Tagebuch‹, wenn ein tausende Seiten umfassendes, über fünf Jahrzehnte sich hinziehendes Notieren von Tag zu Tag unter Kontrolle zu halten versucht und ein Nutzen daraus zu ziehen beabsichtigt wird? Um Erinnerungs- und je spezifische Gedächtniszusammenhänge unterscheiden und fassen zu können, erscheint der Terminus »TAG« (eingeführt von Welzig 1985, 423 f.) in hohem Maße zweckdienlich. Das Tagebuch erhält dadurch eine grundsätzliche Struktur (vergleichbar den Akten und Szenen eines Dramas, den Kapiteln eines Romans), die der täglichen Notation nahekommt; Vergleiche, die Beachtung von Reihen (z. B. die Dokumentation des Gesundheitszustands) und/oder Wiederholungen, Beobachtungen zur Entwicklung des Schreibens und vor allem auch Unterschiede in der strukturellen Verfasstheit der TAGe lassen sich auf diese Weise fassen. Dusini (1998) hat von der »Texteinheit TAG« zu sprechen vorgeschlagen, um herauszustellen, dass Tagebucheintragungen »häufig erst später nachgeholt« werden oder die Möglichkeit einer »Tag-Erzählung über die TAGE hinweg« (Dusini 1998, 168) besteht. Diese Beobachtung ist für die Tagebücher Schnitzlers, insbesondere in den ersten Jahrzehnten, häufig zu machen. Der Begriff TAG kennzeichnet für uns in erster Linie die in sich *strukturierte Texteinheit von einem Datumseintrag zum nächsten*. Dabei verlieren deren Kontexte – vorangegangene und anschließende, darauf verweisende TAGe und Bezüge – nicht an Relevanz, können vielmehr funktional aufeinander bezogen verstanden werden.

Tagebücher oder -blätter, Journale und Diarien erfordern spezifische Aufmerksamkeiten, die meisten Ansätze zur ›Gattung‹ Tagebuch gehen jedoch entweder von einer faktenorientierten Lebensschau aus oder vertreten die Ansicht, dass es sich bei derartigen Texten grundsätzlich nicht um ›Belege‹ handle, sondern um eine spezielle Form von ›Literarizität‹; und oft wird auch der im Deutschen allzu einfache Gattungsbegriff nicht hinterfragt (die wichtigste Ausnahme stellt das Standardwerk zum Tagebuch dar, Dusini 2005). Vorschlagen ließe sich dagegen, dass Leser von Tagebüchern es ein wenig wie Schnitzler mit seiner Komödie von »Fink und Fliederbusch« halten (und sehen, dass zumindest zwei gleichzeitig anzuwendende Sichtweisen auf diese Diarien erforderlich sind): So empfiehlt es sich einerseits nicht (wie Le Rider 2002), das Tagebuch als positivistischen Blankoscheck zu verstehen und eine vor allem ›biographistische‹ Leseweise zur Geltung kommen zu lassen – bereits Welzig (1981a, 97 f.) verabschiedete einen derartigen Ansatz. Die verschiedenen Formen des Ich im Tagebuch sind nicht einfach mit der Person Arthur Schnitzler in eins zu setzen, und bereits die Metatexte im Tagebuch (Selbstkommentare, Notate zu Relektüren und Retrospektiven etc.) sollten Warnung genug vor einer derartigen Identifikation sein. Gewiss lassen sich empirisch überprüfbare Angaben (Treffen, Arbeit, Hochzeit, Geburten, Todesfälle, Scheidung, Reisen etc.) weitgehend als Fakten werten, zugleich sind jedoch Selbstreflexion oder auch die Darstellung von Motivationen und Antrieben Formen subjektiver Präsentation Schnitzlers (auch vor sich selbst – vgl. dazu u. a. Sellner 1992 und Thomé 1993). Andererseits wird man nicht verkennen können, dass eine Lesart, die das Tagebuch als ausschließlich literarischen Text werten möchte, ebenso blinde Flecken aufweisen muss (vgl. dazu u. a. Plener 1999, 30–37), denn ein ›Tagebuch‹ ist eben auch eine autobiographische Gattung mit entsprechend indizierenden Funktionen, sodass in der Verschränkung mit Briefen, Entwürfen einer Autobiographie (an der Schnitzler vor allem zwischen Pfingsten 1915 und 1920 arbeitet) und anderen Lebenszeugnissen die Annahme einer Lebens-Darstellung naheliegt.

Sofern ein Tagebuch als Ausdrucksform von Wirklichkeit fungiert, formt es diese mit, es materialisiert sozusagen die unter nahezu paratextuellen Kennzeichen wie Datumsangaben o. ä. gefassten

TAGe als je spezifische Zeit-Einheiten. Die Identität eines Schreibenden, nach der mittels erlesener Rasterfahndungen gesucht wird, ist letztlich in der kontinuierlichen Fortsetzung der Textgenerierung und ihrer notwendigen Selektionsverfahren begründet; sie stellt sich jedoch nicht als »autobiographischer Pakt« (Philippe Lejeune) desselben mit dem Leser ein und wird auch nicht allein in der »Lese- oder Verstehensfigur« Prosopopöie (Paul de Man) begründet.

Auf Schnitzlers »Tagebücher« angewandt, geht es zunächst wesentlich um Formen der Regelmäßigkeit (Entstehung der TAGe, damit Abgrenzung von Notiz- und Skizzenbüchern), genaues Aufzeichnen (bewusste *Selektion* von überflüssig Erscheinendem, Anwendung individueller mnemonischer Verfahren) und die Entwicklung wie Einhaltung eines entsprechend formatierenden Modus (Strukturierung, Übersichtlichkeit). Hier lassen sich Methoden einer ›Buchhaltung der Erinnerung‹ feststellen, wie etwa die Entwicklung bestimmter Codes (Schlüssel- und Kennwörter mit individueller Bedeutungszuschreibung, Abkürzungen, Chiffren etc.) und die Disposition von ›Ereignisreihen‹ über die TAGe hinweg. Schnitzler selbst attestiert sich am 18. Januar 1922 einen Hang zur Ordnung: »Ewiges Rechnen und Ordnen, man könnte es Pedantose nennen.–« Dem Tagebuch und damit seinem Verfasser werden äußerste Genauigkeit zugeschrieben. »Ganz abgesehen von der möglichen Differenz zwischen Fremd- und Selbstwahrnehmung gibt der Aufzeichnungsduktus allmählich die Auswahl-, Anordnungs- und Darstellungsregeln für beliebige Inhalte vor« (Fliedl 1997, 266).

Was Schnitzler über die Jahrzehnte hinweg auf tausenden Blättern entworfen hat (zur Gestalt des Manuskripts vgl. Welzig 1981b, 16–24), stellt sich als vielschichtiges Projekt und zugleich unverzichtbarer Bestandteil von Kulturgeschichte dar. Die mit laufenden Kommentaren zu Schreibanlässen und der eigenen Person versehenen Schichten reichen von über Jahre und Jahrzehnte hinweg beobachtbaren Entwicklungsphasen in Form und Duktus über die sich wandelnde Struktur der TAGe bis hin zum kontrollierten Einsatz von spezifizierten Wörtern, Abkürzungen und Satzzeichen.

Phasen und Entwicklung

Schnitzlers Tagebuch kennt unterschiedliche Entwicklungsphasen, es gibt Umbrüche und Zäsuren (die teils über Jahre und Jahrzehnte hinweg konsequent im Tagebuch immer wieder aufgerufen und ›erinnert‹ werden), es ändern sich Schreibstile und -materialien, die textuellen Formen der in den Notaten materialisierten Zeit erfahren Neuerungen, neue Themen wie das Ohrenleiden oder die Entwicklungsstufen der Kinder kommen hinzu, manche treten in den Hintergrund oder verschwinden vollkommen (wie die Buchführung sexueller Erfolgserlebnisse zwischen Oktober 1887 und August 1892; vgl. Plener 1999, 157 f.), neue mediale Erlebnisse hinterlassen mehr als bloß ›Spuren‹ (zunächst die Rund- und Guckkastenpanoramen, dann v. a. der Film), Fortbewegungsmittel wie Fahrrad, Automobil und Flugzeug spielen eine Rolle; aus all dem leiten sich Änderungen hinsichtlich der je einzunehmenden Perspektive und ihrer Umsetzung auf dem Papier ab. Auch ganz banale Dinge können eine Rolle spielen, im Falle Schnitzlers etwa die »Absplitterung des Tuberculum majus« in Folge eines Sturzes – die Wochen zwischen Mitte April und Mitte Mai 1920 muss er sein Tagebuch der Sekretärin Frieda Pollak diktieren, d. h. hierzu liegt ein Typoskript vor, dessen TAGe sich stilistisch durchaus von den von Hand geführten absetzen.

Eine durchgängige Lektüre vorausgesetzt, lassen sich für Schnitzlers Tagebuch zunächst zwei Phasen identifizieren, deren Ende bzw. Anfang um 1900 herum anzusetzen ist. Mehrere teils hochdramatische Ereignisse und auch für den Schriftsteller wichtige Entwicklungen schüren sich um 1900 zu einem auch diaristisch ablesbaren Knoten: Im privaten Bereich sind dies u. a. der Tod seiner Freundin Marie Reinhard, der Beginn des Verhältnisses zu seiner späteren Frau Olga Gussmann, bald danach die Geburt seines Sohnes Heinrich. Der öffentliche Autor Schnitzler kann ebenfalls Veränderungen feststellen: Die anhaltenden Erfolge mit Theaterstücken und eine gute Auftragslage, die Abfassung von bis heute als zentral angesehenen Werken wie *Lieutenant Gustl* oder *Reigen*, bald danach der Beginn der konzentrierten Arbeit an *Der Weg ins Freie* (in dem er die Totgeburt des gemeinsamen Kindes mit Marie Reinhard von 1897 aufgreift) u. v. m. – innerhalb von wenigen Jahren ändern sich Schnitzlers Leben und der Duktus des Tagebuchs entscheidend. (Zusätzlich lassen sich Folgen der Lektüre von Freuds *Traumdeutung* für die Aufzeichnung von Traum-Darstellungen im Tagebuch feststellen, vgl. dazu Schnitzler 2012, insb. Lensing 2012.) Schnitzler schreibt nun auch »direct auf diese Blätter« (Tb, 3.12.1902), nachdem er davor meist Notizen und Kalendereinträge den tatsächlichen Eintragungen vorgeschaltet hatte – so findet sich zu Beginn der Aufzeichnungen von 1899, noch vor der Jahreszahl und der Monatsangabe: »(aus dem Notizbuch abgeschrieben 27.2.904)«.

Stärker als früher geht es darum, unmittelbar eine eigene Geschichte zu konstituieren, eine diaristische Matrix zu entwerfen, pro futuro einsichtig und erinnerbar zu halten. Schnitzler notiert nun auch die »sonderbare Angst, dass das Tgb. verloren geht« (ebd., 30.3.1904). Es erscheint nur konsequent, dass er in dieser Zeit seine Tagebücher in den Tresor legt und zugleich (für die Arbeit am *Weg ins Freie*) mit systematischen Relektüren beginnt. Als in seiner Bedeutung für den Tagebuch Führenden nicht zu überschätzender Effekt stellt sich dabei die Einlösung der Forderung nach dem Präsenthaben von Bewusstseinsinhalten ein, was als notwendige Prämisse angesehen wird, um ein hochwertiges Werk vorlegen zu können (Fliedl 1997, 256, streicht den Unterschied zwischen dem »journal intime« der früheren Jahrgänge und dem »Chronikstil« der »Aufzeichnungen ab 1900« heraus).

Die beiden Hauptphasen A und B lassen sich wiederum in jeweils zwei Phasen weiter ausdifferenzieren, sodass letztlich vier Abschnitte der Tagebuch-Führung und deren Entwicklung feststellbar sind (diese Einteilung der Tagebuchphasen unterscheidet sich von Welzig 1981b, 10, und folgt Plener 1999, 138–143). Ab den ersten Notaten im Jahr 1879 gibt es eine immer wieder weitschweifige und von längeren Unterbrechungen gekennzeichnete, noch kaum nach einem Grundmuster strukturierte Tagebuch-Führung festzustellen (A1), die bis etwa Herbst 1887 (bereits am 10.3.1887 das notierte Vorhaben: »Ich will möglichst chronologisch erzählen!«) anhält. In diesen ersten Jahren ist eine Tendenz zur Subsumierung unverkennbar, die sich in diversen chronikalen Ansätzen (Vorübung des diaristischen Paradigmenwechsels ab etwa 1900) und nacherzählten Tagesabläufen äußert (Themen zumeist: Medizinstudium und Prüfungen, Bekanntschaften, Reisen, Unterhaltungsveranstaltungen wie Bälle).

Ende der 1880er Jahre wird die Konsolidierung des Tagebuchs deutlich. Einerseits gestaltet sich die Notationsform ›dichter‹, d. h. es gibt ein deutlicheres Bemühen um tägliche Führung und Konzentration – gleichzeitig werden Formen der Leistungsschau und Rechtfertigung ein wichtiges Thema des Tagebuch-Ich (A2); diese Phase erstreckt sich über die Einführung einer sexuellen Buchhaltung bis etwa zum Tod Marie Reinhards im März 1899. Die Notate der Jahre um 1900 sind im Schnitt sehr knapp gehalten, auch bedingt durch die direkte Einfügung der Notizbücher z. T. Jahre später (vgl. Plener 2003, 265–270).

Hinsichtlich der Darstellung Schnitzlers von Zeitabläufen ist nach der Jahrhundertwende ein Wandel festzustellen: Die TAGe der Phasen B1 und B2 sind strikter entlang eines chronologischen Tagesverlaufs geordnet. (Man vergleiche etwa eine Auseinandersetzung mit Marie Glümer, 20.4.1893, sowie eine mit seiner Frau Olga, 28.12.1920.) Eine Sequenz vom 24. Oktober 1912 bringt dies auf den Punkt: »Striche Bern… (in diesem Augenblick kommt die Nachricht Glücksmanns vom Verbot 25/10 Nm. 3 1/2) hardi begonnen«; die Pointe findet sich mit dem 25.10.1912: »Nm. Glücksmann Karte: Bernhardi verboten.«

Die Phase B1 bringt zunächst erneut eine intensive Tagebuchführung mit sich und geht etwa bis zum Ende des Ersten Weltkriegs, dem Beginn der Zwischenkriegszeit und zunehmender Eheprobleme. Der Übergang von B1 zu B2 gestaltet sich fließend und die letzte Phase (B2) zeigt deutlich, dass der Tagebuchschreiber seine Formen, seine Sprachführung und Strukturen gefunden zu haben scheint. Der Duktus der TAGe wird in den Jahren vor der Scheidung 1921 wieder narrativer, es werden von Schnitzler wieder mehr dialogische Elemente eingesetzt, wobei gerade Sprechakte seiner Frau Olga oft mittels eines »usw.«, »etc.« oder »…« ausgezeichnet werden (womit die inhaltliche Wiederholung markiert wird). In den 1920er Jahren und bis zum letzten Eintrag am 19. Oktober 1931 lassen sich schließlich wieder vermehrt protokollartige Formen feststellen (um gesellschaftliche Gesprächszusammenhänge wie am 4. Mai 1927 wiederzugeben, fortgesetzt die eigene körperliche Befindlichkeit zu dokumentieren oder wie am 6. April 1930 ein ›Telefonprotokoll‹ zu erproben) und es mehren sich die Resümees.

Mittel und Themen

Unterhalb dieser in ›Phasen‹ lesbaren Abfolge von insgesamt 16.462 Tageseinträgen gibt es eine Vielzahl an Notationsmodulen, mit deren Hilfe Schnitzler vielleicht keine ›diaristische Grammatik‹ formt, aber doch für sich »Mittel einer Buchhaltung der Erinnerung« entwickelt, die nicht nur die Möglichkeit zielgerichteter Textarbeit eröffnet, sondern diese prägt. Themen, Module (vgl. Plener 1999, 167–187) und Sonderformen der Strukturierung stehen im Dienste der Schreib- und Memorierungsabsicht und stellen Möglichkeiten der Evidenz bereit.

Unter ›Modulen‹ lassen sich sequentielle Einheiten verstehen, die in Summe ein wesentliches Charakteristikum ausmachen (Datum; Kenn- und Schlüsselwörter; Abkürzungen wie »etc.« oder »usw.« in dafür eigenen Zusammenhängen; der Einsatz von Gedankenstrichen und Ausrufungszeichen; aber auch »rhetorische Stenogramme«, Fliedl 1997, 256–268). Derartige Formen stehen gerade bei scheinbaren Auslassungen (weshalb auch »...« Bedeutung haben) für eine präzise Selektion ein und damit lassen sich auch schwere persönliche Krisen zu Papier bringen, wenn etwa der Schmerz über den Tod der Tochter Lili oft mit dreifachen Wortwiederholungen gekennzeichnet wird (zwei Beispiele: »Kind, Kind, Kind!«, 30.7.1928; »Schwer, schwer, schwer.–«, 5.4.1930).

Der Tagebuchautor Schnitzler stellt fest, dass »sich Constellationen fast gesetzmäßig wiederholen!« (Tb, 12.7.1923) – und die von ihm eingetragenen Reihen, Zahlen, die Abfolge der Daten, die kontinuierlich sich aufschichtenden Blätter und zahlreichen Bezugnahmen (knapp 95.000 Personennamen) verstärken den Eindruck, dass hier ein Gesetz zugrunde liegt, das sich der Verfasser tagtäglich erschreibt. Das daraus abgeleitete *Schreibsystem Tagebuch* kennt zudem Sonderformen der Strukturierung, es gibt sorgfältig inszenierte TAGe, geradezu seriell werden Geburts- und Sterbetage aufgegriffen. Schnitzler lässt kaum einen Jahrestag der ihm wichtigen Ereignisse aus, liest und schreibt quer durch die Jahrzehnte, notiert die Erkenntnisse aus den zahlreichen Relektüren im Tagebuch und zählt teilweise Monate (30.6.1927: »heute gerade 77 Monate«) oder selbst Tage ab (22.12.1897: »Heute vor einem Jahr – wurde das Kind gezeugt, das heute schon ein Vierteljahr begraben liegt!«; 6.6.1920: »6/6 S. Heut ist der Tag, an dem ich genau so alt bin als mein Vater war, da er starb.«). Bei diesen Querverbindungen durch die Zeitläufe geht es auch stets um Themen, die eine Rolle in der Ordnung der TAGe zugewiesen bekommen.

Diese Themen sind so unterschiedliche wie Judentum und Antisemitismus (Riedmann 2002), Träume, Medienphänomene und Wahrnehmung, Beziehungen, das Tagebuch-Schreiben und -Lesen, der öffentliche Autor Schnitzler und Selbstkritik bzw. -analyse, Tod und Sterben (im Falle Schnitzlers scharf zu trennen, insbesondere wenn er beim Ableben dabei war, wie im Falle seines Vaters, seiner Mutter, des Kindes mit Marie Reinhard und ihrer selbst; ist er nicht zugegen, zeichnet er über TAGe hinweg das Sterben ihm Nahestehender bis zum Tod teils minutiös nach – so im Falle Stephanie Bachrachs, Vilma Lichtensterns und vor allem seiner Tochter; vgl. Plener 1999, 197–204). Zwischen und in den Zeilen, im Subtext und durchaus auch *expressis verbis* gibt es damit ein genuin diaristisches Thema, das Schnitzler wie so viele andere Tagebuchführende stets neu aufgreift: Individualität sichern und zugleich Überblick schaffen, Selbstbeobachtung ermöglichen und Querverbindungen herstellen.

Schnitzler stellt auch Bezüge zum eigenen Werk her, so lassen sich knapp über 25.000 Werkreferenzen festhalten (Notizen, Arbeitsnachweise, Selbstkritik und Aufzeichnungen zum medialen Echo: am 23.10.1893 notiert er die Idee einer »Statistik der Eindrücke« betreffend die Reaktionen des Theaterpublikums und der Kritiker). Ganz andere Schnittstellenqualität können Schnitzlers Neugier bis hin zu Begeisterung für Medien und Fortbewegung aufweisen, die in Notatform gebracht kulturhistorisch bedeutsam sind. Diverse Formen des Panoramas (über 200 nachweisbare Besuche), die Fotografie und vor allem der Film (mindestens 650 nachweisbar, sehr wahrscheinlich bedeutend mehr; vgl. Plener 1999, 276–314 und Braunwarth 2006) spielen eine wesentliche Rolle – besonders im Zusammenhang mit der Beziehung zu Clara Pollaczek kommt es in den 1920er Jahren zu einer beispiellosen Engführung von Beziehung, Tagebuchführung sowie Kinobesuch und Filmereignis (vgl. v. a. Kurz/Rohrwasser 2012). Und spätestens mit der Herausgabe der beiden Mappen »Träume« (Schnitzler 2012 – zu beachten sind hierbei v. a. die akribische Kommentarleistung und das Nachwort der Herausgeber; davor vgl. u. a. Hinck 1986, Perlmann 1987a, Kindler 1987), die vor allem diktierten Exzerpten entsprechender TAGe geschuldet sind, muss für die Tagebücher Schnitzlers zumindest noch ein Thema als zentral herausgestellt werden, dem er sich all die Jahrzehnte über mit Akribie widmete: den Traum-Darstellungen (auf die enge Verzahnung mit den Medienthemen Theater und Film weist anhand der skizzierten Räume u. a. Plener 2006 hin; für die wechselseitige Beeinflussung vgl. auch Plener 2003, 273–278). Wenn Jacques Lacan über Freud »Das Wesentliche ist [...] die Rekonstruktion« anmerkt, so gilt dies in mindestens gleichem Maße für die Fülle an Traumaufzeichnungen Schnitzlers, die zunächst jeweils aus dem Kontext des Tagebuchs heraus zu verstehen sind.

»Etcetera«

Schnitzler ist ›Herr seiner TAGe‹, ein *arbiter diarii*, der sich den Überblick durch Präzision im Detail erarbeitet hat. Seine konsequent durchgehaltene und formal sich entwickelnde Tagebuchführung eröffnet ihm im Verlauf von über fünf Jahrzehnten einen zentralen (d. h. auch: funktionalen) Dokumentations-, Beobachtungs- und Reflexionsraum. Die mit diesen Tagebüchern vorliegende Textur des jahrzehntelang gesponnenen Gewebes eines Lebens, die stete Einflechtung der Querbezüge bis in den letzten Eintrag und die Schnitzlersche Handschrift im Wortsinn bis in die kleinsten Einheiten hinein – Dieses jahrzehntelange Schreiben ist materialisierte Lebenszeit ... »etcetera etcetera etcetera« (Tb, 26.3.1880).

Literatur

Ballhausen, Thomas u. a. (Hg.): *Die Tatsachen der Seele. A. S. und der Film*. Wien 2006.

Beharriell, Frederick J.: A. S. als Tagebuchautor. In: Donald G. Daviau (Hg.): *Österreichische Tagebuchschriftsteller*. Wien 1994, 325–355.

Braunwarth, Peter M.: *Worte sind alles. Beobachtungen am Vokabular von A. S.s Tagebuch sowie ein paradigmatischer Einzelstellen-Kommentar zum Tagebuchjahr 1925*. Wien 2001.

Braunwarth, Peter M.: Dr. S. geht ins Kino. Eine Skizze seines Rezeptionsverhaltens auf Basis der Tagebuch-Notate. In: Thomas Ballhausen (Hg.): *Die Tatsachen der Seele. A. S. und der Film*. Wien 2006, 9–27.

Bülow, Ulrich von (Hg.): *»Sicherheit ist nirgends«. Das Tagebuch von A. S.* Marbach a. N. 2000.

Dusini, Arno: »Leere und Todtenstille in und außer mir«. Goethes Tagebuch zum 6. Juni 1816. In: *Germanisch-Romanische Monatsschrift* 48 (1998), H. 2, 165–178.

Dusini, Arno: *Tagebuch. Möglichkeiten einer Gattung*. München 2005.

Fliedl, Konstanze: *A. S. Poetik der Erinnerung*. Wien/Köln/Weimar 1997.

Fliedl, Konstanze (Hg.): *A. S. im zwanzigsten Jahrhundert*. Wien 2003.

Hinck, Valeria: *Träume bei A. S. (1862–1931)*. Köln 1986.

Kindler, Andrea: *Die Wirklichkeit des Traumes in der Wiener Moderne. Eine Untersuchung zur Bedeutung des Traumes in den Werken von A. S., Richard Beer-Hofmann und Hugo von Hofmannsthal*. Los Angeles 1987.

Kurz, Stephan/Rohrwasser, Michael (Hg.): *»A. ist manchmal wie ein kleines Kind«. Clara Katharina Pollaczek und A. S. gehen ins Kino*. Wien u. a. 2012.

Lensing, Leo A.: Nachwort. In: A. S.: *Träume. Das Traumtagebuch 1875–1931*. Hg. v. Peter M. Braunwarth/Leo A. Lensing. Göttingen 2012, 407–458.

Le Rider, Jacques: Die »Ego-Dokumente« A. S.s. In: Jacques Le Rider: *Kein Tag ohne Schreiben. Tagebuchliteratur der Wiener Moderne*. Wien 2002, 143–165.

Neumann, Gerhard/Müller, Jutta: *Der Nachlaß A. S.s*. München 1969.

Perlmann, Michaela: *Der Traum in der literarischen Moderne. Untersuchungen zum Werk A. S.s.* München 1987 a.

Perlmann, Michaela: *A. S.* Stuttgart 1987 b.

Plener, Peter: *A. S.s Tagebuch (1879–1931). Funktionen, Strukturen, Räume*. Wien 1999.

Plener, Peter: S.s Tagebuch lesen. Ein Versuch in drei TA-Gen. In: Konstanze Fliedl (Hg.): *A. S. im zwanzigsten Jahrhundert*. Wien 2003, 262–287.

Plener, Peter: Aus dem Theater ins Freud-Kino. A. S.s T-Räume. In: Thomas Ballhausen u. a. (Hg.): *Die Tatsachen der Seele. A. S. und der Film*. Wien 2006, 81–95.

Riedmann, Bettina: *»Ich bin Jude, Österreicher, Deutscher«. Judentum in A. S.s Tagebüchern und Briefen*. Tübingen 2002.

Schnitzler, Arthur: *Träume. Das Traumtagebuch 1875–1931*. Hg. v. Peter M. Braunwarth/Leo A. Lensing. Göttingen 2012.

Sellner, Angela: *Zwischen Protokoll und Pose. Zitierte Rede als Mittel des Autobiographischen im Tagebuch A. S.s.* Wien 1992.

Thomé, Horst: A. S.s *Tagebuch*. Thesen und Forschungsperspektiven. In: IASL 18 (1993), 176–193.

Welzig, Werner: Das Tagebuch A. S.s. 1879–1931. In: IASL 6 (1981 a), 78–111.

Welzig, Werner: Zur Herausgabe von S.s Tagebuch. In: A. S.: *Tagebuch 1909–1912*. Wien 1981 b, 7–33.

Welzig, Werner: Tagebuch und Gesellschaftsspiegel. In: A. S.: *Tagebuch 1917–1919*. Wien 1985, 419–427.

Peter Plener

8.3 Briefe

Der Brief im ›Aufschreibesystem 1900‹

»Wann wird man sich Briefe phonographieren können? – Die Zeit seh ich kommen, wo die Leute über unsre mühselige Correspondenzerei lächeln und staunen werden«, mutmaßt Schnitzler am 6. August 1892 in einem seiner ersten Briefe an Hofmannsthal (Hofmannsthal-Bw, 27 f.) – doch wird diese skeptische Mutmaßung die beiden Autoren nicht davon abhalten, ihre Korrespondenz bis zu Hofmannsthals Tod im Jahr 1929 fortzusetzen. Beispielhaft sprechen sich hier, im Widerspiel aus mediologischer Skepsis und unverdrossener Fortführung der epistolographischen Kommunikation, die Tendenzen der Briefkultur um die Jahrhundertwende aus. Auf der einen Seite musste die Kultur des Briefeschreibens nämlich angesichts neuer Kommunikationsformen und -technologien anachronistisch erscheinen, erlaubten Telefon, Rohrpost oder Telegramm doch eine wesentlich raschere und effizientere Informationsvermittlung als der vergleichsweise langsame Brief. Auf der anderen Seite bietet das Medium ›Brief‹ den Autoren auf der Epochenschwelle einen prädestinierten Ort für »Selbstrettungsversuche einer individualisierten Subjektivität« (Ebrecht 1990, 244), sodass die Gattung einen »neuerlichen Funktionsgewinn [...] als Kommunikationsmedium« (ebd., 248) verzeichnen kann. Gegen alle mediale Skepsis wird der Brief zur Zufluchtsstätte für die prekär gewordene bürgerliche Innerlichkeit, in der sie zugleich problematisiert und ausagiert wird. Dementsprechend lässt sich um 1900 nicht nur eine rasant wachsende pragmatische Briefkommunikation feststellen, sondern zugleich eine große Zahl von zu Ästhetisierung und Individualisierung tendierenden brieflichen Korrespondenzen. In diesen Briefwechseln setzt sich die Diskursivierung des Gefühls und der Selbstreflexivität in spezifisch moderner Ausprägung fort, die am Anfangspunkt der ›Karriere‹ des Briefes als Ausdruck neuzeitlicher Subjektivität stand – und Schnitzler ist einer der großen Protagonisten dieser Epoche der Briefkultur.

Korpus

Schnitzler hat ein derart umfangreiches Briefwerk hinterlassen, dass, wie Heinrich Schnitzler im Vorwort zum Verzeichnis des in Wien vorhandenen Nachlassmaterials anmerkt, bislang jegliche »Zählung begreiflicherweise als nur approximativ zu betrachten« (Neumann/Müller 1969, 149) sei. Näherungsweise lässt sich immerhin angeben, dass der Nachlass weit über zehntausend Briefe von und an Schnitzler umfasst, die hauptsächlich in Cambridge (ca. 4000–5000 Von-/An-Briefe) und Marbach (ca. 4000–5000 Von-Briefe und ca. 8000 An-Briefe) verwahrt werden (ebd., 132–140). Nur einen kleinen Teil dieses Korpus bilden dabei eigene Handschriften, da Schnitzler anfangs zwar Briefe wie Karten vorrangig mit Bleistift und gelegentlich mit Tinte schrieb, ab etwa 1900 aber eine Sekretärin beschäftigte, der er neben seinen literarischen Werken auch die Briefe jeweils kurz nach der ersten Niederschrift diktierte; ab 1909 übernahm Frieda Pollak diese Aufgabe und erfüllte sie bis zu seinem Tod. Das Ergebnis der Diktate wiederum wurde von Schnitzler durchgesehen und mit Korrekturen versehen, die »häufig so gut wie unleserlich sind«, weil seine Handschrift eine »Mischung von Kurrent und Latein [ist], wobei diese beiden Schriftarten oft innerhalb ein- und desselben Wortes erscheinen« (Nickl/Schnitzler in Br I, VI); editorische Vorhaben stellt diese Materiallage vor nicht unerhebliche Probleme.

Dass sich im Nachlass zwar nicht alle Briefe von Schnitzler finden (so sind etwa diejenigen an Freud verloren gegangen), aber doch offenkundig ein erheblicher Teil, liegt zum einen an der Rettungsaktion von Eric A. Blackall (s. Kap. V.3). Zum anderen und vor allem aber ist Schnitzler selbst für den Erhalt seiner Briefe verantwortlich gewesen bzw. schuf die Bedingung der Möglichkeit für diese Rettungsaktion: Geleitet von einem ausgesprochen starken Nachlass-Bewusstsein bzw. im Sinne der Selbsthistorisierung (vgl. Sina 2014), war Schnitzler sehr auf den Erhalt von Briefen bedacht, und zwar sowohl auf den seiner eigenen als auch denjenigen seiner Briefpartner. Während sich beispielsweise 419 Briefe von Hofmannsthal durch Schnitzlers Sorgfalt erhalten haben, fanden sich nach einem über beinahe vier Jahrzehnte erstreckenden Briefwechsel »nur 76 von Schnitzlers Hand« (Hofmannsthal-Bw, 317) in dessen Nachlass. Zudem war Schnitzler immer wieder darum bemüht, eigene Briefe im Original oder zumindest als Kopie nach dem Tod der Empfänger zurückzuerhalten, namentlich von Briefpartnerinnen, da diese als »Nicht-Autorinnen« keinen eigenen Nachlass »konzipieren und verwalten« (Marxer 2001, 24). Wie mit solchen, seinem Briefwerk gleichsam einverleibten Schriftstücken wie überhaupt seinem Briefkorpus umzugehen sei, wie und wann also die jeweilige epistolographische Kommunikation zugänglich gemacht werden darf, hat Schnitzler in seinen »Bestimmungen über meinen schriftlichen Nachlass« in einer Weise festgelegt, die seine Einschätzung ihrer Bedeutung artikuliert: »Briefe, sowohl eigene (soweit sie in Abschrift vorhanden sind) als fremde dürfen erst zu einem Zeitpunkt veröffentlicht werden, wenn es ohne jede Änderung geschehen kann. Es kommen natürlich vorerst die Briefe von bereits Verstorbenen in Betracht« (Neumann/Müller 1969, 37).

Bislang wurde trotz der autorseitigen Wertschätzung dieses Werkbereichs nur ein eher geringer Teil der Briefe publiziert. Einen Überblick über den Verlauf von Schnitzlers ›Karriere‹ als Briefschreiber bieten immerhin zwei voluminöse, chronologisch geordnete Auswahlbände (Br I u. Br II), die darauf abzielen, »eine möglichst große Vielfalt zu präsentieren, durch die gleichsam eine indirekte Biographie sichtbar wird« (Braunwarth/Miklin/Pertlik in Br II, V); auf den Abdruck von Briefen der jeweiligen Empfänger wurde dabei verzichtet. Über diese repräsentative Auswahl hinaus wurden einige Einzel-Korrespondenzen vorgelegt, vorrangig solche, die Schnitzler mit anderen Schriftstellern oder Vertretern der Theaterszene unterhielt. So wurde beispielsweise schon 1953 der Briefwechsel Schnitzlers mit Otto Brahm ediert, der sämtliche im Nachlass erhaltenen »Mitteilungen« enthält, die der Impresario an ›seinen‹ Autor richtete, aber »bei weitem nicht alle Briefe, die Schnitzler an Brahm geschrieben hat«, da dieser kein derart »gewissenhafter Sammler« wie Schnitzler war (Brahm-Bw, 7). Ein vergleichbares Verhältnis charakterisiert, wie oben ausgeführt, die 1964 veranstaltete Edition seines Briefwechsels mit Hofmannsthal, während das »archivalische[] Interesse« (Fliedl in Beer-Hofmann-Bw, 23) bei Richard Beer-Hofmann ähnlich stark ausgeprägt wie bei seinem Briefpartner war, sodass die Spuren von ihrem Briefverkehr daher mit nur wenigen Verlusten sichtbar gemacht werden konnten. Ebenfalls publiziert sind u. a. Korrespondenzen mit Georg Brandes (1953) sowie Max Reinhardt (1971), während der epistolographische Austausch mit seinem Verleger Samuel Fischer nur auszugsweise präsentiert ist. Briefe an Frauen bzw. Liebesbriefe wiederum stellen zwar ebenfalls einen erheblichen Teil des Schnitzlerschen Briefkorpus dar, ihnen wurde aber gegenüber den Briefwechseln mit Autoren weniger Aufmerksamkeit zuteil. Gleichsam vorgebildet findet sich dieses Desinteresse in den Nachlassbestimmungen, die zwar eine Veröffentlichung von Liebesbriefen »und was nun einmal so genannt wird« zwanzig Jahre nach seinem Tod erlauben, diese Erlaubnis aber in die skeptische Bemerkung münden lassen: »soweit es sich überhaupt der Mühe lohnt« (Müller/Neumann 1969, 37). Ediert sind bisher der Briefwechsel Schnitzlers mit Olga Waissnix, der von beiden Briefschreibern offenkundig als so bedeutungsvoll empfunden wurde, dass sie die Briefe mit besonderer Sorgfalt sammelten (vgl. Waissnix-Bw, 23), sowie derjenige mit Adele Sandrock – wobei letzterer keine ›klassische‹ Edition bietet, sondern die Briefe durch »Zwischentexte« der Herausgeberin Renate Wagner verbindet, die »nur das Nötigste an Information und Gliederung beitragen [sollen], um das vorgelegte Material in das Leben der beiden Beteiligten einzufügen« (Sandrock-Bw, 8). Weitgehend unveröffentlicht hingegen sind die umfangreichen Korrespondenzen mit Marie Glümer (zur Materiallage vgl. Neumann/Müller 1969, 161 u. 166), Marie Reinhard (ebd., 135) und Olga Schnitzler (ebd., 162 u. 167).

Typen – Funktionen – Phasen

Die Vielfalt bzw. Vielzahl der Schnitzlerschen Briefwechsel lässt sich hinsichtlich der Kommunikationspartner, und damit verbunden ihrer Funktionen, grundsätzlich in drei Typen unterteilen: Erstens führt Schnitzler eine umfangreiche Korrespondenz mit den Akteuren des kulturellen Feldes, mit anderen Schriftstellern, Künstlern, Regisseuren. Hierzu gehören auch u. a. Verleger oder Theaterdirektoren, mit denen Schnitzler Geschäftsbriefe wechselt – ein zweiter maßgeblicher Typ seines Briefwerks. Drittens schließlich bilden Privatbriefe und dabei vor allem das briefliche Gespräch mit Frauen einen erheblichen Teil des Korpus. Diese Typologisierung ist allerdings nur aus analytischen Gründen möglich, da sich die Themen und Funktionen typenübergreifend finden – in den Briefwechseln mit Schriftstellern kommt gleichermaßen Privates wie Ästhetisches zur Sprache wie in den Liebesbriefen immer wieder auch von Literatur die Rede ist, ebenso notwendig in den Geschäftsbriefen.

Die Briefwechsel mit Kollegen präsentieren mit den Komplexen ›Beruf‹ und ›Freundschaft‹ zwei immer wieder zusammenklingende, manchmal aber auch stark divergierende Dimensionen: Denn nicht immer konnte ohne Spannungen ablaufen, dass die freundschaftlich im Caféhaus zusammentreffenden Autoren Konkurrenten auf dem literarischen Markt waren. Zum einen tauscht sich Schnitzler also vor allem mit den ›verbündeten‹ Autoren von Jung Wien über allgemeine Fragen der Lebensführung aus, es werden ebenso Ärzte wie Modegeschäfte empfohlen und Verabredungen zum Logieren getroffen, und immer wieder wird, wie es sich für die bürgerliche Briefkommunikation seit der ›Sattelzeit‹ gehört, die jeweilige Freundschaft selbst betont, sich also wechselseitig die Zuneigung versichert. Zum anderen werden alle Aspekte von Autorschaft thematisch: So setzt sich in den Briefen die wechselseitige Korrektur der Texte fort, die im Kaffeehaus begann, es wird über die Werke der Kollegen diskutiert und die Mühseligkeit des Schreibens ebenso beklagt wie die unverständigen Rezensenten. Dabei steht zu Beginn der Laufbahn die Vergewisserung der eigenen Autorschaft noch im Vordergrund, während mit wachsender Resonanz im literarischen Feld Fragen der Selbsthistorisierung zunehmend relevanter werden und im Bewusstsein der eigenen literar- wie kulturhistorischen Bedeutung folglich das »merkwürdige Geschäft der Historisierung und Archivierung der eigenen Freundschaft« (Fliedl in Beer-Hofmann-Bw, 5) betrieben wird. Stark prägt dieses archivalische Interesse etwa den Austausch mit Richard Beer-Hofmann, der bis zu Schnitzlers Tod anhält und durch kollegialen Respekt wie freundschaftliche Verbundenheit gleichermaßen charakterisiert ist und ab den ersten Erfolgen erkennen lässt, dass beide Autoren sich des Interesses der Nachwelt an ihrer Kommunikation sicher sind. So geht Schnitzler beispielsweise nach einer anspielungsreichen Ausführung zu verschiedenen Werken davon aus: »An dieser Stelle wird der Commentator unsres Briefwechsels irrsinnig werden« (7.7.1900; Beer-Hofmann-Bw, 147). Der Briefwechsel mit Hofmannsthal wiederum zeichnet sich zwar ebenfalls durch den gegenseitigen Respekt vor den literarischen Werken des jeweils anderen aus und man tauscht sich rege über konkrete wie allgemeine ästhetische Fragen aus, eine gewisse private Distanz wird dabei allerdings nie überwunden. Man mag dieses spannungsvolle Verhältnis mit einer Bemerkung Schnitzlers aus *Jugend in Wien* erklären, die sich auf seinen Jugendfreund Hermann Löbl bezieht: »Da er einfach, still, taktvoll und überdies ohne alle literarische Ambitionen war, so blieben unsere Beziehungen gänzlich von Trübungen frei, wie sie zwischen Menschen niemals fehlen, denen das Leben nicht nur Element, sondern auch Material bedeutet, und die, mehr oder minder unbewußt, ihr Leben nicht nur auf Arbeit und Leistung, sondern auch auf Erfolg und Widerhall gegründet haben« (JiW, 124). In privater Hinsicht noch distanzierter präsentiert sich das Hin und Her von Postkarten und Briefen zwischen Schnitzler und Hermann Bahr. Thematisiert wird in diesem Schriftverkehr alles, was das Schreiben betrifft, kaum aber persönliche Belange. Erkennbar wird hier, dass Schnitzler die Rolle Bahrs als unermüdlicher Propagandist der Wiener Moderne zu schätzen weiß, er dem ›Proteus der Literatur‹ ansonsten aber skeptisch bis ablehnend gegenüber stand. Mehr Dankbarkeit als Freundschaft spricht dementsprechend aus einem Brief, mit dem Schnitzler auf den Beistand in der Affäre um den *Reigen* reagiert und das Verhältnis der beiden Autoren interpretiert: »Laß mich bei dieser Gelegenheit auch einmal sagen, wie sehr es mich freut, daß wir beide über die zeitweiligen Entfremdungen hinaus sind […]. Nun ist das Alter der Mißverständnisse wohl endgültig für uns vorbei und wir sind so weit, daß wir einander – vielleicht auch ein bißchen um unserer Fehler willen – Freunde sein und bleiben dürfen« (Br I, 438). Ein eher kollaboratives Verhältnis hingegen unterhielt Schnitzler zu Otto Brahm. Schnitzler griff dessen Anregungen und Ratschläge vielfach auf, wovon der Briefwechsel allerdings nur in Ansätzen zeugt, da diese Hinweise zumeist »im mündlichen Austausch gegeben« (Brahm-Bw, XXVI) wurden. Der »wertvollste Teil« der Korrespondenz, wertet entsprechend der Herausgeber Seidlin, besteht daher »in der Erörterung der Zweifel, die entweder durch Brahms Korrekturvorschläge oder durch Schnitzlers Selbstkritik erweckt wurden« (ebd.).

Während das briefliche Gespräch mit Kollegen über ästhetische Fragen im Laufe von Schnitzlers Laufbahn tendenziell abnimmt, wächst der quantitative Anteil des zweiten Typus, der Geschäftsbriefe, stetig, bis auf eine Höhe, die ihn klagen lässt: »[…] ich erlebe es ja schaudernd an mir, wie ich mich mit dem ›Betrieb‹ intensiver beschäftigen muß als mit der Kunst« (an Dora Michaelis, 11.11.1920; Br I, 217). Zu diesem ›Betrieb‹, mit dessen Vertretern eine Geschäftskorrespondenz unterhalten werden muss, um die Wahrnehmung bzw. Verbreitung des eigenes Werkes ebenso zu sichern wie die Einkünfte, gehören Verleger, Theaterdirektoren und Filmproduzenten, Übersetzer, Agenten und Rechtsanwälte. Ein besonders großer Teil dieser Briefe beschäftigt sich mit dem *Reigen*, also mit den Anfragen nach den Aufführungsrechten wie nach dem ›Schicksal‹ des Stückes von den Skandalen anlässlich der Aufführungen bis zum Aufführungsverbot durch Schnitzler, das sein Sohn erst am 1.1.1982 wieder aufhob. Eine ähnlich wichtige (und teilweise mit der Korrespondenz um den *Reigen* deckungsgleiche) Rolle nimmt die Auseinandersetzung mit Fragen des

Urheberrechts ein, die Schnitzler intensiv beschäftigt haben und zu einer Reihe geradezu in juristischem Stil abgefassten Schriftsätzen führten. Im weiten Sinne zu diesem Typus ›geschäftlicher‹ Briefe lassen sich schließlich solche Schriftwechsel rechnen, die aus Schnitzlers Rang als repräsentativer österreichischer Autor erwachsen, und etwa Ehrenmitgliedschaften in Akademien im In- und Ausland betreffen oder die Wahl zum Präsidenten des österreichischen P.E.N.-Club und »die Einladung des amerikanischen Book-of-the-Month Club, regelmäßig Lektüre-Vorschläge abzugeben« (Braunwarth/Miklin/Pertlik in Br II, VII). Anfang Februar 1929 erklärt er sich dem Präsidenten des Clubs gegenüber »formell einverstanden ihren freundlichen Antrag anzunehmen und [...] von Fall zu Fall österreichische Bücher zu nennen, die auf den mir zur Prüfung eingesandten Listen fehlen sollten« (4.2.1929; Br II, 586). In der Folge schließt er sich ihm gegenüber beispielsweise Thomas Manns Urteil über Remarques *Im Westen nichts Neues* »im vollen Ausmaß« an und nennt als flankierende Lektüre Ernst Glaesers *Jahrgang 1902* (23.5.1929; ebd., 602f.) oder empfiehlt mit Nachdruck Stefan Zweigs Buch über Josef Fouché (12.2.1930; ebd., 665).

Die Briefe an Frauen, die zu einem großen Teil Liebesbriefe sind, zielen im Gegensatz zum Austausch mit den Kollegen naturgemäß weniger auf die Diskussion öffentlicher Resonanz und stärker auf die Artikulation von Innerlichkeit ab. Hier wie grundsätzlich im Medium Brief sucht Schnitzler dabei nach einem Gegenpart, der »auf conversationelle Intentionen einzugehen« versteht (so die Selbstinterpretation gegenüber Olga Waissnix vom 28.1.1887; Waissnix-Bw, 67), immer wieder aber tendieren gerade die Briefe an Frauen in epochentypischer Weise zu monologischen Bekundungen des briefschreibenden Ichs. Dennoch lassen sich die Briefwechsel mit Frauen nicht auf die Funktion reduzieren, Dokumente zum (Gefühls)Leben des Autors zu bieten, wie es Therese Nickl und Heinrich Schnitzler exemplarisch für die Rezeption des Konvoluts unternehmen, indem sie an der Korrespondenz mit Marie Glümer auf den »leidenschaftlichen Ton« verweisen und die Briefe an Marie Reinhard deshalb »bedeutungsvoll« nennen, weil sie »einen ausführlichen Bericht über Schnitzlers Nordlandreise im Sommer 1896 enthalten, in deren Verlauf Schnitzler Henrik Ibsen besuchte« (Nickl/Schnitzler in Br I, IX). In ähnlicher Weise als Ausdruck seiner Persönlichkeit hat schon Schnitzler selbst seine Briefe eingeordnet, etwa in der vielzitierten Bemerkung zum Briefdialog mit Olga Waissnix: »Am ungetrübtesten finde ich mein Wesen immer noch in meinen Briefen an Olga wieder, gewissermaßen auch in den ihren« (JiW, 263). Über diese biographische Dimension hinaus greifen die Briefwechsel teils traditionsreiche, teils zeittypische Schreib- und Diskurskonstellationen auf und gewinnen auf diese Weise literarische Gestalt. Der Brief-Dialog mit der verheirateten Olga Waissnix etwa greift im Wesentlichen den Entsagungs-Topos auf, der »im Liebesdiskurs des 18. Jahrhunderts ausdifferenziert wird« (Marxer 2001, 219), und erzählt in der Aktualisierung des »klassisch-romantischen Briefkonzepts« (ebd., 218) die Geschichte einer ›unmöglichen Liebe‹. Der epistolographische Austausch mit Marie Reinhard hingegen bezieht sich mehr auf die Zweifel an der Mitteilungsfähigkeit der Sprache. So schreibt er ihr am 4. August 1895, ausgehend von einem der »hübschesten Mendèschen Märchen, wie das Wort Je t'aime verloren geht: Es wäre jetzt ein andres zu schreiben: daß überhaupt ein Wort verloren gegangen ist, das offenbar viel mehr sagt, und die ganze Qual getrennter Liebender bestünde darin, dieses Wort zu suchen, ohne es zu wissen, dieses Wort, in dem Anbetung, Sehnsucht, und... und... es existiert ja wirklich nicht« (Br I, 274). Vergleichbar sprachskeptisch heißt es gegenüber Suzanne Clauser viele Jahre später: »Ach Gott, das Briefeschreiben – in einer Minute hätt ich das alles mündlich sagen können und zehnmal mehr und es wäre noch immer Zeit übrig geblieben. Und gar nichts steht da – und unleserlich ist es noch« (5.1.1930; Br II, 645).

Erzählen all diese Briefwechsel je für sich ihre eigene Geschichte, so bildet sich aus ihnen gewissermaßen eine übergreifende Brieferzählung über Schnitzlers Lebens- und Werkgeschichte. Diese Geschichte führt von seiner Anfangsphase als Autor über die ersten Erfolge bis zu einer Phase, in der – aus persönlichen und historischen Gründen – die großen und kleinen Umstände der Zeitgeschichte mehr in den Vordergrund rücken. Vor allem der Erste Weltkrieg und mit ihm verbunden »Lebensmittelknappheit, Inflation, Streiks und Straßenkämpfe, aufkommender Nationalismus« (Braunwarth/Miklin/Pertlik in Br II, VI) kontaminieren den Alltag und drängen ästhetische Fragen in den Hintergrund. Die letzte Phase schließlich zeichnet, parallel zu genuin literarischen Werken wie *Casanovas Heimfahrt*, das Porträt des Autors als erst alternder und dann alter Mann, der immer noch Liebesbriefe schreibt, etwa an Suzanne Clauser, aber hinsichtlich seines zu erwartenden Nachruhms resigniert und überhaupt eine repräsentative Funktion ablehnt. So bescheidet er Anfragen in Sicht auf seinen bevorstehenden 70. Geburtstag abschlägig, da es ihm, wie er Alfred Auerbach mitteilt, »persönlich durchaus fern liegt, von diesem Tage Notiz zu nehmen und daß ich es insbesondere ablehnen muß bei dieser Gelegenheit mich über meine Person, mein Leben und mein Werk im Ganzen oder im einzelnen, erläuternd oder anekdotisch für die Öffentlichkeit oder auch für einen kleineren Kreis zu äußern« (7.10.1931; Br II, 814).

Forschung

Die hohe Konjunktur, die sich für die Briefforschung seit Anfang der 1990er Jahre verzeichnen lässt (vgl. Schuster/Strobel 2013), hat die literaturwissenschaftliche Beschäftigung mit Schnitzler bislang nicht erfasst. Im seltenen Rekurs auf das Korpus werden die Briefe als Dokumente zur Lebensgeschichte begriffen sowie, im Sinne des programmatischen Vorworts zum ersten Band der Auswahlausgabe, als »unschätzbare Quelle für Literatur- und Theatergeschichte« (Nickl/Schnitzler in Br I, X). So betitelt Lindgren ihre Studie zum Briefwerk bezeichnenderweise *Arthur Schnitzler im Lichte seiner Tagebücher und Briefe* (1993), sieht in dem Material »wertvolle Hinweise auf die seelische Grundverfassung des Dichters« (Lindgren, 12) und gibt insgesamt das Ziel an, »einen Menschen in seinen vielfachen Beziehungen zu sich selbst und zu seiner Zeit, zu seiner Gesellschaft vergegenwärtigen und darstellen zu wollen« (ebd., 14). Vergleichbar nimmt Farese an, dass Tagebücher wie Briefe einen »Blick in das Labor des Schriftstellers gewähren« (2010, 23), ja in ihnen das »authentische Spiegelbild« (ebd., 24) der Auseinandersetzung des Autors mit sich selbst sichtbar werde. Einen ersten Ausweg aus diesem theoretisch unreflektierten Biographismus bietet Marxer (2001), die im Zuge einer kultur- und mediengeschichtlich kontextualisierenden Lektüre vor allem die marginalisierten, allenfalls als »Quelltexte für die Rekonstruktion der männlichen Autor-Biographie« (ebd., 19) funktionalisierten Liebesbriefe als wesentlichen Teil der Briefkultur rehabilitiert. Forschungsdesiderate sind dementsprechend zum einen, Schnitzlers Briefe aus literatursoziologischer Perspektive auf Formen der Selbstinszenierung zu befragen, seine Strategien der Selbsthistorisierung zu rekonstruieren und überhaupt das epistolare Netzwerk zu analysieren, in das Schnitzler eingespannt war. Zum anderen gilt es, über die ›reinen‹ Inhalte hinaus die Literarizität der Briefe in den Blick zu nehmen und etwa mittels einer narratologischen Analytik des Briefes die Besonderheiten epistolaren Erzählens bei Schnitzler zu klären. Von hier aus ließen sich schließlich Korrespondenzen zwischen seinen Briefen auf der einen und seinen Brieferzählungen auf der anderen Seite nachspüren. Die Erzählung *Der Tod des Junggesellen* beispielsweise mag aus dieser Perspektive als genuin poetische Reflexion seiner Briefpraxis verstanden werden, indem ›Brief‹ und ›Nachlass‹ zusammengebracht werden. Dort wird drei Männern – einem Arzt, einem Kaufmann und einem Dichter – gleichsam als Vermächtnis der Brief eines gerade verstorbenen Freundes übergeben, in dem er mitteilt, mit all ihren Frauen erotische Beziehungen unterhalten zu haben. Alle drei nehmen diese Offenbarung zum Anlass, ihr Leben zu reflektieren, und Kaufmann wie Arzt wollen ihr Wissen für sich behalten. Der Dichter aber nimmt den Brief mit: »Wohlverwahrt und versiegelt sollte es die Gattin in seinem Nachlaß finden. Und mit der seltenen Einbildungskraft, die ihm nun einmal zu eigen war, hörte er sie schon an seinem Grabe flüstern: Du Edler... Großer...« (ES I, 972). Mit Perlmann lässt sich hier ein charakteristisches Moment von Schnitzlers Erzählen insgesamt entdecken: Dem Verfasser der Briefe »ging es im Grunde weniger um eine Bestrafung seiner unbedarften Freunde als um eine Existenzgewinnung ex negativo: [...] [Er] versichert sich der einzigen Form der Unsterblichkeit, die es für Schnitzlers Helden gibt, nämlich des Weiterlebens in der Erinnerung derer, die ihn gekannt haben« (Perlmann 1987, 133). In ähnlicher Weise ließen sich weitere Brieferzählungen in den Blick nehmen, von frühen Werken wie *Die kleine Komödie* bis zu späten wie *Der letzte Brief eines Literaten* – denn offenkundig spielen Briefe nicht nur in der Lebenspraxis bzw. dem Lebensstil Schnitzlers eine wesentliche Rolle, sondern auch in seinem literarischen Werk.

Literatur

Braunwarth, Peter M./Miklin, Richard/Pertlik, Susanne: Vorwort. In: Br II, V–VIII.
Ebrecht, Angelika: Brieftheoretische Perspektiven von 1850 bis ins 20. Jahrhundert. In: Angelika Ebrecht/Renate Nörtemann/Herta Schwarz (Hg.): *Brieftheorie des 18. Jahrhunderts*. Stuttgart 1990, 239–256.
Farese, Giuseppe: A. S.s Tagebücher und Briefe. Alltag und Geschichte. In: Lorenzo Bellettini/Peter Hutchinson (Hg.): *S.'s Hidden Manuscripts*. Oxford u. a. 2010, 23–47.
Fliedl, Konstanze: Vorwort. In: Beer-Hofmann-Bw, 5–25.
Lindgren, Irène: *A. S. im Lichte seiner Briefe und Tagebücher*. Heidelberg 1993.

Marxer, Bettina: »*Liebesbriefe, und was nun einmal so genannt wird*«. *Korrespondenzen zwischen A. S., Olga Waissnix und Marie Reinhard. Eine literatur- und kulturwissenschaftliche Lektüre*. Würzburg 2001.
Nickl, Therese/Schnitzler, Heinrich: Vorwort. In: Br I, V–XI.
Perlmann, Michaela: *A. S.* Stuttgart 1987.
Schuster, Jörg/Strobel, Jochen: Briefe und Interpretationen. Über Ansätze zu einer Geschichte der Briefkultur und über die Möglichkeit kulturhistorischer Skizzen mittels Brieflektüren. In: Jörg Schuster/Jochen Strobel (Hg.): *Briefkultur. Texte und Interpretationen – von Martin Luther bis Thomas Bernhard*. Berlin/Boston 2013, XI–XXIV.
Seidlin, Oskar: Einleitung. In: Brahm-Bw, XI–XXXVI.
Sina, Kai: Selbsthistorisierung und Nachlassbewusstsein. Eine literatur- und kulturhistorische Konstellation der Moderne. In: Kai Sina/Carlos Spoerhase (Hg.): *Nachlassbewusstsein. Literatur – Archiv – Philologie*. Göttingen (i. Dr.).

Christoph Jürgensen

III. Strukturen, Schreibweisen, Themen

1. Zwischen Tradition und Innovation: Schnitzler als Dramatiker

Schnitzler war einer der erfolgreichsten deutschsprachigen Theaterautoren der Zeit vor 1918. Drei Theaterinstitutionen bilden dabei gewissermaßen den Rahmen für Schnitzlers Werdegang und Werk, und zwar das Burgtheater sowie die Theaterprojekte von Otto Brahm und Max Reinhardt. In die Theaterkultur des Wiener Burgtheaters ist Schnitzler von Jugend auf hineingewachsen. Historische Versdramen wie *Schleier der Beatrice* oder *Der Gang zum Weiher* waren vorrangig für das Burgtheater konzipiert. Aber auch Stücke, die für die Rezeption Schnitzlers als Vertreter der Wiener Moderne wichtig wurden, sind im Burgtheater uraufgeführt worden. Mit Otto Brahm verband ihn eine lange und fruchtbare Zusammenarbeit, auch wenn Brahms modernisierte realistisch-illusionistische Spielpraxis nicht allen Stücken Schnitzlers ideal entsprach. Die von beiden geteilte Vorstellung des Theaters als Texttheater wurde von Max Reinhardt in Frage gestellt, der es als autonome Kunstform konzipierte, in der der Text der Regie als Rohmaterial dient. Die Schwierigkeiten Schnitzlers mit Reinhardt lagen vielleicht gerade in dieser Differenz begründet. Das Theater um 1900 unterscheidet sich in sehr wesentlichen Punkten von heute. Als Institution und künstlerische Praxis antwortet es gleichsam auf die Erwartungen der urbanen Eliten, ohne dass es jedoch zu einer systematischen Trennung von kulturell anspruchsvollem und eher unterhaltendem Theater kommt, wie sie heute den Theaterbetrieb kennzeichnet. Die Abwesenheit einer solchen klaren Trennlinie ist im Gegenteil für die damalige Epoche ausschlaggebend. Schnitzlers vorrangiges Interesse für Beziehungsprobleme charakterisiert seine Nähe zu einer heute ›fossilen‹ Form des Theaters, dem Boulevardtheater (Sabler 1998 u. 2002, Urbach 2008). Das ›Boulevardtheater‹ der Jahre um 1900 ist Teil der dramaturgischen Umwelt Schnitzlers, was natürlich keine Identifikation des Dichters mit diesem Umfeld bedeutet. In diesem komplexen System jedenfalls findet Schnitzler, Autor der Wiener Moderne, genügend zufriedenstellende Bedingungen, um sein dramatisches Werk zu verwirklichen.

Vielfalt und Einheit

Schnitzlers dramatisches Werk zeichnet sich durch große Formenvielfalt aus und ist voller Widersprüche: Formen der Erneuerung finden sich neben traditionalistischen Texten, Meisterwerke stehen neben epigonal wirkenden Dramen. Vollendete Dialogstellen befinden sich darin ebenso wie stümperhaft wirkende Versifizierungen. Sein fast durchgehend realistisches Werk birgt naturalistische wie symbolistische, alltägliche wie märchenhafte Aspekte. Es ist Ausdruck einer kritischen Analyse seiner Zeit, und dennoch hat ein bedeutender Teil seines Theaters nicht die Gegenwart zur Handlungszeit. Über seine Dramaturgie zu schreiben bedeutet also, die diese Widersprüche übergreifenden gemeinsamen Züge herauszuarbeiten, hinter denen das einzelne Werk zwangsläufig zurücktreten muss.

Unter den zu seinen Lebzeiten aufgeführten Stücken befinden sich 25 Einakter und 17 mehraktige Dramen. Der beträchtliche Anteil der Einakter ist immer wieder als Zeichen für die Modernität Schnitzlers gewertet worden, als Ausdruck einer formensprengenden Tendenz zum Fragmentarischen. Die dramatischen Kurzformen tragen allerdings kaum fragmentarische Züge, sondern sind in sich abgeschlossene und abgerundete Werke. Es ist auch zu bedenken, dass um 1900 Theaterabende mit mehreren Einaktern eines oder mehrerer Autoren durchaus geläufig sind. Allerdings muss umgekehrt betont werden, dass alle experimentellen Werke Schnitzlers Einakter sind. Es handelt sich dabei unter anderem um Versuche im Rahmen der literarischen Moderne, ältere Theaterformen wiederzubeleben (*Marionetten*, *Die Verwandlungen des Pierrot*). Sie laufen jedoch auf eine Infragestellung des illusionistischen Texttheaters hinaus, zu dessen Vertretern Schnitzler eindeutig gezählt werden muss.

In zahlreichen Fällen entsprechen die Gattungsbezeichnungen der Dramentradition (Schauspiel,

Komödie). Doch stehen diese Kategorien zum Teil in einem nicht auflösbaren Widerspruch zu den Inhalten des realistisch-illusionistischen Theaters der Zeit, dessen Interesse für lebenswahre Darstellungen in psychologischer Perspektive sowohl Komik einengt als auch vor allem Tragik erschwert, wenn nicht unmöglich macht. Es ist kein Zufall, dass Schnitzler keines seiner Dramen als Tragödie bezeichnete. In der Tat widerspricht die Tragödie seiner Theaterperspektive, der dramatisierten Darstellung der inneren Widersprüche der Dramenpersonen. Die Komödie selbst, im illusionistischen Theater eines Teils ihrer Mittel beraubt, wandelt sich bei Schnitzler zur Metapher für menschliches (Fehl)verhalten. Problematisch schien den Autoren der Zeit auch der Bezug auf das historische Drama, dessen Inhalte bei Schnitzler, aber auch bei anderen Dramatikern, eben aufgrund der Forderung nach Lebenswahrheit und der Tendenz zur Psychologisierung, in starker Spannung zum damaligen, noch von den epigonalen Abwandlungen des klassischen Geschichtsdramas geprägten Erwartungshorizont steht.

Trotz der Vielfalt der Formen liegt dem Werk Schnitzlers aber eine profunde Einheit zugrunde, die die Verschiedenheit der Dramenformen gewissermaßen transzendiert. Sein Schaffen basiert unter anderem auf dem Prinzip der Variation, man könnte darin auch eine Art Versuchsanordnung sehen, in denen der Autor verschiedene Konstellationen ähnlicher Figuren in diversen Dramenformen abwandelt: Schnitzler entwirft psychologische Dramen, in denen es bevorzugt um das Verhältnis von Frau und Mann geht, wobei das Missverhältnis zwischen behaupteter Handlungsmotivation und gewähltem Diskurs andererseits und wirklichem Verhalten andererseits das eigentliche Objekt der Analyse darstellt. Schnitzler bleibt dieser Perspektive sein Leben lang treu. Er muss aber nach dem Ersten Weltkrieg bitter erfahren, dass seine Welt als gestrige angesehen wird. »Die angeblich versunkene und abgetane Welt ist genauso lebendig und vorhanden als sie es jemals war. In den einzelnen Menschen hat sich nicht die geringste Veränderung vollzogen«, schreibt er 1924 (an Jakob Wassermann, 3.11.1924; Br II, 370). Die von Schnitzler befolgten dramaturgischen Regeln haben aber spätestens nach dem Weltkrieg im (von der Kritik rezensierten) Theater ihre Gültigkeit verloren.

Theater des Wirklichen

Das Theater um 1900 ist, *grosso modo*, ein Theater des Wirklichen. Die Interaktionen zwischen Dramenpersonen verstehen sich in der großen Mehrheit der von der Kritik beachteten Stücke in einer ständigen Verweisfunktion auf real existierende Verhaltensweisen. Dass das Drama dem ›Leben‹ ähneln soll, ist auch für Schnitzler eine wesentliche Herausforderung. Es ist jedoch augenscheinlich, dass Begriffe wie ›Leben‹ oder ›wahr‹ über keinen objektiven Verweischarakter verfügen, sondern ihre Bedeutung auf stillschweigender und evolutiver sozialer Übereinkunft beruht. Insofern werden die Dramen danach beurteilt, ob die handelnden Personen den zeitgenössischen kollektiven Annahmen über Lebenswahrheit und Wahrscheinlichkeit entsprechen.

Wenn man diese Theaterstücke allerdings aneinanderreiht, so ergibt sich eine durchaus bruchhafte Idee des Lebens, die das Theater vorgibt, realistisch darzustellen. Würden alle Personen der erfolgreichen Stücke der Zeit eine Gesellschaft bilden, so wäre diese sehr ungleichgewichtig. In zwei Dritteln der Schnitzlerdramen verweist die Personenliste der Dramen entweder auf eine homogene Gemeinschaft sozial gut gestellter Figuren oder auf deren dominierende Präsenz. Nur wenige Werke setzen milieumäßig bescheidenere Akzente (wie *Literatur, Die letzten Masken*) oder liefern weiter gespannte soziale Paletten (*Reigen*). Seine historischen Dramen sind auf diesem Gebiet ambitionierter, wobei allerdings die unteren sozialen Schichten eine meist eher pittoreske Funktion ausüben.

Diese soziale Selektivität ergibt sich unmittelbar aus der vorrangigen Forderung nach Wahrscheinlichkeit. Schnitzlers Dramenpersonen befinden sich in sehr komplexen Situationen, in denen sie theoretisch die Möglichkeit haben (die sie meistens nicht ergreifen), ihre Situation richtig zu analysieren und die entsprechende Wahl zu treffen. Doch erfordert eine solche Entscheidung die Existenz eines freien Willens. Eine weit verbreitete und von Schnitzler übernommene Einschätzung der sozial schwachen Gesellschaftsschichten als determiniert begrenzt jedoch den Handlungsrahmen der Dramenpersonen. Die Lebenswelt Christines, die Fritz im zweiten Akt der *Liebelei* entdeckt, ist Ausdruck einer Konzeption der Volkskultur, die nicht aus ihrer wie auch immer gearteten Eigenheit her verstanden wird, sondern als fragmentarische (z.B. das ›Konversationslexikon‹, das nur bis zum Buchstaben G geht). Gerade die postulierte Verengung des Freiheitsraums führt dazu, dass Schnitzler, betrachtet man sein Werk als Ganzes, die Darstellung sozial niedriger Milieus eher meidet.

Doch verdecken solche etwas stereotypen Wahrnehmungen, wie komplex Schnitzler konventionelle

1. Zwischen Tradition und Innovation: Schnitzler als Dramatiker

soziale Zuordnungen verarbeitet. In verschiedenen Texten werden solche Aspekte auf eine archetypische Vision des Verhältnisses zwischen den Geschlechtern oder auf quasi anthropologische Grundhaltungen übertragen, was diese Züge in Konstituenten einer menschlichen Komödie verwandelt.

Vergleichbare psychologische Transponierungen von geläufigen sozialdeterministischen Vorstellungen charakterisieren auch männliche Dramenpersonen. Sozialer Aufstieg etwa scheint in der fiktiven Theatergesellschaft der Zeit mit moralischem Makel behaftet, wie die Figur des Parvenüs zeigt. Bei der in dieser Tradition stehenden Figur Natter (*Das weite Land*) beispielsweise behält Schnitzler von den konventionell dem Parvenü zugeordneten Charakterzügen nur die Aspekte, die als mögliche Reaktionen auf die Fragen, die im Mittelpunkte des Dramas stehen, interpretiert werden können, insbesondere die Haltung gegenüber der Untreue seiner Frau. Sie widerspricht den Regeln der Ehre, wie sie im Theater von gehobenen Gesellschaftsschichten erwartet werden. Auch bei anderen wichtigen Figurentypen besteht ein Zusammenhang zwischen erwähnter oder verdeckter sozialer Herkunft und gewissen Grundhaltungen, etwa bei Ferdinand Schmidt (*Vermächtnis*) und Franz Mauer (*Weites Land*), die eine etwas enge, von der Umgebung als borniert empfundene Haltung charakterisiert.

In Notizen für ein »Jüdische Familie« genanntes Textprojekt schreibt Schnitzler: »Richtiger, dem Milieu entsprechen, ins Lustspiel, Komödienhafte« (EV, 184). Das Komödiantenhafte wird in *Freiwild* noch direkt mit der sozialen Herkunft verbunden. In späteren Werken wird dieser Hinweis gestrichen. Bestehen bleibt die komödiantische Haltung, die sich unter anderem durch ein ständiges Verwechseln von Wirklichkeit und Spiel auszeichnet. Literaten, wie in *Zwischenspiel* oder in *Literatur*, Journalisten, in *Fink und Fliederbusch*, und ›Komödianten‹ sind in vielen dramatischen Texten wiederkehrende Figuren der Illusion und Lüge.

Dramenkonflikte: Der Vorrang des Privaten

In seinen Inhalten unterscheidet sich das Theater der Zeit grundlegend vom heutigen. Die Theaterschriftsteller beziehen sich in neun Zehntel der erfolgreich aufgeführten Stücke auf in der zeitgenössischen Gesellschaft vorstellbare Situationen. Soziale und politische Fragen, Familie, Intimität: Der Theaterwelt widerstrebt es, die konkret-bekannte Umwelt zu verlassen. Der prinzipielle Dramenkonflikt betrifft in mehr als der Hälfte der Dramen (bei Schnitzler in acht Zehntel der Akte) die Beziehung zwischen Mann und Frau. Diese erstaunlich selektive Perspektive entwirft einen sehr spezifischen Raum, der der Welt des Privaten unverhältnismäßig große Bedeutung zuweist. Bei Schnitzler findet sich dieser Theaterhorizont gleichsam kondensiert: Seine Dramen gewähren der Problematik der Mann-Frau-Beziehungen eine fast universale Dimension. Ausnahmen bilden nur *Professor Bernhardi, Fink und Fliederbusch*, aber auch, in geringerem Ausmaß, *Das Vermächtnis* und *Freiwild*. Dabei muss die unterordnende Funktion unterstrichen werden, die intime Konflikte gegenüber anderen Konfliktformen ausüben. Sehr häufig (etwa in *Der grüne Kakadu, Der Ruf des Lebens, Der junge Medardus, Komödie der Verführung*) werden die dem politischen oder sozialen Gebiet zuzuordnenden Handlungen als Konsequenz von Konflikten oder Fehlhandlungen im Verhältnis der Geschlechter dargestellt. *Das weite Land* bietet keine kritische Analyse des Kapitalismus oder der Finanzwelt, Aspekte, die Schnitzler kaum anschneidet, sondern konzentriert sich auf intime Konflikte und ihre Folgen.

Vielen Stücken gemeinsam ist eine männlichen Personen zugeordnete psychologische Konstante: unfähig, die als bedrohlich erscheinende weibliche Sexualität zu kontrollieren, befinden sich Ehemann oder Geliebter in einer ständigen Unsicherheit. In der Spannung zwischen unstillbarer Begierde zu ›wissen‹ und eingebildeter oder reeller Gewissheit der Untreue verbringen die männlichen Personen ihre Zeit damit, ihre weiblichen Gegenspieler zur Rede zu stellen. Objektiv gesehen haben Letztere keineswegs weniger Verdachtsgründe, aber ihre Vorwürfe treiben nur selten die dramatische Handlung an. Von *Anatol* zur *Komödie der Verführung* bleibt den männlichen Personen die Kenntnis der Wahrheit versagt, denn es gibt kaum Mittel, sie zu kennen. Worten ist nicht zu trauen, selbst unter Hypnose (*Frage an das Schicksal*). Allein der Brief fungiert in der Theaterwelt Schnitzlers als geeigneter Beweis, doch auch nur bedingt, wie die *Große Szene* zeigt, in der ein gefälschter Brief handlungstreibend ist. Auslöser der Unruhe sind nicht unbedingt konkrete Fakten, die Befürchtungen sind prinzipieller Natur. Schon ein Traum führt im *Schleier der Beatrice* zur Katastrophe. Das »schmerzlich-tiefere Wissen« (DW II, 872) Falkenirs ist charakteristischer Ausdruck der verzweifelt empfundenen Unmöglichkeit eines vollständigen ›Besitzens‹.

Um solche Fragestellungen in den Mittelpunkt der Handlung zu stellen, stützt sich Schnitzler auf gewisse dramaturgische Mittel, besonders das Duell. In seiner Autobiographie *Jugend in Wien* erzählt Schnitzler ein Erlebnis, das dem *Weiten Land* als Inspirationsquellen diente. Ein Ehemann, der wie in *Liebelei* einen Ehebruch aufgrund von Liebesbriefen entdeckt, begnügt sich damit, vom Schuldigen das Versprechen einzuholen, diese Beziehung zu beenden. Zu einem fast wörtlich übernommenen Zitat merkt Schnitzler an: »Es sind Worte, die Friedrich Hofreiter im vierten Akt ausspricht, was ihn bekanntlich nicht davon abhält, im fünften den Liebhaber seiner Frau totzuschießen [...]. Ein Widerspruch? Keineswegs! Gefühl und Verstand [...] führen in der menschlichen Seele ihren völlig getrennten Haushalt« (JiW, 269).

Zwar kann dieser Antagonismus als Konfliktgrundlage in zahlreichen Dramen Schnitzlers angesehen werden, durch das handlungsbestimmende Auseinanderklaffen zwischen dem Diskurs der (männlichen) Personen und ihrem tatsächlichem Verhalten, doch hat das Duell selbst weniger mit der Herrschaft der Gefühle zu tun als mit Theaterkonventionen: Es stellt ein dramaturgisches Mittel dar, um den Konflikten ein größeres Gewicht zu verleihen.

Als konventionelle Antwort auf Untreue ist das Duell insofern unumgänglicher Bezugspunkt der möglichen Reaktionen, als alle anderen und friedlicheren Lösungen problematisch erscheinen. Verzeihende, blinde oder die Augen verschließende Ehemänner wirken bemitleidenswert, etwa Wegrath im *Einsamen Weg* oder Robert Pilgram in der *Gefährtin*. Ausnahmen bilden nur Personen aus besonderen Milieus wie Schriftsteller und Künstler (*Das Bacchusfest*) und die Situierung der Handlung in der Geschichte (*Die Schwestern oder Casanova in Spa*). Zwar wird in *Freiwild* die Frage des Duells als gesellschaftliches Problem dargestellt, doch abgesehen von der wunderbar absurden Situation des Selbstduells in *Fink und Fliederbusch* bleibt das Duell die dem Erwartungshorizont entsprechende unumgängliche Antwort des betrogenen Ehemannes. Hofreiters Ausruf »Man will ja nicht der Hopf sein« (DW II, 311) zeigt aber, dass seiner im Prinzip gesellschaftskonformen Handlung jede moralische Grundlage fehlt. Gewaltanwendung erscheint als zugleich unerlässlich und verwerflich. Dem Betrogenen steht keine Möglichkeit zur Verfügung, angemessen zu reagieren: Objektiv gesehen stehen männliche Personen vor einem Problem ohne Lösung. Schnitzlers Dramen veranschaulichen die Aporien, mit denen die Personen der Gesellschaftskomödie konfrontiert sind. Eine ihrer grundlegenden Züge liegt in der ständig wachsenden Divergenz zwischen den Regeln, die die Stabilität der (dramatischen) Beziehungen zu sichern scheinen, und dem tatsächlichen Verhalten der Dramenpersonen.

Im Drama Schnitzlers wird Verfehlungen und Entgleisungen keine moralische Belehrung oder Verurteilung entgegengesetzt. Vielmehr charakterisiert ein gewisser ethischer Relativismus im Vergleich zu vorhergehenden Dramenperioden die Antworten der Liebhaber oder Ehemänner, jedenfalls in ihrem Diskurs. Das Verbotene erscheint als immer verständlicher, aber letztlich setzen sich die Regeln durch und wirken damit immer unangemessener. Bei Schnitzler nehmen diese Widersprüche eine paradoxale Form ein. Nicht der Abschluss des Dramas leugnet die vernunftgemäße Erwartung, sondern die Ausgangssituation. Fedor Denner (*Das Märchen*) will mit einer ›Gefallenen‹ eine dauerhafte Beziehung eingehen, Amadeus Adams (*Zwischenspiel*) möchte mit seiner Frau in einer freundschaftlichen Beziehung zusammenleben, Hofreiter wirft seiner Frau vor, Korsakow nicht zu ihrem Geliebten gemacht zu haben. Sie alle propagieren Lebensformen, die die Konventionen negieren, wobei ihre Standpunkte durchaus glaubwürdig gerechtfertigt werden. Die Handlung der Dramen ›korrigiert‹ dann diese ›Irrtümer‹, was zur Folge hat, dass die kritisierten und inhaltlos gewordenen, aber weiterbestehenden Regeln sich durchsetzen. Das Drama wirkt wie ein Spiegel der Spannungen zwischen den Wünschen der Personen und dem Druck der gesellschaftlichen Normen. Schnitzlers Dramen bieten dem Zuschauer folglich keine Lösungen, sondern konfrontieren ihn, in einer skeptischen Perspektive, mit den Widersprüchen seiner Zeit (s. Kap. III.6).

Zur Topographie der Dramen

Grundsätzlich lassen sich drei verschiedene Typen von Bühnenorten unterscheiden: Etwa vier Zehntel der in der Gegenwart spielenden Szenen repräsentieren oft als Zimmer bezeichnete Räume, die den Rahmen für eine auf einen sehr kleinen Personenkreis beschränkte Handlung bilden. Mehr als die Hälfte der Bühnenorte, häufig als Salon, Garten oder Park charakterisiert, entsprechen Umgebungen, bei denen der Zugang auf einen etwas weiteren Bekanntenkreis erweitert wird, zugleich aber auch auf ihn eingeschränkt ist. Nur drei Räume üben eine Funktion als öffentliche Treffpunkte aus, die allen oder jedenfalls sehr vielen ohne besondere Rechtfertigung offenstehen (*Freiwild*, Hotelhalle im *Weiten Land*). Diese Feststellungen spiegeln die Natur der zeitkritischen Gesellschaftskomödie Schnitzlers wider. Das Gesellschaftliche ist hier fast immer Privates, der private Rahmen ist der als geeignet und repräsentativ erachtete Ausschnitt aus der Gesellschaft. Insofern sind auch alle Räume Dialogräume. In historischen Dramen hingegen sind immerhin drei Zehntel Orte ziemlich offenen Zugangs, besonders im *Jungen Medardus* mit seiner quasi filmischen Szenographie.

Die Geographie dieser Dramenwelt ist eine höchst österreichische, ja vor allem wienerische. Nur vier der Szenen mit der Handlungszeit Gegenwart bilden eine Ausnahme, darunter spielt eine einzige – der letzte Akt der *Komödie der Verführung* – im nichtdeutschsprachigen Ausland. In den in der Vergangenheit situierten Stücken macht dieser Anteil immerhin ein Viertel der Szenen aus. Erst die zeitliche Entfernung scheint eine geographische Öffnung zu erlauben, mehrheitlich begleitet von einer sprachlichen Distanzierung: *Paracelsus*, *Der Schleier der Beatrice*, *Die Schwestern oder Casanova in Spa* sind Versdramen. Geographische Entfernung scheint also mit der Erhöhung der Künstlichkeit Hand in Hand zu gehen. Umgekehrt scheint erst die Verwendung traditioneller Dramenformen die Entfernung aus Wien zu erleichtern. Als Zeitautor konzentriert sich Schnitzler fast exklusiv auf Wien und seine nähere Umgebung.

Die lokale Einbettung wird ergänzt durch Hinweise in den Dialogen. Dabei entstehen je nach Stück bzw. jeweils in enger Beziehung zur Thematik ganz unterschiedliche imaginäre Territorien. Dem intimen Charakter der Dramenhandlung in *Liebelei* entsprechend beschränken sich z. B. die Angaben auf die Lebensorte der jungen Leute und ihre nähere Umgebung. Im Vergleich dazu enthält etwa *Das weite Land* einen dichten Beziehungskomplex mit konzentrisch angeordneten Hinweisen, die sich auf den beruflich-sozialen Kontext einiger Dramenpersonen, Südtirol und schließlich die ganze Welt erweitern. Diese geographischen Koordinatensysteme drücken sowohl das für Schnitzler mehrheitlich ausschlaggebende *hic et nunc* der dargestellten Bühnenwelt aus, als auch ihre Absicherung durch präzis-konkrete Hinweise auf den dem Zuschauern bekannten zeitgenössischen Kontext.

Doch isoliert die differenzierte Lokalisierung die Dramen nicht voneinander, sondern schafft ein stückübergreifendes Beziehungsnetz. *Freiwild* und *Das weite Land* spielen in Baden, sozusagen auf der Hof- und auf der Gartenseite, unter anderem verbunden durch ›Schmierenvorstellungen‹ im Stadttheater und ›Mondscheinpartien‹ mit hintergründig erotischem Zusammenhang. In diametralem Kontrast zum weltoffenen Garten im *Weiten Land* fehlt im *Einsamen Weg* jeder freie Ausblick. Die letzterem Stück vorausgehenden und seine Handlung bestimmenden Ereignisse finden in der Kirchau statt, Handlungsort vom *Spiel der Sommerlüfte*, um nur diese Beispiele zu erwähnen.

Die zeitgemäßen und präzisen Hinweise auf die Welt außerhalb der Bühne üben zugleich eine dramenstrukturierende Zeichenfunktion aus und ordnen sich in ein symbolisches Koordinatensystem ein, das eine ständige Spannung von Enge und Weite einerseits und Höhe und Tiefe anderseits ausdrückt. Der Motor dieser Verbrämung von konkreten und symbolischen Elementen ist die psychologische Perspektive, die Schnitzlers Dramen zugrunde liegt. Alle Indizien erweisen sich in dieser Hinsicht letztlich als Indikatoren von Verhaltensweisen, deren Analyse das eigentliche Objekt des Dramas darstellt. Die realistische Hinweisfunktion wird also immer überlagert von ihrer Funktion in der Gesamtökonomie des Dramas. Auf dieser Ebene schwächen sich die augenscheinlichen Unterschiede zwischen den Stücken ab und lassen gemeinsame Grundstrukturen erkennen.

Illusion versus Theatralität

In ihrer Konzeption zielt die dramatische Szenerie auf die Illusion des Zuschauers. Zu den wirklichkeitsimitierenden Hilfsmitteln gehören u. a. die konkrete Bühnenausstattung, verschiedene Objekte, die manipuliert werden, gewisse eher anekdotische Nebenpersonen, deren Gegenwart vor allem der Verlebendigung der dargestellten Umwelt dient, und schließlich spezifische Wortfelder. In den in der Gegenwart spielenden Stücken zeichnet sich der Handlungsraum zugleich durch einen konkret-realistischen und typologisch vereinfachten Definitionsmodus aus. Um den Realitätsbezug zu verstärken, werden diverse Objekte gehandhabt, z. B. das häufige Requisit Brief (oder Telegramm), Kleidung, die abgelegt wird, Getränke, Speisen usw. Die Handhabung der Objekte verdichtet sich manchmal zu stummen pantomimischen Szenen, in denen eine Person eine Zeit lang gewisse Tätigkeiten ausführt (z. B. Dokumente unterschreiben, Akten lesen usw. in *Professor Bernhardi*). In einigen Stücken üben darüber hinaus anekdotische Dramenpersonen, die nicht direkt für die Handlung unabdingbar sind, eine illustrative Funktion aus. Dabei handelt es sich nicht nur um Hauspersonal oder ortsbedingte Personen, wie Kellner und Kunden in einer Gaststätte (*Freiwild, Bacchusfest*). Im *Jungen Medardus* mit seinen 79 Rollen erreicht diese Technik der Verlebendigung des Bühnenorts seinen Höhepunkt. Viele Dramen, besonders Einakter, begnügen sich aber mit sehr geringem Personal. Ein weiteres Element der realistischen Annäherung ist die Verwendung von spezifischen Wortfeldern aus bestimmten Fachbereichen, deren Überlappung etwa im *Professor Bernhardi* einen wichtigen Hintergrund des Stücks darstellt: Medizin, Religion, Politik und Justiz. Jedoch findet man nur im *Jungen Medardus* ein ähnliches Gewicht der lexikalischen Dokumentation.

Diese Realitätssimulation wird je nach Stück in sehr unterschiedlicher Dichte verwirklicht. Schnitzlers Gesellschaftskomödien bewegen sich zwischen den Polen des rein dialogischen Austausches, mit einem Minimum an Versatzstücken aus der Wirklichkeit, und einer graduellen Einbettung des Figurendialogs in konkrete, d. h. räumlich und sozial bestimmte Umwelten.

Als illusions(zer)störend werden hingegen um 1900 gewisse traditionelle Theatertechniken empfunden, die Schnitzler nicht völlig vermeidet. Ansätze des À-Part-Sprechens z. B. finden sich in seinen Dramen relativ häufig. Schon im *Märchen* werden von anderen nicht mitgehörte Dialoge dadurch glaubhaft gemacht, dass der Geräuschpegel der Gespräche zwischen den zahlreichen Gästen eine Absonderung plausibel erscheinen lässt. Gleichwohl erscheinen sie in der restriktiven Konzeption der Zeit als nicht realistisch. Trotzdem findet man bei Schnitzler eine relativ große Anzahl von kurzen Monologen, meist emotionelle Ausrufe, trotz seines realistischen Anspruchs interessanterweise gerade im frühen *Märchen*, aber auch z. B. in *Freiwild, Zwischenspiel, Professor Bernhardi, Fink und Fliederbusch* (DW I, 282 u. 950; DW II, 391 u. 604).

Aufgrund ihrer Kürze lassen sich diese Szenen jedoch relativ bruchlos in eine gemäßigte Realismuskonzeption einbinden. Längere Monologszenen finden sich nur in historischen Stücken, hier wird das Artifizielle also nicht versteckt, sondern vielmehr unterstrichen.

Die besonders in der komischen Tradition gepflegte Wendung an das Publikum bedeutet den radikalsten Regelbruch, da die Trennung von Bühne und Zuschauerraum ein vorrangiges Postulat einer Dramaturgie ist, die das ›Leben‹ zu imitieren sucht. Bei Schnitzler findet sich nur eine solche Szene, in präziser Entsprechung zum gewählten Genre und Thema, und zwar am Ende der anti-illusionistischen Burleske *Zum großen Wurstel*, einer Parodie des Theaterbetriebs.

Dass die Geschehnisse auf der Bühne dem ›Leben‹ ähneln sollen, impliziert, dass jegliche Handlung so ablaufen muss, als würde sie wirklich geschehen. Der Botenbericht und die Brieflektüre im *Weiten Land* sind Exempel für die meisterhafte Beherrschung dieser Techniken durch Schnitzler. Wie kann der Zuschauer über Ereignisse informiert werden, die alle Dramenpersonen gut kennen? Wie in einer echten Konversation, werden die überbrachten Informationen auf verschiedene Personen verteilt, die gegenseitig ihre Informationsdefizite abbauen und dabei dem Zuschauer ein Bild der Situation liefern. Den Maximen der Wahrscheinlichkeit widerspräche es, wenn Hofreiter den handlungsentscheidenden Abschiedsbrief Korsakows dem Publikum einfach vorläse, denn im ›wahren Leben‹ würde er das nicht tun. Schnitzler geht hier schrittweise vor, indem zuerst die Briefthematik vielfältig angesprochen und damit enttheatralisiert wird, das eigentliche Lesen diversifiziert (leise, murmelnd, teilweise oder vollständige Lektüre von Passagen), durch Kommentare unterbrochen und von diversen Reaktionen begleitet wird.

Im wirklichkeitsimitierenden Drama ist der Autor im Prinzip abwesend. Zwar schaffen gewisse Titel durch ihre kritische Perspektive (von *Märchen* zu *Komödie der Verführung*) oder eine sich abzeichnende lebensphilosophische Problematik, die dann im Stück selbst entwickelt wird (*Der einsame Weg, Das weite Land, Der Ruf des Lebens*), einen Erwartungshorizont, doch greift Schnitzler davon abgesehen nur wenig direkt in den Inhalt der Stücke ein und meidet auktoriale Hinweise in den Dialogen. Gewiss findet man in seinen Stücken Personen, die sich auf die traditionelle Figur des Räsoneurs beziehen, doch ihre Kommentare beleuchten vor allem ihre eigenen Schwächen, wie Dr. Maurer, der schon durch seinen Namen disqualifiziert ist. Schnitzler vermeidet ebenfalls eine Sympathielenkung der Zuschauer, mit Ausnahme von einigen etwas pathetischen Szenen in *Liebelei* oder *Freiwild*.

Im illusionistischen Drama laufen Analysen von Personen durch andere Gefahr künstlich zu wirken. Schnitzler überwindet dieses Hindernis, indem er alles in Konversation verwandelt. Nun plaudern die bei Familie Hofreiter vorbeikommenden Bekannten vor sich her, über dieses und jenes und eben auch Hofreiter. Ob es sich um Tratsch handelt, muss vom Zuschauer erst herausgefunden werden, indem er der Psychologie der Plauderer Rechnung trägt. Die Wahrheit ist ständig dabei, kaum gefasst, wieder zu entgleiten. Auktoriale Kommentare bleiben also bei Schnitzler ein sehr beschränktes Phänomen. Seine Dramentexte enthalten jedoch im Nebentext zahlreiche Hinweise auf die Interpretation, nämlich durch Schauspieler und Regie.

Schauspieler, Körper und Dialog

Der Nebentext macht bei Schnitzler, mit Variationen, ungefähr ein Zehntel des gesamten Textes aus. Seine Länge hängt dabei von der ›Natur‹ des jeweiligen Dialogs ab: Im lebensbilanzziehenden *Einsamen Weg* verwandeln sich die Personen fast in schwebende Psychen ohne Körper. Im *Weiten Land* hingegen vermischt sich Persönliches mit Sozialem, was einen viel ›mächtigeren‹ Textapparat erfordert. Der Nebentext besteht etwa zur Hälfte aus Anweisungen zur Interpretation der Repliken, zur Gestik und Mimik, zu Pausen und Unterbrechungen; dass dieser Prozentsatz so hoch ist, ist bei der psychologischen Natur der Schnitzlerdramen kaum erstaunlich. Allerdings werden lange Repliken bei Schnitzler, im Gegensatz zur naturalistischen Vorgangsweise, die jede Nuance definiert, nur geringfügig durch auktoriale Hinweise unterbrochen – Schnitzler lässt seine Interpreten relativ frei. Unter anderem diese Freiheit machte aus Schnitzlers Dramen beliebte Schauspielerstücke.

Eine andere Komponente des Nebentextes betrifft das Verhalten der Personen zueinander: wer sich an wen wendet oder wen ansieht, beziehungsweise auf körperliche Interaktionen. Der physische Kontakt wird meistens auf ein Mindestmaß reduziert. So betreffen zwei Drittel der im *Professor Bernhardi* relativ häufigen Anweisungen zu körperlichem Kontakt lediglich Händeschütteln. Im Mittelpunkt der Gesellschaftskomödie steht das Gespräch. Geküsst wird nur in Ausnahmefällen, z. B. im Paris der Revolution, aber hier fallen ja auch alle Konventionen der Soziabilität. Reiht man die verschiedenen Anweisungen des Nebentexts in diesen dialogzentrierten Stücken aneinander, so sieht man relativ immobile Gesprächspartner, die in angemessener Distanz verbleiben. Indem das Private öffentlich gemacht wird, gehorcht es den Regeln der Soziabilität. Körperliche Reserviertheit bleibt die Regel; der Körper des Schauspielers ist fast ausschließlich Träger seiner Worte und Gefühle.

Auch hier bestätigen die Ausnahmen die dominierenden Theaterkonventionen. Das zeigen die Auseinandersetzungen Schnitzlers mit Brahm bezüglich der Aufführungen von *Freiwild* und *Ruf des Lebens*, in denen Personen auf der Bühne den Tod finden. Brahm möchte diese Ereignisse hinter der Bühne stattfinden lassen, was Schnitzler für dieses Stück ablehnt (an Otto Brahm, 14.9.1896 u. 27.1.1906; Br I, 303 u. 527), im *Weiten Land* aber als Darstellungsmittel verwendet. Die Überwindung des Thesenstücks (wie *Freiwild*) mit seinen etwas drastischen Mitteln und die Vertiefung und Verdichtung der psychologischen Problematik verbannt die Ausübung physischer Gewalt von der Bühne. Im Gegensatz dazu ermöglicht aber die Situierung in der Vergangenheit, diese Zurückhaltung zu missachten: Im *Grünen Kakadu* und im *Jungen Medardus* wird an Dolchstößen gestorben, in den *Schwestern* wird fesch duelliert, im *Ruf des Lebens* geht es noch höher her. Im *Schleier der Beatrice* wird sogar, zwar etwas außerhalb des Bühnenraums, aber deutlich erkennbar, eine regelrechte Orgie in Szene gesetzt.

Die Befreiung von den Konventionen der Konvenienz, ja die Entfesselung der Phantasie in diesen Stücken hängt nicht nur mit der Situierung in der Vergangenheit zusammen, sondern muss vor allem im Dialog mit verschiedenen Theaterformen verstanden werden. Sie reihen sich ein in ein allgemeines Experimentieren mit Dramaturgien, denen der Wille gemeinsam ist, sich vom realistischen Illusionismus zu distanzieren.

Es darf nicht vergessen werden, dass immer Konventionen bestimmen, wie auf dem Theater die vom Autor intendierte Perspektive sichtbar gemacht werden kann. In jedem Fall bleiben es künstliche, vom Alltag enthobene Macharten, wie intensiv auch der Wille des Schriftstellers sein mag, sich dem ›Leben‹ zu nähern. Was ist ›theatralischer‹, ein naturalistisches Drama oder eine Commedia dell'arte? Die Wahrheit auf der Bühne ist immer künstlich, gleichgültig, ob diese Künstlichkeit selbst Objekt der Darstellung ist oder nicht. In diesem Sinne ist die diversifizierte Behandlung von physischer Präsenz in den Stücken Schnitzlers der Ausdruck einer ständigen Auseinandersetzung mit Theatermöglichkeiten.

Sichtweisen

»Ich stehe so wenig auf Seite des Oboespielers, als ich auf Seiten des Professor Wegrath gestanden habe – freilich auch nicht auf der des Julian und des Puppenspielers« (an Hermann Bahr, 14.12.1904; Br

I, 504f.). Dieses Urteil gilt für die Haltung Schnitzlers gegenüber allen seinen Figuren. Keine ist Sprachrohr des Autors; jede spricht nur für sich selbst – und hat dabei meist unrecht. Schnitzler erfindet folglich keine Idealfiguren, mit denen man sich identifizieren könnte, vielleicht am ehesten noch, wie oft gesagt wurde, bei weiblichen Personen. Anders formuliert: Schnitzlers Dramen bieten nur Fragestellungen, aber nicht die zugehörigen Antworten. Stattdessen ist es Aufgabe des Zuschauers, sich diesen Fragen zu stellen, wodurch das Drama seine eigentliche, zugleich skeptische und moralische Dimension erlangt.

Zur Wiederentdeckung des Dramatikers Schnitzler als Autor der Wiener Moderne nach 1960 gehört jedoch in vielen Fällen auch ein Prozess der Historisierung. Indem man sein Werk jetzt als radikale Kritik einer Epoche verstand, die von einem sozusagen außerhalb der Gesellschaft Stehenden, einem ständigen Opfer von Skandalen, verfasst wurde, und die Gesellschaft einer vergangenen Epoche zugleich als eine zu verurteilende ansah, verwandelte diese Sicht die Dramen Schnitzlers in eine Art historisches Anschauungsmaterial, in dem der Zuschauer in erster Linie nur die Bestätigung des ohnehin schon Gewussten findet. Damit ist er aber nicht mehr ein an den auf der Bühne dargestellten Problemen Beteiligter, mit ihnen konfrontierter Mitspieler, sondern ein wissender, von oben herab betrachtender Beurteiler. In diesem Sinne eröffnete diese Repräsentationsform neue Perspektiven und gab Schnitzler einen Teil seines früheren Rangs zurück, doch um den Preis der Abschwächung der die Teilhabe der Zuschauer voraussetzenden kritischen Kraft der Gesellschaftskomödie.

Literatur

Bayerdörfer, Hans-Peter: Vom Konversationsstück zur Wurstelkomödie. Zu A.S.s Einaktern. In: JDSG 16 (1972), 516–575.
Doppler, Alfred: Die Form des Einakters und die Spielmetapher bei A.S. In: Alfred Doppler (Hg.): *Wirklichkeit im Spiegel der Sprache. Aufsätze zur Literatur des 20. Jahrhunderts in Österreich.* Wien 1975, 7–30.
Neudeck, Otto/Scheidt, Gabriele: Prekäre Identität zwischen romantischer und galanter Liebe. Zu Zerfall und Restitutierung des Subjekts im dramatischen Werk A.S.s. In: *Hofmannsthal-Jahrbuch* 10 (2002), 267–302.
Prang, Helmut: A.S.s Regieanweisungen. In: *Jahrbuch der Grillparzer Gesellschaft* 12 (1976), 257–275.
Sabler, Wolfgang: Moderne und Boulevardtheater. Bemerkungen zur Wirkung und zum dramatischen Werk A.S.s. In: *Text + Kritik* (1998), H. 138/139 (*A.S.*), 89–101.
Sabler, Wolfgang: *A.S. Écriture dramatique et conventions théâtrales.* Bern u.a. 2002.
Scheible, Harmut: Im Bewußtseinszimmer. A.S.s Einakter. In: TuK 10 (1982), H. 2, 220–288.
Urbach, Reinhard: S.s Anfänge. Was Anatol werden soll. In: IASL 33 (2008), 113–154.

Wolfgang Sabler

2. Narrative Modernität: Schnitzler als Erzähler

Der Epiker Schnitzler erscheint in literaturhistorischen Darstellungen als »Meister psychologischen Erzählens« (Sprengel 1998, 283) und Prototyp für den Prozess einer »Verinnerung« (Zenke 1976, 15–19) oder auch »Figuralisierung« (Schmid 2008, 193) des Erzählens in der »Klassischen Moderne« (Kiesel/Wiele 2011, bes. 260–262). Tatsächlich hat sich jedenfalls der reife Autor Schnitzler als Vertreter einer Form von »psychologische[r] Literatur« (AB, 454 f.) verstanden, die »eine Art fluktuierendes Zwischenland zwischen Bewußtem, Halbbewußtem und Unbewußtem« (ebd., 455) sprachlich zu erkunden versucht. Denn »[d]as Unbewußte«, so formuliert Schnitzler in bewusster Abgrenzung zu seinem Zeitgenossen Sigmund Freud, »fängt nicht sobald an, als man glaubt, oder manchmal aus Bequemlichkeit zu glauben vorgibt (ein Fehler, dem die Psychoanalytiker nicht immer entgehen). Die Begrenzungen zwischen Bewußtem, Halbbewußtem und Unbewußtem so scharf zu ziehen, als es überhaupt möglich ist, darin wird die Kunst des Dichters vor allem bestehen« (ebd.). Unterscheidet man in der Erzählprosa des 20. Jahrhunderts zwei »große[] Tendenzen«, nämlich eine »metanarrativ-ironische« und eine »psychologisch-mimetische« (Žmegač 1990, 355), so erscheint Schnitzler als ein Autor, der im Sinne der zweiten Tendenz teils überlieferte Erzählformen weiterentwickelt, teils neue Formen begründet und vorangetrieben hat. Der historische Hintergrund für Schnitzlers Projekt der literarischen Erschließung eines »Zwischenlandes« im Reich der menschlichen Psyche und dessen Konsequenzen für seine Formen der Narration seien im Folgenden ausgeführt. Sowohl die Entwicklung und Bandbreite als auch das spezifische Profil seiner Erzählprosa sollen dabei Beachtung finden.

Beginn des Erzählens im Schnittfeld von ›Realismus‹, ›Naturalismus‹ und Jung Wien

In der zweiten Hälfte des 19. Jahrhunderts hatte sich das sogenannte »realistische Erzählen« zur »narrativen Dominante« (Kiesel/Wiele 2011, 259) entwickelt. Fontanes berühmte Forderung an den Roman, derzufolge dieser »uns eine Welt der Fiktion auf Augenblicke als eine Welt der Wirklichkeit erscheinen« lassen solle (Fontane 1960, 80), bildete die Grundlage einer Form von Erzählprosa, die sich am Vorbild des Dramas orientierte und die sich dem in prominenter Weise von Spielhagen ausformulierten Ideal einer möglichst unmittelbaren »Darstellung« (Spielhagen 1898, z. B. 54–57) von Geschehen verpflichtet fühlte. Dem Prinzip von Illusionsbildung und »objektiver Darstellungsweise« (Spielhagen 1883, z. B. 134) entsprach die Tendenz zu einem möglichst ›erzählerlosen‹ Erzählen – verbunden mit der grundsätzlichen Skepsis gegenüber einer Aussage- und Vermittlungsinstanz, die den Vorgang des Erzählens in den Vordergrund rückt, indem sie das Erzählte und/oder den Prozess des Erzählens selbst reflektiert und kommentiert.

Unabhängig von z. T. erheblichen Veränderungen im Blick auf das Verständnis von Mensch, Gesellschaft und Literatur kann das naturalistische Erzählen, wie es im Umfeld der Berliner Moderne z. B. Gerhart Hauptmann mit seiner »novellistische[n] Studie aus dem märkischen Kiefernforst« *Bahnwärter Thiel* (1888) oder Arno Holz und Johannes Schlaf mit *Papa Hamlet* (1889) realisierten, im Ansatz als eine Weiterentwicklung und Radikalisierung der Formen realistischen Erzählens verstanden werden. Eine solche Kontinuität im Zeichen des Anspruchs auf »Objektivität des Erzählens« (Sprengel 1998, 159) gilt dagegen nur mit Einschränkungen für die jungen Wiener Autoren wie Hugo von Hofmannsthal, Felix Salten oder Richard Beer-Hofmann – also die Autoren, die sich ab etwa 1890 um den von Paris nach Wien zurückgekehrten Hermann Bahr zur Gruppe des sogenannten Jung Wien zusammenschlossen und die ihrerseits den wissenschaftsgläubigen ›Naturalismus‹ mit Hilfe einer neuen, sich auf die Darstellung von Sinneseindrücken und Bewusstseinsvorgängen konzentrierenden ›Nerven‹-Kunst überwinden wollten (Bahr 1968). Denn zu den Überzeugungen dieser vom Erkenntnisskeptizismus Friedrich Nietzsches und dem Empiriokritizismus Ernst Machs geprägten jungen Generation gehörte, dass es keine sogenannten objektiven Wahrheiten gibt und dass auch das Subjekt keine kohärente Einheit, sondern vielmehr eine Art fließenden ›Komplex‹ von sich stets wandelnden Empfindungen darstellt.

Mit der Gruppe von Jung Wien teilt der junge Schnitzler sowohl die erklärte Aufmerksamkeit für die Innenwelt des Menschen als auch die Kritik am dogmatischen Wahrheitsbegriff der zeitgenössischen positivistischen Wissenschaft. Im Unterschied zu seinen dem Ästhetizismus huldigenden Künstlerfreunden ist der als promovierter Mediziner naturwissenschaftlich geschulte »Dichter-Arzt« (Mann

1990, 91) aber ein Skeptiker, der zugleich ein im Ansatz aufklärerisches Ideal vertritt. »Wir sind so rasch mit dem Systemisiren bei der Hand; wir bringen aber eigentlich viel öfter Ordnung in unsere Gedanken als in die Sachen«, schreibt er schon 1891 in der von seinem Vater, dem Direktor der Wiener Poliklinik, gegründeten Fachzeitschrift *Internationale klinische Rundschau* und ergänzt: »Wir warten auf die Wahrheit und bekommen wohl bestenfalls nur eine neue Schablone? – Dies ist nun einmal der Weg, den wir gehen. Das letzte Bestreben, die Wahrheit zu finden, müssen wir für eine Zeit als die Wahrheit selbst gelten lassen« (MS, 234). Im Ergebnis relativiert Schnitzler das Ideal der Wahrheit also nur insoweit, als er zeit seines Lebens jeden Anspruch auf absolute Wahrheit verwirft. Die unaufhörliche Suche nach Wahrheit jenseits von Dogmen und Systemen, »das letzte Bestreben, die Wahrheit zu finden«, betrachtet er dagegen als ein wesentliches Ziel des menschlichen Denkens und Handelns – und damit auch des eigenen, konsequent als Erkundung der »psychischen Realitäten« (Psy, 283) angelegten Schreibens.

Betrachtet man die Anfänge des Epikers Schnitzler, so verbindet der junge Autor unterschiedliche Elemente der Konzepte von Realismus, Naturalismus und Ästhetizismus und entwickelt daraus eine eigene Form des Erzählens. Das veranschaulicht ein Blick auf die frühe, 1892 geschriebene Erzählung *Sterben*, die 1894 in der aus dem Zentralorgan des deutschen Naturalismus, der Berliner *Freien Bühne*, hervorgegangenen *Neuen Deutschen Rundschau* erschien. *In nuce* enthält die ursprünglich unter dem Titel »Naher Tod« konzipierte Novelle bereits vieles von dem, was die Erzählweise des gereiften Autors Schnitzler bestimmt.

Wie in zahlreichen Werken des Naturalismus ist die äußere Handlung der Novelle denkbar schlicht: Ein Mann und eine Frau, die einander lieben und einander vollkommen zu gehören glauben, werden durch Krankheit und Tod eines Partners voneinander getrennt. Nicht als äußeres Ereignis sind Krankheit und Tod allerdings von Interesse, und die Erzählung entspricht auch keineswegs dem typischen Muster der den Verfall als »psychopathologischen Prozess« vorführenden »Todes- und Krankheitsliteratur« des Fin de Siècle (Koopmann 2008, 351). Schnitzler folgt dem naturalistischen Prinzip der Fallgeschichte, legt seine Erzählung aber wie ein psychologisches Experiment an, indem er die erzählte Geschichte genau in dem Augenblick beginnen lässt, da der junge Mann seiner Geliebten mitteilt, dass er nach der Diagnose eines Arztes schwer krank ist und bestenfalls noch ein Jahr zu leben habe. Ist die Diagnose richtig, und was bedeutet sie für das Verhältnis der Liebenden? Schnitzler verzichtet in seiner Erzählung durchgehend auf das Konstrukt einer narrativen Instanz, die das Erzählte kommentiert (oder auch nur z. B. die Krankheit des Protagonisten genau benennt) und die über irgendeine Form von Zukunftswissen verfügt. Stattdessen gibt er – bis hierhin Spielhagens Ideal einer möglichst objektiven und unmittelbaren »Darstellung« folgend – in der weitgehend neutralen Erzählform der szenischen Erzählung eine Art Chronik des Geschehens von der Offenbarung der tödlichen Diagnose bis zum Mordversuch des zunehmend geschwächten Felix an der gesunden Marie und seinem Tod infolge eines letzten Akts der Verzweiflung. Der Prozess des Sterbens sowohl von Felix als auch der Liebesbeziehung von Felix und Marie wird in diesem Rahmen jedoch nur vordergründig im nüchternen Stil einer psychisch-klinischen Studie notiert.

Tatsächlich weist die Erzählweise weit über die Form einer medizinischen Studie hinaus. Zur kunstvollen Komposition der Novelle gehört, dass der Autor sich im Rahmen einer chronologischen Präsentation des Geschehens weder auf die szenische Darstellung von Dialogen und Handlungen der Figuren noch auf eine durchgängige Subjektivierung im Sinne einer auf die besondere Perspektive der Gesunden oder des Todkranken fixierten internen Fokalisierung beschränkt. Grundlegend für die Erzählung sind vielmehr ein Wechsel von Übersicht und Mitsicht, eine variable interne Fokalisierung sowie gleitende Übergänge zwischen unterschiedlich ›mittelbaren‹ Formen der Präsentation von Figurenbewusstsein wie ›Bewusstseinsbericht‹, ›erlebter Rede‹, ›Gedankenzitat‹ und ›innerem Monolog‹. Jenseits zeitgenössischer Dogmen von einer ›Objektivität‹ oder ›Subjektivität‹ des Erzählens entsteht auf diese Weise einerseits der Eindruck einer stabilen erzählten Welt, während der Leser andererseits Einblicke in das Denken, Fühlen und Träumen beider Protagonisten und damit auch in die Subjektivität von Wahrnehmung erhält – wobei der Autor Schnitzler den Eindruck der Situations- und Subjektgebundenheit von Wahrnehmung dadurch verstärkt, dass er den Blick in das Innere der einen Figur in rhythmischem Wechsel mit der jeweiligen Außensicht durch ihren Partner konfrontiert und auf dieser Grundlage die Kluft von Selbst- und Fremdwahrnehmung verdeutlicht. Vor allem dieses Gegeneinander von Innen- und Außensicht verleiht der Geschichte der Entzweiung beider zu Beginn der Erzählung harmonisch vereinten und am Ende jeweils auf ihr Selbst zurückgeworfenen Liebenden in moderner, ästhetisch konsequenter Weise Ausdruck.

Genau zwanzig Jahre nach der Entstehung seiner ersten größeren Erzählung notiert Schnitzler selbstkritisch in einer handschriftlichen Notiz anlässlich seiner ersten Werkausgabe von 1912: »*Sterben* – Die Intensität des seelischen Erlebens stark. Im Stil noch wenig künstlerisch, aber auch ungekünstelt. Die zwei Hauptfiguren noch fern von Gestalt. Typen ohne Familie, ohne Herkunft. Der Fall selbst dadurch wohl rein, aber nicht genügend beweiskräftig u. menschlich überzeugend […]« (SAF, N. I., Folio 9).

An den nach *Sterben* erschienenen Erzählungen lässt sich verfolgen, wie Schnitzler die von ihm selbst angesprochenen Schwächen u. a. dadurch überwindet, dass er seinen Figuren zunehmend Individualität und Tiefe verleiht. Deutlich wird aber auch, dass er sein Projekt der Erkundung einer »Zwischenwelt« gezielt fortsetzt und zu diesem Zweck z. T. neue Formen des Erzählens entwickelt. Dabei interessiert sich der Erzähler Schnitzler insofern für die »friedlose[] Vielfältigkeit der Einzelfälle« (ES II, 985), als er geradezu systematisch nicht nur auf der Ebene des Erzählten Themen, Situationen und Figurengruppierungen wiederholt und variiert, sondern auch das Spannungsverhältnis von ›Objektivität‹ und ›Subjektivität‹ in immer wieder neuen Konstellationen des Erzählens inszeniert.

Varianten der »Verinnerung« im Spannungsfeld von ›Objektivität‹ und ›Subjektivität‹

Im Rahmen einer allgemeinen Tendenz zum »psychologisch-mimetische[n]« (Žmegač 1990, 355) Erzählen besteht der wohl offensichtlichste Beitrag Schnitzlers zur literarischen Moderne darin, dass er in seiner Erzählprosa unterschiedliche Möglichkeiten einer durchgängigen Darstellung von Geschehen aus der Innensicht sondiert. In den frühen, im zeitlichen Umfeld von *Sterben* entstandenen Novelletten der 1890er Jahre stehen hier zunächst Studien des männlichen Bewusstseins im Vordergrund. In der Erzählung *Ein Abschied*, die sich auch inhaltlich als das Gegenstück zu *Die Toten schweigen* lesen lässt, wird dieses Bewusstsein durch das Medium einer ebenso unbeteiligten wie neutralen narrativen Instanz weitgehend in der dritten Person vermittelt. Diese Stimme ermöglicht auf wunderbare Weise, was in der realen Welt unmöglich wäre, nämlich *in actu* die Verwirrung und die Schuldgefühle eines jungen Mannes mitzuverfolgen, die dieser während und nach der tödlichen Erkrankung seiner verheirateten Geliebten gegenüber niemandem aussprechen kann, weil offenbar niemand von ihrem Verhältnis wusste. In *Blumen*, *Die Frau des Weisen*, *Andreas Thameyers letzter Brief* und der erstmals 1902 veröffentlichten Erzählung *Die griechische Tänzerin* kommen die männlichen Figuren dagegen scheinbar ohne die Vermittlung einer unbeteiligten Instanz in der Form des Tagebuchs, des Briefs oder einem (Inneren?) Monolog zu Wort, wobei auch hier jeweils psychische Prozesse dargestellt sind, die mehr oder weniger unmittelbar durch das Verhalten eines weiblichen Gegenübers ausgelöst werden.

In der im Juli 1900 ausgearbeiteten Novelle *Lieutenant Gustl* ist die konsequente Darstellung eines Geschehens aus der Innensicht in ihrer Extremform verwirklicht. Angeregt durch die im Herbst 1898 gelesene Erzählung *Les lauriers sont coupés* (1888) des Franzosen Édouard Dujardin, führt Schnitzler mit dieser »Monologerzählung« (Zenke 1976) eine radikale Neuerung in die deutschsprachige Erzählliteratur ein. Erstmals verzichtet er nicht nur auf jegliche Erzählinstanz, sondern auch auf die Fiktion irgendeiner Art von ›realer‹ Niederschrift oder Rede und damit auch eines möglichen Adressaten. Sein Text präsentiert ein Geschehen mit der Ausnahme von wenigen, sehr kurzen Dialogpassagen vollständig in Gestalt der reinen Gedankenrede, d. h. des sogenannten Inneren Monologs oder auch »autonomen Monologs« (Cohn 1978, 217–265), sodass der Eindruck entsteht, als ob man – jedenfalls im gewählten Zeitausschnitt – am Denken des männlichen Protagonisten vollkommen ›objektiv‹, unmittelbar und ohne jede Auslassung, teilhaben könne.

Dass diese Erzählung einen Skandal auslöste, liegt allerdings nicht allein in ihrer innovativen Form begründet. Entscheidend dafür war, zu wessen Denken Schnitzlers Text seinen Lesern scheinbar ungehindert Zutritt verschafft. Mit der Gestalt des jungen Leutnants rückt Schnitzler eine Figur in den Blickpunkt, die wichtige Grundwerte der bürgerlichen Gesellschaft des ausgehenden 19. Jahrhunderts in der Form eines Idealtyps verkörpert. Diese Leitfigur der Epoche lässt ihr Autor in eine Situation geraten, wo sie in dem verletzt wird, was ihre herausragende Stellung überhaupt erst begründet: in ihrer Männlichkeit und ihrer Ehre. Wie reagiert der Leutnant, den ein körperlich überlegener Bäckermeister bei seinem Säbel packt und damit existentiell bedroht? Grundlegend für Schnitzlers Studie ist, dass Gustls Beleidigung zwar in einem öffentlichen Raum erfolgt, gleichwohl aber nur die beiden Beteiligten zum Zeugen hat. Gustl, der seinen satisfaktionsunfähigen Beleidiger ja nicht fordern kann, muss sich in einem inneren Prozess fortan selbst zur Verletzung seiner Ehre ins Verhältnis setzen, und das Protokoll seines Denkens ist insofern von besonderer Brisanz. Mit Hilfe der literarischen Technik des Inneren Monologs hebt Schnitzler in *Lieutenant Gustl* also die Grenze auf, die im sozialen Leben Innen- und Außenwelt trennt, und offenbart den Durchschnittscharakter und die Minderwertigkeitskomplexe einer auf dem Prinzip der Verdrängung eigener Ängste und der Aggression gegen seine Geschlechtsgenossen aufgebauten Existenz. Die Ideale von Ehre und Männlichkeit – und das ist das eigentliche Skandalon dieser »Psychogramm« und »Soziogramm« verbindenden Novelle (Schmidt-Dengler 1996, 24) – erscheinen im Rahmen des von Schnitzler in Szene gesetzten Bewusstseinsprozesses als ein ungedeckter Wechsel, eine hohle Hülle, die sich letztlich auf äußere Attribute wie das Tragen einer Uniform und eines Säbels reduziert.

Berücksichtigt man, dass Schnitzler die 1899 erschienene *Traumdeutung* von Sigmund Freud im März 1900 intensiv gelesen hat, so lässt sich sein *Lieutenant Gustl* zugleich als eine Art erster skeptischer Kommentar zu dem dort errichteten Lehrgebäude der Psychoanalyse verstehen. Das von Freud im systematischen Rahmen eines tiefenpsychologischen Modells erklärte Prinzip der Verdrängung gestaltet Schnitzler im Rahmen seiner literarischen Fiktion als einen alltäglichen Prozess, der – jedenfalls in einem durchschnittlichen Fall wie dem des Leutnant Gustl – nicht in die nur noch dem Analytiker zugänglichen Tiefen des Unbewussten, sondern unmittelbar an den Rand des Bewusstseins und damit durchaus noch in den Verfügungs- und Verantwortungsbereich des Verdrängenden gehört.

Die Ende 1923 vollendete zweite »Monologerzählung« *Fräulein Else* bildet gewissermaßen das späte Gegenstück zu *Lieutenant Gustl*. Noch einmal präsentiert Schnitzler ein Geschehen ohne Erzähler und schafft die Illusion, dass der Leser unmittelbar am Denken und Erleben der Figur teilhaben kann. Dabei wird auch in *Fräulein Else* das Bewusstseinsprotokoll eines repräsentativen Typus in einer besonderen Situation gegeben. An die Stelle des Leutnants als männlichem Vorbild der Jahrhundertwendegesellschaft rückt hier jedoch eine junge Frau, die ihren Platz in der Gesellschaft nicht verteidigen, sondern finden muss.

Wie in *Lieutenant Gustl* ist auch in diesem Fall von entscheidender Bedeutung, dass der Angriff auf die Integrität der Figur zwar in einem öffentlichen Raum erfolgt (das von der Mutter im Namen des Vaters gewünschte Gespräch mit dem reichen Kunsthändler Dorsday findet auf einer Promenade statt, unmittelbar vor dem Foyer des Hotels), gleichwohl aber nur die beiden Beteiligten zum Zeugen hat. Wie der Leutnant Gustl steht Else vor einem Dilemma, und wie Gustl zur Frage der Ehre, muss sich Else zur Frage des Anstands in einem inneren Prozess nunmehr allein ins Verhältnis setzen.

Indem sich Else schließlich vor den Augen Dorsdays *und* anderer Gäste des mondänen Hotels entblößt, zieht sie den Akt, der die soziale Existenz ihrer Familie retten soll, in die Öffentlichkeit eben der Gesellschaft, deren Doppelmoral von ihr die Preisgabe des Anstands im Verborgenen verlangt. Die wahren Gründe von Elses scheinbar skandalösem Verhalten werden allerdings nicht den beteiligten Figuren, sondern nur dem Leser als Zeugen ihrer Gedanken verständlich. Ihm entdeckt die Geschichte von Elses Enthüllung die Verlogenheit einer ›guten Gesellschaft‹, deren Werte sich im Aufrechterhalten des bloßen Scheins erschöpfen, die ihre Töchter an reiche Männer zur Eheschließung verkauft und die dem Eros der Frau huldigt, ohne ihr eine autonome Sexualität zu gestatten. Im Unterschied zum Leutnant Gustl, der sich das Kleid und das Ansehen seines Standes um den Preis der Verdrängung bewahrt, zeigt Schnitzler die auf ihre Integrität bedachte Else daher am Ende nackt und ohne sozialen Schutz. Ohne Lebensraum in der Gesellschaft bleibt seiner Figur als Rettung nur die Flucht in einen hysterischen Anfall und die Zerstörung ihres bewussten Selbst.

Vergleicht man die erzählerische Umsetzung des Inneren Monologs in *Lieutenant Gustl* und *Fräulein Else*, zeigt sich überdies Schnitzlers Entwicklung im Rahmen seiner literarischen Erkundungen der menschlichen Psyche. In dem Spätwerk leuchtet Schnitzler tiefer in das Innere seiner Figur. Der Raum des Bewusstseins ist um die Darstellung von Träumen und bildhaften Assoziationen erweitert, das Denken der Figur scheint noch weniger rational gesteuert und radikaler in seiner Inkohärenz erfasst. Außerdem bezieht Schnitzler nunmehr auch das im *Lieutenant Gustl* nahezu vollkommen ausgeblendete Medium des Textes in seine Gestaltung ein. Der Gegensatz zwischen Innen- und Außenwelt ist durch einen unterschiedlichen Schriftschnitt (›recte‹ vs. ›kursiv‹) markiert, und das an drei Stellen eingefügte Zitat einer die Linearität des Textes durchbrechenden Notenschrift illustriert, wie weit die Auflösung von Elses bewusstem Selbst reicht und in welchem Ausmaß sich dieser psychische Prozess einer diskursiv geordneten Sprache und damit letztlich auch der Illusion einer ›Objektivität‹ von verbaler Darstellung entzieht.

Sieht man von den vorgestellten radikalen Formen einer durchgängigen Innensicht ab, so zeichnen sich die in aller Regel dem Prinzip einer chronologischen Darstellung von Geschehen verpflichteten Erzählungen Schnitzlers durch eine im Einzelfall sehr variable Kombination von Übersicht und Mitsicht aus. Dabei ist die Übersicht grundsätzlich stark reduziert, d.h., die Präsenz einer das Geschehen sprachlich vermittelnden heterodiegetischen narrativen Instanz ist im Sinne der Idee einer »objektiven Darstellungsweise« zurückhaltend gestaltet: Sie berichtet, aber sie bewertet und kommentiert – im Unterschied etwa zu den ›Erzählern‹ bei Fontane oder Thomas Mann – nicht einmal ansatzweise Geschehen oder Figuren. In allen Erzählungen mit einer heterodiegetischen narrativen Instanz findet sich im Blick auf die Darstellung der Innenwelt von Figuren – wie schon in *Sterben* – überdies ein komplexes Spiel mit der Grenze von »Erzählertext« und »Figurentext« (Schmid 2008, 156–159). Infolge gleitender Übergänge zwischen ›Bewusstseinsbericht‹, ›erlebter Rede‹, ›Gedankenzitat‹ und ›innerem Monolog‹ umfasst dieses Spiel die Interferenzen von Erzähler- und Figurenstimmen und eine jeweils variierende Distanz zum Erzählten. Zugleich bleibt das Prinzip der Figuralisierung des Erzählens wiederum – anders als in *Sterben* – wiederholt auf die Perspektive einer einzelnen Figur beschränkt. Im Einzelnen unterschiedlich profilierte Formen einer fixierten internen Fokalisierung (zu deren Konsequenzen eine Außensicht auf alle anderen Figuren der erzählten Welt gehört) finden sich so z.B. in *Frau Bertha Garlan*, *Frau Beate und ihr Sohn*, *Doktor Gräsler, Badearzt*, *Casanovas Heimfahrt* oder auch *Spiel im Morgengrauen* und *Flucht in die Finsternis*, also all den Erzählungen, die sich dem Verhalten einzelner, teils männlicher, teils weiblicher Charaktere in besonderen, teils ähnlichen, teils grundverschiedenen Situationen widmen. Auch die interne Fokalisierung in den beiden Romanen Schnitzlers bleibt konsequent (*Therese*) bzw. im Wesentlichen (*Der Weg ins Freie*) auf das Bewusstsein einer einzelnen Figur begrenzt.

Mit dem Thema und dem Verlauf seiner Geschichten hat Schnitzler auch die Form seines Erzählens gezielt variiert. Eine interessante Abwandlung der Form einer fixierten internen Fokalisierung findet sich so etwa in der Ehegeschichte *Traumnovelle*, in der eine heterodiegetische narrative Instanz den Zugang zum Bewusstsein der männlichen Figur eröffnet, während die weibliche Figur ihr Denken und Fühlen und vor allem einen langen und ungewöhnlich komplexen Traum ohne die Hilfe einer fremden Stimme in der direkten Figurenrede selbst offenbart. Eine Kombination von zwei Innensichten zu einem spezifischen Typ von multiperspektivischem Erzählen bietet dagegen *Die kleine Komödie* – wobei in diesem Fall wiederum, anders als in *Sterben* und vielen anderen Erzählungen Schnitzlers, jede Übersicht fehlt. In einer Folge von kommentarlos, ohne Herausgeberfiktion aneinandergereihten Briefen wird hier im Wesentlichen dasselbe Geschehen, d.h. die Geschichte einer auf einer wechselseitigen Täuschung aufbauenden Affäre, aus der Sicht und mit den Stimmen von Mann und Frau in der Form der eingeschobenen Erzählung präsentiert.

Im Rahmen der in Schnitzlers Werken – entgegen einem landläufigen Klischee überdies an durchaus verschiedenen historischen Orten und Zeiten angesiedelten – erzählten Welt scheint dem dargestellten Geschehen in der Tradition von ›Realismus‹ und ›Naturalismus‹ zumindest in seinem Kern ein eindeutiger Realitätsstatus zuzukommen. Bei näherem Hinsehen führt das mit einer »objektiven Darstellungsweise« eng verknüpfte Prinzip der Perspektivierung von Geschehen aber wiederholt dazu, dass eben dieser Status in Zweifel steht, ja dass die auf der Ebene des Erzählten für viele Geschichten Schnitzlers zentrale Frage nach dem genauen Verlauf der Grenze von Wirklichkeit und Täuschung, von intersubjektiv gültigen Tatsachen und der bloßen Einbildung einzelner Subjekte, auch zum Gegenstand des Erzählens wird. Auf diese Weise entstehen kaum in ein herkömmliches Genre einzuordnende, in der Forschung hilfsweise als »quasi-fantastisch« charakterisierte Texte (Lukas 1996, 259 u. 263) wie *Die Weissagung* oder *Das Tagebuch der Redegonda*. Sowohl die wirklichkeitsstiftende Kraft von Sprechakten im Allgemeinen als auch die Grundlagen fiktionaler Narration im Besonderen werden hier ganz offensichtlich reflektiert. Ein »psychologisch-mimetischer« Ansatz des Erzählens schließt im Falle Schnitzlers also Werke ein, die eindeutig auch der zweiten »großen Tendenz« moderner Erzählprosa nach Viktor Žmegač, d.h. einer »metanarrativ-ironische[n]« Form, entsprechen (1990, 355).

Epische Formen

Im Verlauf des 19. Jahrhunderts wuchs die Produktion von ›Kurzer Prosa‹ stetig an und erreichte »nach

1900 einen Höhepunkt« (Sorg 2008, 369). Im Sinne dieser allgemeinen, mit einem gewissen »Tiefstand des Romans« (Koopmann 2008, 343) verbundenen Tendenz handelt es sich auch bei den Erzähltexten Schnitzlers mehrheitlich um Werke von kürzerem bis mittlerem Umfang in der Gestalt von Prosaskizzen, Prosastücken, Novelletten und Novellen – also Werke, die zumeist einen vergleichsweise kurzen Ausschnitt von erzählter Zeit umfassen und die eine in irgendeiner Hinsicht besondere, aus dem Strom der Zeit herausragende Begebenheit umkreisen. Dem »Kult des Augenblicks um 1900« (Sorg 2008, 380) und dem zeittypischen Interesse für offene Formen folgt Schnitzler allerdings nicht mit der Radikalität eines Peter Altenberg, Carl Einstein oder Robert Walser. Das Geschehen in Schnitzlers Erzähltexten besteht in keinem Fall aus – im Extremfall – rein seriell, d. h. chronologisch aneinandergereihten Ereignissen, sondern es ist zumindest im Ansatz immer zu einem Plot, einer mehr oder minder deutlich konturierten Geschichte, geordnet, in der die Ereignisse nicht grundlos *auf*einander, sondern nach bestimmten – wenn auch im Einzelfall nicht immer eindeutig zu ermittelnden – Regeln *aus*einander folgen. Dass die Struktur von Schnitzlers Werken dabei auf einer »Tiefenebene« höchst ausgeklügelt ist und in vielen Fällen ein »narratives 3-Phasen-Modell« verwirklicht, hat Lukas ausgeführt (1996, 12 u. 15).

Wie Hugo von Hofmannsthal, die Brüder Mann, Stefan Zweig und viele andere Autoren der Klassischen Moderne bevorzugt Schnitzler im Feld der ›Kurzen Prosa‹ das überlieferte Genre der Novelle und damit eine klassisch geschlossene, durchkomponierte ästhetische Form – wobei er diese Gattungskonvention wiederholt ironisch bricht und im Blick auf die Gattungszugehörigkeit seiner Texte im Einzelfall nicht nur von Novelletten, sondern auch von »Novellettchen« (an Hugo von Hofmannsthal, 2.8.1893; Hofmannsthal-Bw, 42) spricht. Der Form der Novelle im klassischen Sinn entsprechen neben *Frau Bertha Garlan, Die Weissagung, Andreas Thameyers letzter Brief, Das Schicksal des Freiherrn von Leisenbohg* und vielen anderen Werken interessanterweise auch *Lieutenant Gustl* und *Fräulein Else*, also die beiden »Monologerzählungen« Schnitzlers, die gerade keiner bestimmten ästhetischen Gestalt, sondern allein der möglichst ›realistischen‹, d. h. unmittelbaren und ›objektiven‹ Darstellung von Bewusstseinsvorgängen verpflichtet scheinen. Doch wie alle Erzählungen Schnitzlers erschöpfen sich auch diese Werke nicht einmal vordergründig im Versuch eines psychologischen Realismus. Die Poetizität dieser und anderer Texte und damit die Tatsache, dass ihre Form – wie jede poetische Form – künstlich ist und der »chaotischen Wahrheit« (AB, 26) des Lebens nicht entspricht, wird vielmehr in den Texten selbst mittelbar reflektiert oder doch zumindest angedeutet. Zur Komposition von *Lieutenant Gustl* und *Fräulein Else* gehören so z. B. facettenreiche intermediale Bezüge auf jeweils ein Musikstück, das Leutnant Gustl zu Beginn und Fräulein Else am Ende der erzählten Geschichte hören (d. h. auf Felix Mendelssohn Bartholdys *Paulus*-Oratorium bzw. auf Robert Schumanns *Carnaval op. 9*). Die *Traumnovelle* wiederum ist nicht zuletzt als skeptischer Gegentext zu Hugo von Hofmannsthals *Märchen der 672. Nacht* und zum Ästhetizismus der Autoren von Jung Wien angelegt, und die Symmetrie in der Komposition der als ›Doppelgeschichte‹ konzipierten Erzählung wird in diesem Fall durch den markierten intertextuellen Bezug auf ein eingangs zitiertes orientalisches Märchen aus *Die Erzählungen aus den Tausendundeinen Nächten* reflektiert (allgemein zum »intertextuellen Erzählen« Schnitzlers zuletzt Aurnhammer 2013).

Eine angebliche Nähe zum impressionistischen Erzählen (z. B. Allerdissen 1985) sowie der vergleichsweise geringe Umfang der Mehrzahl von Schnitzlers Werken hat zu dem bis heute auch in Literaturgeschichten verbreiteten Vorurteil geführt, dass der Wiener Autor nur in den kurzen Prosaformen heimisch sei. Seine beiden Romane werden in diesem Zusammenhang entweder ausgeblendet oder doch zumindest als – jedenfalls aus formaler Sicht – zweitrangig bewertet (z. B. Sprengel 2004, 243). Dabei wird übersehen, dass Schnitzler auch in diesen Werken eigene und, für sich genommen, jeweils konsequente ästhetische Wege geht. So ist *Der Weg ins Freie* (1908) eben nicht als Bildungs- oder Entwicklungsroman, sondern als ein systematisch entfabelter Roman angelegt, der mit Hilfe eines als eine Art Brennspiegel und Katalysator fungierenden männlichen Protagonisten ein weites Spektrum von unterschiedlichen, aber prinzipiell gleichberechtigten Lebensentwürfen präsentiert und der auf diese Weise eine höchst moderne Poetik des Nebeneinanders verwirklicht – eine Poetik, die sich sowohl dem Prinzip einer zielgerichteten Entwicklung von Figuren als auch der eindeutigen Bewertung ihres Verhaltens verweigert und die dem Problem der Suche nach Ordnung und damit auch dem eigentlichen Thema dieses ›Zeitromans‹ in kongenialer Weise entspricht. Schnitzlers zweiter Roman *Therese. Chronik eines Frauenlebens* (1928) ist seinerseits wie ein

Gegenstück zu *Der Weg ins Freie* angelegt. Die Suche nach dem verlorenen Halt in einer Epoche des Übergangs wird hier nicht mit Hilfe eines schmalen Zeitausschnitts und einer Fülle von Figuren, sondern am Beispiel der in vielen Szenen entfalteten Lebensgeschichte einer einzelnen Figur illustriert. In 106 durchnummerierten Kapiteln und der Form des Episode an Episode reihenden Erzählens ist dieses Spätwerk als eine neue Art von »Desillusionsroman« (Dangel 1985, 47–49) konzipiert, der eine Nähe zu »Stiltendenzen der Neuen Sachlichkeit« (Perlmann 1987, 180) aufweist und der die »Erfahrung zielloser Wiederholung« (ebd., 177) im Leben der vergeblich ihren Ort in der Gesellschaft suchenden weiblichen Protagonistin mit Hilfe der »Strukturprinzipien« von »Progression« und »Repetition« (ebd., 176) spiegelt.

Schaut man von diesem späten Roman schließlich noch einmal auf das gesamte, die Zeit von – berücksichtigt man allein die zu Lebzeiten veröffentlichten Texte – 1885 bis 1931 umspannende Prosawerk des Wiener Autors, so bestätigt sich: Der Entwurf spezifischer Varianten einer »Verinnerung« des Erzählens ist Teil einer geradezu programmatischen Vielfalt von Erzählformen und -kompositionen. Weniger in der Entwicklung eines bestimmten Typus von Erzählung als vielmehr in der prinzipiellen Offenheit im Blick auf die »chaotische[] Wahrheit« (AB, 26) des menschlichen Lebens, in der Praxis einer proteisch-unfixierbaren, sich von Sujet zu Sujet wandelnden narrativen Gestalt liegt die besondere Leistung und wohl auch die Modernität des Erzählers Schnitzler.

Literatur

Allerdissen, Rolf: *A. S. Impressionistisches Rollenspiel und skeptischer Moralismus in seinen Erzählungen*. Bonn 1985.
Aurnhammer, Achim: *A. S. Intertextuelles Erzählen*. Berlin u. a. 2013.
Bahr, Hermann: *Zur Überwindung des Naturalismus. Theoretische Schriften 1887–1904*. Hg. v. Gotthart Wunberg. Stuttgart u. a. 1968.
Cohn, Dorrit: *Transparent Minds. Narrative Modes for Presenting Consciousness in Fiction*. Princeton 1978.
Dangel, Elsbeth: *Wiederholung als Schicksal. A. S.s Roman »Therese. Chronik eines Frauenlebens«*. München 1985.
Fontane, Theodor: *Schriften zur Literatur*. Hg. v. Hans-Heinrich Reuter. Berlin 1960.
Kiesel, Helmuth/Wiele, Jan: Klassische Moderne (1890–1930). In: Matías Martínez (Hg.): *Handbuch Erzählliteratur. Theorie, Analyse, Geschichte*. Stuttgart 2011, 258–272.
Kiwit, Helmut: *»Sehnsucht nach meinem Roman«. A. S. als Romancier*. Bochum 1991.
Koopmann, Helmut: Roman. In: Sabine Haupt/Stefan B. Würffel (Hg.): *Handbuch Fin de Siècle*. Stuttgart 2008, 343–368.
Lukas, Wolfgang: *Das Selbst und das Fremde. Epochale Lebenskrisen und ihre Lösung im Werk A. S.s*. München 1996.
Mann, Klaus: *Tagebücher 1936 bis 1937*. Hg. v. Joachim Heimannsberg u. a. München 1990.
Perlmann, Michaela L.: *A. S.* Stuttgart 1987.
Schmid, Wolf: *Elemente der Narratologie*. Berlin/New York ²2008.
Schmidt-Dengler, Wendelin: A. S. *Leutnant Gustl*. In: *Interpretationen. Erzählungen des 20. Jahrhunderts*. Bd. 1. Stuttgart 1996, 75–98.
Sorg, Reto: Kurze Prosa. In: Sabine Haupt/Stefan B. Würffel (Hg.): *Handbuch Fin de Siècle*. Stuttgart 2008, 369–414.
Spielhagen, Friedrich: *Beiträge zur Theorie und Technik der Epik und Dramatik*. Leipzig 1883.
Spielhagen, Friedrich: *Neue Beiträge zur Theorie und Technik der Epik und Dramatik*. Leipzig 1898.
Sprengel, Peter: *Geschichte der deutschsprachigen Literatur 1870–1900. Von der Reichsgründung bis zur Jahrhundertwende*. München 1998.
Sprengel, Peter: *Geschichte der deutschsprachigen Literatur 1900–1918. Von der Jahrhundertwende bis zum Ende des Ersten Weltkriegs*. München 2004.
Zenke, Jürgen: *Die deutsche Monologerzählung im 20. Jahrhundert*. Köln/Wien 1976.
Žmegač, Viktor: *Der Europäische Roman. Geschichte seiner Poetik*. Tübingen 1990.

Michael Scheffel

3. Intermedialität: Filmisches Schreiben

Lebendige Schatten

Arthur Schnitzler interessierte sich intensiv für visuelle Medien – für das Panorama, für die verschiedenen Berichte und Dokumentationen, die in der Berliner Urania gezeigt wurden, und vor allem für den Film. Er hat mit zunehmendem Alter immer schlechter gehört, was seine Liebe zum Stummfilm und seine Abneigung gegen den Tonfilm steigerte, der zur Zeit seines Todes (1931) bereits zu dominieren begann. Er war ein enthusiastischer Kinogänger (vgl. Braunwarth 2006; Ilgner 2010, 15–44). Seine Begeisterung für den Film beruhte gleichsam auf Gegenseitigkeit, denn auch der Film interessierte sich für ihn. Schnitzlers Werke – sowohl erzählerische als auch dramatische – regten immer wieder zu Verfilmungen oder Fernsehadaptionen an. Er war somit Kinodramatiker (*Liebelei, Reigen, Das weite Land, Professor Bernhardi*), Kinoerzähler (*Frau Bertha Garlan, Casanovas Heimfahrt, Fräulein Else, Traumnovelle, Spiel im Morgengrauen*) und, wohlgemerkt, auch Drehbuchautor. Er war des Öfteren bereit, nicht nur seine eigenen Werke in Drehbücher umzuschreiben, sondern auch neue, eigenständige Drehbücher zu konzipieren. Das letzte Projekt, an dem er kurz vor seinem Tod arbeitete, war ein Drehbuch, und zwar für einen Krimi (vgl. Marquart 2010, 113–125).

Aus all dem geht hervor, dass das Filmische in den Ausdrucksformen von Schnitzlers kreativer Persönlichkeit beheimatet war. Wie ist das im Einzelnen zu verstehen? Die eine Antwort ist primär thematischer bzw. stofflicher Art, die zweite betrifft formal-stilistische Kategorien.

Im Zentrum der Erfahrungswelt, die Schnitzlers Œuvre heraufbeschwört und hinterfragt, stehen Liebe und sexuelles Verlangen. Dieser Komplex erstreckt sich von einer Thematisierung des Geschlechtsverkehrs einerseits (*Reigen, Frau Beate und ihr Sohn*) bis hin zu insubstantiellen Phantasien, Wunschträumen, fetischistischen Fiktionen andererseits (*Blumen*). Was daraus hervorgeht, ist eine erstaunliche Dialektik von Präsenz und Absenz, von Konkretion und Abstraktion. Lange vor einer postmodernen Theoretisierung des Erotischen hat Schnitzler (wie sein Zeitgenosse Freud) gewusst, dass Sexualität mit kultureller Vermittlung, mit Performanz, mit Formen gesellschaftlicher Kodifizierung und Textualisierung (vor allem im Hinblick auf die Dialektik des Erlaubten und des Verbotenen) aufs Intimste verflochten ist. Gerade dieses Ineinander und Nebeneinander von physischer Erregung und rationaler Konstruktion entspricht dem Modus filmischer Aussage. Denn der Film verkörpert eine Koexistenz von Substantialität und Insubstantialität. Als Medium kann er einerseits – etwa durch Nahaufnahmen – ausgesprochen sinnlich, sogar voyeuristisch wirken; andererseits ist er eine bloß zweidimensionale Simulation. Die Schauspieler sind – im Gegensatz zu einer Theateraufführung – gar nicht präsent. Man sieht nur ihre Bilder, lebendige Schatten, auf eine Leinwand projiziert. Film als Medium hat somit etwas Konstruiertes, Schemenhaftes, und zugleich etwas Überwirkliches, Verführend-Intimes an sich. Dieses Geflecht von medialen Appellstrukturen korreliert mit Schnitzlers Hinterfragung zwischenmenschlicher (und vor allem zwischengeschlechtlicher) Beziehungen. Was seine Thematik angeht, neigt Schnitzler immer wieder dazu, das Episodische an der Erlebniswelt seiner Figuren hervorzuheben (*Anatol, Reigen, Der Weg ins Freie, Therese*). Dabei übersieht er nie, dass dieses Kontingente, Unzusammenhängende keine existentielle, sondern vielmehr eine gesellschaftliche Kondition ist. Gerade dieses Zusammenspiel von abgekapselter, intim wirkender Augenblickskunst und sozialem Panorama lässt sich sehr gut in filmische Ausdrucksweisen transponieren. Denn der Film kann mit wechselnder Fokussierung unzählige Variationen hervorbringen – von Nahaufnahmen bis zu breiter *mise en scène*. Überdies kann die Schnitttechnik eine Art Montage erreichen, bei der die Kamera sowohl Subjektivität als auch Objektivität vermittelt.

Ein zentraler Aspekt dieser privaten und zugleich gesellschaftlich fokussierten Augenblickskunst ist die Dialogführung. Als erfahrener Dramatiker hatte Schnitzler ein Ohr für die sprachliche Pragmatik der Gesprächssituation, für die changierenden Äußerungen der Aufrichtigkeit, der Persiflage, der Halbwahrheiten und der Lüge. Nur folgerichtig erscheint insofern, dass seine Theaterstücke bei Fernsehregisseuren lebhaftes Interesse gefunden haben. Bei der visuellen Vermittlung zwischenmenschlicher Dialoge kann die Kamera durch variierende Fokussierung kreativ wirken. Anders als im Theater kann sie bestimmen, welche Figur bzw. Figuren wir sehen. Im Theater ist es hingegen immer so, dass wir beide Gesprächspartner zugleich sehen. Schnitzler war als Dramatiker genial in seiner Fähigkeit, die Labilität der Gesprächssituation zu beleuchten; und jene Labilität lässt sich von einem begabten Filmregisseur in allen Schattierungen ausdrücken.

Intimität und Gesellschaft

Immer wieder insistiert Schnitzler darauf, dass die zwischenmenschliche Intimität gesellschaftlich kontextualisiert ist. Wie bei Čechov ist es bei Schnitzlers Dramen wichtig, dass Geräusche – etwa aus dem Nebenzimmer, aus dem Garten, von der Straße – hörbar sind. Schnitzler lässt uns z. B. in seiner Behandlung von Hotelszenen (*Das weite Land*, *Fräulein Else*) nie vergessen, dass private Gespräche von einer lauschenden Öffentlichkeit umgeben sind. Der Film verfügt über die Möglichkeit via Tonspur, Off-Stimmen und Musik alltägliche Geräusche (Straßenlärm, Wind, Regen, Begegnungen zwischen Nebenfiguren) präsent zu machen und kann Schnitzlers Gespür für komplexe, plurale und simultane Wahrnehmung somit kongenial vermitteln. Darüber hinaus kann die Filmregie durch variierende Beleuchtung ein Drama von Zentrum und Peripherie, von Vordergrund und Hintergrund, eine Art dialektisch changierende Fokussierung erreichen, die der wesentlichen Gebärde des Schnitzlerschen Textes, sei er theatralisch oder erzählerisch, entspricht. Vor allem kann der Film mannigfache Formen der Übergänge zum Ausdruck bringen – von plötzlicher, rapider Schnitttechnik, von Montage bis hin zur langsamen, allmählichen Transformation eines Bildes in ein anderes, einer Stimmung in eine andere. Gerade jene vielfältigen Versionen des Assoziativen überschneiden sich mit Schnitzlers unvergleichlich differenzierter Hinterfragung des menschlichen Seelenlebens.

Wie steht es nun um die formalen, d. h. stilistischen und strukturellen Aspekte? Gerade in seiner erzählerischen Sezierung der Psyche ist Schnitzler etwas gelungen, was zu einem wesentlichen Bestandteil der literarischen Moderne geworden ist. Seine in hohem Maße flexible Handhabung der Erzählhaltung, von der traditionellen Er-Erzählung via erlebte Rede bis hin zum Bewusstseinsstrom bzw. Inneren Monolog ist meisterhaft. In den meisten seiner Erzählungen wechselt er kontinuierlich zwischen Innen- und Außenwelt und erreicht damit eine gleichsam poröse Erzählkunst, wobei Ich-Erzählung und Er-Erzählung, erlebte Rede, Innerer Monolog (in dessen Rahmen eine Figur mit sich selbst spricht, mit sich selbst ins Reine zu kommen versucht) und Bewusstseinsstrom (bei dem sich das Innenleben unzensiert, kontingent, assoziativ Ausdruck verschafft) miteinander vermengt werden.

Von diesem Befund aus stellt sich die Frage, inwiefern jene Meisterschaft des Narrativ-Porösen ihren filmischen Niederschlag finden kann.

Im genauen Gegensatz etwa zu Robert Musil oder Thomas Mann ist Schnitzler kein insistent diskursiver, reflexiver Erzähler. Die Schnitzlersche Reflexion ist vielmehr in der wechselnden Fokussierung der Erzählperspektive beheimatet. Und gerade dieses Charakteristikum überschneidet sich mit der Ausdrucksweise des Films, die plural und simultan vorgehen kann. Die Kamera steuert den Wahrnehmungsrahmen der Zuschauer; durch Rückblende und Montage, durch Abblende und Aufblende, durch eine Schnitttechnik, die einen Schärfenwechsel herbeiführt, durch das Vorhandensein einer Off-Stimme, die das Visuelle durch sprachliche Äußerung begleitet, kommentiert, untermalt, relativiert, kann die Komplexität von Schnitzlers Erzählkunst filmisch übermittelt werden.

Narrativik und Kameraführung

Es liegt auf der Hand, dass der Film immer wieder Stoffe, Themen, Figuren aus der Literatur übernommen hat. Vor allem realistische Romane – etwa von Jane Austen, Dickens, Balzac, Flaubert, Fontane – werden immer wieder verfilmt. Dabei aber kann es vorkommen, dass die eigentliche narrative Struktur der jeweiligen Romane verloren geht. Bei Schnitzler-Verfilmungen ist es anders. Weil seine Handhabung der verschiedenen Modalitäten des Erzählens so inhärent filmisch war, ist es Fernseh- und Filmregisseuren oft gelungen, nicht nur eine genaue Vermittlung des Inhalts der jeweiligen Werke zu geben – etwa der Handlung, der Figuren, des Schauplatzes der Ereignisse –, sondern auch die rhetorische Vielfalt des Schnitzlerschen Textes, seiner Struktur, seiner facettierten Perspektivierung, zum Ausdruck zu bringen (vgl. Ilgner 2010, 135–153). Beispielhaft zeigt sich dieser Zusammenhang in den Anfangssätzen der Erzählung *Die Toten schweigen*:

»Er ertrug es nicht länger, ruhig im Wagen zu sitzen; er stieg aus und ging auf und ab. Es war schon dunkel; die wenigen Laternenlichter in dieser stillen, abseits liegenden Straße flackerten, vom Winde bewegt, hin und her. Es hatte aufgehört zu regnen; die Trottoirs waren beinahe trocken; aber die ungepflasterten Fahrstraßen waren noch feucht, und an einzelnen Stellen hatten sich kleine Tümpel gebildet.

Es ist sonderbar, dachte Franz, wie man sich hier, hundert Schritt von der Praterstraße, in irgend eine ungarische Kleinstadt versetzt glauben kann. Immer-

hin – sicher dürfte man hier wenigstens sein; hier wird sie keinen ihrer gefürchteten Bekannten treffen.
Er sah auf die Uhr ... Sieben – und schon völlige Nacht. Der Herbst ist diesmal früh da. Und der verdammte Sturm.
Er stellte den Kragen in die Höhe und ging rascher auf und ab. Die Laternenfenster klirrten. ›Noch eine halbe Stunde‹, sagte er zu sich, ›dann kann ich gehen. Ah – ich wollte beinahe, es wäre so weit.‹ Er blieb an der Ecke stehen; hier hatte er einen Ausblick auf beide Straßen, von denen aus sie kommen könnte« (ES I, 296).

Der erste Abschnitt, als Er-Erzählung, gibt die *mise en scène*: eine Seitenstraße in Wien, nicht weit von einer Hauptstraße, aber eher verwahrlost wirkend. Das alles könnte von der auktorialen Kamera geschildert werden. Aber jener Schauplatz ist nicht nur in topographischer, geographischer Hinsicht wichtig, sondern er ist auch von sozialpsychologischer und erotischer Bedeutung. Franz wartet auf Emma, eine verheiratete Frau, mit der er ein Verhältnis hat – daher der Ort ihrer Begegnung, am Rande der Stadt, am Rande der gesellschaftlichen Regeln und Konventionen. Der zweite Abschnitt vermittelt Franz' Gedanken; filmisch gesprochen wäre es denkbar, dass wir in Nahaufnahme sein Gesicht sehen; und seine Gedanken könnten durch eine Off-Stimme artikuliert werden. Der dritte Abschnitt präsentiert erneut seine Gedanken, diesmal aber nicht als direktes Zitat, kontextualisiert von ›dachte Franz‹, sondern via erlebte Rede. Hier könnte Franz auf die Uhr schauen und dann halblaut vor sich hin sagen: ›Sieben ... und schon völlige Nacht ...‹ Dann könnte sich die Kamera von ihm zurückziehen, den Wagen zeigend, die klirrenden Laternenfenster, Franz ungeduldig auf und ab gehend. Erneut bekommen wir seine Gedanken zu hören – ›noch eine halbe Stunde ...‹ – vielleicht von der Off-Stimme gesprochen. Am Schluss sehen wir Franz an der Ecke stehend; und wir teilen seinen Blickwinkel, wir sehen, was er sieht: die zwei Straßen, aus der Emma kommen wird. Jenes Bild – von zwei vereinsamten, winddurchfegten Straßen – sollte lang dauern, damit wir Zuschauer Franzens nervöse Erwartungen, seine Ängste und Sorgen im Blick auf den Fortgang seine Affäre mit Emma teilen.

Damit ist selbstverständlich nur eine Möglichkeit filmischer Regie angedeutet. Anschaulich sollte aber zumindest geworden sein, wie groß das filmische Potential von Schnitzlers Erzähltechnik ist. Dies trifft sogar in jenen seltenen Fällen zu, in denen Schnitzler konsequent im Medium des Inneren Monologs erzählt. Dank ihrer radikalen Verinnerlichung der erzählerischen Rhetorik sind *Lieutenant Gustl* und *Fräulein Else* (vgl. Kanzog 2002, 359–372) zu kanonischen Texten der Weltliteratur geworden. Auffallend an beiden Texten ist, dass Schnitzler diese intensive Innenschau mit einer durchgehaltenen Wahrnehmung der Außenwelt kombiniert. Wir vergessen nie, dass Gustl ein Leutnant in der k. u. k. Armee ist, dass die Krise, die er durchmacht, mit dem Ehrenkodex der Institution zusammenhängt, ohne die er nicht leben kann. Selbst dort, wo Schnitzler die auktoriale Stimme gänzlich zurücknimmt und uns in die Gedanken und Gefühle des Leutnants hineinversetzt, bleibt die Relevanz der Außenwelt bestehen. Schnitzlers Erzählkunst – selbst in der gänzlich verinnerlichten Form des Inneren Monologs – verbindet immer wieder Innen und Außen, und gerade jenes perspektivische, gleitende Ineinander ließe sich sehr gut und differenziert filmisch konzipieren und vermitteln.

Es war bereits davon die Rede, dass Schnitzler ein leidenschaftlicher Kinogänger war. Das kann man als persönliche Vorliebe deuten – sozusagen als Geschmackssache. Aber es scheint doch, dass die Implikationen dieser Vorliebe von größerem Belang sind. Wir wissen, dass er nicht nur Filme von hohem künstlerischen Niveau schätzte, sondern auch für ausgesprochen populäre Gattungen – etwa Gruselfilme, Krimis, Abenteuerfilme – eine Schwäche hatte. Dank dieser breiten Aufnahmebereitschaft in Sachen Film hat Schnitzler eine entscheidende Strömung der sich rapid verbreitenden Massenkultur des frühen 20. Jahrhunderts intensiv registriert und verarbeitet. Das Medium selber, in all seiner Vielfalt, sagte ihm zu. Das wiederum erlaubt es, einige gängige Klischees der Schnitzler-Rezeption zu widerlegen. Es ist des Öfteren behauptet worden, dass er nie bereit gewesen sei, sich mit der Welt nach 1914 zu beschäftigen, und dass er dadurch so sehr der ›Welt von gestern‹ verhaftet geblieben sei, dass die Aussagekraft seiner Werke nur von nostalgischem Interesse sein könne. Schnitzler als der Chronist von Alt-Wien mit seinen melancholischen Lebemännern und süßen Mädeln: Dieses Bild muss mit Blick auf seine filmästhetischen Interessen wie Schreibweisen radikal in Frage gestellt werden.

Literatur

Braunwarth, Peter-Michael: Dr. S. geht ins Kino. Eine Skizze seines Rezeptionsverhaltens auf Basis der Tagebuch-Notate. In: Thomas Ballhausen u. a. (Hg.): *Die Tatsachen der Seele. A. S. und der Film*. Wien 2006, 9–28.

Ilgner, Julia: Ein Wiener »Kinoniter«! A.S.s Filmgeschmack. In: Achim Aurnhammer/Barbara Beßlich/Rudolf Denk (Hg.): *A. S. und der Film*. Würzburg 2010, 15–44.

Ilgner, Julia: S. intermedial? Zu einigen Aspekten »filmischen Erzählens« in den späten Novellen (*Traumnovelle, Spiel im Morgengrauen, Flucht in die Finsternis*). In: Achim Aurnhammer/Barbara Beßlich/Rudolf Denk (Hg.): *A. S. und der Film*. Würzburg 2010, 135–153.

Kanzog, Klaus: A. S. *Fräulein Else*. Der innere Monolog in der Novelle und in der filmischen Transformation. In: Ian Foster/Florian Krobb (Hg.): *A. S.: Zeitgenossenschaften/Contemporaneities*. Bern 2002, 359–372.

Marquart, Lea: S.s letzter Filmentwurf: ein Kriminalfilm. In: Achim Aurnhammer/Barbara Beßlich/Rudolf Denk (Hg.): *A. S. und der Film*. Würzburg 2010, 113–125.

Martin Swales

4. Gender-Konstellationen: Männer und das Männliche – Frauen und das Weibliche

Geradezu leitmotivisch leuchtet Arthur Schnitzler in seinem literarischen Œuvre Gender-Konstellationen und die Beziehungen der Geschlechter untereinander aus. Weit über die Figur des ›süßen Mädels‹ hinaus, die bis heute die Rezeptionsgeschichte seiner Werke dominiert, entfaltet Schnitzler in seinen Texten ein Typen-Kaleidoskop, das zeitgenössische Geschlechterrollen pointiert einfängt. Dabei zeigen die Texte, wie stereotype Rollenzuschreibungen tatsächlichen Identitätsentwürfen nicht gerecht werden oder diese nachhaltig gefährden.

Genderdiskurse im Fin de Siècle

In seiner Darstellung dieser Rollenzuschreibungen erweist sich Schnitzler als genauer Beobachter einer Jahrhundertwende, die dem Sexus eine zentrale Rolle einräumt. Literarisch imaginierte Gender-Konstellationen in seinen Texten verweisen sowohl auf eine veränderte soziale und wirtschaftliche Realität des Bürgertums wie auch auf einen wissenschaftlichen Diskurs, der in den Jahrzehnten um 1900 die menschliche Natur als eine nunmehr explizit sexuelle verhandelt. Er ist damit Teil jenes ›Paradigmenwechsels der literarischen Anthropologie‹, den Wolfgang Riedel für die Literatur zwischen 1890 und 1910 konstatiert hat. »Der Blick der Dichtung auf den Menschen wurde«, so pointiert Riedel, »zum Blick auf den Körper und hier zum Blick auf das Geschlecht« (1996, 153). Flankiert wird diese literarische Inszenierung explizit sexuell konnotierter Geschlechterverhältnisse durch (pseudo-)wissenschaftliche Beschreibungsversuche, die das nun ausschließlich der Prämisse des Sexus' unterstellte Wesen der Frau neu zu definieren suchen. Resultat ist die Pathologisierung und Dämonisierung des weiblichen Körpers, die ihren unmittelbarsten Ausdruck in der Hysterielehre findet. Die Hysterie stellt eine Symptomatologie zur Verfügung, die sich auf das Weibliche *per se* anwenden lässt: »Jede Frau ist eine potentiell hysterische« (Pohle 1998, 26). Die konservativen Forderungen der Wissenschaftler und ihr Bemühen, die weibliche Libido im Gegensatz zur männlichen entweder zu leugnen bzw. wahlweise zur abnormen oder gefährlichen Erscheinung zu erklären, vereinen sich mit restriktiven bürgerlichen Moralvorstellungen, einer prohibitiven Sexualmoral und einer strengen Zensur, die 1897 etwa die Veröffentlichung von Schnitzlers *Reigen* verhindert. Die Gründe hierfür sind auch in der gesellschaftlichen und politischen Emanzipation des Bürgertums zu suchen, mit der sich die demonstrative Distanzierung von der Libertinage des Ancien Régime, seiner freizügigen Sexualität und lustbetonten Sinnlichkeit verbindet.

Das ›sexuelle Modell‹, das den zeitgenössischen Diskurs des Weiblichen dominiert, gilt gleichermaßen für zeitgenössische Konstruktionen von Männlichkeit: »Es ist, als ob dem Manne des 19. Jahrhunderts der Samen buchstäblich in den Kopf gestiegen wäre. Geistige Aktivität, Fruchtbarkeit, Intelligenz, Unternehmergeist, Genie, Erfindertum, Entdeckertum charakterisieren nun den rechten Mann« (Fischer-Homberger 1984, 98). Die »Heroen des bürgerlichen Zeitalters« sind Tatmenschen wie der Techniker, der Erfinder, der Forscher oder der wagemutige Unternehmer – allesamt Repräsentanten eines unaufhaltsamen technischen und industriellen Fortschritts (Sieferle 1984, 146). Die fortschreitende Technologisierung und Urbanisierung bringen dabei stereotype Rollenprofile hervor, die ihren Eingang auch in literarische Texte finden. Davon zeugen in den ersten Jahrzehnten des 20. Jahrhunderts etwa die männlichen Kaufmannsfiguren des jungen Thomas Mann (*Die Buddenbrooks*) oder Alfred Döblins Geschäftsmann Michael Fischer, dessen Sinn für Zahlen bereits satirisch als Zwangsstörung ausgewiesen wird (*Die Ermordung einer Butterblume*). Ihnen folgen die Männerfiguren Robert Musils, etwa die drei Protagonisten seines Novellenzyklus' *Drei Frauen*, der Geologe Homo, der in seiner Virilität archaisch anmutende Ritter von Ketten und der namenlos bleibende Chemiker. Sie zeichnen sich wie später auch der *Mann ohne Eigenschaften* Ulrich durch vernunftgesteuerte Fähigkeiten (Logik, Exaktheit, Analytik und Pragmatik), zugleich aber auch brachialen Aktivismus, Kampfgeist und Siegeswillen aus.

Die literarische Problematisierung solcher Rollenmodelle verweist bereits auf die Ambivalenz des gesellschaftlichen Modernisierungsschubs, der als Bedrohung wahrgenommen wird und mit einem verstärkten männlichen Krisenbewusstsein einhergeht. Dieses ist dem Druck der neuen Männlichkeitsimago ebenso wie der veränderten Rolle der Frau im beruflichen Alltag des beginnenden 20. Jahrhunderts geschuldet. Die ab 1860 wachsende Frauenbewegung erkämpft sich über die Erwerbsmöglichkeiten als Arbeiterin und niedrige Angestellte hinaus den Zugang der Frauen zur akademischen Ausbildung. Diese ersten Emanzipationserfolge führen zugleich zu einer damit »offensichtlich untrennbar verbundene[n] Krise der Männlichkeit« (Dahlke 2006, 10).

Gender-Konstellationen bei Schnitzler

Gender-Konstellationen und genderspezifische Rollenzuschreibungen zeigen sich in Schnitzlers Texten als gesellschaftliche Konstruktionen, deren diskursiver Charakter ästhetisch in Szene gesetzt und zugleich entlarvt wird. Gerade die literarischen Frauenfiguren lassen sich im Kontext der zeitgenössischen wissenschaftlichen wie gesellschaftlichen Stereotypisierung deuten – nicht individuelle Charaktere, sondern eindimensionale Rollenbilder (das süße Mädel, die Dirne, die Ehefrau, die Mondaine, die Schauspielerin etc.) dominieren das Werk bzw. werden darin problematisiert. Die Forschung zur literarischen Inszenierung von Weiblichkeit in Schnitzlers Texten orientiert sich an dieser Typengestaltung – eine frühe, detaillierte Aufschlüsselung verdankt sich der Studie Barbara Gutts (1978, 31–107). Äußert sich gerade die ältere Forschungsliteratur mitunter enthusiastisch mit Blick auf die vermeintlich emanzipatorische Darstellung der Frau (Janz/Laermann 1977; Gutt 1978; Yates 1992), werden auch kritische Stimmen laut. So attestiert Weinhold den Schnitzlerschen Texten zwar, den »Bruch zwischen Vorstellung und Sein«, der sämtliche Frauenfiguren betreffe, kenntlich zu machen, darüber hinaus aber keinen »authentische[n] weibliche[n] Diskurs« nachzuzeichnen (1987, 145 f.). Auch Klüger folgt diesem Urteil und sieht Schnitzlers Frauenfiguren jenseits aller »Feinheit der psychologischen Beobachtung« letztlich auf das »Prokrustesbrett der Schablonen des 19. Jahrhunderts« gezwängt (2001, 56). Die neuere Schnitzler-Forschung sensibilisiert hingegen für die Verschränkung von sexueller und sozialer Frage in den Texten und stellt die politischen Implikationen der Geschlechterdarstellung heraus, etwa die Kritik an der Klassengesellschaft und damit verbundenen Rollenerwartungen an die Geschlechter (Arens 2003; Catani 2005).

Galt die Aufmerksamkeit der genderorientierten Schnitzler-Forschung lange Zeit ausschließlich den literarischen Weiblichkeitsentwürfen, sind inzwischen auch die männlichen Figuren ausführlichen Analysen unterzogen worden (Oosterhoff 2000; Meyer 2010; Dahlke 2006). Dabei fällt auf, dass Schnitzlers Männer vorrangig im Zeichen der Krise untersucht und als »verlorene[] Jünglinge der Jahrhundertwende« gedeutet werden (Dahlke 2006, 144). Dahlke greift Walter Erharts Ausführungen zur narrativen Struktur von Männlichkeit, wie sie die Geschichten der Moderne prägt, auf und begreift diese in Schnitzlers Werk als äußerst gefährdet. So zeigt sie etwa am Schauspiel *Der einsame Weg* (1904), wie sämtliche darin vorgeführte Prozesse der Mannwerdung nicht zur Selbstbestimmung, sondern in die Einsamkeit und zu einer grundsätzlichen männlichen Verunsicherung führen (ebd., 149).

Tatsächlich begegnen in Schnitzlers Texten mit den k. u. k. Soldaten (Oberleutnant Karinski in *Freiwild*, 1896; Leutnant Gustl in der gleichnamigen Novelle, 1900; Leutnant Kasda in *Spiel im Morgengrauen*, 1927), jungen (*Anatol*, 1893) und alternden Lebemännern (*Casanovas Heimfahrt* 1918; *Anatols Größenwahn*) sowie insbesondere den unzähligen Künstlerfiguren und redegewandten Bohemiens (Albin in *Er wartet auf den vazierenden Gott*, 1886; der junge Künstler in *Welch eine Melodie*, 1885; der Dichter im *Reigen*; Fedor Denner und Robert Well in *Das Märchen*, 1893; Julian Fichtner in *Der einsame Weg*, 1904) keine Repräsentanten des aufkommenden Fortschrittsgedankens, sondern Stellvertreter einer Generation, die sich ohne wirkliches Interesse für politische und wirtschaftliche Tendenzen ihrer Zeit in ästhetische Räume flüchtet – »in völliger Anpassung an ihre jeweiligen Stimmungen und Launen und an flüchtige Eindrücke des Moments« (Oosterhoff 2000, 10). In Bezug auf ihr Verhältnis zum weiblichen Geschlecht sind Schnitzlers Protagonisten Vertreter einer patriarchalen Ordnung, hinter der sich eine misogyne Sexualmoral verbirgt. Das Verhältnis der Geschlechter wird als Produkt ungleicher Machtverteilungen sichtbar, die gesellschaftlich begründet sind und zum zentralen Steuerungsinstrument der dargestellten Gender-Konstellationen avancieren. Bezeichnend für das Geschlechter- als Machtverhältnis ist die in Schnitzlers Texten leitmotivisch verhandelte männliche Eifersucht, die nicht auf eine starke emotionale Bindung zur jeweiligen Partnerin zurückzuführen ist, sondern Symbol eines männlichen Selbstverständnisses darstellt, das auf die unbedingte Treue der Frau angewiesen ist. Anatol, der aus Angst vor unliebsamen Wahrheiten das Hypnose-Experiment mit Cora abbricht (A/HKA II, 885 f.), Fedor Denner (*Das Märchen*), der sich emphatisch gegen die Stigmatisierung ›gefallener‹ Mädchen einsetzt, die erotischen Erfahrungen der eigenen Geliebten aber nicht verzeihen kann, Richard, dessen Ehe in *Der Witwer* durch den postum erfahrenen Treuebruch der verstorbenen Ehefrau entwertet wird, oder ein in die Jahre gekommener und mit dem Alter hadernder Casanova, der durch einen perfiden Plan den jungen Konkurrenten Lorenzi um dessen jugendliche Braut bringt (CAS, 96–99) – sie alle vergegenwärtigen exemplarisch ein männliches Selbstbewusstsein, das den unbedingten Besitz der Frau voraussetzt. Das gilt insbesondere für den Ehemann, da in seinem Fall der durch die Frau vollzogene Ehebruch »die Legitimität der Nachkommen« in Frage stellt (Fliedl 2005, 124). Die tatsächliche Unmöglichkeit eines solchen »ausschließenden Besitzes« (Allerdissen 1985, 231) inszeniert Schnitzler in der kurzen Erzählung *Die drei Elixiere* (1894): Hier umfassen die Besitzansprüche des Mannes nicht nur die Vergangenheit und Gegenwart, sondern auch die Zukunft seiner Geliebten. Endgültige Gewissheit über die ewigwährende Treue der Partnerin ist, so zeigt der Text, nur um den Preis ihres Todes zu haben.

Die besondere Leistung der Schnitzlerschen Texte liegt darin, dass »das dichte[] Gewebe von Konventionen« und die ihnen zugrunde liegenden geltenden gesellschaftliche Normen, welche das Geschlechterverhältnis bestimmen, nicht nur sichtbar gemacht, sondern auf einer zweiten Ebene regelmäßig unterlaufen werden (Koschorke 2002, 313). Diese Hinterfragung gesellschaftlicher Zuschreibungen ermöglichen insbesondere Schnitzlers Frauenfiguren, die zu »Ikonen der Unlesbarkeit« (ebd., 327) avancieren und sich den gesellschaftlichen Zuschreibungen wie dem männlichen Blick entweder zu entziehen versuchen oder sich ihn dominant zu eigen machen. Der Männlichkeitsbegriff der Wiener Jahrhundertwende ist dabei ausschließlich in Abgrenzung vom zeitgenössischen Weiblichkeitsbegriff zu verstehen: Mit der Dekonstruktion des Männlichkeitsbildes geht unweigerlich die Dekonstruktion stereotyper Weiblichkeitsimaginationen einher (Meyer 2010, 12). Insofern erschließen sich Weiblichkeitsstereotypen wie ihre gleichzeitige Demontage erst aus den Geschlechterbeziehungen, die in Schnitzlers Texten ausgeleuchtet werden.

Die Ehe

Die Problematisierung der Ehe und die an ihrer gesellschaftlich determinierten Rolle scheiternde Ehefrau stellen in den beiden Jahrzehnten um 1900 ein auffallendes Motiv der Literatur dar: Nicht zufällig sind es vor allem untreue Ehefrauen, die in den Stücken und Erzählungen Schnitzlers begegnen. Die Infragestellung der ehelichen Institution in der Literatur konterkariert dabei die zeitgenössische anthropologische Wesensbestimmung der Frau, die sich auf die Dichotomie von dämonisierter, triebgesteuerter Verführerin (›Hure‹) und entsexualisierter Ehefrau und Mutter (›Heilige‹) reduziert. Schnitzlers Ehefrauen (in spe) wie die Braut (*Die Braut*, 1891), Else (*Anatol*), Emma (*Reigen*), Cäcilie (*Zwischenspiel*, 1906) Anna Rupius (*Frau Bertha Garlan*, 1910), Klara, Agnes und Sophie (*Komödie der Worte*, 1915) oder Albertine (*Traumnovelle*, 1925) hinterfragen die Möglichkeiten weiblicher Identitätsfindung innerhalb der Institution Ehe und machen die mit ihr verbundene Doppelmoral sichtbar, die dem Mann mehr Privilegien als der Frau einräumt. »Eine Studie« nennt Schnitzler im Untertitel seine bereits 1891 erschienene Erzählung *Die Braut* programmatisch und unterstreicht damit deren repräsentative Bedeutung und zugleich den Typencharakter der weiblichen Hauptfigur. Erzählt wird, wie eine junge Frau sich unmittelbar vor der eigenen Hochzeit ihrer zukünftigen Rolle als Ehefrau bewusst wird und mit einer Entfaltung jener sexueller Energien reagiert, auf welche sie als verheiratete Frau verzichten müsste: »Es war wieder Trieb geworden, wütender, durstiger Trieb, der den Mann wollte, einfach den Mann, nicht ihn, den einen!« (ES I, 86). Bezeichnend ist die Reaktion des Bräutigams, der bisher in seiner Braut das »brave[] Mädchen aus gutem Haus vermutet«, ja in ihr »den wundersamen, heiligen, tugendhaften Kontrast zu der tollen Leidenschaft unserer Jugendliebeleien« zu erkennen glaubte (ebd., 88). Nun, durch ihr sexuell motiviertes Bekenntnis, gewinnt die zukünftige Ehefrau, welche per definitionem über keine sexuelle Identität verfügt, ihren Status als männliches Lustobjekt zurück: »Wie er, der Bräutigam, sie so reden hörte, mußte sie ihm wohl von wilderer und flammenderer Schönheit erschienen sein als je. Und der klagende Ausdruck seiner Augen wandelte sich allmählich in den Glanz bebenden Begehrens, das heftiger und heftiger daraus hervorbrach« (ebd.). Erst die bewusste Abwendung von der Ehefrauenrolle und die Hinwendung zu einem »Leben ungezügelter Lust« (ebd., 87) wecken die sexuelle Begierde des Bräutigams. Drastisch inszeniert Schnitzler hier die Alternativlosigkeit zu einer weiblichen Identität innerhalb der Ehe – die Braut endet in der Erzählung mit ihrem individuellen Freiheitsstreben als Prostituierte. Damit wird die zeitgenössische Hure-Heilige-Dichotomie kritisch hinterfragt, denn von einer sexuellen Emanzipation der Frau als Prostituierte ist ebenso wenig zu sprechen wie mit Blick auf eine Ehe, die den Verzicht auf eine auch sexuell bestimmte Identität bedeutet.

Allerorten in Schnitzlers Texten wird die von dem jungen Ehemann im *Reigen* in ihrer vermeintlichen »Heiligkeit« (REI, 43) beschworene Ehe als poröse Fassade zwischenmenschlicher Beziehungen entlarvt, deren Realität mit dem gesellschaftlich proklamierten Idealbild nur wenig zu tun hat. Nicht zufällig rückt die Szene der Eheleute, die Begegnung von jungem Herr und junger Frau, ins Zentrum der zehn Dialoge des *Reigen*: Hier werden nicht nur schonungslos die Promiskuität und ein ungezügeltes Sexualverhalten beider Ehepartner thematisiert, sondern es wird die Institution der Ehe in ihrer Scheinheiligkeit entlarvt. Eingebettet zwischen ausgerechnet jenen Szenen, die die jeweilige Untreue der Ehepartner dokumentieren, mutet ihr Dialog, in dem die »Vollkommenheit« der Ehe (ebd.) durch den Mann verklärt wird, wie ein Austausch sinnentleerter Phrasen an. Angesichts des gerade vollzogenen weiblichen Ehebruchs wird die männliche Imagination der tugendhaften, reinen Ehefrau bloßgestellt. Darüber hinaus unterläuft die dramatische Handlung die Eindimensionalität geschlechterspezifischer Rollenbilder und führt die Polarität von ›Hure‹ und ›Heiliger‹ ad absurdum. Nicht zuletzt liegt das Aufsehen erregende Moment dieses Dialoges gerade darin, dass die Untreue der Ehefrau durch die »Scheinheiligkeit der Moralpredigt ihres Ehemannes« retrospektiv ins Recht gesetzt wird (Janz/Laermann 1977, 60).

Die Problematik der Ehe und zugleich deren Alternativlosigkeit im Hinblick auf die weibliche Identitätsfindung macht auch Schnitzlers Erzählung *Frau Bertha Garlan* deutlich, wenn die verwitwete Protagonistin darin schockiert von der Affäre ihrer Schwägerin erfährt und nicht glauben kann, dass deren Ehemann von diesem Verhältnis weiß und dennoch an der Ehe festhält. Anna Rupius, ihre verheiratete und ihrem Mann ebenfalls untreue Freundin, klärt über die pragmatischen Hintergründe dieser vermeintlichen Toleranz auf: »Aus Bequemlichkeit hat er ihr verziehen – und hauptsächlich, weil er dann selber tun konnte, was er wollte. [...] Sie ist doch nichts viel Besseres als sein Dienstmädchen [...]« (GAR, 148). Hier zeigt sich: Wo nicht Eifersucht und Besitzdenken die eheliche Beziehung dominieren, macht sich ein Machtverhältnis bemerkbar, das emotionale Zuneigung durch ein Dienstleistungsverhältnis ersetzt, in welchem die Frau, gerade die schuldig gewordene, den Weisungen ihres Mannes ausgesetzt ist – wohlwissend, dass jenseits der

Ehe kaum ein legitimes und damit gesellschaftlich anerkanntes weibliches Existenzmodell vorhanden ist. Glückliche Ehen finden sich entsprechend selten in den Schnitzlerschen Texten – wenn Momente echter Zuneigung inszeniert werden, dann kommen sie meist zu spät. Das ist etwa der Fall bei Anna Rupius, die, als sie von ihrem heimlichen Liebhaber ein Kind erwartet, beim Versuch einer Abtreibung stirbt. Das postum formulierte Lippenbekenntnis ihres verzweifelten Ehemanns, er hätte das Kind »aufgezogen, aufgezogen wie mein eigenes Kind« (ebd., 166), muss sich im Alltag der bürgerlichen Ehe nicht mehr beweisen.

Das erotische Abenteuer

Dort, wo Schnitzlers Ehefrauen untreu werden, steht nicht mehr das eheliche Geschlechterverhältnis, sondern ein erotisch codiertes Abenteuer im Vordergrund. Die als Repräsentantinnen einer solchen illegitimen Weiblichkeit auftretenden Frauenfiguren attackieren in Schnitzlers Texten gesellschaftliche Moralvorstellungen und stereotype Rollenzuweisungen nicht nur, sondern führen sie zugleich in ihrer Doppelbödigkeit vor. Zum Typenrepertoire der bedrohlichen, in ihrer Verführungsgewalt dämonisierten Frau gehören die untreue Ehefrau, die ›Mondaine‹ sowie die Schauspielerin. Insbesondere die verheiratete Geliebte wird insofern als Femme fatale imaginiert, als sie immer auch existentielle Gefahr durch den auf Rache sinnenden betrogenen Ehemann bedeutet. So antizipiert der junge Student Fritz in Schnitzlers Schauspiel *Liebelei* (1895) bereits einleitend den Ausgang des Dramas, wenn er befürchtet, dass ihn der eifersüchtige Ehemann seiner Geliebten zum Duell auffordern könnte. Der Reiz dieser Beziehung speist sich ausschließlich aus dem Grad ihrer Gefahr – ganz richtig entlarvt Theodor die hoffnungslose Verliebtheit seines Freundes als männliche Stilisierung der vermeintlich dämonischen Frau: »Schau, Fritz, wenn du eines Tages ›jenes Weib‹ nicht mehr anbetest, da [...] wirst du erst drauf kommen, daß sie gar nichts Dämonisches an sich hat, sondern daß sie ein sehr liebes Frauerl ist [...]« (LBL, 9). Schnitzler hält hier gesellschaftlichen Gendermodellen den Spiegel vor, indem er zeigt, wie die Dämonisierung der Frau nicht nur mit ihrer Pathologisierung einhergeht, sondern gar im Befund der hysterischen, unzurechnungsfähigen Frau mündet: »[...] da bekommt sie alle möglichen Zustände, da hat sie Weinkrämpfe, da möchte sie mit mir sterben –« (ebd., 11). Das erotische Abenteuer mit der dämonischen Frau ist paradigmatisch im »gefährlichen Dunstkreis« Wiens verortet, gegen den der Freund Theodor den »echte[n], grüne[n] Frühling« vor den Toren der Stadt verordnet, wo die Kontrastfiguren zu den dämonischen Frauen, die ›süßen Mädel‹, warten (ebd., 8). Ähnlich nervös wie Fritz tritt auch der junge Herr in Schnitzlers *Reigen* auf, der auf das Eintreffen seiner Geliebten, der verheirateten Emma wartet (REI, 25 f.). Die stereotype Verschleierung der dämonischen Frau (Gutt 1978, 54), wie sie auch Else, die verheiratete Geliebte Anatols kennzeichnet (A/HKA II, 977), wird hier radikalisiert – Emma erscheint gleich doppelt verschleiert. Die Ironie dieser Szene liegt in dem angestrengten Bemühen beider Dialogpartner verborgen, die tatsächliche Rollenverteilung des erotischen Aufeinandertreffens umzukehren und sich hinter konventionelle Rollenmuster zurückzuziehen: Emma, die Verführerin, ausgestattet mit einem dominanten erotischen Selbstbewusstsein, sucht sich als verführte Ehefrau, der unbeholfene, junge Geliebte als souveräner Verführer auszugeben. Beide Inszenierungsversuche misslingen und können nicht über die Tatsache hinwegtäuschen, dass Emma die Aktivere und wesentlich Erfahrenere im Liebesspiel ist. Nicht nur, dass sie kein Mieder trägt und sich angesichts der Unbeholfenheit des jungen Mannes einfach selbst entkleidet (»Du zerreißt mir ja alles.«; REI, 34) – den praktischen Schuhknöpfler hat sie auch gleich im Gepäck (ebd., 40). Die Krise des jungen Mannes angesichts dieser Dominanz der ihm in erotischen Angelegenheiten sichtlich überlegenen Frau kulminiert in einer vorübergehenden sexuellen Impotenz (ebd., 35).

Geschlechterbeziehungen sind in Schnitzlers Texten durchweg durch soziale Rollenzuschreibungen geregelt, deren Grenzen immer dann offensichtlich werden, wenn sie sich mit dem weiblichen wie männlichen Individuationsbestreben nicht vereinbaren lassen. »Ihr seid ja Alle so typisch!«, heißt es im Einakter-Zyklus *Anatol* programmatisch über sämtliche Frauen aus dem Mund des Protagonisten, der auch vor der eigenen Stereotypisierung nicht haltmacht, wenn er sich selbst als »leichtsinnige[n] Melancholiker« begreift (A/HKA II, 900). Anatol reduziert die Frauen nicht nur auf das Gegensatzpaar von ›dämonischer Frau‹ und ›süßem Mädel‹, sondern sucht beide Typen gegeneinander auszuspielen. So etwa, als er in der Episode *Weihnachtseinkäufe* der zur »[b]öse[n] Mondaine« stilisierten Gabriele von seinen Erfahrungen in der »kleinen Welt« der Vorstadt vorschwärmt (ebd., 900 f.) oder in der Episode *Abschiedssouper* die mondäne Schauspielerin

Annie mit dem Verweis auf die »sentimentale Heiterkeit« (ebd., 948) des ›süßen Mädel‹ zu provozieren sucht. Tatsächlich vereinen sich die erotischen Verführerinnen, die ›bösen Mondainen‹ wie dämonischen Ehefrauen mit der temperamentvollen Unbefangenheit des ›süßen Mädels‹ zum Geliebten-Ideal, das aus der Polarität von Liebe und Leidenschaft seinen Reiz bezieht (Gutt 1978, 52). Eine Auflehnung gegen die Rollenzuschreibung führt in keinem Fall zu Erfolg. So wird die verwitwete Bertha Garlan in ihrem Versuch, das erotische Abenteuer mit ihrer Jugendliebe, dem Violinvirtuosen Emil Lindbach, in eine echte Liebesbeziehung umzuwandeln, unmissverständlich in die Schranken gewiesen. »[A]lle vier bis sechs Wochen auf einen Tag und eine Nacht« könne man sich in Wien sehen, so teilt ihr der Geliebte mit und gibt damit implizit den Verhaltenskodex vor, der konstitutiv für das erotische Abenteuer ist (GAR, 160).

Gespielte Liebe

Neben der untreuen Ehefrau findet das erotische Abenteuer in Schnitzlers Texten zwischen Schauspielerinnen und männlichen Verführern bzw. Verführten statt. Gerade die Schauspielerin unterliegt im gesellschaftlichen Diskurs des 20. Jahrhunderts spezifischen Dämonisierungsstrategien, die sich etwa im Versuch bemerkbar machen, sie als Parallelfigur zur Hysterikerin zu begreifen. Beiden Figuren wird ein ähnlicher Merkmalskatalog zugeschrieben, der die weibliche Verstellkunst, Gefallsucht, Launenhaftigkeit und den vermeintlich pathologischen Drang zur Lüge einbezieht (Fliedl 1997, 150 f.). Die verbreitete Annahme, eine Hysterikerin inszeniere lediglich ihren ›großen Anfall‹, um sich bewusst in Szene zu setzen, lässt jede hysterische Frau gleichzeitig zur Schauspielerin avancieren. Als weitere Kontrastfigur zum ›süßen Mädel‹ verkörpert die arrivierte Aktrice das Artifizielle und ist mit dem ›Naturwesen‹ Frau nur schwerlich zu vereinbaren. Das Anrüchige, das ihre stereotype Inszenierung begleitet, ist gerade darauf zurückzuführen, dass sie »Weiblichkeit als Kunst fingiert, während sie doch Natur sein soll« (Fliedl 1997, 149). Schnitzlers *Komödiantinnen* (1893) thematisieren diese Grenzüberschreitung zwischen Leben und Kunst: Während die Jungschauspielerin Helene ihrem Richard die Liebe nur vorzuspielen scheint, zum Beweis ihres theatralischen Talents und weil sie eben »überall Gelegenheit zu einer Rolle« sucht (ES I, 213), ersetzt Fritzi, die berühmte Sängerin, die autobiographischen Erinnerungen durch bloße Fiktion. Bei jeder Gelegenheit gibt sie einen dramatisch vorgetragenen Augenzeugenbericht des Ringtheaterbrandes zum Besten – und wird durch den Ich-Erzähler überführt, der vor acht Jahren eben jenen Abend mit Fritzi, damals noch das »reizende Grisettenköpferl« (ebd., 215), allein in seiner Wohnung verbracht hatte.

Nicht selten wird das erotische Selbstbewusstsein der Schauspielerin deutlich, indem diese sich männliche Verhaltensweisen aneignet und derart Genderkonventionen umzukehren scheint. So kommt die Schauspielerin Annie Anatol, der sie für ein ›süßes Mädel‹ verlassen will, zuvor und beendet ihrerseits die Affäre. Anatol gleich, der Weiblichkeit auf den Dualismus zwischen dem ›süßen Mädel‹ aus der Vorstadt und der anstrengenden Mondänen reduziert, stilisiert Annie ihrerseits den jungen mittellosen Künstler, einen »süße[n], süße[n], – liebe[n] Kerl« (A/HKA II, 960) zum idealen Liebesobjekt, der Erholung von Anatol, diesem selbsternannten »Hypochonder der Liebe« (ebd., 973), verspricht.

Auch die erfolgreiche Aktrice im *Reigen* übernimmt den dominanten und zugleich männlich besetzten Part in ihren sexuellen Begegnungen mit dem Dichter und dem Grafen. Alberne Kosenamen (»Ich werde dich von nun an Grille nennen.«; REI, 91; »Gib mir einen Kuß, mein Frosch!«; ebd., 95) degradieren den Dichter nicht nur zum passiven ›Liebesspielzeug‹, sondern konterkarieren Strategien der Verniedlichung und sentimentalen Verkitschung, die der Dichter seinerseits beim ›süßen Mädel‹ angewandt hatte. Auch in der Begegnung mit dem Grafen wiederholt sich die psychische Erniedrigung des männlichen Gegenübers, zumal diese hier bewusst nach dem vollzogenen Geschlechtsakt erfolgt: »Was geht mich deine Seele an. […] Laß mich mit deiner Philosophie in Frieden. Wenn ich das haben will, lese ich Bücher« (ebd., 109). Tatsächlich stellt sich der Auftritt der dominanten Verführerin als nur bedingt emanzipatorisches weibliches Rollenmuster dar. Die Schauspielerin bleibt, um der Opferrolle im ›Liebesreigen‹ zu entgehen, auf die Rolle der Femme fatale angewiesen – und macht damit jene Anstrengungen sichtbar, die Frauen aufbieten müssen, »um ihrer psychischen wie sozialen Unterlegenheit in der patriarchalisch verfaßten Gesellschaft zu entgehen« (Janz/Laermann 1977, 69). Die Schauspielerin spielt hier nur eine weitere Rolle, die in ihrem Erfolg von der Anpassung an männliche Verhaltensweisen abhängig ist, keinesfalls aber einen innovativen weiblichen Identitätsentwurf in Aussicht stellt.

Die reale Problematik der Schauspielerinnenexistenz verschweigen Schnitzlers Texte dabei keineswegs. Bereits die sozialkritischen Dramen der frühen Werkphase verhandeln die prekäre soziale und gesellschaftliche Stellung junger Theaterschauspielerinnen. Wo sie nicht, wie in *Freiwild* (1896), wegen des niedrigen Gehalts gleich zur »Theaterprostitution« (Fliedl 2005, 80) gezwungen sind, geraten sie als vermeintlich gefallene Mädchen leicht in Verruf – für kurze Zeit begehrt, für eine offizielle Bindung, davon erzählt etwa Schnitzlers *Märchen*, jedoch nicht geeignet.

Das sentimentale Abenteuer

Die als sentimentales Abenteuer literarisch imaginierte Geschlechterbeziehung wird von jenen Protagonistinnen dominiert, die Schnitzler als den Dichter des ›süßen Mädels‹ berühmt gemacht haben. Dabei ist dieser Frauentypus keineswegs, wie noch die ältere Forschung behauptet (Fischer 1978, 64), von Schnitzler erfunden, sondern wird als Terminus von Ernst von Wolzogen begründet und von Johann Nestroy in die Literaturgeschichte eingeführt (Perlmann 1987, 63; Yates 1992, 128 f.). Unbestritten aber ist der literarische Erfolg des ›süßen Mädels‹ den Werken Schnitzlers verpflichtet, der sich in seiner Autobiographie an dieses erste »Schmeichelwort vom süßen Mädel« erinnert, ohne, wie er angibt, damals zu ahnen, »daß es bestimmt war, einmal gewissermaßen literarisch zu werden« (JiW, 274). Die stereotype Charakteristik des ›süßen Mädels‹, das zwischen Unschuld und Koketterie changierende Naturell, die kindliche Unbefangenheit, eine dialektal gefärbte Sprache und im Ganzen ein übermütiges Wesen, das »durchaus nichts Französisches, Leidenschaftlich-Dämonisches an sich hat, sondern ganz heimlich humoristisch berührt«, notiert Schnitzler in Anlehnung an seine eigene Bekanntschaft mit einer jungen Wienerin ebenfalls in seiner Autobiographie (ebd., 111). Der Reiz dieser fiktionalisierten jungen Dienst- und Stubenmädchen, Näherinnen oder Choristinnen liegt in der Symbiose von kindlichem Auftreten und sinnlicher Ausstrahlung begründet. Aus männlicher Perspektive fungieren sie als verführerische Wesen zwischen Unschuld und Schuld, evozieren sentimentale Erinnerungen an die eigene Jugend und versprechen Erholung von der hysterisch anmutenden Erotik der verheirateten Geliebten oder der gealterten Femme fatale.

Bei Figuren wie Cora (*Anatol*), Mizi (*Liebelei*), Marie (*Reigen*) oder dem namenlos bleibenden ›süßen Mädel‹ (*Reigen*) handelt es sich allesamt um Vertreterinnen des gleichen Typus – es sind Frauenfiguren, die sich mit der ihnen zugedachten und stellvertretend von Anatol formulierten Rolle scheinbar abfinden: »Ja, so enden diese Mädel mit den zerstochenen Fingern. In der Stadt werden sie geliebt und in der Vorstadt geheiratet« (A/HKA II, 916). Das Temporäre ihrer jeweiligen Beziehung zum untreuen Ehemann, dem dekadenten Dichter, dem Soldaten oder dem jungen Studenten ist diesen Frauen durchaus bewusst – pragmatisch bleiben ihre Gedanken auf den Moment ausgerichtet: »Wer wird denn im Mai an den August denken. Ist's nicht wahr, Herr Fritz?« (LBL, 18). Das sentimentale Abenteuer mit dem ›süßen Mädel‹ kommt ohne das anstrengende Kräftemessen aus, das noch einen Teil des erotischen Abenteuers darstellte. Die Affäre mit dem Mädchen aus der Vorstadt verspricht eine zumindest vorübergehende Rückkehr in die Natur »aus der feudalen Pracht des Stadtkerns in die Peripherie der Stadtringe Wiens« hinaus (Gutt 1978, 60). Dabei verkörpert das ›süße Mädel‹ die im Fin de Siècle verloren gegangene ›sentimentalische‹ Auffassung der Natur, welche die Frau zur Repräsentantin einer »schönen Kultur des Herzens« verklärt hatte (Riedel 1996, 170). Nicht zufällig bleibt es einem Literaten, dem selbstverliebten Dichter im *Reigen*, überlassen, über die Figur seines ›süßen Mädels‹ einen verkitschten Naturbegriff pathetisch zu beschwören: »Du bist schön, du bist die Schönheit, du bist vielleicht sogar die Natur, du bist die heilige Einfalt« (REI, 80). Gerade in dieser Episode wird der Frauentypus als männlicher und ausdrücklich literarischer Imaginationskomplex entlarvt: Die Oberflächlichkeit des dekadenten Künstlers zeigt sich in seinem Umgang mit dem ›süßen Mädel‹, das auf ein stereotypes Rollenmuster reduziert wird: »Freilich, bist du so dumm. Aber gerade darum hab ich dich lieb. Ah, das ist so schön, wenn ihr dumm seid. Ich mein, in der Art wie du« (ebd., 74).

Analog zur Ehefrau oder Schauspielerin ist auch diese Rolle mit einem weiblichen Individuationsbestreben nicht zu vereinbaren. Die frühe Briefnovelle *Die kleine Komödie* (1895) zeigt die Diskrepanz zwischen Rolle und Ich, weil darin sowohl das ›süße Mädel‹ als auch der gleichermaßen zum Klischee avancierte mittellose junge Dichter nur mehr als Maskeraden begegnen, mit deren Hilfe die Protagonisten sentimentale Erinnerungen heraufzubeschwören suchen. Das Unterfangen scheitert und führt tatsächlich den Bruch zwischen Rolle und Ich sowohl beim Mann wie auch der Frau umso offensiver vor (Gutt 1978, 67f.). Schnitzlers Texte führen den Typus des ›süßen Mädels‹ daher nicht nur zu seinem literarischen Erfolg, sondern entlarven ihn auch als männlich besetzte Projektionsfläche, die sich auf sentimentalische Schwärmereien und eine klischeehaft verkürzte Idylle des Vorstadtmädchens reduziert, wie sie neben dem Dichter im *Reigen* von Anatol (A/HKA II, 901 f.) oder Theodor in *Liebelei* (LBL, 12 f.) stellvertretend entworfen wird.

Insbesondere die jungen Dienst- und Stubenmädchen in Schnitzlers Texten figurieren als Kontrastfiguren zur verheirateten Frau und stellen die Befriedigung jener sexuellen Sehnsüchte in Aussicht, die der Mann im entsexualisierten Raum der bürgerlichen Ehe nicht zu finden glaubt. Das literarische Stereotyp kontrastiert dabei deutlich mit der sozialen Realität der ledigen jungen Frauen aus der Vorstadt, die als ökonomisch billige Arbeitskraft ausgenutzt und zugleich als vermeintlich ›leicht verfügbare‹ Mädchen gesellschaftlich stigmatisiert werden (Viethen-Vobruba 1989). Schnitzlers letzter Roman *Therese* (1928) problematisiert diese prekäre Überschneidung von Arbeits- und Abhängigkeitsverhältnis im beruflichen Alltag, wenn darin die »täppischen und widerlichen Annäherungsversuche« thematisiert werden, denen Therese als Hausangestellte nur durch die Kündigung entgeht (ES II, 670).

Bereits mit *Liebelei* veröffentlicht Schnitzler ein Schauspiel, dem es nicht allein um das Entlarven des ›süßen Mädels‹ als Projektionsfigur des Mannes geht, sondern das zudem »Tiefenschärfe durch soziale Analyse« erhält (Fliedl 2005, 83). Das in diesem Drama gezeigte sentimentale Abenteuer zwischen dem ›süßen Mädel‹ Christine und Fritz endet mit einer Katastrophe, weil sich Christine, im Unterschied zu ihrer Freundin Mizi, keineswegs in die ihr zugedachte Rolle fügt. Während Mizi die emotionale wie zeitliche Beschränkung ihrer losen Liebelei mit Theodor trotzig in Kauf nimmt, verliebt Christine sich bedingungslos und gibt ohne Rücksicht auf gesellschaftliche Rollenzuschreibungen und soziale Schranken die Hoffnung auf eine Zukunft mit Fritz nicht auf. Als Fritz im Duell und damit für die andere Frau stirbt, wird Christine mit der eigenen Bedeutungslosigkeit konfrontiert sowie mit der Erkenntnis, »daß sie als Typ genommen wurde, und zwar als ›süßes Mädel‹ und nicht als liebende Frau« (Gutt 1978, 35). Der angedeutete Selbstmord Christines wird somit nicht durch die Trauer um den verlorenen Geliebten motiviert – wie es zeitgenössische Rezensionen noch deuten (Urbach 1974, 152 f.).

Vielmehr versteht sich Christines Entschluss als verzweifelter Emanzipationsversuch, als Ausbrechen aus einem ›Rollenfach‹, das ihr Schicksal geblieben wäre: »Und in einem halben Jahr kann ich wieder lachen, was –? (*Auflachend.*) Und wann kommt denn der nächste Liebhaber? ...« (LBL, 89 f.)

Eine späte Rache nimmt das ›süße Mädel‹ in Schnitzlers Werk mit der Figur Leopoldine Labus in der Novelle *Spiel im Morgengrauen* (1926/27). Das ehemalige Blumenmädchen ist zur reichen Geschäftsfrau aufgestiegen und wird von ebenjenem Offizier aufgesucht, der ihr einst nach einer kurzen sexuellen Begegnung einen Geldschein dagelassen und sie damit zur Dirne degradiert hatte. Leopoldine rächt sich, indem sie die männliche Verhaltensweise übernimmt und den Soldaten nach einer erneuten Liebesnacht ihrerseits mit einem Geldschein ›entlohnt‹ (SPI, 93 f.).

Das Geschäft mit der Liebe

Nicht erst in dieser späten Novelle Schnitzlers, sondern durchweg in seinen Texten entpuppt sich das Liebesspiel in Wahrheit als Liebesgeschäft, das Sexualität als Ware und Frauen als Besitz verhandelt. Mittelpunkt dieses Geschäfts bildet die Figur der ›Dirne‹, die in der Literatur um 1900 als ideale Projektionsfläche für kulturelle Dämonisierungsversuche weiblicher Sexualität figuriert: Émile Zola etwa setzt der als Femme fatale auftretenden Kurtisane mit seinem Roman *Nana* (1880) ein literarisches Denkmal. Auch Schnitzlers Gesellschaftsentwürfe kommen ohne die Figur der Dirne nicht aus, hinterfragen jedoch den zeitgenössischen Dualismus von ›Hure‹ und ›Heiliger‹ und machen zudem den problematischen Alltag der Prostituierten deutlich. Bezeichnend ist die Begegnung zwischen Fridolin und Mizzi in der *Traumnovelle*, die den männlichen Blick auf die Prostituierte ebenso entlarvt wie das glanzlose Geschäft, in dem die junge Frau arbeitet. Mizzi, ein »zierliches, noch ganz junges Geschöpf« (TRA, 24), begegnet aus männlicher Perspektive als verführerische Kindfrau, deren Reiz ein ambivalenter ist: Er liegt in ihrem infantilen Auftreten begründet (»[Sie] setzte sich auf seinen Schoß und schlang wie ein Kind den Arm um seinen Nacken.«; ebd., 26), resultiert jedoch auch aus der drohenden Gefahr einer Syphilisansteckung, die jede Begegnung mit einem »Frauenzimmer dieser Art« (ebd., 25) mit sich bringt: »Man kann ja nicht wissen, irgendeinmal muß es ja doch kommen. Du hast ganz recht, wenn du dich fürchten tust« (ebd., 27). Fridolins Versuch, die junge Dirne sentimental zu verklären (»War dieses junge Mädchen nicht [...] das anmutigste, ja geradezu das reinste gewesen?«; ebd., 81) erweist sich bei einem erneuten Besuch der Prostituierten als Verkennung ihrer Lebensrealität: Mizzi ist, vermutlich an Syphilis erkrankt, ins Krankenhaus eingeliefert worden. Analog liest sich die den *Reigen* beschließende Begegnung zwischen der Dirne Leocadia und dem Grafen. Auch hier wird ein männlicher Blick vorgeführt, der, um die eigene moralische Überlegenheit zu behaupten, in der Dirne die ›anständige‹ Frau erkennen möchte: »Wenn man nicht wüßt, was sie ist! [...] Ich hab viel kennt, die haben nicht einmal im Schlafen so tugendhaft ausg'sehn« (REI, 112). Mizzi wie Leocadia durchschauen diesen sentimental verklärten Blick, der sich zudem als ironische Umkehrung des in Schnitzlers Texten ebenfalls ausgestellten männlichen Versuches liest, in jeder ›anständigen‹ Frau die Dirne zu sehen. Leocadia etwa begegnet dem erklärten Bemühen des Grafen, sich als romantischen Retter des gefallenen Mädchens zu inszenieren, mit einem nüchternen Sinn für die Realität: »Was werd ich denn machen? Auf den Strich geh ich halt« (ebd., 115).

Nicht nur in dieser Szene, sondern grundsätzlich stellt Schnitzler ein spezifisch weibliches Wissen um die Konzessionen heraus, die das ›Liebesspiel‹ zwischen den Geschlechtern, das eigentlich ein Geschäft mit der Liebe ist, auferlegt. Der *Reigen*, Schnitzlers »schärfste und souveränste Abrechnung mit dem Liebesgeschäft« (Fliedl 2005, 85), zeigt exemplarisch, dass es allein den Frauenfiguren vorbehalten bleibt, die Konstitutionsbedingungen und Ablaufmechanismen zwischengeschlechtlicher Begegnungen zu durchschauen und mit ihnen die zeitgenössische Doppelmoral zu entlarven. So weiß das Stubenmädchen, dass ihre kurze Begegnung mit dem Soldaten vielleicht nicht dessen letzte in der Nacht ist: »Freilich, ich weiß schon, jetzt kommt die Blonde mit dem schiefen Gesicht dran!« (REI, 17). Und wenn das ›süße Mädel‹ dem untreuen Ehemann vorhält: »Ah was, deine Frau macht's sicher nicht anders als du« (ebd., 70), dann beweist sie ihren Durchblick angesichts des unmittelbar zuvor tatsächlich erfolgten Ehebruchs der Ehefrau. Nicht zufällig rahmen Schnitzlers *Reigen* jene Episoden, die von der Figur der Dirne bestritten werden. Die Darstellung der Liebe als Ware und ein (im Fall der letzten Szene) bereits vergessener Geschlechtsakt sind die finalen Bilder, die für die endgültige Entzauberung dieses ›Geschlechterreigens‹ verantwortlich sind.

Literatur

Allerdissen, Rolf: *A. S. Impressionistisches Rollenspiel und skeptischer Moralismus in seinen Erzählungen.* Bonn 1985.

Arens, Katherine: S. and the Discourse of Gender in *Fin-de-siècle* Vienna. In: Dagmar C. G. Lorenz (Hg.): *A Companion to the Works of A. S.* New York 2003, 243–264.

Catani, Stephanie: *Das fiktive Geschlecht. Weiblichkeit in anthropologischen Entwürfen und literarischen Texten zwischen 1885 und 1925.* Würzburg 2005.

Dahlke, Birgit: *Jünglinge der Moderne. Jugendkult und Männlichkeit in der Literatur um 1900.* Köln/Weimar/Wien 2006.

Fischer, Jens Malte: *Fin de siècle. Kommentar zu einer Epoche.* München 1978.

Fischer-Homberger, Esther: *Krankheit Frau. Zur Geschichte der Einbildungen.* Darmstadt 1984.

Fliedl, Konstanze: *A. S. Poetik der Erinnerung.* Wien u. a. 1997.

Fliedl, Konstanze: *A. S.* Stuttgart 2005.

Gutt, Barbara: *Emanzipation bei A. S.* Berlin 1978.

Janz, Rolf-Peter/Laermann, Klaus: *A. S. zur Diagnose des Wiener Bürgertums im Fin de siècle.* Stuttgart 1977.

Klüger, Ruth: *S.s Damen, Weiber, Mädeln, Frauen.* Wien 2001.

Koschorke, Albrecht: Blick und Macht. Das Imaginäre der Geschlechter im 19. Jahrhundert und bei A. S. In: Christine Lubkoll (Hg.): *Das Imaginäre des Fin de siècle. Ein Symposion für Gerhard Neumann.* Freiburg i. Br. 2002, 313–335.

Meyer, Imke: *Männlichkeit und Melodram. A. S.s erzählende Schriften.* Würzburg 2010.

Oosterhoff, Jenneke A.: *Die Männer sind infam, solang sie Männer sind. Konstruktionen der Männlichkeit in den Werken A. S.s.* Tübingen 2000.

Perlmann, Michaela L.: *A. S.* Stuttgart 1987.

Pohle, Bettina: *Kunstwerk Frau. Inszenierungen von Weiblichkeit in der Moderne.* Frankfurt a. M. 1998.

Riedel, Wolfgang: »*Homo natura*«. *Literarische Anthropologie um 1900.* Berlin/New York ²2011.

Sieferle, Rolf P.: *Fortschrittsfeinde? Opposition gegen Technik und Industrie von der Romantik bis zur Gegenwart.* München 1984.

Urbach, Reinhard: *S.-Kommentar zu den erzählenden und dramatischen Werken.* München 1974.

Viethen-Vobruba, Eva: Wiener Vorstadtmädel. Unterschiede zu einem literarischen Klischée. In: Irmgard Roebling (Hg.): *Lulu, Lilith, Mona Lisa. Frauenbilder der Jahrhundertwende.* Pfaffenweiler 1989, 217–246.

Weinhold, Ulrike: A. S. und der weibliche Diskurs. Zur Problematik des Frauenbilds der Jahrhundertwende. In: *Jahrbuch für Internationale Germanistik* 19 (1987), H. 1, 75–90.

Yates, William E.: *S., Hofmannsthal and the Austrian Theatre.* New Haven/London 1992.

Stephanie Catani

5. Tabu-Brüche: Sexualität und Tod

Sexualität und Tabu

Zu Schnitzlers Zeiten bezeichnet ›Tabu‹ im weiteren Sinne ein säkularisiertes gesellschaftliches Verbot, dessen Übertreten mit Risiken verbunden ist und mit Sanktionen geahndet wird. Tabus sind »Meidungsgebote« oder »negative Konventionen« (Lehmann-Carli 2013, 12). Der Handlungsebene ist zumeist ein Sprachverbot inhärent: Man kann über ein Tabu nicht sprechen, ohne es zu verletzen. Die maßgebliche Studie zum kulturellen Verständnis des Tabus lieferte Sigmund Freud 1913 mit *Totem und Tabu*, in der er das Tabu in den Zusammenhang mit dem Unbewussten setzte: »Das Tabu ist ein uraltes Verbot, von außen (von einer Autorität) aufgedrängt und gegen die stärksten Gelüste gerichtet. Die Lust es zu übertreten, besteht in deren Unbewußtem fort [...]« (Freud 1974, 326). Tabus setzen einen stillschweigenden Konsens voraus, der nicht bewusst sein muss, in der Regel aber bekannt ist. Eggert hat für die Definition des Tabu-Begriffs fruchtbare Thesen aufgestellt (vgl. 2002, 19–22): 1. Das Tabu weist die Aura des Sakralen auf, auch dort, wo es rein weltlich (säkular, profan) ist. 2. Das Tabu stellt einen Schutzraum dar, der nicht ins Alltägliche einbezogen werden darf, bzw. dem eine ausgegrenzte Ausnahmestellung zugesprochen ist. 3. Das Tabu hat die Aura des Unberührbaren, und die Berührung ist strafbar. 4. Ohne kollektive Öffentlichkeit kein Tabu. 5. Die straffreie Überschreitung eines Tabus ist privilegiert und kodifiziert. 6. Mit Tabus sind immer Darstellungsprobleme und deren Thematisierung verbunden; Tabus weisen eine genuin ästhetische Komponente auf, die von den nicht-sprachlichen Symbolisierungen bis hin zu einer Normierung von Ästhetik reicht. Hinzuzufügen ist, dass die Moderne den Tabubruch explizit nutzt, die Grenzen der Kunst zu erweitern. Mit der Nennung eines Tabus überschreitet die Literatur die Demarkationslinie und verwandelt das Tabu in »produktive Schubkraft« (Detering 2004, 340), da ein Tabubruch in der Regel einen emanzipatorischen Wert aufweist (Lehmann-Carli 2013, 12): Die Literatur durchbricht die Aura des Sakralen, zeigt am alltäglich vollzogenen Tabubruch das Profane des Tabus auf und entwertet die als unantastbar geltenden Normen. Dieses gilt im Allgemeinen für das öffentliche Sprechen über Sexualität. Insbesondere das von der sittlichen Norm abweichende Sexualverhalten ist bis weit in das 20. Jahrhundert hinein in der kollektiven Normen- und Wertewelt des Bürgertums tabuisiert. Das Schweigegebot verbannt Sexualität in den privaten Raum, aber auch dort ist sie keineswegs positiv konnotiert (vgl. Neissl 2001, 15). Der Begriff der ›Sexualität‹ ist zu Zeiten Schnitzlers am ehesten mit ›Geschlechtsleben‹ gleichzusetzen. Das Geschlechts*leben* bezeichnet eine ontische Kategorie, sie bezieht sich sowohl auf den Umgang mit dem eigenen Körper als auch auf den Körper einer anderen Person und definiert darüber ein existentielles In-der-Welt-Sein des Menschen. Davon unabhängig ist, ob es sich um Sexualität als geistig-psychisches Phänomen, also um ein unbewusstes, vorbewusstes, traumhaftes oder auch gedanklich-reflektiertes Begehren oder um eine Haltung gegenüber sittlichen und moralischen Fragen oder um sexuelle Handlungen an sich selbst oder anderen handelt. In Schnitzlers Figuren wird eine Auffassung des Selbst vertreten, die von Heinz Kohut (1976) theoretisch fixiert wird: Während bei Freud das ES eine dominante Funktion affektiven Handelns ausübt, ist bei Kohut das Triebgeschehen dem Selbst integriert. Ist das Selbst instabil und neigt zum Selbstbetrug, so bleibt auch das Sexualverhalten unbestimmt und wechselhaft.

Schnitzlers Fokussierung auf das Geschlechtsleben seiner Zeitgenossen ist nicht solitär. Gegen Ende des 19. Jahrhunderts gerät im Zuge naturwissenschaftlicher Erkenntnisse über den Menschen und mentalitätsgeschichtlicher Entwicklungen, zu denen in erster Linie die ›Erforschung des Ich‹ (Gay 1999, passim) gehört, die Sexualität zunehmend in den öffentlichen Diskurs. Um den »Sex herum« entzündet sich Foucault zufolge eine »diskursive Explosion« (Foucault 1991, 27). Die Moderne verhandelt am Sexus die Existenzbedingungen des Menschen als psychisches, moralisches, soziales und triebhaftes Wesen. Entscheidend dabei ist, dass bei aller Offenheit, mit der *in sexualibus* diskutiert wird, Sexualität in ›normal‹ und ›unnormal‹ unterschieden wird. Die heftig diskutierte ›sexuelle Frage‹ schließt Fragen nach Geschlechtscharakteren, Geschlechtsbeziehungen, vorehelicher und ehelicher Sexualität, Arbeitsleben, Volksgesundheit und Kindererziehung ein (Flemming 1999, passim). Drei Diskurse bestimmen das Tabu (Tebben 2011, 56–68). 1. Im normierten Sprachgebrauch der Alltagswirklichkeit wird die Rede über Sexualität umso mehr ausgeklammert, als es die ›weiße Weste‹ (eine Periphrase moralischer Sauberkeit) des Bürgertums zu verteidigen gilt. 2. Im wissenschaftlichen Sprachgebrauch werden restriktive Normierungen von ›normal‹ und ›pervers‹ fundiert, vor allem in medizinischen Schriften (z. B. Richard von Krafft-Ebings *Psychopathia sexualis*, 1886). 3. Im literarischen und feuilletonistischen Sprachgebrauch wird zunehmend die Scheinmoral bürgerlicher und wissenschaftlicher Tabus aufgedeckt, es werden also Tabuverletzungen vorgenommen und Tabubrüche vollzogen, indem der sakrale Privatraum von Sexualität gestört und die ›Fassadenwirtschaft‹ entblößt wird.

Dieses gilt insbesondere für das Werk Schnitzlers. Schnitzler bleibt allerdings dem »decorum des Konversationstons verpflichtet« (Riedel 1996, 227), d. h. geschildert werden nie sexuelle Akte, sondern die psychische Motivation und sprachliche Konsequenz tabuisierten Begehrens. Vor allem *Der Reigen* wurde als »der literarische Ur-Tabubruch des Jahrhunderts« (Braun 2007, 8) empfunden, weil er »die Integration des Geschlechtsakts in die Bühnenhandlung« scheinbar vorgenommen hatte. Dabei ist der Schritt von der Erotik zur Sexualität so diskret wie möglich umgesetzt: »Als ein körperlicher Vorgang ist der Akt selbst nicht wirklich präsent: Die Figuren sprechen ihn vorher oder nachher nur mittelbar oder in allgemeinen Floskeln an, und im Text des Stücks ist sein stummer Vollzug allein durch die Gedankenstriche markiert« (Scheffel in REI, 140 f.). In Schnitzlers narrativen Texten ist hingegen der sexuelle Akt in traditionelle Periphrasen gekleidet, die wiederum das Tabu auf der Ebene des Signifikanten stützen: Schnitzlers Liebhaber beobachten an ihren Gespielinnen »Nacht für Nacht das matte Verschimmern ihrer Augen, das selige Verhauchen ihres Atems« (*Der Mörder*, ES I, 999) oder wie diese aus »ihrem höchsten Rausch« (*Die Braut*, ES I, 89) erwachen.

Sexualität und Tod

Eine wesentliche Komponente des Darstellungsverfahrens von Tabus und Tabubrüchen ist die Verschränkung des Motivs der Sexualität mit dem Motiv des Todes. Auch bei Schnitzler ist die ontische Kategorie des ›Geschlechtslebens‹ dominant mit der drohenden Auslöschung des Menschen verbunden. Hierin bestätigt er eine Leistung der Moderne: Die »aporetische Struktur des Todesbewußtseins verstärkt sich in dem Maße, in welchem das Selbstbewußtsein sich individualisiert« (Pfeiffer 1997, 5). Das Eros-Thanatos-Motiv (Grote 1996; Lindemann/ Micke 1996; Landwehr 1997; Micke 2000; Oei 2013) zeigt dabei *in nuce* die Programmatik des gesamten Werkes auf. Micke hat nachgewiesen, dass Schnitzler in *Exzentrik* den Dualismus von Eros (Lebenstrieb) und Thanatos (Todestrieb), wie ihn später Freud verstanden haben will, gestaltet (vgl. ebd., passim). Das ist im Werk allerdings eine singuläre Erscheinung. Ebenfalls lässt sich kaum von mythischen Bezugs- und Deutungsebenen sprechen, sondern vielmehr von empirischen Experimenten im Bereich der Literatur. Dieses gilt sogar für den *Reigen*, der zeigt, »daß Schnitzlers Stück historisch wie theologisch von mittelalterlicher Literatur durch Jahrhunderte getrennt ist« (Janz 1977, 56). Die Realität der den Menschen bestimmenden »Grundkräfte« (Matthias 1999, 16 u. 17) Liebe und Tod im Schaffen Schnitzlers entspringt der Weltanschauung des Mediziners. Ihre Interaktionsofferten erhalten diese Konstanten des Werkes aber in der Kombination mit der Variablen »Spiel« (ebd., 18). Allerdissen konstatierte für das Rollenspiel: »Das Leben unter Todesdrohung wird zum Prüffeld für die ethische Substanz des Geprüften, sein Verhalten soll Aufschluß geben über Sinnhaftigkeit oder Sinnlosigkeit der Existenz« (Allerdissen 1985, 161). Dass der Tod das Ende jeglicher Existenz des Menschen bedeutet, führt die märchenhafte, gleichwohl philosophisch-programmatische Erzählung *Die dreifache Warnung* vor. Dem Tod gegenüber stehen der Lebenswille und dessen integraler Urtrieb, die Sexualität. Zwar bedient sich Schnitzler gelegentlich mythischer Denkfiguren, diese werden aber in märchenhafte Skizzen eingebettet und im Erzählvorgang als irreale Konstruktionen ironisiert (*Frühlingsnacht im Seziersaal*, *Die drei Elixire*, *Reigen*, *Traumnovelle*). Liebe und Tod sind keine Kategorien menschlichen Daseins, die in metaphysische Denkmuster integriert werden müssen.

Analog zum Begriff ›Sexualität‹ ist mit ›Tod‹ eine Bedeutungsoffenheit gekennzeichnet: Der Begriff kann sich, symbolisch aufgeladen, sowohl auf eine unantastbare (abstrakte) Norm beziehen, die im Fall ihrer Verletzung den gesellschaftlich-sozialen ›Tod‹ des Individuums zur Folge hat, als auch den organischen Tod bedeuten. Generell verbindet Schnitzler »medizinische Symptomatik mit sozialpsychologischen Aspekten und ethischen Tiefendimensionen« (Neymeyr in FLU, 122). In einem Großteil des Werkes überlagern sich die Bedeutungsebenen: Innerfiktional werden entweder durch den faktischen Tod einer Figur bestimmte Verhaltensweisen und Haltungen einer anderen Figur ausgelöst, oder psychische Konfliktsituationen werden so gestaltet, dass sie den gesellschaftlich-sozialen Tod wahrscheinlich machen und Suizid oder Duellsituation einer Figur motivieren. Auf außerfiktionaler Ebene deuten beide Gestaltungsprinzipien auf das marode Wertesystem der zeitgenössischen Gesellschaft hin, das Deformierungen bis in die geheimsten Winkel des Unbewussten verantwortet. Schnitzler variiert die Leitmotive ›Sexualität‹ und ›Tod‹ immer neu und integriert sie in übergeordnete Themen, die sie zugleich profilieren: Liebe, Verantwortungslosigkeit, Verdrängung, Schuld, Ehre, Habgier, Erkenntnis und Betrug, der, folgt man der saloppen Formulierung Peter von Matts, in Schnitzlers Werk so gegenwärtig und variantenreich ist, »wie im gleichzeitigen Heimatroman das Klettern« (von Matt 1989, 285 f.) (s. Kap. III.6).

Synopsis I: Organische Krankheiten und plötzliche Todesfälle

Sterben kann gelesen werden als »Anti-Verdrängungsgeschichte« (Pfeiffer 1997, 148) und zugleich »Ideologiekritik« (Riedel 1996, 249), wenn Schnitzler zeigt, wie die Frist bis zum angekündigten Tod infolge von Tuberkulose zum Prüffeld für die ethische Substanz des Geprüften wird (vgl. Pietzker 2007, 32) und die Beziehung der Liebenden in einen unerbittlichen Machtkampf verwandelt (vgl. Grätz 2006, 224). Schnitzler zeigt das Bild einer Welt, »in der überkommene Strategien zur Bewältigung der Todesangst ihre Wirksamkeit verlieren: Die religiösen, moralischen und ästhetischen Sinnangebote, der Glaube an Unsterblichkeit, die Phantasie vom romantischen Liebestod, der schöne oder gar organisierte Tod – sie alle versagen« (Pietzker 2007, 35). – *Frau Bertha Garlan* gilt als der »erste psychoanalytisch konzipierte Text der Weltliteratur« (Fliedl in GAR, 193). Hier stirbt Anna Rupius an den Folgen einer Abtreibung. Die innerfiktionale Begründung des innerfiktionalen Sachverhalts lautet: Diese ist Folge der Schwangerschaft, die wiederum das Resultat heimlicher Treffen in Wien ist. Die Konfrontation mit Annas Tod beendet die Selbsttäuschungen Berthas, die vor allem dann einsetzten, wenn sie ihre Sexualität wahrnimmt. Bertha gelingt es zwar nicht, »die restriktiven Normen ihres soziokulturellen Umfeldes kritisch auf ihre Legitimität zu prüfen« (Neymeyr 1997, 349), aber sie erkennt, dass die Folgen gelebter Sexualität für eine unverheiratete Frau katastrophal sein können. Der Tabubruch des Textes besteht nicht nur darin, männliche Verantwortungslosigkeit zu demonstrieren, sondern die Natürlichkeit und Problematik weiblicher Sexualität zu zeigen, die nicht durch die Ehe sanktioniert ist. – Auch Georg von Wergenthin in *Der Weg ins Freie* gehorcht in der Befriedigung der sexuellen Bedürfnisse ausschließlich dem Lustprinzip. Das gemeinsame Kind, im biblischen Verständnis Zeichen der Liebe Gottes und der Eltern, wird zum lästigen biologischen Kollateralschaden; der Tod des Kindes bei seiner Geburt erlöst Wergenthin von jedweder Verantwortung dem kleinen Wesen und Anna gegenüber. Seine Liebesunfähigkeit korrespondiert mit seiner Unfähigkeit zum Trauern, sodass Wergenthin am Ende eine Kreisbewegung vollzogen hat, »Ausdruck des unverhältnismäßig aufgeblähten Selbstgefühls eines spätbürgerlichen Individuums, das durch nichts begründet ist« (Scheible 1976, 96). Dieses darzustellen, bezeichnet den eigentlichen Tabubruch: Das männliche Verhalten gegenüber Frau und Kind kollidiert mit dem Anspruch auf Humanität. – In *Der einsame Weg* ist der bald zu erwartende Tod infolge der Schwindsucht Anlass für Gabriele Wegrat, ihren Kindern die eigene Lebenslüge zu gestehen. Ihr Siechtum offenbart »die Unterhöhlung einer bürgerlichen Ehe, in der sie nur mühsam die gesellschaftliche Fassade aufrechterhalten konnte« (Schmidt 2007, 122). Mit ihrem Versuch, die konventionelle Bürgermoral wiederherzustellen, scheitert sie: Felix, dem sie mitteilt, dass nicht der Akademieprofessor Wegrat sein Vater ist, sondern der Künstler Julian Fichtner, bekennt sich zu Wegrat; Johanna, von der Gabriele wünscht, dass sie sich mit dem Arzt Reumann verlobt, bekennt sich zu von Sala, dessen »Verfallenheit an den Tod auch als eine psychische Obsession, als Melancholie erkennbar« ist und dessen tödliche Krankheit »die Lebensunfähigkeit des dekadenten Ästheten« signalisiert (Schmidt 2007, 122). Das Drama endet mit einer pessimistischen Perspektive: »Als Symbol der Ziellosigkeit und der vertanen Chancen glücklich zu leben, endet ihre Liebesgeschichte im Doppelselbstmord« (Perlmann 1987 a, 72). – Die kurze Erzählung *Der Andere* präsentiert einen betagten Ich-Erzähler, der nach dem Tod seiner geliebten Gattin jeden Tag verzweifelt zu ihrem Grabe eilt. Dort sieht er einen fremden jungen Mann das Gleiche tun. Der Text bietet an, als Parabel gelesen zu werden: Statt sich der lebenslangen Liebe zu seiner verstorbenen Frau zu freuen, an die der junge Mann als Alter Ego erinnern will, vergällt sich der Witwer die Erinnerung mit bohrenden Eifersuchtsgedanken. – Bei zwei weiteren Novellen gibt der Tod der Frau Gelegenheit zu einem grotesken Selbstbetrug. Die infolge von Kopftyphus gestorbene verheiratete Geliebte, die Albert, ein vermögender

Bohemien, in *Ein Abschied* an der Bahre aufsucht, gemahnt an Alberts Verantwortungsgefühl: Durch ein Lächeln, so scheint es Albert, scheint die Tote den Liebhaber postum zur Offenbarung des Verhältnisses bewegen zu wollen. Dieser stiehlt sich davon. – In *Die griechische Tänzerin* ist der Tod der an einem Herzschlag erlegenen Mathilde das Motiv für den abgewiesenen Ich-Erzähler, über die (unterstellte) unglückliche Ehe der Frau mit einem Künstler zu räsonieren. Der Erzähler demaskiert sich selbst, indem er »Kunst und Künstlerleben durch die Brille philiströser Vorurteile« betrachtet (Sprengel 2004, 237). – In der Novelle *Der Witwer* durchläuft der Hinterbliebene einen Reflexionsprozess. Als er die an seine verstorbene Frau adressierten Liebesbriefe seines Freundes Hugo entdeckt, überwindet er Hass und Rachegelüste, entwickelt Verständnis und neigt zum Verzeihen. Auch diese Novelle endet mit einer Volte: Der vermeintlich untreue-treue Hugo hat auch die Gattin Richards betrogen und erntet statt Zuneigung dessen Zorn. – Ein ähnliches Thema wählt Schnitzler in *Der Tod des Junggesellen*. Nach einem Herzleiden dahingeschieden, eröffnet der titelgebende Junggeselle in einem Brief an die versammelten drei Freunde, dass er mit ihren Frauen ein Verhältnis hatte. Die Eröffnung ist für alle Anlass, lange Ehejahre Revue passieren zu lassen und in den Dienst des Selbstbetrugs zu stellen. Auch hier erweist sich der Dichter als besonders phantasiebegabt. – Auch *Doktor Gräsler, Badearzt* behandelt die Beziehungsunfähigkeit eines Durchschnittsmannes und typischen Renegaten, wie ihn Schnitzler definiert hat: »Ein Renegat ist immer ein Mensch, der sich seiner eigenen Minderwertigkeit dunkel bewußt ist, und den feigen oder tückischen Versuch unternimmt, seine Familie, seine Nation, seine Rasse für seine höchst individuellen Mängel verantwortlich zu machen« (AB, 174). In der Welt dieses »Dichter-Arztes« gibt es »beinahe nichts«, so eine Beobachtung Klaus Manns, »außer Tod und Geschlecht« (Mann 1990, 91). Das Sterben seiner Geliebten, Katharina, bedient lediglich das Größenselbst; hier kann sich Gräsler als gewissenhafter Arzt beweisen. Ihr Tod entlastet ihn von dieser Rolle, der er nicht gewachsen ist. Wo kein Verhältnis zum Tod entwickelt wird, entsteht auch keines zum Leben, die Liebesunfähigkeit korrespondiert mit der Unfähigkeit zum Trauern, von beidem bleibt Gräsler ausgespart. In seiner Haltung gegenüber dem Suizid seiner Schwester leuchtet die »ambivalente Haltung einer Gesellschaft auf, die massiv eine Sexualisierung von Wissenschaft und Kunst stützt, gleichzeitig aber Sexualität, die tabuisierte weibliche allemal, in der gesellschaftlichen Öffentlichkeit diskriminiert« (Becker 2007, 169).

Auch im Alterswerk Schnitzlers ist der Tod allgegenwärtig und bietet Raum, die Armseligkeit der Menschen in ein grelles Licht zu tauchen. Als den Flötisten in *Der Fürst ist im Hause* während einer Aufführung der Schlag trifft, muss dieses Vorkommnis Seiner Durchlaucht unter allen Umständen verheimlicht werden, um den Kunstgenuss – und den davon abhängigen Ruf des Hauses – nicht zu gefährden. – Eine Ausnahme stellt die *Traumnovelle* dar, in der die langweilig gewordene eheliche Liebe sexuelle Entgrenzungsphantasien weckt. Die Bedrohung, die von der Vorstellung ungehemmter Sexualität ausgeht, wird im stets gegenwärtigen, entweder auf der Handlungsebene stattfindenden oder im Tagtraum oder Traum imaginierten Tod widergespiegelt. Die Leiche, in der Fridolin die maskierte nackte Schöne wiederzuerkennen glaubt, stiftet die Klimax: Im Seziersaal wird Fridolin als Mann zunächst von ihr betört und zu einem Liebesspiel animiert, dann aber nimmt er als Mediziner den bloßen Leichnam wahr, der unwiderruflich zur Verwesung bestimmt ist. Die Bedrohung des ›Ehetodes‹ kann aber nicht nur mit der hier symbolisch zu verstehenden Überwindung des außerehelichen Begehrens gewährleistet werden, sondern nur »mit Hilfe des Erzählens« (Kim 2007, 226). Die Erzählinstanz, die die Ereignisse märchenhaft verwebt, weist Schnitzler als radikalen Skeptiker aus (Scheffel in TRA, 122 f.; 2012, 359 f.).

Synopsis II: Duell-Tode

Einem Duell liegt eine Ehrverletzung zugrunde, die mit dem Tod des Kontrahenten gesühnt werden soll. Die Belanglosigkeit dessen zu zeigen, was als Ehrverletzung gilt, und damit »die Absurdität des Duellzwangs« vorzuführen, ist Schnitzlers Intention (Fliedl in GUS, 91). Dies gilt bereits für die Figur des Paul in *Freiwild*, der das Duell zunächst ablehnt, weil er sein Leben nicht für »die Provokation eines Haudegens hergeben will« (Perlmann 1987a, 65), dann der Duellforderung aber nachgibt, weil eine Verweigerung den Kontrahenten Karinski in unangemessener Weise beleidigen würde. Paul muss seinen halbherzigen Bruch mit den Konventionen mit dem Leben bezahlen, er bringt ein sinnloses Opfer. – Die drohende Gefahr des Duells bzw. der tödlichen Folgen charakterisiert in *Liebelei* das Verhältnis von Fritz zu seiner verheirateten Geliebten, die Affäre ist ein todesmutiges ›Abenteuer‹. Dagegen soll die Liebelei mit der reizenden Christine aus Sicht Theodors Fritz zur Erholung dienen. Die Tragik in Christines Schicksal besteht darin, dass eine wahre, ernsthafte Liebe in der Gesellschaft des Fin de Siècle nicht mehr vorgesehen ist und das ›süße Mädel‹ an der »Vernichtung selbstgeschaffener Illusionen« (Martin 2007, 54) zerbricht. *Liebelei*, dessen offenes Ende den Suizid Christines prognostiziert, zeigt insofern Schnitzlers »fundamentale Skepsis gegenüber sämtlichen Liebesentwürfen und Liebeskonzepten« (ebd., 52). – Tragikomisch ist das Drama *Das weite Land*, weil Schnitzler zeigt, wie geltende Normen und Ehrbegriffe zwar nicht mehr ernst genommen werden, ihre Übertretung aber dennoch fatale Folgen haben kann. Die Personen – allen voran Friedrich Hofreiter – zappeln »im Netzwerk ihrer selbstgeschaffenen Zwänge« (Urban in DWL, 181) und zerstören schließlich »nach einer Erschütterung zwanghaft ihren Lebenszusammenhang« (Pankau 2007, 139). Hofreiter unterstellt zunächst Genia, ihn mit dem Pianisten Korsakow betrogen zu haben; dessen Suizid interpretiert er als Folge des Beziehungsendes. Die Affäre selbst hält er als Revanche für seine Eskapaden für selbstverständlich. Als herauskommt, dass Korsakow seinem Leben ein Ende gesetzt hat, weil Genia ihrem Mann treu war, hält dieser sie für eine Mörderin. Um selbst unbeschadet seinen außerehelichen Neigungen zu Erna nachgehen zu können, toleriert er aus Gründen der »Gleichgewichts- und Gleichberechtigungsideologie« (Urban in DWL, 180) den Seitensprung mit dem jungen Fähnrich Otto, den er schließlich aus verletzter Ehre im Duell erschießt. – In *Der Sekundant* obliegt es der Titelfigur, der Witwe des Getöteten die traurige Nachricht zu überbringen. Dazu kommt es nicht, stattdessen nimmt er ihr Angebot einer Liebesnacht an. Auch dieses Ereignis bleibt folgenlos: Agathe eilt tags darauf zum Toten, der Liebhaber wird vergessen, an seine Stelle tritt ein anderer. – In *Casanovas Heimfahrt* definiert sich der Held dem Volksmund zufolge nahezu ausschließlich durch seine sexuelle Leistungsfähigkeit, sodass sich der Verlust derselben auf sein Selbstwertgefühl existentiell bedrohlich auswirkt (vgl. Landwehr 1997, 14). Als Casanova für die junge Marcolina entflammt, bringt er zunächst »seine Verstrickung von Eros und Thanatos in einer surrealen Phantasie zum Ausdruck« (Mönig 2007, 182), indem er sie in einem Sarg liegend, das weiße Gewand über den Brüsten zerreißend, imaginiert. Als der nächtliche Betrug, sich an Lorenzis Stelle in das Bett der jungen Frau geschlichen zu haben, offenbar wird und Casanova

in Marcolinas Augen nur Entsetzen und Ekel liest, ersticht er im Duell in Lorenzi sein Alter Ego. Die Forschung hat hierin eine allegorische Darstellung erkannt und die Textstelle als Klage um die verlorene Jugend interpretiert (vgl. Oellers 1996, 252); oder als symbolische Tat, die den eigenen Mythos und somit die einzig mögliche Identität ausmerzt (vgl. Mönig 2007, 188; Lukas 1996, 223–226). – *Lieutenant Gustl* zeigt exemplarisch, wie das Sexualverhalten des Mannes *pars pro toto* seinen Platz im gesellschaftlichen Gefüge widerspiegelt. Als Kronzeuge »für einen überlebten militärischen Ehrenkodex, für Misogynie und Antisemitismus« (Aurnhammer 2007, 67) und stets in seiner Ehre gefährdet, ist er entweder im Duell permanent vom Tod bedroht oder muss – im Fall des der Satisfaktion unfähigen Kontrahenten – seine Würde im Suizid wiederherstellen. Die sexuelle Frustration, die Gustl in der Herabsetzung durch die sich von einem reichen Juden aushalten lassende Steffi erfährt, steigert das durch unterschiedliche Faktoren (Familie, Militär, gesellschaftliche Stellung etc.) hervorgebrachte Gefühl sozialer Deplatzierung und Depotenzierung und mündet beim geringsten Anlass in Aggression, die nur in der für einen Offizier zulässigen Form abgebaut werden kann: im Duell (vgl. Fliedl GUS, 91). Die prinzipielle Geschlossenheit des poetischen Verfahrens verweist auf einen elementaren Defekt: Gustl bleibt in sich selbst gefangen, einen Anlass zu einer Korrektur des Verhaltens bietet der drohende Tod nicht.

Synopsis III: Suizide

Der Gang zum Weiher behandelt das dramatische Ende eines verfehlten Lebens. Der ergraute Dichter Sylvester Thorn erwartet die Geburt seines Kindes, gleichwohl wirbt er um die junge Leonilda, zunächst vergeblich. Als Frau und Kind gestorben sind, erneuert er sein Werben, doch Leonilda weist ihn erneut ab. Als gewissenlose Figur konzipiert, begeht Sylvester – wenig überzeugend – Suizid, einerseits aus Verzweiflung über die Ablehnung, andererseits, weil er sich die Schuld am Tod der Seinen gibt. – In *Der tote Gabriel* nimmt sich der Dichter Gabriel das Leben, nachdem er durch ein Fenster der Affäre Wilhelmines, die er liebt, mit Ferdinand gewahr wird. Auch in dieser Erzählung geht es weniger darum, ein Motiv für den Suizid Gabriels zu entwickeln, als vielmehr darum, die Reaktion Ferdinands zu zeigen, der aus der Tragödie keine Konsequenzen für sein Selbstbild oder Handeln zieht. Er flieht, wie viele Männer im Werk Schnitzlers, in eine Reise. –

Der Suizid in *Andreas Thameyers letzter Brief* trägt deutlich parodistische Züge. Thameyer setzt seinem Leben ein Ende, nachdem er in einem öffentlichen Brief wissenschaftliche Beweise angeführt hat, die die Geburt seines Kindes mit dunkler Hautfarbe für möglich erklären und seine Ehefrau rehabilitieren sollen. Mit dem Suizid zieht er »die Konsequenz aus dem unwiderruflichem Verlust seines sozialen Ansehens« (Perlmann 1987a, 132), eine Verschleierungsabsicht seiner möglichen Impotenz (vgl. Sprengel 2004, 236) bleibt dahingestellt. – Das Motiv Albert von Webelings in *Die Fremde* ist dagegen nachvollziehbar. Er erschießt sich, als seine Frau ihn verlässt. Damit setzt er nur einen Entschluss in die Tat um, den er schon vor der Eheschließung in Anbetracht ihrer unerklärlichen Stimmungsschwankungen gefasst hatte.

Die Männer im Werk Schnitzlers, überwiegend »Charaktermasken und typizitäre Hohlformen« (Schmidt 2000, 185), suizidieren sich aus Gründen der Feigheit und der Flucht vor Verantwortung. Drei Ausnahmen zeigen sich in narrativ und psychologisch ausgearbeiteten Konstruktionen isotopischer Themenverknüpfungen. Wahnsinn und Bruderkonflikt verbinden sich in *Flucht in die Finsternis* zu einem pathologischen Fall »im klinisch strikten Sinn« und bilden eine Ausnahme im Werk (Schmidt 2000, 186): Die von Anfang an vorhandene innere Destabilisierung der Figur mündet sukzessive in eine Diffusion der Persönlichkeit, die zu »irrationalem Misstrauen, Projektionen und Zwangsvorstellungen« (Neymeyr FLU, 128) führt. Schließlich sucht der Protagonist in einem Schub paranoider Psychose den Tod. – Ein Psychogramm der Scham in Verbindung mit der Bedeutung der Offizierehre, die im Glücksspiel gefährdet wird, zeigt *Spiel im Morgengrauen*. Der Tabubruch wird über das Motiv der Prostitution vorbereitet. Mit »kalte[m] Pragmatismus« (Neymeyr in SPI, 123) negiert Kasda die Herzensbindung Leopoldines und degradiert sie zur Prostituierten. Jahre später muss er, um in den Besitz von Leopoldines Geld zu gelangen, sich selbst prostituieren. Schnitzler zeigt hier »die auf fragwürdigen Konventionen aufgebaute Scheinwelt der Vorkriegszeit«; Kasda spiegelt seine Epoche in ihrer »Desorientierung«, »Haltlosigkeit«, »Ich-Schwäche« und Auflösung ins »Spielerisch-Scheinhafte«, ihrem »Realitätsverlust« und ihren »Fehleinschätzungen« wider (ebd., 115f.). Der Einbruch der Realität durch Leopoldine – ihre Zahlung von tausend Gulden für seine nächtlichen Dienste – führt zum Versagen von Kasdas Verdrängungsmechanismen und er erkennt, dass die Vernichtung seiner materiellen, soldatischen und moralischen Existenz unausweichlich ist. Mit seinem Suizid entspricht er »seiner persönlichen Empfindung von ›Männlichkeit‹, ›Ehre‹ und einer ›unentrinnbaren Gerechtigkeit‹« (Scheffel 2007, 237). – In *Der Ehrentag* erhängt sich ein vom Publikum öffentlich gedemütigter zweitrangiger Theaterschauspieler aus Scham und Verzweiflung in der Garderobe. – Liebe ist im männlichen Gefühlshaushalt nicht vorgesehen. Ereignet sie sich doch, trifft sie auf Unverständnis: Unbegreiflich ist der Suizid den Freunden von Fritz Platen, der sich wegen einer Frau, in die er sich heftig verliebt hat, eine Kugel durch den Kopf jagt. Ironisch nennt Schnitzler die kurze Erzählung *Der Empfindsame*.

Im Unterschied zu den eher plakativ motivierten Suiziden von Männern spürt Schnitzler den Suiziden der Frauen bis an die Grenze des Unbewussten nach. Nicht die Unvereinbarkeit von individuellen Ansprüchen und den Werten der Gesellschaft treibt in die Verzweiflung, sondern die verinnerlichten Werte: Einerseits Triebwesen, andererseits Gesellschaftswesen, sind die Frauen dissoziierte Individuen. Die Angst vor dem Verlust moralischer Integrität zerstört die personale Integrität, die nur im Akt der Selbsttötung wiederhergestellt werden kann. – In *Das Vermächtnis* nimmt Toni sich das Leben, weil sie nach dem Tode ihres Kindes keine Bleibe im Elternhaus ihres verstorbenen Geliebten hat. An ihrem Schicksal demonstriert Schnitzler die Hartherzigkeit einer borniert Gesellschaft, der die Standesehre mehr gilt als ein Menschenleben. – Tonis Schicksal teilt Marie Landauer in *Das neue Lied*, als sie, infolge einer Krankheit erblindet, erkennen muss, dass Karl Breiteneder sich von ihr abgewendet hat. – In *Frau Beate und ihr Sohn* kommt es zu einer pathologischen Grenzüberschreitung des Begehrens, an deren Ende Inzest und Doppelselbstmord stehen. Die Darstellungen psychischer Prozesse lassen erkennen, dass Beates Beziehungen zu ihren primären männlichen Bezugspersonen, ihrem verstorbenen Mann Ferdinand, ihrem Sohn Hugo und dem Liebhaber Fritz, reiner Selbstbetrug sind. Dieser wiederum entspricht der Rollendefinition als sittlich unbescholtene Frau in »Lebensphasen [...] typizitärer Gesellschaftlichkeit« (Thomé 1993, 648), die jedoch stets mit dem sexuellen Verlangen kollidieren. Bei den Frauenfiguren Schnitzlers sind psychische Legitimationsprozesse erforderlich, wenn sexuelle Wünsche an die Oberfläche des Bewusstseins drängen. Die ›Doppelgängerschaft‹ Schnitzlers und Freuds (s. Kap. I.6) ist hier gut erkennbar: »Die Neurose verleugnet die Realität nicht, sie will nur nichts von ihr wissen« (Freud 1975, 360). Als Rudi das Geheimnis ausplaudert und sich vor einem Freund mit dem sexuellen Abenteuer brüstet, wird Beates Scham potenziert durch die Vorstellung, dass der Sohn vom ›Fehltritt‹ der Mutter erfährt. Diese imaginierte Schmach treibt Mutter und Sohn in den inzestuösen Liebestod im See. – Die gesellschaftlich determinierte Rolle der als asexuell definierten jungen Frau wird in *Fräulein Else* aufgekündigt und durch Elses Gedankenspiel durchkreuzt, das die Möglichkeiten einer selbstbestimmten Sexualität auslotet (vgl. Pankau in ELS, 95). Das gedankliche Monopol, das Else über ihren Körper und ihre Sexualität im Tagtraum und Traum besitzt, wird in der Realität der Regie von Eltern und Dorsday überantwortet: Die anfangs autoerotische Vorstellung, sich nackt zu zeigen, wird entwertet, weil sie nun als Selbstopfer der Tochter verlangt wird. Mit der »narzißtischen inszenatorischen Zurschaustellung« im Musiksalon gewinnt Else eine »Steuerungsmacht« lustvoller Enthüllung (ebd., 107) wieder. Da die öffentliche Entblößung »für Else zum Höhepunkt rückhaltlose[r] Selbstpreisgabe« wird, die keine Rückkehr ins normale Leben mehr zulässt, bleibt ihr danach nur noch die Flucht in den Suizid, der ihren Wunsch, sich dem Skandal zu entziehen, »in radikaler Weise erfüllt« (Neymeyr 2007, 206 f.).

Synopsis IV: Morde

Prinzipiell partizipiert Schnitzler »am Trend zur ›Pathologisierung des Normalfalls‹, da er Annahmen des medizinischen Diskurses auf weit verbreitete humane Defekte überträgt, die traditionellerweise außerhalb der Medizin verhandelt worden sind« (Thomé 1993, 608). Die Erzählung *Der Mörder* lässt den ›typischen‹ Egoismus eines gewissenlosen Lebemannes in eine verbrecherische Tat münden: Die Warnung des Arztes, er möge wegen des Herzleidens von Elise sexuelle Betätigung meiden, bringt Alfred auf eine Idee, dieses für seine Zwecke auszunutzen. Schnitzler stellt – in zweifellos humoristischer Weise – die Sexualität auch hier in ein Gesamtkonzept von Persönlichkeit: Ist dieses pathologisch, ja pervers, so kann auch der Sexualakt nur pervertiert sein. – *Der Ruf des Lebens* dagegen legitimiert bereits im Titel den Mord Maries an ihrem tyrannischen, kranken Vater. Der Mord bleibt sinnlos: Der Begehrte, Max, verweigert das Zusammenleben mit der jungen Frau und zieht in den Krieg, wo er fällt; Marie erwägt, in den Dienst der Lazarettschwester einzutreten. Der Mord bleibt ungesühnt. Als Verbrechen scheint er angesichts des hinterhältigen, aus rasender Eifersucht vom Ehemann begangenen Mordes an Irene, die zuvor eine Affäre mit Max hatte, aber entschuldbar. – Der Muttermord in Schnitzlers ›Frauenroman‹ *Therese* bezeichnet das Ende eines dramatischen Stoffes, der aus sozialem Elend, schlechtem Gewissen und Mutterliebe gewebt ist. Anders als zuvor ist in diesem Alterswerk die Kindheit, die Franz ohne Mutterliebe bei Pflegeeltern auf dem Land verbringt, der Grund für seine charakterliche Fehlentwicklung. Therese will sterbend den Muttermord ihres Sohnes sühnen, indem sie dem herbeigerufenen Arzt gesteht, nach der Geburt des Kindes aus Verzweiflung versucht zu haben, es mit einem Kissen zu ersticken. – Diese Beichte hat bereits die gemeuchelte Mutter aus der fast 30 Jahre vor *Therese* entstandenen Skizze *Der Sohn* abgelegt. Sie begründet die frevlerische Tat ihres Sohnes als lebenswirksame Folge seines traumatischen Erstickungs-Erlebnisses. Deutlich wird aber in ihrem Geständnis, dass das schlechte Gewissen der Mutter die Beziehung zu ihrem Sohn lebenslang so belastet hat, dass eine positive Entwicklung ausgeschlossen war. – Die Novelle *Die Nächste* zeigt einen Mord als Folge einer progredierenden Wahnstruktur (vgl. Perlmann 1987, 95), die ihre Ursache in einer pathologischen Fixierung auf moralisch-sittlich definierte Geschlechterrollen besitzt: Nach dem Tod der Gattin steigert sich Gustav in ein »nekrophiles Begehren« der imaginierten Toten hinein (Dohm 1999, 170). Als er eine junge Frau kennenlernt, die der Verstorbenen täuschend ähnlich sieht, ersticht er sie nach der Liebesnacht, in der er erfährt, dass sie ein bewegtes Vorleben hatte. Er sühnt damit nicht nur seine eigene Schuld, die er im Treuebruch gegenüber der Toten auf sich geladen zu haben glaubt, sondern bestraft die Geliebte für die postume Verhöhnung der ehefraulichen Unschuld. – Als »Mittel der Selbstinszenierung« (Sprengel 2004, 236) fungiert *Der letzte Brief eines Literaten*, der wiederum in lockerer Distanz das Thema der Künstler-Bürger-Problematik behandelt. Ein Arzt berichtet von dem hinterlegten Brief des Dahingeschiedenen und gibt so dessen Geheimnis preis: Der erfolglose Literat beichtet dort, seine herzkranke Frau ins Jenseits befördert zu haben, weil er hoffte, auf diese Weise in den Genuss eines kreativen Schubs zu kommen; er nimmt sich das Leben, um der Vollendung als Dichter zuvorzukommen. – Die Erzählung *Die Toten schweigen* variiert das Tabu außerehelicher Sexualität: Emma, eine junge Ehefrau, hat sich der Doppelmoral der Gesellschaft angepasst; in der Öffentlichkeit spielt sie die Rolle der Ehefrau und Mutter, heimlich ist sie die Geliebte eines anderen. Der drängt zur Flucht, aber Emma ist nicht bereit, diese Konsequenzen zu ziehen. Das folgende Traumspiel (Tebben 2011, 358–363) imaginiert den Tod des Geliebten infolge eines ›Verkehrsunfalls‹, dessen Darstellung zunächst die Vorstellung des ›Lusttodes‹ assoziiert. Die Fortsetzung des Traums, in dem der Tötungswunsch gegenüber dem Geliebten ausgelebt wird, entlastet Emma nicht wirklich: Es ist zweifelhaft, ob der zu allem entschlossene Geliebte sich ohne Weiteres ›töten‹, d. h. sich abservieren lassen wird. Erst mit der Beichte, die Emma gegenüber ihrem Mann ablegt, ergibt sich die mögliche Lösung, aus dem Dilemma herauszufinden.

Coda

In »immer neue[r] Schattierung der vorgegebenen Muster« (Jens 1987) thematisiert Schnitzler in seinen Werken Sexualität und Tod und die damit verbundenen Tabuverletzungen und Tabubrüche in der bürgerlichen Gesellschaft seiner Zeit. Er demonstriert, welche Tabus gelten, wie Tabus auf die Psyche wirken, welche Folgen Tabus für unbewusste, vorbewusste und bewusste Handlungen haben, wie Tabus in der Alltagspraxis umgangen werden und wie Tabubrüche geahndet werden. Schnitzler definiert in den dramatisch inszenierten oder narrativ entfalteten Tabubrüchen die Werte ›normal‹ und ›unnormal‹ neu, indem er über die detaillierte Schilderung psychischer Prozesse bei seinen Figuren eine Bewusstseinsveränderung beim Leser anstrebt: Das Tabu symbolisiert keine sakrale Sphäre, sondern maskiert absonderliche Verhaltensformen, psychopathologische Denkfiguren und psychisch-emotionale Deformierungen. Dieses gilt vor allem für sexuelles Begehren. Deutlich wird eine Polarisierung der Geschlechterrollen in der Thematisierung von Tabus. Frauen im Werk Schnitzlers sind überwiegend Opfer ihrer Abhängigkeit vom Mann oder von der herrschenden maskulinen Wertewelt (vgl. Neuhaus 2002, 36). Aber auch Männer sind Opfer: Opfer ihrer Dummheit, ihrer Eigenliebe, ihrer Bindungsunfähigkeit, ihrer Charakterlosigkeit, ihrer Verantwortungslosigkeit. Im Unterschied zu den weiblichen Figuren leiden sie weder unter restriktiven Sexualtabus noch unter den Folgen subtiler Bewusstwerdungsprozesse (vgl. Tebben 2011, 326–381). Insofern fallen die Folgen eines begangenen Tabubruchs bei Frauen und Männern im Werk Schnitzlers notwendigerweise unterschiedlich aus.

Literatur

Allerdissen, Rolf: *A. S. Impressionistisches Rollenspiel und skeptischer Moralismus in seinen Erzählungen.* Bonn 1985.

Becker, Sabina: *Dr. Gräsler, Badearzt.* »Seelisches Gleichmaß« zwischen Heiliger und ›süßem Mädel‹. In: Hee-Ju Kim/Günter Saße (Hg.): *A. S. Dramen und Erzählungen.* Stuttgart 2007, 159–171.

Braun, Michael (Hg.): *Tabu und Tabubruch in Literatur und Film.* Würzburg 2007.

Braungart, Wolfgang: Tabu. In: Jan-Dirk Müller (Hg.): *Reallexikon der deutschen Literaturwissenschaft.* Bd. 3: P–Z. Berlin ³2003., 571.

Braungart, Wolfgang: Tabu, Tabus. Anmerkungen zum Tabu »ästhetischer Affirmation«. In: Heinrich Detering (Hg.): *Wahrnehmen und Handeln. Perspektiven einer Literaturanthropologie.* Bielefeld 2004.

Detering, Heinrich: *Das offene Geheimnis. Zur literarischen Produktivität eines Tabus von Winckelmann bis zu Thomas Mann.* Göttingen 1994.

Dohm, Burkhard: Die Wiederkehr der Toten. Okkulte Liebeskonzepte in A. S.s früher Prosa. In: Helmut Scheuer/Michael Grisko (Hg.): *Liebe, Lust und Leid. Zur Gedächtniskultur um 1900.* Kassel 1999, 163–193.

Eggert, Hartmut: Säkulare Tabus und die Probleme ihrer Darstellung. Thesen zur Eröffnung der Diskussion. In: Harmut Eggert/Janusz Golec (Hg.): *Literarische und sprachliche Strategien im 20. Jahrhundert. Ein deutsch-polnisches Symposium.* Stuttgart/Weimar 2002, 15–24.

Fleming, Jens: »Sexuelle Krise« und »Neue Ethik«. Wahrnehmungen, Debatten und Perspektiven in der deutschen Gesellschaft der Jahrhundertwende. In: Helmut Scheuer/Michael Grisko (Hg.): *Liebe, Lust und Leid. Zur Gedächtniskultur um 1900.* Kassel 1999, 27–55.

Fliedl, Konstanze: *A. S.* Stuttgart 2005.

Fliedl, Konstanze: Nachwort. In: GAR, 181–214.

Fliedl, Konstanze: Nachwort. In: GUS, 69–99.

Foucault, Michel: *Der Wille zum Wissen, Sexualität und Wahrheit I.* Frankfurt a. M. 1991.

Freud, Sigmund: Totem und Tabu [1913]. In: Sigmund Freud: *Studienausgabe.* Bd. IX: *Fragen der Gesellschaft. Ursprünge der Religion.* Frankfurt a. M. 1974, 287–444.

Freud, Sigmund: Der Realitätsverlust bei Neurose und Psychose (1924). In: Sigmund Freud: *Studienausgabe.* Bd. III: *Psychologie des Unbewußten.* Frankfurt a. M. 1975, 355–361.

Gay, Peter: *Die Macht des Herzens. Das 19. Jahrhundert und die Erforschung des Ich.* München 1999.

Grätz, Katharina: Der hässliche Tod. A. S.s »Sterben« im diskursiven Feld von Medizin, Psychologie und Philosophie. In: *Sprachkunst* 37 (2006), 2. Halbband, 221–240.

Grote, Katja: *Der Tod in der Literatur der Jahrhundertwende. Der Wandel der Todesthematik in den Werken A. S.s, Thomas Manns und Rainer Maria Rilkes.* Frankfurt a. M. u. a. 1996.

Janz, Rolf-Peter/Laermann, Klaus: *A. S. Zur Diagnose des Wiener Bürgertums im Fin de Siècle.* Stuttgart 1977.

Jens, Walter: Wo Liebe und Tod miteinander streiten. In: *Frankfurter Allgemeine Zeitung,* 8.12.1987.

Kohl, Karl H.: Fetisch, Tabu, Totem. Zur Archäologik religionswissenschaftlicher Begriffsbildung. In: Burkhard

Gladinger/Hans G. Kippenberg (Hg.): *Neue Ansätze in der Religionswissenschaft.* München 1983, 59–74.

Kim, Hee-Ju: *Traumnovelle.* Maskeraden der Lust. In: Hee-Ju Kim/Günter Saße (Hg.): *A. S. Dramen und Erzählungen.* Stuttgart 2007, 209–229.

Kohut, Heinz: *Narzißmus. Eine Theorie der psychoanalytischen Behandlung narzißtischer Persönlichkeitsstörungen.* Frankfurt a. M. 1976.

Landwehr, Margarete: Dream as Wish Fulfillment. Eros, Thanatos and Self Discovery in S.s *Casanovas Heimfahrt.* In: MAL 30 (1997), H. 2, 1–18.

Lehmann-Carli, Gabriela: Empathie und Tabu(bruch) als interdisziplinäres Projekt. Konzeptionelle Prämissen und Forschungsansätze. In: Gabriela Lehmann-Carli/Hilmar Preuß (Hg.): *Empathie und Tabu(bruch) in Kultur, Literatur und Medizin.* Berlin 2013, 7–38.

Lindemann, Klaus/Micke, Norbert (Hg.): *Eros und Thanatos. Erzählungen zwischen Jahrhundertwende und Erstem Weltkrieg.* Paderborn 1996.

Lukas, Wolfgang: *Das Selbst und das Fremde. Epochale Lebenskrisen und ihre Lösung im Werk A. S.s.* München 1996.

Mann, Klaus: *Tagebücher 1936 bis 1937.* Hg. v. Joachim Heimannsberg u. a. München 1990.

Martin, Dieter: *Liebelei.* Das Scheitern des arrangierten Lebens. In: Hee-Ju Kim/Günter Saße (Hg.): *A. S. Dramen und Erzählungen.* Stuttgart 2007, 46–55.

Matt, Peter von: *Liebesverrat. Die Treulosen in der Literatur.* München u. a. 1989.

Matthias, Bettina: *Masken des Lebens – Gesichter des Todes.* Würzburg 1999.

Micke, Norbert: *Das Eros/Thanatos-Motiv in frühen Erzählungen A. S.s.* Berlin 2000.

Mönig, Klaus: *Casanovas Heimfahrt.* Alterskrise als Identitätsverlust. In: Hee-Ju Kim/Günter Saße (Hg.): *A. S. Dramen und Erzählungen.* Stuttgart 2007, 172–189.

Neissl, Julia: *Tabu im Diskurs. Sexualität in der Literatur österreichischer Autorinnen.* Innsbruck/Wien/München 2001.

Neuhaus, Stefan: *Sexualität im Diskurs der Literatur.* Tübingen/Basel 2002.

Neymeyr, Barbara: Libido und Konvention. Zur Problematik weiblicher Identität in A. S.s Erzählung *Frau Berta Garlan.* In: JDSG 41 (1997), 329–368.

Neymeyr, Barbara: Nachwort. In: FLU, 122–143.

Neymeyr, Barbara: Nachwort. In: SPI, 113–134.

Neymeyr, Barbara: *Fräulein Else.* Identitätssuche im Spannungsfeld von Konvention und Rebellion. In: Hee-Ju Kim/Günter Saße (Hg.): *A. S. Dramen und Erzählungen.* Stuttgart 2007, 190–208.

Oei, Bernd: *Eros und Thanatos. Philosophie und Wiener Melancholie in A. S.s Werk.* Freiburg i. Br. 2013.

Oellers, Norbert: A. S.s Novelle *Casanovas Heimfahrt.* In: Mark H. Gelber/Hans O. Horch/Sigurd Schleichl (Hg.): *Von Franzos zu Canetti. Jüdische Autoren aus Österreich.* Tübingen 1996, 239–252.

Pankau, Johannes: Nachwort. In: ELS, 89–107.

Pankau, Johannes: *Das weite Land.* Das Natürliche als Chaos. In: Hee-Ju Kim/Günter Saße (Hg.): *A. S. Dramen und Erzählungen.* Stuttgart 2007, 134–147.

Perlmann, Michaela L.: *A. S.* Stuttgart 1987 a.

Perlmann, Michaela L.: *Der Traum in der literarischen Moderne. Zum Werk A. S.s.* München 1987 b.

Pietzker, Carl: *Sterben.* Eine *nouvelle expérimentale.* In: Hee-Ju Kim/Günter Saße (Hg.): *A. S. Dramen und Erzählungen.* Stuttgart 2007, 31–45.

Pfeiffer, Joachim: *Tod und Erzählen. Wege der literarischen Moderne um 1900.* Tübingen 1997.

Riedel, Wolfgang: *»Homo natura«. Literarische Anthropologie um 1900.* Berlin 1996.

Scheffel, Michael: Nachwort. In: REI, 135–147.

Scheffel, Michael: Nachwort. In: TRA, 107–123.

Scheffel, Michael: *Spiel im Morgengrauen.* Das Ende des Leutnants. In: Hee-Ju Kim/Günter Saße (Hg.): *A. S. Dramen und Erzählungen.* Stuttgart 2007, 230–239.

Scheffel, Michael: Nachwort. In: A. S. *Die großen Erzählungen.* Hg. v. Michael Scheffel. Stuttgart 2012, 345–366.

Scheible, Hartmut: *A. S. in Selbstzeugnissen und Bilddokumenten.* Reinbek bei Hamburg 1976.

Schmidt, Harald: Grenzfall und Grenzverlust. Die poetische Konstruktion des Wahns in A. S.s *Flucht in die Finsternis* (1917/31). In: Eduard Beutner/Ulrike Tanzer (Hg.): *Literatur als Geschichte des Ich.* Würzburg 2000, 185–204.

Schmidt, Jochen: *Der einsame Weg.* Vereinsamung und Entgrenzungsdrang als Symptome der Décadence. In: Hee-Ju Kim/Günter Saße (Hg.): *A. S. Dramen und Erzählungen.* Stuttgart 2007, 117–133.

Sprengel, Peter: *Geschichte der deutschen Literatur 1900–1918. Von der Jahrhundertwende bis zum Ende des Ersten Weltkrieges.* München 2004.

Tebben, Karin: *Von der Unsterblichkeit des Eros und den Wirklichkeiten der Liebe. Geschlechterbeziehungen – Realismus – Erzählkunst.* Heidelberg 2011.

Thomé, Horst: *Autonomes Ich und ›Inneres Ausland‹. Studien über Realismus, Tiefenpsychologie und Psychiatrie in deutschen Erzähltexten 1848–1914.* Tübingen 1993.

Urban, Reinhard: Nachwort. In: DWL, 175–181.

Karin Tebben

6. Paradigma der Moderne I: Norm-und Subjektkrisen

Die aus den epochalen denk- und anthropologiegeschichtlichen Prämissen resultierende prinzipielle Subjektkrise und die mit ihr kausal verknüpfte Wert- und Normenkrise (s. Kap. III.7) dürften *das* zentrale Thema schlechthin in Schnitzlers Werk darstellen. In zahllosen Varianten erzählen seine Dramen, Romane und Erzählungen vom Ausbruch wie auch vom – gelingenden oder scheiternden – Versuch der Lösung bzw. Bewältigung solcher Lebenskrisen. Wohl Schnitzlers gesamtes Werk steht damit auch im Zeichen des Gegensatzes zwischen der »alten Moral« und der »neuen« (vgl. *Das Märchen*, DW I, 152). Die Normproblematik ist dabei im doppelten Sinn ein beherrschendes Thema: Denn es geht in den Texten nicht nur um die Aufhebung nicht mehr legitimierbarer überkommener Normen in Gestalt von Normverletzung und -negation; es geht zugleich auch darum, neue Normen zu finden, die an die Stelle der alten treten, bzw. bestimmte tradierte Normen neu zu legitimieren. Das Werk steht in dieser Hinsicht in einer konstitutiven Spannung zwischen *Entgrenzung* und (erneuter) *Begrenzung*. In diesem Sinne darf Schnitzler als einer der großen Moralisten der modernen Literatur gelten. Dabei geht es Schnitzler aber niemals nur um Sozialkritik, sondern primär um die Relation zwischen Subjekt und Norm, zwischen Psychologie und Moral: Wie, auf welche Weise sind die jeweiligen Werte und Normen im Subjekt verankert, und unter welchen individualpsychologischen Bedingungen erweisen sie sich als (nicht) durchsetzbar bzw. (nicht) lebbar?

Schnitzlers Protagonisten: Krisenanfälligkeit bzw. ›Krisenfähigkeit‹

Protagonist/in Schnitzlerscher Werke kann nur diejenige Figur werden, die zumindest potentiell in eine Krise geraten und somit eine Transformation durchmachen kann, was in der Regel die Fähigkeit zur Bewusstwerdung des defizitären Charakters der aktuell gelebten Existenz ebenso umfasst wie die Bereitschaft, die geltenden Werte und Normen in Frage zu stellen – im Ausnahmefall kann die Krise vom Subjekt zugleich geleugnet und dem Leser im Modus der unfreiwilligen Selbstenthüllung dargeboten werden, ein Verfahren, das die Technik des Inneren Monologs erlaubt (*Lieutenant Gustl*). Ausgeschlossen vom Protagonistenstatus sind damit zwei bestimmte, zueinander komplementäre Figurenklassen, die prinzipiell nicht in eine Krise geraten und somit kein erzählenswertes Schicksal haben: zum einen Figuren extremer Konstanz, die in strikter bürgerlicher Normkonformität leben und sich in der Regel durch mangelnde Bewusstheit, z. T. gar Beschränktheit, auszeichnen; zum anderen Figuren extremer Dynamik, die sich *a priori* außerhalb der bürgerlichen Normen bewegen: Abenteurer- oder bestimmte Künstlerfiguren als Varianten des antibürgerlichen Bohémien, deren Funktion es ist, bei den Protagonisten katalysatorisch Krisen auszulösen, ohne jedoch selbst solche zu erleben (u. a. Paracelsus im gleichnamigen Einakter, der junge Julian Fichtner in der Vorgeschichte zu *Der einsame Weg*, Casanova in *Die Schwestern oder Casanova in Spa*, Emil in *Frau Bertha Garlan*). Diese Figuren sind in der dargestellten Welt – zumindest zunächst – Gegenstand allgemeiner Faszination. Zwischen diesen beiden Polen situiert sich das Gros der Figuren, aus dem die Protagonistinnen und Protagonisten stammen. Dieser Logik gemäß kann also zwar nicht der junge (*Die Schwestern oder Casanova in Spa*), wohl aber der alternde Abenteurer (*Casanovas Heimfahrt*), der seine Dynamik räumlich ebenso wie psychisch einbüßt, zum perspektivtragenden Helden werden.

Damit ist neben den grundsätzlichen Figurenmerkmalen, die eine existentielle Krise überhaupt ermöglichen, auch ein biographischer Faktor genannt, der eine solche Krise begünstigt und eine eminente Rolle im Werk Schnitzlers spielt. Es ist dies die biographische Schwellensituation, in der das Individuum einen Wechsel der Altersklassen – von der Kindheit in die Jugend oder von dieser in das Alter – vollzieht, und die gemäß zeitgenössischen anthropologischen Annahmen als krisenanfällig gilt. Bei Schnitzler besitzt die Krise des alternden Subjekts – d.h. bei Frauen im vierten, bei Männern im fünften bzw. beginnenden sechsten Lebensjahrzehnt – einen besonderen Stellenwert und ist Thema in zahlreichen Dramen und Erzählungen (Lukas 1996, 83–95; vgl. u.a. *Paracelsus, Der einsame Weg, Das weite Land, Der Gang zum Weiher, Im Spiel der Sommerlüfte; Frau Bertha Garlan, Frau Beate und ihr Sohn, Doktor Gräsler, Badearzt, Casanovas Heimfahrt, Flucht in die Finsternis*); zum Teil werden die generationsspezifischen Bedingungen der beiden Altersklassenwechsel explizit einander konfrontiert (vgl. u.a. *Der Gang zum Weiher, Im Spiel der Sommerlüfte*). Als ein weiterer krisenbegünstigender bzw. -auslösender Faktor ist der Tod nahestehender Personen zu nennen, wie denn Tod generell in Schnitzlers Werk als eine Art ›Erzählgenerator‹ fungiert (vgl. u. a. *Der tote Gabriel, Der Weg ins Freie, Doktor Gräsler, Die Nächste*).

Entgrenzung: Der Konflikt zwischen Norm und ›Leben‹

In Bezug auf die Modellierung der Subjekt- und Normkrisen lässt sich Schnitzlers Werk sinnvoll in zwei Schaffensphasen gliedern, deren Zäsur gegen Ende der 1890er Jahre zu situieren ist (Lukas 1996, 16 f.).

Von seinen frühen Werken an entfaltet Schnitzler seine Geschichten mit Vorliebe zunächst aus dem lebensideologischen Kernkonflikt zwischen vorgegebener ›lebensfeindlicher‹ Norm und ›egoistischem‹ Lebenstrieb des Subjekts. Die thematisierten tradierten Normen entstammen dabei mehrheitlich den beiden Bereichen der bürgerlichen Sexualnormen zum einen und des militärischen Ehrenkodex zum anderen. Die vier frühen, dem Naturalismus noch nahestehenden mehraktigen Dramen z. B. entwerfen für eine junge weibliche Protagonistin jeweils einen Zustand des defizitären Lebens, das äußerlich durch beengte materielle Verhältnisse (z. B. Vorstadtmilieu), durch Heteronomie – privat in Gestalt der Abhängigkeit von der Herkunftsfamilie (*Märchen*) oder beruflich in Gestalt entwürdigender Arbeitsverhältnisse (*Freiwild*) – sowie durch eingeschränkte Mobilität gekennzeichnet ist; innerlich durch die Absenz einer erfüllenden und sinnstiftenden Liebesbeziehung. Fanny (*Das Märchen*), Christine (*Liebelei*), Anna (*Freiwild*) und Toni (*Das Vermächtnis*) repräsentieren Varianten des »armen Mädels« (so der Arbeitstitel für *Liebelei*) in der doppelten Bedeutung von materieller Armut und psychisch defizitärem Leben. Mit dem sich präsentierenden Liebespartner aus der (groß)bürgerlichen Schicht erhalten sie die Aussicht auf eine alternative ›bessere‹ Existenz, deren Realisierung durch die bestehenden ›lebensfeindlichen‹ Normen wie Mesallianceverbot und das System der weiblichen (Verbot vorehelicher Sexualität) und der männlichen Ehre (Duellzwang) indes blockiert wird – zumindest vordergründig (s. u.)!

Die großen frühen Erzähltexte *Sterben* und *Lieutenant Gustl* entwerfen ihrerseits eine experimentelle Situation, in der der bevorstehende Tod – der vom Arzt prophezeite bzw. die vom Ehrenkodex theoretisch vorgeschriebene Selbsttötung – als Katalysator für den Ausbruch einer Subjekt- und Normenkrise fungiert. Schnitzler führt in beiden Erzählungen, die auf je ihre Weise zu den bedeutendsten novellistischen Studien der anbrechenden Klassischen Moderne zählen, vor, wie der Tod – bzw. eben das ›Leben‹ – diese tradierten Normen zersetzt. In *Sterben* geschieht dies in doppelter Weise, für beide alternierend fokalisierten Partner und ihre jeweilige komplementäre Perspektive, die des sterbenden Mannes und die der überlebenden Frau. Zwar ist das – offensichtlich aus einer gehobenen Schicht stammende – junge Liebespaar nicht verheiratet, gleichwohl verpflichtet auch die freiwillige Bindung gemäß der bürgerlichen Liebeskonzeption Marie zur hingebungsvollen altruistisch-karitativen Pflege des unheilbar an Schwindsucht erkrankten Partners; darüber hinaus steigert Marie das Treueversprechen, indem sie mit ihm in den Tod gehen will. Während Felix, der in symmetrischer Reaktion auf Maries Liebesversprechen zunächst auf jede aus der Bindung resultierende Obligation verzichten will und ihr anheimstellt, ihn sofort zu verlassen, zunehmend einen possessiven Besitzanspruch entwickelt, der bis zur Tötungsabsicht geht, wird Marie sich ihrerseits allmählich des Wunsches nach einem eigenen Leben und einer Zukunft ohne den sterbenden Partner bewusst: »Sie war ja gesund, sie war jung, und von überall her, wie aus hundert Quellen auf einmal, rann die Freude des Daseins über sie« (STE, 75). Beide Perspektiven haben ihren normativen Bezugspunkt im ›Leben‹, und Schnitzler erzählt, von zwei Seiten her, dieselbe Geschichte vom Sieg des ›egoistischen‹ Lebenstriebs über die traditionelle Moral (vgl. Riedel 1996, 248).

In *Der Ruf des Lebens* (1906) wird Schnitzler noch einmal eine vergleichbare Ausgangssituation wählen, zugleich aber die Normproblematik erheblich radikalisieren. Die junge Marie, die zur aufopferungsvollen Pflege ihres todkranken Vaters verurteilt ist, der sie in bösartiger Weise ihrer elementaren Freiheit beraubt, lebt damit ein extremes ›Nicht-Leben‹. Nicht allmählich und beinah unmerklich, wie in *Sterben*, sondern eruptiv bricht hier die Krise aus, die im Vatermord gipfelt, mit dem der Weg für die zumindest kurzfristige Realisierung eines intensiven ›Lebens‹ in Gestalt einer Liebesnacht frei wird. Die alte, altruistische Moral wird hier abgelöst durch eine neue egoistische ›Lebens‹-Moral, die – nicht zufällig von einem Arzt formuliert! – diese Normverletzung legitimiert, indem sie postuliert, dass das Individuum »höhere Pflichten gegen sich selbst« habe (DW I, 979). Diese gründen weder in menschlicher Satzung noch in Gott, sondern im ›Leben‹ selbst, das seinerseits nun eine implizite (weltimmanente) Metaphysik ausbildet (vgl. Lindner 1994, 15–19): »der

Gott, zu dem wir nicht beten, aber an den wir alle glauben müssen, straft es bitter, wenn sie [diese höheren Pflichten, Anm. d. Verf.] verletzt werden« (ebd.). Indem sie den Vater tötet, erfüllt Marie gleichsam die ihr vom ›Leben‹ auferlegte Pflicht: »Nur für mich, für mich allein hab ich's getan. [...] Denn mir war, als hörte ich draußen vor der Türe das Leben selbst, das ersehnte, das herrliche nach mir rufen« (ebd., 1017).

Zersetzen sich in *Sterben* angesichts des Todes bürgerliche Liebesideale, so in *Lieutenant Gustl* (wie auch in *Der Ruf des Lebens*) analog die Normen des militärischen Ehrensystems (Riedel 1996, 249). Der Innere Monolog gab Schnitzler das Instrument für seine raffinierte Ideologiekritik in die Hand, eine Funktion, die Dujardin noch nicht zu nutzen wusste (s. Kap. III.2). Die zentrale Provokation dieses Textes besteht denn auch in der unfreiwilligen, durch keinerlei auktoriale Stellungnahme kommentierten Selbstdemontage des Protagonisten, in der die fundamentale Dissoziation zwischen Subjekt und – nicht mehr verinnerlichter – Norm offenbar wird.

Mit der Wahl einer existentiellen Situation des Subjekts vor dem Tode – des eigenen sowohl als des einer geliebten Person – wählt Schnitzler auch gezielt eine Konstellation, die im vorangehenden Literatursystem des ›Realismus‹, zumal in dessen Spätphase, geradezu modellhaft normativ funktionalisiert wurde für die Konstitution und Einübung eines spezifischen innerweltlichen Wert- und Verhaltenssystems, mit dem das Subjekt den Zustand eines defizitären Lebens ohne Rekurs auf christliche Tröstung zu ertragen und zu bewältigen hatte. Dieser, unabhängig vom faktischen Geschlecht der betreffenden Person als ›männlich‹ semantisierte, Verhaltenscodex fordert Eigenschaften wie den »Wille[n] zu illusionsloser und adäquater Realitätserkenntnis, die Entschlossenheit, sogar gravierende Probleme mit sich selbst abzumachen und sie nicht anderen anzuvertrauen [...]; die Fähigkeit zu radikaler affektiver Selbstbeherrschung und Selbstkontrolle, die durch kein Zeichen verrät, was im Subjekt vorgeht, die Bereitschaft zu stoizistischer Resignation und zu asketischem Glücks- und Lustverzicht« (Wünsch 2007, 315). Ausgeschlossen werden sollte von diesem System also just das, was nun zentral inszeniert wird: die Krise des Subjekts. Schnitzler zitiert dieses Modell, *um es zu invertieren und zu demontieren*. Der Vergleich zwischen den beiden sterbenden Protagonisten in *Sterben* und in C. F. Meyers nur wenige Jahre zuvor erschienener später Novelle *Die Versuchung des Pescara* (1887) vermag den Epochenwandel exemplarisch zu illustrieren (Wünsch 2007). Analog lassen sich auch in *Lieutenant Gustl* ex negativo aus dem Verhalten des Protagonisten sämtliche Verhaltensnormen des militärischen Ehrencodex wie u. a. mannhaft-stoische Affektbeherrschung rekonstruieren (Frevert 1991, 179–214).

Der Lebenstrieb bei Marie in *Sterben* ist latent angelegt und kommt erst im Laufe des narrativen Prozesses zum Vorschein; er konstituiert aber noch keine regelrechte ›potentielle Person‹, noch keine eigene psychische Teilwelt, die, als semantischer Tiefenraum und als ›Fremdes im Selbst‹ modelliert, dem Subjekt selbst zunächst unzugänglich wäre, und deren normverletzenden Inhalte erst durch äußere katalysatorische Ereignisse an die Oberfläche des Bewusstseins steigen und damit die latente Krise manifest ausbrechen lassen. Dieses literarisch-anthropologische Konzept wird erst ab der zweiten Hälfte der 1890er Jahre bei Schnitzler explizit greifbar (Titzmann 1989; Lukas 1996, 45–52). Damit einher geht eine Radikalisierung der Subjektkrisen, die nun – in den großen Erzählungen, aber auch Dramen – sehr viel ausführlicher als innerpsychischer Konflikt und als Prozess der nötigen Selbstfindung gestaltet werden. Die latente Krise, in dem sich der/die Protagonist/in am Texteingang befindet, resultiert aus Formen der Lebensferne bzw. des ›Nicht-Lebens‹, das im weitesten Sinn durch Verlust an Dynamik und Erstarrung gekennzeichnet ist. Als Ursache hierfür fungiert bei Schnitzler typischerweise eine Kombination von psychischen, biologischen und sozialen Bedingungen: so insbesondere die Absenz einer intensiven erotischen Beziehung, gekoppelt mit herannahendem Alter und/oder der Monotonie eines in ritualisierten Strukturen erstarrten bürgerlichen Alltags. Dies trifft z. B. auf die beiden Witwen Bertha Garlan und Beate ebenso zu wie auf die Witwer in *Die Nächste* und *Flucht in die Finsternis* sowie auf den, nach dem Tod seiner Schwester, metaphorischen ›Witwer‹ Doktor Gräsler; bestehende, ja sogar erst angehende Ehepaare sind durch Habitualisierung bedroht, was bei beiden Partnern (*Zwischenspiel*, *Traumnovelle*) bzw. zumindest bei der Partnerin (*Paracelsus*, *Die Schwestern* oder *Casanova in Spa*) Sehnsüchte nach Nicht-Gelebtem hervorruft. In einem weiteren Sinn konstituiert jede Inkongruenz zwischen der realisierten und der postulierten ›potentiellen Person‹ eine Krise, da sie einer Selbstentfremdung bzw. einem Zustand der nicht vollzogenen Selbstfindung und Selbstverwirklichung äquivalent ist (*Der Schleier der Beatrice*, *Komödie der Verführung*, *Hirtenflöte*).

Der Einakter *Paracelsus*, der eine posthypnotische Suggestion à la Bernheim inszeniert und anhand des frühneuzeitlichen Helden den zeitgenössischen Paradigmenwechsel von der alten, rein somatischen Medizin bzw. Psychiatrie zur neuen dynamischen Psychologie des Unbewussten thematisiert, führt das neue Konzept gleichsam programmatisch ein. Die Handwerkersgattin Justina, die noch »meiner Jugend letzte Schauer« (DW I, 494) spürt, somit an der Schwelle zum Alter steht, wird sich, durch katalysatorische Ereignisse wie das Begehren des jungen Gesellen Anselm sowie das Auftauchen des Abenteurers und einstigen Jugendgeliebten Paracelsus, der nun als Psychotherapeut auftritt, in einer hypnotischen Sitzung ihres bislang ›verdrängten‹ bzw. geleugneten ehebrecherischen Potentials bewusst. Justina führt eine ganze Serie analoger weiblicher Figuren im Schnitzlerschen Œuvre an (u. a. *Frau Bertha Garlan, Frau Beate und ihr Sohn, Die Hirtenflöte, Komödie der Verführung, Zwischenspiel, Der Ruf des Lebens*). Diese bieten sich für die Darstellung derartiger krisenhafter Bewusstwerdungsprozesse in besonderer Weise an. Gemäß den traditionellen anthropologischen Annahmen, die der Frau einen Liebestrieb anstelle des Sexualtriebs und eine stärkere Moralverhaftetheit attribuieren (Thomé 1998), gilt nämlich die Diskrepanz zwischen der »unermeßliche[n] Potentialität« und »unsere[r] schmalen Wirklichkeit« (Simmel 1922, 117) beim weiblichen Subjekt als deutlich größer als beim Mann, umso ereignishafter ist somit die Entdeckung und Realisierung dieser Potentialität.

Latent ist diese Krise am Anfang, weil sie dem Subjekt gar nicht bewusst ist und dieses im Zustand scheinbarer Zufriedenheit lebt. So ist Beate Heinold zu Beginn »ohne Wunsch« (ES II, 92) und begehrt nicht nach einer Änderung ihres Lebens; Bertha Garlans »bisheriges Leben war nicht so verflossen, daß sie jetzt irgend etwas zu entbehren glaubte« (ES I, 395), und sogar Marie (*Der Ruf des Lebens*), deren Existenz in extremer Weise ein ›Nicht-Leben‹ darstellt, strebt am Anfang keine Änderung an: »Ich habe ja gar keine Lust fortzugehen. [...] Was soll ich anders?« (DW I, 978 f.). Es bedarf erst eines Katalysators von außen, in Gestalt von Personen, die in irgendeiner Weise die Alternativexistenz zeichenhaft repräsentieren wie z. B. potentielle Partner (so u. a. in *Paracelsus, Frau Bertha Garlan, Der Ruf des Lebens, Die Schwestern oder Casanova in Spa, Der Gang zum Weiher*; die Geliebte des Sohnes und Rivalin Fortunata in *Frau Beate*) oder in Gestalt von jüngsten (in der Regel nicht mehr dargestellten) Ereignissen, die entweder erotische Alternativen verheißen (z. B. der Karnevalsball in der *Traumnovelle*) bzw. umgekehrt den defizitären Status des aktuellen Lebens verstärken und Bewusstwerdungsprozesse in Gang setzen, so wiederholt der Tod nahestehender Personen (des Vaters in *Der Weg ins Freie*, der Schwester in *Doktor Gräsler*). Dass es lediglich eines solchen Anstoßes bedarf, um den Ausbruch einer – zum Teil heftigen – Identitäts- und Sinnkrise herbeizuführen, belegt, in welchem Ausmaß diese bereits latent angelegt ist. Die Bewusstwerdung umfasst zumeist den Akt der Erinnerung an biographisch entscheidende vergangene Ereignisse, die bislang nicht mehr präsent und quasi ›verdrängt‹ gewesen waren, und mündet in eine explizite Reinterpretation des bisherigen Lebens. So gilt Bertha ihr »Dasein« nun auf einmal als »zerronnen«, sie ist »durstig und arm«, lebt ein »schreckliches Los«, »Jammer«, »dumpfer Unwille« und »Erbitterung« tauchen auf, und mit »Schauer« denkt sie daran, »wie sie sich immer an ihrem Schicksal hatte genügen lassen, wie sie ohne Hoffnung, ja ohne Sehnsucht in einer Dumpfheit, die ihr in diesem Augenblick unerklärlich erschien, ihr ganzes Dasein hingebracht« (GAR, 46, 56 f.).

Die psychische Entfremdung von der bisherigen ›Person‹ geht einher mit einer zunehmenden ideologischen Distanzierung von den für diese Existenz konstitutiven bürgerlichen Werten und Normen, und beide Prozesse werden gerne auch topographisch als ereignishafte Grenzüberschreitung in einen anderen (semantischen) Raum abgebildet: So fährt Bertha von ihrer Provinzstadt in das hochsemantisierte und emotional besetzte Wien; Fridolin betritt auf seinem nächtlichen Abenteuerweg fremde städtische »Bezirke«, die zugleich fremde soziale Welten repräsentieren (TRA, 7, 28), während seine Frau im Traum zeitgleich fremde »Bezirke« in ihrem Unbewussten betreten wird.

Der vollzogene Lebenswechsel wird gemäß einem weitverbreiteten epochalen Erzählmodell (Wünsch 1983) mehr oder weniger explizit – bei Schnitzler im Allgemeinen eher diskret, nichtsdestoweniger unverkennbar – als ›Wiedergeburt‹ zu einem »neuen Dasein[]« (GAR, 127) modelliert. Dieses wird in den Texten gerne beschrieben als maximale, zu Rausch und Ekstase gesteigerte Intensität des Erlebens, als neuartiges Ich-Erlebnis, das mit einer Glücks- und Sinnerfahrung einhergeht. Bertha erlebt ihre Liebesnacht mit Emil als »große Fülle ihres Lebens«, als »Seligkeit«, »Liebesrausch« und »Taumel«, und ihr Leben hat explizit »[z]um erstenmal [...] einen

Sinn« (GAR, 124, 127, 134). Fridolin ist »wie trunken« und »berauscht [...] von all den Erlebnissen dieser Nacht« (TRA, 48); analog bestätigt seine Gattin, dass »nichts« in ihrem bürgerlichen Dasein der in ihrem Traum erlebten »Gelöstheit, der Freiheit, dem Glück gleichkommt« (ebd., 64). Casanova erlebt vor seiner »Heimfahrt« nach Venedig, d. h. dem definitiven Übertritt ins Alter, mit Marcolina ebenfalls eine »ungeahnte Seelenwonne« und »Entzückungen, die ihm als höhere, ja von neuer, andrer Art erschienen, als er jemals genossen« (CAS, 99). In *Das weite Land* artikuliert das Paar Hofreiter/Erna in Bezug auf die ausdrücklich lebensgefährliche Bergtour, die ihre Liebesnacht symbolisch präludiert, das Erlebnis eines »ungeheure[n] Glücksgefühl[s]«, das beiden »eine Art von Rausch« beschert (DWL, 94), der dem bloß mittelmäßigen Leben, das Erna als Ehefrau des Doktor Mauer beschieden wäre, entgegengesetzt wird.

Eine geschlechtsspezifische Dimension lässt sich darin erkennen, dass für weibliche Figuren, aufgrund ihrer größeren Verhaftung an die traditionelle Moral, das Merkmal einer bislang nicht erlebten ›Freiheit‹ besonderen Stellenwert zu besitzen scheint, während für männliche Figuren das narzisstische Moment stärker ausgeprägt ist: So fühlt sich Casanova als »Gott« (CAS, 99), den ›Literaten‹ macht die exzeptionelle Liebesbeziehung zu Maria zu einem »höheren, überlegenen, gottnäheren Menschen« (*Der letzte Brief eines Literaten*, ES II, 223), Fridolin ist »berauscht [...] von sich selbst« und führt die Opferbereitschaft der Unbekannten in der Villa auf einen »seltsame[n] unwiderstehliche[n] Zauber« und die »Macht« seiner Person »über das andere Geschlecht« zurück (TRA, 48, 54).

Egal, ob dieses neue Leben nun in Gestalt einer Liebesbeziehung faktisch oder, wie bei weiblichen Figuren bisweilen der Fall, nur auf einer gedachten psychischen Ebene realisiert wird – im Traum (*Traumnovelle*), als posthypnotischer Zustand (*Paracelsus*) oder im normalen Bewusstsein (*Zwischenspiel*) –, in jedem Fall muss das Subjekt bereit sein, sich aus allen bisherigen Bindungen zu lösen, die bisherige bürgerliche Existenz der Sicherheit aufzugeben und einzutauschen gegen ein zwar intensiveres, jedoch auch risikoreicheres Leben. Justina hätte Paracelsus einst ihre Ehe, ihren Ruf und ihre ganze bürgerliche Existenz geopfert: »ach alles hätt' ich, / Was Ihr verlangt, Euch freudig hingegeben« (DW I, 495). Desgleichen gesteht in der *Traumnovelle* Albertine im Initialgespräch der beiden Gatten über den letzten Sommerurlaub in Dänemark zwar im Modus einer gewissen aposteriorischen Relativierung (»meinte ich...«, »glaubte ich mich...«), nichtsdestoweniger mit einer verletzenden Direktheit: »[I]ch war bewegt wie noch nie. [...] Wenn er mich riefe – so meinte ich zu wissen –, ich hätte nicht widerstehen können. Zu allem glaubte ich mich bereit; dich, das Kind, meine Zukunft hinzugeben, glaubte ich mich so gut wie entschlossen, [...]« (TRA, 8). In letzter Konsequenz sind die Figuren auch bereit, den Preis des eigenen biologischen Lebens zu zahlen. So wird sich Bertha bewusst: »Wenn er von ihr verlangen möchte: lebe ein Jahr, lebe diesen Sommer mit mir, dann aber mußt du sterben, – sie würde es tun« (GAR, 121); nicht anders ist Fridolin der Erwerb der Unbekannten ausdrücklich »mein Leben [...] wert«, ein künftiges Dasein ohne sie hat »keinen Wert mehr für mich« (TRA, 47, 52), und auch Casanova ist der potentielle Duelltod als Preis für die Liebesnacht mit Marcolina »wohlfeil genug« (CAS, 106).

Die Transformation, die die Figuren durchmachen, wird mehr oder weniger stark als Wandel von der bisherigen normkonformen ›altruistischen‹ Existenz zu einer normverletzenden ›egoistischen‹ abgebildet. Bertha ist nach der Liebesnacht mit Emil jetzt »kaum mehr eine Mutter [...], ..., nein, nichts als seine Geliebte« (GAR, 122); Beate, die anständige Witwe und Mutter, erkennt nun in der ›Hure‹ Fortunata ihre »Schwester« (ES II, 107). Genia Hofreiter gesteht nach ihrem Ehebruch desgleichen, dass sie »nicht besser [ist] als andere sind« (DWL, 104), und sogar Cäcilie ist, allein durch die Bewusstwerdung und noch ohne jeden wirklichen Vollzug, »schon heute nicht mehr, die ich war« (*Zwischenspiel*, DW II, 936). Fridolin entdeckt seinerseits neben der alten Rolle als helfender Arzt, »brave[r] Gatte und Familienvater« sein Potential als »Zyniker«, »Wüstling« und Verführer und ist zu einem »Doppelleben« bereit, während parallel und zeitgleich Albertine, die »hausfraulich-mütterlich[e]« Partnerin mit »engelhaftem Blick«, im Traum zur »treulos[en], grausam[en] und verräterisch[en]« Hure mutiert (TRA, 66, 76, 78).

Begrenzung: Neue Normsetzung im Zeichen des ›Lebens‹

Entsprechend ihrem doppelten ›ideologischen‹ Anliegen weisen Schnitzlers Werke mehrheitlich eine strukturelle Zweiteilung auf, die in einigen Texten zumal des Spätwerks (allen voran in der *Traumnovelle*) auch als innerdiegetische Zweiphasigkeit realisiert wird: Auf die Entgrenzung im Zeichen des euphorischen Aufbruchs folgt die erneute Begrenzung im Zeichen einer fundamentalen Desillusionierung. Speiste sich erstere aus dem Konflikt zwischen ›Leben‹ und lebensfeindlicher Norm, so folgt letztere der Logik einer Vermittlung bzw. ›Versöhnung‹ von kultureller Norm und ›Leben‹. Auch hier sind frühes und mittleres bis spätes Werk wieder zu unterscheiden.

In Übereinstimmung mit dem naturalistischen Grundmodell scheitern auch in Schnitzlers vier frühen Dramen – nicht anders als bei Hauptmann, Halbe, Holz, Schlaf u. a. – die Versuche eines Lebenswechsels prinzipiell und lassen die weibliche Protagonistin jeweils in ihrem defizitären Ausgangszustand zurück, aus dem sie sich ausnahmsweise durch einen Akt der Emanzipation (*Märchen* – allerdings erst in der späteren Fassung von 1902!), mehrheitlich aber durch angedeuteten Selbstmord (*Liebelei*, *Vermächtnis*) zu befreien trachtet. Bemerkenswert ist nun aber die Motivation, die Schnitzler dieser pessimistischen Struktur zugrunde legt. Denn nur vordergründig scheitert das mögliche Lebensglück an den herrschenden bürgerlichen Normen, seien es die Sexualnormen, die die ›Gefallene‹ ächten und die Mesalliance mit einer Unterschichtsfrau nicht gestatten (*Märchen*, *Liebelei*, *Vermächtnis*), seien es die Regeln des männlichen Ehrenkodex, die den Geliebten in das Duell zwingen (*Freiwild*, *Liebelei*). Schnitzler baut diese sozialkritische Ebene zwar jeweils sorgfältig auf, aber nur, um sie dann im zweiten Schritt desto wirkungsvoller hinter sich zu lassen. Die in diesen frühen Texten praktizierte ›Überwindung des Naturalismus‹ besteht in einer für Schnitzler charakteristischen Verschiebung von der Normproblematik und dem Konflikt der sozialen Milieus hin zum (primär männlichen) Individuum und seiner Psychologie und damit auch zum Phänomen der männlichen Identitätskrise (vgl. Le Rider 2000). Nicht, weil Fedor etwa seine Geliebte ob ihrer sexuellen Erfahrungen moralisch verurteilt, sondern weil er seine Eifersucht den erotischen ›Rivalen‹ gegenüber, die Fanny vor ihm ›besaßen‹, insbesondere seinem Freund Friedrich gegenüber, nicht überwinden kann, scheitert diese Beziehung und wird das ›Märchen‹ von der ›Gefallenen‹ schließlich doch wieder zur Realität (*Das Märchen*); desgleichen scheitert die Integration der jungen Unterschichtsfrau Toni in die großbürgerliche Herkunftsfamilie des tödlich verunglückten Hugo keineswegs an sozialen oder moralischen Problemen, sondern ebenfalls an erotischer Rivalität (*Das Vermächtnis*). In den beiden Duelldramen werden die hoffnungsvollen Liebesbeziehungen nur vordergründig durch den bürgerlichen Duellzwang, faktisch indessen durch (männliche) Gedankenlosigkeit und Feigheit (*Liebelei*) bzw. (männliche) Rivalität (*Freiwild*) zerstört. Die Ironie des letztgenannten Stücks besteht genau darin, dass derjenige, der zwei Akte lang wortreich und höchst differenziert eine neue Moral formuliert hat, mit der das alte System der Ehre zu überwinden ist, selbst und noch dazu als erster zur Waffe greift! Auch in späteren Werken wird Schnitzler zentrale Duellszenen seiner Protagonisten nicht als konventionalisiertes soziales Ritual, sondern gleichsam ›biologisiert‹ darstellen, als archaischen, triebgesteuerten Existenzkampf etwa zwischen der alten und der jungen männlichen Generation (*Das weite Land*, *Casanovas Heimfahrt*).

Mit anderen Worten, das Neue ist allenfalls denkbar, erweist sich jedoch als (noch) nicht lebbar. Schnitzlers Interesse gilt dabei den inneren Schranken – elementaren psychischen Affekten primär von erotischer Rivalität –, die, tief im Subjekt und seiner Psyche verankert und diesen Figuren selbst kaum bewusst, die Realisierung des Neuen, des ersehnten Lebenswechsels und der ihn ermöglichenden neuen Moral, verhindern.

Diese Situation ist einerseits charakteristisch für die ›Übergangszeit‹ der ersten Phase der Klassischen Moderne in den 1890er Jahren. Andererseits hat Schnitzler hiermit ein zentrales Modell geschaffen, dem auch zahlreiche seiner späteren Werke folgen werden: Es ist dies die zyklische Restitution des Ausgangszustandes mit gleichzeitiger Substitution der Bedingungen. Diese Substitution beschreibt eine Bewegung von ›außen‹ nach ›innen‹ und stiftet die eigentliche narrative Ereignishaftigkeit dieser Texte. Scheinbar bestätigt sich die traditionelle Moral – faktisch erweist sie sich freilich als völlig ausgehöhlt und kann nur mehr durch ein ihr Äußerliches, die ›Natur‹ des Subjekts und dessen jeweilige Affekte, faktische Wirkungskraft erlangen. Im Modus ihrer scheinbaren Affirmation wird sie damit freilich paradoxerweise als ›Moral‹ außer Kraft gesetzt. Damit verlagert sich die Krise einerseits ganz auf das Subjekt, das nun, in einer Art ›negativen Autonomie‹, gleichsam selbst verantwortlich für das defizitäre Leben ist – andererseits wird damit zugleich eine neuartige Verbindung zwischen Subjekt und kultureller Norm hergestellt. Dies ist, bei allem obwaltenden Pessimismus, offenbar der heimliche ›Sinn‹ und die abstrakte Logik, die die Narration dieser Texte steuert.

Hier lassen sich auch all jene frühen Erzähltexte und Einakter anschließen, die, u. a. anhand der bei Schnitzler beliebten Ehebruchsthematik, die Möglichkeit der Setzung neuer Grenzen insbesondere im Bereich der Sexualität ausloten. Die alte Grenze in Gestalt des bürgerlichen Ehebruchverbots wird entwertet, indem in einem ersten Schritt dem Ehebruch als solchem – dem geplanten oder dem geschehenen – seine moralische Ereignishaftigkeit entzogen wird. So vermag die postume Entdeckung des von der Gattin mit dem besten Freund begangenen Ehebruchs bei ihrem verwitweten Partner nicht mehr die normativ erwartbare Reaktion – Duellforderung oder zumindest Bruch – auszulösen (*Der Witwer*, *Die Gefährtin*). Die Moral wird abgelöst durch die Psychologie, die den Normverstoß relativiert, indem sie ihn psychologisch verstehbar und damit verzeihbar macht. Wenn am Ende dieser beiden Texte dennoch eine heftige und aggressive Reaktion der Witwer steht, mit der diese, nach der vorangehenden Phase der Verzeihung gänzlich unerwartet, die Tat gegenüber ihren Freunden plötzlich verbal heftig sanktionieren, dann kann diese Reaktion logischerweise nicht mehr durch die ›alte‹, sondern nur durch eine ›neue‹ Normverletzung ausgelöst werden. Sie besteht im Verstoß gegen die impliziten Bedingungen, die die Aufhebung der alten Grenze legitimierten und die in der Regel nur zu erschließen sind: Es sind dies Werte bzw. Normen wie u. a. das Gebot individualisierender Liebe, von Ehrlichkeit, Bewusstheit, Verantwortung und emotionaler Opferbereitschaft. Die Sanktion des Ehebruchs kann also erst dann ausgelöst werden, wenn z. B. der Witwer erfahren muss, dass seine Frau von seinem Freund ihrerseits betrogen worden ist (*Der Witwer*). In *Die Toten schweigen* wird am Ende nicht der Ehebruch, sondern das feige und unsolidarische Verhalten der panischen Ehefrau dem toten Geliebten gegenüber sanktioniert: Erst der Versuch, den Toten gleichsam zu tilgen, lässt diesen – und mit ihm das Faktum des Ehebruchs – unwillkürlich ›lebendig‹ und präsent werden. In *Die Frau des Weisen*, der komplexesten der frühen Ehebruchsgeschichten, konstituiert der in der Vergangenheit durch die unerwartete Dazwischenkunft des Ehemanns gescheiterte, nun aber anlässlich einer zufälligen Wiederbegegnung erneut angestrebte Ehebruch des jungen Ich-Erzählers mit der Gattin seines einstigen Lehrers als solcher ebenfalls kein moralisches Problem; nicht das traditionelle Verbot, sondern just dessen Aufhebung durch den abwesenden Dritten, den Ehemann, lässt es erneut scheitern. Dessen damalige umfassende Verzeihung, die den Ehebruchsversuch der Gattin stillschweigend übergeht, und deren völliges Nicht-Wissen darum blockieren das Ich im Vollzug und führen zu einer plötzlichen emotionalen wie räumlichen Distanzierung von der noch eben heiß Begehrten. Sanktioniert wird hier wiederum nach neuen Normen, die der Realisierung des Ehebruchs als implizite Bedingungen zugrunde lagen und sich nun von der Partnerin als nicht erfüllt herausstellen, freilich ohne deren Verschulden: Das ist offenbar die Bewusstheit der Transgression und ein dafür erbrachtes Opfer in Form von Reue und Leiden um der verbotenen Liebe willen. Hinter der ›Weisheit‹ des Ehemannes steht hier und in den anderen genannten Texten letztlich der paradoxe Wirkmechanismus einer Moral, die erst dann ›handlungsmächtig‹ wird, wenn sie – als ›Moral‹ – völlig aufgehoben und durch ›Psychologie‹ ersetzt ist (Lukas 1996, 190–222).

In denjenigen Werken ab circa der Jahrhundertwende, die dem narrativen Modell des Lebenswechsels folgen, wird die auf eine Entgrenzung folgende Begrenzung als eigenständige Phase ausgebaut. Im Gegensatz zu den noch naturalismusnahen frühen Dramen gelingt zwar in diesen Werken der erstrebte Lebenswechsel – freilich kann das ›neue Leben‹, allein aufgrund der lebensideologischen Prämissen, niemals von Dauer sein. Auf die erste Krise folgt somit eine zweite Krise, die einen abermaligen Bewusstwerdungsprozess auslöst, der nun allerdings dem ›neuen Leben‹ gilt. Dieses wird einer umfassenden ›Entzauberung‹ und Relativierung unterzogen, die Schnitzler in zahlreichen seiner Erzählungen und Dramen in höchst individuellen Varianten kunstvoll gestaltet. Am Ende dieses Desillusionierungsprozesses, der zweifellos als ein Markenzeichen des Schnitzlerschen Skeptizismus gelten kann, kann ein Gelingen oder Scheitern stehen. Im ersten Fall findet eine Art Selbstfindung statt, mit der die Krise zu einem (zumindest vorläufigen) Ende gelangt, wenngleich stets um den Preis einer schmerzhaften, mehr oder weniger resignativen Selbstbegrenzung; im zweiten Fall kommt es zu einem Selbstverlust, der durch Wahnsinn, bzw. einen Zustand psychischer Gestörtheit, und/oder Tod markiert wird.

Eine gelingende Selbstfindung erfolgt meist im Zusammenhang mit der unmittelbaren Erfahrung des überindividuellen ›Lebens‹, das nun den Tod, der als größter ›Entzauberer‹ fungiert, inkludiert. An die Stelle der Abwehr von Tod, die mit dem Streben nach einem gesteigerten ›Leben‹ logisch wie psychologisch einhergeht, tritt die gezielte Integration von

Tod, die ihrerseits nun als ranghöchste Sinnstiftung fungiert. Nicht selten lässt Schnitzler diesen entscheidenden Erkenntnisakt daher an einer Leiche bzw. in Gegenwart einer sterbenden nahestehenden Person, die die Geliebte (*Doktor Gräsler*, *Traumnovelle*, *Der letzte Brief eines Literaten*) oder das eigene Kind (*Der Weg ins Freie*) sein kann, stattfinden. Deutlich wird dies z. B. in *Der Ruf des Lebens*, wo Marie nach dem exzessiven, um den Preis des Vatermords erkauften und mit dem Selbstmord des Geliebten abrupt beendeten, ›Leben‹ im 3. Akt erneut in eine massive Sinnkrise gerät. Zum zweiten Mal tritt der Arzt als Problemlöser auf, indem er an die Stelle des »ersehnte[n]«, »herrliche[n]« ›Lebens‹ (DW I, 1017), in dem die individuelle ›egoistische‹ Triebnatur endlich zu ihrem Recht kommt, als höchsten ideologischen Wert nun das ›Leben‹ als überindividuelle Größe setzt. Angesichts der gewaltsamen Tode und der sterbenden Cousine Katharina erscheint die biologische Grenze zwischen Leben und Tod als das einzige Kriterium, das Maries Normverletzung zu relativieren und ihrem Leben als solchem einen neuen Wert und Sinn zuzusprechen vermag: »Ich weiß nichts andres auf Erden, das gewiß wäre« (ebd., 1027). Auch der ›Literat‹ erkennt in seinem Abschiedsbrief, den er angesichts des bevorstehenden Todes der kranken Geliebten und kurz vor seinem eigenen Selbstmord niederschreibt, in der existentiellen biologischen Grenze den einzigen »Wesensunterschied«, demgegenüber »[a]lles übrige, [...] sogar Jugend und Alter, Gesundheit und Krankheit« »nur Gradunterschied« sind (ES II, 228) – womit er sein eigenes, geradezu exzessives Streben nach einem gesteigerten ›Leben‹ relativiert. In der *Traumnovelle* beginnt und endet Fridolins Stationenweg nicht zufällig jeweils an einer Leiche: Während der tote Hofrat jedoch »Ekel« (TRA, 21) in ihm auslöst und gleichzeitig das Bewusstsein seiner Jugend und Wünsche nach einem gesteigerten erotischen Leben wachruft, nimmt er an der mutmaßlichen Leiche der Unbekannten in der anatomischen Abteilung definitiv Abschied von der begehrten Frau, deren Besitz ihm eine Zeit lang sein Leben wert war. Angesichts der ewigen Gesetze des Lebens, die sich dem ärztlichen Blick in der einsetzenden Verwesung manifestieren und deren ausführliche Beschreibung den finalen Höhepunkt der Erzählung bildet, tritt an die Stelle des ›egoistischen‹ individuellen ›Mehr-Lebens‹ ein überindividuelles ›Leben‹, welches gleichsam eine Reduktion auf das Essentielle der menschlichen Existenz vornimmt. Auch hier fungiert die Erkenntnis elementarer Lebensgesetzlichkeiten als ranghöchste Sinnstiftung, mit deren Hilfe die Rückkehr in die bürgerliche Lebensform gelingt. Analog »verströmen« schließlich auch für Bertha just an der Leiche der Freundin Anna Rupius, die ihre erotischen Abenteuer nach einer Abtreibung mit dem Leben bezahlt, »der ganze Wahn dieser wirren Tage, die letzten Schauer einer verlangenden Weiblichkeit, alles, was sie für Liebe gehalten, in nichts« (GAR, 167 f.). Auf die mit dem Lebenswechsel einhergehende emphatische Zuordnung zum soziosemantischen Raum derer, die in aller Selbstverständlichkeit außerbürgerliche Liebesverhältnisse leben (vgl. ebd., 122), folgt nun eine erneute Selbstausgrenzung, indem Bertha erkennt, dass sie »nicht von denen war, die, mit leichtem Sinn beschenkt, die Freuden des Lebens ohne Zagen trinken dürfen« (ebd., 168). Diese neue Grenze ist nun aber nicht mehr von der Moral vorgegeben, sondern wird vom Subjekt und seiner ›Natur‹ gleichsam selbst gesetzt.

In den Fällen einer Alterskrise gelingt deren Lösung immer auch über eine bewusste Grenzziehung zur Jugend. So erlangt Justina durch die Intervention des Paracelsus, der sie ihr normverletzendes Potential zumindest einen Moment lang bewusst ›leben‹ lässt, eine stärkere Grenze zum einstigen Geliebten, der nun zu einer rein zeichenhaften, den semantischen Raum der ›Jugend‹ repräsentierenden Größe wird und keine reale Gefahr für die bürgerliche Existenz mehr darstellt, die im Gegenzug dadurch wieder neuen Sinn erhält: »Fast scheint / Von ihm mich mehr und Tieferes zu scheiden, / Als mich von irgend einem Andern trennt, / Wie einer, der bedeutet ... doch nicht ist, / Steht er vor mir – ein Schatten meiner Jugend« (DW I, 495 f.). Mit diesen Worten vollzieht Justina gleichsam symbolisch und performativ den Altersklassenwechsel. Bei männlichen Protagonisten, die biographisch an der Schwelle zum Alter stehen, kann der Abschied von der Geliebten der Zwischenphase mit einem siegreichen finalen Duell einhergehen: Mit der Tötung eines jungen erotischen Rivalen wird zugleich die eigene Jugend symbolisch ›getötet‹ und damit der Altersklassenwechsel erfolgreich vollzogen (*Casanovas Heimfahrt*, *Das weite Land*).

Auch in jenen Werken, die nicht in vergleichbar unmittelbarer Weise auf Gesetze des biologischen Lebens rekurrieren, geht die Beendigung der Zwischenphase mit einer Grenzziehung einher, die neue Werte und Normen zu formulieren versucht. So endet z. B. in *Zwischenspiel* das Eheexperiment mit einer gemeinsamen Umdefinition von »Wahrheit«: Lag diese zunächst im ungelebten Potential der tabuisierten erotischen Wünsche, was deren Realisierung erforderte, so erkennt man sie nun in der – versäumten – Artikulation von Schmerz und Wut über die gegenseitige Verletzung, die sich das Paar mit diesem Experiment zufügt. Die einvernehmliche Trennung erfolgt nicht aus moralischen Gründen, sondern als Akt der Ehrlichkeit und gewissermaßen der Bewahrung des hohen und singulären Werts dieser Beziehung (»daß wir uns die Erinnerung daran rein erhalten müssen«; DW I, 959). Analoge Grenzziehungen, die eine Umhierarchisierung vornehmen und an die Stelle des egoistischen Lebens- und Sexualtriebs neue Werte wie Verantwortung, Vertrauen und die Bereitschaft, um den Partner täglich neu zu kämpfen, setzen und damit zugleich ›Liebe‹ neu definieren, werden auch von anderen Paaren diskutiert, am radikalsten zweifellos von Aurelie/Falkenir in *Komödie der Verführung*, aber auch von Dionysia/Erasmus in *Die Hirtenflöte*, oder Johanna/Sala in *Der einsame Weg* (vgl. auch das Ehepaar Aigner in der Vorgeschichte zu *Das weite Land*).

Auch im Falle eines psychischen Selbstverlusts findet ein Akt der (Selbst)Erkenntnis statt, der mit einer – hier freilich rein verbalen und aposteriorischen – Grenzziehung einhergeht. Die implizite ›therapeutische‹ Dimension, die all diesen Texten eignet (vgl. Thomé 1993), wird in diesem Fall nur *ex negativo* greifbar. Ein exzessiv gelebter egoistischer Lebenstrieb kann bei männlichen (vgl. u. a. *Der letzte Brief eines Literaten, Der Gang zum Weiher*) und insbesondere bei weiblichen Figuren (vgl. u. a. *Der Schleier der Beatrice, Der Ruf des Lebens, Frau Beate und ihr Sohn, Hirtenflöte, Komödie der Verführung*) zum Selbstverlust führen. Der Fall der an Schwindsucht erkrankten und im letzten Akt sterbenden Cousine Katharina in *Ruf des Lebens* demonstriert exemplarisch die Notwendigkeit der Grenzziehung: Der vom Arzt prophezeite bevorstehende Tod führt zunächst zu einer völligen Freisetzung des Lebenstriebs, den die junge Frau in wilden, rasch wechselnden Liebesbeziehungen auslebt; am Ende lässt Schnitzler sie noch vor dem biologischen Tod Zeichen des Wahnsinns und der psychischen Selbstentfremdung zeigen. In *Der Schleier der Beatrice, Hirtenflöte* und *Komödie der Verführung* erzählt Schnitzler in Variationen die nämliche Geschichte der jungen Ehefrau bzw. Braut, die zu Beginn gar kein bewusstes Verlangen nach anderweitigen erotischen Erfahrungen hat, ein solches sogar vehement abstreitet, deren männliche Partner dies aber im Gestus des überlegenen Mehrwissens postulieren und sie darum verstoßen bzw. freigeben,

zum Teil verbunden mit dem expliziten Auftrag zur Selbstfindung: So soll Aurelie, die »Vielfältige« und »Unerschöpfliche«, nicht »unter Hunderten« nur einen Partner wählen (DW II, 887 f.), Dionysia soll »jeder Sehnsucht, die dich lockt, ohne Zögern Folge leiste[n], wohin sie dich auch führe« (ES II, 14). Beatrice, Dionysia, Aurelie werden ihre Partner insofern bestätigen, als sie im Anschluss daran tatsächlich eine ganze Serie alternativer erotischer Beziehungen sei es realisieren oder nur anstreben: Der Fall der Beatrice, die im Ablauf eines einzigen Tages drei verschiedene Partner zu ehelichen sich anschickt, belegt, dass sich das Problem primär auf der psychischen Ebene, nicht notwendig auf der physisch-sexuellen abspielen muss. Für alle diese Protagonistinnen gilt jedoch, dass zu große Dynamisierung in Gestalt zu rascher Partnerwechsel (Beatrice, Katharina) und völlige Entindividualisierung der Partner in Gestalt von Promiskuität (Aurelie) oder zeichenhafter Prostitution (vgl. *Fräulein Else*) notwendig zum psychischen Selbstverlust der Frau führen und zudem gerne von enormen sozialen Folgen wie Opferselbstmorde der verlassenen männlichen Partner (*Der Schleier der Beatrice*) bis hin zum Ausbruch von sozialer Anomie (*Hirtenflöte*) begleitet sind. Darin manifestiert sich zweifellos eine ambivalente Mythisierung des weiblichen Lebens- und Sexualtriebs, der, einmal von den einengenden bürgerlichen Schranken freigesetzt, (selbst)zerstörerische Kräfte für das Subjekt wie für die Gesellschaft zu entwickeln droht. Sogar Genia Hofreiter erkennt bereits nach ihrem einmaligen Ehebruch: »Man gleitet. Man gleitet immer weiter, wer weiß wohin« (DWL, 104). Die im Selbstverlust gipfelnde Identitätskrise kann dann auch ganz konkret als Verlust der Ich-Grenzen abgebildet werden (so exemplarisch Aurelie in *Komödie der Verführung*). Geschlechtsunabhängig gilt, dass der Versuch der Erweiterung der Subjektgrenzen also ein potentiell gefährliches Experiment ist: Die Entdeckung und Realisierung bislang ungelebten Potentials bedarf der Begrenzung, wenn sie nicht in Tod und/oder Wahnsinn scheitern soll. Andererseits gilt aber auch, dass die Gefahr des Selbstverlusts zugleich notwendige Bedingung für die gelingende Selbstfindung ist – im Raum der bürgerlichen Sicherheit ist diese a priori ausgeschlossen.

Die Subjektivierung des Schicksals und das Problem der Realitätskonstitution

Die Subjektkrise wird im Schnitzlerschen Œuvre nicht nur mit einer Normproblematik, sondern auch mit einer Realitätsproblematik verknüpft, womit die epochale Korrelation zwischen »Auflösung der bürgerlichen Person« und »Beseitigung des herkömmlichen Wirklichkeitsbegriffs« (Kondylis 2010, 79, 138) bei Schnitzler exemplarisch greifbar wird. Wie die neuen Normen ihren Grund nun im ›Leben‹ und damit zugleich unmittelbar(er) im Subjekt erhalten, so findet auch die Realität als solche ihren konstitutiven Bezugspunkt im Subjekt und dessen Bewusstsein. Subjektivierung und damit einhergehende Relativierung von Realität sind damit Ausdruck eines erkenntnistheoretischen Skeptizismus, der Schnitzlers Werken als implizite Epistemologie zugrunde liegt. Daher rührt die so auffällige Vorliebe Schnitzlers für das Narrativ der *self-fulfilling prophecy*, demzufolge ein finales Ereignis (bzw. ein Zustand) sich nur in Funktion des subjektiven Glaubens und Fürwahrhaltens faktisch einstellt. Nur im Ausnahmefall ist es ein positives Ereignis, wie im Fragment *Boxeraufstand*, wo ausschließlich derjenige der zum Tode durch Erschießung Verurteilten überlebt, der, gewissermaßen gegen jegliche Vernunft, an das eigene Überleben glaubt. Meist hingegen handelt es sich um den Tod der perspektivtragenden Figur, der zu Beginn prophezeit wird und sich nun auf völlig überraschende und paradoxe, von allen realistischen Erwartungen abweichende Art einstellt. Daher tendieren diese Texte denn auch zur Phantastik (*Weissagung, Abenteurernovelle, Das Schicksal des Freiherrn von Leisenbohg*) bzw. Groteske (*Der grüne Kakadu*). Im *Kakadu* korreliert die Subjektivierung der Realität mit der scherzhaft-ironischen, gleichwohl pessimistischen Zersetzung des Politischen. Beides konstituiert zusammen die Krise einer Gesellschaft, in der überindividuelle kollektive Werte wie z. B. politische Freiheit nur mehr auf dem Umweg über höchst individualistische Triebregungen (wie erotische Rivalität) überhaupt ›realisiert‹ werden können. Nicht anders als Moral, wird damit auch Politik über das Subjekt wiederum bedeutungshaft gemacht.

Die sich selbst erfüllende Prophezeiung lässt sich jedenfalls rekonstruieren als Modell der zyklischen Neumotivierung und -legitimierung einer vorgegebenen Realität, mit der eine ereignishafte Substitution subjektexterner durch subjektinterne, psychische Ursachen vollzogen wird (Lukas 1996, 232–254). Eine gelingende Identitätsfindung setzt nun auch das Wissen um diese Gesetzmäßigkeit voraus. In *Flucht in die Finsternis* entfaltet Schnitzler diese Problematik im Rahmen einer psychopathologischen Studie, indem er vorführt, wie allein der Glaube des Helden an die falsche, paranoide Realitätsannahme, sein Bruder halte ihn für wahnsinnig (und wolle ihn deshalb töten), diese wahr werden lässt. So bestätigt der Arzt und Freund des Helden im Schlusskommentar: »Mein armer Freund […] hat an der fixen Idee gelitten, so heißt es ja wohl, daß er durch seinen Bruder sterben müsse; und der Gang der Ereignisse hat ihm am Ende recht gegeben. Wie es allmählich dahin kommen sollte, hat er freilich nicht vorauszusehen vermocht« (FLU, 114). Wahnsinn repräsentiert somit zeichenhaft die Extremversion einer ›alten‹, ontologischen Realitätskonzeption, die die moderne Subjektivierung, Psychologisierung und Relativierung von Realität nicht zu denken vermag und stattdessen von deren völliger Voraussetzungslosigkeit ausgeht.

Das Erzählmodell der sich selbst erfüllenden Prophezeiung ist damit nur ein Spezialfall der grundlegenden Tendenz, insbesondere ein negatives Schicksal an das Subjekt zurückzubinden und damit letztlich wiederum neu sinnhaft zu machen – nicht auf der inhaltlichen Ebene, die ja negativ bleibt, aber auf der Ebene der Bedingungen und Ursachen, die das Zustandekommen dieser negativen Realität nun neu ›erklären‹. Diese Grundproblematik beschäftigt Schnitzler von den Anfängen (vgl. exemplarisch etwa *Reichtum, Alkandi's Lied, Der Ehrentag*) bis zu seinen letzten großen Werken, in denen er die Schicksalsthematik vermehrt mit einem normativen Problem der Gerechtigkeit und einer implizit metaphysischen Dimension verbindet. So lässt Schnitzler in der Novelle *Spiel im Morgengrauen,* die eine analoge symmetrische Zweiteilung aufweist wie die *Traumnovelle*, gleichsam zwei, allein durch den Helden verbundene Geschichten aufeinanderfolgen, wobei die zweite auch hier der Herstellung einer neuen sinnstiftenden Synthese zwischen Subjekt und Realität bzw. Leben dient. Während die erste Geschichte zunächst fremdmotiviert ist durch die finanzielle Notlage des Freundes Bogner, wobei im Laufe des Spiels sich freilich bereits die Aneignung vollzieht, ist die zweite ausschließlich eigenmotiviert und gründet in der erotischen Affäre mit Leopoldine in der Vergangenheit. Der narrative Zielpunkt des Textes wird im finalen Selbsterkenntnisakt erreicht, wenn die fremde finanzielle und äußerliche Schuld des Freundes durch eine eigene, innerliche und moralische – gemäß der neuen Moral des Textes! – restlos substituiert wird und zugleich der waltenden Kontingenz ein Sinn zugeordnet werden kann. Willi »bezahlt« (so der Arbeitstitel der Novelle) für einstiges gedankenloses und die Partnerin entwürdigendes Verhalten: »auf dem Grunde seiner Seele, so sehr er sich dagegen wehrte, begann er eine verborgene und doch unentrinnbare Gerechtigkeit zu verspüren, die sich über das trübselige Abenteuer hinaus, in das er verstrickt war, an sein tiefstes Wesen wandte« (SPI, 96; vgl. Lukas 2004). In ähnlicher Weise erkennt auch die Titelheldin in *Therese. Chronik eines Frauenlebens* in dem für sie tödlichen Überfall ihres Sohnes das Walten einer ›unentrinnbaren Gerechtigkeit‹ als überindividuelle Lebensgesetzlichkeit. Mit ihrer subjektiven Realitätsdeutung, der zufolge sie mit dem eigenen Tod für den einstigen Mordgedanken, den sie nach der Niederkunft hegte, bezahlt, eignet sie sich ihr Schicksal an und stirbt versöhnt, mit einem Schuldbewusstsein, das sie jedoch, wie es ausdrücklich heißt, »nicht bedrückte, sondern befreite, indem ihr nun das Ende, das sie erlitten hatte oder erleiden sollte, nicht mehr sinnlos erschien« (ES II, 880).

Unabhängig davon also, wie die individuelle Subjektkrise endet – positiv in Selbstfindung auf der Basis einer Selbstbegrenzung oder negativ im psychischen Selbstverlust und Tod –, wird in diesen Werken auf einer Metaebene jeweils die überindividuelle lebensideologische Krise der Entzweiung zwischen Subjekt und Leben ›geheilt‹.

Literatur

Frevert, Ute: *Ehrenmänner. Das Duell in der bürgerlichen Gesellschaft*. München 1991.
Kondylis, Panajotis: *Der Niedergang der bürgerlichen Denk- und Lebensform. Die liberale Moderne und die massendemokratische Postmoderne*. Berlin 2010.
Le Rider, Jacques: *Modernité viennoise et crises de l'identité*. Paris ²2000.
Lindner, Martin: *Leben in der Krise. Zeitromane der neuen Sachlichkeit und die intellektuelle Mentalität der klassischen Moderne*. Stuttgart 1994.
Lukas, Wolfgang: *Das Selbst und das Fremde. Epochale Lebenskrisen und ihre Lösung im Werk A. S.s*. München 1996.
Lukas, Wolfgang: Sens et justice. Eléments d'une métaphysique de la vie dans la prose tardive d'A. S. In: Rolf Wintermeyer/Karl Zieger (Hg.): *Les »Jeunes Viennois« ont pris de l'âge. Les œuvres tardives des auteurs du groupe »Jung Wien« et de ses contemporains autrichiens*. Valenciennes 2004, 101–113.
Riedel, Wolfgang: *»Homo natura«. Literarische Anthropologie um 1900*. Würzburg ²2011.
Simmel, Georg: *Lebensanschauung. Vier metaphysische Kapitel*. München u. a. ²1922.
Thomé, Horst: *Autonomes Ich und ›Inneres Ausland‹. Studien über Realismus, Tiefenpsychologie und Psychiatrie in deutschen Erzähltexten 1848–1914*. Tübingen 1993.
Thomé, Horst: Schnitzlers »Reigen« und die Sexualanthropologie der Jahrhundertwende. In: *Text + Kritik* (1998), H. 138/139 (A. S.), 102–113.
Titzmann, Michael: Das Konzept der ›Person‹ und ihrer ›Identität‹ in der deutschen Literatur des frühen 20. Jahrhunderts. In: Manfred Pfister (Hg.): *Die Modernisierung des Ich. Studien zur Subjektkonstitution in der Vor- und Frühmoderne*. Passau 1989, 36–52.
Wünsch, Marianne: Das Modell der »Wiedergeburt« zu ›neuem Leben‹ in erzählender Literatur 1890–1930. In: Karl Richter/Jörg Schönert (Hg.): *Klassik und Moderne. Die Weimarer Klassik als historisches Ereignis und Herausforderung im kulturgeschichtlichen Prozeß*. Stuttgart 1983, 379–407.
Wünsch, Marianne: Grenzerfahrung und Epochengrenze: ›Sterben‹ in C. F. Meyers *Die Versuchung des Pescara* und A. S.s *Sterben*. In: Marianne Wünsch: *Realismus (1850–1890). Zugänge zu einer literarischen Epoche*. Kiel 2007, 313–335.

Wolfgang Lukas

7. Paradigma der Moderne II: Sprachkrise(n)

Dass Schnitzler »meist nicht unter die ›Klassiker‹ der Sprachskepsis gerechnet« (Brecht 1998, 39) wird, ist kein Versehen jener Literaturwissenschaft, deren »spätere Erfindung« (Yates 2003, 212) die Rede von der um 1900 sich ausbreitenden ›Sprachkritik‹, ›Sprachskepsis‹ oder ›Sprachkrise‹ recht eigentlich ist (zur bis heute uneinheitlichen Begriffsverwendung Danneberg 1996, 1547 f.). In der Forschung hat sich – auch wenn eine Sichtung des *gesamten* Werks des Autors unter diesem Aspekt ein Desiderat bleibt – durchaus herumgesprochen, dass Schnitzler auch in puncto Sprachreflexion sowohl in seinen nichtfiktionalen, als auch in seinen fiktionalen Texten gedanklich auf der Höhe seiner Zeit agiert (vgl. Doppler 1971; Abels 1981; Scheible 1982; Brecht 1998; Grimminger 1999; Stahl/Huber 2004). Dass ihm dennoch die Erhebung in den Rang eines kanonischen Sprachzweiflers nicht zuteil wurde, mag vor allem mit der Art und Weise zusammenhängen, in der Sprache im Rahmen von Schnitzlers Œuvre zum Thema wird. Sprachprobleme figurieren bei ihm, auch wenn er ihre sprachphilosophischen und epistemologischen Dimensionen durchaus im Blick hat, weniger als Probleme der Sprache als solcher oder als Erkenntnisprobleme, sondern in der Regel als Moralprobleme: »Unsere ganze Moral«, so formuliert Schnitzler etwa in einer Notiz zu seinem Fragment gebliebenen Drama *Das Wort*, »besteht vielleicht nur darin, aus diesem unpräzisen Material, das uns das Lügen so leicht, so verantwortungslos, so entschuldbar macht, aus der Sprache etwas Besseres zu machen. Mit Worten so wenig zu lügen als möglich ist« (W, 27). Um Wahrheit und Lüge im moralischen Sinne also geht es dem Autor, wenn seine Einsicht in die prinzipielle Inadäquatheit des Mediums Sprache – dies zeigt sich in der zitierten Notiz beispielhaft (»unpräzise[s] Material«) – sogleich eingebunden wird in ein kommunikationspragmatisches, moralisches Minimalprogramm, dem die letztlich aufklärerische Hoffnung auf eine grundsätzliche Verbesserbarkeit der menschlichen Verhältnisse noch nicht völlig abhanden gekommen ist. Die Eigenständigkeit dieser keineswegs naiven, sondern mit allen Wassern der Sprachreflexion gewaschenen Position vor dem historischen Hintergrund der zeitgenössischen Sprachkritik soll im Folgenden zunächst deutlich gemacht werden, um dann in einem zweiten Schritt die expliziten Niederschläge und impliziten Spuren von Schnitzlers Sprachdenken in seinen fiktionalen Texten exemplarisch zu veranschaulichen.

Schnitzlers Sprachdenken vor dem Hintergrund der sogenannten Sprachkrise um 1900

›Sprachskepsis‹ mag zwar mittlerweile »zum genuinen Wechselbegriff für literarische Modernität« (Brecht 1998, 40) geronnen sein, gleichwohl ist sie kein Prärogativ der literarischen Moderne um 1900. Denn zum einen stehen das (literarische) Nachdenken »über die Beschaffenheit und Leistungsfähigkeit der Sprache«, »ihre Bedeutung für die Erkenntnis und Darstellung der Welt« (Kiesel 2004, 177) sowie die Zweifel an ihrer Tauglichkeit als adäquates Welterfassungsmedium in einer Tradition, die von den Wurzeln des westeuropäischen Denkens in der Antike (Hagenbüchle 1985, 205 f. etwa verweist auf Platons Sprachskeptizismus) über Mittelalter und Renaissance (zu Dantes *Divina commedia* vgl. ebd.) bis zu den sprachphilosophischen Überlegungen eines Humboldt, Schiller, Lichtenberg oder Novalis um 1800 (Kiesel 2004, 177–183) reicht; zum anderen konnte die sich gegen diesen Einwand bereits absichernde, in der literaturwissenschaftlichen Forschung immer wieder anzutreffende Behauptung, um 1900 habe man eben »radikaler und leidenschaftlicher als je zuvor« (so etwa Stahl/Huber 2004, 148; ähnlich auch Grimminger 1999, 172 u. Kiesel 2004, 177) über Sprache nachgedacht und geschrieben, in wissenschaftlich tragfähiger Weise bisher nicht verifiziert werden. Es fehlen schlicht »brauchbare Vergleichsdimensionen zur Feststellung [...] unterschiedlich ausgeprägte[r] Radikalität« (Danneberg 1996, 1558). Wie streitbar die Rede von der Sprachkrise um 1900 als genuinem Paradigma der Moderne ob ihres selbstaffirmativen und »tautologischen« Charakters (Brecht 1998, 240 f.) auch sein mag, als relativ beständig erweist sich – zumindest in jenen Beiträgen, die von der epochalen Signifikanz der Sprachkritik um 1900 ausgehen – mit den immer wieder angeführten Überlegungen Friedrich Nietzsches, Fritz Mauthners und Hugo von Hofmannsthals die Trias der philosophischen Stichwortgeber für ein dergestalt »radikalisiertes« Sprachdenken (Doppler 1971, der statt Mauthner allerdings noch Maeterlinck anführt; Abels 1981; Grimminger 1999; Kiesel 2004; Nover 2010; zur Rolle Ernst Machs als erkenntnistheoretischem Stichwortgeber vgl. Kap. IV.6). Auf dem dünnen Eis der Spekulation bewegt sich aus philologischer Sicht,

7. Paradigma der Moderne II: Sprachkrise(n)

wer einen unmittelbaren Einfluss der kanonischen sprachkritischen Texte dieser drei Autoren auf das Sprachdenken Schnitzlers behauptet: Weder die Kenntnis von Nietzsches 1873 entstandener, aber erst 1896 erstmals veröffentlichter und von der Mitwelt zunächst kaum registrierter Abhandlung *Ueber Wahrheit und Lüge im außermoralischen Sinne*, deren Bedeutung und Rang als »erste wuchtige Manifestation der modernen Sprachkrise« (Kiesel 2004, 183) mittlerweile nicht unumstritten ist (s. ebd., 185 f.), noch die Lektüre von Hofmannsthals 1902 erschienenem Text *Ein Brief*, der im Zuge seiner Rezeptionsgeschichte zur »Inkunabel sprachskeptischer Moderne schlechthin« (Brecht 2003, 240) geworden ist, lassen sich anhand von Schnitzlers Tagebüchern und Briefen belegen (s. aber z. B. Nover 2010, der umstandslos Schnitzlers 1889 erschienen *Anatol* an Hofmannsthals 13 Jahre später erschienenen ›Chandos-Brief‹ rückkoppelt). Ebenso wird Mauthners aggressive Sprachkritik, als *Beiträge zu einer Kritik der Sprache* wortreich 1901/02 in drei voluminösen Bänden in die Welt geschleudert und ihrer »Drastik wegen nicht nur berühmt, sondern auch berüchtigt« (Grimminger 1999, 174), erst 1916 von Schnitzler (und lediglich *en passant*) erwähnt (Yates 2003, 215). Wenig wahrscheinlich erscheinen direkte Übernahmen aus dem sprachphilosophischen und -kritischen Repertoire der drei Autoren zudem angesichts von Schnitzlers ausgeprägter »Theoriefeindlichkeit« (Thomé 1988, 40), die ihn philosophischen Generalisierungen mit universaldiagnostischem Anspruch generell mit Skepsis gegenübertreten ließ. Gleichwohl ergeben sich aus einer Sichtung der verstreuten und nicht systematischen Überlegungen zur Sprache in Schnitzlers nichtfiktionalen Texten durchaus »Familienähnlichkeiten« (Wittgenstein) im Sprachdenken des Autors – aber eben auch signifikante Unterschiede – mit bzw. zu den sprachkritischen Positionen Nietzsches, Mauthners und Hofmannsthals. Diese »Familienähnlichkeiten« und Differenzen lassen sich in vorsichtiger, weil nachträglicher Systematisierung um vier Themenzentren gruppieren: a) um die erkenntnistheoretische Frage nach der prinzipiellen Wahrheitsfähigkeit menschlicher Erkenntnis und den daraus abzuleitenden Konsequenzen, b) um die Frage nach der Angemessenheit und Werthaftigkeit von Worten und Begriffsbildungen, c) um die Frage nach der moralischen Dimension menschlicher Sprachhandlungen und d) um die Frage nach der ästhetischen Dimension menschlicher Sprachhandlungen.

(a) Die erkenntnistheoretische Frage nach der prinzipiellen Wahrheitsfähigkeit menschlicher Erkenntnis: Sowohl Nietzsche als auch Mauthner bezweifeln radikal die Möglichkeit des Menschen, Wahrheiten zu erkennen. Dies meint bei beiden Denkern, die hier in den Spuren Kants und Schopenhauers wandeln, die Unmöglichkeit der Erkenntnis der Dinge an sich. Beiden Autoren erscheint der menschliche Erkenntnisakt als ein immer schon durch die Sprache kontaminierter und korrumpierter Vorgang, sodass die »Wahrheiten« nichts anderes als durch den Sprachgebrauch konventionalisierte und lediglich gebräuchlich gewordene »Illusionen [sind], von denen man vergessen hat dass sie welche sind« (Nietzsche 1988 a, 881). Während Nietzsche deshalb für einen nihilistischen Ästhetizismus optiert, zielt Mauthners Erkenntniskritik auf eine »Erledigung der Sprache« (Doppler 1971, 288), nach der der sprachbefreite Mensch sich in einer gleichermaßen wort- wie gottlosen Mystik dem wahren Sein zuwenden könne. Auch Schnitzler kennt durchaus solche Zweifel an der Erkenntnisfähigkeit des Menschen: »Wahrheiten sind immer zweifelhaft« (AB, 243), heißt es in einer seiner Betrachtungen, und an gleicher Stelle räumt er ein: »Positive Gewißheiten gibt es nur wenige in der Welt und verschwindend gering ist die Menge der erweisbaren und erwiesenen Tatsachen gegenüber denjenigen, die wir mit geringerem oder höherem Recht anzweifeln dürfen« (ebd., 241). Schnitzlers Blick auf die Erkenntnisfähigkeit des Menschen ist also durchaus desillusioniert, allerdings ohne verzweifelt oder aggressiv zu sein. Zweifel dieser Art fallen bei ihm wesentlich moderater aus und sie werden, seiner von einem liberalen Humanismus imprägnierten Mentalität entsprechend (s. dazu Thomé 1988, 19), sogleich abgefedert durch ein noch intaktes, wenn auch mehr pragmatisch als theoretisch motiviertes Grundvertrauen in die grundsätzliche Wahrnehmungs-, Vernunft- und vor allem in die Verständigungsfähigkeit des Menschen. »Sind unsere Sinne auch beschränkt und unser Verstand keineswegs unfehlbar, so müssen wir doch annehmen, daß Sinne und Verstand uns nicht geradezu narren, wie es uns die sogenannten Frommen immer einreden wollen« (AB, 241). So berechtigt Erkenntniszweifel auch sein mögen, sie münden bei Schnitzler schließlich in einen kommunikationsorientierten Pragmatismus, dem eines allerdings als »sicher [gilt:] die Möglichkeit der Verständigung über die uns faßbaren konkreten Vorstellungen und zwischen Denkenden auch über Begriffe. [...] Wenn zwei Menschen von der Sonne sprechen, meinen sie das glei-

che Himmelsgebilde. Wenn zwei Menschen den Baum grün und die Rübe rot nennen, so ist ihre Verständigung eine Wahrheit, nicht die rote und grüne Farbe an sich« (ebd., 243).

(b) Die Frage nach der Angemessenheit und Werthaftigkeit von Worten und Begriffsbildungen: Die Angemessenheit des Sprachmaterials allerdings, das dem Menschen sowohl zum Ausdruck seiner Gedanken und Empfindungen als auch zur Verständigung über die Dinge in der Welt zur Verfügung steht, beurteilt Schnitzler – hierin dem Sprachdenken Nietzsches, Mauthners und Hofmannsthals am ähnlichsten – äußerst skeptisch. »Wir reden um unsere Gedanken herum«, so seine kritische Einschätzung des Ausdruckspotentials der Sprache, »weil wir keinen Gedanken in Worten völlig auszudrücken vermögen; sonst wäre die Verständigung – mindestens zwischen Verständigen – längst erfolgt« (AB, 278). Angesichts dieser grundsätzlichen Blockade zwischen Denken und Sprache kippt die erhoffte Verständigung mitunter in völlige Entfremdung um: »Oder wurdest du noch nie mitten in einem höchst anregenden Gespräch mit deinem Freund«, so fragt Schnitzler mit gleichsam proto-existentialistischem Gestus, »der völligen Unsinnigkeit all Eurer Worte und der Hoffnungslosigkeit bewußt, einander jemals zu verstehen?« (ebd., 58). Aber nicht nur das Ausdruckspotential der Sprache erweist sich als defizitär, ebenso heikel erscheint Schnitzler ihre Bezeichnungsfähigkeit, d. h. ihr Potential, eine präzise Verbindung zwischen den Begriffen und den mit ihnen bezeichneten Dingen herzustellen. Schon Nietzsche erhob den Anspruch, den prekären Mechanismus menschlicher Begriffsbildungen zu entlarven, als er darauf verwies, dass »[j]eder Begriff durch Gleichsetzen des Nicht-Gleichen [entsteht]. […] Das Uebersehen des Individuellen und Wirklichen giebt uns den Begriff« (Nietzsche 1988a, 880). Damit charakterisierte er genau jene Einsicht, die Hofmannsthals Lord Chandos in eine semantische wie existentielle Orientierungskrise stürzt, in der ihm die gängigen Begriffe leer und schal werden und »die abstrakten Worte, deren sich doch die Zunge naturgemäß bedienen muß, um irgendwelches Urteil an den Tag zu geben, […] im Munde wie modrige Pilze [zerfielen]« (Hofmannsthal 2010, 436). Auch Schnitzlers Sprachdenken entzündet sich immer wieder und vor allem an dem unhintergehbaren Präzisionsmangel wie auch an der letztlich ins Phrasenhafte umschlagenden Leere jener ›großen‹ Begriffe, auf denen politische, naturwissenschaftliche oder metaphysische Welterklärungsmodelle fußen: »Die präzise Definition eines Begriffs ist nicht möglich, nur eine Allegorisierung, eine Umschreibung oder eine Tautologisierung« (AB, 250), lautet dementsprechend sein Urteil. Gerade jedoch aus ihrer fehlenden Genauigkeit angesichts der »verwirrenden Vielfältigkeit der Einzelerscheinungen« (ebd., 26) beziehen solche Großbegriffe wie etwa »Gott und andere von ähnlich unbestimmtem Charakter« (ebd., 247) nach Schnitzler ihr eskapistisches Potential: »Symbole, Abstrakta, ja schon die Pluralia – das sind ebensoviele Fluchtversuche aus der erschütternden und verwirrenden Realität der Dinge in Spekulation, Metaphysik oder zu Gott« (ebd., 27). Solche Begriffssysteme fungieren indes nicht nur als Fluchthilfen, sondern sie entwickeln eine einschüchternde »nicht mehr hinterfragbare[…] eigendynamische[…] Nomenklatur« (Abels 1981, 147), eine Aura der Verselbständigung, der sowohl Nietzsche, Mauthner und Hofmannsthal als auch Schnitzler Ausdruck verleihen. So wie in Nietzsches *Unzeitgemäßen Betrachtungen* die Sprache »überall eine Gewalt für sich geworden [ist], welche nun mit Gespensterarmen die Menschen faßt und schiebt, wohin sie eigentlich nicht wollen« (Nietzsche 1988b, 455), so wie Mauthner die Sprache als »soziale Macht« begreift, die »eine Macht […] auch über die Gedanken des einzelnen [aus]übt« (Mauthner 1921, 42) und so wie Lord Chandos die Worte »zu Augen« gerannen, »die mich anstarrten und in die ich wieder hineinstarren muß« (Hofmannsthal 2010, 437), so ist es auch bei Schnitzler nicht mehr der Mensch, der Worte hat, sondern »[d]ie Worte haben ihn. Die Worte spielen mit seinem Geist, nicht der Geist mit den Worten« (AB, 250; vgl. hierzu auch Lukas 1996, 255–263). Diesen gleichsam im Stile der Diskursanalyse diagnostizierten Einschüchterungseffekt beobachtet Schnitzler auch an sich selbst: Mit Erstaunen registriert er bei der Lektüre philosophischer oder religiöser Bücher, »also überall dort, wo es sich um schwer Faßbares, gleichsam Unkontrollierbares handelt, welche nichtssagenden, scheinbar vieldeutigen, sentimentalen, pathetischen Sätze hingeschrieben worden sind. Und immer wieder müssen wir uns dabei ertappen, daß wir selbst solche Sätze […] doch mit einem gewissen Respekt lesen, als ob schon das Abstrakte an sich uns mit einem ehrfürchtigen Schauer erfüllte« (ebd., 26).

(c) Die Frage nach der moralischen Dimension menschlicher Sprachhandlungen: In moralischer Hinsicht ist es jedoch gerade diese mangelnde Präzi-

sion des Sprachmaterials, die – wie eingangs bereits zitiert – »uns das Lügen so leicht« (W, 27) macht. Denn auf dem schwankenden Grund zwischen Sprachzeichen und Referent gedeiht der Trieb zur Verstellung und zur Lüge. Der Trieb zur Lüge ist für Schnitzler wie für Nietzsche, demzufolge der »Intellekt, als ein Mittel zur Erhaltung des Individuums […] seine Hauptkräfte in der Verstellung [entfaltet]« (Nietzsche 1988a, 876), so etwas wie ein anthropologisches *fundamentum inconcussum*: »Manche Menschen«, so formuliert Schnitzler seine Grundhaltung, »erscheinen uns so widerspruchsvoll, weil wir in ihrer Betrachtung und Beurteilung das Element des Komödienspiels […] vernachlässigen, welches doch bei jedem Menschen, nicht nur bei den sogenannten Komödianten, Lügnern, Poseuren usw. in irgendeinem, wenn auch bescheidenen Maße vorhanden ist. Es ist sozusagen eine physiologische Beimischung des Elements Lüge auch in dem wahrsten Individuum, und wäre es auch nur als Geltungs- oder Spieltrieb« (AB, 285). Im Rahmen eines dergestalt eingedunkelten Menschenbildes, in dem Sprachhandlungen immer schon auch als manipulative Verstellungstaktiken zum Zwecke der Selbsterhaltung und Machtausübung erscheinen, als Elemente eines Bühnenspiels vor anderen und vor sich selbst (zum Sprachspiel der Verstellung als epochenspezifischer Lebensform vgl. Günther 1982), schätzt Schnitzler die Chancen für eine Verbesserung des Sprachmaterials denn auch entsprechend gering ein: »Präzise Definitionen werden von den wenigsten Menschen ernstlich gewünscht […] Denn sie spüren instinktiv, daß präzise Definitionen das Maß der menschlichen Verantwortung steigern würde [sic!]. Und das ist es, wogegen sich nicht nur die Masse, sondern auch der einzelne im Tiefsten zur Wehr setzt« (AB, 251). Allerdings zieht Schnitzler – wie gesagt – aus seiner kritischen Reflexion der prinzipiellen Unzulänglichkeit menschlicher Sprachhandlungen, die dem Unwillen zur Wahrheit immer schon unterstehen, andere Konsequenzen als Nietzsche, Mauthner und Hofmannsthal. Sie mündet weder in einen ästhetizistischen Nihilismus (Nietzsche), noch in einen Aufruf zur endgültigen Befreiung von der Sprache (Mauthner), noch schließlich in eine epiphanische Dingmystik (Hofmannsthal). Vielmehr bleibt für Schnitzler trotz seiner theoretischen Einsichten auf dem Niveau der zeitgenössischen Sprachkritik die Verbesserungsarbeit an der Sprache ein nicht aufzugebendes, moralisches Programm: »Das Reinigungswerk des Geistes, am Geiste, muß bei der Sprache beginnen. Jedes Wort hat sozusagen fließende Grenzen, umso fließender, je mehr es einen Begriff bezeichnen soll. Diese Grenzen müssen, soweit es überhaupt möglich ist, reguliert werden« (ebd., 26). Wie ein Beitrag zu einem solchen sprachkritischen »Reinigungswerk« aussehen könnte, hat Schnitzler selbst mit seinen luziden, allerdings zunächst nicht veröffentlichten Überlegungen zur offiziellen Propagandasemantik im Rahmen des Ersten Weltkrieges gezeigt (vgl. Müller-Seidel 2000), wenn er – um nur ein Beispiel zu skizzieren – den im kriegsaffirmativen Diskurs hochfrequenten Begriff der ›Läuterung‹ auf seine Tragfähigkeit befragt und destruiert: »Wer werden die Geläuterten sein? Die ein Bein verloren haben oder ein Auge? Oder die Eltern, die ein Kind, die Frauen, die ihren Mann verloren haben? Oder die Leute, die zu Grunde gingen? Oder die Leute, die durch Armeelieferungen Millionen verdient haben? Oder die Diplomaten, die den Krieg angezettelt haben? Oder die Monarchen, die siegreichen oder die geschlagenen? Oder die Feuilletonisten, die daheim geblieben sind? Diejenigen, die geläutert sein werden – ich wage es zu vermuten – sind es schon vorher gewesen« (AB, 199).

(d) Die Frage nach der ästhetischen Dimension menschlicher Sprachhandlungen: Allerdings hat Schnitzler Sprache nicht nur aus dieser moralischen Perspektive in den Blick genommen. Mag die Ungenauigkeit und Vieldeutigkeit der Sprachzeichen in theoretischer wie moralischer Hinsicht misslich sein, in ästhetischer Hinsicht offenbart sie doch auch eine positive Kehrseite: »Jedes Wort hat fließende Grenzen«, so greift Schnitzler seine eigene Formulierung in einer weiteren Betrachtung erneut auf, um dann einen bezeichnenden Zusatz hinzuzufügen: »[D]iese Tatsache zu ästhetischer Wirkung auszunützen ist das Geheimnis des Stils« (ebd., 368). Hier erscheint also gerade die grundsätzliche Uneingrenzbarkeit und somit die potentielle Bedeutungsvielfalt der Sprachzeichen, also des schriftstellerischen Ausdrucks- und Arbeitsmaterials schlechthin, als die Bedingung der Möglichkeit für »literarische Artikulation« (Brecht 1998, 45). In der »Dichtung« – und Schnitzler zufolge in ihr allein – erwächst dem menschlichen Sprachhandeln somit gerade aus seiner genuinen Mangelhaftigkeit eine Leistungsmöglichkeit, die sie anderen Artikulationsweisen überlegen macht: »Die Philosophie vermag im letzten Sinne nichts auszusprechen als Tautologien; geht sie darüber hinaus, so fängt im günstigsten Fall die Dichtung, im gleichgültigen das Geschwätz, im

schlimmen die Dogmatik an« (AB, 27). Damit ist freilich bei Schnitzler nicht der kunstreligiösen Hypostase einer Dichtung das Wort geredet, die sich lediglich an ihrer eigenen Vieldeutigkeit berauscht. Diese Hochschätzung der Dichtung aus dem Geiste der Sprachkritik bleibt eingebunden in ein psychologisches wie letztlich aufklärerisches Schreibprogramm, dem es um die Aufdeckung »verborgene[r] Wahrheiten, um die Aufklärung der Triebnatur mit den Mitteln der literarischen Fiktion« (Grimminger 1999, 181) zu tun ist.

Artikulationen des Sprachdenkens in Schnitzlers fiktionalen Texten

Wendet man sich der Frage zu, welche Spuren Schnitzlers Sprachreflexionen in seinen erzählenden und dramatischen Texten hinterlassen haben, dann gilt es, zunächst jenen Zirkelschluss zu vermeiden, dem die immer schon vorausgesetzte These von der sprachskeptischen Moderne zur Lizenz für »die sprachskeptische Interpretation moderner Literatur« (Danneberg 1996, 1564) gereicht. Nicht jeder fragmentarische Dialog, nicht jede scheiternde Verständigung, nicht jedes Verstummen wie auch nicht jede Preisgabe klassischer Dramen- und Erzählformen sollten automatisch als Ausdruck von Sprachkritik oder gar des »steten Gleiten[s] der Signifikanten« gedeutet werden (so etwa Nover 2010, 51 mit poststrukturalistisch eingetrübtem Blick auf die ›Treue‹-Diskussion zwischen Anatol und Max in *Die Frage an das Schicksal* im *Anatol*-Zyklus; s. dazu unten). Schnitzlers Vertrauen in die Leistungsfähigkeit zumindest der (eigenen) literarischen Sprache kann allzu gering nicht gewesen sein. Davon zeugen nicht allein der beträchtliche Umfang seines Lebenswerkes und seine (oben dargelegte) Hochschätzung des metaphorischen Überschusspotentials der Dichtung. Darüber hinaus entwickelt er mit der im *Lieutenant Gustl* und in *Fräulein Else* erprobten Technik des Inneren Monologs ein innovatives literarisches Verfahren, das die sprachliche »Mimesis der inneren Rede« (Renner 2010, 31) ins Werk setzt und somit – eben mit den Mitteln seiner Sprachkunst – die »Grenzen des Sagbaren« (ebd.) und Darstellbaren nachhaltig erweitert. Freilich handelt es sich bei dieser Technik, wie Renner zu Recht betont, um eine »höchst künstliche[...] Inszenierung« (Renner 2010, 51; zu Schnitzlers nuancierter Technik der Innenschau vgl. auch Marzinek 1992), aber gerade in seiner Künstlichkeit erzielt der Innere Monolog Schnitzlers doch eine jener »ästhetischen Wirkungen«, die er (s. o.) als »Geheimnis des Stils« etikettiert. So ist etwa die im *Lieutenant Gustl* erzeugte Kunstwirklichkeit geprägt durch eine zweifache Codierung der Sprachzeichen (Renner 2010, 51 f.), die den eigentlichen psychologischen ›Mehrwert‹ der Erzählung ausmacht: Zum einen werden die unbeobachtbaren Vorgänge (Wahrnehmungen, Reaktionen, Einfälle, Erinnerungen, Wertungen) im Inneren des Protagonisten überhaupt erst ins Sagbare der Sprachzeichen transformiert, zum anderen (und zugleich) werden damit aber auch jene verborgeneren Zeichen des Seelenlebens, wie Gustls Aggressionspotential, seine Gewaltbereitschaft, sein Antisemitismus, seine Frauenverachtung, transparent, derer sich der selbstbeobachtende Protagonist gar nicht bewusst ist. Durch dieses ebenso künstliche wie künstlerische Sprachgebungsverfahren erhält der Leser einen Einblick in jene psychische Region, die Schnitzler selbst als »das ungeheuerste Gebiet des Seelen- und Geisteslebens« bezeichnet, von dem aus »die Elemente ununterbrochen ins Bewußte auf[steigen] oder [...] ins Unbewußte hinab[sinken]«, und das er in bewusster Absetzung von Freud »Mittelbewußtsein« (Psy, 283) nennt.

Ungeachtet des bei Schnitzler offensichtlich ungebrochenen Vertrauens in die eigenen sprachlichen Möglichkeiten auf der Ebene der Darstellung lassen sich gleichwohl Niederschläge und Spuren einer eher sprachkritischen Haltung auf der Ebene des Dargestellten beobachten. Hier lässt sich zwischen unmittelbaren und eher vermittelten Formen der Thematisierung kritischer Elemente des Sprachdenkens unterscheiden.

In eine ›Sprachkrise‹ im wahrsten Sinne des Wortes gerät der Protagonist von Schnitzlers 1927 entstandener, 1968 zum ersten Mal im Druck erschienener Novellette *Ich*. Herr Huber, »sogenannter Rayonchef in einem Warenhaus mäßigen Ranges« (EV, 442), beginnt, initiiert durch ein sonntägliches Pfingsterlebnis in einem Park, in dem »eine Tafel hing, auf der das Wort ›Park‹ geschrieben stand« (ebd., 444), zwar nicht in Zungen zu reden, verfällt aber, bis zu diesem Tag »ein völlig normaler Mensch« (ebd., 442), zunehmend dem Wahn, Gegenständen und Menschen heimlich Zettel mit ihrer sprachlichen Bezeichnung anzuheften. Als schließlich ein Arzt, den Hubers Frau aufgrund des immer bedenklicheren Geisteszustandes ihres Mannes verständigt, die Wohnung aufsucht, »tritt ihm der Kranke entgegen mit einem Zettel auf der Brust, auf dem mit großen Buchstaben steht: ›Ich‹. –« (ebd., 448). In keinem anderen fiktionalen Text literarisiert Schnitzler derart unmittelbar Zentralprobleme des zeitgenössischen Sprachdenkens: die Arbitrarität und Instabilität der Relation zwischen Zeichen und außersprachlichem Referenzobjekt, denn – so raisonniert Huber, nachdem ihm die Verdopplung der Wirklichkeit durch ihr Zeichen zunächst »ziemlich überflüssig« (ebd., 444) erschien – vielleicht »gab es ja Menschen, die nicht so sicher waren, wie er, daß das ein Park war. Vielleicht hielten sie es für einen ganz gewöhnlichen Wald [an der] Wiese« (ebd.); die Fragwürdigkeit von Bezeichnungen ohne unmittelbar anschauliche Referenz, wenn ihn angesichts der Zeitungsnachricht über ein Erdbeben in »San Franzisko« der Gedanke bestürzt, dass es »außer diesem Erdbeben, das hier in der Zeitung stand, [...] doch noch ein ganz anderes, das wirkliche« (ebd., 446 f.) gab; schließlich die Differenz zwischen Namen und Zeichen, wenn sich Hubers Bezeichnungselan an der Frage verwirrt, welchen Zettel er »diese[r] gleichgültige[n] Kassiererin« (ebd., 447) im Kaffeehaus anheften soll: »Magdalene? Fräulein Magdalene? Oder Sitzkassiererin?« (ebd.). Kurzum, die einmal für den zum Sprachskeptiker wider Willen mutierten Huber aufgebrochene »Kluft zwischen Welt und Sprache« (Scheible 1982, 273) ist nicht mehr zu überbrücken: »Welche ungeheure Verwirrung war in der Welt. Niemand kennt sich aus« (EV, 448). Zwar nicht verwirrt, aber doch uneinig ist sich die Forschung, wie Schnitzlers Novellette zu interpretieren sei: Ob sie zu verstehen sei als ein ungefilterter Beleg für Schnitzlers eigene Sprachskepsis, die prägnant den »Bruch zwischen Wort und Ding« (Abels 1981, 149) und den »Ich-Verlust als Sprachstörung« (Stahl/Huber 2004, 150) darstellt, oder bereits als eine boshafte Ironisierung moderner Sprachskepsis, deren »kritische Prämissen« (Brecht 1998, 45) sie zwar kennt und theoretisch nachvollzogen hat, deren »aussichtslosen Versuchen einer Überwindung der korrupten Sprache« (ebd.) sie aber nur noch in der Haltung der Parodie zu begegnen weiß. Die durchgängig mit deutlichen Ironiesignalen gestaltete Haltung des Erzählers gegenüber dem Protagonisten – etwa: »Nicht alle Menschen waren so geistesgegenwärtig und scharfsinnig wie er, daß sie [...] wußten, dies ist ein Park, und dies ist eine Halsbinde.« (EV, 445) –, der Umstand, dass Schnitzler selbst in einem ersten Entwurf zur Novellete von der »Zwangsvorstellung« (ebd., 523) Hubers spricht, wie schließlich auch seine eigene, pragmatische Position in Sprachfragen machen jedenfalls eine Lesart plausibler, in der *Ich* bereits als eine ironische literarische Miniatur auch auf jene Klage über die ›Sprachkrise‹ erscheint, die

sie selbst noch einmal an einem Fallbeispiel vorführt (vgl. Scheffel 2013).

Auch wenn es aus den oben dargelegten Gründen gewiss verfehlt wäre, Schnitzlers gesamtes erzählerisches und dramatisches Werk über den sprachskeptischen Leisten zu schlagen, so haben seine Sprachreflexionen gleichwohl in vermittelter Weise Spuren in seinen fiktionalen Texten hinterlassen. In einem weiteren Sinne lassen sich nicht wenige Texte Schnitzlers auch lesen als literarische Umsetzungen jenes psychologischen Ernüchterungsprogramms, das er in seinen Betrachtungen als Absage an die ›großen‹, ausgehöhlten Begriffe entwirft. Aus dieser Perspektive erscheint etwa *Lieutenant Gustl* als eine performative, mit den Mitteln des Inneren Monologs ins Werk gesetzte Destruktion des zeitgenössischen Begriffs der Ehre, von dem am Ende nur noch der »Schutt der Konventionen« (Grimminger 1999, 192) übrig bleibt; und vom *Anatol* und der *Liebelei*, über den *Reigen* und die *Komödie der Worte* bis zum *Weiten Land*, dem *Weg ins Freie* und der *Traumnovelle* zeigt sich Schnitzlers Werk auch als ein »einmalige[r] Variationsreigen zum Paarlauf der Geschlechter« (Polt-Heinzl 2010, 54), in dem immer wieder jene emphatische Semantik des bürgerlichen, passionierten Liebesdiskurses auf eine skeptische Probe gestellt wird, vor deren Haltlosigkeit schon die in Liebesangelegenheiten ernüchterte Figur des Grafen im *Reigen* warnt: »Graf: [...] Überhaupt gerade die Sachen, von denen am meisten g'redt wird, gibt's nicht ... zum Beispiel die Liebe. Das ist auch so was« (REI, 102). Dass angesichts eines solchen Auseinanderfallens von Wahrheit und Sprache in Liebesangelegenheiten die perspektivische und »psychologische Analyse von Situationen« (Scheible 1982, 226) die »klar definierbare, an vorgegebenen Werten sich orientierende Handlung« (ebd.) verdrängt, mag auch Schnitzlers Favorisierung der dramatischen Form des Einakters begünstigt haben (unter den 44 zu Lebzeiten veröffentlichen Stücken befinden sich 29 Einakter; s. Scheible 1982, 225).

Vermittelte sprachkritische Spuren im engeren Sinne finden sich in Schnitzlers Texten vor allem dann, wenn die Beobachtung im Vordergrund steht, wie die Figuren mit Sprache umgehen, d. h. wenn es darum geht, was das Personal der Dramen und Erzählungen mit Worten tut (bzw. einander antut). »Wir wissen nichts von andern, nichts von uns; / Wir spielen immer, wer es weiß, ist klug« (DW II, 498) lautet die Schlusssentenz des Paracelsus in Schnitzlers gleichnamigem Versdrama, und sie könnte als Motto über jenen Sprachspielen stehen, mit denen er zeigt, wie Worte als Werkzeuge der Manipulation oder der (Selbst-)Täuschung, der Verstellung und der Lüge eingesetzt werden können. Als Medium der Wahrheitsvermeidung (und der Selbsttäuschung) setzt Anatol in der *Frage an das Schicksal* Sprache bzw. Sprachskepsis ein. Statt seiner hypnotisierten Freundin Cora endlich, wie eigentlich geplant, die entscheidende Frage nach ihrer Treue zu stellen, inszeniert sich Anatol als Sprachskeptiker, der – »Treu! Wie heißt das eigentlich: treu?« (A/HKA II, 882) – den Begriff der Treue einer immer sophistischeren Inquisition unterzieht, um so die entscheidende Frage schließlich zu vermeiden. Dabei handelt es sich freilich nicht um eine »semantische Auflösung des Begriffs der ›Treue‹« (Nover 2010, 46), sondern, wie auch die kritischen Einwände von Anatols Widerpart Max zeigen, um eine sich mit den Mitteln der Sprachskepsis gerierende Taktik der Desillusionierungsvermeidung. So wortgewandt gar, dass ihn seine Frau Sophie deswegen angeekelt (fast) verlässt, zeigt sich der Schauspieler Konrad Herbot in der *Großen Szene* der *Komödie der Worte*. In einer perfiden und wortreichen Kostprobe seiner Verstellungskunst überzeugt er Edgar Gley, dessen Braut ihn zuvor mit Herbot hörnte, schließlich davon, dass er »seiner Braut, wie man zu sagen pflegt, nicht das Geringste vorzuwerfen hat« (DW II, 521). Besonders viele Worte um das Eine werden bekanntlich auch im *Reigen* gemacht. Je nach Perspektive erscheinen die von sozialen Differenzen geprägten Sprachspiele, mit denen die Protagonisten den Geschlechtsakt rahmen, entweder als Ausdruck einer gesellschaftlich verkümmerten und diskursiv vorgeprägten Mitteilungskultur, die »keineswegs zu einer Verinnerlichung oder Vergeistigung des Geschlechtsaktes beiträgt« (Doppler 1971, 290), oder (weniger moralisierend) als camouflierendes, semantisches ›Gleitmittel‹, das die Akteure als durchaus leistungsfähige »Entlastungsstrategien« (Polt-Heinzl 2010, 50) einsetzen, gerade weil jeweils beide Akteure wissen, dass »die Liebe nicht ernst gemeint ist« (ebd.). So gelingt es etwa der jungen Frau in der vierten Szene, eine außereheliche Affäre zu beginnen und im Rückgriff auf etablierte, sprachliche Versatzstücke zugleich die für die Einleitung des Aktes notwendige Fiktion der Anständigkeit aufrecht zu erhalten (vgl. dazu Prutti 1997, 9–13). Mit Worten treibt schließlich – um ein letztes Beispiel für viele zu nennen – der misanthrope und ebenso wortgewandte wie zynische Kaffeehauspoet Treuenhof im Dramenfragment *Das Wort* den in Liebeshändel verstrickten jungen Maler Willi in den Selbstmord, indem er ihm klar macht, dass es, will er die Echtheit seiner Liebe zu einer verheirateten Frau unter Beweis stellen, »das Gescheiteste ist, sich zur rechten Zeit umzubringen« (W, 124). Nicht selten sind es, wie hier, gerade jene Akteure, die qua literarischer oder journalistischer Profession eigentlich für einen verantwortungsvollen Umgang mit der Sprache stehen sollten, die ihre Fähigkeiten missbrauchen und in Schnitzlers Texten in einem äußerst (dann eben auch sprach-) kritischen Licht erscheinen. Jene Vertreter eines »Kaffeehausästhetentum[s]« (Abels 1981, 150) mithin, die – wie die Gleißners und Rapps aus dem *Wort* und dem *Weg ins Freie* (vgl. ES I, 709 f.) – die Worte im Preise fallen lassen. »Intellektuelle sind es«, so Treuenhof selbst im *Wort* und an dieser Stelle sicherlich ganz im Geiste seines Autors (vgl. etwa AB, 150 f. zum Typus des Literaten), »Welttüftler, Literaten mit einem Wort. Sie werden an ihre Sargdeckel klopfen und den Totengräber um Papier und Bleistift bitten, um Sensationen während des Begräbnisses aufzuzeichnen. Begrabene sind es, Tote, und wenn sie über die Erde wandeln, ist ewige Mitternacht« (W, 48). Auch bei diesen Beispielen für vermittelte sprachkritische Spuren im engeren Sinne zeigt sich aber, dass Schnitzlers Kritik weniger auf die Sprache als solche, als vielmehr auf den verantwortungslosen Umgang mit ihr zielt. Mit der Erkenntnis »Worte lügen« (DW II, 491) lässt er zwar in der *Stunde des Erkennens* die in ihrer Beziehung zu ihrem Mann völlig desillusionierte Klara den Versuch eines letzten Briefes abbrechen. Für Schnitzler selbst indes sind es wohl doch eher die Menschen, die *mit* den Worten lügen. Nicht um die Sprache als solche, um die Menschen, die sie gebrauchen und missbrauchen, kreist sein Denken wie sein literarisches Werk.

Literatur

Abels, Norbert: Sprache und Verantwortung. Überlegungen zu A. S.s Roman »Der Weg ins Freie«. In: Hartmut Scheible (Hg.): *A. S. in neuer Sicht*. München 1981, 142–163.

Brecht, Christoph: »Jedes Wort hat sozusagen fließende Grenzen.« A. S. und die sprachskeptische Moderne. In: *Text + Kritik* (1998), H. 138/139 (A. S.), 36–46.

Danneberg, Lutz: Sprachphilosophie in der Literatur. In: Hugo Steger/Herbert E. Wiegand (Hg.): *Handbücher zur Sprach- und Kommunikationswissenschaft*. Bd. 7: *Sprachphilosophie*. 2. Halbband. Berlin/New York 1996, 1538–1566.

Doppler, Alfred: Die Problematik der Sprache und des Sprechens in den Bühnenstücken A. S.s. In: Alois Eder/Hellmuth Himmel/Alfred Kracher (Hg.): *Marginalien zur poetischen Welt. Festschrift für Robert Mühlher zum 60. Geburtstag*. Berlin 1971, 283–297.

Grimminger, Rolf: Der Sturz der alten Ideale. Sprachkrise, Sprachkritik um die Jahrhundertwende. In: Rolf Grimminger/Jurij Murasov/Jörn Stückrath (Hg.): *Literarische Moderne. Europäische Literatur im 19. und 20. Jahrhundert*. Reinbek bei Hamburg 1999, 169–200.

Hagenbüchle, Roland: Sprachskepsis und Sprachkritik. Zum Erkenntnismodus dichterischer Sprache. In: *Literaturwissenschaftliches Jahrbuch. Neue Folge* 26 (1985), 205–226.

Hofmannsthal, Hugo von: Ein Brief [1902]. In: Gotthart Wunberg (Hg.): *Die Wiener Moderne. Literatur, Kunst und Musik zwischen 1890 und 1910*. Stuttgart 2010, 431–444.

Kiesel, Helmuth: *Geschichte der literarischen Moderne*. München 2004.

Lukas, Wolfgang: *Das Selbst und das Fremde. Epochale Lebenskrisen und ihre Lösung im Werk A. S.s*. München 1996.

Mauthner, Fritz: *Beiträge zu einer Kritik der Sprache. Bd. 1: Zur Sprache und zur Psychologie* [1901]. Stuttgart/Berlin 1921.

Müller-Seidel, Walter: Literarische Moderne und Erster Weltkrieg. A. S. in dieser Zeit. In: Uwe Schneider/Andreas Schumann (Hg.): *Krieg der Geister. Erster Weltkrieg und literarische Moderne*. Würzburg 2000, 13–37.

Nietzsche, Friedrich: Ueber Wahrheit und Lüge im außermoralischen Sinne. In: Friedrich Nietzsche: *Sämtliche Werke. Kritische Studienausgabe in 15 Einzelbänden*. Hg. v. Giorgio Colli u. Mazzino Montinari. Bd. 1. München 1988a, 873–890.

Nietzsche, Friedrich: Unzeitgemäße Betrachtungen. In: Friedrich Nietzsche: *Sämtliche Werke. Kritische Studienausgabe in 15 Einzelbänden*. Hg. v. Giorgio Colli u. Mazzino Montinari. Bd. 1. München 1988b, 157–510.

Nover, Immanuel: »Das klingt zwar sehr klar. […] Ist es aber durchaus nicht.« A. S.s *Anatol* als Schnittstelle von Psychoanalyse, Empiriokritizismus und Sprachkritik. In: *Focus on German Studies* 17 (2010), 39–54.

Prutti, Brigitte: Inszenierungen der Sprache und des Körpers in S.s *Reigen*. In: *Orbis Litterarum* (1997), 1–34.

Polt-Heinzl, Evelyne: Liebesrede und Machtfragen. In: Konstanze Fliedl/Evelyne Polt-Heinzl/Reinhard Urbach (Hg.): *S.s Sprachen der Liebe*. Wien 2010, 39–54.

Scheffel, Michael: Mauthners »Sprachkritik« im Spiegel der Wiener Moderne – Ein Blick auf Hugo von Hofmannsthal und A. S. In: Gerald Hartung (Hg.): *An den Grenzen der Sprachkritik. Fritz Mauthners Beiträge zu einer Sprach- und Kulturkritik*. Würzburg 2013, 231–250.

Scheible, Hartmut: Im Bewußtseinszimmer. A. S.s Einakter. In: *TuK* 10 (1982), H. 2, 220–283.

Stahl, Thomas/Huber, Melanie: Die Sprachkrise der Moderne als Gegenstand des Literaturunterrichts. Eine Einführung in das Thema mit A. S.s Novellette *Ich*. In: *Literatur im Unterricht. Texte der Moderne und Postmoderne in der Schule* 5 (2004), H. 2, 147–161.

Thomé, Horst: Vorwort. A. S.s Anfänge und die Grundlagenkrise der Medizin. In: *MS*, 11–59.

Yates, William E.: S. und die Sprachkrise. Wort, Wahrheit und »Liebelei«. In: Konstanze Fliedl (Hg.): *A. S. im zwanzigsten Jahrhundert*. Wien 2003, 212–226.

Gerhard Kaiser

IV. Rezeption und Wirkung

1. Rezeption und Wirkung im deutschsprachigen Raum

1.1 Von den Anfängen bis zum Ende des Nationalsozialismus

»Ich geb's auf, von der Gegenwartskritik (im allgemeinen) ein Verstehn zu erwarten« (Tb, 15.12.1913) konstatiert der resignierte Schriftsteller Schnitzler nicht ohne Attitüde angesichts der gerade erschienenen Studie des Berliner Journalisten Roseeu über sein Werk im Dezember 1913. Schnitzlers rituelles Widerstreben, bereits zu Lebzeiten von der zeitgenössischen Forschung und Kritik historisiert zu werden, camoufliert jedoch seine eigene ›Arbeit am Mythos‹. Die dokumentarisch-akribisch angelegte Sammlung von Zeitungsausschnitten (mit über 21.000 Dokumenten), die nachgelassenen »Materialien zu einer *Studie über Kunst und Kritik*«, das Tagebuch und nicht zuletzt die 1915 begonnene Autobiographie *Jugend in Wien* (1968) belegen eindrücklich, dass Schnitzler als genauer Beobachter des Literaturbetriebs seine eigene Rezeption reflektierte und mit ausgeprägtem Autorenbewusstsein zu lancieren suchte (vgl. Butzko 1991).

Die feuilletonistische, wissenschaftliche und künstlerische Auseinandersetzung mit Leben und Werk Schnitzlers setzt zeitversetzt auf verschiedenen Ebenen ein und lässt sich vereinfacht in drei Phasen untergliedern: Auf den literarischen Durchbruch vor allem als Bühnenautor und Erzähler (1890–1912) folgen die Jahre der Etablierung und gesellschaftlichen Reputation (1912–1922), an die sich die von Isolation und nachlassender öffentlicher Anteilnahme geprägten letzten Schaffensjahre (1922–1933) anschließen.

1890–1912

Schnitzler debütierte früh – neben medizinischen Redaktionsarbeiten ab 1887 – mit literarischen Veröffentlichungen, darunter Gedichte, Essays und Novelletten, die seit Anfang der 1880er Jahre in verschiedenen Zeitschriften (wie die *Deutsche Wochenschrift, An der Schönen Blauen Donau*) erschienen. Die Resonanz blieb jedoch zunächst verhalten. Dies änderte sich, als er 1889/90 mit dem *Anatol*-Zyklus und schließlich 1895 mit der Tragikomödie *Liebelei* (UA am 9.10.1895 im Burgtheater Wien) als Dramatiker in Erscheinung trat: Trotz der Ressentiments befreundeter Schriftstellerkollegen (v. a. Hermann Bahr) wurde das Stück als sozialkritische Reaktualisierung des bürgerlichen Trauerspiels zum andauernden Bühnenerfolg und fand seinen medialen Niederschlag in Oper (F. Neumann 1910) und Film (Madsen 1914; Ophüls 1933). Zeitgleich reüssierte Schnitzler als Prosaist breitenwirksam mit den Erzählungen *Sterben* (1894) und *Frau Bertha Garlan* (1901), die trotz verlegerischer Vorbehalte aufgrund der glaubwürdigen Gestaltung weiblicher Perspektive und der konsequenten poetologischen Umsetzung der *Traumdeutung* Freuds (1900) überzeugen konnten. Die harschen Attacken, die dem ›Renegaten‹ Schnitzler auf *Freiwild* (1898) und mehr noch *Lieutenant Gustl* (1900) von Seiten der konservativ-militaristischen Presse entgegenschlugen und schließlich zur Aberkennung seines Offiziersstatus (1901) führten, beförderten dann endgültig den Nimbus eines gesellschaftskritischen Provokateurs. Schnitzlers Erfolg als Dramatiker (Klemperer 1910/11, Kerr 1911, Kappstein 1922) verdankt sich nicht zuletzt dem Umstand, dass er wirkmächtige Fürsprecher wie Otto Brahm, Max Burckhard, Friedrich Mitterwurzer und später Josef Kainz unter Theaterschaffenden hatte, die ihm langfristig den Weg zu großen Bühnen-, wenn auch nicht Kritikererfolgen wie im Falle von *Zwischenspiel* (Franz-Grillparzer-Preis 1908) und *Das weite Land* (1910, UA 1911 an neun deutschsprachigen Bühnen) ebneten. Zum mit Abstand größten kommerziellen Triumph avancierte wenig später das Historiendrama *Der junge Medardus* (1914), das noch im selben Jahr den Raimund-Preis erhielt und 1923 durch Mihály Kertész prominent verfilmt wurde. Insgesamt war Schnitzlers Verhältnis zur Publizistik und Kritik durch persönliche Beziehungen geprägt. So fand er bedeutende Mentoren und intellektuelle Gesprächspartner in Georg

Brandes, dem Studienkollegen und späteren Korrespondenten der *Neuen Freien Presse* Theodor Herzl, ferner in Alfred Kerr, Maximilian Harden, Alfred Polgar und dem späteren Herausgeber des *Literarischen Echo* Ernst Heilborn, ein gleichermaßen enthusiastischer wie erfahrener Beobachter der deutschsprachigen Bühnen. In Kraus hingegen erwuchs Schnitzler nach anfänglicher Sympathie mit der Zeit ein lebenslanger Antipode, der in seinem publizistischen Forum *Die Fackel* gezielt gegen Schnitzler und dessen Werk polemisierte (vgl. u. a. Kraus 1912).

Grundsätzlich war die zeitgenössische Wirkungsgeschichte immer wieder von Ambivalenzen geprägt. Während ein allzu naturalistisch-experimentelles Kompositionsschema den Misserfolg einiger früher Stücke (*Das Märchen*, 1893; *Das Vermächtnis*, 1899) bedingte, dominierten später außerliterarische Einflüsse die Rezeption. So stieß der ambitionierte erste Roman *Der Weg ins Freie* (1908) weniger aufgrund seiner vorgeblich inkonsistenten Doppelstruktur (Brandes) als wegen seiner vermeintlichen philosemitischen Tendenzen bei Publikum und Kritik auf geteilte Reaktionen. Ähnliche Vorbehalte führten wenig später zum einstweiligen Aufführungsverbot des *Professor Bernhardi* (1912) in Wien (UA 28.11.1912, Kleines Theater, Berlin) – eine Kompromittierung, die auch die spätere Verleihung des Wiener Volkstheaterpreises (1920) nicht revidieren konnte. Auf allgemeines Unverständnis stieß auch die charakterologische Studie *Der Geist im Wort und Der Geist in der Tat* (1927). Überhaupt litt Schnitzler unter der gelegentlich tendenziös-einförmigen Wahrnehmung als erotomaner Décadent und effektheischender Dichter der Halbwelt seitens der Kritik – bedingt durch die Reduktion auf die immergleichen Stücke und Sujets, die nicht zuletzt eine gebührende Beachtung der facettenreichen Stil- und Genreübungen der frühen Jahre verhinderte.

1912–1922

Der Ausbruch des Ersten Weltkriegs markierte schließlich nicht nur im Leben und Werk Schnitzlers eine erhebliche Zäsur, sondern beeinflusste auch sein Bild in der Öffentlichkeit. Nichtartikulierte Kriegsbegeisterung und publizistische Reserviertheit wurden ihm als mangelnder Patriotismus ausgelegt und nährten die Ressentiments sowohl auf Seiten des christlich-sozialen als auch des deutschnational-völkischen Lagers. Der nachlassenden Popularität beim zeitgenössischen Publikum stand indes die institutionelle und wissenschaftliche Auszeichnung des Jubilars gegenüber: Nach vereinzelten, meist biographisch-werkgenetisch ausgerichteten Würdigungen durch den Berliner Theaterkritiker und Hauptmann-Widersacher Landsberg (1904), den Wiener Dramaturgen Ratislav (1911) oder den Schriftsteller Feigl (1911) erreichte die Schnitzler-Forschung anlässlich des 50. Geburtstags einen ersten Höhepunkt: Breitenwirksam leistete vor allem die vierbändige Werkausgabe bei S. Fischer (1912) und das Schnitzler gewidmete Autorenheft der Wiener *Merker*-Zeitschrift (1912) einer zeitgenössischen Kanonisierung Vorschub. Während die Gratulanten und Laudatoren, zu denen neben ihm wohlgesonnenen Kritikern (»allerlei Feuilletonvolk«; Kraus 1912, 78) auch Schriftstellerkollegen wie Georg Hirschfeld, Frank Wedekind, Stefan Zweig, Thomas und Heinrich Mann zählten, den repräsentativen Wert und die Klassizität Schnitzlers am Bühnenwerk festmachten, perspektivierten die monographischen Studien des Berliner Dramaturgen Kapp (1912) und vor allem Roseeus (1913) sein Schaffen in motivisch-stofflicher wie generischer Breite. Es war jedoch die visionäre Studie *Arthur Schnitzler als Psycholog* (1913) des Wiener Psychoanalytikers und Freud-Schülers Theodor Reik, welche die später so dominante Lesart Schnitzlers unter freudianischer Perspektive antizipierte. Die literaturhistorische und -soziologische Verortung Schnitzlers als Mitglied des avantgardistischen Jung Wiener Kreises und wirkmächtigster Repräsentant des modernen Theaters hat hier ihren Ursprung und erfuhr mit der neunbändigen erweiterten Werkausgabe bei S. Fischer (Berlin 1922) auch ihre einstweilige editorische Fixierung. Den Status vorläufiger Abgeschlossenheit, den auch der Theaterskandal um die Berliner *Reigen*-Inszenierung (1921) und der sich anschließende Prozess (vgl. Heine 1922) kaum beeinträchtigten, markierten zudem die Jubilarsschriften aus Anlass von Schnitzlers 60. Geburtstag. Mit dem Anspruch der Gesamtdeutung versuchten sowohl Hirschfeld (1922), Kritiker der *Neuen Freien Presse* und Herausgeber der *Modernen Welt*, der Berliner Publizist und Zeitungskorrespondent Kappstein (1922) als auch der Musikkritiker und Mahler-Biograph Specht (1922), mit dem Schnitzler ein nicht immer spannungsfreies Verhältnis verband, ihn vor allem als Dichter der untergegangenen k. u. k. Monarchie literarhistorisch festzuschreiben. Trotz gelegentlicher weltanschaulicher Diskrepanzen und der unmissverständlichen Pessimismuskritik zählte die Studie des Prager Germanisten Körner (1921) zu den wenigen Arbeiten, die Schnitzlers Zuspruch fanden.

1. Rezeption und Wirkung im deutschsprachigen Raum

1922–1933

In der letzten Phase (1922–1933) erfolgte schließlich eine gravierende Akzentverschiebung in der Werkbilanz vom Drama hin zur Erzählung: In dieser Zeit entstand nicht nur Schnitzlers zweiter Roman *Therese* (1928), sondern mit *Fräulein Else* (1924), *Spiel im Morgengrauen* (1926), *Traumnovelle* (1926) und *Flucht in die Finsternis* (entst. 1917, 1931) der novellistisch substanziellste Teil des Œuvres – eine Tendenz, die auch auf Seiten der Literaturkritik nicht unbemerkt blieb (vgl. Rey 1968): So gab Quadt (1928) als einer der Ersten unter der Perspektive der Subjektivierung der Erzählkunst den Vorzug gegenüber der Dramatik, woran Plaut (1935) später anschloss. Während der als literarische »Chronik eines Frauenlebens« angelegte Roman *Therese* von der Tagespresse zwiespältig aufgenommen wurde, erfuhren Schnitzlers letzte dramatische Arbeiten – *Im Spiel der Sommerlüfte* (UA 1929) und *Der Gang zum Weiher* (1931) – trotz reformierter Aufführungspraxis und verändertem Publikumsgeschmack wohlwollenden Zuspruch. Die positive Aufnahme und der beachtliche kommerzielle Erfolg, der dem *Buch der Sprüche und Bedenken* (1927) beschieden war, bezeugen hingegen die ungebrochene Popularität des gesellschaftsdiagnostischen Aphoristikers und Sprachdialektikers. Dennoch vermag die allgemeine Wertschätzung des späten Erzählwerks, die sich Schnitzlers psychologischer Meisterschaft der Figurenzeichnung ebenso verdankt wie dem Wohlwollen einer neuen Kritikergeneration, nicht über das anachronistische Ressentiment gegenüber Schnitzler als »Dichter einer untergegangenen Welt« (Wengraf) hinwegzutäuschen. Gleichwohl ging mit seinem sukzessiven Rückzug aus dem gesellschaftlichen Leben Wiens die Popularisierung des Werks einher. Übertragungen ins Englische, Französische und Spanische begünstigten die Wahrnehmung in Übersee und beförderten in Korrelation mit dem jungen Medium Film das öffentliche Interesse. So entstanden im Zeitraum von 1914 bis 1931 insgesamt sieben Produktionen, die auf Vorlagen Schnitzlers basierten, darunter Kértesz' *Der junge Medardus* (1923), Jakob und Luise Flecks *Liebelei* (1928) und Czinners *Fräulein Else* (1929) mit der jungen Bergner in der Hauptrolle, die zumeist allerdings weder dem hohen künstlerischen Anspruch Schnitzlers an eine rein visuelle Adaption noch dem der zeitgenössischen Filmkritik genügen konnten.

Die Rezeption Schnitzlers im Nationalsozialismus (1933–1945)

Einer postumen Würdigung und Rezeption Schnitzlers bereitete die Indizierung eines Großteils seines Werks als ›entartete Kunst‹ durch das nationalsozialistische Propagandaministerium 1933 ein jähes Ende: Das Burgtheater setzte 1935 die letzte Schnitzler-Inszenierung ab, ein vollständiges Aufführungsverbot sowie die Unterbindung des Nachdrucks seiner Werke folgten. Die kulturpolitische wie rassenideologische Diskreditierung des jüdischen Autors Schnitzler, der schon zu Lebzeiten mit antisemitischen Verunglimpfungen zu kämpfen hatte (Heinrich 1932), unterband nicht nur dessen öffentliches Gedächtnis, sondern auch die wissenschaftliche Beschäftigung mit Leben und Werk des Dichters. Neben Minars Dissertation über das Wiener Drama (1933) und vereinzelten Miszellen in ausländischen Publikationsorganen, etwa zu Wertungsfragen (Kaufmann 1933) oder zur Künstlerthematik (Ilmer 1935), markieren Plauts (1935) erzählästhetische Würdigung Schnitzlers sowie Blumes (1936) einflussreiche Interpretation des Werks als Ausdruck eines nihilistischen Weltbilds einen vorläufigen Endpunkt.

Nach dem ›Anschluss‹ Österreichs an das Deutsche Reich 1938 wurde mit der Überführung des an Olga Schnitzler gefallenen Nachlasses (im Umfang von 40.000 Seiten) von Wien nach Cambridge durch den englischen Literaturstudenten Blackall zwar das literarische Erbe vor der faschistischen Zerstörung gesichert, zugleich aber auf lange Zeit auch der deutschsprachigen Forschung entzogen.

Literatur

Blume, Bernhard: *Das nihilistische Weltbild A. S.s.* Stuttgart 1936.
Butzko, Ellen: *A. S. und die zeitgenössische Theaterkritik.* Frankfurt a. M. u. a. 1991.
Feigl, Leo: *A. S. und Wien. Eine Studie.* Wien 1911.
Heine, Wolfgang (Hg.): *Der Kampf um den »Reigen«. Vollständiger Bericht über die sechstägige Verhandlung gegen Direktion und Darsteller des Kleinen Schauspielhauses Berlin.* Berlin 1922.
Hirschfeld, Ludwig (Hg): *A. S. Heft zum 60. Geburtstag.* Wien 1922.
Heinrich, Eduard J.: Der Kämpfer A. S. In: *Die Weltbühne* 28 (1932), H. 1, 572–573.
Ilmer, Frida: Das Thema der künstlerischen Schöpferkraft bei S. In: *Monatshefte für deutschen Unterricht, deutsche Sprache und Literatur* 27 (1935), 73–80.
Kapp, Julius: *A. S.* Leipzig 1912.

Kappstein, Theodor: *A. S. und seine besten Bühnenwerke. Eine Einführung*. Berlin/Leipzig 1922.
Kaufmann, Friedrich W.: Zur Frage der Wertung in S.s Werk. In: *Publications of the Modern Language Association of America* 48 (1933), 209–219.
Kerr, Alfred: Dramatiker. In: *Neue Rundschau* 22 (1911), 1771–1779.
Klemperer, Victor: A. S. In: *Bühne und Welt* 13 (1910/11), H. 1, 355–368.
Körner, Josef: *A. S.s Gestalten und Probleme*. Zürich/Wien/Leipzig 1921.
Kraus, Karl: S.-Feier. In: *Die Fackel* 14 (1912), Nr. 351–353, 77–88.
Landsberg, Hans: *A. S.* Berlin 1904.
Minar, Hildegard: *Die lyrischen Elemente im Wiener Drama um 1900*. Wien 1933.
Neumann, Franz: *Liebelei. Oper in drei Akten. Text nach dem gleichnamigen Schauspiel von A. S.* Berlin 1910.
Plaut, Richard: *A. S. als Erzähler*. Frankfurt a. M. 1935.
Quadt, Max: A. S. als Erzähler. In: GR 3 (1928), 34–45.
Ratislav, Joseph C.: *A. S. Eine Studie*. Hamburg 1911.
Reik, Theodor: *A. S. als Psycholog*. Minden 1913.
Rey, William H.: *A. S. Die späte Prosa als Gipfel seines Schaffens*. Berlin 1968.
Roseeu, Robert: *A. S.* Berlin 1913.
Specht, Richard: *A. S. Der Dichter und sein Werk. Eine Studie*. Berlin 1922.
Wengraf, Edmund: Der Dichter einer untergegangenen Welt. Zu A. S.s sechzigstem Geburtstag. In: *Neue Freie Presse*, 15.5.1922 (Morgenblatt).

Julia Ilgner

1.2 DDR

Die Schnitzler-Rezeption in der DDR stand überwiegend im Zeichen der offiziellen historisch-materialistischen Literaturgeschichtsschreibung. Da Schnitzler gemäß der in der DDR geltenden Geschichtsauffassung in der Phase des Spätkapitalismus lebte und schrieb und da weder sein Werk noch seine Weltanschauung eine besondere Nähe zu marxistischen Ideen verriet, wurde er als ›bourgeoiser‹ Autor angesehen, an dem der Verfall der spätbürgerlichen Kunst abgelesen werden konnte und dessen Werk daher nicht nur als exemplarischer Ausdruck einer sich überlebt habenden Epoche galt, sondern auch oft genug selbst für überlebt gehalten wurde.

Diese Einordnung wurde nicht nur ideologisch begründet, sondern auch ästhetisch. Ein wichtiges ästhetisches Postulat sozialistischer Kunst war der Anspruch auf repräsentative Totalität eines Werks. Totalität glaubte man am besten in realistisch konzipierten Romanen mit auktorialer Erzählhaltung erreichen zu können, die gerade nicht zu Schnitzlers Programm gehörten. »Mit der zunehmenden Klassendifferenzierung und der Zuspitzung der sozialen Antagonismen vor allem in der zweiten Hälfte des 19. Jahrhunderts war eine wachsende Unsicherheit des geschichtlichen Urteils, schließlich der Verlust einer ganzheitlichen Weltsicht und menschheitlichen Konzeption verbunden: Die Ganzheitlichkeit der Komposition wurde für den Künstler problematisch« (Autorenkollektiv/Träger 1974, 623).

Diese Beschreibung trifft durchaus auf Schnitzlers Selbstverständnis zu und begründet zugleich die Vernachlässigung dieses Autors in der DDR. Sein Werk entspricht mit seiner subjektivistischen Erzählkonzeption (Innerer Monolog, erlebte Rede usw.) und seiner losen Dramenkonzeption nicht der Forderung nach Totalität. Das Interesse an psychologischen Konflikten und eine skeptische Grundhaltung taten ein Übriges. »In seinem Erzählen«, so heißt es folgerichtig in einem Schnitzler gewidmeten Abschnitt der offiziellen literarhistorischen Darstellung der DDR, »überwiegt das Skeptische und Elegische« (Autorenkollektiv/Kaufmann 1974, 128). Vollends verdächtig machte Schnitzler seine unterstellte Nähe zu Ernst Mach und dessen »Empiriokritizismus« (ebd., 129), ein seit Lenins Streitschrift *Materialismus und Empiriokritizismus* (1909) vernichtendes Urteil; dasselbe galt für die Bezüge zu Sigmund Freud, dessen Lehre ebenfalls wenig Kredit genoss.

Aus all diesen Gründen war Schnitzler für die frühe DDR zunächst kein interessanter Autor. Mit

1. Rezeption und Wirkung im deutschsprachigen Raum

Ausnahme eines schmalen Reclambändchens (Schnitzler 1948) mit Novellen, das noch vor Gründung der DDR in Leipzig erschien, begann die verlagsseitige Schnitzler-Rezeption erst ab Mitte der 1960er Jahre, als mit Lizenz des S. Fischer Verlages ein Band mit ausgewählten Erzählungen im Aufbau-Verlag erschien (Schnitzler 1965). Ein Jahr später folgte *Therese. Chronik eines Frauenlebens* und 1968 ein umfangreicher Band mit Dramen. In den 1970er Jahren erschienen nur wenige weitere Auflagen dieser Ausgaben. Erst Mitte der 1980er Jahre ist mit der Publikation von neuen Erzählungsbänden, der Autobiographie und den Aphorismen Schnitzlers eine intensivere Förderung zu beobachten.

Diese Lage korrespondiert mit den Ergebnissen einer Recherche nach Erwähnungen von ›Arthur Schnitzler‹ im *Neuen Deutschland* mit Hilfe der Website http://zefys.staatsbibliothek-berlin.de/ddr-presse (Zugriff am 23.5.2013). Der Autor findet bis in die 1980er Jahre fast keine Erwähnung im *Neuen Deutschland*. Immerhin wird vermerkt, dass der Roman *Therese* im Oktober 1979 zu den meistgekauften Büchern zählte (*Neues Deutschland* vom 3.11. 1979, 14). Im letzten Jahrzehnt der DDR hingegen hinterlässt Schnitzler deutlich mehr Spuren. Neben Erwähnungen von Gastspielen westlicher Theaterensembles mit Schnitzler-Stücken finden sich eine Rezension (Busch 1985) und eine Theaterkritik einer DDR-Produktion (Ebert 1987).

Da Schnitzler zunächst als spätbürgerlicher dekadenter Autor galt, machten seine ersten Förderer in der DDR, zu denen der gebürtige Österreicher Eduard Zak gehörte, die emanzipatorischen Ideen in Schnitzlers Werk stark, um für ihn zu werben. Nachdem sie seine Werke kühn als »fortwirkende[n] Beitrag kritisch-realistischer Literatur« würdigen (Zak/Walbiner 1965, 380), stellen die Autoren des Nachworts im ersten Band mit Erzählungen Schnitzlers seine gegen den Wiener Antisemitismus gerichteten Werke *Der Weg ins Freie* und *Professor Bernhardi* sowie seinen »Konflikt mit nationalistischen Kreisen« als Reaktion auf *Lieutenant Gustl* heraus (ebd., 381). Zwar wird konzediert, dass Schnitzler kein politischer Autor war und dass ihm als Individualisten der Sozialismus verschlossen blieb, doch wird seine weltanschauliche Enthaltsamkeit sogleich durch einen ausführlichen Hinweis auf seine Stellungnahme gegen den Ersten Weltkrieg relativiert und darüber hinaus eine Neubewertung Schnitzlers in Aussicht gestellt, da erst eine Auswertung seines umfangreichen Nachlasses eine angemessene »Gesamteinschätzung seiner Weltanschauung« erlauben werde (ebd., 383). Von diesem Zwiespalt zwischen Sympathie für den Autor und Ablehnung seiner Haltung getragen, halten die Autoren Schnitzler für einen exemplarischen Repräsentanten einer vergangenen Epoche, der es vermochte, einen Abgesang auf sich selbst zu verfassen. Eben darin erblicken sie seinen bleibenden literarischen Wert, denn »in verschüttetem Gelände« sei Schnitzler eben »der Wirklichkeit auf der Spur geblieben« (ebd., 391).

In den moderaten Würdigungen Schnitzlers ist das Bestreben zu erkennen, ihn vor bestimmten Verdikten zu bewahren: Galt und gilt er im Westen mit seinen literarischen Innovationen als einer der Vorreiter der ästhetischen Moderne, so durfte er in der sozialistischen Literaturgeschichte den Vertretern dieser Moderne nicht zu nahe gerückt werden, da er sonst kaum vor Verdammungsurteilen hätte in Schutz genommen werden können. Entsprechend habe der Innere Monolog des Leutnant Gustl »nichts mit einer ›mitgehenden‹ und irrationalisierten Beschreibung eines Bewußtseinsstroms zu tun«, wie es in der offiziellen DDR-Literaturgeschichte heißt (Autorenkollektiv/Kaufmann 1974, 133), sondern sei Ausdruck einer »streng rationalen, satirisch zugespitzten, jedoch zugleich vielschichtigen, alle Lebensbereiche zur Sprache bringenden Entlarvung« (ebd.). Damit wird nicht der ungeliebte James Joyce zum Fluchtpunkt von Schnitzlers literarischer Bedeutung gemacht, sondern eine sozialkritische Funktionalisierung der literarischen Technik des Inneren Monologs.

In analoger Weise wurden insbesondere die erotischen Partien seines Werks gegen den Verdacht eines aus sozialistischer Sicht verwerflichen (typologisch, nicht historisch verstandenen) Naturalismus verteidigt. »Schnitzlers Art, die Sexualsphäre erzählerisch ins Menschliche zu integrieren, wirkt im Vergleich zu naturalistischen und modernistischen Kraßheiten im guten Sinne modern. Auf diesem Gebiet konnte sich kein bürgerlicher Erzähler nach Fontane mit ihm messen« (ebd., 131). Schon in einer anonymen Rezension aus der Zeit der ersten in der DDR erschienenen Werke ist mit Bezug auf Schnitzlers Erotik von seiner »dezenten Prägnanz« die Rede, deren Bedeutung in ihrem für die Zeit der Jahrhundertwende beachtlichen emanzipatorischen Gehalt gesehen wird (–ch 1966, 6).

Eine der heute noch anerkannten Abhandlungen der DDR-Literaturwissenschaft ist eine detaillierte Analyse von *Fräulein Else* im Zusammenhang mit der Wiener Philosophie (Ernst Mach) und Ästhetik (Hermann Bahr) der Jahrhundertwende (Diersch

1973). Dem Vorwurf, dass Schnitzlers Erzählung nicht »über borniertem Individualismus hinausgreift« (ebd., 110), wird mit dem Argument begegnet, hinter der scheinbaren Strukturlosigkeit des Inneren Monologs verberge sich eine durch Leitmotive und Vorausdeutungen sorgsam ausgetüftelte Kompositionstechnik, die darauf angelegt sei, den Sinnverlust der Figur zu entlarven. Der »Gefahr möglicher Sinnverdunklung« der lange von der sozialistisch-realistischen Literaturwissenschaft grundsätzlich abgelehnten Erzähltechnik des Inneren Monologs sei Schnitzler »durch Konzentration und Gliederung innerhalb der gewählten Erzählstruktur« entgangen (ebd., 113). Die Erzähltechnik sei kein Selbstzweck, sondern »eine neue literarische Form immanenter, indirekter Kritik«; doch, und dies ist als Konzession an die vorherrschende Lesart zu verstehen, enthalte sein Werk keine Angebote, die den objektiven gesellschaftlichen Prozeß positiv erklären« (ebd., 114).

Die insgesamt zwiespältige Einschätzung Schnitzlers wiederholt sich mit Bezug auf die Dramen. Bemerkenswert ist allerdings, dass hier die Kunstfertigkeit gerade des *Reigen* hervorgehoben wird (Autorenkollektiv/Kaufmann 1974, 281). Außerdem werden immer wieder das kritische Ziel der für gut befundenen Stücke und die satirischen Mittel in den Vordergrund gerückt, sodass der Abschnitt mit einer Empfehlung für die Aufführungspraxis endet: »Mindestens *Der grüne Kakadu*, *Professor Bernhardi* und *Fink und Fliederbusch* sollten vom sozialistischen Theater eine Chance erhalten« (ebd., 283). In der Summe galt Schnitzler als sensibler Seismograph für die Gefahren, denen die Gesellschaft ausgesetzt ist, doch wurde er immer wieder mit dem Vorwurf konfrontiert, keinen Ausweg gezeigt zu haben. So blieb er für die ihm Wohlgesonnenen nur ein begnadeter Diagnostiker, dem jegliche therapeutische Begabung abging.

Literatur

Autorenkollektiv unter Leitung von Claus Träger: Der künstlerische Schaffensprozeß. In: *Zur Theorie des sozialistischen Realismus*. Hg. v. Institut für Gesellschaftswissenschaften beim ZK der SED. Lehrstuhl für marxistisch-leninistische Kultur- und Kunstwissenschaften. Gesamtleitung Hans Koch. Berlin 1974, 582–668.
Autorenkollektiv unter Leitung von Hans Kaufmann: *Geschichte der deutschen Literatur. Von den Anfängen bis zur Gegenwart*. Bd. 9: *Vom Ausgang des 19. Jahrhunderts bis 1917*. Berlin 1974.
Busch, Ulrich: Fiktive Fortsetzung der Memoiren von Casanova. In: *Neues Deutschland*, 10./11.8.1985.
Diersch, Manfred: *Empiriokritizismus und Impressionismus. Über Beziehungen zwischen Philosophie, Ästhetik und Literatur um 1900 in Wien*. Berlin 1973.
Ebert, Gerhard: Ausverkauf der Liebe in kalter Welt. Ein Theaterabend in Magdeburg verbindet Stücke von S. und Horváth. In: *Neues Deutschland*, 28.4.1987.
Lenin, Wladimir I.: *Werke*. Bd. 14: *Materialismus und Empiriokritizismus*. Berlin [4]1970.
Schnitzler, Arthur: *Die dreifache Warnung. Novellen*. Leipzig 1948.
Schnitzler, Arthur: *Erzählungen*. Ausgew. v. Christa Gähler u. Eduard Zak. Berlin/Weimar 1965.
Schnitzler, Arthur: *Therese. Chronik eines Frauenlebens*. Berlin/Weimar 1966.
Schnitzler, Arthur: *Dramen*. Berlin/Weimar 1968.
Zak, Eduard/Walbiner, Rudolf: Nachwort. In: A. S.: *Erzählungen*. Ausgew. u. hg. v. Christa Gähler u. Eduard Zak. Berlin/Weimar 1965, 380–391.
–ch: Panorama des Untergangs. Chroniken von der Brüchigkeit einer unterhöhlten Welt. In Büchern von A. S. geblättert. In: *Neue Zeit*, 22.10.1966.

Matthias Aumüller

1.3 Bundesrepublik Deutschland, Österreich, Schweiz nach 1945

Wissenschaftliche Rezeption

1945–1960: Nach zaghaften Versuchen der Wiederbelebung des öffentlichen Interesses an dem im Dritten Reich verbotenen Autor Schnitzler durch ehemalige Weggefährten und einige wenige Vertreter der Inlandsgermanistik (Coler 1949; Langhammer 1951) markierte die prominent besetzte *Reigen*-Adaption des deutsch-französischen Regisseurs Max Ophüls (*La Ronde*, 1950) einen ersten Wendepunkt: Auf die Arbeiten einer neuen Generation der Zwischenkriegsgeborenen (Müller-Freienfels 1954), zu denen auch der spätere Lyriker Ernst Jandl (1950) zählte, folgte ab Mitte der 1950er Jahre das systematische Engagement Heinrich Schnitzlers um Werk und Vermächtnis seines Vaters. Die Reproduktion des mit Hilfe des englischen Literaturstudenten Blackall nach Cambridge geretteten Nachlasses auf Mikrofilm und die Archivierung von Kopien in Forschungseinrichtungen der USA (UCLA, IASRA) und Deutschlands (SAF) – vermittelt über eine Schenkung Heinrich Schnitzlers an den Freiburger Neugermanisten Gerhart Baumann – schufen die Grundlagen für die zukünftige wissenschaftliche Erforschung Schnitzlers (vgl. G. Neumann/Müller 1969). Des Weiteren begünstigten Editionen oder zumindest Teilveröffentlichungen der Briefwechsel mit Freud (1955), Brandes (1956), Rilke (1958) und Brahm (1958) sowie Olga Schnitzlers Erinnerungsbuch (1962) die Rehabilitierung Schnitzlers anlässlich seines 100. Geburtstags (1962). Die im Vorjahr begonnene Werkausgabe bei S. Fischer (1961–1977) bildet schließlich die Voraussetzung für die internationale Schnitzler-Renaissance der 1960er Jahre.

1960–1980: Bedingt durch die rege Beschäftigung der Auslandsgermanistik mit Schnitzler präsentiert sich die deutschsprachige Forschung von Beginn an facettenreich: Neben stoff- und motivgeschichtlich orientierte Studien (Duhamel 1964) treten sprachlich-stilistische (Just 1968) und formgeschichtliche Würdigungen (Aspetsberger 1966). Ein nachhaltiges Interpretament etablierte Baumann mit seiner Perspektivierung Schnitzlers als Dichter der Vergangenheit (1965), das bis in die jüngere Forschung nachwirkt. Dieser Linie einer Klassifizierung Schnitzlers als epochentypischer Repräsentant der Wiener Moderne folgen nicht zuletzt die stilhistorischen Untersuchungen der 1970er Jahre, die seine Werkästhetik im Kontext von Décadence (Fritsche 1974), Surrealismus (Imboden 1971) und Impressionismus (Offermanns 1973; Allerdissen 1985) betrachten. Die bühnengeschichtliche Rezeption sowie die Historizität der theatralen Aufführungspraxis (vor allem am Wirkungsort Wien), aber auch das schwierige Verhältnis Schnitzlers zum Berliner Intendanten Max Reinhardt wurden umfassend aufgearbeitet (Vacha 1966; Wagner 1971; Wagner/Vacha 1971). Überhaupt kennzeichnet das Bemühen um eine weitere literatursoziologische Verortung Schnitzlers die editorischen Unternehmungen der Folgejahre: Auf den Briefwechsel mit Waissnix (Nickl/Schnitzler 1970) folgen diejenigen mit Thomas Mann (Krotkoff 1974), Brahm (Seidlin 1975), Sandrock (Wagner 1975) sowie Schaukal (Urbach 1975).

1980–2000: Die 1980er Jahre sind geprägt von dem durch Welzig initiierten Editionsprojekt der Tagebücher Schnitzlers (1981–2000), deren wissenschaftlicher Wert weit über den biographischen Kontext hinausreicht und die Moderne-Forschung um ein einzigartiges zeithistorisches Dokument der Wiener Lokal- und Zeitgeschichte bereichert, sodass die Ergebnisse im Ausstellungsformat auch öffentlich präsentiert wurden (Bülow 2001, vgl. auch Thomé 1993a). Neben Studien, die Schnitzler als literarischen Exegeten der Seelen-, Wahrnehmungs-, aber auch der Sexuallehren seiner Zeit (Freud, Mach, Weininger) begreifen (Scheible 1977; Doppler 1985; Thomé 1993b; Bühler 1995; Cremerius 1996), rücken mit Schnitzlers Bezugnahme auf sprachkritische Diskurse (Mauthner, Hofmannsthal) zunehmend auch Fragen formalästhetischer Gestaltung in den Vordergrund. Erzählanalytische Arbeiten erlauben es sodann, nicht nur textuelle Verfahren wie erlebte Rede, Inneren Monolog und Bewusstseinsstrom als Ausdruck der Sprachkrise funktional zu deuten (Surowska 1990; U. Renner 2010), sondern mittels semantischer Figurenklassifizierungen (Lukas 1996), funktionaler Fiktionsanalyse (Scheffel 1997 u. 1998; Grätz 2002) oder der Betrachtung transgenerischer Schreibweisen (Gerrekens 2011) auch zentrale Kategorien der Poetik Schnitzlers aufzuzeigen.

Auf die Edition der Gerichtsakten zum *Reigen*-Prozess (Pfoser/Pfoser-Schewig/G. Renner 1993) folgten ab Mitte der 1990er Jahre nicht nur Neuinterpretationen zu Schnitzlers Einakterzyklus (u. a. Schneider 1995; Arnold 1996), sondern auch die umstrittene Edition der Urfassung (Rovagnati 2004). Auch blieb die zunehmende interdisziplinäre Öffnung und Theoretisierung der Germanistik nicht ohne Einfluss auf die Paradigmen der wissenschaftlichen Rezeption: Erinnerungskultur und Gedächtnisforschung lenken das Interesse auf den mnemopoetischen Gehalt des Werks (Fliedl 1997), narratologische Ansätze und ein erweiterter Literaturbegriff würdigen nicht allein mehr den Erzähler (Kiwit 1991), sondern auch den Brief- und Tagebuchschreiber (Marxer 2001; Bülow 2001). Unter der gesellschaftspolitischen Leitprämisse der Vergangenheitsbewältigung erfahren auch Schnitzlers (assimiliertes wie akkulturiertes) Judentum und die jüdischen Implikationen im Werk gesteigerte Aufmerksamkeit (Abels 1982; Stern 2006; Beier 2008). Das Spektrum sujet- und motivgeschichtlicher Analysen umfasst zentrale figurale, thematische wie diskursive Kategorien der Wiener Moderne – vom Typus des ›süßen Mädels‹ über das Themengeflecht Ehe und Mesalliancen, Emanzipation, Weiblichkeits-/Männlichkeitsentwürfe (Meyer 2010) bis hin zum Leitmotiv des Traums, der dissoziierten Wahrnehmung (Hinck 1986; Perlmann 1987) und des Todes bzw. der Eros-Thanatos-Dichotomie (Micke 2000; Surmann 2002; Oei 2013). Im Kontext einer erweiterten Einflussforschung und diskursanalytischer Ansätze treten ferner philosophische Theoreme, etwa die produktive Resonanz nietzscheanischer Motivkomplexe im Frühwerk (Stierhof-May 2004), kulturhistorische sowie soziopolitische Implikationen (Schindler 1994) in den Blick, die bedingt auch Eingang in die traditionell-biographische Forschung fanden (Weinzierl 1994; Wagner 2006). Die jüngeren Studien zum Medizindiskurs und Ärztemotiv (Müller-Seidel 1997; Hnilica 2006; von Boetticher 1999; Welsh 2011) reaktualisieren nicht nur die psychoanalytischen Ansätze der 1970er bis 1990er Jahre (Urban 1974; Bühler 1995; Lange-Kirchheim 1998), sondern führen diese mit kognitionswissenschaftlichen Maximen in der Erforschung emotionaler Leserlenkung fort (Fehlberg 2014).

Seit 2000: Parallel zu dieser thematischen wie methodischen Pluralisierung erfolgt ab dem Jahr 2000 die Edierung weiterer Schriften und Korrespondenzen von Schnitzler und seinem Umfeld, darunter die Briefwechsel mit Peter Nansen (2003), Eugen Deimel (2003) und dem schwedischen Theaterregisseur Gustaf Linden (2005). Die Internationalisierung der Schnitzler-Forschung trägt, wenn auch vergleichsweise spät, der kosmopolitischen Dimension des Werks Rechnung. Studien zur Aufnahme, Kritik und Übersetzung seines Œuvres in Frankreich (Schmitt-Plattner 1992; Zieger 2012), England (Rosenkranz 1986; Schmid 2000), den Niederlanden (Roelofs 1989), Italien (Fliedl 2008), Schweden (Vogel 1979), den USA (Daviau 1992) oder Russland (Heresch 1976 u. 1982; Žerebin 2013) belegen eindrucksvoll die dialogisch-vielseitige Rezeption in und außerhalb Europas (s. Kap. V.2).

Der Intermedialitätsforschung ist es schließlich zu verdanken, dass vermehrt jene Ansätze, die Schnitzlers Werk in der Wechselbeziehung zu Musik, Oper, Theater, Tanz und Film seiner Zeit betrachteten (W. Fritz 1966; Kammer 1983; Weiner 1986; H. Fritz 1991), nach 2000 in transmedialen Analysen zu Musik-, Hörspiel- und Filmadaptionen (Nuy 2000; Bachmann 2003; Ballhausen 2006; Wolf 2006; Gess 2010; Aurnhammer/Beßlich/Denk 2010; Wünsch 2012; Aurnhammer u. a. 2015) wieder aktualisiert werden. Die auf Tagebuchaufzeichnungen von Schnitzler und Clara Pollaczek (Kurz/Rohrwasser 2012) basierende Dokumentation der Kinobesuche, die Edition der Filmskizzen und Drehbücher (Aurnhammer u. a. 2015) sowie der von Schnitzler selbst angelegten Leseliste (Aurnhammer 2013) erlauben eine Annäherung an den historischen Rezipienten Schnitzler und dessen Verfahrensweisen produktiver Anverwandlung filmischer wie literarischer Stoffe (Aurnhammer 2013 a u. 2013 b). Dass der literarische Connaisseur Schnitzler seinerseits auf die zeitgenössische Dichtung einwirkte und bei Autoren wie Zweig, Roth, Kafka, Hermann, Georg Hirschfeld (der ihm ein Gedicht widmete) und Hamsun in Form intertextueller Reminiszenzen oder parodistischer Überformung wie im Falle Molnars produktive Aufnahme fand, wurde bislang lediglich vereinzelt aus komparatistischer Sicht gewürdigt (Pottbekkers 2008). Zunehmendes Interesse gilt hingegen in jüngerer Zeit den bis dato weniger repräsentativen bzw. den Fragment gebliebenen ›verhinderten‹ Texten und Genres (Bellettini/Hutchinson 2010) wie der Autobiographie (Scheible 1996; Weissenberger 1997), dem Marionettentheater, der literarischen Pantomime (Vollmer 2011), den Brief- und Tagebucherzählungen (Grätz 2002) sowie den Kriminalgeschichten (Horváth 2013). Insbesondere für die letztgenannten Ansätze dürfte ein produktives Ineinandergreifen von literaturhistorisch-analytischen und editorischen Interessen im Zuge der seit 2009 bzw. 2012 entstehenden (z. T. digitalen) historisch-kritischen Ausgaben an den Universitäten Wien, Cambridge und Wuppertal zu erwarten sein, wo unter Leitung von Fliedl (Wien, u. a. unter Mitarbeit von Braunwarth und Polt-Heinzl) sowie Lukas/

Scheffel (Wuppertal) und Webber (Cambridge) erstmals eine textgenetisch vollständige Neuedition der Werke Schnitzlers erarbeitet wird.

Die künstlerische Rezeption Schnitzlers in Theater, Film und Literatur

Inszenierungen wie Lothars *Das weite Land* mit Paula Wessely und Attila Hörbiger (1959) und *Anatol* mit Lindner (1960) am Wiener Burgtheater ist es zu verdanken, dass Schnitzler als zeitdiagnostischer und gesellschaftspolitischer Autor zu Beginn der 1960er Jahre rehabilitiert war. Der sich anschließende Erfolg und die Bühnenpräsenz, die vor allem seine Rollen- und Beziehungsdramen in der Folgezeit erfuhren, ist gleichermaßen deren immanentem Potential für gegenwartskritische Adaptionen sowie für großes Schauspielertheater geschuldet, wie es u. a. Helmuth Lohner in Langhoffs Festspielinszenierung *Der einsame Weg* (1987) virtuos darbot. Dass Schnitzlers Dramatik auch gegenwärtig nichts an Attraktivität und Brisanz eingebüßt hat, bezeugen die Inszenierungen der jüngeren Jahre: Nachdem die gelegentlich mit allerlei historischen Reprisen an das Wiener Kolorit arrangierten Gesellschaftsstücke *Liebelei* (Thalheimer 2001; Kimmig 2011), *Reigen* (Gosch 1994; Frey 2007; Thalheimer 2009) oder *Das weite Land* (Henkel 2004; Kušej 2011; Hermanis 2011) die Geschlechterthematik bisweilen überstrapazierten, suchen gleichzeitig minimalistische Choreographien wie Giesings *Professor Bernhardi* (2011) oder medial transgressive Inszenierungen wie Petzolds *Der einsame Weg* (2009) oder Krafts *Traumnovelle* (2011) die differenzierte Formen- und Symbolsprache Schnitzlers für das postdramatische Theater zu reaktualisieren.

Auf die theatrale Wiederbelebung Schnitzlers und Ophüls' Film- und Hörspieladaptionen der 1950er Jahre (*La Ronde*, 1950; *Frau Berta Garlan*, 1956) folgten zahlreiche TV-Produktionen mit z. T. namhafter Besetzung (Nuy 2000) wie Kehlmanns *Der grüne Kakadu* (BRD 1963), Glücks *Traumnovelle* (Österr. 1969, mit Karlheinz Böhm, Erika Pluhar), Schenks *Der Reigen* (Österr. 1973, mit Senta Berger, Helmut Berger), Sirks *Silvesternacht* (BRD 1977, mit Hanna Schygulla) und Bondys *Das weite Land* (BRD u. a. 1987). Unter den über einhundert Verfilmungen erfuhr jedoch einzig Kubricks postmoderne Interpretation *Eyes Wide Shut* (UK/USA 1999) unter medienkomparatistischer Perspektive ein intensives Forschungsinteresse (Jahraus 2003; Hanuschek 2005; Freytag 2007; Hahn 2014).

Für die literarische Rezeption Schnitzlers in Postmoderne und Gegenwartsliteratur steht indessen eine systematische Erfassung noch aus: Mit Ausnahme der von Kargl (2005) analysierten ›Coverdramen‹ Schwabs (*Der reizende Reigen nach dem reizenden Reigen des Herrn Arthur Schnitzler*, 1996) sind die Gattungen, Modi und Funktionalisierungen der Bezugnahmen auf Schnitzler, die von alludierender Lektürereferenz (Zeller 2008) über epochale Stellvertreterschaft (Illies 2013), Todesphantasmagorien (Lange 1995), historische Kriminalerzählungen (Bauer 2014) und fiktive Romanbiographien (Weingartner 2006) bis hin zu bildkünstlerischen Interpretationen der Graphic Novel reichen (Fior 2010, Hinrichs 2012), bislang lediglich punktuell gewürdigt worden.

Literatur

Abels, Norbert: *Sicherheit ist nirgends. Judentum und Aufklärung bei A. S.* Königstein i. Ts. 1982.
Allerdissen, Rolf: *A. S. Impressionistisches Rollenspiel und skeptischer Moralismus in seinen Erzählungen.* Bonn 1985.
Arnold, Heinz L.: Der falsch gewonnene Prozeß. A. S. In: Jörg-Dieter Kogel (Hg.): *Schriftsteller vor Gericht. Verfolgte Literatur in vier Jahrhunderten.* Frankfurt a. M. 1996, 130–141.
Aspetsberger, Friedbert: »Drei Akte in einem«. Zum Formtyp von S.s Drama. In: ZfdPh 85 (1966), 285–308.
Aurnhammer, Achim/Beßlich, Barbara/Denk, Rudolf (Hg.): *A. S. und der Film.* Würzburg 2010.
Aurnhammer, Achim (Hg.): *A. S.s Lektüren. Leseliste und virtuelle Bibliothek.* Würzburg 2013 a.
Aurnhammer, Achim: *A. S.s intertextuelles Erzählen.* Berlin u. a. 2013 b.
Aurnhammer, Achim/Martin, Dieter/Schnitzler, Günter (Hg.): *A. S. und die Musik.* Würzburg 2014.
Aurnhammer, Achim u. a. (Hg.): *A. S.s Filmarbeiten, Drehbücher, Entwürfe, Skizzen.* Würzburg (i. Dr.).
Bachmann, Holger: *A. S. und Michael Curtiz. »Der junge Medardus« auf der Bühne und im Kino.* Essen 2003.
Ballhausen, Thomas u. a. (Hg.): *Tatsachen der Seele. A. S. und der Film.* Wien 2006.
Bauer, Hermann: *Schnitzlerlust. Ein Wiener Kaffeehauskrimi.* Meßkirch 2014.
Baumann, Gerhart: *A. S. Die Welt von gestern eines Dichters von morgen.* Frankfurt a. M. u. a. 1965.
Beier, Nikolaj: »*Vor allem bin ich ich…*«. *Judentum, Akkulturation und Antisemitismus in A. S.s Leben und Werk.* Göttingen 2008.
Bellettini, Lorenzo/Hutchinson, Peter (Hg.): *S.'s Hidden Manuscripts.* Oxford u. a. 2010.
Boetticher, Dirk von: »*Meine Werke sind lauter Diagnosen.*« *Über die ärztliche Dimension im Werk A. S.s.* Heidelberg 1999.
Bühler, Arnim-Thomas: *A. S.s »Fräulein Else«. Ansätze zu einer psychoanalytischen Interpretation.* Wetzlar 1995.
Bülow, Ulrich von (Hg.): »*Sicherheit ist nirgends*«. *Das Tagebuch von A. S.* Marbach a. N. 2001.

Coler, Christfried: A. S. und wir. In: *Berliner Hefte für geistiges Leben* 4 (1949), H. 2, 82–85.

Cremerius, Johannis (Hg.): *Methoden in der Diskussion.* Würzburg 1996.

Daviau, Donald G.: The Reception of A. S. in the United States. In: Wolfgang Elfe/James Hardin/Gunther Holst (Hg.): *The Fortunes of German Writers in America. Studies in Literary Reception.* Columbia 1992, 145–165.

Doppler, Alfred: Der Wandel der Darstellungsperspektive in den Dichtungen A. S.s. Mann und Frau als sozialpsychologisches Problem. In: Giuseppe Farese (Hg.): *Akten des Internationalen Symposiums »A. S. und seine Zeit«.* Bern u. a. 1985, 41–59.

Duhamel, Roland: *Die Lüge im Werk A. S.s.* Gent 1964.

Fehlberg, Kathrin: *Gelenkte Gefühle. Literarische Strategien der Emotionalisierung und Sympathielenkung in den Erzählungen A. S.s.* Marburg 2014.

Fior, Manuele: *Fräulein Else. Erzählung in zwei Teilen. Nach der Novelle von A. S.* Berlin 2010.

Fliedl, Konstanze: *A. S. Poetik der Erinnerung.* Wien u. a. 1997.

Fliedl, Konstanze: A.S. und Italien. In: Eduard Beutner (Hg.): *Ferne Heimat – nahe Fremde: bei Dichtern und Nachdenkern.* Würzburg 2008, 132–147.

Freytag, Julia: *Verhüllte Schaulust. Die Maske in S.s »Traumnovelle« und in Kubricks »Eyes Wide Shut«.* Bielefeld 2007.

Fritsche, Alfred: *Dekadenz im Werk A. S.s.* Bern/Frankfurt a. M. 1974.

Fritz, Horst: A. S.s Dramen und der Film. In: Dieter Kafitz (Hg.): *Drama und Theater der Jahrhundertwende.* Tübingen 1991, 53–67.

Fritz, Walter: A. S. und der Film. In: *Journal of the International A. S. Research Association* 5 (1966), H. 4, 11–51.

Gerrekens, Louis: A.S.s *Die Weissagung* oder wie aus schlecht erzähltem Theater eine spannende Novelle wird. In: Achim Küpper (Hg.): *Theatralisches Erzählen um 1900. Narrative Inszenierungsweisen der Jahrhundertwende.* Heidelberg 2011, 93–106.

Gess, Nicola: Intermedialität »reconsidered«. Vom Paragone bei Hoffmann bis zum Inneren Monolog bei S. In: *Poetica* 42 (2010), 139–168.

Grätz, Katharina: Die Macht der Fiktion und die Kunst des Fingierens. Eine Analyse von A. S.s Erzählung *Das Tagebuch der Redegonda* auf der Grundlage erzähltheoretischer Überlegungen. In: *Wirkendes Wort* 52 (2002), H. 3, 385–397.

Hahn, Henrike: *Verfilmte Gefühle. Von »Fräulein Else« bis »Eyes Wide Shut«. A. S.s Texte auf der Leinwand.* Bielefeld 2014.

Hanuschek, Sven: Traumnovelle (A. S. – Stanley Kubrick). »All diese Ordnung, alle diese Sicherheit des Daseins nur Schein und Lüge«. In: Anne Bohnenkamp-Renken (Hg.): *Literaturverfilmungen.* Stuttgart 2005, 177–184.

Heresch, Elisabeth: *Zur Rezeption A. S.s in Rußland.* Graz 1976.

Heresch, Elisabeth: *S. und Rußland. Aufnahme, Wirkung, Kritik.* Wien 1982.

Hinck, Valeria: *Träume bei A. S.* Köln 1986.

Hinrichs, Jakob: *Traumnovelle. Eine Graphic Novel nach A. S.* Frankfurt a. M. 2012.

Hnilica, Irmtraud: *Medizin, Macht und Männlichkeit. Ärztebilder der frühen Moderne bei Ernst Weiß, Thomas Mann und A. S.* Freiburg i. Br. 2006.

Horváth, Márta: Lesen und Mentalisieren. Strukturelemente der Detektivgeschichte in A. S.s Erzählung *Der tote Gabriel.* In: Attila Bombitz/Csúri Károly (Hg.): *Wege in die Seele. Ein Symposium zum Werk A. S.s.* Wien 2013, 102–112.

Illies, Florian: *1913. Der Sommer des Jahrhunderts.* Frankfurt a. M. 1913.

Imboden, Michael: *Die surreale Komponente im erzählenden Werk A. S.s.* Bern u. a. 1971.

Jahraus, Oliver: Der Film als Traum und der Voyeurismus des Zuschauers – Stanley Kubricks Verfilmung *Eyes Wide Shut* von A. S.s *Traumnovelle.* In: Oliver Jahraus/Stefan Neuhaus (Hg.): *Der erotische Film. Zur medialen Codierung von Ästhetik, Sexualität und Gewalt.* Würzburg 2003, 169–187.

Just, Gottfried: *Ironie und Sentimentalität in den erzählenden Dichtungen A. S.s.* Berlin 1968.

Kammer, Manfred: *Das Verhältnis A. S.s zum Film.* Aachen 1983.

Kargl, Edith K.: *A. S.s »Reigen« und seine Bearbeitung durch Werner Schwab.* Graz 2005.

Kiwit, Wolfram: *»Sehnsucht nach meinem Roman«. A. S. als Romancier.* Bochum 1991.

Krotkoff, Helga (Hg.): A. S. – Thomas Mann: Briefe. In: *MAL* 7 (1974), H. 1/2, 1–33.

Kurz, Stephan/Rohrwasser, Michael (Hg.): *»A. ist manchmal wie ein kleines Kind«. Clara Katharina Pollaczek und A. S. gehen ins Kino.* Unter Mitarb. von Daniel Schopper. Wien u. a. 2012.

Lange, Hartmut: *S.s Würgeengel. Novellen.* Zürich 1995.

Lange-Kirchheim, Astrid: Adoleszenz, Hysterie und Autorschaft in A. S. Novelle »Fräulein Else«. In: *JDSG* 42 (1998), 265–300.

Langhammer, Leopold: Lebt A. S.s Werk noch? Zum 20. Todestag des Dichters. In: *Freude an Büchern* 2 (1951), 276–277.

Lukas, Wolfgang: *Das Selbst und das Fremde. Epochale Lebenskrisen und ihre Lösungen im Werk A. S.s.* München 1996.

Marxer, Bettina: *»Liebesbriefe, und was nun einmal so genannt wird«. Korrespondenzen zwischen A. S., Olga Waissnix und Marie Reinhard. Eine literatur- und kulturwissenschaftliche Lektüre.* Würzburg 2001.

Meyer, Imke: *Männlichkeit und Melodram. A. S.s erzählende Schriften.* Würzburg 2010.

Micke, Norbert: *Das Eros/Thanatos-Motiv in frühen Erzählungen S.s.* Berlin 2000.

Müller-Freienfels, Richard: *Das Lebensgefühl in A. S.s Dramen.* Frankfurt a. M. 1954.

Müller-Seidel, Walter: *Arztbilder im Wandel. Zum literarischen Werk A. S.s.* München 1997.

Neumann, Gerhard/Müller, Jutta: *Der Nachlaß A. S. Verzeichnis des im S.-Archiv der Universität Freiburg i. Br. befindlichen Materials.* Mit einem Vorwort von Gerhart Baumann und einem Anhang von Heinrich Schnitzler. *Verzeichnis des in Wien vorhandenen Nachlaßmaterials.* München 1969.

Nickl, Therese/Schnitzler, Heinrich (Hg.): *A.S. – Olga Waissnix. Liebe, die starb vor der Zeit. Ein Briefwechsel.* Mit einem Vorw. v. Hans Weigel. Wien 1970.

Nuy, Sandra: *A. S. ferngesehen. Ein Beitrag zur Geschichte des Theaters im Fernsehen der Bundesrepublik Deutschland (1953–1989)*. Münster 2000.

Oei, Bernd: *Eros & Thanatos. Philosophie und Wiener Melancholie in A. S.s Werk*. Freiburg i. Br. 2013.

Offermanns, Ernst L.: *A. S. Das Komödienwerk als Kritik des Impressionismus*. München 1973.

Perlmann, Michaela: *Der Traum in der literarischen Moderne. Untersuchungen zum Werk A. S.s.* München 1987.

Pfoser, Alfred/Pfoser-Schewig, Kristina/Renner, Gerhard: *S.s »Reigen«. Zehn Dialoge und ihre Skandalgeschichte. Analysen und Dokumente*. 2 Bde. Frankfurt a. M. 1993.

Pottbeckers, Jörg: *Stumme Sprache. Innerer Monolog und erzählerischer Diskurs in Knut Hamsuns frühen Romanen im Kontext von Dostojewski, S. und Joyce*. Frankfurt a. M. u. a. 2008.

Renner, Ursula: Lassen sich Gedanken sagen? Mimesis der inneren Rede in A.S.s *Lieutenant Gustl*. In: Sabine Schneider (Hg.): *Die Grenzen des Sagbaren in der Literatur des 20. Jahrhunderts*. Würzburg 2010, 31–52.

Roelofs, Hans: *»Man weiß eigentlich wenig von einander«. A. S. und die Niederlande. 1895–1940*. Amsterdam 1989.

Rosenkranz, Claudia: *A. S.s »Anatol«-Rezeption im englischsprachigen Raum*. Wien 1986.

Rovagnati, Gabriella (Hg.): *Ein Liebesreigen. Die Urfassung des »Reigen«*. Frankfurt a. M. 2004.

Scheffel, Michael: Narrative Fiktion und die »Märchenhaftigkeit des Alltäglichen« – A. S.s *Traumnovelle* (1925/26). In: Michael Scheffel: *Formen selbstreflexiven Erzählens. Eine Typologie und sechs exemplarische Analysen*. Tübingen 1997, 175–196.

Scheffel, Michael: »Ich will dir alles erzählen«. Von der »Märchenhaftigkeit des Alltäglichen« in A. S.s »Traumnovelle«. In: *Text + Kritik* (1998), H. 138/139 (*A. S.*), 123–137.

Scheible, Hartmut: *A. S. und die Aufklärung*. München 1977.

Scheible, Hartmut: *Liebe und Liberalismus. Über A. S.* Bielefeld 1996.

Schindler, Barbara: *Das Leben und Werk von A. S. in den Medien seiner Zeit. Eine gesellschaftspolitische Untersuchung*. Wien 1994.

Schmid, Susanne: *Übersetzung und Adaption. A. S.s Dramen »Reigen«, »Liebelei« und »Das weite Land« in englischer Fassung*. Wien 2000.

Schmitt-Plattner, Andrea: *Das dramatische Werk A. S.s in der französischen Presse. Ein Vergleich zur österreichischen Rezeption*. Innsbruck 1992.

Schneider, Gerd K.: *Die Rezeption von A. S.s »Reigen« 1897–1994. Text, Aufführungen, Verfilmungen. Pressespiegel und andere zeitgenössische Kommentare*. Riverside 1995.

Schwab, Werner: *Der reizende Reigen nach dem Reigen des reizenden Herrn A. S.* Graz u. a. 1996.

Seidlin, Oskar (Hg.): *Der Briefwechsel A. S. – Otto Brahm*. Tübingen 1975.

Stern, Frank: Wege ins Freie. Der Dichter der Akkulturation (1862–1931) und die Angst vor der Visualisierung des Jüdischen im Werk A. S.s (1945–2007). In: Thomas Ballhausen u. a. (Hg.): *Die Tatsachen der Seele. A. S. und der Film*. Wien 2006, 171–206.

Stierhof-May, Freia: *Untersuchungen zur Funktion literarischer Motive bei A. S. im Kontext der Philosophie Friedrich Nietzsches*. Berlin 2004.

Surmann, Elke: *»Ein dichtes Gitter dunkler Herzen«. Tod und Liebe bei Richard Beer-Hofmann und A. S. Untersuchung zur Geschlechterdifferenz und der Mortifikation der »Anderen«*. Oldenburg 2002.

Surowska, Barbara: *Die Bewußtseinsstromtechnik im Erzählwerk A. S.s.* Warschau 1990.

Thomé, Horst: A. S.s *Tagebuch*. Thesen und Forschungsperspektiven. In: *IASL* 18 (1993 a), H. 2, 176–193.

Thomé, Horst: *Psychiatrie in deutschen Erzähltexten (1848–1914)*. Tübingen 1993 b.

Urbach, Reinhard: *Schauspieler und Gesellschaft im Werk A. S.s. Untersuchungen zur dramatischen Durchführung, Aufführungs- und Rezeptionsgeschichte des »Grünen Kakadu«*. Wien 1975.

Urban, Bernd: A. S. und Sigmund Freud. Aus den Anfängen des ›Doppelgängers‹. Zur Differenzierung dichterischer Intuition und Umgebung der frühen Hysterieforschung. In: *Germanisch-Romanische Monatsschrift. Neue Folge* 24 (1974), 193–223.

Vacha, Brigitte: *A. S. und das Wiener Burgtheater, 1895–1965*. Wien 1966.

Vogel, Margot E.: *S. in Schweden. Zur Rezeption seiner Werke*. Uppsala 1979.

Vollmer, Hartmut: *Die literarische Pantomime. Studien zu einer Literaturgattung der Moderne*. Bielefeld 2011.

Wagner, Renate/Vacha, Brigitte: *Wiener S.-Aufführungen 1891–1970*. München 1971.

Wagner, Renate (Hg.): *Der Briefwechsel A. S.s mit Max Reinhardt und dessen Mitarbeitern*. Salzburg 1971.

Wagner, Renate (Hg.): *Dilly. Geschichte einer Liebe in Briefen, Bildern und Dokumenten*. Wien 1975.

Wagner, Renate: *Wie ein weites Land. A. S. und seine Zeit*. Wien 2006.

Weiner, Marc A.: *A. S. and the Crisis of Musical Culture*. Heidelberg 1986.

Weingartner, Gabriele: *Fräulein Schnitzler. Roman*. Innsbruck/Wien 2006.

Weinzierl, Ulrich: *A. S. Lieben, Träumen, Sterben*. Frankfurt a. M. 1994.

Weissenberger, Klaus: A. S.s Autobiographie *Jugend in Wien*. Die Entmythisierung einer literarischen Gattung. In: Joseph P. Strelka (Hg.): *»Die Seele… ist ein weites Land«. Kritische Beiträge zum Werk A. S.s.* Bern u. a. 1997, 163–192.

Welsh, Caroline: Euthanasie, Lebenswille, Patiententäuschung. A. S.s literarische Reflexionen im Kontext zeitgenössischer Medizin und Literatur. In: *JDSG* 55 (2011), 275–306.

Wolf, Claudia: *A. S. und der Film. Bedeutung. Wahrnehmung. Beziehung. Umsetzung. Erfahrung*. Karlsruhe 2006.

Wünsch, Marianne: *Moderne und Gegenwart. Erzählstrukturen in Film und Literatur*. München 2012.

Zeller, Felicia: *Einsam lehnen am Bekannten. Kurze Prosa*. Düsseldorf 2008.

Žerebin, Alexej I.: *Die Wiener Moderne und die russische Literatur*. Aus dem Russ. ins Dt. übers. v. Karin Witte. Wien 2013.

Zieger, Karl: *A. S. et la France 1894–1938. Enquête sur une réception*. Villeneuve d'Ascq 2012.

Julia Ilgner

2. Internationale Wirkung und Rezeption

2.1 Russland und Osteuropa

Die Rezeptionsgeschichte Schnitzlers in Russland und Osteuropa entfaltete sich um 1900 durchaus spektakulär. Innerhalb kürzester Zeit wurde »dieser talentierte Wiener« (Blok 1906; alle Übers. im Artikel v. Verf.) zu einem der in Russland meistübersetzten und im Theater gespielten westlichen Autoren neben Zola, Ibsen, Hauptmann, Maeterlinck, Strindberg und Wilde. 22 seiner kleineren und größeren Stücke kamen bis 1911 auf die russische Bühne. Schnitzlers Novellen und Erzählungen aus dieser Zeit sind allesamt kurz nach der Jahrhundertwende in russischer Sprache erschienen, wobei die meisten mehrfach übersetzt wurden; *Ein Abschied* wurde sogar in zwölf Fassungen vorgelegt. 1903 bis 1908 kam das achtbändige »Gesamtwerk« des »hervorragendsten und interessantesten Schriftstellers Österreichs« (Brandes 1906, 9) im prominenten V. M. Sablin-Verlag in Moskau heraus, dem die mehrbändigen Ausgaben von Hauptmann, Wilde, Hamsun, Strindberg u. a. folgten. Seine Popularität hat nicht nur in regelmäßigen Rezensionen, Zeitungs- und Zeitschriftenartikeln, sondern auch in literarischen Werken bedeutender russischer Autoren ihren Ausdruck gefunden, z. B. in Ivan Bunins Novelle *Der reine Montag* bzw. in Saša Černyjs satirischem Gedicht *Das Geschlechtsproblem* und Igor' Severjanins Gedicht *Nelly*, in dem die ProtagonistInnen den Modeautor Schnitzler lesen. Für die gesellschaftlich-kulturelle Autorität Schnitzlers in Russland spricht auch, dass er 1910 von einer St. Petersburger Zeitung anlässlich des Todes von Lev Tolstoj »als kulturelle Persönlichkeit im Namen Österreichs um einen Kommentar gebeten« wurde (Heresch 1982, 103; dieser Einladung konnte er aber nicht folgen), und 1912 hat er auf die Bitte der Zeitung *Odesskie Novosti* anlässlich des Ablebens von Anton Čechov von »Seele zur Seele« (so Schnitzler) über seinen russischen Dichterkollegen geschrieben.

Die statistische Erfassung der Übersetzungen österreichischer Autoren ins Russische, die über 3.300 Publikationen seit 1814 dokumentieren konnte (Datenbank »Austriaca Rossica I«, erstellt vom Verf.), zeugt u. a. auch davon, dass nur einige wenige von ihnen zu den vielgelesenen bzw. -übersetzten deutschsprachigen Schriftstellern der österreichisch-ungarischen Monarchie und der beiden Republiken Österreichs gehörten, obwohl die Bandbreite der rezipierten Dichter aus dieser kulturellen Region ziemlich groß ist – es sind Werke von ca. 250 österreichischen Schriftstellern veröffentlicht bzw. aufgeführt worden. Zu den international am stärksten wahrgenommenen Autoren gehören (und die rezeptionsorientierte Forschung bestätigt diesen Befund) Rainer Maria Rilke, Stefan Zweig, Franz Kafka und – Arthur Schnitzler. Der Anteil der publizierten Übersetzungen ihrer Werke beträgt mehr als 35 % vom Gesamtumfang. Dabei bewahrt Schnitzler seine Position ausschließlich dadurch, dass er bis 1918 der meistübersetzte österreichische Autor war (über 20 % von der Gesamtzahl der in russischer Sprache erschienenen Werke österreichischer Autoren). Mit ca. 200 Publikationen von Übersetzungen seiner Texte ist er der unbestrittene Favorit in diesem Bereich (Lenaus Gedichte erschienen in russischer Sprache bis 1918 80 Mal, Roseggers und Sacher-Masochs Werke je 70, Hofmannsthals 25, Altenbergs nur 23).

Schnitzlers stürmische Aufnahme war dabei nicht nur ein Modephänomen, wenn auch die russische Literaturkritik sich ständig bemühte, ihm Oberflächlichkeit und »Mangel an geistiger Tiefe« (Blok 1906) vorzuwerfen, und seine Erzählungen als eine Art massenhafte Lektüre für junge Leserinnen einschätzte (»Wir lesen Schnitzler, wir träumen von Komtessen«, wie Aleksandr Vertinskij damals in seinem Chanson *Launisches Mädchen* formulierte). Dieselbe russische Literaturkritik pries Schnitzler einerseits wegen seiner literarischen Begabung, rügte aber andererseits aus inhaltlicher Perspektive die fehlende Darstellung des sozialen Lebens bzw. der gesellschaftlichen Konflikte sowie die Konzentration auf die Geschichten »der Menschen mit egoistischer Lebenseinstellung« (Friče 1902) und bewertete vor allem das Fehlen der urteilenden Position des Autors als Mangel. Doch die feine psychologische Analyse sowie seine quasi naturalistische Schilderung der Grundsituationen des menschlichen Lebens waren für Schnitzlers russische Leser attraktiv (Zal'kind 1910, 3). Dabei wurden »Liebe, Tod und Illusion« drei Grundelemente seiner Werke empfunden, als »drei Grundfarben, die in Verbindung miteinander und zu allen möglichen Halbtönen vermischt aus dem poetischen Spektrum leuchten, in das das feinfühlige Talent Schnitzlers jede beliebige Erscheinung des Lebens auslegt, so wie ein durchsichtiger, geschliffener Kristall« (Vengerova 1907, 253).

1895–1918

Schnitzlers Rezeption verlief parallel zur Verbreitung und Aufnahme seiner Werke im deutschsprachigen Bereich, zeigte aber auch manche Divergenzen und Leerstellen, die durch die politischen und kulturellen Entwicklungen in Russland, Polen, Böhmen und Mähren (nach 1918 Tschechoslowakei) und in der Ukraine zu erklären sind. Die erste polnische Übersetzung erschien ungewöhnlich früh: Schon 1889 kam es zur Publikation der Novelle *Mein Freund Ypsilon* in der Warschauer Zeitschrift *Życie* (vgl. Obrączka 1994, 98), aber die eigentliche Verbreitung seiner Werke in Polen begann erst 1896 mit den *Liebelei*-Aufführungen und lief besonders intensiv über die Theaterebene.

Nach Russland kam Schnitzler mit der Erzählung *Sterben*, die 1895 in der Zeitschrift *Vestnik inostrannoj literatury* (St. Petersburg) erschien und im Zusammenspiel mit den Übersetzungen von *Die Toten schweigen*, *Ehrentag* und *Ein Abschied* den Durchbruch von Schnitzler als Prosaiker Anfang der 1900er Jahre vorbereitete. Als Dramatiker wiederum betrat Schnitzler mit *Liebelei* russischen Boden, einem Stück, das zunächst 1895 bei einem Sommerfestival in St. Petersburg »ohne anhaltenden Erfolg aufgeführt worden ist« (Heresch 1982, 16), dann 1896 von der in St. Petersburg gastierenden Theatergruppe Bock und 1898 von einem polnischen Ensemble in der Originalsprache dargeboten wurde, um 1899 zugleich in Moskau und St. Petersburg in der russischen Übersetzung uraufgeführt zu werden und bis 1923 noch 20 Uraufführungen sowohl in beiden Metropolen als auch in den Provinzstädten des weiten Russischen Reiches und später der frühen Sowjetunion zu erleben. Ab Anfang 1900 kamen auch andere Stücke von Schnitzler auf die russische Bühne, wobei *Anatol* als Zyklus bzw. in seinen einzelnen Teilen (als ›Dauerbrenner‹ mit 26 Uraufführungen bis 1914), *Das Märchen*, *Der grüne Kakadu* und *Der Ruf des Lebens* am häufigsten gespielt wurden. Der junge Vsevolod Mejerchol'd wählte *Die letzten Masken*, *Literatur* und *Liebelei* für die Aufführung auf einer provinziellen Bühne im südrussischen Cherson (1903), wo er nach dem Austritt aus dem von Stanislavskij geleiteten Moskauer Künstlertheater seine Karriere mit der Gründung der *Gesellschaft des neuen Dramas* begann. Anfang Februar 1906 kam es zur berühmten Uraufführung von *Der Ruf des Lebens* im Vera Komissarževskaja-Theater in St. Petersburg. Schnitzler schrieb in einem Brief über die deutsche Aufführung im April 1906 im Berliner Lessingtheater resignierend: »Es ist so schwer für einen Autor, über ein durchgefallenes Stück zu reden [...] – aber warum sollte ich verschweigen, daß dieser grauenhafte Ruf in Petersburg u[nd] Moskau, russisch, ganz beträchtliche Erfolge erzielt, und so weit mir die Kritiken übersetzt worden sind, da alle Gegengründe fehlten, wohl verstanden worden zu sein scheint« (an Alfred Freiherrn von Berger, 7.9. 1906; Br I, 545). 1910 schuf der das russische Theater revolutionierende Mejerchol'd in St. Petersburg seine berühmte Pantomime auf Grundlage des Schnitzlerschen Textes *Der Schleier der Pierrette*, die er *Das Halstuch der Colombine* (*Šarf Kolombiny*) betitelte. Diese Aufführung, die das antinaturalistische Konzept einer Stilbühne durchsetzte, wurde als ein Großereignis der Theatersaison gepriesen und ebnete den Weg für mehrere Theaterexperimente, die die russische Bühnenkunst von damals deutlich verwandelten. 1914 wurde Mejerchol'ds Experiment von Aleksandr Tairov wiederholt, der sein Kammertheater in Moskau auch mit der Pantomime *Der Schleier der Pierrette* eröffnete, diesmal unter Wahrung des Originaltitels. Durch diese Entwicklung wurde Schnitzlers Pantomime geradezu zum »Symbol des russischen Symbolismus auf der Bühne« (Gusev 2007, 5).

1906–1913 gelten als die ›russischsten‹ Jahre der Schnitzler-Rezeption (1908 sind z.B. 21 Buchausgaben seiner Werke publiziert worden) sowie für Schnitzlers briefliche und direkte Kontakte zu russischen Kulturschaffenden (zur Übersetzerin Vengerova, zu den Schauspielern des Moskauer Künstlertheaters Leonidov und Južin-Sumbatov und seinen Regisseuren Stanislavskij und Nemirovič-Dančenko).

Polnische Theatererfolge von Schnitzler sind auch mit der Aufführung von seiner Tragikomödie *Liebelei* verbunden, die 1896 auf die Bühnen von Lemberg, Lodz und Warschau, Lublin sowie 1897 Posen und Kalisch kam und bis 1906 mehrmals gespielt wurde, auch bei den Gastspielen in anderen Städten (Krakau 1896). Zu den erfolgreichsten Aufführungen gehörten auch Szenen aus dem *Anatol*-Zyklus (besonders *Abschiedssouper*), die 1898 in Warschau und 1900 in Krakau uraufgeführt wurden und bis 1907 mehr als 50 Mal auf die Bühne kamen. *Freiwild* (unter fünf verschiedenen Titeln), *Das Vermächtnis*, *Die Gefährtin*, *Märchen*, *Der Puppenspieler* wurden in Lemberg, Krakau, Warschau, Lodz, Sosnowitz um 1900 aufgeführt. Besondere Popularität genoss der Einakter *Lebendige Stunden*, der ab

1903 auf die Bühnen von Lemberg, Krakau und Warschau gebracht wurde. »Schnitzler gehörte in Polen – zusammen mit Hauptmann und Sudermann – zu den meistgespielten deutschen Autoren.« Dabei »verteilte sich die Zahl der Aufführungen im dreigeteilten Polen so, dass es in Galizien zu 13 Aufführungen kam, in Preußen zu 4 und im russischen Teil Polens zu 33« (Obrączka 1994, 101). Die junge polnische Moderne förderte das Interesse für Schnitzler durch ihre Orientierung an der Wiener Sezession, und dementsprechend wurden die meisten Aufführungen in den wichtigsten polnischen Zeitschriften und Zeitungen rezensiert. Der polnische Dramatiker und Literaturkritiker Tadeusz Rittner und einige andere Wiener Korrespondenten berichteten regelmäßig über die Autoren des Jungen Wien, auch über Schnitzler (vgl. Wytrzens 1989, 387), wobei die Theaterrezeption deutlich über die Literaturrezeption dominierte (vgl. Obrączka 1994, 100). Obwohl es bis 1918 insgesamt zu 15 Publikationen von Schnitzlers Erzählungen sowohl in Zeitschriften (*Ein Abschied*, 1896; *Die Toten schweigen*, 1897; *Die Frau des Weisen*, 1899; *Lieutenant Gustl*, 1902; *Blumen*, 1907) als auch in Buchform (*Dämmerseelen*, 1907; *Illusionen*, 1905; *Frau Berta Garlan*, 1913) kam, fanden diese Texte in der polnischen Presse nur schwachen Anklang. Nach 1907 – unter anderem unter dem Einfluss der gravierenden politischen Ereignisse im russischen Teil Polens, wo die gesellschaftliche und nationale Problematik besonders stark in den Vordergrund gerückt war – schienen Schnitzlers ›lokale‹ und impressionistisch-psychologisch gefärbte »Szenen« das Theaterpublikum nicht mehr anzusprechen. Teatr Polski (Warschau) spielte 1913 vier Szenen aus *Anatol* und 1916 *Komödie der Worte* (auch 1917 in Krakau). Es gab 1916 einen Versuch, die Groteske *Der grüne Kakadu* trotz der Zensurvorschriften auf die Bühne zu bringen. Damit lief aber die Theaterrezeption Schnitzlers im damaligen Polen fast vollständig aus. Seine wichtigsten Bühnenwerke *Der einsame Weg*, *Das weite Land*, *Professor Bernhardi* wurden nicht aufgeführt und auch nicht ins Polnische übersetzt.

Im Zuge der tschechischen Moderne begann Schnitzlers Aufnahme 1897 in Prag mit der Aufführung von zwei Szenen aus dem *Anatol*-Zyklus im Švanda-Theater und der Herausgabe von *Liebelei*. 1898 erschienen *Anatol* und *Sterben* in zwei verschiedenen Verlagen, wobei die Novelle im Vorwort als »Kunstwerk« gelobt wird und *Anatol* sowie *Liebelei* nur als modische »Literatur« bezeichnet werden (Kovář 1987, 101). Die tschechischen Theater in Prag, Brünn und Pilsen haben *Anatol* (1900, 1902, 1912 und 1917), *Der grüne Kakadu* (1900 in Prag, 1903 in Pilsen) sowie *Vermächtnis* (1900 in Prag), *Schleier der Beatrice* (1902 in Brünn, 1910 und 1918 in Prag), *Literatur* (1905, 1911 in Prag), *Liebelei* (1911, 1913 in Prag), *Der Ruf des Lebens* (1908) und *Komtesse Mizzi* (1909, beide in Prag) gespielt. 1909 erschien *Lieutenant Gustl* in Prag, ansonsten war Schnitzlers Prosa für die tschechischen Leser im Original zugänglich.

Die Rezeption in beiden Teilen der Ukraine ist mit den Versuchen der ukrainischen Intellektuellen verbunden, zur breiteren Durchsetzung ihrer eigenen Sprachkultur und Schaffung des nationalen Theaters beizutragen. Im Zusammenhang mit dieser Zielsetzung sind in den Zeitschriften im damals österreichischen Lemberg (Lviv) zwei erste Übersetzungen von Schnitzler ins Ukrainische erschienen: *Anatols Hochzeitsmorgen* (1904) und *Freiwild* (1905). 1908 übersetzte Boris Hrintschenko *Liebelei* und es kam zur Aufführung des Stückes im Theater von Nikolaj Sadovskij in Kiew, dem ersten stationären ukrainischen Theater. In der Folge wurden von Maria Hruschewska noch drei Stücke von Schnitzler übersetzt und herausgegeben (*Letzte Masken* 1913 in Kiew; *Literatur* 1913 in Lemberg; *Der einsame Weg* 1915 in Kiew). 1917 kam in Kiew die Übersetzung von *Der grüne Kakadu* (von Mykola Voronyi) als Buch heraus. Zu weiteren Aufführungen Schnitzlers in ukrainischer Sprache ist es dann bis Ende des 20. Jahrhunderts nicht mehr gekommen. Auch gab es in diesem Zeitraum keine Übersetzungen seiner Prosawerke, sodass sie von ukrainischen Lesern auf Deutsch bzw. Russisch rezipiert werden mussten.

Die Erfolgsgeschichte Schnitzlers dauerte im osteuropäischen Raum bis ca. 1913. Doch wurde es in Russland 1914 bis 1917 nicht nur um Schnitzler still – mit dem Beginn des Ersten Weltkrieges schien das Interesse für das literarische und Theaterleben aus dem deutschsprachigen Raum in Russland fast völlig verschwunden zu sein. Erst 1917 kam es immerhin zu zwei Aufführungen des *Reigen*, weil die russische Zensur, die zuvor »für moralische Unbedenklichkeit zu sorgen« (Heresch 1982, 91) hatte und diese Aufführungen wohl verhindert hätte, nach der Februarrevolution 1917 für Theateraufführungen abgeschafft war (bereits 1918 wurde sie aber von den Bolschewiki wieder eingeführt). Der Herausgeber der Petersburger Zeitschrift *Theater und Kunst* und einflussreiche Kritiker Aleksandr Kugel' erinnerte sich aus Anlass der Aufführung des *Reigen* an frühere

Versuche, das Stück, das zu dieser Zeit in zehn verschiedenen Übersetzungen gedruckt vorlag, auf die Bühnen zu bringen: »Ich legte mich ständig mit den Zensoren an, indem ich versuchte, ihnen klarzumachen, dass Schnitzlers *Reigen* das grandiose poetische Werk ist, dass es mit dem mystischen Geist des Fatums durchdrungen ist... [...] Die liebenswerten Zensoren unterbrachen mich aber mit den Worten: ›Sie kennen Schnitzler, und wir kennen unsere Impresarios...‹« (Kugel' 1917, 398).

Zwischen den Weltkriegen

Auf der russischen Bühne der ersten Jahre nach der Oktoberrevolution 1917 spielte man die bekanntesten Stücke von Schnitzler weiter, wobei dem Einakter *Der grüne Kakadu* sowohl »die meiste Beachtung geschenkt« als auch »die größte künstlerische Bedeutung beigemessen« (Heresch 1982, 35) wurde. Doch Ende der 1920er endete die scheinbar wiederbelebte Aufnahme von Schnitzler in der Sowjetunion, die ihren Höhepunkt im Jahr 1923 mit gleich zwölf Buchpublikationen seiner neuesten Werke fand. 1926 und 1927 erschienen noch zwei Übersetzungen der *Traumnovelle*, wobei die eine, unter dem Titel *Fridolin*, aus der Feder des großen russischen Lyrikers Osip Mandel'stam stammte. *Der Schleier der Pierrette* wurde 1930 im Achundov-Theater in Baku aufgeführt, in der Stadt, in der 1926 eine Monographie über Schnitzler publiziert worden war; Aleksej Evlachov, bis 1914 Professor der Warschauer Universität, hatte sein Buch schon 1918 verfasst, konnte es aber erst 1926 im Verlag der Universität Baku herausgeben, an der er damals lehrte. Das Verschwinden von Schnitzlers Werk (ja seines Namens) aus der sowjetischen Öffentlichkeit kann zum einen durch die fortschreitende Abwendung der offiziellen Instanzen von der ›dekadenten‹ bürgerlichen Kultur und Literatur erklärt werden. Verstärkt wurde diese Tendenz zum anderen dadurch, dass die Blicke der russischen Übersetzer und Verleger sich ab Mitte der 1920er Jahre auf eine andere Begabung aus Österreich richteten, die Schnitzler literarisch weit zu übertreffen schien, und zwar auf Stefan Zweig. Zweig hatte nun Erfolg mit seinen psychologisierenden Novellen aus dem bürgerlichen Milieu und seinen Romanbiographien, und seine Popularität kulminierte in der Herausgabe seiner gesammelten Werke auf Russisch in 12 Bänden (1929–1932). Mitverantwortlich für Schnitzlers Verschwinden aus der öffentlichen Diskussion mag schließlich auch eine seiner wenigen politischen Äußerungen zu Russland gewesen sein. Schnitzler war einer von zwei Dutzend Intellektuellen und Schriftstellern von Weltrang wie u. a. Thomas Mann und Gerhart Hauptmann, deren die Gräuel der sowjetischen Gefängnisse brandmarkenden Briefe als Reaktion auf das Buch *Letters from Russian Prisons*, New York 1925, als Einführung in dieser Ausgabe publiziert wurden. Jedenfalls kam es zur nächsten Publikation seiner Werke in der Sowjetunion erst 40 Jahre später. Eine der seltenen Erwähnungen von Schnitzler in dieser Zeit fällt in das Jahr 1939, das Jubiläumsjahr der Französischen Revolution. In einem umfangreichen Essay wurde sein Stück *Der grüne Kakadu* als »äußerst populär [...] in den letzten Jahren unserer Revolution« gepriesen. Die Groteske von Schnitzler sei »durchtränkt vom Vorgefühl des neuen, mit Stürmen und Umwälzungen gefüllten Jahrhunderts«. Dabei »bemühte sich Schnitzler alles Mögliche zu tun, um alles auf das Spiel zu reduzieren, auf das Spiel, das allmählich zum lebendigen Leben wird. Aber die Kraft des Stoffes durchbrach die subjektive Idee des Autors [...] Schnitzlers Spieltrieb hat in keiner Weise das Thema der Französischen Revolution ›entsichert‹« (Etingin 1939, 188). Zudem reichte E. Kosinskaja 1941 in Moskau ihre Doktorarbeit *Arthur Schnitzler und die Literatur des verfaulenden Kapitalismus* ein und 1951 kam die russische Ausgabe von *Fräulein Else* (1925) als ein »boulevard-pornographisches Buch« auf die Liste der verbotenen Bücher (Bljum 2008, 138).

Im Polen der Jahre zwischen den Weltkriegen war die Übersetzung des *Reigen* in Lemberg (1921) nach dem Ausklang des modernistischen ›Jungen Polen‹ das letzte Zeichen des verschwindenden Interesses für den Theaterautor Schnitzler. Bis Ende der 1920er sind noch einzelne Sammelbände mit seinen Novellen in Lemberg (*Sterben*, 1919; *Frau Beate und ihr Sohn*, 1922) und hauptsächlich in Warschau (*Griechische Tänzerin* in der »autorisierten Nachdichtung«, die 1922 bis 1924 fünf Auflagen erlebte; *Spiel im Morgengrauen* und *Fräulein Else*, beide 1928) herausgegeben worden, doch trat sein Werk deutlich in den Schatten der Popularität von Joseph Roths, Franz Werfels und Stefan Zweigs Prosa.

Die Rezeption von Schnitzler in der Slowakei »setzte Mitte der 1890er Jahre mit Hilfe der deutschsprachigen Theatergruppen ein« (Grusková 1999, 153). Es gibt keine slowakischen Übersetzungen von Schnitzler aus dieser Zeit. Er war im slowakischen Theater der Zwischenkriegszeit nur als Librettist bekannt, und auch dies nur in der tschechischen Übersetzung von *Der Schleier der Pierrette* und *Liebelei*, die 1923 bzw. 1926 in Bratislava aufgeführt wurden.

Die tschechische Übersetzung seines Romans *Therese* (1930) war für die nächsten Jahrzehnte die einzige Rezeptionsspur von Schnitzler im Bereich seiner Prosa. Ukrainische Übersetzer haben sich in dieser Zeit noch um Schnitzlers Werk bemüht (1929 erschien *Lieutenant Gustl* mit der Ortsangabe Kiew-Leipzig; 1930 kam in Lemberg *Der grüne Kakadu* heraus; 1930 bzw. 1934 wurden in Zeitschriften auch *Die Frau des Weisen* und *Der blinde Geronimo* auf Ukrainisch publiziert).

Rezeption nach 1945

Erst um 1960, gewissermaßen parallel zur Schnitzler-Renaissance im Westen, kommt es zu einer vorsichtigen Wiederbelebung des Interesses an Schnitzler im Osten. »Das wiedererwachende Interesse an österreichischen Autoren bei polnischen Verlagen datiert man etwa seit dem Jahr 1956« (Rosner 1971, 546). So erschien 1957 die Novellensammlung *Leutnant Gustl und andere Erzählungen* von »Arthur Schnitzler, jene[m] großartigen Kenner der menschlichen Psyche, der schon von Żeromski aufrichtig bewundert wurde« (ebd.). Dieser Sammlung folgte 1971 ein mit *Fräulein Else* betitelter Sammelband. Aufführungen von Schnitzlers szenischen Werken kamen hingegen nur selten zustande. Sozusagen kompensatorisch entstand aber eine neue Präsentationsform seiner Werke – das TV-Theater: 1968 zeigte TV Warschau *Anatol*, 1977 konnte man im Breslauer Fernsehen *Literatur* und *Liebelei* sehen, 1981 – parallel zu den Solidarność-Ereignissen – spielte man in Danzig den Einakter *Der grüne Kakadu*. In den 1980er Jahren kam Schnitzler wieder auf die polnische Bühne: *Anatol* wurde in Lodz 1984 und 1988 gespielt, *Reigen* 1986 in Krakau und Lodz. 1992 wurde *Spiel im Morgengrauen* im Warschauer TV aufgeführt.

In Russland schien Schnitzler mit der voluminösen Auswahl seiner Novellen, die 1967 unter dem Titel *Die Frau des Weisen* veröffentlicht wurde, wieder präsent zu sein, es kam dann aber nochmals zu einer längeren Pause, bis endlich am Anfang der Perestrojka-Zeit zahlreiche seiner Prosawerke erscheinen konnten (u. a. zwei Sammelbände: *Fräulein Else*, 1994, und *Spiel im Morgengrauen*, 1995) und der *Reigen* auf der russischen Bühne wieder gespielt wurde (St. Petersburg 1992).

»Die Schnitzler-Renaissance seit den 1960er Jahren fand wenig Widerhall in den Folgestaaten der österreichisch-ungarischen Monarchie. Nur ganz weniges von Schnitzler ist auch in der Tschechoslowakei seit dem 2. Weltkrieg erschienen« (Lebensaft 1983, 17). 1962 erschien immerhin die tschechische Übersetzung von *Der tapfere Cassian*, und seit 1968 spielte man Schnitzler wieder, namentlich *Der grüne Kakadu* kam in der Zeit des Prager Frühlings auf eine der Prager Bühnen. Die Aufführungen von *Reigen* (1974 im Rundfunk, 1988 im Theater) und *Das weite Land* (1977) sowie die Herausgabe des Novellenbandes *Fräulein Else* (1977) blieben aber eher im Schatten der Rezeption von Kafka, Zweig und Rilke. Die eigentliche slowakische Rezeption von Schnitzler begann mit dem Novellenband *Der Tod des Junggesellen* (1979). Zudem wurden Rundfunkinszenierungen seiner Werke gesendet, und zwar von *Fräulein Else* (1979) und *Sterben* (1984). »Den slowakischen Inszenierungen gingen meist tschechische Aufführungen, oder zumindest tschechische Übersetzungen, voraus« (Grusková 1999, 155). Nach der Wende ist Schnitzler im slowakischen Rundfunk, Fernsehen und auf der Bühne mit *Frau Bertha Garlan* (1989), *Reigen* (1990, 1991, 1993, 1997), *Casanovas Heimfahrt* (1992), *Professor Bernhardi* und *Der blinde Geronimo und sein Bruder* (1993), *Das weite Land* (1993), *Casanovas Heimfahrt* (1994), *Anatol* und *Die Gefährtin* (1995) wieder vertreten.

Nach der Jahrtausendwende

Seit der Jahrtausendwende scheint Schnitzlers erzählerisches und dramatisches Werk in Polen, Russland, Tschechien und Slowakei wiederentdeckt zu werden: *Traumnovelle* erntete nach der Verfilmung von Stanley Kubrick (*Eyes Wide Shut*, 1999) Erfolge (manchmal mit dem zusätzlichen Titel des Kubrick-Films) u. a. in Bratislava (2005 und 2008), Prag (2007), Warschau (1999), Moskau: zu den vier alten russischen Übersetzungen kamen 2006 und 2011 noch zwei neue hinzu. Es sind tschechische Übersetzungen von *Casanovas Heimfahrt* (2009), *Das weite Land* (2005) und *Anatol* (2006) erschienen. Der *Reigen* kam auf die Bühnen von Tomsk, Ufa, Jekaterinburg (1999), Moskau (2000, 2011), Jaroslawl (2006) und Olmütz (2013). Dabei »beutet die Massenkultur in Russland aus« Schnitzlers »Image als eines erotischen Autors aus, und die intellektuelle Elite betrachtet ihn eher herablassend« (Chvostov 2007, 168). Auch *Der Schleier der Pierrette* ist in Russland wieder präsent – als Übungsstück von mehreren Kleinbühnen in St. Petersburg (2006, 2010), Perm, Tscheljabinsk, Moskau und Surgut (2012). Es muss aber auch auf die akademische Rezeption hingewiesen werden: Seit 1995 sind in Russland fünf Dissertationen über

Schnitzlers erzählerisches und dramatisches Werk verfasst worden.

In der Ukraine wird Schnitzler nach 2000 intensiv übersetzt: Die Sammelbände *Weissagung* (2001), *Casanovas Heimfahrt* (2003), *Spiel im Morgengrauen* (2009) und wieder *Casanovas Heimfahrt* (2012, in einer Neuübersetzung) zeugen von der breiteren Rezeption seines Prosawerks im Kontext des großen Nachholbedarfs an ukrainischen Übersetzungen der Weltliteratur. Der theatralische Schnitzler blieb aber nur durch eine durchaus erotisierte Aufführung von *Reigen* (unter dem Titel *Reigen der Liebe*) im Molodoj teatr in Kiew (seit 2002 durchgehend auf dem Spielplan) vertreten.

Literatur

Russland

Bljum, Aleksandr: Index librorum prohibitorum zarubežnych pisatelej (v perevodach na russkij jazyk 1917–1991 gg.). In: *Novoe literaturnoe obozrenie* 92 (2008), 125–139.

Blok, Aleksandr: Artur Šnicler. In: *Slovo*, 13.3.1906.

Brandes, Georg: Artur Šnicler. In: Artur Šnicler: *Polnoe sobranie sočinenij*. 9 Bde. Moskva 1903–1911, Bd. 1, 9–16.

Chvostov, Boris: Pogranič'e vmesto podpol'ja: Artur Šnicler kak topograf duši. In: *Voprosy literatury* 3 (2007), 168–210.

Etingin, Boris: Tema Francuzskoj buržuaznoj revoljucii v sovremennoj literature. In: *Internacional'naja literatura* 5–6 (1939), 184–192.

Evlachov, Aleksandr: *Artur Šnicler*. Baku 1926.

Friče, Vladimir: Vsja žizn' – igra. In: *Kur'er*, 23.1.1902.

Gusev, Aleksej: Seroj pachnet. Eto tak nužno (A. Šnicler »Podvenečnaja fata P'eretty«). In: *Imperija dramy* 4 (2007), 5–7.

Heresch, Elisabeth: *S. in Russland. Aufnahme – Wirkung – Kritik*. Wien 1982.

Kugel', Aleksandr: Ot redakcii. In: *Teatr i iskusstvo* 23 (1917), 398 f.

[Vengerova, Zinaida]: Artur Šnicler. In: *Vestnik inostrannoj literatury* 10 (1907), 253–255.

Zal'kind, A.: A. Šnicler. Kritičeskij očerk. In: Artur Šnicler: *Polnoe sobranie sočinenij*. 9 Bde. Moskva 1903–1911, Bd. 8, 1–114.

Žerebin, Aleksej: Novelly A. Šniclera v kontekste russkoj kul'tury. In: Artur Šnicler: *Baryšnja El'za: novelly*. St. Petersburg 1994, 5–20.

Osteuropa

Simonek, Stefan: *Distanzierte Nähe. Die slawische Moderne der Donaumonarchie und die Wiener Moderne*. Bern u. a. 2002.

Woldan, Alois: Zur Vermittlung in der literarischen Moderne zwischen Wien, Prag, Krakau und Lemberg. In: *Germanoslavica* 5 (1998), 9–20.

Polen

Buras, Jacek St.: *Bibliographie deutscher Literatur in polnischer Übersetzung. Vom 16. Jahrhundert bis 1994*. Wiesbaden 1996.

Kaszyński, Stefan: Die Kulturpolitik der Presse. Zeitschriften als Vermittler der deutschsprachigen Literatur. In: Heinz Kneip/Hubert Orłowski (Hg.): *Die Rezeption der polnischen Literatur im deutschsprachigen Raum und die der deutschsprachigen in Polen 1945–1985*. Darmstadt 1988, 452–465.

Obrączka, Piotr: Z dziejów polskiej recepcji Artura Schnitzlera (1889–1914). In: Piotr Obrączka: *W kręgu Młodej Polski*. Opole 1994, 98–113.

Polczyńska, Edyta: Österreichische Literatur in polnischen Übersetzungen in den Jahren 1919–1939. In: *Österreichisch-polnische literarische Nachbarschaft*. Poznań 1979, 137–144.

Rosner, Edmund: Österreichische Literatur in Polen. In: LuK 59 (1971), 546–551.

Sturzbecher, Bernadetta: *Bibliografia przekładów literatury austriackiej na język polski z lat 1945–2000*. Poznań 2000.

Taborski, Roman: Dramaty Artura Schnitzlera w polskim życiu teatralnym. In: *Pamiętnik Teatralny* 1/2 (2003), 166–178.

Wytrzens, Günther: Die österreichische Kultur und Literatur der Jahrhundertwende in den polnischen Feuilletons von Thaddäus Rittner. In: Carsten Goehrke/Robin Kemball/Daniel Weiss (Hg.): *»Primi sobran'e pestrych glav«. Slavistische und slavenkundliche Beiträge für Peter Brang zum 65. Geburtstag*. Bern u. a. 1989, 386–392.

Tschechoslowakei

Bátorová, Mária: Umbruchstendenzen im österreichischen Kulturambiente und die slowakische Literatur der Zwischenkriegszeit (Sigmund Freud, Stefan Zweig, A. S. und Jozef Cíger Hronský). In: Emilia Hrabovec/Beata Katrebova-Blehova (Hg.): *Slowakei und Österreich im 20. Jahrhundert. Eine Nachbarschaft in historisch-literarischer Perspektive*. Wien u. a. 2008, 101–116.

Grusková, Anna: *Milý pornograf: A. S. v súvislostiach*. Bratislava 1999.

Kovář, Jaroslav: Vertraut und fremd. Österreichische Autoren in tschechischen Übersetzungen (am Beispiel Stefan Zweig, A. S. und Peter Handke). In: *Sborník prací filozofické fakulty brněnské univerzity. R, Řada germanistická*. Brno 1997, 97–104.

Lebensaft, Elisabeth: S. aus tschechischer Sicht. Zur S.-Rezeption in der CSSR. In: MAL 16 (1983), H. 1, 17–22.

Reitterová, Vlasta: Das tschechische und das deutsche Theater zwischen den beiden Weltkriegen. Ihre gegenseitige Reflexion in der zeitgenössischen Musikpresse. In: Alena Jakubcová/Jitka Ludvová/Václav Maidl (Hg.): *Deutschsprachiges Theater in Prag. Begegnungen der Sprachen und Kulturen*. Praha 2001, 286–306.

Ukraine

Brods'ka, Oksana: *Artur Šnicler: poetika tekstu*. Drogobič 2011.

Zimomrja, Ivan: *Avstrijs'ka mala proza XX stolittja: chudožnja svitobudova*. Drogobič/Ternopil' 2011.

Alexander Belobratow

2.2 Italien

Die entscheidende Rolle für die Anfänge der Schnitzler-Rezeption in Italien kommt nicht so sehr dem Buchmarkt als vielmehr der Theaterbühne zu. Die parallelen Aufführungen von *Liebelei* und Giuseppe Giacosas *Diritti dell'anima* am Burgtheater von 1895 verstärkten beim italienischen Publikum die Idee der Affinität zwischen dem bereits erfolgreichen Stück Schnitzlers und dem damals in Italien beliebten psychologischen Drama. Entsprechend brachte bereits ein Jahr später das Paladini-Zampieri-Ensemble des Mailänder Teatro Manzoni die italienische Version von *Liebelei* auf die Bühne, auf die nur wenige Monate später eine zweite Inszenierung durch das Mariani-Calabresi-Ensemble am Teatro dei Filodrammatici ebenfalls in Mailand folgte. Die Reaktion des Publikums war eher kühl, was noch stärker auf die Mailänder Inszenierung des *Zwischenspiels* von 1906 zutrifft (Dal Monte 1998, 60), ein Jahr vor der ersten Publikation des Werks in der *Nuova Antologia*, der führenden Kulturzeitschrift Italiens. Der Übersetzer blieb dabei ebenso anonym wie im Fall der Übertragung von *Ruf des Lebens*, das 1910 wiederum in der *Nuova Antologia* veröffentlicht wurde. Beide Übersetzungen besorgte vermutlich Arturo Lambri, den Schnitzler, seinem Tagebuch zufolge, im Mai 1899 zum ersten Mal persönlich getroffen hatte (Tb, 27.5.1899). Gegenstand einer zweiten Unterredung, die nur wenige Monate später stattfand, war das Versspiel *Paracelsus* (ebd., 19.10.1899); allerdings wurde ein solches Projekt bei den darauffolgenden Treffen Ende Oktober 1903 wohl wieder beiseitegeschoben, da nun vom *Grünen Kakadu* die Rede ist (der jedoch erst ein Jahr später im Teatro Argentina in Rom zur Aufführung kam) sowie von einer in der *Nuova Antologia* zu publizierenden Novelle (ebd., 30.10.1903). Die Angelegenheit hatte 1905 offenkundig eine unerfreuliche Wendung genommen, da Schnitzler sich gezwungen sah, gegen den »lumpigen Lambri« seine Anwälte zu konsultieren (ebd., 29.04.1905). 1910 veröffentlichte der Journalist und Literaturkritiker Cesare Levi seine Übersetzung der beiden Einakter *Abschiedssouper* und *Die letzten Masken* in der von 1904 bis 1915 von ihm selbst geleiteten *Rivista teatrale italiana*, nachdem diese Werke bereits zwei Jahre zuvor eine – diesmal erfolgreiche – Aufführung durch die berühmten Schauspieler Ruggero Ruggeri und Emma Grammatica in Turin erlebt hatten. Mit Levi traf Schnitzler im April 1906 und im September 1910 zusammen (ebd., 10.4.1906; ebd., 24.9.1910), und ihm verdankt sich auch noch die Übersetzung des *Puppenspielers*, die 1913 in der *Nuova Antologia* erschien, bevor die Schnitzler-Rezeption vorübergehend lang zum Stillstand kam. Die geringe Zahl der Aufführungen von Schnitzlers Stücken in den 1920er Jahren wurde allerdings durch deren hohe Qualität kompensiert: 1925 wurde Schnitzler in Pirandellos Teatro d'Arte in Rom aufgenommen (die Wahl des in Italien noch ungedruckten Stücks *Die Gefährtin* geht auf Pirandello selbst zurück), während im Jahr darauf der *Reigen* im Teatro degli Indipendenti von Anton Giulio Bragaglia in Rom in Szene gesetzt wurde und hier für das übliche Aufsehen sorgte; die Aufführung erzielte einen beachtlichen Publikumserfolg, das Stück wurde jedoch anschließend auf polizeiliche Anordnung hin vom Spielplan abgesetzt.

1928 druckte die Theaterzeitschrift *Il dramma* Ada Salvatoris Übersetzung des *Grünen Kakadu*, die eine Phase des zunehmenden Interesses an Schnitzlers Werk einleitete und 1933 mit der von Liliana Scalero besorgten italienischen Edition von *Der Weg ins Freie* (Nachdruck 1991) ein vorläufiges Ende fand. Während dieser fünf Jahre wurden dem italienischen Publikum drei Einakter – *Agonie* (1930), *Der Puppenspieler* (1932) und *Literatur* (1933) – präsentiert, die in der Übersetzung des Filmkritikers und Essayisten Umberto Barbaro in der Zeitschrift *Il dramma* erschienen. Vor allem aber richtete sich das Interesse nun auch stärker auf Schnitzlers Erzählwerk, dem sich renommierte Übersetzer der italienischen Verlagswelt widmeten, etwa Mario Benzi (*Fräulein Else*), besonders aber Bice Giachetti Sorteni (*Frau Bertha Garlan, Therese*), Cristina Baseggio (*Casanovas Heimfahrt*) sowie Barbara Alasson (*Sterben*). Das letzte in Italien vor dem Zweiten Weltkrieg aufgeführte Werk war 1935 *Der grüne Kakadu*, das seitens der Kritik allerdings kaum Beachtung fand. Die Hauptrolle spielte Alexander Moissi, der Lieblingsschauspieler Hofmannsthals, Schnitzlers und Reinhardts, der sich zuvor bereits auf deutschen und österreichischen Bühnen mit dem Henri geradezu identifiziert hatte (Dal Monte 1988, 65).

In der unmittelbaren Nachkriegszeit richtete sich die Aufmerksamkeit des Buchmarkts, der sich nach den düsteren und abgeschotteten Jahren der faschistischen Diktatur aus naheliegenden ideologischen Gründen in erster Linie der amerikanischen Kultur öffnete, nur ganz vereinzelt auf Schnitzlers Werk. Neben einer Neuübersetzung von *Frau Bertha Garlan* (1945) und *Der grüne Kakadu* (1948) erscheinen bis 1950 noch zwei weitere Übersetzungen des *Rei-*

gen. Noch fast zehn Jahre vergingen dann bis zur Veröffentlichung der ersten bedeutenden Ausgabe von Schnitzlers Dramen (1959) durch den Germanisten Paolo Chiarini, die im renommierten Turiner Verlagshaus Einaudi erschien und die Stücke *Anatol, Liebelei, Das weite Land, Der Puppenspieler, Der einsame Weg* und *Komtesse Mizzi* enthält. Erst der Germanist Giuseppe Farese gab jedoch mit seinen Studien und Übersetzungen der italienischen Schnitzler-Forschung ein eigenes Profil, wobei vor allem seine philologisch fundierte Monographie *Individuo e società nel romanzo »Der Weg ins Freie«* von 1969 sowie die zwei Jahre später publizierte und mit einem umfassenden Nachwort versehene Sammlung von Schnitzlers Novellen zu erwähnen sind. Das Nachwort stellte den italienischen Lesern erstmals das narrative Werk Schnitzlers vor und ergänzte dadurch das Bild des dramatischen Autors. Mit *Sterben, Blumen, Die Frau des Weisen, Die Toten schweigen, Lieutenant Gustl, Der blinde Geronimo und sein Bruder, Die Fremde, Das Schicksal des Freiherrn von Leisenbohg, Die Hirtenflöte, Fräulein Else, Traumnovelle, Flucht in die Finsternis* wurde ein Kanon von Schnitzlers Erzählwerk abgesteckt, der durch einzelne Publikationen bei Rizzoli und Mondadori, insbesondere aber Adelphi, um weitere Texte angereichert wurde, wie *Doktor Gräsler, Badearzt* und *Casanovas Heimfahrt*. Erwähnenswert ist, dass der Titel der *Traumnovelle*, der 1971 zunächst nicht übersetzt wurde, in der sechs Jahre später bei Adelphi erschienenen Fassung mit *Doppio sogno* (wörtlich: Doppeltraum) seine endgültige Form erhielt. Unter diesem Titel, der von den nachfolgenden Übersetzern bis in die jüngste Zeit immer wieder aufgenommen wurde, ist die Novelle heute in Italien bekannt. Wie Farese in seinem Nachwort erläutert, zielt der Titel, in Anlehnung an Schnitzlers Auseinandersetzung mit Freuds Psychoanalyse, auf die spiegelbildliche Relation von Fridolins nächtlichen Abenteuern, denen phantastisch-traumartige Züge anhaften, und Albertines Traum, in dessen Realität ein solches Abenteuer konkret ausgelebt wird.

Nachdem Luca Ronconi 1978 eine innovative Version des *Grünen Kakadu* auf die Bühne gebracht hatte, die mit ihrer illusionistischen Bühnentechnik in kongenialer Weise den Effekt des »Theaters im Theater« umsetzte, boten die 1980er Jahre eine Reihe von Neuinszenierungen des *Reigen*, die bewusst mit den traditionellen Interpretationen brachen. Hervorzuheben sind die Regie von Gianmaria Volonté in der Spielsaison 1981/82, die mit der Zentrierung auf die Dialektik von Eros und Thanatos für Aufsehen sowie auch für heftige Kritik sorgte (Dal Monte 1998, 71); die Bearbeitung als Oper des Komponisten Fabio Vacchi (1982); die Bearbeitung fürs Fernsehen von Massimo Castri für die Civica Scuola d'Arte Drammatica in Zusammenarbeit mit der RAI Mailand, die durch die voyeuristische Perspektive der Kamera auf die agierenden Figurengruppen provozierte; die Aufführung Carlo Rivoltas, mit Michele Placido als Darsteller aller männlicher Figuren. In die 1980er Jahre reichen außerdem die innovativen Inszenierungen einer Reihe narrativer Texte Schnitzlers, wie die 1982 von Giorgio Marini realisierte *Traumnovelle* oder *Fräulein Else* unter der Regie Giancarlo Nannis. Einen Höhepunkt der theatralischen Rezeption Schnitzlers in Italien markiert schließlich Ronconis Inszenierung der *Komödie der Verführung* am Teatro Metastasio in Prato von 1985. Bis heute ist Schnitzler auf den italienischen Theaterbühnen präsent geblieben, unter anderem dank der erneut unter Ronconis Regie realisierten Aufführung von *Professor Bernhardi* im Mailänder Piccolo Teatro (2005) sowie der Theaterproduktionen Walter Pagliaros (*Komödie der Worte*, 1986; *Fräulein Else*, 1993; *Komtesse Mizzi*, 2008).

Anlässlich von Schnitzlers 50. Todestag organisierte Farese 1981 an der Universität Bari ein internationales Symposium. Der Veranstaltung folgte wenige Jahre später mit der Veröffentlichung des ihm gewidmeten Bands der Reihe Meridiano Mondadori die endgültige Einreihung Schnitzlers in den Kanon der ›Klassiker‹; der Band umfasst eine breite Auswahl seines dramatischen, erzählerischen und aphoristischen Werks, die ein kritischer Apparat und eine Einleitung des Herausgebers Farese ergänzen. Während der Band 1993 (um weitere Novellen und Aphorismen ergänzt) neu aufgelegt wurde und derzeit die neunte Auflage erreicht hat, publizierte Farese 1997 die Biographie *Arthur Schnitzler. Una vita a Vienna* (dt. Ausgabe 1999) und gab 2006 für den Verlag Feltrinelli eine Sammlung von *Diari e Lettere* heraus.

Literatur

Bernardi, Eugenio: Tradurre S. In: Sergio Perosa u. a. (Hg.): *Venezia e le letterature straniere*. Roma 1991, 427–438.

Dal Monte, Maria T.: S. sulle scene italiane tra due fini di secolo, oggi a confronto. Siamo tutti figli di Vienna? In: *Ariel* 3 (1998), 59–78.

Farese, Giuseppe: A. S. alla luce della critica recente (1966–1970). In: *Studi Germanici n. s.* 9 (1971), 234–268.

Farese, Giuseppe (Hg.): *A. S. e il suo tempo. Atti del Simposio Internazionale, 27–30 aprile 1981*. Milano 1983.

Farese, Giuseppe: *A. S. Una vita a Vienna. 1962–1931*. Milano 1997 (dt. Ausg., München 1999).

Fliedl, Konstanze: A. S. in Italien. In: Eduard Beutner/Karlheinz Rossbacher (Hg.): *Ferne Heimat – Nahe Fremde*. Würzburg 2008, 132–147.

Schnitzler, Arthur: *Girotondo e altre commedie*. Hg. v. Paolo Chiarini. Torino 1959.

Schnitzler, Arthur: *Novelle*. Hg. v. Giuseppe Farese. Roma 1971.

Schnitzler, Arthur: *Opere*. Hg. v. Giuseppe Farese. Milano ²1993.

Schnitzler, Arthur: *Diari e lettere*. Hg. v. Giuseppe Farese. Milano 2006.

Giovanni Tateo

2.3 Frankreich

In Frankreich gehört Arthur Schnitzler zweifellos zu den bekanntesten Autoren der Wiener Moderne. Die Rezeption seines Werkes ist durch eine ziemlich schnelle Fixierung bestimmter Topoi und Allgemeinplätze und die damit zusammenhängende Auswahl der übersetzten Werke bestimmt. Intensivere Phasen der Rezeption sind die Jahre 1894–1914, die Zeit vom Ende der 1920er bis Mitte der 1930er Jahre sowie die Zeit seit 1981.

Übersetzungen, Inszenierungen, Bearbeitungen

Die ersten Übersetzungen Schnitzlerscher Texte erscheinen in Frankreich schon ab 1894, und zwar sowohl dramatische Werke, nämlich Szenen aus dem Anatol-Zyklus (*Les Emplettes de Noël* [*Weihnachtseinkäufe*] in der Zeitschrift *L'Idée libre* 5–6, Mai-Juni 1894), als auch erzählende Prosa (*Mourir* [*Sterben*] als Feuilleton der in Genf erscheinenden *Semaine littéraire*, April-Juni 1895, in Buchform in Lausanne und Paris, 1896). Die Form (Einakter, Erzählungen, Novellen) und der Inhalt dieser frühen Werke bewirken, dass Schnitzler sehr schnell als ›Meister der kleinen Form‹, als Dichter der Dekadenz und (Wiener) Leichtlebigkeit, als Poet des ›Lebemanns‹ und des ›Süßen Mädels‹ identifiziert wird.

Vor dem Ersten Weltkrieg erscheinen noch Übersetzungen einiger Novellen und Einakter in Tageszeitungen und Zeitschriften; der Verlag Stock bringt 1912 *La Ronde* [*Reigen*] und 1913 den *Anatol*-Zyklus in Buchform heraus. Außer einigen Szenen des *Anatol*-Zyklus kommen auch die Einakter *Die Gefährtin*, *Der grüne Kakadu* und *Die letzten Masken* auf die Bühne. Das um 1910/12 spürbar zunehmende Interesse an Schnitzler wird durch den Ausbruch des Ersten Weltkriegs jäh unterbrochen.

Nach dem Ersten Weltkrieg dauert es einige Jahre, bis Schnitzler wieder auf den französischen Markt kommt. Bemerkenswert ist die rasche Übersetzung von *Fräulein Else* im Verlag Stock 1926, mit Neuauflagen 1929 und 1932, dazu kommen eine Neuübersetzung von *Sterben*, sowie Erstübersetzungen von *Frau Beate und ihr Sohn*, *Casanovas Heimfahrt* und *Therese*, während Schnitzlers erster ›großer‹ Roman, *Der Weg ins Freie*, erst 1985 ins Französische übersetzt wird. Im Bereich des dramatischen Schaffens muss sich Schnitzler gegen das lebhafte Interesse am *Reigen* förmlich wehren: Seine Forderung, dass vorher eines seiner ›abendfüllenden‹ Stücke aufgeführt werde, bleibt zu seinen Lebzeiten unerfüllt. Die ziemlich erfolgreiche Pariser Aufführungsserie *Anatole – La Ronde – Liebelei (Amourette)* zwischen Januar 1932 und Oktober 1933 sollte Schnitzler nicht mehr erleben.

Einen wesentlichen Anteil an der Präsenz Schnitzlers in Frankreich in den Jahren 1929 bis 1933 hat Suzanne Clauser (Ps. Dominique Auclères), der Schnitzler 1931 die alleinige Vollmacht für alle Übersetzungen ins Französische gegeben hatte; dieser Verfügung sind die Pariser *Reigen*-Aufführung 1932 ebenso zu verdanken wie die *Reigen*-Verfilmung 1950 durch Max Ophüls, weil der französische Text nicht unter das von Schnitzler erlassene Aufführungsverbot fiel. Auch wenn sie als Übersetzerin umstritten ist, so sind die Veröffentlichung zahlreicher Novellen in den Wochenzeitungen *Gringoire* und *Candide* (zwischen 1929 und 1934), jene des Novellenbandes *La Pénombre des âmes* (1929), die Übersetzung des Romans *Therese* (1930) und die Bearbeitung der *Reigen*-Übersetzung aus dem Jahr 1912 ihr Verdienst, ebenso wie, nach 1945, jene von *Spiel im Morgengrauen* [*Les Dernières cartes*] und *Traumnovelle* [*Rien qu'un rêve*].

Nach dem Zweiten Weltkrieg setzt eine echte Schnitzler-Renaissance in Frankreich aber erst in den 1980er Jahren ein. Zwei Faktoren haben dazu wesentlich beigetragen: Nach dem Tod von Suzanne Clauser haben deren Erben das Exklusivrecht für alle französischen Übersetzungen an Schnitzlers Erben zurückgegeben, die so neue Übertragungen autorisieren konnten. Die große Wien-Ausstellung (*Vienne 1880–1938*) im Pariser Centre Pompidou 1986 war Anlass und äußeres Merkmal eines deutlich zunehmenden Interesses des französischen Publikums am Österreich (Wien) der Wende vom 19. zum 20. Jahrhundert.

Seither sorgen die Gesamtausgabe der erzählenden Schriften, herausgegeben von Brigitte Vergne-Cain und Gérard Rudent in zwei Bänden der populären Reihe *La Pochothèque* (1994, 1996), und die von Heinz Schwarzinger (Ps. Henri Christophe) im Verlag ActesSud edierten Übersetzungen eines Großteils des dramatischen Werks für eine kontinuierliche Präsenz Schnitzlers auf dem französischen Buchmarkt. In Einzelausgaben regelmäßig wieder aufgelegt, sei es in alten oder neuen Übersetzungen, werden: *Fräulein Else, Traumnovelle, Frau Bertha Garlan, Frau Beate und ihr Sohn, Der Weg ins Freie, Spiel im Morgengrauen, Lieutenant Gustl* und *Reigen*. Die Theateraufführungen beschränken sich weiterhin im Wesentlichen auf *La Ronde* und *Anatole* bzw. szenische Adaptierungen von *Fräulein Else*. Die Inszenierungen von *Terre étrangère* (*Das weite Land*, 1984, Nanterre, Théâtre des Amandiers, R.: Luc Bondy), *Le Chemin solitaire* (*Der einsame Weg*, 1989, Paris, Théâtre du Rond-Point, Compagnie Renault-Barrault, Luc Bondy) und von *Les Journalistes* (*Fink und Fliederbusch*, 1994, Paris, Théâtre de la Colline, Jorge Lavelli) sind – vielbeachtete – ›Eintagsfliegen‹ geblieben.

Zum Schnitzler-Bild in Frankreich haben auch TV- und Kinofilme, sowie Hörfunkadaptierungen beigetragen: Schon 1932/33 sorgte Max Ophüls mit einer deutschen und einer französischen Fassung von *Liebelei* (mit Magda Schneider als Christine) für einen ersten Kinoerfolg und drehte 1950 eine unvergessliche *La Ronde*. Das unter dem Titel *Christine* 1958 von Pierre Gaspard-Huit gedrehte *Liebelei*-Remake fällt gegenüber der Ophüls'schen Verfilmung zwar deutlich ab, ist aber durch das erste gemeinsame Auftreten des ›Traumpaares‹ Romy Schneider – Alain Delon in die Kinogeschichte eingegangen. Alain Delon ist neben Fabrice Luchini auch der Star der Verfilmung von Schnitzlers Novelle *Casanovas Heimfahrt* durch Édouard Niermans (*Le Retour de Casanova*, 1991). Zuletzt hat 1999 *Eyes Wide Shut*, Stanley Kubricks Verfilmung der *Traumnovelle*, auch in Frankreich für Aufsehen gesorgt und ihre Rezeption durch die Filmkritik zur Erneuerung bzw. Verhärtung mancher Vorurteile gegenüber Schnitzler beigetragen (vgl. dazu Cagneau 2013 und Giboux 2013).

Literaturkritik in Zeitungen und Zeitschriften

Die Literaturkritik beschäftigt sich schon bald nach dem Erscheinen der ersten Übersetzungen mit Schnitzler. Die ersten Besprechungen (wie die ersten Übersetzungen) finden sich zumeist in Rundschauzeitschriften, die der Moderne gegenüber aufgeschlossen sind (*Mercure de France, Revue blanche, La Nouvelle Revue, Revue de Paris*), aber auch in namhaften Titeln der Tagespresse (*Journal des Débats, Temps*). Drei Themenbereiche dominieren hier die Rezeption: zuerst der ›romanische‹ Charakter seines Werkes, der zu einem oft überzogenen Vergleich mit Maupassant führt, aber auch politisch eingesetzt wird (z. B. in Verbindung mit einer positiven Bewertung der ›romanischen‹ Elemente des Habsburgerreiches gegenüber dem preußischen Deutschland); dann der Topos des Meisters der ›kleinen Form‹ und schließlich Schnitzler als einer der wichtigsten Vertreter des Jungen Wien und der Wiener Moderne. In diesem Zusammenhang wird besonders auch sein Verhältnis zu Freud, zur Traumdeutung und zur Psychoanalyse erörtert (repräsentativ dafür sind zwei im einflussreichen *Journal des Débats* veröffentlichte Artikel von Maurice Muret, mit den vielsagenden Titeln »M. Arthur Schnitzler expliqué par Freud« [23.11.1923] und »Une nouvelle ›freudienne‹ de M. Schnitzler« [4.3.1927, über die damals noch gar nicht ins Französische übersetzte *Traumnovelle*]). Zu den französischen Intellektuellen, die das Bild Schnitzlers noch zu dessen Lebzeiten wesentlich beeinflussten, gehören der Germanist Félix Bertaux, der das Schlagwort vom »naturalisme qui sent bon« (also einem »gutriechenden Naturalismus«) prägte und jenes des »Maupassant autrichien« festigte; der namhafte Literaturkritiker Edmond Jaloux, der Schnitzler – im Zusammenhang mit *Fräulein Else* – mangelnden Tiefgang vorwarf; und der Kunsthistoriker- und kritiker Louis Gillet, dem eine einfühlsame Besprechung des Romans *Therese. Chronik eines Frauenlebens* in der *Revue des Deux-Mondes* zu verdanken ist, in der er mit der gängigen Qualifikation Schnitzlers als ›Meister der kleinen Form‹ bricht. In jüngerer Zeit ist häufig das Bild vom »clinicien de l'âme« (»Seelenarzt«) zu finden sowie die Interpretation der Wiener Jahrhundertwende als »joyeuse Apocalypse« (»fröhliche Apokalypse«) und »laboratoire de la fin d'un monde« (»Laboratorium des Weltuntergangs«, Roland Jaccard). Außerdem wird Schnitzler in zunehmendem Maße als Analytiker der bürgerlichen Gesellschaft der Jahrhundertwende und der 1920er Jahre und des aufkommenden Antisemitismus gelesen. Ebenso gewinnt seit den 1980er Jahren die ›psychoanalytische‹ Rezeption Schnitzlers in Frankreich an Bedeutung (Nata Minor, Elisabeth Roudinesco).

Akademische Literaturkritik/Schule und Universität

In auf Französisch verfassten Literaturgeschichten und Handbüchern zur deutschen Literatur taucht der Name Schnitzler schon im ersten Jahrzehnt des 20. Jahrhunderts auf (Benoist-Hanappier, Bossert, Muret, Pineau). In den 1920er und 1930er Jahren scheint die französische Germanistik allerdings entschieden mehr an Hofmannsthal als an Schnitzler interessiert gewesen zu sein, wie etwa aus den Arbeiten von Geneviève Bianquis hervorgeht.

Als Standardwerk der französischen Germanistik zum Werk Arthur Schnitzlers gilt die umfangreiche Monographie von Françoise Derré, *Arthur Schnitzler, imagerie viennoise et problèmes humains* (Paris, Didier, 1966). Neuere Ansätze in der französischen Schnitzler-Forschung sind vor allem Jacques Le Rider zu verdanken; er hat in seinen Arbeiten über die Wiener Moderne (*Modernité viennoise et crises de l'identité*, Paris, Presses universitaires de France, 1990, Neuauflage in der Reihe »Quadrige«, 2000), sowie zum Tagebuch (*Journaux intimes viennois*, Paris, PUF, 2000) die Akzente auf die Identitätskrise, das Verhältnis zu den Frauen und die Auseinandersetzung mit dem aufkommenden Antisemitismus gelegt. 2003 hat er unter dem Titel *Arthur Schnitzler ou la Belle Époque viennoise* (dt. 2007, ²2008) eine nützliche Synthese zu verschiedenen Aspekten des Schnitzlerschen Werkes vorgelegt, die auch auf Deutsch herausgekommen ist.

Literatur

Austriaca 39 (1994) (»A. S.«).
Benay, Jeanne: S. en France – S. et la France. In: *Austriaca* 39 (1994), 125–155.
Cagneau, Irène: Les adaptations de S. à la télévision française (1956–1979). In: *Germanica* 52 (2013), 113–131.
Derré, Françoise: *L'œuvre d'A. S. Imagerie viennoise et problèmes humains*. Paris 1966.
Germanica 52 (2013) (»Les relations d'A. S. avec La France«).
Giboux, Audrey: De quelques lectures de S. dans la critique consacrée à »Eyes wide shut«. In: *Germanica* 52 (2013), 133–145.
Le Rider, Jacques: *A. S. oder Die Wiener Belle Époque* [2007]. Wien ²2008.
Ravy, Christiane/Ravy, Gilbert: *A. S.* Rouen/Paris 1983.
Sforzin, Martine/Zieger, Karl (Hg.): *Les relations d'A. S. avec la France*. Villeneuve d'Ascq 2013.
Zieger, Karl: A. S. und der Verlag Stock. In: *IASL* 33 (2008), H. 1, 155–170.
Zieger, Karl.: *A. S. et la France 1894–1938. Enquête sur une réception*. Villeneuve d'Ascq 2012.

Karl Zieger

2.4 England

»There is horror enough in this translation by Christopher Horne from the German of Arthur Schnitzler« (The Stage Archive 1905), »and we were heartily glad when *In the Hospital* was over« (The Times 1905) – so lauteten die Kritiken zur ersten englischen Inszenierung eines Schnitzlerschen Dramas (*Die letzten Masken*), die 1905 im Londoner Court Theatre gezeigt wurde. Trotz dieser negativen Resonanz folgten in den Jahren darauf die ersten Prosaübersetzungen und weitere Inszenierungen, und 1911 repräsentierte Schnitzler bereits – gemeinsam mit Hofmannsthal – die Dramatiker Österreichs in Ashley Dukes' Band *Modern Dramatists*. Schnitzler verfolgte die Rezeption seiner Dramen in England zu dieser Zeit aufmerksam, allerdings ohne sie gutzuheißen (vgl. an Julie Markbreiter, 14.11.1910; Br I, 632). 1912 erwog er, anlässlich einer geplanten Aufführung am Haymarket Theatre selbst nach London zu reisen (das er 1888 und 1897 bereits besucht hatte), wozu es aber nicht kam (an Julie Markbreiter, 3.2.1912; Br I, 690).

Auch wenn die Kritiken dieser Zeit insgesamt zeigen, dass Schnitzlers Dramen und Prosatexte den englischen Lesegewohnheiten zuwiderliefen, nahm die Rezeption nach dem Ersten Weltkrieg rasch wieder zu, wobei Schnitzler stets mit dem inzwischen unwiederbringlichen Wien der Vorkriegszeit assoziiert blieb. Noch zeitgleich zur Veröffentlichung der limitierten Auflage von *Hands Around* (*Reigen*) galt er als einer der »dramatists of the good intention« (Jameson 1920, 170) – ehe das Stück u. a. Virginia Woolf empörte, die 1923 von einer privaten Lesung berichtet haben soll: »The audience felt simply as if a real copulation were going on in the room.« Schnitzler wurde 1926 erstmals in die *Encyclopaedia Britannica* aufgenommen; bis in die späten 1930er Jahre fanden regelmäßig Inszenierungen statt, darunter eine Bühnenfassung von *Fräulein Else* und Szenen aus *Anatol*, die Harley Granville-Barker adaptiert hatte; die Jewish Drama League las *Professor Bernhardi*.

Eine für Schnitzlers Lebenswerk weitaus größere Rolle als je zuvor spielte England mit einem Mal nach seinem Tod. Da sein vollständig in Wien aufbewahrter Nachlass Gefahr lief, von den Nationalsozialisten beschlagnahmt zu werden, wandte sich Olga Schnitzler im März 1938 an Eric A. Blackall, der sich gerade als Doktorand in Wien aufhielt – und umgehend den Bibliothekar in Cambridge verständigte. Auf dessen Veranlassung hin wurde Schnitzlers ehemaliges Arbeitszimmer unter enormem Zeitdruck von der britischen Botschaft in Wien versiegelt und der gesamte Nachlass schließlich – quer durch Deutschland – in verschlossenen Kisten nach England gebracht. Olga Schnitzler durfte der Sortierung des Materials mit Erlaubnis des Home Office beiwohnen; von den persönlicheren Manuskripten, die sie ins amerikanische Exil mitnahm, gelangten später viele nach Cambridge zurück (vgl. Bellettini/Staufenbiel 2010). Obwohl sich ein großer Teil des Nachlasses also seither in England befand, wurde Schnitzler nach 1945 dort weniger Aufmerksamkeit zuteil als in den USA. Henry B. Garland trug wesentlich zur akademischen Rezeption bei, indem er den Beitrag zu Schnitzler in *German Men of Letters* verfasste, worin er *Reigen* als eine »natural history of the *libido*« (Garland 1963, 60) beschrieb; 1976 folgte ein weiterer Eintrag im *Oxford Companion to German Literature* (Garland 1976, 771 f.). Garland übergab Schnitzlers Witwe auch die gesammelten Zeitungsausschnitte, die inzwischen als *Schnitzler Presscuttings Archive* an der University of Exeter aufbewahrt werden.

Die ›Schnitzler-Renaissance‹ erreichte England, als Martin Swales sich gegen Ende der 1960er Jahre für eine Neubewertung einsetzte und viele der neu erschienenen Briefwechsel und Sekundärtexte rezensierte. 1971 erschien seine Monographie *Arthur Schnitzler. A Critical Study*, die Herbert Seidler zu den »drei [...] wichtigsten Veröffentlichungen über Schnitzler überhaupt« (Seidler 1976, 577) zählte. Swales argumentiert darin komparatistisch und portraitiert Schnitzler als »writer of European resonance« (1971, 281). *Zum großen Wurstel* und *Der grüne Kakadu* beschreibt er als Vorläufer des Absurden Theaters (vgl. ebd., 278); zwischen den Erzähltechniken in *Lieutenant Gustl* und bei James Joyce differenziert er hingegen – in *Ulysses* fehle die Krisensituation, und gerade in *Lieutenant Gustl* zeige sich die für Schnitzler charakteristische »richness of moral illumination« (ebd., 93). Während die akademische Forschung die Vielschichtigkeit von Schnitzlers Texten hervorhob, wurden sie – meist in Übersetzungen aus den 1920er Jahren – einem breiteren Publikum auf eine Weise präsentiert, die ein eher schematisches Bild Schnitzlers zeichnete: vom melancholisch-spielerischen Umgang mit den großen Themen Liebe und Tod. Dies geschah zunächst durch das Musical *Parasols* von Caryl Brahms und Ned Sherrin (1960; basierend auf *Anatol*), später durch *Vienna 1900. Games with Love and Death*, eine Sammlung ausgewählter Erzählungen Schnitzlers (1973), und die zugehörige BBC-Produktion von Alistair Cooke: »poor adaptions of four of Schnitzler's prose works« (Daviau 1992, 160). Zu Meilensteinen in der englischen Aufführungsgeschichte wurden indessen die neuen Bühnenfassungen von Tom Stoppard, vor allem die Adaption *Undiscovered Country* (*Das weite Land*), die 1979 im Londoner National Theatre gezeigt wurde (R.: Peter Wood). Bereits der englische Titel verschiebt die Aufmerksamkeit von der ›Weite der Seele‹, auf die der Originaltitel verweist, hin zum Tod, indem er auf den Monolog in Shakespeares *Hamlet* anspielt, der mit »To be or not to be« beginnt: »The undiscovered country, from whose bourn/No traveller returns« (III, 1). Auch ansonsten geht Stoppard mit dem Original ziemlich frei um, er vereinfacht Textstellen, verzichtet auf zeittypische Formulierungen (»dear friends«/»meine Herrschaften«; DWL, 15; Stoppard 1986, 65), ersetzt Wiener Redewendungen durch englische (»Pull my leg if you like«/»Du kannst mich lang frotzeln«; DWL, 22; Stoppard 1986, 69) und fügt Germanismen hinzu (»That's my wanderlust *wunderkind*«; Stoppard 1986, 65) sowie weitere intertextuelle Referenzen: Stoppards Satz »Korsakow wouldn't be seen with a suicide note.« (ebd., 63) lässt sich lesen als »echo of Beckett's man who ›wouldn't be seen dead in a churchyard‹« (J. P. Stern 1979, 28). »The temptation to add a flick here and there became irresistible« (Stoppard 1986, ix f.), schrieb Stoppard über die Übersetzung; Gesprächsverlauf und Handlung veränderte er hingegen kaum. Weitaus freier ging er damit in seiner Neufassung von *Liebelei* um, die 1986 unter dem Titel *Dalliance* im Lyttelton Theatre gezeigt wurde (R.: Peter Wood). Den Schauplatz des dritten Aktes verlegte er kurzerhand in ein Theater: »Emphasizing the theatricalism already in the original, he grafted Schnitzlerisms upon Schnitzler« (G. Stern 1992, 174). »Schnitzlerisms« scheint Stoppard fortan auch in die eigenen Stücke aufgenommen zu haben, denn *Liebelei* »connects in many surprising ways to the late twentieth-century examination of love in Tom Stoppard's *The Real Thing*« (Macris 1996, 109).

Wie andernorts auch galt zu Beginn der 1980er Jahre ein neues Interesse dem *Reigen*, da Heinrich Schnitzler das von seinem Vater 1922 verfügte Aufführungsverbot aufhob. Am 1.1.1982 fand ab Mitternacht am Royal Exchange Theatre in Manchester die erste Aufführung unter dem Titel *Round Dance* statt (R.: Caspar Wrede), die jedoch auf beiden Seiten des Kanals für ihre Anachronismen kritisiert wurde; ähnlich erging es der Londoner Inszenierung der Royal Shakespeare Company (R.: John Barton), in der man darauf verzichtete, in den Szenen das Licht herunterzudrehen. Wohlwollender aufgenommen wurden die Inszenierung im Sheffielder Crucible Theatre (R.: Mike Alfreds) und die Fernsehfassung der BBC (R.: Kenneth Ives), für die man die ältere Übersetzung von Frank und Jacqueline Marcus verwendet hatte (Überblick bei: Fliedl 1993; Schneider 1995, 304–306; Zojer 2009).

Trotz der Kritik an der Modernisierung des Stückes entstand 16 Jahre später eine weitere, stark umgearbeitete Fassung. David Hares *Reigen*-Adaption *The Blue Room* »is set in one of the great cities of the world, in the present day« (Hare 1998, xi), und statt der ursprünglichen Figuren treten »The Cab Driver«, »The Au Pair«, »The Student« usw. (ebd.) auf – während das ursprüngliche Handlungsgerüst intakt bleibt. Das Potential, das einer solchen Neubearbeitung innewohnt, schöpfte Hare allerdings nicht aus. Die Dialoge lassen den Zuschauer oder Leser selten in existentielle Abgründe blicken; kritisiert wurde auch, dass die Ende des 20. Jahrhunderts so gegenwärtige Bedrohung durch AIDS bloß angedeutet würde (vgl. D'Amora 2010, 176). Dennoch wurde *The Blue Room* im Londoner Donmar Warehouse ebenso wie später in New York City unter der Regie von Sam Mendes zum Erfolg, »and instead of shouting moral outrage, theatre goers clamoured in line for tickets« (ebd., 179). Dies war nun vor allem Nicole Kidman zu verdanken, die – ein Jahr vor *Eyes Wide Shut* – alle weiblichen Parts im Stück übernommen hatte. Späteren Inszenierungen von *The Blue Room* war denn auch kein vergleichbarer Erfolg beschert.

Schnitzler wurde in England insgesamt also vor allem durch seine Dramen und adaptierte Prosastücke rezipiert, erst anlässlich der Filmadaption von Kubrick erschienen neue Übersetzungen als Taschenbücher: *Dream Story* (*Traumnovelle*) und *Beatrice and Her Son* (*Frau Beate und ihr Sohn*; beide 1999, übers. v. Jennifer M. Q. Davies). Inszenierungen fanden weiterhin statt, hervorzuheben ist David Harrowers Übersetzung *Sweet Nothings* (*Liebelei*), die 2010 im Londoner Old Vic Theatre zum Publikumserfolg wurde (R.: Luc Bondy): »I wish we saw more of Arthur Schnitzler« (Billington 2010), schrieb ein Kritiker in *The Guardian*.

Die englische Germanistik wandte sich in Zusammenarbeit mit deutschen Forschungseinrichtungen in den vergangenen 15 Jahren umfassend dem Material in Cambridge zu. Im Rahmen eines zweijährigen Projekts, an dem das Marbacher Literaturarchiv und

Cambridge beteiligt waren, wurde der Nachlass ab 1999 katalogisiert; die damit assoziierte Ausstellung *Schnitzler's Hidden Manuscripts* reiste nach ihrer Eröffnung im Jahr 2006 von Cambridge aus auch an andere britische Universitäten. Als »important step in the history of Schnitzler reception« (Pfanner 2004, 617) gilt ferner der Band *Arthur Schnitzler: Zeitgenossenschaften/Contemporaneities*, in dem Germanisten aus sechs Ländern anlässlich einer Tagung am Londoner Institute for Germanic Studies die Aktualität Schnitzlers und seine weitreichende Bedeutung evaluierten (Foster/Krobb 2002). In der nicht speziell auf Schnitzler ausgerichteten *History of Austrian Literature 1918–2000* hob Judith Beniston unter der Überschrift »Established Reputation: Hofmannsthal, Schnitzler, Schönherr« die Qualität der frühen Dramen Schnitzlers und seiner späten Prosa hervor: »informed by a complex, modern view of sociopsychological disturbance« (Beniston 2006, 28). 2014 hat im Rahmen des binationalen Großprojekts »Arthur Schnitzler: Digitale historisch-kritische Edition (Werke 1905 bis 1931)« ein Editionsprojekt begonnen, das sich Werken der mittleren Schaffensperiode Schnitzlers (1905 bis 1913) widmet. Vom britischen AHCR (Arts & Humanities Research Council) gefördert und von den Universitäten Cambridge und Bristol sowie dem Londoner University College in Kooperation mit der Cambridge University Library durchgeführt, werden daran mitunter wissenschaftliche Tagungen wie die Konferenz *Schnitzler in Britain* (2016) gekoppelt sein.

Literatur

Bellettini, Lorenzo/Staufenbiel, Christian: The S. *Nachlass. Saved by a Cambridge Student*. In: Peter Hutchinson/Lorenzo Bellettini (Hg.): *S.'s Hidden Manuscripts*. Bern 2010, 11–21.
Beniston, Judith: Drama in Austria, 1918–1945. In: Katrin Kohl/Ritchie Robertson (Hg.): *A History of Austrian Literature 1918–2000*. Rochester (NY) 2006, 21–52.
Billington, Michael: A welcome revival of this delicious Viennese whirl. Sweet Nothings Young Vic, London. In: *The Guardian* (London), 5.3.2010.
D'Amora, Mariano: S.'s Hidden Legacy. An English Playwright Rewrites *Reigen*. In: Peter Hutchinson/Lorenzo Bellettini (Hg.): *S.'s Hidden Manuscripts*. Bern 2010, 169–180.
Daviau, Donald D.: A. S. im Spiegel der Kritik – fünfzig Jahre nach seinem Tod. In: TuK 10 (1982), 411–426.
Daviau, Donald D.: The Reception of S. in the United States. In: Wolfgang Elfe/Jim Hardin (Hg.): *The Fortunes of German Writers in America. Studies in Literary Reception*. Columbia 1992, 145–165.
Fliedl, Konstanze: Love's Labour's Lost. Translations of S.'s *Reigen*. In: Ritchie Robertson/Edward Timms (Hg.): *Theatre and Performance in Austria. From Mozart to Jelinek*. Edinburgh 1993, 61–72.
Foster, Ian/Florian Krobb (Hg.): *A. S. Zeitgenossenschaften/Contemporaneities*. Bern u. a. 2002.
Garland, Henry B.: A. S. In: Alex Natan (Hg.): *German Men of Letters*. Bd. 2. London 1963, 55–75.
Garland, Henry B./Garland, Mary: *The Oxford Companion to German Literature*. London 1976.
Hare, David: *The Blue Room*. London 1998.
Jameson, Storm: *Modern Drama in Europe*. London 1920.
Macris, Peter J.: The Elusive Quest. S.'s »Liebelei« becomes Stoppard's »The Real Thing«. In: Jürgen Kleist/Bruce A. Butterfield (Hg.): *Fin de Siècle. 19th and 20th Century Comparisons and Perspectives*. New York 1996, 109–114.
N. N.: Court Theatre. In: *The Times* (London), 1.3.1905.
N. N.: London Theatres. In: *The Stage*, 2.4.1905.
Pfanner, Helmut F.: Rez. Foster/Krobb, A. S. Zeitgenossenschaften/Contemporaneities and Lorenz, A Companion to the Works of A. S. In: *German Studies Review* 27 (2004), 616–620.
Schippers, J. G.: Stoppard's Nestroy, S.'s Stoppard, or Humpty Dumpty im Wiener Wald. In: Theo D'haen (Hg.): *Linguistics and the Study of Literature*. Amsterdam 1986, 245–267.
Schneider, Gerd K.: *Die Rezeption von A. S.'s »Reigen« 1897–1994. Text, Aufführungen, Verfilmungen Pressespiegel und andere zeitgenössische Kommentare*. Riverside 1995.
Schnitzler, Arthur: *Vienna 1900. Games with Love and Death*. Übers. v. Agnes Jacques u. a. London 1979.
Schnitzler, Arthur: *Beatrice and Her Son*. Übers. v. Jennifer M. Q. Davies. London 1999a.
Schnitzler, Arthur: *Dream Novel*. Übers. v. Jennifer M. Q. Davies. London 1999b.
Seidler, Herbert: Die Forschung zu A. S. seit 1945. In: ZfdPh 95 (1976), 567–595.
Stern, Guy: From Austria to America via London. Tom Stoppard's Adaptations of Nestroy and S. In: Wolfgang Elfe u. a. (Hg.): *The Fortunes of German Writers in America. Studies in Literary Reception*. Columbia 1992, 167–183.
Stern, Joseph P.: Anyone for Tennis, Anyone for Death? The S./Stoppard »Undiscovered Country«. In: *Encounter* (Oktober 1979), 26–31.
Stoppard, Tom: »Dalliance« and »Undiscovered Country«. London/Boston 1986.
Swales, Martin: *A. S. A Critical Study*. Oxford 1971.
Zojer, Heidi: Vienna – London – Belfast. S.'s *Reigen* on the Translation *Roundabout*. In: *New Theatre Quarterly* 25 (2009), H. 1, 88–98.

Margit Dirscherl

2.5 Skandinavien

Impulse aus dem Norden

In seinem Tagebuch hält Schnitzler seit Ende der 1880er Jahre kulturelle Impulse aus Skandinavien fest; kaum zehn Jahre später wird er dort selbst durch *Liebelei*-Aufführungen als Dramatiker wahrgenommen: 1896 in Stockholm, 1897 in Kopenhagen und 1898 in Oslo. Die ersten von Schnitzler notierten Impulse stammen von Schriftstellern des ›Modernen Durchbruchs‹ in Skandinavien: Henrik Ibsen, Georg Brandes und Jens Peter Jacobsen. Ihr Eintreten für eine Modernisierung von Kultur und Gesellschaft beeinflusste auch die kulturelle und literarische Diskussion im deutschsprachigen Raum; sie wurden deshalb auf unterschiedliche Weise auch für Jung Wien zu Vorbildern. In Schnitzlers Werken sind deshalb gewisse »Parallelen zum Werk Ibsens« zu erkennen (Berlin 1982, 385 f.). Seine wichtigste Bezugsperson in Skandinavien aber war Brandes (vgl. Pinkert 2005 a, 297–300), die »Galionsfigur eines großen Teils der deutschen Autoren und Publizisten an der Schwelle zur Moderne« und »gerühmt vom gesamten Wiener Literaturkreis« (Bohnen 2011, 73). Durch ihn kam Schnitzler, der keine skandinavische Sprache sprach, auch mit anderen dänischen Schriftstellern in Berührung (vgl. Pinkert 2006, 5–18).

Schnitzler war dreimal in Skandinavien: 1896 auf einer Rundreise, 1906 mit der Familie am Øresund bei Kopenhagen und 1923 auf einer Vortragsreise nach Kopenhagen und Stockholm (Bang/Pinkert 2005, 105). 1896 suchte er Ibsen in Kristiania/Oslo und Brandes in Kopenhagen auf; auch auf seinen übrigen Dänemark-Reisen traf er Brandes (vgl. Pinkert 2005 a, 300–302). Schnitzler hat seine Aufenthalte in Skandinavien genossen, doch nichts deutet darauf hin, dass er Sympathie mit dem weit verbreiteten Mythos vom Norden gehabt hätte (vgl. Pinkert 2005 b, 221–233). Zehn seiner insgesamt vierzehn Wochen in Skandinavien verbrachte Schnitzler in Dänemark, wo er auch die meisten kulturellen Kontakte besaß. Diese dürften der Grund dafür sein, dass Dänemark und Aspekte dänischer Kultur in einigen seiner Werke deutliche Spuren hinterlassen haben.

Skandinavische Motive

Zu den augenfälligsten Spuren gehören die dänischen Schauplätze in *Die Frau des Weisen*, in der *Komödie der Verführung* und in der *Traumnovelle* (vgl. Pinkert 2013, 252). Der dänische Badeort Gilleleje ist in der *Komödie der Verführung* die beziehungsreiche Kulisse für die intertextuelle Bezugnahme auf Kierkegaard und Jacobsen (vgl. ebd., 250–271). Den Anstoß zur Auseinandersetzung mit Kierkegaards *Entweder-Oder* können 1896 Schnitzlers Gespräche mit Brandes und dessen Kierkegaard-Buch gegeben haben (vgl. ebd., 251). Mit jeweils unterschiedlichen Akzenten nimmt Schnitzler in *Das weite Land* und den erwähnten Werken Bezug auf Kierkegaards Polarität von ästhetischer und ethischer Lebensauffassung. Er erweitert dabei in der *Komödie der Verführung* die Ausdrucksformen ästhetischer Lebensauffassung um das Motiv der Selbstentfaltung selbstbewusster Frauen und zeigt, dass eine patriarchalisch grundierte ethische Lebensanschauung anachronistisch ist (vgl. ebd., 270 f.). In der *Traumnovelle* setzt Schnitzler seine Auseinandersetzung mit Kierkegaard unter Verwendung zahlreicher dänischer Motive fort; »Dänemark« wird z. B. als Geheimcode verwendet, der Zutritt zu einer geschlossenen Gesellschaft verschafft, die als exzessiver Ausdruck einer ästhetischen Lebensauffassung erscheint. Zuletzt eröffnet sich den beiden Hauptpersonen zumindest die Hoffnung auf eine ethische Lebensweise in der Ehe, die aber wegen der Ebenbürtigkeit der Ehepartner eine andere Qualität hat als bei Kierkegaard (vgl. ebd., 264–266). Die Parole ›Dänemark‹ symbolisiert Versuchungen, die Schnitzler in der Auseinandersetzung mit der Verführer-Thematik in *Entweder – Oder* gestaltet. Berücksichtigt man die Gesamtheit der dänischen Bezüge bei Schnitzler, so findet sich hier u. a. auch eine intertextuelle Brücke zu Jacobsen, dessen Roman *Niels Lyhne* er als »herrliche Sache [...]« gelobt hatte (Tb, 8.9.1889). Der Kammersänger Fenz in der *Komödie der Verführung* ähnelt auffällig Jacobsens Titelfigur in der Novelle *Frau Fönß*, die das Recht auf selbstbestimmte Sexualität auch im reiferen Alter für sich in Anspruch nimmt (vgl. ebd., 261–263). Bei Schnitzlers Bemühen um eine Überwindung der Polarität des Entweder/Oder vermittelt *Frau Fönß* offenbar wichtige Denkanstöße.

Rezeption in Skandinavien

Die in Dänemark erscheinende Zeitschrift *Text & Kontext* verstand 1982 ihr *Themaheft Arthur Schnitzler* als Beitrag zur »Schnitzler-Renaissance« seit den 1970er Jahren (Bohnen 1982, 217). Der Herausgeber bedauerte jedoch, dass die Schnitzler-Rezeption in

2.5 Skandinavien

Skandinavien nur für Schweden wissenschaftlich »aufgearbeitet« wurde (ebd.; vgl. Vogel 1979). Dieser Befund gilt bis heute, Gesamtdarstellungen über die Rezeption in Dänemark und Norwegen fehlen noch immer.

Schnitzler verfolgte die Rezeption seiner Werke im Ausland aufmerksam und stellte 1917 fest, »daß ich im Norden (und Osten) besser verstanden werde als im Süden (und im Westen). In Frankreich und Italien hatte ich noch nie nennenswerthe Erfolge; – in Rußland zuerst [...] und nun, immer mehr, in Schweden, Daenemark, Holland« (Tb, 30.12.1917). Schnitzlers »Erfolge« in Dänemark und Schweden sind u. a. darauf zurückzuführen, dass er hier engagierte Fürsprecher und Helfershelfer besaß. Besonders Brandes, Nansen und Linden setzen sich jahrelang für Schnitzler ein: Brandes ab 1896 als europaweit anerkannter dänischer Kritiker, Nansen ab 1897 als Leiter des Kopenhagener Verlags Gyldendal und Übersetzer sowie Linden ab 1907 als Theaterregisseur, Agent und Übersetzer in Stockholm. Schnitzler stand mit ihnen jahrzehntelang in Kontakt (vgl. Pinkert 2006, 1–3; vgl. Bergel 1956); besonders aus dem Briefwechsel mit Linden geht hervor, dass der Beifall, den Schnitzler und seine Werke fanden, auch das Ergebnis vielfältiger Bemühungen der Vermittler vor Ort war (vgl. Bang/Pinkert 2005, 25–137). Es ist vor allem Lindens Verdienst, dass Schnitzler in Schweden bekannter wurde als in den übrigen skandinavischen Ländern (vgl. Vogel 1979, 4) und dass die Rezeption seiner Dramen auf dem schwedischen Theater »nach Brecht die umfassendste eines bedeutenden deutschsprachigen Autors« ist (Fritz 1989, 211). Allein sechs der zwischen 1911 und 1969 in Schweden im Druck erschienenen 13 Übersetzungen gehen auf Linden zurück (vgl. Müssener 2001, 27).

Vogels Untersuchung über die schwedische Schnitzler-Rezeption umfasst den Zeitraum 1896–1972. Die Rezeptionsdokumente werden in drei Abteilungen ausgewertet: Theaterkritiken, Buchbesprechungen (vor allem der Prosa) und literatur- und theatergeschichtliche Werke, wobei Vogel vier Rezeptionsphasen unterscheidet: 1896–1910, 1910 bis Ende der 1920er Jahre, Ende der 1920er Jahre bis Anfang der 1950er Jahre, Anfang der 1950er Jahre bis Anfang der 1970er Jahre (vgl. Vogel 1979, 92). In der ersten Phase wird nur der Dramatiker rezipiert, bevor zu Beginn der zweiten Phase »der eigentliche Durchbruch« (ebd., 93) gelingt. Schnitzler gehört nun zu den meistgespielten ausländischen Autoren; jetzt erscheint auch die Mehrzahl seiner Prosaübersetzungen. In der dritten Phase hingegen werden seine Stücke nur noch vereinzelt aufgeführt oder als Hörspiel gesendet, während die vierte dadurch gekennzeichnet ist, dass der Dramatiker zwar schon aus historischer Distanz betrachtet wird, aber vor allem *Anatol*, *Reigen* und *Liebelei* weiterhin aufgeführt werden (vgl. ebd., 165). Vogels Überlegungen münden in das Fazit, dass Schnitzler in Schweden »zu jeder Zeit bekannter durch seine Bühnenstücke als durch seine Erzählungen« (ebd., 91) ist; die gesamte Schnitzler-Rezeption ist weniger »von dem nuancierteren Bild der Literaturbesprecher« geprägt als »von dem unnuancierteren der Theaterkritiker« (ebd., 130). Zugleich unterstreicht Vogel, dass die Meinungen der schwedischen Kritiker über Schnitzler »nie so drastisch formuliert wurden wie in Österreich oder Deutschland und dass sie nie so weit auseinandergingen wie dort« (ebd., 161).

Die dänische Rezeption begann für Schnitzler durch Artikel in der Tageszeitung *Politiken* verheißungsvoll. Brandes lobte ihn hier 1896 als den österreichischen Dichter, »dessen Talent am eigentümlichsten und sichersten ist« (Tb, 18.8.1896), und Nansen stellte ihn 1897 hymnisch als den »erste[n] Mann [...] des jungen Wiens« vor, als »Dichter, der die Alten verärgert, den die Jugend verehrt« (Bang 2003, 27). Bald rühmte Brandes Schnitzler gar als »interessantesten Dichter Österreichs«, als »Menschenkenner« mit dem »Forscherdrang des Psychologen« und mit »Oppositionsgeist gegen die bürgerliche Gesellschaft« (Brandes 1903, 35–37). Diese Elogen mögen in Dänemark eine rezeptionssteuernde Wirkung gehabt haben, aber vereinzelt sind hier auch antisemitische Untertöne zu vernehmen. Der einflussreiche Germanist Roos meinte nämlich, Schnitzlers Werk enthalte die »hos Jøder almindelige, haanske Betoning af al Tings Intethed« (Roos 1914, 128) – »die für Juden normale, höhnische Betonung der Nichtigkeit aller Dinge«. Dagegen würdigte die dänische Schriftstellerin Stampe Bendix in ihrem Nachruf Schnitzlers »vældige vidtfavnende Aand« – seinen »gewaltigen allumfassenden Geist« (*Politiken*, 27.10.1931).

Ein Meilenstein der Schnitzler-Rezeption in Dänemark ist die *Liebelei*-Verfilmung durch die dänische Filmgesellschaft Nordisk Films. Als diese Schnitzler 1912 für ihre ›Autorenfilme‹ als Mitarbeiter anwirbt, ist er in Dänemark bereits bekannt, denn (mindestens) neun seiner Stücke waren schon aufgeführt worden, *Liebelei* sogar mehrmals (Bang 2003, 52 f.). Der Film, der 1914 in Kopenhagen Premiere hatte, wich aber erheblich von dem von Schnitzler verfassten Drehbuch-Entwurf ab; seine künstlerischen Absichten wurden den kommerziellen Interessen der Nordisk Films untergeordnet (vgl. Pinkert 2009, 164–166). Durch die Außenaufnahmen aus Kopenhagen, wo die Duellanten im Auto zum Duell fahren, wird die Auffassung dementiert, *Liebelei* sei eine typische Wiener Geschichte. In der Osloer Zeitung *Aftenposten* wurde für den *Liebelei*-Film unter Hinweis auf Schnitzler geworben, »den berømte Wienerforfatter« – den »berühmten Wiener Autor« (1.4.1914). Schnitzler war damals in Skandinavien offensichtlich »auf dem Gipfel seines Ruhms« (Vogel 1979, 5), doch als er den Ruhm 1923 in Kopenhagen und Stockholm am eigenen Leibe erfährt, reagiert er befremdet. Den Rummel um seine Person – Journalisten und Fotografen bedrängen ihn, die Vortragssäle in Kopenhagen sind »überfüllt«, in Stockholm wird er gefilmt, in beiden Städten nimmt er im Theater die »Ovation« des Publikums entgegen – kommentiert er mit dem Hinweis auf »die Lächerlichkeit all dieser Dinge« (Tb, 17.5. 1923).

Zwischen 1897 und 1999 wurden 28 von Schnitzlers Werken ins Dänische übersetzt; *Anatol, Reigen* und *Liebelei* mehrfach (vgl. Bang 2003, 52–53). Im Katalog der Kongelige Bibliotek in Kopenhagen sind insgesamt 183 Werke von Schnitzler verzeichnet, die meisten auf Deutsch (Stand: 8.7.2013). Von den 35 dänischen Titeln (inkl. Mehrfachübersetzungen) entfällt die Hälfte auf gedruckte Übersetzungen, und zwar zu gleichen Teilen Prosa und Dramen. Die andere Hälfte umfasst ungedruckte Übersetzungen: Theatermanuskripte und aus Dramen entstandene Hörspieltexte. Die gedruckten Übersetzungen stammen hauptsächlich aus den Jahren 1902–1933, die meisten ungedruckten aus dem Zeitraum 1927–1966. In den über vierzig Jahren danach sind höchstens fünf dänische Schnitzler-Übersetzungen dazugekommen. Sah Vogel 1979 keine Anzeichen für eine »Schnitzler-Renaissance« in Schweden (vgl. Vogel 1979, 162), so lassen die obigen Zahlen darauf schließen, dass es auch in Dänemark keine solche Renaissance gegeben hat – obwohl die Analyse des Schnitzler betreffenden Katalogs der Nationalbibliothek keine repräsentativen Aussagen erlaubt. Die Feststellung, dass Schnitzler 1925 »von allen modernen deutschen Dichtern in Dänemark [...] der Meistgelesene ist« (Kotas 1925, 22), korrespondiert mit Schnitzlers Erfolgsbilanz in der zweiten Phase der schwedischen Rezeption; im Übrigen ist zu vermuten, dass die dänische Rezeption dem Auf und Ab von Schnitzlers Erfolgskurve in Schweden entspricht.

Unter dem Autornamen ›Arthur Schnitzler‹ sind im Katalog der norwegischen Nasjonalbibliotek insgesamt 181 Titel verzeichnet (Stand: 5.7.2013); die meisten verweisen auf deutschsprachige Editionen. Daneben sind acht dänische Bücher aus den Jahren 1902–1959 und 19 norwegische Titel registriert. 17 davon beziehen sich auf ungedruckte Übersetzungen von Schnitzler-Dramen, von denen die meisten in den 1950er und 1960er Jahren als Hörspiele gesendet wurden. Für die ca. 40 Jahre danach sind nur drei norwegische Übersetzungen verzeichnet. Diese Zahlen ähneln auffällig denen der dänischen Teiluntersuchung und sprechen dafür, dass es auch in Norwegen keine »Schnitzler-Renaissance« gegeben hat. Die meisten Schnitzler-Titel in den beiden Nationalbibliotheken sind zwar deutsche Bücher, doch u. a. wegen der stetig sinkenden Bedeutung der deutschen Sprache in Skandinavien dürfte die Auseinandersetzung mit den Originaltexten für die dänische und norwegische Schnitzler-Rezeption recht unerheblich sein.

Die norwegische Teilanalyse verstärkt aber den Eindruck, dass sich die Schnitzler-Rezeption in Norwegen in hohem Maße auf der Grundlage dänischer Übersetzungen vollzog. Schon in der ersten Rezeptionsphase wirkten dänische Schnitzler-Aktivitäten nach Norwegen hinein. Seit 1898 gastierten hier Kopenhagener Theater – vor allem mit *Liebelei*. Die auflagenstärkste norwegische Zeitung *Aftenposten* äußert sich seit dieser Zeit immer wieder zu dänischen Schnitzler-Aufführungen und -Publikationen; dies und die Schnitzler-Werbung des dänischen Verlags Gyldendal in *Aftenposten* (z. B. am 1.10.1902, 22.3.1910) lassen darauf schließen, dass Schnitzler in Norwegen auch auf Dänisch rezipiert wurde, was angesichts der nahen Verwandtschaft der Sprachen gewiss kein Wunder ist.

In den skandinavischen Ländern lässt sich gegenwärtig zwar keine »Schnitzler-Renaissance« feststellen, doch der Autor ist hier keineswegs in Vergessenheit geraten. *Svenska Dagbladet* (20.11.2007) hob z. B. Schnitzlers zentrale Rolle in der österreichischen sprachkritischen Tradition von Nestroy bis Jelinek hervor. Dramen wie *Anatol, Reigen* und *Das weite Land* werden gelegentlich immer noch aufgeführt (www.denstoredanske.dk/Gyldendals_Teaterleksikon, Stand: 11.11.2013). Einige der in Skandinavien populären Werke Schnitzlers inspirieren Theaterleute zu mancherlei Bearbeitungen, z. B. brachte der dänische Dramatiker Rohde 1999 *Anatols Kabinet* auf die Bühne, und 2011 wurde in Oslo die Novelle *Fräulein Else* in dramatisierter

Form aufgeführt. Es fällt auf, dass Schnitzler in der Besprechung dieser Aufführung in *Aftenposten* (21.1.2011) als Autor vorstellt wird, »kjent gjennem Stanley Kubricks *Eyes Wide Shut*« – »bekannt durch« Kubricks *Traumnovelle*-Verfilmung im Jahre 1999. Die in Skandinavien vielbeachtete Literaturverfilmung Kubricks hat hier das Interesse an Schnitzler tatsächlich neu entfacht und dazu beigetragen, dass Schnitzlers *Traumnovelle* 1999 erstmals ins Norwegische, Schwedische und Dänische übersetzt wurde.

Literatur

Bang, Karin: *Peter Nansen/A. S. – Ein Briefwechsel zweier Geistesverwandter.* Roskilde 2003.
Bang, Karin/Pinkert, Ernst-Ullrich: *A. S. – Gustaf Linden. Ein Briefwechsel 1907–1929.* Wien 2005.
Bergel, Kurt: *Georg Brandes und A. S. Ein Briefwechsel.* Bern 1956.
Berlin, Jeffrey B.: Die Beziehungen zwischen Ibsen und S. In: TuK 10 (1982), H. 2, 383–398.
Bohnen, Klaus: A.-S.-›Renaissance‹? Ein Wort zur Einführung. In: TuK 10 (1982), H. 2, 215–219.
Bohnen, Klaus: Provokation der Modernität. Georg Brandes und der skandinavische ›Naturalismus‹. In: TuK 33 (2011), 71–86.
Brandes, Georg: *Gestalten und Gedanken. Essays.* München 1903.
Fritz, Axel: »*Die deutsche Muse und der schwedische Genius*«. *Das deutschsprachige Drama auf dem schwedischen Theater.* Stockholm 1989.
Kotas, Walther H.: *Die skandinavische Literatur der Gegenwart seit 1870.* Wiesbaden 1925.
Müssener, Helmut: *Von Ilse Aichinger und Peter Altenberg bis Franz Zistler und Stefan Zweig. Österreichische Belletristik in schwedischer Übersetzung 1870–1999. Teil 1.* Roskilde 2001.
Pinkert, Ernst-Ullrich: Georg Brandes und A.S.: eine Freundschaft im Spiegel von S.s Tagebuch. In: Jan Schlosser (Hg.): *Kulturelle und interkulturelle Dialoge.* Kopenhagen/München 2005 a, 297–311.
Pinkert, Ernst-Ullrich: A.S.s Skandinavienreisen im Lichte seiner Tagebücher und Reisebriefe. In: Regina Hartmann (Hg.): *Literaturen des Ostseeraums in interkulturellen Prozessen.* Bielefeld 2005 b, 221–233.
Pinkert, Ernst-Ullrich: *A.S.s Briefe nach Dänemark.* Roskilde 2006.
Pinkert, Ernst-Ullrich: »Die Nordfilmangelegenheit«. A. S. und die Nordisk Films Kompagni. In: Peter S. Larsen (Hg.): *Interaktioner.* Aalborg 2009, 143–191.
Pinkert, Ernst-Ullrich: A.S. und Søren Kierkegaard. Zur Auseinandersetzung S.s mit Kierkegaards *Entweder-Oder* in der *Komödie der Verführung* und in der *Traumnovelle.* In: JDSG 57 (2013), 250–271.
Roos, Carl: *Moderne tysk litteratur.* Kopenhagen 1914.
Vogel, Margot E.: *S. in Schweden. Zur Rezeption seiner Werke.* Uppsala 1979.

Ernst-Ullrich Pinkert

2.6 USA

Arthur Schnitzlers erstes Publikum in den Vereinigten Staaten waren wohl vor allem deutschsprachige Einwanderer (Foltinek 1961, 207) sowie jene New Yorker Bürger, für die – mindestens bis zum Kriegseintritt der USA im Jahr 1917 – die deutsche Sprache und Literatur zum Bildungskanon gehörte. Am Anfang der Rezeption Schnitzlers stand eine deutschsprachige Produktion der *Liebelei* von 1897, im Irving Place Theater von New York (Daviau 1992, 145). Fünf weitere Stücke, darunter *Freiwild* (1899), *Der grüne Kakadu* (1907) und *Das weite Land* (1915) folgten, bevor das Theater 1918 schließen musste. Englische Fassungen von Schnitzlers Dramen wurden freilich nach 1910 auch in Chicago und anderswo aufgeführt, zu einer Zeit, als die junge amerikanische Theaterszene noch stark europäisch geprägt war. Besonders beliebt waren *Liebelei* (ab 1907), *Anatol* (ab 1911), und – nach 1950 – der lange als pornographisch verschriene *Reigen* sowie *Das weite Land*. Einige Aufführungen basierten auf den Fassungen englischer Dramatiker wie Harley Granville-Barker oder Tom Stoppard; die amerikanische Theaterszene war und ist von der britischen nicht scharf zu trennen. Seit den 1920er Jahren entstanden zudem auch recht freie und problematische Adaptionen, nicht zuletzt als Musical oder Film, sodass Kenner wie Daviau konstatieren: »Schnitzler's stature as a dramatist has been built despite, not because of, the U. S. productions« (ebd., 148).

Lange prägte das dramatische Frühwerk Schnitzlers Bild als »decadent aesthete« der Liebe und des Todes (ebd., 150). Vor allem seine Einakter konnten, auch dank häufiger Nachdrucke in Anthologien und Buchreihen, auf eine gewisse Bekanntheit rechnen. Frühe Enthusiasten wie der Übersetzer B. Q. Morgan, Kulturkritiker wie Ludwig Lewisohn oder Dichter wie Peter Viereck, der 1930 ein Interview mit Schnitzler druckten, machten sich um seine Aufnahme in den USA verdient. Der bekannte Literaturkritiker Edmund Wilson lobte anlässlich einer Aufführung der *Affairs of Anatol* im Februar 1931, der österreichische Dramatiker, der von einer ungleich reicheren Kultur zehre, habe die rare Gabe, seine Figuren zugleich lächerlich und sympathisch erscheinen zu lassen (Wilson 1961, 507). Anders als im deutschen Sprachraum gab es in der durchaus signifikanten journalistischen Kritik der USA bis zu seinem Tod keine antisemitischen Töne. Nach 1945 wurden Aufführungen seiner Stücke deutlich seltener, und sie waren meist auf den New Yorker Raum beschränkt.

Als Erzähler war Schnitzler lange kaum bekannt. Sechs seiner Kurzgeschichten waren zwar schon 1913 in dem missverständlich, aber werbewirksam betitelten Band *Viennese Idylls* bei Scribner's erschienen. Seine Prosa wurde jedoch erst in den späteren 1920er Jahren bekannt, als der ebenfalls namhafte New Yorker Verlag Simon & Schuster Übersetzungen auch seiner späteren Werke zu publizieren begann. *Fräulein Else* machte – unter dem deutschen Titel – 1926 den Anfang, erlebte bis 1931 zehn Neuauflagen und blieb in den USA die wohl bekannteste Erzählung Schnitzlers. *Casanovas Heimfahrt,* schon 1922 erschienen, wurde, nach Anzeigen selbsternannter Sittenwächter, sofort verboten und konnte erst 1930 wieder gedruckt werden, auch dank der Fürsprache deutschstämmiger Autoren wie H. L. Mencken und Theodore Dreiser. Ob Schnitzler damit aber tatsächlich zum »classic author of undisputed stature« (Daviau 1992, 154) wurde, ist zweifelhaft. Auf die Autoren der amerikanischen Moderne wie z. B. O'Neill, Hemingway, Fitzgerald, Faulkner oder Tennessee Williams scheint er jedenfalls keinen nachhaltigen Eindruck gemacht zu haben.

Immerhin setzte um 1930 auch die wissenschaftliche Rezeption ein. Solomon Liptzins Monographie (1932) blieb zwar die große Ausnahme, aber es erschienen zahlreiche Aufsätze zu verschiedenen Themen. Vor allem die Aufnahme in akademische Lehrwerke und die Theaterarbeit von Exilanten wie Ernst Lothar und Raoul Auernheimer verbreiteten Schnitzlers Werke in den USA zu einer Zeit, als er im deutschen Sprachraum verfemt war. In der Nachkriegszeit ebbte das Interesse in den USA freilich rasch ab. Erst die sogenannte ›Schnitzler-Renaissance‹ der 1960er Jahre, als die deutsche Werkausgabe bei Fischer und das *Journal of the International Arthur Schnitzler Research Association* (ab 1967 unter dem Titel *Modern Austrian Literature*) erschienen, änderte die Lage. Schnitzlers Sohn Heinrich, der zehn Jahre lang Theaterwissenschaft an der University of California lehrte, erlaubte den Zugang zu Schnitzlers Nachlass und förderte Forscher wie Reinhard Urbach, dessen Monographie 1973 auf Englisch erschien. Bis 1990 entstanden über 20 amerikanische Dissertationen, und seit den 1980er Jahren erschienen wieder neue Übersetzungen, Sammelbände und Einzelstudien, die nun verstärkt den Akzent auf das Spätwerk legten (Lorenz, Tweraser, Weinberger). Im Gegensatz zum Theaterpublikum deutete die akademische Kritik Schnitzler nun eher als »serious moralist and as a masterful psychologist« (Daviau 1992, 163).

In den letzten beiden Jahrzehnten ist Schnitzler auch jenseits der Fachwissenschaft wieder ins öffentliche Blickfeld geraten. Peter Gays fragwürdig betitelte mentalitätsgeschichtliche Studie *Schnitzler's Century* (2001) war dafür wohl weniger verantwortlich als Stanley Kubricks filmische Adaptation der *Traumnovelle* in *Eyes Wide Shut* (1999). Frederic Raphaels Skript und Kubricks bis in die Dialoge bemerkenswert texttreuer Film verlegen Schnitzlers »Fin-de-siècle Viennese decadence and *ennui*« allerdings ins zeitgenössische Amerika, und die subjektiven Traumszenen werden – ein Dilemma des Filmgenres – auf der Leinwand sozusagen objektiviert (Borchardt 2001, 7 u. 10). So sieht Bill (Fridolin) die Traumbilder seiner Frau als schwarzweiße Filmsequenzen; zudem werden die traumähnlichen Bewusstseinszustände nun durch Drogen produziert (ebd., 9 f; zu Genese und Details der Adaptation vgl. Boozer 2008).

Für Schnitzlers Rezeption beim amerikanischen Lesepublikum wichtiger waren Leo Careys eleganter Essay über den amoralischen »Dream Master« in der einflussreichen Zeitschrift *The New Yorker* sowie neuere Übersetzungen ausgewählter Dramen (G. J. Weinberger 1992, 1994; J. Bank 2005) und Erzählwerke (Byers 1992; N. Watt 2001; M. Schaefer 2001, 2003, 2006; J. M. Q. Davies 2004; A. Bell 2006). Die Qualität dieser englischen Fassungen wurde in der Presse unterschiedlich bewertet; hinreichend detaillierte Urteile sind rar. Die Variationsbreite der übersetzerischen Interpretationen illustrieren immerhin beispielhaft die englischen Titel von *Liebelei*: *Light o' Love* (Morgan 1912), *Playing with Love* (Shand, 1914), *The Game of Love* (Mueller, 1967), *Flirtations* (Wensinger/Atkinson 1982), *Love Games* (Osborne 1983) und *Dalliance* (Stoppard 1986). Schnitzlers Stil, nicht zuletzt die Dialoge und das »untranslatable interplay of different modes of address« (Roe 1994, 677) im *Reigen*, fordern Übersetzer ins Englische besonders. Manche Verluste sprachlicher Nuancen lassen sich freilich geschickt kompensieren (vgl. Zojer 2009). Eine umfassende Untersuchung englischer Versionen Schnitzlers steht noch aus.

Literatur

Boozer, Jack: From *Traumnovelle* (1927) to Script to Screen. *Eyes Wide Shut* (1999). In: Jack Boozer (Hg.): *Authorship in Film Adaptation*. Austin 2008, 85–106.

Borchardt, Edith: A. S.'s *Traumnovelle* and Stanley Kubrick's *Eyes Wide Shut*. In: *Journal of the Fantastic in the Arts* 12 (2001), H. 1, 4–17.

Carey, Leo: The Dream Master. The Stories of A. S., the Amoral Voice of Fin-de-siècle Vienna. In: *The New Yorker* (9.9.2002), 154–160.

Daviau, Donald G.: The Reception of A. S. in the United States. In: Wolfgang Elfe/James Hardin/Gunther Holst (Hg.): *The Fortunes of German Writers in America. Studies in Literary Reception.* Columbia (SC) 1992, 145–169.
Foltinek, Herbert: A. S. in Amerika. In: Otto Hietsch (Hg.): *Österreich und die angelsächsische Welt. Kulturbegegnungen und Vergleiche.* Wien 1961, 207–214.
Lorenz, Dagmar (Hg.): *A Companion to the Works of A. S.* Rochester (NY) 2003.
Roe, Ian F.: The Comedy of S.'s »Reigen«. In: *Modern Language Review* 89 (1994), H. 3, 674–688.
Tweraser, Felix W.: *Political Dimension of A. S.'s Late Fiction.* Columbia (SC) 1998.
Urbach, Reinhard: *A. S.* Übers. v. Donald Daviau. New York 1973.
Weinberger, G. J.: *A. S.'s Last Plays. A Critical Study.* New York 1997.
Wilson, Wilson: *The Shores of Light. A Literary Chronicle of the Twenties and Thirties.* New York 1961.
Zojer, Heidi: Vienna – London – Belfast: S.'s *Reigen* on the Translation *Roundabout.* In: *New Theatre Quarterly* 25 (2009), H. 1, 88–98.

Daniel Göske

2.7 China

Die Schnitzler-Rezeption vor 1949

Schnitzler ist in China erst nach 1919 im Zuge der »Bewegung der Neuen Kultur« sukzessive bekannt geworden. Die Chinesen, die damals erst auf eine weniger als 15 Jahre bestehende Sprechtheatertradition zurückblicken konnten, zeigten dabei zunächst großes Interesse an seinen Theaterstücken. Die Initialzündung leistete Mao Dun mit seiner Übersetzung der Einakter *Denksteine* (1919) und *Anatols Hochzeitsmorgen* (1920). Auch Guo Shaoyu konnte seine zunächst in einer Zeitungsbeilage erschienenen Übersetzungen von *Anatol* 1922 (weitere Auflagen 1924 und 1933) in Buchform in Shanghai publizieren, und zwar in der renommierten »Buchreihe der Gesellschaft für die Erforschung der Literatur«. Auf heftige Kritik stieß seine Übersetzung allerdings bei Chen Xiying, der 1924 in der Zeitschrift *Taipingyang* eine lange Rezension veröffentlichte, worin er am Beispiel des Einakters *Weihnachtseinkäufe* Übersetzungsfehler verdeutlichte. Ding Xilin unterstützte Chen daraufhin mit der Anfertigung einer neuen Übersetzung des Stückes (1924).

Weitere Dramen Schnitzlers wurden schnell importiert. Die Übertragung der ersten Szene des *Reigen* von Song Chunfang erschien 1922 in der Zeitschrift *Youxi shijie.* Darauf folgten *Der grüne Kakadu* (1923, übers. v. Jiao Juyin), *Lebendige Stunden* und *Die letzten Masken* (1925, übers. v. Yuan Changying), *Der tapfere Cassian* (1929, übers. v. Lin Yijin) und nicht zuletzt *Die Gefährtin* (1930, übers. v. Liu Shaocang); bis auf die Versionen von Ding Xilin und Liu Shaocang fanden diese Übersetzungen auf sprachlichen ›Umwegen‹ statt.

Als Wegbereiter der chinesischen Schnitzler-Rezeption ist der Schriftsteller Zhao Boyan besonders hervorzuheben, da er insgesamt drei Stücke direkt aus dem Deutschen ins Chinesische übersetzte: *Der grüne Kakadu* (1928), *Liebelei* (1929) und *Reigen* (1930). In seinem Vorwort zum *Reigen*, das 1929 auch in der Zeitschrift *Xin wenyi* erschien, stellte Zhao Schnitzlers Leben und Werk detailliert vor und bewunderte insbesondere den Glanz der Konversationen in Schnitzlers Dramen. Als Zhao in Wien studierte, stattete er Schnitzler einen Besuch ab und soll den mündlichen Auftrag bekommen haben, dessen Werke zu übertragen (vgl. Zhao 1930, 10). Chinesische Aufführungen von Schnitzlers Dramen lassen sich hingegen nur vereinzelt nachweisen. Eine Ausnahme bildete der Einakter *Die letzten Masken*, der von dem namhaften Dramatiker Tian Han 1928 anhand seiner eigenen Übersetzung auf die Bühne gebracht wurde. Überdies wurde gelegentlich der Versuch unternommen, die dramatischen Texte nach dem chinesischen Geschmack umzuarbeiten: So veröffentlichte Du Yingtao 1932 in der Monatsschrift *Juxue yuekan* eine Nachdichtung des Einakters *Sylvesternacht*; die wissenschaftliche Beschäftigung mit Schnitzlers Dramen spielte damals allerdings kaum eine Rolle.

Eine Gruppe moderner Schriftsteller wandte sich dagegen Schnitzlers Novellen zu, von denen sich Shi Zhecun als einer der größten chinesischen Bewunderer von Schnitzlers Erzähltexten profilieren konnte. Gleich ein Dutzend Übersetzungen stammen von ihm: *Die Hirtenflöte* (1929), *Frau Bertha Garlan* (1929), *Lieutenant Gustl* (1931, überarb. Fassung 1945) und *Therese* (1937, ²1940). Seine Übersetzungen von *Frau Bertha Garlan*, *Frau Beate und ihr Sohn* und *Fräulein Else* wurden 1931 in dem Buch *Fuxin sanbuqu* (*Trilogie der weiblichen Seele*) zusammengestellt, das zehn Jahre später während des Antijapanischen Kriegs (chinesische Bezeichnung des zweiten Japanisch-Chinesischen Krieges) noch in Shanghai gedruckt wurde. Shi soll noch drei weitere Novellen, darunter *Casanovas Heimfahrt* und *Traumnovelle*, übersetzt haben, die aber nicht mehr publiziert werden konnten, weil die Manuskripte bereits in der Unruhe des Kriegsausbruchs verloren gingen.

Neben Shi Zhecun haben sich noch weitere Schriftsteller um die Verbreitung von Schnitzlers Novellen verdient gemacht. Duan Keqing etwa, Mitglied der Schöpfungsgesellschaft, veröffentlichte seine Übersetzung der Novelle *Sterben* 1930 (zweite Aufl. 1933) in Shanghai. In seinem Nachwort bezeichnete Duan *Sterben* einerseits als einen in der Bibliothek der Weltliteratur aufbewahrten schönen Edelstein. Andererseits kritisierte er den Inhalt der Novelle, charakterisierte sie als »eine Novelle der Krankheit, einen unvollkommenen literarischen Text« (Duan 1933, 163) und warnte die Leserschaft vor den melancholischen, krankhaften Gedanken des Fin de Siècle. Neben *Frau Bertha Garlan* (1932, dritte Aufl. 1940) hat Liu Dajie *Der Tod des Junggesellen* (1932) und *Der blinde Geronimo und sein Bruder* (1932) übersetzt. Noch zahlreiche weitere chinesische Übersetzungen waren damals zerstreut in verschiedenen Zeitschriften zu finden. Die Mehrfachübersetzungen der erzählenden Texte waren üblich. So ist die Novelle *Blumen* zwischen 1928 und 1945 mindestens sechsmal übersetzt worden. Die Schreibweise Schnitzlers hat moderne chinesische Autoren beeinflusst. So hat Shi Zhecun unter seinem Einfluss mehrere Novellen mit psychoanalytischem Ansatz geschaffen. Neben den psychoanalytischen Elementen hob Shi noch die realistischen Elemente bei Schnitzler hervor.

Mit der Gründung der Volksrepublik China war das chinesische ›Schnitzler-Fieber‹ auf einmal abgekühlt. Abgestempelt als reaktionärer, dekadenter Repräsentant der kapitalistischen Kultur, war Schnitzler in den ersten 30 Jahren der Volksrepublik China fast vollständig vom Horizont der chinesischen Literaturlandschaft verschwunden.

Die Schnitzler-Renaissance seit den 1980er Jahren

Erst Anfang der 1980er Jahre begann eine junge Generation chinesischer Germanisten Schnitzler neu zu entdecken und seine Werke neu zu übersetzen. Im Gegensatz zur ersten Phase, in der auch die Theaterstücke Schnitzlers große Resonanz gefunden hatten, nahm ihn das Lesepublikum nun zunächst lediglich als Novellisten wahr. Die Prosatexte wurden meistens direkt aus dem Deutschen übersetzt. Diese zweite Phase setzte 1981 mit einer neuen Übersetzung der Novelle *Das Schicksal des Freiherrn von Leisenbohg* durch Qian Hongjia ein. Wie in der Bürgerlichen Republik wurden auch in der Volksrepublik einige Novellen in Unkenntnis von Urheberrechten zwei- bzw. mehrfach übersetzt.

Neben Textsammlungen veröffentlichten auch zahlreiche Kernfachzeitschriften für ausländische Literatur die Übersetzungen von Schnitzlers Novellen und Erzählungen. Insbesondere die Novellen *Lieutenant Gustl*, *Fräulein Else* und *Der Sohn* erfreuten sich einer großen Beliebtheit und wurden mehrfach übersetzt und wiederholt publiziert. Eine Reihe von Novellensammlungen wurde gleichzeitig in verschiedenen Verlagen publiziert: *Yiwei zuojia de yishu* (1991, hg. v. Zhang Yushu), *Gusite shaowei* (1991, ²2004, hg. v. Cai Hongjun), *Mosheng de nüren* (1992, hg. v. Cai Hongjun). Dazu kamen noch zwei neue Textsammlungen: *Shinicile duben* (2010, hg. v. Han Ruixiang) und *Lunwu* (2010, hg. v. Gao Zhongfu). Die meisten Prosatexte Schnitzlers liegen bereits in chinesischen Ausgaben vor, ein Desiderat bleibt aber nach wie vor die Übertragung einiger längerer Erzähltexte wie *Der Weg ins Freie* und *Doktor Gräsler, Badearzt*. Doch nicht nur der Prosa gilt das Interesse der zweiten Phase, sondern nach einer langen Unterbrechung setzte vor Kurzem auch die Auseinandersetzung mit Schnitzlers Theaterstücken wieder ein, so etwa durch den Germanisten Han Ruixiang, der in seiner 2011 erschienenen Textsammlung neue Übertragungen von Schnitzlers Theaterstücken vorgelegt hat. Seither richtet sich das Augenmerk des Theaters vorrangig auf das Skandalstück *Reigen*. Es wurde zunächst 2001 in Hongkong, 2008 in Beijing und Shenzhen und schließlich 2009 in Shanghai gespielt, allerdings im Zeichen der Anpassung an den chinesischen Geschmack in einen avantgardistischen Text umgearbeitet. Vor allem beim jungen Publikum erreichten die Aufführungen große Resonanz; dennoch befindet sich die Rezeption von Schnitzlers Dramen in China erst am Beginn eines neuen Aufbruchs.

Alles in allem hat das chinesische Lesepublikum sowohl die dramatischen als auch die erzählerischen Texte Schnitzlers in der ersten Hälfte des 20. Jahrhunderts mit großem Interesse rezipiert. Die modernen chinesischen Schriftsteller, die sich auf der Suche nach modernen Schreibweisen befanden, versuchten Schnitzler als Vorbild der modernen Literatur einzuführen. Während Schnitzler in der Bürgerlichen Republik überwiegend von Schriftstellern und Künstlern auf einem Umweg über England, Frankreich, den USA oder sogar über Japan aufgenommen wurde, ist die Rezeption in der neuen Phase ab Anfang der 1980er Jahre von der chinesischen Germanistik geprägt, Schnitzler wurde nun unmittelbar anhand der deutschen Quellen dargestellt. Ansatzweise ist dieses germanistische Interesse auf ein jugendliches Publikum übergesprungen. Die eigentliche wissenschaftliche Beschäftigung mit Schnitzler in China hat allerdings erst in dieser neuen Epoche begonnen.

Literatur

Duan, Keqing: Yi hou. In: Xiannizhilao: *Si*. Übers. v. Keqing Duan. Shanghai 1933, 159–165.
Guo, Minghua: Ziyou zhi lu zai hefang. Qian xi Shinicile de xiaoshuo »Tongwang ziyou zhilu«. In: *Waiguo wenxue pinglun* 3/1991, 40–46.
Han, Ruixiang: Shinicile de wenxue chuangzuo yu jingshen fenxi xue. In: *Guowai wenxue* 3/2009, 44–53.
John, Ralf: *Zum Erzählwerk des Shanghaier Modernisten Shi Zhecun (geb. 1905). Komparatistische Untersuchungen und kritische Würdigung einer sinisierten »literarischen Psychologie«*. Frankfurt a. M. u. a. 2000.
Shi, Xingguo: Shinicile jiqi chuangzuo. In: *Waiguo wenxue* 2/1998, 3–8.
Wu, Xiaoqiao: *Shinicile yu zhongguo jieyuan*. In: Zhonghua dushu bao 23 (2000).
Wu, Xiaoqiao: Yuejie yu huwen. Lun Atuer Shinicile xiaoshuo wenben »Tongwang kuangye de lu« de xiandai xing. In: *Guowai wenxue* 2/2008, 117–124.
Wu, Xiaoqiao: Die Rezeption A. S.s in China. In: Wolfgang Lukas/Michael Scheffel (Hg.): *Textschicksale. Das Werk A. S.s im Kontext der Moderne*. Berlin 2015 (i. Dr.).
Xia, Yuanwen/Yu, Xiulin: Shi Zhecun yu Shinicile. In: *Yangzhou shifan xueyuan xuebao* 2/1991, 62–67.
Yang, Yingping: Fanyi yu yinxiang. Shi Zhecun yu Shinicile. In: *Jiangsu shehui kexue* 3/2009, 165–169.
Zhang, Dongshu/Chen, Huizhong: Shi Zhecun yu Xiannizhile. In: *Zhongguo bijiao wenxue* 4 (1987), 219–233.
Zhang, Dongshu: *Seelentrauma. Die Psychoanalyse in der modernen chinesischen Literatur*. Frankfurt a. M. u. a. 1994.
Zhao, Boyan: Yi xu. In: Xiannizhile: *Xunhuan wu*. Übers. v. Boyan Zhao. Shanghai 1930, 1–10.

Xiaoqiao Wu

3. Weitere Rezeption und Wirkung

3.1 Inszenierungen

Anfänge auf der Bühne – Zwischen Wien und Berlin

Die Bühnengeschichte von Schnitzlers dramatischen Werken beginnt in den 1890er Jahren. Dazu bedarf es zwar ›naturgemäß‹ einer Einstiegsphase, ehe stärkeres Interesse erwacht, doch sind schon mit diesen Anfängen überregionale Erfolge zu verzeichnen, die über Wien hinaus die Aufmerksamkeit auf den Dramatiker lenken. Den Auftakt zu dieser Geschichte bildet eine private Kleinaufführung des *Anatol*-Stückes *Die Frage an das Schicksal* (1893), gefolgt von einer Kurtheater-Aufführung in Bad Ischl, mit *Abschiedssouper*. Noch im selben Jahr lassen sich größere Wiener Häuser auf die Werke ein, so das Deutsche Volkstheater mit der Uraufführung von *Das Märchen* (1893), zwei Jahre später das Burgtheater mit *Liebelei* (1895), einem Stück, das sich rasch als Schwerpunkt der weiteren Rezeption erweist. Eine entscheidende Wendung nimmt die Bühnengeschichte der Dramen Schnitzlers mit der Uraufführung von *Freiwild* in Berlin 1896, am Theater von Otto Brahm, das eine inszenatorisch wie literarisch markante Position für die internationale Auseinandersetzung mit dezidiert modernen Konzepten von Dramatik und ihrer Bühnenrealisierung bezieht. Von weiterem Interesse ist, dass Brahm für die Uraufführung von *Freiwild* einen thematischen Anschluss herstellt, denn einen Monat zuvor hat er Hermann Sudermanns Einakter-Zyklus *Morituri*, dessen Mittelstück *Fritzchen* sich mit der Duellthematik befasst, herausgebracht. Wenige Jahre nach Brahms epochemachenden Anfängen – mit der Freien Bühne 1889 und mit der weiteren Profilierungsphase des Deutschen Theaters – wird Schnitzlers Frühwerk 1896 damit der Theater-Moderne zugeschlagen und in deren internationales Wirkungsfeld eingebracht. *Freiwild* bleibt in Berlin auch weiterhin im Programm, gelangt 1901 an das Schiller-Theater und von dort aus mit mehreren Aufführungen zur Neuen Freien Volksbühne. So bezeichnet dieses Stück »den Punkt der größten Annäherung Schnitzlers an die gesellschaftskritische Theaterkultur Berlins oder Brahms« (Sprengel/Streim 1998, 470).

In Wien sind in diesen Jahren zunächst die Einakter gefragt, bezeichnenderweise am Burgtheater 1899 auch in Gestalt der als Modeform zu bezeichnenden Einakter-Serie, mit *Paracelsus/Die Gefährtin/Der grüne Kakadu*, unter dem Gesamttitel des letzten Stückes. Ein gemeinsames Interesse der beiden großen Theaterstädte Wien und Berlin an Schnitzlers Œuvre beginnt sich abzuzeichnen, seit Burgtheater und Brahms Deutsches Theater 1905 mit nur einem Monat Abstand *Zwischenspiel* – mit der Burg als Uraufführungstheater – vorgestellt hatten. Danach bringt die Burg 1910 mit der Uraufführung von *Der junge Medardus* ein weiteres großes Werk heraus, während gegen Ende des Jahrzehnts dann als zweite Wiener Bühne, die sich Schnitzler widmet, das Deutsche Volkstheater mit einer weiteren Serie von Inszenierungen hervortritt, kulminierend in den Uraufführungen von *Anatol* (1910) als fünfteiligem Zyklus, sowie *Marionetten* (1912).

In Berlin hat sich bis dahin das Brahmsche Deutsche Theater weiter als veritable Uraufführungsbühne für Schnitzler profiliert – mit einer ganzen Serie: 1898 *Das Vermächtnis*, 1902 der Einakter-Zyklus *Lebendige Stunden*, 1903 *Der Puppenspieler*, 1904 *Der einsame Weg*. 1906 folgt dann *Der Ruf des Lebens* am Lessing-Theater, zu dem Brahm übergewechselt ist. Während sich Max Reinhardt in seinem Anfangsjahr als Theaterleiter am Berliner Kleinen Theater mit der Burleske *Der tapfere Cassian* begnügt, bleibt er danach gegenüber dem österreichischen Dramatiker hinter Otto Brahms führender Position zurück und verzichtet vollkommen auf die Auseinandersetzung mit Schnitzlerschen Stücken. Der Autor freilich kann sich in dieser Schaffensphase um 1910 außer auf Wien nun vor allem auf ein zweites Standbein im Berliner Theater verlassen. Auf geraume Zeit lässt sich hier eine parallele und prägnante Bühnenrezeption verfolgen, denn in beiden führenden Theaterstädten des deutschen Sprachbereichs wird er – nach einer zeitweiligen Betonung eines dezidierten »Wienertums« – nun gleichermaßen als Vertreter des aktuellen innovativen Gegenwartstheaters gewürdigt (Deutsch-Schreiner 2002). Bezeichnend dafür ist die Partnerschaft des Jahres 1910: Das Brahmsche Theater bringt gleichzeitig mit dem Deutschen Volkstheater Wien die Uraufführung einer zyklischen *Anatol*-Aufführung heraus, und im Folgejahr 1911 – das den Höhepunkt der Rezeption Schnitzlers als führendem Gegenwartsdramatiker bildet – wird für die Uraufführung von *Das weite Land* eine gleichzeitige Premiere an acht Bühnen anberaumt, die in Deutschland und Österreich sozusagen den engeren Kreis des innovativen Gegenwartstheaters bilden. Außer Brahms Lessing-

3.1 Inszenierungen

Theater und dem Breslauer Lobe-Theater, zu dem er besondere Beziehungen unterhält, sowie der Wiener Burg beteiligen sich die Münchner Residenz, das Deutsche Landestheater in Prag, das Alte Stadttheater in Leipzig, dazu die Bühnen in Hannover und Bochum.

Diese breite Würdigung entspricht der generellen, seit den 1880er Jahren einsetzenden Diskussion um die neue Kunst und ihre übernationalen Dimensionen. Erwartungen von der Spezifik kultureller und ästhetischer Produkte aus anderen Nationen und Kulturbereichen wirken nunmehr als Rezeptionsanreiz, nicht als Rezeptionshemmnis – zumindest solange nicht massive politische Spannungen statt eines Fremdbildes ein Feindbild aufbauen (Sprengel/Streim 1998, 468). Dies ist aber im Verhältnis zwischen Preußen-Deutschland und der Donaumonarchie kein aktuelles Problem. Die historische Erfahrung, dass nach der politischen Entzweiung von 1866/1871 im österreichisch-deutschen Verhältnis zunehmend die kulturellen Bereiche, die gemeinsamen sprachlichen und geschichtlichen Grundlagen sowie die gemeinsamen politischen Interessen in den Vordergrund getreten sind, kennzeichnet die Jahrzehnte ab 1880. Von Bedeutung ist schließlich, dass gegenüber den stereotyp verallgemeinerten – vermeintlichen – Unterschieden der Kulturnationen immer mehr die sog. Moderne in Fragen der Kunst an Gewicht gewonnen hat. Gegenwartskunst bestimmt sich programmatisch als nationenübergreifend. Einer ihrer hervorstechenden Reizwerte ist die potentielle Herausforderung durch Andersartigkeit oder Fremdheit. So wird – wie bei Literatur, Musik oder bildender Kunst – auch vom modernen Theater der provokative Reiz von kulturellem Transfer erwartet, der in der Lage ist, die Ortsbindung an Herkommen, Tradition oder Eigenart zu vermitteln, aber gleichzeitig ästhetisch zu integrieren.

Krieg und erste Nachkriegsjahre

Mit der mehrfachen, den gesamten deutschen Sprachkreis umfassenden Uraufführung von *Das weite Land* (1911) ist zu Lebzeiten des Autors der Höhepunkt an zeitgenössischer Würdigung durch die Bühnen erreicht. Im Folgejahr steht dann mit *Professor Bernhardi* ein radikal herausfordernder Bühnentext zur Aufführung an, von dem aus sich vorerst, d. h. bis Kriegsende, die Rezeptionslinien trennen und der Gleichschritt zwischen den beiden Metropolen aufhört. In Wien ist aus politischen Gründen auf längere Zeit mit einer Zulassung für die Bühnen nicht zu rechnen, und in Berlin lehnt Brahm eine Uraufführung an seiner Bühne ab, möglicherweise weil zwischen ihm und Reinhardt rivalisierende Ansprüche auf das Stück bestehen, die Schnitzler nicht schlichten kann (Sprengel/Streim 1998, 465). Jedoch gibt die Berliner Behörde ›grünes Licht‹ für die Inszenierung am Kleinen Theater, die Victor Barnowsky, ein entfernter Schüler von Brahm, herausbringt. Sie findet Anklang, die Berliner Kritik und die Theateröffentlichkeit nimmt das Stück mit Interesse auf und das Presse-Schlagwort der ›Österreichischen Verhältnisse‹ erweist sich als Magnet, der die Faszination durch die Andersartigkeit offensichtlich mehr befördert, als dass sich herabsetzende Vormeinungen damit verbinden würden. Dass in Rezensionen außerdem häufig ein Vergleich mit Ibsens *Volksfeind* angestellt wird, betont zudem das europäische Format, das man Schnitzler in Berlin nun attestiert. Dass die Premiere auf den Tag fällt, an dem Otto Brahm stirbt, lässt sich fast als Menetekel verstehen.

Insgesamt geht jedenfalls die weitere Bühnengeschichte von Schnitzlers dramatischer Produktion nun eher von Wien aus. Wie zuvor teilen sich das Deutsche Volkstheater und die Burg hier die weiteren Premieren, den *Marionetten*-Zyklus von 1912 spielt das Volkstheater, die *Komödie der Worte* die Burg 1915, die Komödie *Fink und Fliederbusch* wieder das Volkstheater 1917. Dabei kommt es nach und nach auch zu einer gewissen Rivalität zwischen den Theatern, zumal der Autor selbst, wenn möglich, eher der Burg den Vorzug gibt (Wagner/Vacha 1971, 98). Das Volkstheater kommt vor allem bei Stücken zum Zuge, die an der Burg nicht durchsetzbar sind. Dies gilt insbesondere für die Wiener Erstaufführung von *Professor Bernhardi* (ebd.), wobei der Direktor des Volkstheaters, Alfred Bernau, selbst Regie führt und die Titelrolle spielt. Die Premiere fällt noch in die letzten Monate der Monarchie und des Krieges und erscheint fast schon als ein Abgesang. Sie wird »zu einem Ehrenabend des Deutschen Volkstheaters«; das Stück selbst »wird als ›Konfrontation mit dem gewesenen Österreich‹ empfunden« (ebd., 112). Eine wichtige rezeptionsgeschichtliche Verschiebung zeichnet sich damit ab. Schnitzler wird mehr und mehr zum Dramatiker Österreichs, freilich von dessen historisch gewordener Gestalt, der ›Donaumonarchie‹ – eine Entwicklung, die insgesamt mit einem Verlust an aktueller Brisanz der Stücke zu tun hat, zumal im Rahmen der neuen europäischen Avantgarde-Strömungen neue stilistische Entwicklungen (Expressionismus, Abstraktion, später engagiertes und politisches Theater, Neue Sachlichkeit) hervortreten, welche auf Dramatik und Bühnen größten Einfluss nehmen.

Zu Beginn der 1920er Jahre gibt es freilich noch zwei starke Gegenbeispiele. So erweist sich *Professor Bernhardi* in den ersten Jahren der Republik nicht nur als Zugstück dank einer politischen und sozialen Aktualität, die so in der alten Zeit nicht möglich gewesen wäre, sondern auch als in der Öffentlichkeit polarisierende Herausforderung, welche dem Autor ein neues Profil vermittelt. Zu seinem 60. Geburtstag 1922 findet in Wien die 75. Aufführung statt, ein Triumph für Autor, Regie und Bühne in einer Zeit, als antisemitische Kräfte immer stärker in der Öffentlichkeit zu wirken versuchen. Auch die Neueinstudierung von 1928 bildet daher in diesem Sinne ein herausragendes Ereignis des Widerstands von Autor und Theater gegen demokratiefeindliche und antisemitische Bedrohung. Als 1930 dann auch Fritz Kortner aus Berlin als Gast in der Titelrolle auftritt, zeichnen sich für einen theatergeschichtlichen Augenblick Gemeinsamkeiten ab, die an frühere Wien-Berlin-Parallelen, wenn es um Schnitzler ging, erinnern.

Das zweite Ereignis, welches den Namen Schnitzler in die politische Öffentlichkeit der anhebenden Republikzeit katapultiert, bilden die Bühnenversuche mit *Reigen*. Nachdem eine Aufführung bis Ende der Kriegsjahre nirgendwo öffentlich durchsetzbar gewesen war, erfolgt der neue Vorstoß fast in Parallelaktion in Wien und Berlin. Die Uraufführung an Max Reinhardts Berliner Kleinem Schauspielhaus 1920 sowie die Wiener Erstaufführung werden im Februar 1921 zu Angriffszielen der antisemitischen Rechten. Im Rückblick erweisen sich die Theaterskandale als Fanale für die Gefährdung beider Republiken. Weitere Signalwirkung geht zudem von den anschließenden Prozessen in Berlin aus, in denen ethische und ästhetische Angriffe für politische Ziele funktionalisiert werden. Die richterliche Entscheidung fällt uneingeschränkt zugunsten Schnitzlers und des Schauspieler-Ensembles aus und hebt so die gehaltliche und ästhetische Selbständigkeit des Theaters in der Republik hervor. Dennoch wird unübersehbar, in welch hohem Maße das engagierte Theater sich für die Rechtsgrundlagen der Republik und die entsprechenden kulturellen Grundwerte einsetzt. Dass es sich als ›Theater für die Republik‹ zugleich als Angriffsziel für deren Feinde exponiert, gilt im selben Maße auch für die Situation in Österreich. Auch bei der *Reigen*-Inszenierung am Deutschen Volkstheater Wien kommt es schon im Vorfeld der Premiere vom 2. Februar 1921 zu Kontroversen in der Presse, die vor allem von *Reichspost* und *Arbeiter-Zeitung* politisch und kulturell publizistisch ausgetragen werden. Danach beginnen die Störungsversuche in den Aufführungen, wenig später massive Angriffe und Zwischenfälle, sodass das Innenministerium am 17. Februar weitere Aufführungen untersagt.

In Wien wie in Berlin ist mit dem Namen Schnitzler und seinem Stück ein Signal verbunden, welches zahlreiche weitere Konflikte, vor allem hinsichtlich der neuen Dramatik und der Bühnenstilistik der Gegenwart, als ›Zeichen der Zeit‹ verstehbar macht und auf einen Nenner bringt. Die republikanisch-demokratische Ordnung und das Theater befinden sich auf einer Linie des Anspruchs auf Rechtssicherheit und Öffentlichkeit. Diese Position der Bühnen kann zunächst – mutatis mutandis – weiter vertreten und behauptet werden. Um weiteren Störungen durch systematisch betriebene Aktionen mit politisch-antisemitischem Hintergrund zuvorzukommen, zieht der Autor jedoch sein Stück zurück und verfügt ein siebzigjähriges Aufführungsverbot.

1920er Jahre

Abgesehen von den Implikationen der *Reigen*-Rezeption, gelten für Schnitzlers Dramatik nach dem eminenten Zeitenbruch des Weltkriegs ganz neue Rahmenbedingungen, welche sich in der Rezeptions- und Bühnengeschichte massiv niederschlagen. Nachdem sein Œuvre bereits im Zeichen der internationalen Avantgarde, welche sich ab 1910/12 formiert hat, nicht mehr den Anspruch der innovativen Dynamik aufweist, verliert es ab 1919, und zunehmend in den folgenden Jahren, an Aktualwert für die Gegenwart und ihre Theater.

Der Autor wird nun eher als Vertreter der zurückliegenden Epoche verstanden, weit entfernt von den Schrittmachern neuerer Entwicklungen; er teilt dieses Schicksal weitgehend mit Gerhart Hauptmann, obwohl dessen formales Experimentieren mit diversen Spielarten dramatischer Formung zumindest Versuche der neuen Orientierung erkennen lassen. Für Schnitzler hingegen entfällt in der Folgezeit der Wirkungsort Berlin als Theaterstadt daher fast vollständig, wenn man von der Wiederaufnahme von *Professor Bernhardi* absieht; sie hält ihn dennoch im aktuellen Gespräch, freilich zunehmend mehr im Sinne einer jüdischen als einer österreichischen Stimme.

Im Gegensatz dazu kann Schnitzler in Wien immerhin noch auf eine Serie von Premieren blicken.

Überwiegend wird seinen neuen Stücken – abgesehen von *Sylvesternacht* am Josefstädter Theater 1926 – die ehrenvolle Uraufführung am Burgtheater zuteil: *Die Schwestern oder Casanova in Spa* 1920, die *Komödie der Verführung* 1924, schließlich *Der Gang zum Weiher* 1931. Das offiziöse Theater-Institut nimmt den jetzt ›österreichischen‹ Autor in seine kanonisierende Obhut. Die einsetzende nationale Würdigung ist jedoch offensichtlich um den Preis eines Aktualitätsschwunds erkauft.

Insgesamt ist aber unübersehbar, dass die Theaterrezeption weit zurückfällt. Das Nachkriegsjahrzehnt mit seiner politischen wie theaterästhetischen Dynamik geht an Schnitzler gleichsam vorbei, weder die Stilrevolution der neuen Moderne noch die sozial engagierten sog. Sachlichkeitsprogramme der 1920er Jahre oder die folgenden, von politischer Ausrichtung geprägten Spielarten des neuen Gegenwartstheaters berufen sich auf ihn.

Es liegt im Zuge dieser Entwicklungen, dass Schnitzler als Autor der Vorkriegszeit historisiert wird. Rund eineinhalb Jahrzehnte nach seinem Bühnendurchbruch mit *Liebelei* hat Schnitzler bereits beklagt, wie schematisch seine Bühnenwerke nach Stereotyprollen eingeschätzt werden, die männliche Welt unterteilt in Anatols und Homosexuelle, die weibliche in süße Mädeln und verheiratete Frauen. Dementsprechend irritiert ihn die allgemeine Inanspruchnahme eines trivialisierten Begriffs von ›Liebeleien‹ für sein Gesamtschaffen (Hensel 1981, 295). Die Rezeptionsanbindung an rückwärtsgewandte Kulturklischees, welche später auch nostalgische Bindung an die Kaiserstadt aufweisen, scheint den gegenwartsbezogenen Wert seiner späten Dramen zu beeinträchtigen.

Auch als es im Jahr vor Schnitzlers Tod noch einmal zu einer Wien-Berliner Parallele kommt, geht dies, wie schon erwähnt, von seinem ›Zeitstück‹ zum Problem des Antisemitismus aus. Die Berliner Neuinszenierung von *Professor Bernhardi* 1930 (mit Fritz Kortner in der Titelrolle) rückt den Autor in eine bezeichnende Serie, eine thematische Reihe von Problem- und Debattenstücken, die ähnlich brisante Sujets aufgreifen: Walter Mehrings *Kaufmann von Berlin* (1929), inszeniert von Erwin Piscator, und *Die Affäre Dreyfus* (1929) von Hans José Rehfisch und Wilhelm Herzog. Der Kritiker Herbert Ihering kommentiert diesen Sachverhalt mit der Bemerkung, dass sich der Zuschauer auf Debatten und Affären eingestellt habe und sich daher auch für die ›Affäre Bernhardi‹ interessiere. »Schnitzlers Zeitstück ist außerordentlich aktuell geblieben«, bemerkt dazu Arthur Eloesser in Erinnerung an seine eigene Rezension des Jahres 1912. »In meiner alten Kritik finde ich ein allzu überlegenes Sätzchen: In Oesterreich kann kein Apfel zur Erde fallen, ohne daß die Frucht politisch berochen wird. Diesen Apfel haben wir nun auch. Wie weise ist dieses Stück und in wie beschämender Weise müssen wir dem Dichter auch gegen uns Recht geben, nach einer so erfolgreichen Vermehrung von Klassen- und Rassenhaß!« (Eloesser 1930).

Schnitzler ist in die Reihe der politischen Autoren einbezogen (vgl. Bayerdörfer 1996). Es ist auch diese Aufführung, die nach seinem Tod 1931 bei der Berliner Gedächtnisfeier eigens gewürdigt wird. Alfred Kerr, der im Vorjahr das Drama als »Vorbild für die Gegenwart: jenes heut zu fordernde, von mir wieder geforderte Tendenzstück mit Kunst« (Kerr 1985, 498) bezeichnet hat, kommt in seinem Nachruf darauf zurück: Nur »zwei Zeitstücke von dauernder Kraft« und »langer Sicht« gebe es: »Die Weber« und »Bernhardi« (Kerr 1959, Absatz VI), auch bühnengeschichtlich seine letzte ›Bühnenpräsenz‹ in Deutschland auf lange Jahre. So ist der dramatische Vertreter von Jung Wien am Ende der deutschen Republik zum politischen Zeitdramatiker, in markantem Sinne auch zum Zeitzeugen geworden. Dasselbe gilt für den Dramatiker selbst. Wie ein Vorklang hört sich eine Abbitte an, welche Alfred Kerr wegen seiner Vernachlässigung als Autor in den 1920er Jahren anfügt: »Gegen ihn besteht eine Schuld. [...] Umsonst rief ich, in den letzten Jahren, zur Begleichung auf. Man ließ ihn sterben in der Hoffnung auf ein Jubiläum, schandenhalber« (ebd., Absatz III u.IV). Es sollten Jahrzehnte ins Land gehen, bis diese Begleichung nachgeholt wurde.

Nachklang in Österreich

Auch in Österreich flaut die Wirkungsgeschichte Schnitzlers schon zu Beginn der 1930er Jahre stark ab. An der Burg gibt es in der Ära von Hermann Röbbeling, der in den letzten Jahren der Republik von 1932 bis zum ›Anschluss‹ das Haus leitet, noch eine Neuinszenierung von *Der junge Medardus* (1932), die aber mit nur drei Aufführungen die in sie gesetzten Erwartungen keineswegs erfüllt. In dasselbe Jahr fallen noch *Anatol* am Akademietheater, *Das weite Land* in der Josefstadt und ein Einakter-Abend am Volkstheater. Damit endet aber fast auch schon die Bühnengeschichte in Wien, wo es bis 1938 nur noch die Neuinszenierung der *Komödie der Worte* (1935) an der Burg und die von Ernst Lothar für die Bühne eingerichtete Fassung von *Fräulein Else* (1936) zu sehen gibt. »Bereits drei Jahre vor dem allgemeinen Boykott wurde Schnitzler im Burgtheater zum Schweigen gebracht« (Wagner/Vacha 1971, 70). Auch am Deutschen Volkstheater sind die Schnitzler gewidmeten Aufführungsserien, schon ab 1932, nicht mehr fortgesetzt worden. Damit radikalisiert sich in Österreich eine schleichende Entwicklung, die sich bereits früher abgezeichnet hatte. »Es hatte nicht erst der Maßnahmen des Dritten Reiches bedurft, um Schnitzler zu den ›vergessenen Dichtern‹ zu gesellen; der Abbau seiner Popularität hatte schon nach dem Ersten Weltkrieg begonnen« (ebd., 9). Der ideologische Druck aus dem Nachbarland beschleunigt ein Ende, das sich vorweg angebahnt hat. Aber selbst dort, und zwar in einem Theatersektor, der, formell gesehen, nicht der ideologischen Reglementierung unterliegt, kommt die Bühnengeschichte des Autors zum Erliegen. Auch im Theater des Jüdischen Kulturbundes in Berlin, auf dessen Programmtagung 1936 als Grundlinie die Aufführung der verbotenen jüdischen Dramatiker beschlossen worden ist, steht Schnitzler bis zur Zwangsauflösung des Bundes 1941 nicht zur Debatte.

Ansätze der Nachkriegsjahre

Wenn man theatergeschichtlich von der Nachkriegszeit in Österreich und Deutschland spricht, so ist grundsätzlich zu berücksichtigen, welch enormen Kontinuitätsbruch die Unterdrückung jüdischer und demokratisch bzw. sozialistisch profilierter Dramatiker bedeutet hat. Dass dementsprechend ab dem Jahr 1945 eine möglichst unverzüglich anlaufende Rehabilitierung der durch das NS-Regime geächteten Künstler auf allen Ebenen des Theater-Schaffens erwartet wird, ist grundsätzlich nicht anzuzweifeln. Jedoch gibt es konkurrierende Impulse. Sehr stark sind Forderungen nach Reeducation-Programmen in allen kulturellen Bereichen. Zudem wächst, unterstützt durch die Besatzungsmächte, das Interesse für die inzwischen fortgeschrittenen Entwicklungen von Drama und Theater des Auslandes.

Prinzipiell besteht natürlich durchaus auch ein Bedürfnis nach einer Wiederanknüpfung an die Bühnentraditionen der Vorkriegsjahrzehnte. Hinzu kommt der Impuls der Wiedergutmachung, bedingt durch die nationalsozialistischen Verbrechen von Genozid und Holocaust, im Sinne der Aufhellung, der moralischen und politischen Verantwortlichkeit, der juristischen und sittlichen Sühne. Schließlich kommt für die Situation Österreichs ein Bedürfnis hinzu, das mit der Ausrufung der Republik 1945 gegeben ist, aber besonders durch den Staatsvertrag 1955 akzentuiert wird, nämlich die Frage der politischen und kulturellen Abgrenzung im Verhältnis zu den deutschen Zonen bzw. Staaten zu klären.

Unter diesen allgemeinen Voraussetzungen betrachtet, gerät das dramatische Werk Schnitzlers in mehrere große Problemkreise. In Wien – im Unterschied zu Deutschland – gehört Schnitzler zu den Autoren der ersten Stunde, die wieder auf den Bühnen erscheinen. Schon 1945 wird Schnitzler am Tiroler Landestheater Innsbruck gespielt, an der Wiener Burg ab 1946 u. a. *Liebelei* und Szenen von *Anatol* (vgl. zum Folgenden Wagner/Vacha 1971, 9–12). Dies besagt aber noch nicht, dass hiermit eine wirklich umfassende Neubewertung ihren Anfang nimmt. Hierzu sind verschiedenste bühnengeschichtliche Zusammenhänge genauer zu betrachten, ehe man die Frage aufwerfen kann, ob und ab wann man von einer ›Schnitzler-Renaissance‹ reden kann. Deutsch-Schreiner geht für Österreich von einer unspezifischen Phase der Bühnenrezeption von rund zehn Jahren aus, in der es zwar zu Aufführungen kommt, die aber keinerlei einschlägig programmatisches oder implizit zukunftsweisendes Profil erkennen lassen und insgesamt peripher bleiben (Deutsch-Schreiner 2002). »Streng genommen« hätte die Renaissance, wie auch Wagner und Vacha bemerken, »viel früher einsetzen müssen, als sie tatsächlich begann« (Wagner/Vacha 1971, 10), hätte es doch zumindest zwei Stücke gegeben, die unmittelbar nach 1945 aktuell werden konnten, neben *Professor Bernhardi* auch *Der junge Medardus*, mit dem Thema einer Wiener Bevölkerung, die zur Zeit der napoleonischen Besatzung »ihr Mäntelchen ebenso nach dem Wind gehängt hatte wie jene Leute, die 1938 und dann wieder 1945 so entschiedene Kehrtwendungen vornahmen« (ebd.). Einen eigentlichen Einsatz der österreichischen ›Schnitzler-Renaissance‹ datieren die Autorinnen dann erst ab Mitte der 1950er Jahre, kurz vor dem Abschluss des Staatsvertrags von 1955 mit *Liebelei* (1954), dann aber Ende des Jahrzehnts in rascher Folge von *Das weite Land* (1959) sowie *Der grüne Kakadu* und *Anatol* (1960). Dass dann 1962, zum 100. Geburtstag des Autors und nach den Feiern am Burgtheater und in der Josefstadt im Mai 1962, sich die Auseinandersetzung mit Schnitzler vertieft, bestimmt die Rezeption die ganzen 1960er Jahre hindurch.

Im Vergleich dazu kommt Schnitzler für das Theater der beiden deutschen Staaten zunächst eher weniger in Betracht. In den Nachkriegsjahren selbst,

1945 bis 1948/1950, sind zwar – wie sich den Karteidaten aus dem Archiv Darstellende Kunst der Akademie der Künste, Berlin entnehmen lässt – eine Reihe von Aufführungen an verschiedenen Orten der Besatzungsgebiete zu verzeichnen, so an den Landestheatern in Meiningen und Altenburg (1945), in Weimar (1948), ohne dass jedoch eine wie auch immer zu bestimmende Linie, die auf weitere Kontinuität, gehaltliche Prägnanz und einen profilierten Repertoire-Ansatz verwiese, zu erkennen wäre. Bleibt Schnitzler dementsprechend für das Theater beider deutschen Staaten zunächst nur eine Randfigur, so ändert sich die Situation unter dem Einfluss außergewöhnlicher Ereignisse dann in entscheidender Weise. Es handelt sich um die nachhaltige Wirkung, die Emigranten, als Rückkehrer, mit ihrem Engagement und ihrer Autorität als ›Instanzen‹ der Bühnengeschichte entfalten. Ihre Autorität ist die des Theaters der Republiken in den 1920er Jahren.

Eine besondere Bedeutung kommt dabei verständlicherweise erneut *Professor Bernhardi* zu (Deutsch-Schreiner 2002). Mit der Titelrolle des Stücks vollzieht der Emigrant und Rückkehrer Ernst Deutsch 1947 seinen Wiedereintritt in das deutschsprachige Theater, und zwar in Wien, wo aus den zunächst 25 angesetzten Aufführungen des Stückes im Laufe der Zeit 75 werden. Auch in den folgenden Jahren bleibt diese Prägnanz des *Bernhardi*-Themas innerhalb der Schnitzler-Rezeption erhalten. Sie verbindet nun Österreich und West-Deutschland im Hinblick auf die Auseinandersetzung mit Judenverfolgung und Holocaust der zurückliegenden Epoche. Mit Schnitzlers Drama erfolgt eine Weiterführung jener Richtung der Problematisierung, die im September 1945 dank der Wiedereröffnung des Deutschen Theaters Berlin eingeschlagen worden ist, als unter dem Protektorat der Besatzungsmächte und auf Vorschlag des sowjetischen Stadtkommandanten der jüdische Regisseur und NS-Überlebende, Fritz Wisten, Lessings *Nathan der Weise* inszenierte. Mit Ernst Deutsch – und wenig später Erich Ponto – leistet Schnitzlers *Bernhardi* bis weit in die 1950er Jahre die prägnante Revision des nationalsozialistischen Judenbildes von der Bühne aus. Wie stark beide Schauspieler sich dieser Aufgabe lebenslang verpflichtet wissen, belegt weiterhin ihre Entscheidung, trotz heftiger Gegenargumente – aus diversen politischen und künstlerischen Lagern – ab 1957 auch Shakespeares Shylock-Figur zu spielen, und zwar in einer Rollengestaltung, die statt des ehemaligen Verlachjuden jetzt den zutiefst zerstörten Außenseiter christlicher Gesellschaften auf die Bühne bringt.

Was aber das dramatische Gesamtwerk Schnitzlers angeht, so sind auch nach 1949/1950 Grundlinien einer planmäßigen Bühnenrezeption kaum auszumachen, weder in Österreich noch in der Bundesrepublik. Lediglich im östlichen deutschen Staat ist eine Gesamtlinie, freilich negativ ausschließender Art, zu erkennen: Hier fällt Schnitzler unter das Verdikt der bürgerlichen Dekadenz und einer fortschrittsfeindlichen Ideologie. Zwischen 1950 und 1970 sind – nach Auskunft vom Archiv Darstellende Kunst der Akademie der Künste, Berlin – lediglich zwei Inszenierungen, *Zwischenspiel* und eine Opernfassung von *Der grüne Kakadu*, nachzuweisen. Die Blockabgrenzung, die den Kontinent durchzieht, zeichnet sich kulturpolitisch auch in der Repertoireplanung, soweit sie Schnitzler betrifft, überdeutlich ab.

Renaissance

Für Österreich und die Bundesrepublik, einschließlich West-Berlin, ergibt sich in den 1950er Jahren hingegen eine weitere Gemeinsamkeit mit dem langsamen Anstieg von Schnitzler-Aufführungen. Bis zum Ende des Jahrzehnts weist Wien außer vier Inszenierungen an der Burg zwar noch drei weitere auf, aber sie werden als ›unmodern‹ oder ›überholt‹ empfunden. Ähnliches trifft auch für die westdeutschen Inszenierungsversuche zu. Zunächst steht die Rückgewinnung von Werken der vordem geächteten Dramatiker teilweise im Schatten der lebhafteren Annäherung an die Theaternovitäten der westlichen Theaterkulturen, wie sie vor allem aus den englisch- und französischsprachigen Ländern eingeführt werden. Erst ab Mitte der 1950er Jahre gewinnt die Auseinandersetzung mit Schnitzler an Dynamik. Der Hauptteil der – laut der Statistik des Deutschen Bühnenvereins für die BRD – bis 1965 nachweisbaren ca. 1500 Einzelaufführungen von 18 Schnitzlerschen Stücken fällt in die letzten Jahre des Zeitraums. Große Verdienste kommen dabei – wie gesagt – Ernst Deutsch zu, der ab 1947 den großen Juden-Rollen der deutschen Theatertradition, Nathan, Shylock und Bernhardi wieder ihre Bühnenpräsenz verschafft. Zehn Jahre später kehrt auf Einladung des Berliner Schillertheaters auch Schnitzlers Sohn Heinrich – der in der Vorkriegszeit als Schauspieler und Regisseur in Berlin gewirkt, später das Exil mit Deutsch in Kalifornien geteilt hat – in das deutschsprachige Theater zurück und inszeniert mit Deutsch, dessen *Nathan*-Serie im Vorjahr bei den Ruhrfestspielen in Recklinghausen einen Höhepunkt erreicht hat, das *Bernhardi*-Stück. Damit wiederholt sich ein theatergeschichtliches Signal der Nachkriegszeit von 1947: Die Bühnenrollen Nathan, Shylock und Bernhardi erheben den Anspruch, neue Impulse für die Debatte über die Vergangenheit, das deutsch-jüdische und österreichisch-jüdische Verhältnis zu vermitteln. Insofern ergeben sich Kontinuität und Überschneidungen zu anderen Sektoren des zeitgenössischen Theaters der Nachkriegsjahrzehnte, wenn man an die Ende der 1950er Jahre zahlreichen Inszenierungen von *Das Tagebuch der Anne Frank* von Frances Goodrich und Albert Hackett oder an Erwin Sylvanus' *Korczak und die Kinder* denkt. Ab 1957 und 1958 wirken die beiden Künstler als Schrittmacher zur Aufarbeitung der Vergangenheit mit großer Intensität, noch ehe dafür die durch den Eichmann- und Auschwitz-Prozess neu akzentuierte Dringlichkeit einsetzt.

Auch für Österreich speziell, wo sich Impulse zu einer ›austriakischen Rückkehr‹ ausbilden, hat die Rückkehr Heinrich Schnitzlers wichtige Folgen. Als Hausregisseur und Mitdirektor des Theaters in der Josefstadt wirkt er für eine Rückkehr der Werke seines Vaters, mit *Der grüne Kakadu*, *Literatur* und der Trilogie *Komödie der Worte* (1960). Während er mit zahlreichen Lese- und Vortragsreisen sowie Gastinszenierungen den europäischen Rang des väterlichen Œuvres vermittelt, entwickelt er in Wien »einen für die Josefstadt charakteristischen Schnitzler-Stil, der heute vielfach als verbindlich für die Inszenierung der Werke« (Wagner/Vacha 1971, 144) überhaupt angesehen wird. Traditionelle ästhetische Eigenarten des Hauses werden dabei weiter gepflegt und modernisiert – ein verhaltener Konversationston, eine eher zum Unter- als zum Überspielen von individuellen Eigenarten neigende Personen-Führung; die Durchsichtigkeit der sprachlichen Oberfläche für das Mitschwingen der nicht artikulierbaren seelischen Verfassung der Sprechenden erreicht denkbar höchste Subtilität, nicht ohne dass Heinrich Schnitzler auch schauspielerisch vermittelte Kritik hinzufügt, welche die sozialen, politischen und individuellen Schwächen der Rollen unnachsichtig deutlich werden lässt. Während das Burgtheater mit Ernst Lothars Inszenierungen von *Das weite Land* und *Anatol* aufwartet, bringt Heinrich Schnitzler selbst zum hundertsten Geburtstag seines Vaters, 1962, dann *Der einsame Weg* heraus. »Schnitzler und die österreichische Dichtung, Schnitzler und das Theater in der Josefstadt –, das ist Wert und Zusammengehörigkeit zugleich« (ebd., 146), und im Überschwang der Eindrücke wird der Autor Schnitzler zum Emblem eines österreichischen nationalen Fest- und Kulturtheaters: »Ein solches Ensemble« – so ist beispielsweise am 19. Mai 1962 in der *Furche* zu lesen – »müßte, wie das der Comédie Française für einen Molière, das Strehlers für einen Goldoni, das Stanislawskys für Tschechow, bereitstehen, wenn man zu festlichem Anlaß das Österreichertum vorzuführen hätte« (zit. n. ebd.). Die ›Schnitzler-Renaissance‹ ist auf dem Weg. Ihr Hintergrund dürfte zunächst »eine Art österreichischer, genauer Wiener Selbstbesinnung sein« (ebd., 9), aber die Wiederentdeckung der Werke greift auf den ganzen deutschsprachigen Theaterbereich über. Dabei verblassen dezidiert Wienerisch-Österreichische Festlegungen zugunsten der psychologischen und sozialen Grundprobleme weitgehend, allenfalls werden sie als regionale und kulturelle Farbnuance zum dargestellten Umfeld beibehalten. Theatergeschichtlich gesehen, wird der Autor zum Vertreter eines dramengeschichtlichen Zeitraums, für den er zeitweilig sogar Gerhart Hauptmann als deutschen Repräsentanten übertrifft und sich so dem Rang von Ibsen annähert.

Was die weitere Wiener Bühnenrezeption der Schnitzlerschen Dramatik – an der Burg wie in der Josefstadt – betrifft, so ist mehrfach ausgeführt worden, dass in den folgenden Jahrzehnten nostalgische Momente des Kulturverständnisses, bezogen auf die Jahrhundertwende allgemein wie auf die Kaiserstadt speziell, zunehmend Bedeutung gewinnen (Deutsch-Schreiner 2002, 246 f.), was nicht immer mit einem ästhetischen Wertzuwachs für die Inszenierungen verbunden ist (Dermutz/Bachler 2005, 220 f.). Obwohl man derlei historischen und mentalitätsgeschichtlichen Anleihen keineswegs grundsätzliche Berechtigung absprechen kann, so wird doch damit die spezifische Modernität des Schnitzlerschen Dramenwerkes beeinträchtigt, sodass diese in den Jahren ab 1970 kaum einschlägig zur Geltung gebracht wird. Eine neue Phase der Schnitzler-Bühnenrezeption, wie Deutsch-Schreiner sie für Österreich wünschte (Deutsch-Schreiner 2002, 250), ließ zunächst auf sich warten. Denn das später sich abzeichnende österreichisch-deutsche Theaterbündnis zwischen Claus Peymann als Burg-Direktor und Thomas Bernhard, als österreichischem Dramatiker – assistiert von George Tabori und einer fulminant agierenden Schauspielergeneration –, verlieh dem Burgtheater zeitweilig seine direkte, für den ganzen deutschen Sprachbereich provokative ästhetische Brisanz, aber Werke Schnitzlers (*Professor Bernhardi* 1998 und *Das weite Land* 1999) nahmen dabei eher eine Randstelle ein. Indessen hat sich in den letzten

Jahrzehnten die Schnitzler-Rezeption im gesamten deutschsprachigen Bereich als feste Größe des Repertoires, nicht zuletzt als Herausforderung für eine innovative Regie von Traditionsbeständen durchgesetzt, wie sie einem ›Klassiker der Moderne‹ zukommt.

Literatur

Bayerdörfer, Hans-Peter: ›Österreichische Verhältnisse‹? A. S.s *Professor Bernhardi* auf Berliner Bühnen 1912–1931. In: Mark Gelber/Hans O. Horch/Sigurd P. Scheichl (Hg.): *Von Franzos zu Canetti. Jüdische Autoren aus Österreich. Neue Studien.* Tübingen 1996, 211–224.

Bayerdörfer, Hans-Peter: Es muss nicht immer Wien sein oder Wie wird man österreichischer Nationaldramatiker? A. S. und die Burg. In: Malgorzata Leyko/Arthur Pelka/Karolina Prykowska-Michalak (Hg.): *Felix Austria. Die Dekonstruktion eines Mythos? Das österreichische Drama und Theater seit Beginn des 20 Jahrhunderts.* Fernwald 2009, 44–61.

Dermutz, Klaus/Bachler, Klaus: *Das Burgtheater 1955–2005. Die Welt-Bühne im Wandel der Zeiten.* Wien 2005.

Deutsch-Schreiner, Evelyn: »… nichts gegen A. S. an sich …«. Interpretations- und Rezeptionsprobleme am Beispiel österreichischer Theateraufführungen in den 50er und 60er Jahren. In: Helmut Koopmann/Manfred Misch (Hg.): *Grenzgänge. Studien zur Literatur der Moderne. Festschrift für Hans-Jörg Knobloch.* Paderborn 2002, 237–250.

Eloesser, Arthur: Rez.: »Professor Bernhardi«. Theater in der Königgrätzer Straße. In: *Vossische Zeitung,* 24.1.1930 (Abend-Ausgabe).

Hensel, Georg: A. S.s Dramen: von Gestern für Heute. In: Harmut Scheible (Hg.): *A. S. in neuer Sicht.* München 1981, 292–309.

Kerr, Alfred: Rez.: S. »Professor Bernhardi«. Königgrätzer Straße. 24. Januar 1930. In: Hugo Fetting (Hg.): *Mit Schleuder und Harfe. Theaterkritiken aus drei Jahrzehnten.* München 1985, 498.

Kerr, Alfred: Rez.: Sterben. 22.10.1931. In: Alfred Kerr: *Die Welt im Drama.* Hg. v. Gerhard F. Hering. Köln/Berlin 1959, 110–113.

Sprengel, Peter/Streim, Gregor: *Berliner und Wiener Moderne. Vermittlungen und Abgrenzungen in Literatur, Theater, Publizistik.* Wien/Köln/Weimar 1998.

Wagner, Renate/Vacha, Brigitte: *Wiener S.-Aufführungen 1891–1970.* München 1971.

Hans-Peter Bayerdörfer

3.2 Hörspiele

Schnitzler ist einer der meistgespielten Dramatiker der Klassischen Moderne und wahrscheinlich auch einer derjenigen, dessen Werke am häufigsten als Hörspiele adaptiert wurden. Seit den Anfängen des öffentlichen Rundfunks bis in die Gegenwart sind nach gegenwärtigem Kenntnisstand insgesamt etwa 160 Hörspielproduktionen bzw. -sendungen nach Werken Schnitzlers nachweisbar (Deutsches Rundfunkarchiv; HörDat; Österreichische Mediathek; Radio Wien 1924–1938). Nicht berücksichtigt sind Wiederholungssendungen. Auch Textausgaben als Hörbuch bleiben in diesem Beitrag unberücksichtigt.

Die insgesamt rund 160 nachweisbaren Hörspielproduktionen entfallen zu einem geringfügig größeren Teil auf Deutschland (42 Produktionen auf Gesellschaften der Deutschen Reichs-Rundfunk-Gesellschaft in der Zeit der Weimarer Republik, 53 auf Anstalten der ARD und drei auf den Rundfunk der DDR) und zu einem etwas kleineren Teil auf Österreich (11 auf Radio Wien bzw. die Österreichische Radio-Verkehrs-A. G., 10 auf den in der amerikanischen Besatzungszone gelegenen Sender Rot-Weiß-Rot und 52 auf die Sender des 1957 gegründeten ORF), wobei oft zwei oder mehr Rundfunkanstalten kooperierten. Gemessen an den Ländergrößen ist Schnitzlers Heimat Österreich also der regere Schnitzler-Hörspielproduzent. Das Schweizer Radio hat insgesamt nur fünf Schnitzler-Hörspiele (ko-)produziert. Bis auf sehr wenige Ausnahmen waren es immer öffentlich-rechtliche Rundfunkanstalten, die Schnitzler-Hörspiele produzierten; lediglich drei (Ko-)Produktionen durch gewerbliche Unternehmen sind nachweisbar.

Schnitzlers Œuvre ist für die Transformation in die Gattung Hörspiel geradezu prädestiniert: Zum einen eignen sich dramatische Texte dafür grundsätzlich sehr gut und zum anderen drängen sich Schnitzlers Introspektion in die Psyche der Figuren und seine Verwendung der erlebten Rede und des Inneren Monologs für eine stimmenhafte radiophone bzw. auditive Medialisierung geradezu auf. Dies entspricht auch der Konzeption des Hörspiels als einer »inneren Bühne« (»Innerlichkeitshörspiel«), die laut Hans-Ulrich Wagner von den Anfängen bis in die 1950er Jahre vorherrschend war (Deutsches Rundfunkarchiv 1997, 11).

Schnitzler, wiewohl Dramatiker und Autor von Film-Skripts, hat selbst kein einziges Hörspiel verfasst, auch wenn Pioniere wie Hans Flesch, Bertolt

Brecht und Arnolt Bronnen bereits zu Beginn der öffentlichen Rundfunkbegeisterung ab 1924 mit dem Hörspiel als originärer radiophoner (›funkeigener‹) Gattung praktisch und theoretisch zu experimentieren begannen. Dennoch gibt es Hörspieladaptionen von nahezu allen dramatischen und von sehr vielen epischen Werken Schnitzlers, wobei deren fast immer auch namentlich bekannten Bearbeitern ein nicht unerhebliches Maß an Mit-Urheberschaft zukommt. Hörspiele aus *Anatol* stehen mit 33 Produktionen (alle Produktionen sowohl einzelner Einakter als auch unterschiedlicher Einaktermontagen zusammengezählt) an der Spitze, gefolgt von *Liebelei* und *Literatur* mit jeweils 12 Produktionen. Mehrfach als Hörspiele produziert und gesendet wurden auch *Lieutenant Gustl* (8), *Stunde des Erkennens* (6), *Die letzten Masken* (6), *Paracelsus* (5) und *Das weite Land* (5). Mit vier Produktionen vergleichsweise selten als Hörspiel produziert wurde der *Reigen*; je vier Produktionen sind auch für *Fräulein Else*, *Die Gefährtin*, *Große Szene*, *Der grüne Kakadu* und *Der Puppenspieler* nachweisbar.

Die Geschichte der Hörspiele nach Schnitzler lässt sich in zwei Phasen gliedern: Hörspiele aus der Zeit zwischen 1924 und 1945 und solche aus der Zeit von 1945 bis heute. Beiden Phasen ist gemeinsam, dass sie durch quantitative Ballungen an Produktionen in der ersten Hälfte gekennzeichnet sind.

1924–1945

Die erste Phase begann 1924, in eben dem Jahr, in dem sowohl in den Ländern des Deutschen Reichs als auch in Österreich öffentliche Rundfunkgesellschaften ihre Sendetätigkeit aufnahmen. Ab dieser Zeit sind sog. ›Sendespiele‹ nachweisbar, die von Anfang an gelegentlich bereits als ›Hörspiele‹ bezeichnet wurden (alternative zeitgenössische Bezeichnungen für dieses neue Medium waren u. a. ›Funkspiel‹, ›Funktheater‹, ›Gesendetes Wort‹ oder ›Radiobühne‹). Das Format des Sendespiels ist typisch für die Anfangszeit des öffentlichen Rundfunks: Literarische, dramatische oder dramatisierte Textvorlagen wurden im Studio gespielt bzw. gesprochen und immer live gesendet, ohne dass dafür vorproduzierte Sprachaufzeichnungen verwendet oder die Sendungen aufgezeichnet wurden. Daher sind von Sendespielen auch keine Tondokumente überliefert.

Das erste nachweisbare Sendespiel nach Schnitzler sind die beiden Einakter *Die Frage an das Schicksal* und *Abschiedssouper* aus *Anatol*, welche die Südwestdeutsche Rundfunkdienst AG (SÜWRAG) in Frankfurt a. M. am 1. Oktober 1924 sendete. Das erste in Österreich von Radio Wien ausgestrahlte Sendespiel nach Schnitzler ist dem Titel nach nicht überliefert: Es handelt sich um einen von drei Einaktern (neben je einem weiteren von Georges Courteline und Franz Molnár) in der Sendung *Lustige Einakter (Humoristen der Weltliteratur)* aus der Reihe *Aufführung der Radiobühne* am 6. März 1925.

Es fällt auf, dass sich die Zahl der Schnitzler-Sendespiele von der Aufnahme der Sendetätigkeit der zehn Rundfunkgesellschaften der Deutschen Reichs-Rundfunk-Gesellschaft mbH (RRG) und des Senders Radio Wien der Österreichischen Radio-Verkehrs-A. G. (RAVAG) bis etwa 1930 zunehmend steigerte, bis zu einer Höhe, die seither nicht mehr erreicht wurde: Im Jahre 1924 waren es vier, 1925 sechs (davon eins von Radio Wien), 1926 zwölf (davon eins von Radio Wien), 1927 sechs (davon zwei von Radio Wien), 1928 zwölf. Unter den RRG-Gesellschaften produzierten in der zweiten Hälfte der 1920er Jahre die Schlesische Funkstunde in Breslau, die sich unter dem Intendanten Fritz Walter Bischoff ganz besonders für das Hörspiel engagierte, und die Ostmarken-Rundfunk AG (ORAG) in Königsberg die meisten Schnitzler-Sendespiele. Nach aktuellem Kenntnisstand strahlte ab dem Ende der Weimarer Republik (1933) und dann bis zum Ende des Zweiten Weltkriegs kein deutscher Sender mehr ein Schnitzler-Sendespiel aus, während Schnitzler in Österreich noch bis 1936 gesendet wurde: für das Jahr 1929 sind drei Sendespiele nachweisbar, dann jeweils eines für 1931, 1932, 1934 und 1936.

Was Schnitzlers Beliebtheit im Rundfunk angeht, so rangierte er in dieser Anfangszeit, verglichen mit anderen Autoren, sowohl in Deutschland als auch in Österreich, auf den mittleren Rängen. Deutlich häufiger als Schnitzler wurden Goethe, Hauptmann, Sachs, Thoma, Grillparzer, Raimund, Nestroy oder Anzengruber, von den fremdsprachigen Autoren v. a. Shakespeare, Ibsen und Molière, aber auch zeitgenössische Boulevard-Autoren gesendet (vgl. Radio Wien 1924–1938; vgl. Wittenbrink 1997, 1049).

Weil der Rundfunk von Anfang an mitunter hohe Honorare zahlte, entwickelten sich Sendungen für ihre Urheber zu wesentlichen Erwerbsquellen. Tantiemenregelungen für Wortbeiträge wurden in Österreich allerdings erst 1928 auf das Betreiben Schnitzlers hin gesetzlich geregelt, der 1927 Klage gegen die RAVAG erhob (vgl. Sheirich 2008). In Deutschland führte die Klage Hauptmanns bereits 1926 ein entsprechendes Grundsatzurteil herbei (vgl. Dussel 2010, 56).

Ab 1945

Die zweite Phase radiophoner Schnitzler-Adaptionen begann mit dem Ende des Zweiten Weltkriegs. Im Zuge der raschen Reorganisation des Rundfunks ab 1945 wurden generell wieder zahlreiche Hörspiele produziert (in der Zeit des Wiederaufbaus auch als ›Theaterersatz‹ gedacht), die dem Bedürfnis nach geistiger Neuorientierung entgegenkamen. So fällt denn nach 1945 auch eine Ballung an Schnitzler-Hörspielen auf: Allein bis 1951 sind 34 neue Produktionen nachweisbar. Nun waren es auch Hörspiele im Sinne des klassischen literarischen Hörspiels: Einzelne Szenen wurden im Studio auf Tonbändern aufgezeichnet, mittels Schnitttechnik bearbeitet und montiert, bevor sie dann vom Band gesendet wurden. Anders als Sendespiele der 1920er und 1930er Jahre sind Hörspiele aus der Zeit nach 1945 reproduzierbar und können wiederholt gesendet werden. Schnitzler-Hörspiele aus dieser zweiten Phase sind daher in der Regel auf Tonträgern überliefert, wenngleich einige davon aus lagerungs- oder sicherungspraktischen Gründen heute nicht mehr vorhanden sind. Nach der auffallenden Ballung in der zweiten Hälfte der 1940er Jahre wurden zwischen etwa 1950 und 1980 von den deutschsprachigen Rundfunkanstalten, regelmäßig und konstant auf nahezu jedes Jahr verteilt, neue Schnitzler-Hörspiele produziert, durchschnittlich rund zwei pro Jahr. In den 1980er Jahren wurde die Schnitzler-Hörspielproduktion unregelmäßig und ist seit den 1990er Jahren stark rückläufig. Auf die vergangenen zwei Jahrzehnte entfallen insgesamt nur etwa ein halbes Dutzend Hörspielproduktionen.

Abgesehen von Sheirich und Beßlich hat sich die Literaturwissenschaft bislang kaum mit dem Thema Schnitzler und Hörspiel auseinandergesetzt. Dies überrascht umso mehr, als Schnitzler nicht nur ein Autor von weltliterarischem Rang ist, sondern sich anhand der Hörspieladaptionen seiner Dramen und erzählenden Texte die literarische und mediale Gattung Hörspiel insgesamt und exemplarisch, von seinen Anfängen bis heute, historisch und systematisch beleuchten ließe.

Ein Grund für die geringe Entwicklung dieses Forschungsfeldes liegt nicht zuletzt auch darin, dass Hörspiele generell, vor allem aus urheberrechtlichen und wirtschaftlichen Gründen, meist nur schwer zugänglich sind. Archive verfügen nur punktuell über Tonträger und sammeln und sichern diese auch nicht systematisch. Interessierte müssen sich gedulden, bis Rundfunkanstalten ihre auditiven Archivalien wieder senden. So ist es bedauerlich, dass etwa rezeptionsgeschichtlich bedeutsame Hörspiele (z. T. in Starbesetzungen) wie *Paracelsus* (R.: Cläre Schimmel, SDR 1946), *Liebelei* (R.: Heinrich Schnitzler, mit Hans Moser u. a., ORF vor 1964), *Reigen* (R.: Gustav Manker, mit Hilde Sochor, Helmut Qualtinger, Elfriede Ott, Peter Weck, Christiane Hörbiger u. a., Deutsche Grammophon 1966), *Der Weg ins Freie* (Bearb. u. R.: Klaus Gmeiner, mit Axel Corti, Helmuth Lohner, Walter Schmidinger, Susi Nicoletti u. a., ORF 1981) oder *Lieutenant Gustl* (R.: Fritz Göhler, Rundfunk der DDR 1981) heute kaum zugänglich sind.

Eine einzigartige Initiative vor diesem Hintergrund bildet die Edition von fünf Hörspielen, die einen Einstieg in das weite Feld der Hörspiele nach Schnitzler bietet: Sie enthält *Fräulein Else* (Bearb. u. R.: Wilhelm Semmelroth, WDR 1951), *Liebelei* (Bearb.: Hellmut von Cube, R.: Heinz-Günter Stamm, BR 1952), *Berta Garlan* (Bearb. u. R.: Max Ophüls, SWF 1956), *Spiel im Morgengrauen* (Bearb.: Christian Corell, R.: Willy Trenk-Trebitsch, HR/Schweizer Radio DRS 1962) und *Reigen* (R.: John Olden, NDR 1963) (Schnitzler 2011). Herausragend in dieser Sammlung ist das Hörspiel *Berta Garlan* in der Regie von Max Ophüls, das übrigens die einzige Hörspielfassung dieser Novelle ist. Nach seinen Verfilmungen der Dramen *Liebelei* (1932) und *Reigen* (unter dem frz. Titel *La Ronde*, 1950) war es Ophüls' Absicht, auch *Frau Bertha Garlan* zu verfilmen, wofür er nach dem finanziellen Misserfolg seines Films *Lola Montez* (1955) jedoch keinen Produzenten gewinnen konnte. Daher wich er auf das kostengünstigere Medium Hörspiel aus und brachte hier seine Erfahrungen als Filmregisseur ein: *Berta Garlan* ist sehr filmisch aufgebaut, opulent akustisch ausgemalt und durch Aufblendungen und rasche Wechsel von Großaufnahme und Gesamtbild rhythmisiert. Das Ineinanderflechten von Erzähler- und Figurenstimmen erweist sich als adäquates Mittel, um die ausschließlich aus Bertas Blickwinkel von einem »heterodiegetischen Er-Erzähler in der dritten Person Singular« erzählte Novelle radiophon zu präsentieren (Beßlich 2010, 329, 331 u. 333–335).

Ein thematisches Segment innerhalb der Schnitzler-Hörspiele bildet auch Schnitzlers Affäre mit Adele Sandrock in den Jahren 1893 bis 1895. Der von Wagner herausgegebene Briefwechsel (Wagner 1983) war Grundlage für die beiden Hörspiele *Dir mit Leib und Seele – Du Hund. Die Geschichte der Liebe zwischen Adele Sandrock und Arthur Schnitzler* (Bearb. und R.: Friedhelm Ortmann, mit Helmuth

Lohner und Elisabeth Trissenaar, ORF/WDR 1985) und *Ich Dich ewig* (Bearb.: Renate Wagner, R.: Renate Heitzmann, mit Ulrich Matthes u. a., DLR 1995) sowie Inspiration für Rolf Schneiders Hörspiel *Nach der Liebelei* (R.: Götz Fritsch, ORF/MDR 2006), das ein fiktiver Dialog zwischen der gealterten Sandrock und dem alten Dichter ist.

Literatur

Beßlich, Barbara: Lebenslügen der *Frau Berta Garlan* im Medienwechsel. A. S.s Novelle, Max Ophüls' Hörspiel und Peter Patzaks Film. In: Achim Aurnhammer/Barbara Beßlich/Rudolf Denk (Hg.): *A. S. und der Film.* Würzburg 2010, 329–339.

Deutsches Rundfunkarchiv. Persönliche Auskunft von Dorothee Fischer an den Verfasser am 25.9.2013. Persönliche Auskunft von Ulrike Schlieper-Müller an den Verfasser am 30.9.2013.

Deutsches Rundfunkarchiv (Hg.): *Hörspiel 1945–1949. Eine Dokumentation.* Zusammengest. u. bearb. v. Bernd Löw unter Mitw. v. Susanne Höschel, Anne Schmidt und Hans-Ulrich Wagner. Potsdam 1997.

Dussel, Konrad: *Deutsche Rundfunkgeschichte.* Konstanz 2010.

HörDat, die Hörspieldatenbank [http://www.hoerdat.de/, 25.9.2013].

Krug, Hans-Jürgen: *Kleine Geschichte des Hörspiels.* Konstanz 2003.

Österreichische Mediathek. Audiovisuelles Archiv im Technischen Museum Wien. Persönliche Auskunft von Gabriele Fröschl an den Verfasser am 27.9.2013.

Radio Wien. Programmzeitschrift 1–14 (1924–1938). Digitalisate in der Datenbank ANNO der Österreichischen Nationalbibliothek [http://anno.onb.ac.at/cgi-content/anno?aid=raw, 25.–27.9.2013].

Schnitzler, Arthur: *Die Hörspiel-Edition.* »Fräulein Else«, »Liebelei«, »Berta Garlan«, »Spiel im Morgengrauen«, »Reigen«. 8 Audio-CDs. München 2011.

Sheirich, Richard M.: A. S.'s Challenge to the Government Radio Monopoly, September 1927–February 1928. In: IASL 33 (2008), H. 1, 199–226.

Strzolka, Rainer: *Das Hörspiel der Weimarer Republik. Eine Geschichte aus den Quellen.* Hannover 2010.

Wagner, Renate (Hg.): *Adele Sandrock und A. S. Geschichte einer Liebe in Briefen, Bildern und Dokumenten.* Frankfurt a. M. 1983.

Wittenbrink, Theresia: Rundfunk und literarische Tradition. Zeitgenössische Schriftsteller im Rundfunk. In: Joachim-Felix Leonhard (Hg.): *Programmgeschichte des Hörfunks in der Weimarer Republik.* Bd. 2. München 1997, 996–1195.

Toni Bernhart

3.3 Verfilmungen

Texte von Arthur Schnitzler wurden bisher fast 100 Mal für Film und Fernsehen adaptiert, wobei sieben dieser Verfilmungen noch zu Schnitzlers Lebzeiten entstanden: *Elskovleg/Liebelei* (DK 1914, R.: August Blom, Holger Madsen), *The Affairs of Anatol* (USA 1921, R.: Cecil B. DeMille), *Der junge Medardus* (A 1923, R.: Mihály Kertész), *Liebelei* (D 1927, R.: Jakob und Luise Fleck), *Freiwild* (D 1928, R.: Holger Madsen) und *Fräulein Else* (D 1929, R.: Paul Czinner) sowie der Tonfilm *Daybreak/Spiel im Morgengrauen* (USA 1931, R.: Jacques Feyder).

Schnitzler hat für einige dieser Produktionen Drehbücher geschrieben und auch versucht, Einfluss auf die ästhetische bzw. filmtechnische Gestaltung zu nehmen, etwa durch die prinzipielle Kritik an Zwischentiteln. Einige dieser Adaptionen hat er selbst auch noch im Kino gesehen. Bis zu seinem Tod wurde allerdings kein Filmprojekt seinen Vorstellungen entsprechend umgesetzt. So resümiert Schnitzler: »Meine Erfahrungen mit den Filmleuten sind so übel als möglich. […] Jetzt sind immer wieder Verhandlungen wegen Tonverfilmungen von ›Liebelei‹, ›Anatol‹ und ›Else‹ im Gang, doch kommt absolut nichts zustande, weil die früheren Verfertiger und Besitzer der stummen Filmrechte […] als alleinberechtigte Besitzer sich gerieren und nahezu unüberwindliche Schwierigkeiten einer neuen Verwertung für den Tonfilm entgegenstehen. Daß ich Dutzende Novellen und Theaterstücke geschrieben habe, die sich vielleicht auch ganz gut zur Tonverfilmung eignen würden, darum kümmern sich die Leute nicht. Sie sind sogar zu faul meine Sachen zu lesen« (an Karen Stampe-Bendix, 27.5.1931; Br II, 790 f.).

Tatsächlich wurden bis heute hauptsächlich *Anatol*, *Liebelei*, *Fräulein Else* sowie der *Reigen* verfilmt. Grundsätzlich lässt sich dabei konstatieren, dass es ab Mitte der 1950er Jahre bis Mitte der 1970er Jahre eine Hochphase filmischer Umsetzungen von Schnitzler-Dramen für das deutsche Fernsehen gab, neben den eben schon genannten kommen noch *Literatur*, *Komtesse Mizzi*, *Der grüne Kakadu* und *Das weite Land* hinzu. Fast 20 Produktionen entstanden. Ab 1969 und verstärkt dann ab 1974 verfilmte auch das österreichische Fernsehen zahlreiche Dramentexte Schnitzlers als Fernsehfilm und Fernsehspiel.

Anatol und *Der junge Medardus*

Die erste Verfilmung von Schnitzlers Einakterfolge *Anatol* wird 1921 in Amerika (*The Affairs of Anatol*) realisiert. Schnitzler schrieb dazu nicht das Drehbuch, sondern verkaufte lediglich die Filmrechte am Stoff, genauso wie später für *Daybreak* (USA 1931). Er sieht *The Affairs of Anatol* erst 1923 und findet den Film »ganz blödsinnig« (Tb, 19.5.1923), da die Filmhandlung letztlich nicht mehr viel mit seinem Text zu tun hat. In Bezug auf seine finanziellen Einkünfte aus diesem Projekt stellt er allerdings fest: »Ich bekomme mehr dafür als ich je mit dem Stück verdient habe, als es noch vernünftig von lebendigen Menschen auf anständigen Bühnen gespielt wurde« (an Dora Michaelis, 11.11.1920; Br II, 217 f.). Der Film lief relativ erfolgreich in den amerikanischen Kinos. Bis Mitte der 1960er Jahre wurde *Anatol* vorwiegend in Europa für das Fernsehen inszeniert (1954 in Schweden, 1962 in Deutschland sowie 1966 in Frankreich und Finnland).

In den 1920er Jahren verfasste Schnitzler einen Drehbuchentwurf nach seinem Schauspiel *Der junge Medardus*. Der Film wurde 1923 durch die Sascha-Film in Österreich unter der Regie von Mihály Kertész realisiert und vom Publikum positiv aufgenommen. Die Rezensenten lobten vor allem die Gestaltung der Massenszenen. Schnitzler urteilt: »Er gefiel ausgezeichnet; die letzten ›Akte scheinen mir verhudelt‹; der Schluss (nach meinem) überflüssig« (Tb, 5.10.1923).

Liebelei

Auch von Schnitzlers Schauspiel *Liebelei* (UA 1895) kamen zwei Verfilmungen noch zu seinen Lebzeiten in die Kinos: *Elskovsleg* (DK 1914) sowie *Liebelei* (D 1927). Eine für 1912 geplante Verfilmung der Wiener Kunstfilm wurde zwar in der *Kinematographischen Rundschau* angekündigt, kam aber wahrscheinlich nicht zustande, da Schnitzler auf die Mitwirkung von Schauspielern des Wiener Burgtheaters bestand (Fritz 1997, 52 f.).

Für den dänischen Stummfilm *Elskovsleg* (DK 1914) verfasste Schnitzler das Drehbuch und versuchte, auch auf die ästhetische Konzeption des Films Einfluss zu nehmen, vor allem plädierte er dafür, auf Zwischentitel zu verzichten. Im Filmskript hat er einige Szenen aus dem Schauspiel stärker herausgearbeitet und Figuren in die Handlung integriert, die im Dramentext nur in Gesprächen erwähnt werden (So etwa Fritz' Geliebte und ihr Mann). Die Verfilmung durch die Nordisk-Film-Compagnie unter der Regie von August Blom und Holger Madsen war beim Publikum ein Erfolg. Die Presse kritisierte, dass die Handlung von Wien nach Kopenhagen verlegt wurde und dass der Film über weite Strecken ein »Schmachtstück« für das »sentimentale Frauenpublikum« sei (in *Bild & Film. Zeitschrift für Lichtbildnerei und Kinematographie*, Jg. 3, 1913/14, H. 9/10, 248).

Für die erste deutschsprachige Verfilmung von *Liebelei* von 1927 unter der Regie von Jakob und Luise Fleck schrieb Schnitzler nicht das Drehbuch, überarbeitete aber die Zwischentitel. Der Film lief 1927 sehr erfolgreich in den Kinos. Von den Rezensenten wurde kritisiert, dass »dieses Stück aus dem Zeitalter des ›süßen Mädels‹ in die gegenwärtigste Gegenwart [...] transponier[t]« wurde (*Neue Freie Presse*, 24.9.1927, 10). »Und so wirkt diese Tragödie in der modernen Aufmachung nur als singulärer Einzelfall« (ebd.). Schnitzler sah den Film im September 1927 in Wien und beschreibt seine Eindrücke in einem Brief an seinen Sohn Heinrich: »Gestern sah ich den Liebelei Film, der mir geradezu auf die Nerven ging. Die ganze Psychopathologie der Filmdramaturgen und Regisseure ließe sich an diesem Einzelfall nachweisen. [...] Am widerlichsten waren mir die auch filmisch ungeschickten und total überflüssigen Veränderungen, die sich die Leute besonders im letzten Drittel geleistet haben – wahrscheinlich weil sie zu faul waren, einen Blick mehr in das Buch zu thun« (an Heinrich Schnitzler, 24.9.1927; Br II, 497 f.).

Nach Schnitzlers Tod realisierte Max Ophüls 1933 die erste, im Hinblick auf ihre filmästhetische und dramaturgische Qualität herausragende und auch international erfolgreiche Verfilmung von *Liebelei*, die auch seinen Durchbruch als Filmregisseur bedeutete. Die Hauptrollen besetzte Ophüls mit damals zum Teil noch recht unbekannten jungen Schauspielern: Magda Schneider figuriert als Christine und Wolfgang Liebeneiner als Leutnant Fritz sowie Luise Ullrich als Mizzi und Willi Eichenberger als Theo.

Das Drehbuch »kam im Spazierengehen zustande«, erinnert sich Ophüls (1959, 168). Daran mitgewirkt haben auch Curt Alexander und Hans Wilhelm. Der Film folgt weitgehend Schnitzlers Plot, allerdings akzentuiert er die Liebesbeziehung zwischen Christine und Fritz anders: Hier ist es Fritz, der zuerst eine Liebe – keine nur leichtsinnige Liebelei wie bei Schnitzler – zu Christine entwickelt, die Ophüls in einem erst zaghaften und später dann vertrauten Zusammenspiel der Protagonisten inszeniert. Zudem beginnt die Filmhandlung im Opernhaus in Wien, wo sich Christine und Fritz kennenlernen. Die Affäre von Fritz zur Baronin wird visualisiert, genauso wie das Offiziersleben von Fritz und Theo. Die Ereignisse, die zum Tod von Fritz und Christine führen, gestaltet Ophüls am Ende des Films nicht nur mittels Parallelmontage und Schwarzblenden, sondern er nutzt auch ganz bewusst die Möglichkeiten des Tonfilms. Christine singt das ergreifende Lied »Schwesterlein« von Johannes Brahms, in dem ein Mädchen die Nacht mit ihrem Liebsten durchtanzen will, ein Tanz, der vor Erschöpfung in den Tod führt. Dieses Lied wird ein Omen für die nun folgende Handlung. Fritz stirbt beim Duell, was wiederum nur akustisch dargestellt wird: Es fällt kein zweiter Schuss. Um die Dramatik auch auf der Tonebene noch weiter zu steigern, setzt nun Beethovens 5. Sinfonie ein, die Schicksalssinfonie, die auch im Opernhaus geprobt wird. Christines Vater ist Musiker und wird von Mizzi und Theo aus der Probe gerissen, um Christine gemeinsam die Todesnachricht zu überbringen, während der anfangs auch noch Beethovens Sinfonie zu hören ist. Dann setzt Stille ein. Christine glaubt, dass Fritz eine andere liebte. Sie folgt ihm in den Tod, denn sie hat ihm geschworen, ihn ewig zu lieben, länger als man lebt. Der Film rekurriert nun visuell und musikalisch auf dieses Versprechen, welches sich beide auf einer Kutschfahrt durch den Schnee gaben.

Unmittelbar nach dieser deutschen realisierte Ophüls noch eine französische *Liebelei*-Verfilmung unter dem Titel *Une histoire d'amour* (F 1933). Mit Ausnahme von Willy Eichberger spielten alle *Liebelei*-Hauptdarsteller auch in dieser Version ›ihre‹ Rolle. Im Jahr 1954 verfilmte die BBC Schnitzlers Schauspiel für das Fernsehen. Vier Jahre später erschien unter dem Titel *Christine* (F/I 1958, R.: Pierre Gaspard-Huit) eine *Liebelei*-Verfilmung mit Romy Schneider und Alain Delon in den Hauptrollen. Romy Schneider spielt darin die Rolle der Christine, die 25 Jahre zuvor von ihre Mutter Magda in Ophüls Verfilmung verkörpert worden war. Die Verfilmung selbst wirkt eher rührend als modern; ein großer internationaler Erfolg stellt sich nicht ein. Ebenfalls 1958 wurde eine deutsche TV-Verfilmung von *Liebelei* produziert. Es folgten 1969 (Theater in der Josefstadt, R.: Heinrich Schnitzler) und 2003 (Thalia Theater Hamburg, R.: Michael Thalheimer) Aufzeichnungen von Bühnenproduktionen, die im Fernsehen ausgestrahlt wurden.

Reigen

Die von seinem Autor um viele Jahre verzögerte offizielle Uraufführung des im Winter 1896/97 verfassten *Reigen* sorgte Ende 1920 in Berlin für einen Skandal, der im sogenannten *Reigen*-Prozess seinen Ausdruck fand. Die Theateraufführungen in Wien 1921 lösten ebenfalls starke Proteste aus – vor allem gegen seinen u. a. als ›jüdischer Schweineliterat‹ beschimpften Autor. Angesichts der offensichtlichen Instrumentalisierung des *Reigen* für die Zwecke eines zunehmenden Antisemitismus verfügte Schnitzler ein Aufführungsverbot, welches bis 1982 in Kraft war. Dieses Verbot konnte allerdings in Frankreich umgangen werden, da Schnitzler aus Dankbarkeit seiner Übersetzerin Dominique Aucléres die Rechte übertragen hatte (Schneider 1995, 412).

Max Ophüls, der 1949 aus dem amerikanischen Exil nach Frankreich zurückgekehrt war, nahm sich des Stoffes an und inszenierte sehr erfolgreich den Schwarz-Weiß-Film *La Ronde* (F 1950) mit einigen der damals bekanntesten französischen Leinwandstars (u. a. Simon Signoret als Dirne, Simone Simon als Dienstmädchen und Gérard Philipe als Graf). Als Mitautor des Drehbuchs hält sich Ophüls eng an Schnitzlers Vorlage, auch an Handlungsort und Zeit: Wien um 1900. Er fügt aber eine Erzählerfigur hinzu, welche die einzelnen Episoden miteinander verbindet. Diese Erzählerfigur (dargestellt von Adolf Wohlbrück) ist mehr als nur eine Randperson; sie schaltet sich als Spielleiter aktiv in die Handlung ein, kommentiert diese, spricht den Zuschauer an und zerstört sogar die Illusion der Leinwandhandlung, indem sie Szenen buchstäblich herausschneidet. Die durch Ophüls inszenierte Studio- und Kulissenästhetik unterstreicht den Charakter einer Versuchsanordnung, den der *Reigen* mit seinen stereotypen Figuren und einem im Kern wiederkehrenden Handlungsmuster schon bei Schnitzler innehat. Die Erzählerfigur stellt gleich zu Beginn des Filmes fest, dass das Leben eine Bühne sei, die sich dreht. Passend dazu wählt Ophüls als visuelles Leitmotiv ein sich drehendes Karussell, welches der Erzähler wiederholt bedient. Eine eingängige Walzermusik, komponiert von Oscar Straus, unterstreicht auf der Tonebene die Handlung, wenn diese in einem nicht gezeigten Liebesakt gipfelt. Filmtechnisch bemerkenswert in *La Ronde* sind einige komplexe Kamerafahrten. Vor allem in der ersten Szene, in der die Erzählerfigur auftritt, mussten über 50 Meter Schienen mit Kurven und Drehscheiben für die Kamera verlegt werden. »[E]s dauerte zwei Aufnahmetage, bis die komplizierte Fahrt ›im Kasten‹ war« (Asper 1998, 550). Der Film war 1952 für zwei Oscars nominiert und wurde ein weltweiter Erfolg.

Es folgten zahlreiche weitere *Reigen*-Adaptionen, die teilweise nur die Episodenstruktur von Schnitzlers Bühnenstück übernahmen: *Das große Liebesspiel* (D/Ö/F 1963, R.: Alfred Weidenmann) mit Hildegard Knef und Lilly Palmer; *Der Reigen* (F/I 1964, R.: Roger Vadim) mit Jane Fonda; *Reigen* (D 1973, R.: Otto Schenk) mit Helmut Berger und Erika Pluhar; *New York Nights* (USA 1984, R.: Simon Nuchtern); *The Way We Are* (USA/D 1995, R.: Josef Rusnak); der Independent-Film *Berliner Reigen* (D 2007, R.: Dieter Berner) und *360 – Jede Begegnung hat Folgen* (GB/Ö/F/BR 2011, R.: Fernando Meirelles) sowie der österreichische Fernsehfilm *Reigen* von 2012 (R.: Helmut Wiesner, Karina Fibich).

Fräulein Else

Die Monolognovelle *Fräulein Else* (1924) wurde bis heute sieben Mal adaptiert, wobei das Spektrum vom Stummfilm bis zum Fernsehfilm reicht. Die erste *Else*-Verfilmung entsteht noch zu Schnitzlers Lebzeiten unter Paul Czinner. Bereits 1926 hat Schnitzler die Idee, *Fräulein Else* filmisch realisieren zu lassen (vgl. Tb, 1.12.1926) und will von Beginn an die Schauspielerin Elisabeth Bergner mit der Rolle der Else besetzen. Schließlich wird die Poetic Film auf das Sujet aufmerksam und produziert den letzten Stummfilm eines Schnitzler-Werkes. Das Drehbuch schrieben Czinner und der erfahrene Drehbuchautor Carl Mayer. Zudem wurde Karl Freund engagiert, der bereits in *Der letzte Mann* (D 1924, R.: F. W. Murnau) mit der »entfesselten Kamera« eine große cinematische Beweglichkeit erzeugt hatte. Auch vor der Kamera setzte diese Filmproduktion auf Stars: Elisabeth Bergner spielt Else Thalhof, Albert Steinrück die Figur des Dorsday, Albert Bassermann und Adele Sandrock werden als Dr. Thalhof und Tante Emma besetzt.

Czinner verlegt die Filmhandlung in den Winter nach St. Moritz und streckt sie zeitlich: Der Film beginnt bei einer Dinnerparty im Hause Thalhof in Wien, reicht über die Vorbereitungen für den Skiurlaub und eine lange Zugfahrt bis hin zum Ferienaufenthalt in St. Moritz, der an verschiedenen Tagen unterschiedliche Wintersportaktivitäten der Protagonistin visualisiert. Im Film werden Figuren dargestellt, die in der Novelle größtenteils Elses Gedanken entstammen. Elses Mutter und Vater sind dramatis personae im Film und agieren in über einem Drittel der Handlung. Die verschiedenen Handlungsorte (Wien und St. Moritz) werden mit Parallelmontagen zueinander in Beziehung gesetzt. Den Inneren Monolog, in dem Schnitzlers Else dargestellt ist, übersetzt der Film allein durch die Schauspielkunst und die Ausstrahlung von Elisabeth Bergner sowie mittels Zwischentiteln, weniger durch die Kameraarbeit (Hahn 2014, 141 f.).

Schnitzler war von der Umsetzung seines Erzähltextes keineswegs überzeugt, wie aus einem Brief an Clara Katharina Pollaczek deutlich wird: »Der Anfang nicht übel; das letzte Viertel dumm und schlecht. Ich begreife jetzt warum man mir das ›Buch‹ nicht schickte. Der Einfall gegen den ich mich bei unserm ersten Gespräch (Czinner Mayer) gewendet hatte: dass Else ›Veronal‹ nimmt, *ehe* sie unbekleidet unter dem Mantel in die Halle geht – blieb bestehen; – Czinner war zu überheblich und talentlos, um davon abzugehn; – und da wurde nicht nur ein completter Unsinn daraus – sondern viele Möglichkeiten für Elisabeth gingen verloren. Die Episode Vater nimmt viel zu viel Raum ein; – und man weiss weder was aus ihm noch aus Dorsday am Ende wird. [...] Die Leistung von Elisabeth wundervoll – nur ist es (durch den Filmtext) – eine ganz andre Else als ich gedichtet hatte« (an Clara Katharina Pollaczek, 15.3.1929; Br II, 597). Ähnlich sahen es die damaligen Kritiker, beispielhaft die Einschätzung von Rudolf Arnheim: »Paul Czinners Regie: ein hysterisches Gewimmel aufgescheuchter Mitmenschen; tückisch verschobenes Mobiliar; Vorkriegsfinsternis der Innenaufnahmen: endlose Mätzchen, wie auf einen Fliegenleim photographiert und plump mit der Gartenschere geschnitten; große Posten antiquarischer Ansichtskarten aus St. Moritz und dem menschlichen Liebesleben« (zit. n. Zeller 1976, 203 f.). Auch Elisabeth Bergner äußerte sich später kritisch: »Der Stummfilm von *Fräulein Else* war natürlich eine ziemlich verkitschte Version des Buches. Wir waren zu ungeduldig gewesen; zwei oder drei Jahre später hätten wir einen viel intelligenteren Sprechfilm daraus machen können« (Bergner 1978, 109).

Die hohen Erwartungen, die Publikum, Schnitzler und Kritiker an die Verfilmung der Novelle gestellt hatten, wurden von Czinner und Freund offenkundig nur punktuell erfüllt. An einigen Stellen bleibt die filmische Realisierung hinter der Textvorlage zurück, vor allem aufgrund der mangelnden Umsetzung der inneren Welt von Else; diese Lücken füllen gleichsam großzügige Wintersportpanoramen von St. Moritz.

In der Folgezeit wurde Schnitzlers *Else* primär für das Fernsehen verfilmt: 1970 für das belgische Fernsehen, 1974 vom ORF mit Curd Jürgens als Dorsday (R.: Ernst Häussermann) und 2002 als *Mademoiselle Else* (F/Ö/D, R.: Pierre Boutron) von Arte und ORF.

Der Kinofilm *Fräulein Else* (Ö/D/Indien 2014, R.: Anna Martinetz) verlegt die Handlung ins heutige Indien.

Traumnovelle

Obwohl Schnitzlers *Traumnovelle* (1926) heute einer seiner populärsten Texte ist, wurde er bisher nur zwei Mal verfilmt. Erste Ambitionen zur Verfilmung gab es bereits 1930. Nachdem der Regisseur Georg Wilhelm Pabst sein Interesse an dem Stoff bekundet hatte, beginnt Schnitzler 1930, die Novelle in ein Drehbuch umzuschreiben (Tb, 9.12.1930). Doch die Verhandlungen ziehen sich hin, im März 1931 lehnt Pabst aus finanziellen und rechtlichen Gründen endgültig ab und Schnitzlers Filmmanuskript bleibt unvollendet (Wolf 2006, 140).

Die erste Verfilmung von Schnitzlers Novelle realisierte dann erst das Österreichische Fernsehen 1969 unter der Regie von Wolfgang Glück mit Karlheinz Böhm und Erika Pluhar in den Hauptrollen (Hahn 2014, 233). Danach sicherte sich Stanley Kubrick die alleinigen Filmrechte an der *Traumnovelle*, die er beständig verlängerte. Schließlich kam 1999 seine Adaption des Schnitzler-Stoffs unter dem Titel *Eyes Wide Shut* (GB/USA 1999) in die Kinos und verhalf Schnitzlers Text zu einer neuen Popularität.

Das Drehbuch von Kubrick und Frederic Raphael verlegt die Handlung in das weihnachtliche New York der 1990er Jahre: Tom Cruise und Nicole Kidman spielen das Ehepaar Fridolin und Albertine, die im Film als William (Bill) und Alice Harford auftreten. Die Ausstattung der Apartments und Häuser im Film ist reich und altmodisch-chic: große Gemälde an den Wänden, Stuck an den Decken und verzierte Marmorböden, ähnlich dem Wien der Jahrhundertwende. Nur Neonleuchtreklamen, TV-Geräte, Handyklingeln und Anspielungen auf die Gefahr einer HIV-Infektion holen den Zuschauer in das Heute zurück. Kubrick hat den Kern der Novelle bis auf ein paar Kürzungen fast originalgetreu übernommen; sogar ein großer Teil der Dialoge aus Schnitzlers Text wurde verwendet. Auch das zentrale Schema der Novelle, die Parallelen und Spiegelungen, die Kreisstruktur und das ständige Wiederkehren von Situationen und Worten, werden von Kubrick und Raphael beibehalten. Einzig eine inhaltliche Änderung wurde vorgenommen: Im Film werden die Ereignisse um den geheimen Maskenball scheinbar aufgeklärt. Deshalb fügen Kubrick und Raphael die Figur Victor Ziegler hinzu (dargestellt von Sydney Pollack), die Bill am Ende des Films wichtige Hinweise gibt.

Um der dichten Komposition des literarischen Textes und seiner leitmotivischen Struktur seinerseits zu entsprechen, hat der Regisseur Kubrick viele Details akribisch ausgearbeitet: Ein durchinszenierter Bildaufbau bildet, angereichert mit Farbsymbolik und Botschaften von Leuchtreklamen und Warnschildern, ein dichtes Verweissystem. Kubrick hat fast alle Räume und Straßen in den Pinewood-Studios in England bauen lassen. Das Setting erhält damit Modellhaftigkeit. Auch auf den gezielten Einsatz von Musik und die an den Protagonisten gebundene Kameraführung (*attached camera*) ist hinzuweisen. Von der Kritik wurde der Film eher verhalten gelobt, teilweise aber auch als Meisterwerk eingestuft. Mehrheitlich kritisiert wurde allerdings die schauspielerische Leistung von Tom Cruise, die als »[g]rimmassierend, unbeholfen und leidenschaftslos verblaßt« beschrieben wurde (Lueken 1999), genauso wie die »gleichförmig zähflüssig[e]« Langatmigkeit der Handlung (Roth 1999). Wenige Tage nach Fertigstellung des Films verstarb Kubrick.

Literatur

Asper, Helmut G.: *Max Ophüls. Eine Biographie mit zahlreichen Dokumenten, Texten und Bildern*. Berlin 1998.
Aurnhammer, Achim/Beßlich, Barbara/Denk, Rudolf (Hg.): *A. S. und der Film*. Würzburg 2010.
Aurnhammer, Achim u. a. (Hg.): *A. S.s Filmarbeiten, Drehbücher, Entwürfe, Skizzen*. Würzburg (i. Dr.).
Ballhausen, Thomas u. a. (Hg.): *Die Tatsachen der Seele. A. S. und der Film*. Wien 2006.
Bergner, Elisabeth: *Bewundert viel und viel gescholten. Elisabeth Bergners unordentliche Erinnerungen*. München 1978.
Estermann, Alfred: *Die Verfilmung literarischer Werke 1895–1964*. Bonn 1965.
Fritz, Walter: *Im Kino erlebe ich die Welt. 100 Jahre Kino und Film in Österreich*. Wien 1997.
Hahn, Henrike: *Verfilmte Gefühle. Von »Fräulein Else« bis »Eyes Wide Shut«. A. S.s Texte auf der Leinwand*. Bielefeld 2014.
Kammer, Manfred: *Das Verhältnis A. S.s zum Film*. Aachen 1983.
Koch, Gertrud: Positivierung der Gefühle. Zu den S.-Verfilmungen von Max Ophüls. In: Hartmut Scheible (Hg.): *A. S. in neuer Sicht*. München 1981, 309–329.
Kubrick, Stanley/Raphael, Frederic: *Eyes Wide Shut. Das Drehbuch*. Frankfurt a. M. 1999.
Lueken, Verena: Im Reich der Sinne. In: *Frankfurter Allgemeine Zeitung*, 17.7.1999.
Nuy, Sandra: *A. S. ferngesehen. Ein Beitrag zur Geschichte des Theaters im Fernsehen der Bundesrepublik Deutschland (1953–1989)*. Münster 2000.

Ophüls, Max: *Spiel im Dasein. Eine Rückblende*. Stuttgart 1959.
Raphael, Frederic: *Eyes Wide Open*. Berlin 1999.
Roth, Patrick: *Stanley Kubricks Vermächtnis*. In: *Die Welt*, 17.7.1999.
Ruschel, Christian: *Vom Innen und Außen der Blicke. Aus A. S.s »Traumnovelle« wird Stanley Kubricks »Eyes Wide Shut«*. Mainz 2002.
Schneider, Gerd K.: *Die Rezeption von A. S.s »Reigen« 1897–1994. Pressespiegel und andere zeitgenössische Kommentare*. Riverside 1995.
Wolf, Claudia: *A. S. und der Film. Bedeutung, Wahrnehmung, Beziehung, Umsetzung, Erfahrung*. Karlsruhe 2006.
Wünsch, Marianne: *A. S.s Reigen und die Verfilmung von Max Ophüls*. In: Helmut G. Asper (Hg.): *Max Ophüls. Theater. Hörspiele. Filme*. St. Ingbert 1993, 34–49.
Zeller, Bernhard (Hg.): *Hätte ich das Kino! Die Schriftsteller und der Stummfilm. Eine Ausstellung des deutschen Literaturarchivs im Schiller-Nationalmuseum*. Marbach a. N. 1976.

Henrike Hahn

3.4 Vertonungen

Vertonungen zu Lebzeiten

Schon zu Lebzeiten Schnitzlers wurden seine Texte in Musik gesetzt. Die Skala der Vertonungen reicht dabei von kleineren musikalischen Adaptionen bis zu Kompositionen abendfüllender Opern. Eine Sonderstellung innerhalb des Korpus nehmen *Der Schleier der Pierrette* und *Der tapfere Cassian* ein, die Schnitzler unmittelbar für die Musik geschrieben hatte. Die von Ernst von Dohnányi vertonte Ballettpantomime *Der Schleier der Pierrette* wurde 1910 in Dresden uraufgeführt und ist durch ein dichtes Netz von Leitmotiven strukturiert, die das bekannte Opernrepertoire beleihen. Höhepunkt des Handlungsballetts ist Pierrettes Wahnsinnstanz vor dem toten Geliebten Pierrot, in dem hohe Flötentöne die Entrücktheit der Pierrette musikalisch abbilden (Schmierer 2014). Das ins 17. Jahrhundert transponierte Puppenspiel *Der tapfere Cassian* bearbeitete Schnitzler für eine Vertonung neu: Er intensivierte das komische Element, mit dem er das klassische Salondrama hyperbolisch parodiert (Bayerdörfer 1972; Rossbach 2006, 152–161) und ergänzte neue Liedtexte. Der im Kostüm des Puppenspiels ohnehin miniaturisierte dramatische Konflikt – Cassian gewinnt gegen Martin im Spiel, in der Liebe und im Duell – schrumpft aufs Possierliche zusammen. Mit der Musik von Oscar Straus wurde das Singspiel am 30. Oktober 1909 in Leipzig uraufgeführt, zur österreichischen Erstaufführung in Wien kam es erst am 17. März 1912 (Panagl 2014, 75).

Zu den kleineren Transpositionen in Musik zählen eine Vertonung des Gedichtes *Leb wohl* durch Georges Antoine von 1915, eine musikalische Aneignung des Gedichtes *Anfang vom Ende* durch Richard Mandl (1912 im *Merker* erschienen) und die durch Carl Nordberger in Form einer ›Alt-Wiener Improvisation für Violine und Klavier‹ aufwendig vertonte *Liebelei* (1920) (Krones 2014). Aus dem Jahr 1909 datiert Franz Neumanns dreiaktige Operninszenierung der *Liebelei*, und Vladimir Ivanovich Rebikov transformierte 1910 das Bühnenstück *Die Frau mit dem Dolche* in ein ›musik-psychologisches Drama‹. Eine 1923 von Ernst Wolfgang Korngold geplante Adaption von *Der Ruf des Lebens* für die Oper kam hingegen nicht zustande (Tb, 8. 10. 1923).

Postume Vertonungen

Bedeutsamer noch als die zeitgenössischen Vertonungen sind die postumen. Nachdem der Versuch von Ladislaus Toldy, aus dem *Grünen Kakadu* eine Oper zu machen, im Jahre 1907/08 gescheitert war, griff Richard Mohaupt im Jahre 1956 die einaktige Groteske erneut auf (UA: Hamburg 1958; EA in der DDR: Leipzig 1959). Zwar übernahm Mohaupt in dem von ihm verfassten Libretto weitgehend Schnitzlers Text, veräußerlichte jedoch die innere Spannung des Stücks, und steigerte mit dem ständigen Wechsel zwischen Historismen und Modernismen die burleske Wirkung. Seine Literaturoper stieß wohl auch deswegen in der Bundesrepublik und in der DDR auf ganz unterschiedliche Resonanz: Während die bundesdeutsche Kritik Mohaupts Überführung der Groteske in ein Sozialdrama lobte, bemängelte die DDR-Kritik die fehlende revolutionäre Entschiedenheit (Martin 2014).

Unter den zahlreichen späteren Musikalisierungen von Schnitzlers Bühnenwerken widmen sich die meisten seinem Skandalstück *Der Reigen* und seinem ersten Burgtheater-Erfolg *Liebelei*. Die bekanntesten Vertonungen stellen wohl diejenigen von Oscar Straus dar, der sowohl die musikalische Untermalung des 1950 von Max Ophüls produzierten Films *La ronde* schuf als auch eine *Liebelei*-Vertonung hinterließ, deren Partitur 1934 in Basel verlegt wurde. An die Stelle des tragischen Schlusses trat ein Happy End, für die Handlung in acht Bildern wurde eine neue Vorgeschichte entworfen (Panagl 2014). Neben Mohaupt und Straus lassen sich Ernst Brandner, Philippe Boesmans und Rudolf Bert als bedeutende neuere Schnitzler-Komponisten anführen. Brandner komponierte 1957 einen *Langsamen Walzer*, erneut nach der *Liebelei*, für Boesmans' *Reigen*-Aneignung schrieb Luc Bondy das Libretto und Bert inspirierte sich wiederum an der *Liebelei*.

Kaum bekannt ist, dass Schnitzler im modernen Musikleben der Neuen Welt, im amerikanischen Musical, eine nicht unwichtige Rolle spielte: Zwischen 1961 und 2009 sind mehrere Musicals nach Texten Schnitzlers nachgewiesen (Jansen 2014). Auf der Einakterfolge *Anatol* beruht *The Gay Life* (1961, Libretto: Fay/Michael Kanin; Lieder: Howard Dietz; Musik: Arthur Schwartz). Es spielt im Wien der Jahrhundertwende, verharmlost aber die Vorlage insofern, als der Protagonist, der Dandy Anatol von Huber, am Ende brav seinem ausschweifenden Leben entsagt und seine Braut Liesl heiratet. In dem zweiteiligen Musical *Romance, Romance* (1987/88, Text: Barry Harmann; Musik: Keith Herrmann), dessen erstem Teil *Die kleine Komödie* zugrunde liegt, fungiert Alt-Wien nur als Kostümkulisse. Schnitzlers *Reigen* diente zwei Musicals als Vorlage: *Rondelay* (1969, Text: Jerry Douglas; Musik: Hal Jordan) und *Hello Again* (1994, Text und Musik: Michael John La Chiusa). Während Douglas sich vor allem an Max Ophüls' Verfilmung *La ronde* (1950) hält, hat La Chiusa die Vorlage eigenständig bearbeitet: Sie ist aus dem Wiener Milieu in die Vereinigten Staaten verlegt und diachron gegliedert. Jede Episode spielt in einem anderen Jahrzehnt zwischen 1900 und 1990, und in jeder Szene werden die musikalischen Formen des jeweiligen Jahrzehnts aufgenommen. Die pessimistische Sicht, welche die scheiternden Versuche vermitteln, bei einem anderen Menschen Halt zu finden, orientieren sich allerdings durchaus wiederum an Schnitzlers *Reigen*.

Auch heute ist Schnitzler keine museale Größe im Musikleben. Fabio Vacchis Oper *Girotondo* nach Schnitzlers *Reigen* erlebte 2011 in Stuttgart die deutsche Uraufführung. Zu den mehreren neueren und neusten Versuchen, Schnitzlers Werke musikalisch zu adaptieren, zählt Beat Furrers *Fräulein Else*-Vertonung, die er in sein Hörtheater *Fama* (2005) integriert hat. Die dritte Szene, die umfangreichste der insgesamt acht Szenen, stellt eine Vertonung ausgewählter Auszüge der *Fräulein Else* dar (Schnitzler 2010 und 2014).

Liste der Vertonungen

Zeitgenössische Vertonungen

Antoine, Georges: *Leb wohl. Gedichtvertonung.* 1915 (Nachweis: Tb, 17.1.1915).

Dohnányi, Ernst von: *Der Schleier der Pierrette. Pantomime in drei Bildern von A. S.* Klavierauszug. Leipzig 1910.

Mandl, Richard: Anfang vom Ende. Gesang und Piano. In: Der Merker. Österreichische Zeitschrift für Musik und Theater 3 (1912), H. 9, 1–4.

Neumann, František: *Liebelei. Oper in drei Akten. Nach dem gleichnamigen Schauspiel von A. S. Vollständiger Klavierauszug mit Text vom Componisten.* Mainz u. a. 1909. – *Liebelei. Oper in drei Akten. Text nach dem gleichnamigen Schauspiel von A. S.* Berlin/Mainz 1910 [http://www.archive.org/details/liebeleioperind00schngoog, 12.6.2014].

Nordberger, Carl: *Liebelei. Alt-Wiener Improvisationen für Violine und Klavier. An Frau Alma Theorell.* Kopenhagen um 1920 [Hannover Stadtbibliothek: No. 602 Nord/1: (V)].

Rebikov, Vladimir Ivanovich: *Die Frau mit dem Dolche. Aus dem Zyklus »Lebendige Stunden«. Nach A. S.s Klavierauszug.* Moskau/Leipzig 1915.

Straus, Oscar: *Der tapfere Kassian. Singspiel in einer Aufzeichnung von A. S.* Klavierauszug. Leipzig/Wien 1909.

Straus, Oscar: *Liebelei. Ein Wiener Stück mit Musik. Partitur.* Basel 1934.

Toldy, Ladislaus: *Der grüne Kakadu. Oper.* 1907/08 (Nachweise: an Ludwig Strecker, 17.12.1909; Br I, 611 f.; an

Eduard Poldini, 21.2.1925; Br II, 393: »nie aufgeführt«; Tb, 12.4.1907, 10.10.1907, 14.10.1907, 17.1.1909).

Postume Vertonungen
Bentley, Eric: Round 2 or New York in de 70s. Inspired by »La Ronde« by A. S. UA: Januar 1987 im Celebration Theater in Silver Lake. In: *Gay Plays* 4 (1990).
Boesmans, Philippe: *Reigen. Libretto di Luc Bondy da A. S. Riduzione per canto e pianoforte a cura di Hao Fu Zhang.* Milano 1992.
Brandner, Ernst: *Liebelei. Langsamer Walzer. Text von Walter Brandin. Arrangement von Ulrich Sommerlatte. Piano-Direktion, Violine I–II, Trompete I–II, Posaune (Cello), Akkordeon, Melodie in C (Gitarre) und Bass.* Trossingen 1956 (Colibri Serie 17).
Furrer, Beat: *recitativo. Für Stimme und Ensemble. Texte zusammengestellt von Beat Furrer aus: A. S. »Fräulein Else«.* 2004/05. UA: 3.4.2005 Köln [Tonträger im A. S.-Archiv Freiburg vorhanden; Partitur im Verlag Bärenreiter, Basel/Kassel].
Herrmann, Keith (Musik)/Harman, Barry (Text): *Romance/Romance.* Musical. UA: Broadway 1988 [Akt I nach S.s *Die kleine Komödie*, Akt II nach Jules Renards *Le pain de ménage*].
Jordan, Hal (Musik)/Douglas, Jerry (Text): *Rondelay. A new musical suggested by S.'s La Ronde.* UA: 5.11.1969 New York (Hudson West). Wiederaufnahme 1972. Libretto in: *New York Public Library* (Lincoln Center); DLA Marbach.
LaChiusa, Michael J.: *Hello Again. Musical. Book, Music and Lyrics by Michael John LaChiusa. Based on »La Ronde« by A. S.* UA: 30.12.1993 im Mitzi E. Newhouse Theater, Lincoln Center.
Mohaupt, Richard: *Der grüne Kakadu. Oper in einem Akt. Text nach dem gleichnamigen Schauspiel von A. S.* Wien 1957.
Rudolf, Bert: *Vorspiel, Zwischenspiele und Szene aus der Oper »Liebelei«. Nach A. S.s Partitur für Orchester.* Berlin 2000.
Schwartz, Arthur/Dietz, Howard: *The Gay Life* (auch: *The Affairs of Anatol*). *A Musical Comedy in 2 Acts.* Libretto: Michael Kanin, Fay Kanin. UA: 2.10.1961 in Detroit (Fisher Theater). Als CD erschienen am 7. Januar 2005. Kanada: DRG. Mitwirkende: Barbara Cook, Walter Chiari, Elizabeth Allen, Jules Munshin.
Straus, Oscar: *Der Reigen. Aus dem Film »Der Reigen«. Deutscher Text von Kurt Feltz, Originaltext von Louis Ducreux.* Wien 1950. – *Love's Roundabout (La ronde de l'amour). Waltz song from the film »La ronde«. French words by Louis Ducreux, English words by Harold Purcell.* London 1950.
Vacchi, Fabio: *Girotondo. Oper in zwei Akten. Text von Robert Roversi nach dem Schauspiel »Reigen« von A. S.* München 1982. UA: 16.6.1982 in Florenz. Deutsche UA: 23.7.2011 Stuttgart.

Literatur
Aurnhammer, Achim/Martin, Dieter/Schnitzler, Günter (Hg.): *A. S. und die Musik.* Würzburg 2014.
Barzantny, Tamara: S., A. In: Ludwig Finscher (Hg.): *Die Musik in Geschichte und Gegenwart. Personenteil.* Bd. 14: *Ric-Schön.* Kassel u. a. ²2005, 1543 f.
Bayerdörfer, Hans-Peter: Vom Konversationsstück zur Wurstelkomödie. Zu A. S.s Einaktern. In: JDSG 16 (1972), 516–575.
Braunwarth, Peter M. u.a: Vertonungen/Schallplattenaufnahmen von Werken A. S.s. In: Peter M. Braunwarth u. a. (Hg.): *A. S. Materialien zur Ausstellung der Wiener Festwochen 1981.* Wien 1981, 129.
Dieterle, Bernard: Max Ophüls. *Liebelei.* In: Achim Aurnhammer/Barbara Beßlich/Rudolf Denk (Hg.): *A. S. und der Film.* Würzburg 2010, 243–256.
Falck, Robert: Two »Reigen«. Berg, S., and Cyclic Form. In: Siglind Bruhn (Hg.): *Encrypted Messages in Alban Berg's Music.* New York u. a. 1998, 91–105.
Gier, Christina: Truth, Gender, and Sex. Berg's S. and Motivic Prozesses in »Reigen«, op.6. In: *The Journal of Musicological Research* 26 (2007), 353–375.
Jansen, Wolfgang: Die Adaption von Werken A. S.s in US-Musicals. Aspekte eines kulturellen Transfers. In: Achim Aurnhammer/Dieter Martin/Günter Schnitzler (Hg.): *A. S. und die Musik.* Würzburg 2014, 233–244.
Krones, Hartmut: Musikalische Semantik in S.-Vertonungen des frühen 20. Jahrhunderts. In: Achim Aurnhammer/Dieter Martin/Günter Schnitzler (Hg.): *A. S. und die Musik.* Würzburg 2014, 177–210.
Kuhn, Anna K.: The Romantization of A. S. Max Ophüls' Adaptions of *Liebelei* and *Reigen*. In: Benjamin Bennett u. a. (Hg.): *Probleme der Moderne. Studien zur deutschen Literatur von Nietzsche bis Brecht.* Tübingen 1983, 83–99.
Martin, Dieter: Richard Mohaupts Oper *Der Grüne Kakadu* (1956) nach A. S.s Groteske. In: Achim Aurnhammer/Dieter Martin/Günter Schnitzler (Hg.): *A. S. und die Musik.* Würzburg 2014, 211–231.
Panagl, Oswald: A. S. und Oscar Straus. In: Achim Aurnhammer/Dieter Martin/Günter Schnitzler (Hg.): *A. S. und die Musik.* Würzburg 2014, 69–78.
Ravy, Gilbert: Pantomime, mimique et expression non verbale dans l'œuvre dramatique d'A. S. In: *Austriaca* 39 (1994), 69–87.
Rossbach, Nikola: *Theater über Theater. Parodie und Moderne 1870–1914, Teil 1.* Bielefeld 2006.
Schmierer, Elisabeth: Literarische Pantomime und Ballettpantomime: *Der Schleier der Pierrette* von A. S. und Ernst von Dohnányi. In: Achim Aurnhammer/Dieter Martin/Günter Schnitzler (Hg.): *A. S. und die Musik.* Würzburg 2014, 157–175.
Schneider, Gerd K.: *Die Rezeption von A. S.s Reigen. 1897–1994. Text, Aufführungen, Verfilmungen, Pressespiegel und andere zeitgenössische Kommentare.* Riverside 1995.
Schneider, Gerd K.: *»Ich will jeden Tag einen Haufen Sternschnuppen auf mich niederregnen sehen«. Zur künstlerischen Rezeption von A. S.s »Reigen« in Österreich, Deutschland und den USA.* Wien 2008.
Schnitzler, Günther: Beat Furrer. Recitativo. In: *Freiburger Universitätsblätter* 49 (2010), H. 187, 93 f.
Schnitzler, Günther: Beat Furrers *Fräulein Else*-Vertonung. *RECITATIVO für Stimme und Ensemble* (Szene III aus *FAMA*). In: Achim Aurnhammer/Dieter Martin/Günter Schnitzler (Hg.): *A. S. und die Musik.* Würzburg 2014, 245–262.
Weiner, Marc A.: *A. S. and the Crisis of Musical Culture.* Heidelberg 1986.

Whitinger, Raleigh/Ingram, Susan: S., Kubrick, and »Fidelio«. In: *Mosaic. A Journal for the Interdisciplinary Study of Literature* 36 (2003), H. 3, 55–71.

Achim Aurnhammer

3.5 Schnitzler in der Schule

Viele Erzählungen und Dramen Arthur Schnitzlers gelten heute als Meisterwerke ihres Genres und haben spätestens seit den 1960er Jahren eine beachtliche Resonanz in der nationalen und internationalen literaturwissenschaftlichen Forschung gefunden. Diese Wertschätzung des Autors kontrastiert mit der Rezeption seiner Werke im Deutschunterricht, die bis weit ins 20. Jahrhundert hinein eine Geschichte von Diskriminierungen, Unterlassungen und Fehleinschätzungen ist. Die Gründe für solche Verweigerungen (nicht nur) der Didaktik sind hartnäckige Klischeevorstellungen gegenüber dem Autor und seinem Werk, gegen die Schnitzler sich immer zu wehren versucht hat und die dennoch auch nach seinem Tod lange Zeit die Wirkungsgeschichte seiner Dichtungen beeinträchtigten: vor allem sein Ruf als frivoler, dekadenter Erotiker mit einem eng eingegrenzten Repertoire an Themen und als Verfasser von oberflächlicher, dem Boulevardtheater nahestehender Konversationsdichtung. Hinzu kam der in der Zeit nach dem Ersten Weltkrieg vielfach erhobene Vorwurf, seine Texte seien anachronistisch und hätten sich mit dem Untergang der Habsburger Doppelmonarchie, die man »immerfort mit melancholischem Nihilismus, blasierter Nervosität und müdem Erotismus assoziierte« (Fliedl 1997, 471), überlebt. Die Vorurteile wogen schwer: Weder zu Lebzeiten des Autors noch in den folgenden Jahrzehnten wurden seine Erzählungen, Romane und Dramen im Deutschunterricht gelesen. Noch 1970 konstatierte Lindken, dass Werke Schnitzlers im Deutschunterricht faktisch nicht behandelt würden (Lindken 1970, 8). Erst um die Jahrtausendwende wurde Schnitzlers Werk als geeigneter Unterrichtsgegenstand für das Fach Deutsch entdeckt.

Die Vernachlässigung bzw. Ignorierung des Autors und seiner Werke im Deutschunterricht haben ihre zeitgeschichtlichen Ursachen. Ein Autor, der – so die Auffassung konservativer Kreise in den 1920er Jahren – einen solch skandalösen Text wie *Lieutenant Gustl* geschrieben und damit die Ehre und das Ansehen der österreichisch-ungarischen Armee geschädigt und herabgesetzt hatte, dem man nach der Aufführung des *Reigen* in Wien vorwarf, dass er mit seinem Stück das »Theater als Haus edler Freuden [...] zu einem Freudenhause, zum Schauplatz von Vorgängen und Gesprächen gemacht« habe, »wie sie sich schamloser in keiner Dirnenhöhle abspielen« (Brecka 1921) könnten, sollte und durfte kein Schulautor werden. Von der Instanz des Schriftstellers

3.5 Schnitzler in der Schule

und seinen Werken erwartete man moralische Werteorientierung im Sinne des deutschen Idealismus, die Vermittlung lebenskundlichen Wissens oder – so die Repräsentanten des deutschkundlichen Historismus – die Erschließung der nationalen Vergangenheit und deutscher Wesensart anhand überlieferter Zeugnisse.

Die Tendenz, die sich in den literaturpolitischen Debatten der Weimarer Republik und der Republik Österreich verstärkt herauskristallisierte, die Hetzkampagnen völkischer Kreise gegen die Person Schnitzlers und die kruden Verunglimpfungen seiner Werke als jüdischer Schmutz und Schund, die man zum Schutz der Jugend zu verbieten habe, wurde 1933, zwei Jahre nach Schnitzlers Tod, mit dem Machtantritt der Nationalsozialisten nicht nur ideologisch fortgeschrieben, sondern nahm ihre schlimmstmögliche Wendung in der Verbrennung der Bücher des Autors. Diese fielen genauso wie die Werke seines ›Doppelgängers‹ Freud den Flammen zum Opfer. Mit diesem Fanal, spätestens mit dem Einmarsch deutscher Truppen in Österreich im Jahr 1938, wurden seine Werke als ›artfremde‹, undeutsche Literatur verboten, was Folgelasten auch für die beiden Jahrzehnte nach dem Ende des Dritten Reiches zeitigte. Im Deutschunterricht dieses Zeitraums waren seine Dramen, Erzählungen und Romane genauso wenig gefragt wie die meisten Werke der Exilautoren. Die schulische Beschäftigung mit literarischen Werken in dieser Zeit knüpfte an Bestrebungen und Leitbilder der Pädagogik der 1920er Jahre an, der heranwachsenden Jugend den »Blick […] für das dichterisch und menschlich Wertvolle [zu] öffnen« (Ulshöfer 1952, 8), ihnen bleibende Werte zu vermitteln und überhaupt ihr moralisches Werteempfinden und ihren ästhetischen Geschmack im Sinne einer präskriptiven gültigen Ordnung zu bilden. »Wo ihr dies nicht gelingt«, so schrieb Robert Ulshöfer, einer der einflussreichsten Deutschdidaktiker der 1950er und 1960er Jahre, »wird man ihr schwerlich einen bildenden Wert zuschreiben können. Werke der Dekadenz, des Surrealismus, des extremen Naturalismus werden wir möglichst ebensowenig als Schullektüre wählen […] wie die Werke, die unausgesprochen aus Mangel an dichterischer Substanz mehr einer politischen oder weltanschaulichen Zweckliteratur oder der guten Erbauungsliteratur angehören« (ebd., 7). Auch oder gerade Werke Schnitzlers fielen offenbar unter dieses Verdikt.

Der Paradigmenwechsel, den die sog. politisch-kritische Deutschdidaktik zu Beginn der 1970er Jahre für einen kurzen Zeitraum einleitete, erbrachte keine grundlegenden Veränderungen in der Beurteilung des Dichters. Die hier für den Deutschunterricht reklamierten ›versäumten Lektionen‹ galten den Werken Heines und Brechts und nicht den Texten Schnitzlers, obwohl sie sich durchaus als geeignete Untersuchungsobjekte, für ideologiekritische Zugriffe und literatursoziologische Verfahren, etwa in ihrer Auseinandersetzung mit der Stellung der Frau, der Judenfrage sowie der Entstehung und Wirkung von Vorurteilen angeboten hätten.

Erst im Laufe der 1970er Jahre tauchten vereinzelt Texte von Schnitzler, wie z. B. die parabelartige Erzählung *Die grüne Krawatte* in den Lesebüchern und in kommentierter Form in den Lehrerhandreichungen (z. B. *Schwarz auf Weiß*, Hannover 1979; *westermann texte deutsch*, Braunschweig 1978) für den Deutschunterricht auf. Doch eine Tendenzwende war damit nicht verbunden. Erst mit dem zunehmenden Interesse des kulturellen Diskurses an Fragen der Identität und Rollenbildern, an Geschlechterbeziehungen und Sexualanthropologie gerieten auch die Texte Schnitzlers ins Blickfeld der Didaktiker und Deutschlehrer. Für die literaturgeschichtliche Auseinandersetzung mit Epochenschwellen bzw. Epochenumbrüchen, wie sie seit Beginn der 1990er Jahre in verschiedenen Lehrplänen gefordert wurde, boten sich vor allem die Erzählungen *Traumnovelle*, *Lieutenant Gustl* und *Fräulein Else* als seismographische Darstellungen von seelischen Befindlichkeiten und sozialen Verwerfungen an. An diesen Werken sollten die Schüler exemplarisch Erfahrungen der Dissoziation und Diffusion von Innen- und Außenwelt und damit korrespondierend die Unzulänglichkeit von Sprache in der Vermittlung von Denken und Wirklichkeit nachvollziehen, Einsichten in den Zerfall konventioneller Weltbilder und Sozialformen in der Lebenswelt um 1900 gewinnen und dabei Kenntnisse über die subtile psychologische Darstellungstechnik ihres Verfassers erwerben. So verwundert es nicht, dass zwei von diesen Werken, *Lieutenant Gustl* und *Traumnovelle*, sogar als obligatorische Referenzlektüren für das Zentralabitur ausgewählt wurden.

Auf die Vorgaben zum Zentralabitur durch die schulische Administration reagierten die einschlägigen Schulbuchverlage mit einer Flut von Textausgaben, Kommentaren und Interpretationen und beschleunigten dergestalt die Kanonisierung der Werke im schulischen Kontext. *Lieutenant Gustl*, in den Jahrzehnten zuvor oft in germanistischen Einführungskursen als bedeutendes und wirkungsmächtiges Paradigma für die Funktion und Wirkungen des Inneren Monologs besprochen, wurde zum Gegenstand einer Fülle didaktischer Handreichungen in Form von Unterrichtsmodellen und Arbeitsblättern, die – im Zusammenspiel von analytischen und produktionsorientierten Zugriffen – Einsichten in die Sphären des Halbbewussten ermöglichen sollten. Parallel dazu wurden den Schülern Lektürehilfen, Lektüreschlüssel und ›Textnavigatoren‹ zur Entstehungs- und Wirkungsgeschichte, zur Struktur, zum Handlungsduktus und zur sprachlich-erzählerischen Gestaltung der Novelle angeboten.

An Schnitzlers Novellen entdeckte man plötzlich ein breites Spektrum an Themen und Motiven, die sich für die Auseinandersetzung im Unterricht eigneten: Erotik und Sexualität, Frauen- und Männerbilder, Traum und Wirklichkeit, Spiel und Ernst. Hier ließen sich paradigmatisch Elemente und Strukturen der Narrativität aufweisen. Das machte sie vor allem attraktiv für die Etablierung eines kompetenzorientierten Literaturunterrichts nach PISA. Besonders die *Traumnovelle* und die beiden Monolognovellen *Lieutenant Gustl* und *Fräulein Else* boten Anreize, erzählerische Formen zu untersuchen, zwischen Gedankenbericht und Erzählkommentar, erlebter Rede und innerem Monolog zu differenzieren. Hier ergaben sich Optionen des Vergleichs mit auktorialen Erzählsituationen in Werken von Theodor Fontane oder Thomas Mann, aber auch Spiegelungs- und Kontrastierungsmöglichkeiten mit der Montagetechnik Döblins. Der ›Parlando‹-Stil in den Erzählungen, den man dem Autor in den Jahrzehnten zuvor als Mangel an poetischer Gestaltungskraft angelastet hatte, wurde mit seinen Leerstellen, Andeutungen und Maskeraden nun als ästhetischer Mehrwert entdeckt und sollte die Schüler zu genauer Textarbeit und verstärkter Auseinandersetzung herausfordern und sie so befähigen, verdrängte Ängste und Aggressionen, latente Sehnsüchte und Projektionen der Figuren freizulegen.

Die intensive Beschäftigung mit ausgewählten Erzählungen Schnitzlers im Deutschunterricht zu Beginn des 21. Jahrhunderts hatte bislang allerdings noch keinen nennenswerten Einfluss auf die schulische Rezeption seines facettenreichen dramatischen Werkes. Bei der Behandlung von Dramatik im Unterricht – hier ging es in den letzten Jahrzehnten fast immer nur um den Schematismus einer vergleichenden Untersuchung von Dramen der geschlossenen und offenen Form – war der Blick für die vielfältigen dramatischen Spielarten um die Jahrhundertwende weitgehend verstellt. An ihnen war Schnitzler maßgeblich mit seinen Einaktern und experimentellen szenischen Formen beteiligt, wenn man z. B. *Anatol* mit seinem episodischen Reihungsstil, den *Grünen Kakadu* mit seiner grotesken anti-illusionistischen Spiel- und Spiegelungstechnik und den *Reigen* mit seiner karussellartigen Kreisstruktur betrachtet. Einen ersten zaghaften Versuch der Auflösung dieser Dichotomie stellt die thematische Vorgabe zum Zentralabitur 2014 in Schleswig-Holstein dar. Hier wurde der *Reigen* als Referenztext für die Auseinandersetzung mit dem kulturellen Leben in der Wiener Moderne ausgewählt – sicherlich eine bemerkenswerte Entscheidung vor dem Hintergrund der skandalösen Wirkungsgeschichte des Stückes im 20. Jahrhundert, nachgerade aber auch eine frühzeitige didaktische Einlösung dessen, was sein Autor ihm kurz nach seiner Entstehung prophezeit hatte: »Geschrieben hab ich […] eine Scenenreihe, die vollkommen undruckbar ist, […], aber nach ein paar hundert Jahren ausgegraben, einen Theil unserer Cultur eigentümlich beleuchten würde« (an Olga Waissnix, 26.2.1897; Br I, 314 f.).

Literatur

Brecka, Hans: Reigen. In: *Die Reichspost*, 1.2.1921.
Fliedl, Konstanze: *A. S. Poetik der Erinnerung*. Wien/Köln/Weimar 1997.
Kaiser, Erich: *Leutnant Gustl und andere Erzählungen*. München 1997.
Lindken, Hans U.: *Interpretationen zu A. S. Drei Erzählungen*. München 1970.
Pfoser, Alfred/Pfoser-Schewig, Kristina/Renner, Gerhard: *S.s »Reigen«. Zehn Dialoge und ihre Skandalgeschichte*. 2 Bde. Frankfurt a. M. 1993.
Ulshöfer, Robert: Die Prosadichtung der Gegenwart in der Schule. In: *Der Deutschunterricht* 4 (1952), H. 6, 5–10.

Peter Bekes

V. Anhang

1. Biographische Chronik

1862
15.5.: Geburt Arthur Schnitzlers in der Jägerzeile 16 in Wien als das erste Kind von Johann Schnitzler (1835–1893; Sohn von Joseph Zimmermann, später in ›Schnitzler‹ umbenannt und Rosalie, geb. Klein) und Louise Ludovica, geb. Markbreiter (1840–1911; Tochter von Philipp Markbreiter und Amalia, geb. Schey von Koromla)

1864
Geburt des Bruders Joseph Emil (gest. 1864)
Umzug in die Schottenbastei

1865
13.7.: Geburt des Bruders Julius (gest. 1939)

1867
20.12.: Geburt der Schwester Gisela (gest. 1953)

1868
Umzug in die Giselastraße 11
Da der Vater seine lungenfachärztliche Praxis im Wohnhaus betreibt, kommen seine Kinder schon früh in Kontakt mit Patienten (hauptsächlich Bühnenkünstler)

1870
Anstellung der Erzieherin Bertha Lehmann
Verfassen erster Gedichte

1871
Umzug in den Burgring 1
Herbst: Eintritt als Schüler ins Akademische Gymnasium

1873
Juli: Entstehen von *Rom in Brand*, dem ersten erhaltenen Gedicht

1875
Frühjahr: Erste Liebe Fanny (›Fännchen‹, i.e. Franziska Reich)

1879
8.7.: Bestehen der Reifeprüfung (Matura) mit Auszeichnung
30.8.–15.9.: Reise nach Amsterdam und Besuch eines medizinischen Kongresses mit dem Vater. Der auf Wunsch des Vaters verfasste Reisebericht wird in dessen Zeitschrift *Wiener Medizinische Presse* veröffentlicht.
Herbst: Beginn des Medizinstudiums an der Universität Wien auf Wunsch und nach Vorbild des Vaters
ED: *Von Amsterdam nach Ymuiden*

1880
25.5.: Bilanz des 18-Jährigen über seine beachtliche, in der Regel aber noch im Verborgenen ausgeübte literarische Produktivität: »Somit hab ich bis auf den heutigen Tag zu Ende geschrieben 23, begonnen 13 Dramen, soweit ich mich erinnere« (Tb).
3.7.: Anstellung als Korrektor der medizinischen Zeitschrift seines Vaters
ED: *Liebeslied der Ballerine*, *Über den Patriotismus*

1881
25.11.: Kennenlernen von Gusti, einer Theater-Choristin aus der Vorstadt. A. S. verliebt sich in sie und findet in ihr den Typus des ›süßen Mädels‹

1882
Sommer: Bestehen des ersten Rigorosums
1.10.: Eintritt als Einjährig-Freiwilliger (militärärztlicher Eleve) in das Garnisonsspital Nr. 1 in Wien

1883
Anfang Oktober: Bestehen der Offiziersprüfung und Abkehr vom Militär

1885
30.5.: Promotion zum ›Doktor der gesamten Heilkunde‹
Ab September: Ausbildung zum Medizinalassisten-

ten im Allgemeinen Krankenhaus und gelegentliche Vertretung des Vaters in dessen Praxis
Ab Oktober: Aspirant in der Wiener Poliklinik bei Moritz Benedikt (Nervenpathologie)
Beginn des Briefwechsels mit Theodor Herzl

1886
1.1.: A. S. wird Redakteur der von seinem Vater begründeten *Internationalen Klinischen Rundschau* (vgl. Tb, 24.11.)
April: Beginn der platonischen Liebe mit Olga Waissnix. Es entwickelte sich ein lebenslanger Briefwechsel.
9.5.: A. S. bereut seine Wahl der medizinischen Laufbahn und möchte Dichter werden (vgl. Tb)
1.6.: Provisorischer Sekundararzt
1.7.: Sekundararzt bei Josef Standthartner (Innere Medizin)
1.11.: Sekundararzt bei Theodor Meynert, einem Lehrer Freuds (Psychiatrie)
ED: Medizinische Artikel und Rezensionen. Ab November: Regelmäßige Veröffentlichungen von Gedichten und Prosa, Skizzen und Aphorismen, so etwa *Er wartet auf den vazierenden Gott*

1887
1.4.: Sekundararzt bei Isidor Neumann (Hautkrankheiten und Syphilis)
September: Beginn des rund zwei Jahre währenden Liebesverhältnisses mit Jeanette Heeger, einem weiteren ›süßen Mädel‹ aus der Vorstadt
ED: Medizinische Artikel und Rezensionen

1888
1.1.: Eintritt in die Abteilung für Chirurgie bei Josef Weinlechner
5.4.–12.5.: Studienreise nach Berlin (bei Bernhard Fränkel; Laryngoskopie), dort erstmaliges Bewohnen eines Zimmers mit elektrischer Beleuchtung (vgl. JiW, 282)
21.5.–25.8.: Studienreise nach London
Herbst: Assistent seines Vaters an der Allgemeinen Poliklinik. Obwohl er auch privat ordiniert, verlagert sich sein Interessenschwerpunkt zunehmend auf die Dichtung (vgl. Waissnix-Bw, 151)
ED: Medizinische Artikel und Rezensionen, *Londoner Briefe*. – *Das Abenteuer seines Lebens* (Bühnenmanuskript)

1889
Heirat von Gisela Schnitzler und Marcus Hajek
Mai: Beginn des Verhältnisses mit Marie ›Mizi‹ Chlum, die sich als Schauspielerin ›Glümer‹ nennt, für A. S. »das Ideal des ›süßen Mädels‹« (Tb, 13.7.) verkörpert und in sein erstes großes Bühnenstück, *Das Märchen*, eingeht
ED: Medizinische Artikel und Rezensionen, *Über funktionelle Aphonie und deren Behandlung durch Hypnose und Suggestion.* – *Amerika, Der Andere, Mein Freund Ypsilon, Episode*, Gedichte

1890
Im Café Griensteidl Verkehr mit anderen jungen Literaten des Jung Wien, u. a. Hugo von Hofmannsthal, Felix Salten, Richard Beer-Hofmann und Hermann Bahr
ED: Medizinische Rezensionen. – *Alkandi's Lied, Die Frage an das Schicksal, Anatols Hochzeitsmorgen*

1891
5.2.: Die »literarische Anerkennung beginnt« (Tb).
28.10.: Im Rahmen eines Vortragsabends der *Freien Bühne* liest der Schauspieler Max Devrient Gedichte von A. S.
UA: *Das Abenteuer seines Lebens*
ED: Medizinische Artikel und Rezensionen. – *Das Märchen* (Bühnenmanuskript), *Denksteine, Reichtum, Weihnachtseinkäufe*, Aphorismen

1892
Abkehr vom Café Griensteidl (vgl. Tb, 20.2. u. Beer-Hofmann-Bw, 34 f.)
ED: Medizinische Artikel und Rezensionen. – *Der Sohn. Aus den Papieren eines Arztes*

1893
Januar: Die Zensurbehörde verbietet *Das Märchen*
28.3.: Betrugs-Geständnis Mizi Glümers
2.5.: Tod des Vaters
13.6.: A. S. erlernt das Fahrradfahren
August: Verlassen der Poliklinik, von nun an nur noch private Ordination
5.11.: Umzug zu seiner Mutter in die Frankgasse
Dezember: Absetzung von *Das Märchen* mit Adele Sandrock nach einem Theaterskandal. Die Diva beginnt ein Verhältnis mit A. S.
UA: *Abschiedssouper, Das Märchen*
ED: Medizinische Artikel und Rezensionen. – *Agonie, Abschiedssouper, Anatol* (Zyklus)

1894
20.5.: Beginn des Briefwechsels mit Otto Brahm
26.5.: Beginn des Briefwechsels mit Georg Brandes
18.6.: Verkauf der medizinischen Zeitschrift des Vaters

1. Biographische Chronik

12.7.: Beginn der Liebesbeziehung mit der Gesangslehrerin Marie ›Mizi‹ Reinhard
ED: *Medizinische Rezensionen. – Blumen, Die drei Elixire, Sterben, Der Witwer, Das Märchen*

1895
Frühjahr: Ende der Liaison mit Adele Sandrock
Ab April: Geheime Doppelbeziehung mit Mizi Glümer und Mizi Reinhard
Mai: Besuch von Lou Andreas-Salomé
6.6.: Abschluss eines dreijährigen Generalvertrags mit dem Verleger Samuel Fischer
August: Radpartie mit Felix Salten, Max Burckhard und Paul Goldmann
9.10.: Die Uraufführung von *Liebelei* mit Starbesetzung (Adele Sandrock, Friedrich Mitterwurzer, Adolf von Sonnenthal) markiert den »künstlerischen Durchbruch« (Scheible 2003, 57) des Dichters
UA: *Liebelei*
ED: *Die kleine Komödie, Liebelei*

1896
Juli: Besuch bei Ibsen in Christiania
August: Besuch bei Brandes und Nansen in Kopenhagen
Herbst: Beginn des Ohrenleidens (Otosklerose), das mit zunehmender Schwerhörigkeit und lauten Ohrgeräuschen einhergeht und A. S. fortan stark belastet
UA: *Die Frage an das Schicksal, Freiwild*
ED: *Ein Abschied, Die überspannte Person, Freiwild, Reigen* (1896/97)

1897
Januar: Mizi Reinhard ist schwanger.
Sommer: Fortsetzung der geheimen Doppelbeziehung mit Mizi Glümer
24.9.: Außerhalb von Wien hat Mizi Reinhard eine Totgeburt. A. S. fühlt sich aufgrund seines Desinteresses an dem Kind schuldig (vgl. Tb, 30.9.).
4.11.: Tod von Olga Waissnix
ED: *Die Frau des Weisen, Der Ehrentag, Halbzwei, Die Toten schweigen*

1898
11.7.–3.9.: Reise mit dem Fahrrad durch Österreich, die Schweiz (mit Hofmannsthal) und Oberitalien
Kennenlernen von Jakob Wassermann
UA: *Weihnachtseinkäufe, Episode, Das Vermächtnis*
ED: *Das Vermächtnis, Paracelsus*

1899
18.3.: Tod von Marie Reinhard. A. S. wird bis zu seinem Lebensende jährlich dieses Tages gedenken.
27.3.: Verleihung des Bauernfeldpreises für die Novellen und dramatischen Arbeiten
11.7.: Erste Begegnung mit der Schauspielschülerin ›Dina Marius‹ alias Olga Gussmann (1882–1970)
UA: *Paracelsus, Die Gefährtin, Der grüne Kakadu*
ED: *Der grüne Kakadu, Um eine Stunde, Die Gefährtin, Der Schleier der Beatrice*

1900
18.6.: Burgtheaterdirektor Paul Schlenther lehnt *Der Schleier der Beatrice* ab. Nach dem Zerwürfnis mit Schlenther folgt für A. S. ein fünfjähriger Ausschluss vom Burgtheater
28.6.–31.8.: Reise durch Österreich, im Anschluss mit Beer-Hofmann, Goldmann, Kerr und Vanjung über die Schweiz nach Meran
19.7.: *Lieutenant Gustl* fertiggestellt »in der Empfindung, dass es ein Meisterwerk« (Tb) ist
20.9.: Lektüre der Briefe des ebenfalls an Otosklerose erkrankten Ludwig van Beethoven, die dessen beginnende Taubheit dokumentieren. – Abends erste Küsse mit Olga Gussmann
November: Wiedersehen mit Mizi Glümer und Beginn einer erneuten Liaison
UA: *Der Schleier der Beatrice*
ED: *Reigen* (Privatdruck), *Der blinde Geronimo und sein Bruder* (1900/01), *Lieutenant Gustl*

1901
5.2.: Olga ist schwanger.
10.5.: Nach schweren Komplikationen muss Olgas Schwangerschaft operativ beendet werden
21.6.: Aberkennung des Offiziersrangs als Folge der Veröffentlichung von *Lieutenant Gustl*
UA: *Anatols Hochzeitsmorgen*
ED: *Frau Bertha Garlan, Lebendige Stunden, Die Frau mit dem Dolche, Die letzten Masken, Literatur, Sylvesternacht*

1902
17.1.: Olga Gussmann wird 20 Jahre alt, ist erneut schwanger und möchte A. S. heiraten. Dieser weicht aus und sucht ein Haus außerhalb Wiens, wo Olga entbinden kann
26.6.–8.7.: Radreise mit Hofmannsthal von Salzburg nach Innsbruck.
9.8.: In Hinterbrühl bringt Olga um 16 Uhr Heinrich Schnitzler (gest. 1982) zur Welt. – Um 17 Uhr Beginn der Arbeit an *Der Weg ins Freie* (vgl. Tb)

18.–20.10.: Besuch bei Gerhart Hauptmann in Agnetendorf (mit Otto Brahm)
UA: *Lebendige Stunden. Vier Einakter* (d. i. *Lebendige Stunden, Die Frau mit dem Dolche, Die letzten Masken, Literatur*)
ED: *Die Fremde, Andreas Thameyers letzter Brief, Die griechische Tänzerin, Excentric*

1903
17.3.: Verleihung des Bauernfeldpreises für *Lebendige Stunden*
26.8.: Heirat mit Olga in der Synagoge Schopenhauergasse. Trauzeugen sind Richard Beer-Hofmann und Gustav Schwarzkopf
2.9.: Auszug bei der Mutter (Frankgasse) und Bezug einer Wohnung mit Olga und Heinrich in der Spöttelgasse
UA: Vierter bis sechster *Reigen*-Dialog, *Der Puppenspieler*
ED: *Der Puppenspieler, Die grüne Krawatte*

1904
16.3.: Verbot der im Vorjahr erschienenen Buchausgabe des *Reigen* in Deutschland
30.4.–30.5.: Reise mit Olga u. a. nach Rom und Neapel; dort bei Sorrent erste im Tagebuch erwähnte Autofahrt (vgl. Tb, 13.5.)
3.7.: Tod von Theodor Herzl
UA: *Der einsame Weg, Der tapfere Cassian*
ED: Ein medizinischer Artikel (Brief). – *Der tapfere Cassian, Das Schicksal des Freiherrn von Leisenbohg, Der einsame Weg*

1905
3.–18.3.: Schiffsreise u. a. mit den Stationen Genua, Neapel, Sizilien, Korfu und Ragusa (dort Zusammentreffen mit Hofmannsthal und Burckhard)
4.–7.11.: Vorlesungen in Prag und Teplitz
UA: *Zwischenspiel*
ED: *Das neue Lied, Die Weissagung, Zum großen Wurstel*

1906
26.6.–21.8.: Reise mit Olga nach Marienlyst (Dänemark). Rückreise u. a. über Kopenhagen (Besuch bei Georg Brandes)
UA: *Der Ruf des Lebens, Zum großen Wurstel*
ED: *Zwischenspiel, Der Ruf des Lebens*

1907
19.3.: Im Phonogramm-Archiv entsteht die einzige erhaltene Tonaufnahme: A. S. liest kurze Auszüge aus *Lebendige Stunden* und *Der Schleier der Beatrice* und zeigt sich überrascht »über den ausgesprochen nasal jüdischen Charakter« (Tb) seiner Stimme
26.6.–12.9.: Reise nach Südtirol, z. T. mit Hofmannsthal
ED: *Geschichte eines Genies, Der tote Gabriel*

1908
15.1.: Verleihung des Grillparzer-Preises (für *Zwischenspiel*)
28.5.: Kennenlernen von Stefan Zweig
25.11.: Zusammentreffen mit Thomas Mann
17.–20.12.: Reise nach Budapest zur ungarischen Aufführung von *Liebelei*
ED: *Komtesse Mizzi oder Der Familientag, Der Tod des Junggesellen, Der Weg ins Freie, Die Verwandlungen des Pierrot*

1909
›Schnitzler-Jahr‹ am Deutschen Volkstheater Wien
13.9.: Geburt der Tochter Lili (gest. 1928)
23.9.: Frieda Pollak wird feste Sekretärin von A. S.
UA: *Komtesse Mizzi oder Der Familientag, Der tapfere Kassian* (Singspiel)
ED: *Der tapfere Kassian* (Singspiel)

1910
7.4.: Kauf des Hauses Sternwartestraße 71
21.4.: Bei Felix Salten Zusammentreffen mit Heinrich Mann
8.7.: Louise Schnitzler wird 70 Jahre alt.
16.7.: Einzug in das Haus in der Sternwartestraße 71
20.9.: Tod von Josef Kainz
UA: *Der Schleier der Pierrette, Liebelei* (Oper), *Der junge Medardus, Anatol*-Zyklus (ohne *Denksteine* und *Agonie*)
ED: *Der junge Medardus, Der Schleier Pierrette*

1911
22.2.–1.3.: Reise nach Berlin; dort u. a. Besuch eines Konzerts von Olga
18.5.: Tod von Gustav Mahler
Juni: Beginn des Briefwechsels mit Heinrich Mann
9.9.: Tod der Mutter
29.10.–17.11.: Reise nach Prag, Berlin, Hamburg, München (Lesungen und Besuche der jeweiligen Aufführungen von *Das weite Land*)
UA: *Das weite Land*
ED: *Die dreifache Warnung, Der Mörder, Die Hirtenflöte, Das Tagebuch der Redegonda, Das weite Land*

1. Biographische Chronik

1912
27.1.: A. S. bekommt einen Telefonanschluss
16.3.: Tod von Max Burckhard
15.5.: In Abwesenheit von A. S. finden anlässlich seines fünfzigsten Geburtstags 26 Aufführungen seiner Stücke an deutschsprachigen Bühnen statt.
Die erste Gesamtausgabe seiner Werke erscheint in sieben Bänden bei S. Fischer
28.11.: Tod von Otto Brahm
UA: *Marionetten, Professor Bernhardi*
ED: *Professor Bernhardi*

1913
Mai: Es kommt häufig zum Streit zwischen den Eheleuten Schnitzler
Dezember: Lektüre von Theodor Reiks Buch *Arthur Schnitzler als Psycholog*
Schnitzler ist inzwischen mit über 200 Aufführungen am Wiener Burgtheater »der meistgespielte Autor« (Urbach 1994, 408)
ED: *Frau Beate und ihr Sohn*

1914
22.1.: In Kopenhagen Premiere von *Elskovsleg*, dem ersten (Stumm-)Film nach einer Schnitzler-Vorlage (*Liebelei*)
27.3.: Verleihung des *Raimundpreises* für *Der junge Medardus*
1.5.–7.6.: Reise mit Olga nach Italien, von dort Mittelmeerkreuzfahrt. Heimreise u. a. über Tutzing (zur Schwägerin Liesl Steinrück) und Treffen mit Heinrich Mann und dessen Frau
17.7.–2.9.: Reise in die Schweiz. Durch die Kriegserklärungen (Beginn des Ersten Weltkriegs) erschwerte Heimreise (vgl. Tb, 5.8.)

1915
24.5.: Beginn der Autobiographie. Sie soll den Titel »Leben und Nachklang – Werk und Widerhall« tragen und erscheint als Fragment postum unter dem Titel *Jugend in Wien*.
14.9.: Erster Besuch bei dem Philosophen Joseph Popper-Lynkeus
UA: *Komödie der Worte. Drei Einakter*
ED: *Komödie der Worte. Drei Einakter* (d. i. *Stunde des Erkennens, Große Szene, Das Bacchusfest*)

1916
März: Besuch von der Jugendfreundin Clara Katharina Pollaczek (geb. Loeb)
UA: *Denksteine*

1917
Januar: Olga gerät in eine Lebenskrise und gibt die Schuld an ihrer missglückten Karriere ihrem Mann, den Kindern und dem Namen Schnitzler
13.5.: A. S. wechselt im Tagebuch von Deutscher Kurrentschrift (mit Feder und Tinte) zu Lateinischer Schreibschrift (mit Bleistift)
15.5.: Stephi Bachrach, eine Freundin der Familie, vergiftet sich mit Veronal und Morphium. Die Nachricht von ihrem Tod erreicht A. S. am 16.5. in Salzburg; er wird einige Details dieser Tragödie in die Novelle *Fräulein Else* aufnehmen (vgl. auch Farese 1999, 189)
UA: *Fink und Fliederbusch*
ED: *Doktor Gräsler, Badearzt, Fink und Fliederbusch*

1918
11.11.: Rücktritt von Kaiser Karl I.
12.11.: In Österreich wird von der provisorischen Nationalversammlung die Republik ausgerufen
ED: *Casanovas Heimfahrt, Die Schwestern oder Casanova in Spa*

1919
Frühjahr: Häufige Besuche bei Popper-Lynkeus
26.7.: Erste Begegnung mit Hedy Kempny und Beginn einer lebenslangen Freundschaft
August: Bekanntschaft mit Vilma Lichtenstern in Reichenau
Sommer: Die Ehekrise erreicht einen neuen Höhepunkt in dem beiderseitigen Wunsch nach Trennung

1920
März: Umarbeitung von *Der junge Medardus* und *Der Ruf des Lebens* zu Drehbüchern
18.4.: Sturz und Verletzung der rechten Schulter, die zwar verheilt, A. S. aber bis an sein Lebensende Schmerzen bereiten wird. Die Verletzung ist verantwortlich für die einzige Fortführung seines Tagebuchs von fremder Hand: über einen Zeitraum von etwa vier Wochen als maschinenschriftliches Diktat.
8.10.: Verleihung des Volkstheaterpreises für *Professor Bernhardi*
29.11.: Olga gesteht ihrem Mann eine Affäre. A. S. selbst war während ihrer Ehe treu
UA: *Die Schwestern oder Casanova in Spa, Reigen*

1921
29.1.: Olga verlässt A. S. endgültig und reist nach München
17.2.: Nach antisemitischen Ausschreitungen wäh-

rend einer Wiener *Reigen*-Vorstellung werden weitere Aufführungen verboten
22.2.: Organisierter Skandal während einer Berliner *Reigen*-Aufführung mit 34 Verhaftungen
März: Auf Olgas Wunsch leitet A. S. die Formalitäten für die bevorstehende Scheidung in die Wege. Auch lässt er sein Testament von 1914 ändern
21.5.: Lili ist schlecht in der Schule und bekommt Nachhilfe von Anna Freud, der Tochter des Psychoanalytikers. A. S. begleitet Lili in die Berggasse 19 und hat Gelegenheit, kurz mit Sigmund Freud zu sprechen
26.6.: Scheidung der 18-jährigen Ehe mit Olga Schnitzler. Die 12-jährige Lili bleibt beim Vater, der volljährige Heinrich geht eigener Wege (zunächst als Schauspieler, später als Regisseur)
September: Anklage der Staatsanwaltschaft wegen Erregung öffentlichen Ärgernisses gegen Direktion, Regisseur und Schauspieler des *Reigen* am Kleinen Schauspielhaus Berlin
18.11.: Der *Reigen*-Prozess endet mit dem Freispruch aller Angeklagten

1922
9.1.: Besuch von Thomas Mann und dessen Frau
25.4.–19.5.: Lesereise in die Niederlande
16.6.: Erstes längeres Treffen mit und bei Sigmund Freud
24.10.–5.11.: Lesereise durch die Tschechoslowakei. In Teplitz Boykott der Veranstaltung durch Rechtsextremisten (vgl. Br II, 279)
16.12.: Zufällige Wiederbegegnung mit Clara Katharina Pollaczek und Beginn einer erotischen Beziehung

1923
Frühjahr: Die Beziehung mit Clara wird zunehmend unharmonischer
16.4.: Reise nach Pressburg zu einer Aufführung von *Das weite Land*, in der Heinrich mitspielt (vgl. Tb)
7.–27.5.: Lesereise über Berlin nach Kopenhagen und Stockholm. Bei der Ankunft am Stockholmer Bahnhof wird A. S. von einem Kamera-Team gefilmt – bei diesen knappen 30 Sekunden handelt es sich um die einzige erhaltene Filmaufnahme von A. S.
Juli: Ernennung zum Ehrenmitglied der Wiener Akademie der bildenden Künste
5.10.: Premiere des Stummfilms *Der junge Medardus*. R.: Michael Kertész
8.12.: Ernennung zum Ehrenpräsidenten des P.E.N.-Clubs – »sehr contre cœur« (Tb)

1924
9.1.: Kennenlernen von Robert Musil
15.3.: Zusammentreffen mit Jean Giraudoux in Wien
UA: *Komödie der Verführung*
ED: *Komödie der Verführung, Fräulein Else*

1925
7.1.–2.2.: Mit Lili Lesereise durch Süddeutschland und die Schweiz (anschließend Aufenthalt in St. Moritz und Treffen mit Olga)
11.–21.10.: Reise nach Berlin. Dort u. a. Besuch einer *Liebelei*-Aufführung mit Heinrich in der Rolle des Theodor Kaiser. Zusammentreffen mit Thomas Mann bei Samuel Fischer
17.11.: Telegramm mit Nachricht vom Tod Mizi Glümers, die sich mit Veronal vergiftet hat
ED: *Die Frau des Richters, Traumnovelle* (1925/26)

1926
5.–17.2.: Reise nach Berlin zu Heinrich und Olga, die inzwischen ebenfalls in Berlin wohnt
15.4.–20.5.: Mit Lili Kreuzfahrt über Triest, Palermo, Neapel, Gibraltar, Lissabon und Las Palmas nach Hamburg. Weiterfahrt nach Berlin zu Heinrich und Olga
21.6.: Überreichung des (vom Journalisten- und Schriftstellerverein Concordia gestifteten) Burgtheaterringes bei A. S. zu Hause, der eine Feier abgelehnt hatte
27.7.: Gemeinsam mit Clara Reise in die Schweiz zu Lili, Heinrich und Olga. A. S. reist mit Clara von dort aus weiter nach Luzern und kehrt am 12.9. nach Wien zurück. Olga und Lili dagegen reisen weiter nach Venedig, wo Lili den italienischen Offizier und Faschisten Arnoldo Cappellini kennenlernt
20.12.: Nachdem A. S. widerwillig dem Drängen von Mutter und Tochter nachgegeben hat, fahren diese erneut nach Venedig zu Arnoldo. Sie beziehen Quartier in Alma Mahlers Haus
27.12.: In Berlin letztes Zusammentreffen mit Sigmund Freud
UA: *Sylvesternacht*
ED: *Der Gang zum Weiher, Spiel im Morgengrauen* (1926/27)

1927
21.1.: Arnoldo hält um Lilis Hand an.
20.2.: Nachricht vom Tod Georg Brandes'
5.3.: Arnoldo ist zu Gast in der Sternwartestraße. A. S. findet Gefallen an ihm (vgl. Tb, 6.3.).
15.3.: Premiere des Stummfilms *Liebelei*. R.: Jakob und Luise Fleck

21.4.–1.5.: Zugreise mit Lili nach Venedig. Gemeinsame Wohnungssuche für das junge Paar
5.6.: Nachricht vom tödlichen Autounfall Vilma Lichtensterns
30.6.: Heirat von Lili und Arnoldo im Wiener Rathaus und Abreise nach Venedig
Juli: Im Zuge der ›Julirevolte‹ wird der Justizpalast angezündet, es gibt rund 90 Tote und über 1.000 Verletzte
10.8.–15.9.: Zunächst in Begleitung von Olga und Heinrich, dann mit Clara Ferien in Südtirol. Schließlich Weiterfahrt nach Venedig zu Lili und Arnoldo
15.9.: A. S. besteigt zum ersten Mal ein Flugzeug und fliegt mit sieben weiteren Passagieren zurück nach Wien
ED: *Buch der Sprüche und Bedenken, Der Geist im Wort und Der Geist in der Tat*

1928
März: Premiere des Stummfilms *Freiwild*. R.: Holger Madsen
14.–30.4.: Startend in Triest Kreuzfahrt mit Lili und Arnoldo u. a. über Korfu, Konstantinopel, und Rhodos zurück nach Triest – von dort Weiterfahrt nach Venedig
3.5.: Rückflug nach Wien
Juli: Die Cappellini haben finanzielle Probleme; A. S. hilft aus
26.7.: Tod der 18-jährigen Lili Schnitzler in Venedig (Selbstmord)
27.7.: Mit Olga Flug nach Venedig
29.7.: Begräbnis Lilis in Venedig
31.7.: Rückkehr mit Olga, Heinrich und Arnoldo nach Wien. – Beginn der Lektüre von Lilis Tagebuch, welches sie seit ihrem 14. Lebensjahr führte
ED: *Therese. Chronik eines Frauenlebens*

1929
8.3.: Premiere des Stummfilms *Fräulein Else*. R.: Paul Czinner
März: A. S. beginnt, unter altersbedingten körperlichen Beschwerden zu leiden
15.7.: Tod von Hugo von Hofmannsthal
3.10.: Über ein Jahr nach Lilis Tod notiert der Vater in sein Tagebuch: »Mit jenem Julitag war mein Leben doch zu Ende« (Tb)
Oktober: Beginn des Liebesverhältnisses mit Suzanne Clauser, die A. S.s Werke als ›Dominique Auclères‹ ins Französische übersetzen wird
UA: *Im Spiel der Sommerlüfte*

1930
Frühjahr: A. S. möchte die Beziehung zu Clara in Freundschaft umwandeln, was sie jedoch ablehnt
16.7.–11.8.: Reise u. a. nach St. Moritz mit Heinrich. – Über den Sommer verschlechtert sich A. S.s Gesundheitszustand, wofür Ferdinand ›Ferry‹ Donath (der Ehemann von Schnitzlers Nichte Anni) die Ursache in den häufigen Streitereien mit Clara sieht
10.12.: A. S. fühlt sich unwohl und lässt sich abermals von Ferry bestätigen, dass es keine organischen Ursachen hierfür gebe. Clara gegenüber gesteht Ferry jedoch eine Herzschwäche, infolge derer A. S. nicht mehr lange zu leben habe. Da es keine Behandlungsmöglichkeiten gebe, würde er ihm vorerst nichts sagen, aber beständige Ruhe verordnen
ED: *Im Spiel der Sommerlüfte*

1931
4.2.: Ferry gibt diätetische Ratschläge, um die durch Magenübersäuerung ausgelöste Übelkeit zu verbessern
20.6.: Besuch von Heinrichs gelungenem Debüt als Theaterregisseur am Wiener Volkstheater
6.–25.8.: Reise nach Gmunden und letztes Zusammentreffen mit Olga, Heinrich und Arnoldo
26.8.: Nach einem weiteren heftigen Streit inszeniert Clara einen Selbstmordversuch mit Schlafmitteln, von dem sie sich schnell wieder erholt
13.9.: A. S. fühlt sich schwach und leidet unter Herzrhythmusstörungen und Beklemmungen.
15.9.: Ferry bestätigt A. S.s Eigendiagnose »Cardialdyspepsie. (Gewiss organische Veränderungen.)« (Tb)
20.9.: Beim Arbeiten plötzlicher Anfall von Sehstörungen
19.10.: A. S. sitzt dem Maler Wilhelm Viktor Krausz Modell. Sein Tagebuch endet an diesem Tag (mit der Eintragung: »Begann Friedells Kulturgeschichte 3. Band zu lesen«)
21.10.: Frieda Pollak findet den bewusstlosen A. S. auf dem Fußboden seines Arbeitszimmers. Er kommt nicht mehr zu sich und stirbt kurze Zeit später in Claras Armen an den Folgen einer Gehirnblutung.
UA: *Der Gang zum Weiher*
ED: *Flucht in die Finsternis*

Literatur

Adamek, Heinz P. (Hg.): »*Das Mädchen mit den dreizehn Seelen*«. *Hedy Kempny/A. S. Eine Korrespondenz ergänzt durch Blätter aus Hedy Kempnys Tagebuch sowie durch eine Auswahl ihrer Erzählungen*. Reinbek bei Hamburg 1984.

Farese, Giuseppe: *A. S. Ein Leben in Wien. 1862–1931*. Übers. v. Karin Krieger. München 1999.

Fliedl, Konstanze: *A. S.* Stuttgart 2005.

Kapp, Julius: *A. S.* Leipzig 1912.

Lindgren, Irène: *A. S. im Lichte seiner Briefe und Tagebücher*. Heidelberg 1993.

Majer, Eduard H.: Johann Schnitzler. In: Österreichische Akademie der Wissenschaften (Hg.): *Österreichisches biographisches Lexikon 1815–1950*. Bd. 10. Wien 1994, 410 f.

N. N.: Wien, 20. Juni. In: *Neue Freie Presse*, 21.6.1901.

Perlmann, Michaela L.: *A. S.* Stuttgart 1987.

Pollaczek, Clara K.: *A. S. und ich*. 3 Bde. Unpubliziertes Typoskript in der Handschriftensammlung der Wienbibliothek (Sign.: LQH0167828).

Scheffel, Michael: Vita A. S. In: *Text + Kritik* (1998), H. 138/139 (*A. S.*), 138–150.

Scheible, Hartmut: *A. S. mit Selbstzeugnissen und Bilddokumenten*. Reinbek bei Hamburg [13]2003.

Schnitzler, Heinrich/Brandstätter, Christian/Urbach, Reinhard (Hg.): *A. S. Sein Leben. Sein Werk. Seine Zeit*. Frankfurt a. M. 1981.

Schnitzler, Olga: *Spiegelbild der Freundschaft*. Salzburg 1962.

Specht, Richard: *A. S. und sein Werk. Eine Studie*. Berlin 1922.

Urbach, Reinhard: A. S. In: Österreichische Akademie der Wissenschaften (Hg.): *Österreichisches biographisches Lexikon 1815–1950*. Bd. 10. Wien 1994, 407–409.

Wagner, Renate: *A. S. Eine Biographie*. Wien/München/Zürich 1981.

Weinzierl, Ulrich: *A. S. Lieben, Träumen, Sterben*. Frankfurt a. M. 1994.

Kristina Fink

2. Editionsgeschichte

Werkausgaben zu Schnitzlers Lebzeiten

Schnitzler veröffentlichte zu Lebzeiten insgesamt 89 dramatische Werke und erzählende Schriften sowie zahlreiche Gedichte und Aphorismen. Er tat dies in diversen Zeitschriften und bei etwa zehn verschiedenen Verlagen; sein Hausverlag, in dem er den Großteil seiner Werke in Einzel-, Teil- und Werkausgaben publizierte, war jedoch seit 1895 resp. der Veröffentlichung der Buchausgabe von *Sterben* der S. Fischer Verlag in Berlin – wenngleich das Verhältnis zu Samuel Fischer nicht immer unbelastet war und sich die beiden Geschäftspartner über die Jahre erbitterte Auseinandersetzungen über Tantiemen und Auflagen lieferten (vgl. hierzu Fischer 1989). Fischer regte erstmals im Juni 1910 an, anlässlich von Schnitzlers 50. Geburtstag am 15. Mai 1912 eine Auswahl seiner Werke herauszubringen, was Schnitzler in dieser Form ablehnte (vgl. Tb, 2.6.1910). Allerdings zog er schon bald darauf eine Ausgabe seiner gesammelten Werke in Betracht (vgl. ebd., 5.9.1910), zu der er sich nach einigem Zögern aber erst 1912 durchringen konnte, nachdem sich Otto Brahm und Alfred Kerr hinsichtlich der »ideellen Chancen des Unternehmens« zuversichtlich geäußert hatten (an Arthur Schnitzler, 14.2.1912; Fischer-Bw, 93). Dass es keine buchstäbliche Gesamtausgabe wurde, hängt mit Schnitzlers Entscheidung zusammen, nicht alle bis dato veröffentlichten Werke in die Sammlung aufzunehmen; er verzichtete vielmehr bewusst auf »alle diejenigen Novelletten und Dialoge, die nur in Zeitungen, aber nie in Büchern gesammelt erschienen sind« (an Samuel Fischer, 29.1.1912; Fischer-Bw, 93). Ebenso fand der skandalumwitterte und für die Bühne von der Zensur verbotene *Reigen* keine Aufnahme, da die Veröffentlichungsrechte für dieses Werk zu dieser Zeit beim Benjamin Harz Verlag in Berlin lagen und erst 1931 an Fischer gingen, der das Stück im Mai desselben Jahres erstmals herausgab. Schnitzler fragte sich im Zuge der Ausgabenvorbereitung, »ob ich meine erzählenden Schriften vor dem Neudruck einer Durchsicht unterziehen sollte; beginne ich erst, insbesondere in meinen älteren Sachen zu ändern, so weiss ich allerdings nicht, wie ich aufhören könnte und die Herausgabe müsste sich dann wohl beträchtlich verzögern« (Tb, 20.2.1912). Infolgedessen verzichtete er auf weitreichende Änderungen, redigierte jedoch bis zum Juli 1912 alle Texte der Ausgabe (vgl. ebd., 18.7.1912). Im Abstand von wenigen Monaten erschien dann im Frühjahr

2. Editionsgeschichte

zunächst die Erste Abteilung der *Gesammelten Werke* (»Die erzählenden Schriften in drei Bänden«) und bald darauf die »Zweite Abteilung: Die Theaterstücke in vier Bänden«. Die Ausgabe, über deren »ideelle Chancen« vorab für Brahm und Kerr kein Zweifel bestanden hatte, über deren »materielle Chancen« die beiden aber nichts auszusagen wagten (vgl. den Brief von Fischer an Schnitzler vom 14.2.1912; Fischer-Bw, 93), entwickelte sich bis Ende 1912 zu einem kommerziellen Erfolg: »[…] beim Buchhändler Heller (vorzüglicher Gang meiner Ges. W., beliebtes Weihnachtsgeschenk! – Wer hätte das prophezeit)« (Tb, 4.12.1912).

Die Neuauflage der Ausgabe erfolgte zu Schnitzlers 60. Geburtstag im Jahr 1922 und umfasste gegenüber der 1912er Ausgabe einen ergänzenden Novellenband (hinzu kamen *Frau Beate und ihr Sohn*, *Doktor Gräsler, Badearzt* und *Casanovas Heimfahrt*) sowie einen weiteren Band mit vier zwischenzeitlich veröffentlichten Theaterstücken (*Professor Bernhardi*, *Komödie der Worte*, *Fink und Fliederbusch* und *Die Schwestern oder Casanova in Spa*). Zum historischen Kontext dieser zweiten Ausgabe gehört, dass sich die wirtschaftlichen Rahmenbedingungen unterdessen erheblich verschlechtert hatten. Papierknappheit, Streiks im Buchgewerbe und Preiserhöhungen bestimmten das Bild, während auf der anderen Seite im Zuge der allgemeinen Rezession die Kaufkraft des Lesepublikums zunehmend abnahm (vgl. hierzu den Brief von Fischer an Schnitzler vom 14.9.1922; Fischer-Bw, 133 f.). Fischer hatte unter diesen Voraussetzungen Schwierigkeiten, zu jeder Zeit alle Werke Schnitzlers vorrätig zu halten (ebd.) und suchte nach Lösungen, um dieser komplizierten Lage zu begegnen. Mit der Zeit spitzten sich die Verhältnisse weiter zu, und als 1928 die Ausgabe ein weiteres Mal unter Ergänzung zweier Erzählbände (zum einen der Roman *Therese. Chronik eines Frauenlebens*, zum anderen ein Novellenband mit *Fräulein Else*, *Die Frau des Richters* und *Traumnovelle*) nachgedruckt werden sollte, schlug Fischer vor, die nunmehr »6bändige Ausgabe [der Erzählenden Schriften] so einzurichten, dass wir *jeden Band separat verkaufen können*. Daraus geht hervor, dass jeder Band einen besonderen Titel führen muss und dass die Bände nicht numeriert werden«, da »Gesamtausgaben des Preises wegen absolut unverkäuflich sind« (an Arthur Schnitzler, 3.7.1928; ebd., 151). Schnitzler hinterfragte kritisch Fischers Vorschlag und gab an, diesem Wunsch »immer ratloser gegenüber« zu stehen (an Samuel Fischer, 7.7.1928; ebd., 152), da ihm das Erfinden solcher »zusammenfassende[r] Titel ohne Gewaltsamkeit« schwer möglich schien (ebd.). Am Ende löste er dieses Problem dennoch, indem er den 1. Band und den 2. Band der Ausgabe schlicht mit »Sterben und andere Novellen« bzw. »Frau Berta Garlan und andere Novellen« titulierte und für den 4. und den 6. Band die Titel »Die Alternden« und »Die Erwachenden« ersann. Im Fall der Theaterstücke wurde hingegen auf eine ähnliche Vorgehensweise wie überhaupt auf einen Nachdruck verzichtet, weshalb die zwischen 1924 und 1926 entstandenen Stücke *Komödie der Verführung* und *Der Gang zum Weiher* zu Lebzeiten nicht in die *Gesammelte Werke*-Ausgabe aufgenommen werden konnten.

Postume Editionen vor 1939

Kurz nach Schnitzlers Tod im Jahr 1932, veröffentlichten die Erben im S. Fischer Verlag den Band *Die kleine Komödie*, eine Sammlung früher Novellen, darunter all diejenigen, die Schnitzler nicht in die Werkausgabe aufgenommen hatte, sowie zehn zu Lebzeiten unveröffentlichte Erzählungen, die teilweise aber schon zu Beginn des Jahres 1932 in Zeitschriften erschienen waren, darunter *Die Nächste* und *Ein Erfolg*. Olga Schnitzler hatte ihrem Sohn bereits im Dezember 1931 geraten, mit derartigen Veröffentlichungen sparsam zu haushalten, »um immer wieder Einnahmen-Möglichkeiten durch Zeitungen zu haben,– sonst sieht es eines Tages schlimm aus« (Brief von Olga Schnitzler an Heinrich Schnitzler, 16.12.1931; Nachlass Heinrich Schnitzler, Österreichisches Theatermuseum Wien). Ungeachtet dieser Warnung erschienen 1932 dennoch u. a. erstmals die Erzählungen *Der letzte Brief eines Literaten* und *Der Sekundant* sowie als Bühnenmanuskripte die Einakter *Anatols Größenwahn* und *Die Gleitenden*. Dass sich diese Ausgaben in derart kurzer Zeit herstellen ließen, war zum einen möglich, weil sich der Nachlass zu diesem Zeitpunkt noch in Schnitzlers Haus befand, und zum anderen, weil die Texte von geübten Kennern seiner Handschrift (vor allem von Heinrich Schnitzler) für den Druck vorbereitet wurden. Nach 1932 kam es jedoch vorerst – wohl nicht zuletzt infolge der politischen Ereignisse – zu keiner neuen Veröffentlichung mehr, bis 1937 Schnitzlers *Abenteurernovelle*, basierend auf einem stark korrigierten Typoskript aus dem Jahr 1928, in einer illustrierten Ausgabe im Bermann-Fischer Verlag Wien erstmals veröffentlicht werden konnte. Der bald darauf erfolgte ›Anschluss‹ Österreichs, die anschließende Emigration der Familie Schnitzler, die Rettung des Nachlasses nach Cambridge sowie der kurze Zeit später ausbrechende Zweite Weltkrieg verhinderten sodann auf einige Zeit jede weitere editorische Aktivität.

Werkausgaben nach 1945

Nach Ende des Zweiten Weltkrieges erschien zwischen 1948 und 1955 im Verlag Bermann-Fischer zunächst eine dreibändige Ausgabe »Gesammelte Werke in Einzelbänden«, die neben dem Roman *Therese* (1948) einige »Ausgewählte Erzählungen« (1950) sowie die sogenannten »Meisterdramen« (1955) versammelte. Zwischen 1961 und 1977 wurden dann die *Gesammelten Werke* in einer sechsbändigen Ausgabe herausgegeben, die neben den *Erzählenden Schriften* (2 Bände, 1961) und den *Dramatischen Werken* (2 Bände, 1962) auch erstmals eine Sammlung von Schnitzlers *Aphorismen und Betrachtungen* umfasste (1967, hg. v. Robert O. Weiss) sowie einen Band *Entworfenes und Verworfenes* mit unveröffentlichtem Material aus dem Nachlass (1977, hg. v. Reinhard Urbach). Diese Ausgabe, die eine Schnitzler-Renaissance nach dem Zweiten Weltkrieg einleitete und vor allem den zwischenzeitlich in Vergessenheit geratenen Erzähler Schnitzler wieder ins Bewusstsein rief, galt fortan als solideste Werkedition und wurde resp. wird in der Regel auch heute noch von Literaturwissenschaftlern als Zitierausgabe verwendet. Zwischen 1977 und 1979 gab der S. Fischer Verlag die Dramen und Erzählungen in einer preisgünstigen Taschenbuchausgabe in sieben (*Das erzählerische Werk*) und acht Bänden (*Das dramatische Werk*) heraus; eine weitere Taschenbuchausgabe veröffentlichte zwischen 1988 und 1992 erneut *Das erzählerische Werk* sowie zwischen 1993 und 1999 *Das dramatische Werk*, beides jeweils in 12 Bänden. Diese Ausgabe nahm auch zwischenzeitlich erstveröffentlichte Werke wie die Erzählung *Ich* (1977, hg. v. Reinhard Urbach in *Entworfenes und Verworfenes*) und das fünfaktige Stück *Das Wort* (1966, aus dem Nachlass hg. v. Kurt Bergel) mit auf. Handelte es sich bei diesen beiden Taschenbucheditionen noch um begrüßenswerte Alternativen zur zwischenzeitlich vergriffenen 1960er Ausgabe der *Gesammelten Werke*, so wurde in den letzten Jahren des ausgehenden 20. Jahrhundert das Fehlen bzw. die Notwendigkeit einer kritischen und/oder zumindest kommentierten Werkausgabe immer augenfälliger: Denn im Laufe eines Jahrhunderts ließ sich weder vermeiden, dass sich ein gewisser Grad an Textverwitterung in den Editionen eingeschlichen hatte (vgl. hierzu auch Fliedl 2000 u. Braunwarth 2005), noch dass der Leser der Gegenwart zunehmend dem kulturhistorischen Kontext der Jahrhundertwendezeit entrückte. Vor diesem Hintergrund musste die zwischen 1999 und 2002 erschienene und weder kritische noch kommentierte Ausgabe *Ausgewählte Werke in 8 Bänden* des S. Fischer Verlags (hg. v. Heinz Ludwig Arnold) als verpasste Gelegenheit gewertet werden. Darüber hinaus löste der Nachweis starker Textverderbnis in der vermeintlich ›revidierten‹ Ausgabe von *Der Weg ins Freie* starke Kritik aus (vgl. Fliedl 2000). Das bereits 1981 von Daviau formulierte Desiderat einer kritischen Werkausgabe (vgl. 1981, 114) wurde dadurch einmal mehr bestätigt.

Erstausgaben nach 1945

Die Frage nach der textkritischen Herstellungspraxis und entsprechend nach der wissenschaftlichen Qualität stellt sich auch im Fall der aus dem Nachlass erstveröffentlichten Werke nach 1945. Zu diesen zählen *Das Wort* (1966, hg. v. Kurt Bergel), Schnitzlers Theaterroman-Fragment (1967, hg. v. Reinhard Urbach), *Zug der Schatten* (1970, hg. v. Françoise Derré), *Ritterlichkeit* (1975, hg. v. Rena R. Schlein) und in jüngster Zeit *Später Ruhm* (2014, hg. v. Wilhelm Hemecker u. David Österle). Die verschiedenen Herausgeber verfahren dabei ganz nach eigenem Ermessen und geben mal mehr, mal weniger Auskunft über Umfang und Gestalt des überlieferten textgenetischen Materials, über Varianten und ihre Kriterien für die Erstellung der daraus letztlich konstituierten Lesefassung. Vermeintlich nötige Eingriffe des Herausgebers, wie etwa der von Kurt Bergel im Fall von *Das Wort*, »wo offensichtliche Widersprüche vorhanden waren oder verschiedene Versionen von Szenen [...] nebeneinander standen« (Schnitzler 1966, 5), sind jedoch in aller Regel in der jeweiligen Edition für den Leser nicht nachvollziehbar und können somit auch nicht überprüft werden. Da die meisten dieser Editionen außerdem erstmals ohne die Handschriftenexpertise und die Kenntnisse Heinrich Schnitzlers angefertigt wurden, wäre ein transparenteres Herstellungsverfahren doppelt wünschenswert gewesen.

Für einiges Aufsehen sorgte 2014 die vom Zsolnay Verlag als »sensationelle Entdeckung« angekündigte Erstausgabe von *Später Ruhm*, einer Erzählung aus dem Jahr 1895, die im Nachlass unter dem Titel »Geschichte von einem greisen Dichter« über Jahrzehnte verfügbar war und zu keiner Zeit als ver-

2. Editionsgeschichte

schollen galt, wie es in den der Ausgabe vorauseilenden Pressemitteilungen lanciert wurde. Verlag und Herausgeber wurden für ihre durchaus bedenkliche editorische Praxis harsch gerügt (vgl. z. B. Breidecker 2014). Nicht nur betitelten sie den Text eigenmächtig mit »Später Ruhm«, einem frühen Arbeitstitel des Stoffes, der hier sicherlich nicht zuletzt aus verkaufsstrategischen Erwägungen bevorzugt wurde. Auch enthält das Nachwort der Edition nicht unerhebliche Fehleinschätzungen der Herausgeber, etwa wenn sie den Entstehungszeitpunkt des als Vorlage dienenden Typoskripts eindeutig auf die 1930er Jahre, also nach Schnitzlers Tod, datieren und die handschriftlichen Korrekturen darauf seinem Sohn Heinrich zuschreiben. Diese stammen jedoch von Schnitzlers Hand, und da sie in lateinischer Kurrentschrift geschrieben wurden, müssen sie mit hoher Wahrscheinlichkeit nach 1908 darauf angebracht worden sein – denn Schnitzler schrieb seine literarischen Texte bis 1908 in deutscher Kurrent und wechselte danach zur lateinischen Kurrent (im Tagebuch erfolgte dieser Wechsel erst 1917). Die Edition dieses Werkes ist damit wohl ein Negativbeispiel, das das grundsätzlich lobenswerte Bemühen, Texte aus Schnitzlers Nachlass einem breiteren Publikum zugänglich zu machen, allerdings nicht in Frage stellen soll. An diesen Beispielen zeigt sich jedoch, wie unverzichtbar eine historisch-kritische Edition für die Schnitzler-Forschung ist.

Fall der Regelschutzfrist im Jahr 2002

Nachdem Schnitzlers Todestag sich am 21. Oktober 2001 zum siebzigsten Mal gejährt hatte, fiel am 1. Januar 2002 die Regelschutzfrist für sein bis dato urheberrechtlich geschütztes Werk. Infolge der Gemeinfreiheit erschien von 2002 bis heute eine inzwischen schwer überschaubare Anzahl von Einzel- und Sammelausgaben von Schnitzlers Werken in diversen Verlagen (u. a. bei Insel, dtv oder Artemis und Winkler, aber auch in zahlreichen weniger namhaften Häusern wie z. B. Anaconda oder Hubert W. Holzinger), die sich an ein breites Lesepublikum richten und in der Regel keinen Anspruch auf die Her- bzw. Bereitstellung wissenschaftlich fundierter Textausgaben erheben. Beides zu verbinden, gelingt den preiswerten Einzelausgaben des Reclam Verlags, die z. T. die Erstausgabe des Werkes für die Texterstellung zugrunde legen und alle Texte mit einem knappen, aber wissenschaftlich fundierten Sachkommentar sowie einem erläuternden Nachwort versehen.

Mittlerweile stehen zahlreiche Werke Schnitzlers auch kostenlos als Volltext in digitalen Bibliotheken wie etwa Projekt Gutenberg-DE zur Verfügung. Die Textgrundlage stellt dabei meist die Fischer-Ausgabe der 1960er Jahre. Allerdings sind diese Textausgaben aufgrund der im Zuge der OCR-Einlesung neu entstandenen Fehler mit Vorsicht zu behandeln und als Basis für wissenschaftliche Arbeiten eher ungeeignet.

Historisch-kritische Editionen

Während auf der einen Seite also im Laufe des letzten Jahrzehnts Ausgaben von Schnitzlers Werken vorrangig für das belletristische Buchhandelssegment, und damit für den ›interessierten Laien‹ erstellt wurden, haben es sich auf der anderen Seite in jüngster Vergangenheit zwei wissenschaftliche Editionsprojekte zur Aufgabe gemacht, dem jahrzehntelangen Desiderat nach einer historisch-kritischen Edition Abhilfe zu schaffen. 2004 hatte bereits Gabriella Rovagnati mit »Ein Liebesreigen. Die Urfassung des *Reigen*« erstmals eine textkritische Edition des *Reigen*-Manuskripts vorgelegt, die aufgrund zahlreicher z. T. eklatanter Fehler in der Transkription jedoch scharf kritisiert wurde (vgl. hierzu Braunwarth 2005) und darüber hinaus nur sehr wenige Faksimiles aufweist sowie keinerlei Kommentar umfasst, was die Veröffentlichung insgesamt als wissenschaftlich unzureichend gelten lässt. 2011 erschien dann im De Gruyter-Verlag die historisch-kritische Edition von *Lieutenant Gustl*, herausgegeben von Konstanze Fliedl, die mit Wissenschaftlern in Wien das Editionsprojekt »Arthur Schnitzler. Werke in historisch-kritischen Ausgaben« ins Leben gerufen hat, das ausgewählte Texte aus Schnitzlers Frühwerk historisch-kritisch ediert (bislang erschienen sind außerdem: *Anatol* (2 Bde. 2012, hg. v. Evelyne Polt-Heinzl u. Isabella Schwentner), *Sterben* (2012, hg. v. Gerhard Hubmann) und *Liebelei* (2014, hg. v. Peter M. Braunwarth, Gerhard Hubmann u. Isabella Schwentner, für 2014 angekündigt ist überdies *Frau Bertha Garlan*). Die Faksimile-Edition, die es einleitend bei wenigen ›editorischen Hinweisen‹ oder ›Vorbemerkungen‹ belässt, konzentriert sich auf die Abbildung der handschriftlichen Textträger, deren (weitgehend) diplomatische Umschrift sowie die Konstitution eines Drucktextes; daneben stellt sie einen knappen Sachkommentar bereit und ergänzt die Ausgabe je nach Werk mit weiterführenden Informationen zur Entstehungsgeschichte (*Liebelei*) oder Materialien wie etwa zeitgenössischen Buchillustrationen (*Lieutenant Gustl*). Im Blick auf die Konstitution der Texte sowie die Transkription der Manuskripte dokumentiert die Edition ein hohes Maß an philologischer Solidität und Handschriftenkompetenz, verzichtet allerdings gänzlich auf die Herausarbeitung textgenetischer Prozesse, deren nicht immer einfache Rekonstruktion sie allein dem Leser überlässt (kritisch dazu Koch 2011; vgl. auch die Entgegnung von Fliedl 2011).

Bei dem zweiten, 2012 begonnenen wissenschaftlichen Editionsprojekt »Arthur Schnitzler: Digitale historisch-kritische Edition (Werke 1905 bis 1931)« (www.arthur-schnitzler.de) handelt es sich um eine binationale Kooperation von Wissenschaftlern an der Bergischen Universität Wuppertal unter der Leitung von Wolfgang Lukas und Michael Scheffel sowie der britischen Universitäten in Cambridge, Bristol und London unter der Leitung von Andrew Webber. Ziel ist nach Angaben der Herausgeber die Reproduktion, Transkription, Kommentierung und Erschließung sämtlichen überlieferten Nachlassmaterials aller Werke zwischen 1905 und 1931 sowie der unveröffentlichten Werke aus dem Nachlass: »Durch verschiedene Textansichten (diplomatische Transkription, genetisch-interpretierende Rekonstruktion, Lesefassung) soll eine multiperspektivische, die Dimensionen der ›Textualität‹ und der ›Materialität‹ gleichermaßen berücksichtigende Edition erstellt werden. Darüber hinaus wird das digitale Medium die Möglichkeit eröffnen, die für Schnitzlers Arbeitsweise so typischen, zum Teil über mehrere Jahrzehnte verlaufenden Schreibprozesse mit ihren vielfachen komplexen Stoffverzweigungen über Text- und Gattungsgrenzen hinweg in ihrem Systemcharakter und in ihrer Interdependenz mittels hypertextueller Strukturen und nicht-sequentieller Ordnungsmuster in adäquater Weise zu repräsentieren« (http://www.arthur-schnitzler.de/projekt/, Stand August 2014). Die Veröffentlichung des ersten Werkes *Fräulein Else* ist für das Jahr 2015 vorgesehen.

Literatur

Allen, Richard H.: *An Annotated A. S. Bibliography. Editions and Criticism in German, French, and English 1879–1965*. With a Foreword by Robert O. Weiss, President of the International A. S. Research Association. Chapel Hill 1966.

Berlin, Jeffrey B.: *An Annotated A. S. Bibliography 1965–1977. With an Essay on the Meaning of the ›S.-Renaissance‹*. Foreword by Sol Liptzin. München 1978.

Braunwarth, Peter M.: Minutenlang ausgerutscht oder ununterbrochen ausgeglitten? Anmerkungen zu einer neuen S.-Edition. In: *Hofmannsthal-Jahrbuch* 13 (2005), 295–300.

Breidecker, Volker: Zur Blauen Birne. Keine Entdeckung, keine Sensation, kein Meisterwerk – aber ein editorischer Skandal: A. S.s Novelle »Später Ruhm«. In: *Süddeutsche Zeitung*, 16.5.2014.

Daviau, Donald G.: Hermann Bahr, A. S. and Raoul Auernheimer: Nachlaß- und Editionsprobleme. In: Marie-Louise Roth/Renate Schöder-Werle/Hans Zeller (Hg.): *Nachlaß- und Editionsprobleme bei modernen Schriftstellern. Beiträge zu den Internationalen Robert-Musil-Symposien Brüssel 1976 und Saarbrücken 1977*. Bern 1981, 107–116.

Fliedl, Konstanze: Rücksichtslos. Zu einem Band der neuen S.-Ausgabe. In: *Text. Kritische Beiträge* 6 (2000), 121–124.

Fliedl, Konstanze: Adele und das Kipfel. Zu Hans-Albrecht Kochs Besprechung des »Lieutenant Gustl«. In: *Neue Zürcher Zeitung*, 17.12.2011.

Hall, Murray G.: *Der Paul-Zsolnay-Verlag: von der Gründung bis zur Rückkehr aus dem Exil*. Tübingen 1994.

Kawohl, Birgit: *A. S. Personalbibliographie 1977–1994*. Gießen 1996.

Koch, Hans-Albrecht: Die rechte Form zum rechten Stoff. Eine neue »historisch-kritische« Ausgabe der Werke A. S.s. In: *Neue Zürcher Zeitung*, 10.12.2011.

Mendelssohn, Peter de: *S. Fischer und sein Verlag*. Frankfurt a. M. 1970.

Schnitzler, Arthur: *Ein Liebesreigen. Die Urfassung des »Reigen«*. Hg. v. Gabriella Rovagnati. Frankfurt a. M. 2004.

Vivien Friedrich

3. Schnitzlers Nachlass

Umfang und Zusammensetzung

Als Arthur Schnitzler am 21. Oktober 1931 starb, hinterließ er nicht nur umfangreiches textgenetisches Material zu nahezu allen 89 veröffentlichten Dramen oder Prosawerken, zu seinen Gedichten, Aphorismen, essayistischen Arbeiten und medizinischen Schriften, sondern auch zu zahlreichen unveröffentlichten Werken. Des Weiteren finden sich im Nachlass unausgeführte Pläne und Entwürfe sowie allerlei Listen und Notizen zu Reisen, Lektüren, Theaterbesuchen oder zur Entstehung seiner Werke. Und schließlich schrieb und erhielt Schnitzler zu Lebzeiten mehrere tausend Briefe, führte über fünf Jahrzehnte regelmäßig Tagebuch und verfasste die zu Lebzeiten nicht veröffentlichte Autobiographie seiner Jugendjahre. Insgesamt dürfte der Nachlass schätzungsweise mehr als 60.000 Seiten Material umfassen.

Dass Schnitzlers Nachlass so umfangreich ist, hängt nicht zuletzt mit seiner Arbeitsweise zusammen. Diese brachte es mit sich, dass im Zuge der Entstehung eines Werkes in der Regel ein erster Einfall, projektierende Skizzen und Entwürfe sowie eine oder mehrere handschriftliche und zumeist auch maschinenschriftliche Fassungen entstanden. Dieser Prozess konnte sich zuweilen über einen Zeitraum von mehreren Jahren oder Jahrzehnten erstrecken, und je nach Werk wuchs das textgenetische Material dabei auf bis zu 2.000 Seiten heran (so z. B. im Fall von *Zug der Schatten*). Als Archivar seines eigenen Schaffens ordnete und verwahrte Schnitzler zu Lebzeiten das Material in Mappen – ihm selbst zufolge vor allem aus Pedanterie (vgl. den Abdruck von Schnitzlers Testament in Müller/Neumann 1969, 36), jedoch, wenngleich mit Sorgfalt, ohne Akribie. Denn obwohl er manche Vorstufen seiner Werke als »Beiträge zur Physiologie (auch Pathologie!) des Schaffens« (ebd.) hoch schätzte und sogar annahm, dass »manches von dem unvollendeten, ja dem mißlungenem […] denen, die sich in 50 oder 100 Jahren für mich noch interessiren gerade so interessant oder noch interessanter sein [wird] als das gelungene, das fertig gemachte« (Tb, 30.3.1916), so legte er dennoch keinen Wert auf Vollständigkeit: Handschriften wurden mitunter verbrannt (etwa die Manuskripte von *Sterben* und *Frau Bertha Garlan*; vgl. ebd., 28.5.1908), verschenkt (etwa das Manuskript von *Der grüne Kakadu* an seine Sekretärin Frieda Pollak; vgl. ebd., 14.10.1920) oder zu veräußern versucht (vgl. Zweig 1987, 442) – Letzteres beides geschah postum auch noch durch die Familie. Einiges durch Schenkung oder Verkauf auf ›Abwege‹ geratenes Material hat unterdessen seinen Weg zurück in die Archive gefunden, anderes muss heute als verloren oder verschollen gelten. Alles in allem sieht sich die Schnitzler-Forschung jedoch einer sehr günstigen Überlieferungslage gegenüber: Bis auf wenige Ausnahmen sind zu jedem veröffentlichten Werk genetische Textzeugen erhalten.

Überführung des Nachlasses nach Cambridge

Nach Schnitzlers Tod wurde der Nachlass zunächst in seinem Wiener Haus in der Sternwartestraße 71 belassen und dort in einem separaten Raum des Hauses verwahrt, zu dem es nur einen Zugang durch den Garten gab. Hier wurde er in den 1930er Jahren verschiedenen Literaturwissenschaftlern zugänglich gemacht. Der damalige Doktorand (und spätere Professor an der Cornell University) Eric A. Blackall befand sich zum Zeitpunkt des ›Anschlusses‹ Österreichs im März 1938 zufällig in Wien und organisierte als Reaktion auf die unmittelbare Gefahrensituation mit Hilfe der Britischen Botschaft zunächst die Versiegelung des Archivraums sowie kurze Zeit darauf die Überführung des Nachlasses nach Cambridge, wo er im Mai 1938 in der University Library eintraf. Inwieweit der Nachlass dabei vor der sicheren Vernichtung gerettet wurde oder ›lediglich‹ vor der Enteignung, ist spekulativ. Fest steht, dass die Österreichische Nationalbibliothek bereits kurz nach Schnitzlers Tod Interesse am Nachlass inklusive der Autographensammlung und Bibliothek des Dichters bekundet hatte und 1939, nach erfolgter Beschlagnahmung aller zurückgelassenen Besitztümer durch die Gestapo, ›nur‹ 12.000 Bände aus Schnitzlers privater Bibliothek überstellt bekam (vgl. hierzu Werner 2008, 203–206).

Die Überführung des Nachlasses war mit Zustimmung von Schnitzlers geschiedener Frau Olga erfolgt, die für die britische Initiative und Unterstützung äußerst dankbar war (vgl. Olga Schnitzler an Heinrich Schnitzler, 30.10.1938; DLA). Schnitzlers Sohn Heinrich, der sich im Frühjahr 1938 in Belgien aufgehalten hatte und in die unmittelbaren Entscheidungen nicht einbezogen worden war, zeigte sich über Cambridge als künftigen Verwahrungsort nicht glücklich und favorisierte stattdessen die Vereinigten Staaten, hier speziell die Columbia University, die weit günstigere Aufbewahrungs- und Forschungsbedingungen versprach (vgl. Heinrich Schnitzler an

Olga Schnitzler, 4.10.1938 und 16.10.1938; DLA). Olga Schnitzler zufolge war der Nachlass allerdings bereits mit der Versiegelung des Wiener Archivraums britisches Eigentum geworden (vgl. Olga Schnitzler an Heinrich Schnitzler, 30.10.1938; DLA) und so blieb er in Cambridge, wo er sich noch heute befindet. Er wurde dort zunächst in der sog. *Handlist of Schnitzler Papers* verzeichnet und ist seit 1999 auch in der Datenbank Kallías des Deutschen Literaturarchivs in Marbach (DLA) erfasst.

Weitere Verwahrungsorte

Neben der University Library Cambridge, die den größten Teil des Nachlasses verwahrt, gibt es noch eine Reihe anderer Archive, die gegenwärtig Material vorhalten. Der größte Original-Teilnachlass befindet sich im Deutschen Literaturarchiv in Marbach und stammt überwiegend aus dem Privatbesitz Heinrich Schnitzlers. Die Familie hatte zunächst einiges Material behalten und mit ins amerikanische Exil genommen, darunter Schnitzlers Tagebücher, zahlreiche Briefe, persönliche Dokumente und Gegenstände (z. B. die Tagebücher der Tochter Lili und Schnitzlers Totenmaske) sowie textgenetisches Material zu einigen Werken, etwa das Manuskript von *Liebelei*. Olga Schnitzler ließ überdies von einigem Material in Cambridge Abschriften anfertigen, die sie danach in ihren Besitz nahm (vgl. Olga Schnitzler an Henry B. Garland, 14.2.1939; DLA). 1957 brachte Heinrich Schnitzler den Teilnachlass wieder zurück nach Wien, wo er ihn bis zu seinem Tod im Jahr 1982 in seinem Haus in der Sternwartestraße 56 verwahrte. Seit 1984 ist der Wiener Nachlass (vgl. Müller/Neumann 1969, 149–188) Bestand des DLA Marbach, wo er im Jahr 2010 noch um einige weitere Objekte aus dem Besitz von Heinrich Schnitzlers zuvor verstorbener Ehefrau Lilly ergänzt wurde. Gemeinsames Findmittel für den Marbacher und für den Cambridger Nachlass ist die DLA-Datenbank Kallías.

Ein weiterer Standort und Anlaufstelle vieler Schnitzler-Forscher ist das Arthur-Schnitzler-Archiv in Freiburg i. Br. (SAF). Heinrich Schnitzler hatte den Cambridger Nachlass in den 1950er Jahren auf Mikrofilm reproduzieren lassen – offenbar mit der Absicht, der von ihm so ungeliebten Standortsituation abzuhelfen und den Nachlass auf diese Weise einer künftigen Schnitzler-Forschung leichter zugänglich zu machen. Von den vier Rollen-Sätzen blieb einer in Heinrich Schnitzlers Besitz, einen vergab er an die University of California in L. A., wo er während seiner Exiljahre als Professor tätig gewesen war, einen an die Binghampton University in New York, dem Sitz der International Arthur Schnitzler Research Association (IASRA), und schließlich einen an die Universität Freiburg i. Br., genauer gesagt an den dortigen Professor Gerhart Baumann, mit dem Heinrich Schnitzler eine Freundschaft verband. Hier wurde Ende der 1960er Jahre in einem von der Deutschen Forschungsgemeinschaft (DFG) geförderten Projekt ein Kopienarchiv ins Leben gerufen und von Jutta Müller und Gerhard Neumann mit einem Findbuch erschlossen. Schnitzlers Ordnung in Mappen, die nach seinem Tod von Heinrich Schnitzler durchnummeriert worden waren, wurde dabei teilweise aufgelöst, das Material thematisch und chronologisch neu geordnet, foliiert und mitsamt einer kurzen Beschreibung verzeichnet; die ursprünglichen Mappennummern sind jedoch zusätzlich aufgeführt, sodass das Verzeichnis zugleich auch als Findbuch für den Cambridger Nachlass dient.

Weiteres Material befindet sich heute u. a.: in der Österreichischen Nationalbibliothek (ÖNB) (u. a. das Manuskript von *Liebelei* aus dem Besitz von Olga Schnitzler, die 1970 in Lugano verstarb); im Theatermuseum in Wien (eine Handschrift von *Der Ruf des Lebens*; Provenienz: Autographensammlung Stefan Zweig); in der Wienbibliothek (u. a. handschriftliche Vorstufen zu *Liebelei*, *Der junge Medardus* und *Fräulein Else*; jeweils unterschiedlicher Provenienz, das Material von *Fräulein Else* befand sich zeitweise z. B. im Besitz von Hans Thimig, dem es Heinrich Schnitzler 1936 zu Weihnachten schenkte); in der Fondation Bodmer in Cologny, Schweiz (Manuskript von *Reigen*, Ankauf 1956, vormals im Besitz von Olga Schnitzler); in der Exeter University Library (Schnitzlers Sammlung von Zeitungsartikeln über ihn und/oder seine Werke, vormals ein Geschenk von Olga Schnitzler an Henry B. Garland); in der National Library of Israel (ein Manuskript von *Paracelsus*, eine Schenkung von Heinrich Schnitzler an die Bibliothek) und an diversen anderen Orten, wobei es sich größtenteils um Briefe Schnitzlers handelt, die sich in Nachlässen der jeweiligen Adressaten befinden (vgl. Hall/Renner 1995).

Obwohl Schnitzlers Nachlass über die Findmittel der einzelnen Archive oder Bibliotheken gut erschlossen ist, mangelt es bislang noch an einer übergreifenden Datenbank, die sämtliches Material verzeichnet und weiterführende Informationen z. B. über verlorengegangenes Material bietet.

Literatur

Abrams, Meyer H.: Eric Albert Blackall (October 19, 1914–November 16, 1989). In: *Proceedings of the American Philosophical Society* 135 (1991), 300–306.
Bellettini, Lorenzo/Staufenbiel, Christian: The S. Nachlass. Saved by a Cambridge Student. In: Lorenzo Bellettini/Peter Hutchinson (Hg.): *S.'s Hidden Manuscripts*. Oxford u. a. 2010, 11–22.
Daviau, Donald G.: Hermann Bahr, A. S. and Raoul Aurnheimer. Nachlass- und Editionsprobleme. In: Marie-Louise Roth/Renate Schröder-Werle/Hans Zeller (Hg.): *Nachlaß- und Editionsprobleme bei modernen Schriftstellern. Beiträge zu den Internationalen Robert-Musil-Symposien Brüssel 1976 und Saarbrücken 1977*. Bern 1981, 107–116.
Hall, Murray G./Renner, Gerhard (Hg.): *Handbuch der Nachlässe und Sammlungen österreichischer Autoren* [1992]. Wien u. a. ²1995.
Neumann, Gerhard/Müller, Jutta: *Der Nachlaß A. S.s. Verzeichnis des im S.-Archiv der Universität Freiburg i. Br. befindlichen Materials. Mit einem Vorwort von Gerhart Baumann und einem Anhang von Heinrich Schnitzler. Verzeichnis des in Wien vorhandenen Nachlaßmaterials*. München 1969.
Ott, Ulrich: Jahresbericht der Deutschen Schillergesellschaft 1985. In: JDSG 30 (1986), 689–717.
Schinnerer, Otto P.: A. S.'s »Nachlasz«. In: GR 8 (1933), 114–123.
Schnitzler, Heinrich: Der Nachlass meines Vaters. In: *Aufbau* (New York), 9.11.1951.
Schnitzler, Heinrich: »Ich bin kein Dichter, ich bin Naturforscher«. Der Nachlaß meines Vaters. In: *Die neue Zeitung* (München), Nr. 247 (20/21.10.1951).
Weiss, Robert O.: The A. S. Archive at the University of Kentucky. A Series of Microfilms Made from A. S.'s Nachlaß. In: *Journal of the International Arthur Schnitzler Research Association* 2, Nr. 4 (1963–1964), 11–26 und MAL 4 (1971), H. 1, 63–76.
Welzig, Werner: Im Archiv und über Briefen. Mitteilungen aus dem Nachlaß A. s.s. In: Hans-Henrik Krummacher/Fritz Martini/Walter Müller-Seidel (Hg.): *Zeit der Moderne. Zur deutschen Literatur von der Jahrhundertwende bis zur Gegenwart*. Stuttgart 1984, 441–444.
Werner, Margot: Die Bibliothek A. S.s. Eine Enteignung. In: Inka Bertz/Michael Dorrmann (Hg.): *Raub und Restitution. Kulturgut aus jüdischem Besitz von 1933 bis heute*. Hg. im Auftrag des Jüdischen Museums Berlin und des Jüdischen Museums Frankfurt am Main. Göttingen 2008, 202–208.
Zweig, Stefan: *Briefwechsel mit Hermann Bahr, Sigmund Freud, Rainer Maria Rilke und A. S.* Hg. v. Jeffrey B. Berlin/Hans Ulrich-Lindken/Donald A. Prater. Frankfurt a. M. 1987.

Vivien Friedrich

4. Auswahlbibliographie

1. Werkausgaben

1.1 Gesamtausgaben (in chronologischer Ordnung)

Schnitzler, Arthur: *Gesammelte Werke in zwei Abteilungen*. 7 Bde. Berlin 1912.
Erste Abteilung: *Die Erzählenden Schriften in drei Bänden*.
Bd. 1: *Novellen*. 1912 [enthält: Sterben, Blumen, Ein Abschied, Die Frau des Weisen, Der Ehrentag, Die Toten schweigen, Andreas Thameyers letzter Brief, Der blinde Geronimo und sein Bruder, Leutnant Gustl, Die griechische Tänzerin].
Bd. 2: *Novellen*. 1912 [enthält: Frau Berta Garlan, Das Schicksal des Freiherrn von Leisenbohg, Die Fremde, Die Weissagung, Das neue Lied, Der Tod des Junggesellen, Der tote Gabriel, Das Tagebuch der Redegonda, Der Mörder, Die dreifache Warnung, Die Hirtenflöte].
Bd. 3: *Der Weg ins Freie*. 1912 [enthält: Der Weg ins Freie].
Zweite Abteilung: *Die Theaterstücke in vier Bänden*.
Bd. 1: 1912 [enthält: [Einleitung von Loris], Anatol, Das Märchen, Liebelei, Freiwild, Das Vermächtnis].
Bd. 2: 1912 [enthält: Paracelsus, Die Gefährtin, Der grüne Kakadu, Der Schleier der Beatrice, Lebendige Stunden (Lebendige Stunden, Die Frau mit dem Dolche, Die letzten Masken, Literatur)].
Bd. 3: 1912 [enthält: Der einsame Weg, Zwischenspiel, Marionetten (Der Puppenspieler, Der tapfere Cassian, Zum großen Wurstel), Der Ruf des Lebens].
Bd. 4: 1912 [enthält: Komtesse Mizzi oder Der Familientag, Der junge Medardus, Das weite Land].

Schnitzler, Arthur: *Gesammelte Werke in zwei Abteilungen*. 7 Bde. Berlin 1914–1915.
Erste Abteilung: *Die Erzählenden Schriften in drei Bänden*. 1914 [Auswahl identisch mit d. Ausg. Berlin 1912].
Zweite Abteilung: *Die Theaterstücke in vier Bänden*. 1915 [Auswahl identisch mit d. Ausg. Berlin 1912].

Schnitzler, Arthur: *Gesammelte Werke in zwei Abteilungen*. 7 Bde. Berlin 1918.
Erste Abteilung: *Die erzählenden Schriften in drei Bänden*. 1918 [Auswahl identisch mit d. Ausg. Berlin 1912, 1914].
Zweite Abteilung: *Die Theaterstücke in vier Bänden*. 1918 [Auswahl identisch mit d. Ausg. Berlin 1912, 1915].

Schnitzler, Arthur: *Gesammelte Werke in zwei Abteilungen*. 9 Bde. Berlin 1922.
Erste Abteilung: *Die Erzählenden Schriften in vier Bänden*.
Bd. 1: *Novellen*. 1922 [Auswahl identisch mit d. Ausg. Berlin 1912, 1914 u. 1918].
Bd. 2: *Novellen*. 1922 [Auswahl identisch mit d. Ausg. Berlin 1912, 1914 u. 1918].
Bd. 3: *Der Weg ins Freie*. 1922 [wie d. Ausg. Berlin 1912, 1914 u. 1918].
Bd. 4: *Novellen*. 1922 [enthält: Frau Beate und ihr Sohn, Doktor Gräsler, Badearzt, Casanovas Heimfahrt].
Zweite Abteilung: *Die Theaterstücke in fünf Bänden*.

Bd. 1: 1922 [Auswahl identisch mit d. Ausg. Berlin 1912, 1915 u. 1918].
Bd. 2: 1922 [Auswahl identisch mit d. Ausg. Berlin 1912, 1915 u. 1918].
Bd. 3: 1922 [Auswahl identisch mit d. Ausg. Berlin 1912, 1915 u. 1918].
Bd. 4: 1922 [Auswahl identisch mit d. Ausg. Berlin 1912, 1915 u. 1918].
Bd. 5: [Ergänzungsband] 1922 [enthält: *Professor Bernhardi, Komödie der Worte (Stunde des Erkennens, Große Szene, Das Bacchusfest), Fink und Fliederbusch, Die Schwestern oder Casanova in Spa*].

Schnitzler, Arthur: Gesammelte Schriften. 6 Bde. Berlin 1928.
[Bd. 1:] *Sterben und andere Novellen*. 1928 [Auswahl identisch mit d. Ausg. Berlin 1912, 1914, 1918 u. 1922].
[Bd. 2:] *Frau Berta Garlan und andere Novellen*. 1928 [Auswahl identisch mit d. Ausg. Berlin 1912, 1914, 1918 u. 1922].
[Bd. 3:] *Der Weg ins Freie. Roman*. 1928 [wie d. Ausg. Berlin 1912, 1914, 1918 u. 1922].
[Bd. 4:] *Die Alternden. Novellen*. 1928 [Auswahl identisch mit d. Ausg. Berlin 1922].
[Bd. 5:] *Therese. Chronik eines Frauenlebens*. 1928 [enthält: *Therese. Chronik eines Frauenlebens*].
[Bd. 6:] *Die Erwachenden. Novellen*. 1928 [enthält: *Fräulein Else, Die Frau des Richters, Traumnovelle*].

Schnitzler, Arthur: Gesammelte Werke in Einzelbänden. 3 Bde. Wien/Frankfurt a. M. 1948–1955.
Therese. Chronik eines Frauenlebens. Wien 1948 [enthält: *Therese. Chronik eines Frauenlebens*].
Ausgewählte Erzählungen [auch u. d. T. *Meistererzählungen*]. Frankfurt a. M. 1950 [enthält: *Sterben, Blumen, Ein Abschied, Die Frau des Weisen, Die Toten schweigen, Der letzte Brief eines Literaten, Andreas Thameyers letzter Brief, Der blinde Geronimo und sein Bruder, Leutnant Gustl, Die griechische Tänzerin, Das Schicksal des Freiherrn von Leisenbohg, Die Fremde, Der Tod des Junggesellen, Das Tagebuch der Redegonda, Der Mörder, Die dreifache Warnung, Die Hirtenflöte, Die Frau des Richters, Spiel im Morgengrauen, Casanovas Heimfahrt, Fräulein Else*].
Meisterdramen. Frankfurt a. M. 1955 [ohne Kollektivtitel, jedoch in gleicher Ausstattung. – Enthält: *Anatol, Liebelei, Der grüne Kakadu, Lebendige Stunden, Literatur, Der einsame Weg, Das weite Land, Professor Bernhardi, Reigen, Anatols Größenwahn*].

Schnitzler, Arthur: Gesammelte Werke. 6 Bde. Frankfurt a. M. 1961–1977.
Die Erzählenden Schriften. Erster Band. 1961 [enthält: *Welch eine Melodie, Er wartet auf den vazierenden Gott, Amerika, Erbschaft, Der Fürst ist im Hause, Mein Freund Ypsilon, Der Andere, Reichtum, Die drei Elixire, Die Braut, Der Sohn, Sterben, Die kleine Komödie, Komödiantinnen, Blumen, Der Witwer, Ein Abschied, Der Empfindsame, Die Frau des Weisen, Der Ehrentag, Die Toten schweigen, Um eine Stunde, Die Nächste, Leutnant Gustl, Der blinde Geronimo und sein Bruder, Frau Berta Garlan, Andreas Thameyers letzter Brief, Wohltaten, still und rein gegeben, Ein Erfolg, Legende, Boxeraufstand, Die grüne Krawatte, Die Fremde, Exzentrik, Die griechische Tänzerin, Das Schicksal des Freiherrn von Leisenbohg, Die Weissagung, Das neue Lied, Der Weg ins Freie, Geschichte eines Genies, Der Tod des Junggesellen, Der tote Gabriel, Das Tagebuch der Redegonda, Der Mörder*].
Die Erzählenden Schriften. Zweiter Band. 1961 [enthält: *Die dreifache Warnung, Die Hirtenflöte, Frau Beate und ihr Sohn, Doktor Gräsler, Badearzt, Der letzte Brief eines Literaten, Casanovas Heimfahrt, Fräulein Else, Die Frau des Richters, Traumnovelle, Spiel im Morgengrauen, Abenteurernovelle, Therese, Der Sekundant, Flucht in die Finsternis*].
Die Dramatischen Werke. Erster Band. 1962 [enthält: *Alkandi's Lied, Anatol, Anatols Größenwahn, Das Märchen, Die überspannte Person, Halbzwei, Liebelei, Freiwild, Reigen, Das Vermächtnis, Paracelsus, Die Gefährtin, Der grüne Kakadu, Der Schleier der Beatrice, Sylvesternacht, Lebendige Stunden, Der einsame Weg, Marionetten, Zwischenspiel, Der Ruf des Lebens, Komtesse Mizzi oder der Familientag, Die Verwandlung des Pierrot*].
Die Dramatischen Werke. Zweiter Band. 1962 [enthält: *Der tapfere Kassian (Singspiel), Der junge Medardus, Das weite Land, Der Schleier der Pierrette, Professor Bernhardi, Komödie der Worte, Fink und Fliederbusch, Die Schwestern oder Casanova in Spa, Der Gang zum Weiher, Komödie der Verführung, Im Spiel der Sommerlüfte*].
Aphorismen und Betrachtungen. Hg. v. Robert O. Weiss. 1967 [enthält: *Buch der Sprüche und Bedenken, Der Geist im Wort und der Geist in der Tat*, [Verstreut Erschienenes], [Aphorismen und Betrachtungen aus dem Nachlaß]].
Entworfenes und Verworfenes. Aus dem Nachlaß. Hg. v. Reinhard Urbach. 1977 [enthält: *Frühlingsnacht im Seziersaal, Frühe Entwürfe (Konfuse Ideen zu einem sozialpolitischen Drama, Die Maulwürfe, Wahrheit), Figuren und Situationen* [Siebziger und achtziger Jahre] (*Figuren, Situationen), Parabel, Bagatellen, Gespräch in der Kaffeehausecke, Gespräch, welches in der Kaffeehausecke nach der Vorlesung der ›Elixiere‹ geführt wird, Die Blasierten, Anatol* [Skizzen] (*Süßes Mädel), Das Himmelbett, Familie, Spaziergang,* Entwürfe – Neunziger Jahre (*Jeanette kennt die Kaiserin, Posten vor dem Winterschloß der Kaiserin,* [Ein Buckliger sitzt im Kaffeehaus], *Detektiv, Die Gloriole, Der Weise, Die Belobung, Reporterseele, Zwischen zwei Stühlen, Gedankensünde, Die geistreiche Frau, Kleine Szene,* [Als Lustspiel in einem Akt], *Das tiefste Leid, Später Ruhm, Das Porträt, Eltern, Die Erhabenen,* [Der Vater eines Mädchens], *Entführer, Seltsame Umarmung, Jüdische Familie), Abendspaziergang, Figuren und Situationen* [Neunziger Jahre], *Die Mörderin, Die Gouvernante, Marionetten, Der Leuchtkäfer,* Entwürfe [1901–1911] (*Das Denkmal der Fürstin, Arzt und Schauspielerin, Ferien, Ritterlichkeit,* [Junger glücklicher Ehemann], *Geschwister, Prinzessin Sibylle, Künstler, Der Vorige,* [Einer kommt in rasender Wut], *Die Blumenausstellung, Luisenhof, Kaiser Joseph II.), Das Haus Delorme, Die Gleitenden, Figuren und Situationen* [1901–1911], Entwürfe [1912–1916] (*Der Komödiant, Die neue Szene, Die Sängerin, Kriegsgeschichte, Davos, Krankenhausgeschichte,* [Der Chef hat entdeckt, daß ihm Geld gestohlen wurde], [Als Kostümnovelle]), *Figuren und Situationen*

[1912–1920], *Entwürfe* [1921] (*Die Versäumten, Franzensbad*), *Der Oberstabsarzt, Ich, Landsknecht, Theaterroman, Figuren und Situationen* [1921–1930], *Entwürfe zu Filmen (Kriminalfilm)*].

Schnitzler, Arthur: Gesammelte Werke in Einzelausgaben. 15 Bde. Frankfurt a. M. 1977–1979.
Das erzählerische Werk. Bd. 1: *Die Frau des Weisen und andere Erzählungen*. 1977 [enthält: *Welch eine Melodie, Er wartet auf den vazierenden Gott, Amerika, Erbschaft, Mein Freund Ypsilon, Der Fürst ist im Haus, Der Andere, Reichtum, Der Sohn, Die drei Elixire, Die Braut, Sterben, Die kleine Komödie, Komödiantinnen, Blumen, Der Witwer, Ein Abschied, Der Empfindsame, Die Frau des Weisen*].
Das erzählerische Werk. Bd. 2: *Leutnant Gustl und andere Erzählungen*. 1977 [enthält: *Der Ehrentag, Die Toten schweigen, Um eine Stunde, Die Nächste, Andreas Thameyers letzter Brief, Frau Berta Garlan, Ein Erfolg, Leutnant Gustl, Der blinde Geronimo und sein Bruder, Legende, Wohltaten, still und rein gegeben, Die grüne Krawatte*].
Das erzählerische Werk. Bd. 3: *Doktor Gräsler, Badearzt und andere Erzählungen*. 1978 [enthält: *Die Fremde, Exzentrik, Die griechische Tänzerin, Die Weissagung, Das Schicksal des Freiherrn von Leisenbohg, Das neue Lied, Der tote Gabriel, Geschichte eines Genies, Der Tod des Junggesellen, Die Hirtenflöte, Die dreifache Warnung, Das Tagebuch der Redegonda, Der Mörder, Frau Beate und ihr Sohn, Doktor Gräsler, Badearzt*].
Das erzählerische Werk. Bd. 4: *Der Weg ins Freie*. 1978 [enthält: *Der Weg ins Freie*].
Das erzählerische Werk. Bd. 5: *Casanovas Heimfahrt und andere Erzählungen*. 1978 [enthält: *Der letzte Brief eines Literaten, Casanovas Heimfahrt, Flucht in die Finsternis, Fräulein Else*].
Das erzählerische Werk. Bd. 6: *Traumnovelle und andere Erzählungen*. 1979 [enthält: *Die Frau des Richters, Traumnovelle, Spiel im Morgengrauen, Boxeraufstand, Abenteurernovelle, Der Sekundant*].
Das erzählerische Werk. Bd. 7: *Therese. Chronik eines Frauenlebens*. 1979 [enthält: *Therese. Chronik eines Frauenlebens*].
Das dramatische Werk. Bd. 1: *Liebelei und andere Dramen*. 1977 [enthält: *Alkandi's Lied, Anatol (Einleitung. Von Loris, Die Frage an das Schicksal, Weihnachtseinkäufe, Episode, Denksteine, Abschiedssouper, Agonie, Anatols Hochzeitsmorgen, Anatols Größenwahn), Das Märchen, Die überspannte Person, Halbzwei, Liebelei*].
Das dramatische Werk. Bd. 2: *Reigen und andere Dramen*. 1978 [enthält: *Freiwild, Reigen, Das Vermächtnis, Paracelsus, Die Gefährtin*].
Das dramatische Werk. Bd. 3: *Der grüne Kakadu und andere Dramen*. 1978 [enthält: *Der grüne Kakadu, Der Schleier der Beatrice, Sylvesternacht, Lebendige Stunden (Lebendige Stunden, Die Frau mit dem Dolche, Die letzten Masken, Literatur)*].
Das dramatische Werk. Bd. 4: *Der einsame Weg und andere Dramen*. 1978 [enthält: *Der einsame Weg, Marionetten (Der Puppenspieler, Der tapfere Cassian, Zum großen Wurstel), Zwischenspiel, Der Ruf des Lebens*].
Das dramatische Werk. Bd. 5: *Komtesse Mizzi und andere Dramen*. 1979 [enthält: *Komtesse Mizzi oder Der Familientag, Die Verwandlung des Pierrot, Der tapfere Kassian (Singspiel), Der junge Medardus*].
Das dramatische Werk. Bd. 6: *Professor Bernhardi und andere Dramen*. 1979 [enthält: *Das weite Land, Der Schleier der Pierrette, Professor Bernhardi*].
Das dramatische Werk. Bd. 7: *Fink und Fliederbusch und andere Dramen*. 1979 [enthält: *Komödie der Worte, Fink und Fliederbusch, Die Schwestern oder Casanova in Spa*].
Das dramatische Werk. Bd. 8: *Komödie der Verführung und andere Dramen*. 1979 [enthält: *Der Gang zum Weiher, Komödie der Verführung, Im Spiel der Sommerlüfte*].

Schnitzler, Arthur: Das erzählerische Werk. In chronologischer Ordnung. 12 Bde. Frankfurt a. M. 1988–1992.
Bd. 1: *Sterben. Erzählungen 1880–1892*. 1992 [enthält: *Albine, Frühlingsnacht im Seziersaal, Welch eine Melodie, Er wartet auf den vazierenden Gott, Amerika, Erbschaft, Mein Freund Ypsilon, Der Fürst ist im Hause, Der Andere, Reichtum, Der Sohn, Gespräch in einer Kaffeehausecke, Die drei Elixire, Gespräch, welches in der Kaffeehausecke nach Vorlesung des Elixiere geführt wird, Die Braut, Sterben*].
Bd. 2: *Komödiantinnen. Erzählungen 1893–1898*. 1990 [enthält: *Die kleine Komödie, Das Himmelbett, Komödiantinnen (Helene, Fritzi), Spaziergang, Blumen, Der Witwer, Ein Abschied, Der Empfindsame, Die Frau des Weisen, Der Ehrentag, Die Toten schweigen, Exzentrik*].
Bd. 3: *Frau Berta Garlan. Erzählungen 1899–1900*. 1989 [enthält: *Um eine Stunde, Die Nächste, Andreas Thameyers letzter Brief, Frau Berta Garlan, Ein Erfolg*].
Bd. 4: *Der blinde Geronimo und sein Bruder. Erzählungen 1900–1907*. 1989 [enthält: *Leutnant Gustl, Der blinde Geronimo und sein Bruder, Legende, Der Leuchtkäfer, Boxeraufstand, Die grüne Krawatte, Die Fremde, Die griechische Tänzerin, Wohltaten, still und rein gegeben, Die Weissagung, Das Schicksal des Freiherrn von Leisenbohg, Das neue Lied, Der tote Gabriel, Geschichte eines Genies, Der Tod des Junggesellen*].
Bd. 5: *Der Weg ins Freie. Roman*. 1990 [enthält: *Der Weg ins Freie*].
Bd. 6: *Die Hirtenflöte. Erzählungen 1909–1912*. 1988 [enthält: *Die Hirtenflöte, Das Tagebuch der Redegonda, Der Mörder, Die dreifache Warnung, Frau Beate und ihr Sohn*].
Bd. 7: *Doktor Gräsler, Badearzt. Erzählung 1914*. 1989 [enthält: *Doktor Gräsler, Badearzt*].
Bd. 8: *Flucht in die Finsternis. Erzählungen 1917*. 1989 [enthält: *Der letzte Brief eines Literaten, Casanovas Heimfahrt, Flucht in die Finsternis*].
Bd. 9: *Die Frau des Richters. Erzählungen 1923–1924*. 1990 [enthält: *Fräulein Else, Die Frau des Richters*].
Bd. 10: *Traumnovelle. 1925.* 1992 [enthält: *Traumnovelle*].
Bd. 11: *Ich. Erzählungen 1926–1931*. 1992 [enthält: *Spiel im Morgengrauen, Ich, Abenteurernovelle, Der Sekundant*].
Bd. 12: *Therese. Chronik eines Frauenlebens. 1928.* 1992 [enthält: *Therese. Chronik eines Frauenlebens*].

Schnitzler, Arthur: Das dramatische Werk. In chronologischer Ordnung. 12 Bde. Frankfurt a. M. 1993–1999.
Bd. 1: *Anatol. Dramen 1889–1891*. 1993 [enthält: *Alkandi's Lied, Anatol (Einleitung. Von Loris, Die Frage an das Schicksal, Weihnachtseinkäufe, Episode, Denksteine, Abschiedssouper, Agonie, Anatols Hochzeitsmorgen, Anatols*

Größenwahn, [*Anatol: Skizzen*], *Süßes Mädel*), *Die Blasierten, Das Märchen*].
Bd. 2: *Freiwild. Dramen 1892–1896*. 1994 [enthält: *Familie, Die überspannte Person, Halbzwei, Liebelei, Freiwild*].
Bd. 3: *Das Vermächtnis. Dramen 1897–1898*. 1994 [enthält: *Reigen, Das Vermächtnis, Paracelsus, Die Gefährtin, Der grüne Kakadu*].
Bd. 4: *Der Schleier der Beatrice. Dramen 1899–1900*. 1999 [enthält: *Der Schleier der Beatrice, Abendspaziergang, Die Mörderin, Die Gouvernante, Das Haus Delorme, Sylvesternacht*].
Bd. 5: *Lebendige Stunden. Dramen 1900–1904*. 1994 [enthält: *Lebendige Stunden. Vier Einakter* (*Lebendige Stunden, Die Frau mit dem Dolche, Die letzten Masken, Literatur*), *Der einsame Weg, Marionetten. Drei Einakter* (*Der Puppenspieler, Der tapfere Cassian, Zum großen Wurstel, Marionetten* [*Vorstufe zu ›Zum großen Wurstel‹*])].
Bd. 6: *Zwischenspiel. Dramen 1905–1909*. 1994 [enthält: *Zwischenspiel, Der Ruf des Lebens, Komtesse Mizzi oder Der Familientag, Die Verwandlungen des Pierrot, Die Gleitenden, Der tapfere Kassian. Singspiel*].
Bd. 7: *Der junge Medardus. Drama 1909*. 1996 [enthält: *Der junge Medardus*].
Bd. 8: *Das weite Land. Dramen 1910–1912*. 1993 [enthält: *Das weite Land, Der Schleier der Pierrette, Professor Bernhardi*].
Bd. 9: *Komödie der Worte. Dramen 1914–1916*. 1993 [enthält: *Komödie der Worte* (*Stunde des Erkennens, Große Szene, Das Bacchusfest*), *Fink und Fliederbusch*].
Bd. 10: *Die Schwestern oder Casanova in Spa. Dramen 1914–1924*. 1993 [enthält: *Die Schwestern oder Casanova in Spa, Komödie der Verführung*].
Bd. 11: *Das Wort. Dramen 1926–1927*. 1999 [enthält: *Der Gang zum Weiher, Das Wort*, [Anhang: Entwürfe und Aphorismen]].
Bd. 12: *Im Spiel der Sommerlüfte. Dramen 1928–1930*. 1999 [enthält: *Im Spiel der Sommerlüfte, Landsknecht, Zug der Schatten*].

Schnitzler, Arthur: **Gesammelte Werke in drei Bänden.** Hg. v. Hartmut Scheible. Düsseldorf/Zürich 2002–2003.
Bd. 1: *Erzählungen*. 2002 [enthält: *Frühlingsnacht im Seziersaal, Reichtum, Der Sohn, Die Braut, Sterben, Die kleine Komödie, Spaziergang, Der Empfindsame, Die Frau des Weisen, Die Toten schweigen, Leutnant Gustl, Der blinde Geronimo und sein Bruder, Die Weissagung, Das Schicksal des Freiherrn von Leisenbohg, Der Mörder, Doktor Gräsler, Badearzt, Casanovas Heimfahrt, Fräulein Else, Traumnovelle, Spiel im Morgengrauen, Ich, Flucht in die Finsternis*].
Bd. 2: *Dramen*. 2002 [enthält: *Anatol* (*Einleitung. Von Loris, Die Frage an das Schicksal, Weihnachtseinkäufe, Episode, Denksteine, Abschiedssouper, Agonie, Anatols Hochzeitsmorgen*), *Das Märchen, Halbzwei, Liebelei, Reigen, Paracelsus, Der grüne Kakadu, Die letzten Masken* [aus: *Lebendige Stunden*], *Der einsame Weg, Zwischenspiel, Das weite Land, Professor Bernhardi, Stunde des Erkennens* [aus: *Komödie der Worte*], *Fink und Fliederbusch*].
Bd. 3: *Romane*. 2003 [enthält: *Frau Berta Garlan, Der Weg ins Freie, Therese*].

1.2 Teilsammlungen (in chronologischer Ordnung; jeweils erste Auflage)

Schnitzler, Arthur: *Die Frau des Weisen. Novelletten*. Berlin 1898 [enthält: *Blumen, Ein Abschied, Die Frau des Weisen, Der Ehrentag, Die Toten schweigen*].
Schnitzler, Arthur: *Der grüne Kakadu. Paracelsus. Die Gefährtin. Drei Einakter*. Berlin 1899 [enthält: *Der grüne Kakadu, Paracelsus, Die Gefährtin*].
Schnitzler, Arthur: *Die griechische Tänzerin. Novellen*. Wien/Leipzig 1905 [enthält: *Der blinde Geronimo und sein Bruder, Andreas Thameyers letzter Brief, Exzentrik, Die griechische Tänzerin*].
Schnitzler, Arthur: *Dämmerseelen. Novellen*. Berlin 1907 [enthält: *Das Schicksal des Freiherrn von Leisenbohg, Die Weissagung, Das neue Lied, Die Fremde, Andreas Thameyers letzter Brief*].
Schnitzler, Arthur: *Die griechische Tänzerin. Novellen*. Neuaufl. Wien/Leipzig 1907 [enthält: *Der blinde Geronimo und sein Bruder, Exzentrik, Die griechische Tänzerin*].
Schnitzler, Arthur: *Masken und Wunder. Novellen*. Berlin 1912 [enthält: *Die Hirtenflöte, Der Tod des Junggesellen, Der Mörder, Der tote Gabriel, Das Tagebuch der Redegonda, Die dreifache Warnung*].
Schnitzler, Arthur: *Die griechische Tänzerin und andere Novellen*. Berlin 1914 [enthält: *Der blinde Geronimo und sein Bruder, Die Toten schweigen, Die Weissagung, Das neue Lied, Die griechische Tänzerin*].
Schnitzler, Arthur: *Die Frau des Weisen. Novelletten*. Neuaufl. Berlin 1922 [enthält: *Blumen, Ein Abschied, Die Frau des Weisen, Der Ehrentag, Die Toten schweigen* (nach dem Text der *Gesammelten Werke*. Bd. I,1. Berlin 1922, 118–219)].
Schnitzler, Arthur: *Masken und Wunder. Novellen*. Neuaufl. Berlin 1922 [enthält: *Der Tod des Junggesellen, Der tote Gabriel, Das Tagebuch der Redegonda, Der Mörder, Die dreifache Warnung, Die Hirtenflöte* (nach dem Text der *Gesammelten Werke*. Bd. I,2. Berlin 1922, 270–386)].
Schnitzler, Arthur: *Die dreifache Warnung. Novellen*. Hg. v. Oswald Brüll. Leipzig 1924 [enthält: *Die Frau des Weisen, Die dreifache Warnung, Der blinde Geronimo und sein Bruder*].
Schnitzler, Arthur: *Traum und Schicksal. Sieben Novellen*. Berlin 1931 [enthält: *Traumnovelle, Spiel im Morgengrauen, Frau Beate und ihr Sohn, Der blinde Geronimo und sein Bruder, Die Hirtenflöte, Die Fremde, Das Schicksal des Freiherrn von Leisenbohg*].
Schnitzler, Arthur: *Die kleine Komödie. Frühe Novellen*. Hg. v. Otto P. Schinnerer. Berlin 1932 [enthält: *Amerika, Er wartet auf den vazierenden Gott, Der Witwer, Der Andere, Welche eine Melodie, Der Empfindsame, Ein Erfolg, Geschichte eines Genies, Legende* (Fragment), *Um eine Stunde, Wohltaten, still und rein gegeben, Die Braut, Die grüne Krawatte, Exzentrik, Mein Freund Ypsilon, Die drei Elixire, Der Fürst ist im Hause, Erbschaft, Der Sohn, Komödiantinnen: Helene – Fritzi, Reichtum, Die Nächste, Die kleine Komödie*].
Schnitzler, Arthur: *Flucht in die Finsternis und andere Erzählungen*. Stockholm/Amsterdam 1939 [enthält: *Spiel im Morgengrauen, Traumnovelle, Flucht in die Finsternis*].

4. Auswahlbibliographie

Schnitzler, Arthur: *Traumnovelle. Flucht in die Finsternis. Zwei Novellen.* Amsterdam 1948 [enthält: *Traumnovelle, Flucht in die Finsternis*].

Schnitzler, Arthur: *Der blinde Geronimo und sein Bruder. Die Hirtenflöte. 2 Erzählungen.* Hg. v. Fritz Martini. Berlin/Frankfurt a. M. 1956 [enthält: *Der blinde Geronimo und sein Bruder, Die Hirtenflöte*].

Schnitzler, Arthur: *Große Szene.* Hg. v. Herbert Foltinek. Graz/Wien 1959 [enthält: *Die Fremde, Der Ehrentag, Große Szene, Aphorismen, Mein Kritiker*].

Schnitzler, Arthur: *Liebelei, Reigen.* Hg. v. Richard Alewyn. Frankfurt a. M. 1960 [enthält: *Liebelei, Reigen*].

Schnitzler, Arthur: *Erzählungen.* Frankfurt a. M. 1965 [enthält: *Der Andere, Sterben, Der blinde Geronimo und sein Bruder, Fräulein Else*].

Schnitzler, Arthur: *Spiel im Morgengrauen und acht andere Erzählungen.* Hg. v. Hans Weigel. Reproduktionen nach Zeichnungen von Gustav Klimt. Zürich 1965 [enthält: *Der Sohn, Der Witwer, Der Ehrentag, Die Toten schweigen, Leutnant Gustl, Die Fremde, Das Tagebuch der Redegonda, Spiel im Morgengrauen, Der Sekundant*].

Schnitzler, Arthur: *Frühe Gedichte.* Hg. v. Herbert Lederer. Frankfurt a. M./Berlin 1969.

Schnitzler, Arthur: *Meisterdramen.* Frankfurt a. M. 1971 [enthält: *Liebelei, Reigen, Der grüne Kakadu, Literatur, Der einsame Weg, Das weite Land, Professor Bernhardi*].

Schnitzler, Arthur: *Meistererzählungen.* Hg. v. Hans Weigel. Zürich 1975 [enthält: *Der Sohn, Der Witwer, Der Ehrentag, Die Toten schweigen, Leutnant Gustl, Die Fremde, Das Tagebuch der Redegonda, Spiel im Morgengrauen, Der Sekundant*].

Schnitzler, Arthur: *Die griechische Tänzerin. Frühe Erzählungen.* Hg. v. Ingeborg Harnisch. Berlin 1985 [enthält: *Amerika, Mein Freund Ypsilon, Der Fürst ist im Hause, Der Andere, Die Braut, Komödiantinnen, Ein Abschied, Der Empfindsame, Der Ehrentag, Um eine Stunde, Wohltaten, still und rein gegeben, Die grüne Krawatte, Exzentrik, Die griechische Tänzerin, Das Schicksal des Freiherrn von Leisenbohg, Geschichte eines Genies, Der Tod des Junggesellen, Das Tagebuch der Redegonda*].

Schnitzler, Arthur: *Aphorismen und Notate. Gedanken über Leben und Kunst.* Hg. v. Manfred Diersch. Leipzig u. a. 1985.

Schnitzler, Arthur: *Liebe und Tod in Wien. Ausgewählte Erzählungen.* Hg. v. Walter Rösler. Berlin 1986 [enthält: *Mein Freund Ypsilon, Der Andere, Die Braut, Komödiantinnen, Ein Abschied, Der Empfindsame, Frau Berta Garlan, Die Fremde, Exzentrik, Das Schicksal des Freiherrn von Leisenbohg, Der Tod des Junggesellen, Traumnovelle*].

Schnitzler, Arthur: *Fräulein Else und andere Erzählungen.* Frankfurt a. M. 1987 [enthält: *Blumen, Der Andere, Fräulein Else*].

Schnitzler, Arthur: *Medizinische Schriften.* Hg. v. Horst Thomé. Wien u. a. 1988.

Schnitzler, Arthur: *Alles kann Verführung sein. Aphorismen, Sprüche und Parabeln.* Hg. v. Ruth Greuner. Berlin 1989.

Schnitzler, Arthur: *Ausgewählte Werke in acht Bänden. Nach den ersten Buchausgaben durchges. Ausg.* Hg. v. Heinz Ludwig Arnold. Frankfurt a. M. 1999–2002.
 [Bd. 1:] *Leutnant Gustl. Erzählungen 1892–1907.* Nachw. v. Michael Scheffel. 1999 [enthält: *Sterben, Blumen, Ein Abschied, Die Frau des Weisen, Der Ehrentag, Die Toten schweigen, Andreas Thameyers letzter Brief, Frau Berta Garlan, Leutnant Gustl, Der blinde Geronimo und sein Bruder, Die Fremde, Die griechische Tänzerin, Die Weissagung, Das Schicksal des Freiherrn von Leisenbohg, Das neue Lied, Der tote Gabriel, Der Tod des Junggesellen*].
 [Bd. 2:] *Casanovas Heimfahrt. Erzählungen 1909–1917.* Nachw. v. Michael Scheffel. 1999 [enthält: *Die Hirtenflöte, Das Tagebuch der Redegonda, Der Mörder, Die dreifache Warnung, Frau Beate und ihr Sohn, Doktor Gräsler, Badearzt, Casanovas Heimfahrt, Flucht in die Finsternis*].
 [Bd. 3:] *Spiel im Morgengrauen. Erzählungen 1923–1931.* Nachw. v. Michael Scheffel. 1999 [enthält: *Fräulein Else, Die Frau des Richters, Traumnovelle, Spiel im Morgengrauen, Ich, Abenteuernovelle, Der Sekundant*].
 [Bd. 4:] *Der Weg ins Freie. Roman.* Nachw. v. Michael Scheffel. 1999 [enthält: *Der Weg ins Freie*].
 [Bd. 5:] *Reigen. Die Einakter.* Nachw. v. Hermann Korte. 2000 [enthält: *Anatol (Einleitung. Von Loris, Die Frage an das Schicksal, Weihnachtseinkäufe, Episode, Denksteine, Abschiedssouper, Agonie, Anatols Hochzeitsmorgen, Anatols Größenwahn), Die überspannte Person, Halbzwei, Reigen, Paracelsus, Die Gefährtin, Der grüne Kakadu, Lebendige Stunden (Lebendige Stunden, Die Frau mit dem Dolche, Die letzten Masken, Literatur), Marionetten (Der Puppenspieler, Der tapfere Cassian, Zum großen Wurstel), Komödie der Worte (Stunde des Erkennens, Große Szene, Das Bacchusfest)*].
 [Bd. 6:] *Therese. Chronik eines Frauenlebens.* 2000 [enthält: *Therese. Chronik eines Frauenlebens*].
 [Bd. 7:] *Der einsame Weg. Zeitstücke 1891–1908.* Nachw. v. Hermann Korte. 2001 [enthält: *Das Märchen, Liebelei, Freiwild, Das Vermächtnis, Der einsame Weg, Zwischenspiel, Die Verwandlungen des Pierrot*].
 [Bd. 8:] *Komödie der Verführung. Zeitstücke 1909–1924.* Nachw. v. Hermann Korte. 2002 [enthält: *Das weite Land, Professor Bernhardi, Fink und Fliederbusch, Komödie der Verführung*].

Schnitzler, Arthur: *Frauengeschichten.* Hg. v. Hansgeorg Schmidt-Bergmann. Frankfurt a. M. 2002 [enthält: *Die Braut, Komödiantinnen, Die Toten schweigen, Die Fremde, Die griechische Tänzerin, Die Hirtenflöte, Das Tagebuch der Redegonda, Der Mörder, Frau Beate und ihr Sohn, Die Frau des Richters*].

Schnitzler, Arthur: *Corso am Ring. Erzählungen aus Wien.* Hg. v. Burkhard Spinnen. Frankfurt a. M. 2002 [enthält: *Der tote Gabriel, Er wartet auf den vazierenden Gott, Der Witwer, Ein Erfolg, Die Braut, Der Empfindsame, Komödiantinnen, Exzentrik, Wohltaten, still und rein gegeben, Das neue Lied, Die Fremde*].

Schnitzler, Arthur: *Die großen Erzählungen.* Hg. v. Michael Scheffel. Stuttgart 2006 [enthält: *Lieutenant Gustl, Fräulein Else, Traumnovelle, Spiel im Morgengrauen*].

Schnitzler, Arthur: *Traumnovelle und andere Erzählungen.* Nachw. v. Michael Scheffel. Sonderausg. Frankfurt a. M. 2006 [enthält: *Fräulein Else, Die Frau des Richters, Traumnovelle, Spiel im Morgengrauen, Ich, Abenteuernovelle, Der Sekundant*].

Schnitzler, Arthur: *Erzählungen.* Hg. v. Friedhelm Kemp. München 2008 [enthält: *Amerika, Erbschaft, Der Fürst* ist im Hause, Blumen, Leutnant Gustl, Das Schicksal des Freiherrn von Leisenbohg].

Schnitzler, Arthur: *Anatol. Anatols Größenwahn. Der grüne Kakadu*. Hg. v. Gerhart Baumann. Stuttgart 2009 [enthält: Anatol, Anatols Größenwahn, Der grüne Kakadu].

1.3 (Historisch-)Kritische Editionen (in chronologischer Ordnung)

Schnitzler, Arthur: *Roman-Fragment*. Hg. v. Reinhard Urbach. In: LuK 2 (1967), H. 13, 135–183.

Schnitzler, Arthur: *Werke in historisch-kritischen Ausgaben*. Hg. v. Konstanze Fliedl. Berlin, New York 2011 ff.
 [Bd. 1:] Konstanze Fliedl (Hg.): *Lieutenant Gustl*. 2011.
 [Bd. 2:] Evelyne Polt-Heinzl/Isabella Schwentner (Hg.): *Anatol*. 2 Bde. 2012.
 [Bd. 3:] Gerhard Hubmann (Hg.): *Sterben*. 2012.
 [Bd. 4:] Peter M. Braunwarth/Gerhard Hubmann/Isabella Schwentner (Hg.): *Liebelei*. 2 Bde. 2014.

Babelotzky, Gregor: Wie Arthur Schnitzler *Die grüne Cravatte* knüpft – Edition der überlieferten Materialien. In: *Text. Kritische Beiträge* 13 (2012), 133–149.

www.arthur-schnitzler.de: *Arthur Schnitzler: Digitale historisch-kritische Edition (Werke 1905 bis 1931)*. Hg. v. Wolfgang Lukas u. a. Wuppertal/Cambridge 2012 ff.
 [1. Werk:] *Fräulein Else* [erscheint 2015].

1.4 Postume Einzelveröffentlichungen aus dem Nachlass (in chronologischer Ordnung)

Schnitzler, Arthur: *Nacht im Gasteiner Tal* [Gedicht]. In: *Neue Freie Presse*, 25.12.1931.

Schnitzler, Arthur: *Wohltaten, still und rein gegeben*. In: *Neues Wiener Tagblatt*, 25.12.1931.

Schnitzler, Arthur: *Zur Physiologie des Schaffens. Die Entstehung des »Schleier der Beatrice«*. In: *Neue Freie Presse*, 25.12.1931.

Schnitzler, Arthur: *Der Sekundant*. In: *Vossische Zeitung*, 1.–4.1.1932.

Schnitzler, Arthur: *Der letzte Brief eines Literaten*. In: *Neue Rundschau* 43 (1932), H. 1, 14–37.

Schnitzler, Arthur: *Gedanken über Kunst*. Aus dem Nachlaß. In: *Neue Rundschau* 43 (1932), H. 1, 37–39.

Schnitzler, Arthur: *Die Nächste*. In: *Neue Freie Presse*, 27.3.1932.

Schnitzler, Arthur: *Drei Geschichten*. Aus dem Nachlaß. In: *Neue Rundschau* 43 (1932), H. 5, 659–678 [enthält: Welch eine Melodie, Der Empfindsame, Ein Erfolg].

Schnitzler, Arthur: *Aufzeichnungen aus der Kriegszeit*. Aus dem Nachlaß. In: *Neue Rundschau* 43 (1932), H. 5, 678–681.

Schnitzler, Arthur: *Der Fürst ist im Hause*. In: *Arbeiter-Zeitung*, 15.5.1932.

Schnitzler, Arthur: *Die Komödiantin*. In: *Berliner Tageblatt*, 15.5.1932.

Schnitzler, Arthur: *Anatols Größenwahn. Ein Akt*. Aus dem Nachlaß zum ersten Mal veröffentlicht. Berlin 1932.

Schnitzler, Arthur: *Die Gleitenden. Ein Akt*. Aus dem Nachlaß zum ersten Mal veröffentlicht. Berlin 1932.

Schnitzler, Arthur: *Die Mörderin. Tragische Posse (Sketch) in einem Akt*. Aus dem Nachlaß zum ersten Mal veröffentlicht. Berlin 1932.

Schnitzler, Arthur: *Frühlingsnacht im Seziersaal*. In: *Jahrbuch Deutscher Bibliophilen und Literaturfreunde* 18/19 (1932/1933), 86–91. – [Ebenfalls erschienen als: Schnitzler, Arthur: Frühlingsnacht im Seziersaal. Hg. v. Heinz Politzer. In: *S. Fischer-Almanach. Das sechsundsiebzigste Jahr*. Frankfurt a. M. 1962, 12–17.]

Schnitzler, Arthur: *Gespräch, welches in der Kaffeehausecke nach Vorlesung der ›Elixiere‹ geführt wird*. In: *Jahrbuch Deutscher Bibliophilen und Literaturfreunde* 18/19 (1932/1933), 91–93.

Schnitzler, Arthur: *Abenteurernovelle*. Wien 1937.

Schnitzler, Arthur: *Über Krieg und Frieden*. Wien/Stockholm 1939.

Schnitzler, Arthur: *Boxeraufstand. Entwurf zu einer Novelle*. In: *Neue Rundschau* 68 (1957), H. 1, 84–87.

Schnitzler, Arthur: *Grosse Szene*. Hg. v. Herbert Foltinek. Graz/Wien 1959.

Schnitzler, Arthur: *Kritisches*. Aus dem Nachlaß. In: *Neue Rundschau* 73 (1962), H. 2/3, 203–228.

Schnitzler, Arthur: *Bemerkungen*. Aus dem Nachlaß. In: *Neue Rundschau* 73 (1962), H. 2/3, 347–357.

Schnitzler, Arthur: *Süßes Mädel*. In: *Forum* 101 (1962), 220–222.

Schnitzler, Arthur: *Gespräch zwischen einem jungen und einem alten Kritiker*. Hg. v. Robert O. Weiss. In: *Neue Rundschau* 75 (1964), H. 2, 303–308.

Schnitzler, Arthur: *Beträchtlich stört mein junges Liebesglück* [Gedicht]. In: *Komedia* 6 (1964), 49.

Schnitzler, Arthur: *Das Wort. Tragikomödie in fünf Akten. Fragment*. Aus dem Nachlaß. Hg. v. Kurt Bergel. Frankfurt a. M. 1966.

Schnitzler, Arthur: *Kriegsgeschichte* (Skizzen). In: LuK 2 (1967), H. 13, 133 f.

Schnitzler, Arthur: *Ballade von den drei Brüdern* [Gedicht]. In: *Neues Forum* 178 (1968), 72 f.

Schnitzler, Arthur: *Novellette*. In: *S. Fischer-Almanach. Das zweiundachtzigste Jahr*. Frankfurt a. M. 1968, 53–61.

Schnitzler, Arthur: *Das Haus Delorme*. In: *Ver Sacrum* (1970), 46–55.

Schnitzler, Arthur: *Zug der Schatten. Drama in neun Bildern (unvollendet)*. Aus dem Nachlaß. Hg. v. Françoise Derré. Frankfurt a. M. 1970.

Schnitzler, Arthur: *Arzt und Schauspielerin* (Skizze). In: *Neue Zürcher Zeitung*, 7.2.1971.

Schnitzler, Arthur: *Das Denkmal der Fürstin* (Skizze). In: *Neue Zürcher Zeitung*, 7.2.1971.

Schnitzler, Arthur: *Die Blumenausstellung*. In: *Neue Zürcher Zeitung*, 7.2.1971.

Schnitzler, Arthur: *Ritterlichkeit. Fragment aus dem Nachlaß*. Hg. v. Rena R. Schlein. Bonn 1975.

Schnitzler, Arthur: *Über Psychoanalyse*. Hg. v. Reinhard Urbach. In: *Protokolle* 2 (1976), 277–284.

Schnitzler, Arthur: *Später Ruhm. Novelle*. Hg. v. Wilhelm Hemecker/David Österle. Wien 2014.

2. Autobiographische Schriften

2.1 Autobiographie

Schnitzler, Arthur: *Jugend in Wien. Eine Autobiographie.* Hg. v. Therese Nickl. Wien/München/Zürich 1968.

2.2 Tagebücher und andere Ego-Dokumente (in chronologischer Ordnung)

Schnitzler, Arthur: *Tagebuch 1879–1931.* Unter Mitwirkung v. Peter M. Braunwarth u. a. hg. v. der Kommission für literarische Gebrauchsformen der Österreichischen Akademie der Wissenschaften. (Obmann: Werner Welzig). 10 Bde. Wien 1987–2000.
[Bd. 1:] *1879–1892.* 1987.
[Bd. 2:] *1893–1902.* 1989.
[Bd. 3:] *1903–1908.* 1991.
[Bd. 4:] *1909–1912.* 1981.
[Bd. 5:] *1913–1916.* 1983.
[Bd. 6:] *1917–1919.* 1985.
[Bd. 7:] *1920–1922.* 1993.
[Bd. 8:] *1923–1926.* 1995.
[Bd. 9:] *1927–1930.* 1997.
[Sonderbd.:] *1931. Gesamtverzeichnisse 1879–1931.* 2000.
Lindgren, Irène (Hg.): *»Seh'n Sie, das Berühmtwerden ist doch nicht so leicht!«. Arthur Schnitzler über sein literarisches Schaffen.* Frankfurt a. M. 2002.
Kurz, Stephan/Rohrwasser, Michael (Hg.): *»A. ist manchmal wie ein kleines Kind«. Clara Katharina Pollaczek und Arthur Schnitzler gehen ins Kino.* Wien 2012.
Schnitzler, Arthur: *Träume. Das Traumtagebuch 1875–1931.* Hg. v. Peter M. Braunwarth/Leo A. Lensing. Göttingen 2012.
Aurnhammer, Achim: *Arthur Schnitzlers Lektüren. Leseliste und virtuelle Bibliothek.* Würzburg 2013.

2.3 Briefe

Adamek, Heinz P. (Hg.): *»Das Mädchen mit den dreizehn Seelen«. Hedy Kempny/Arthur Schnitzler. Eine Korrespondenz ergänzt durch Blätter aus Hedy Kempnys Tagebuch sowie durch eine Auswahl ihrer Erzählungen.* Reinbek bei Hamburg 1984.
Adamek, Heinz P. (Hg.): *In die Neue Welt... Arthur Schnitzler – Eugen Deimel Briefwechsel.* Wien 2003.
Bang, Karin (Hg.): *Peter Nansen – Arthur Schnitzler. Ein Briefwechsel zweier Geistesverwandter.* Roskilde 2003.
Bang, Karin/Pinkert, Ernst-Ullrich (Hg.): *Arthur Schnitzler – Gustav Linden. Ein Briefwechsel 1907–1929.* Wien 2005.
Bergel, Kurt (Hg.): *Georg Brandes und Arthur Schnitzler. Ein Briefwechsel.* Bern 1956.
Bergel, Kurt: Einleitung. In: Kurt Bergel (Hg.): *Arthur Schnitzler. Das Wort.* Frankfurt a. M. 1966, 5–27. [Enthält die Korrespondenz zwischen Arthur Schnitzler und Peter Altenberg, 7–11.]
Berlin, Jeffrey B./Lindken, Hans-Ulrich (Hg.): Theodor Reiks unveröffentlichte Briefe an Arthur Schnitzler. Unter Berücksichtigung einiger Briefe Reiks an Richard Beer-Hofmann. In: LuK 18 (1983), H. 173/174, 182–197.
Berlin, Jeffrey B./Lindken, Hans-Ulrich/Prater, Donald A (Hg.): Briefwechsel mit Arthur Schnitzler. In: Dies. (Hg.): *Stefan Zweig. Briefwechsel mit Hermann Bahr, Sigmund Freud, Rainer Maria Rilke und Arthur Schnitzler.* Frankfurt a. M. 1987, 351–451.
Braunwarth, Peter M. (Hg.): Peter Nansen und Arthur Schnitzler. Der ›Briefwechsel‹. In: LuK 38 (2003), H. 375/376, 28–34.
Daviau, Donald G. (Hg.): *The letters of Arthur Schnitzler to Hermann Bahr.* Chapel Hill 1978.
Daviau, Donald G./Johns, Jorun B. (Hg.): *The Correspondence of Arthur Schnitzler and Raoul Auernheimer.* Chapel Hill 1972.
Fliedl, Konstanze (Hg.): *Arthur Schnitzler – Richard Beer-Hofmann. Briefwechsel 1891–1931.* Wien, Zürich 1992.
Goldsmith, Ulrich K. (Hg.): Der Briefwechsel Fritz von Unruhs mit Arthur Schnitzler. In: MAL 10 (1977), H. 3/4, 69–127.
Hillebrand, Bruno (Hg.): Arthur Schnitzler. Brief an Hugo von Hofmannsthal vom 27.7.1891. In: Bruno Hillebrand (Hg.): *Nietzsche und die deutsche Literatur.* Bd. 1. Tübingen 1978, 81.
Krotkoff, Hertha (Hg.): Arthur Schnitzler – Thomas Mann. Briefe. In: MAL 7 (1974), H. 1/2, 1–33.
Nenning, Günther/Kruntorad, Paul (Hg.): Arthur Schnitzler. Briefe zur Politik. In: *Neues Forum* 178 (1968), 677–680.
N. N. (Hg.): Briefe an Josef Körner. In: LuK 2 (1967), H. 12, 79–87.
N. N. (Hg.): Letzter Brief an Hugo von Hofmannsthal. In: *Fischer Almanach. Das achtzigste Jahr.* Frankfurt a. M. 1966, [unpag.].
N. N. (Hg.): Arthur Schnitzler. Briefe [an Richard Beer-Hofmann]. In: *Neue Rundschau* 1 (1957), 88–101.
Nickl, Therese (Hg.): Arthur Schnitzler an Marie Reinhard (1896). In: MAL 10 (1977), H. 3/4, 23–68.
Nickl, Therese/Schnitzler, Heinrich (Hg.): *Hugo von Hofmannsthal – Arthur Schnitzler.* Frankfurt a. M. 1964.
Nickl, Therese/Schnitzler, Heinrich (Hg.): *Liebe, die starb vor der Zeit. Arthur Schnitzler und Olga Waissnix. Ein Briefwechsel.* Wien/München/Zürich 1970.
Rodewald, Dierk/Fiedler, Corinna (Hg.): Arthur Schnitzler – Samuel Fischer. Briefwechsel. In: Dies. (Hg.): *Samuel Fischer – Hedwig Fischer. Briefwechsel mit Autoren.* Frankfurt a. M. 1989, 51–164.
Schnitzler, Arthur: *Briefe.* 2 Bde. Frankfurt a. M. 1981–1984:
Bd. 1: Therese Nickl/Heinrich Schnitzler (Hg.): *Briefe 1875–1912.* Frankfurt a. M. 1981.
Bd. 2: Peter M. Braunwarth u. a. (Hg.): *Briefe 1913–1931.* Frankfurt a. M. 1984.
Schnitzler, Heinrich (Hg.): Patriotismus und Schauspielkunst. Zwei Briefe aus dem Nachlaß von Arthur Schnitzler. In: *Kleine Schriften der Gesellschaft für Theatergeschichte* 11 (1953), 20–26.
Schnitzler, Heinrich (Hg.): Rainer Maria Rilke und Arthur Schnitzler. Ihr Briefwechsel. In: *Wort und Wahrheit* 13 (1958), H. 4, 283–298.
Schnitzler, Heinrich (Hg.): Sigmund Freuds Briefe an Schnitzler. In: *Neue Rundschau* 66 (1955), 95–106.
Schnitzler, Heinrich (Hg.): Unveröffentlichte Briefe Schnitzlers an Brahm. Ein Nachtrag zu Band 57 der »Schriften«.

In: *Kleine Schriften der Gesellschaft für Theatergeschichte* 16 (1958), 44–55.
Seidlin, Oskar (Hg.): *Der Briefwechsel Arthur Schnitzler – Otto Brahm*. Berlin 1953.
Seidlin, Oskar (Hg.): *Der Briefwechsel Arthur Schnitzler – Otto Brahm*. Vollst. Ausg. Tübingen 1975.
Urbach, Reinhard (Hg.): Arthur Schnitzler – Franz Nabl. Briefwechsel. In: *Studium Generale* 24 (1971), 1256–1270.
Urbach, Reinhard (Hg.): Arthur Schnitzler – Richard Schaukal. Briefwechsel (1900–1902). In: MAL 8 (1975), H. 3/4, 15–42.
Urbach, Reinhard (Hg.): Ein bisher unbekannter Brief Arthur Schnitzlers an Otto Brahm. In: MAL 10 (1977), H. 3/4, 19–21. [Auch ersch. in: *Neue Zürcher Zeitung*, 12./13.11.1977.]
Urbach, Reinhard (Hg.): Karl Kraus und Arthur Schnitzler. Eine Dokumentation. In: LuK 5 (1970), H. 49, 513–530.
Urban, Bernd (Hg.): Vier unveröffentlichte Briefe Arthur Schnitzlers an den Psychoanalytiker Theodor Reik. In: MAL 8 (1975), H. 3/4, 236–247.
Wagner, Renate (Hg.): *Adele Sandrock und Arthur Schnitzler. Dilly. Geschichte einer Liebe in Briefen, Bildern und Dokumenten*. Wien/München 1975.
Wagner, Renate (Hg.): *Der Briefwechsel Arthur Schnitzlers mit Max Reinhardt und dessen Mitarbeitern*. Salzburg 1971.
Weber, Eugene (Hg.): The Correspondence of Arthur Schnitzler and Richard Beer-Hofmann. In: MAL 6 (1973), H. 3/4, 40–51.
Woldan, Alois (Hg.): Arthur Schnitzler. Briefe an Wilhelm Bölsche. In: *Germanica Wratislaviensia* 77 (1987), 456–466.

3. Hilfsmittel

3.1 Findbücher

Neumann, Gerhard/Müller, Jutta: *Der Nachlaß Arthur Schnitzlers. Verzeichnis des im Schnitzler-Archiv der Universität Freiburg i. Br. befindlichen Materials. Mit einem Vorwort von Gerhart Baumann und einem Anhang von Heinrich Schnitzler: Verzeichnis des in Wien vorhandenen Nachlaßmaterials*. München 1969.
Weiss, Robert O.: The Arthur Schnitzler Archive at the University of Kentucky. A series of microflims made from Arthur Schnitzler's Nachlaß. In: *Journal of the International Arthur Schnitzler Research Association* 2 (1963/1964), H. 4, 11–26. [Ebenfalls ersch. in: MAL 4 (1971), H. 1, 63–76.]
[*Handlist of Schnitzler Papers at Cambridge University Library*; unpubliziert.]

3.2 Kommentare

Urbach, Reinhard: *Schnitzler-Kommentar. Zu den Erzählenden Schriften und Dramatischen Werken*. München 1974.

3.3 Bibliographien (in chronologischer Ordnung)

Allen, Richard H.: *An annotated Arthur Schnitzler Bibliography. Editions and criticism in German, French, and English 1879–1965. With a foreword by Robert O. Weiss, President of the International Arthur Schnitzler Research Association*. Chapel Hill 1966.
Benay, Jeanne: Schnitzler en France – Schnitzler et la France. Repères bibliographiques. In: Jacques Le Rider (Hg.): *Arthur Schnitzler*. Mont-Saint-Aignan 1994, 125–155.
Berlin, Jeffrey B.: *An Annotated Arthur Schnitzler Bibliography 1965–1977. With an Essay on The Meaning of the ›Schnitzler-Renaissance‹. Foreword by Sol Liptzin*. München 1978.
Berlin, Jeffrey B.: Arthur Schnitzler Bibliography for 1977–1981. In: MAL 15 (1982), H. 1, 61–83.
Berlin, Jeffrey B.: Arthur Schnitzler: A Bibliography. I. Primary literature: 1965–1972; II. Secondary literature: 1972; III. Additions to first bibliography; IV. Research in progress; V. Descriptive listing of Schnitzler dissertations: 1917–1972. In: MAL 6 (1973), H. 1/2, 81–122.
Berlin, Jeffrey B.: Schnitzler 1965–1971. In: MAL 4 (1971), H. 3/4, 7–20.
Berlin, Jeffrey B.: Schnitzler 1973–1974. In: MAL 7 (1974), H. 1, 174–191.
Berlin, Jeffrey B.: Schnitzler 1974–1975. In: MAL 8 (1975), H. 3/4, 248–265.
Berlin, Jeffrey B.: Schnitzler 1975–1976. In: MAL 9 (1976), H. 2, 63–72.
Berlin, Jeffrey B.: Schnitzler 1976–1977. In: MAL 10 (1977), H. 3/4, 335–339.
D'Alessandro, Simonetta: *La conoscenza di Arthur Schnitzler in Italia. Traduzioni e critica 1959–1984*. Graz 1985.
Daviau, Donald G./Johns, Jorun B.: On the question of austrian literature – a bibliography. In: MAL 17 (1984), H. 3/4, 219–258.
Kawohl, Birgit: *Arthur Schnitzler. Personalbibliographie 1977–1994*. Gießen 1996.
MAL: *Journal of the International Arthur Schnitzler Research Association. Index 1961–1986*. Riverside 1986. [Hier bes. 67–72 (Sekundärliteratur) u. 113–114.]
Riedel, Nicolai: Internationale Arthur-Schnitzler-Bibliographie. Unter besonderer Berücksichtigung der Forschungsliteratur 1982–1997. In: *Text + Kritik* (1998), H. 138/139 (A. S.), 151–172.
Schinnerer, Otto P.: Systematisches Verzeichnis der Werke von Arthur Schnitzler. In: *Jahrbuch deutscher Bibliophilen und Literaturfreunde* 18/19 (1932/1933), 94–121.
Stock, Karl F./Heilinger, Rudolf/Stock, Marylène: *Personalbibliographien österreichischer Dichter und Schriftsteller. Von den Anfängen bis zur Gegenwart. Mit Auswahl einschlägiger Bibliographien, Nachschlagewerke, Sammelbibliographien, Literaturgeschichten und Anthologien*. München 1972. [523–525.]
Stock, Karl F./Heilinger, Rudolf/Stock, Marylène: *Personalbibliographien österreichischer Dichterinnen und Dichter. Von den Anfängen bis zur Gegenwart*. 4 Bde. München ²2002.
Stock, Karl F./Heilinger, Rudolf/Stock, Marylène: *Schnitzler-Bibliographien. Selbständige und versteckte Bibliogra-*

phien und Nachschlagewerke zu Leben und Werk. Sonderausgabe aus der Datenbank ›Personalbibliographien österreichischer Persönlichkeiten‹. Graz 2013.

4. Forschungsliteratur

4.1 Forschungsberichte (Auswahl)

Farese, Guiseppe: Arthur Schnitzler alle luce della critica recente (1966–1970). In: *Studi Germanici* 9 (1971), H. 1/2, 234–268.
Seidler, Herbert: Die Forschung zu Arthur Schnitzler seit 1945. In: ZfdPh 95 (1976), H. 4, 567–595.
Thomé, Horst: Sozialgeschichtliche Perspektiven der neueren Schnitzler-Forschung. In: IASL 13 (1988), 158–187.

4.2 Sammelbände (Auswahl)

Arnold, Heinz L. (Hg.): *Arthur Schnitzler.* München 1998. [zugl. Zeitschrift *Text + Kritik*, H. 138/139.]
Bohnen, Klaus/Bauer, Conny (Hg.): *Arthur Schnitzler.* Kopenhagen 1982.
Bombitz, Attila/Csúri, Károly (Hg.): *Wege in die Seele. Ein Symposium zum Werk von Arthur Schnitzler.* Wien 2013.
Cercignani, Fausto (Hg.): *Studia Schnitzleriana.* Alessandria 1991.
Farese, Giuseppe (Hg.): *Akten des Internationalen Symposiums »Arthur Schnitzler und seine Zeit«.* Bern/Frankfurt a. M./New York 1985.
Fliedl, Konstanze (Hg.): *Arthur Schnitzler im zwanzigsten Jahrhundert.* Wien 2003.
Fliedl, Konstanze/Polt-Heinzl, Evelyne/Urbach, Reinhard: *Schnitzlers Sprachen der Liebe.* Wien 2010.
Foster, Ian/Krobb, Florian (Hg.): *Arthur Schnitzler. Zeitgenossenschaften/Contemporaneities.* Bern 2002.
Lorenz, Dagmar (Hg.): *A Companion to the Works of Arthur Schnitzler.* New York 2003.
Ravy, Christiane/Ravy, Gilbert (Hg.): *Arthur Schnitzler. Actes du Colloque du 19–21 Octobre 1981.* Paris 1983.
Reichert, Herbert W./Salinger, Herman (Hg.): *Studies in Arthur Schnitzler.* Chapel Hill 1963.
Scheible, Hartmut (Hg.): *Arthur Schnitzler in neuer Sicht.* München 1981.
Strelka, Joseph P. (Hg.): *»Die Seele ... ist ein weites Land«. Kritische Beiträge zum Werk Arthur Schnitzlers.* Bern u. a. 1997.
Tax, Petrus W./Lawson, Richard H. (Hg.): *Arthur Schnitzler and his Age. Intellectual and Artistic Currents.* Bonn 1984.

4.3 Biographische Darstellungen (Auswahl)

Baumann, Gerhart: Arthur Schnitzler. Die Tagebücher. Vergangene Gegenwart – Gegenwärtige Vergangenheit. In: MAL 10 (1977), H. 3/4, 143–162.
Beharriell, Frederick J.: Arthur Schnitzler als Tagebuchautor. In: Donald G. Daviau (Hg.): *Österreichische Tagebuchschriftsteller.* Wien 1994, 325–355.
Beharriell, Frederick J.: Arthur Schnitzler's Diaries. In: MAL 19 (1986), H. 3/4, 1–20.

Bülow, Ulrich von (Hg.): *»Sicherheit ist nirgends«. Das Tagebuch von Arthur Schnitzler.* Marbach a. N. 2000.
Farese, Giuseppe: *Arthur Schnitzler. Ein Leben in Wien. 1862-1931.* Übers. v. Karin Krieger. München 1999.
Fischer, Markus: »Mein Tagebuch enthält fast nur absolut persönliches«. Zur Lektüre von Arthur Schnitzlers Tagebüchern. In: *Text + Kritik* (1998), H. 138/139 (A. S.), 24–35.
Kucher, Primus-Heinz: »... ein charakteristisches Werk der Epoche. Talent unverkennbar; – aber viel Confusion ...«. Der Autor als Leser, der Autor im Literatursystem seiner Zeit. Arthur Schnitzlers Tagebuchkommentare zu Lektüren und zum literarischen Leben der 1920er Jahre. In: *Jahrbuch der Grillparzer-Gesellschaft* 24 (2011/2012), 67–95.
Lindgren, Irène: *Arthur Schnitzler im Lichte seiner Briefe und Tagebücher.* Heidelberg 1993.
Nehring, Wolfgang: »Kulturhistorisch interessant«. Zur Autobiographie Arthur Schnitzlers. In: Manfred Misch (Hg.): *Autobiographien als Zeitzeugen.* Tübingen 2001, 75–90.
Plener, Peter: Arthur Schnitzlers Tagebücher 1879–1931. Vom Verschwinden zum Tod. In: *Österreich in Geschichte und Literatur* 42 (1998), H. 2, 99–114.
Riedmann, Bettina: »Ich bin Jude, Österreicher, Deutscher«. Judentum in Arthur Schnitzlers Tagebüchern und Briefen. Tübingen 2002.
Scheible, Hartmut: *Arthur Schnitzler in Selbstzeugnissen und Bilddokumenten.* Reinbek bei Hamburg 1976.
Schmidt, Martina: Zur Herausgabe von Arthur Schnitzlers »Tagebuch« 1879-1931. In: *Zeitschrift für Germanistik. Neue Folge* 10 (1989), 244–246.
Schnitzler, Heinrich/Brandstätter, Christian/Urbach, Reinhard (Hg.): *Arthur Schnitzler. Sein Leben. Sein Werk. Seine Zeit.* Frankfurt a. M. 1981.
Specht, Richard: *Arthur Schnitzler und sein Werk. Eine Studie.* Berlin 1922.
Thomé, Horst: Arthur Schnitzlers »Tagebuch«. Thesen und Forschungsperspektiven. In: IASL 18 (1993), H. 2, 176–193.
Wagner, Renate: *Arthur Schnitzler. Eine Biographie.* Wien/München/Zürich 1981.
Wagner, Renate: *Wie ein weites Land. Arthur Schnitzler und seine Zeit.* Wien 2006.
Weinzierl, Ulrich: *Arthur Schnitzler. Lieben, Träumen, Sterben.* Frankfurt a. M. 1994.
Welzig, Werner: Das Tagebuch Arthur Schnitzlers 1879–1931. In: IASL 6 (1981), 78–111.

4.4 Gesamtdarstellungen des Werks (Auswahl)

Allerdissen, Rolf: *Impressionistisches Rollenspiel und skeptischer Moralismus in seinen Erzählungen.* Bonn 1985.
Aurnhammer, Achim: *Arthur Schnitzlers intertextuelles Erzählen.* Berlin u. a. 2013.
Boetticher, Dirk von: *»Meine Werke sind lauter Diagnosen«. Über die ärztliche Dimension im Werk Arthur Schnitzlers.* Heidelberg 1999.
Derré, Françoise: *L'œuvre d'Arthur Schnitzler. Imagerie viennoise et problèmes humains.* Paris 1966.

Fliedl, Konstanze: *Arthur Schnitzler*. Stuttgart 2005.
Fritsche, Alfred: *Dekadenz im Werk Arthur Schnitzlers*. Bern/Frankfurt a. M. 1974.
Gay, Peter: *Das Zeitalter des Doktor Arthur Schnitzler. Innenansichten des 19. Jahrhunderts*. Übers. v. Ulrich Enderwitz. Frankfurt a. M. 2002.
Heimerl, Joachim: *Arthur Schnitzler. Zeitgenossenschaft der Zwischenwelt*. Frankfurt a. M. 2012.
Imboden, Michael: *Die surreale Komponente im erzählenden Werk Arthur Schnitzlers*. Bern 1971.
Jandl, Ernst: *Die Novellen Arthur Schnitzlers*. Wien 1950.
Janz, Rolf-Peter/Laermann, Klaus: *Arthur Schnitzler. Zur Diagnose des Wiener Bürgertums im Fin de siècle*. Stuttgart 1977.
Just, Gottfried: *Ironie und Sentimentalität in den erzählenden Dichtungen Arthur Schnitzlers*. Berlin 1968.
Kim, Hee-Ju/Sasse, Günter (Hg.): *Arthur Schnitzler. Dramen und Erzählungen*. Stuttgart 2007.
Knorr, Herbert: *Experiment und Spiel. Subjektivitätsstrukturen im Erzählen Arthur Schnitzlers*. Frankfurt a. M. 1988.
Lantin, Rudolf: *Traum und Wirklichkeit in der Prosadichtung Arthur Schnitzlers*. Köln 1958.
Le Rider, Jacques: *Arthur Schnitzler oder Die Wiener Belle Époque*. Übers. v. Christian Winterhalter. Wien 2007.
Lebensaft, Elisabeth: *Anordnung und Funktion zentraler Aufbauelemente in den Erzählungen Arthur Schnitzlers*. Wien 1972.
Lindken, Hans U.: *Arthur Schnitzler, Aspekte und Akzente. Materialien zu Leben und Werk*. Frankfurt a. M. 1984.
Lindken, Hans U.: *Interpretationen zu Arthur Schnitzler*. München 1970.
Liptzin, Sol: *Arthur Schnitzler*. Riverside 1995.
Lukas, Wolfgang: *Das Selbst und das Fremde. Epochale Lebenskrisen und ihre Lösungen im Werk Arthur Schnitzlers*. München 1996.
Melchinger, Christa: *Illusion und Wirklichkeit im dramatischen Werk Arthur Schnitzlers*. Heidelberg 1968.
Meyer, Imke: *Männlichkeit und Melodram. Arthur Schnitzlers erzählende Schriften*. Würzburg 2010.
Müller, Hans-Harald: Formen und Funktionen des Phantastischen im Werk von Arthur Schnitzler und Leo Perutz. In: Hans-Harald Müller/Lars Schmeink (Hg.): *Fremde Welten. Wege und Räume der Fantastik im 21. Jahrhundert*. Berlin u. a. 2012, 355–362.
Müller-Freienfels, Reinhard: *Das Lebensgefühl in Arthur Schnitzlers Dramen*. Frankfurt a. M. 1954.
Müller-Seidel, Walter: *Arztbilder im Wandel. Zum literarischen Werk Arthur Schnitzlers*. München 1997.
Oei, Bernd: *Eros & Thanatos. Philosophie und Wiener Melancholie in Arthur Schnitzlers Werk*. Freiburg i. Br. 2013.
Offermanns, Ernst L.: *Arthur Schnitzler. Das Komödienwerk als Kritik des Impressionismus*. München 1973.
Paladin, Theresa (Hg.): *Interpretando Schnitzler*. Florenz 2004.
Perlmann, Michaela L.: *Der Traum in der literarischen Moderne. Zum Werk Arthur Schnitzlers*. München 1987.
Perlmann, Michaela: *Arthur Schnitzler*. Stuttgart 1987.
Reik, Theodor: *Arthur Schnitzler als Psycholog*. Minden 1913.
Rey, William H.: *Arthur Schnitzler. Die späte Prosa als Gipfel seines Schaffens*. Berlin 1968.

Rieder, Heinz: *Arthur Schnitzler. Das dramatische Werk*. Wien 1973.
Roosen, Claudia: *»Helden der Krise« in den Erzählungen Arthur Schnitzlers*. Frankfurt a. M. 1994.
Sabler, Wolfgang: *Arthur Schnitzler. Écriture dramatique et conventions théâtrales*. Bern 2002.
Salkind, Alexander: *Arthur Schnitzler. Eine kritische Studie über seine hervorragendsten Werke*. Berlin, Leipzig 1907.
Sauvat, Catherine: *Arthur Schnitzler*. o. O. [Paris] 2007.
Scheible, Hartmut: *Arthur Schnitzler und die Aufklärung*. München 1977.
Scheuzger, Jürg: *Das Spiel mit Typen und Typenkonstellationen in den Dramen Arthur Schnitzlers*. Zürich 1975.
Schlicht, Corinna: *Arthur Schnitzler*. Marburg 2013.
Schiffer, Helga: *Die frühen Dramen Arthur Schnitzlers. Dramatisches Bild und dramatische Struktur*. Amsterdam 1994.
Schneider-Halvorson, Brigitte L.: *The Late Dramatic Works of Arthur Schnitzler*. Frankfurt a. M./Bern 1983.
Schwarzinger, Heinz: *Arthur Schnitzler, auteur dramatique. 1862–1931*. Arles 1989.
Selling, Gunter: *Die Einakter und Einakterzyklen Arthur Schnitzlers*. Amsterdam 1975.
Specht, Richard: *Arthur Schnitzler. Der Dichter und sein Werk. Eine Studie*. Berlin 1922.
Spycher, Peter: *Gestaltungsprobleme in der Novellistik Arthur Schnitzlers*. Zürich 1971.
Stierhof-May, Freia: *Untersuchungen zur Funktion literarischer Motive bei Arthur Schnitzler im Kontext der Philosophie Friedrich Nietzsches*. Berlin 2004.
Surowska, Barbara: *Die Bewußtseinsstromtechnik im Erzählwerk Arthur Schnitzlers*. Warschau 1990.
Swales, Martin: *Arthur Schnitzler. A critical study*. Oxford 1971.
Thomé, Horst: *Autonomes Ich und ›Inneres Ausland‹. Studien über Realismus, Tiefenpsychologie und Psychiatrie in deutschen Erzähltexten 1848–1914*. Tübingen 1993.
Tweraser, Felix W.: *Arthur Schnitzler*. München 1977.
Tweraser, Felix W.: *Political Dimensions of Arthur Schnitzler's Late Fiction*. Columbia 1998.
Urbach, Reinhard: *Arthur Schnitzler*. Velber bei Hannover 1968.
Weinberger, G. J.: *Arthur Schnitzler's Late Plays. A Critical Study*. Bern/New York 1997.
Weiner, Marc A.: *Arthur Schnitzler and the Crisis of Musical Culture*. Heidelberg 1986.
Werner, Ralph M.: *Impressionismus als literarhistorischer Begriff. Untersuchung am Beispiel Arthur Schnitzlers*. Frankfurt a. M./Bern 1981.
Wisely, Andrew C.: *Arthur Schnitzler and the Discourse of Honor and Dueling*. Bern 1996.
Wisely, Andrew C.: *Arthur Schnitzler and Twentieth-Century Criticism*. Rochester 2004.

4.5 Rezeptions- und Wirkungsgeschichte (Auswahl)

Brinson, Charmian/Malet, Marian: »Die sonderbarste Stadt, die man sich denken kann«? Arthur Schnitzler in London. In: Ian Foster/Florian Krobb (Hg.): *Arthur Schnitzler.*

Zeitgenossenschaften/Contemporaneities. Bern 2002, 71–87.

Butzko, Ellen: *Arthur Schnitzler und die zeitgenössische Theaterkritik.* Frankfurt a. M. 1991.

Clauß, Elke M.: Arthur Schnitzler. Frühe Erfolge. In: Johannes G. Pankau (Hg.): *Fin de Siècle. Epoche, Autoren, Werke.* Darmstadt 2013, 141–160.

Daviau, Donald G.: Arthur Schnitzler im Spiegel der Kritik. Fünfzig Jahre nach seinem Tod. In: TuK 10 (1982), H. 2, 411–426.

Daviau, Donald G.: The Reception of Arthur Schnitzler in the United States. In: Wolfgang Elfe/James Hardin/Gunther Holst (Hg.): *The Fortunes of German Writers in America. Studies in Literary Reception.* Columbia 1992, 145–165.

Decloedt, Leopold R. G.: Eine mühsame Reise ins Unbekannte. Arthur Schnitzler und Belgien. In: Ian Foster/Florian Krobb (Hg.): *Arthur Schnitzler. Zeitgenossenschaften/Contemporaneities.* Bern 2002, 55–70.

Derré, Françoise: Schnitzler in Frankreich. In: MAL 19 (1986), H. 1, 27–48.

Dimova, Anna: Arthur Schnitzler in Bulgarien. In: *Jura Soyfer* 6 (1997), H. 4, 16–19.

Heresch, Elisabeth: *Schnitzler und Rußland. Aufnahme, Wirkung, Kritik.* Wien 1982.

Lăzărescu, Mariana-Virginia: Zur Rezeption Schnitzlers in Rumänien – Schnitzlers Beziehungen zur rumänischen Literatur. In: Ian Foster/Florian Krobb (Hg.): *Arthur Schnitzler. Zeitgenossenschaften/Contemporaneities.* Bern 2002, 43–53.

Lebensaft, Elisabeth: Schnitzler aus tschechischer Sicht. Zur Rezeption in der CSSR. In: MAL 16 (1983), H. 1, 17–22.

Ozawa, Yukio: *Japanisches bei Arthur Schnitzler. Japanische Einflüsse auf Schnitzler und die Rezeption Schnitzlers in Japan.* Bern 1995.

Roelofs, Hans: *»Man weiß eigentlich wenig von einander«. Arthur Schnitzler und die Niederlande. 1895–1940.* Amsterdam 1989.

Sforzin, Martine/Zieger, Karl (Hg.): *Les relations d'Arthur Schnitzler avec la France.* Villeneuve d'Ascq 2013.

Vogel, Margot E.: *Schnitzler in Schweden. Zur Rezeption seiner Werke.* Stockholm 1979.

Wagner, Renate/Vacha, Brigitte: *Wiener Schnitzler-Aufführungen.* 1891–1970. München 1971.

Zieger, Karl: *Arthur Schnitzler et la France, 1894–1938. Enquête sur une réception.* Villeneuve d'Ascq 2012.

Zieger, Karl: La satire sociale et politique d'Arthur Schnitzler et sa réception (tardive) en France. Les cas de *Fink und Fliederbusch* (Les Journalistes) et de *Professor Bernhardi*. In: Jeanne Benay/Gilbert Ravy (Hg.): *Écritures et langages satiriques en Autriche (1914–1938)/Satire in Österreich (1914–1938).* Bern 1999, 295–315.

4.6 Adaptionsgeschichte (Auswahl)

Attolini, Vito: Arthur Schnitzler im Filmschaffen von Max Ophüls. In: Giuseppe Farese (Hg.): *Akten des Internationalen Symposiums »Arthur Schnitzler und seine Zeit«.* Bern u. a. 1985, 137–152.

Aurnhammer, Achim/Beßlich, Barbara/Denk, Rudolf (Hg.): *Arthur Schnitzler und der Film.* Würzburg 2010.

Aurnhammer, Achim u. a. (Hg.): *Arthur Schnitzlers Filmarbeiten, Drehbücher, Entwürfe, Skizzen.* Würzburg (i. Dr.).

Ballhausen, Thomas u. a. (Hg.): *Tatsachen der Seele. Arthur Schnitzler und der Film.* Wien 2006.

Braunwarth, Peter M.: Dr. Schnitzler geht ins Kino. Eine Skizze seines Rezeptionsverhaltens auf Basis der Tagebuch-Notate. In: Thomas Ballhausen u. a. (Hg.): *Tatsachen der Seele. Arthur Schnitzler und der Film.* Wien 2006, 9–27.

Eichinger, Barbara: Komm, spiel zum Tod im Morgengrauen! »Lieb' und Spiel und Tod« im Werk Arthur Schnitzlers und in ausgewählten Visualisierungen. In: Thomas Ballhausen u. a. (Hg.): *Tatsachen der Seele. Arthur Schnitzler und der Film.* Wien 2006, 247–267.

Fritz, Horst: Arthur Schnitzlers Dramen und der Film. In: Dieter Kafitz (Hg.): *Drama und Theater der Jahrhundertwende.* Tübingen 1991, 53–67.

Fritz, Walter: Arthur Schnitzler und der Film. In: *Neue Zürcher Zeitung,* 7.12.1962.

Fritz, Walter: Arthur Schnitzlers Filmarbeit. In: LuK 17 (1982), H. 161/162, 66–70.

Hahn, Henrike: *Verfilmte Gefühle. Von »Fräulein Else« bis »Eyes Wide Shut«. Arthur Schnitzlers Texte auf der Leinwand.* Bielefeld 2013.

Hall, Murray G.: »... daß ich gegen das Raubgesindel nichts ausrichten werde«. Arthur Schnitzler und die Filmproduktion. In: Thomas Ballhausen u. a. (Hg.): *Tatsachen der Seele. Arthur Schnitzler und der Film.* Wien 2006, 29–42.

Kammer, Manfred: *Das Verhältnis Arthur Schnitzlers zum Film.* Aachen 1983.

Koch, Gertrud: Positivierung der Gefühle. Zu den Schnitzler-Verfilmungen von Max Ophüls. In: Hartmut Scheible (Hg.): *Arthur Schnitzler in neuer Sicht.* München 1981, 309–329.

Lederer, Brigitte: Arthur Schnitzlers literarische Werke in den Medien. Einige methodische Überlegungen zur Analyse verfilmter Literatur anhand der frühen »Liebelei«-Verfilmungen. In: *Literatur im multimedialen Zeitalter* 25 (1998), H. 1, 141–157.

Nuy, Sandra: *Arthur Schnitzler ferngesehen. Ein Beitrag zur Geschichte des Theaters im Fernsehen der Bundesrepublik Deutschland (1953–1989).* Münster 2000.

Nuy, Sandra: »Glatte Worte, bunte Bilder« – Arthur Schnitzlers Dramen im deutschen Fernsehen. In: MAL 33 (2000), H. 3/4, 55–82.

Pinkert, Ernst-Ullrich: *»Die Nordfilmangelegenheit«. Arthur Schnitzler und die Nordisk Films Kompagni.* Aalborg 2009.

Plener, Peter: Aus dem Theater ins Freud-Kino. Arthur Schnitzlers T-Räume. In: Thomas Ballhausen u. a. (Hg.): *Tatsachen der Seele. Arthur Schnitzler und der Film.* Wien 2006, 81–95.

Plener, Peter: Traumvisionen eines Kino-Enthusiasten. In: *Der Standard,* 4./5.9.1999.

Porges, Friedrich: Arthur Schnitzlers Dichtung im Film. In: *Mein Film* 305 (1931), 3–4.

Ritscher, Wolf: Schnitzlers Dramatik und der Kino. In: *Phoebus* 1 (1914), 47–48.

Roessler, Peter: Aufbruch nach Gestern. Arthur Schnitzler im österreichischen Fernsehen der sechziger Jahre. In: Thomas Ballhausen u. a. (Hg.): *Tatsachen der Seele. Arthur Schnitzler und der Film.* Wien 2006, 57–80.

Stern, Frank: Wege ins Freie. Der Dichter der Akkulturation (1862–1931) und die Angst vor der Visualisierung des Jüdischen im Werk Arthur Schnitzlers (1945–2007). In: Thomas Ballhausen u. a. (Hg.): *Tatsachen der Seele. Arthur Schnitzler und der Film*. Wien 2006, 171–206.

Wolf, Claudia: *Arthur Schnitzler und der Film. Bedeutung. Wahrnehmung. Beziehung. Umsetzung. Erfahrung*. Karlsruhe 2006.

Wünsch, Marianne: Arthur Schnitzlers *Reigen* und die Verfilmung von Max Ophüls. In: Dies.: *Moderne und Gegenwart. Erzählstrukturen in Film und Literatur*. München 2012, 587–602.

4.7 Zu Nachlass und Nachlassgeschichte (Auswahl)

Daviau, Donald G.: Hermann Bahr, Arthur Schnitzler and Raoul Aurnheimer. Nachlaß- und Editionsprobleme. In: Marie-Louise Roth/Renate Schröder-Werle/Hans Zeller (Hg.): *Nachlaß- und Editionsprobleme bei modernen Schriftstellern. Beiträge zu den Internationalen Robert-Musil-Symposien Brüssel 1976 und Saarbrücken 1977*. Bern 1981, 107–116.

Schinnerer, Otto P.: Arthur Schnitzler's ›Nachlasz‹. In: GR 8 (1933), 114–123.

Schnitzler, Heinrich: Der Nachlass meines Vaters. In: *Aufbau* (New York), 9.11.1951.

Schnitzler, Heinrich: »Ich bin kein Dichter, ich bin Naturforscher«. Der Nachlaß meines Vaters. In: *Die neue Zeitung* (München), 20./21.10.1951.

Weiss, Robert O.: The Arthur Schnitzler Archive at the University of Kentucky. A series of microflims made from Arthur Schnitzler's Nachlaß. In: *Journal of the International Arthur Schnitzler Research Association* 2 (1963/1964), H. 4, 11–26. – [Ebenfalls erschienen in: MAL 4 (1971), H. 1, 63–76.]

Welzig, Werner: Im Archiv und über Briefen. Mitteilungen aus dem Nachlaß Arthur Schnitzlers. In: Hans-Henrik Krummacher/Fritz Martini/Walter Müller-Seidel (Hg.): *Zeit der Moderne. Zur deutschen Literatur von der Jahrhundertwende bis zur Gegenwart*. Stuttgart 1984, 441–444.

4.8 Beziehungen und Bezüge (Auswahl)

Aspetsberger, Friedbert: Wiener Dichtung der Jahrhundertwende. Beobachtungen zu Schnitzlers und Hofmannsthals Kunstformen. In: *Studi Germanici* 8 (1970), 410–451.

Bennett, Benjamin: Nestroy and Schnitzler. The Three Societies of Comedy and the Idea of a Textless Theater. In: Benjamin Bennett: *Theater as Problem. Modern Drama and its Place in Literature*. Ithaca 1990, 93–136.

Berlin, Jeffrey B.: Die Beziehungen zwischen Ibsen und Schnitzler. In: TuK 10 (1982), H. 2, 383–398.

Bruce, Iris: Which Way Out? Schnitzler's and Salten's Conflicting Responses to Cultural Zionism. In: Dagmar Lorenz (Hg.): *A Companion to the Works of Arthur Schnitzler*. New York 2003, 103–126.

Doppler, Alfred: Arthur Schnitzler und Hermann Bahr. In: Johann Lachinger (Hg.): *Hermann Bahr – Mittler der europäischen Moderne*. Linz 2001, 101–108.

Fliedl, Konstanze: Künstliche Konkurrenzen: Schnitzler und Schönherr. In: Arno Dusini/Karl Wagner (Hg.): *Metropole und Provinz in der österreichischen Literatur des 19. und 20. Jahrhunderts*. Wien 1994, 115–127.

Glaser, Horst A.: Arthur Schnitzler und Frank Wedekind. Der doppelköpfige Sexus. In: Horst A. Glaser (Hg.): *Wollüstige Phantasie. Sexualästhetik der Literatur*. München 1974, 148–184.

Goldstücker, Eduard: Kafkas Kritik an Schnitzler. In: Giuseppe Farese (Hg.): *Akten des Internationalen Symposiums »Arthur Schnitzler und seine Zeit«*. Bern/Frankfurt a. M./New York 1985, 118–126.

Hofmannsthal, Hugo von: Arthur Schnitzler. Zum 60. Geburtstag. In: Hugo von Hofmannsthal: *Die Berührung der Sphären*. Berlin 1931, 308 f.

Iehl, Yves: Stefan Zweig und Arthur Schnitzler. In: *Austriaca* 34 (1992), 109–119.

Mann, Thomas: Arthur Schnitzler zu seinem sechzigsten Geburtstag. In: *Neue Rundschau* 33 (1922), H. 1, 506 f.

Marxer, Bettina: »Liebesbriefe, und was nun einmal so genannt wird«. Korrespondenzen zwischen Arthur Schnitzler, Olga Waissnix und Marie Reinhard. Eine literatur- und kulturwissenschaftliche Lektüre. Würzburg 2001.

Mendelssohn, Peter de: Arthur Schnitzler und sein Verleger. In: Giuseppe Farese (Hg.): *Akten des Internationalen Symposiums »Arthur Schnitzler und seine Zeit«*. Bern/Frankfurt a. M./New York 1985, 14–21.

Montingelli, Guido: *Relativität und Subjektivität. Zum dramatischen Werk Arthur Schnitzlers im Kontext des »Pirandellismo«. Ein Vergleich*. Wien 1999.

Noltenius, Rainer: *Hofmannsthal – Schröder – Schnitzler. Möglichkeiten und Grenzen des modernen Aphorismus*. Stuttgart 1969.

Ohl, Hubert: Zeitgenossenschaft. Arthur Schnitzler und Theodor Fontane. In: *Jahrbuch des Freien Deutschen Hochstifts* (1991), 262–307.

Pinkert, Ernst-Ullrich: Georg Brandes und Arthur Schnitzler. Eine Freundschaft im Spiegel von Schnitzlers »Tagebuch«. In: Jan T. Schlosser (Hg.): *Kulturelle und interkulturelle Dialoge. Festschrift für Klaus Bohnen zum 65. Geburtstag*. Kopenhagen 2005, 297–311.

Piok, Maria: Internationale Tagung in Valenciennes (Frankreich). »Les relations de Johann Nestroy et d'Arthur Schnitzler avec la France«. In: *Nestroyana. Blätter der Internationalen Nestroy-Gesellschaft* 33 (2013), H. 1/2, 102–104.

Reichert, Herbert W.: Thomas Mann on Arthur Schnitzler. Commentary on Two Eulogies. Presentation Delivered at Conference at the M. L. A. Convention, Dec. 29, 1966. In: MAL 6 (1967), H. 4, 13–15.

Rieckmann, Jens: Also spielen wir Theater. Einakter, Einakterzyklen und Dramen Schnitzlers und Hofmannsthals. In: Jens Rieckmann: *Aufbruch in die Moderne. Die Anfänge des Jungen Wien. Österreichische Literatur und Kritik im Fin de Siècle*. Königstein i. Ts. 1984, 145–167.

Roßbach, Nikola: Richard Schaukal und Arthur Schnitzler. Korrespondenzen. In: *Eros Thanatos* 3/4 (1999/2000), 27–50.

Rothe, Friedrich: *Arthur Schnitzler und Adele Sandrock. Theater über Theater*. Berlin 1997.

Rothschild, Thomas: Schnitzler und Cechov. Ein Vergleich. In: Fausto Cercignani (Hg.): *Studia Austriaca*. Bd. 8. Mailand 2000, 93–104.

4. Auswahlbibliographie

Scheffel, Michael: ›Der Weg ins Freie‹ – Figuren der Moderne bei Theodor Fontane und A. S. In: Hanna Delf von Wolzogen/Helmuth Nürnberger (Hg.): *Theodor Fontane. Am Ende des Jahrhunderts. Internationales Symposium des Theodor-Fontane-Archivs zum 100. Todestag Theodor Fontanes 13.–17. September 1998 in Potsdam*. Bd. 3. Würzburg 2000, 253–265.

Scheible, Hartmut: »›… völlig getrennten Haushalt …‹. Friedrich Hebbel und Arthur Schnitzler. In: *Hebbel-Jahrbuch* 58 (2003), 47–64.

Schmid-Bortenschlager, Sigrid: Illness as Social Indicator. Hysteria in Schnitzler and Freud. In: *Semiotica* 128 (2000), H. 3/4, 513–525.

Schneider, Gerd K.: Time and Time Again. Perspectivism, Primeval Power, and Eternal Recurrence in the Works of Friedrich Nietzsche and Arthur Schnitzler. In: Jeffrey B. Berlin/Jorun B. Johns/Richard H. Lawson (Hg.): *Turn-of-the-Century Vienna and its Legacy. Essays in Honour of Donald G. Daviau*. Wien 1993, 103–118.

Schnitzler, Olga: *Spiegelbild der Freundschaft*. Salzburg 1962.

Schorske, Carl E.: Die Seele und die Politik. Schnitzler und Hofmannsthal. In: Carl E. Schorske: *Wien. Geist und Gesellschaft im Fin de Siècle*. Frankfurt a. M. 1982, 3–21.

Schorske, Carl E.: Schnitzler und Hofmannsthal. Politik und Psyche im Wien des Fin de siècle. In: *Wort und Wahrheit* 17 (1962), 367–381.

Simonek, Stefan: Im Blindflug durch die Wiener Moderne. Osip Mandelstam als Übersetzer Arthur Schnitzlers. In: *Sprachkunst* 24 (1993), H. 1, 41–50.

Skrine, Peter: *Hauptmann, Wedekind and Schnitzler*. New York 1989.

Sprengel, Peter: Schnitzler in Berlin – Schnitzler und Berlin. In: *Cahiers d'Etudes Germaniques* 24 (1993), 163–179.

Strauss, Monica: The Renegade's Challenge. Kraus and Schnitzler as Public Figures in Fin-de-siècle Vienna. In: *Andererseits* 1 (2011), 47–52.

Tallian, Andreas: »Im Schatten des Todes«. Die Beziehung zwischen Arthur Schnitzler und Clara Katharina Pollaczek. Wien 2010.

Vogel, Juliane: Hofmannsthals und Schnitzlers Dramen. In: Hans J. Piechotta/Ralph-Rainer Wuthenow/Sabine Rothemann (Hg.): *Die literarische Moderne in Europa*. Bd. 2: *Formationen der literarischen Avantgarde*. Opladen 1994, 283–303.

Wilhelm, Paul: Wiener Kunst. Arthur Schnitzler – Hugo von Hofmannsthal. In: *Die Gesellschaft* 15 (1899), H. 2, 336–341.

Wucherpfennig, Wolf: Die Jünglinge und der Tod von Wien (Hofmannsthal, Beer-Hofmann, Schnitzler). In: Klaus-Michael Bogdal/Ortrud Gutjahr/Joachim Pfeiffer (Hg.): *Jugend. Psychologie – Literatur – Geschichte. Festschrift für Carl Pietzcker*. Würzburg 2001, 193–208.

Yates, William E.: *Schnitzler, Hofmannsthal and the Austrian Theatre*. New Haven 1992.

Kristina Fink

5. Siglenverzeichnis

Schriften Schnitzlers

A/HKA I, II: *Anatol. Historisch-kritische Ausgabe*. Hg. v. Evelyne Polt-Heinzl u. Isabella Schwentner. 2 Bde. Berlin 2012.

AB: *Aphorismen und Betrachtungen*. Hg. v. Robert O. Weiss. Frankfurt a. M. 1967.

BE: *Beziehungen und Einsamkeiten. Aphorismen*. Ausgewählt u. eingeleitet v. Clemens Eich. Frankfurt a. M. 1987.

BSB: *Buch der Sprüche und Bedenken. Aphorismen und Fragmente*. Wien 1927.

CAS: *Casanovas Heimfahrt*. Hg. v. Johannes Pankau. Stuttgart 2003.

DW I, II: *Die Dramatischen Werke*. 2 Bde. Frankfurt a. M. 1962.

DWL: *Das weite Land. Tragikomödie in fünf Akten*. Hg. v. Reinhard Urbach. Stuttgart 2002.

ELS: *Fräulein Else*. Hg. v. Johannes Pankau. Stuttgart 2002 [Nachdr. 2005].

ES I, II: *Die Erzählenden Schriften*. 2 Bde. Frankfurt a. M. 1961.

EV: *Entworfenes und Verworfenes. Aus dem Nachlaß*. Hg. v. Reinhard Urbach. Frankfurt a. M. 1977.

FLU: *Flucht in die Finsternis*. Hg. v. Barbara Neymeyr. Stuttgart 2006.

GAR: *Frau Berta Garlan*. Hg. v. Konstanze Fliedl. Stuttgart 2006.

GUS: *Lieutenant Gustl*. Hg. v. Konstanze Fliedl. Mit Anmerkungen u. Literaturhinweisen v. Evelyne Polt-Heinzl. Stuttgart 2002 [durchges. Ausg. 2009].

JiW: *Jugend in Wien. Eine Autobiographie*. Hg. v. Therese Nickl u. Heinrich Schnitzler. Mit einem Nachwort v. Friedrich Torberg. Wien 1968.

LBL: *Liebelei. Schauspiel in drei Akten*. Hg. v. Michael Scheffel. Stuttgart 2002.

MS: *Medizinische Schriften*. Zusammengestellt v. Horst Thomé. Wien 1988.

Psy: *Über Psychoanalyse*. Hg. v. Reinhard Urbach. In: *Protokolle. Wiener Halbjahresschrift für Literatur, bildende Kunst und Musik* 11 (1976), H. 2, 277–284.

REI: *Reigen. Zehn Dialoge*. Hg. v. Michael Scheffel. Stuttgart 2002 [Nachdr. 2007].

RF: *Roman-Fragment*. Mit einer Vorbemerkung sowie Anmerkung hg. v. Reinhard Urbach. In: LuK 2 (1967), H. 13, 135–183.

SPI: *Spiel im Morgengrauen*. Hg. v. Barbara Neymeyr. Stuttgart 2006.

STE: *Sterben*. Hg. v. Hee-Ju Kim. Stuttgart 2006 [Nachdr. 2010].

TRA: *Traumnovelle*. Hg. v. Michael Scheffel. Stuttgart 2006.

UA: »Ich habe Heimatgefühl, aber keinen Patriotismus«. Unveröffentlichte Aphorismen und Aufzeichnungen. In: LuK 27 (1992), H. 269/270, 55–62.

W: *Das Wort. Tragikomödie in fünf Akten. Fragment*. Aus dem Nachlass hg. v. Kurt Bergel. Frankfurt a. M. 1966.

Briefe und Tagebücher

Auernheimer-Bw: *Arthur Schnitzler – Raoul Auernheimer. The Correspondence of Arthur Schnitzler and Raoul Auernheimer with Raoul Auernheimer's Aphorisms.* Hg. v. Donald G. Daviau u. Jorun B. Johns. Chapel Hill 1972.

Beer-Hofmann-Bw: *Arthur Schnitzler – Richard Beer-Hofmann. Briefwechsel 1891–1931.* Hg. v. Konstanze Fliedl. Wien 1992.

Br I: *Briefe 1875–1912.* Hg. v. Therese Nickl u. Heinrich Schnitzler. Frankfurt a. M. 1981.

Br II: *Briefe 1913–1931.* Hg. v. Peter M. Braunwarth u. a. Frankfurt a. M. 1984.

Brahm-Bw: *Der Briefwechsel Arthur Schnitzler – Otto Brahm.* Hg. v. Oskar Seidlin. Tübingen 1975.

Brandes-Bw: *Georg Brandes und Arthur Schnitzler. Ein Briefwechsel.* Hg. v. Kurt Bergel. Bern 1956.

Fischer-Bw: *Samuel Fischer – Hedwig Fischer. Briefwechsel mit Autoren.* Hg. v. Dierk Rodewald u. Corinna Fiedler. Mit einer Einführung v. Bernhard Zeller. Frankfurt a. M. 1989.

Hofmannsthal-Bw: *Hugo von Hofmannsthal – Arthur Schnitzler. Briefwechsel.* Hg. v. Therese Nickl u. Heinrich Schnitzler. Frankfurt a. M. 1964.

Reinhardt-Bw: *Der Briefwechsel Arthur Schnitzlers mit Max Reinhardt und dessen Mitarbeitern.* Hg. v. Renate Wagner. Salzburg 1971.

Sandrock-Bw: *Adele Sandrock und Arthur Schnitzler. Dilly. Geschichte einer Liebe in Briefen, Bildern und Dokumenten.* Zusammengestellt u. hg. v. Renate Wagner. Wien/München 1975.

Schaukal-Bw: *Richard Schaukal – A. S. Briefwechsel (1900–1902).* Hg. v. Reinhard Urbach. In: MAL 8 (1975), H. 3/4, 15–42.

Tb: *Tagebuch 1879–1931.* Unter Mitwirkung v. Peter M. Braunwarth u. a. hg. v. der Kommission für literarische Gebrauchsformen der Österreichischen Akademie der Wissenschaften. Obmann: Werner Welzig. 10 Bde. Wien 1987–2000.

Waissnix-Bw: *Arthur Schnitzler – Olga Waissnix. Liebe, die starb vor der Zeit. Ein Briefwechsel.* Mit einem Vorwort v. Hans Weigel. Hg. v. Therese Nickl u. Heinrich Schnitzler. Wien u. a. 1970.

Zeitschriften und Jahrbücher

GR: *The Germanic Review. Literature, Culture, Theory*
IASL: *Internationales Archiv für Sozialgeschichte der deutschen Literatur*
JDSG: *Jahrbuch der Deutschen Schiller-Gesellschaft*
LuK: *Literatur und Kritik*
MAL: *Modern Austrian Literature*
TuK: *Text und Kontext. Zeitschrift für germanistische Literaturforschung in Skandinavien*
ZfdPh: *Zeitschrift für deutsche Philologie*

Manuskripte und Typoskripte

CUL: Cambridge University Library
DLA: Deutsches Literaturarchiv Marbach
SAF: Arthur-Schnitzler-Archiv, Freiburg i. Br.

6. Archive, Nachlässe, Institutionen

Cambridge University Library, West Road, Cambridge, CB3 9DR, Vereinigtes Königreich, Homepage: http://www.lib.cam.ac.uk/ – Literarischer Nachlass inkl. zahlreicher Briefe. 1938 auf Initiative von Eric A. Blackall von Wien nach Cambridge gerettet. Erschlossen durch die Datenbank Kallías des Deutschen Literaturarchivs Marbach (s. u.) und das Findbuch des Arthur-Schnitzler-Archivs (s. u.).

Deutsches Literaturarchiv Marbach, Schillerhöhe 8–10, D-71672 Marbach a. N., Homepage: http://www.dla-marbach.de/ – Teilnachlass. Handschriften u. a. von *Der grüne Kakadu, Doktor Gräsler, Badearzt, Professor Bernhardi, Das weite Land*, Briefe, Tagebücher, Bühnenfassungen mit Korrekturen und Streichungen, persönliche Gegenstände und Dokumente, der Nachlass Lili Schnitzlers. Der Großteil des Teilnachlasses befand sich bis zu dessen Tod im Jahr 1982 im Besitz von Heinrich Schnitzler (verzeichnet im Anhang des Arthur-Schnitzler-Archiv-Findbuchs, s. u.), weitere Stücke gelangten 2010 nach dem Tod seiner Frau nach Marbach. Erschlossen durch die Datenbank Kallías http://www.dla-marbach.de/opac_kallias/.

Arthur-Schnitzler-Archiv, Albert-Ludwigs-Universität, Deutsches Seminar – Neuere Deutsche Literatur, Platz der Universität 3, D-79085 Freiburg i. Br., Homepage: https://portal.uni-freiburg.de/ndl/personen/achimaurnhammer/schnitzlerarchiv.html/startseite – Kopienarchiv des Cambridger Original-Nachlasses, basierend auf Mikrofilm-Reproduktionen, die in den 1950er Jahren in Cambridge angefertigt wurden; erschlossen durch das Findbuch von Gerhard Neumann und Jutta Müller: *Der Nachlaß Arthur Schnitzlers. Verzeichnis des im Schnitzler-Archiv der Universität Freiburg i. Br. befindlichen Materials.* Mit einem Vorwort von Gerhart Baumann und einem Anhang von Heinrich Schnitzler: *Verzeichnis des in Wien vorhandenen Nachlaßmaterials.* München 1969.

Österreichische Nationalbibliothek, Josefsplatz 1, A-1010 Wien, Homepage: http://www.onb.ac.at/ – u. a. Handschrift von *Liebelei* (vormals seit 1920 im Besitz von Olga Schnitzler), Briefe, fotografischer Teilnachlass Schnitzlers http://www.bildarchivaustria.at, Bücher aus Schnitzlers privater Bibliothek.

Theatermuseum, Lobkowitzplatz 2, A-1010 Wien, Homepage: http://www.theatermuseum.at/ – Handschrift von *Der Ruf des Lebens* in der Autographensammlung von Stefan Zweig, dem Schnitzler das Manuskript 1909 geschenkt hatte; Nachlass von Heinrich Schnitzler.

Wienbibliothek, Wiener Rathaus, A-1082 Wien, Homepage: http://www.wienbibliothek.at/ – u. a. Handschriften von *Liebelei, Fräulein Else, Der junge Medardus*; Nachlass von Clara Katharina Pollaczek inkl. ihrer Erinnerungen *Arthur Schnitzler und ich*.

Leo Baeck Institute, 15 West 16th Street, New York, NY 10011, U. S. A., Homepage: http://www.lbi.org/ – Handschriften von Gedichten, Briefe, private Fotografien.

Fondation Bodmer, Route Martin-Bodmer 19–21, CH-1223 Cologny, Homepage: http://fondationbodmer.ch/ – Handschrift von *Reigen* (Erwerb 1956).

Exeter University Library, Stocker Rd, Exeter, Devon EX4 4PT, Vereinigtes Königreich, Homepage: http://as.exeter.ac.uk/library/ – Schnitzlers Sammlung von 21.000 Zeitungsausschnitten. Zunächst Schenkung von Olga Schnitzler an den Exeter Germanistik-Professor Henry B. Garland, dessen Witwe die Sammlung 1982 der Bibliothek überließ.

The National Library of Israel, Edmond Safra campus, Givat Ram, POB 39105 Jerusalem 91390, Israel, Homepage: http://web.nli.org.il – Handschrift von *Paracelsus*, eine Schenkung von Heinrich Schnitzler.

Arthur Schnitzler Gesellschaft, Herrengasse 5, A-1010 Wien, Homepage: http://www.arthur-schnitzler.at – Unter dem Dach der »Österreichischen Gesellschaft für Literatur« geführte, nicht als Mitgliederverein organisierte Gesellschaft zur Förderung der wissenschaftlichen Beschäftigung und öffentlichen Auseinandersetzung mit dem Werk Arthur Schnitzlers, u. a. in Form von Gastvorträgen, Podiumsdiskussionen, Verleihung des Arthur-Schnitzler-Preises.

Austrian Studies Association, Homepage: http://www.austrian-studies.org/ – Nordamerikanische Vereinigung mit Schwerpunkt auf österreichische Kultur und Geschichte des 18. Jahrhunderts bis heute. Herausgeber der Vierteljahres-Zeitschrift *The Journal of Austrian Studies*. Nachfolger der MALCA (Modern Austrian Literature and Culture Association), die wiederum aus der 1961 gegründeten IASRA (International Arthur Schnitzler Research Association) hervorging, die sich ursprünglich ganz der Erforschung und Verbreitung des Werkes Arthur Schnitzlers verschrieben hatte.

Vivien Friedrich

7. Autorinnen und Autoren

Dr. Julia Abel, wissenschaftliche Mitarbeiterin für Allgemeine Literaturwissenschaft und Neuere deutsche Literaturgeschichte an der Bergischen Universität Wuppertal (II.1.1.3: *Komtesse Mizzi oder Der Familientag. Komödie in einem Akt* (1908))

Dr. Matthias Aumüller, Privatdozent für Allgemeine Literaturwissenschaft und Neuere deutsche Literaturgeschichte an der Bergischen Universität Wuppertal (IV.1.2: DDR)

Dr. Achim Aurnhammer, Professor für Neuere Deutsche Literatur an der Albert-Ludwigs-Universität Freiburg (I.2: Produktive Lektüren, produktive Rezeptionen: Der Leser Schnitzler; I.8: Musik; IV.3.4: Vertonungen)

Dr. Norbert Bachleitner, Professor für Vergleichende Literaturwissenschaft an der Universität Wien (I.3: Intendanten, Verleger, Autorenkollegen)

Dr. Hans-Peter Bayerdörfer, Professor emeritus für Theaterwissenschaft an der Ludwig-Maximilians-Universität München (II.1.1.2: *Marionetten. Drei Einakter* (1906); IV.3.1: Inszenierungen)

Dr. Sabina Becker, Professorin für Neuere Deutsche Literatur an der Albert-Ludwigs-Universität Freiburg (II.3.1.2: *Doktor Gräsler, Badearzt* (1917))

Dr. Peter Bekes, Lehrbeauftragter für Literaturwissenschaft/-didaktik an der Universität Duisburg-Essen (IV.3.5: Schnitzler in der Schule)

Dr. Alexander Belobratow, Professor für Geschichte der ausländischen Literaturen an der Universität St. Petersburg (IV.2.1: Russland und Osteuropa)

Christian Belz, wissenschaftliche Hilfskraft für Allgemeine Literaturwissenschaft und Neuere deutsche Literaturgeschichte an der Bergischen Universität Wuppertal (II.3.1.2: *Die Hirtenflöte* (1911))

Dr. Judith Beniston, Senior Lector in German am University College London (II.1.1.1: *Professor Bernhardi. Komödie in fünf Akten* (1912))

Dr. Toni Bernhart, wissenschaftlicher Mitarbeiter im ERC-Projekt »DramaNet – Early Modern European Drama and the Cultural Net« der Freien Universität Berlin (IV.3.2: Hörspiele)

Dr. Barbara Beßlich, Professorin für Neuere deutsche Literaturgeschichte an der Universität Heidelberg (II.3.1.1: *Die kleine Komödie* (1895); II.3.1.2: *Frau Bertha Garlan* (1901))

Dr. Andreas Blödorn, Professor für Neuere deutsche Literatur an der Westfälischen Wilhelms-Universität (II.3.1.1: *Der Witwer* (1894) und *Sterben* (1894))

Dr. Christoph Brecht, Privatdozent (II.1.2: *Das Wort* (Fragm. 1966))

Hans Peter Buohler, München (II.1.1.1: *Der junge Medardus. Dramatische Historie in einem Vorspiel und fünf Aufzügen* (1910))

Dr. Irène Cagneau, wissenschaftliche Mitarbeiterin für Germanistik an der Université de Valenciennes et du Hainaut-Cambrésis (II.1.1.2: *Anatol* (Einakterfolge, 1889–1893; inkl. *Anatols Größenwahn*, aus d. Nachlass 1955); II.1.2: *Das Abenteuer seines Lebens. Lustspiel in einem Aufzuge* (1964); II.3.1.3: *Spiel im Morgengrauen* (1926/27))

Dr. Stephanie Catani, Privatdozentin für Neuere deutsche Literaturwissenschaft an der Universität Bamberg

(II.1.1.1: *Das Märchen. Schauspiel in drei Aufzügen* (1891); II.1.1.1: *Das Vermächtnis. Schauspiel in drei Akten* (1898); III.4: Gender-Konstellationen: Männer und das Männliche – Frauen und das Weibliche)

Dr. Rudolf Denk, Professor für deutsche Sprache und Literatur an der Pädagogischen Hochschule Freiburg; von 1990 bis 1998 Rektor der Hochschule (II.1.1.1: *Das weite Land. Tragikomödie in fünf Akten* (1911))

Dr. Anke Detken, Professorin für Neuere deutsche Literaturwissenschaft an der Georg-August-Universität Göttingen (II.1.1.2: *Lebendige Stunden. Vier Einakter* (1902))

Dr. Margit Dirscherl, Leverhulme Early Career Fellow an der School of Modern Languages der University of Bristol (IV.2.4: England)

Dr. Kristina Fink, wissenschaftliche Mitarbeiterin im Projekt »Arthur Schnitzler: Digitale historisch-kritische Edition (Werke 1905 bis 1931)« an der Bergischen Universität Wuppertal (V.1: Biographische Chronik; V.4: Auswahlbibliographie)

Vivien Friedrich, wissenschaftliche Mitarbeiterin im Projekt »Arthur Schnitzler: Digitale historisch-kritische Edition (Werke 1905 bis 1931)« an der Bergischen Universität Wuppertal (II.1.1.1: *Liebelei. Schauspiel in drei Akten* (1895); II.1.2: *Zug der Schatten* (Fragm. 1970); II.1.2: *Ritterlichkeit* (Fragm. 1975); V.2: Editionsgeschichte; V.3: Schnitzlers Nachlass; V.6: Archive, Nachlässe, Institutionen)

Dr. Daniel Göske, Professor für Amerikanistik/Literaturwissenschaft an der Universität Kassel (IV.2.6: USA)

Dr. Dirk Göttsche, Professor of German an der University of Nottingham (II.1.1.1: *Die Schwestern oder Casanova in Spa. Lustspiel in Versen* (1919); II.3.1.2: *Casanovas Heimfahrt* (1918))

Dr. Henrike Hahn, Lehrkraft für Literaturwissenschaft am Institut für Germanistik der Universität Leipzig (I.9: Film; IV.3.3 Verfilmung)

Dr. Hans Otto Horch, Professor emeritus für Germanistische und Allgemeine Literaturwissenschaft an der RWTH Aachen (I.5: Judentum/Zionismus)

Julia Ilgner, Doktorandin in Neuerer Deutscher Literatur an der Albert-Ludwigs-Universität Freiburg (IV.1.1: Von den Anfängen bis zum Ende des Nationalsozialismus; IV.1.3: Bundesrepublik Deutschland, Österreich, Schweiz nach 1945)

Dr. Ingo Irsigler, wissenschaftlicher Mitarbeiter für Neuere Deutsche Literatur und Medien an der Christan-Albrechts Universität zu Kiel (II.1.1.1: *Der Schleier der Beatrice. Schauspiel in fünf Akten* (1900); II.1.1.2: *Komödie der Worte. Drei Einakter* (1915); II.3.1.1: *Die Frau des Weisen* (1897); II.3.1.1: *Die Toten schweigen* (1897))

Dr. Christoph Jürgensen, wissenschaftlicher Mitarbeiter für Allgemeine Literaturwissenschaft und Neuere deutschen Literaturgeschichte an der Bergischen Universität Wuppertal (II.3.2.1: *Die Nächste* (1932); II.8.1: *Jugend in Wien*; II.8.3: Briefe)

Dr. Gerhard Kaiser, Professor für Neuere deutsche Literatur an der Georg-August-Universität Göttingen (III.7: Paradigma der Moderne II: Sprachkrise(n))

Dr. Ursula von Keitz, Professorin für Filmforschung und Filmbildung an der Filmuniversität Babelsberg Konrad Wolf (I.6: Film-Skripte)

Dr. Marie Kolkenbrock, wissenschaftliche Mitarbeiterin für Germanistik und Niederlandistik an der University of Cambridge (II.1.1.3: *Der grüne Kakadu. Groteske in einem Akt* (1899); II.3.1.2: *Das Schicksal des Freiherrn von Leisenbohg* (1904); II.3.1.2: *Die Weissagung* (1905); II.3.1.2: *Das Tagebuch der Redegonda* (1911))

Dr. Jacques Le Rider, Professor für deutsche Kulturgeschichte an der École pratique des Hautes Études Paris (I.6: Tiefenpsychologie und Psychiatrie; II.7: Medizinische Schriften)

Dr. Wolfgang Lukas, Professor für Neuere deutsche Literaturgeschichte an der Bergischen Universität Wuppertal (I.7: Anthropologie und Lebensideologie; II.1.1.1: *Der Ruf des Lebens. Schauspiel in drei Akten* (1906); II.1.1.1: *Fink und Fliederbusch. Komödie in drei Akten* (1917); III.6: Paradigma der Moderne I: Norm-und Subjektkrisen)

Dr. Rüdiger Nutt-Kofoth, wissenschaftlicher Mitarbeiter Neuere deutsche Literatur an der Bergischen Universität Wuppertal (II.1.1.1: *Der Gang zum Weiher* (Drama, 1926); II.3.2.2: Kleinere Erzählungen der mittleren Periode (entst. 1900–1910))

Dr. Magdolna Orosz, Professorin für Deutschsprachige Literaturen an der Eötvös-Loránd-Universität Budapest (II.3.1.1: *Reichtum* (1891); II.3.1.3: *Die Frau des Richters* (1925))

Dr. Dominik Orth, Lehrkraft für besondere Aufgaben an der Carl von Ossietzky Universität Oldenburg (I.4: Schnitzler und Jung Wien; II.1.1.1: *Freiwild. Schauspiel in drei Akten* (1896); II.1.1.1: *Zwischenspiel. Komödie in drei Akten* (1905); II.1.1.3: *Die Gefährtin. Schauspiel in einem Akt* (1899))

Dr. Ernst-Ullrich Pinkert, Professor für deutsch-dänischen Kulturtransfer an der Universität Aalborg (IV.2.5: Skandinavien)

Dr. Peter Plener, Leiter der Abteilung für Pressearbeit und Publikationswesen im Bundeskanzleramt, Wien (II.8.2: Tagebücher 1879–1931)

Dr. Madleen Podewski, Privatdozentin für Deutsche und Niederländische Philologie an der Freien Universität Berlin (I.10: Schnitzler und der Buch- und Zeitschriftenmarkt seiner Zeit)

Dr. Ursula Renner[-Henke], Professorin für Neuere deutsche Literaturwissenschaft und Kulturwissenschaft im Fachbereich Geisteswissenschaften – Germanistik an der Universität Duisburg-Essen (II.3.1.2: *Lieutenant Gustl* (1900))

Dr. Wolfgang Sabler, Professor für Germanistik an der Université de Picardie Jules Verne (II.1.1.1: *Im Spiel der Sommerlüfte* (Drama, 1929); III.1: Zwischen Tradition und Innovation: Schnitzler als Dramatiker)

Dr. Gabriele Sander, Professorin für Allgemeine Literaturwissenschaft und Neuere deutsche Literaturgeschichte an der Bergischen Universität Wuppertal (II.2.2: *Theaterroman* (Fragm. 1967); II.3.2.3: *Der Sekundant* (1932); II.3.2.3: *Abenteurernovelle* (Fragm. 1937))

Dr. Sibylle Saxer, Redakteurin bei einer Zürcher Regionalzeitung, außerdem Literaturkritikerin, u. a. für die *Neue Zürcher Zeitung* (II.3.1.3: *Fräulein Else* (1924))

Dr. Michael Scheffel, Professor für Allgemeine Literaturwissenschaft und Neuere deutsche Literaturgeschichte an der Bergischen Universität Wuppertal (II.2.1: *Der*

Weg ins Freie (1908); II.3.1.3: *Traumnovelle* (1925/26); II.3.2.1: *Später Ruhm* (2014); II.3.2.3: *Ich* (1968); III.2: Narrative Modernität: Schnitzler als Erzähler)

Dr. Stefan Scherer, Professor für Neuere deutsche Literaturwissenschaft am Karlsruher Institut für Technologie (KIT) (II.1.1.3: *Alkandi's Lied. Dramatisches Gedicht in einem Aufzuge* (1890); II.1.1.3: *Die überspannte Person. Ein Akt* (1896); II.1.1.3: *Halbzwei. Ein Akt* (1897); II.1.1.3: *Sylvesternacht. Ein Dialog* (1901))

Alexander Schüller, Lehrbeauftragter für Neuere deutsche Literaturwissenschaft an der RWTH Aachen (I.5: Judentum/Zionismus)

Dr. Kai Sina, wissenschaftlicher Mitarbeiter für Neuere deutsche Literaturwissenschaft an der Georg-August-Universität Göttingen (II.3.1.2: Kleinere Erzählungen; II.3.1.2: *Der blinde Geronimo und sein Bruder* (1900/1901))

Dr. Filippo Smerilli, wissenschaftlicher Mitarbeiter für Allgemeine Literaturwissenschaft und Neuere deutsche Literaturgeschichte an der Bergischen Universität Wuppertal (II.3.1.1: Kleinere Erzählungen I: 1880er Jahre; II.3.2.1: Kleinere Erzählungen)

Dr. Friedemann Spicker, freier wissenschaftlicher Schriftsteller und Aphoristiker (II.5: Aphorismen)

Dr. Martin Swales, Professor emeritus für Germanistik am University College London (III.3: Intermedialität: Filmisches Schreiben)

Dr. Erzsébet Szabó, Oberassistentin für Neuere Deutsche Literaturwissenschaft an der Universität Szeged (II.3.2.3: *Boxeraufstand* (Fragm. 1957))

Dr. Giovanni Tateo, Professor für deutsche Literatur an der Università del Salento (I.1: Schnitzler und der Spätrealismus; IV.2.2: Italien)

Dr. Karin Tebben, Professorin für Neuere deutsche Literaturwissenschaft an der Universität Heidelberg (III.5: Tabu-Brüche: Sexualität und Tod)

Dr. Michael Titzmann, Professor emeritus für Neuere deutsche Literaturwissenschaft an der Universität Passau (entpflichtet seit 2009) (II.1.1.1: *Der einsame Weg. Schauspiel in fünf Akten* (1904); II.1.1.1: *Komödie der Verführung* (Schauspiel, 1924); II.3.1.2: *Frau Beate und ihr Sohn* (1913); II.3.2.3: *Der letzte Brief eines Literaten* (1932))

Dr. Peer Trilcke, wissenschaftlicher Mitarbeiter für Neuere deutsche Literaturwissenschaft an der Georg-August-Universität Göttingen (II.3.1.1: Kleinere Erzählungen II: 1890er Jahre; II.4: Gedichte)

Dr. Hartmut Vollmer, Professor für Literaturwissenschaft und Literaturdidaktik an der Leuphana Universität Lüneburg (II.1.1.3: *Die Verwandlungen des Pierrot. Pantomime in einem Vorspiel und sechs Bildern* (1908); II.1.1.3: *Der Schleier der Pierrette. Pantomime in drei Bildern* (1910))

Dr. Charlotte Woodford, College Lecturer für Germanistik an der University of Cambridge (II.3.1.2: *Das neue Lied* (1905); II.3.1.2: *Der tote Gabriel* (1907); II.3.1.2: *Der Mörder* (1911))

Dr. Xiaoqiao Wu, Professor für Germanistik und interkulturelle Studien an der Beihang Universität Peking (IV.2.7: China)

Dr. Marianne Wünsch, Professorin emerita für Neuere deutsche Literatur und Medien an der Christan-Albrechts Universität zu Kiel (II.1.1.3: *Paracelsus. Versspiel in einem Akt* (1898); II.1.1.1: *Reigen. Zehn Dialoge* (1900); II.3.1.3: *Flucht in die Finsternis* (1931))

Dr. Karl Zieger, Professor für Allgemeine und Vergleichende Literaturwissenschaft an der Universität Charles-de-Gaulle Lille 3 (II.2.1: *Therese. Chronik eines Frauenlebens* (1928); IV.2.3: Frankreich)

8. Personenregister

Abel, Heinrich 29
Aimée, Anouk 196
Alasson, Barbara 364
Alfreds, Mike 370
Alighieri, Dante 9, 338
Altenberg, Peter 8, 18, 19, 25, 26, 145, 163, 202, 247, 304, 358
Andrian-Werburg, Leopold Ferdinand Freiherr von 8, 18, 231
Antoine, Georges 395
Anzengruber, Ludwig 4, 86, 388
Auerbach, Alfred 289
Auerbach, Berthold 9
Auernheimer, Raoul 102, 157, 160, 264, 376
Augier, Emile 97
Austen, Jane 307

Bahr, Hermann 3, 8, 12, 16, 18, 19, 20, 23, 24, 25, 39, 55, 58, 61, 82, 121, 142, 166, 244, 245, 246, 258, 287, 299, 347, 351
Balzac, Honoré de 9, 307
Barbaro, Umberto 364
Barnowsky, Victor 93, 102, 381
Barton, John 370
Baseggio, Cristina 364
Bassermann, Albert 12, 48, 393
Bauer, Felice 15
Baumann, Gerhart 120, 353, 414, 420
Beauvais, Peter 91
Beckett, Samuel 370
Beer-Hofmann, Richard 8, 18, 19, 20, 22, 23, 25, 55, 60, 75, 83, 102, 121, 128, 142, 143, 166, 171, 176, 210, 231, 245, 286, 287, 299
Beethoven, Ludwig van 44, 392
Benedikt, Moriz 138
Benzi, Mario 364
Berg, Alban 44
Berger, Alfred Freiherr von 13, 359
Berger, Helmut 355
Berger, Senta 355
Bergner, Elisabeth 48, 225, 349, 393
Bernard, Tristan 96, 98
Berner, Dieter 393
Bernheim, Hippolyte 274, 330
Bert, Rudolf 396
Bertaux, Félix 35, 368
Bettauer, Hugo 29
Bischoff, Fritz Walter 388
Blackall, Eric A. 285, 349, 353, 369, 413
Blanckenburg, Friedrich von 154
Blei, Franz 218
Blok, Alexander 122, 358
Blom, August 49, 390, 391
Blume, Ludwig 28
Blumenthal, Oscar 57
Boccaccio, Giovanni 101, 255
Boesmans, Philippe 396
Böhm, Karlheinz 91, 355, 394
Bonaparte, Napoleon 86, 87

Bondy, Luc 79, 91, 355, 367, 370, 396
Bourget, Paul 38, 59
Bragaglia, Anton Giulio 364
Brahm, Hans 102
Brahm, Otto 11, 12, 13, 14, 16, 19, 64, 65, 66, 67, 69, 80, 82, 88, 116, 117, 118, 123, 124, 125, 126, 132, 135, 140, 144, 180, 286, 287, 291, 297, 347, 353, 380, 381, 408, 409
Brahms, Caryl 369
Brahms, Johannes 45, 392
Brandes, Georg 15, 102, 150, 151, 152, 286, 348, 353, 372, 373
Brandner, Ernst 396
Brecht, Bertolt 79, 388, 399
Breuer, Josef 84
Broch, Hermann 158, 212
Bronnen, Arnolt 79, 388
Brunner, Emil 70
Bukovics, Emmerich von 57
Bunin, Ivan 358
Burckhard, Max 9, 12, 57, 60, 61, 66, 67, 125, 127, 139, 187, 347
Burckhardt, Jacob 73

Cai, Hongjun 378
Calabresi, Oreste 364
Casanova, Giacomo 8, 99, 100, 101, 218, 220, 221
Castri, Massimo 365
Čechov, Anton 8, 10, 95, 307, 358, 386
Cervantes, Miguel de 9
Chajes, Hirsch Perez 27
Charcot, Jean-Martin 39, 113, 162, 273
Charmatz, Richard 28, 95
Chen, Xiying 377
Chopin, Frédéric 46
Claudius, Matthias 248
Clauser, Suzanne 288, 367
Cooke, Alistair 370
Corell, Christian 389
Corti, Axel 389
Courteline, Georges 388
Craig, Edward Gordon 122
Cravenne, Marcel 235
Cruise, Tom 394
Cube, Hellmut von 389
Curtiz, Michael 86, 347, 349, s. a. Kertész, Mihály
Czinner, Paul 48, 225, 349, 390, 393
Čërnyj, Saša 358

Defoe, Daniel 160
Deimel, Eugen 354
Delon, Alain 367, 392
DeMille, Cecil Blount 48, 390
Deutsch, Ernst 93, 385
Dickens, Charles 307
Ding, Xilin 377
Döblin, Alfred 42, 48, 55, 140, 310, 400
Dohnányi, Ernst von 45, 141, 142, 395
Dörmann, Felix 8, 260
Dostojevskij, Fedor 9, 160, 253
Dreiser, Theodore 376
Du, Yingtao 378
Duan, Keqing 378

8. Personenregister

Dujardin, Édouard 8, 188, 189, 223, 301, 329
Durieux, Tilla 12
Durkheim, Émile 41

Ebner-Eschenbach, Marie von 1, 3, 4, 264
Eichenberger, Willi 391
Eichendorff, Joseph von 8
Einstein, Carl 304
Eisenstein, Sergei 48
Epstein, Stephan 132
Eulenberg, Herbert 10
Everth, Erich 1
Exner, Sigmund 190

Feigl, Leo 348
Fellini, Federico 221
Feuchtwang, David 27
Feyder, Jacques 235, 390
Fischer, Otto Wilhelm 91
Fischer, Samuel 13, 14, 55, 71, 140, 173, 176, 222, 286, 408, 409
Flaubert, Gustave 8, 10, 74, 151, 180, 307
Fleck, Jakob 47, 349, 390, 391
Fleck, Luise 47, 349, 390, 391
Flesch, Hans 387
Fließ, Wilhelm 38
Flimm, Jürgen 91
Fonda, Jane 393
Fontane, Theodor 1, 2, 6, 7, 9, 160, 299, 303, 307, 351, 400
Frenzel, Karl 79
Freud, Anna 35, 197
Freud, Sigmund 31, 35, 36, 37, 38, 39, 41, 84, 95, 159, 190, 195, 196, 197, 198, 199, 208, 211, 224, 229, 231, 237, 244, 252, 274, 281, 283, 285, 299, 302, 306, 318, 319, 323, 342, 347, 348, 350, 353, 365, 368, 399
Freund, Karl 393
Freytag, Gustav 1, 31, 97
Friedmann, Louis 28, 92
Fritsch, Götz 390

Gad, Urban 49, 266
Garbo, Greta 48
Gaspard-Huit, Pierre 367, 392
Geiger, Ludwig 73
Giachetti Sorteni, Bice 364
Gillet, Louis 160, 368
Glaeser, Ernst 288
Glück, Wolfgang 90, 394
Glümer, Marie 29, 57, 59, 161, 286, 288
Gmeiner, Klaus 389
Goethe, Johann Wolfgang von 2, 8, 9, 10, 86, 107, 194, 204, 227, 230, 253, 278, 388
Göhler, Fritz 389
Gold, Käthe 194
Goldmann, Paul 15, 16, 125, 261
Gounod, Charles 162
Grabbe, Christian Dietrich 8, 101
Graf Kolowrat, Alexander Sascha Joseph 47
Grammatica, Emma 364
Granville-Barker, Harley 369, 375
Grillparzer, Franz 2, 4, 8, 131, 388
Grossmann, Stefan 26, 145

Guo, Shaoyu 377
Gussmann, Olga s. Schnitzler, Olga
Gutzkow, Karl 2

Halbe, Max 332
Hamerling, Robert 4
Hamsun, Knut 9, 69, 354, 358
Harden, Maximilian 67, 69, 348
Hare, David 72, 370
Harrower, David 370
Hartmann, Nicolai 98
Hauptmann, Gerhart 8, 11, 12, 13, 14, 55, 130, 299, 332, 348, 358, 360, 361, 382, 386, 388
Haydn, Joseph 44
Hebbel, Friedrich 8, 63
Hegemann, Werner 102
Heilborn, Ernst 348
Heine, Heinrich 8, 261, 399
Heitzmann, Renate 390
Hermanis, Alvis 92
Hermann, Georg 354
Hertwig, Aura 10
Herzl, Theodor 6, 30, 31, 57, 348
Heyse, Paul 1, 2, 3, 173
Hirschfeld, Georg 348, 354
Hoffmann, E. T. A. 198, 221, 253, 276
Hofmann, Gert 221
Hofmannsthal, Hugo von 3, 8, 12, 13, 18, 19, 20, 21, 22, 24, 25, 26, 38, 42, 48, 55, 60, 66, 75, 83, 93, 99, 100, 101, 102, 111, 112, 116, 118, 128, 130, 141, 143, 156, 157, 159, 166, 169, 171, 177, 178, 191, 193, 205, 210, 218, 220, 221, 231, 245, 247, 257, 259, 260, 264, 285, 286, 287, 299, 304, 338, 339, 340, 341, 353, 358, 364, 368, 369, 371
Hohenfels, Stella von 61
Holdheim, Salomon 28
Holitscher, Anni 25
Holitscher, Arthur 55
Holz, Arno 189, 299, 332
Homer 9, 230
Hopfen, Hans von 10
Hörbiger, Attila 91, 355
Hörbiger, Christiane 389
Horch, Franz 225
Horne, Christopher 369
Hrintschenko, Boris 360
Hruschewska, Maria 360
Humboldt, Wilhelm von 338

Ibsen, Henrik 11, 12, 13, 14, 55, 79, 160, 288, 358, 372, 381, 386, 388
Ihering, Herbert 79, 383
Immermann, Karl 276
Ives, Kenneth 370

Jacobsen, Jens Peter 372
Jacobsohn, Siegfried 112
Jaloux, Edmond 368
Jandl, Ernst 178, 187, 188, 189, 353
Janet, Pierre 39
Jannings, Emil 48
Jarno, Josef 69
Jettel, Emil von 132

Jiao, Juyin 377
Joyce, James 10, 351, 369
Južin-Sumbatov, Aleksandr 359

Kafka, Franz 15, 354, 358, 362
Kainz, Josef 80, 88, 347
Kant, Immanuel 339
Kapp, Julius 348
Kappstein, Theodor 347, 348
Kaufmann, Arthur 258
Kehlmann, Michael 132
Keller, Gottfried 1, 2, 8, 86
Kellermann, Bernhard 55
Kerr, Alfred 56, 58, 69, 70, 79, 112, 348, 383, 408, 409
Kertész, Mihály 49, 265, 390, 391, s. a. Curtiz, Michael
Keyserling, Eduard von 43
Kidman, Nicole 72, 370, 394
Kierkegaard, Søren 372
Kirschner, Aloisia 9
Kleist, Heinrich von 9, 218, 221, 227
Klemperer, Victor 347
Klimt, Gustav 101, 273
Knef, Hildegard 393
Koch, Robert 273
Komissarževskaja, Vera 359
Körner, Josef 348
Körner, Theodor 8, 177, 178
Korngold, Ernst Wolfgang 83, 395
Krafft-Ebing, Richard von 35, 319
Kraus, Karl 8, 15, 16, 26, 27, 31, 70, 114, 264, 348
Krauss, Werner 48
Krausz, Viktor 280
Krohg, Christian 8
Kubrick, Stanley 51, 231, 355, 362, 367, 370, 375, 376, 394
Kugel', Aleksandr 360
Kušej, Martin 91, 355

Lambri, Arturo 364
Landsberg, Hans 348
Lang, Fritz 48
Lang, Heinz 26
Lang, Marie 26, 145
Langhoff, Thomas 79, 355
Lautenburg, Sigmund 143
Lavelli, Jorge 367
Lenau, Nikolaus 261, 358
Lenin, Wladimir Iljitsch 350
Leonidov, Leonid 359
Lesage, Alain-René 160
Lessing, Gotthold Ephraim 9, 32, 63, 98, 385
Lessing, Theodor 31
Leuwerik, Ruth 91
Levi, Cesare 364
Lewisohn, Ludwig 375
Lichtenberg, Georg Christoph 338
Liebeneiner, Wolfgang 391
Lin, Yijin 377
Lindau, Paul 98
Linden, Gustaf 373
Lindner, Robert 355
Lippl, Alois Johannes 132
Lissy, Paula 22

Liszt, Franz 45
Liu, Dajie 378
Liu, Shaocang 377
Löbl, Hermann 287
Lohner, Helmuth 355, 389, 390
Lombroso, Cesare 162, 274
Loos, Lina 26, 145
Lothar, Ernst 91, 113, 355, 376, 383, 386
Lothar, Rudolf 143
Lotman, Jurij Michailowitsch 246
Luchini, Fabrice 367
Lueger, Karl 6, 29, 93, 152

Mach, Ernst 39, 41, 114, 158, 258, 299, 338, 350, 351, 353
Madsen, Holger 49, 265, 347, 390, 391
Maeterlinck, Maurice 122, 338, 358
Mahler, Gustav 44, 45, 46, 348
Mahler-Werfel, Alma 102
Mandel'stam, Osip 361
Mandl, Richard 395
Manker, Gustav 146, 389
Mann, Heinrich 2, 10, 14, 304, 348
Mann, Klaus 321
Mann, Thomas 2, 14, 48, 55, 102, 151, 154, 159, 221, 288, 303, 304, 307, 310, 348, 353, 361, 400
Mao, Dun 377
Mariani, Teresa 364
Marie Valerie Mathilde Amalie von Österreich 132
Marini, Giorgio 365
Markbreiter, Philipp 273
Matthes, Ulrich 390
Maupassant, Guy de 8, 9, 160, 367, 368
Mauthner, Fritz 258, 259, 338, 339, 340, 341, 353
Mayer, Carl 393
Meirelles, Fernando 393
Meißner, Alfred 2
Mejerchol'd, Vsevolod 122, 127, 359
Mencken, H. L. 376
Mendelssohn Bartholdy, Felix 44, 45, 304
Mendès, Catulle 10, 288
Mendes, Sam 370
Meyer, Conrad Ferdinand 1, 2, 329
Meynert, Theodor 35
Michaelis, Karin 8
Minar, Hildegard 349
Mirbeau, Octave 160
Mitterwurzer, Friedrich 61, 347
Mohaupt, Richard 132, 396
Moissi, Alexander 12, 364
Molière 388
Molinaros, Édouard 196
Molnár, Franz 354, 388
Moser, Hans 389
Mozart, Wolfgang Amadeus 44
Müller, Ernst 27
Müller-Hofmann, Wilhelm 255
Muret, Maurice 368
Murnau, Friedrich Wilhelm 48, 268, 270, 393
Musil, Robert 37, 38, 39, 42, 102, 136, 307, 310

Nanni, Giancarlo 365
Nansen, Peter 354, 373

8. Personenregister

Nemirovič-Dančenko, Vladimir 359
Nerlich, Alexander 79
Nestroy, Johann 8, 315, 374, 388
Neumann, Franz 347, 395
Nicoletti, Susi 389
Niermans, Édouard 367
Niese, Johanna 69
Nietzsche, Friedrich 38, 39, 41, 42, 115, 175, 260, 263, 275, 299, 338, 339, 340, 341
Nordberger, Carl 395
Novalis 338

Ogier, Bulle 91
Olden, John 389
Ophüls, Max 73, 194, 353, 355, 367, 389, 391, 392, 396
Ortmann, Friedhelm 389
Ott, Elfriede 389
Ovid 9, 112

Pabst, Georg Wilhelm 269, 394
Pagliaro, Walter 365
Paladini, Ettore 364
Palmer, Lilly 393
Pappenheim, Bertha 84
Pfitzner, Hans 45
Philipe, Gérard 392
Piccoli, Michel 91, 196
Pirandello, Luigi 364
Placido, Michele 365
Platen, August von 8
Platon 254, 338
Pluhar, Erika 355, 393, 394
Polgar, Alfred 26, 83, 145, 348
Pollack, Sydney 394
Pollaczek, Clara Katharina 15, 29, 48, 225, 283, 354, 393
Pollak, Frieda 281, 285, 413
Ponto, Erich 385
Prince, Morton 38
Proust, Marcel 8, 10, 159

Qian, Hongjia 378
Qualtinger, Helmut 389

Raimund, Ferdinand 8, 388
Rappaport, Herbert 269
Ratislav, Carl Joseph 348
Rebikov, Vladimir Ivanovich 395
Reich, Franziska 193, 276
Reik, Theodor 37, 38, 173, 210, 348
Reinhard, Marie 29, 64, 66, 67, 69, 135, 150, 178, 180, 243, 245, 281, 282, 283, 286, 288
Reinhardt, Max 12, 72, 80, 82, 124, 225, 286, 291, 353, 364, 380, 381, 382
Remarque, Erich Maria 288
Renan, Ernest 27
Ribot, Théodule 38
Rilke, Rainer Maria 116, 154, 353, 358, 362
Rittner, Tadeusz 360
Rivolta, Carlo 365
Robbe-Grillet, Alain 157
Röbbeling, Hermann 383
Rodenbach, Georges 243, 244

Ronconi, Luca 365
Roseeu, Robert 347, 348
Rosegger, Peter 4, 358
Rosenberg, Max von 101
Roth, Joseph 70, 354, 361
Rubinstein, Anton 45
Rückert, Friedrich 8
Ruggeri, Ruggero 364
Rusnak, Josef 393
Ruttmann, Walter 48

Saar, Ferdinand von 1, 3, 4, 5, 6
Sacher-Masoch, Leopold von 358
Sachs, Hans 388
Sadovskij, Nikolaj 360
Salten, Felix 8, 18, 25, 50, 55, 60, 61, 72, 75, 83, 128, 143, 161, 176, 193, 202, 210, 223, 245, 299
Sandrock, Adele 57, 58, 61, 67, 161, 202, 247, 286, 353, 389, 390, 393
Sardou, Victorien 8, 113, 144
Schaukal, Richard von 15, 264, 353
Scheler, Max 98
Schiller, Friedrich von 8, 9, 63, 74, 86, 227, 338
Schimmel, Cläre 389
Schinnerer, Otto P. 1, 4
Schlaf, Johannes 189, 299, 332
Schlegel, Friedrich 37
Schlenther, Paul 12, 13, 67, 75, 80, 132
Schmidinger, Walter 389
Schmitz, Oskar 218, 219
Schmutzer, Ferdinand 207
Schneider, Magda 367, 391
Schneider, Rolf 390
Schneider, Romy 367, 392
Schneyder, Werner 91
Schnitzler, Heinrich 8, 9, 70, 79, 83, 91, 243, 246, 250, 255, 285, 288, 353, 376, 386, 389, 391, 392, 409, 410, 411, 413, 414
Schnitzler, Johann 92, 94, 247
Schnitzler, Julius 22
Schnitzler, Lili 111, 414
Schnitzler, Lilly 414
Schnitzler, Olga 2, 20, 21, 22, 25, 26, 62, 150, 207, 210, 228, 248, 253, 286, 349, 353, 369, 409, 413, 414
Schönberg, Arnold 45
Schönerer, Georg von 6
Schönherr, Karl 371
Schopenhauer, Arthur 40, 42, 175, 339
Schröder, Karl-Ludwig 49
Schubert, Franz 44, 45
Schücking, Levin 10
Schumann, Robert 44, 45, 51, 222, 225, 304
Schütze, Johann Stephan 97
Schwarzinger, Heinz 367
Schwarzkopf, Gustav 18, 60, 83, 102, 193, 245
Seeliger, Emil 257
Semmelroth, Wilhelm 389
Severjanin, Igor' 358
Shakespeare, William 9, 30, 86, 110, 276, 370, 385, 388
Shaw, George Bernard 8, 9
Sherrin, Ned 369
Shi, Zhecun 378

Signoret, Simon 392
Simmel, Georg 41, 42, 100, 219, 330
Simon, Simone 392
Sochor, Hilde 389
Song, Chunfang 377
Sonnenthal, Adolf von 57, 61
Sophokles 9
Sorma, Agnes 12, 80
Specht, Richard 102, 348
Speidel, Ludwig 61
Spielhagen, Friedrich 1, 2, 3, 299, 300
Spielmann, Götz 235
Stamm, Heinz-Günter 389
Stampe Bendix, Karen 373
Stanislavskij, Konstantin 359
Staps, Friedrich 86
Steinrück, Albert 48, 393
Sternberg, Josef von 48
Stifter, Adalbert 4
Stoker, Bram 198
Stolberg-Stolberg, Friedrich Leopold zu 45
Stoppard, Tom 370, 375
Storm, Theodor 1, 2, 8
Straus, Oscar 44, 45, 141, 395, 396
Strauß, Johann 137
Strauss, Richard 45
Strindberg, August 122, 128, 358
Sudermann, Hermann 12, 360, 380

Taine, Hippolyte 132
Tairov, Aleksandr 359
Tausenau, Richard 161
Teweles, Heinrich 57
Thimig, Hans 80, 414
Thimig, Hugo 80, 86, 91
Thoma, Ludwig 388
Tian, Han 378
Tieck, Ludwig 276
Toldy, Ladislaus 396
Tolstoj, Lev 358
Trenk-Trebitsch, Willy 389
Trissenaar, Elisabeth 390
Turgenev, Ivan 9

Uhland, Ludwig 2
Ullrich, Luise 391

Vacchi, Fabio 365
Vadim, Roger 393
Vajda, Ladislaus 265
Van-Jung, Leo 75

Veidt, Conrad 48
Vengerova, Zinaida 359
Vergne-Cain, Brigitte 367
Vertinskij, Aleksandr 358
Viereck, George Sylvester 35
Viereck, Peter 375
Volonté, Gianmaria 365
Voronyi, Mykola 360

Wagner, Renate 390
Wagner, Richard 44, 45, 137, 153, 204, 205
Waissnix, Olga 2, 3, 25, 69, 173, 286, 288, 353
Walewska, Maria 87, 267
Walser, Karl 86
Walser, Robert 304
Wassermann, Jakob 14, 15, 75, 102, 205, 210, 212
Weck, Peter 389
Wedekind, Frank 348
Wegener, Paul 48
Weidenmann, Alfred 393
Weininger, Otto 39, 173, 211, 353
Wellemeyer, Tobias 91
Welzig, Werner 353
Werfel, Franz 361
Wessely, Paula 91, 355
Westphal, Gert 194
Wiene, Robert 48
Wiesner, Helmut 393
Wilde, Oscar 358
Wilson, Edmund 375
Wisten, Fritz 385
Wittgenstein, Ludwig 339
Wohlbrück, Adolf 392
Wolzogen, Ernst von 315
Wood, Peter 91, 370
Woolf, Virginia 369
Wrede, Caspar 370

Yuan, Changying 377

Zak, Eduard 351
Zampieri, Vittorio 364
Zankl, Horst 91
Żeromski, Stefan 362
Zhang, Yushu 378
Zhao, Boyan 377
Zola, Émile 9, 160, 316, 358
Zschokke, Heinrich Daniel 8
Zsolnay, Paul 222
Zweig, Stefan 40, 83, 105, 216, 217, 288, 304, 348, 354, 358, 361, 362, 414

9. Werkregister

Abenteurernovelle 255, 336, 409
Abschiedssouper → Anatol
Agonie → Anatol
Alkandi's Lied 4, 19, 125, 126, 336
Amerika 125, 163
Anatol 1, 4, 8, 15, 20, 38, 50, 55, 60, 111, 112, 115, 127, 139, 140, 143, 144, 146, 159, 165, 166, 273, 274, 276, 277, 293, 306, 311, 312, 313, 315, 339, 342, 343, 347, 353, 355, 359, 360, 362, 365, 366, 367, 369, 373, 374, 375, 377, 380, 383, 384, 386, 388, 390, 391, 396, 400, 411
   Abschiedssouper 111, 112, 114, 313, 359, 364, 380, 388
   Agonie 111, 112, 114, 364
   Anatols Größenwahn 111, 115, 143, 311, 409
   Anatols Hochzeitsmorgen 1, 111, 114, 143, 360, 377
   Denksteine 111, 112, 113, 377
   Die Frage an das Schicksal 1, 111, 112, 117, 162, 293, 342, 344, 380, 388
   Episode 1, 111, 113, 114, 128, 143
   Weihnachtseinkäufe 111, 113, 313, 366, 377
Anatols Größenwahn → Anatol
Anatols Hochzeitsmorgen → Anatol
Andreas Thameyers letzter Brief 182, 253, 301, 304, 323
Artifex 261
Blumen 167, 171, 301, 306, 360, 365, 378
Boxeraufstand 257, 336
Buch der Sprüche und Bedenken 260, 263, 349
Casanovas Heimfahrt 27, 77, 79, 170, 218, 224, 288, 303, 306, 311, 322, 327, 332, 334, 362, 364, 365, 366, 367, 376, 378, 409
Das Abenteuer seines Lebens 111, 143
Das Bacchusfest → Komödie der Worte
Das Märchen 3, 4, 15, 57, 60, 109, 147, 148, 202, 294, 296, 311, 315, 327, 328, 332, 348, 359, 380
Das neue Lied 46, 200, 323
Das Schicksal des Freiherrn von Leisenbohg 46, 196, 205, 257, 304, 336, 365, 378
Das Tagebuch der Redegonda 54, 203, 303
Das Vermächtnis 13, 66, 132, 293, 323, 328, 332, 348, 359, 360, 380
Das weite Land 2, 13, 14, 38, 46, 79, 87, 109, 110, 114, 149, 293, 294, 295, 296, 297, 306, 307, 322, 327, 331, 332, 334, 335, 343, 347, 355, 360, 362, 365, 367, 370, 372, 374, 375, 380, 381, 383, 384, 386, 388, 390
Das Wort 26, 144, 148, 149, 202, 338, 344, 410
Denksteine → Anatol
Der Andere 165, 171, 320
Der blinde Geronimo und sein Bruder 54, 191, 362, 365, 378
Der Ehrentag 168, 323, 336, 359
Der einsame Weg 21, 23, 75, 92, 93, 109, 114, 294, 295, 296, 297, 311, 322, 327, 335, 355, 360, 365, 367, 380, 386
Der Empfindsame 241, 323
Der Fürst ist im Hause 240, 321
Der Gang zum Weiher 77, 103, 106, 111, 291, 322, 327, 330, 335, 349, 383, 409
Der Geist im Wort und Der Geist in der Tat 27, 185, 348
Der grüne Kakadu 13, 15, 23, 84, 107, 111, 130, 131, 133, 135, 293, 297, 336, 352, 355, 359, 360, 361, 362, 364, 366, 369, 375, 377, 380, 384, 385, 386, 388, 390, 396, 400, 413
Der junge Medardus 13, 49, 51, 85, 90, 107, 112, 146, 266, 267, 268, 293, 295, 296, 297, 347, 349, 380, 383, 384, 390, 391, 414
Der letzte Brief eines Literaten 182, 206, 253, 289, 324, 331, 334, 335, 409
Der Mörder 205, 319, 324
Der Puppenspieler → Marionetten
Der Ruf des Lebens 12, 16, 23, 24, 76, 82, 84, 93, 97, 107, 112, 293, 296, 297, 324, 328, 329, 330, 334, 335, 359, 360, 364, 380, 395, 414
Der Schleier der Beatrice 13, 24, 73, 80, 107, 112, 142, 291, 293, 295, 297, 329, 335, 360
Der Schleier der Pierrette 45, 141, 142, 359, 361, 362, 395
Der Sekundant 250, 322, 409
Der Sohn 1, 13, 55, 155, 167, 263, 274, 324, 378
Der tapfere Cassian → Marionetten
Der Tod des Junggesellen 182, 289, 321, 362, 378
Der tote Gabriel 201, 322, 328
Der Wahnsinn meines Freundes Y 277
Der Weg ins Freie 2, 5, 6, 7, 15, 21, 24, 31, 32, 44, 45, 92, 93, 97, 150, 281, 282, 303, 304, 305, 306, 320, 328, 330, 343, 344, 348, 351, 364, 365, 366, 367, 378, 389, 410
Der Witwer 135, 171, 311, 321, 333
Die Braut 241, 312, 319
Die drei Elixire 166, 311, 319
Die dreifache Warnung 184, 186, 205, 319
Die Frage an das Schicksal → Anatol
Die Frau des Richters 53, 226, 409
Die Frau des Weisen 178, 301, 333, 360, 362, 365, 372
Die Frau mit dem Dolche → Lebendige Stunden
Die Fremde 183, 323, 365
Die Gefährtin 130, 131, 132, 135, 171, 294, 333, 359, 362, 364, 366, 377, 380, 388
Die Gleitenden 409
Die griechische Tänzerin 182, 183, 191, 301, 321, 361
Die grüne Krawatte 184, 399
Die Hirtenflöte 53, 103, 108, 207, 211, 270, 329, 330, 335, 365, 378
Die kleine Komödie 8, 176, 246, 289, 303, 315, 396
Die letzten Masken → Lebendige Stunden
Die Nächste 171, 243, 324, 328, 329, 409
Die Schwestern oder Casanova in Spa 25, 99, 105, 107, 218, 294, 295, 327, 329, 330, 383, 409
Die Toten schweigen 8, 54, 180, 301, 307, 324, 333, 359, 360, 365
Die überspannte Person 127, 128, 129, 140
Die Verwandlungen des Pierrot 141, 291
Die Weissagung 186, 198, 205, 257, 303, 304, 336
Doktor Gräsler, Badearzt 213, 244, 253, 303, 321, 327, 328, 329, 330, 334, 365, 378, 409
Egon und Eduard 265
Ein Abschied 168, 171, 301, 321, 358, 359, 360
Ein Erfolg 248, 409
Episode → Anatol
Er wartet auf den vazierenden Gott 163, 183, 311
Erbschaft 240
Erinnerungen 143
Exzentrik 182, 319
Fink und Fliederbusch 31, 96, 280, 293, 294, 296, 352, 367, 381, 409
Flucht in die Finsternis 35, 54, 193, 236, 244, 303, 323, 327, 329, 336, 349, 365

Frau Beate und ihr Sohn 5, 8, 171, 209, 303, 306, 323, 324, 327, 329, 330, 331, 335, 361, 366, 367, 370, 378, 409
Frau Bertha Garlan 4, 5, 41, 44, 56, 157, 171, 193, 303, 304, 306, 312, 320, 327, 329, 330, 331, 334, 347, 355, 360, 362, 364, 367, 378, 389, 411, 413
Fräulein Else 5, 8, 21, 38, 44, 45, 48, 51, 53, 184, 221, 302, 304, 306, 307, 308, 324, 335, 342, 349, 351, 361, 362, 364, 365, 366, 367, 368, 369, 374, 376, 378, 384, 388, 389, 390, 393, 394, 396, 399, 400, 409, 412, 414
Freiwild 12, 64, 109, 293, 294, 295, 296, 297, 311, 315, 321, 328, 332, 347, 359, 360, 375, 380, 390
Frühlingsnacht im Seziersaal 126, 131, 319
Geschichte eines Genies 184
Große Szene → *Komödie der Worte*
Halbzwei 128, 137
Ich 258, 342, 343, 410
Im Spiel der Sommerlüfte 108, 295, 327, 349
Jugend in Wien 2, 8, 25, 44, 161, 162, 276, 287, 294, 347
Komödiantinnen 168, 242, 314
Komödie der Verführung 101, 107, 109, 114, 149, 207, 208, 211, 213, 293, 295, 296, 329, 330, 335, 365, 372, 383, 409
Komödie der Worte 123, 312, 343, 344, 360, 365, 381, 383, 386, 409
   Das Bacchusfest 105, 123, 124, 125, 294, 296
   Große Szene 51, 123, 124, 127, 128, 129, 268, 269, 293, 388
   Stunde des Erkennens 123, 129, 344, 388
Komtesse Mizzi oder Der Familientag 138, 139, 140, 360, 365, 390
Kriminalfilm 51, 265, 270, 306
Landsknecht 1
Lebendige Stunden 12, 75, 116, 119, 359, 377, 380
   Die Frau mit dem Dolche 12, 116, 395
   Die letzten Masken 116, 118, 292, 359, 360, 364, 366, 369, 377, 388
   Literatur 116, 292, 293, 359, 360, 362, 364, 386, 388, 390
Legende 249
Liebelei 4, 6, 12, 13, 49, 50, 51, 60, 69, 79, 109, 126, 138, 139, 140, 146, 201, 202, 245, 265, 266, 267, 271, 273, 292, 294, 295, 296, 306, 313, 315, 316, 321, 322, 327, 328, 332, 343, 347, 349, 355, 359, 360, 361, 362, 364, 365, 367, 370, 372, 373, 374, 375, 376, 377, 380, 383, 384, 388, 389, 390, 391, 392, 395, 396, 411, 414
Liebeslied der Ballerine 260
Lieutenant Gustl 4, 6, 8, 15, 21, 23, 24, 30, 31, 35, 44, 54, 56, 65, 138, 186, 192, 194, 195, 212, 223, 224, 232, 281, 301, 302, 304, 308, 322, 328, 329, 342, 343, 347, 351, 360, 362, 365, 367, 369, 378, 388, 389, 398, 399, 411, 400
Literatur → *Lebendige Stunden*

Marionetten 116, 119, 291, 380, 381
   Der Puppenspieler 116, 120, 359, 364, 365, 380, 388
   Der tapfere Cassian 44, 45, 120, 362, 377, 380, 395
   Zum großen Wurstel 23, 118, 120, 296, 369
Mein Freund Ypsilon 164, 359
Paracelsus 33, 54, 107, 130, 131, 132, 135, 295, 327, 329, 330, 331, 334, 343, 364, 380, 388, 389, 414
Professor Bernhardi 15, 31, 32, 75, 79, 92, 96, 101, 282, 293, 295, 296, 297, 306, 348, 351, 352, 355, 360, 362, 365, 369, 381, 382, 383, 384, 385, 386, 409
Reichtum 1, 4, 169, 246, 336
Reigen 3, 13, 15, 16, 23, 24, 53, 54, 61, 69, 111, 115, 139, 146, 156, 159, 176, 203, 216, 225, 281, 287, 292, 306, 310, 311, 312, 313, 314, 315, 316, 317, 319, 343, 344, 348, 352, 353, 355, 360, 361, 362, 363, 364, 365, 366, 367, 369, 370, 373, 374, 375, 376, 377, 379, 382, 388, 389, 390, 392, 393, 396, 398, 400, 408, 411, 414
Ritterlichkeit 148, 410
Silvesterbetrachtungen 136, 273
Später Ruhm 26, 245, 410, 411
Spaziergang 166
Spiel im Morgengrauen 54, 170, 224, 232, 263, 265, 268, 269, 303, 306, 311, 316, 323, 336, 349, 361, 362, 363, 367, 389, 390
Sterben 4, 13, 55, 84, 85, 171, 173, 206, 246, 273, 300, 301, 303, 320, 328, 329, 347, 359, 360, 361, 362, 364, 365, 366, 378, 408, 411, 413
Stunde des Erkennens → *Komödie der Worte*
Süßes Mädel 111, 143, 217
Sylvesternacht 54, 128, 129, 136, 355, 378, 383
Theaterroman 161, 410
Therese. Chronik eines Frauenlebens 54, 154, 155, 167, 303, 304, 306, 316, 324, 337, 349, 351, 362, 364, 366, 367, 368, 378, 409, 410
Traumnovelle 8, 36, 43, 44, 51, 54, 81, 131, 184, 208, 209, 211, 228, 244, 252, 254, 265, 269, 303, 304, 306, 312, 316, 319, 321, 329, 330, 331, 334, 336, 343, 349, 355, 361, 362, 365, 367, 368, 370, 372, 375, 376, 378, 394, 399, 400, 409
Über funktionelle Aphonie und deren Behandlung durch Hypnose und Suggestion 142, 273, 274
Über Psychoanalyse 37, 263
Um eine Stunde 166
Vereinigt sterben 261
Weihnachtseinkäufe → *Anatol*
Welch eine Melodie 1, 126, 131, 311
Wohltaten, still und rein gegeben 247
Zug der Schatten 146, 410, 413
Zum großen Wurstel → *Marionetten*
Zwischenspiel 5, 12, 13, 43, 79, 122, 138, 293, 294, 296, 312, 329, 330, 331, 334, 347, 364, 380, 385